Erich Oese

Pferdesport

Band 1

Grundausbildung
Pferdekunde
Breitensport

Sportverlag Berlin

Autorenverzeichnis

Egold, Klaus – Berlin	9
Erbe, Hartmut – München	13
Flade, Dr. Johannes-Erich – Fliemstorf	1.1., 1.2., 1.4., 1.7., 4.2.1.
Fuchs, Dr. Rudolph – Leipzig	6
Kloß, Kurt – Leipzig (verst.)	1.5.
Oese, Erich – Berlin	2, 3, 4, 4.2.2. und 4.2.3. 10, 11, 12
Plewa, Martin – Warendorf	8
Richter, Dr. Wilfried – Berlin	1.3., 1.6.
Schulze, Dr. Dieter – Berlin	5, 7

ISBN 3-328-00518-8 (Band 1 und 2)

Sechste, stark bearbeitete und erweiterte Auflage
Illustrationen: Eva Wilde
Einband: Theodor Bayer-Eynck
Einbandfoto: Transglobe Agency/Pawel Kanicki
Printed in Germany
Satz: IBV Satz- und Datentechnik GmbH, Berlin
Druck und Bindung: Mohndruck Graphische Betriebe GmbH, Gütersloh

Inhaltsverzeichnis

Band I

Vorwort 7

1. Pferdekunde 9
1.1. Bedeutung und Entwicklung des Pferdes 9
1.2. Pferderassen 11
1.2.1. Vollblutrassen 12
1.2.2. Warmblutrassen 17
1.2.3. Kleinpferderassen 27
1.3. Anatomie und Physiologie des Pferdes 32
1.4. Exterieur- und Beurteilungslehre 58
1.5. Huf, Hufpflege und Hufbeschlag 74
1.6. Krankheiten des Pferdes 82
1.7. Ernährung 113

2. Pflege und Haltung des Pferdes 123
2.1. Der Stall 123
2.2. Pflege des Pferdes 138
2.3. Gesundheitskontrolle und Wartung 143

3. Grundausbildung des Reiters 151
3.1. Voraussetzungen für eine erfolgreiche Ausbildung 151
3.2. Reitausbildung 189
3.2.1. Sitz und Einwirkungen des Reiters 194
3.2.2. Reiterhilfen und ihre Anwendung 210
3.2.3. Bodenrickarbeit 235
3.2.4. Reiten im Gelände 238
3.2.5. Springen 246
3.2.6. Plan der Grundausbildung des Reiters 253

4. Grundausbildung des Pferdes 263
4.1. Ausrüstung des Reitpferdes 263
4.2. Verhalten, Erziehung und Gewöhnung 284
4.2.1. Verhalten des Pferdes 284
4.2.2. Grundsätze der Methodik zur Nutzung der natürlichen Verhaltensweisen bei der Ausbildung des Pferdes 300
4.2.3. Erziehung und Gewöhnung 302
4.3. Periode der Arbeit an der Longe und erstes Anreiten 305
4.4. Entwicklung des Ganges 324
4.4.1. Periode des Arbeitstrabes 325
4.4.2. Periode des Mitteltrabes 336
4.5. Ausbildung des Pferdes im Springen und im Gelände 358
4.5.1. Periode des Tretens und Springens über Miniaturhindernisse 358
4.5.2. Periode des Springens aus dem Trabe 370
4.5.3. Springen aus dem Galopp 377
4.5.4. Hilfsmittel für die Springausbildung 385
4.6. Plan der Grundausbildung des Pferdes 389
4.7. Hinweise für die Berücksichtigung von Temperaments- und Gebäudefehlern 406

Vorwort

Bei den ersten Begegnungen, in denen die Zusammenführung der deutschen Pferdesportler in Ost und West vorbereitet wurde, kam mehrfach die Sprache auf das Buch „Pferdesport“, das – obwohl ursprünglich für die Reiter, Fahrer und Voltigierer im Osten gedacht – auch in den alten Bundesländern, nicht zuletzt durch zwei Lizenzausgaben, gute Aufnahme gefunden hatte.
Im Zuge des Beitritts der Pferdesportler aus den neuen Bundesländern zur Deutschen Reiterlichen Vereinigung e. V. wurde der Wunsch laut, das Buch „Pferdesport“, dessen erste Auflage mehr als zwanzig Jahre zurückliegt, neu zu schreiben und dabei den gegenwärtigen Verhältnissen und Erkenntnissen anzupassen.
Die Neufassung, Überarbeitung, Erweiterung und Ergänzung aller Kapitel wie auch die Bereicherung um viele instruktive Zeichnungen und Tabellen hat ein völlig neues Lehr- und Handbuch entstehen lassen, das alle Sachgebiete der Pferdekunde und die wichtigsten Bereiche der sportlichen Nutzung der Pferde im Breiten- und Wettkampfsport erfaßt. Besonderer Wert wurde auf die Darstellung trainingsmethodischer Erkenntnisse und Verfahren unter dem Aspekt des Tierschutzes gelegt.
Der Kreis der Autoren hat durch die Herren Klaus Egold (Berlin), Hartmut Erbe (München), Dr. Rudolph Fuchs (Leipzig) und Martin Plewa (Warendorf) eine außerordentlich wertvolle Erweiterung erfahren. Von den bisher an „Pferdesport“ beteiligten Autoren haben die Herren Dr. Johannes-Erich Flade (Fliemstorf), Dr. Wilfried Richter (Berlin) und Dr. Dieter Schulze (Berlin) ihre Mitarbeit dankenswerter Weise fortgeführt und ihre Beiträge sorgfältig überarbeitet bzw. völlig neu gestaltet. Der Beitrag des Herrn Hufbeschlagoberlehrmeisters Kurt Kloß, der inzwischen verstorben ist, wurde fast unverändert übernommen.
Dieses Buch begleitet der Wunsch der Autoren, daß es helfen möge, das Niveau der Ausbildung von Reitern, Fahrern und Voltigierern und natürlich das ihrer Pferde weiter zu heben und sichere Erfolge auf der Grundlage konsequenter Befolgung der Grundsätze der klassischen Reit- und Fahrkunst, vertieften tierpsychologischen Verständnisses und erweiterter trainingsmethodischer Erkenntnisse zu ermöglichen.
Möge „Pferdesport“ vielen Reitern, Fahrern und Voltigierern in ihren Bemühungen um die Vervollkommnung ihrer Leistungen ein nützlicher Helfer sein! Wenn mit diesem Buch die Freude am Reiten und Fahren, die Liebe zum Sport mit dem Pferde und das Verhältnis der Menschen zu diesem liebenswerten Geschöpf weiter gefördert werden, wird dies den Autoren der schönste Lohn ihrer Arbeit sein.
Dem Sportverlag Berlin gilt der Dank für das neue „Exterieur“ und die attraktive Gestaltung des Inhalts.

Erich Oese

1. Pferdekunde

1.1. Bedeutung und Entwicklung des Pferdes

Die Entwicklung der Pferdehaltung in den letzten Jahrzehnten wurde durch die Anwendung moderner Zug- und Arbeitsmittel, vor allem im Gewerbe und in der Landwirtschaft, bestimmt. Auch in der Forstwirtschaft hat das Pferd zum größten Teil seine Aufgabe verloren. Besonders in Europa sowie in Nordamerika und Australien ist das Pferd nahezu vollständig als Zugtier ausgeschieden. Dieser Vorgang hat besonders zwischen 1950 und 1960 stattgefunden und zeigt sich u. a. auch im Weltbestand an Pferden:

Jahr	1910	1938	1954	1978	1991
Bestand ca. in Millionen	95	100	70	66	62

Dem Rückgang der land- und forstwirtschaftlichen Pferdehaltung steht jedoch eine Zunahme des Bedarfs an Pferden für die Freizeitgestaltung und den Sport in den Industrieländern gegenüber, der die Bestandsabnahme teilweise wieder ausgeglichen oder verlangsamt hat. In diesen Ländern unterscheiden sich Pferde und ihre Nutzung grundlegend von denen früherer Jahrzehnte. Im Gegensatz dazu kann ein Mensch hier auch ohne Pferd existieren. Die Pferdehaltung ist ein Luxus geworden, gleichgültig, ob es der Freizeitreiter, der Sportler oder Rennreiter bzw. der Traberfahrer nutzt. Dabei ist das Pferd immer mehr zum festen Bestandteil innerhalb der Gesellschaft geworden.

In Deutschland gibt es zur Zeit (1991) einen Pferdebestand von etwa 460000 Tieren. Er wird fast ausschließlich durch den Reit- und Fahrsport und die Freizeitgestaltung mit dem Pferd getragen. Rund 90 % der Pferde kommen aus landwirtschaftlichen Betrieben, die einen kleinen Stutenbestand von durchschnittlich 1–2 Zuchtstuten halten. Diese Betriebe liefern jährlich etwa 15000 Tiere in den Freizeit- und Sportbereich, dem allein rund 600000 Mitglieder in den Reit- und Fahrvereinen (1991) angehören. Hinzu kommt wenigstens die gleiche Anzahl von Hobby- und Freizeitreitern und -fahrern.

Unter diesen Gesichtspunkten hat die Pferdehaltung in Deutschland nach dem Tief der 50er/60er Jahre eine erhebliche wirtschaftliche Bedeutung wiedererlangt. Allein die Pferdehaltung, einschließlich der spezifischen Ausrüstungen, bringt zur Zeit etwa 1,3 Milliarden DM; Turnierveranstaltungen, Unterricht sowie Literatur usw. bringen weitere etwa 2,0 Milliarden DM, die Totalisatorbetriebe zudem etwa 0,6 Milliarden DM Umsatz. Der Wert des Umgangs des Menschen mit dem Pferd zur Verwirklichung von Tierliebe, Naturverbundenheit, Streßstabilität oder Entgegenwirken der Verstädterung ist nicht hoch genug zu veranschlagen. Das gilt sinngemäß auch für die Erhaltung der Pferdezucht als Betriebszweig in der Landwirtschaft ebenso wie die Tatsache, daß für die Pferdehaltung rund 450000 ha landwirtschaftliche Nutzfläche bewirtschaftet werden müssen. Das Pferd bringt Millionen von Menschen über Veranstaltungen, über Radio, Film und Fernsehen auch eines der wenigen verbliebenen Naturreservate ins Haus, zugänglich für jeden.

Herkunft des Pferdes

Die stammesgeschichtliche Entwicklung der Pferdeartigen (Equiden) vom kleinen, noch fünfzehigen, raubtierartigen Säugetier, das vor etwa 60 Millionen Jahren im Paläozän lebte (Eohippus, Allesfresser), zum Einhufer von annähernd der Größe unseres Hauspferdes kann aufgrund zahlreicher archäologischer Funde vom Alttertiär bis zu Beginn des Eiszeitalters (Quartär) lückenlos verfolgt werden.
Diese wilde Stammart unseres heutigen Pferdes war zur Zeit seiner Erstdomestikation in Asien und Europa weit verbreitet mit offensichtlich großer Variabilität, was u. a. die jungsteinzeitlichen Malereien aus dem 14. Jahrhundert vor unserer Zeitrechnung in der Höhle von Lascaux (Südfrankreich) nachweisen. Etwa zur gleichen Zeit starben die auf dem amerikanischen Kontinent in riesigen Beständen vorhandenen Equiden aus bis heute noch nicht sicher bekannten Gründen vollständig aus.
Von der wilden Stammart leiten sich folgende Unterarten ab:

- *Equus ferus gmelini* (ANTONIUS 1912) (= Equus przewalskii gmelini ANTONIUS 1912 = südrussischer Steppentarpan)
- *Equus ferus przewalskii* (POLIAKOW 1881) (= Equus przewalskii przewalskii POLIAKOW 1881 = Osttarpan).

Das heute noch in Restbeständen lebende Wildpferd gehört zur Unterart Equus ferus przewalskii (POLIAKOW 1881) und wird allgemein als „Przewalksi-Pferd“ oder auch als „Urwildpferd“ bezeichnet. Es vertritt die größere der beiden Unterarten und mißt etwa zwischen 124 und 145 cm Widerristhöhe. Es wird in zoologischen Gärten und Forschungseinrichtungen gezüchtet und steht unter strengem Schutz. Zur Sicherung und zum Aufbau seines Restbestandes wurde 1960 das Weltstutbuch eröffnet, das vom Zoologischen Garten Prag geführt wird. Im Gründungsjahr gab es nur noch 59 Tiere, 1991 werden es etwa wieder rund 700 sein, die in Gefangenschaft leben. In Freiheit wurden die letzten einzelnen Tiere 1968/69 im Tachin-Schara-Nuru-Gebirge (Mongolei) gesichtet, seit 1969 nicht mehr. Es gibt inzwischen internationale Vereinbarungen zum Wiederauswildern des Przewalski-Pferdes in seinem ursprünglichen Heimatgebiet, da die vorhandenen, wiederaufgebauten Bestände eine solche Maßnahme zulassen.
Wildpferde dürfen nicht mit verwilderten Hauspferden – z. B. Mustangs in Nordamerika – oder halbwild gehaltenen Tieren – z. B. dem Dülmener Pferd (sog. Wildpferd des Merfelder Bruchs) in Deutschland – verwechselt werden.

Domestikation des Pferdes

Wahrscheinlich wurde das Pferd in drei verschiedenen Gebieten Eurasiens, in denen die wilde Ausgangsart vorhanden war, zum Haustier. Das geschah zu verschiedenen Zeiten, zuerst im mittelasiatisch-südrussischen Steppengürtel/Waldsteppe am Oberlauf des Dnjestr etwa um die Wende das 5. zum 4. Jahrtausend oder etwas später. Im Turan, der Landschaft zwischen den Niederungen des Kaspischen Meeres und dem kasachischen Hügelland, wuchsen in Obhut nomadisierender Hirtenvölker schon frühzeitig edle, feingliedrige und kleinköpfige Pferde. Mitte des 4. Jahrtausends waren sie schon im Zweistromland und dessen angrenzenden Gebieten vorhanden, in Ostasien spätestens zur Wende zwischen dem 4. und 3. Jahrtausend. In der sibirischen Waldsteppe kann ein weite-

res Domestikationszentrum für etwa die Mitte des 3. Jahrtausends angenommen werden. Teile von Mittel- und Westeuropa sowie der donaunahe Raum bildeten in der Jungsteinzeit (Ende des 3. Jahrtausends) das dritte Zentrum für die Überführung des Pferdes in den Hausstand. Es ist sicher, daß die Domestikation des Pferdes an zahlreichen weiteren Orten, in denen die wilde Ausgangsform vorhanden war, erfolgt ist. Über mehrere Jahrtausende lebten zudem Wild- und Hauspferde im gleichen Territorium, wodurch es zu Vermischungen kam und zumeist nach und nach zum Verschwinden des „echten" Wildpferdes.
Aus den Domestikationszentren gelangten domestizierte Pferde im Laufe der Zeit mit den Wanderungen der Völker und in Abhängigkeit von der gesellschaftlichen Entwicklung in die verschiedensten Teile der Erde. Der amerikanische Kontinent, in dem das Wildpferd ausgestorben war (s. o.), erhielt erst nach der Wiederentdeckung Anfang des 16. Jahrhunderts die ersten Hauspferde, die zum Teil wieder verwilderten (vgl. Mustang) und infolge der günstigen Lebensbedingungen in den Prärien Nord- sowie den Pampas Südamerikas bis zum Ende des 19. Jahrhunderts riesige Herden bildeten. In Australien, Neuseeland und auf den Inseln des südlichen Pazifik gab es keine Equiden, also auch keine Wildform des Pferdes. So gelangte das Hauspferd erst mit den europäischen Siedlern Ende des 18. Jahrhunderts dorthin.

1.2. Pferderassen

Die Entwicklung der Pferderassen in großen Teilen Europas stand zunächst fast ausschließlich unter dem Einfluß militärischer Ziele. Aus den vorhandenen, z. T. sehr alten westeuropäischen Landschlägen (keltische, germanische, spanische und römische Herkünfte oder/und Einflüsse) ging zwischen 11. und 12. Jahrhundert und später das schwere Ritterpferd hervor. Mit dem Aufkommen moderner Feuerwaffen wurde zunehmend ein schnelles, wendiges Reitpferd verlangt. Einflüsse orientalischer Rassen seit der Zeit der Kreuzzüge – 11. bis 13. Jahrhundert – kamen diesen Bestrebungen entgegen und führten u. a. zur Veredelung zahlreicher europäischer Landschläge und zur Herausbildung neuer Rassen. Erst ausgangs des 18. Jahrhunderts, vor allem aber im 19. Jahrhundert, wurden als Folge der steigenden Intensivierung des Akkerbaus und des dadurch rasch eintretenden Bedarfes an leistungsfähigen Zugtieren für Bodenbearbeitung und Transport Pferde ausschließlich für Wirtschaftszwecke gezüchtet. Damit erfolgte eine Begünstigung für die Herausbildung schwerer, für Reitzwecke nicht geeigneter Pferderassen. Mit steigenden Forderungen nach Pferden für höchste Arbeitsleistungen (vor allem in Gebieten mit schweren Böden) bei gleichbleibendem Interesse an leichten Reit- und Wagenpferden, hauptsächlich seitens der Armee, erfolgte in Deutschland, wie auch z. B. in Frankreich, Großbritannien, Belgien, den Niederlanden usw., etwa um 1870 eine Trennung zwischen den auf schweren, ertragreichen Böden unter vorwiegend Meeresklimaverhältnissen wachsenden Kaltblutpferden und den aus Gebieten mit leichteren Böden und mehr kontinentaler Klimabeeinflussung stammenden, mehr oder weniger vom Orientalen und vom Englischen Vollblutpferd beeinflußten Warmblutpferden. Eine Mittelstellung nahm das schwere Warmblutpferd im Nordseeküstenbereich – Oldenburg, Ostfriesland – ein, das sich auf das ursprüngliche Friesenpferd (heute noch vorhanden) zurückführen läßt. Damit ging eine deutliche Spezialisierung der Pferderassen vor sich:
– das Kaltblutpferd für schweren Zug und langsames Tempo,

- das schwere Warmblutpferd für mittelschweren Zug und mäßig schnelles Tempo, trabbegünstigt, geringes Galoppiervermögen,
- das edle Warmblutpferd für leichten Zug und schnelles Tempo, damit als vielseitiges Reitpferd geeignet.

Mit der vollkommenen Technisierung des Transport- und Verkehrswesens, der zunehmenden Motorisierung land- und forstwirtschaftlicher Zugkräfte sowie der Mechanisierung zahlreicher Arbeitsgänge in der Land- und Forstwirtschaft ergab sich Anfang der 50er Jahre des 20. Jahrhunderts endgültig das Verschwinden typischer Zugpferderassen, zuerst – nach nur 100 Jahren des Bestehens – der Kaltblut-, danach zu einem wesentlichen Teil auch der schweren Warmblutrassen, die heute nur noch Bruchteile des Pferdebestandes in den europäischen Ländern, so auch in Deutschland, ausmachen. Für die verbleibende edle Warmblutzucht, zum Teil auch für Zuchtgebiete mit schwerem Warmblut, erfolgte etwa von 1960 an die Umstellung der Zuchtziele auf Typ und Modell eines mehr oder weniger hochgezüchteten Reit- und Wagenpferdes, das sich im Freizeit- und Sportbereich vielseitig einsetzen läßt.

Diese Umstellung, die radikal und kurzzeitig erfolgte, hatte dramatische Folgen für den Pferdebestand, z. B. in Deutschland:

Ø-Bestand etwa	1947/52	1961	1971	1981	1991
Mio. Stück	2,400	1,000	0,360	0,450	0,460

Von dieser Entwicklung gab es verschiedene Ausnahmen, z. B. standortgebundene oder vielseitig verwendbare Kleinpferderassen, deren Bestand z. T. in Europa sogar noch zunahm (Freizeitgestaltung, Jugendsport). Auch die Vollblut- und Traberrassen blieben in ihrer eigenständigen Entwicklung entsprechend ihrer züchterischen und sonstigen Bedeutung erhalten. Die Bestände an Arabischen Vollblütern, Arabern und Shagya-Arabern haben sich sogar erheblich erhöht. Die Bedeutung des Englischen Vollblutes für die Erzeugung von hochwertigen Reitpferden hat durch die o. g. Umstellung des Zuchtziels in der Warmblutzucht zugenommen.

Grundsätzlich wird in der Pferdehaltung zwischen Großpferderassen (Vollblut-, Traber-, Warm- und Kaltblutpferde) und Kleinpferde- oder auch Ponyrassen (unter 147 cm Widerristhöhe) unterschieden. Unter dem Begriff Vollblut sind die Pferderassen zusammengefaßt, die seit zahlreichen Generationen einer Selektion nach gleichen Gesichtspunkten unterworfen sind und deren väterliche und mütterliche Herkunft lückenlos auf bestimmte Vorfahren zurückgeführt werden kann. Landläufig versteht man darunter das Arabische und Englische Vollblutpferd. Die Bezeichnung Vollblut ist eine freie Übernahme des englischen „thorough bred horse“ (das vollkommen durchgezüchtete Pferd) sowie des französischen „pur sang“ (reines Blut) in den deutschen Sprachgebrauch. Mit der Blutmenge hat die Bezeichnung nichts zu tun.

Die zum Vollblut zählenden Rassen weisen wesentliche Unterschiede zu anderen Pferderassen hinsichtlich bestimmter Exterieurmerkmale sowie vor allem physiologische Besonderheiten auf, die sich auf hohe Konstitution und optimale Leistungseigenschaften besonders auswirken.

Folgende Rassen sind für die Verwendung in Deutschland von Interesse und werden nachstehend kurz beschrieben:

1.2.1. Vollblutrassen

Das **Arabische Vollblutpferd** ist der älteste Vertreter der offiziell anerkannten Vollblutrassen. Seine *Entstehung* geht auf Pferderassen zurück, die bereits im 20. Jahrhundert v. u. Z. von Norden und Osten her über Persien nach Mesopotamien vordrangen und an der östlichen Mittelmeerküste entlang nach Nordarabien, Ägypten, Nordafrika und Abessinien kamen. Schon v. Chr. wurden auch in Südarabien Pferde gehalten; im 5. Jahrhundert n. Chr. ist das Pferd bereits als unentbehrlicher Begleiter des arabischen Beduinen beschrieben. Die Entwicklung des Islam zur arabischen Staatsreligion nach Mohammed (7. Jahrhundert) führte aus militärisch-politischen Gründen zu einer erheblichen Stärkung der Pferdezucht im arabischen Einflußbereich.

Im Zuge der Verbreitung des Islam kam das Arabische Pferd im 9. Jahrhundert aus den arabischen Randstaaten über Nordafrika, Spanien nach Westeuropa, während die ersten züchterischen Verbindungen mit Osteuropa im 10. Jahrhundert geknüpft wurden. Die in diesen Gebieten beheimateten Pferdeschläge wurden seitdem mehr oder weniger stark „arabisiert". Seit dem Mittelalter hat man dem Aufbau Arabischer Vollblutzuchten in Mitteleuropa und Ägypten, im Laufe des 18. und 19. Jahrhunderts auch in den USA und anderen Staaten zunehmende Aufmerksamkeit geschenkt.

Die Zucht in Arabien ging vor allem nach kriegerischen Auseinandersetzungen seit Beginn des 19. Jahrhunderts qualitativ und quantitativ zurück; die Bestandsreduzierung hat sich etwa seit 1925, vor allem durch das Seßhaftwerden der Beduinenstämme, erheblich beschleunigt. Dem *Weltbestand* von z. Z. etwa 150000 Arabischen Vollblutstuten stehen wahrscheinlich kaum noch 1000 Stuten in Inner- und Südarabien gegenüber. Es werden drei Mutterstämme unterschieden: Kuhaylan, Saqlawi und Muńiqi.

Exterieur. Das Arabische Vollblutpferd ist mit einer Widerristhöhe von 148 bis 150 cm nur knapp mittelgroß. Die Tiere sind durch kurze Körperlinien gekennzeichnet, die Rumpflänge ist meist geringer als die Widerristhöhe. Charakteristisch für die Rasse ist der relativ kleine, im Maulteil kurze und hechtartig verjüngte, im Stirnteil breite Kopf mit besonders ausgeprägten Merkmalen in der Nüsternpartie. Typisch sind die seidigen Mähnen- und Schweifhaare sowie die dünne, enganliegende und stets vollpigmentierte blauschwarze Haut. Die Hufe sind klein und hart. Die *physiologischen Besonderheiten* – um derentwillen der Vollblutaraber besonders geschätzt ist – liegen in seinen hervorragenden konstitutionellen Eigenschaften, wie gute Futterverwertung, Anspruchslosigkeit und Genügsamkeit, rasches Regenerationsvermögen nach großen Strapazen, hohe und sichere Fruchtbarkeit, große Ausdauer und lange Zucht- und Nutzungsdauer.

Er ist im Verhältnis zu anderen Rassen spätreif, aber auch sehr langlebig und von lebhaftem, jedoch gutartigem Temperament. Zweck der *Reinzucht* Arabischer Vollblutpferde ist fast überall die Produktion geeigneter Hengste für den Einsatz in Warmblut- und Kleinpferderassen. Da meist kein Anlaß zu einer ständigen Blutzuführung besteht, werden die Reinzuchten Arabischen Vollbluts relativ klein gehalten; sie haben die Aufgabe, den Warmblutzuchten die Vorzüge ihrer Rasse in bezug auf Leistungsfähigkeit, Stabilität gegenüber Krankheiten, Lahmheiten usw., Gutartigkeit, Lernvermögen und auch den harmonischen Körperbau mit dem besonders für das Sportpferd wichtigen natürlichen Gleichgewicht zu erhalten oder wiederzugewinnen. Das Arabische Vollblutpferd ist infolge seiner Gutmütigkeit auch als Reitpferd für Dauerritte (Distanzreiten), für das Wandern mit dem Pferd, für die Freizeitgestaltung und den Jugendsport besonders geeignet.

Das *Englische Vollblutpferd* ist in einer heutigen genetischen Substanz nahezu rein orientalischer Herkunft und durch einen strengen Ausleseprozeß auf Rennleistung nach einem seit über 250 Jahren einheitlichen Verfahren zum heutigen Stand entwickelt worden. Traditionell gründet sich das englische Galopprennpferd auf kleine, schnelle englische Landpferde (Galloways, Hobbies, das sind Reitponys verschiedener Rassen mit spezifischer Reit- und Renneignung), die schon vor der römischen Besetzung zu Rennen verwendet wurden; im 14. Jahrhundert liefen neben diesen Pferden auch Orientalen in Rennen. Rennsport und Rennpferdezucht auf dieser Basis wurden seit Anfang des 16. Jahrhunderts besonders gefördert und durch Importe zahlreicher orientalischer und Berberhengste unterstützt. Ende des 17. und Anfang des 18.

Jahrhunderts erfolgten besonders umfangreiche Importe orientalischer Hengste. Zwischen 1660 und 1685 wurden auch zahlreiche Stuten aufgekauft, die ebenfalls vorwiegend orientalischer Abstammung waren (die sogenannten „Royal mares“). Da die importierten Orientalen deutlich schneller waren als die einheimischen Stuten und der mit ihnen vorselektierte Bestand, wurden seitdem nur noch Orientalen miteinander verpaart; damit verschwanden die nichtorientalischen Bluteinflüsse.

Unter den zwischen 1689 und 1728 nach England gekommenen Orientalen wurden drei Hengste zu den eigentlichen Stammvätern des Englischen Vollblutpferdes: „Byerley Turk“, geboren 1679, importiert 1689 (Rappe), türkischer Herkunft, erbeutet bei der Belagerung von Wien und über Irland (dort von Captain Byerley 1689 als Reitpferd benutzt) nach England gekommen.

„Darley Arabian“, geboren 1702, importiert 1703 (Brauner), nordarabischer Herkunft, aus dem Mu’niqi-Stamm, bei Beduinen in Aleppo 1703 durch J. B. Darley gekauft.

„Godolphin Arabian“, geboren 1724, importiert 1730 (Dunkelbrauner), syrischer Herkunft, stammt aus dem Mu’niqi-Stamm, in Damaskus gekauft und über Frankreich nach England gekommen, u. a. in den Besitz des Earl of Godolphin. In der Literatur wird der Hengst auch unter dem Namen „Godolphin Barb“ geführt.

Unter den 137 Stuten englischer und orientalischer Herkunft, die mit diesen drei Stammhengsten gepaart wurden, befinden sich 48, die als Stammütter des Englischen Vollblutpferdes angesehen werden und deren Familien noch heute erhalten sind.

„Byerley Turk“ erfuhr durch „King Herold“ (geb. 1758), „Godolphin Arabian“ durch „Matchem“ (geb. 1748) und Darley Arabian durch „Eclipse“ (geb. 1764) Verbreitung.

Vom Beginn des 19. Jahrhunderts an gingen jedoch die männlichen Linien von „Byerley Turk“ und „Godolphin Arabian“ zunehmend zurück und sind fast erloschen zugunsten der Linien des „Darley Arabian“.

Den Ersatz für die vorwiegend natürliche Auslese, die die Entwicklung des Vollblutarabers bestimmte, bildeten bei der Ausprägung der Eigenschaften und Merkmale des Englischen Vollblutpferdes die *Rennen,* speziell die Flachrennen. Ohne deren konsequente Anwendung und Auswertung für die praktische züchterische Arbeit hätte die Vollblutzucht nie den heutigen Stand erreichen können.

Der derzeitige *Weltbestand* beläuft sich auf etwa 500 000 Englische Vollblutpferde, davon rund 150 000 Zuchtstuten (1810: 2000). Die Zucht begann in Deutschland im ersten Viertel des 19. Jahrhunderts, nachdem Vollblutpferde aus England vorerst nach Mecklenburg importiert worden waren; deshalb wurde auch gerade dort die erste deutsche Rennbahn (Bad Doberan 1822) gegründet.

Durch staatliche Maßnahmen wurde die Zucht des Englischen Vollbluts unterstützt, nachdem man erkannt hatte, welche Bedeutung diese Rasse zur Profilierung der Warmblutzucht als Erzeuger von Kavalleriepferden für die Armee haben konnte. In Deutschland war ein wichtiger Schritt dazu der Einsatz von Vollbluthengsten über die Landgestüte im 19. Jahrhundert – 1840 betrug der Anteil von Englischen Vollbluthengsten am Gesamthengstbestand 35 % (1900 = 3 %, 1949 = 2 %, 1991 = 12 %) – und u. a. die Konzentration von Vollblutstuten im staatlichen Gestüt Graditz um 1866.

Infolge der seit vielen Generationen andauernden einseitigen Auslese auf Rennleistung fehlt dem Englischen Vollblüter die Konstanz hinsichtlich des *Exterieurs.* Größe und Kaliber variieren sehr stark, die Widerristhöhe liegt zwischen 155 und 170 cm (und auch darüber). Der Körperbau ist ganz der Erzielung hoher Geschwindigkeiten (im Rennen bis etwa 60 km/h im Durchschnitt, in Spurts noch weit darüber) angepaßt und – im Gegensatz zum Vollblutaraber – durch lange Linien gekennzeichnet. Das Vollblutpferd zeichnet sich aus durch markanten Ausdruck, langen und gut angesetzten Hals, langen und hohen Widerrist, lange, schräge Schulter sowie eine wohlgeformte, lange, mäßig geneigte Kruppe. Die Extremitäten sind einwandfrei und zweckmäßig gewinkelt, die Röhrbeine kurz; infolge der speziellen Auslese und des Renntrainings hat es ein ausgeprägtes, energisches Wesen, das sorgfältiges Reiten und Behandeln erfordert. Die *Fruchtbarkeitsverhältnisse* sind infolge der bisher fehlenden speziellen Selektion in dieser Richtung nicht immer befriedigend; es besteht eine Neigung zu höherer Zwillingsträchtigkeit (etwa 2 %). Der Erblichkeitsanteil für das Rennvermögen liegt bei 0,10 bis 0,55 (m/s), 0,10 bis 0,60 (Generalausgleichsgewicht) und 0,15 bis 0,70 (Gewinnsumme). Auf die optimale Rennleistung haben also günstige Umweltverhältnisse – Rennbahngeläuf, Futtermittel, Haltungsbedingungen, besonders die Qualität des Trainings – entscheidenden Einfluß.

Das Englische Vollblutpferd wird gezüchtet für den dosierten Einsatz der Hengste als *Beschäler* in den Landespferdezuchten, vorwiegend zur Veredlung, aber auch zur Erhaltung des für die jeweilige Zucht geforderten Typs sowie zur Erzeugung besonders leistungsfähiger Reitpferde.

Der Englische Vollblüter wird wegen seiner harten Konstitution, seines Rahmens und seines Gangvermögens auch direkt als *Reitpferd* verwendet. Der Einsatz des Englischen Vollblutpferdes erfordert besonders fundierte Kenntnisse und stellt Züchter und Zuchtleitungen sowie auch Reiter und Trainer oft vor komplizierte Aufgaben, deren Lösung jedoch meist gute Erfolge garantiert.

Haupteinsatzgebiet für das Englische Vollblut ist der *Galopprennsport.* Dort werden folgende Flachrennen unterschieden.

Klassische Rennen (für Zwei- und Dreijährige, in allen Rennen gleiches Gewicht, Zeitmessung dient als objektiver Maßstab);

Altersgewichtsrennen (für Dreijährige und ältere) werden entweder unter klassischen Bedingungen (Gewicht in Abhängigkeit vom Alter) oder mit Pönalisierung (Gewichtsunterschiede: Gewicht in Abhängigkeit vom Alter, jedoch Berücksichtigung der bisherigen Leistungen in Rennen) gelaufen;

Ausgleiche (für Dreijährige und ältere Pferde verschiedenen Alters und unterschiedlicher Leistungen) werden durch Gewichtszuteilung (nimmt der sogenannte Ausgleicher oder Handicaper vor) so zusammengebracht, daß gleiche Gewinnaussichten bestehen. Der *Generalausgleich* setzt die Leistungen aller Pferde miteinander in Beziehung und bildet den objektiven Wertmesser für die einzelnen Jahrgänge und damit praktisch für die gesamte Zucht.

Rennen über 2000 m werden als *Steherrennen,* unter 1400 m als *Fliegerrennen* bezeichnet.

Es wurden *fünf* sogenannte *klassische Prüfungen* festgelegt:

1776: St. Leger (für Hengste und Stuten), 2800 m

1779: Oaks (für Stuten), 2400 m

1780: Derby (für Hengste u. Stuten), 2400 m

1809: 2000 Guineas (für Hengste und Stuten), 1600 m

1814: 1000 Guineas (für Stuten), 1600 m.

In *klassischen Rennen* laufen gleichaltrige Pferde unter gleichem Gewicht. Stuten erhalten generell einen Erlaß von 1,5 kg. Wallache sind nicht teilnahmeberechtigt.

Die Grundlage für die Züchtung des Englischen Vollblutpferdes bildet die Herausgabe des 1. Bandes des „General Stud Book" 1793 (1791 erschien als Vorläufer eine „Introduction to a General Stud Book"), dessen Grundlage 237 Stuten und 169 Hengste bildeten. Seither werden Englische Vollblüter nur noch als solche anerkannt, wenn sich ihre Herkunft lückenlos auf Pferde zurückführen läßt, die in diesem 1. Band verzeichnet sind.

Zur Züchtung des **anglo-arabischen Pferdes** werden vorwiegend in Irland, Großbritannien, Polen und Frankreich u. a. Englische und Arabische Vollblüter miteinander gepaart. Pferde aus diesen Verbindungen gewinnen für das Springreiten sowie für die Military zunehmende Bedeutung, da die Vorzüge der beiden Ausgangsrassen die Nachkommen zu Spitzenleistungen befähigen.

Das Anglo-Arabische Pferd darf nicht mit dem **Arabischen Halbblutpferd** verwechselt werden. Bei diesem handelt es sich um einen bestimmten Anteil Arabischen Vollbluts in einer Landespferdezucht; oftmals sind derartige Rassen schon viele Generationen gezüchtet und entsprechend konsolidiert (z. B. in der früheren Sowjetunion und in Ungarn).

Traber. Dieser wird je nach Herkunft 150 bis 170 cm groß. Die jahrzehntelange Züchtung auf *einseitige Trableistung* ist vor allem durch die steile, lange Schulter mit einem 90° angewinkelten langen Oberarm gekennzeichnet. Der Traber weist vorwiegend lange, steil gewinkelte Hinterextremitäten, langen Unterarm mit tiefsitzender Vorderfußwurzel auf. Infolge häufig auftretender grober Mängel in der Form wurde bis vor mehreren Jahrzehnten abgelehnt, ihn zur Einzüchtung in der Warmblutzucht zu verwenden. Dank der erfolgreichen Bemühungen der Traberzüchter um die Verbesserung des Exterieurs hat besonders in den letzten 20 Jahren die Verwendung von Traberhengsten in den Landespferdezuchten verschiedener Länder rasch zugenommen. Die Tatsache, daß die Traber generell über ein stabileres Nervensystem verfügen (positive Auswirkungen besonders auf Zugsicherheit und Zuverlässigkeit im Sport) als die Englischen Vollblüter, hat die Entwicklung gefördert.

Der **Standardbred** (Amerikanischer Traber) ist schon im 18. Jahrhundert in Nordamerika entstanden und unterliegt seit 1789 Eintragungsbestimmungen, die an Mindeststandards (deshalb auch die Bezeichnung Standardbred) gebunden sind.

An der *Entwicklung* des Standardbred sind folgende Rassen beteiligt: Englisches Vollblut, Norfolk Traber oder Hackneys, Arabisches Vollblut oder Berber, Morgans (amerikanische Warmblutrasse), Amerikanische Paßgänger (sogenannte Pacer).

Hauptzuchtgebiet ist heute besonders der Raum Lexington-Kentucky (USA).

Tiere der Standardbred wurden seit dem vorigen Jahrhundert in großer Zahl (meist unter der Bezeichnung „Amerikanischer Traber“) exportiert, besonders nach Frankreich, Rußland, Deutschland, Großbritannien.

Der **Französische Traber** entstand Anfang des 19. Jahrhunderts unter Verwendung englischer Halbbluthengste mit besonderem Trabvermögen; erste Rennen waren 1836. Im Laufe des 19. Jahrhunderts ist auch ein größerer Einfluß von Hengsten des Standardbred zu verzeichnen. Spezielle Eigenschaft des Französischen Trabers ist ein enormes Stehvermögen.

Der **Orlow-Traber** besitzt eine lange Geschichte und hat im Laufe der Entwicklung vor allem im Gebiet der früheren Sowjetunion immer größere Bedeutung als Teil der Landespferdezucht bzw. für deren Verbesserung gewonnen. Im 18. Jahrhundert arbeiteten mehrere russische Züchter besonders intensiv an der Schaffung eines schnellen, ausdauernden und dabei starken Wagen- und Schlittenpferdes. Unter ihnen befand sich Graf Orlow, der auf der Basis des Vollblutarabers mit Erfolg versuchte, dessen Vorzüge mit dem Trabvermögen westeuropäischer Rassen (Norfolk-Traber in Großbritannien, Harddraver in den Niederlanden, dänische und finnische Paßgänger) zu verbinden. Mit diesen Arbeiten sind die Namen der Gestüte Ostrowo bei Moskau und, seit 1778, Chrenowoje bei Woronesh eng verbunden.

Im allgemeinen hat diese Rasse ein konstantes Exterieur bei mittlerer Größe (Widerristhöhe 155 bis 165 cm). Ihre Zucht ist in der damaligen UdSSR während der vergangenen vier Jahrzehnte intensiv gefördert worden; sie wird praktisch in allen ökologisch geeigneten Regionen betrieben.

Vier verschiedene Typen werden nach bestimmten Kaliber- und sonstigen Exterieurmerkmalen heute unterschieden.

Aus dem Orlow-Traber entwickelte sich durch Einzüchtung mit Hengsten des Standardbred Ende des 19. Jahrhunderts der **Russische Traber.**

Er unterscheidet sich vom Orlow-Traber durch größere Schnelligkeit und maskulineren Typ, ist jedoch kräftiger als der Standardbred. Es wird der Sporttyp, der mittlere Typ (Reit- und Wagenpferd) und der schwere Typ (Wagen- und Arbeitspferd) unterschieden.

Auch diese Zucht- und Nutztiere werden vorwiegend in der Landespferdezucht eingesetzt.
In *Deutschland* bildeten sich erst um 1874 die ersten Verbände, die sich dem Trabersport widmeten. In diesem Jahr fällt auch die Einweihung der ersten deutschen Trabrennbahn in Hamburg-Groß-Jüthorn. 1878 fanden die ersten Trabrennen in Berlin-Weißensee statt. 1885 wurde das erste Trabergestüt Mariahall/Rheinhessen gegründet, 1896 der I. Band des Deutschen Trabergestütbuches (D. T. G. B.) herausgegeben.

1.2.2. Warmblutrassen

• **Warmblutpferd Trakehner Abstammung** (Ostpreuße, Ostpreußisches Warmblutpferd) um 161–163 cm Widerristhöhe und darüber.
Diese Rasse gehört zu den ältesten europäischen Warmblutzuchten. Sie entstand auf der Grundlage konikartiger Landschläge, z. B. im Typ des Schweiken, im preußischen Gebiet des Deutschen Ordens etwa im 13. Jahrhundert. Schon im Mittelalter hatte sie einen hohen Stand, noch bevor die ersten orientalischen Hengste zur Verbesserung und Veredelung eingesetzt wurden, was vor allem vom 16. Jahrhundert an geschah. Vom 18. Jahrhundert an erfolgte vor allem unter dem Einfluß des 1732 gegründeten Hauptgestüts Trakehnen (1939 etwa 20 Hauptbeschäler, 400 Mutterstuten, ca. 4250 ha LN) die Herausbildung dieser eleganten, vielseitigen und äußerst leistungsfähigen Reitpferderasse. Trakehnen lieferte dazu ab 1787 die notwendigen Landbeschäler an die Züchter (1939: rund 80 % bäuerliche Kleinbetriebe), die zunächst auf orientalischer Grundlage, später zunehmend auf Basis des Englischen Vollbluts gezogen waren. Besonders um die Wende des 18./19. Jahrhunderts gab es auch wesentlichen genealogischen Zugang durch turkmenische Hengste. Nach 1918 erfolgte zunehmende Orientierung des Zuchtziels weg von den Interessen der Armee hin zu den Wünschen der Landwirtschaft, so daß das Warmblutpferd Trakehner Abstammung zwischen etwa 1920 und um 1940 auch diesem Bedarf gerecht wurde, ohne seinen Charakter als typisches Reitpferd zu verlieren. Trotz schwerster Verluste im Zuchtbestand – nur etwa 6 % der Zuchtstuten überlebten das Ende des zweiten Weltkrieges – und der Vertreibung von der heimatlichen Zuchtgrundlage (u. a. Verlust aller Landgestüte und des Hauptgestüts) erholte sich die Rasse wieder und gehört heute nach dem Englischen Vollblutpferd zu den höchstgezüchteten und spezialisierten Reitpferderassen überhaupt. Ihre besondere Stärke liegt in der Eignung für Dressur- und Geländereiten sowie in der außerordentlichen Zuverlässigkeit, Ausdauer und dem gutartigen Charakter bei oft sehr lebhaftem Temperament.

• **Achal-Tekiner Pferd** (Achal-Teke) um 155–165 cm Widerristhöhe und einzeln darüber.
Seit Jahrtausenden ist diese alte Kulturrasse nachzuweisen. Ihre Heimat ist Turkmenien. Dort ist sie seit über 2500 Jahren in annähernd ihrer heutigen Form vorhanden; noch ältere Funde zeigen ähnliche Typen. Dank der isolierten Lage der Oasen Turkmeniens konnten die im Süden heimischen Pferde von alters her ohne wesentliche Einflüsse anderer Rassen gezüchtet werden, was zu besonderen rassespezifischen Merkmalen und Eigenschaften führte. Hierin bestehen enge Beziehungen zu anderen orientalischen Rassen, auch zum Arabischen Vollblutpferd. Der Achal-Teke hat heute nicht nur hohen Gebrauchswert für die Pferdezucht und als Reitpferd, sondern ist aufgrund seiner langen Existenz von großem tierzüchterischem Interesse. Es ist die ursprünglichste und reinste Form des alten Turkmenischen Pferdes. Nachdem der Bestand bis zum Anfang des 20. Jahrhunderts ständig zurückgegangen war, bemühte sich der Staat seit 1921 um eine Sicherung und Förderung dieser Rasse, die hauptsächlich an den Nordhängen des Kopet-Dag-Gebirges nahe Aschchabad, weiterhin in Turkmenien,

Kasachstan, Usbekistan und Kirgisien gezüchtet wird.
Das Achal-Tekiner-Pferd beeindruckt vor allem durch Leichtigkeit und Großzügigkeit der Bewegungsabläufe, durch deutliche Markierung von Körperlinien, Gelenken und Sehnen sowie kräftige Bemuskelung. Die Haut ist glatt und weich, das Fell kurz und glänzend mit kupfernem Grundton (vorwiegend falb, isabell, rotbraun). Mähnen- und Schweifhaare sind dünn und fein. Stirnschopf und Mähne können sogar völlig fehlen. Bei lebhaftem Temperament ist das Pferd sehr lernfähig und auffallend anhänglich an den Menschen. Härte und Ausdauer sind hervorragend.
Seit Anfang der 70er Jahre gibt es in Deutschland eine zunehmende Anzahl von Interessenten für diese Rasse.

• **Andalusisches Pferd** (Andalusier) Widerristhöhe 155 – um 165 cm.
Diese Rasse gehört zu den ältesten Europas. Sie ist auf die altspanische Pferdegruppe („iberische Pferde") zurückzuführen, die die Phönizier wahrscheinlich schon im 1. Jahrhundert v. u. Z. nach Spanien brachten. Sie wurden von den Römern als schnellste Pferde der Erde gepriesen, und sie machten aus deren Bestand ihre besten Kavallerieeinheiten beritten. Etwa im 8./9. Jahrhundert begann ein nochmaliger Einfluß orientalischer Hengste, Araber und nordafrikanischer Berber. Es entwickelte sich seitdem der eigentliche Andalusier, der in seiner Glanzzeit – 16./18. Jahrhundert – eine entscheidende Rolle bei der Herausbildung fast aller europäischer Hochzuchten für die sogenannten Barockpferderassen spielte, so z. B. beim Neapolitaner, Kladruber und Lipizzaner, und über diese Rassen wiederum zum Entstehen der modernen Pferderassen beitrug.
Im Laufe des 18. und 19. Jahrhunderts begann die Umzüchtung des Andalusiers durch Einkreuzung von Normännern, Englischen Vollblütern usw., woraus sich eine völlige Typumwandlung ergab. Der Andalusier ist heute ein mittelgroßes, edles Reitpferd mit angenehmen Verhaltensweisen und sehr lebhaftem Temperament. Er weist häufig eine besondere Farbgebung auf und ist u. a. deshalb häufig im Zirkus zu sehen.
Seit 1970 wird in Spanien daran gearbeitet, den Andalusier in seiner „barocken" Form wieder aufleben zu lassen, was inzwischen weitgehend gelungen ist. Er ist ein ideales, zuverlässiges Reit- und Fahrpferd mit auffallender Aktion, durch sein Exterieur und seinen liebenswürdigen Charakter leicht rittig sowie sehr tolerant.
Er hat unter den Freizeitreitern in Deutschland zahlreiche Liebhaber; falls sie Pferde aus Spanien beziehen, müssen sie auf deren Reinrassigkeit achten. Der 1981 gegründete deutsche Verband hilft ihnen dabei.

• **Anglo-Normanne** (Anglo-Normänner Pferd) durchschnittlich 160, oft über 168 cm Widerristhöhe im Typ des *Selle Francais*.
Der Vorläufer des Anglo-Normannen, die alte Normänner Rasse, geht auf das Armorikanische Pferd Westfrankreichs zurück. Infolge planloser Kreuzungen und Remontierung wertvoller Zuchttiere für die Armee war sie im 17. Jahrhundert fast völlig ausgestorben. Erst etwa seit 1830, verstärkt seit 1898 (Gründung der Vereinigung zur Förderung des Kriegspferdes) wurde durch die Verwendung von Englischen Vollblut- und Halbbluthengsten sowie durch klare Zuchtzielvorstellungen viel für seine Förderung in Frankreich getan. Neben den Varianten „Karossier" und „Cob" wird vor allem seit 1958 (in diesem Jahr wurden alle französischen Warmblutrassen als „Selle Francais" zusammengefaßt) der Typ „Selle" bevorzugt, von dem vor allem einige bedeutende Zuchthengste in deutschen Warmblutrassen wirken und sich auch Reitpferde im internationalen Sport repräsentieren.
Härte, Schnelligkeit, angenehme Verhaltensweisen und außergewöhnliches Gangvermögen zeichnen diese Warmblutrasse aus, weiterhin besonderer Charme und Eleganz.
Außerhalb seiner Heimat kommt der Anglo-Normanne kaum in Reinzucht vor. Ausnahmen waren das Stammgestüt Zweibrücken/

Pfalz und die Herausbildung der Nonius-Rasse (Stammhengst Nonius-Senior, geb. 1810 im Gestüt La Rossieres/Frankreich).

• **Appaloosa-Pferd** (Der Appaloosa)
Widerristhöhe abhängig von den Varianten, 101,6–155 cm und darüber.
Dieses attraktive Pferd ist vorwiegend in den US-Staaten Washington, Idaho sowie in Teilen der westkanadischen Provinz Alberta beheimatet. Es wird als mittelgroße (um 145–155 cm Widerristhöhe) und als kleine (Pony Kl. A 101,6–121,9 cm bzw. Kl. B 121,9–142,2 cm) Variante im Zuchtregister geführt und bildet zur Zeit (1991) die drittstärkste Rasse der USA. Es wird umfangreich exportiert, u. a. auch nach Europa. Ausdauer, Schnelligkeit und Wendigkeit zeichnen diese Pferde aus, die zugleich sehr gutartig sind und wegen dieser Eigenschaft als zuverlässige und leistungsfähige Reittiere sehr geschätzt werden. Stets ist eine typische Scheckung vorhanden, von der es fünf Grundmuster gibt: Bunt/Marmor-, Panther- sowie Schabrakken– und Schneeflockenscheckung. Diese Farbbesonderheiten wurden ursprünglich durch den Stamm der Nez-Percé-Indianer im Gebiet des Palouse-River aus dem dort vorhandenen Hauspferdebestand gezüchtet; durch die 1938 erfolgte Gründung des Zuchtverbandes in den USA wurde diese Rasse erhalten und nachdrücklich gefördert. Erkennungsmerkmale sind neben der gesicherten Abstammung
- vorhandene Fleckung (s. o.) zuzüglich der Hautfleckung um die Maulpartie („Krötenmaul"), auch um die Augen und fast stets auf den Geschlechtsteilen,
- gestreifte Hufe,
- weißumrandete Iris.

Etwa 30 % aller Appaloosa-Pferde werden dunkel geboren; ca. 5 % davon bleiben einfarbig.
Seit 1981 besteht in Deutschland für diese Rasse ein Pferdestammbuch; der Interessentenkreis, vor allem an der „großen" Variante, nimmt ständig zu. Besonders Freizeitreiter bevorzugen diese Pferde.

• **Bayerisches Warmblutpferd**
Widerristhöhe im Rahmen der Zucht des „Deutschen Reitpferdes" um 160–etwa 168 cm.
Die traditionelle Warmblutrasse Bayerns und eine der ältesten Europas war der Rottaler, der schon im 11. Jahrhundert als „Rottaler Fuchs" bekannt war und auf römische Ritterpferde sowie im Rottal verbliebene warmblütige Pferde der Hunnen zurückzuführen ist. Er wurde im 18. Jahrhundert mit Halbbluthengsten sowie schweren englischen Rassen, ab 1880 endgültig mit Oldenburgern zu einer schweren Warmblutrasse entwickelt. Wie auch diese Rasse, hat Bayern bis ins 20. Jahrhundert hinein bedeutende Land- und Hauptgestüte unterhalten, die zum Teil weit über seine Landesgrenzen wirksam waren (z. B. Triesdorf, Achselschwang, Leutstetten, Landshut, Schwaiganger).
Die heutige Zucht gründet sich vorwiegend auf Hannoveraner und Westfalen. Der Bestand wird mit Englischen Vollblütern und Warmbluthengsten Trakehner Abstammung veredelt. Seit 1980 hat Bayern in Schwaiganger (955 erstmalig als Gestütshof erwähnt/ Besitzer war ein Ungar, seit 1611 Teil des Hofgestüts Graßlfing, seit 1920 staatlich) mit dem „Bayerischen Haupt- und Landgestüt Schwaiganger" ein zentrales Pferdezuchtzentrum, das eine entscheidende Stärkung der Züchtung bedeutet. Reitschule sowie Olympiagelände (1972) in München-Riem ergänzen diese Institution wirkungsvoll (Hengstleistungsprüfung, Reitpferdeauktion, Ausbildung).

• **Brandenburger Warmblutpferd** (Brandenburger)
Widerristhöhe im Rahmen der Zucht des „Deutschen Reitpferdes" um 162–etwa 168 cm.
Das Brandenburger Warmblutpferd wurde vorwiegend im Westen des Landes Brandenburg gezogen und gründet sich auf das bodenständige, alteingesessene märkische Landpferd. Das erfuhr vor allem im Interesse der Remontierung der preußischen Kavallerie

durch den Einfluß des Haupt- und Landgestüts Neustadt a. d. Dosse (gegr. 1786/88) – zunächst durch die Zufuhr orientalischen, später ostpreußischen Blutes (einschl. des Einsatzes von im Hauptgestüt Trakehnen gezogenen Hengsten) – seine Prägung. Die Verwendung von Oldenburger schweren Warmbluthengsten in den 20er Jahren des 20. Jahrhunderts zur Verstärkung der Rasse für ihre vermehrte Nutzung in der Landwirtschaft bewährte sich nicht, jedoch die bis um 1940 erfolgte regelmäßige und umfangreiche Verwendung von Hannoveraner Hengsten, neben denen bedeutende Beschäler aus Ostpreußen wirkten.
Seit etwa 1942 ist die Zucht dieser modernen Rasse bodenständig. Durch die Folgen des II. Weltkrieges erlitt sie schwerste Einbußen einschließlich des vollständigen Verlustes des Hauptgestüts – sowie fast des gesamten Zuchthengstbestandes. Der Wiederaufbau der Zucht orientierte sich zunächst am Bedarf von Pferden für kleinere landwirtschaftliche Betriebe, später an dem der landwirtschaftlichen Produktionsgenossenschaften. Mit der Ablösung des Pferdes als Zugkraft in der Landwirtschaft durch die Motorisierung der Zugkräfte kam es zu einer krassen Reduzierung des Pferdebestandes und mit dem damit verbundenen Verlust wertvoller Zuchttiere auch zu qualitativen Einbrüchen, die die später erfolgte Umstellung des Zuchtzieles in Richtung auf die Verwendung des Pferdes in Freizeit /im Sport erschwerte. Aufgrund der auf einem Tiefpunkt angelangten Stutenbestände und der allgemeinen Umstellung auf das Zuchtziel eines Freizeit-/Sportpferdes wurden ab 1971 die Warmblutzuchtgebiete Brandenburgs und Mecklenburgs (s. d.) als „Edles Warmblutpferd der DDR" zusammengefaßt, jedoch unter Aufhebung der Selbständigkeit der regionalen Zuchtgebiete, so daß damit auch die Rassenbezeichnung, die Brände, vor allem aber nach und nach die traditionellen rassetypischen Besonderheiten verschwanden. Die Wiederherstellung der alten Zuchtgebiete seit 1989 sichert unter dem gemeinsamen Oberbegriff „Deutsches Reitpferd" die Eigenständigkeit des Zuchtzieles für das Brandenburger Warmblutpferd und damit auch den Bestand dieser Rasse.

- **Deutsches Reitpferd**

Diese Bezeichnung bildet den Oberbegriff für das gemeinsame Zuchtziel aller regionalen deutschen Warmblutzuchtverbände seit 1975. Es bedeutet keinen Eingriff in die Tätigkeit der Landeszuchtverbände oder in die traditionellen deutschen Warmblutrassen, sondern dient der besseren Nutzung der gemeinsamen Zuchtkapazitäten, der Schaffung eines gemeinsamen Markenbegriffs, der Werbung und dem Absatz.
Dieses allgemeine Zuchtziel lautet:
„Gezüchtet wird ein edles, großliniges und korrektes Reitpferd mit schwungvollen, raumgreifenden, elastischen Bewegungen, das aufgrund seines Temperaments, seines Charakters und seiner Rittigkeit für Reitzwecke jeder Art geeignet ist."

- **Friesisches Pferd** (Friese, Westfriese)

Widerristhöhe 155–165 cm.
Diese Rasse gehört zu den ältesten in Europa und leitet ihren Ursprung von der armorikanischen Pferdegruppe ab, aus der sich auch die schweren Warmblutrassen (z. B. Oldenburger, Ostfriese) entwickelten. Es stellte im Mittelalter das Ritterpferd, bis ins 19. Jahrhundert hinein die Harddraver (holl.: Schnelltraber). Seine heutige Heimat ist Nordostholland. Von dort aus hat es sich über einen größeren Interessentenkreis auch nach Deutschland verbreitet. Es ist ein liebenswürdiges Pferd, für Freizeitreiten und vor allem für den Fahrsport geeignet. Es fällt durch einen raumgreifenden, energischen Trab mit hoher Aktion besonders auf. Heute gibt es ausschließlich Rappen, in der Regel ohne Abzeichen (Ausnahme: kleiner Stern).

- **Hannoveraner Warmblutpferd** (Hannoveraner)

Widerristhöhe im Rahmen der Zucht des „Deutschen Reitpferdes" um 165–175 cm.
Seit Anfang des 18. Jahrhunderts entwickelte

sich diese Rasse in Niedersachsen, vor allem im Gebiet um und nordwestlich Hannovers auf der Grundlage einheimischer, schwerer Stuten, die sich ursprünglich auf das alte friesische Pferd zurückführen lassen. Die Gründung des niedersächsischen Landgestüts Celle 1735 gab der Zucht durch den Einsatz zunächst vorwiegend holsteinischer Hengste ein Grundprofil, das bis etwa zur Mitte des 19. Jahrhunderts durch den Einsatz von Hengsten anderer Rassen zunächst nicht gefestigt werden konnte. Hinzu kam, daß durch die Folgen der napoleonischen Kriege große Zuchttierverluste (ca. 65 % der Hengste) eintraten. Das hatte wiederum einen verstärkten, wenn auch noch kontrollierten Einsatz von Vollbluthengsten zur Folge (1841 ca. 35 %), die allerdings rechtzeitig von Hengsten aus Mecklenburg und Pommern (Stammväter „Norfolk", „Jellachich", „Zernebog") sowie Cleveland Bays, Norfolks und Yorkshires abgelöst werden konnten. Nach dem Krieg 1870/71 erfolgte eine deutliche Stabilisierung der Zucht, vor allem durch die Förderung einheimischer Stutenstämme und zahlreiche organisatorische Maßnahmen (z. B. Gründung des Stutbuches 1888), die u. a. zu einer weitgehenden Vereinheitlichung der Zucht führten. Die Gründung des Zuchtverbandes (1922), die Bildung der Hengstaufzuchtanstalt in Hunnesrück (1921), die Bildung weiterer Landgestüte (Osnabrück 1925–1961, Bad Harzburg 1934–1960) sowie der Hengstprüfungsanstalt Westercelle (1928–1975, seitdem in Adelheidshof) erwiesen sich als segensreich für die qualitative Entwicklung des Hannoveraners, der heute das größte geschlossene Zuchtgebiet auf der Erde bildet. Mit der Umstellung des Zuchtzieles auf die Schaffung eines Reitpferdetyps in den 60er Jahren unseres Jahrhunderts erfolgte eine Zunahme des Einsatzes von Englischen Vollbluthengsten und ostpreußischen Warmbluthengsten, der zur völligen Anpassung der rassetypischen Merkmale und Eigenschaften an die nationalen und internationalen Forde rungen geführt hat (vgl. Auktionen in Verden/Aller seit 1949).

Aufgrund seiner Qualitätsmerkmale hat der Hannoveraner zahlreiche Zuchtgebiete in Deutschland nachhaltig beeinflußt (z. B. Westfalen, Mecklenburg, Brandenburg, Bayern) und im Ausland eine große Anzahl von Zuchtinseln.

Das Hannoveraner Warmblutpferd ist ein kräftiges, edles Reitpferd mit vielseitiger Verwendungsfähigkeit auf generell sehr hohem Leistungsniveau. Das betrifft besonders sein hervorragendes Galoppier- und Springvermögen, seine auffallende Tolerationsfähigkeit und das angenehme Temperament. Seine Eigenschaften und Merkmale kommen dem Zuchtziel des „Deutschen Reitpferdes" am nächsten.

- **Hessisches Warmblutpferd**

Widerristhöhe im Rahmen der Zucht des „Deutschen Reitpferdes" um 160 – 168 cm. Hessen hat eine alte pferdezüchterische Tradition. Zu den ältesten Gestüten gehört das der im 10. Jahrhundert gegründeten Sababurg, das um 1490 bereits Pferde züchtete. Mit dessen Bestand wurde 1724 das nahe gelegene Beberbeck (b. Hofgeismar) gebildet, das später mit Material aus Neustadt/Dosse, Lopshorn/Senne, mit ostpreußischen und Hannoveraner Warmblutpferden züchtete und allmählich einen der hervorragendsten Zuchtstämme Europas darstellte (aufgelöst 1929/30; der Bestand ging in das polnische Hauptgestüt Racot). Zahlreiche Landgestüte förderten die bäuerliche Pferdezucht, so das 1811 gegründete Arolsen/Korbach, das 1821 gegründete Weilburg/Lahn, das aus dem Gestüt Ullrichstein (1807) und aus kleineren Hengstdepots (1821 abgeschl.) gebildete Landgestüt Darmstadt (1958 aufgelöst), vor allem das einzige, heute noch bestehende Landgestüt Dillenburg (aus dem 1737 gegründeten Landgestüt Kassel entwickelt, 1869 mit Weilburg und Korbach (s. o.) als preußisches Landgestüt eingerichtet). Ab Mitte des 19. Jahrhunderts orientierte sich die Pferdezucht auf schweres Warmblut; neben Anglo-Normannen wurden seit etwa 1880 vorwiegend Oldenburger Hengste eingesetzt.

Zugleich existierte eine umfangreiche Kaltblutzucht. Der Ausrichtung des modernen Zuchtzieles entsprechend erfolgte ab etwa 1960 die Umzüchtung des Warmblutbestandes auf den Reitpferdetyp bzw. der Aufbau einer Warmblutzucht auf vorwiegend Hannoveraner Grundlage, die durch den Einsatz von ostpreußischen Warmbluthengsten eine sportspezifische Förderung erhält; sie bildet heute (1991) den drittstärksten Zuchtstutenbestand in Deutschland, der sich auch qualitativ einen beachtlichen Platz erobert hat.

• **Holsteiner Warmblutpferd** (Holsteiner)
Widerristhöhe im Rahmen der Zucht des „Deutschen Reitpferdes" um 162 – 175 cm. Der Holsteiner gehört zu den ältesten und während seiner übersehbaren Geschichte auch zu den bedeutendsten deutschen Pferderassen von europäischem Einfluß. Genauere Kenntnis über sie besteht seit dem 13./14. Jahrhundert; sie ist wesentlich älter. Durch die Landesherrn, durch Klöster, den Adel und die Bauernschaft wurde ihre Entwicklung gefördert, so daß sie sich besonders im 16. bis 18. Jahrhundert umfangreicher Nachfrage (u. a. Spanien, Dänemark, Italien und Frankreich, aber z. B. auch Hannover) erfreute. Grundlage der Zucht waren bodenständige, sicher schon im frühen Mittelalter vorhandene Stuten, die von Andalusiern und Orientalen beeinflußt waren. Besonders typbildend waren die vom frühen 19. Jahrhundert an eingeführten Yorkshire-Coach-Hengste (braun), die den Aufsatz, vor allem aber das Gangvermögen (besonders den Trab) des Holsteiners dauerhaft herausbildeten und zugleich seinen Trend zur Ramsnase zurückdrängten. Hinzu kommen u. a. einige Vollbluthengste, die sich positiv auswirkten. Die Beliebtheit des Holsteiners führte um 1870 zu einem bedrohlichen Ausverkauf. Der Remontebedarf der deutschen Armee, besonders nach dem Krieg 1870/71, führte 1876 zur Gründung des Landgestüts Traventhal (1960 aufgelöst), das u. a. den Hengstmangel ausgleichen sollte. Zu den vorbildlichen zuchtfördernden Maßnahmen der Bauernschaft gehörte u. a. die 1894 geschaffene Reit- und Fahrschule Elmshorn sowie 1897 die Bildung des Zuchtverbandes mit Sitz in Elmshorn. Der umfangreiche Privathengstbestand (1924:125) ging infolge der beginnenden Wirtschaftskrise 1926 nach Traventhal, 1960 wieder an den Verband zurück. Damit ist Holstein das einzige Bundesland, das über eine verbandseigene Hengsthaltung (Standort Elmshorn) verfügt. Die Zuchtleitung orientiert mit Erfolg auf die Festigung des Typs eines hochleistungsfähigen Reitpferdes; der Einsatz von Englischen Vollbluthengsten geschieht sorgfältig, ebenso der anglo-normannischer Hengste, um die genetische Ausgangsposition des Holsteiners nicht zu gefährden. Trotz des kleinen Zuchtgebietes (keine Nachzuchtgebiete) kamen und kommen ständig Spitzenpferde auf den Markt.

• **Lipizzaner**
Widerristhöhe um 155–163 cm, einzeln auch darüber.
Im 1580 gegründeten Gestüt Lipica (kleine Linde), nördlich Triest, wurde diese Barockpferderasse auf Grund der in diesem Gebiet vorhandenen sehr alten Karstpferdestämme unter Anpaarung von Hengsten spanischer Herkunft – Stammlinienbegründer „Pluto", „Conversano", „Maestoso", „Favory", „Neapolitano" – sowie des Araberhengstes „Siglavy" für den Wiener Hof entwickelt. Die spanischen Hengste kamen aus den damals bedeutendsten europäischen Gestüten, so z. B. aus dem dänischen Frederiksborg und aus Neapel. Im Verlaufe der Zeit wurden den spanischen Stämmen auch Araber zugeführt. Als Reitpferd für die klassische (barocke) Hohe Schule erlangte der Lipizzaner internationale Bedeutung und wird in seinem originalen Typ heute noch sowohl im Stammgestüt als auch speziell im österreichischen Piber/Steiermark für die 1572 gegründete, 1735 in ihrer heutigen Gestalt fertiggestellte „Spanische Reitschule" zu Wien gezüchtet. Dieser als Winterreitschule gemeinsam mit der Neugestaltung der Hofburg von Josef Bernhard Fischer v. Erlach (1656–1723) geplante, von seinem Sohn

Josef Emanuel (1693–1742) von 1729 bis 1735 verwirklichte Bau beeindruckt besonders durch den monumentalen Reitsaal (55 m lang/18 m breit/17 m hoch). Lipizzaner sind mittelgroß, tief, rumpfig und sehr kräftig, haben kurze Gliedmaßen von großer Stabilität mit kleinen, harten Hufen. Der Schweif wird frei getragen. Die Pferde haben einen besonders rassetypischen, ausdrucksvollen Kopf mit unterschiedlich gebogener oder auch ohne Ramsnase. Besonders erwähnenswert sind hohe natürliche Aufrichtung und Aktion sowie die Beugefähigkeit der Hinterhand. Durch hervorragende Lernfähigkeit, sehr gutartigen Charakter, lebhaftes Temperament und das völlige Fehlen der sogenannten Hengstmanieren sind die Lipizzaner Hengste die Schulpferde schlechthin. Überwiegend sind Schimmel.

Lipizzaner werden u. a. in Slowenien, Kroatien und Serbien, in Ungarn und Rumänien als vielseitig verwendbare Freizeit-, Sport- und Wirtschaftspferde gezüchtet. Auch in Deutschland gibt es für sie zunehmend Liebhaber. Auch dieser Typ ist, wie der „originale“, sehr zuverlässig, langlebig und erst mit etwa 7 Jahren voll entwickelt.

• **Mecklenburger Warmblutpferd** (Mecklenburger)

Widerristhöhe im Rahmen der Zucht des „Deutschen Reitpferdes“ um 162–etwa 168 cm.

Diese moderne Sportpferderasse gründet sich auf alte Zuchttradition. Sie ist über das Land Mecklenburg-Vorpommern verbreitet und geht in ihren ersten geregelten Anfängen auf den Beginn des 14. Jahrhunderts zurück. Nachdem bis zur zweiten Hälfte des 17. Jahrhunderts vorwiegend dem Bedarf an mittelschweren Kriegs-, Wagen- und Jagdpferden entsprochen wurde, entwickelte sich die Rasse durch den Einsatz von z. B. neapolitanischen, oldenburgischen, friesischen, dänischen, schweren englischen, aber u. a. auch polnischen Hengsten zum eigentlichen „Mecklenburger“, einem kräftigen, strapazierfähigen, gängigen, zugleich zuverlässigen Wirtschafts- und Reitpferd, das europäische Bedeutung hatte. Die Förderung der Zucht, u. a. auch durch landesherrliche Maßnahmen (Hauptgestüt Redefin vor 1710 – (mit Unterbrechung) 1847, Landgestüt Ludwigslust 1795–um 1811) und Neustrelitz (1825–1933), Landgestüt Redefin (seit 1812, Gestütshof erbaut ab 1819–um 1823), führte zu ihrem Einfluß auf die Herausbildung des Hannoveraners und auch des Oldenburgers. Die Ausweitung der Englischen Vollblutzucht Anfang des 19. Jahrhunderts (Gründung der Rennbahn Bad Doberan 1822) brachte zunächst eine sinnvolle Veredelung des Mecklenburgers. Der übertriebene Einsatz von oft nicht geeigneten Vollbluthengsten führte zwischen 1840 und 1850 zur Schwächung der Zucht; sie wurde unglücklicherweise auch noch mit Kaltbluthengsten (vorwiegend Suffolks) „korrigiert“, so daß der endgültige Zusammenbruch um 1870 erfolgte. Aufgrund vorliegender Erfahrung und der Tatsache, daß Mecklenburger Hengste wesentliche Grundlagen der hannoverschen Warmblutzucht (s. d.) geschaffen hatten, wurden von 1873 an regelmäßig Hengste aus Hannover eingesetzt, das Zuchtziel 1895 auf das hannoversche umgestellt (Stutbuchgründung). Seit um 1938 ist die Zucht in diesem Sinne bodenständig. In enger Zusammenarbeit mit dem Zuchtgebiet Niedersachsen erfolgte in Mecklenburg und Vorpommern (Landgestüt Labes/Lobez seit 1876, Einstellung des Zuchtzieles auf den Hannoveraner 1922) die Aufzucht von Hengsten, von denen allein zwischen 1895 und 1943 etwa 500 als Landbeschäler nach Hannover zurückkamen, unter denen sich eine Reihe von Linienbegründern befanden. Diese Entwicklung spiegelte sich auch im Besatz des mecklenburgischen Hengstmarktes (wiedereingerichtet seit 1934 in Güstrow) wider, bei dem 1944 fast 500 Hengste aufgetrieben waren und der damit der größte in Deutschland war.

Durch die Folgen des II. Weltkrieges erlitt die Pferdezucht Mecklenburgs und Vorpommerns schwerste Verluste. Vom Hengstbestand des Landgestüts Labes blieben noch 6, von Redefin noch 13 Beschäler; 50 aus Ostpreußen evakuierte Landbeschäler und rund 500 dort überlebende Stuten wurden als Reparation abgeliefert. Der in den Landwirtschaftsbetrieben vorhandene Zuchtstutenbestand war nur noch zu etwa 20 % vorhanden. Der Wiederaufbau stützte sich im wesentlichen auf das 1949 wiedereingerichtete Landgestüt Redefin sowie das für Vorpommern seit Ende 1946 vorübergehend als Landgestüt genutzte ehemalige Remonteamt Ferdinandshof und orientierte sich am Bedarf kleinerer Betriebe, später an dem der landwirtschaftlichen Produktionsgenossenschaften. Mit Ablösung des Pferdes als Zugkraft wurde der Pferdebestand innerhalb weniger Jahre um etwa 90 % verringert. Das führte auch zu qualitativen Verlusten, die die spätere Umstellung des Zuchtzieles auf die Bedürfnisse von Freizeitreiten und Sport erschwerte. Aufgrund der auf einem Tiefpunkt angelangten Zuchtstutenzahlen und der oben genannten Veränderung des Zuchtzieles wurden ab 1971 die Warmblutzuchtgebiete Mecklenburg-Vorpommerns und Brandenburgs (s. d.) als „Edles Warmblutpferd der DDR" zusammengefaßt, jedoch unter Aufhebung der regionalen Zuchtgebiete, damit auch ihrer Eigenständigkeit. So verblaßten nach und nach auch die traditionellen rassetypischen Merkmale und Eigenschaften. Die Wiederherstellung des Zuchtgebietes Mecklenburg-Vorpommern seit 1989 sichert unter dem gemeinsamen Oberbegriff „Deutsches Reitpferd" die Eigenständigkeit seiner Zucht und damit auch ihren Bestand, mit dem sie den Ansprüchen an ein vielseitig verwendbares Sport- und Freizeitpferd gerecht werden kann.

● **Oldenburger Pferd** (Oldenburger)
Widerristhöhe im Rahmen der Zucht des „Deutschen Reitpferdes" um 162–etwa 168 cm.
Im Verlauf seiner Zuchtgeschichte hat sich der Oldenburger als eine der einheitlichsten schweren Warmblutrassen herausgestellt. Nachweislich im 16. Jahrhundert begann die Verwendung von neapolitanischen und spanischen Hengsten, hundert Jahre später waren u. a. Berber- und Yorkshirehengste hinzugekommen. Bereits um 1800 war ein einheitliches Zuchtgebiet vorhanden, 1829 ein Körgesetz (1820 erste Hengstkörung). 1861 wurde das Stutbuch eingeführt, 1892 die Stutenleistungsprüfung. Das vorbildliche „Oldenburger Pferdezuchtgesetz" wurde 1897 erlassen, im gleichen Jahr auch das Brandzeichen eingeführt. Bis um 1914 galt das Zuchtziel eines schweren, gängigen Karossiers, danach wurde ein allmählicher Typwandel zugunsten der Landwirtschaft durchgesetzt. Zur Erweiterung der genetischen Basis erfolgte um Mitte der 30er Jahre dieses Jahrhunderts nach vielen Jahrzehnten die Verwendung von zwei nicht oldenburgisch gezüchteten Hengsten (Englischer Vollblüter „Lupus"/Anglo-Normanne „Condor"). Bis etwa 1952 blieb der Oldenburger die schwere Warmblutrasse in Deutschland und hatte hier die meisten Nachzuchtgebiete (u. a. Hessen, Sachsen, Sachsen-Anhalt, z. T. Thüringen). Der durch den Wegfall des Pferdes als landwirtschaftliches Produktionsmittel notwendige Umzüchtungsprozeß erfolgte in den 60er Jahren, zunächst mit einem massiven Einsatz von Vollblütern, dann vorwiegend mit Hengsten aus Hannover und Frankreich. Im Zuchtgebiet ist die Hengsthaltung ausschließlich privat und hat auch in der Vergangenheit entscheidend zum hohen Leistungsstand der Rasse beigetragen, die sich heute einen festen Platz in der Züchtung von Freizeit- und Sportpferden erobert hat.

● **Quarter Horse** (urspr. Quarter Miler), (auch u. a. Ranch/Cutting/Roping Horse, Cow-Pony)
Widerristhöhe um 150–155, einzeln maximal 160 cm.
Die Durchführung von Viertelmeilen-Rennen (ca. 419 m) im Westen der USA schon durch die ersten europäischen Siedler gab der Pferderasse ihren Namen. Sie stellt das eigentliche Westernpferd. Es war ein robustes Reit- und Arbeitspferd des Cowboys für das Hüten

der Viehherden und bewährte sich vor allem beim Einfangen ausgebrochener Tiere, bedingt durch seine Veranlagung zum Schritt, vor allem zum Galopp mit raschem Antritt und hohem Speed über etwa 400 m (70 km/h und mehr). Quarter-Pferde sind heute nicht nur in den USA, sondern z. B. in Australien, Mittel- und Südamerika, seit Anfang der 70er Jahre auch in Deutschland zunehmend beliebt. Sie werden, so wie in ihrer Heimat, in der Regel auch mit Westernausrüstung und nach Cowboy-Art geritten und auf Wettbewerben vorgestellt. Die Pferde sind äußerst kräftig, tief und breit. Sie führen ihre Herkunft auf spanische Pferde (z. T. verwilderte Mustangs) zurück, die in großem Umfang nach etwa 1860 mit Englischen Vollbluthengsten aufgewertet wurden. In die Selektion wurde der „Cow Sense“ (Rinderverstand) einbezogen, der das Quarter Horse zu eindrucksvoller Vielseitigkeit befähigt, die sich im Beherrschen von etwa 25 Disziplinen (1991) widerspiegelt. Es kommen alle Farben vor; Füchse und Braune sind vorwiegend vorhanden. Mit fast 3 Millionen reingezogener Tiere bildet das Quarter Horse zur Zeit (1991) die größte Pferderasse der Erde.

• Warmblutzucht im Zuchtgebiet Rheinland sowie Rheinland-Pfalz-Saar

Widerristhöhe im Rahmen der Zucht des „Deutschen Reitpferdes“ um 162–168 cm. Die Zucht von Warmblutpferden ist in diesen Gebieten, die seit etwa 1876 über 100 Jahre die führende deutsche Kaltblutzucht beherbergten, regional unterschiedlich und zum Teil verhältnismäßig jung. Mit der sich aus der Neuorientierung der Pferdezucht ergebenden Zuchtzieländerung, die für viele Züchter einen Neuanfang bedeutete, wurde der Typ des modernen Hannoveraners zum allgemeinen Vorbild. Es kamen Hengste aus Hannover und Westfalen sowie Warmblüter Trakehner Abstammung zum Einsatz, um die Zucht in diesem Sinne aufzubauen. Für Rheinland-Pfalz-Saar spielt das – kleinste – Landgestüt Zweibrücken eine nach wie vor große zuchtfördernde Rolle. 1755 als herzogliches Hofgestüt gegründet stand es Ende des 18. Jahrhunderts, wie auch die pfälzische Landespferdezucht (gute Stuten durften nicht außer Landes verkauft werden!), in hoher Blüte. 1793 wurden alle Gestütspferde nach Frankreich abgetrieben, das den Betrieb bis 1814 besetzt hielt. Der Bestand ging zum Teil wiederum nach Frankreich und ins brandenburgische Neustadt/Dosse. 1890 übernahm Bayern das Gestüt. 1939 und 1944 wurde der Betrieb nach Bayern evakuiert und 1945 durch Bomben zerstört. 1946–1959 blieb Zweibrücken Land- und Hauptgestüt, seit 1960 wird es ausschließlich als Landgestüt betrieben. Es hält, dem modernen Zuchtziel entsprechend, zur Zeit (1991) vorwiegend Hengste hannoverscher Abstammung. Beide Zuchtgebiete liefern zunehmend geeignete Sport- und Freizeitpferde, die dem gemeinsamen Ziel „Deutsches Reitpferd“ entsprechen.

• Warmblutzucht in den Zuchtgebieten Sachsen, Sachsen-Anhalt und Thüringen

Widerristhöhe im Rahmen der Zucht des „Deutschen Reitpferdes“ um 162–168 cm. Die Warmblutzuchten entstanden hier um 1880 auf Grundlage vorhandener mittelschwerer Pferde unter umfangreicher Verwendung von Oldenburger (vorwiegend Sachsen und Sachsen-Anhalt) und Ostfriesen-Hengsten; zugleich wurde eine umfangreiche Kaltblutzucht aufgebaut, die vor allem in Sachsen-Anhalt einen sehr hohen Stand erreichte. Träger der Hengsthaltung war in Sachsen-Anhalt das Landgestüt Kreuz (Stadtteil von Halle/S. 1891 – 1960), in Sachsen das traditionsreiche Landgestüt Moritzburg, Kreis Dresden (erbaut als Marstall (Jagdpferde) 1733, gegründet als Landstallamt 1828). Thüringen war ausschließlich auf Privathengsthaltung bis 1956 eingerichtet; 1956 wurde vorübergehend das bei Erfurt liegende Stotternheim als Hengstdepot, von 1961 als Außenstelle von Moritzburg für Thüringen betrieben. Als Folge des extrem sinkenden Stutenbestandes und der notwendigen Umstellung des Zuchtziels auf ein modernes Sport- und Freizeitpferd wurde bis auf eine kleine Population schwerer Warmblüter (ist in Reinzucht verblieben) vorwiegend mit Englischen Vollblütern und Warmbluthengsten Trakehner Abstammung gearbeitet. Zudem bilden sich seit den 70er Jahren selbständige Zuchtinseln, die mit edlen Warmblutrassen (Hannoveranern, Ostpreußen, Mecklenburgern, Brandenburgern usw.) züchten. Etwa seit 1980 liefern die drei Zuchtgebiete zunehmend geeignete Pferde für den Freizeit- und Sportbedarf. Neben der Privathengsthaltung erfolgt über das Landgestüt Neustadt/Dosse die Bereitstellung von Zuchthengsten für Sachsen-Anhalt, über Moritzburg für Sachsen und Thüringen.

• **Shagya-Araber** (seit 1978 „Pure-bred Shagyas" Reinzucht-Shagya-Araber)
Widerristhöhe mindestens 150– etwa 160 cm. Diese leistungsfähige, ausdauernde und elegante arabische Halbblutrasse wird heute nach ihrem Stammlinienbegründer „Shagya" (geb. 1830 in Syrien) benannt, der von 1837–1842 in Bábolna deckte. Sie hat sich aus der traditionellen „Araberrasse" in Reinzucht weiterentwickelt. Die Ansatzpunkte sind in den traditionellen Militärgestüten der K. u. K. Monarchie des ausgehenden 18. und des 19. Jahrhunderts zu finden, so in Radautz/Rumänien, Bábolna/Ungarn, später auch in Topolcianky/CSFR, Kubijuk/Bulgarien. Mit dieser Rasse sollte eine allgemeine Verstärkung des Typs, Verbesserung des Ganges sowie der Reiteignung gegenüber dem Araber eintreten, jedoch ohne dessen hervorragende innere Eigenschaften oder seine Schönheit und Eleganz aufzugeben. Mit der Gründung des Hauptgestütes Bábolna (1789) begann diese Arbeit unter sorgfältigster Zuchtbuchführung und strengster Selektion in Richtung auf ein vielseitig einsetzbares arabisches Reit- und Wagenpferd, das zugleich arabischen Adel und Schönheit in ausgeprägter Weise verkörpern sollte. Nach Auflösung der K. u. K. Monarchie 1918 wurden die Zuchtpferde auf die Nachfolgestaaten verteilt, soweit sie den I. Weltkrieg überstanden hatten. So kamen u. a. auch Borike/Jugoslawien und Mangalia/Rumänien zu Zuchtstämmen. Im II. Weltkrieg und durch seine Folgen war der Bestand der Rasse auf wenige Tiere zusammengeschmolzen. Ihr Wert wurde gerade noch rechtzeitig erkannt; u. a. sind heute (1991) neben Ungarn vor allem Deutschland, Dänemark, Österreich und die Schweiz Träger der Shagya-Araber, die seit 1978 diesen Namen führen. Dieses attraktive Pferd wird wegen seines ausgeprägten Gleichgewichtsverhaltens, seiner Zuneigung zum Menschen und seiner Zuverlässigkeit im Freizeitbereich wie im Sport (Dauerleistung) hoch geschätzt. Zum Erhalt seiner Besonderheiten (Typ und Größe) dürfen in der vierten Vorfahrensgeneration von den insgesamt 16 Ahnen nicht mehr als neun Arabische Vollblüter sein. So bleibt es ein besonderes Juwel der internationalen Pferdezucht; sein Bestand ist jedoch nicht mehr gefährdet.

• **Westfälisches Warmblutpferd** (Westfale)
Widerristhöhe im Rahmen der Zucht des „Deutschen Reitpferdes" um 165–170 cm. Die Pferdehaltung hat in Westfalen alte Tradition. Zahlreiche bodenständige Landschläge überlebten noch bis ins 18. Jahrhundert hinein, das Dülmener Pferd (Wildling im Merfelder Bruch) dem Namen nach bis heute. Anfänge einer planmäßigen Warmblutzucht gibt es mit Gründung des Landgestüts Warendorf 1826, das vor allem die Remontierung geeigneter Pferde für die Armee vorwärtsbringen sollte. Um 1855 wurde dieser Gedanke endgültig fallengelassen; zugleich stieg nach und nach der Bedarf an schwereren Pferden für die Landwirtschaft: Einsatz von schweren Warmblut- und von Kaltbluthengsten war die Folge, an die sich u. a. die Herausbildung der berühmten, westfälischen Kaltblutzucht anschloß, von der noch ein kleiner Zuchtstamm erhalten ist. Die schwere Warmblutzucht bewährte sich auf Dauer nicht. Sie wurde allgemein 1894 eingestellt und allmählich, in den 20er Jahren unseres Jahrhunderts endgültig, auf das hannover-

sche Zuchtziel ausgerichtet. Zielstrebigkeit, Weitsicht und Sachkunde von Zucht- und Landgestütsleitung, auch z. B. beim Einsatz von Englischen Vollbluthengsten (etwa 9 % der Bedeckungen 1991), führten besonders seit den 60er Jahren zu einer gediegenen Entwicklung des Zuchtgebietes, das inzwischen den 2. Platz in Deutschland erobert hat.
Das Zuchtgebiet umfaßt das bedeutendste deutsche Pferdesportzentrum: Sowohl das Nordrhein-Westfälische Landgestüt mit angegliederter „Deutscher Reitschule" als auch die Anlagen des „Deutschen Olympiadekomitees für Reiterei" sowie der „Deutschen Reiterlichen Vereinigung (FN)" sind in Warendorf bei Münster/Westfalen ansässig. Die glückliche Verbindung von Zucht und Sport hat sich auch auf Qualität und Ansehen des westfälischen Warmblutpferdes, eines vielseitig einsetzbaren Hochleistungs- wie Freizeitpferdes, positiv ausgewirkt.

• **Württemberger Warmblutpferd** (Württemberger)
Widerristhöhe im Rahmen der Zucht des „Deutschen Reitpferdes" um 162–166 cm.
Nach Zusammenschluß der badischen und württembergischen Zuchtverbände 1978 umfaßt das Zuchtgebiet seitdem das Land Baden-Württemberg. Im Zuchtgebiet ist die Pferdezucht schon seit dem 6. Jahrhundert nachzuweisen (vgl. auch der Stutengarten seit 955, der Stuttgart den Namen gab). Schwierige geologische Verhältnisse, vor allem aber ständige politische Wirren erschwerten eine kontinuierliche Entwicklung. Ein Lichtblick waren die Gründungen von Hofgestüten, von denen Marbach/Lauter (gegr. 1573, seit 1736 auch Landgestüt) einen besonders positiven Einfluß nahm. Daneben gewann die private Hengsthaltung zunehmend an Einfluß. Schwere Einbußen durch Kriegshandlungen (Zerstörung von Marbach 1635 usw.) und fehlende Zuchtkonzeption hatten bis ins 19. Jahrhundert hinein entsprechende Folgen. Seit um 1870 gab es eine Verstärkungsperiode (zunächst Anglo-Normannen, seit 1903 Oldenburger, später nochmals französische Hengste). Erste Bemühungen um die Veredelung des Württembergers wurden 1954 begonnen. Warmbluthengste Trakehner Abstammung wurden in großem Umfang eingesetzt; ihre gute Qualität gab der Zucht in Baden-Württemberg seit Ende der 60er Jahre bedeutenden Aufschwung. Das erzeugte Pferd ist inzwischen gleichermaßen für Reiten und Fahren, besonders im Sinne eines Freizeitpferdes, geeignet. Leistungsbereitschaft, Ausdauer und Härte sind seine besonderen Kennzeichnen.
Im Haupt- und Landgestüt Marbach/Lauter ist seit 1932 (kgl. Privat-Araberzucht wurde von Weil (b. Stuttgart, gegr. 1817) verlegt) eine der kostbarsten und ältesten europäischen Vollblutaraberzuchten beheimatet. Einflüsse auf die Landeszucht in Baden-Württemberg bestehen heute kaum.

1.2.3. Kleinpferderassen

• **Connemara-Pony** (Connemara)
Widerristhöhe 132–147, im Durchschnitt etwa 140 cm.
Diese bedeutende irische Kleinpferderasse leitet ihre Herkunft vom keltischen Pferd ab und ist seit dem 12. Jahrhundert in ihrer Heimat, der Landschaft Connaugh (nördlich der Galway- ‹ir.: An Ghallimh-› Bucht) nachgewiesen. Die Ponys waren deutlich vom spanisch-andalusischen Pferd beeinflußt und galten schon vor Jahrhunderten als starke, ausdauernde, schnelle und sichere Reitpferde, die noch bis nach 1900 vorwiegend falbfarben waren. Ab Mitte des 19. Jahrhunderts litt die Zucht durch uneingeschränkten Export der Ponys nach England zur Untertagearbeit in den Kohlengruben. Seit 1924 gibt es jedoch ein einheitliches Zuchtziel, nach welchem bis heute gearbeitet wird. Connemara-Ponys sind vor allem leistungsfähige Jagd- und Springpferde sowie für Dauerleistung in unwegsamen Gelände besonders geeignet. Sie sind auffallend dressurfähig. Schimmel sind heute (1991) am stärksten vertreten, auch Braune und Rappen kommen neben den noch vorhandenen Falben vor. Notwendige

Veredelungen erfolgen mit Englischen oder Arabischen Vollbluthengsten.
Connemara-Hengste werden häufig zur Züchtung von Huntern verwendet. Infolge seiner hervorragenden Reiteignung wird das Pony auch außerhalb Irlands in zahlreichen Zuchtinseln gehalten, so z. B. in England, Dänemark, Schweden und Deutschland sowie in den Niederlanden und in den USA.

- **Dartmoor-Pony**

Widerristhöhe 116 – 122, maximal 127 cm. Diese südenglische Rasse bildete ursprünglich mit z. B. dem Exmoor-Pony einen Bestand, der schon in vorrömischer Zeit bekannt war. Sie trägt den Namen der großen Hochebene nördlich Plymouth, die vorwiegend aus Moor- und Heideflächen besteht, die durch kahle Granitfelsen und Geröllfelder unterbrochen sind. Die Tiere leben dort z. T. noch halbwild und sind besonders im Winterhalbjahr durch starke Stürme und Futtermangel härtesten Bedingungen ausgesetzt. Auch außerhalb dieses Gebietes wird das Pony rein gezüchtet. Es ist ein zuverlässiges Reitpferd, infolge seiner Größe und der Zuneigung zum Menschen speziell für Kinder und Jugendliche geeignet. Dunkles Haarkleid ist vorherrschend. Kreuzungen zwischen Dartmoor-Stuten und kleinen Englischen Vollbluthengsten ergeben ebenso ausgezeichnete, aber entsprechend etwas größere Reitponys. Auch u. a. in den Niederlanden und in Deutschland gibt es Zuchtbestände des Dartmoor-Ponys.

- **Deutsches Reitpony**

Widerristhöhe um 140 cm, Tendenz darüber. Auf der Grundlage vorhandener verschiedener Kleinpferde-, vor allem britischer Ponyrassen, entwickelte sich in Deutschland besonders seit nach 1970, eine eigenständige Reitpony-Population. Vorbild war und ist die Züchtung des britischen „Riding Pony", das u. a. eine Verbindung von Connemara-, Dartmoor-, New-Forst- und Welsh-Ponys darstellt. Für das Riding Pony gilt eine maximale Widerristhöhe von 147 cm, die es u. a. aber auch dem sorgfältigen Einsatz von Englischen und Arabischen Vollbluthengsten verdankt. Das Deutsche Reitpony wird analog gezüchtet, wobei sich der Einsatz von Arabischen Vollbluthengsten besonders bewährt hat. Ziel ist die Eignung des Ponys vorwiegend für den Turniersport von Kindern und Jugendlichen, wobei an die Bewältigung aller einschlägigen reitsportlichen Disziplinen gedacht ist. Neben einwandfreien Charakter- und Temperamentseigenschaften sind die Ausbildung eines soliden Fundaments mit guter bis sehr guter Veranlagung für die drei Gangarten Schritt, Trab und Galopp kennzeichnend.

- **Dülmener Pferd** (Dülmener, Pferd des Merfelder Bruchs)

Widerristhöhe um 125–135, einzeln auch 140 cm.
Älteste, in freier Wildbahn lebende (aber kein Wildpferd!) deutsche Kleinpferdepopulation. Historisch läßt sie sich auf das alte germanische Hauspferd zurückführen, wie es die römischen Schriftsteller CÄSAR und TACITUS beschrieben haben. Letztes Eiland für ihr Überleben war das westfälische Münsterland, in welchem sie noch im 18. Jahrhundert als freilebend erwähnt werden – neben anderen, nach dem 18. Jahrhundert erloschenen einheimischen Pferdeschlägen. Seit 1316 ist ihr Vorkommen im Merfelder Bruch, 12 km östlich Dülmen/Westfalen, urkundlich bestätigt. 1840 erwarb der Herzog von CROY Teile des Bruchs, ließ bestimmte Flächen für die Weidezüchtung der freilebenden Pferde einzäunen und ihren Bestand sichern. Heute ist damit ein Reservat von etwa 280 ha mit ca. 180 Pferden vorhanden. Zu einem Volksfest wird das jährliche Herausfangen der Jährlinge; dabei werden die überzähligen jungen Hengste verkauft. Seit der planmäßigen Weiterzüchtung wurden im Bestand neben eigenen auch Hengste aus Großbritannien (vorwiegend Exmoor- und Welsh-Mountain-Ponys) und aus Polen (Polnische Koniks) sowie aus Spanien (Navarra-Ponys) und Arabische Vollblüter eingesetzt. Heute lassen sich die Dülmener in zwei Hauptgruppen einordnen,

die sich äußerlich durch die Färbung unterscheiden: 1. Mausfalben mit Aalstrich und Beinstreifung, 2. Dunkelbraune mit hellem Maulring und hellen Augenringen. Generell ist der Dülmener hart und kräftig, hat trokkene Gliedmaßen mit kleinen, harten Hufen. Auch wegen seiner Gelehrigkeit und seinen angenehmen Verhaltensweisen verkörpert er ein gutes Reitpony, das wegen seiner Herkunft auch als „Wildbahnpony“ bezeichnet wird.

• **Haflinger** (Haflinger Pferd, ital.: Avelignes)
Widerristhöhe um 134–142 cm.
Diese Rasse gründet sich auf die Gebirgsvariante des keltischen Pferdes und hat sich zu einem typischen Gebirgs- und Saumpferd mit besonderer Fähigkeit zu hoher Tragleistung und Trittsicherheit entwickelt. Das geschah u. a. über die Zwischenstufe des norischen Pferdes, einer sehr alten, kaltblutartigen schweren Rasse. In insgesamt wenigstens zwei Jahrtausenden prägten harte Klima- und ungünstige Haltungsverhältnisse die Wuchsform der Vorläuferpopulation des heutigen Haflingers. Diese wurde in den vergangenen Jahrhunderten durch Einflüsse orientalischer Hengste in ihrer konstitutionellen Entwicklung unterstützt, die auch am Exterieur nicht spurlos vorüberging und eine gut stabilisierte Gebirgsrasse bildete. Die Paarung des arabischen Halbbluthengstes „133-El Bedavi XXII“, geb. 1868 in Radautz, mit einer „orientalisierten“ Landstute brachte im Vintschgau (ital.: Val-Venosta/Südtirol) 1874 den Goldfuchs „249 Folie“, der bis 1898 deckte und über seine Söhne, begleitet von konsequenten züchterischen Maßnahmen, den modernen Haflinger schuf. Der Name dieser Rasse entspricht dem einer kleinen Ortschaft nahe Meran(o)/Südtirol (Hafling – ital.: Avelengo). Ihr Hauptzuchtgebiet liegt heute in Südtirol/Norditalien und im österreichischen Tirol. Der Haflinger ist gutmütig, zuverlässig, leichtfuttrig, langlebig und fruchtbar. Darüber hinaus ist er durch seinen schmucken Anzug beliebt: helle bis dunkle Fuchsfarbe mit hellem Langhaar an Mähne und Schweif. Als Arbeits-, Trag- und Freizeitpferd ist er gleichermaßen gut nutzbar. Infolge seiner züchterischen Konsolidierung und seiner Anspruchslosigkeit ist er weit über sein ursprüngliches Heimatgebiet verbreitet; neben namhaften Beständen in Deutschland gibt es Zuchten fast überall in Europa, aber auch in den USA, in der Türkei und Pakistan. Veredelungsmaßnahmen gab es in Bayern, Sachsen und Thüringen zur Verbesserung der Reiteignung mit Arabischen Vollbluthengsten.

• **Island-Pferd** (Isländer, Island-Pony)
Widerristhöhe um 127–137, im Durchschnitt um 132 cm.
Mit der ersten Einwanderung norwegischer Bauern kamen auch deren Pferde seit 874 nach Island. Damit begann dort die Herausbildung des Island-Pferdes. 930 erfolgte durch Thingbeschluß ein Einfuhrverbot für Pferde, das bis zum 20. Jahrhundert durchgesetzt wurde. Es führte zur totalen Reinzucht und damit zur Konsolidierung dieser Rasse, nicht nur hinsichtlich des Exterieurs, sondern infolge der harten natürlichen Selektion auch bezüglich Anspruchslosigkeit und Anpassungsfähigkeit an die herrschenden, lebensfeindlichen Bedingungen. Hohe Leistungsfähigkeit als Reit- und Tragtiere zeichnen die Pferde aus. Trotz mehrerer Naturkatastrophen erholte sich der Bestand immer wieder.
Neben den bekannten Gangarten Schritt, Trab und Galopp beherrschen zahlreiche Isländer zusätzlich noch Paß und Tölt (auch als Rennen), die für das Reiten über große Strekken besonders bequem sind. Tagesleistungen liegen bei 50–80 km; Tagesritte von 100 km sind keine Seltenheit. Sie entsprechen voll den Vorstellungen von langlebigen, ausdauernden Robustpferden. Sie sind harmonisch, untersetzt und sehr kräftig, absolut trittsicher und finden sich in dem meist felsigen, lavazerklüfteten Gelände gut zurecht. Zudem sind sie ausgezeichnete Schwimmer und werden – im Gegensatz z. B. zu vielen Großpferderassen – auch bei langen Schiffstransporten nicht seekrank. Starkes und dichtes Langhaar

ist kennzeichnend, ebenso deutlicher Fellwechsel (Winter/Sommerfell). Die Pferde sind umgänglich und passen sich gut an den Menschen an; das Geschlechtsverhalten ist besonders bei Hengsten betont (der Hengstkampf ist schon durch die ersten Siedler aus Norwegen als Zeremonie „importiert" worden). In Westeuropa und in Deutschland ist diese Rasse sehr geschätzt, vor allem im Jugendsport und Freizeitbereich.

• **New-Forest-Pony**

Widerristhöhe um 130 (einzeln darunter) – 148 cm.

Im Gebiet von Hampshire/Südengland lebt diese Ponyrasse heute innerhalb eines Landschaftsschutzgebietes. Sie leitet ihre Herkunft vom kleinen britannischen Gebrauchspferd ab. Seit dem 17. Jahrhundert gibt es einzelnen züchterischen Einfluß, im 19. Jahrhundert planmäßige Einkreuzungen von Arabischen Hengsten. Seit Ende des 19. Jahrhunderts werden einheimische britische Ponyrassen zur Zucht verwendet. Im wesentlichen erfolgt die Haltung dieser Rasse auch heute noch halbwild; sie steht unter Naturschutz. Ihre besondere Eignung liegt in Trittsicherheit, guter Dressurfähigkeit und großer Zuverlässigkeit als Reitpferd. Infolge der verwendeten Hengste unterschiedlicher Rassen variieren Größe und Rahmen beträchtlich. Unabhängig davon sind die Ponys sehr gutartig und deshalb für Kinder und Jugendliche geeignet. Je nach Widerristhöhe werden sie auch von Erwachsenen gern genutzt.

Nach Deutschland wurden diese Ponys häufig exportiert. Sie stammen in der Regel von Zuchtstätten, die den „Überschuß" aus dem New-Forest abnehmen und durch eigene Weiterzucht den Bestand mit sichern helfen.

• **Norwegisches Fjord-Pferd** (Fjord-Pferd, Westlandpferd)

Widerristhöhe etwa 132–150 cm, Stuten durchschnittlich um 141, Hengste um 142 cm.

Als Vorläufer dieser leistungsfähigen Kleinpferderasse in ihrer heutigen Form kann das alte nordnorwegische Lyng-Pferd, möglicherweise wesentlich auch die Westvariante des heutigen Gotland-Ponys (vgl. „Westlandpferd") angesehen werden. Auf alle Fälle ist das Fjord-Pferd seit Menschengedenken in West- und Nordwestskandinavien nachweisbar. Die Pferde haben ein ganz spezifisches Exterieur, stehen im Rechteckformat, das eine genügende Rückenlänge sichert, die wiederum den Tieren eine hohe Tragfähigkeit über große und schwierige Strecken verleiht. Das Fjord-Pferd zeichnet sich durch besondere Gutwilligkeit und angenehmes Temperament aus. Es wird als Reit-, Trag- und Zugtier hoch geschätzt. Es ist anspruchslos an Fütterung und Haltung. Seine konstitutionellen Eigenschaften sind hervorragend. Die vielseitige Qualität hat zu seiner weiten Verbreitung in Europa und auch in Deutschland geführt. Charakteristisch ist die Falbfarbe, meist hellbraun- oder braunfalb. An Braunfalb ist die schwarze Zeichnung der Wildpferdemerkmale gebunden, also Aalstrich bis zur Schweifwurzel, Querstreifung an den Vorderbeinen, heller Maulring und Unterbauch sowie helle Schenkelinnenseiten. Häufig fehlen die sogenannten Kastanien, und zwar auch an den Vorderextremitäten. Das Fjord-Pferd wird unter Beibehaltung der Reinzucht betont auf dem Wege der Selektion in Richtung auf ein Freizeitpferd (Reiten) weiterentwickelt.

• **Shetland-Pony**

Widerristhöhe sog. Urtyp 80-107,5, Fetlar-Typ um 106– um 120, Mini-Shetlands (Mini Horses) um 40– um 50 cm.

Wahrscheinlich stammt diese alte Rasse, wie z. B. auch das Highland-Pony, vom altsteinzeitlichen kleinen Gebrauchspferd Nordschottlands ab. Diese kleinen Pferde wurden durch die keltischen Ureinwohner Schottlands, die Picten, auf die Shetlandinseln gebracht. Sie erhielten im 9. Jahrhundert in kleinem Umfang Zugänge von südskandinavischen Pferden (vgl. Island-Pferd), die aber, soweit sie überlebten, von dem bereits vorhandenen Bestand assimiliert wurden. In verhältnismäßig vollständiger züchterischer Isolation durch den Inselstatus entwickelte sich diese typische Zwergpferderasse bis zur Mitte des 19. Jahrhunderts. Seit dieser Zeit gab es Bestrebungen, durch Einkreuzung und Selektion einen größeren Stamm herauszuzüchten, so daß man heute von zwei Typen dieser Rasse sprechen kann, auch wenn sich diese zum Teil miteinander verbinden: dem urwüchsigen, ursprünglichen Ponytyp, der sich durch proportionalen Zwergwuchs auszeichnet, und dem etwas eleganteren, größeren, sogenannten Fetlar-Typ. Auch nach dem Standard für die Züchtung des Ponys in Großbritannien (einschl. der Shetlandinseln) gilt der erstere als echt und darf eine Widerristhöhe von 107,5 cm nicht überschreiten, während der Fetlar-Typ deutlich größer wird. Auf den Shetlandinseln werden die Ponys meist halbwild gehalten. Ihrer dort rückläufigen Anzahl steht bis heute ein umfangreicher Export gegenüber, der in Vergangenheit und Gegenwart zur Schaffung zahlreicher Zuchtinseln in und außerhalb Europas geführt hat. Deutschland gehört zu den Alt-Importeuren: 1900 wurden die ersten Zuchttiere erworben. Seit 1880 bemühen sich einzelne Zuchtstätten, vor allem in den USA, um die Züchtung von Mini-Pferden unter Verwendung von extrem kleinen Shetland-Ponys und deren weitere Selektion auf Zwergwuchs.

• **Welsh-Pony** (Welsh, Walisisches Pony)
Widerristhöhe in Abhängigkeit von der Sektion um 115– um 158 cm.
Diese Kleinpferderasse stammt von den kleinen Gebrauchspferden der Kelten ab und war im 19. Jahrhundert u. a. auch als Wales-Pony oder Walisisches Bergpferd bekannt. Seine Herkunft ist schon seit dem 12. Jahrhundert verbürgt. Hier handelt es sich um eine der ausdauerndsten und härtesten der bekannten Kleinpferderassen. In Abhängigkeit von den territorialen Verhältnissen entwickelten sich in der Grafschaft Wales eine Reihe Typvarianten, deren Eigenständigkeit durch Verwendung von Orientalischen und später Englischen Vollbluthengsten (18./19. Jahrhundert) noch erhöht wurde. Die größeren Varianten mit ausgeprägter Paßeigenschaft gab es noch bis zum 18./19. Jahrhundert, wobei diese Spezialität jedoch durch andere Reitweise bzw. die Einkreuzung fremder Rassen wieder verschwand. Das 1902 gegründete Stutbuch sieht vier Sektionen mit unterschiedlichem Exterieur vor und hat sich bis heute als weitsichtige Förderungsmaßnahme bewährt:

- Sektion A: Widerristhöhe maximal 122 cm, keine Schecken; rassetypische Grundlage für die Sektionen B, C und D. Ursprünglich Rasse Welsh-Mountain-Pony;
- Sektion B: Widerristhöhe maximal 137 cm; durch häufigere Verwendung von Fremdrassen mehr Reiteignung mit großen Qualitäten: Welsh-Pony;
- Sektion C: Widerristhöhe maximal 137 cm; meistens Kreuzungsprodukt der Sektionen A und B, auch D, hervorragend geeignet als Reit- und Jagdpferde für schwieriges Gelände: Welsh-Pony/Cob-Typ;
- Sektion D: Widerristhöhe über 137 cm, aber meist 142 – 158 cm; ausdauerndes, kräftiges Jagd- und Geländepferd mit hervorragender Springveranlagung: Welsh-Cob.

  Um 1965 wurden die ersten Welsh-Mountain-Ponys, seitdem vorwiegend Welsh-Ponys der Sektion B nach Deutschland eingeführt und gezüchtet. Sie bildeten 1991 hier die stärkste Reitponygruppe.

1.3. Anatomie und Physiologie des Pferdes

Bausteine des tierischen Körpers

Der tierische Körper ist als Organismus ein einheitliches *Ganzes.* Alle Organe sind voneinander abhängig. Jedes Organ setzt sich aus verschiedenen *Gewebearten* zusammen, die aus kleinsten, nur bei starker mikroskopischer Vergrößerung sichtbaren *Zellen* (cellula) aufgebaut sind. Der Körper des Pferdes besteht aus einigen Billionen Zellen und ist somit ein hochorganisiertes *Zellgefüge.*

Die Zelle. Die *Formen der tierischen Zellen* sind vielfältig. Man unterscheidet z. B. kugelartige, zylindrische und kegelförmige Zellen. Manche Zellen sind sternförmig oder stellen flache oder spindelförmige Gebilde dar, andere dagegen sind typische Faserzellen oder besitzen lange Fortsätze. (Abb. 1)

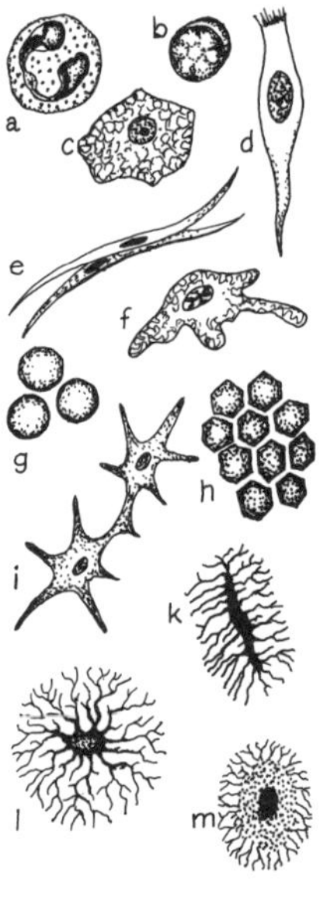

1 Formen der tierischen Zelle; a Leukozyt; b Lymphozyt; c Plattenepithelzelle; e glatte Muskelfasern; f Wanderzelle; g rote Blutkörperchen; h Pigmentepithel; i Bindegewebszellen; k Knochenzellen; l Gliazelle; m Leukozyt vom Frosch

Die *Größe* der vielgestaltigen Zellen ist sehr unterschiedlich. Die durchschnittliche Größe der Körperzellen beim Pferd beträgt 15 µm, die der roten Blutkörperchen durchschnittlich 5 und die der Leberzellen durchschnittlich 20 µm.

Die *Hauptbestandteile* der Zelle sind der *Zellleib* und der *Zellkern* (Nucleus). (Weitere Bestandteile zeigt Abb. 2.) Der Zellleib besteht aus *Protoplasma* (Zytoplasma). Dieses setzt sich aus *Eiweißkörpern,* die 75 Prozent seiner Trockensubstanz ausmachen, sowie aus Kohlenhydraten, Fetten, Wasser, anorganischen und anderen Verbindungen zusammen. Der *Zellkern* besteht hauptsächlich aus phosphorreichen Nukleoproteinen. An den Zellkern ist

2 Tierische Zelle: 1 Kernkörperchen; 2 Chromatingerüst; 3 Zentralkörperchen; 4 Golgi-Apparat; 5 Zytoplasma

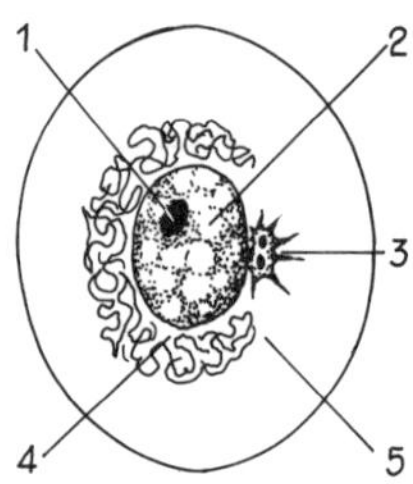

die *Teilungsfähigkeit* der Zelle gebunden. Die Zellen zeigen alle *Merkmale des Lebens:* Stoffwechsel, Wachstum, Vermehrung, Bewegung und Reaktion auf Reize.

Das **Gewebe** ist eine Vereinigung gleichartiger und gleichwertiger, zu einer bestimmten Tätigkeit befähigter *Zellen,* einschließlich der *Zwischenzellsubstanz* (Interzellularsubstanz). Die Struktur und Menge der Zwischenzellsubstanz ist je nach Gewebeart unterschiedlich. Die verschiedenen Gewebearten sind zu *Organen* vereinigt, denen eine bestimmte Gestaltung und Funktion eigen ist.
Man unterscheidet als *Gewebegrundarten:* Epithelgewebe, Binde- und Stützgewebe, Muskelgewebe, Nervengewebe, Blut und Lymphe.

Organsysteme. Alle tierischen Körper bauen sich aus einer Reihe wichtiger *Organe* auf. Mehrere Organe, die eine gemeinsame Funktion verrichten, bilden jeweils ein *Organsystem.* Gesunde und kräftige Organe sind Voraussetzungen für große Leistungen des *Gesamtorganismus.* Folglich werden an die Organe der Sportpferde sehr hohe Anforderungen gestellt. Das gilt für das *Bewegungssystem* (Skelett und Muskulatur), das *Atmungs-* und *Kreislaufsystem* sowie für das *Nerven-* und das *Verdauungssystem.*

Das Skelett

Kenntnisse über das Skelett des Pferdes sind eine Voraussetzung, Rasse und Typ entsprechend den gestellten Leistungsanforderungen richtig erkennen und beurteilen zu können. Es ist der *passive Teil* des Bewegungsapparates. Durch die Bildung von Körperhöhlen erhalten lebenswichtige Organe ihren Schutz (z. B. Brusthöhle, Schädelhöhle).

Die **Knochen** sind harte, aber elastische Gebilde. Dabei sind die anorganischen Bestandteile (z. B. Calciumphosphat, Calciumcarbonat, Magnesiumphosphat) von Bedeutung für den Härtegrad und die organischen Bestandteile (z. B. kollagene Fibrillen) für die Elastizität. Die gesamte *Knochensubstanz* setzt sich zu etwa zwei Dritteln aus anorganischen und zu einem Drittel aus organischen Bestandteilen zusammen. Die spezifischen *Knochenzellen* sind längsovale, bohnenförmige, mit vielen Ausläufern versehene Gebilde. Diese befinden sich in sogenannten Knochenhöhlen der Grundsubstanz, die untereinander durch feinste Kanälchen verbunden sind. Die Knochenzellen ordnen sich kreisförmig (konzentrische Lamellen) um die Haversschen Kanäle an. Dies sind längsverlaufende Kanäle im Innern der Knochenmasse; hier verlaufen die Blut- und Lymphgefäße sowie die Nerven. Der Knochen stellt somit ein hochorganisiertes Gewebe bzw. Organ dar und ist einem lebhaften Stoffwechsel unterworfen.

Den wechselnden Ansprüchen an die Knochen entspricht deren *Formenvielfalt.* Man unterscheidet im *Bau der Knochen* u. a. lange röhrenförmige, kurze, breite sowie flache Knochen. Einige von ihnen zeigen Fortsätze, Leisten, Höcker und Auswüchse, die der Anhaftung von Muskeln, Sehnen und Bändern dienen. Der *Röhrenknochen* bildet in seiner Grundform eine Säule mit je einer Epiphyse an den Enden. (Abb. 3) Beide sind mit einem dichten Netzwerk von Knochenbälkchen (Spongiosa) ausgefüllt, wodurch besondere Wirkungen der statischen Zug- und Drucklinien möglich werden (Gesetz der Statik). Das Mittelstück (Diaphysenabschnitt) besteht aus dem eigentlichen *Knochenschaft* mit einer kompakten Knochensubstanz (Substantia compacta). Im Innern des Diaphysenteiles befindet sich die *Markhöhle* mit rotem und gelbem *Knochenmark.* Bei jungen Tieren überwiegt das rote Knochenmark. Es ist gefäß- und zellreich und die Bildungsstätte der roten Blutkörperchen (Erythrozyten) sowie einer

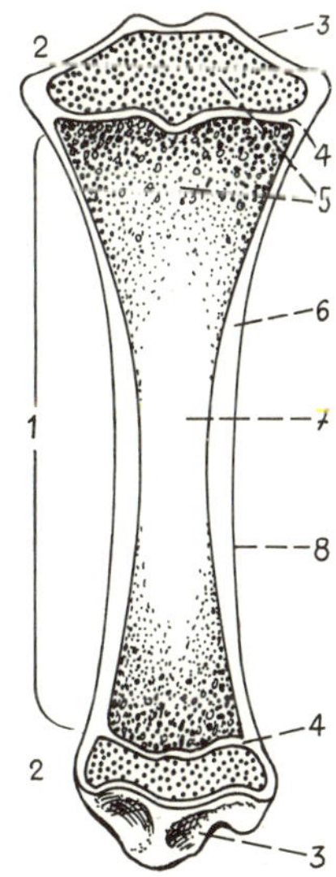

3 frontaler Längsschnitt eines Röhrenknochens (Tibia): 1 Diaphyse; 2 Epiphyse; 3 Gelenkfläche mit Knorpel; 4 Epiphysenfuge; 5 Spongiosa; 6 Subst. compacta; 7 Markhöhle; 8 Periost

Gruppe der weißen Blutkörperchen (Leukozyten), der Granulozyten. Der Knochen ist (außer an den Gelenkenden) mit einer *Knochenhaut* umgeben (Periost). Sie ist reich an

Blutgefäßen und Nerven und schützt den Knochen. Die kurzen und flachen Knochen (Plattknochen) zeigen keine größeren Hohlräume. Sie sind im Innern mit einer besonders dichten Spongiosa ausgefüllt und haben eine verhältnismäßig dünne Knochensubstanz. Verbunden sind die einzelnen Knochen durch *Knochen-* und *Knorpelhaften,* durch *Gelenke* und *Bandhaften* sowie durch *Muskeln.*

Einteilung des Skeletts

Bei der Einteilung des Skeletts wird Schädel-, Rumpf- und Gliedmaßenskelett unterschieden.

Das **Schädelskelett** läßt sich in einen *Gehirnabschnitt* und einen *Gesichtsabschnitt* einteilen. Einige wichtige Knochen des Schädelabschnittes sind das Hinterhauptbein, die Zwischen- und Scheitelbeine, die Stirnbeine, die Schläfenbeine, das Keil- sowie das Siebbein. Zum Gesichtsabschnitt rechnen u. a. Nasen-, Tränen-, Joch-, Oberkiefer-, Zwischenkiefer-, Gaumen-, Flügel-, Muschelbein sowie der Unterkiefer. Diese Knochen sind durch gezackte bzw. gezahnte Berührungsflächen (Knochenhaften) verbunden. Der *Gesichtsabschnitt* ist beim Pferd besonders lang, weil die Kauvorrichtungen großen Raum einnehmen. In den ersten fünf bis sechs Monaten nach der Geburt wächst der Pferdeschädel insgesamt, später besonders im Gesichtsabschnitt. Die *Schädelform* zeigt Unterschiede in der Entwicklung je nach Alter, Geschlecht, Rasse und Typ.

Die Grundlage des **Rumpfskeletts** bilden die Wirbelsäule und die Knochen des Brustkorbes. Die *Wirbelsäule* setzt sich aus *Wirbelknochen* gleicher Grundstruktur (Wirbelbasis, Wirbelbogen, Wirbelkopf, Wirbelpfanne, Wirbelfortsätze usw. zusammen, die je nach Lage und Aufgabe bestimmte Unterschiede in der Form aufweisen. Das Pferd besitzt: 7 Halswirbel, 18 Brustwirbel, 6 Lendenwirbel, 5 Kreuzwirbel (mit vier bis fünf Jahren verwachsen zum Kreuzbein) und 15 bis 21 Schweifwirbel.

Der *Brustkorb* setzt sich aus Brust- bzw. Rükkenwirbelsäule, Rippen und dem Brustbein zusammen. Ein *Rippenpaar* ist mit jedem Brustwirbel gelenkig sowie nach unten mit dem Brustbein durch Knorpelspangen verbunden. Das Pferd besitzt 8 wahre und 10 unwahre Rippen. Die *wahren Rippen* haben unmittelbar Anschluß (mittels einer Knorpelspange) an das Brustbein. Dagegen fügen sich die *unwahren Rippen* mit ihren Knorpelenden zunächst aneinander, bevor sie an das Brustbein anhaften, und bilden so den beweglichen *Rippenbogen.* Bei der Atmung kommt durch diesen (durch Heben und Senken) eine Erweiterung des Brustraumes zustande. Die wahren Rippen sind nahezu unbeweglich und werden als *Tragrippen* bezeichnet. Das Brustbein setzt sich aus 6 einzelnen, durch Knorpelscheiben miteinander verwachsenen Knochen zusammen. Der vordere Abschnitt *(Habichtsknorpel)* und der hintere *(Schaufelknorpel)* verbleiben als knorplige Substanz.

Beim **Gliedmaßenskelett** unterscheidet man die vorderen und hinteren Extremitäten. (Abb. 4) Da beim Pferd das *Schlüsselbein* fehlt, hat das Knochengerüst der vorderen Extremitäten keinerlei knöcherne bzw. gelenkige Verbindung mit dem Rumpfskelett. Die Verbindung ist nur durch Muskeln und Bänder hergestellt. Beide Extremitäten (vordere und hintere) setzen sich aus der gleichen Anzahl von Knochen zusammen und stimmen im Aufbau überein. Ursprünglich waren alle Tiere fünfzehig, also auch die Urform des Pferdes (Eohippus). Beim Pferd ist die Rückbildung der Zehen so weit vorgeschritten, daß nur noch eine Zehe (Strahl III) vorhanden ist und es zum ausgesprochenen *Zehengänger des mittleren Strahles* wurde. Die Zehen II und IV bilden heute noch dünne *Griffelbeine,* mit Zehe III verwachsen.

Von den beiden Kugelgelenken, *Schulter-* und *Hüftgelenk,* kann nur das letztere von seiner Struktur her als eigentliches Kugelgelenk angesehen werden, obwohl auch hier die allseitige Bewegungsmöglichkeit beschränkt ist. Beide *Kugelgelenke* führen im wesentlichen nur *Streck- und Beugebewegungen* aus

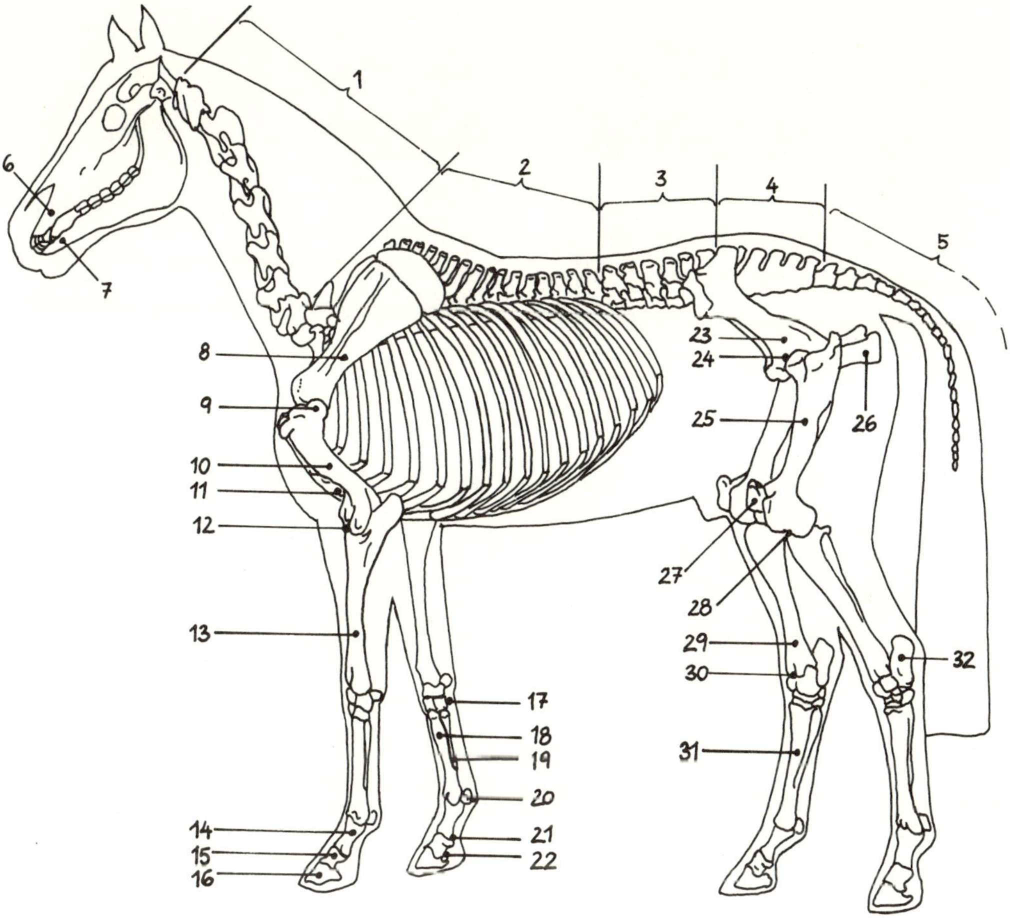

4 Skelett des Pferdes;
1 Halswirbelsäule; 2 Brustwirbelsäule; 3 Lendenwirbel; 4 Kreuzbein; 5 Schweifwurzel; 6 Oberkiefer; 7 Unterkiefer; 8 Schulterblatt; 9 Schultergelenk; 10 Oberarmbein; 11 Brustbein; 12 Ellbogengelenk; 13 Unterarmbein; 14 Fesselbein; 15 Kronbein; 16 Hufbein; 17 Vorderfußwurzelgelenk; 18 Vordermittelfußbein; 19 Griffelbein; 20 Fesselgelenk; 21 Krongelenk; 22 Hufgelenk; 23 Darmbein; 24 Hüftgelenk; 25 Oberschenkelbein; 26 Sitzbein; 27 Kniescheibe; 28 Kniegelenk; 29 Unterschenkelbein; 30 Sprunggelenk; 31 Hintermittelfußbein; 32 Fersenbein (Sprungbein)

Das *Vorder-* und das *Hinterfußwurzelgelenk* (Sprunggelenk) sind *zusammengesetzte Gelenke,* die von mehreren Knochen bzw. Knochenreihen gebildet werden. (Abb. 5a und b)

Das *Kniegelenk* ist ein *Doppelgelenk.* Es besteht aus dem Kniegelenk zwischen dem Ober- und Unterschenkelbein (Schienbein) mit den Faserknorpelringen (Menisken) als Knorpelergänzung zwischen den Gelenkflächen sowie aus dem Kniescheibengelenk. Dieses ist als *gleitendes Gelenk* so gestaltet, daß das Pferd in der Lage ist, es bei einer bestimmten Winkelstellung mit Hilfe von Bändern festzulegen. (Abb. 6)

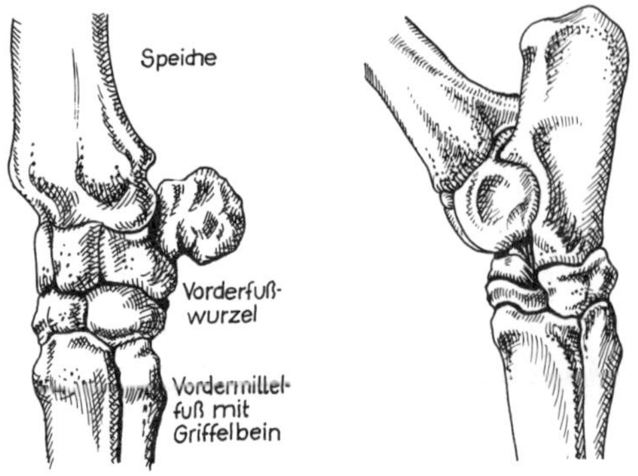

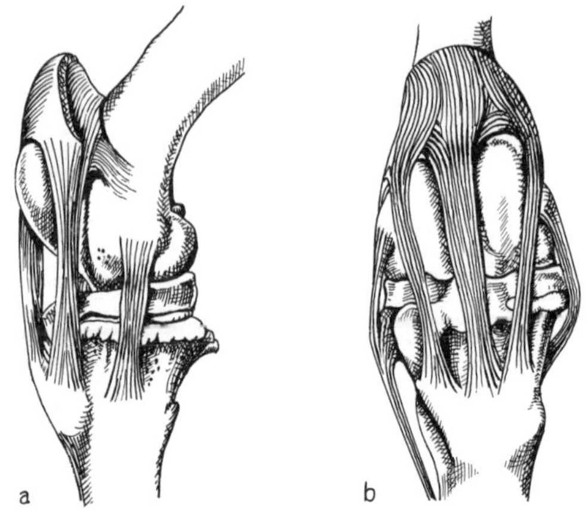

5 a) Vorderfußwurzelgelenk des Pferdes
b) Sprunggelenk des Pferdes (außen)

6 Kniegelenk des Pferdes (festgelegt)
a) von außen
b) von vorn

Das Pferd kann dadurch in einer Beugestellung ohne Muskelanstrengung verharren, also ohne zu ermüden. Durch eine sehnige Verbindung des Musculus biceps und des mittleren Rollhöckers kann auch das *Schultergelenk* festgestellt werden. Deshalb kann das Pferd im Stehen schlafen.
Die stammesgeschichtliche Entwicklung des Pferdes vom Mehrzeher zum Einzeher demonstriert eine gesetzmäßige *funktionelle Anpassung* an schnelle Vorwärtsbewegung. Durch bestimmte, sich ständig wiederholende Beanspruchung gelangte das Pferd zu einem harmonischen Arbeitsgefüge seines Organismus. Es entwickelte sich vom Sohlengänger zum *Zehenspitzengänger.* Das hintere Gliedmaßenpaar mit der kräftigen Muskulatur und dem schräggestellten Becken übernahm die Funktion eines *Wurfhebels.* Die wenig bemuskelte Vorhand diente als *Stützhebel.* Die Verkürzung von Oberarm und Oberschenkel begünstigte diese Hebelfunktion. Das hohe Gewicht des Kopfes ermöglichte, den Körperschwerpunkt rasch zu verlagern (was beispielsweise in schneller Gangart wichtig ist). Die Muskeln beider Gliedmaßenpaare wanderten im Laufe der Entwicklung aufwärts. Die Gliedmaßenknochen verspannten sich überwiegend durch Sehnen und Bänder. Dadurch wurde die Beweglichkeit der Gelenke funktionell zwar eingeschränkt, erfüllt jedoch in vollkommener Weise die Funktion der Vorwärtsbewegung.

Die Körpermuskulatur

Die Körpermuskulatur bewirkt die Bewegung des gesamten Körpers und seiner einzelnen Teile. In ihrer Gesamtheit umgibt und verbindet sie in vielfältigen Formen das Skelett.
Die **Muskulatur** baut sich aus spezifischem Gewebe mit sehr vielen Muskelzellen und einigen Zwischengeweben auf. Die *Muskelzellen* zeichnen sich durch Fäserchen aus, die die Fähigkeit haben, sich zusammenzuziehen (sogenannte Myofibrillen); sie sind in Längsrichtung angeordnet. Man unterscheidet drei *Formen des Muskelgewebes.* Die *glatte Muskulatur* der Magen- und Darmwand, der Harnblase, der Gebärmutter u. a. baut sich aus glatten, spindelförmigen Zellen auf (s. Abb. 1e). Diese Muskulatur wird durch das autonome Nervensystem gesteuert und ist nicht dem Willen unterworfen (unwillkürliche Muskulatur). Die rote, *quergestreifte*

Muskulatur ist die eigentliche Skelettmuskulatur. Sie baut sich aus einem Muskelgewebe mit *quergestreiften Muskelzellen* auf. Diese Muskulatur unterliegt dem Willen (willkürliche Muskulatur). Das *Herzmuskelgewebe,* als dritte Form, besteht aus quergestreiften, aber kurzen Zellen, die sich verzweigen und miteinander Querverbindungen herstellen. Bei dieser Muskulatur handelt es sich selbstverständlich um unwillkürliche Muskulatur. Die einzelnen Muskelzellen fügen sich zu kleinen *Bündelchen* zusammen und sind von *kollagenem Bindegewebe* umgeben. Daraus bilden sich größere *Muskelbündel* und schließlich der Muskel mit einer *Bindegewebshülle (Muskelscheide).* Im Bindegewebe als Zwischengewebe verlaufen die Blut- und Lymphgefäße sowie die Nerven. In der äußeren *Form eines Muskels,* die spindelförmig, wulstig, rund, bandförmig, platt oder breit sein kann, zeichnen sich der *Ursprung,* der *Ansatz* (Sehnengebilde) und der *Muskelkörper* (Muskelbauch) ab.

Zusammensetzung und Energiegewinnung. Ein Muskel besteht zu 75 Prozent aus Wasser. Die restlichen 25 Prozent sind Trockensubstanz und setzen sich aus Eiweißstoffen, Kohlenhydraten, Fetten, Salzen und stickstoffhaltigen Verbindungen zusammen. Innerhalb des Eiweißanteils besitzt das Myosin als kontraktiles Element in den Muskelfasern besondere Bedeutung. Daneben treten *Albumine* auf, zu denen viele Fermente gehören, die bei der Energieerzeugung eine Rolle spielen. Das *Myoglobin* als roter Muskelfarbstoff ist in der Lage, Sauerstoff zu binden. Das *Glykogen,* ein Kohlenhydrat, stellt neben dem Fett das Energiereservoir für den tätigen Muskel dar. In jedem Muskel – auch im ruhenden – finden dauernd chemische Umsetzungen statt. Bei der Tätigkeit des Muskels steigern sich die *Stoffwechselvorgänge* beträchtlich. Beispielsweise ist in dem Blut, das dem Kaumuskel des Pferdes während der Kauarbeit entströmt, der Sauerstoffverbrauch gegenüber dem Ruhezustand um das 20fache und die Kohlensäurezunahme um das 40fache angestiegen. Infolge seiner Tätigkeit erweitern sich im Muskel die Blutgefäße. Die dadurch bedingte verstärkte Blutzufuhr ermöglicht die für die Arbeitsleistung notwendige *Versorgung* mit Nährstoffen und Sauerstoff. Als *Betriebsstofflieferant* für die Muskelleistung kommen in erster Linie Kohlenhydrate und Fette in Betracht. 90 Prozent der Energie werden aus freien Fettsäuren gewonnen. Die *Energieproduktion* verläuft unter Zufuhr von Sauerstoff *(aerob).* Sie kann aber auch ohne Anwesenheit von Sauerstoff *(anaerob)* erfolgen. Die erstere Form führt zu einer größeren Energieausbeute, da bei ihr der Verbrauch an Betriebsstoffen 19mal geringer ist als bei der anaeroben Form der Energiegewinnung. Die anaerobe Form findet man bei unzureichender Sauerstoffzufuhr. Sie herrscht vor bei kurzzeitigen maximalen Belastungen, z. B. im Renngalopp.

Leistung des Muskels. Ein Muskel kann die von ihm gespeicherte Energie in Arbeit umwandeln, indem er sich auf einen nervösen Reiz hin kontrahiert. Der Fortbewegung dient die quergestreifte Skelettmuskulatur. Wir unterscheiden heller aussehende *schnelle FT-Fasern* (fast twitch fibres) und trübrote *langsame ST-Fasern* (slow twitch fibres). Die schnellen Fasern kontrahieren sich schneller und energischer, ermüden aber rascher als die trägen. Letztere findet man deshalb vornehmlich in Muskeln, die nicht so rasch ermüden dürfen (z. B. Atem-, Augenlid- und Zungenmuskeln). Entsprechend der zu leistenden Arbeit finden sich beide Faserarten in den Muskeln in einem bestimmten Verhältnis zueinander. Bei edlen Pferden sollen die hellen schnellen Fasern zahlreicher sein als bei unedlen.

Eine der wichtigsten Eigenschaften der Muskulatur ist ihre *Elastizität.* Sie ist nicht groß, aber vollkommen, d. h., der gedehnte Muskel nimmt nach Aufhören der Dehnung stets wieder seine Ausgangslänge an. Jeder Muskel befindet sich auch in Ruhe in einem gewissen Spannungszustand, dem *Muskeltonus,* der die sofortige Arbeitsbereitschaft garantiert. Nach der Anordnung der Muskelfasern unterscheiden wir *parallelgefaserte* und *gefiederte*

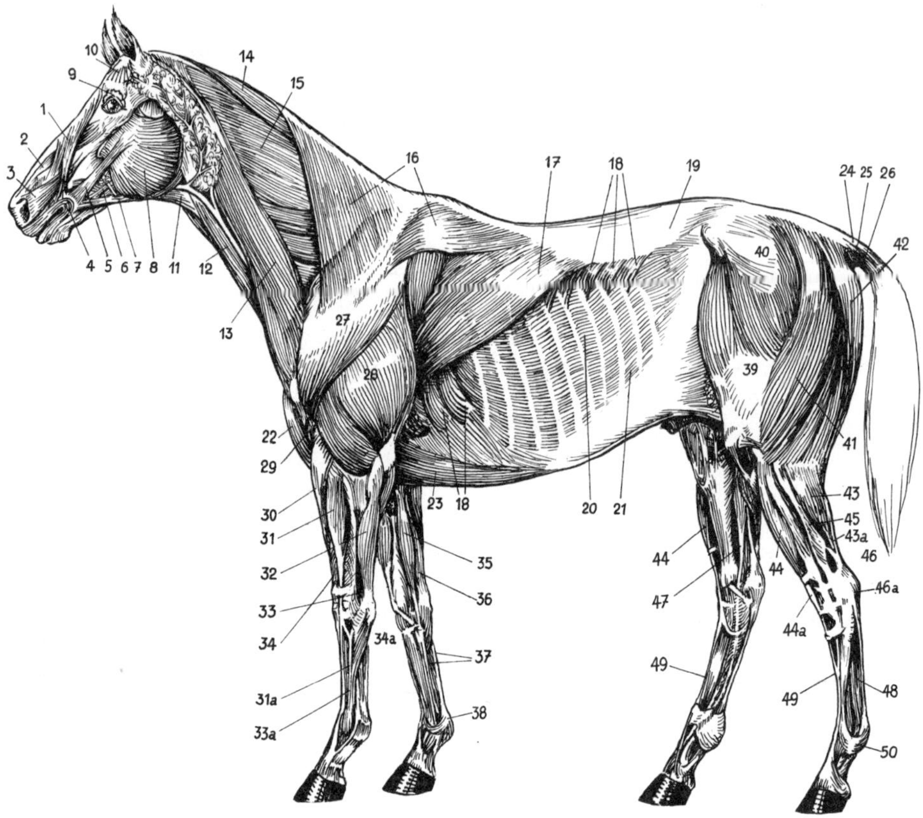

7 Oberflächliche Muskulatur des Pferdes:
1 Gemeinsamer Heber der Nasenflügel und Oberlippe (M. levator nasolabialus); 2 Heber der Oberlippe (M. levator labii proprius); 3 Kiefer-Nasen-Muskel (M. caninus); 4 Kreismuskel der Lippen (M. orbicularis oris); 5 Jochmuskel (M. zygomaticus); 6 Wangenmuskel (M. buccalis); 7 Niederzieher der Unterlippe (M. depressor labii inferior); 8 Äußerer Kaumuskel (M. masseter); 9 Kreismuskel des Auges (M. orbicularis oculi); 10 Ohrmuskel (M. auricularis posterior et anteriores); 11 Brustbeinzungenbeinmuskel (M. sternohyoideus) und Schulterzungenbeinmuskel (M. omohyoideus); 12 Brustkinnbackenmuskel (M. sternomandibularis); 13 Gemeinschaftlicher Kopf-Hals-Armbeinmuskel (M. brachiocephalicus); 14 Vorderer Rautenmuskel (M. rhomboideus cervicalis); 15 Riemenmuskel (M. splenius); 16 Kappenmuskel (M. trapezius); 17 Großer breiter Rückenmuskel (M. latissimus dorsi); 18 Gezahnter Muskel oder Sägemuskel (M. seratus ventr. et M. serratus dors.); 19 Rückenlendenbinde (Fascia lumbodorsalis); 20 Äußerer Zwischenrippenmuskel (M. intercostales externi); 21 Äußerer schiefer Bauchmuskel (M. obliquus abdominis); 22 Oberflächlicher Brustmuskel (M. pectoralis superficialis); 23 Tiefer Brustmuskel (M. pectoralis profundus); 24 Heber des Schweifes (M. sacrococcygeus dors.); 25 Seitlicher Niederzieher des Schweifes (M. sac. lateralis); 26 Niederzieher des Schweifes (M. sac. ventralis); 27 Deltamuskel (M. deltoideus); 28 Ellenbogenstrecker (M. triceps brachii); 29 Gewundener Unterarmbeuger (M. brachialis); 30 Äußerer Speichenmuskel (M. extensor carpi radialis); 31 Gemeinsamer Zehenstrecker (M. extensor digit. communis); 31a Sehne des gemeinsamen Zehenstreckers; 32 Äußerer Ellenbogenmuskel (M. exensor carpi ulnaris); 33 Seitlicher Zehenstrecker (M. extensor digit. lateralis); 33a Sehne des seitlichen Zehenstreckers; 34 Langer Zehenabzieher (M. abductor pollicis long.); 34a Sehne des langen Zehenabziehers; 35 Innerer Speichenmuskel (M. flexor carpi radialis); 36 Innerer Ellenbogenmuskel (M. flexor carpi ulnaris); 37 Oberflächliche und tiege Beugesehne (Kronbein- und Hufbeinbeugesehne); 38 Fesselbinde; 39 Spanner der Schenkelbinde (M. tensor fasciae latae); 40 Oberflächlicher Gesäßmuskel (M. glutaeus superficialis); 41 Zweiköpfiger Schenkelmuskel (M. biceps femoris); 42 Halbsehniger Muskel (M. gastrocnemius); 43a Achillessehne; 44 Gemeinschaftlicher Zehenstrecker (M. extensor digit. pedis long.); 44a Sehne des gemeinschaftlichen Zehenstreckers; 45 Dicker Zehenbeuger des Fußes (M. flexor hallucis long.); 46 Seitlicher Zehenstrecker (M. extensor digit. lateralis); 46a Sehne des seitlichen Zehenstreckers; 47 langer Zehenbeuger (M. flexor digit. pedis long.); 48 Oberflächliche und tiefe Beugesehne; 49 Gemeinsame Strecksehne; 50 Fesselbinde

Muskeln. Der *physiologische Querschnitt,* d. h. die Summe der Querschnitte aller Muskelfasern, ist bei gefiederten Muskeln erheblich größer als bei spindelförmigen, parallelgefaserten. Erstere entwickeln eine große Kraft, ihre Hubhöhe ist gegenüber den letzteren jedoch gering. Werden bestimmte Muskeln stärker und regelmäßig beansprucht, so kommt es zur *Aktivitätshypertrophie,* d. h., die Muskelfasern werden kräftiger und damit ausdauernder in ihrer Leistungsfähigkeit, ein Ergebnis, das durch Training erreicht werden kann. Bei allzu geringer Inanspruchnahme tritt *Inaktivitätsatrophie* ein. Das kann z. B. bei chronischen Lahmheiten der Fall sein. Ist ein Muskel längere Zeit tätig, zeigt er Anzeichen von *Ermüdung.* Seine Ansprechbarkeit auf nervöse Reize und die Arbeitsleistung sind herabgesetzt. Ermüdung tritt nicht in Erscheinung, wenn zwischen aufeinanderfolgenden Reizen genügend lange Pausen eine vollkommene *Erholung* gestatten. Für jeden Muskel besteht eine *Grenzfrequenz* rhythmischer Reize, die nicht zur Ermüdung führt. Durch Training wird diese Grenzfrequenz erhöht. Unter physiologischen Bedingungen ermüden deshalb die dauernd tätigen Muskeln, wie Herz- und Atemmuskeln, niemals.

Die *Ermüdung* eines Muskels ist durch Ansammlung von Dissimilationsprodukten wie Milchsäure, Phosphorsäure und Kohlensäure charakterisiert. Bei lang anhaltender Arbeit können sie durch das venöse Blut nicht schnell genug fortgeschafft werden. Sie sind Ursache der chemisch sauren Reaktion des ermüdeten Muskels („Muskelkater"). Wird

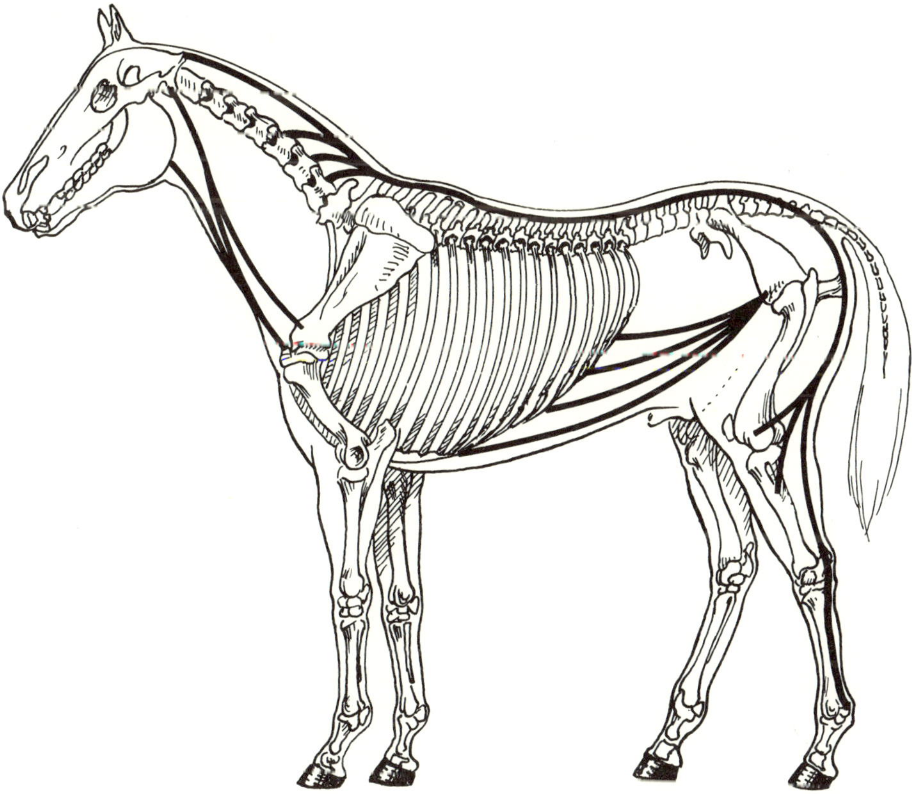

8 System der Rumpfstrecker und Rumpfbeuger

die Muskeltätigkeit eingestellt, so werden im Ruhezustand die Ermüdungsstoffe beseitigt, und der Muskel erholt sich wieder. Die Sauerstoffversorgung muß dabei ausreichend sein.

Die *Muskulatur* kann in Muskeln des *Kopfes,* des *Rumpfes* und der *Gliedmaßen* eingeteilt werden (s. Abb. 7). Sie sind beiderseits des Körpers und somit doppelt vorhanden.

Die *Muskeln des Bewegungsapparates* setzen sich aus dem Streckersystem und dem Beugersystem zusammen. Das *Streckersystem* ist rückseitig gelegen und zieht sich vom Hinterhauptbein bis zum Sprunggelenk. Das schwächer ausgebildete *Beugersystem* verläßt im Bereich der Rippen die Wirbelsäule und verläuft unter dem Brustkorb bis zum Becken. (Abb. 8)

Die *Muskeln der Gliedmaßen* werden in die Abschnitte der Vorder- und Hintergliedmaßen eingeteilt, wobei sich einige Übergänge von der Gliedmaßenmuskulatur zur Rumpfmuskulatur (z. B. oberflächliche Rumpfmuskeln) finden, wie auch umgekehrt Rumpfmuskeln auf die Gliedmaßen übergehen (z. B. Kappenmuskel, großer Lendenmuskel). Dadurch bestehen entsprechende Verbindungen von den Gliedmaßen zum Rumpf.

Die **Wirkung der Muskeln** liegt in den Gesetzen der Mechanik (Hebelwirkung) begründet. Neben der Funktion der einfachen Hebelwirkung (zwei in einem Gelenk verbundene Knochen) findet man zweiarmige Hebel mit großer Kraft- bzw. Zugbeanspruchung, z. B. am Ellbogen- und Sprunggelenkhöcker oder am Umdreher des Oberschenkelknochens. Jedes Gelenk wird bewegt durch Beuger und Strecker. Sie wirken entgegengesetzt (als Antagonisten), wobei jede Bewegung des Körpers auf der Tätigkeit mehrerer gleichsinnig wirkender Muskeln, der sogenannten *Synergisten,* beruht. Weiter stehen im Wechselspiel Heber und Niederzieher, Öffner und Schließer sowie Seitwärts- und Einwärtszieher.

Jede Bewegung des Pferdes beruht auf dem Zusammenspiel mehrerer Muskeln. Ihr zweckmäßiges Ineinandergreifen führt zu einer gesetzmäßigen Koordination der Tätigkeit aller an der Bewegung beteiligten Muskeln in einem für das Ergebnis der Muskeltätigkeit bestimmenden *funktionellen Zusammenhang.*

Nachstehend sollen Beispiele für die funktionelle Anatomie einiger Bewegungsabläufe kurz dargestellt werden:

Während der Vorwärtsbewegung im Bereich der *Vordergliedmaßen* zeigen sich koordinierte Funktionen bestimmter Muskeln bzw. Muskelgruppen. Beim *Aufheben* der Gliedmaßen vom Boden betrifft dies u. a. die Beuger des Schultergelenks (z. B. Deltamuskel sowie kleiner und großer Rundmuskel), des Ellbogengelenks (zweiköpfiger Armmuskel und gewundener Unterarmbeuger) sowie des Vorderfußwurzelgelenks und der Zehengelenke. Das *Vorschwingen* der Gliedmaßen wird durch den Kappenmuskel und den Kopf-Hals-Armbeinmuskel mit Unterstützung der Schultergelenkstrecker (Grätenmuskel) vollzogen. Das *Niedersetzen* der Gliedmaßen erfolgt besonders durch den äußeren Speichenmuskel und den gemeinsamen sowie seitlichen Zehenstrecker.

Während der Vorwärtsbewegung ergeben sich in den *Hintergliedmaßen* folgende Muskelkombinationen und -koordinationen: Beim *Aufheben* der Gliedmaßen vom Boden sind vor allem der oberflächliche Gesäßmuskel, der Lenden-Darmbeinmuskel, der Spanner der Schenkelbinde und der vordere Schienbeinmuskel sowie die Wadenbeinmuskeln als Beuger des Sprunggelenks gemeinsam mit dem oberflächlichen und dem tiefen Zehenbeuger beteiligt. Das *Vorschwingen* der Gliedmaßen wird auch durch den Spanner der Schenkelbinde, den oberflächlichen Gesäßmuskel und einige andere Muskeln, z. B. Kamm-Muskel und schlanker Muskel (M. gracilis), unterstützt. Das *Niedersetzen* der Gliedmaßen wird durch den vierköpfigen Kniestrecker, der das Kniegelenk in Streckstellung bringt, in Verbindung mit dem gemeinschaftlichen und dem seitlichen Zehenstrecker bewirkt.

Bei den Gangarten *Trab* und *Galopp* sowie dem Sprung des Pferdes zeigen sich bestimmte komplexe Inanspruchnahmen der Muskulatur. Im Trab und Galopp erhalten die Gliedmaßenmuskeln durch die stärkere oder geringere Festlegung der Muskeln des Stammes eine große Aktionsfreiheit. Durch die Kontraktion der Halsmuskulatur wird der Kopf und Hals gegen den Rumpf verspannt. Beim Galopp kommt es vor allem zur Festlegung (Versteifung) der Stammuskulatur und somit zur Festlegung des Rückens. Die Gliedmaßenmuskeln vollziehen die kraftvollen Bewegungen des Galopps. Während der Ausführung des Sprungs sind die Rückenmuskeln, besonders der lange Rückenmuskel sowie die Kruppen- und Gesäßmuskeln, aktiv mit beteiligt.

Die Entwicklung aller Muskeln sowie ihre Leistungsfähigkeit werden im wesentlichen durch den Grad der Übung bestimmt. *Bewegungsreize* (Training) führen zum Aufbau oder dienen der Erhaltung der Muskelsubstanz. Durch zweckentsprechendes Training kann daher die Muskelausbildung und somit das Leistungsvermögen des Pferdes wesentlich beeinflußt werden.

Die *Bewegungsabläufe,* mögen sie noch so einfach erscheinen, sind komplizierte Teilprozesse, die sich harmonisch in die Ganzheit einordnen. Der tierische Körper unterliegt auch statischen und dynamischen Gesetzmäßigkeiten. Es geht beim Pferd nicht nur darum, die eigene Körperlast zu tragen bzw. im Gleichgewicht zu halten, sondern vor allem der Bewegung zu dienen. Der ruhende Körper befindet sich so lange im *stabilen Gleichgewicht,* wie sich sein *Massenmittelpunkt* (Schwerpunkt) über dessen Unterstützungsfläche befindet. Die Bewegung bewirkt eine ständige Verlagerung des Massenmittelpunktes, wobei sich gleichzeitig die Kräfte in ihrer Richtung und Stärke ändern (z. B. wirken auf die Wirbelsäule beim Reiten, vor allem beim Springen, unter dem Reiter andere Kräfte als im Stehen).

Die *Unterstützungsfläche* ist beim Vierbeiner während des Stehens relativ groß. Wird ein Bein angehoben, verkleinert sie sich bereits um die Hälfte. Der Schwerpunkt verlagert sich dann zum sicheren Stehen über die Mitte der verkleinerten Unterstützungsfläche. Zu unterscheiden ist Bewegung ohne von der Bewegung mit Ortsveränderung.

Bewegungen ohne Ortsveränderung sind Niederlegen, Aufstehen, Steigen und Ausschlagen. Beim *Niederlegen* werden die Beine unter dem Leib versammelt und dadurch die Unterstützungsfläche verkleinert. Der Rükken wird aufgekrümmt und die Beine im Vorderfußwurzel- bzw. Sprunggelenk gebeugt. Dann lassen sich die Pferde auf eine Seite niederfallen. Meist liegen sie halb aufgerichtet auf der seitlichen Unterbrust und dem Bauch. Die Gliedmaßen befinden sich seitlich unter dem Körper. Nur stark ermüdete Pferde legen sich ganz auf die Seite.

Das *Aufstehen* erfolgt in umgekehrter Reihenfolge, indem der Körper aufgerichtet, die Vorderbeine vorgestreckt und die Hinterbeine unter den Bauch gezogen werden. Dann erheben sich die Pferde zunächst vorn, darauf folgend hinten.

Das *Steigen* besteht darin, daß das Pferd unter Heben von Kopf und Hals und dadurch erfolgter Verlagerung des Schwerpunktes nach rückwärts unter rascher Streckung der Vorhand den Körper auf die gestreckte Hinterhand erhebt. Durch Hin- und Hertreten wird versucht, das Gleichgewicht zu halten.

Das *Ausschlagen* geschieht ebenfalls unter Schwerpunktverlagerung. Beim Ausschlagen mit den Hinterbeinen werden dazu Kopf und Hals gesenkt. Durch Hochhalten des Kopfes kann das Ausschlagen verhindert werden.

Bewegungen mit Ortsveränderungen sind Schritt, Trab und Galopp. Die Bewegungen der Gliedmaßen bestehen aus einer zweigeteilten *Stützbeinphase,* bei der das Bein das ganze Körpergewicht aufzunehmen und zu übertragen hat, und einer *Hangbeinphase,* bei der die Extremität, ohne den Boden zu berühren, vorgeführt wird.

In den drei Grundgangarten sind nachstehende *Bewegungsfolgen* als Zyklen von einer bestimmten Gliedmaßenstellung bis zur Wiederkehr der genau gleichen Gliedmaßenstellung zu erkennen.

Im *Schritt* folgen vier Hufschläge in gleichmäßigen Abständen aufeinander (Viertakt) und zwar:
– rechter Vorderfuß – linker Hinterfuß – linker Vorderfuß – rechter Hinterfuß.
Im *Trab* folgen zwei Hufschläge in gleichmäßigem Abstand aufeinander (Zweitakt), und zwar die der diagonalen Beinpaare:
– rechter Hinterfuß/linker Vorderfuß – linker Hinterfuß/rechter Vorderfuß.
Zwischen den Fußungen der diagonalen Beinpaare folgt jeweils eine Schwebephase, während der sich kein Bein am Boden befindet.
Im *Galopp* folgen drei Hufschläge in gleichmäßigen Abständen aufeinander (Dreitakt), und zwar:
– äußerer Hinterfuß – innerer Hinterfuß/äußerer Vorderfuß (gleichzeitig als „Hauptdiagonale") – innerer Vorderfuß. Danach folgt eine Schwebephase, während der sich kein Fuß am Boden befindet.
Abbildungen zu den Bewegungsfolgen der Gangarten und weitere Erklärungen zu den Tempi s. Abschnitt 3.2.2.

Der Blutkreislauf

Der *Blutkreislauf* sorgt für die Unterhaltung des gesamten Stoffwechsels im Körper. Das Blut durchströmt in einem geschlossenen Gefäßsystem den ganzen Körper und gelangt bis in die kleinsten Gewebekomplexe, wobei es vielfältige Aufgaben zu erfüllen hat. Der Blutkreislauf wird eingeteilt in den großen oder *Körperkreislauf* und den kleinen oder *Lungenkreislauf* und den *Pfortaderkreislauf.* (Abb. 9)
Das *Kreislaufsystem* besteht aus dem Herzen und den Blutgefäßen. Das **Herz** liegt im Brustraum zwischen der 3. und 6. Rippe. Es ist ein in die Blutbahn eingeschalteter Hohlmuskel und der Motor der Blutbewegung. Es ist im allgemeinen ebenso hoch wie breit, etwa 18 cm, und kann 4000 g und mehr wiegen. Es ist von einem *Herzbeutel* (Pericard), umgeben. Die *Wandung des Herzens* selbst besteht aus innerer Schicht (Endocard), Herzmuskelschicht (Myocard) und oberer Schicht (Epicard). Das *Herzinnere* (Abb. 10 und 11) teilt sich in eine rechte und linke Vorkammer (Atrium) sowie in eine rechte und linke Herzkammer (Ventriculus). Die linke Herzhälfte ist stärker entwickelt als die rechte und dient zur Beförderung des arteriellen Blutes. Die *Vorkammern* und die *Herzkammern* jeder Seite stehen durch die *Atrioventrikularöffnung* (Kammervorhoföffnung mit Herzklappen) in Verbindung. Weitere mit Klappen versehene Öffnungen befinden sich am Übergang der linken Herzkammer zur Aorta *(Aortenklappen)* und von der rechten Herzkammer zur Lungenschlagader *(Pulmonalklappen).*

Vorgänge bei einem Herzschlag:
1. Kontraktion der Vorkammern bei Erschlaffung der Kammern;
2. Erschlaffung der Vorkammern und Kontraktion der Kammern;
3. Erschlaffung von Vorkammern und Kammern (Herzpause).

Die rhythmischen Kontraktionen des Herzens treiben das Blut in die Blutgefäße, wobei die Klappen ein Rückwärtsströmen verhindern.
Im ersten Abschnitt der *Herztätigkeit* drükken die Vorkammern das Blut in die Kammern, wobei deren *Segelklappen,* die als Ventile wirken, sich öffnen. Im zweiten Arbeitsgang drücken die Kammern das Blut in die Arterien, wobei sich die Segelklappen schließen, um einen Rückfluß des Blutes in die Vorkammern zu verhindern. Die Kontraktionen der Kammern sind so stark, daß nahezu alles Blut ausgepreßt wird und zwangsläufig in Aorta und Lungenarterien ausweicht. Dabei werden deren *halbmondförmige Taschenklappen* auseinandergedrückt. Nach dem Ende der Kammerkontraktion werden sie von dem zurückebbenden Blutstrom wieder verschlossen. Man kann normalerweise zwei *Herztöne* unterscheiden: Der erste Herzton entsteht während der Kontraktion der Kammer und hört sich dumpfer an als der zweite. Dieser wird durch Schluß der Taschenklap-

9 Blutkreislauf (schematisch)
1 Linke Herzhälfte mit Vorhof und Kammer; 2 rechte Herzhälfte mit Vorhof und Kammer; 3 Lunge; 4 Aorta; 5 Arterien für Kopf, Hals und Vordergliedmaßen; 6 Kopf, Hals und Vordergliedmaßen; 7 Vordere Hohlvene; 8 Hintere Hohlvene; 9 Innere Organe; 10 Rumpf und Hintergliedmaßen

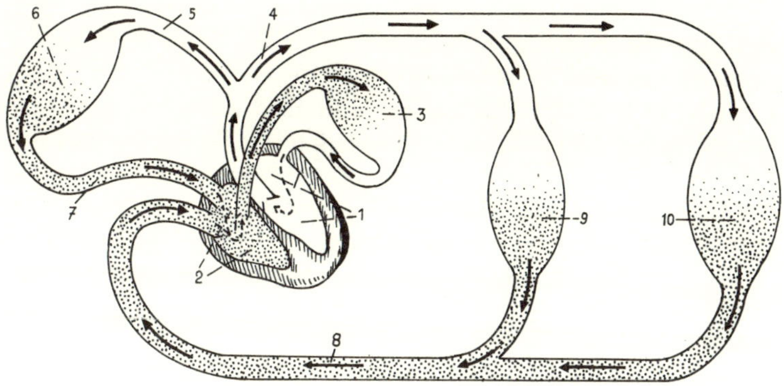

pen hervorgerufen. Beim Pferd hört man oft auch nach kurzdauernder Arbeit nur den ersten Herzton.

Das Herz ist in der Lage, sich erhöhten Anforderungen anzupassen. Sinnvolles Training kann das Herz darauf vorbereiten. Längerwährenden verstärkten Anforderungen an den Kreislauf der Sportpferde begegnen diese mit einer Vermehrung des *Herzumfangs* (Herzhypertrophie).

Die Zahl der *Herzschläge* pro Minute beträgt beim erwachsenen Pferd 28 bis 44, bei einem vierteljährigen Fohlen dagegen 76. Die Anzahl der Herzschläge pro Minute nimmt zu bei Arbeitsleistung, Stoffwechselbeanspruchung, Steigerung der Umgebungstemperatur, Lebensalter und psychischen Einflüssen.

10 Herz des Pferdes
1 Aortenstamm; 2 Vordere Hohlvene; 3 Rechter Vorhof; 4 Dreizipflige Kammer-Vorhofklappe; 5 Rechte Kammer; 6 Herzscheidewand; 7 Linke Kammer; 8 Linker Vorhof; 9 Stümpfe der Lungenvene; 10 Lungenarterie

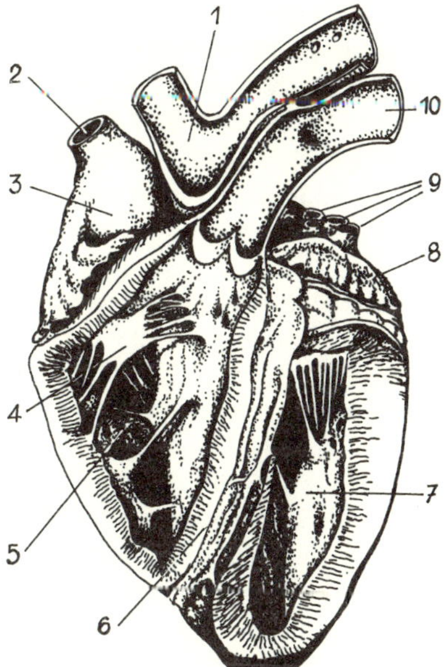

11 Herz mit Kreislaufschema

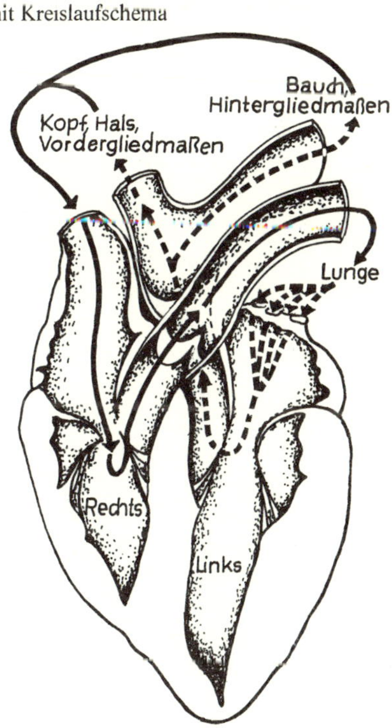

Daher manifestieren sich auch dem Pferd ungewohnte Erscheinungen und Einflüsse, aber auch „Verständigungsschwierigkeiten" zwischen Reiter und Pferd für letzteres als Kreislaufbelastung. Bei großer Arbeitsleistung, z. B. bei längerem Galopp, steigt die Zahl der Herzschläge des Pferdes bis auf 250 pro Minute an. Bei gut trainierten Pferden sinkt die Herzfrequenz unter 30. Junge Pferde haben eine höhere Herzfrequenz als ausgewachsene.

Die *Arbeitsleistung* des Pferdeherzens ist erheblich. Sie beträgt bei Ruhe 96000 bis 120000 mkg pro Tag: bei körperlicher Arbeit steigt sie um ein Mehrfaches. Die Leistung der rechten Herzkammer beträgt unter Ruhebedingungen nur etwa ein Drittel bis ein Fünftel der linken. Selbst bei stärksten Belastungen des Kreislaufs vermag sich das Herz anzupassen, indem sich sein Schlagvolumen und die Zahl der Herzschläge erhöhen.

Die bei einer Kontraktion beider Herzkammern ausgestoßene Blutmenge wird als *Herzschlagvolumen* bezeichnet. Sie beträgt beim Pferd etwa 850 ml. Das Herzschlagvolumen vergrößert sich bei Belastung. Multipliziert man das Schlagvolumen mit der Anzahl der Herzschläge pro Minute, ergibt sich das *Herzminutenvolumen.* Schlag- und Minutenvolumen sind von der Kreislaufbelastung abhängig und steigen bei Arbeitsleistung stark an.

Durch Training erfährt das Herz eine Vergrößerung, die beim Leistungspferd, besonders auch im Vergleich zum untrainierten Pferd, beträchtliche Ausmaße annehmen kann. Ein vergrößertes Herz zeigt überdurchschnittliche Leistungsfähigkeit, weist in seiner Arbeitsweise einen hohen Ökonomisierungsgrad auf und ist damit auf Schonung ausgerichtet. Bei relativ niedrigen Herzfrequenzen wird ein größeres Schlagvolumen gegenüber dem untrainierten Pferd bewältigt (Sportherz). Das untrainierte Herz reagiert auf Belastung stets mit erheblichem Anstieg der Herzschlagfrequenz.

Die **Blutgefäße** sind aktive Glieder des Blutkreislaufs. Die Gefäße, die vom Herzen zu den Organen führen, heißen *Arterien,* die zum Herzen zurückgehen, *Venen.* Zwischen beiden befinden sich in den einzelnen Gewebekomplexen feinste Verzweigungen, die *Blutkapillaren.* Die Arterien des Körpers entspringen aus zwei Schlagadern, der *Körperschlagader* (Aorta), von der aus der große Kreislauf des Körpers beginnt (vgl. Abb. 9) und der *Lungenschlagader* (Arteria pulmonalis), die das Blut zur Lunge führt. Die Blutgefäße bauen sich aus drei Gewebeschichten auf: innere Schicht (Intima), muskulöse Mittelschicht (Media) und äußere Schicht (Externa). Die muskulöse Mittelschicht gibt den Gefäßen ihr Gepräge. Bei Arterien ist sie wesentlich stärker als bei Venen ausgebildet.

Die Arterien fangen den vom Herzen ausgehenden Blutstoß elastisch auf und geben ihn geschmeidig weiter (Windkesselfunktion).

Diese Druckwelle ist an leicht zugänglichen Arterien („Schlagader") als *Pulsschlag* zu fühlen. Die erweiterte elastische Arterie zieht sich hinter der Pulswelle wieder zusammen und drückt das Blut weiter. Während die *Blutströmungsgeschwindigkeit* in Herznähe noch 30 bis 60 cm pro Sekunde beträgt, sinkt sie in den Haargefäßen auf 0,05 cm pro Sekunde ab. Die verlangsamte Strömungsgeschwindigkeit in Verbindung mit der Oberflächenvergrößerung der Kapillaren schafft ideale Voraussetzungen für den *Stoffaustausch.*

Der Rückfluß des Blutes zum Herzen geschieht durch die Venen mit Hilfe der Venenklappen, der Muskelbewegung und des negativen Drucks in den Herzkammern.

Das aus der linken Herzkammer kommende *sauerstoffreiche* (arterielle) Blut wird über die Aorta im ganzen Körper verteilt und gelangt nach Stoffaustausch im Kapillargebiet *sauerstoffarm* (venös) und mit Kohlendioxid beladen zurück in die rechte Herzvorkammer und Kammer. Von dort strömt es über die Lungenarterie in das Kapillargewebe der Lunge, wobei durch innige Berührung mit der Außenluft in den *Lungenbläschen* (Alveolen) Kohlendioxid ausgeschieden und Sauerstoff aufgenommen wird. Damit wird aus dem dunkelroten, venösen Blut wieder hellrotes, arterielles.

Die Lungenvenen führen das sauerstoffreiche Blut zur linken Herzvorkammer zurück, wo es über die linke Herzkammer wieder in den großen Kreislauf eingeht.
Das zum Teil nährstoffbeladene Blut aus Magen, Darm, Milz und Bauspeicheldrüse wird in einer großen Vene, der *Pfortader,* zunächst der Leber zugeführt, ehe es durch die hintere *Hohlvene* wieder in die rechte Herzvorkammer gelangt. In der Leber löst sich die Pfortader in ein Kapillarsystem auf. Die Leberzellen entnehmen diesem die Nährstoffe und geben ihre Produkte wieder an das Blut ab.
Das **Blut** besteht aus der *Blutflüssigkeit* (Blutplasma), den roten *(Erythrozyten)* sowie den weißen Blutkörperchen *(Leukozyten)* und den Blutplättchen *(Thrombozyten).* Die gleiche Zusammensetzung des Blutes wird trotz ständiger Erneuerung seiner Bestandteile durch zahlreiche Regulationseinrichtungen beharrlich beibehalten.
Die *Aufgaben des Blutes* sind mannigfaltig. In seiner Eigenschaft als *Mittler des Stoffwechsels* führt es der *Zelle* die notwendigen Substanzen zu und übernimmt den Rücktransport der Schlacken. Die Nährstoffe werden von der Darmwand bis an die Zelle transportiert, die Rückstände ihrem Ausscheidungsort zugeführt (Lunge, Nieren, Darmdrüsen, Leber, Haut). Eine weitere *Transportfunktion* hat das Blut, indem es *Wirkstoffe* (Hormone) an den Ort ihrer Wirksamkeit bringt. Außerdem übernimmt es die *Wärmeverteilung* im Körper und die *Wärmeabgabe* an die Haut. Neben dem Transport von Nährstoffen dient das Blut der *Aufnahme von Gasen.* Der in der Lunge aufgenommene Sauerstoff liefert durch Verbrennung der Nahrungsbestandteile nutzbare Energie. Das dabei entstehende Kohlendioxid wird in die Lunge zurückgebracht und ausgeschieden.
Die *Blutmenge* des Pferdes ist mit 60 bis 70 Millilitern Blut pro Kilogramm Körpermasse im Verhältnis zu den anderen Haussäugetieren am höchsten. Durch *Training* vergrößert sich die Blutmenge, dagegen haben wohlgenährte Pferde relativ weniger Blut.
Neben dem kreisenden Blut befindet sich beim Pferd eine beträchtliche *Blutreserve* in Leber und Milz. Sie wird bei großen körperlichen Anstrengungen an den Kreislauf abgegeben, damit dieser den gesteigerten Transportanforderungen bei intensiverem Stoffwechsel nachkommen kann.
Die *roten Blutkörperchen* werden im Knochenmark gebildet und haben eine Lebenszeit von 50 bis 120 Tagen, d. h., in der Sekunde werden beim Pferd 43 Millionen rote Blutkörperchen zerstört, die ersetzt werden müssen. Während seiner Lebensdauer legt ein rotes Blutkörperchen eine Wegstrecke von 1100 bis 1500 km zurück. Die roten Blutkörperchen transportieren den Sauerstoff von der Lunge in das Körpergewebe und bringen das Kohlendioxid in Form von Kohlensäure zurück in die Lunge, wo es ausgeschieden wird. Dabei werden Sauerstoff und Kohlendioxid im roten Blutkörperchen vorübergehend an den roten Blutfarbstoff, das *Hämoglobin,* gebunden. Die *Anzahl* der *roten Blutkörperchen* beträgt beim Pferd durchschnittlich 7,5 Millionen pro Kubikmillimeter Blut. Diese Zahl wird von verschiedenen Faktoren beeinflußt. Bei neugeborenen Pferden ist sie höher. Hengste haben um 5 bis 10 Prozent höhere Werte als Stuten und Wallache. Vollblutpferde besitzen durchschnittlich höhere Zahlen als Kaltblutpferde.
Durch das *Training* wird die Aktivität des Knochenmarks gesteigert und damit die Anzahl der roten Blutkörperchen erhöht. Die Abnahme der *Sauerstoffspannung* in Höhenlagen führt ebenfalls zu einer Erhöhung der Erythrozytenzahl. Wettkämpfe in großen Höhenlagen erfordern jedoch eine Eingewöhnungszeit für die Pferde, in der das Knochenmark die für die niedrige Sauerstoffspannung der Luft benötigte Menge von roten Blutkörperchen bilden kann. Daraus erklärt sich die besondere Wirkung des Höhentrainings.
Die angeführten Eigenschaften des Blutes deuten auf eine große körperliche Leistungsfähigkeit des Pferdes hin. Die Vermehrung der Blutmenge überhaupt und speziell der roten Blutkörperchen durch Training macht die erreichte Leistungssteigerung verständlich.

Indes ist die bestmögliche Bildung der roten Blutkörperchen nur durch ausgezeichnete Fütterung zu erreichen.
Für die *Blutbildung* sind bestimmte Nahrungsstoffe (vor allem Eisen, Kupfer, Kobalt, Mangan und einige Vitamine aus der B-Gruppe) wichtig; bei ungenügender Zuführung dieser Stoffe sinkt die Erythrozytenzahl.
Die Anzahl der *weißen Blutkörperchen* (Leukozyten) beträgt beim Pferd durchschnittlich 6000 bis 10000 pro Kubikmillimeter. Ihre Zahl schwankt beim gesunden Pferd beträchtlich. Nach der Futteraufnahme kommt es zu einer Vermehrung der weißen Blutkörperchen (Verdauungsleukozytose).
Man kann drei Arten von Leukozyten unterscheiden: Granulozyten, Lymphozyten und Monozyten.
Die Leukozyten sind farblose, kernhaltige Zellen, die selbständige Bewegungen ausführen können. Sie üben *Abwehr-* und *Schutzfunktionen* aus, indem sie in den Körper eingedrungene oder unbrauchbar gewordene körpereigene Stoffe aufnehmen. Dazu können sie auch mit Hilfe ihrer Eigenbewegung die Blutbahn verlassen und Entzündungsherde aufsuchen. Dort nehmen sie Bakterien und Gewebstrümmer auf und verdauen sie. Die weißen Blutkörperchen selbst gehen dabei zugrunde und bilden durch Zerfall und Gewebseinschmelzung *Eiter.* Bei einer Allgemeininfektion ist die Zahl der Leukozyten im Blut gewöhnlich erhöht.
Die *Blutplättchen* (Thrombozyten) sind runde, farblose Gebilde. Außerhalb der Blutgefäße, z. B. bei der Entstehung von Wunden, zerfallen sie und entlassen einen Wirkstoff (Ferment), der den komplizierten Vorgang der Blutgerinnung in Gang setzt.
Neben dem Blutgefäßsystem besteht ein *Lymphgefäßsystem,* dessen Anfang die Lymphkapillaren bilden, die den gesamten Körper durchziehen. Durch die Vereinigung der Lymphgefäße bilden sich sogenannte *Lymphstämme.* Der bedeutendste ist der *Milchbrustgang,* in den das Venensystem im Brustraum (vordere Hohlvene) einmündet. Im gesamten Gefäßsystem sind *Lymphknoten* eingeschaltet. Nach ihrer Lage unterscheidet man oberflächliche, tiefliegende und Körperhöhlenlymphknoten. Anstelle eines jeweiligen großen Lymphknotens (z. B. beim Wiederkäuer) sind beim Pferd mehrere kleine vorhanden. Die Lymphe hat eine ähnliche Zusammensetzung wie das Blutplasma, sie ist jedoch etwas eiweißärmer als dieses. Das Lymphsystem dient als *Filtersystem* für die Körperflüssigkeiten (Gewebeflüssigkeit, Lymphe und Blut).

Die Atmung

Die der Atmung dienenden Organe sind die *Lungen* und die des luftzuführenden Weges, die *Nasenhöhle,* die *Rachenhöhle,* der *Kehlkopf,* die *Luftröhre* und deren Abzweigungen, die *Bronchien.* Der gesamte Luftweg ist mit einer Schleimhaut ausgestattet, die zum größten Teil mit einem *Flimmerepithel* besetzt ist. Knöcherne oder knorpelige Gebilde machen ihn starrwandig und sorgen dafür, daß er ständig offensteht. Im vorderen Abschnitt der *Nase* fehlen knorpelige Unterlagen, so daß man von einer *weichen Nase* spricht.
In der *Rachenhöhle* kreuzt sich der Atemweg (Atmungsrachen) mit dem Speiseweg. Beim Pferd ist der Rachenraum von der Maulhöhle durch ein breites *Gaumensegel* abgeschlossen, das ein Atmen durch das Maul verhindert. **Den Kinnriemen der Trense fest anzuziehen oder so tief zu legen, daß die Nüstern zusammengedrückt werden und die Atmung dadurch behindert wird, ist deshalb eine Roheit.** Der *Kehlkopf* setzt sich aus mehreren Knorpeln zusammen (Ringknorpel, Schildknorpel, Gießkannenknorpel, Kehldeckel), die durch Bänder miteinander verbunden sind. Die *Luftröhre* hat beim Pferd einen querovalen Querschnitt. Sie besteht aus Knorpelringen und verzweigt sich in zwei Hauptäste und diese wiederum in kleine Äste *(Bronchialbaum).* Eine weitere Verzweigung führt bis zu den End- und Atembronchien. An den Endverzweigungen der Atembronchien befinden sich die *Lungenbläschen* (Alveolen),

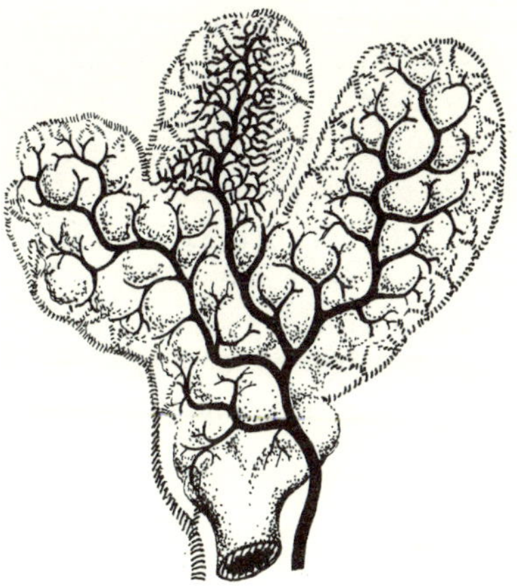

12 Lungenalveolen

die dem Gasaustausch dienen. Ihre durchschnittliche Größe beträgt etwa 200 µm. Jede einzelne Alveole ist mit einem dichten Netz von Blutkapillaren umgeben. Zusammenschlüsse von Alveolen bilden Komplexe *(Lungenläppchen)*, die durch Bindegewebe untereinander verbunden sind und eine Grundlage des gesamten *Lungengewebes* darstellen. (Abb. 12) Die *Lungen* sind paarig, füllen den gesamten Brustraum aus und sind so in ihn eingepaßt (Unterdruck im Brustraum), daß sie ungehindert der Volumenveränderung des Brustkorbes folgen, wobei Ein- und Ausatmung entstehen. Die zahlreichen elastischen Fasern im Lungengewebe ermöglichen eine gleichmäßige Ausdehnung der Lungen.

Die *Außenluft* gelangt über die luftzuführenden Wege bis in die Lungenbläschen, wo der Gaswechsel stattfindet. Auf ihrem Weg in die Lungen wird sie erwärmt und angefeuchtet.

Damit der *Gaswechsel* in den Lungenbläschen stattfinden kann, muß die Lunge ausreichend mit frischer Luft versorgt werden. Der Luftwechsel wird durch die Ein- und Ausatmung bewirkt. Die *Einatmung* geschieht durch aktive Erweiterung des Brustkorbes mit Hilfe der *Rippenmuskulatur* und des *Zwerchfells.* Während der Einatmung flacht sich die Zwerchfellkuppel in hinterer Richtung ab und vergrößert dadurch den Längsdurchmesser der Brusthöhle. Danach erweitert sich diese durch die Tätigkeit der Rippenmuskulatur. Die Lunge folgt dieser Bewegung und saugt sich voll Luft. Die *Ausatmung* ist in erster Linie ein passiver Vorgang, der durch Erschlaffung der Rippen- und Zwerchfellmuskulatur vor sich geht. Er wird unterstützt durch das Zusammenziehen des elastischen Lungengewebes. Neben den bereits erwähnten Atembewegungen treten noch Begleiterscheinungen auf. Beim Pferd erweitern sich bei erhöhter körperlicher Leistung die Nüstern. Bei der Einatmung erweitert sich die Stimmritze, und der Kehlkopf senkt sich. Das *Flankenschlagen* ist die sichtbare Bewegung des äußeren schiefen Bauchmuskels bei verstärkter Atmung.

Die *Anzahl der Atemzüge* beträgt beim Pferd 10 bis 14 pro Minute (betr. Messung der *Atemfrequenz,* s. Abschnitt 1.6.). Sie nimmt mit steigender Arbeitsleistung und Erhöhung der Außentemperatur zu. Die *Atemtiefe* steigt ebenfalls bei höherer Arbeitsleistung. Die *Luftmenge,* die bei ruhiger Ein- und Ausatmung gewechselt wird, ist beim Pferd mit 4 bis 6 Liter von allen Haussäugetieren die größte. Die Atmung wird durch nervliche und chemische Regulationsmechanismen gesteuert, die direkt oder indirekt über das *Atemzentrum* im Gehirn laufen. Ein hoher Gehalt an Kohlendioxid regt das Atemzentrum an.

Die Harn- und Geschlechtsorgane

Die *Nieren* (Ren) gehören zu den Ausscheidungsorganen des Körpers. Sie bilden mit den ableitenden Organen – dem *Harnleiter* (Ureter), der *Harnblase* (Vesica urinaria), der *Harnröhre* (urethra), der *Nierenarterie* (Arteria renalis) und der *Nierenvene* (Vena renalis) – den *Harnapparat.* Die **Nieren** liegen rechts und links der Wirbelsäule des Lendenabschnittes (in der Nähe der letzten Rippen). Das Pferd besitzt ungleich geformte Nieren: die rechte ist herzförmig, die linke hat eine bohnenförmige Gestalt. Eine Niere wiegt

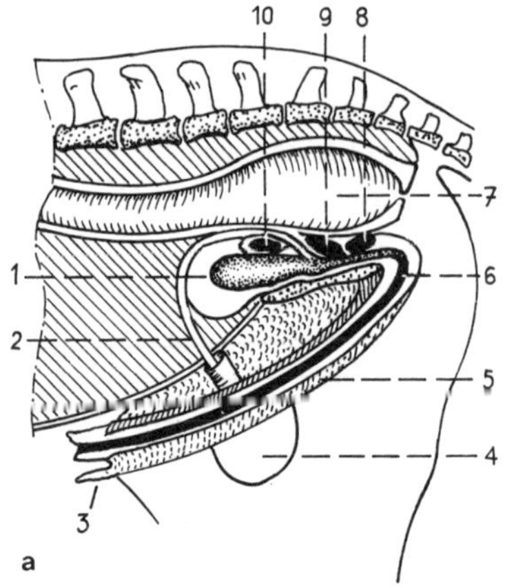

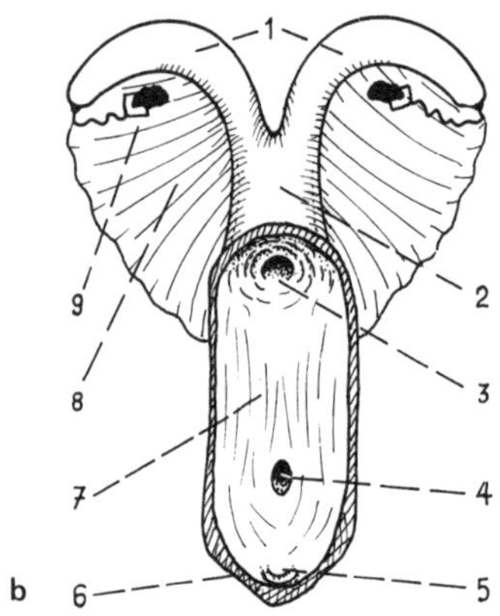

13 a) Männliche Geschlechtsorgane: 1 Harnblase; 2 Samenleiter; 3 Vorhaut; 4 Hoden; 5 Penis; 6 Harnröhre; 7 Mastdarm; 8 Cowpersche Drüse; 9 Vorsteherdrüse (Prostata); 10 Samenblase
b) Weibliche Geschlechtsorgane (von oben; Scham und Scheide aufgeschnitten): 1 Linkes und rechtes Gebärmutterhorn; 2 Gebärmutter (Uterus); 3 Muttermund; 4 Mündung der Harnröhre; 5 Clitoris; 6 Scham (Vulva); 7 Scheide (Vagina); 8 Gebärmutterbänder; 9 Eierstock mit Eitrichter und Eileiter

beim Pferd 450 bis 750 g. Die Nieren sind von einer Bindegewebekapsel umgeben. Ihr Inneres besteht aus einer Rinden- und einer Markschicht. Der beim Pferd etwa 70 cm lange **Harnleiter** geht aus dem Nierenbecken hervor und ist ein mit einer Schleimhaut ausgekleideter muskulöser Schlauch. Die **Harnblase** ist ein derber, häutig-muskulöser Sack. Sie wird von zwei Bauchfellblättern gehalten und liegt in der Beckenhöhle unterhalb des Mastdarmes und unter den Geschlechtsorganen beim weiblichen Tier. Der Übergang von der Harnblase zur **Harnröhre** erfolgt durch den Schließmuskel der Harnblase. Beim männlichen Tier spricht man bei der Harnröhre von einem *Becken-* und einem *Rutenstück* (Penis). Bei den weiblichen Tieren ist die Harnröhre wesentlich kürzer; bei der Stute ist sie 8 bis 12 cm lang. Die *Geschlechtsorgane* (Organa genitalia) bestehen beim männlichen und beim weiblichen Tier aus geschlechtsspezifischen *Keimdrüsen* (Ovarium und Testis), den zusätzlichen *Geschlechtsdrüsen* und den *Begattungsorganen.* (Abb. 13)

Die Haut

Die *äußere Haut* (Cutis) überzieht den ganzen Körper an seiner Oberfläche. Sie bietet einen mechanischen Schutz für die darunterliegenden Teile und behütet den Organismus durch das *Haarkleid* vor zu starker Wasser- und Wärmeabgabe. Gleichzeitig ist sie ein *Organ,* da in ihr Blut- und Lymphgefäße sowie Nerven verlaufen und sie gewisse physiologische Leistungen vollbringt. An den natürlichen Körperöffnungen geht die äußere Haut in die *Schleimhäute* über. Die Haut besteht aus drei Schichten, der Oberhaut (Epidermis), der Lederhaut (Corium) und der Unterhaut (Subcutis). Die **Oberhaut,** ein mehrschichtiges Epithel, ist gefäß- und nervenlos. Die untersten Zellen sind weich und verändern nach oben ihre Form, platten ab, verhornen und werden abgestoßen (Schinnen). Die *Epithelzellen* werden von einer darunterliegenden Keimschicht ständig neu gebildet. Die Stärke der Oberhaut wechselt je nach der Körpergegend und steht im umgekehrten Verhältnis zur Dichte des Haarbesatzes. Die **Lederhaut** ist die eigentliche Grundlage der äußeren Haut. Sie ist von wechselnder Stärke, fest und elastisch. Diese Schicht ist reich an Blutgefäßen und Nerven sowie mit vielen *Sinneszellen,* Talgdrüsen und mit den Ausgängen der Schweißdrüsen versehen. Die *Haare* befinden sich in einem Haarbalg in der Lederhaut. Die **Unterhaut** ist eine Fortset-

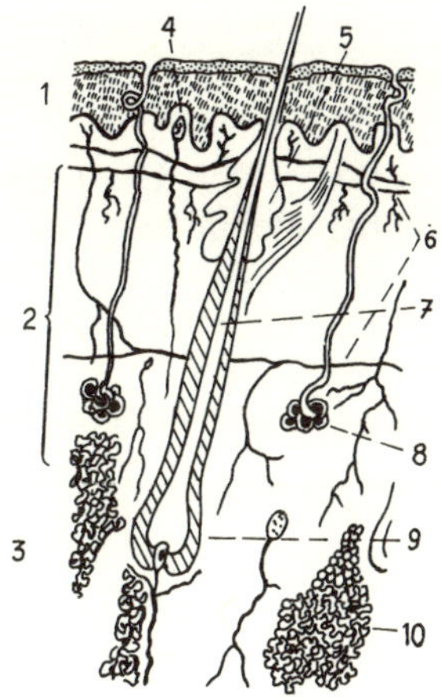

14 Haut: 1 Epidermis; 2 Corium; 3 Subcutis; 4 Tastkörperchen; 5 Talgdrüsen; 6 Blutgefäße; 7 Haarschaft; 8 Schweißdrüse; 9 Haarwurzel; 10 Fettzellen

zung der Lederhaut nach unten und mehr oder weniger mit Fettgewebe angereichert. Dadurch ist die gesamte äußere Haut geschmeidig und verschiebbar. Die *Schweißdrüsen* liegen in der Unterhaut. Von ihnen führen lange, enge Gänge nach außen. Das Pferd zeichnet sich durch einen größeren Reichtum an Schweiß- und Talgdrüsen aus als andere Haustiere. (Abb. 14)

Die Sinnesorgane

Sie haben die Aufgabe, den gesamten Organismus über die ihn umgebende Umwelt zu orientieren. Außer sogenannten echten sinnlichen Wahrnehmungen, die über die Umwelt unterrichten, werden Empfindungen (durch Sinneszellen der Organe) übermittelt, die im Körper selbst entstehen. Für die Übermittlung der echten sinnlichen Wahrnehmungen ist ein ganzes spezifisches System notwendig. Das sind erstens die *Sinnesorgane;* das Sehorgan, das Hör- und Gleichgewichtsorgan, das Geschmacksorgan, die Tast- und Schmerzorgane. Sie stellen *Empfangsorgane* (Reizempfänger) und somit Einrichtungen der bekannten fünf Sinne: Gesichts-, Gehör-, Geruchs-, Geschmacks- und Hautsinn (Tast-, Temperatur- und Schmerzempfindungen) dar, die nur auf *spezifische* (adäquate) Reize reagieren. Zweitens sind die *Sinnesnerven* erforderlich, die die in den Sinnesorganen durch Reize ausgelöste Erregung weiterleiten, und drittens die *Sinneszentren* in der Großhirnrinde.

Das **Sehorgan,** das Auge (Oculus), besteht aus dem lichtempfindlichen und dem reizdifferenzierenden, *optischen Teil* im Augapfel als Aufnahmeorgan (Abb. 15 a). Hinzu kommen der *Bewegungsapparat* (Augenmuskeln) sowie die *Hilfsorgane* (Augenlider und Tränenapparat). Der *Sehnerv* (Nervus opti-

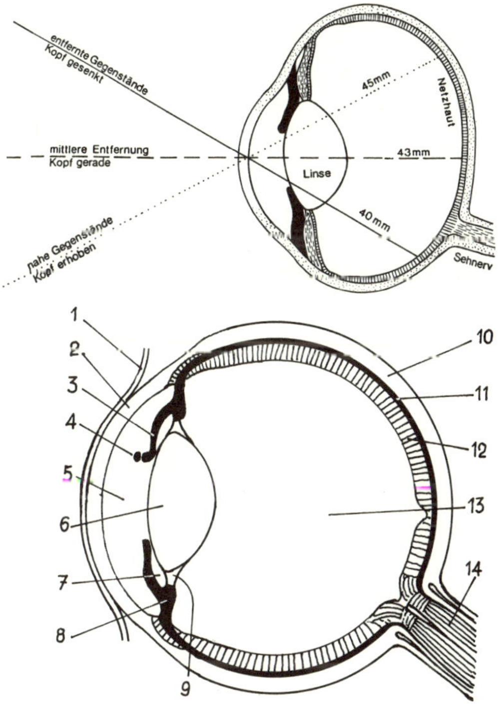

15 Längsschnitt des Auges (schematisch):
Bau des Auges (unten)
1 Bindehaut; 2 Hornhaut; 3 Regenbogenhaut; 4 Traubenkorn; 5 Vordere Augenkammer; 6 Linse; 7 Hintere Augenkammer; 8 Faltenkranz; 9 Aufhängeapparat der Linse; 10 Sklera; 11 Aderhaut; 12 Netzhaut; 13 Glaskörper; 14 Sehnerv (oben)
Scharfsehen ist beim Pferd von der Kopfhaltung abhängig. Entfernte Gegenstände werden bei gesenktem Kopf, naheliegende bei erhobenem Kopf scharf gesehen.

cus) ist die reizleitende Bahn zwischen dem Auge und dem im Großhirn gelegenen Sehzentrum. Der *Augapfel* ist annähernd rund und liegt in der knöchernen *Augenhöhle.* Der vordere Abschnitt des Augapfels (etwa 1/5) besitzt einen durchsichtigen Teil und wird als *Hornhaut* (Cornea) bezeichnet. Außen befindet sich die durchsichtige *Bindehaut,* die sich als Lidbindehaut auf die Augenlider ausbreitet. Der weit größere hintere Abschnitt des Augapfels ist dreischichtig. Die äußere Schicht *(Sklera)* ist eine derbe, widerstandsfähige bindegewebige Haut. An den Verbindungsstellen mit der Hornhaut bildet sich der *Hornhautfalz.* Die mittlere Schicht besteht aus der gefäßführenden und mit vielen Pigmentzellen versehenen *Aderhaut* (Chorioidea). An der Stelle des Hornhautfalzes bildet die Aderhaut den *Ziliarkörper* (die Aufhängung der Linse) und die *Regenbogenhaut* (Iris) mit der zentral liegenden *Pupille.* In verengtem Zustand hat diese bei den Huftieren eine querovale Form. Die innere Augenhaut ist die *Netzhaut* (Retina). Sie ist ein Gebilde von Sinnes- und Nervenzellen und das eigentliche Lichtsinnesorgan mit dem *Sehabschnitt* (Pars optica).

Aufbau und Form des Pferdeauges haben bestimmenden Einfluß auf das Sehvermögen. Das erklärt einerseits bestimmte Verhaltensweisen und muß andererseits bei der Ausbildung des Pferdes berücksichtigt werden (vgl. Abschn. 4. 2. 1. und Abb. 15 b).

Das **Gehör- und Gleichgewichtsorgan** ist das Ohr (Auris). Es liegt zum Teil an der Außenseite des Schläfenbeines, der überwiegende Teil befindet sich in der Felsenbeinpyramide. Es läßt sich in drei Abschnitte einteilen. Das *äußere Ohr* (Auris externa) wird aus der Ohrmuschel, einschließlich Muskulatur und des äußeren Gehörgangs, gebildet. Die *Ohrmuschel* hat eine Knorpelgrundlage und ist nach allen Seiten ausgiebig beweglich. Die *Ohrstellung* zeigt die Richtung der Aufmerksamkeit des Pferdes an, doch kann sie auch bestimmte Gemütsbewegungen ausdrücken.

Der *äußere Gehörgang* verfügt über einen knorpeligen und einen knöchernen Teil und ist mit den sogenannten *Ohrschmalzdrüsen* ausgestattet. Das *Trommelfell* bildet eine häutige Scheidewand und trennt das äußere vom mittleren Ohr. Die *Paukenhöhle* in der Felsenbeinpyramide mit den Gehörknöchelchen *Hammer, Amboß und Steigbügel* stellt das mittlere Ohr (Auris media) dar. Diese Gehörknöchelchen sind allgemein sehr klein und haben selbst beim Pferd nur die Größe von einigen Millimetern. Die *Ohrtrompete* (Tuba) verbindet die Paukenhöhle mit dem Rachenraum (Schlundkopf). Die Trompete ist bei den Tieren eine mit Schleimhaut ausgelegte Knorpelrinne. Das *innere Ohr* (Auris interna) liegt in der Felsenbeinhöhle (Os petrosum) in einem System von Kanälen und Hohlräumen. Dabei wird ein knöchernes und ein häutiges *Labyrinth* unterschieden. Mittleres und inneres Ohr sind nur durch das *ovale* und das *runde Fenster* verbunden. Das *knöcherne Labyrinth* hat drei Abschnitte, den Vorhof, die Schnecke und die Bogengänge. (Abb. 16) Im knöchernen liegt das *häutige Labyrinth.* Es ist ein membranöses Hohlorgan, das die Hohlräume des knöchernen Labyrinths nicht voll ausfüllt. Die Zwischenräume sowie das häutige Labyrinth sind mit Lymphe gefüllt. Der häutige Teil des *Schneckenganges* enthält Sinneszellen des Gehörsinnes; die häutigen *Bogengänge* sowie der häutige Abschnitt des *Vorhofes* beherbergen die Sinneszellen des

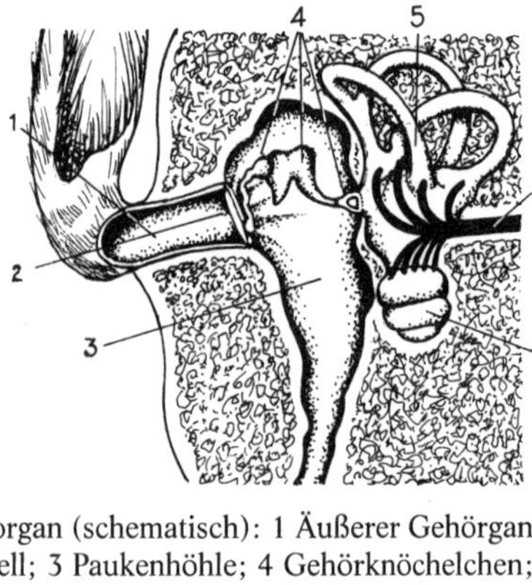

16 Gehörorgan (schematisch): 1 Äußerer Gehörgang; 2 Trommelfell; 3 Paukenhöhle; 4 Gehörknöchelchen; 5 Bogengänge; 6 Gehör- und Gleichgewichtsnerv; 7 Schnecke

Gleichgewichtssinnes. Der aus diesem Sinnesorgan hervorgehende und zum Großhirn führende Nerv wird Nervus stato-acusticus genannt.
Das **Geruchsorgan** liegt in einem bestimmten Bezirk der Schleimhaut im hinteren Teil der *Nase,* im sogenannten *Riechfeld.* Die Riechschleimhaut ist mit spezifischen Riech- und Stützzellen besetzt. Bei den eigentlichen *Riechzellen* handelt es sich um modifizierte Nervenzellen (Ganglienzellen).
Als **Geschmacksorgane** dienen die sogenannten *Geschmacksknospen.* Diese befinden sich hauptsächlich in den *Papillen* der Zunge, die das Hauptgeschmacksorgan darstellt. Außerdem zeigen sich vereinzelt auch Geschmacksknospen am weichen Gaumen und am Kehldeckel. Alle Geschmacksknospen bestehen aus dicht aneinandergesetzten Sinnesepithel- und Stützzellen.
Als **Tastorgan** ist die gesamte äußere Haut mit den eingelagerten *Tastkörperchen* (s. Abb. 14) zu betrachten. Verschiedene Hautbezirke sind besonders reich mit diesen Empfindungszellen versorgt. Eine große Tastempfindlichkeit findet sich im Bereich der *Tasthaare* (Sinushaare). Darüber hinaus sind in der Haut wie auch in den inneren Organen sogenannte *Schmerzpunkte* verteilt.

17 Schema eines Neurons

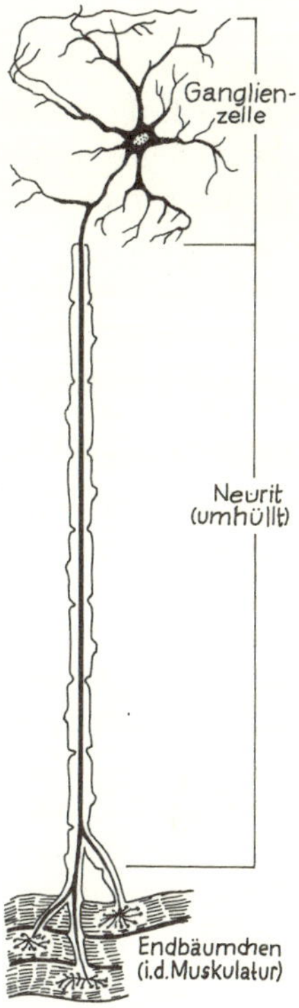

Das Nervensystem

Es besteht aus hochspezialisierten Nervenzellen, den *Ganglienzellen,* deren Größe und Gestalt variiert. Die Größe schwankt zwischen 5 und 150 μm. Die Ganglienzelle besitzt verschiedene Ausläufer, und zwar die *Dendriten* als kurze, meist stark verzweigte Ausläufer und den *Neurit,* einen langen, dünnen Fortsatz (1 m und länger). Nach den Anordnungen und dem Umfang der Ausläufer spricht man von *multipolaren* (mehrere Dendriten und ein Neurit) und von *biopolaren* Ganglienzellen (ein Dendrit und ein Neurit). Die gesamte Nervenzelle wird als ein *Neuron* bezeichnet. (Abb. 17) Die Ganglienzellen befinden sich vorzugsweise im Hirn und Rükkenmark, bilden aber auch *Nervenknoten,* sogenannte Ganglien, im peripheren Nervensystem. Der Neurit ist nach dem Austritt aus dem Hirn oder dem Rückenmark in der Regel mit einer *Markscheide* umgeben. Dies ist eine weißliche glänzende Hülle (sogenannte weiße Substanz); der Neurit wird dann als *Achsenzylinder* bezeichnet. Er stellt in seiner Gesamtheit eine *Nervenfaser* dar. Mehrere Nervenfasern, verbunden durch Bindegewebe, bilden einzelne Nerven. Zusammen mit den Ganglienzellen im Hirn und Rükkenmark bilden sogenannte *Gliazellen* (Neuroglia) die graue Substanz. Die Gliazellen haben eine stützende und verbindende Funktion sowie Aufgaben im Stoffwechsel zu erfüllen.
Das gesamte *Nervengewebe* wird demnach von Ganglienzellen, Nervenfasern, Gliazellen und Bindegewebe aufgebaut. Wir unterscheiden das Zentralnervensystem und das periphere Nervensystem.

Zum **Zentralnervensystem** gehört das Hirn (Encephalon) und das Rückenmark (Medulla spinalis). Das *Größenverhältnis* des Hirns zum Rückenmark ist beim Pferd 3 : 1 (beim Rind z. B. nur 2 : 1). Das *Hirn* befindet sich in der knöchernen Schädelhöhle und ist wegen seiner Empfindlichkeit mehrfach geschützt. Die *äußere Hirnhaut* (Dura mater) ist im Bereich der Schädelhöhle mit der *Knochenhaut* des Hirnschädels verbunden. Die *Spinnwebenhaut* (Arachnoidea) ist ein zartes Bindegewebe. Zwischen ihr und der äußeren Hirnhaut befindet sich ein feiner Spalt. Die *weiche Haut* (Pia mater) umgibt als eine gefäßreiche Haut das Hirn unmittelbar. Beim Hirn unterscheiden wir das Großhirn, den Hirnstamm mit Zwischenhirn, Mittelhirn und verlängertem Mark sowie das Kleinhirn. (Abb. 18) *Größe* und *Gewicht* des Hirns im Verhältnis zum Gesamtkörpergewicht schwankt bei Pferden zwischen 1 : 800 und 1 : 1000. Das *Großhirn* füllt die vorderen zwei Drittel der Schädelhöhle aus. Es besteht aus zwei Hälften *(Großhirnhemisphären)*. Der *Rindenabschnitt* des Großhirns (Cortex) ist reich an Furchen und Windungen. Er ist der Sitz wichtiger Funktionszentren. Das *Zwischenhirn* liegt zwischen dem Großhirn und den anderen Abschnitten des Hirnstammes. Durch die *Hirnanhangdrüse,* die Hypophyse, ist ein enger Zusammenhang zwischen dem Nervensystem und dem Hormonsystem gegeben. Das

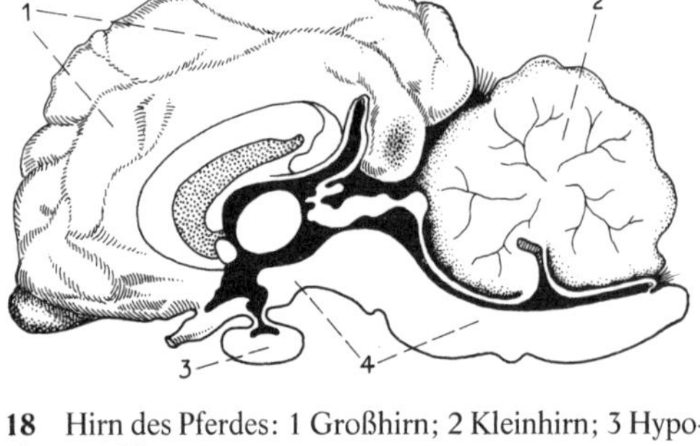

18 Hirn des Pferdes: 1 Großhirn; 2 Kleinhirn; 3 Hypophyse; 4 Hirnstamm

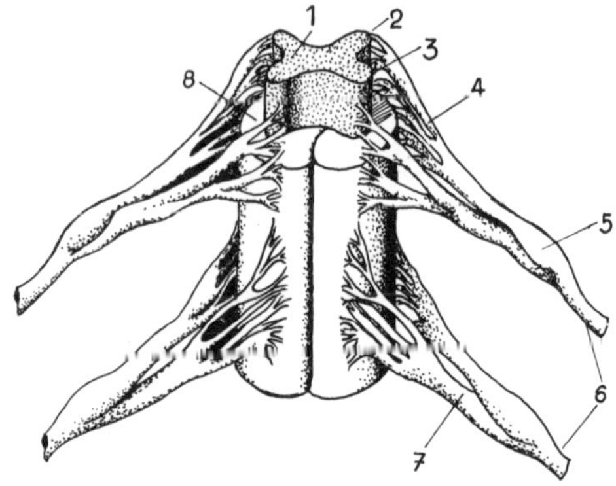

19 Rückenmark: 1 Graue Substanz; 2 Dorsales Horn; 3 Ventrales Horn; 4 Dorsale (sensible) Nervenwurzel; 5 Spinales Ganglion; 6 Rückenmarksnerv (gemischt motorische und sensible Fasern); 7 Ventrale (motorische) Nervenwurzel; 8 Weiße Substanz

verlängerte Mark (Medulla oblongata) verbindet Hirn und Rückenmark. In ihm befinden sich lebenswichtige Zentren der Atmung, des Blutkreislaufs u. a. Seine Verletzung führt sofort zum Tod. Von den zwölf an der Hirnbasis entspringenden Nerven gehen allein sieben vom verlängerten Mark ab. Das *Kleinhirn* liegt oberhalb des verlängerten Marks und zeigt eine faltige, graue Rindensubstanz, die eine weiße Substanz einschließt. Es ist das *Zentrum für Bewegungskoordinationen* im Körper. Das *Rückenmark* ist ein Strang von kompaktem Nervengewebe und erstreckt sich durch den gesamten *Wirbelkanal* vom Kopf bis zum Schweif (Hals-, Brust-, Lenden-, Kreuz- und Schweifmark). Entwicklungsgeschichtlich ist das Rückenmark der ältere Teil des Nervensystems. Um einen *Zentralkanal* liegt die *graue Substanz* (Ganglienzellen). Die *weiße Substanz* ist die äußere Schicht, bestehend aus Neuriten (im Hirn ist es umgekehrt). Der Querschnitt des Rückenmarks zeigt eine charakteristische *Schmetterlingsform.* (Abb. 19)

Das **periphere Nervensystem** umfaßt alle nervösen Teile außerhalb des Zentralnervensystems: die Hirn- und Rückenmarknerven und die dazugehörigen Ganglien (Nervenknoten). Bei den Nerven handelt es sich um *efferente* (zentrifugale) Bahnen (vom Zentralnervensystem zu den Erfolgsorganen) mit motorischen (z. B. zur Muskulatur) oder sekretorischen Leitungsfunktionen oder *afferente* (zentripetale) Bahnen (vom Sinnesorgan zum Zentralorgan) mit sensiblen Leitungsfunktionen. Die *Rückenmarknerven* (Spinalnerven) sind gemischte Nerven mit sensiblen und motorischen Neuriten.

Das **autonome Nervensystem** unterhält die Lebensfunktionen der inneren Organe. Sein *sympathischer Teil* regt sie an, der *parasympathische* hemmt sie. Der Grenzstrang Sympathikus liegt beiderseits der Wirbelsäule und verläuft vom Brusteingang bis zum Kreuzbein. Dagegen entspringt der Parasympathikus aus den Hirnnerven und aus den Nerven des Kreuzmarks.

Die Verdauung

Die Nahrung ist so, wie sie aufgenommen wird, vom Körper nicht verwertbar. Besonders die *Grundnährstoffe* Eiweiß, Kohlenhydrate und Fette müssen erst in lösliche und resorbierbare Teilchen zerlegt werden. Diese Aufgaben besorgt die *Verdauung.* Mit Hilfe von *Wirkstoffen* (Fermenten) werden komplizierte Zuckerverbindungen in einfache, Eiweiß in Aminosäuren und Fette in Fettsäuren und Glycerin zerlegt. Diese *fermentative Spaltung* der Verdauungssäfte wird durch die Tätigkeit von Kleinlebewesen (Mikroorganismen) unterstützt, die durch Gärungsprozesse auch solche Nährstoffe anzugreifen vermögen, die vom Organismus sonst nicht verändert werden können. Alles Unverdauliche wird ausgeschieden. Absonderungen von Drüsensekreten und die Bewegung im Verdauungskanal werden durch *Reflexe* gesteuert, die bei der Berührung mit der Nahrung ausgelöst werden.

Der **Verdauungsapparat** des Pferdes ist ein der ausschließlich pflanzlichen Nahrung angepaßtes Organsystem. Dieses stellt mit den einzelnen *Verdauungsorganen* (Organa digestionis) einen *Kanal* (Trakt) vom Maul bis zum After dar. Die Länge des gesamten *Verdauungskanals* beträgt beim Pferd das 11- bis 12fache der gesamten Körperlänge. Das *Fassungsvermögen* (einschließlich Wasser) liegt bei etwa 200 kg. Anatomisch besteht der gesamte Trakt im wesentlichen aus drei Grundschichten: der Schleimhaut (Mucosa), der Muskelschicht (Muscularis) und dem serösen Überzug (Serosa). Der gesamte Verdauungsapparat läßt sich in folgende Abschnitte und Organe einteilen. (Tabelle 1)

Tabelle 1 Der Verdauungskanal (schematisch)

Abschnitt	Organe
Kopfdarm	Maulhöhle – Cavum oris Rachen – Pharynx
Vorderdarm	Speiseröhre – Oesophagus Magen – Gaster oder Ventriculus (s. Abb. 20)
Mitteldarm (Dünndarm)	Zwölffingerdarm – Duodenum Leerdarm – Jejunum Hüftdarm – Ileum
Enddarm (Dickdarm)	Blinddarm – Caecum Grimmdarm – Colon Mastdarm – Rectum

Bei der **Futteraufnahme** spielen Geruchs-, Geschmacks-, seltener Gesichtswahrnehmungen eine Rolle. Kurzes Futter wird mit den Lippen aufgenommen, langes mit Zunge und Lippen. Im Boden stehende Pflanzen werden mit den Schneidezähnen abgerissen. Flüssigkeit saugt das Pferd an und schluckt sie sofort ab. Alle Nährstoffe gelangen zunächst in die *Maulhöhle* (Cavum Oris), die von einer drüsenlosen Schleimhaut ausgekleidet wird. Unter der Schleimhaut liegen einige *Drüsen* im Bereich der Lippen, Backen und Zunge. Die Schleimhaut, die mit der Knochenhaut des *harten Gaumens* verwachsen ist, zeigt beim Pferd 16 bis 18 eigentümliche *Staffeln.* Außerhalb der Maulhöhle befinden sich, mit ihr durch Ausführungsgänge verbunden, die paarig angeordneten *Ohrspeichel-, Unterkiefer- und Unterzungendrüsen.*

In der Maulhöhle wird die Nahrung gründlich gekaut und eingespeichelt. Die *Zunge* sorgt dafür, daß das aufgenommene Futter wechselnd rechts oder links zwischen die breiten *Mahlzähne* kommt. Durch eine gute *mechanische Zerkleinerung* wird die *chemische Weiterverarbeitung* vorbereitet. Der *Speichel* sorgt für die Schluckfähigkeit des Bissens. Er wird im allgemeinen nur beim Kauen aus den *Speicheldrüsen* abgesondert. Sowie bestimmte *Schluckstellen* am Racheneingang mit dem Nahrungsbrei in Berührung kommen, wird der *Schluckvorgang* ausgelöst. Der Atemweg wird dabei verschlossen, um ein Fehlschlucken zu vermeiden. Durch wellenförmige, fortschreitende Zusammenziehungen der Ringmuskulatur *(Peristaltik)* in der Speiseröhre gelangt die Nahrung in den Magen, wobei sie dicht vor dem Mageneingang kurzfristig verweilt.

Die **Speiseröhre** (Oesophagus) kann bei Pferden eine Länge bis zu 150 cm erreichen. Die anfänglich quergestreifte Muskulatur, die die Speiseröhre umgibt und die allmählich in glatte übergeht, ist beim Pferd kurz vor Einmündung in den Magen besonders kräftig entwickelt. Daher resultiert die bekannte Erscheinung, daß ein Pferd nur sehr schwer erbrechen kann (Gefahr des Berstens des Magens).

Aus der Speiseröhre wird die Nahrung in den **Magen** befördert, dessen Eingang sich vorübergehend öffnet. Sonst ist er beim Pferd verschlossen. Das Pferd hat einen einhöhligen zusammengesetzten Magen, der relativ klein ist. Er stellt einen länglichen, etwas gedrückten Sack dar, der kaum mehr als 20 Liter *Fassungsvermögen* besitzt. Die Form des Magens zeigt zwei Krümmungen. Die Einmündung der Speiseröhre bezeichnet man als *Cardia* und den Ausgang des Magens als *Pförtner* (Pylorus). Der übrige größere Teil des Magens wird als *Magengrund* (Fundus) bezeichnet. (Abb. 20) Die glatte Muskulatur des Magens besteht aus mehreren Schichten, und zwar einer dünnen äußeren Längsschicht, einer dicken mittleren Schicht und einer schrägen Muskelschicht im Bereich des Cardiaabschnittes. In der Schleimhaut befinden sich *Drüsenzonen.*

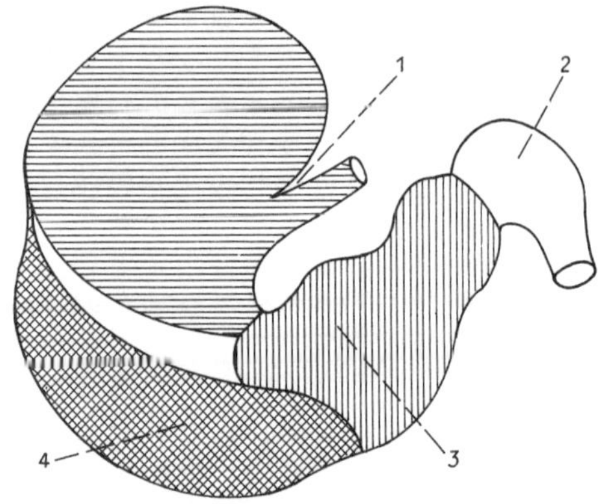

20 Magen des Pferdes (Drüsenzonen): 1 Cardia; 2 Duodenum (Zwölffingerdarm); 3 Pylorus; 4 Fundus

Der Magen paßt sich bei der Futteraufnahme der zunehmenden Füllung an. Er ist niemals ganz leer. Zunächst wird der Nahrungsbrei geschichtet und erst zum Ausgang hin stärker vermischt. *Flüssigkeiten* umfließen den Mageninhalt und gelangen bereits nach 2 bis 4 Minuten in den Dünndarm. Die *Entleerung,* die durch Arbeit erheblich verzögert werden kann, setzt gewöhnlich unmittelbar nach der Fütterung ein. Sie erfolgt portionsweise. Deshalb muß das Pferd nach der Futteraufnahme etwas Ruhe haben. Die Magenverdauung besorgt der *Magensaft,* der vor allem aus Pepsin, Magensalzsäure und Schleim (Muzin) besteht. Das Pepsin besitzt die Fähigkeit, Eiweiß zu spalten. Das ist aber nur in einer sauren Umgebung möglich, die durch die *Magensalzsäure* bewirkt wird. Der *Schleim* schützt die Magenwand vor der Selbstverdauung. Daneben bringt der Magensaft auch das Milcheiweiß zur Gerinnung. Beim Pferd dient der Speiseröhrenanteil des Magens (Cardia) als *Vormagen,* in dem Kohlenhydrate unter Milchsäurebildung vergoren werden. Die Salzsäure im Drüsenteil sorgt für eine Beseitigung schädlicher Keime, so daß der Dünndarm einen recht keimarmen Nahrungsbrei erhält.

Der **Dünndarm** ist der an den Magen anschließende Darmabschnitt mit dem *Zwölffinger-, Leer- und Hüftdarm.* Der gesamte Dünndarm hat nur eine geringe Weite. Er besteht aus einer inneren ringförmigen, leicht spiralen Muskelschicht und einer schwächeren äußeren längsziehenden Schicht. Die Schleimhaut des Dünndarms ist mit 0,5 bis 1 mm langen *Zotten* besetzt, die eine besondere Rolle bei der Resorption der verdauten Nährstoffe spielen. Außerdem befinden sich in der Schleimhaut *Lymphknoten.* Die Anhangdrüsen des Zwölffingerdarms sind die *Leber* (Hepar) mit *Galle* und die *Bauchspeicheldrüse* (Pankreas). Der Dünndarmabschnitt ist reich an Blutgefäßen, deren Zuleitung vom Gekröse her erfolgt. Von den Blutkapillaren des Darmes führt die *Pfortader* zur Leber.

Der Dünndarm ist der Hauptort der Verdauung und Resorption. Hier wirken besonders die *Fermente der Darmdrüsen,* von Bauchspeicheldrüse und Galle. Sie arbeiten vorwiegend bei *schwach alkalischer* oder *neutraler Reaktion.* Nur unmittelbar hinter dem Pförtner des Magens ist durch die übertretenden Magensalzsäure ein saures Milieu nachweisbar. Darmsaft und Fermente der Bauchspeicheldrüse zerlegen alle drei Grundnährstoffe. Die Galle, die in der Leber erzeugt wird, sorgt für die Fettresorption.

Die **Leber** ist ein wichtiges Organ im Verdauungsprozeß. Sie ist fast an allen Stoffwechselvorgängen beteiligt. Aus bestimmten Produkten des Eiweißstoffwechsels bildet sie Harnstoff, sorgt für den Bau von Blutgerinnungsstoffen, speichert Eiweiß und verarbeitet nicht benötigte Aminosäuren. Sie produziert *Glykogen* (Muskelstärke) und lagert es in ihren Zellen ab. Daneben vermag sie viele *Gifte* unschädlich zu machen, die ihr entweder mit der Nahrung oder als Stoffwechselschlacken zugeführt worden sind.

Der **Dickdarm** besteht aus den Abschnitten Blind-, Grimm- und Mastdarm. Beim Pferd ist er besonders entwickelt. Vor allem gilt dies für den Blind- und Grimmdarm. Es sind dieselben Muskelschichten wie beim Dünndarmabschnitt vorhanden, jedoch konzentriert sich die äußere längsziehende Schicht auf bandartige Muskelstreifen, die längs des Darmes ziehen. Dabei entstehen sogenannte *Poschen,* die nur beim Pferd vorhanden sind. Sie haben Bedeutung für den Aufschluß der Zellulose durch Bakterien. Im Mastdarm vermehrt sich die Muskulatur, und die Bandstreifen verschwinden. Die Schleimhaut des Dickdarms ist zottenlos.

Im Dickdarm kommen neben Vorwärtsbewegungen auch Rückwärtsbewegungen vor, wodurch der Aufenthalt des Futterbreies verlängert wird. Dies macht es möglich, überflüssiges Wasser im Körper zurückzuhalten. Neben Resten von Dünndarmfermenten wirken vor allem bakterielle Gärungs- und Fäulnisvorgänge auf die Nahrung ein. Der von den *Dickdarmdrüsen* abgesonderte Saft sorgt aufgrund seines Alkaligehaltes für ein ausgeglichenes Säure-Basen-Gleichgewicht. Die an der Blinddarmverdauung beteiligten Kleinlebewesen, die mit abnehmender Intensität auch im Dickdarm wirksam sind, sorgen hier für die Produktion von *Vitaminen* der B-Gruppe und des Vitamins K. Beide Vitamine bzw. Vitamingruppen sind für Struktur und Aufbau des Sehnengewebes bedeutsam.

Der *Blinddarm* des Pferdes ist ein spitzkegeliger Sack, dessen Hauptfunktion darin besteht, mittels kräftiger Bewegung den aus dem Dünndarm kommenden Futterbrei mit der in ihm vorhandenen *Mikroflora* (Kleinstlebewesen) gründlich zu durchmischen. Dabei laufen die Abbauprozesse, die durch die Fermente der Verdauungssäfte im Dünndarm in Gang gesetzt wurden, intensiv weiter. Diese Kleinlebewesen schließen durch *Gärungsprozesse* die Rohfaser auf und leiten den Abbau des schwerverdaulichen Pflanzeneiweißes ein.

Beim Durchlaufen des kleinen *Grimmdarmes* bewirken tiefe ringförmige Einschnürungen eine Ballung des Darminhalts. Er enthält jetzt fast nur noch unverdauliche Bestandteile der Nahrung und ist, durch Gärung und Fäulnis stark verändert, zu *Kot* geworden. Der Kot wird im *Mastdarm* gesammelt und periodisch ausgeschieden. (Abb. 21)

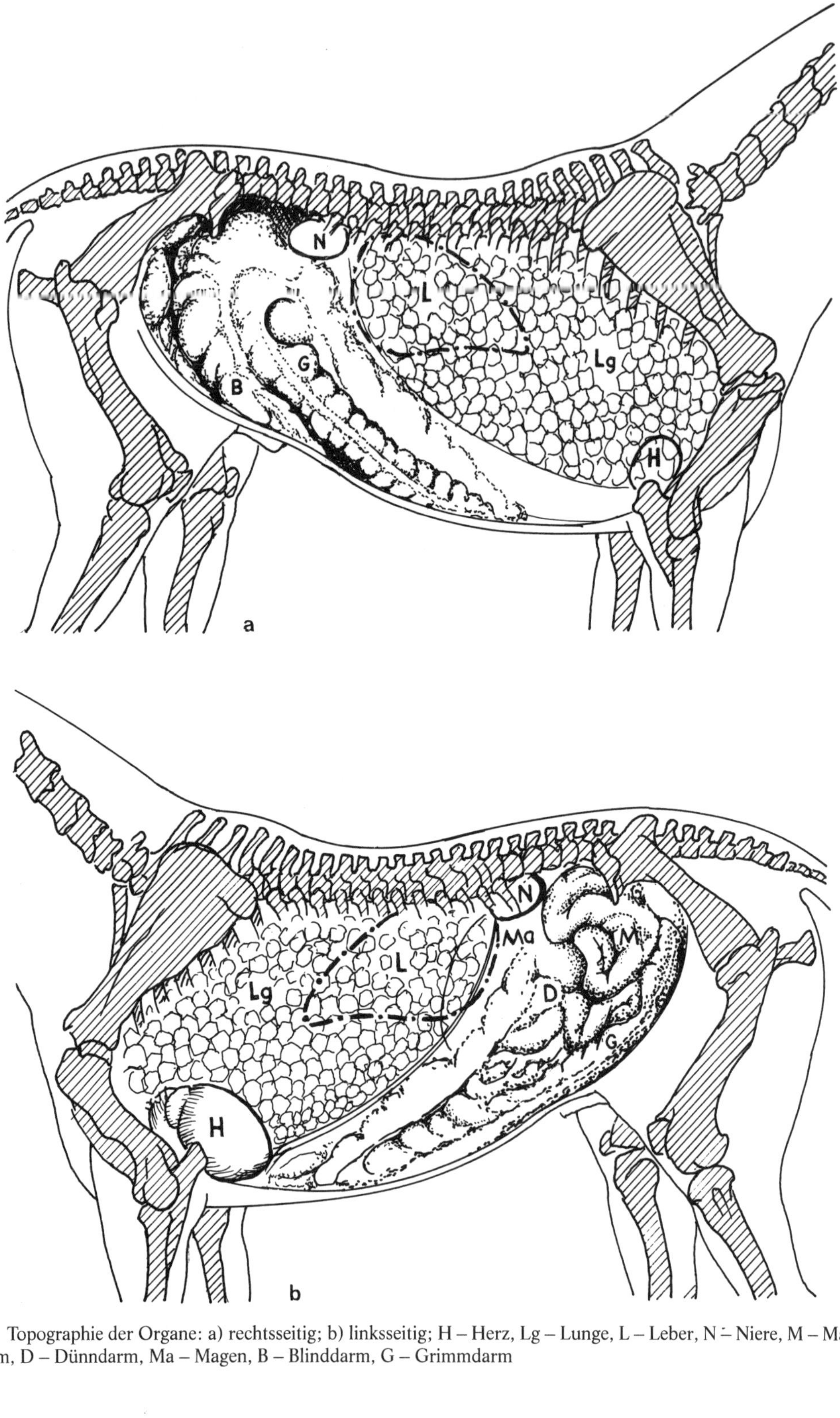

21 Topographie der Organe: a) rechtsseitig; b) linksseitig; H – Herz, Lg – Lunge, L – Leber, N – Niere, M – Mastdarm, D – Dünndarm, Ma – Magen, B – Blinddarm, G – Grimmdarm

Die durch den Verdauungsprozeß dem Körper zugeführten *Nährstoffe* werden entweder zum Aufbau von Körperzellen verwendet *(Baustoffwechsel)*, oder sie dienen der Bestreitung der Lebensvorgänge *(Betriebsstoffwechsel)*. Beides wird als **Zwischenstoffwechsel** bezeichnet. (Abb. 22)
Im Organismus vollzieht sich ein ununterbrochener Austausch von verbrauchten Körperbausteinen durch gleichwertige Stoffe, die aus der Nahrung stammen. Daneben werden viele organische Bestandteile laufend verbraucht (Haare, Hufhorn, Schuppen) oder abgesondert (Milch, Speichel, Hauttalg, Keimzellen), die wieder ersetzt werden müssen. Diese Aufgaben obliegen dem **Baustoffwechsel,** der vorwiegend Eiweißkörper verarbeitet.
Der **Betriebsstoffwechsel** hat funktionelle Aufgaben des Organismus zu bestreiten. Dabei spielt die *Muskeltätigkeit* eine besondere Rolle. Die dafür erforderliche Energie liefern die kalorienreichen Kohlenhydrate und Fette. Den *Energieumsatz* des ruhenden Tieres bezeichnet man als *Grundumsatz.* Er umfaßt den Aufwand, der zur Bestreitung aller in Ruhe weiterlaufenden Lebensvorgänge nötig ist (Herztätigkeit, Atmung, Wärmehaushalt). Seine Größe wird u. a. von Gewicht, Alter, Geschlecht und Außentemperatur bestimmt. Jede *Leistung* erhöht den Umsatz von Energie, die aus allen drei Grundnährstoffen bezogen wird. Zum Abbau von Eiweißen kommt es allerdings erst dann, wenn die Vorräte an Kohlenhydraten und Fetten erschöpft sind. Die entstehenden *Endprodukte* des Stoffwechsels werden in gasförmiger (CO_2), flüssiger (Harn) oder fester (Kot) Form ausgeschieden. Da die Energiegewinnung weitgehend von Verbrennungsvorgängen mit Sauerstoff abhängt, gilt der *Sauerstoffverbrauch* als Maßstab für den Energieumsatz. Der biologische Nutzwert (physiologischer Brennwert) für 1 g Eiweiß wird mit 4,1, für 1 g Fett mit 9,3, für 1 g Stärke mit 4,1 Kalorien angegeben (s. a. Abschnitt 1. 7.). Die gewonnene Energie setzt der Körper zu einem Viertel in Arbeit und zu drei Viertel in Wärme um.
Die zur *Versorgung der Organe* bestimmte Kohlenhydratform ist der *Blutzucker... Hauptabnehmer ist die Muskulatur, die* große Mengen an Kohlenhydraten (Glykogen) zum sofortigen Verbrauch bereithält. Alle nicht benötigten Kohlenhydrate werden in *Fett* umgewandelt und in *Fettdepots* gelagert. Die Verbrennung des Traubenzuckers und den Aufbau des Glykogens besorgt das Hormon der Bauchspeicheldrüse, das *Insulin.* Sein Gegenspieler ist das *Markhormon* der Nebenniere, das Adrenalin. Beide zusammen gewährleisten die Aufrechterhaltung eines normalen *Zuckerspiegels* im Blut. Die Kontrolle dieser Werte ermöglicht eine objektive Aussage über den *Trainingszustand.*
Das resorbierte Fett wird an bestimmten Stellen des Körpers gespeichert und bei Bedarf angegriffen. Es wird abgebaut und verbrannt. Diese Verbrennung geschieht in der Zelle, in

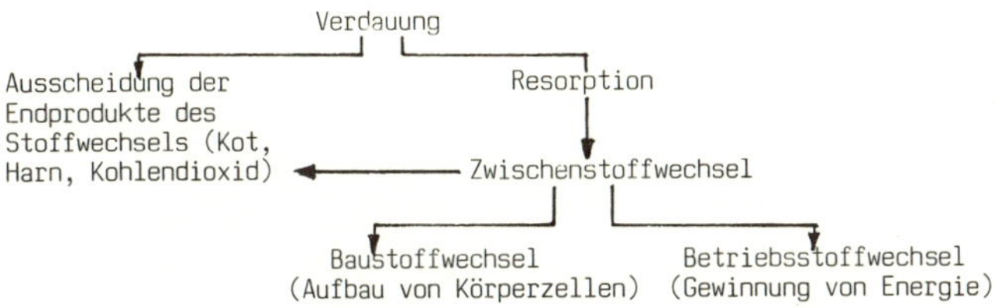

22 Schema des Stoffwechsels

der es vorher durch Fermente (Lipase) gespalten wird. Fette können auch in Zucker umgewandelt werden. Neben dem *Depotfett* gibt es das sogenannte *Zell-* oder *Organfett,* das für Aufbau und Leben der Zellen sehr wichtig ist.
Der größte Teil der resorbierten *Aminosäuren* wird in den Körperzellen zu spezifischem *Organeiweiß* aufgebaut. Der Rest wird verbrannt. Eiweiß kann auch in Zucker umgewandelt werden. Einige Aminosäuren vermag der Körper selbst zu bilden. Das ist deshalb wichtig, weil manches Eiweißfutter nicht alle lebenswichtigen (essentiellen) Aminosäuren enthält, deren Fehlen gesundheitliche Störungen hervorrufen kann.

1.4. Exterieur- und Beurteilungslehre

Der Gebrauchswert des Pferdes für den Sport hängt wesentlich von seinem *Körperbau* ab. Es gibt sogar klare Beziehungen zwischen bestimmten Exterieurmerkmalen und der speziellen Eignung und Leistungsfähigkeit des Pferdes. Deshalb ist es wichtig, einige wesentliche Grundsätze zu kennen, die eine Beurteilung des Pferdes hinsichtlich seiner morphologisch-anatomischen Erscheinung insoweit ermöglichen, daß daraus Schlüsse für seine Eignung als Sportpferd gezogen werden können. Da sich die Forderungen an das Exterieur des Sportpferdes heute völlig mit dem Zuchtziel für die Warmblutpferde deckt, wird mit der Erfüllung des Zuchtziels zugleich auch den Wünschen der Sportler entsprochen.

Der Körperbau des Pferdes, seine Körperteile und ihre Beziehungen zu speziellen Leistungen

Unter dem Begriff **Exterieur** versteht man das Äußere des Pferdes. Dazu gehört insbesondere der in seinen Einzelheiten betrachtete *Körperbau.* Weiterhin *Haarkleid, Farbe* und *Abzeichen* sowie die Fähigkeit zu mechanischen Leistungen *(Gang, Schwung).*
Die Benennung der einzelnen *Körperteile* geht aus Abbildung 23 hervor.

Unter spezialisierten Anforderungen für Leistungen im Springen, in der Dressur, im Gelände oder im Zug werden u. a. folgende Bedingungen an die einzelnen Körperteile gestellt: Der *Kopf* soll rasse- und geschlechtstypisch, nicht zu fleischig, schwer und plump, eher breiter als länger sein. Die Form ist praktisch bedeutungslos, kann aber für die Schönheit des Pferdes wesentlich sein. (Abb. 24)
Das *Maul* soll breit sein, die *Oberlippe* die *Unterlippe* etwas überragen. *Ober-* und *Unterkiefer* müssen sich decken. (Abb. 25)
Die *Nüstern* verlangt man breit und groß.
Die *Augen* müssen beweglich (reaktionsschnell) sein. Die *Pupille* ist quergestellt.
Die *Ganaschen* dürfen nicht zu tief und wuchtig sein, sollen jedoch möglichst weiten Abstand *(breiten Kehlgang)* haben, weil dieses dem Pferde die Beizäumung erleichtert.
Das *Genick* darf nicht zu kurz sein. Es muß beweglich und möglichst schon im freien Gang der *höchste Punkt* sein. Dadurch wird die Dressurarbeit begünstigt.
Der *Hals* (Abb. 26); *langer* Hals führt zu größerer Hubhöhe des Unterschenkels, ist also eine gute Vorbedingung für größere Schnelligkeit.
Ein *kurzer* Hals läßt größere Hubkraft (der Hinterhand) vermuten, bedeutet also mehr Körperkraft im Sinne höherer Zugleistung, aber auch für bestimmte Lektionen der Hohen Schule (z. B. Levade).

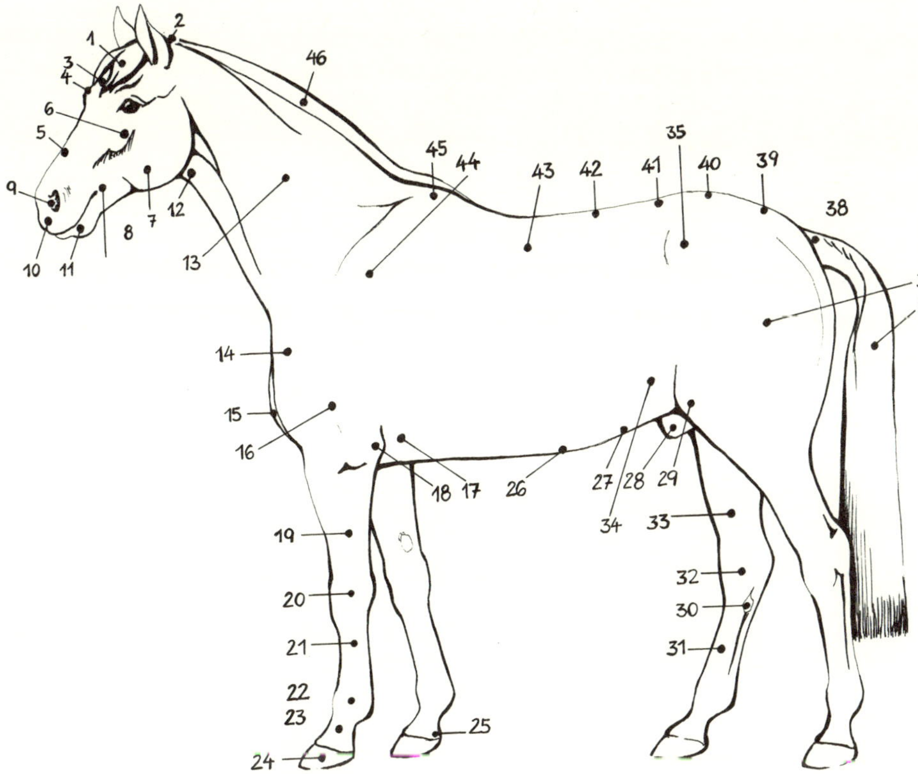

23 Bezeichnung der wichtigsten Körperteile:
1 Schopf; 2 Genick; 3 Stirn; 4 Augenbogen; 5 Nasenrücken; 6 Jochbeinleiste; 7 Ganasche; 8 Lefze; 9 Nüster; 10 Oberlippe; 11 Unterlippe; 12 Kehlgang; 13 Hals; 14 Buggelenk; 15 Vorderbrust; 16 Oberarm; 17 Herzgegend; 18 Ellbogenhöcker; 19 Unterarm; 20 Vorderfußwurzelgelenk; 21 Vordermittelfuß; 22 Fesselkopf; 23 Fessel; 24 Huf; 25 Ballen; 26 Bauch; 27 Unterbauch; 28 Schlauch; 29 Knie; 30 Kastanie; 31 Hintermittelfuß; 32 Sprunggelenk; 33 Unterschenkel; 34 Flanke; 35 Hüfte; 36 Oberschenkel; 37 Schweif; 38 Schweifwurzel; 39 Kruppe; 40 Kreuz; 41 Lende (Niere); 42 Rücken; 43 Sattellage; 44 Schulter; 45 Widerrist; 46 Mähnenkamm

Ein *tiefangesetzter* Hals deutet auf größere Tragkraft, ist aber reitsportlich nachteilig, da Aufrichtung des Pferdes schwer (oder auch nicht) zu erzielen ist.

Ein *hochangesetzter* Hals ist reitsportlich ungünstig, da die Haltung des Pferdes (demzufolge auch die Leistung bzw. eine lange Nutzung) infolge der *geringen Rückenspannung* schwer (oder auch nicht) zu erreichen ist.

Die *Brust* soll breit (etwa 30 Prozent der Widerristhöhe), tief (etwa 48 Prozent der Widerristhöhe) und lang sein. Ein großes *Fassungsvermögen* des Brustraumes ist wünschenswert, weil durch ein großes *Atemvolumen* das Leistungsvermögen verbessert wird.

Der *Widerrist* (Abb. 27) wird von 5 *Brustwirbeln* mit den einzelnen *Dornfortsätzen* gebil-

24 Kopfformen: 1 Hechtkopf; 2 gerader Kopf; 3 Schweinskopf; 4 Keilkopf; 5 Schafskopf; 6 Ramskopf; 7 Ramsnase

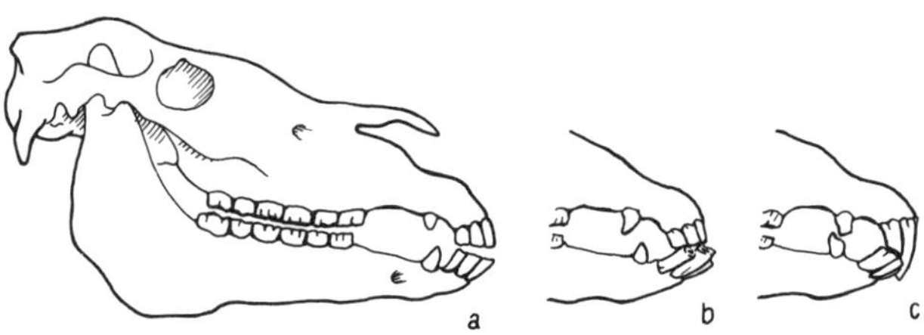

25 Normale und fehlerhafte Stellung der Schneidezähne: a normal; b Hechtgebiß; c Karpfengebiß

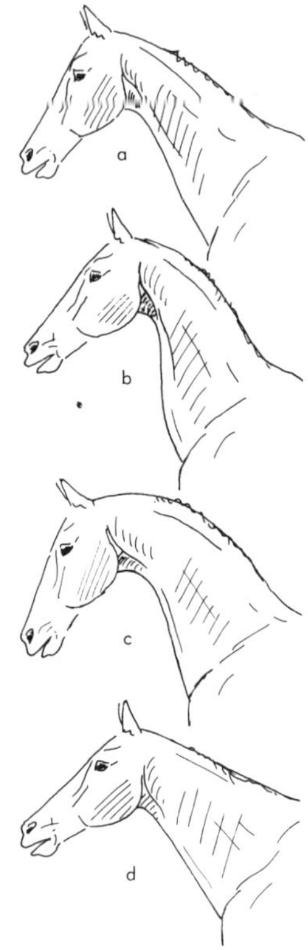

26 Halsformen: a normaler Hals; b Hirschhals; c Schwanenhals; d kurzer dicker Hals

det. Er soll hoch, lang und straff bemuskelt sein. Letzteres ist wichtig für eine gute *Sattellage.*

Der *Rücken* (Abb. 28) (18 Wirbel) muß gut bemuskelt sein; er soll keine Überlänge aufweisen, damit die Verbindung zwischen Vor- und Hinterhand ohne Überlastung des Rükkenskeletts und der Rückenmuskulatur gewährleistet ist. Ein *breiter Rücken* ist vorteilhaft.

Die *Lende* soll fest und tief sein. Ihre knöcherne Grundlage bilden normalerweise 6 Wirbel.

Die *Kruppe.* (Abb. 29) Eine *lange* Kruppe deutet auf Schnelligkeit, da sie die mechanische Grundlage für flachen und raumgreifenden Gang bildet.

Eine *breite* Kruppe ist Voraussetzung für große Zugkraft, da sie einen starken Muskelansatz ermöglicht.
Bei einer *geraden* Kruppe liegt das Sitzbein etwa 10 cm tiefer als die Hüfte.

Eine *horizontale* Kruppe läßt eine starke Hinderhandleistung erwarten.
Eine *geneigte* Kruppe deutet auf hohe Lauf-, Spring- und Zugleistung.
Die *abgeschlagene* Kruppe festigt den Rükken (mehr Rückenspannung). Dadurch werden eine höhere *Tragleistung* (höheres Reitergewicht) und auch größere *Springleistungen* möglich. Die *überbaute* Kruppe ist negativ zu beurteilen, da eine Überbelastung der Vorderhand eintritt. Das ist für Reit-, vor allem Dressurpferde, sehr ungünstig. Vorteilhaft ist sie für Bergpferde (z. B. Haflinger) und deshalb bei diesen Rassen oft vorhanden. Auch eine *kurze* Kruppe ist nachteilig, da sie keine Schwungentfaltung aus der Hinterhand und damit u. a. keine raumgreifenden Gänge ermöglicht.

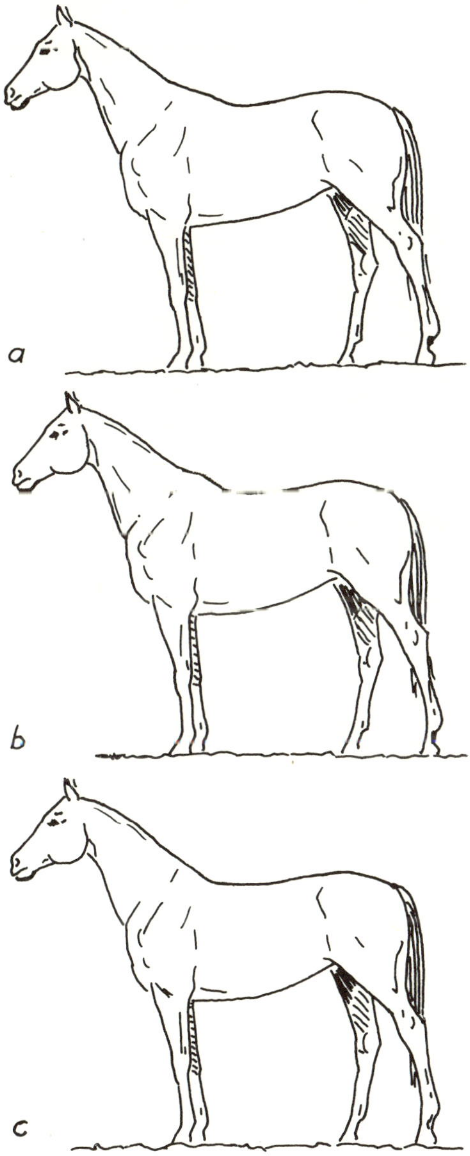

27 Widerristformen: a guter, langer ausgeprägter Widerrist; b hoher kurzer Widerrist; c niedriger Widerrist

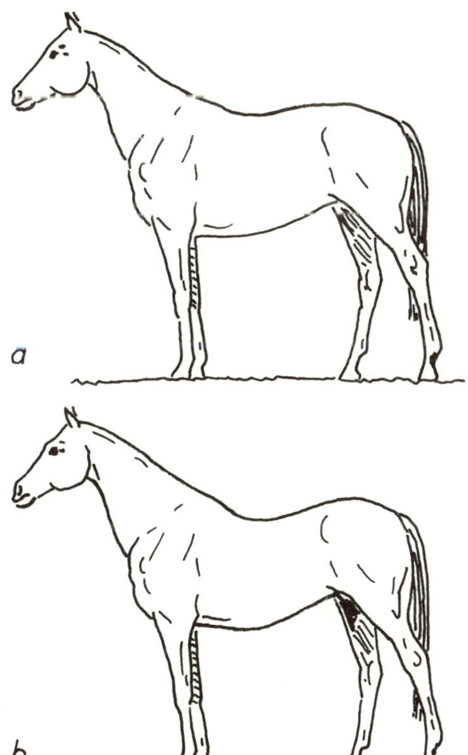

28 Rückenformen: a hoher Rücken, b Senkrücken

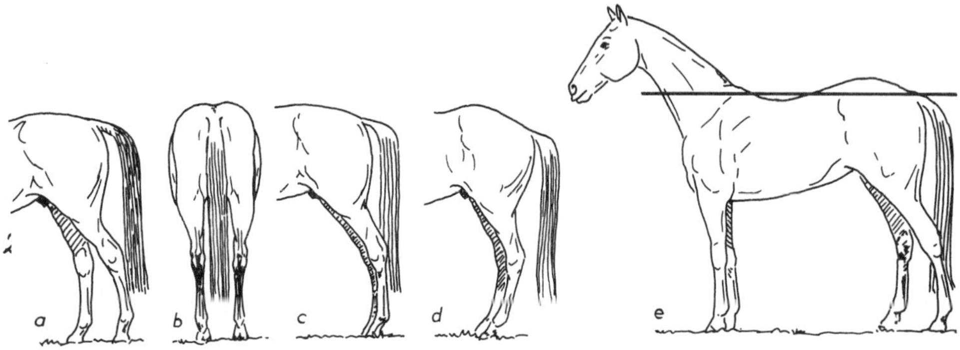

29 Kruppenformen: a normale Kruppe; b Spaltkruppe; c horizontale Kruppe; d abgeschlagene Kruppe; e überbaute Kruppe

Der *Rumpf* soll ausgeprägte *Rippenwölbung* aufweisen, breit, tief und lang sein.

Der *Bauch* (Abb. 30) soll mit seiner Unterlinie (Bauchlinie) dem Verlauf des Brustbeines entsprechen und nach der Flanke zu nur leicht hochgezogen sein. Der sogenannte *Senkrücken* geht stets mit einer Bauchdeckenschwäche *(„Hängebauch")* parallel.

Die *Flanke* darf nicht zu lang, muß jedoch fest und tief sein. Sie darf keine „Hungergrube" aufweisen.

Der *Schweif* ist, hochgetragen, ein Merkmal für temperamentbedingte, energische Vor-

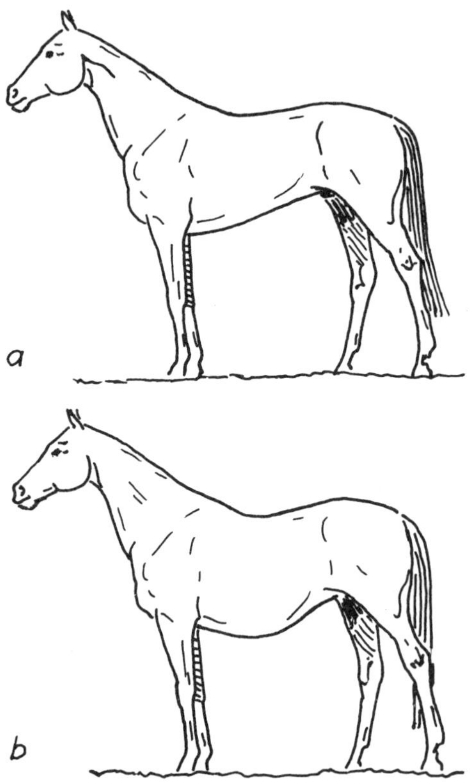

30 Bauchformen: a aufgeschürzter Bauch; b Hängebauch

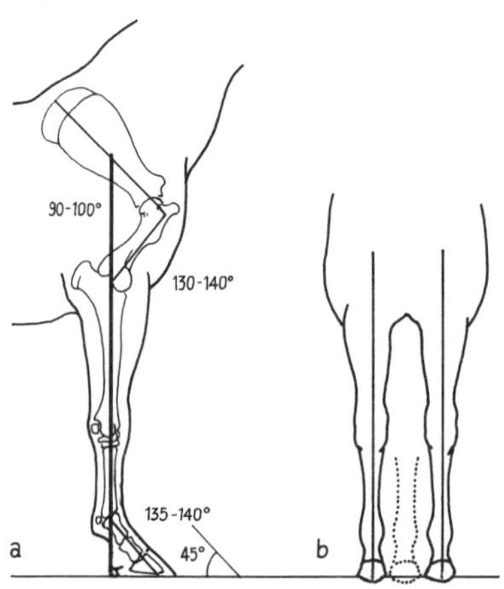

31 Normalstellung der Vordergliedmaßen: a von der Seite; b von vorn

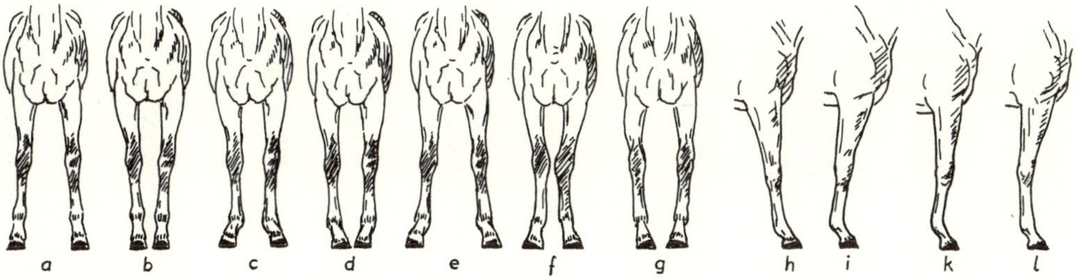

32 Fehlerhafte Stellungen der Vordergliedmaßen: a bodenweit; b bodeneng; c zehenweit; d zeheneng; e zehenbodenweit; f knieeng, zehenbodenweit; g knieweit, zehenbodeneng; h vorständig; i rückständig; k vorbiegig; l rückbiegig

wärtsbewegung des Pferdes und kennzeichnet meist besonders schwungvollen Gang.

Die *Vordergliedmaßen* (Abb. 31 und 32) dienen dem Auffangen der Last.

Die *Schulter* soll lang (etwa 33 % der Rumpflänge) und schräg sein sowie weit nach vorn liegende *Schultergelenke* aufweisen.

Der *Oberarm* soll lang sein, darf aber nicht zu dicht an der Brust anliegen.

Der *Ellbogenhöcker* muß lang sein und weit nach hinten reichen. Dadurch wird eine breite *Sehnenauflage* und kräftige *Sehnenentwicklung* begünstigt. Der *Ellbogen darf nicht an der Brustwand anliegen!*

Ist der *Unterarm* kürzer als der Vordermittelfuß, fördert das den Galopp, ist er länger als der Vordermittelfuß, fördert das den Schritt und Trab.

Der Umfang des *Vordermittelfußes* (Röhrbeins) ist unwichtig. Er muß breit angesetzt aus der Mitte des *Vorderwurzelgelenks* hervorgehen *(= gut eingeschient)*. Bei Reitpferden (generell bei Laufpferden) soll er möglichst kurz sein.

Die *Hintergliedmaßen* (Abb. 33 und 34) dienen der Entwicklung von Hub- und Schnellkraft, sollen deshalb gut bemuskelt und mit kräftigen Gelenken ausgerüstet sein.

Das *Oberschenkelbein* soll lang und etwa 90° zum Darmbein gewinkelt sein (Hoden verdeckt). Je spitzer der Winkel, desto besser kann der Schub aus der Hinterhand entwikkelt werden (vgl. Abb. 33a).

Das *Kniegelenk* soll groß sein und in einer Ebene mit dem Ellbogenhöcker liegen. Sein Winkel beträgt etwa 100° bis 120°. Ein offener Winkel fördert große Zugleistung. Den *Unterschenkel* wünscht man lang und kräftig.

Das *Sprunggelenk* muß möglichst tief über dem Boden stehen (vgl. die entsprechende Forderung nach kurzem Röhrbein). Es muß groß, darf aber nicht fleischig sein („trockenes“ Sprunggelenk), keine *Einschnürung* aufweisen, da sonst eine schiefe Belastungsachse wirksam wird und eine Überbelastung mit krankhaften Folgen (Spat, Galle) eintritt.

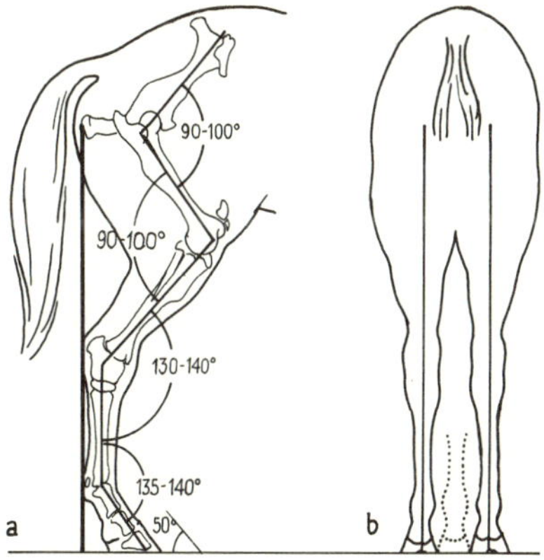

33 Normalstellung der Hintergliedmaßen: a von der Seite; b von hinten

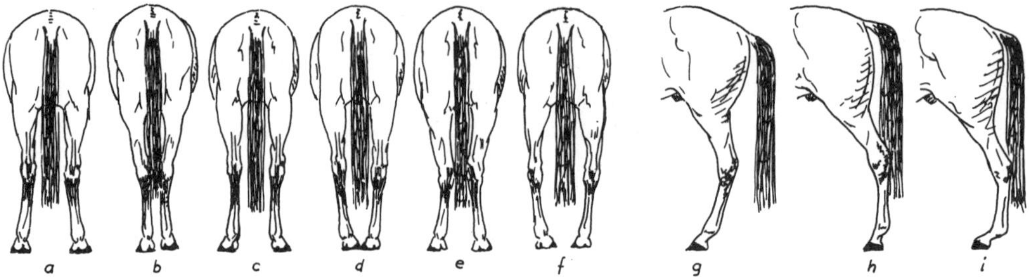

34 Fehlerhafte Stellungen der Hintergliedmaßen: a bodenweit; b bodeneng; c zehenweit; d zeheneng; e sprunggelenkseng (kuhhessig); f sprunggelenksweit (faßbeinig); g unterständig; h rückständig; i bärentatzig

Von Bedeutung ist die Winkelung des Sprunggelenks. Sie ist spitz bei schnellen, leistungsfähigen Pferden mit guter Fähigkeit, die Hinterhand unter den Schwerpunkt zu bringen. Ist sie offen, so bedingt dies besseres Streckvermögen beim Absprung, jedoch geringere Schrittlänge.

Der *Gang* soll raumgreifend und gerade sein. Die wichtigsten *Gangfehler* sind: das *Bügeln,* ein seitliches Auswerfen der Vorderextremitäten unterhalb des Vorderfußwurzelgelenks; der *Hahnentritt,* ein ruckweises Anheben und Aufsetzen des Hinterfußes;

das *Kreuzen,* ein einspuriges Voreinandersetzen der Vorderbeine. Es führt zum Streichen und zu damit verbundenen Verletzungen an den Fesselinnenseiten.

Der *natürliche Schwung* soll kraftvoll ausgeprägt sein, damit großer *Raumgriff* und flüssiger Bewegungsablauf möglich sind. Je mehr natürlicher Schwung vorhanden ist, desto geringer ist der Widerstand des Pferdes gegen versammelnde Übungen und desto günstiger u. a. auch das Absprungverhalten.

Der *Typ* ist die durch Umwelt, Geschlecht und Abstammung (Rasse) geprägte Körperform, d. h. die Gesamtheit der äußerlich erkennbaren Körpereigenschaften. Demzufolge wird unterschieden:

Der *Nutzungstyp,* der bei der Beurteilung von Zuchtpferden eine Rolle spielt:

a) *männlich* (spätreifer): kraftvoll, kräftige Halsausbildung mit starkem Unterhals, allgemein etwas härtere Linienführung, stärker ausgebildete Vorhand als Hinterhand;

b) *weiblich* (frühreifer): allgemein in der Linienführung weicher, nicht kantig, feinerer Kopf, längerer und weniger starker Hals, Mittelhand nicht kurz, Hinterhand stärker und breiter ausgebildet als Vorhand;

c) *neutral* (Wallach): zwischen dem männlichen und weiblichen Typ liegend, je nach Kastrationszeitpunkt (für das Sportpferd deshalb entscheidend wichtig und möglichst zu beeinflussen) in der Entwicklung verschieden und dadurch sehr unterschiedliches Alter beim Erreichen des Wachstumsabschlusses.

Bei der *Beurteilung* eines Pferdes sollte man es sich zur Regel machen, zunächst ein generelles Urteil über den Typ des Tieres zu bilden und dieses mit den Forderungen an das Pferd abzuwägen. Erst danach bewerte man die einzelnen Körperteile.

Entwicklung bestimmter Körperteile des Pferdes durch reiterliche Maßnahmen

Im Verlauf der Grundausbildung und des Trainings des Pferdes sind die Muskelgruppen und damit die Entwicklung derjenigen Körperteile besonders zu fördern, die nur ungenügend ausgebildet oder auch fehlentwickelt sind. Das kann nur durch individuelle Ausbildung jedes Pferdes geschehen und setzt den entsprechenden Ausbildungsstand des

Reiters sowie eine gute Anleitung durch den Ausbilder voraus.
Die Entwicklung der einzelnen Muskelgruppen/Körperteile sollte durch folgende korrekt ausgeführte reiterliche Maßnahmen gefördert werden (nach BÜRGER):
Hals: Keine aktive Arbeit zur Formung der Halsmuskulatur. Wenn sich das Pferd selbst trägt (Haltung), wird die Halsmuskulatur an beiden Seiten auch gleichmäßig entwickelt. Bei der weiteren Entwicklung der Halsmuskulatur handelt es sich also um eine sekundäre Folge der Erzielung der notwendigen Haltung des Pferdes durch den Reiter.
Rücken: Dafür sorgen, daß die Losgelassenheit des Pferdes erzielt wird und erhalten bleibt, wodurch eine Entspannung der Rükkenmuskulatur eintritt. Frische Tempi sind zu bevorzugen, jedoch muß der Takt gleichmäßig sein. Weiter: viel Angaloppieren aus dem Trab, lange Galopparbeit, häufige Tempowechsel; Arbeit in unebenem Gelände mit kleinen Sprüngen und Kletterstellen: Bodenrickarbeit, Arbeit über Gymnastikhindernisse.
Vorhand: Ausgedehnte Schrittreprisen mit hingegebenem Zügel, lange, ruhige Galoppstrecken. Arbeit mit zahlreichen kleinen Sprüngen und Kletterstellen. Auf flüssigen Bewegungsablauf, besonders beim Springen von Gymnastikhindernissen, ist im Training sehr zu achten.
Hinterhand: Alle Arten versammelnder Übungen, lange Galoppstrecken, häufiges Angaloppieren, Arbeit in unebenem Gelände, Klettern.
Bauch: Das bei Wallachen bzw. Hengsten auftretende sogenannte *Schlauchgeräusch* (im Trab, selten auch im Galopp) ist die Folge einer unnatürlichen Spannung der Bauchwand. Die Ursache liegt in der mangelnden Losgelassenheit des Pferdes. Dies führt auf die Dauer zur Entmuskelung von Rücken und Hinterhand. Die Spannung ist deshalb durch lösende Übungen (ständigen Tempowechsel, Übergänge usw.) zu beseitigen.

Körpermaße beim Pferd

Durch das *Messen* des Pferdes werden objektive Maßstäbe für die Beurteilung des Exterieurs gewonnen. Es erfolgt mit dem *Meßstock* und – nur für Brust und Röhrbeinumfang – mit dem *Bandmaß.* Die Maße werden in Zentimeter angegeben. Die *Meßgenauigkeit* hängt vom einwandfreien Stehen des Pferdes – am besten auf einer Betonplatte – und von der gleichmäßigen Belastung seiner vier Gliedmaßen ab. Für die Ermittlung der Körpermaße gibt es verbindliche *Meßpunkte* und *Meßstrecken.* (Abb. 35)
Für Warmblutpferde gelten generell die *Körpermaße,* die in Tabelle 2 angegeben sind. Sie können als Anhaltspunkte für die Auswahl von Sportpferden gelten.
Das *Gewicht* der Warmblutpferde, die für den Sport verwendet werden, liegt zwischen

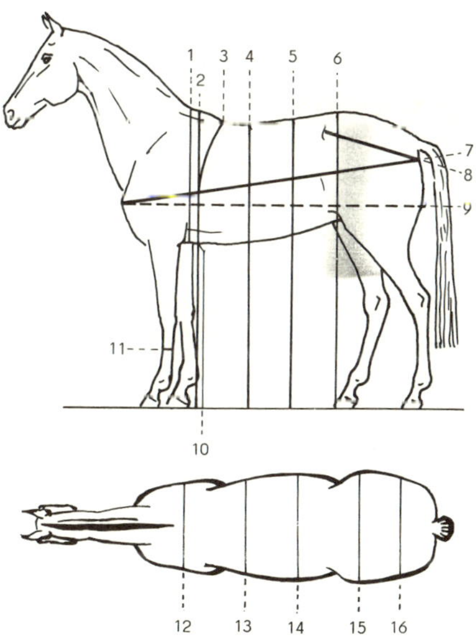

35 Meßpunkte am Pferd: 1 Brusttiefe; 2 Widerristhöhe; 3 Brustumfang; 4 Rückenhöhe (tiefster Punkt); 5 Rückenhöhe (letzter Rückenwirbel); 6 Kruppenhöhe; 7 Rumpflänge; 8 Kruppenlänge; 9 Rumpflänge (Projektion); 10 Beinlänge; 11 Röhrbeinumfang; 12 Vorderbrustbreite; 13 Rippenbrustbreite (hinter der Schulter); 14 Rippenbrustbreite (größte Breite); 15 Hüftbreite; 16 Umdreherbreite

Tabelle 2: Körpermaße von plazierten Spring-, Dressur- und Militarypferden (nach SCHWARK/MÜLLER [1979])

Körpermaß	Springpferde		Dressurpferde		Militarypferde	
	cm	% der WH	cm	% der WH	cm	% der WH
Widerristhöhe (WH)	166,7	100,0	164,7	100,0	164,0	100,0
Kreuzbein	164,1	98,4	162,2	98,5	161,9	98,7
Rumpflänge*)	164,3	98,6	161,3	97,9	160,3	97,7
Brustumfang	191,6	114,9	188,4	114,4	186,6	113,7
Brusttiefe	75,4	45,8	75,1	45,6	74,5	45,4
Vordere Brustbreite	44,2	26,5	43,5	26,4	42,6	26,0
Hüftbreite	58,0	34,8	56,2	34,1	56,2	34,3
Röhrbeinumfang	21,6	13,0	21,0	12,8	20,8	12,7

*) Empfehlung: Rumpflänge gleich oder geringfügig kürzer als Widerristhöhe.

450 und 600 kg. Es richtet sich nach der Größe und nach dem Ernährungszustand. Durch die Lage des Schwerpunktes fällt bei einem gerade und waagerecht stehenden Pferd die Schwerlinie stets näher den Vorderextremitäten, wodurch diese mehr als die Hinterextremitäten belastet werden. Die *Gewichtsverteilung* der Masse des Pferdes auf Vorder- und Hinterbeine verhält sich wie 5 zu 4 bis 3 zu 2 (nach von ROMASZKAN). Dabei übt die jeweilige Kopfhaltung einen wesentlichen Einfluß aus. Es ergeben sich etwa folgende Werte (nach BAUCHER) für die *Mehrbelastung der Vorderextremitäten* gegenüber den Hinterextremitäten (= 100 %) beim ruhig stehenden Pferd:

Kopfhaltung
- normal + 15% Mehrbelastung
- gesenkt + 31% Mehrbelastung
- aufgerichtet + 11% Mehrbelastung

In der Bewegung verschiebt sich natürlich das Verhältnis zwischen stützenden Beinen und Schwerelinien in Abhängigkeit von Gangart, Tempo sowie Lage und Belastung der Wirbelsäule. Es ist deshalb notwendig, entsprechend den Forderungen, die bereits in der reiterlichen Grundausbildung gestellt werden, das Pferd vorwärts zu reiten und zu veranlassen, mit den Hinterbeinen möglichst weit „unter den Schwerpunkt" zu treten, d. h. eine relative Aufrichtung zu erzielen, um die Vorderbeine möglichst zu entlasten. Energielos gehende, zuwenig vorwärts gerittene, haltungslose Pferde wollen sich meist dadurch Erleichterung verschaffen, daß sie sich auf den Zügel legen, d. h., den Kopf gesenkt halten. Dadurch kommt es zu einer *Überbelastung der Vorderextremitäten* und zur Verkürzung der Schrittlänge bis zum Stolpern. Das führt – auf die Dauer gesehen – zu einer Einschränkung der Nutzungsdauer (= Lebensdauer) des Sportpferdes und tritt besonders bei Pferden auf, die von reiterlichen Anfängern oder auch auf langen Strecken geritten werden; deshalb ist für solche Pferde laufend ausreichendes *Korrekturreiten* erforderlich.

Wachstum des Pferdes.

Vom normalen *Wachstumsverlauf* (Abb. 36) ist die endgültige Entwicklung des Pferdes und sein Gebrauchswert als Sportpferd weitgehend abhängig. Das Wachstum des *Fohlens* wird von folgenden Faktoren beeinflußt:
– *erbliche Veranlagung* (Rassenmerkmale) für die Geschwindigkeit und Art der Körperentwicklung (Früh-/Spätreife usw.);
– *Fütterung, Haltung und Bewegung* während der Wachstumsperiode, die die erbliche Veranlagung mehr oder weniger ausgestalten. Die Anpassung der Fütterung an den jeweiligen Wachstumsabschnitt ist dabei sehr wichtig.

Für die normale Entwicklung des Warmblutfohlens gelten hinsichtlich des zu erreichenden *Anteils des Endgewichts* folgende Richt-

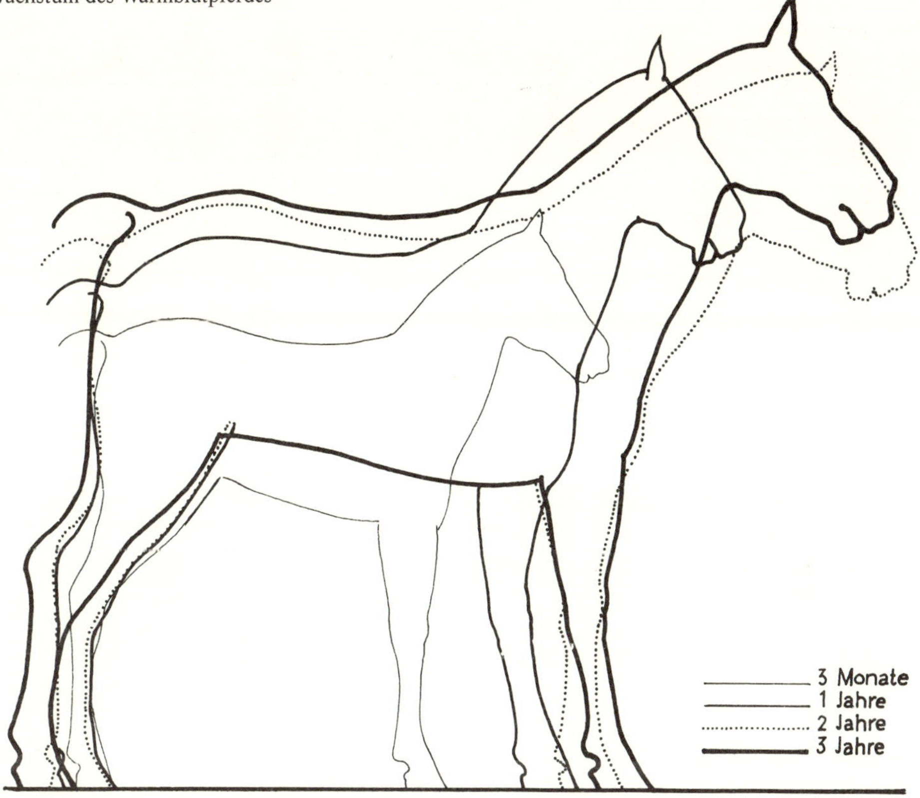

36 Wachstum des Warmblutpferdes

werte (in Prozent): Ende des 1. Jahres 52 – 56, Ende des 2. Jahres 72 – 76, Ende des 3. Jahres 84 – 87. Dabei ergeben sich etwa folgende Sollwerte für das *Geburtsmaß* in Prozent des Endmaßes beim Warmblutpferd: Widerristhöhe 65, Rumpflänge 42, Brustumfang 42, Brusttiefe 40, vordere Brustbreite 46, Hüftbreite 38, Röhrbeinumfang 52, Gewicht 9. Aus den tatsächlichen Körpermaßen zum Zeitpunkt der Geburt ergeben sich demnach Rückschlüsse für die Fütterung. Deshalb ist es zweckmäßig, diese Maße, wenigstens jedoch das Gewicht, unmittelbar nach der Geburt (10. bis 12. Stunde) zu ermitteln.

Der *Erblichkeitsgrad* (= Heretabilität) der Körpermaße ist beim Säugetier generell nicht zu groß, so daß Fütterung und Haltung während der Wachstumsperiode tatsächlich eine entscheidende Rolle spielen.

Für das Pferd gelten etwa folgende Heretabilitätszahlen: Körpergröße 0,10 – 0,70, Sprungleistung 0,20 – 0,30, Dressurleistung 0,15 und Geschwindigkeit 0,10 – 0,70. Fütterung bzw. Training spielen also die Hauptrolle!

Altersbestimmung nach den Zähnen (Abb. 37)

Jugendperiode (Geburt bis vollendetes 5. Lebensjahr:

Geburt: Milchzangen, meist 3 vordere Backenzähne

6. bis 12. Woche: Milchmittelzähne

6. bis 9. Monat: Milcheckzähne

1. Jahr: Milchgebiß vollendet

1. Jahr: Kunden verschwinden bei den Milch zangen

1 1/2 Jahr: Kunden verschwinden bei den Milchmittelzähnen
2. Jahr: Kunden verschwinden bei den Milcheckzähnen, 4. und 5. Backenzahn erscheint
2 1/2 Jahre: Milchzangen wechseln
3 1/2 Jahre: Milchmittelzähne wechseln
4 1/2 Jahre: Milcheckzähne wechseln
4. bis 5. Jahr: 6. Backenzahn und die sogenannten Hakenzähne bei Hengsten erscheinen
5. Jahr: bleibendes Gebiß ist vorhanden.

Volljährigkeitsperiode (6. bis vollendetes 8. Lebensjahr:
6. Jahr: Kunden verschwinden bei den Zangenzähnen (Unterkiefer)
7. Jahr: Kunden verschwinden bei den Mittelzähnen (Unterkiefer)
8. Jahr: Kunden verschwinden bei den Eckzähnen (Unterkiefer).

Überjährungsperiode (9. bis vollendetes 11. Lebensjahr):
9. Jahr: Kunden verschwinden bei den Zangenzähnen (Oberkiefer)
10. Jahr: Kunden verschwinden bei den Mittelzähnen (Oberkiefer)
11. Jahr: Kunden verschwinden bei den Eckzähnen (Oberkiefer).

Altersperiode (über vollendetem 12. Lebensjahr):
12. Jahr: Reibeflächen der Zahnkronen werden rund bei den Zangenzähnen (Unterkiefer)
13. Jahr: Reibeflächen der Zahnkronen werden rund bei den Mittelzähnen (Unterkiefer)
14. Jahr: Reibeflächen der Zahnkronen werden rund bei den Eckzähnen (Unterkiefer)
15. Jahr: Reibeflächen der Zahnkronen werden rund bei den Zangenzähnen (Oberkiefer)
16. Jahr: Reibeflächen der Zahnkronen werden rund bei den Mittelzähnen (Oberkiefer)
17. Jahr: Reibeflächen der Zahnkronen werden rund bei den Eckzähnen (Oberkiefer).
Etwa ab 18. Lebensjahr werden die Zahnkronenreibeflächen dreieckig (Spitze zur Maulhöhle), später längsoval. (Tabelle 3)

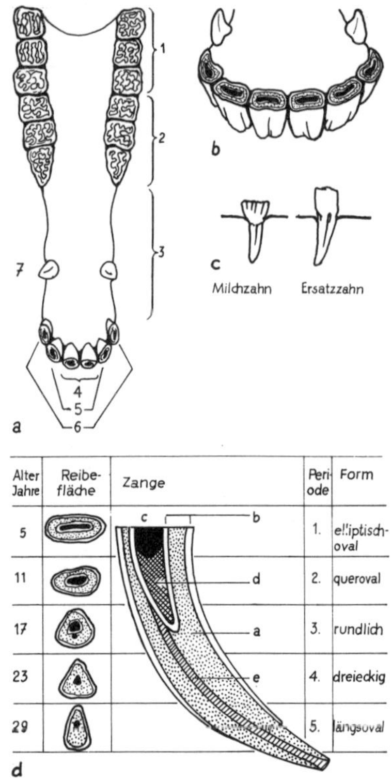

37 Zähne des Pferdes: a Bezeichnung der Zähne; 1 Molaren (hintere Backenzähne); 2 Praemolaren (vordere Backenzähne); 3 Laden; 4 Zangen; 5 Mittelzähne; 6 Eckzähne; 7 Hakenzähne: b vollständiges Gebiß (fünfjähriges Pferd); c Form der Milch- und bleibenden Zähne; d Form der Reibefläche nach Altersperioden

Tabelle 3: Zahnformel

Hengste/Wallache:	3	1	3	3 /	I	C	P	M
	3	1	3	3 /	I	C	P	M
Stuten:	3	0	3	3 /	I	C	P	M
	3	0	3	3 /	I	C	P	M

I = Schneidezähne P = vordere Backenzähne
C = Hakenzahn M = hintere Backenzähne

Der *Einbiß* (Einkerbung am Eckzahn des Oberkiefers) erscheint etwa zwischen 8. und 9. Lebensjahr und ist zwischen dem 10. und 12. Lebensjahr besonders ausgeprägt. Er kann ab 16. bis 18. Lebensjahr zum zweiten-

mal auftreten. Es kommt selten vor, daß der bei vielen Säugetierarten vorhandene 4. vordere Backenzahn auch beim Pferd mehr oder weniger stark auftritt. Er wird als *Wolfszahn* bezeichnet.
Bei der *Altersbestimmung* des Pferdes mit Hilfe der Veränderung der Zahnform muß beachtet werden, daß gelegentlich Ungenauigkeiten durch Abweichungen von den obengenannten Normwerten auftreten. Die angegebenen Veränderungen pro Lebensjahr an der Zahnstruktur gelten nicht für Ponys; durch den verspäteten Durchbruch der Milchzähne entsteht ein um etwa 20 % verlangsamtes Zahnwachstum. Ponys sind deshalb älter, als die entsprechende Zahnform des Großpferdes ausweist.

Das Haar

Das *Deckhaar* dient der Wärmeisolation und ist generell dem *Haarwechsel* unterworfen, der bei erwachsenen Tieren im Frühjahr, bei den Fohlen nach dem Absetzen von der Mutter eintritt. *Haardicke und -länge* sind von der Rasse, vom Geschlecht und vom Klima (einschließlich Stallklima) abhängig. Die *Gesundheit* des Haares (glänzend, nicht spröde) ist weitgehend fütterungsbedingt.
Zum *Schutzhaar* zählen Mähnen-, Schweif-, Nasen- und Ohrhaare sowie Wimpern, Stirnschopf und Kötenbehang. Ihre Ausbildung ist rassebedingt und in gewissem Umfang klimaabhängig.
Die *Tasthaare* sind lange, kräftige Haare an Maul, Nase und Umgebung der Augen.

Einfache Haarfarben

Braun: Am meisten verbreitete Haarfarbe. Bei der Geburt tritt eine graubraune bis mausgraue oder fahlbraune Farbe auf. Der Behang (Mähne, Schweif und der untere Teil der Extremitäten) ist schwarz, die Hufe sind dunkel, die Haut ist grau.
Varianten:
Beim *Hellbraunen* ist der untere Teil der Extremitäten oft gelbbraun.
Der *Goldbraune* weist einen stark metallischen Fellglanz auf.
Der *Kastanienbraune, Kirschbraune* ist an Kopf und Flanken rötlichgelb gefärbt.
Beim *Rehbraunen* ist der obere Rumpfteil dunkel.
Der *Schwarzbraune* hat stets hellere Flanken.
Der *Rotbraune* zeigt oft hellere Extremitäten.
Rot *(Fuchs)*: die Fuchsfarbe ist sehr häufig. Bei Geburt sind Fuchsfohlen gelbrot oder auch braungrau bis braunschwärzlich. Die Hufe sind dunkel, die Haut ist grau.
Varianten u. a.:
Der *Braunfuchs* hat gelbrotbraunes Deckhaar. Mähne und Schweif sind schwarzgrau bis braun.
Beim *Dunkelfuchs* ist das Haarkleid dunkelbraunrot. Häufig tritt ein grauschwarzer Aalstrich in Erscheinung. Die Mähne ist oft schmutzigbraungrau, desgleichen der Schweif.
Der *Goldfuchs* zeigt einen stark goldenen, metallischen Fellglanz. Das Langhaar ist von gleicher Farbe.
Der *Hellfuchs* weist gelbrotes Deckhaar auf. Mähne und Schweif sind hell.
Der *Kupferfuchs* ist nach seiner kupfern glänzenden Farbe benannt.
Beim *Lehmfuchs* ist das Deck- und Langhaar schmutzig graugelbrot.
Der *Kohlfuchs* hat ein schwärzlich rotbraunes Fell. Schweif und Mähne sind schwärzlich mit rötlichem Schimmer.
Der *Rotfuchs, Schwarzfuchs* hat ein rotes bis schwärzlich braunrotes Fell. Mähne und Schweif sind grauweiß oder gelbgrau.
Falb: Diese Farbe hat nur mäßige Verbreitung. Bei Geburt sind Falben graugelb bis graubraun. Der Behang und der untere Teil der Extremitäten sind schwarz, Hufe und Haut dunkel. Ein Aalstrich ist vorhanden. Oft sind Schulter und Beinstreifung angedeutet. Häufig tritt Apfelung auf. Mähne und Schweif sind gleichfarbig oder dunkler als das Deckhaar.
Varianten (grundsätzl. gelblicher Farbton):

Der *Gelbfalb* zeigt Deckhaar von gelbgrauer bis gelbbrauner Farbe. Der Behang ist schwarzbraun bis gelb mit schwarz.
Der *Mausfalb* hat ein mausgelbgraues bis aschgraues Fell und dunklen Behang.
Gelb (Isabell): Ist selten anzutreffen. Bei Geburt ist das Haarkleid gelblich. Der Behang ist gelb bis weißlich, die Hufe sind hell, die Haut ist fleischfarben. Die Regenbogenhaut der Augen ist pigmentarm. Häufig ist ein sogenanntes Glasauge zu finden. Die Farbvarianten sind gering. Die Unterscheidung erfolgt nur nach Farbtönen der gelben Grundfarbe in *Hellisabell* und *Dunkelisabell.*
Schwarz (Rappe): Mäßig mausgrau bis schwarz. Behang, Hufe und Haut sind dunkel.
Varianten (dunkelgraubraun bis schwarz) u. a.:
Die *Glanzrappe* besitzt ein tiefschwarzes, metallisch glänzendes Fell.
Die *Kohlrappe* zeigt ein glanzloses, schwarzes, oft geapfeltes Fell.
Beim *Sommerrappen* variiert die Haarfarbe in Abhängigkeit von der Sonneneinstrahlung und der Ernährungsintensität (Jahreszeit) von mattschwarz bis graubraun.
Schimmel: Weißgeborene Schimmel (unveränderliche Schimmelfarbe) sind mäßig verbreitet. Bei der Geburt sind sie gelblich-weiß bzw. von der jeweiligen dunklen Grundfarbe. Der Behang ist weiß, fast weiß oder zeigt stark hervortretende weiße Haare auf dunkler Grundfarbe. Die Haut ist fleischfarben bis dunkel. Pigmentarme Regenbogenhaut der Augen führt öfter zu sogenanntem Fisch- oder Glasauge. Die Hufe sind hell bis dunkel.
Varianten u. a.:
Atlasschimmel haben weißen Behang, ein glänzendes weißes Fell und helle Hufe. Die Haut ist fleischfarben (hier liegt also die einfache Farbe „weiß" vor).
Beim *Braunschimmel* sind Grundhaar und Kopf braun.
Beim *Gelbschimmel* ist das Grundhaar gelb, der Kopf gelblich.
Der *Mohrenschimmel* zeigt schwarzes Grundhaar sowie schwarzen Behang und schwarzen Kopf. Bei dieser Gruppe von Schimmeln tritt mit zunehmendem Alter die weiße Farbe mehr hervor.

Gemischte Haarfarben

Dunkelgeborene Schimmel (veränderliche Schimmelfarbe) sind verbreitet. Bei der Geburt sind sie dunkel. Der Kopf ist weiß bis hell. Am unteren Teil der Extremitäten zeigen sich starke Aufhellungen. Die Schweifspitze ist hell, Hufe und Haut sind dunkel.
Varianten:
Apfelschimmel, Blauschimmel zeigen schwarzes Deck- und Schutzhaar mit grauem und weißem Haar („Grauschimmel").
Der *Eisenschimmel* hat eine graue Fellfarbe.
Der *Fliegenschimmel* besitzt ein graues Fell (mit Abstufungen) mit kleinen rotbraunen oder schwärzlichen Flecken.
Forellenschimmel, Schwarzschimmel weisen ein tiefgraues bis schwarzes Fell auf.
Stichelhaar: Diese Bezeichnung gilt, wenn nur relativ sehr wenig weiße Haare im Fell vorhanden sind. Diese treten meist an der Schweifwurzel und an den Flanken auf. Man kann den Stichelhaar bei stärkerem Hervortreten der weißen Haare auch unter die Gruppe „Schimmel" einreihen. Hierbei tritt mit zunehmendem Alter zunächst eine Apfelung auf; später tritt die weiße Färbung durch Zunahme der weißen Haare hervor.
Scheckung: Schecken sind mäßig verbreitet, und zwar vorwiegend bei Ponys. Die Scheckung ist bereits bei der Geburt vorhanden. Kennzeichnend ist der Wechsel von hellen Haut- und Haarstellen mit verschiedenfarbigen Haut- und Haarstellen. Behang und Hufe des Pferdes sind der Scheckung angepaßt.
Tigerung tritt selten auf, ist bereits bei der Geburt vorhanden. Kennzeichnend dafür sind kleine, fast regelmäßige dunkle Flecke auf heller Haut. Die Haut am Maul, am Geschlechtsteil, an den Augen ist hell oder dunkel, Hufe sind hell oder dunkel. Das gilt auch für den Behang, der aber auch gemischtfarbig sein kann.

Apfelung ist häufig. Sie ist durch auf verschiedenen Grundfarben vorhandene runde Flecke mit dunklen Randhaaren gekennzeichnet und tritt besonders bei gutem Ernährungszustand hervor.

Die Abzeichen

Unter ihnen werden verschieden gestaltete, in der Regel helle Flecke verstanden, die für die *Beschreibung* und *Identifizierung* von Pferden genutzt werden.
Man unterscheidet:
Reinweiße Abzeichen, bei denen die Haargrundfarbe von einer weißen Stelle unterbrochen wird.
Stichelhaar, bei dem die Haargrundfarbe überwiegt, jedoch einzelne weiße Haare auf einer Stelle, eventuell auch nur am Rand eines reinweißen Abzeichens, konzentriert sind.
Schattierung, bei der die Haargrundfarbe durch das Abzeichen schimmert.
Gefleckte Abzeichen, bei denen sich innerhalb eines reinweißen Abzeichens Flecke der Haargrundfarbe befinden.
Pigmentfreie Abzeichen erscheinen rosa, da die Haut keinen Farbstoff enthält (albinotische Abzeichen; bei Albinos handelt es sich um einen – sehr selten – angeborenen vollständigen Pigmentmangel der Haut, der Haare und der Augen).
Abzeichen am Kopf (Abb. 38)
Stirn: Stirnhaare, Flocke, Stern
Nasenlinie: Strich, Blesse
Maul: Weiße Ober-/Unterlippe, Kröten- und Milchmaul, Schnippe
Stirn bis Maulbereich: Laterne
Abzeichen an den Gliedmaßen (Abb. 39)
Bein: Ganz, unterhalb des Rumpfes
Fuß: Teil unterhalb des Vorderfußwurzel- bzw. des Sprunggelenks
Krone: Teil bis 3 cm über Oberkante Hufhorn
Ballen: Hinterer Teil der Krone
Abzeichen am Rumpf
Körperflecke: Können auch dunkel sein (sogenannte Edelflecke).
Druckstellen: Sind keine echten Abzeichen, da sie durch mechanische äußere Einflüsse, besonders im Bereich der Sattel- und Geschirrlage entstanden sind.
Aalstriche: Vom Widerrist über die Rückenwirbelsäule bis zum Schweif verlaufender verschieden breiter, dunkler Strich, öfter mit über den Widerrist nach beiden Schultern verlaufender *Querbinde,* das sogenannte *Schulterkreuz* bildend.
Bei der Beschreibung und Aufzeichnung des Abzeichens eines Pferdes wird von links begonnen und hinten rechts geendet. Es sind dabei die verschiedenartige Formung der Abzeichen besonders zu vermerken und bei Abkürzungen nur die *amtlichen Nomenklaturen* (s. Abb. 38 und 39) zu verwenden.

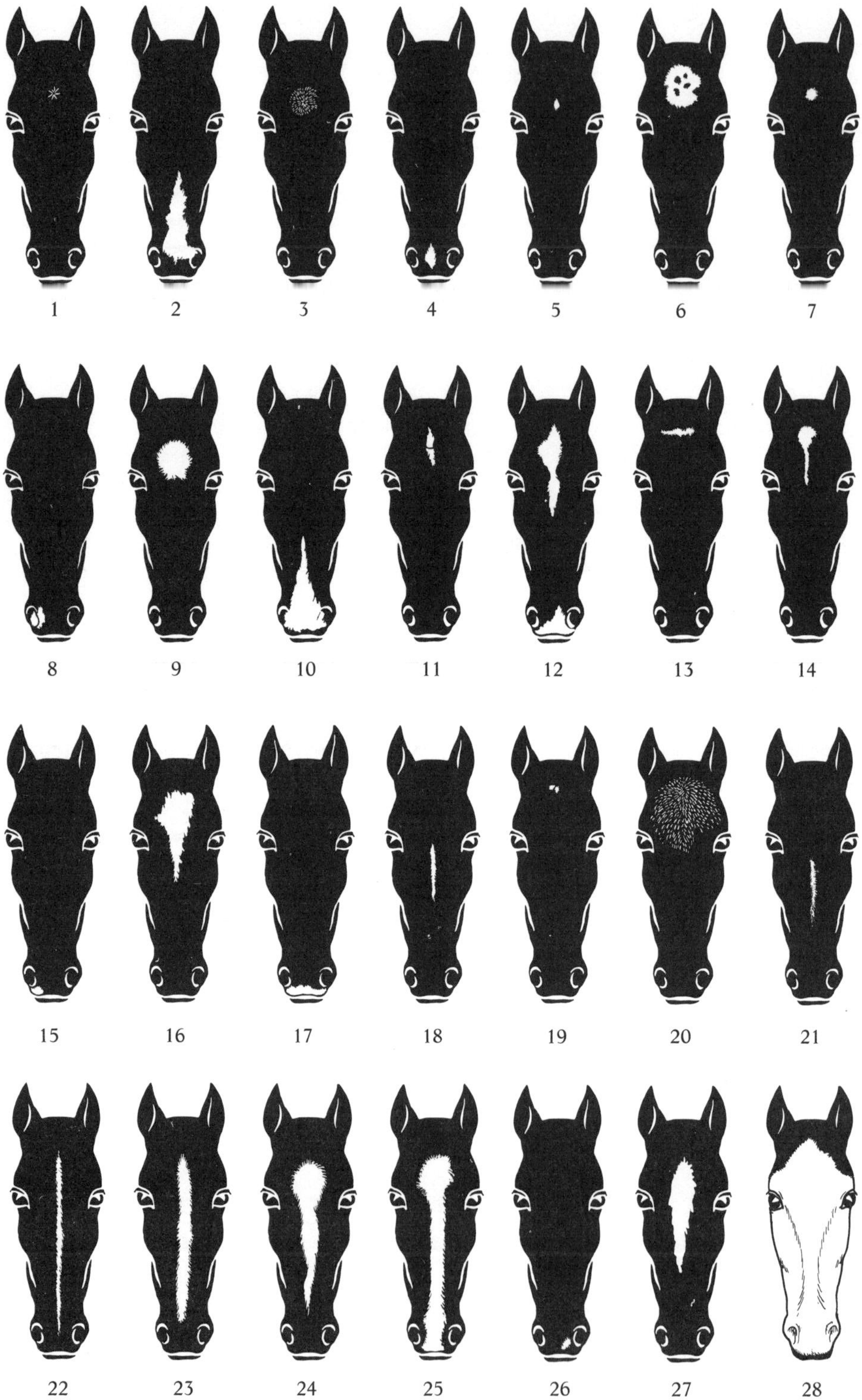
1 2 3 4 5 6 7
8 9 10 11 12 13 14
15 16 17 18 19 20 21
22 23 24 25 26 27 28

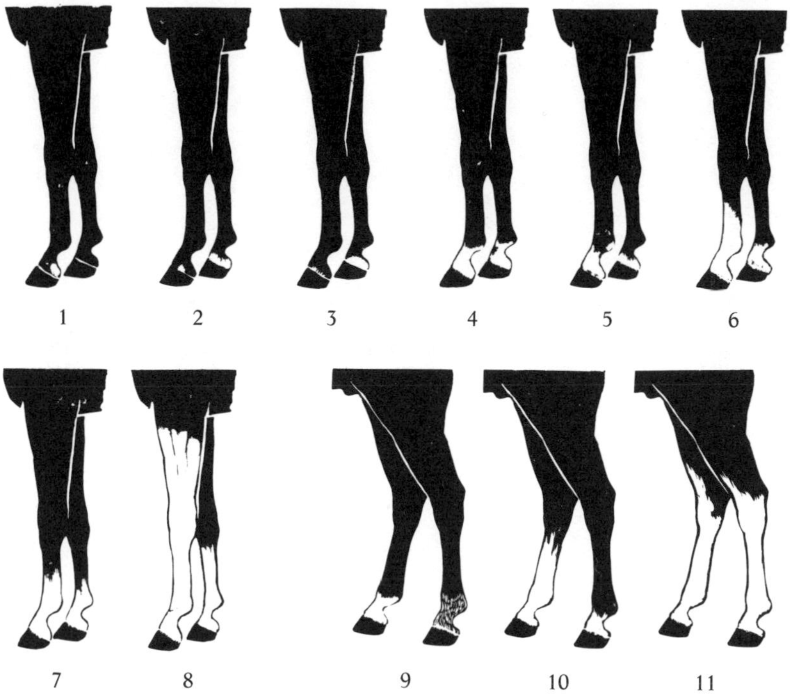

39 Abzeichen an den Gliedmaßen: 1 Linker Vorderballen weiß (l. Vbln. w.); 2 Linke Vorderkrone außen weißer Fleck, rechte Vorderkrone und Vorderballen weiß (l. Vkr. auß. w. Fleck, r. Vkr. u. Vbln. w.); 3 Linke Vorderkrone außen weißer Fleck, rechte Vorderkrone und Vorderballen weiß (L. Vkr. auß. w. Fleck, r. Vkr. u. Vbln. w.); 4 Linke Vorderfessel weiß, rechte Vorderfessel innen unregelmäßig weiß (l. Vfsl. w., r. Vfls. inn. unregl. w.); 5 Linke Vorderfessel weiß, außen Kronenflecke, Kötenfleck, rechte Vorderfessel halb weiß (l. Vfsl. w., auß. Krflecke, Kötenfleck, r. Vfls. halb. w.); 6 Linker Vorderfuß unregelmäßig hoch weiß, rechte Vorderfessel weiß, innen schattierte Kronenflecke (l. Vf. unreg. hoch. w., r. Vfsl. w., inn. schatt. Krflecke); 7 Beide Vorderfüße unregelmäßig halb weiß (bd. Vf. unreg. halb w.); 8 Linkes Vorderbein und rechter Vorderfuß hoch weiß (l. Vb. u. r. Vf. hoch w.); 9 Linke Hinterfessel schattiert, rechte Hinterfessel weiß und innen schattierte Kronenflecke (l. Hfsl. schatt., r. Hfsl. w. u. inn. schatt. Krflecke); 10 Linke Hinterfessel unregelmäßig halb weiß, rechter Hinterfuß innen unregelmäßig halb weiß (l. Hfsl. unreg. halb. w., r. Hf. inn. unreg. halb w.); 11 Beide Hinterfüße unregelmäßig hoch weiß, an der Vorderseite über Sprunggelenk spitz auslaufend (bd. Hf. unreg. hoch w., a. d. Vs. üb. Sprunggel. spitz auslaufd.)

---

38 Abzeichen am Kopf: 1 Wenige Stirnhaare (wg. Sth.); 2 Untere, in linke Nüstern reichende, unregelmäßig breite Blesse (unt., i. l. Nüst. rchd., unreg., br. Bl.); 3 Stichelhaariger großer Stern (stichelh., gr. St.); 4 Schnippe (Schn.); 5 Flocke (Fl.); 6 Gefleckter großer Stern (4 Flecke), (gefl., gr. St. [4 Fl.]); 7 Kleiner Stern (kl. St.); 8 Unregelmäßige, in rechte Nüster reichende Schnippe (unreg. i. r. Nüst. rchd. Schn.); 9 Großer Stern (gr. St.); 10 Sehr große, durchgehende, in beide Nüstern reichende, hoch auslaufende Schnippe (sehr gr., dchg., i. bd. Nüst. rchd., hoch auslaufende Schn.); 11 Unterbrochener länglicher Stern (unterbr., lgl. St.); 12 Großer, unregelmäßiger, in der Mitte geschnürter Keilstern, unregelmäßige, in weiße Oberlippe auslaufende Schnippe (gt., unreg., i. d. Mi. geschn. Kst., unreg., i. w. Obl. auslfd. Schn.); 13 Waagerechter, länglicher, gezackter Stern (waager., lgl., gez. St.); 14 Länglicher Stern (lgl. St.); 15 Oberlippe rechts, kleiner weißer Fleck (r. Obl. kl. w. Fleck); 16 Großer Keilstern (gr. Kst); 17 Oberlippe weiß (Obl. w.); 18 Kurzer Strich auf dem Nasenrücken (k. Str. a. d. Nasr.); 19 Zwei Flocken (2 Fln.); 20 Stichelhaarige Stirn (stichelh. Stirn); 21 Stichelhaariger Nasenrücken (stichlh. Nasr.); 22 Schnurblesse (Schnurbl.); 23 Blesse (Bl.); 24 Oben breite, unten spitz auslaufende Blesse (ob. br., unt. spitz auslaufd. Bl.); 25 Durchgehende Blesse (dchg. Bl.); 26 Kleine Schnippe (kl. Schn.); 27 Kurze, breite Blesse (k. br. Bl.); 28 Laterne, Glasauge

1.5. Huf, Hufpflege und Hufbeschlag

Der Huf

Der *Huf* besteht aus Knochen, Sehnen, Bändern, elastischen Teilen, der Huflederhaut mit Blutgefäßen, Nerven und der Hornkaspel. Das *Hufbein* bildet die knöcherne Grundlage des Hufes und bestimmt die Form der *Hornkapsel,* die von der *Huflederhaut* erzeugt wird. Das Hufbein des Vorderhufes ist am Vorderteil rund, das des Hinterfußes spitzrund. Die Form der Vorder- und Hinterhufe ist somit geringgradig unterschiedlich.

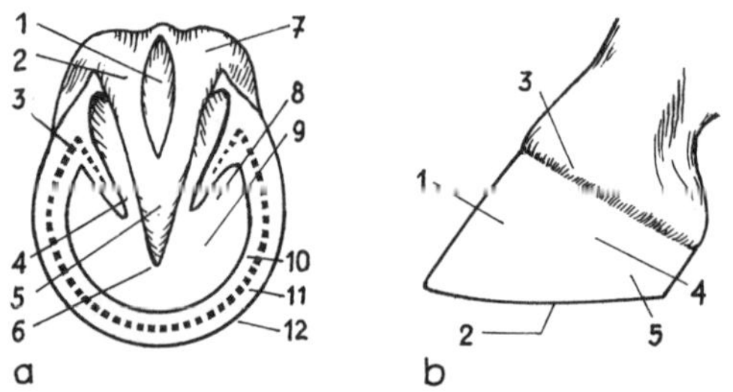

40 Einteilung der Hornkapsel: a Von der Bodenfläche; 1 mittlere Strahlfurche; 2 Strahlschenkel; 3 Eckstrebe; 4 seitliche Strahlfurchen; 5 Strahlkörper; 6 Strahlspitze; 7 Ballen; 8 Sohlenast; 9 Sohlenkörper; 10 Tragefläche; 11 weiße Linie; 12 Wand; b von der Seite: 1 Vorderwand; 2 Tragerand; 3 Kronenrand; 4 Seitenwand; 5 Trachtenwand

Das Wachstum des Hufes

Die Hornbildung erfolgt auf der oberen Zellschicht der Huflederhaut. Die Hornkapsel ist fest mit der Oberfläche der Huflederhaut, die entweder durch *Zöttchen* oder durch *Blättchen* vergrößert ist, verbunden. Entsprechend dieser Huflederhautoberfläche unterscheidet man das von den Zöttchen gebildete *Röhrenhorn* und das von der Wandlederhaut gebildete *Blättchenhorn.* Diese *Hornzellen* sind nicht belebt und werden ständig nachgeschoben. Der Zeitraum, in dem sich der Huf erneuert, beträgt für die Vorderwand etwa 10 bis 14 Monate, für die Seiten- und Trachtenwände entsprechend weniger. Da Horn ein schlechter Wärmeleiter ist, kann man bei normaler Sohlendicke das Hufeisen ohne Verbrennung der Huflederhaut warm aufpassen. Die Einteilung der Hornkapsel zeigt Abbildung 40.

Die **Hufformen** sind sehr verschieden. Ihre Herausbildung ist anlage- und umweltbedingt. Sowohl erbliche Veranlagung als auch Rassezugehörigkeit sind für die Hufform ausschlaggebend. Schwere Pferde haben oft große, weite Hufe; bei leichten, besonders edlen Pferden kommen nicht selten kleine, enge oder gar auch schiefe Hufe vor. Die Hufform steht in enger Beziehung zum Bau des Pferdes, speziell zur Stellung und Winkelung der Gliedmaßen. Wenn sich diese im Laufe des Lebens ändern, kann sich auch die Hufform verändern. Ferner wird die Hufform durch bestimmte Umweltfaktoren beeinflußt.
Vor allem in der *Fohlenaufzucht* sind die Haltungsbedingungen, besonders die Beschaffenheit des Bodens, für die Hufentwicklung außerordentlich wichtig. Feuchte Böden begünstigen die Entwicklung weiter Hufe, wäh-

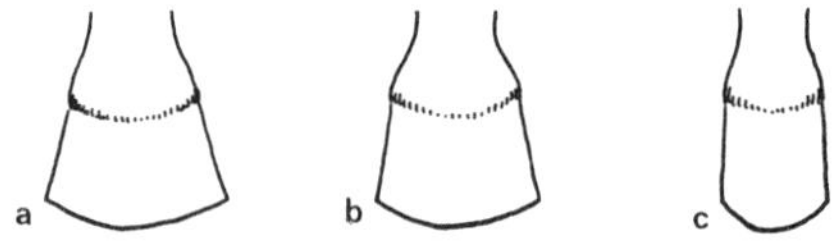

41 Hufformen von vorn: a weit; b regelmäßig; c stumpf

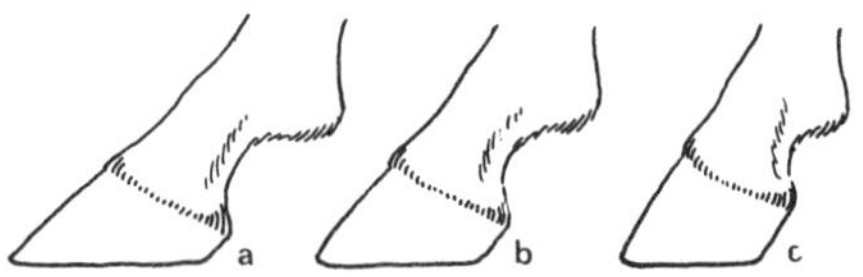

42 Hufformen von der Seite: a spitz; b regelmäßig; c stumpf

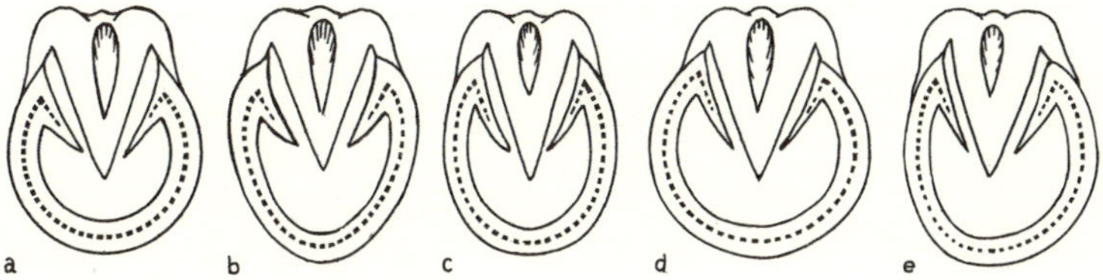

43 Hufformen von der Bodenfläche: a regelmäßiger Vorderhuf; b regelmäßiger Hinterhuf; c eng; d weit; e halbeng-halbweit

rend trockener und harter Boden bewirkt, daß die Hufe enger werden.

Auch der *Verwendungszweck* des Pferdes, besonders die zu leistende Arbeit, beeinflußt die Form der Hufe.

Regelmäßiges, ausgiebiges *Training* verhindert eine Deformierung des Hufes.

Die Hufformen werden vorn (Abb. 41), von der Seite (Abb. 42) und am angehobenen Bein von der Sohlenfläche festgestellt (Abb. 43).

Kennzeichen des gesunden Hufes

Alle *Wandabschnitte* beim gesunden Huf verlaufen gestreckt. Der *Kronenrand* geht, von der Seite betrachtet, von vorn-oben in gleichmäßigem Bogen nach hinten-unten und dann gerundet in den Ballen über (s. Abb. 40).

Vorder- und *Trachtenwand* des Hufes verlaufen parallel zueinander. Der *Tragerand* ist vollkantig und stützfähig. Die *Hufoberfläche* soll glatt und mattglänzend sein und keine Zusammenhangstrennungen aufweisen.

Eventuell vorhandene *Ringbildungen,* die parallel zur Krone um den ganzen Huf gehen, sind ohne Bedeutung (Ernährungsringe). Die *Hornsohle* soll je nach Hufform mehr oder weniger gewölbt sein und keine blauroten oder gelbgefärbten Stellen (Steingallen) besitzen. Der *Hornstrahl* soll kräftig ausgebildet sein und keine scharfen Kanten, Risse oder Zerklüftungen zeigen. Die *Strahlfurchen* sollten weit und tief sein. (s. Abb. 43)

Die *Eckstreben* sollen gestreckt und nicht verbogen sein. Die *weiße Linie* stellt einen Hornstreifen dar, der keine Veränderungen (z. B. Trennungen) erkennen lassen darf. Die *Ballen* haben eine gerundete, gleichmäßige Form und sollen durch eine deutliche Ballengrube getrennt sein.

Unter *Hufmechanismus* versteht man die Bewegungsvorgänge am und im Huf, die durch die abwechselnde Be- und Entlastung hervorgerufen werden. Als *Formveränderungen* des Hufes im Augenblick der höchsten Belastung während des Durchtretens im Fesselgelenk ergeben sich:

- Die Krone sinkt im Bereich der Vorderwand geringfügig ein.
- Eine Erweiterung des Hufes erfolgt hinter der weitesten Stelle der Hornkapsel (Trachten) bei gleichzeitigem Abflachen der Sohle.
- Nach der Entlastung nimmt der Huf wieder seine vorherige Form an.

Durch die Bewegung der Trachten entstehen an den Schenkelenden der Hufeisen Vertiefungen, die sogenannten *Scheuerrinnen.*

Aufgrund des Wechselspiels zwischen Druck- und Zugwirkung an der Huflederhaut kommt es infolge Erweiterung der Blutgefäße zu größerer Blutzufuhr. Die verstärkte Durchblutung bewirkt besseres Hornwachstum. Deshalb muß bei gutem Hufbeschlag der Hufmechanismus berücksichtigt werden.

Die Hufpflege

Die *Hufpflege* dient der Gesunderhaltung der Gliedmaßen und der Hornkapsel, also der Werterhaltung des Tieres. Sie umfaßt die Nutzung aller Möglichkeiten, den Huf elastisch und leistungsfähig zu erhalten, und schließt die *Wartung,* die rechtzeitige *Beschlagserneuerung* und die *Bewegung* ein. Sowohl der unbeschlagene als auch der beschlagene Huf bedürfen einer regelmäßigen sachkundigen Pflege.

Für *beschlagene Hufe* ist regelmäßige tägliche Bewegung des Pferdes neben einer hygienisch einwandfreien Unterbringung eine wesentliche Grundvoraussetzung, um den Gesamtorganismus einschließlich der Hufe gesund zu erhalten. Die Bewegung fördert die Durchblutung des Hufes und zugleich die Hornbildung. Vieles Stehen im Stall führt zur Formveränderung der Hornkapsel, sowohl zu engen als auch zu *Zwanghufen.*

Unter der allgemeinen Hufpflege versteht man das tägliche *Reinigen* der Hufe. Dabei sind mit einem nicht zu scharfen *Hufräumer* Sohle, Strahl und Strahlfurchen zu säubern. Die Wand und die Sohle sind zusätzlich mit einer harten *Bürste* vom Schmutz zu befreien. Nach dem **Waschen** der Hufe, das wenigstens 2- bis 3mal pro Woche erfolgen sollte, ist die Fesselbeuge sorgfältig abzutrocknen, um nicht das Entstehen von Hauterkrankungen, speziell der Mauke, zu begünstigen. Um dem *Verdunsten der Hornfeuchtigkeit* nach der Hufwäsche entgegenzuwirken und die Elastizität zu erhalten, sind die Hufe einzufetten. Damit das Fett richtig haften kann, ist es erforderlich, dieses auf das *abgetrocknete Horn* aufzutragen! Einzufetten sind die Sohle, der Strahl und die Hornballen. *Weite Hufe* mit weicher oder auch mürber Hornqualität sind weniger oft zu waschen als enge Hufe mit sprödem Horn. In der nassen Jahreszeit, vor allem im Winter, können die Hufe gegen ein zu großes Erweichen durch reichliches Einfetten oder durch Einstreichen der Sohle, des Strahles und besonders der Strahlfurchen mit *Holzteer* geschützt werden. Diese Maßnahme bildet außerdem einen vorbeugenden Schutz gegen *Strahlfäule.* Zum **Einfetten** wird ausschließlich *ungefärbtes Huffett* verwendet. Bereits zersetztes, d. h. ranziges oder gefärbtes Fett, Autoöle oder sonstige „Schmieren" dürfen auf keinen Fall zum Einfetten der Hufe benutzt werden. Derartige Mittel führen infolge Ätzwirkung zur *Saumlederhautentzündung,* die eine Veränderung der *Deck- oder Glasurschicht* (baumrindenartige Hornwandauflagerungen) zur Folge hat.

Als sehr nützlich für die regelmäßige Hufpflege hat sich eine Mischung aus Pferdefett und Lorbeersalbe (2 Gläser Lorbeersalbe auf ein Liter Pferdefett) bewährt.

Die Hornwand wird nach dem Waschen und Trocknen nur ganz dünn eingefettet. Wer ihr einen besonderen Glanz verleihen will, z. B. zu Pferdebesichtigungen, kann sie mit der Schnittfläche einer Zwiebel abreiben. Das ist besser als eine starke Fettschicht, mit der man die Poren verklebt. Besondere Beachtung ist neben den allgemeinen Grundsätzen der Hufpflege dem Hufbeschlag zu schenken.

Der Hufbeschlag

Zum Hufbeschlag gehören alle Maßnahmen und Handlungen, die zum Schutz und zur Gesunderhaltung der Hufe notwendig sind: die Beurteilung des Pferdes vor dem Beschlag, das fachgerechte Zubereiten der Hufe nach ihrer Form unter Berücksichtigung der jeweiligen Gliedmaßenstellung und der Zehenachse, das Anfertigen, Formen, Aufpassen und Aufnageln der Hufeisen und die Endbeurteilung des Beschlages.

Zweck und *Nutzen* des Hufbeschlags sind:

- die Hufe vor übermäßiger Abnutzung zu schützen, um die von der Hornkapsel eingeschlossenen Teile vor Beschädigung zu bewahren;
- die Hufe in ihrem natürlichen gesunden Zustand zu erhalten bzw. fehlerhafte und erkrankte Hufe zu bessern oder zu heilen;
- fehlerhafte Gliedmaßenstellungen und den dadurch bedingten Gang nach Möglichkeit zu korrigieren.

Die **Beschlagsdauer** (Liegezeit der Hufeisen) soll etwa 6 Wochen betragen. Längeres Liegen der Hufeisen würde mit dem Zulangwerden der Vorderwand das *Abrollen der Gliedmaße* erschweren und sich nachteilig auf Bänder und Sehnen auswirken. Bei schnell wachsenden Hufen sind die Pferde früher um oder neu zu beschlagen, bei langsam wachsenden Hufen entsprechend später. Zur Hufpflege gehört auch, täglich, zumindest vor und nach jedem Gebrauch des Pferdes, die Hufeisen auf ihren festen Sitz bzw. Lockerwerden und Verschieben, auf vorstehende *Nagelniete* (Streichgefahr) und auf eventuell eingetretene *Fremdkörper* (Nageltritt) zu überprüfen. **Es ist eine grobe Unreiterlichkeit, ein Pferd weiter zu reiten, das ein Hufeisen verloren hat!** Beim Sportpferd sind die *Schraubstollen* im Stall zu entfernen!

Hufe mit guter Hornqualität sollten bei mäßiger Arbeit und geeignetem Boden unbeschlagen bleiben. Das erhält den Huf gesund. Man sollte diese Entscheidung aber mit dem Hufbeschlagschmied besprechen. Auch Turnierpferde können im Winter in vielen Fällen ohne Eisen bleiben. *Unbeschlagene Hufe* müssen, nachdem die Hufeisen abgenommen sind, auf ihre natürliche Größe gekürzt und die Tragerandkante bis zur weißen Linie gebrochen werden. Eine gut *gebrochene Tragerandkante* verhindert das Eintreten von Steinchen in die weiße Linie, das *Ausbrechen der Wand* und die Entstehung von *Tragerandhornspalten.* Sollte mangels Bewegung keine genügende Abnutzung der Hufe erfolgen, so muß nach etwa 6 Wochen der Tragerand erneut gekürzt, der Huf eventuell korrigiert und der Tragerand berundet werden. *Weite und flache Hufe* besitzen ein weiches, mürbes Horn. In diesem Fall soll man vom Barfußgehen Abstand nehmen, da sehr oft erhebliche Schäden des Tragerandes die Folge sind. Neben diesen speziellen Maßnahmen treffen auch für den unbeschlagenen Huf die oben beschriebenen allgemeinen Pflegegrundsätze zu. Auch der unbeschlagene Huf muß täglich gesäubert und auf Fremdkörper und Verletzungen untersucht werden. Wenn kleinere Stellen des Tragerandes vorsichtig begradigt werden, um weiterem Ausbrechen entgegenzuwirken, kann das aber nur ein Notbehelf sein. Der Beschlagschmied sollte umgehend beauftragt werden, den Schaden fachmännisch zu korrigieren!

44 Zehenachse (gestreckt)

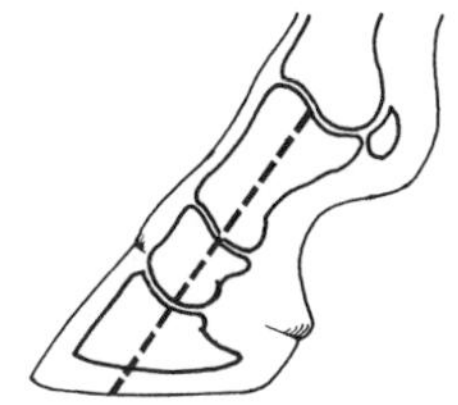

Vor dem **Beschlagen** muß der Hufbeschlagschmied den Schlag des vorgestellten Pferdes, die Körperproportionen, Verwendungszweck, Gliedmaßenstellung und -führung, den Verlauf der Zehenachse (Abb. 44), die Hufform, die Hornkapsel als Ganzes sowie alle erworbenen Huf- und Gliedmaßenveränderungen erfassen. Erst danach sind Maßnahmen festzulegen, um den Huf durch eventuelle *Korrekturen* auf die natürliche Größe und Form sowie zur gleichmäßigen Belastung zu bringen und der Zehenachse einen gestreckten Verlauf zu erhalten bzw. zu geben. Das Pferd ist deshalb stets so vorzustellen und vorzuführen, daß sich der Hufbeschlagschmied einen genauen Überblick verschaffen kann.

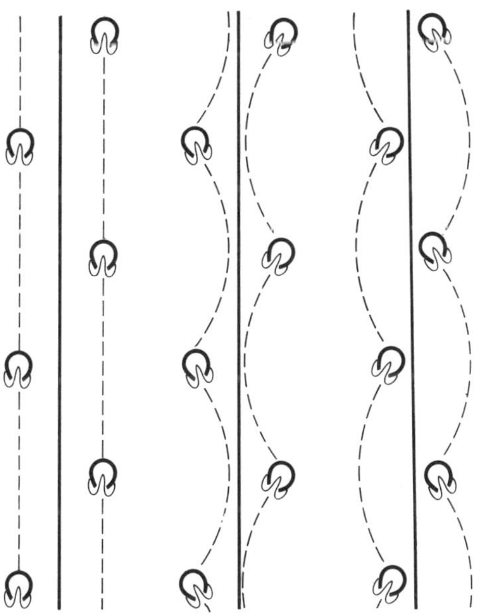

45 Schenkelführung: a regelmäßige; b bodenweite; c bodenenge

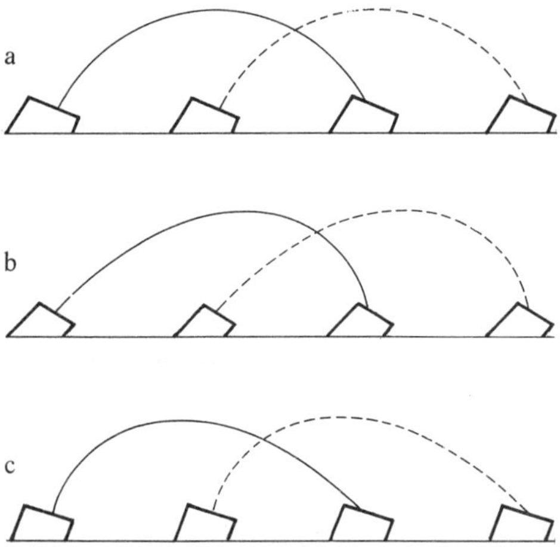

46 Schritthöhe – Führung der Hufe von der Seite
a regelmäßiger Huf; b spitzgewinkelter Huf; c stumpfgewinkelter Huf

Zur **Beurteilung** ist das Pferd aufgetrenst auf ebenem, festem Boden vorzustellen. Nach der Besichtigung im Stand erfolgt das Vorführen im Schritt und Trab, wobei *Fußung* (Auftritt), *Schenkelführung* (Bügeln, Streichen, Lahmheit; Abb. 45), *Schritthöhe* (Abb. 46) und *Schrittlänge* beurteilt werden.

Nach dem Hufbeschlag hat der Hufbeschlagschmied in einer **Nachbeurteilung** Kontrollen vorzunehmen:

Im Stand (eventuelle Mängel)
Im Schritt (Schenkelführung und Fußung)
Im Trab (Lahmheit und Schenkelführung).

Das Aufhalten des Pferdes. Zur Ausführung des Hufbeschlags wird das Pferd auf der *Beschlagbrücke* leicht lösbar festgemacht. Junge, ängstliche und nervöse Tiere werden von einem Helfer gehalten, der beruhigend auf sie einwirken muß. Auch wenn ein Pferd als schmiedefromm gilt, muß der Aufhalter beim Herantreten an das Pferd von vorn-seitwärts stets *Augen- und Ohrenspiel* beachten und das Tier ansprechen.

Zum *Hochheben der linken Vordergliedmaße* tritt der Aufhalter an das Tier heran, legt seine linke Hand flach auf die Schulter des Pferdes, streicht mit der rechten an der Gliedmaße abwärts bis zur Fessel, die er von vorn umfaßt. Gleichzeitig drückt er mit der linken Hand gegen die Schulter, um eine Verlagerung des Gewichts auf die rechte Körperseite zu erreichen. Die hierdurch gelockerte Gliedmaße wird hochgehoben und im Vorderfußwurzelgelenk abgewinkelt. Die linke Hand umfaßt jetzt von vorn die Fessel. Gleichzeitig stützt der Aufhalter die gebeugte Vordergliedmaße auf seinen Oberschenkel. Mit der Schulter drückt er gegen den Pferdekörper und stellt dabei sein rechtes Bein rückwärts-seitwärts. Das Niedersetzen der Gliedmaße darf nicht plötzlich geschehen! Es erfolgt in umgekehrter Reihenfolge wie das Hochheben.

Das *Hochheben der linken Hintergliedmaße* geschieht derart, daß der Aufhalter, vom Kopf des Pferdes kommend, die linke Hand flach auf den Hüfthöcker legt, die rechte Hand über Kruppe und Schenkel bis zur Fessel führt und diese von hinten umfaßt. Durch Druck mit der linken Hand wird das Körpergewicht verlagert und gleichzeitig mit der rechten Hand unter Beugung des Sprunggelenks das Bein angehoben. Die linke Hand des Aufhalters umfaßt jetzt die Fessel von innen, die rechte von außen; gleichzeitig stützt er mit dem linken Oberschenkel das angewinkelte Fesselgelenk, schiebt dabei die Glied-

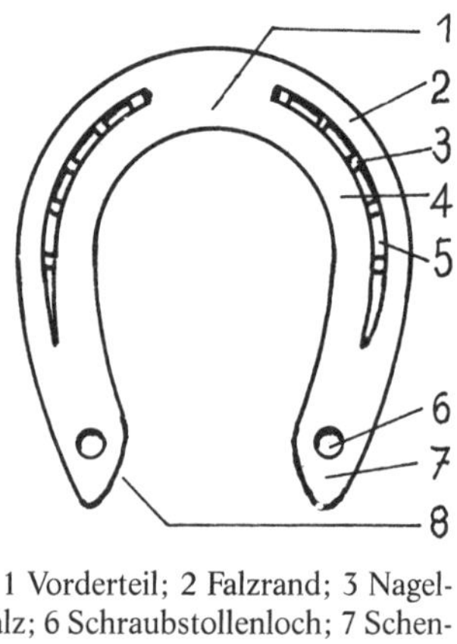

47 Vorderhufeisen: 1 Vorderteil; 2 Falzrand; 3 Nagelloch; 4 Schenkel; 5 Falz; 6 Schraubstollenloch; 7 Schenkelende; 8 Strahlfreiheit

maße nach hinten und lehnt sich mit der linken Schulter und Rückenhälfte gegen das Pferd. Das rechte Bein stellt er rückwärts-seitwärts. Das Niedersetzen erfolgt wie bei der Vordergliedmaße.
Die Gliedmaßen der rechten Körperseite des Pferdes werden in umgekehrter Weise hochgehoben.
Die **Hufeisen** sind nach der Größe der Hufe, der Stellung der Gliedmaßen, dem Gang, dem Verwendungszweck des Pferdes und den Bodenverhältnissen auszuwählen. Das Hufeisen (Abb. 47) besteht aus einem *Vorderteil,* den beiden Schenkeln mit einer Abschrägung der inneren Seite an den *Schenkelenden (Strahlfreiheit),* der oberen *Trage-* und der dem Erdboden zugewandten *Bodenfläche.* Die Tragefläche ist eben. Die Bodenfläche enthält eine Rinne, den *Falz,* mit *Stempellöchern,* die zur Aufnahme der Hufnagelköpfe dienen. In der Mitte des Vorderteils des Hufeisens befindet sich an der Tragefläche der *Aufzug* (Kappe), der in Richtung der Vorderwand stehen soll.
Hufeisen für Sportpferde sind leichter als die für Arbeitspferde, und an ihren Schenkelenden befinden sich *Schraubstollenlöcher.* Die inneren Hufeisenschenkel erhalten vorbeugend eine *Streichfläche,* die Vorderhufeisen eine gute *Zehenrichtung.* Zur Befestigung eines Hufeisens dienen je nach Bodenverhältnissen 6 bis 8 *Hufnägel.* Der *Hufbeschlag für Leistungspferde* hat sich international dahingehend entwickelt, daß die schwungvollen Gänge und die Wendigkeit dieser Pferde durch leichte Hufeisen mit *Abdachung* an der Bodenfläche, mit Schraubstollenlöchern an den Schenkelenden, sowie mit Streichfläche an den inneren Hufeisenschenkeln gefördert werden. Die Vorderhufeisen entsprechen den Vordergreifhufeisen. Sie sollen kurz und mit einer genügenden Zehenrichtung versehen sein. Die Hinterhufeisen ähneln den Hintergreifhufeisen; sie werden jedoch zur Gewichtsminderung mit einer Abdachung an der Bodenfläche versehen und sind etwa 10 mm länger als die Trageflächen des Hufes.
Um die Leistungsfähigkeit der Pferde zu erhalten, hat der *Beschlagwechsel* spätestens alle 6 Wochen zu erfolgen. Treten zwischenzeitlich am Beschlag Schäden auf, so sind diese in jedem Fall sofort zu beheben. Vorstehende Niete müssen beseitigt und lockere Eisen festgezogen werden. Dies sollte jeder Reiter bzw. Fahrer erlernen. Nägel dürfen jedoch nur vom Beschlagschmied oder geübten Personen eingeschlagen werden. Ein Pferd darf grundsätzlich nur dann genutzt werden, wenn der Beschlag in Ordnung ist. Verstöße gegen diesen Grundsatz gehören in das Gebiet der groben Unreiterlichkeiten und sind Verstöße gegen die Gebote des Tierschutzes.
Ein *Gleitschutz* ist besonders bei Reitpferden, ganz gleich in welcher Disziplin sie gehen, zur Sicherheit von Reiter und Pferd notwendig. Als Gleitschutz werden an den Schenkelenden der Hufeisen Erhöhungen, die *Stollen* angebracht. Je nach ihrer Befestigung unterscheidet man angeschmiedete und Schraubstollen.
Schraubstollen sind auswechselbar und haben ein Spezialgewinde von 12 oder 13 mm. (Für Vollblutpferde werden diese Stollen mit 10 mm Gewinde angefertigt.)
Man unterscheidet (Abb. 48):
a) stumpfe (Vierkant)-Stollen
b) H-Stollen

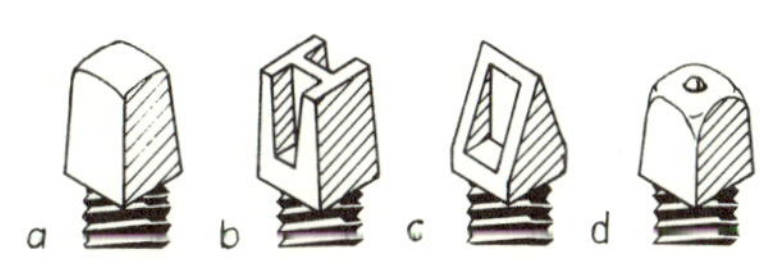

48 Schraubstollen

c) Hohlkehlstollen
d) Hartmetallstiftstollen.
Hufeisen mit angeschmiedeten Stollen sind zwar einfach herzustellen, jedoch nutzen sich die Kanten der Stollen rasch ab, was den Gleitschutz vermindert. Hufeisen mit Schraubstollen können in jeder Jahreszeit verwendet werden. Zum Auswechseln der Schraubstollen ist außer dem *Schraubstollenschlüssel* (Abb. 49a und b) ein *Hufhalter* (s.

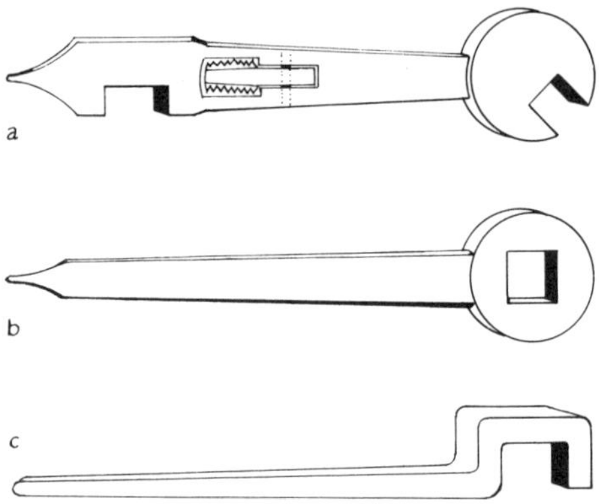

49 a–b Schraubstollenschlüssel; c Hufhalter

zen des Tieres sowie Ballen-, Fessel- und Sehnenverletzungen sein.
Um das Greifen zu vermindern, werden beim Beschlag die Hufe korrigiert und außerdem die Hufeisen verändert. Die Vorderhufeisen müssen dabei in ihrer Länge mit den Trachten abschneiden und eine konkav abgedachte Bodenfläche zeigen. (Abb. 50a) Beim Hintergreifhufeisen sind statt des Vorderwandaufzuges zwei seitliche Aufzüge angebracht, und der Vorderteil des Hufeisens ist gerade gehalten, so daß zwei Drittel der Vorderwanddicke verrundet überstehen (s. Abb. 50b).

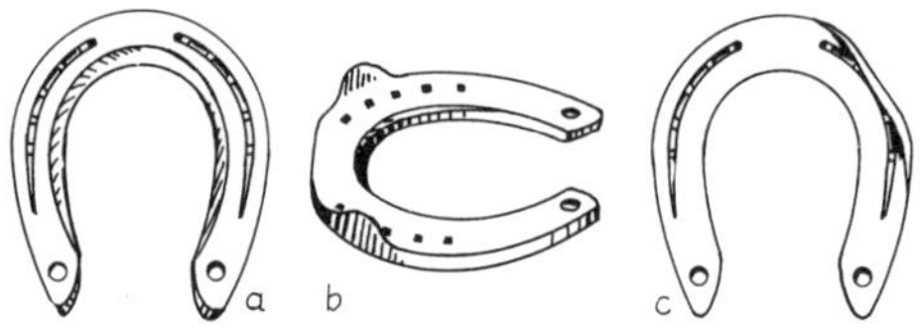

50 a Vordergreifhufeisen; b Hintergreifhufeisen; c Vorderstreichhufeisen

Abb. 49c) zu benutzen, um ein Verdrehen der Zehengelenke zu vermeiden. Der Schraubstollen des inneren Hufeisenschenkels muß immer stumpf sein, um dem gefährlichen Kronentritt vorzubeugen. Im Stall müssen die Stollen entfernt werden! Die Gewinde der Schraubstollenlöcher können zur Verschmutzung durch eingedrückten Kork geschützt werden.
Hartmetallstiftstollen sind sehr haltbar. Das Trägermetall des Stollens läuft sich etwas ab, der Stift bleibt stehen; er garantiert für längere Zeit einen guten Gleitschutz und verringert die Gefahr von Kronentritten. Hufeisen mit *eingelöteten Hartmetallstiften* bieten den Pferden ebenfalls einen guten Gleitschutz, besonders bei festem Boden.
Hufbeschlag bei fehlerhaftem Gang, besonderen Hufformen, Huf- und Gliedmaßenerkrankungen. Das *Einhauen* oder *Greifen* ist ein Gangfehler, bei dem der Hinterhuf in der Bewegung – besonders in stärkeren Tempi – an die Vordergliedmaße anschlägt. überbaute und Quadratpferde oder Pferde mit rückständiger Stellung der Vordergliedmaßen neigen dazu. Begünstigend wirken zu lange Vorderhufeisen, ungenügende Zehenrichtung und zu lang gewordene Hufe. Zu weicher Boden und Überforderung des Tieres können dieses Greifen bewirken. Die Folgen des Greifens können Abtreten der Vorderhufeisen, Stür-

Unter *Streichen* versteht man eine Bewegungsstörung, bei der der schwingende Huf an die innere Seite der stützenden Gliedmaße vom Huf bis zum Mittelfußbereich anschlagen kann. Ursachen sind unregelmäßige Gliedmaßenstellungen, zu lang gewordene Hufe, lockere und verschobene Hufeisen, vorstehende Nagelniete sowie Überbeanspruchung des Tieres. Das Streichen kann zu Wunden, Streichballen und Überbeinbildung führen. Zur Beseitigung des Streichens wird neben der Hufkorrektur das Hufeisen an seiner Streichstelle mit einer Streichfläche (gerade Fläche, stark bodeneng geändert) versehen, an der die Wand zwei Drittel ihrer Dicke verrundet übersteht (s. Abb. 50c).
Der *Flachhuf* ist gekennzeichnet durch sehr schräg zum Erdboden stehende Wände, schwache Sohle, die mit dem Tragerand in einer Ebene liegt, und kräftig entwickelten Hornstrahl, der den Tragerand nach unten überragen kann. Da das Hufbein solcher

Hufe abgeflacht ist, kann diese Hufform nicht korrigiert werden. Der Beschlag erfolgt zur Unterstützung der Sohle mit breiten Hufeisen. Jedoch sind Pferde mit solchen Hufen zum Reiten nicht zu empfehlen.

Der *Vollhuf* ist der fortgeschrittene Grad des Flachhufes. Hierbei ist die Sohle nach unten durchgewölbt. Diese Formveränderung des Hufes macht Pferde als Sportpferde unbrauchbar. *Zwanghufe* sind Hufe, bei denen einzelne Teile der Hornkapsel, zum Teil begünstigt durch zu wenig Bewegung, verengt sind.

Beim *Trachtenzwang* ist die Verengung der hinteren Hufhälfte, einseitig oder doppelseitig, besonders an den Vorderhufen ausgeprägt. Häufig bewirkt diese Hufform klammen Gang und Lahmheit. Steingallen, Hornspalten und Belastungsringe sind Begleiterscheinungen. Zum Beschlag wird ein Erweiterungshufeisen verwendet (Abb. 51d). Zur Förderung des Hufmechanismus werden die Trachtenwände dünn geraspelt und mit erweichenden Umschlägen versehen.

Beim *Sohlenzwang* ist die Vorderwand konvex gebogen, die Sohle übermäßig nach oben gewölbt, wodurch sich der Längsdurchmesser des Hufes verkürzt. Hier muß beim Beschlag die Vorderwand gekürzt und ein Hufeisen mit zwei seitlichen Vorderwandaufzügen aufgebracht werden, wobei die Vorderwand nicht aufliegen darf. Pferde mit Zwanghufen jeder Form sind viel zu bewegen.

Beim *Bockhuf* sind Vorder- und Trachtenwand fast oder völlig gleich hoch, und der Vorderwandwinkel beträgt 80° und mehr. Da diese Hufform nicht verändert werden darf, muß das Hufeisen an der Vorderwand überstehen, weshalb Pferde mit solchen Hufen nur bedingt als Sportpferde zu verwenden sind.

Zu den *Zusammenhangstrennungen der Hornkapsel gehören Hornspalten, lose und hohle Wand.* Sie bedürfen einer orthopädischen Behandlung.

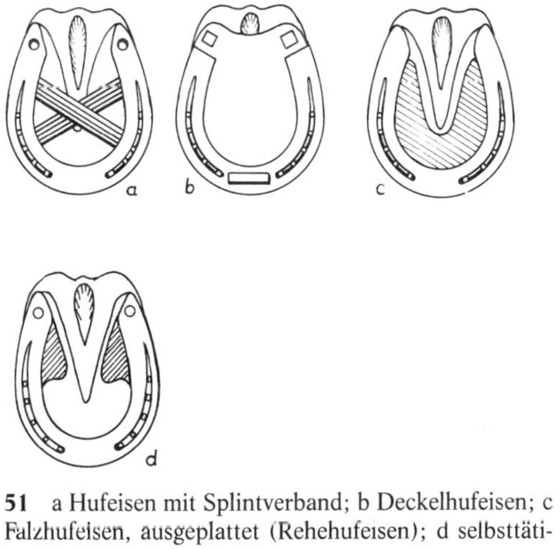

51 a Hufeisen mit Splintverband; b Deckelhufeisen; c Falzhufeisen, ausgeplattet (Rehehufeisen); d selbsttätiges Erweiterungshufeisen

Eine *Huflederhautentzündung* kann durch Quetschung, Prellung, Überbelastung einer Gliedmaße (zu langer Beschlag, Vernagelung), Verletzung (Vernagelung, Nageltritt, Verletzung oder Ballenverletzung durch Greifen usw.) entstehen.

Die *Rehe* ist eine besondere Form der Huflederhautentzündung.

Da durch die Entzündung die feste Verbindung von Huflederhaut und Horn gelöst wird, ist eine rechtzeitige Behandlung angezeigt. Der jeweils notwendige Beschlag (Splintverband, Deckeleisen, Hufeisen mit Ledersohle, orthopädische Beschläge – z. B. Rehehufeisen) (s. Abb. 51) richtet sich nach der tierärztlichen Behandlung.

Für die wichtigsten *Gliedmaßenerkrankungen* bei Sportpferden, wie Hufrollenentzündung, Sehnenentzündung, Schale und Spat, besteht das Prinzip des Beschlages darin, einem zu starken Durchtreten entgegenzuwirken und das Abrollen zu unterstützen. Die Hufeisen erhalten daher hohe, nicht zu massive Stollen und eine besonders ausgeprägte Zehenrichtung. Statt durch Stollen ist die Erhöhung an den Schenkelenden der Vorderhufeisen besser durch Unterlegen von *Lederkeilen* zu erreichen. (Abb. 52) Weitere Hin-

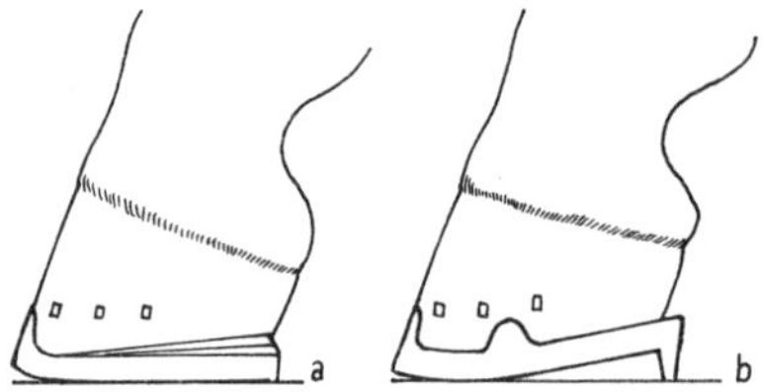

52 a Vorderhufeisen mit Lederkeilen; b Hinterhufeisen mit Zehenrichtung und Stollen (Spathufeisen)

weise zu den Erkrankungen des Hufes sind im Abschnitt 1.6. gegeben.

Alternativer Hufschutz. Zahlreiche Versuche zur Entwicklung von neuartigem Hufschutz, wie aufgeklebte Plastik-Huf„eisen“, Hufschuhe u. a. haben sich in besonderen Fällen bewährt, sind aber bisher nicht in der Lage gewesen, den konventionellen Beschlag mit Hufeisen zu ersetzen.

1.6. Krankheiten des Pferdes

Normale Lebensäußerungen des erwachsenen Sportpferdes und durch Krankheit verursachtes Abweichen

Vom Sportpferd werden Höchstleistungen gefordert. Voraussetzung dafür ist ein gesunder Organismus. Da es schwierig ist, die Grenze zwischen Leistungsüberforderung, Krankheit und Gesundheit zu bestimmen, ist eine genaue Kenntnis der natürlichen Lebensäußerungen des Pferdes notwendig.

Ein **gesundes Pferd** ist aufmerksam und lebhaft, es verrichtet seine Arbeit ohne Schwierigkeiten, legt sich zur Ruhe nieder, steht ohne Mühe auf; Atmung, Appetit, Verdauung, die Beschaffenheit der Haut und des Haarkleides weichen nicht von der Norm ab, es liegen keine Lahmheiten oder Verletzungen vor, und der Ernährungszustand zeigt keine auffälligen Veränderungen. *Abweichungen* wie mangelnde Freßlust, Beschleunigung der Atmung, Husten, Schweißausbruch, Anschwellungen, Unruhe und Lahmheiten lassen auf Mängel im Gesundheitszustand schließen. Da die Art der Erkrankung oft nicht ohne weiteres feststellbar ist, müssen mit der Pflege und der Ausbildung von Pferden betraute Personen einige *Untersuchungsmethoden* kennen, die einen Einblick in die Art und Schwere einiger Gesundheitsstörungen vermitteln. Dazu gehören Kenntnisse über die Lage der lebenswichtigen Organe sowie die einzelnen Teile und Regionen des Pferdes (s. Abb. 21). Wie beim Menschen sind auch beim Tier Atmung, Pulsschlag, Körpertemperatur, Nahrungsaufnahme und Verdauung Lebensäußerungen, die zu Gesundheit und Leistungsfähigkeit in enger Beziehung stehen.

Die **Atmung** beurteilen wir – ohne das Pferd zu berühren – von hinten oder von der Seite nach dem Heben und Senken des Bauches. Man kann dazu auch die Hand auf die Bauchseite legen, so daß man zusätzlich fühlt, wie sich Brust und Bauchseite beim Einatmen erweitern und beim Ausatmen verengen. Ein gesundes Pferd macht im Ruhezustand pro Minute 10 bis 14 ruhige und gleichmäßige Atemzüge. Dabei ist keine besondere Muskelanstrengung an der Bauchmuskulatur feststellbar. Die Nüstern bewegen sich kaum. Bei Fieberzuständen, Krankheiten des Herzens oder der Lungen und bei Schmerzzuständen ist die *Atmung stets beschleunigt,* ebenso nach körperlicher Belastung oder psychischer Erregung. Bei Krankheiten der *Lunge* kann sie außerdem erschwert sein. Bestehen Behinderungen der Atmung, z. B. beim Kehlkopfpfeifen, werden die Nüstern beim Einatmen deutlich erweitert. Oft wird der Kopf gestreckt gehalten, und die Rippen treten hervor. Bei der chronisch obstruktiven Lungenerkrankung der Bronchien, die im fortgeschrittenen Stadium auch als Dämpfigkeit bezeichnet wird, ist die Atmung erschwert. Die Bauchmuskulatur wird verstärkt zur Atmung herangezogen. Im Laufe der Zeit entwickelt sich durch Vergrößerung der dadurch beanspruchten Muskulatur die sogenannte *Dampfrinne,* die längs der Rippenknorpel verläuft.

53 Pulsuntersuchung

Der Puls

Die *Pulsuntersuchung* zur Feststellung der Herzschlagfrequenz gibt Einblick in den Zustand des Kreislaufes. Sie erfolgt durch Betasten einer größeren, auf harter Unterlage liegenden Arterie.

Beim Pferd eignet sich dafür am besten die *äußere Kieferarterie* (A. maxillaris externa), die man mit den Fingerbeeren des zweiten und dritten Fingers unter leichtem Druck an der Innenfläche des Unterkiefers im Gefäßausschnitt fühlt. (Abb. 53)

Der Puls wird wie die Atmung bei jeder Anstrengung und Aufregung beschleunigt, so daß eine genaue Beurteilung nur am ruhenden Tier erfolgen kann. Sobald ein Pferd zu kauen beginnt, läßt sich der Puls kaum noch feststellen. Deshalb sollte bei der Messung auch die Trense nicht aufgelegt werden. Ein gesundes Pferd zeigt in der Ruhe 28 bis 40 gleichmäßige und kräftige Pulsschläge pro Minute.

Je besser der **Trainingszustand** eines Pferdes ist, um so besser und ruhiger ist der Puls. *Pulsbeschleunigung* findet sich bei Fieber, Koliken, schmerzhaften Krankheitszuständen und vor allem bei Erkrankungen des Herzens. Während der Belastung erhöht sich die Pulszahl. Sie kehrt aber bei gesunden Pferden, die nicht überanstrengt worden sind, in etwa 15 Minuten zum Ausgangswert zurück. Die Pulsmessung an der Unterkieferarterie ist für die Bestimmung der Herzfrequenz nach Belastung, was zur Überwachung des Trainingszustandes notwendig ist, weniger geeignet. Dagegen ist das *Abhören der Herztöne* mit Hilfe eines beweglichen *Phonendoskopes* zweckmäßig. (Abb. 54) Am deutlichsten sind diese an der linken Brustwand hinter dem Ellbogen zwischen der 4. und 6. Rippe feststell-

54 Abhören der Herztöne

bar. Das Vorderbein sollte dazu etwas vorgestellt sein.

Die Körpertemperatur.

Der Organismus hält seine *Innentemperatur* innerhalb enger Grenzen konstant. Wärmebildung und Wärmeabgabe halten sich die Waage. Bei länger anhaltender Abweichung liegt eine krankhafte Störung vor.

Die Körpertemperatur wird beim Pferd *im Mastdarm gemessen.* Man verwendet dazu ein Fieberthermometer, das mit Vaseline, Öl oder Seife gleitend gemacht worden ist. Es wird tief in den After eingeführt und mit Schnur und Klammer am Schweif befestigt oder mit der Hand festgehalten. Bei empfindlichen Pferden läßt man den Kopf hochhalten und den Vorderfuß anheben. Nach etwa 5 Minuten wird das Thermometer abgelesen. Nach jeder Benutzung muß es sorgfältig gesäubert und desinfiziert werden.

Die *normale Körpertemperatur* eines erwachsenen Pferdes beträgt vor der Arbeit 37,5 °C, abends meist etwa 0,2 °C mehr. Nach körperlicher Belastung ist ein Anstieg bis auf 41,5 °C möglich. Nach etwa 2 Stunden erreicht die Temperatur wieder ihren Ausgangswert.

Eine Störung der Wärmeregulation und des Stoffwechsels im Sinne einer anhaltenden Steigerung der Innentemperatur zusammen mit bestimmten Veränderungen des Allgemeinbefindens wird als *Fieber* bezeichnet. Es ist meist das erste Symptom einer Infektionskrankheit. Die Tiere zeigen wenig Appetit, verminderte Verdauung, oft vermehrtes Durstgefühl und neigen zu Verstopfung. Sie lassen den Kopf hängen und machen einen apathischen Eindruck. Bei raschem Anstieg der Temperatur kommt es durch Verengung der Hautgefäße zu einem Frostgefühl. Es führt zum Muskelzittern, dem *Schüttelfrost.* Das Haar sträubt sich, Beine und Ohren fühlen sich kalt, die übrige Körperoberfläche heiß an. Fiebernde Pferde sind bei der Arbeit unlustig und ermüden leicht. Da fieberhafte Erkrankungen nicht selten ernste Schädigungen lebenswichtiger Organe zur Folge haben, sollte sofort ein Tierarzt zu Rate gezogen werden.

Nahrungsaufnahme und Verdauung.

Rückschlüsse über das Wohlbefinden eines Pferdes ergeben sich aus den Beobachtungen der *Nahrungsaufnahme* und *Verdauung.* Unter Berücksichtigung der Beschaffenheit der Nahrung und des Getränkes beurteilt man die Freßlust und den Durst nach der Lebhaftigkeit, mit der das vorgelegte Futter oder das Trinkwasser aufgenommen wird, nach der Aufnahmedauer, der Schnelligkeit der Kaubewegungen und der aufgenommenen Menge. Allerdings können auch unangenehme Empfindungen und mechanische Hindernisse das Hunger- und Durstgefühl beeinflussen (verdorbenes Futter, Geruchsabweichungen, Fremdkörper, plötzlicher Futterwechsel). Zur Ergründung der Ursache eines Appetitmangels muß daher stets das Futter gründlich untersucht werden. Bei Pferden besteht auch ein individueller Unterschied zwischen guten und schlechten Fressern. Temperamentvolle Pferde verweigern oft nach stärkerer Anstrengung das Futter und zeigen erst nach der Erholung wieder Appetit. Ebenso kann sich Wechsel des Stalles oder Trennung von Stallgefährten nachteilig auf die Freßlust auswirken. Bei allen Erkrankungen, die eine erhebliche Beeinträchtigung des Allgemeinbefindens nach sich ziehen, ist auch die Futteraufnahme vermindert. Schwerkranke Pferde nehmen am ehesten noch etwas Heu oder Stroh auf.

Das *Verweigern jeglicher Futteraufnahme* muß bei der Beurteilung eines Krankheitsprozesses als ungünstiges Zeichen gelten. Andererseits kann aber auch eine übernormale Steigerung des Appetits Hinweise auf bestimmte Erkrankungen geben (Wurmbefall, ansteckende Blutarmut, Zuckerkrankheit).

Unter normalen Verhältnissen trinken Pferde durchschnittlich 10 bis 30 l Wasser täglich. Die Menge der *Wasseraufnahme* ist abhängig vom Wassergehalt des Futters und dem durch Schweißabsonderung hervorgerufenen Flüssigkeitsverlust.

Die Lebhaftigkeit der *Kaubewegung* richtet sich nach der Schmackhaftigkeit des Futters und nach dem Appetit. Pferde machen 60 bis

80 Kieferschläge bzw. Mahlbewegungen in der Minute. Störungen der Kautätigkeit werden bei Erkrankungen des Nervensystems, der Maulhöhle und der Zähne beobachtet. Besonders bei *Zahn-* oder *Gebißfehlern* ist die Kautätigkeit erheblich erschwert und verlangsamt. Oft lassen Pferde dabei kleine Mengen zusammengeballten Futters aus dem Maul fallen (Priemen). Bei sehr schmerzhaften Erkrankungen kann man mitunter *Zähneknirschen* wahrnehmen. Ein als „Flehmen" bezeichnetes Öffnen des Maules und Heben der Oberlippe kann ebenso ein Zeichen von Unbehagen, wie ein Hinweis auf Magen- und Leberkrankheiten und auch auf die Bornasche Krankheit sein.

Die *Untersuchung der Maulhöhle* erfolgt zunächst ohne Instrumente bei Tageslicht. Dabei faßt man mit der Hand in den Zwischenraum zwischen Schneide- und Mahlzähnen, ergreift die Zunge und drückt die Daumenspitze gegen den Gaumen. Das Tier öffnet darauf die Maulspalte von selbst. Zu einer genauen Untersuchung benutzt der Tierarzt einen *Maulkeil* oder ein *Maulgatter.*

Um die Verdauung beurteilen zu können, ist die *Untersuchung des Leibes* erforderlich. Der *Umfang des Bauches* ist individuell sehr unterschiedlich und läßt diagnostische Rückschlüsse nur mit äußerster Vorsicht zu. Neben Haltung und Fütterung spielt auch das Verhältnis von allgemeinem Ernährungszustand und Körperbau eine Rolle. Eine *abnorm starke Ausdehnung* des Leibes zeigt sich bei Trächtigkeit, aber auch bei starker Anhäufung von Futter oder Ansammlung von Flüssigkeiten oder Gasen in den Eingeweiden bzw. in der Bauchhöhle. *Abnorm vermindert* ist der Bauchumfang bei länger dauerndem Futtermangel, chronischen Erkrankungen, starkem Durchfall und Wundstarrkrampf. Bei sehr starkem Wurmbefall findet man auch einen schlaffen Hängebauch.

Die Bauchdecken des Pferdes sind dick und etwas gespannt. Beim Betasten zeigen meist auch gesunde Pferde Abwehrreaktionen. Schmerzen im Hinterleib können deshalb nur vermutet werden, wenn Pferde bei Druck auf andere Körperteile nicht reagieren oder bei Betasten der Bauchdecke deutlich stöhnen. Rückschlüsse auf die *Tätigkeit des Magen- und Darmtraktes* ergeben sich aus den *Geräuschen,* die bei der Fortbewegung des Futterbreies und der Darmgase durch die Darmbewegung entstehen und beiderseits der Bauchwand zu hören sind. Dabei muß der Untersucher sein Ohr fest an die Bauchdecke drücken. Der Charakter der Geräusche wird von der Beschaffenheit des Inhalts (dünnflüssig, breiig) und der Menge der Gase bestimmt. Deshalb sind *Dünndarmgeräusche* fließend, gurgelnd, plätschernd, gluckernd und *Dickdarmgeräusche* kollernd, knurrend, polternd. Die Geräusche sind nicht dauernd zu hören; es treten kurze Pausen auf. Eine längere Darmruhe aber ist bei gesunden Pferden niemals vorhanden.

Beschaffenheit und Menge der *Darmentleerung* hängen vor allem von der Art und Menge des Futters ab. Das aufgenommene Wasser ist ohne Einfluß auf die Konsistenz des Kotes. Im Zweifelsfall muß dieser bei der Beurteilung mit dem anderer Pferde des Bestandes verglichen werden. Pferde setzen im allgemeinen täglich 8- bis 10mal 1 bis 2 kg weichgeballten Kot ab. *Harter* Kot tritt normalerweise bei starkem Schwitzen auf; er ist aber auch Begleiterscheinung aller fieberhaften Erkrankungen und Verstopfungen. *Weicher* und *flüssiger* Kot (Durchfall) wird bei allen Formen von Magen- und Darmentzündungen beobachtet. Die *Farbe* des Kotes richtet sich nach den Beimischungen von Galle und Farbstoffen, die in den Futtermitteln enthalten sind. Milchfütterung färbt den Kot gelbbraun und Mais, Bohnen, Roggen grau bis gelblichgrau.

Die Kotballen sind mit einer dünnen Schleimschicht überzogen, die ihnen einen gewissen Glanz verleiht. Bei häufigem Kotabsatz fehlt dieser Überzug. Der *Geruch* des Kotes wird von dem aufgenommenen Futter beeinflußt. Säuerlich oder übelriechender Kot weist auf Verdauungsstörungen hin. Als fremde Beimischung finden sich zuweilen Steine, Sand (bei Sandfressern) oder Eingeweidewürmer und deren Eier. Zum Nachweis von Eingeweideparasiten wird deshalb der Kot untersucht.

Die Kenntnis der natürlichen Lebensäußerungen des Pferdes und der angegebenen Untersuchungsmöglichkeiten gestattet es, Rückschlüsse auf das momentane Leistungsvermögen des Tieres zu ziehen. Dadurch kann vermieden werden, Pferde zu Diensten heranzuziehen, die ihnen ungewöhnliche Mühe machen, Schmerzen bereiten oder dauernde Schädigungen der Gesundheit zur Folge haben. Sie gestattet auch, zweckmäßige Maßnahmen zu ergreifen, unbedeutende Krankheiten richtig zu behandeln und bei schweren Gesundheitsstörungen rechtzeitig den Tierarzt zu benachrichtigen. Das sind Gebote des Tierschutzes, mit deren Befolgen wir dem Tier manches Leiden erleichtern und uns selbst Verluste ersparen können.

Verletzungen und Erste Hilfe

Wird Gewebe durch äußere Einwirkungen aus seinem natürlichen Zusammenhang gelöst, entstehen *Verletzungen.* Bleibt dabei die Haut oder Schleimhaut erhalten, sprechen wir von *gedeckten* oder *geschlossenen Verletzungen* (Quetschungen, Dehnungen, Zerrungen, Zerreißungen der Gewebe). Wird jedoch die Schleimhaut oder Haut mit zerstört, spricht man von einer *Wunde.* Wunden entstehen nicht allein durch mechanische Ursachen (Quetschungen, Schnitt, Biß und Schuß), sondern auch durch Einwirkung von chemischen Stoffen (Ätzwunden), Verbrennung, Erfrierung und durch Strahlung. Durch das Fehlen der schützenden Umhüllung können Schmutz und Krankheitserreger ungehindert in das Körpergewebe eindringen. Wunden, die gleichzeitig verschiedene Gewebearten wie Muskeln, Nerven, Sehnen, Gefäße und Knochen zerstören oder Gelenke und Körperhöhlen eröffnen, sind besonders gefährlich und bedürfen einer sofortigen sorgfältigen und fachgerechten Behandlung.

Bei jeder Verletzung entsteht eine *Blutung.* Deren Stärke hängt im allgemeinen von der Art und dem Durchmesser der durchtrennten Gefäße ab. Sie steht oft nach 10 bis 20 Minuten von selbst.

Um einem großen Blutverlust vorzubeugen, muß eine *vorläufige Blutstillung* noch vor Eintreffen des Tierarztes erfolgen.

Gliedmaßen und Schweif können vorübergehend mit einer elastischen Binde, einem Gummiband oder einem Lederriemen oberhalb der Wunde abgebunden werden. Auch eine Knebelpresse, bestehend aus einem Holzstock und einem Seil ist anwendbar. Bindfaden, Schnüre oder Draht sind abzulehnen, weil sie zu stark einschneiden und dadurch Schäden vor allem an den Nerven verursachen können, die nicht mehr zu beheben sind. Aus dem gleichen Grund darf auch jede andere Art von Unterbindung nicht länger als 2 Stunden liegen bleiben.

An allen anderen Körperteilen ist eine vorläufige Blutstillung mittels eines Druckverbandes erreichbar. Dazu wird die Wunde mit einem sauberen Tuch (Taschentuch, Serviette, Handtuch, Verbandspäckchen) abgedeckt oder ausgestopft und dieses mit einer Binde oder mit der Hand angedrückt. Bei jeder stärker blutenden Wunde ist sofort der Tierarzt zu benachrichtigen.

Im allgemeinen wird der Verlust eines Viertels der Gesamtblutmenge vertragen.

Blutungen, die dem Körper mehr als ein Drittel der Gesamtmenge entziehen, können zum Tod führen. Dem *Verblutungstod* gehen Herzschwäche, Schwanken, Unruhe (kolikartige Erscheinungen), Zusammenbrechen und tiefe Benommenheit voraus. Bei größerem Blutverlust kann durch *häufiges Tränken* ein gewisser Ausgleich des Flüssigkeitsmangels erreicht werden. Mit Decken und Heizkörpern sind die Tiere warm zu halten.

Bei jeder Verletzung treten mehr oder weniger starke *Schmerzen* auf. Der Schmerz ist ein Signal für den Körper zur Abwehr und zur Vermeidung weiterer Schäden. Die Schmerzempfindlichkeit der Gewebe ist verschieden und richtet sich nach ihrer Nervenversorgung.

Bei starken Verletzungen oder bei großen

körperlichen und psychischen Belastungen, wie sie z. B. im Wettkampf auftreten, kann eine vorübergehende *örtliche Schmerzlosigkeit* im Wundbereich beobachtet werden. Nach Verletzungen der Gliedmaßen tritt eine Lahmheit manchmal erst später auf. Die *Schmerzbekämpfung* erstreckt sich zunächst auf die Ergründung und Beseitigung der Ursachen. So müssen z. B. eingetretene Fremdkörper, schnürende Verbände, reizende Einreibungen, scheuernde Geschirrteile entfernt werden.

Oberster Grundsatz der Behandlung einer frischen Wunde ist *absolute Sauberkeit,* um einer gefährlichen Wundinfektionskrankheit (Wundstarrkrampf oder Phlegmone) vorzubeugen.

Die als Erste Hilfe vorgenommene *Versorgung der Wunde* soll sich deshalb darauf erstrecken, Blutungen zu stillen und weitere Schäden von der Wunde abzuhalten. Diese wird dazu mit einem sterilen Verband abgedeckt. Das geschieht bei *kleineren* Wunden durch Auflegen keimfreier Gaze, die mit Heftpflaster oder Binde befestigt wird. *Größere* Wunden deckt man mit sauberer Leinwand (z. B. einem frisch gebügelten Handtuch) ab. Darüber wird ein trockener, mit Watte gepolsterter Verband gelegt. Die Watte selbst darf die Wunde nicht berühren, da sie sich schlecht entfernen läßt und zurückbleibende Fasern Eiterungen hervorrufen können.

Frische Wunden, die verschmutzt sind, werden die ersten 3 Tage mit einem Angußverband behandelt. Zum Angießen verwendet man im allgemeinen 10 %ige Aethacridin-Lösung. Ältere Wunden erfahren eine Puder- oder Salbenbehandlung. Frische, unverschmutzte Wunden kann man sofort trocken behandeln. Bei Schürfwunden genügt oft ein Jodanstrich oder das Abdecken mit einem flüssigen Wundschutz. Bei allen tiefgehenden Wunden ist immer darauf zu achten, daß die Pferde gegen Wundstarrkrampf, wenn nötig auch gegen Pararauschbrand geimpft werden müssen. Ein aktiver Schutz ist möglich, muß jedoch alle 3 Jahre aufgefrischt werden.

Fehler bei der Notversorgung einer Wunde können Komplikationen in der Heilung verursachen, deren Folgen auch durch kunstgerechte tierärztliche Behandlung nicht wieder gutzumachen sind.

Lahmheiten, die durch Verstauchungen, Zerrungen, Prellungen oder eine Phlegmone hervorgerufen werden, sind innerhalb der ersten 24 Stunden zu kühlen (Aciterran-Anstrich, Angußverband). Danach ist Wärme in jeder Form angezeigt (warmer Angußverband, Einreibung mit Antiphlegmon- oder Kampfersalbe). Sind Wunden vorhanden, empfiehlt sich ein Angußverband mit Aethacridin. Feuchte Verbände finden auch bei der akuten Hufrehe Verwendung.

Bei *Sonnenstich* und *Hitzschlag* ist für Schatten, Kühlung und für gute Belüftung zu sorgen. Kopf und Körper sind mit kaltem Wasser zu berieseln.

Festliegende, bewußtlose Pferde sind sofort mit kalten Berieselungen oder kühlenden Kompressen, besonders im Kopfbereich, zu behandeln. Sie dürfen keiner intensiven Sonnenbestrahlung ausgesetzt sein und müssen ausreichend Frischluft erhalten. Die Pferde dürfen nicht zum Aufstehen aufgefordert werden. Wenn sie von selbst aufgestanden sind, werden sie vorsichtig in den Stall geführt.

Alle genannten Maßnahmen erleichtern die tierärztliche Behandlung. Eine sachgemäße Erste Hilfe trägt wesentlich dazu bei, größere Schäden zu verhindern und den Krankheitsverlauf zu verkürzen.

Erkrankungen des Pferdes

Pferdehalter, die eine Erkrankung ihres Pferdes rechtzeitig erkennen, können dem Tier Leiden und sich selbst finanzielle Verluste ersparen. Dazu bedarf es jedoch fundierter Kenntnisse, die für den Nicht-Tierarzt in aller Regel nicht zur Verfügung stehen. Pferdehalter, Reiter und Fahrer sollten von den Krankheiten einiges wissen, um rechtzeitig tierärztliche Hilfe rufen bzw. richtige erste Maßnahmen selbst treffen zu können.

Die Vielzahl der Erkrankungsmöglichkeiten läßt allerdings deren eingehende Beschreibung im Rahmen dieses Buches nicht zu. Die wichtigsten Angaben jedoch, die Symptome der häufigsten Krankheiten, ihre Ursachen und die selbst zu treffenden Maßnahmen sind – nach Gruppen geordnet – in den folgenden Übersichten dargestellt.

Nichtansteckende innere Erkrankungen und die dabei mögliche Erste Hilfe

Unter den Erkrankungen der *Verdauungsorgane* nehmen die Koliken nach der Häufigkeit die erste Stelle ein.
Unter *Kolik* versteht man im weiteren Sinne alle schmerzhaften Zustände im Bereich der Bauchhöhle und deren Nachbarschaft, im engeren Sinne, vorwiegend Schmerzen im Magen- und Darmbereich. Kolik bezeichnet deshalb nur ein Symptom, nicht aber einen krankhaften Zustand. Um diese Schmerzen zu beseitigen, bedarf es erst einer genauen Klärung der Ursachen:

1. Überfüllung des Magen- und Darmkanals mit normalem Inhalt
2. Verstopfung des Darmes
3. Aufblähung, Darmkrämpfe, Thrombose der Darmgefäße, Darmlähmung usw.

Nur selten sind Ursache einer Kolik krankhafte Veränderungen der Harnorgane.
Die vielfältigen sichtbaren *Kolikerscheinungen* treten anfallsweise oder gleichzeitig andauernd auf. Neben Futterverweigerung, Unruhe, Scharren mit den Vorderbeinen und Umsehen nach dem Leib beobachtet man Schweißausbruch, wechselndes Niederlegen und Aufstehen. Oft werfen sich die Pferde heftig nieder und wälzen sich.
Pferde leiden weit öfter an Kolikerscheinungen als andere Haustiere. Ihr komplizierter Verdauungsapparat mit seinem häufigen Wechsel von Darmverengungen und -erweiterungen auf einer Länge von über 30 m und seiner anscheinend recht empfindlichen nervösen Versorgung ist besonders anfällig gegenüber Überanstrengung, klimatischen Einflüssen und vor allem *Fütterungsschäden.* Niemals darf deshalb bereiftes oder verschimmeltes Heu, frisches Brot oder erhitztes Grünfutter verfüttert werden. Bei Futterwechsel sollten neue und alte Futtermittel gemischt werden, damit sich der Verdauungsapparat den Veränderungen anpassen kann. Wichtig sind auch gesunde Zähne, damit das Futter ordentlich zerkleinert werden kann. An *Ruhetagen* soll die Futterration herabgesetzt werden. Das gleiche gilt auch für Pferde, die aus therapeutischen Gründen nicht bewegt werden dürfen. Das *Trinkwasser* soll klar und geruchlos sein. Es wird frisch, bei empfindlichen Pferden auch abgestanden verabreicht (jedoch nicht im Stall abstehen lassen). Im Winter wird zu kaltes Wasser durch Zugabe von etwas heißem Wasser bekömmlicher als durch Abstehenlassen. Pferde erhalten soviel Wasser, wie sie aufnehmen. Nach starker Erhitzung empfiehlt es sich, mit dem Tränken zu warten, bis die Pferde sich etwas abgekühlt haben; oder man hindert sie am gierigen Trinken durch Auflegen einer Handvoll Heu auf das Tränkwasser. Selbstverständlich läßt man Pferde, die bei der Arbeit warm geworden sind, nicht ohne Decke in Kälte und Zugluft stehen.
Wegen der vielfältigen Ursachen von Kolikerscheinungen sollte man die *Behandlung* dem Tierarzt überlassen. Aufgabe des Stallpersonals ist es, das Pferd vor Verletzungen zu schützen und die Schmerzen bis zum Eintreffen des Tierarztes zu lindern. Wo es möglich ist, sollte eine geräumige, gut mit Stroh ausgepolsterte Box für das kranke Tier zur Verfügung gestellt werden, damit es sich beim Wälzen und Hinwerfen keinen Schaden zuzieht. Zweckmäßiger ist es, das Pferd einzudecken und ruhig zu führen. Einreibungen mit Kampferspiritus oder Fluid und ausdauerndes Massieren von Rücken und Bauch mit Strohwischen sowie feuchtwarme Bauchwickel mindern das Leiden. Ein Einlauf mit lauwarmem Wasser regt oft die Darmtätigkeit an. Das Ausräumen des Mastdarmes mit der Hand ist sinnlos und kann zu einem Durchstoßen der Darmwand führen, was den Tod

zur Folge hat. Desgleichen ist abzulehnen, dem Pferd Heilmittel mit der Flasche einzugeben, weil es fehlschlucken und eine Lungenentzündung bekommen kann.

Pferde, die an Magen- und Darmkrankheiten leiden, bedürfen strenger körperlicher Schonung!

Weitere Erkrankungen der Verdauungsorgane sind in Tabelle 4 aufgelistet.

Tabelle 4: Erkrankungen der Verdauungsorgane beim Pferd

Krankheitsbezeichnung	Klinisches Bild	Ursache	Maßnahmen
Schlundverstopfung	Würgen, starkes Speicheln, mit Futteranteilen vermischter Ausfluß aus den Nüstern, oft Husten	Zu hastige Futteraufnahme, besonders Heu unmittelbar nach starker körperlicher Belastung, Fütterung von Trockenschnitzeln	Sofortige zierärztliche Behandlung, kein Futter unmittelbar nach Belastung, Trockenschnitzel einweichen
Krampfkolik	Unruhe, Kratzen, Herumtrippeln, heftiges Auf- und Niederlegen, Versuche, sich zu wälzen, Schweißausbruch	Dauerkrampf des Darmes, oft in Abhängigkeit von Witterungsveränderungen	Futterentzug, Massieren der Flanken und des Rükkens, warmes Klistier, Bewegung, tierärztliche Behandlung
Dünndarmverschlingung, Dickdarmverschlingung (Ileus)	Heftige Kolikanfälle, Niederwerfen, Schweißausbruch, Darmstille, hohe Pulsfrequenz, Lidbindehäute dunkelrot	Krankhafte Kontraktionen des einen und Lähmung eines anderen Darmteiles	Sofortige tierärztliche Behandlung
Hodensackbruch mit eingeklemmtem Darm	Heftige Kolikanfälle, schmerzhafte, derbe Umfangsvermehrung der Hoden	Zu weiter Leistenring, dadurch gleiten Dünndarmschlingen in den Hodensack	Sofortige Operation, tierärztliche Behandlung
Verstopfung	Unruhe, Scharren, Umsehen nach dem Leib, Niederlegen, gelegentlich Wälzversuche, verringerte Darmgeräusche	Kotansammlung im Blinddarm oder Grimmdarm	Futterentzug, Bewegung (Führen), Glaubersalz ins Trinkwasser, tierärztliche Behandlung
Wurmkolik (embolisch-thrombotische Kolik)	Rezidivierende Kolikanfälle mit zunehmender Verschlechterung des Allgemeinzustandes	Thrombosen der Darmgefäße durch Strongylidenlarven	Oft unheilbar, planmäßige Entwurmung
Magen- und Darmentzündung	Breiiger, dünnflüssiger Kotabsatz, leichte Kolikerscheinungen, später mangelnder Appetit und apathisches Allgemeinverhalten	Verdorbenes Futter, starker Wurmbefall	Futterwechsel, Verringerung des Trinkwasserangebotes, kein Kraftfutter, Wiesenheu, Futterkontrolle, planmäßige Entwurmung
Nabelbruch	Weiche, beulenartige Umfangsvermehrung in der Nabelgegend, Inhalt läßt sich durch Öffnung in die Bauchhöhle verlagern	Angeborener Defekt der Bauchdecke	Ist die Öffnung in der Bauchdecke für mehr als zwei Finger passierbar, wird Operation erforderlich

Infektionskrankheiten

Infektionskrankheiten gefährden das Sportpferd nicht nur als Einzeltier, sondern können ganze Bestände außer Dienst setzen. Darüber hinaus besteht die Gefahr bleibender Schäden. In Tabelle 5 sind die wichtigsten von ihnen angegeben.

Gegen Influenza und Rhinopneumonitis ist eine aktive Immunisierung möglich, die nach einem Impfplan erfolgen muß, der natürlich die Trainings- und Wettkampfzeiträume berücksichtigen muß, um Ausfallzeiten zu minimieren.

Tabelle 5: Infektionskrankheiten des Pferdes

Krankheitsbezeichnung	Klinisches Bild	Ursache	Maßnahmen
Wundstarrkrampf (Tetanus)	Zu Beginn Kopf gestreckt, Ohren unbeweglich aufgerichtet Hals brettartig, Nüstern trompetenförmig, vorsichtiges Kauen, Nickhautvorfall bei Schreckreaktionen, später Beine sägebockartig, Leib aufgeschürzt, Atmung erschwert, Schiefhaltung des Schweifes	*Clostridium tetani,* stäbchenförmiges, anaerobes Bakterium, das im Boden vorkommt und nur über Wunden in den Körper eindringt (Wundinfektion). Es bildet das Tetanustoxin, ein starkes Nervengift	Sofort tierärztliche Behandlung, Wundsäuberung mit sauerstoffentwickelndem Desinfektionsmittel, Klinikeinweisung, aktive Schutzimpfung
Milzbrand	Plötzlich hohes Fieber bei 41 °C, frequente Atmung, schneller Puls, Benommenheit, manchmal starke Kolik, blutiger Ausfluß aus den Körperöffnungen, Tod nach wenigen Stunden	*Bacillus anthracis* Ansteckung durch infiziertes Futter oder Trinkwasser, Erreger bildet Sporen, die über Jahrzehnte lebensfähig bleiben	Anzeigepflicht bei Verdacht, sofort dem Tierarzt melden, Ansteckungsgefahr für Menschen, in gefährdeten Gebieten vorbeugende Impfung möglich
Rotz (Malleus)	Hautrotz: knotenförmige Anschwellungen der Haut, geschwüriger Zerfall, Narbenbildung. Nasen-, Lungenrotz: bei akutem Verlauf Geschwüre und Nekrosen in der Nasenschleimhaut, Verengung der Nasengänge, Atemnot, Röcheln, übelriechender, blutigeitriger Nasenausfluß, Fieber (39,5 bis 40 °C). Bei chronischem Verlauf linsengroße Knötchen, später Geschwüre und eisblumenartige Narbenbildung in der Nasenschleimhaut	*Pseudomonas mallei,* Infektion über Speichel- oder Nasenausfluß kranker Tiere, Kontakt mit infiziertem Geschirr, Decken, Putzzeug, Sättel	Anzeigepflicht, Verdacht sofort dem Tierarzt melden, Ansteckung für Mensch und Tier, Tötung kranker oder krankheitsverdächtiger Tiere

Fortsetzung *Tabelle 5:* Infektionskrankheiten des Pferdes

Krankheitsbezeichnung	Klinisches Bild	Ursache	Maßnahmen
Druse	Vorwiegend erkranken jüngere Pferde; Fieber, Schwellung der Kehlgangslymphknoten, Abszeßbildung. Übergang auf Lunge, Euter und Geschlechtsapparat möglich (Deckdruse)	*Streptococcus equi* spezifisch für Pferde, Ansteckung von Tier zu Tier, besonders bei Schwächung der Widerstandskraft durch Belastung, Erkältung, Überanstrengung	Anzeigepflicht, kranke Tiere absondern, keine Belastung, Stalldesinfektion, keine gemeinsamen Tränken und Krippen, Quarantäne bei Tierumsetzung, strenge Hygiene bei der Aufzucht
Brucellose	Widerristfisteln, Schleimbeutel- und Sehnenscheiden- sowie Gelenkentzündung, Genickbeulen	*Brucella abortus,* Übertragung von Rind auf Pferd, besonders bei gemeinsamer Haltung	Anzeigepflicht, serologische Untersuchung, Isolierung verdächtiger und Tötung kranker Tiere
Pararauschbrand	knisternde Anschwellung im Bereich von Wunden, Fieber, Anstieg der Atemfrequenz, Apathie, Tod in zwei bis drei Tagen	*Clostridium septicum* und andere; Pararauschbrandbazillen, anaerobe Erreger, die über Wunden eindringen und sich in tiefen Wunden gut vermehren	Sofort Tierarzt benachrichtigen, exakte Wundversorgung, vorbeugende Serumimpfung bei tiefen und zerklüfteten Wunden
Botulismus	Kolikunruhe, Atmungsbeschleunigung, schwankender Gang, Stolpern, Zusammenbrechen, Liegen auf der Seite, Schluckbeschwerden, Tod nach Stunden bis wenigen Tagen	*Clostridium botulinum* bildet Nervengift, Vergiftung durch Futtermittel	Behandlungsversuch durch Tierarzt, keine verdorbenen Futtermittel
Leptospirose	Akuter Verlauf: selten, apathisches Verhalten, Leistungsdepression, Blutharnen, häufiger Urinabsatz in kleinen Mengen, Fieber um 40 °C, steifer Gang, Muskelschmerzen, Schleimhäute gelblich (Ikterus) Chronischer Verlauf: Abmagerung, Leistungsschwäche, wiederkehrende Fieberschübe; tragende Stuten können verfohlen	Leptospiren der Serotypen *L. Grippotyphosa* und *L. polmona;* Wirtstiere: Nager, Rind und beim Typ *L. pomona* Schwein Ausscheidung mit dem Urin	Trennung erkrankter Tiere, serologische Untersuchung in Abständen von einer Woche. Bei besonderer Gefährdung Schutzimpfung
Rhinophneumonitis (Virusabort)	Katarrh der oberen Luftwege, langsame Ausbreitung, gestörte Futteraufnahme, Temperatur 40–41 °C, Husten, Mattigkeit, Atembeschwerden. Bei tragenden Stuten Abort.	Herpes-Virus-Infektion, Stallseuche, besonders bei Rennpferden	Wie bei Influenza, regelmäßige Schutzimpfung nach Impfplan

Fortsetzung *Tabelle 5:* Infektionskrankheiten des Pferdes

Krankheitsbezeichnung	Klinisches Bild	Ursache	Maßnahmen
Ansteckende Blutarmut (Infektiöse Anämie)	Akuter Verlauf: spontaner Temperaturanstieg auf 40–41 °C, der wenige Tage anhält, danach Wechsel zwischen Fieber und fieberfreien Tagen, Lidbindehäute dunkelrot, spritzerförmige Blutungen an den Schleimhäuten, übelriechender Durchfall, Abmagerung, Mattigkeit, erhöhte Pulsfrequenz. Chronischer Ablauf: Abmagerung, struppiges Fell, Leistungsdepression, unregelmäßige Fieberanfälle	Anämieviren (Oncornaviren), Übertragung durch blutsaugende Insekten, Trinkwasser, Futter, Deckakt	Anzeigepflichtig, Stallsperre, Dungbeseitigung, 2mal täglich Temperaturmessung, Blutuntersuchung, Tötung kranker und ansteckungsverdächtiger Tiere, flächenhafte serologische Untersuchung
Ansteckende Gehirn- und Rückenmarkentzündung (Bornasche Krankheit)	Temperaturerhöhung, Schluckstörung, Gähnen, Unterbrechung des Kauvorganges, Futter wird im Maul behalten, Aufstützen des Kopfes auf den Krippenrand, Schlafsucht wechselnd mit erhöhter Reizbarkeit, manchmal Kolikunruhe, schließlich Lähmungserscheinungen und Zusammenbruch	Bornavirus (vermutlich RNA-Virus), tritt nur in bestimmten Gegenden südlich von Halle auf	Anzeigepflichtig, Überlebenschance gering, Schafe können erkranken und Erregerträger sein. In gefährdeten Gebieten Schutzimpfung
Pferdestaupe (Arteriitis-Virus-Infektion)	Rasche Ausbreitung im Bestand, Husten, Fieber (40–41 °C), Mattigkeit, Lid- und Gliedmaßenschwellung, Lichtscheue, schleimiger Nasenausfluß, Inappetenz; tragende Stuten verfohlen	Arteriitis-Virus (Togavirus), Übertragung von Pferd zu Pferd	Tierärztliche Behandlung
Influenza (Hoppegartener Husten)	Katarrh der oberen Luftwege, seröser Nasenausfluß, kurzer, rauher Husten, Fieber (38,5–40,5 °C), gerötete Bindehaut; Allgemeinbefinden wenig gestört; Dauer des Fiebers drei bis vier Tage, des Hustens zwei bis drei Wochen. Bei größeren Pferdepopulationen rasche Ausbreitung	Myxovirus influenzae A equi 1 und 2, Influenzaviren, Übertragung durch Tröpfcheninfektion	Staubfreies Futter, Schonung, Desinfektion aller Stallgeräte, besonders Eimer und Krippen, Temperaturkontrolle, Tierarzt benachrichtigen. Regelmäßige jährliche Impfung nach Impfplan

Nachstehend sind Beispiele für Impfpläne angeführt. (Tab. 6 u. 7)
Pferde, die keine Grundimmunität besitzen, sind wie Jährlinge zu behandeln. Das Veterinärreglement der FEI und verschiedene Rennordnungen sehen eine Nachimpfung innerhalb von 12 Monaten vor. Wird diese Zeit überschritten, so ist eine erneute Grundimmunisierung erforderlich.

Tabelle 6: Impfplan gegen Influenza der Pferde

Grundimmunisierung (ab 7. Lebensmonat möglich)	Revakzinierung	Termin*)
Jährlinge		
1. Impfung		Mai/Juni
2. Impfung	nach 21–92 Tagen	Juni/Juli
3. Impfung	nach 5–7 Monaten (153–221 Tagen)	
Rennpferde	jährlich zweimal im Abstand von 6 Monaten	vor der Rennsaison, Dezember–Februar und Juni–Juli
Hengste	jährlich zweimal im Abstand von 6 Monaten	vor der Decksaison, Dezember–Februar nach der Decksaison Juni–Juli
Zuchtstuten	jährlich zweimal im Abstand von 6 Monaten	in Abhängigkeit vom Abfohltermin
Sportpferde	jährlich zweimal im Abstand von 6 Monaten	vor der Turniersaison spätestens 18 Tage vor dem Turnier Februar–April und Juli–August

Pferde, die keine Grundimmunität besitzen, sind wie Jährlinge zu behandeln. Das Veterinärreglement der FEI und verschiedene Rennordnungen sehen eine Nachimpfung innerhalb von 12 Monaten vor. Wird diese Zeit überschritten, so ist eine erneute Grundimmunisierung erforderlich.

*) Die Termine wurden so festgelegt, daß zum Zeitpunkt einer zu erwartenden hohen Infektionsgefährdung noch ein wirksamer Impfschutz besteht.

Tabelle 7: Impfplan gegen Rhinopneumonitis des Pferdes

	Grundimmunisierung	Revakzinierung	Termin
Fohlen und Jährlinge	1. Impfung im Alter von 1 Monat 2. Impfung im Alter von 3 Monaten 3. Impfung im Alter von 5 bis 6 Monaten 4. Impfung		Juli des darauffolgenden Jahres
Rennpferde		jährlich einmal	vor der Rennsaison Dezember–Februar
Hengste	zweimal im Abstand von 3 bis 4 Monaten in der Hengstprüfunganstalt bzw. vor der Decksaison	jährlich einmal	vor Beginn der Decksaison bzw. Dezember–Februar
tragende Stuten	1. Impfung im 2.–3. Trächtigkeitsmonat 2. Impfung im 5.–6. Trächtigkeitsmonat	jährlich einmal im 5.–6. Trächtigkeitsmonat	
nichttragende Stuten u. a.	zweimal im Abstand von 2 bis 4 Monaten	jährlich einmal	Spätsommer oder Herbst

Parasitosen

Von *Parasiten* hervorgerufene Hautkrankheiten sind glücklicherweise selten geworden und zumeist eine Folge unzureichender Pflege. Viel häufiger sind hingegen *Eingeweideparasiten* zu finden, die ganzen Beständen arg zusetzen können.

Eingeweideparasiten. Magen- und *Darmparasiten* rufen Blutarmut und Schwächezustände hervor, steigern die Anfälligkeit für andere Erkrankungen und *vermindern* dadurch die *Leistungsfähigkeit.* Bei *Fohlen* kann starker Parasitenbefall schwere oder sogar tödliche Erkrankungen verursachen. Deshalb sind regelmäßige Beobachtungen der Tiere und ihrer Ausscheidungen auf Parasiten sowie hygienische Vorkehrungsmaßnahmen im Stall und auf der Weide unerläßlich. Da auch bei der Parasitenbekämpfung der Erfolg im *Vorbeugen* liegt, sind in regelmäßigen Abständen Untersuchungen und Behandlungen zu empfehlen. Dabei ist besonders zu beachten:

- Vor und nach der Wettkampfperiode (Frühjahr und Herbst) sind *Kotuntersuchungen* erforderlich. Diese können gleich mit entsprechenden *Behandlungen* verbunden werden.
- Der Kot ist regelmäßig zu entfernen. Helle und trockene Stallungen hemmen die Entwicklung von Eingeweideparasiten.
- Die *Ställe* sind mindestens einmal im Jahr frisch zu kalken. Abwaschbare Wände sind nach Möglichkeit alle vier Wochen mit heißem Sodawasser zu säubern und Holzwände jährlich einmal mit Karbolineum zu streichen.
- Das *Grasen* auf regennassen und taufrischen Plätzen, die regelmäßig von Pferden begangen oder beweidet werden, leistet einer Verwurmung Vorschub, da die Larven an feuchten Grashalmen emporsteigen. Abgesetzter Kot ist täglich aufzusammeln.

In Tabelle 8 werden die wichtigsten Parasitosen angeführt.

Tabelle 8: Parasitosen des Pferdes

Krankheitsbezeichnung	Klinisches Bild	Ursache	Maßnahmen
Räude, Sarkoptesräude	Im Bereich von Kopf, Sattellage Knötchen- und Pustelbildung, Haarausfall, Borkenbildung, starker Juckreiz	Sarkoptesmilbe (Grabmilbe) *Sarcoptes equi*	Waschungen mit Kontaktinsektiziden, gutes Futter, gute Pflege. Auf andere Pferde und den Menschen übertragbar Anzeigepflicht
Psoroptesräude	An geschützten, von langen Haaren bedeckten Körperstellen, unter der Mähne, am Schweifansatz, Kehlgang, an den Beinen, Borkenbildung, Juckreiz, Haarausfall	Psoroptesmilbe (Saugmilbe) *Psoroptes equi*	Waschungen mit Kontaktinsektiziden, gutes Futter, gute Pflege
Chorioptesräude	Fußräude. An den Beinen, meist hinten an Fußwurzelgelenken heftiger Juckreiz, Abschuppung, Krustenbildung, Hautverdickungen mit langen Querfalten, Fesselekzeme. Befällt vorwiegend schwere Pferde	Chorioptesmilbe (Schuppenmilbe) *Chorioptes equi*	Waschungen mit Kontaktinsektiziden, gutes Futter, gute Pflege

Fortsetzung *Tabelle 8:* Parasitosen des Pferdes

Krankheitsbezeichnung	Klinisches Bild	Ursache	Maßnahmen
Läuse	Juckreiz, Entzündung der Haut, haarlose Stellen im Fell, Pferde benagen und scheuern sich	Pferdelaus, meist bei abgemagerten und erschöpften Tieren *(Haematopinus asini, H. macrocephalus)*	Waschungen mit Kontaktinsektiziden, gutes Futter, gute Pflege
Haarlinge	Starker Juckreiz, Pferde benagen und scheuern sich, starke Unruhe	Haarlinge *(Wernickiella equi)*	Waschungen mit Kontaktinsektiziden
Trichophytie (Glatzflechte)	Rundliche bis ovale haarlose Stellen mit borkigen Belägen, mäßiger Juckreiz	*Trichophyton tonsurans* (Hautpilz), meist vom Rind übertragen bei Weidehaltung	Waschungen mit Antimykotikum, keine gemeinsame Weidehaltung mit Jungrindern
Mikrosporie	Zunächst kleine Bläschen, später dünne Krusten, Abbrechen des Haares, unregelmäßige, z. T. haarlose Flecken	*Microsporum*-Arten, Haupterreger der Pilzerkrankungen des Pferdes	Waschungen mit Antimykotikum
Magenbremsenlarven	Verdauungsstörungen und Abmagerung gegen Ende des Weideganges oder kurz nach Aufstallung	Magenbremsenfliegen, *Gastrophilus intestinalis, G. inermis* Rotbraune bis gelbliche, 1,5–2 cm lange Larven, die sich in der Magenwand festsaugen	tierärztliche Behandlung, keine Weide in der Schwärmezeit der Fliegen, Abkratzen der Eigelege vom Haarkleid, besonders der Gliedmaßen
Fadenwürmer	Durch Wurmschäden Verdauungsstörungen, Magenkatarrh, Abmagerung und Schwäche. Geschwürige, schwer heilende Wunden, besonders an den Gließmaßenenden, Penis, Gesichtsbereich oder auch in der Sattellage (Sommerwunden, Hauthabronematose)	*Habronema*-Arten: *H. muscae, H. microstoma, H. megastoma.* Durch Fliegen auf Pferd übertragen, Ablage in der Nähe der Maulhöhle	tierarztliche Behandlung, Fliegenbekämpfung
Bandwürmer	Chronische Verdauungsstörung, Abmagerung, Blutarmut, rauhes Haarkleid, Kolikanfälle	Pferdebandwürmer: *Anoplocephala perfoliata, A. magna, Panaoplocephala manielana*	Entwurmung durch den Tierarzt
Spulwürmer	Hauptsächlich bei jungen Pferden; starker Befall führt zu Abmagerung, Blutarmut, Kolikanfällen und Lecksucht. Verstopfung durch Wurmknäule möglich. Wurmgifte verursachen nervöse Störungen (Krampf, Lähmung)	Pferdespulwurm *Parascaris equorum*	Entwurmung, planmäßige Wurmkuren, Säuberung der Boxenwände mit heißem Wasser, regelmäßiges Kalken der Wände, Kot aufsammeln

Fortsetzung *Tabelle 8:* Parasitosen des Pferdes

Krankheitsbezeichnung	Klinisches Bild	Ursache	Maßnahmen
Pfriemenschwanzwurm	Juckreiz in der Aftergegend, Scheuern der Schweifrübe, grünlich-graue, borkige Beläge an Schweifunterseite und Aftergegend	*Oxyuris equi*	Wurmkuren, Waschungen der Aftergegend und des Schweifes mit Essigwasser (1 Tasse auf 1 Liter Wasser), anschließend Bestreichen der Haut mit Vaseline
Palisadenwürmer	Hauptschädigung durch wandernde Larven. Dadurch Gefäß- und Herzschäden, Thrombosen, erwachsene Würmer schädigen Darmschleimhaut. Wurmaneurisma, thrombitisch-embolische Kolik, Abmagerung, Blutarmut, Schwäche	Große und kleine Strongyliden, Aufnahme der Larven von feuchten Grasspitzen, feuchten Wänden usw. *(Strongylus vulgaris. S. equi, S. edentatus*	planmäßige Wurmkuren, regelmäßige Kotuntersuchungen, Vermeiden von tau- oder regennassen Weiden, planmäßiger Umbruch der Weideflächen
Zwergfadenwürmer	Verdauungs- und Ernährungsstörungen bei Fohlen	*Strongyloides westeri,* Ansteckung über infiziertes Futter und Stroh, Larven wandern auch durch die Haut	planmäßige Entwurmung

Zur Bekämpfung der *Eingeweidewürmer* hat sich die Durchführung von *Wurmkuren* bewährt, die nach einem Plan durchgeführt werden sollten, der sowohl die Entwicklungszyklen der Parasiten als auch die Einsatzzeiten der Pferde berücksichtigt. (Tab. 9)

Tabelle 9: Entwurmungsplan für Pferde

Jan.	Febr.	März	April	Mai	Juni	Juli	Aug.	Sept.	Okt.	Nov.	Dez.
Stuten einmalige Behandlung, 2–3 Wochen vor der Geburt				vor Weideaustrieb					nach Weideabtrieb (Gastrophilosebehandlung)		x
Sportpferde	x			x						x	
Fohlen											
x 1. Entwurmung (10. Lebenstag)			x 2. Entwurmung (3. Lebensmonat)			x 3. Entwurmung (6. Lebensmonat)		4. Entwurmung (9. Lebensmonat)	x 5. Entwurmung (alle Fohlen)	x	x
Jährlinge		x			x		x			x	

Tabelle 10: Erkrankungen der Atmungsorgane und des Kreislaufs beim Pferd

Krankheitsbezeichnung	Klinisches Bild	Ursache	Maßnahmen
Nasenbluten	Meist einseitige Blutung aus der Nüster nach intensiver Belastung	Erblich bedingte Störung der Blutgerinnung	Tierärztliche Behandlung und züchterische Selektion kranker Elterntiere
Kehlkopfpfeifen	Beim Einatmen hörbarer Pfeifton unterschiedlicher Stärke, oft bei intensiver Galoppbelastung mit Atemnot verbunden	Meist einseitige Kehlkopf- und Stimmbandlähmung infolge Nervenschädigung	Operative Behandlung
Chronisch-obstruktive Bronchitis (Dämpfigkeit)	Erschwerte, unvollständige Ausatmung. Pumpende Bauchatmung, geblähte Nüstern	Folge verschiedener Erkrankungen der Atmungsorgane oder Allergie, Überdehnung und Zerreißung der Lungenalveolen	Im Anfangsstadium Besserung oder Heilung durch tierärztliche Behandlung möglich. Luftveränderung, Weideaufenthalt, Vermeidung von Staubentwicklung, Befeuchten des Futters. Keine Stroheinstreu, Schonung bei infektiösen Katarrhen
Intermittierendes Hinken	Nach Bewegungsbeginn zunehmende Lahmheit bis zum Zusammenbrechen, starker Schweißausbruch, Gliedmaßen fühlen sich kalt an	Thrombose der Beckenarterien, meist verursacht durch wandernde Strongylidenlarven	Tierärztliche Behandlung, planmäßige Entwurmung

Erkrankungen der Atmungsorgane und des Kreislaufs

Erkrankungen der *Atmungsorgane* und des *Kreislaufs* gehören von Anfang an in die Hand des Tierarztes, da die tierärztliche Behandlung im Anfangsstadium größere Schäden vermeiden kann.
Tabelle 10 vermittelt Angaben zu den häufigsten dieser Erkrankungen.

Erkrankungen des Nervensystems

Von den Erkrankungen des Nervensystems erfordern *Hitzschlag, Sonnenstich* und *Gehirnerschütterung* sofortige Maßnahmen noch vor dem Eintreffen des Tierarztes.
Angaben zu diesen und weiteren Erkrankungen des Nervensystems finden sich in Tabelle 11.

Tabelle 11: Erkrankungen des Nervensystems beim Pferd

Krankheitsbezeichnung	Klinisches Bild	Ursache	Maßnahmen
Hitzschlag, Sonnenstich	Taumeln, Stolpern, Schweißausbruch, Zusammenbrechen, Zittern, schnelle oberflächliche Atmung, Temperatur 41–42 °C, Blutandrang zum Gehirn. Übermäßige Erwärmung führt zur Lähmung lebenswichtiger Zentren des Gehirns	Zu intensive Sonneneinstrahlung. Dauerleistung, Transport, enger Stall bei großer Hitze und hoher Luftfeuchtigkeit, dadurch mangelnde Schweißabsonderung	Sofort Kühlung, Schatten, gute Belüftung, Stall und Transportraum gut belüften, keine zu starke Belastung bei extrem hohen Temperaturen. Abspritzen mit kaltem Wasser, Eisbeutel auf den Kopf legen, reichliches Tränken

Anmerkung: *Regelmäßige Trinkwasserversorgung des Pferdes beugt diesen Erkrankungen vor!*

Fortsetzung Tabelle 11: Erkrankungen des Nervensystems beim Pferd

Krankheitsbezeichnung	Klinisches Bild	Ursache	Maßnahmen
Gehirnerschütterung	Taumeln, Rollbewegungen, Fallen nach einer Seite, Lähmungen	Gewalteinwirkungen auf den Kopf durch Gegenrennen, Sturz usw.	Ruhe, weiches Strohlager, Eisbeutel auf den Kopf, um evtl. Blutungen im Gehirn zu stillen
Dummkoller	Regloses Stehen mit starrem Blick und gesenktem Kopf. Pferde werden ungeschickt, stolpern, stehen mit gekreuzten Beinen, später teinahmslos, Auge halb geschlossen, Kopf abgestützt, halten Futter im Maul und kauen nicht. Beim Trinken werden die Nüstern untergetaucht. Gepreßte Atmung bei anstrengender Arbeit	Fortschreitende Vergrößerung der Hirnkammerflüssigkeit, unheilbar	
Spinale Ataxie	Erkrankung junger Pferde, Schwanken, Taumeln in der Hinterhand; sitzt der Schaden in der Halswirbelsäule, auch der Vorhand. Krankheitserscheinungen werden durch Verbinden der Augen verstärkt. Bei kurzen Wendungen im Trab oder Rückwärtstreten können die Pferde hinfallen	Veränderungen der Wirbelsäule, die Wirbelkanal einengen; dadurch Schädigung des Rückenmarks	Zu Beginn der Erkrankung Besserung durch tierärztliche Behandlung möglich. Möglicherweise erbliche Neigung zu dieser Krankheit
Lähmung peripherer Nerven	Je nach Ort der geschädigten Nerven Lähmungen, Bewegungsstörungen, Muskelatrophie	Meist traumatisch durch Gewalteinwirkung	Tierärztliche Behandlung, Massagen, Bewegungstherapie

Hauterkrankungen

Sportpferde müssen so gut gepflegt sein, daß Hautkrankheiten kaum auftreten! Am häufigsten beobachtet man verschiedene Formen von *Hautentzündungen,* die innere und äußere Ursachen haben können.

In Tabelle 12 sind wichtige Angaben zu den häufigsten Hautkrankheiten enthalten.

Verhaltensstörungen

Verhaltensstörungen haben in den meisten Fällen ihre Ursache in Fehlern, die der Mensch bei der Erziehung und Ausbildung des Pferdes macht, indem er die artspezifischen Verhaltensweisen ungenügend berücksichtigt. „Vermenschlichung" des Pferdes ist ein Hauptgrund für Verhaltensstörungen, aber auch mangelnde Kenntnis der Charakter- und Temperamentstypen des Pferdes und entsprechendes Eingehen auf diese. Die häufigsten Verhaltensstörungen werden in Tabelle 13 beschrieben.

Tabelle 12: Hauterkrankungen beim Pferd

Krankheitsbezeichnung	Klinisches Bild	Ursache	Maßnahmen
Hautentzündung (Ekzem, Exanthem)	Erscheinungen reichen von einfacher Hautrötung, Haarausfall über Knötchen, Bläschen, Pusteln, Abschuppungen zur Borken- und Krustenbildung. Häufig Juckreiz. Besondere Formen: – Sommer- oder Hitzausschlag, – Schweißekzem in der Sattellage, – Mauke in der Fesselbeuge, – Raspe in der Karpal- oder Sprunggelenkbeuge, – Mähnen- oder Schweifgrind, – Schuppen- oder Kleieflechte (bei abgemagerten Pferden)	Äußere Hautreizung, z. B. Schmutz, Nässe, Scheuern, Geschirr- und Satteldruck, scharfe bis ätzende Einreibungen, Schweiß, Urin und Ausflüsse. Innere Ursachen können sein: Vergiftungen, Infektionen, Futterschädlichkeiten, Allergien, Hautpilze	Beseitigung der Ursachen, Säuberung, Lösen der Krusten und Borken, Scheren der Haare und tierärztliche Behandlung
Warzenmauke	Chronische Hautentzündung mit warzenähnlichen Verdickungen an den Gliedmaßen, die von der Fessel ausgeht. Vorwiegend bei Kaltblutpferden	Rassebedingte Neigung, mangelnde Pflege, Fußräude	Tierärztliche Behandlung
Sattel- und Geschirrdruck	Quetschungen der Haut und der darunterliegenden Gewebe, besonders Schleimbeutel. Durch Infektion entstehende Eiterungen und Fisteln. Besonders gefährdet sind: – Sattellage – Widerrist – Genick – Vorbrust	Druck durch unpassendes Geschirr- oder Sattelzeug	Kühlende Umschläge oder Salben und Arbeitspause. Geschädigte Hautstellen vor weiterem Druck durch gutes Polstern oder Ausschneiden der Filzdecke bewahren. Komplikationen sind Absterben der Haut oder Schwielenbildung. Passendes Sattel- oder Geschirrzeug, fachgerechtes Satteln und Anschirren

Tabelle 13: Verhaltensstörungen beim Pferd

Krankheitsbezeichnung	Klinisches Bild	Ursache	Maßnahmen
Stätigkeit	Gewohnheitsmäßiger Ungehorsam und Widersetzlichkeit beim ordnungsgemäßen Gebrauch, Nutzungsfähigkeit erheblich eingeschränkt. Formen: – Wagenstätigkeit – mangelhafte Zugfestigkeit, – Leinefangen, – Kleben, – Ganaschenzwang, – sich nicht beschlagen lassen, – sich nicht anbinden lassen	Unzweckmäßige oder rohe Behandlung junger Pferde. Unmotivierte Bestrafung, fehlerhafte Hilfengebung, unkorrektes Satteln oder Anspannen	In Notfällen beruhigende Mittel durch Tierarzt. Korrekter Umgang und fachlich qualifizierte Ausbildung, Pferd muß Mensch als ranghöher in der Sozialordnung anerkennen
Scheuen	Gewohnheitsmäßige Flucht vor Gegenständen, Gerüchen und Geräuschen, dadurch Beeinträchtigung der Nutzungsfähigkeit, gemeingefährlich ist das „Durchgehen“	Übertriebener Schutz- und Fluchtreflex, Beeinträchtigung der Sehfähigkeit	Herstellung eines Vertrauensverhältnisses zwischen Mensch und Tier, das den Fluchtreflex unterdrückt. Bei Sehfunktionsstörung Augenbehandlung
Koppen	Abschlucken von Luft durch Öffnen des Schlundkopfes. Dabei wird ein dumpfer, gurgelnder Ton hörbar. Neigung zur Abmagerung und zu Koliken. Es gibt zwei Formen: – Krippensetzen, – Freikoppen	Entsteht häufig bei jungen Pferden, die wenig Bewegung haben, Nachahmung	Viel Bewegung junger Pferde, reichlich Arbeit, koppende Pferde nach Möglichkeit allein aufstallen, um Nachahmung zu verhindern, Kopperriemen, Operation
Bösartigkeit (Schlagen und Beißen)	Schlagen und Beißen; Gefahr besteht außerdem durch den Versuch, die in die Boxen tretende Person an die Wand zu drükken	Unsachgemäße Behandlung wie unangemessene Bestrafung, Spielerei oder Necken. Dadurch büßt der Mensch seine übergeordnete Stellung ein. Bei Stuten hormonale Störung	Kennzeichnung durch Hinweisschilder an Box oder Stand, rote Schleife im Schweif von Schlägern. Belehrung der Personen, die Kontakt mit dem Tier aufnehmen. Kontakt mit dem Pferd möglichst nur durch eine Person. Beißkorb anlegen. Ruhiges, sicheres Auftreten. Beseitigung der Untugend zweifelhaft. Gegen jedermann bösartige Pferde sind unbrauchbar

Erkrankungen der Bewegungsorgane

Schmerz oder mechanische Behinderungen stören den Bewegungsablauf und führen zur Lahmheit. Je nach dem Ort des krankhaften Prozesses sind dann die eine oder andere Phase der Gliedmaßenbewegung oder auch beide gestört.

Man unterscheidet dementsprechend eine *Stützbeinlahmheit* in der 1. oder 2. Phase, eine *Hangbeinlahmheit* oder eine *gemischte Lahmheit.* Daneben können aber auch Lahmheiten durch fehlerhafte reiterliche Ausbildung entstehen, die keine krankhaften Veränderungen des Bewegungsapparates zur Ursache haben. Derartige Bewegungsstörungen werden *Zügellahmheit* genannt. Sie verschwinden, wenn sich das Pferd ohne Sattel und Reiter bewegen kann.

Zur Feststellung einer Bewegungsstörung muß geklärt werden, welches Bein lahm ist und was die Ursache ist. Zu beachten sind:

- die Art ihres Auftretens (Es gibt Lahmheiten, die im Verlauf der Bewegung zu- oder abnehmen, häufig wiederkehren oder nur zeitweilig auftreten);
- der Grad der Lahmheit: bei hochgradiger Lahmheit wird das kranke Bein nicht, bei mittelgradiger unvollständig und bei geringgradiger kürzer belastet;
- die Art der Funktionsstörung (Stützbein-, Hangbein- oder gemischte Lahmheit).

Bei gesunden Pferden sind beide Teile eines Schrittes gleich lang VR/VL = VL/VR. In diesem Falle halbiert VL die Bewegungslänge VR – VL – VR. Bei lahmen Pferden bleibt die Schrittlänge als Ganzes gleich. Es ändert sich jedoch einer der beiden Abschnitte der Bewegungslänge. Bei Hangbeinlahmheit wird die vordere Strecke der Bewegungslänge und bei Stützbeinlahmheit die hintere Strecke verkürzt. (Tab. 14)

Im allgemeinen gelten als Ursachen für Lahmheiten:

- Lahmheit durch schmerzhafte Prozesse an der Gliedmaße oder ihrer Umgebung. Die Schmerzen können bei Ruhe oder/und Belastung auftreten.

Tabelle 14: Veränderung der Schrittlänge bei Hangbein- und Stützbeinlahmheit

	VL		VL		normal
VR		VR		VR	
	VL		VL		Hangbeinlahmheit
VR		VR		VR	
	VL		VL		Stützbeinlahmheit
VR		VR		VR	

Anmerkung: VL = vorn links, VR = vorn rechts

- Lahmheiten infolge mechanischer Behinderungen der freien Bewegung.
- Bewegungsstörungen durch Lähmungen.

Zur *Untersuchung der Lahmheit* eignen sich nur Schritt oder Trab, da in diesen Gangarten gleichnamige Gliedmaßen gleiche Funktionen haben und ein Vergleich mit der gesunden Gliedmaße möglich ist. Da bei der Stützbeinlahmheit die Belastungsdauer verkürzt ist, wird eine Umverteilung der Last durch Schwerpunktverlagerung möglich. Das Pferd fällt auf das gesunde Bein. Bei der Untersuchung wird das Pferd am langen Zügel geführt. Bei geringgradigen Bewegungsstörungen sind zur Feststellung oft technisch-diagnostische Hilfsmittel erforderlich.

Bedingt durch die spezifische Belastung, erkranken beim Reitpferd die Vordergliedmaßen und beim Zugpferd die Hinterextremitäten häufiger. 90 % der Lahmheitsursachen haben ihre Lokalisation vom Vorderfußwurzel- oder Sprunggelenk abwärts.

Über die wichtigsten Erkrankungen der Bewegungsorgane gibt Tabelle 15 Auskunft.

Tabelle 15: Erkrankungen der Bewegungsorgane beim Pferd

Krankheitsbezeichnung	Klinisches Bild	Ursache	Maßnahmen
Knochenbruch, Knochenriß	Zusammenhangstrennung des Knochens, abnorme Beweglichkeit, starker Schmerz, Funktionsstörung, Schwellung, manchmal Knirschgeräusche (Krepitation). Bei Knochenriß nur Druckschmerz	Gewalteinwirkung, Schlag, Sturz, Ausgleiten, Gegenrennen	Sofortige Ruhestellung, fester Verband, unverzüglich tierärztliche Behandlung
Quetschung, Zerrung	Entzündliche Gewebsschwellung, vorübergehende Funktionsstörung, Bluterguß	Gewalteinwirkung auf das Gewebe oder übermäßige Dehnung und Zugeinwirkung	Kühlende Umschläge oder Einreibungen, nach 24 Stunden durchblutungsfördernde Mittel, wie Kampferspiritus, feuchte Wärme, Arbeitspause
Zerreißungen	Besonders betroffen sind Muskeln und Sehnen. Grad der Erscheinungen richtet sich nach der Gewebszerstörung (partielle oder totale Zerreißung), Schmerzhaftigkeit, Schwellung, Funktionsstörung (Lahmheit)	Starke Überdehnung, die den anatomischen Zusammenhang des Gewebes zerstört	Ruhe, zunächst Kühlung, dann durchblutungsfördernde Mittel, Massage
Bluterguß	Umfangsvermehrung, meist mit flüssigem Inhalt, nicht warm, wenig schmerzempfindlich	Zerstörung eines Blutgefäßes durch stumpfe Gewalt ohne Hautverletzung. Austretendes Blut sammelt sich im Gewebe unter der Haut	5–6 Tage Ruhe, um Gefäßverschluß zu ermöglichen, sonst Gefahr der Nachblutung. Danach evtl. Spaltung durch Tierarzt
Gelenkentzündung	Umfangsvermehrung im Bereich des erkrankten Gelenks, Schmerzempfindung bei Druck, Drehung und Beugung, unterschiedliche Lahmheit	Verstauchung, Zerrung, Verrenkung, Infektion	Bei geringgradiger Lahmheit zunächst Kühlung, dann feuchte Wärme, durchblutungsfördernde Einreibungen, Stallruhe. Bei starker Lahmheit sofort Tierarzt informieren
Sehnenentzündung	Betroffen meist: oberflächliche Beugesehne, tiefe Beugesehne, Fesselträger, gemeinschaftliche Strecksehne. Erkrankter Sehnenabschnitt bogenförmig umfangsvermehrt (Wade), warm, druckempfindlich, im akuten Fall Lahmheit	Überanstrengung, Überdehnung, begünstigt durch Fasernekrose infolge mangelhafter Durchblutung	Zunächst Kühlung, dann durchblutungsfördernde Maßnahmen, Behandlung durch Tierarzt. Arbeits- und Wettkampfpause bis zu einem Jahr

Fortsetzung *Tabelle 15:* Erkrankungen der Bewegungsorgane beim Pferd

Krankheitsbezeichnung	Klinisches Bild	Ursache	Maßnahmen
Sehnenscheiden-entzündung	Schmerzhafte, mit Flüssigkeit gefüllte Umfangsvermehrung der Sehnenscheide. Nach Grad der Erkrankung unterschiedliche Lahmheit; vorwiegend: – gemeinschaftliche tiefe Beugesehnenscheide, – Streckensehnenscheide im Bereich des Karpalgelenks, – Beugesehnenscheide am Sprunggelenk	Verletzungen, Übergreifen von Sehnenentzündungen, Infektionen	Feuchtwarme Umschläge, Arbeitspause. Tierärztliche Behandlung
Gallen	Nicht schmerzhafte Umfangsvermehrungen von Gelenkhöhlen und Sehnenscheiden, nicht warm, Lahmheit nur in Einzelfällen	Bei jungen Pferden Stoffwechselstörung durch Fütterungsfehler (Vitamin D und Mineralstoffhaushalt). Bei älteren Pferden Folge von Entzündungen. Möglich ist eine erbliche Neigung	Schönheitsfehler! Behandlung durch Tierarzt möglich. Bei jungen Pferden oft spontane Heilung. Optimale Aufzucht und Ernährung
Piephacke	Beulenartige Umfangsvermehrung des Fersenhöckers, meist flüssiger Inhalt	Quetschung, Gegenschlagen, Schleimbeutelentzündung	Tierärztliche Behandlung, bei Transporten nicht zu enge Stände
Stollbeule	Anschwellung mit flüssigem Inhalt im Bereich des Ellbogenhöckers	Haut- und Schleimbeutelquetschungen, Druck durch Hufeisen beim Liegen	Tierärztliche Behandlung, weiche Einstreu, Entfernung der Stollen im Stall
Karpalbeule	Umfangsvermehrung mit flüssigem Inhalt an der Vorderseite oder inneren Fläche des Vorderfußwurzelgelenks, meist nicht schmerzhaft, selten Lahmheit	Quetschung der Haut und des Schleimbeutels, evtl. der Sehnenscheiden durch Gegenschlagen oder Liegen auf hartem Boden	Karpalgelenkschoner bei Transporten und Pferden, die gegen Boxenwand und -türen schlagen, Abpolstern der Anschlagstellen, weiche Einstreu
Hasenhacke	Bogenförmige Umfangsvermehrung an der Hinterseite des Sprunggelenks, Druckschmerz, oft Lahmheit	Quetschung, Sehnenzerrung, nicht schmerzhafte, bogenähnliche Knochenform ist angeboren	Tierärztliche Behandlung, scharfe Einreibung
Spat	Chronische Erkrankung des Sprunggelenks, typische Erscheinungen: – Lahmheit zu Beginn der Bewegung, die sich bessert; – Knochenauftreibung an	Fortgesetzte kleine Gewalteinwirkungen, besonders begünstigt durch Stellungsanomalien der Gliedmaßen und zu frühe Belastung	Tierärztliche Behandlung, orthopädischer Beschlag, hohe Stollen, Zehenrichtung, bei jungen Pferden Hufeisen mit breiteren, weiten und verdickten Schenkeln zur Entlastung

Fortsetzung *Tabelle 15:* Erkrankungen der Bewegungsorgane beim Pferd

Krankheitsbezeichnung	Klinisches Bild	Ursache	Maßnahmen
	der Innenseite des Sprunggelenks; Beugeprobe positiv, manchmal Hahnentritt oder Zuckfuß		der inneren Seite des Sprunggelenks, optimale Aufzucht, nicht zu frühe Belastung, fachgerechte Hufpflege
Schale	Harte, nicht druckempfindliche Knochenauftreibung im Bereich der Zehengelenke, die in fortgeschrittenen Fällen die Beweglichkeit einschränken kann, gering- bis mittelgradige Lahmheit; anfangs nur im Röntgenbild sichtbar	Entzündliche Knochenwucherungen durch fehlerhafte Gliedmaßenstellung, dauernde übermäßige Belastung oder auch Ernährungsfehler im Wachstumsalter (rachitische Schale)	Optimale Ernährung in der Jugendentwicklung, nicht zu frühe Belastung, fachgerechte Hufpflege, Behandlung durch Tierarzt. Orthopädischer Beschlag (Dämpfung des Bodendrucks durch Hufkissen)
Überbeine	Knochenauftreibungen am Mittelfußknochen. Nach Sitz unterscheidet man: – seitliche, – hintere, – tiefe, metakarpale Überbeine. An den Zehenknochen werden Knochenwucherungen an den Bandansatzstellen als „Leist" bezeichnet. Lahmheit bei Druck auf Sehnen	Knochenhautreizung durch Zerrung der Bänder an den Ansatzstellen. Begünstigt durch Ernährungsfehler	Optimale Eiweiß- und Mineralstoffversorgung während der Aufzucht, Behandlung durch Tierarzt
Schienbeine	Schmerzhafte, flächenhafte Umfangsvermehrung an der Vorderseite der Röhre bei vorwiegend 2jährigen Vollblutpferden	Druckreaktion infolge scharfer Galopparbeit. Zu „weicher" Knochen. Fütterungsfehler	Optimale Mineralstoff- und Eiweißversorgung während der Aufzucht, nicht zu frühe Belastung, Jodeinreibung, Arbeitspause
Osteochondrosis dissecans	Wechselnde Lahmheit, vermehrte Gelenkfüllung, kleine Knorpelabsprengungen im Gelenk im Röntgenbild nachweisbar. Oftmals Zufallsbefund bei Röntgenuntersuchung	Abgelöste Knochenteilchen vom Gelenkrand infolge scherender Kräfte oder bei Versorgungsstörungen des Gelenkknorpels	Nicht zu zeitige intensive Belastung noch wachsender Pferde. Operation, wenn Lahmheit vorhanden
Griffelbeinfraktur	Schmerzhafte Schwellung zwischen Beugesehne und Mittelfußknochen, Lahmheit, oft nur röntgenologisch feststellbar	Extrem starke Gliedmaßenbelastung bei älteren Pferden, bei denen Griffelbein und Hauptmittelfußknochen zu stark knöchern verbunden sind. Ermüdungsfraktur bei fortgesetzter Belastung	Ruhigstellen, tierärztliche Behandlung

Fortsetzung *Tabelle 15:* Erkrankungen der Bewegungsorgane beim Pferd

Krankheitsbezeichnung	Klinisches Bild	Ursache	Maßnahmen
Kugelschnapper (habituelle Kniescheibenluxation nach oben)	Ruckartiges Strecken der Hintergliedmaße und verzögertes Vorführen, wobei ein knackendes Geräusch hörbar wird. Gliedmaße kann auch in Streckstellung nach hinten stehenbleiben (stationäre Luxation)	Angeborene Bänderschwäche. Durch zu lange Bänder rutscht die Kniescheibe auf dem Rollsaum des Oberschenkelknochens	Tierärztliche Behandlung
Stelzfuß	Angeborene und erworbene Steilstellung der Zehen (nach Sehnen- und Gelenkerkrankung), bei jugendlichen Pferden Überköten, Fessel kann nach vorn kippen	Verkürzung der Beugesehnen infolge Diätfehler oder extremer Abnutzung der Zehe auf hartem Boden in der Aufzucht. Bei erwachsenen Pferden Sehnenverkürzung infolge von Gelenk- und Sehnenschäden	Bei Fohlen sofortige Behandlung mit Stützverbänden oder orthopädischem Beschlag. Schnabelhufeisen, verbreitertes Zehenteil, dosierte Bewegung auf festem Boden. Evtl. Operation. Bei Sehnen oder Gelenkstelzfuß Behandlung des Grundleidens. Orthopädischer Hufbeschlag zur Unterstützung. Optimale Ernährung der Fohlen, keine zu lange Bewegung auf hartem Boden. Keine Übermüdung
Durchtrittigkeit	Überdehnung der Beugesehnen führt zur extremen Beugung bis zur Bodenberührung der Fesselköpfe. Huf fußt nicht mehr plan. Durchtrittigkeit bei planer Fußung erwachsener Pferde nennt man „Bärentatzigkeit"	Angeborene Überstrekkung im Fesselgelenk, angeborene Schwäche der Beugemuskulatur	Streckverbände, orthopädischer Beschlag (Durchtrittigkeitshufeisen); Bärentatzigkeit kann nicht korrigiert werden
Kreuzverschlag	Erkrankung der Kruppen- und Rückenmuskulatur, steifer, verkürzter Gang der Hintergliedmaßen, plötzlicher Schweißausbruch nach Belastung, manchmal Zusammenbruch, Muskulatur fühlt sich hart an und ist schmerzhaft. Urin färbt sich rot-schwarz	Ausschüttung von Milchsäure und verzögerte Abfuhr bei sehr kohlenhydratreicher Fütterung und mangelnder Bewegung (Feiertagskrankheit)	Sofortige Ruhigstellung, Wärme und durchblutungsfördernde Einreibungen im Bereich der erkrankten Muskulatur. Kein Futter. An Ruhetagen Kraftfutter reduzieren

Erkrankungen der Hufe

„No foot, no horse“ lautet ein altes englisches Sprichwort, das auf die Bedeutung gesunder Hufe für die Nutzung des Pferdes hinweist. Erkrankungen der Hufe sind häufig Folgen von Vernachlässigungen, sei es in der Aufzucht, sei es bei der Pflege der Hufe.

Ein großer Teil, der in Tabelle 16 angeführten Erkrankungen des Hufes läßt sich daher durch die erforderliche Sorgfalt vermeiden.

Tabelle 16: Hufkrankheiten beim Pferd

Krankheitsbezeichnung	Klinisches Bild	Ursache	Maßnahmen
Flachhuf	Vorwiegend an den Vorderextremitäten, z. B. bei Kaltblütern, seltener schweres Warmblut	Angeboren oder bei Zerstörung des Aufhängeapparates	Breites, tragendes Eisen
Vollhuf	Durch Quetschung der Huflederhaut Lahmheit oder beidseitige Schrittverkürzung möglich	Angeboren oder bei Zerstörung des Aufhängeapparates	Trageflächen evtl. von außen nach innen abfallend, Ledersohle
Zwanghuf	Kronen-, Trachten-, Sohlenzwang. Allmählich entstehende Lahmheit. Besonders deutlich auf hartem Boden. Verengung der Hornkapsel, Druck auf Lederhaut	Veranlagung, fehlende Bewegung, fehlerhafte oder mangelnde Hufpflege	Feuchte Umschläge, Schneiden von Rinnen, Dünnraspeln verengter Wandabschnitte, Bewegung
a) Trachtenzwang	Eingezogene Trachtenwände, verkümmerter Strahl, Lahmheit	Strahlfäule, zu starkes Kürzen der Trachten	Dünnraspeln, Rinnen in die Trachtenwand einschneiden. Eisen mit nach außen abfallender Tragefläche. Ledersohle, Wergpolster oder ohne Beschlag (barfuß), viel Bewegung auf weichem Boden
b) Kronenzwang	Fast ausschließlich bei weiten Hufen die Vorderextremitäten betreffend. Unter der Krone konkave Verbiegung, Lahmheit auf hartem Boden		Feuchte Umschläge, Dünnraspeln, evtl. Wand schweben lassen, breites Eisen, Ledersohle, Wergpolster
c) Sohlenzwang	Stark gewölbte Hufsohle, konvexe Vorderwand, untergeschobene Trachten, Sohle druckempfindlich	Fehlerhafter Beschlag, zu kurze Eisen bei Sportpferden, Vorderwand ungenügend gekürzt, oft mit Hufrollenentzündung vergesellschaftet	Beschlagskorrektur, kürzen der Vorderwand
Bockhuf	Extrem verlängert erscheinende Trachtenwand, stark gewölbte Hufsohle, Verlagerung	Angeboren, erworben durch zu starkes Kürzen der Vorderwand, Zulanglassen der Trachten, Fol-	Angeboren: Schnabelhufeisen, fehlerhafte Hufzubereitung korrigieren. Als Folgeerscheinung von

Krankheitsbezeichnung	Klinisches Bild	Ursache	Maßnahmen
	der Körperlast auf die vorderen Hufabschnitte, Lahmheit möglich	geerscheinung von Spat, Schale, Tendinitis	Lahmheiten zunächst deren Ursachen abstellen
Hornsäule	Säulenförmige Verdikkung an der Innenfläche der Hornwand. Beim Nachschneiden erkennbare Vorwölbung in der weißen Linie. Empfindlich auf Zangendruck, nicht immer Lahmheitsursache. Im Bereich der Vorderwand der Hinterhufe typisches schleuderndes Vorführen des Beines und Zurückziehen des Hufes vor der Trachtenfußung	Kronentritt, Hornspalte, Vernagelung. Eitrige und nichteitrige Entzündung im Bereich der Krone	Ohne Lahmheit: Dünnraspeln, Zehenwand schweben lassen, breites Eisen mit Zehenrichtung. Mit Lahmheit: Operation. Beschlag mit zwei neben dem Defekt liegenden Aufzügen
Strahlfäule	Zerklüfteter, mit schmierigen Massen bedeckter Strahl, begünstigt Zwangshufentstehung	Verschmutzung, Feuchtigkeit, Jauche, Hufpflege, Beschlag (Ledersohle, Stegeisen)	Trockene Einstreu, viel Bewegung, Ausschneiden, Reinigen mit Sublimatspiritus, Auspinseln mit zehnprozentiger Kupfersulfatlösung, Wattetampon; glattes, offenes Eisen
Saumbandentzündung	Entzündung über dem Kronenrand, Überproduktion von bröckligem Hufhorn, selten akut und schmerzhaft	Mangelhafte Pflege, Schmutz, ranziges Huffett oder Motorenöl	Säuberung mit Kernseife, Lorbeersalbe, Beschlag mit Ledersohle und Wergpolster
Steingalle	Kann ohne Lahmheit abklingen. Eitrige Steingallen erzeugen mittel- bis hochgradige Lahmheit, chronische Steingallen geringgradige Lahmheit. Bei Zangendruck unterschiedliche Schmerzreaktion, meistens an den Vorderbeinen	Zerrung oder Quetschung der Huflederhaut. Häufig an Wand und Sohle unregelmäßiger und krankhafter Hufe	Eiternde Steingallen nachschneiden und unter Verband halten. Nicht eiternde Steingallen heilen bei Entlastung (schweben lassen)
Hufkrebs	Selten Lahmheit, typische Strahlfäuleringe in der Hufwand bei fehlendem Horn mit schmierigen Massen bedeckte Wucherung der Lederhautpapillen	Durch gestörte Hornbildung begünstigte Entzündung, nicht ansteckend, nicht erblich, Ursache nicht bekannt	Operative Behandlung durch Tierarzt

Fortsetzung *Tabelle 16:* Hufkrankheiten beim Pferd

Krankheitsbezeichnung	Klinisches Bild	Ursache	Maßnahmen
Hufrehe (akut)	Gestörtes Allgemeinbefinden, evtl. Fieber. Vorderbeine weit vorgestellt, Hinterbeine untergesetzt, Trachtenfußung, vermehrt warm, stark druckempfindlich. In schweren Fällen Hufbeindurchbruch an der Sohle nach einigen Tagen möglich	Überanstrengung auf hartem Boden, falsche oder übermäßige Fütterung (eiweißhaltige Futtermittel, Vergiftung). Geburtsrehe nach Schwergeburten	Fütterung umstellen, Laufbox, Matratzeneinstreu, Hufe kühlen, sofortige tierärztliche Behandlung: Vorderwand schweben lassen, Seitenaufzüge
Hufrehe (chronisch)	Deformation der Hufe, Einsinken an der Krone, der untere Teil erscheint knollenförmig. Ringbildung, Verbreiterung der weißen Linie an der Hufspitze, hohle Wand	s. o.	Vorderwand dünnraspeln, Trachten kürzen, Ledersohle, Wergpolsterung, Rehebeschlag
Vernagelung (direkt)	Schmerzreaktion während des Beschlagens, unterschiedliche Lahmheit, beim Nagelstich erst im Laufe der nächsten Tage	Fehlerhafte Hufnägel, nicht passendes Eisen, falsches Zurichten	Nagel sofort ziehen, Jod in das Nagelloch träufeln, Watte eindrücken
Vernagelung (indirekt)	Nageldruck, Lahmheit entwickelt sich im Laufe der nächsten Tage (bis zu drei Wochen), Schmerzreaktion bei Beklopfen des Nagelkopfes, Nagel ist warm und feucht	Falsches Ansetzen des Nagels, schlechte Hornbeschaffenheit, Hufdeformation	Eisen abnehmen, trichterförmig nachschneiden, Tetanusprophylaxe
Nageltritt	Lahmheit, vermehrte Wärme im Huf, örtlich eitrige Entzündung der Huflederhaut, bei Verletzung des Strahlpolsters mit fortschreitender Phlegmone, Verletzung des Hufbeines, der tiefen Beugesehne, der Hufrolle und des Hufgelenks sind möglich	Spitze Gegenstände häufiger an den Hinterbeinen	Fremdkörper vorsichtig entfernen, Ort des Eindringens markieren! Behandlung durch den Tierarzt, Tetanusprophylaxe
Hufknorpelverknöcherung	kann in jedem Alter auftreten, zuerst erkranken äußere Hufknorpel. Auf hartem Boden vorsichtiger, wenig raumgreifender Gang. In hochgradigen Fällen Lahmheit. Trachten werden höher, Huf nimmt stumpfe Form an, Trachtenwand kann	Starke Belastung, bodenenge Stellung	Trachten dünnraspeln, Breitschenkeleisen, feuchte Umschläge

Fortsetzung *Tabelle 16:* Hufkrankheiten beim Pferd

Krankheitsbezeichnung	Klinisches Bild	Ursache	Maßnahmen
	sich vorwölben, Hufmechanismus ist stillgelegt, dadurch Quetschungen der Wandlederhaut		
Hufknorpelfistel	Eiterfistel im Bereich des Kronenrandes. Häufig vorn. Lahmheit mit wechselnder Intensität	Äußere Wunden im Bereich des Hufknorpels, Kronentritte, Hornspalten	Operation durch Tierarzt, Breitschenkelhufeisen
Hufrollenentzündung	Berufskrankheit der Reitpferde. Meist anfangs unbedeutende Lahmheit. Kann sich nach längerer Stallruhe verlieren. Wird auf hartem Boden und in Wendungen deutlicher. Steilere Stellung der Fessel durch Entlasten der Trachten, stumpfe Hufform	Abnutzungserscheinung der Hufrolle	Beschlag kann Lahmheit mildern. Trachten anheben (Stollen, Kunststoff- oder Lederkeile), Eisen mit starker Zehenrichtung (erleichtert das Abrollen), Hufkissenbeschlag. Tierärztliche Behandlung

Stallapotheke. Um eine fachgerechte Erste Hilfe bei Pferden leisten zu können, müssen die benötigten *Medikamente* und *Instrumente* sofort zur Hand sein. Deshalb muß jeder Stall eine Stallapotheke besitzen, in der die wichtigsten Medikamente und *Verbandsstoffe* übersichtlich und sauber aufbewahrt werden. (Tab. 17) Innerlich zu verabreichende Mittel gehören nicht in die Stallapotheke, da solche Medikamente leicht verderben und überdies das Eingeben von Arzneien dem Tierarzt überlassen bleiben muß.

Da es verschiedene Präparate für den gleichen Anwendungszweck gibt, kann hier nur eine allgemeine Bezeichnung der Präparate erfolgen. Gegebenenfalls sollte man den Tierarzt nach dem am besten geeigneten befragen.

Tabelle 17: Stallapotheke

	I. Verbandsmaterial	Anwendung
	Verbandswatte in Rollenform, 30 cm breit, Abpackungen zu 250 g,	Angußverbände an Bein und Huf,
	Verbandszellstoff in Lagen – läßt sich zu Rollen drehen, sterile Mulltupfer,	trockene Verbände an Bein und Huf, Säubern von Wunden,
	Binden:	
	Mullbinden 10–12 cm breit,	Verbände,
	Festkantbinden 8–12 cm breit,	
	elastische Binden 8–12 cm breit,	elastische Bandagen,
	Flavabinden 6–8 cm breit,	Druckverbände am Huf,
	Heftpflaster 2–4 cm breit,	
	Mullbinden in Lagen,	Auflagen von Wunden,
	Werg,	Aufpolstern von Hufverbänden,
	Isolierband 40 mm × 20 mm	Schutz für trockene und feste Hufverbände,

Hufledderkitt	Ausfüllen von Horndefekten,
Holzsplinte	Splintverbände

II. Instrumente	Anwendung
1 Thermometer (mit Faden und Schweifklammer),	Messen der Körpertemperatur
1 Schere,	Abschneiden von Haaren in der Wundumgebung, Zurechtschneiden des Verbandsstoffes,
1 Hufmesser rechts, 1 Hufmesser links,	Hufbehandlungen; Nachschneiden bei Nageltritt, Vernagelung, Hufgeschwür, Steingalle, Hornspalt, Hornkluft, Vereiterung an der Sohle
1 Esmarchscher Schlauch oder Staubinde (5 cm breit)	Staubinde aus Gummi zum Abstauen bei stärkeren Blutungen, bei Verletzungen an den Extremitäten, Anwendung vorübergehend: Nach maximal zwei Stunden kurzzeitig lösen!
1 Irrigator für 3–5 l	Gefäß mit angeschlossenem Gummischlauch zur feuchten Berieselung von Wunden oder Angußverbänden, Eingabe eines Klistiers (handwarm) als Erste Hilfe bei Kolik
1 Puderzerstäuber (Gummiball)	Wundbehandlung,
1 harte Wurzelbürste,	zur Säuberung der Hufe
1 Strickbremse,	
1 sauberes Handtuch,	
1 Stück Seife	

	III. Medikamente	
Präparat	Anwendung	Wirkung
1. *Salben*		
Antiphlegmonsalbe	Phlegmone, Herbstbeine, Abszeßreifung – ein- oder mehrmals täglich auftragen	hyperämisierend (durchblutungsfördernd), resorptionsfördernd (Beschleunigter Abtransport von Entzündungsprodukten), zerteilend (bei entzündlicher Schwellung)
Kühlsalben	Akute Ödeme an Geschlechtsorganen, Euter, Augenlider; schmerzhafter Satteldruck, schmerzhafte Ohrenentzündung – 1- bis 3mal täglich dick einstreichen	Entzündungswidrig
Austrocknende Wundsalben	Nässende Ekzeme (Fesselgelenkekzem), Wundbehandlung 1- bis 2mal täglich auftragen	Fördert die Wundheilung
Die Epithelbildung fördernde Salben	Großflächige Wunden mit schlechter Heiltendenz – messerrückendick auftragen	Epithelisierende, granulationsanregende Wundheilsalbe

Ichthyolsalbe	Entzündliche Schwellungen der Haut und Unterhaut, chronische Entzündungen der Haut, Abszeßreifung, resorptionsfördernd bei kleineren Blutergüssen – messerrückendick auftragen	Hyperämisierend, resorptionsfördernd, juckreizstillend, antiseptisch (infektionsverhütend)
Kampfersalbe	Phlegmone, Abszesse, Sehnenscheiden- und Gelenkentzündungen, Sehnenentzündungen, Herbstbeine – ein- oder mehrmals täglich einmassieren	Hyperämisierend, resorptionsfördernd, zerteilend
Lebertranzinksalbe	Schlecht heilende Wunden, infizierte und eiternde Wunden, nässende Ekzeme, Brandwunden, Druckstellen – messerrückendick auftragen	Granulationsanregend, gewebewachstumsfördernd, austrocknend
Lorbeersalbe	Förderung des Hornwachstums – 1- bis 2mal täglich einreiben; Hufkrone bei schlechtem Wachstum jeden 2. Tag einreiben	Durchblutungsfördernd
Antiseptische Wundsalben	Verhüten lokaler Infektion, Widerristschäden; bei örtlicher Behandlung infizierter Wunden 1- bis 2mal täglich	Bakteriostatisch (keimhemmend)
2. *Puder*		
Keimtötende Puder	Zur Wundbehandlung dick auftragen	Infektionsverhütend, austrocknend
Jodoformpuder	Wunden am Huf, Wunden mit schlechter Heilungstendenz	Desinfizierend, granulationsfördernd, austrocknend
3. *Tinkturen*		
Kupfersulfatlösung 10%	Strahlfäule, 1mal täglich	Austrocknend
Jodtinktur	Wunddesinfektion	Keimtötend
Ätzmittel	Bei Wucherung von sogenanntem wildem Fleisch, Hufkrebs, Strahlfäule, Warzenmauke	Ätzend
Eisendreichloridlösung	Flächenhafte Sickerblutungen	Blutstillend
4. *flüssiger Verband*		
flüssiger Wundschutz	Desinfizierender Wundverschluß, Sofortbehandlung von Schürfwunden	Infektionsverhütend, desinfizierend, blutungshemmend
5. *Spiritus*	Wundreinigung bei frischen Verletzungen mit starker Verschmutzung (s. a. Aethacridin)	Desinfizierend; Wundsäuberung
Salicylspiritus	Einreiben bei trockenen, schuppenden Ekzemen, 1mal täglich	Hyperämisierend (verbessert Hautdurchblutung), keratolytisch (verhindert Schuppenbildung)
Kampferspiritus	Herbstbeine, Phlegmone, Kreuzverschlag, Krampfkolik – Einreiben der Flanken, Massage und Verband 8 bis 10 Stunden nach schweren Belastungen (Military) 1- bis 2mal täglich	Resorptionsfördernd

6. *Scharfe Einreibung*		
Restitutionsfluid	Schwere Fälle von Kreuzverschlag; Massage der Beugesehnen (Schwitzbandagen) 8 bis 10 Stunden nach schweren Belastungen (Military) 1- bis 2mal tägl.	Resorptionsfördernd, hyperämisierend
7. *Desinfektionsmittel*		
verschiedene Desinfektionsmittel	Stall- und Geschirrdesinfektion, Krippen, Wassereimer, Hände Desinfektion der Wundumgebung bei vereiterten Nageltritten, Hufgeschwüren und auch Sohlenvereiterungen als Zusatz zum Angußverband	Grobdesinfektion, Feindesinfektion
Kontaktinsektizide	Zur Parasitenbekämpfung im Stall, zum Auswaschen von Fesselbeugen und Schweifrübe. Prophylaktisch gegen Mauke, Fesselekzem, Ekzem am Schweifansatz	Antiparasitär
8. *Verschiedene Mittel*		
Glaubersalz	Hin und wieder eine Handvoll ins Futter bei Pferden, die zur Verstopfung neigen oder kleingeballten Kot absetzen	Abführend
Laubholzteer	Verbandanstrich bei trockenen Verbänden	
Aciterran, Azetatmischung entzündungswidrige Kühlmittel	Als Brei zum kühlenden Anstrich bei Zerrungen, Verstauchungen, Phlegmonen – 1- bis 2mal stündlich erneuern; in Lösung zum kalten Anguß von Verbänden in den ersten 24 Stunden bei Erkrankung, Kühlen der Beugesehnen nach schweren Belastungen (Military) erste 8 bis 10 Stunden	Kühlend, entzündungswidrige Wirkung nur in frischen Fällen
Burowsche Mischung	Angußverband (Anwendung wie bei Aciterran); wenn Erkrankung älter als 24 Stunden, 1- bis 2mal stündlich erneuern	Entzündungswidrig
Aethacridin, Rivanol	Zur infektionshemmenden Wundberieselung, Angußverbände – kalt in frischen Fällen; warm, wenn älter als 24 Stunden, 1- bis 2mal stündlich angießen. Anwendung bei offenen Verletzungen aller Art: 1 Messerspitze Pulver auf 1 l Wasser	Infektionsverhütend
Wasserstoffperoxidlösung 3%ig	Zur Säuberung von Wunden und ihrer Umgebung bzw. Stichwunden	Infektionsverhütend

1.7. Ernährung

Futteraufnahme und -qualität bestimmen weitgehend den allgemeinen Gesundheitszustand des Sportpferdes und damit eine wesentliche Grundlage seines Wohlbefindens und seiner Leistungsfähigkeit. Seine Ernährung muß darüber hinaus zu der geforderten Nutzungsart und -intensität sowie zum Nutzungsumfang in enger Beziehung stehen.

Das Verdauungssystem des Pferdes ist auf die ständige Aufnahme von Futterstoffen in kleinen Mengen eingerichtet; das Pferd ist ein „Dauerfresser" (vgl. Abschnitt 1.3.) Um ein optimales Ernährungsregime zu sichern, ist diese Tatsache sowohl seitens der Organisation der Fütterung – z. B. Häufigkeit der Fütterung – als auch der verwendeten Futterstoffe sowie der Rationsgestaltung zu berücksichtigen.

Es gibt u. a. einige Grundsätze der Pferdefütterung, die im Hinblick auf die Spezifik und Empfindlichkeit des Verdauungssystems sorgfältig zu beachten sind:

- Regelmäßigkeit und Pünktlichkeit bei der Einhaltung der festgelegten Futterzeiten – Verteilung der Tagesfuttermenge auf möglichst viele Mahlzeiten, wenigstens 3–5,
- Individuelle Anpassung der Menge und Zusammensetzung von Futter und Tränke an die Lebendmasse, Nutzung, Leistungsanforderung, Klima- und Witterungsverhältnisse (besonders Temperatur) sowie individuelle Eigentümlichkeiten (Freßlust, Bevorzugung bestimmter Futterstoffe, langsame/schnelle Futteraufnahme, Empfindlichkeit bei Futter- oder Standortwechsel (z. B. bei Turnieren) usw.),
- Verabreichung sauber zubereiteter und einwandfreier Futtermittel (schmutz- und staubfrei, ggf. gewaschen/geputzt u. a.),
- Sauberkeit der Fütterungs- und Tränkeinrichtungen, der Futterlager und -aufbereitungsanlagen (Krippen, Tränken, Eimer, technische Anlagen, Lagerflächen usw.),
- Langsamer, individuell abgestimmter Futterwechsel, besonders beim Übergang zu voluminösen oder eiweißreicheren Futtermitteln, z. B. im Frühjahr zum Weidegang oder bei der Verabreichung von Ersatzfuttermitteln; grundsätzlich vor dem Füttern tränken,
- Da die Nachtstunden (18 – 6 Uhr) zur optimalen Futteraufnahme (Zeit zum Fressen) und Verdauung (lange Ruhezeit) besonders geeignet sind (vgl. Tab. 24 und 25), ist der rohfaserhaltigere Teil (das Pferd benötigt für 1 kg Heu oder Stroh 3000 – 4000 Kauschläge, d. h., es benötigt 80 – 90 min, um 1 kg Heu oder Stroh zu fressen!) der Gesamtfutterration zur letzten Abendmahlzeit zu verabreichen.

An im Training befindliche Sportpferde sollten voluminöse bzw. geringerwertige Futtermittel nur im Rahmen des für die Futterration errechneten Mindestanteils gegeben werden, um das Verdauungssystem, den Kreislauf u. a. nicht unnötig zu belasten, da sich das negativ auf den Trainingszustand (Gesundheit, Leistungsfähigkeit) auswirkt.

Die *Mahlzeiten* sind so zu bemessen, daß das Pferd sein Futter in Ruhe kauen, also gut einspeicheln kann. Bei Rauh-, Grün- und Gärfutter ist eine längere Mahlzeit als bei Kraftfutter notwendig.

Die *Sättigung* hält bei Rauhfutter länger an als bei Saftfutter, da dessen Wasser schneller in den Verdauungsvorgang einbezogen wird.

Die *Verweildauer* der Futtermittel im Darm ist sehr unterschiedlich: Weide-(Grün-)Futter über 9 Stunden, Kraftfutter über 22 Stunden, Rauhfutter über 36 Stunden.

Nach 36 Stunden ist der größte Teil der Futterreste ausgeschieden, wobei die Gesamtausscheidung bis zu 5 Tagen dauern kann.

Das Pferd muß wenigstens *dreimal,* besser *fünfmal* täglich gefüttert werden, um eine genügende Sättigung zu erreichen bzw. den relativ kleinen Magen nicht zu überlasten:

Für die Sättigung des Pferdes ist der ihm angebotene *Ballast* (unverdauliche organische Substanz) wesentlich. Das Verhältnis zwischen Ballast und Nährstoffangebot muß deshalb dem Bedarf des Pferdes angepaßt sein. Es muß zwischen den folgenden beiden Extremen liegen:

Zu wenig Ballast (zuviel verdauliche Nährstoffe). Die Folgen sind:

Ballasthunger (Hungergefühl)
Physiologische Übersättigung
Ungeregelte Verdauung
Schlechte Nährstoffausnutzung, unrationell.

Zu viel Ballast (zuwenig verdauliche Nährstoffe). Die Folgen sind:

Physiologischer Hunger
Mechanische Übersättigung (Gefühl des Sattseins)
Ungeregelte Verdauung
Überbelastung des Verdauungssystems
Schlechte Ausnutzung der physischen Leistungsfähigkeit
Gesundheitliche Schäden.

Generell gilt: Je rohfaserreicher das Futtermittel ist, desto schlechter wird die Rohfaser und die gesamte organische Substanz vom Pferd verdaut.

Energie- also *nährstoffsparend* wirken:
gute Körperverfassung;
harmonischer Körperbau;
zweckmäßige Sattelung/Beschirrung;
zweckmäßiges Reiten/Fahren;
günstige Witterung (trocken und kühl).

1 g Kohlehydrate oder Stärke liefert 17.16 MJ = 4.1 Mcal,
1 g Fett liefert 38,93 KJ = 9,3 Mcal,
1 g Eiweiß liefert 17.16 MJ = 4.1 Mcal.

Nur 25 – 30 % der zugeführten *Energie* werden in *Arbeit* umgewandelt, so daß für einen – angenommenen – Nutzeffekt von 100 % etwa die drei- bis vierfache Nährstoffmenge zugeführt werden muß.

Nährstoffe und Futterbedarf. Je besser das *Verhältnis* von Nährstoffbedarf zur Fütterung (quantitativ und qualitativ) gestaltet werden kann, um so günstiger ist das Ergebnis (gute Gesundheit und entsprechend hohe und stabile Leistung) (Tab. 18, 19 und 20). Aus Tabelle 19 ergeben sich die Zuschläge für die vom Pferd geforderte Leistung. Sie sind auf je 100 kg Lebendgewicht berechnet; es ist

Tabelle 18: Täglicher Energie-, Protein- und Mineralstoffbedarf pro Sportpferd – Erhaltungsbedarf ohne Leistungszuschläge (DLG-Futterwerttabellen für Pferde / Gesellschaft für Ernährungsphysiologie der Haustiere, 1978 und 1982 / AHLSWEDE)

	Lebendmasse des Sportpferdes in kg				
	300	400	500	600	700
verdauliche Energie	43,0	54,0	64,0	73,0	82,0 MJ
verdauliches Rohprotein	215,0	270,0	320,0	365,0	410,0 g
dazu Mineralstoffe z. B.					
Kalzium	15,0	17,0	22,0	25,0	29,0 g
Phosphor	8,0	10,0	13,0	15,0	17,5 g
Natrium	8,0	10,0	13,0	15,0	18,0 g

Hinweis: Bei starkem Schweißverlust ist der Natriumbedarf größer; das Angebot von Lecksteinen ist grundsätzlich zu empfehlen (NaCl).

Tabelle 19: Zuschläge zum Erhaltungsbedarf (Tab.18) für Sportpferde je 100 kg Lebendmasse pro Stunde für geforderte Leistung (DLG-Futterwerttabellen für Pferde)

Leistung	verdauliche Energie
Schritt	0,7 MJ
Leichter Trab	2,1 MJ
Mittlerer Trab	5,1 MJ
Galopp	10,5 MJ
Extreme Anstrengung	16,4 MJ

(nach Gesellschaft für Ernährungsphysiologie der Haustiere, 1982)

das entspricht etwa ...% des Energiebedarfs für die Erhaltung (vgl. Tab. 18):

Leichte Arbeit	bis 125%
Mittlere Arbeit	125–150%
Schwere Arbeit	über 150%

Hinweis: Das für den Erhaltungsbedarf des Pferdes empfohlene Verhältnis von 0,2 MJ verdaulicher Energie zu 1,0 g verdaulichem Rohprotein sollte bei Zuschlägen für die geforderte Leistung (s. o.) nicht durch Verabreichung eiweißkonzentrierter Futtermittel verengt werden. Stoffwechselbelastungen und -schäden könnten die Folgen sein.

deshalb zu empfehlen, die Sportpferde zu wiegen. Unabhängig von der Lebendmasse des Pferdes können auch die in der Tabelle 19 gemachten allgemeinen Angaben in % des Erhaltungsfutters für die Berechnung des Ernährungsbedarfes genutzt werden.

Tabelle 20: Täglicher Energie-, Protein- und Mineralstoffbedarf von Sportpferden für Erhaltung und Leistung (vgl. Tab. 18 und 19) (nach AHLSWEDE)

Belastung	Körpermasse kg	verdaul. Energie MJ	verdaul. Rohprotein g	Kalzium g	Phosphor*) g	Natrium g
30–60 min leichtes Training	400	54–67	300	17	10	14
	500	64–80	380	26	16	21
	600	73–91	410			
60–120 min leichtes oder 30–60 min starkes Training	400	67–81	370	18	11	18
	500	80–96	440	26	16	28
	600	91–109	500			
starke Arbeitsbelastung	400	üb. 81	üb. 405	18	12	24
	500	üb. 96	480	27	17	36
	600	üb. 109	545			

Hinweis: Bei starkem Schweißverlust ist der Natriumbedarf höher; das Angebot an Lecksteinen ist grundsätzlich zu empfehlen (NaCl).

*) Ein Überschuß von Phosphor fördert die Entmineralisierung des Skeletts und provoziert damit Lahmheit u. a. m.; deshalb muß das Kalzium-Phosphor-Verhältnis stets größer als 1 sein. Weiterhin ist ein ausgewogenes Kalzium-Phosphor-Verhältnis die Voraussetzung für die sichere Deckung des Vitamin-D-Bedarfs.

Die Hafer-Heu-Fütterung

Für die Fütterung von Sportpferden aller Leistungsklassen haben sich Hafer bzw. geeignetes Mischfutter, Heu und geeignetes Futterstroh am besten bewährt.
Zur Hafer-Heu-Fütterung gehören:
Hafer (ganz, nur für ältere oder kranke Pferde zeitweise gequetscht oder grob geschrotet); *Häcksel* (2,5 bis 4 cm lang) zur Erhöhung der Kautätigkeit, die stärkere Speichelabsonderung und dadurch bessere Aufschließung der Stärke des Haferkorns bewirkt. Für Häcksel eignet sich *Roggenstroh* am besten, aber auch *Hafer- und Weizenstroh* einwandfreier Qualität kann verwendet werden. Das *Heu* muß den Schwitzprozeß durchlaufen haben. Die Verfütterung von nicht ausgeschwitztem Heu führt ebenso wie verschimmeltes oder dumpfiges zu schweren Koliken bzw. zu Verschlag. *Wiesenheu* eignet sich gut als Futter, bei *Kleeheu* (Leistungsfutter) ist wegen seiner stark blähenden Wirkung auf langsamen Wechsel und Mischung mit Wiesenheu zu achten. Die *Futterrationen* müssen entsprechend der Leistung des Pferdes variiert werden. Wo immer möglich, ist die Hafer-Heu-Fütterung in den Sommermonaten durch *Weidegang* zu ergänzen.

Vorteile der Hafer-Heu-Fütterung

– *für das Pferd:* gute Bekömmlichkeit, optimale Verdauung, keine Schwierigkeiten in der Futteraufnahme;
– *für den Pferdehalter:* Herstellung und Erhaltung eines kontinuierlichen Leistungsvermögens sowie der Leistungsbereitschaft des Pferdes; einfache, wenig arbeitsaufwendige Fütterung; schnelle Anpassung an die vom Pferd geforderte Leistung durch Veränderung der Rationsmenge und deren Zusammensetzung.
Nachteile der Hafer-Heu-Fütterung sind: hoher Verkaufswert des Hafers und auch des Heues infolge des hohen Flächenbedarfs; deshalb wird auch häufig nach Ersatz von Hafer und Heu durch billige Futtermittel gesucht (Tab. 21). Die biologisch-physiologischen Vorteile der Hafer-Heu-Fütterung sowie der mit ihr verbundene niedrige Arbeitsaufwand

Tabelle 21: Nähr- und Mineralstoffgehalt wichtiger Futtermittel pro kg Originalsubstanz, allgemeine Werte (nach AHLSWEDE)

Futtermittel	Trockensubstanz %	Rohfaser g	verdaul. Energie MJ	verdaul. Rohprotein g	Kalzium g	Phosphor g	Natrium g
Wiesenheu (durchschn.)							
– bis Mitte Blüte	87	268	7,5	52	3,5–6,0	2,5–4,0	0,6
– bis Ende Blüte	87	290	7,2	50	4,5–6,0	2,0–3,0	0,5
Stroh (Hafer/Weizen)	88	400	5,3	8	2,7–3,6	0,7–1,2	1,0–2,0
Trockengrüngut (Luzerne)	89	281	8,5	84	18,0	2,9	1,7
Hafer	88	102	11,5	87	1,0	3,2	0,3
Weizen	88	25	12,6	85	0,6	3,4	0,1
Gerste	88	47	12,9	83	0,6	3,5	0,3
Mais	88	24	13,6	68	0,3	2,8	0,2
Soja-Exschrot	88	59	14,6	427	2,8	6,4	0,3
Weizenkleie	88	111	9,7	112	1,6	11,3	0,5
Leinsamen	90	77	14,1	168	2,5	4,7	0,8
Magermilch getr.	94	1	14,9	323	13,2	10,2	5,1
Bierhefe	90	14	13,8	440	2,3	15,3	2,2
Mischfutter (durchschn.)							
– z. Hafererersatz	88	100	11,5	70–100	8,0–15,0	4,0–6,0	2,0
– z. Haferergänzung	88	95	12,5	100–160	10,0–25,0	5,0–8,0	2,0–8,0
– Alleinfutter zu Stroh	88	165	10,5	60–90	8,0–15,0	3,0–6,0	1,0–2,0
Weidegras frisch (durchschn.)							
– 1. Aufwuchs bis vor/ nach dem Schossen	19	42	1,9	25	0,8–1,2	0,7	0,2
– bis Mitte Blüte	21	54	2,0	28	1,0–1,4	0,8	0,2
Grassilage, 1. Schnitt, angewelkt	30–45	110	2,5–4,0	20–33	2,0–3,0	1,0–1,4	0,1
Maissilage, Vollreife	30	70	2,9	15	0,8–1,0	0,6–0,8	0,1
Rübenblattsilage	16	22	1,5	15	1,9	0,4	1,2
Zuckerrüben	24	13	3,4	10	0,6	0,4	0,2
Massenrüben	11	9	1,5	8	0,3	0,3	0,3
Mohrrüben (rot)	13	12	1,5	10	0,5	0,4	0,3
Trockenschnitzel	90	181	13,4	59	8,8	1,0	2,2
Melasse	77	0	11,0	81	4,2	0,2	5,7

und das geringe Risiko sind jedoch so groß, daß diese vom Prinzip her für Sportpferde beibehalten und durch andere Futtermittel (z. B. Rüben, Möhren, Mischfuttermittel u. ä.) nur ergänzt werden sollte.

Industriell hergestellte Mischfuttermittel können Hafer bis zur Vollständigkeit ersetzen. Sie sind auf Eignung zur Verfütterung an Pferde zu prüfen.

Tabelle 22: Streustrohbedarf

Stand	2–3 kg je Tier und Tag
Boxe	3–5 kg je Tier und Tag
Laufstall	4–5 kg je Tier und Tag

Die Streustrohlänge soll etwa 30 bis 40 cm betragen.

Tabelle 23: Beispielration für Reitpferde, 500–600 kg Lebendmasse, pro Tier und Tag, traditionelle Futtermittel (nach AHLSWEDE)

	verdaul. Energie MJ	verdaul. Rohprotein g	Kalzium g	Phosphor g	Natrium g
Leichte Arbeit:					
Bedarf etwa:	64–91	380–410	26	16	21
Ration: Hafer 3,5 kg, Heu 5,0 kg, Min.-Futter 150 g (Ca : P – 3 : 1)	78,0	537	55	35	15
Mittlere Arbeit:					
Bedarf etwa:	80–109	440–500	26	16	28
Ration: Hafer 2,5 kg, Gerste 2,5 kg (gequ.), Heu 5,0 kg, Min.-Futter 150 g (Ca : P – 4 : 1)	98	660	60	40	16
Schwere Arbeit:					
Bedarf etwa:	96–110	480–550	27	17	36
Ration: Hafer 3,0 kg, Maiskörner gebrochen 3,0 kg, Heu 4,0 kg, Min.-Futter 200 g (Ca : P – 4 : 1)	105	650	71	51	19

Hinweis: Tagesbedarf an Vitamin A etwa 60000 IE; Lecksteine (NaCl) sind anzubieten.

Der Hafer kann zum Teil nach langsamem Wechsel durch *andere Kraftfuttermittel* ersetzt werden z. B.:

Gerste: ersetzt etwa 33 – 50 % der Haferration und ist geschrotet oder 24 Stunden vor der Fütterung eingequollen zu verabreichen. Das Nährstoffverhältnis zu Hafer ist 1 : 1.

Weizen oder Roggen: ersetzt etwa 25 – 33 % der Haferration und ist gequetscht oder eingequollen zu verabreichen. Beide Futterstoffe sind schwer verdaulich. Das Nährstoffverhältnis zu Hafer ist 1 : 1. Das Verfüttern im frischen Zustand führt zu schweren Schäden (Kolik, Verschlag).

Erbsen oder Bohnen: ersetzen maximal 20 % der Haferration und sind ein äußerst wirksames Leistungsfutter. Das Nährstoffverhältnis zu Hafer ist im Durchschnitt 0,75 : 1. Diese Futterstoffe quellen im Magen stark auf; es kommt deshalb zu Blähungen und Verstopfungen. Sie sollten, wenn ihr Rationsanteil mehr als 10 % beträgt, mit abführend wirkenden Futtermitteln (Möhren, Rüben) gemeinsam verabreicht werden. Sie sind grundsätzlich eingequollen oder geschrotet zu verabreichen. Infolge ihres hohen Eiweißgehaltes (Leistungsfutter) dürfen sie nur bei intensivem Training regelmäßig verfüttert werden.

Tabelle 24: Ersatz von Hafer durch andere Wirtschaftsfuttermittel

Austauschfutterstoffe	verträgliche Höchstmenge in kg je Tier und Tag (langsamer Wechsel!)	1 kg Hafer ist zu ersetzen durch ... kg	Bemerkungen
Zuckerrüben	20–25	4	säubern, zerkleinern
Gehaltsrüben Futterrüben	20–25 20–30	5–6 8–10	säubern, zerkleinern, nicht angefroren verfüttern, vorsichtig wechseln, nicht überfüttern
Trockenschnitzel Zuckerschnitzel	4 4	1 0,9	1 Stunde vor Verfüttern im Verhältnis 1 : 1 aufquellen lassen
Zuckerrübenblatt Gehaltsrübenblatt	20 20	5 6–7	sauber waschen, stets frisch und niemals angefroren verfüttern
Trockenblatt	4	1	in der Krippe leicht anfeuchten
Silage	10–20	6–8	zerkleinern, nur ganz sauber einsiliertes und nicht angesäuertes Futter verabreichen
Kartoffel (gedämpft)	20	3	gründlich säubern, vorsichtig wechseln, nicht überfüttern

Unter Beachtung *genauer* Dosierung kann zur Verbesserung der Eiweiß- und Energieversorgung Harnstoff verabreicht werden, am besten als Bestandteil von Mischfuttermitteln. Erwachsene Pferde können 60 – 80 g/Tag, 2 – 3jährige 30 – 40 g/Tag aufnehmen.

Es ist grundsätzlich vor dem Füttern zu tränken!

Das ist besonders bei vorhandenen Selbsttränken zu beachten. Sonst können schwere Koliken bzw. Verschlag auftreten.
Haferersatz durch Massenfuttermittel. Die Tabelle 24 sollte nur für Pferde angewendet werden, die in mittlerem Umfang für den Sport genutzt werden. Für höher belastete Pferde sollten lediglich Hinweise auf Ergänzungen zur Hafer-Heu-Fütterung (Anregung der Freßlust, der Verdauung) entnommen werden, um Leistungsabfall, starkes Schwitzen und Verdauungsstörungen zu vermeiden.

Grünfutter und Weidegang

Grünfutter ist eine notwendige und auch für das Sportpferd sehr nützliche *Ergänzung* des täglichen Futters. Es läßt sich während der Sommerperiode sehr gut anstelle von Heu in die Futterration einfügen. Noch besser für die Gesunderhaltung und zur Erholung der Sportpferde ist es, wenn die Grünfütterung im Stall durch den nur wenig aufwendigen Weidegang ersetzt werden kann.
Grünfutter regt die Freßlust und die Verdauungstätigkeit an. Es führt dem Pferd große Mengen von Mineralstoffen und Vitaminen zu, wobei der *Weidegang* durch die intensive Einwirkung ultravioletten Lichtes die Vitamin-D-Bindung und damit den gesamten Kalk-Phosphorsäure-Stoffwechsel stark fördert. Deshalb und auch wegen der *Bewegungsmöglichkeit,* die er den Pferden bietet, gehört der Weidegang unbedingt zur Grundlage der Fohlenaufzucht – besonders für künftige Sportpferde. Hierbei ist an große Weideflächen gedacht, nicht an kleine Stallausläufe. Der Weidegang fördert durch den damit verbundenen langen Aufenthalt an fri-

Tabelle 25: Verzehrsaktivitätsverhalten von im Training befindlichen Sportpferden in % des Tagesabschnitts – 8 Tage (Boxenaufstallung / FS für Reitausbildung [FN]) Zierow

n = 15	6–12 h	12–18 h	18–24 h	0–6 h
Training zwischen 8 und 12 h				
Durchschnitt	29,7	43,3	38,9	27,0
Training zwischen 14 und 18 h				
Durchschnitt	40,5	26,7	45,7	13,3

Fütterungszeiten: 6.00, 9.30, 13.20, 16.00, 21.00 Uhr

Tabelle 26: Freßaktivitätsverhalten bei im Training befindlichen Sportpferden in % des Tages- bzw. Nachtabschnitts – 14 Tage (Boxenaufstallung / FS für Reitausbildung [FN]) Zierow

Zeitabschnitt n = 10	Durchschnitt %	Durchschnitt min	Durchschnitt min. in min.	Durchschnitt max. in min.
Tag (6–18 h)	39,9	156	129	183
Nacht (18–6 h)	26,8	145	120	170
davon				
1. Nachthälfte (18–24 h)	19,0	103		
2. Nachthälfte (0–6 h)	7,8	42		

Fütterungszeiten: 6.00, 9.30, 13.20, 16.00, 21.00 Uhr

scher Luft (bei jedem Wetter) frühzeitig und nachhaltig die *Widerstandsfähigkeit* der Pferde; er wird ergänzt durch den Auslauf der Pferde auch im Winter.

Besteht keine Möglichkeit für den Weidegang, ist Grünfutter zu verabreichen. Dafür kommen u. a. folgende *Futterpflanzen* in Frage:

Wiesengras, verschiedene Arten Klee, Kleegrasgemenge, Grünmais, Landsberger Gemenge, Hülsenfruchtgemenge.

In der Regel können von diesen Futterarten täglich 30 bis 40 kg verabreicht werden. Bei jungem, eiweißreichem Grünfutter ist, besonders im Zusammenhang mit *Futterwechsel* (z. B. von Heu zu Grünfutter), Vorsicht geboten und diese Menge nicht zu geben; besonders bei sehr *eiweißreichen Futterarten,* z. B. Luzerne, dürfen höchstens 20 kg täglich verfüttert werden. Sehr junges Grünfutter wird zweckmäßig mit Häcksel (4 bis 5 cm lang) gemischt; damit wird ein günstigeres *Eiweiß-Stärkewert-Verhältnis* hergestellt und bessere Bekömmlichkeit gesichert.

Das Grünfutter muß täglich unbedingt frisch verfüttert werden. Abgewelktes und erhitztes Grünfutter nicht verwenden, weil es in diesem Fall zu schweren Verdauungsstörungen kommen kann.

In der Tabelle 21 ist der Nähr- und Mineralstoffgehalt wichtiger Futtermittel enthalten. Bei Ersatz von Hafer durch andere Wirtschaftsfuttermittel sind u. a. die verträglichen Höchstmengen (vgl. Tab 24) und die meist wesentlich längeren Verzehrszeiten, damit also auch die Freßaktivitäten und ihre Abhängigkeit von Nutzungs- und Tageszeit (Tab. 25 und 26) zu beachten.

Entsprechend der Jahreszeit (Wuchs- und Schnitt- oder Weidezeit) ist die Qualität der Weide bzw. des Schnittgutes unterschiedlich. Bei Sportpferden ist ein ganztägiger Weidegang – im Gegensatz zur Fohlenaufzucht – in der Regel nicht möglich. Jedoch stehen oft nach Trainingsschluß die Nacht- und Frühstunden zum Weidegang zur Verfügung; auch für die Freizeitritte (Wanderritte), die sich über ein Wochenende erstrecken, kann

Tabelle 27: Intensität der Futteraufnahme beim Weidegang (24 Stunden)

	Gesamtfreßzeit in h	davon in %	
		6–18 Uhr	18–6 Uhr
Heiße Tage	9,4	26,7	73,3
Kühle Tage	13,0	50,1	49,9

Bei 24stündigem Weidegang werden in der angegebenen tatsächlichen Gesamtfreßzeit zwischen 30 und 60 kg frisches Gras aufgenommen. Bereits die Fohlen im Alter von 1 bis 1,5 Jahren fressen 40 kg und mehr.

das als Regel angenommen werden. Nach Tabelle 26 ist *nächtlicher Weidegang* besonders bei heißer Witterung äußerst ergiebig; selbst bei kühlem Sommerwetter beträgt die nachts aufgenommene Futtermenge noch rund 50 % der Tagesration. Weidegang ist also nicht nur aus ökonomischen und arbeitswirtschaftlichen, sondern vor allem aus biologischen Gründen auch für das Sportpferd zu empfehlen. Eine leistungsabhängige Kraftfutterzuführung ist natürlich notwendig (Tab. 23).

Mineralstoffe und Vitamine

Eine bestmögliche Versorgung des Fohlens wie auch des erwachsenen Pferdes mit Mineralstoffen, Vitaminen und Spurenelementen sichert optimales Wachstum, Gesundheit und Leistung (vgl. Tab. 20 und 23).

Mineralstoffe sind in den Futtermitteln in recht unterschiedlichen Mengen enthalten. Das spielt besonders beim Einsatz von Wirtschaftsfuttermitteln eine Rolle.

Als *kalkarm* gelten u. a.:

Leguminosenheu und -stroh; gutes Wiesenheu, entsprechendes Trockengut.

Als *phosphorsäurearm* gelten u. a.:

Stroh und Spreu der Halmfrüchte; Rüben, Rübenschnitzel; Melasse; Kartoffeln, Kartoffelschlempe.

Als *phosphorsäurereich* gelten u. a.:

Getreidekörner sowie deren Kleie.

Mehr oder weniger *fehlen in Getreidekörnern:* Kalk, Natrium, Chlor, Jod;

Hülsenfrüchten: Kalk, Natrium, Chlor;

Wurzelgewächsen: Kalk, Natrium, Chlor;

saurem Wiesengras: Natrium, Chlor, Phosphor.

Wiesengras, Luzerne, Klee und Getreidekeimlinge enthalten alle wichtigen Mineralstoffe.

Das *Mineralstoffangebot* muß in einem ausgewogenen Verhältnis stehen. Zu hohe Gaben (z. B. Mangan) können ebenso wie zu niedrige Gaben zu schweren Stoffwechselstörungen führen.

Für das Sportpferd ist ein ausreichender Bestand an Na und Cl (vor allem aber an Na) im Körper notwendig, um den Schweißverlust auszugleichen. Na-Mangel führt zur Entwässerung der Körperzellen und damit zur Extensivierung des Stoffwechsels, damit wiederum zum Leistungsabfall.

Wenn größere Mengen Heu oder sonstige getrocknete Grünmasse eingelagert werden, lohnt es sich, den Mineralstoffgehalt feststellen zu lassen, um durch eventuelle Zufütterung von entsprechenden Präparaten einen besseren Mineralstoffanteil zu erzielen.

Der Vitaminbedarf (vgl. Hinweis in Tab. 23) wird in der Regel bei Fohlen und erwachsenen Pferden durch Selbstversorgung bzw. tägliche Fütterung (Hafer-Heu-Fütterung) bei Verwendung guten Heues bzw. Grünfutters oder Weidegang voll gedeckt.

Besonderer Bedarf besteht an folgenden Vitaminen:

Vitamin A: ist enthalten in allen grünen Pflanzen (einschließlich gutgelagerten Heues), besonders in roten und gelben Möhren; fördert Gesundheit (speziell Haut und innere Schleimhäute, damit Atmung, Hufqualität, Sehvermögen), Nervensystem, Fruchtbarkeit, Leistung.

Vitamin-B-Komplex wird im Organismus des Pferdes in für normale Anforderungen notwendigem Umfang gebildet; er ist enthalten in allen grünen Pflanzen (einschließlich gut gelagerten Heues); fördert Wachstum, Eiweißverwertung, Fruchtbarkeit, hat mangelaufhebende Wirkung beim Fehlen bestimmter Spurenelemente und Mineralstoffe (u. a.

Bor, Kupfer, Eisen, Nickel, Kobalt, Zink, Mangan, Vanadium, Molybdän) und fördert so die Gesundheit, vor allem im Fohlenalter.
Vitamin D: wird im Tierkörper bei Tageslicht in ausreichender Menge gebildet, wenn das Kalzium-Phosphorsäure-Verhältnis optimal ist (Tab. 20 und 23, vgl. Tab. 21). Genügender Weidegang, Aufenthalt im Freien, auch im Winter, sichert die Vitamin-D-Bildung vollkommen.
Vitamin E: ist in allen natürlichen Pferdefuttermitteln vorhanden, besonders in grünen Pflanzen und Getreidekeimlingen; fördert die Fruchtbarkeit, das Wachstum sowie die allgemeine Gesundheit und damit auch die Leistungsfähigkeit.
Für wettkampfvorbereitendes Training, besonders hoher Klassen, vor großen Dauerleistungen, auch im Zusammenhang mit der Vorbeuge gegenüber Krankheiten oder Rekonvaleszenz, sind Sondergaben von Vitaminen angezeigt. Hier sollte der Rat des Tierarztes eingeholt werden. Damit kann man sich vor evtl. folgenschweren Fehlern bzw. unnötigen finanziellen Aufwendungen schützen.
Giftpflanzen: Ihre Kenntnis ist besonders notwendig, da die Weidehaltung und Verabreichung von Grünfutter auch an Sportpferde, besonders bei der Entwicklung des Freizeitreitens, eine zunehmende Rolle spielt. Durch Vergiftungen wird bei Pferden das empfindliche Verdauungssystem stets schwer geschädigt (Kolik, Verschlag). Bei unbekannten Weiden und Wiesen ist deshalb besondere Vorsicht geboten.
Die wichtigsten Giftpflanzen sind:
Ackerschachtelhalm (Equisetum arvense) – trockene sandige Wiesen
Dotterblume (Caltha palustris) – feuchte Wiesen
Froschlöffel, gemeiner (Alisma plantago) – Grabenränder, feuchte Wiesen
Fingerhut, roter (Digitalis purpurea) – Bergwaldwiesen Thüringens, Sachsens und des Harzes
Gnadenkraut, gebräuchliches (Gratiola officinalis) – Graben- und Flußränder, feuchte Wiesen
Hahnenfuß (Gift-H.) (Ranunculus sceleratus) – feuchte Wiesen
Herbstzeitlose (Colchicum autumnale) – feuchte und trockene Wiesen
Kälberkopf, betäubender (Chaerophyllum temulum) – feuchte bzw. schattige Wiesen
Nieswurz (Veratrum album) – feuchte Wiesen in Gebirgen und auf Hochebenen
Schierling, gefleckter (Conium maculatum) – an Hecken, Gräben, Zäunen, auf Wiesen
Sumpfschachtelhalm (Equisetum plaustre) – sumpfige Wiesen, Torfmoore
Teichschachtelhalm (Equisetum limosum – sumpfige Wiesen, Teichränder
Waldschachtelhalm (Equisetum silvaticum) – feuchte Waldwiesen
Wasserpfeffer (Polygonum hydropiper) – sumpfige Wiesen, Grabenränder
Wasserschierling, giftiger (Cicuta virosa) – Gräben, Teichränder, Ufer, Torfmoore
Wasserplatterbse (Lathyrus pratensis) – auf guten Wiesen.

Tränke

Der Bedarf an mineralstoffreichem, geruchlosem frischem Wasser ist beim Pferd sehr hoch. Es ist gegen *Wassermangel* sehr empfindlich, der besonders bei Sportpferden rasch Erschöpfungen eintreten läßt. Deshalb ist das sach- und zeitgerechte Tränken sehr wesentlich für die Tagesform des Sportpferdes.
Der *Wasserbedarf* ist abhängig von der Leistung des Pferdes, von seiner Rassezugehörigkeit (beim Kaltblutpferd höher, beim Warmblut- und Vollblutpferd niedriger, beim Arabischen Vollblut sehr niedrig) sowie von der herrschenden Außentemperatur und Luftfeuchtigkeit. Auch die individuelle Angewöhnung des „Saufens" spielt eine große Rolle.
Der normale Tagesbedarf beträgt etwa 60 bis 80 kg, einschließlich des Wasseranteils im Futter; der absolute Tränkwasserverbrauch hängt von der Fütterung ab (30 bis 50 kg).
Die *Tränkwassertemperatur* soll zwischen 8° und 12 °C liegen.

Es wird in der Regel wenigstens dreimal täglich getränkt, und zwar grundsätzlich vor dem Füttern; zu hastige Wasseraufnahme muß bei erhitzten Pferden durch Auflegen von etwas Stroh oder Heu auf den Wasserspiegel verhindert werden. Auch zuviel Wasseraufnahme in kurzer Zeit ist wegen des geringen Fassungsvermögens des Pferdemagens zu vermeiden; *Selbsttränken* sind deshalb mit Zwischenhähnen zu versehen, damit sie für jedes Pferd gesondert reguliert werden können.

Es sollte stets *Frischwasser* gegeben werden; abgestandenes Wasser ist unhygienisch und häufig eine Brutstätte für Bakterien. Nachdem die Pferde das Hartfutter aufgenommen haben, muß nachgetränkt werden. Dabei muß man sich unter allen Umständen soviel Zeit lassen, daß auch langsam trinkende Pferde satt getränkt sind.

2. Pflege und Haltung des Pferdes

2.1. Der Stall

Die Beschaffenheit des Stalles ist für die Erhaltung von Gesundheit und Leistungsfähigkeit des Pferdes von erstrangiger Bedeutung. Das erklärt sich nicht zuletzt aus der Dauer des Aufenthalts im Stall, die ja bei Sportpferden nicht selten 23 Stunden am Tag beträgt, wenn nicht die Möglichkeit besteht, die Pferde wenigstens für ein paar Stunden täglich auf eine Koppel oder in einen genügend großen Auslauf mit schattenspendenden Bäumen zu lassen, wo sie gleichsam einen kleinen Teil ihrer Lebenszeit unter natürlichen und weitgehend pferdegerechten Bedingungen verbringen können. Das verbessert das Wohlbefinden der Pferde ebenso, wie es von ungünstigen Stallverhältnissen beeinträchtigt wird, die sogar Ursache von Krankheiten oder Verletzungen werden können.
Wer den *Bau* eines neuen Stalles ins Auge faßt, sollte schon bei der Standortwahl einige Wirkungsfaktoren, die natürlich, wenn auch durch die vorhandenen Gegebenheiten eingeschränkt, auch für den *Umbau* von vorhandener Bausubstanz gelten. Der *Wärmehaushalt* des Stalles wird in nicht geringem Maße von seiner Lage im Gelände sowie der Windrichtung, der Luftbewegung und der Sonneneinstrahlung beeinflußt. Als nachteilig erweist sich in der Regel eine *Tallage*, weil sich hier „Kaltluftseen" bilden können. Die *Hauptwindrichtung* ist insofern von Bedeutung, als ein Stallgebäude, dessen Längsseiten parallel zur Hauptwindrichtung verlaufen, dem Wind weniger ausgesetzt sind. Eine vollkommen *windgeschützte* Lage erweist sich aber als ungünstig, weil von dort die verbrauchte Luft schwer abgeführt wird. Das führt zu einer Anhäufung von Krankheitskeimen in der unbewegten Luft und zu einer Zunahme von Insekten. Die Verbreitung ansteckender Erkrankungen wird dadurch gefördert.
Im Hinblick auf Dauer und Intensität der *Sonneneinstrahlung* ist die Südwestrichtung zu bevorzugen, während Nord- und Nordosthänge, besonders in der kalten Jahreszeit, von der geringen Sonnenwärme kaum profitieren.
Die *Größe des Stalles* richtet sich natürlich nach Anzahl und Rasse der Pferde, die darin untergebracht werden müssen. Auch die Belastung der Pferde in der Arbeit spielt eine Rolle, da sie den benötigten Luftraum beeinflußt. Ausgehend von diesem Bedarf ergibt sich ein *Volumen des Luftraumes* von 50–60 m^3 für ein Großpferd, 20–27 m^3 für ein G-Pony und 15–20 m^3 für ein M- bzw. K-Pony.
Die Größe des umbauten Stallraumes hängt auch vom Flächenbedarf der *Stallgasse* ab. Sie muß eine Mindestbreite von 2,50 m aufweisen, in Ställen mit 20 und mehr Pferden sollte sie besser 3 m breit sein. Da enge Stallgassen nicht nur die Stallarbeit behindern, sondern auch die Unfallgefahr für Mensch und Tier vergrößern, sollte die Mindestbreite der Stallgasse auch in umgebauten Ställen 2

m nicht unterschreiten. Wo dies beim Ausbau von Altbausubstanz (ehemalige Rinderställe o. ä.) nicht zu erreichen ist, müssen besondere Vorsichtsmaßnahmen beim Heraus- und Hineinführen der Pferde beachtet werden, und selbstverständlich dürfen sich in einer so engen Stallgasse keinerlei Hindernisse befinden. Das absolute Minimum dürfte etwa bei 1,30 m Breite liegen.

An den *Boden* der Stallgasse sind die gleichen Forderungen wie an den übrigen Stallboden zu stellen (s. u.). Wichtig ist besonders die Trittsicherheit, die durch eine ausreichend aufgerauhte Oberfläche gewährleistet werden kann. Sie soll sich jedoch relativ leicht sauberhalten lassen. Bei mancherorts noch vorhandenen, mit Sägespänen oder Sand belegten Stallgassen ist die Reinigung sehr schwierig, wirkliche Sauberkeit nicht zu erreichen und daher das Aussehen des Stalles meist ein schlechtes Aushängeschild.

Die Pferde werden an einer oder an beiden Seiten der Stallgasse in *Ständen* oder *Boxen* untergebracht. Glücklicherweise ist die Anzahl der Stände unter dem Einfluß des Bestrebens nach pferdegerechter Haltung stark im Absinken. Die Einrichtung eines Stalles mit zwei gegenüberliegenden Boxenreihen und der Stallgasse zwischen ihnen (zweihüftiger Stall) ist dem einhüftigen Stall (eine Boxenreihe mit Stallgasse davor) vorzuziehen. Letztere ist unwirtschaftlich, da sich das *Verhältnis von Nutzfläche* (Boxen) *zu Verkehrsfläche* (Stallgasse) stark verschlechtert.

Ein Pferdestall muß hell sein. Dunkle Ställe mit kleinen, vielleicht gar von Schmutz und Spinnweben blind gewordenen Scheiben setzen das Wohlbefinden des Pferdes herab, weil sie dem großen *Lichtbedürfnis* des einstigen Steppentieres nicht entsprechen. Als Regel gilt: zu jedem Standplatz soll eine Fensterfläche von 1 m^3 gehören. Die gesamte Fensterfläche des Stalles darf nicht weniger als 1/15 der Grundfläche des Stallgebäudes betragen.

Neben dem Einfall von Licht und Sonne sollen die Fenster den Pferden auch möglichst viel *Sichtkontakt* mit der Umgebung des Stalles gestatten. Drahtglasscheiben sind daher nicht angebracht. Außerdem müssen sich die Fenster in einer Höhe über dem Boden befinden, die es dem Pferd gestattet, in normaler Körperhaltung hindurchzuschauen. Genügend starke *Gitter* müssen die Scheiben schützen. Ihre Festigkeit muß der der übrigen Boxengitter (s. u.) entsprechen. Auf diese Weise sind alle Fensterflächen zu sichern, die unterhalb 2,20 m bei Großpferden, unter 2 m bei G-Ponys und unter 1,60 m bei M- und K-Ponys liegen.

Da die Pferde neben dem Sichtkontakt mit der Umwelt auch möglichst viel frische Luft erhalten sollen, kann man zusätzlich zu den besprochenen Glasfenstern auch noch glaslose Fenster vorsehen, die mit Holzklappläden verschlossen werden können. Sie stellen einen weiteren Schritt auf dem Wege zur pferdegerechten Haltung dar, sofern sie so dicht schließen, daß keine Zugluft entsteht.

Die Gesamtfensterfläche wird durch klimatische Bedingungen begrenzt, die einen völlig offenen Stall in der kalten Jahreszeit nur in der Robustpferdehaltung gestatten. Da jedoch einfaches Fensterglas die Stallwärme nur ungenügend zurückhält, empfiehlt sich für Ställe, in denen ganzjährig Sportpferde gehalten werden, eine Isolierverglasung mit 6 bzw. 12 mm Abstand zwischen den Scheiben.

Bemühungen um die Befriedigung des Lichtbedürfnisses der Pferde verlieren allerdings ihre Wirksamkeit, wenn die Fenster nicht regelmäßig geputzt werden.

Die *Außentore* müssen dicht schließen, so daß keine Zugluft entstehen kann. Ihre *Höhe* muß die Größe der im Stall untergebrachten Pferde berücksichtigen und beträgt daher für Großpferde 2,50 m, für Ponys genügen 2 m (Menschen müssen ja auch noch hindurchgehen können). Die Mindestbreite eines Außentores, durch das Pferde einzeln geführt werden, beträgt 1, 40 m. Im Notfall sollte die *Torbreite* der Breite der Stallgasse entsprechen.

Wegen des großen Gewichts sind Stalltore am besten zweiflügelig und nach außen zu öffnen. An der Innenseite des Stalltores dür-

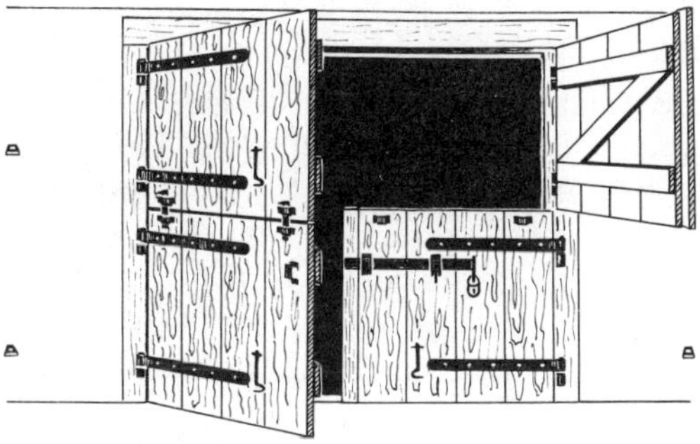

55 Zweiflüglige Stalltür

fen sich keine Vorsprünge befinden, an denen sich ein Pferd verletzten kann. *Abweiserollen* an beiden Seiten des Rahmens bieten zusätzlichen Schutz vor Verletzungen.

Zweigeteilte Stalltore, deren obere Hälfte sich unabhängig von den unteren öffnen läßt (Abb. 55), sind besonders im Sommer von Vorteil, indem sie einen zusätzlichen Luftdurchzug ermöglichen. Die gleiche Wirkung läßt sich erreichen, wenn sich die obere Hälfte der Torflügel in der warmen Jahreszeit durch ein Holzgitter ersetzen läßt. Alle Stalltore müssen Sicherungsvorrichtungen besitzen, die ein selbständiges Zuschlagen geöffneter Torflügel verhindern. Die *künstliche Beleuchtung* des Stalles muß der Tatsache Rechnung tragen, daß – besonders während des Winterhalbjahres – der größte Teil der Pflege- und Wartungsarbeiten bei fehlendem Tageslicht ausgeführt werden muß. Der Stall muß daher gleichmäßig ausgeleuchtet sein, und zwar einschließlich der Boxen bzw. Stände. Eine dem Tageslicht ähnliche Beleuchtung ist anzustreben, da sich die Pferde bei weichem Licht wohler fühlen. Die Lichtquellen sind von Zeit zu Zeit zu reinigen. Alle elektrischen Anlagen (Stromleitungen, Schalter, Steckdosen, Lichtquellen) müssen sich unbedingt außer Reichweite der Pferde befinden. Pferde sind besonders stromempfindlich.

Wände und Decken sollen so beschaffen sein, daß die Tiere durch ihre Eigenwärme dem Stallraum die erforderliche Temperatur geben können. Bei im Training befindlichen und geschorenen Pferden soll diese bei ca. 15 Grad C liegen. Im allgemeinen ist jedoch ein kühlerer Stall vorzuziehen (s. u.). In unserer Klimazone werden für Stallbauten wärmetechnische Gesichtspunkte berücksichtigt werden müssen. Das gilt für Neubauten wie auch für den Umbau älterer Gebäude zu Stallungen. Die erforderliche Wärmehaushaltsberechnung sollte dem Fachmann übertragen werden, der die notwendigen Wärmedämmungsmaßnahmen ermitteln kann. Sie zielen auf die Schaffung eines einwandfreien Stallklimas, die einerseits den Pferden genügend Frischluft zuzuführen gestattet, andererseits aber auch das Stallgebäude vor Zerstörung durch Feuchtigkeit schützt. Die Wärmedämmungsmaßnahmen sind dann richtig bemessen, wenn an Decken und Wänden auch bei niedrigen Außentemperaturen kein Kondenswasser auftritt. Bei Stalldecken aus Betonteilen tritt Kondenswasser besonders häufig auf. Deshalb sind Holzdecken vorteilhaft, da Holz auch bei extrem niedrigen Außentemperaturen Feuchtigkeit aufnimmt. Die Decke muß außerdem dicht sein, so daß kein Schmutz auf die Pferde herabfallen kann.

Die Wärmedämmung muß sich übrigens auch auf die Stalltore erstrecken, deren Wärmedurchlaßwiderstand nicht geringer sein sollte als der der massiven Bauteile. Außerdem müssen alle vom Stall nach außen führenden Teile aus Eisen oder Beton (z. B. Träger, Binder, Stützen) isoliert werden.

Wärmedämmungsfähigkeit wird auch vom *Stallboden* verlangt. Er muß außerdem widerstandsfähig gegen die Huftritte der Pferde, trocken – zur Verhinderung eines zu hohen Feuchtigkeitsgehaltes der Stalluft – und vor allen Dingen rutschfest sein.

Für die Herstellung des Stallbodens wird üblicherweise Ziegelsteinpflaster, jedoch auch Gußasphalt mit grober Körnung, Betonpflaster oder rauh abgezogener Ortbeton verwendet. Früher wurden Stallböden auch aus senkrecht stehendem Hirnholzpflaster hergestellt, wobei die Fugen mit Sand gefüllt oder mit säurefreiem Bitumen ausgegossen wurden.

Das ist zwar ein guter, aber auch sehr teurer Stallfußboden. Außerdem erfordert seine Herstellung die Verwendung von Bitumen und Holzschutzmitteln, die keine Giftstoffe enthalten. Alle Stallböden weisen nur dann die erforderliche Rutschfestigkeit und Elastizität auf, wenn reichlich trockene Einstreu vorhanden ist.

Versuche, an letzterer zu sparen, haben zum Einsatz von Gummi oder Plastmatten geführt. Sie haben sich aus mehreren Gründen nicht bewährt. Der völlige Verzicht auf Einstreu ist in der Pferdehaltung nicht zu akzeptieren.

Außer vom Gehalt an Ammoniak ist die Stalluft noch von anderen Faktoren abhängig: von der Temperatur, der Feuchtigkeit, dem Gehalt an Gasen und dem Staubgehalt.

Das Pferd besitzt eine gut entwickelte Fähigkeit zur Wärmeregulierung. Daher sind die im Verlaufe des Tages eintretenden Temperaturschwankungen in der Regel ohne Bedeutung. Außer bei geschorenen Pferden, die eine Stalltemperatur von ca. 15 Grad C haben sollen, gelten 10–12 Grad C als eine gesunde Temperatur. Da die Aufrechterhaltung dieser Temperatur nicht selten größere Schwierigkeiten bereitet, sollte man sie mit Hilfe eines in der Stallmitte aufgehängten Thermometers regelmäßig kontrollieren. Eine ständig zu hohe Temperatur verweichlicht die Pferde und beeinträchtigt ihren Stoffwechsel; sie werden schlaff, kraftlos und anfälliger für Krankheiten. In einem zu kalten Stall leidet der Ernährungszustand der Pferde, weil ein großer Teil der Nährstoffe durch die zusätzliche Wärmeproduktion gebunden wird. Ein kalter Stall fördert aber auch ein langes und dichtes Winterfell, das als Ursache des Nachschwitzens in den Ställen nicht gern gesehen wird, wo Pferde auch in den Wintermonaten in der Arbeit stark erhitzt werden. Erhitzte Pferde, die in einen kalten Stall kommen, sind daher gründlich trockenzureiben und danach einzudecken. Pferde, die sich im Winter regelmäßig, jedoch nicht übermäßig bewegen müssen, bedürfen solcher Vorsichtsmaßnahmen nur in seltenen Fällen. Im Breitensportbereich dürfte deshalb die gesündere, kühlere Stalltemperatur den Vorzug erhalten.

Bedenklicher noch als Temperaturabweichungen ist die Veränderung der Luftfeuchtigkeit. Hohe Luftfeuchtigkeit im Verein mit einer hohen Gaskonzentration, die durch Atmung und Ausscheidung von Gasen (Kohlendioxid, Ammoniak, Schwefelwasserstoff u. a.) hervorgerufen wird, ist gesundheitsgefährdend. Die dadurch bewirkte Verschlechterung des Stallklimas muß für die starke Häufung der chronischen Erkrankungen der Atemwege verantwortlich gemacht werden. Neben der Anbringung eines Haarhygrometers, das die objektive Messung der Luftfeuchtigkeit ermöglicht, muß man zur Verringerung der Erkrankungsgefahr:

- Die *Stallgasse trockenhalten*: Beim Füllen der Eimer nichts überlaufen lassen! Beim Tragen der Eimer nichts überschwappen lassen! Umstoßen der Eimer durch die Pferde verhindern! Beim Leeren der Eimer nichts neben den Gully laufen lassen! Entstehende Wasserlachen sofort trocknen!
- *Gefüllte Tränkeimer* nicht im Stall abstehen lassen. In der Stalluft enthaltenes Ammoniak löst sich im Wasser auf, und die Pferde nehmen das die Atmungsorgane schädigende Gas auf. Daher: Eimer nach dem Tränken ausleeren und mit dem Boden nach oben aufhängen! Erst unmittelbar vor dem Tränken die Eimer mit frischem Wasser füllen!
- Keine Tränkeimer in die Boxen hängen!
- Selbsttränken nur zu den Tränkzeiten anstellen!
- Tränkbecken regelmäßig säubern!
- Dung häufig absammeln und sofort auf den Dungstapelplatz bringen!
- Gefüllte Dungkarren nicht im Stall stehenlassen!

Als schädlich für die Atmungsorgane und Ursachen für deren Erkrankung hat sich auch die Staubbildung erwiesen. Zur Bekämpfung der Staubentwicklung sind besonders zu beachten:

- Stroh und Heu nicht im Stall aufschütteln, besonders wenn es viel Staub enthält;

- Heunetze außerhalb des Stalles stopfen;
- Stallgasse vor dem Fegen leicht anfeuchten, um den Staub zu binden;
- Beim Pferdeputzen Striegel nicht an der Boxenwand, sondern auf einer angefeuchteten Fläche der Stallgasse vor der Box ausklopfen;
- Spinnweben, die besonders viel Staub auffangen, sind täglich zu entfernen, und zwar auch an den schwerer zugänglichen Stellen;
- Das Entfernen des Staubes von Krippen, Boxengittern, Fenstersimsen u. a. gehört zur täglichen Stallpflege;
- Arbeiten, bei denen Staubentwicklung nicht zu vermeiden ist, sollten ausgeführt werden, während sich die Pferde außerhalb des Stalles befinden.

Zur Erhaltung einer guten Luftqualität ist auch eine *Lüftung* des Stalles erforderlich. Pferde benötigen zum Wohlbefinden einen ständigen Austausch von verbrauchter Luft gegen Frischluft. *Zugluft* hingegen ist schädlich. Mit „Zugluft" wird ein Luftstrom bezeichnet, der nur einen Teil des Körpers trifft und dabei ein großes Temperaturgefälle aufweist.

Eine optimale Lüftung zu gewährleisten ist eines der wichtigsten, aber auch eines der schwierigsten Probleme beim Bau bzw. Ausbau von Pferdeställen, zumal die Lage und Form des Stallgebäudes sowie die Ausführung des Baus die mit der Lüftung zusammenhängenden Probleme – und damit das Stallklima – in einer Weise beeinflussen, die für jeden Stall eine individuelle Lösung erfordert.

Prinzipiell werden zwei Arten der Lüftung unterschieden:
- die freie oder Schwerkraftlüftung und
- die Zwangslüftung.

Schwerkraftlüftung findet sich in der Regel in älteren Stallgebäuden. Hier erfolgt der Luftaustausch durch Fenster, Tore und über Abluftkamine. Letztere müssen eine Höhe von mindestens 4 m besitzen, sonst „ziehen" sie nicht. In manchen älteren Ställen sind auch in den Stallwänden Ventilationslücken vorgesehen, die den Eintritt der Außenluft gestatten.

Die Funktion der Schwerkraftlüftung ist von den in der Natur vorhandenen Energien Wärme, Wasserdampf, Luftdruck und Wind abhängig. Als Nachteil dieser Lüftungsart erweist sich, daß bei einem Temperaturgefälle von weniger als 5 Grad C zwischen Außen- und Innentemperatur kein Luftaustausch mehr stattfindet. Daher auch rühren ihre Funktionsprobleme bei sommerlichen Temperaturen. Solche Probleme können aber auch zu anderen Jahreszeiten auftauchen, wenn z. B. die Abluftkamine nicht saubergehalten werden.

Zwangsbelüftung mit Hilfe von Ventilatoren ist die sicherste Art der Belüftung, da sie von äußeren Faktoren weitgehend unabhängig ist. Da Zuluft- und Abluftführung aufeinander abgestimmt sein müssen und andererseits die planlose Installation von Ventilatoren nicht zum gewünschten Erfolg führt, muß die Einrichtung einer Zwangslüftung schon im Planungsstadium in die Hand eines Fachmannes.

Als eine sehr wirksame und dazu billige Ergänzung zur Lüftung haben sich Schlitze bzw. Ausschnitte in den Boxentüren, und zwar in Bodennähe, erwiesen, da sich die schädlichen Gase überwiegend oberhalb der Matratze konzentrieren.

Die *Box*, in der heutigen Zeit fast ausschließlich der Unterbringungsort der Sportpferde im Stall, ist deshalb von so großer Bedeutung für Wohlbefinden und Gesundheit der Pferde, weil sie einen sehr großen Teil ihres Lebens in der Box zubringen, in den meisten Fällen den größten.

In der Box sind die Pferde nicht angebunden, solange sich kein Mensch mit dem Pferd beschäftigt. Sie können sich in beschränktem Maße bewegen. Darin liegt ein Vorteil dieser Unterbringungsart. Gleichzeitig werden eben dadurch bestimmte Forderungen an die Box zu stellen sein, damit sie ihrer Funktion voll gerecht werden kann.

Die *Größe* der Box muß 10–12 m^2 betragen, wobei das größere Maß zugleich die Mindestgröße für eine Abfohlbox ist. Die größere Box ist immer die bessere. Für G-Ponys wird eine

Boxenfläche von 7 m^2, für M- und K-Ponys eine Fläche von 5 m^2 als Minimum angegeben. Von Bedeutung ist allerdings nicht nur die Größe der Fläche. Das Pferd muß die Möglichkeit erhalten, mit ausgestrecktem Hals und Kopf zu stehen und auch zu liegen. Dazu muß die Mindestlänge einer Boxenwand 3 m bei Großpferden, 2,20 m bei G-Ponys und 2 m bei M- und K-Ponys betragen. Für Zucht- und Leistungspferde ist ein Aufschlag von 10% auf die angegebenen Mindestmaße erforderlich.

Der untere Teil der *Boxenwände* muß massiv sein, damit die Pferde nicht mit den Hufen aneinandergeraten können. Untersuchungen der Auftreffhöhe der Hufschläge lassen eine Höhe der massiven Wand von 1,30–1,40 m als erforderlich erscheinen. Dieses Maß gilt für Großpferde, bei G-Ponys sollte dieses Maß 1,10–1,20 m, bei M- und K-Ponys 0,90–1 m betragen.

Die Boxenwände können aus 5 cm starken Holzbohlen gebaut, aber auch betoniert oder gemauert werden. Nach dem Boxeninnern zu müssen sie völlig glatt sein. Gemauerte Zwischenwände werden häufig durch kräftige Hufschläge beschädigt. Betonwände sollten mit Gummiplatten wenigstens bei den Pferden verkleidet sein, die oft gegen die Wand schlagen. Auf die massiven Unterteile der Boxenwände werden senkrecht *Gitter* aufgesetzt. Sie sind für alle Pferde 0,90 m hoch. Daraus ergibt sich eine gesamte Wandhöhe von 2,20–2,30 m für Großpferde, 2,00–2,10 m für G-Ponys und 1,80–1,90 m für M- und K-Ponys. Wer Boxen für Hengste braucht, muß alle diese Maße um mindestens 30 cm vergrößern. Die Gitter müssen sehr stabil sein. Um Verbiegungen der Stäbe durch Hufschläge zu verhindern, verwendet man für die Gitter Rohre, die dem Verbiegen einen größeren Widerstand entgegensetzen als volles Material. Der Abstand der Gitterstäbe darf nicht mehr als 5 cm betragen. Sonst besteht die Gefahr, daß ein Huf durchrutschen kann.

Die *Boxentüren* können als Schiebetüren oder als rechtsdrehende Flügeltüren gestaltet sein. Die Breite der Boxentür soll 1,10 m betragen. Welche der beiden Arten von Boxentüren verwendet wird, ist zum größten Teil Geschmackssache. In jedem Fall müssen sie aber mit *zwei Riegeln* versehen sein, damit der untere Teil der Boxentür nicht vom Pferd aufgedrückt werden kann, wobei sich dann noch der Fuß einklemmen kann. Wird tagsüber nur ein Riegel vorgelegt, muß das selbstverständlich der untere sein. Häufig befinden sich neben den Boxentüren im Gitter Futterluken. Diese sind praktisch, da vom Stallgang aus gefüttert werden kann, ohne daß der Fütternde die Box betritt. Allerdings wird dadurch der Kontaktzeitraum mit dem Menschen weiter eingeschränkt. Eine Futterluke soll 60 cm breit und 20 cm hoch sein. Zweckmäßigerweise wird die Futterluke durch eine nach dem Boxeninnern öffnende Klappe verdeckt, die ungestörtes Säubern der Krippe und Futterschütten erlaubt.

Die den Stallboden in den Boxen bedeckende *Einstreu* soll dem Pferd ein trockenes, weiches und warmes Lager bieten und seine Hufe vor Feuchtigkeit (Urin) schützen. Unterschieden werden Wechselstreu und Matratzen- oder Dauerstreu.

Die *Wechselstreu* ist sehr kosten- und materialaufwendig, da sie wöchentlich mehrfach vollständig erneuert werden muß. Boxen und Stände müssen außerdem öfter desinfiziert werden. Ein völlig undurchlässiger Stallboden ist für Wechselstreu Bedingung.

Matratzen- oder Dauerstreu hat diese Nachteile nicht. Auf Matratzenstreu können sich die Pferde auch tagsüber im Liegen ausruhen. Im Winter ist sie außerdem wesentlich wärmer als Wechselstreu.

Zur Herstellung der Matratze wird auf dem gründlich gereinigten und desinfizierten Stallfußboden der vollständig abgetrocknet sein muß, eine etwa 10–15 cm hohe Schicht aus Sägespänen, fasrigem, trockenem und staubfreiem Torf oder auch altem, zerbrochenem Stroh aufgeschüttet und *festgestampft.* Als Ersatz läßt sich auch getrockneter, vor dem Aufbringen leicht angefeuchteter Pferdedung oder Lohe verwenden. Auf diese glattgezogene und verfestigte Schicht streut man etwas gebrannten Gips oder Kainit. Darauf wird eine dicke Schicht grobhalmiges Roggenstroh ausgebreitet.

Da sich durch den in der Matratze verbleibenden und von ihrer Unterschicht aufgesaugten Urin Ammoniak bildet, der die Qualität der Stalluft stark herabsetzt, darf beim täglichen Aufschütteln und Einebnen der Streu die Unterschicht nicht beschädigt werden. Lediglich die völlig durchnäßten Stellen, an denen die Pferde Urin absetzen, werden von Zeit zu Zeit vorsichtig ausgehoben und durch trokkene Masse ersetzt. Außerdem ist frisch abgesetzter Kot möglichst rasch zu entfernen. Zur täglichen Pflege der Matte ist zunächst deren obere, lose Strohschicht einzuebnen und festzutreten, ehe das neue Stroh gleichmäßig darüber ausgebreitet wird. Ein gepflegtes Aussehen erhält der Stall, wenn die hintere Kante der Matratze an der Tür eingerollt oder eine schmale Strohmatte darüber gebreitet wird (s. Abb. 56).

Bei einer gut angelegten und ordentlich gepflegten Matratze besteht die oberste Schicht aus trockenen, gut erhaltenen Strohhalmen, die darunter befindliche aus zersetztem, zertretenem Stroh, daß die Pferde nicht mehr fressen können und die unterste Schicht ist – mit Ausnahme der reparierten Stellen – unverändert fest geblieben, hat sich aber unter ihrer trockenen Oberfläche teilweise mit Flüssigkeit vollgesaugt.

So findet man die Matratze vor, wenn sie – zweimal im Jahr, in der Regel im Frühjahr und im Herbst – vollständig erneuert wird. Da der Matratzenwechsel mit der Bekämpfung von Eingeweideparasiten verbunden wird, sind nach dem Entfernen der gesamten Streumasse der Stallfußboden und die Wandteile, die mit der Streu in Berührung gekommen sind, gründlich zu reinigen und zu desinfizieren, bevor nach dem Abtrocknen die neue Matratze angelegt werden kann.

In Ständen ist das frische Stroh zum Auffüllen des vorderen Teils der Matratze zu verwenden, da die Pferde diesen Teil der Streu auch als Nahrung aufnehmen.

Die *Futterkrippe* soll dem Pferd die Futteraufnahme in natürlicher Haltung gestatten. Je nach Größe der Pferde liegt ihre Oberkante zwischen 0,65 m und 1 m über dem Boden. Für Fohlen sollte sich die Futterkrippe unmittelbar auf dem Boden befinden, da dies den natürlichen Freßgewohnheiten entspricht und außerdem die Rückenwölbung fördert. Futterkrippen aus rostfreiem Stahl werden jetzt vom Handel angeboten. Sie müssen genauso sauber gehalten werden wie die häufig verwendeten halbrunden, glasierten Tontröge, die sich in den Abmessungen 0,60 m × 0,35 m bewährt haben. Die Futterkrippen dürfen keine Vorsprünge besitzen, unter denen sich Futterreste festsetzen, vergären und verschimmeln können.

Bei Boxen mit geringen Abmessungen sparen die im Handel erhältlichen Eckkrippen Platz, erschweren jedoch das Füttern von der Stallgasse aus.

Ist die Krippe in einen Futtertisch eingesetzt, muß dieser nach der Boxenaußenwand schräg abgemauert sein, damit die Karpalgelenke geschont werden.

Heuraufen über den Futterkrippen sind unzweckmäßig, da herabfallende Staub- und Schmutzpartikel die Augen der Pferde gefährden können. Außerdem werden die Pferde zu einer unnatürlichen Freßhaltung gezwungen, durch die besonders junge Pferde im Rücken verbildet werden können (Senkrücken). Heuraufen neben dem Futtertisch sind zweckmäßiger, jedoch steigen manche Pferde mit den Vorderbeinen in sie hinein. Legt man das Heu direkt auf die Streu, führt dies zwar zu einer natürlichen Freßhaltung, jedoch wird ein Teil

56 So flicht man Strohmatten

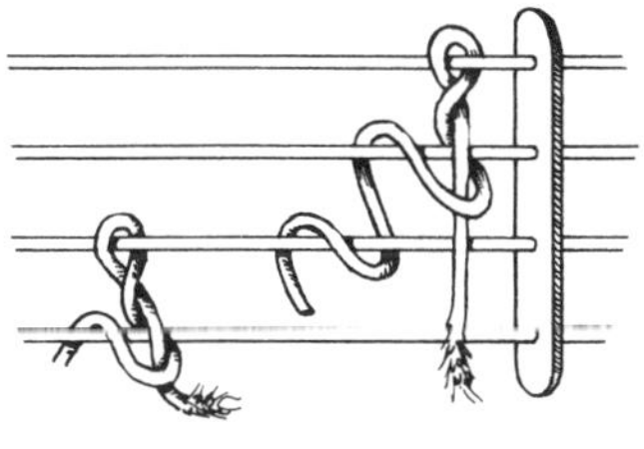

des Heus in die Streu getreten. Gut bewährt haben sich Heunetze, die am Boxengitter aufgehängt werden. Sie gestatten es außerdem, das Heu individuell zu portionieren und senken die Verluste durch Eintreten in die Streu um 10–15%.

In gleicher Höhe wie die Futterkrippen sind auch die *Selbsttränken* anzubringen. Sie erleichtern die Arbeit, schränken aber den Kontakt zwischen Mensch und Pferd weiter ein. In Ausbildungsställen sollten daher die Reiter – wenigstens abends – mit dem Eimer tränken. Damit ist aber ein Nachteil der Selbsttränken, nämlich die fehlende Kontrolle der Wasseraufnahme des Pferdes, nur zum Teil beseitigt. Für Leistungspferde ist jedoch diese Kontrolle wichtig. Daraus ergibt sich die Forderung, daß sich Selbsttränken einzeln abstellen lassen müssen. Wo dies gewährleistet ist, können die Tränken zwischen den Tränkzeiten abgestellt werden. Die Tränkbecken müssen eine leichte Reinigung gestatten und so konstruiert sein, daß Wasser nicht in die Zuleitung zurücklaufen kann. In der Box muß ein kräftiger Ring in eine Wand eingelassen sein – am besten in die links von der Tür befindliche –, an dem das Pferd zu Pflegearbeiten und zum Satteln angebunden werden kann.

Zur Stallgasse sind an den Boxen *Geschirr- bzw. Sattelhalter* zum zeitweisen Ablegen von Sätteln, Zaumzeug, Longierzeug, Geschirren usw. angebracht, und zwar hoch genug, damit aufgehängte Geschirre nicht am Boden schleifen und vorübergeführte Pferde nicht behindert werden. Kann man die Halter nicht so hoch anbringen, z. B. wenn Kinder und Jugendliche an sie heranreichen müssen, sollte man schwenkbare Halter verwenden, die am Unterteil der Boxentür angebracht sind und zur Seite geklappt werden, wenn sie nicht in Gebrauch sind.

Erstrebenswert ist eine Verbindung von Boxen mit einem Kleinauslauf (Paddock), der von den Pferden nach Belieben durch eine im Sommer offenbleibende Tür nach außen betreten werden kann. (Hinweise dazu und zu weiteren Fragen finden sich im Heft „Orien-

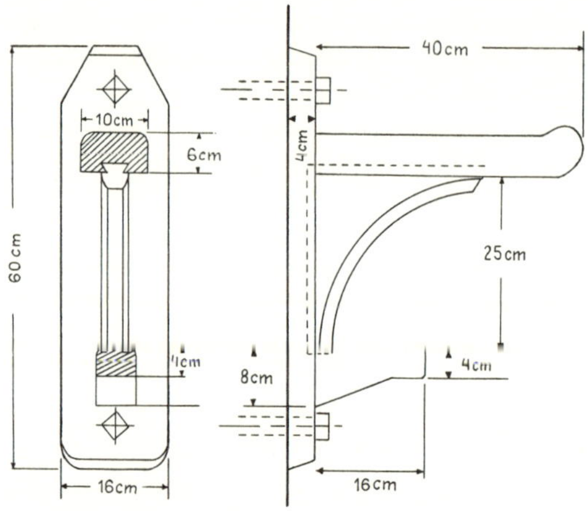

57 Sattelhalter

tierungshilfen für die Planung und den Bau von Reitanlagen und Reitwegen, FN-Verlag der Deutschen Reiterlichen Vereinigung GmbH, Warendorf, 1992.)

In Stallneubauten für eine größere Anzahl von Pferden kann eine Entmistung mittels Maschinen vorgesehen werden. Dazu müssen die Seitenwände der Boxen verschiebbar oder schwenkbar konstruiert sein. Außerdem muß man dazu auch Außentore für das Befahren der Boxenreihen vorsehen. Bei zweimaligem Herausnehmen der Matten pro Jahr erscheint dieser Aufwand sehr hoch und ist sicher nur für Ställe in Gestüten, Großreitanlagen usw. zu vertreten.

In den Fällen, in denen Platzmangel der Einrichtung eines Boxenstalles unüberwindliche Hindernisse entgegensetzt, wird ein Stall mit *Ständen*, oder auch ein Nebeneinander von Boxen und Ständen im gleichen Raum manchmal nicht zu umgehen sein. In diesem Fall sind die *Abmessungen* eines Standes mit 1,60 m × 3 m für Großpferde, 1,50 m × 2,60 m für G-Ponys und 1,40 m × 2,20 m für M- und K-Ponys anzusetzen. Der *Stallboden*, der dem der Boxen entspricht, soll jedoch in Ständen am Standende ca. 8 cm tiefer liegen, so daß der Urin aus der Matratze ablaufen kann. Hinter dem Standende befindet sich eine *Jau-*

cherinne von dreieckigem Querschnitt, die sich mühelos reinigen läßt.
Unterschieden werden Stände mit massiven Zwischenwänden (Kastenstände) und solche mit Trennbäumen zwischen den Standplätzen der einzelnen Pferde. Erstere sind in Massivställen noch zu finden, letztere – ursprünglich in Kavallerieställen üblich – sind nur noch in Behelfsstallungen an Turnierorten vorhanden oder werden in Ausnahmefällen gebraucht, wenn Boxen vorübergehend doppelt belegt werden müssen.
Die Höhe der Standwand beträgt 1,60 m für Großpferde, 1,20 m für G-Ponys und 1 m für M- und K-Ponys. Auf der dem Pferdekopf zu gelegenen Seite der Standwand ist – bei Hengsten unverzichtbar – ein nach hinten zur Wandmitte abfallendes, geschweiftes Gitter, das an seiner höchsten Stelle die Standwand um 60 cm überragt. In Kastenständen legen sich Pferde manchmal fest. Muß man einen Hengst in einem Stand unterbringen, ist aus Sicherheitsgründen ein Kastenstand zu wählen.
Stände haben an ihrem vorderen Ende einen Krippentisch, daneben ist die Selbsttränke angeordnet. Eine Heuraufe befindet sich seitlich des Krippentisches; oberhalb des Krippentisches ist sie unzweckmäßig. Selbstverständlich lassen sich auch die praktischen Heunetze am Krippentisch so aufhängen, daß die Pferde das Heu in normaler Körperhaltung herausziehen können.
Außerdem ist in der Vorderwand des Krippentisches die *Anbindevorrichtung* eingelassen. Sie besteht meist aus einem Ring, durch den eine an ihrem Ende mit einem Holzklotz als Gegengewicht versehene Kette (mit Gummi bezogen) läuft. Das Gewicht strafft die Kette und verhindert dadurch ein Hinübertreten des Pferdes (Kettenhang). Auch eine in der Krippenvorderwand angebrachte Gleitstange, auf der der Anbindering läuft, dient dem gleichen Zweck. Die Aussparung hinter der Gleitstange muß dem Ring das ungehinderte Gleiten ermöglichen.
Wo keine Kastenstände vorhanden sind und die Trennung der Pferde durch *Standbäume* (Trennbäume, Flankierbäume) erfolgt, sind diese an ihrem vorderen Ende mittels Ring und Knebel am Krippentisch aufgehängt, hinten an einem von der Decke herabhängenden Seil (Schwebebaum) oder besser mittels einer leicht lösbaren Haltevorrichtung (Abb. 58) am Standpfeiler. Die Standnachbarn von futterneidischen Pferden kann man durch eine Hängewand aus Brettern oder eine geflochtene Strohwand aus Langstroh (Abb. 59 a und b) schützen.
Mit einer ähnlich geflochtenen Strohmatte kann man auch die Hinterkante der Matte abdecken. Das sieht sehr gut aus, macht allerdings auch Mühe. Wer eine solche Matte nicht herstellen kann, muß sich damit zufriedengeben, die hintere Kante der Matratze „einzurollen“. Aus Sicherheitsgründen müssen alle Stände mit einer Stange oder einem Seil verschlossen sein, wenn sich niemand im Stall aufhält.
Am Standpfeiler oder an der Standwand sollte sich außerdem ein kurzer Riemen mit einem Karabinerhaken befinden, mit dessen Hilfe ein bereits im Stand herumgedrehtes Pferd an seinem Platz gehalten werden kann, falls noch letzte Pflegehandlungen vorgenommen werden sollen oder sonstwie eine Wartezeit vor dem Herausführen eintritt. Die Haltung von Sportpferden in Ständen muß als nicht pferdegerecht abgelehnt werden.
Futterkisten dürfen aus hygienischen Gründen nicht im Stall abgestellt werden. Fahrbare Futterkisten können außerhalb des Stalles, z. B. in der Futterkammer, aufgestellt und nur zu den Futterzeiten in den Stall gefahren werden. In Ställen, in denen die Reiter beim Abendfutter helfen, hat sich ein zweirädriger Karren mit einem Gestell bewährt, auf den die mit dem Pferdenamen versehenen Futterschüsseln, vom Futtermeister gefüllt, gestellt werden. Damit läßt sich die individuelle Fütterung sichern.
Im Stall müssen eine oder mehrere Wasserzapfstellen vorhanden sein, vorzugsweise in unmittelbarer Nähe der Gullys.
Schränke, Garderobenhaken, Bänke und ähnliches gehören nicht in den Stall.

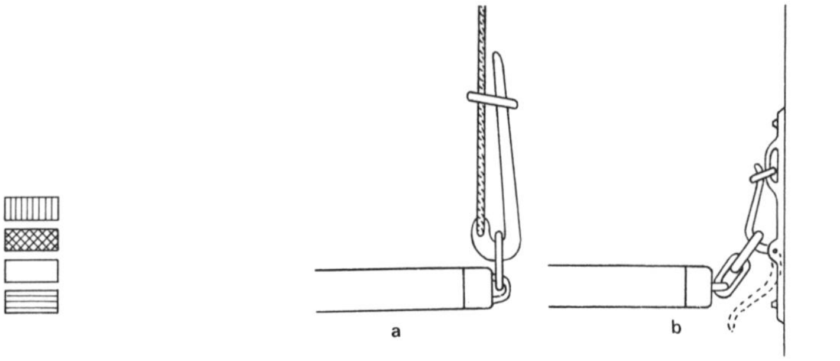

58 Aufhängevorrichtung für Flankierbäume; a für Schwebebäume; b für Standbäume

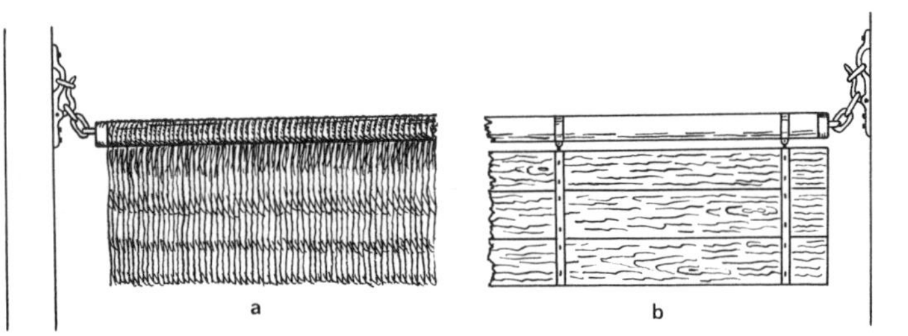

59 Flankierbäume mit Schlagschutz; a eingeflochtener Flankierbaum (Stroh); b Hängewand (Holz)

Alle Ecken und Kanten müssen abgerundet sein. Nägel, Haken u. ä. dürfen nicht vorstehen, damit sich nicht Pferde an ihnen verletzen können.

Die *Stallgeräte.* Sie müssen jederzeit gebrauchsfähig sein. Deshalb sind sie pfleglich zu behandeln und sauberzuhalten. Je nach Größe des Stalles und Anzahl der Pferde benötigt man:

3–4 Rutenbesen mit langem Stiel
3–4 Besen mit harten Borsten
3–4 Gabeln (zum Aufschütteln und Ausbreiten der Streu)
3–4 Schaufeln
3–4 Dungkörbe
3–4 Dungharken (-rechen) mit kurzem Stiel (zum Aufnehmen des Dungs in den Korb)
1–2 Dungkarren (deren Standort außerhalb des Stalles ist).

Das Stallgerät ist an einem dafür festgelegten Platz aufzustellen und dort so aufzubewahren, daß Menschen und losgekommene Pferde nicht gefährdet sind. Da das Vorgeben von Heu mit der Gabel nicht ungefährlich ist, sind *Heugabeln* nicht in das Stallinventar aufzunehmen.

Stallarbeit und Stallordnung

Die Pflege des Stalles schafft wichtige Voraussetzungen für Gesunderhaltung und Gebrauchsfähigkeit der Pferde. Sie darf nicht nur den Angestellten überlassen bleiben. Jedem am Pferdesport Interessierten sollte auch die Sorge um das Tier im Stall am Herzen liegen und letztlich auch Freude bereiten. Nur wenige junge Menschen haben heute die Gelegenheit, die Stallarbeit gleichsam von Kindesbeinen an im elterlichen Betrieb zu lernen. Auch der Umgang mit Pferden ist für sie Neuland, das erst erforscht werden muß. Deshalb ist für Anfänger eine sorgfältige und umfassende Unterweisung dringend erforderlich. Das sollte in Form eines Unterrichts geschehen, in dem die für die betreffende Stallanlage geltenden Verfahren und Ordnungsprinzipien konkret *vermittelt* und *geübt* werden.

Diese **Ordnungsprinzipien** müssen gewährleisten:
- einen erholsamen und gesundheitsdienlichen Aufenthalt für die Pferde,
- einen relativ geringen Zeitaufwand der Reiter und
- wirksame Sicherheits- und Schutzmaßnahmen für beide.

Die Vorstände der Reit- und Fahrvereine sollten für ihre Anlage und den in ihr durchgeführten Schul-, Übungs- und Trainingsbetrieb eine solche *Ordnung detailliert ausarbeiten* und beschließen. Diese sollte sowohl bei der Einführung von Neulingen in die Stallarbeit, z. B. im Rahmen eines Schnupperkurses, zugrunde liegen als auch durch Aushang an der Bekanntmachungstafel allen Vereinsmitgliedern zur Kenntnis gebracht sein. Viel wichtiger aber ist noch die einmütige Durchsetzung und laufende Kontrolle der aktiven Vereinsmitglieder über ihre Einhaltung durch alle Ausbilder, Übungsleiter und Funktionsträger des Vereins. Ohne diese Einmütigkeit läßt sich das Ziel nur schwer erreichen, und ständiger Ärger über Unzulänglichkeiten und Verstöße ist vorprogrammiert.

Nachstehend sollen einige wichtige inhaltliche Fragen einer solchen „Anlagenordnung" erörtert werden:

Allgemeines. Stall, Sattelkammer und Futterräume beherbergen große materielle Werte. Sie bieten aber auch zahlreiche Unfallquellen. In jeder Reitanlage sollte daher eine vom Vereinsvorstand benannte *Persönlichkeit,* hauptberuflich oder ehrenamtlich, vorhanden sein, die die Kontrolle über alle Vorgänge in der Anlage ausübt. Ihr stehen selbstverständlich zuverlässige Helfer aus dem Kreis der Vereinsmitglieder zur Verfügung.

Ein *Hinweisschild* am Eingang des Objektes sollte unbefugten Personen den Zutritt verwehren und Besucher an das Büro oder an eine bestimmte Ansprechperson verweisen.

Kinder und im Umgang mit Pferden ungeübte Personen dürfen sich nicht unbeaufsichtigt in der Anlage und besonders im *Stall* aufhalten. Für Kleinkinder der Vereinsmitglieder sollte ein Spielplatz eingerichtet sein, auf dem sie gefahrlos spielen können.

Nichtmitglieder des Vereins dürfen sich in der Anlage nur mit Kenntnis des Verantwortlichen aufhalten. Stall- und Futterräume dürfen Nichtmitglieder nur in *Begleitung* des Verantwortlichen oder eines von ihm beauftragten Vereinsmitgliedes betreten.

Hunde dürfen in der Anlage nicht frei umherlaufen. Für sie ist nach Möglichkeit ein abgeschlossener Aufenthaltsplatz einzurichten.

Mit *Fahrzeugen,* außer Wirtschaftsfahrzeuge, darf die Anlage nicht befahren werden. Parkplätze sollten sich außerhalb der Anlage befinden. Kraftfahrzeuge dürfen keinesfalls die Zugänge verstellen.

Für *Fahrräder* sollte sich ein Ständer in der Nähe des Eingangs befinden.

Der vom Vorstand beauftragte Verantwortliche übt im Auftrag des Vorstandes das *Hausrecht* aus. Alle Personen, die sich innerhalb der Anlage befinden, haben seinen Anordnungen Folge zu leisten.

Futterordnung

Zur Pflege der Anlage, des Pferdebestandes und auch zur Beschaffung des Futters sind sehr viele Arbeiten erforderlich. Wo diese nicht vollständig von hauptamtlichen Angestellten ausgeführt werden können, ist die Mithilfe der Vereinsmitglieder gefragt. Daran sollten sich alle aktiven Vereinsmitglieder beteiligen.

Für die Gesunderhaltung der Pferde sind festliegende und exakt eingehaltene *Fütterungszeiten* von großer Bedeutung. Früh-, Mittag- und Abendfutter sowie die exakten Zeiten für das Tränken bzw. das Anstellen der Selbsttränken und das Vorlegen von Raufutter und Zusatzfutter wie Mohrrüben usw. sollten deshalb in der Anlagenordnung – natürlich entsprechend den örtlichen Bedingungen – fest-

geschrieben und ausnahmslos exakt eingehalten werden. Gleiches gilt auch für die – zumeist im Anschluß an das Mittagfutter – festgelegten ein- bis zweistündigen *Stallruhezeiten.* Schul- und Übungsbetrieb müssen darauf Rücksicht nehmen.
Sportpferde bedürfen einer *individuellen* Fütterung. Größe und Zusammensetzung der Futterrationen sind daher festzulegen und am besten in einem *Futterplan* zu erfassen, der von Zeit zu Zeit nach Bedarf verändert werden kann. Das erleichtert auch die Abrechnung mit den Pferdebesitzern. Wo die Fütterung nicht in allen Fällen von derselben Person vorgenommen wird, empfiehlt es sich, die Rationen von einem Verantwortlichen (Futtermeister) für die nächsten Mahlzeiten vorbereiten zu lassen. Dazu müssen für jedes Pferd zwei mit dem Namen versehene Futterschüsseln zur Verfügung stehen. *Heunetze* werden ebenfalls von dem Verantwortlichen gefüllt, der – besonders, wenn auch andere Vereinsmitglieder mit dieser Aufgabe betraut werden – den Inhalt der Netze hin und wieder wiegen sollte. Bei größeren Unterschieden in den Rationen geschieht das besser regelmäßig mit einer Sackwaage.
Werden in einem Stall keine Heunetze verwendet, muß der Futtermeister das Heu in entsprechenden Häufchen ordentlich an den Boxen bzw. Ständen ablegen, falls das Vorlegen durch die Reiter erfolgt.
Aus schon erläuterten Gründen (Verunreinigung der Stalluft durch Gase) dürfen weder Futtermittel noch gefüllte Tränkeimer im Stallraum verbleiben. Ist das Wasser im Winter zu kalt, wird etwas heißes Wasser hinzugegossen.
Leckerbissen für die Pferde hat jeder Reiter immer bei sich. Spezielle „Leckerli“ wie Brot, Rüben und Mohrrüben sind besonders geeignet, nicht aber Würfelzucker, da beim Kauen erzeugter Schaum auf den Krippentisch fallen und die Pferde zum Koppen veranlassen kann. Im übrigen werden Leckerbissen in der Regel als Belohnung für Leistungen des Pferdes gegeben, und dazu ist im Stall wenig Gelegenheit.

Verhalten im Stall

Im Stall sollen die Pferde ausruhen. Die Erholung wird durch Lärm und Unruhe beeinträchtigt. Deshalb sollte unvermeidbarer Aufenthalt im Stall – und ganz besonders während der Stallruhezeiten untersagt sein. Die Auffassung mancher Stalleute, man könne durch laute *Radiomusik* die Pferde gegen die Geräuschkulisse des Turnierplatzes unempfindlich machen, ist ein Märchen!
Der Stall ist kein *Unterrichtsraum.* Nur im Ausnahmefall darf Unterricht im Stall stattfinden, wenn es sich nämlich um den Unterricht in Stallpflege handelt, oder auch, wenn ein Pferd als Demonstrationsobjekt benötigt wird und ungünstige Witterung den Unterricht im Freien nicht zuläßt.
Arbeiten im Stall müssen von den damit beauftragten Reitschülern, aber natürlich auch von allen anderen damit Befaßten korrekt, rasch, ruhig, gewissenhaft, geräuscharm und unter sorgfältiger Beachtung der erforderlichen *Vorsichtsmaßregeln* ausgeführt werden. Reitschüler sind auf die vielfältigen Unfallmöglichkeiten wiederholt aufmerksam zu machen.
In Boxen gehaltene Pferde sind stets anzuhalftern und anzubinden, wenn Arbeiten in der Box ausgeführt werden. Das entbindet allerdings den verantwortlichen Ausbilder nicht von seiner Aufsichtspflicht. Ohne Anwesenheit des Ausbilders oder eines entsprechenden Verantwortlichen dürfen in der Stallarbeit und im Umgang mit Pferden noch nicht genügend geübte Reitschüler nicht unbeaufsichtigt im Stall arbeiten.
Da die Stallarbeit ein Teil des Ausbildungsprogramms aller Reitanfänger ist, sollte auch dazu ein richtiger Unterricht, z. B. während eines „Schnupperkurses“ oder eines anderen Vorbereitungslehrgangs auf die Reitausbildung, stattfinden.

Box oder Standplatz jedes Pferdes sollten durch eine *Tafel* kenntlich gemacht sein, die seinen Namen, die Namen seines Vaters und seiner Mutter (evtl. noch den des Vaters der Mutter), das Zuchtgebiet (evtl. auch den Züchter) und das Geburtsdatum ausweist. Die Tafel ist an gut sichtbarer Stelle anzubringen, an der Boxenwand oder über dem Krippenplatz.

Pferde, bei denen damit gerechnet werden muß, daß sie aus Futterneid oder Schreckhaftigkeit schlagen, sind durch eine *rote Tafel* mit der Aufschrift „Schläger" zu kennzeichnen, die sich unmittelbar unter der Namenstafel befinden sollte. Gleiches gilt für Beißer. Allerdings gehören unberechenbare Schläger und Beißer in keinem Fall in einen Ausbildungsstall. Sollte sich jedoch im Ausnahmefall ein bösartiges Pferd im Stall befinden oder sollten – was häufiger vorkommt – einige Pferde nervös oder schreckhaft sein, so dürfen sie nur von einem im Umgang mit ihnen erfahrenen Pfleger betreut werden. Das ist in der Regel ein Angestellter. Andere Vereinsmitglieder sollten sich mit der Pflege solcher Pferde nicht befassen. Der Pfleger muß diese Pferde mit Ruhe und Besonnenheit behandeln. *Beißer* sind zum Schutze des Pflegers mit einem *Beißkorb* zu versehen.

Da Stände aus Sicherheitsgründen mit einer Kette, einem Seil oder einer Stange abgesperrt sein müssen, ist es Aufgabe des Ausbilders oder eines entsprechenden Verantwortlichen, die Absperrung beim Verlassen des Stalles vorzulegen. Das entbindet ihn jedoch nicht von der Kontrolle der *Anbindevorrichtungen*, die sich in einem einwandfrei funktionierenden Zustand befinden müssen.

Ruhige und freundliche Behandlung der Pferde erhält deren Vertrauen zu den Menschen. Pferde empfinden ruhige und freundliche Worte als angenehm. Schimpfen und Schreien bewirkten das Gegenteil und führten sogar zu einer Belastung des Kreislaufs. Aus diesem Grunde ist gegen Personen, die Pferde roh behandeln oder gar sinnlos strafen, in welcher Weise auch immer, sofort energisch einzuschreiten. Ändern sie ihr Verhalten nicht, muß der Vorstand entsprechende Maßnahmen gegen sie einleiten, die bis zur Verweisung von der Anlage gehen können. Im Interesse aller Pferde und Reiter gilt dies auch für die Besitzer von Pferden. In jedem Fall müssen harte, disziplinarische Maßnahmen ergriffen werden, wenn Pferde im Stall mit der Peitsche, mit Stallgeräten oder anderen Gegenständen mißhandelt werden. Besonders bei älteren Reitern, die derartiges Fehlverhalten zeigen und dadurch als negatives Beispiel für die Jüngeren wirken, ist Strenge und Konsequenz im Interesse des Tierschutzes angebracht.

Auch vermeintlich freundliches Verhalten kann manchmal unangebracht sein. Pferde darf man nicht necken oder mit ihnen spielen. Tun sie nämlich dann auf ihre Weise mit, so nämlich als spielten sie mit ihresgleichen, empfindet der Mensch dies als schmerzhaft und straft das Pferd dafür. Auf diese Weise kann der gutmütige Charakter des Pferdes leicht verdorben werden.

Als ein Zeichen gut entwickelten Gemeinschaftssinnes unter den Reitern und als Ausdruck ihres Verantwortungsbewußtseins gegenüber den Pferden und auch dem Verein ist es zu werten, wenn die Reiter sich freundlich, aber konsequent auf Fehler in ihrem Verhalten hinweisen.

Zu den für jeden Reiter selbstverständlichen Pflichten gehört es, sich vor und nach dem Reiten gründlich vom Zustand seines Pferdes zu überzeugen.

Schäden (Druckstellen, Wunden, Lahmheiten, angelaufene Sehnen u. a.) sind dem Ausbilder bzw. Besitzer sofort zu melden, der daraufhin das Erforderliche veranlaßt. Zu den unverzichtbaren Aufgaben des Ausbilders gehört, sich vor Beginn und am Ende jeder Übungseinheit von den Reitern darüber berichten zu lassen, was sie bei ihren Kontrollen an den Pferden festgestellt haben. Auf diese Weise wird die Gefahr verringert, daß Bagatellverletzungen (die besonders an den Beinen häufig Phlegmonen verursachen),

Lahmheiten, eingetretene Nägel, Scherben oder Steine, Druckstellen, Sporenrisse, Ballen- oder Kronentritte und ähnliches unentdeckt und unversorgt bleiben. Das aber kann zu schwerwiegenden Folgen führen. Ein guter Ausbilder wird seine Reiter für diese Kontrollen sensibilisieren und dadurch ihr Interesse und ihr Verantwortungsbewußtsein für den Zustand ihres Pferdes motivieren.

Ablauf der Stallarbeiten

Die Stallarbeiten werden bei vielen Vereinen durch Angestellte ausgeführt. Das sollte aber nicht zum Verzicht auf Belehrung und Übung der aktiven Reiter, besonders der Kinder und Jugendlichen des Vereins, in dieser Hinsicht führen. In Ausbildungsberitten sollte der Ausbilder den Reitern nach gründlicher Unterweisung präzise Aufgaben stellen. Das verbessert den rationellen Ablauf der Stallarbeiten, spart Zeit und führt zu dem gewünschten Ausbildungsergebnis. Die Wirksamkeit dieses Verfahrens wird ungemein erhöht, wenn in der gesamten Reitanlage nach den gleichen Grundsätzen verfahren wird und alle Ausbilder sich ständig um deren exakte Durchsetzung bemühen. In der Anlagenordnung sollte daher auch die im Verein übliche *Reihenfolge der Arbeiten* für den normalen Schul- und Übungsbetrieb festgelegt sein. Dazu gehören:

– *Vor dem Reiten (Fahren):* Tränken, Dung abnehmen und Ordnen der Streu, Pferde putzen (ggf. Anzahl der „Striche"), Mähnen und Schweife glätten, Sattel (Geschirr) und Zaumzeug abwischen, satteln (anschirren) und zäumen, Hufe säubern, Herausführen der Pferde aus dem Stall, Stallgasse fegen (durch einen Zurückgebliebenen).

– *Nach dem Reiten (Fahren):* Absatteln (Abschirren) und Abtrensen, schweißnasse Pferde trockenreiben, Beine und Hufe säubern und waschen (im Sommer) oder säubern, abbürsten und trockenreiben (im Winter), Tränken, Futterschütten, Sattel (Geschirr) und Zaumzeug säubern, Heu vorlegen, Stallgasse fegen.

Die örtlichen Bedingungen in einer Reitanlage können eine andere Reihenfolge der Arbeiten geraten erscheinen lassen. In jedem Fall sollte aber die vom Vorstand festgelegte Reihenfolge von allen Ausbildern gefordert und von allen Reitern eingehalten werden.
Will sich der Vereinsvorstand in seiner Gesamtverantwortung auch vom Zustand der Pferde überzeugen, so kann er dafür monatlich einmal eine *Besichtigung aller Pferde* des Vereins durchführen. Die Vorbereitung der Pferde auf diese Besichtigung sollte den jugendlichen Vereinsmitgliedern übertragen werden, die dann auch die Pferde vorführen. Ihr Pflegezustand wird vom Vorstand oder einer von ihm ernannten Kommission von Fachleuten bewertet, wodurch sich ein Wettstreit um das beste Ergebnis unter den Jugendlichen ergibt. Einige Vereine haben solche Wettkämpfe der Jugendlichen zu „Championaten" ausgebaut, was man dem Pferdebestand dieser Vereine ansieht. Selbstverständlich läßt sich dies auch auf die *Ausrüstungsgegenstände,* insbesondere Sättel (Geschirr), Zaumzeug und die übrigen Ledergegenstände ausdehnen. Weil dadurch auch deren Pflegezustand und mit ihm die Lebensdauer verbessert wird, kann es eigentlich keinen Einwand gegen ein solches Verfahren geben. Die dafür erforderliche Zeit allerdings muß gefunden werden, und das ist nicht immer ganz leicht. Jedoch: wo ein Wille ist, ist auch ein Weg.

Einteilung zum Schulbetrieb. In der Regel stehen für den Schulbetrieb nicht allzu viele Pferde zur Verfügung, und häufig fällt davon das eine oder andere noch aus. Für die Ausbilder und auch für die Reitschüler sollten die einsatzfähigen bzw. für den Schulbetrieb vorgesehenen Pferde auf einer Tafel bekanntgegeben werden, an die jeweils für die Tage einer Woche Täfelchen mit den Pferdenamen angesteckt werden.

Brandschutzmaßnahmen

Rauchen und die *Benutzung offenen Lichts* ist im Stall und Futterräumen streng untersagt. Wer gegen diese Verbote verstößt und dadurch einen Brand verursacht, wird strafrechtlich verfolgt. Ein generelles Rauchverbot für die ganze Anlage oder auch die Festlegung von Raucherinseln an ungefährdeten Stellen sind geeignete Maßnahmen zur Brandverhütung. Das erstgenannte Verbot dient auch der Gesundheit der Menschen.

Schäden an *elektrischen Leitungen* bilden eine latente Brandgefahr und müssen sofort von einem Fachmann beseitigt werden, nicht zuletzt auch, weil Pferde gegen elektrischen Strom viel empfindlicher sind als Menschen. Deshalb muß auch die gesamte elektrische Anlage den für Feuchträume geltenden Vorschriften entsprechen.

Feuerlöscher müssen im Stall und in den Futterkammern vorhanden sein. Die genauen Standorte der Feuerlöscher und ihre Verwendungsmöglichkeit sollten in der Anlagenordnung bestimmt sein. Die Vorstände der Vereine sollten darauf bestehen, daß alle aktiven Mitglieder wenigstens einmal in zwei Monaten – am besten aktenkundig – über die Handhabung der Feuerlöscher belehrt werden.

Frisch eingelagertes *Heu und Stroh* muß regelmäßig ein- bis zweimal pro Woche auf seine Temperatur untersucht werden. Dafür werden besondere Thermometer verwendet. Waren Heu und Stroh bei der Einlagerung feucht, muß die Kontrolle anfangs täglich erfolgen. Dadurch lassen sich nicht nur Brände, sondern auch Verluste durch Verderbnis vermeiden.

Die Bestimmungen der Anlagenordnung dienen in erster Linie der Sicherheit von Mensch und Tier. Sie bilden damit die Grundlage für eine gute Ausbildung aller Reitschüler in den Belangen der Pferde- und Stallpflege als Voraussetzung für einen unfallfreien Schul- und Übungsbetrieb. Aus diesem Grund sollten die Vereinsvorstände die für ihre Anlage zutreffende Ordnung sorgfältig ausarbeiten und allen Mitgliedern zugänglich machen. Diese wiederum sollten in angemessener Weise zur Einhaltung der Ordnung verpflichtet werden. Auch ist den Vereinsvorständen zu empfehlen, die von ihnen beschlossene Ordnung von Zeit zu Zeit zu überprüfen und wenn erforderlich zu aktualisieren.

2.2. Pflege des Pferdes

Putzgeräte und Putzvorgang

Das **Putzen** des Pferdes ist eine notwendige, gesundheitsfördernde Maßnahme, die täglich gründlich durchgeführt werden muß. Es ist nicht nur ein *Reinigungsvorgang,* bei dem Schmutz- und Hautabsonderungen (abgestorbene und abgestoßene Hautzellen, sogenannte Schinnen) beseitigt werden; die beim Putzen ausgeübte *Hautmassage* regt auch den Blutkreislauf an, hebt das Wohlbefinden des Pferdes und erhöht dadurch seine Leistungsfähigkeit und Widerstandskraft. Dies ist besonders wichtig für Sportpferde, die auch heute noch häufig nur wenige Stunden des Tages im Freien sind.

Vollständiges Putzzeug (Abb. 60):
a) Kardätsche (Bürste);
b) Massagebürste, die auch zum Aufreiben verkrusteten Schmutzes dient;
c) Wurzelbürste für die Mähne;
d) Wischtuch;
e) Schwamm für Augen, Nüstern und Maul;
f) Schwamm für After und Geschlechtsteile;
g) Hufräumer, der keine scharfen Spitzen oder Kanten haben darf;
h) Wurzelbürste für Hufe und Fesseln;
i) Tuch zum Austrocknen der Fesseln (besonders im Winter);
k) Striegel (möglichst Reformstriegel oder Gummistriegel).

Der richtigen *Technik* des Putzens ist in der Ausbildung große Bedeutung beizumessen, damit sich einerseits das Pferd an den Putzvorgang rasch gewöhnt und sein Vertrauen zum Menschen festigt und andererseits der Putzende diese notwendige Arbeit effektiv und kräftesparend, aber auch tierschutzgerecht auszuführen lernt.
Der Ausbilder muß deshalb – genau wie beim Satteln und Auftrensen – längere Zeit anleitend und kontrollierend wirken, damit sich die jungen Reiter von vornherein ein richtiges und rationelles Vorgehen angewöhnen.
In Boxen untergebrachte Pferde sind zum Putzen am Halfter *anzubinden.* Das Putzen beginnt auf der linken Seite des Pferdes. Dazu wird die Kardätsche in die linke und der Striegel in die rechte Hand genommen. Beim Putzen der rechten Seite des Pferdes ist es umgekehrt.
Geputzt wird von vorn – am Hals beginnend – nach hinten, wobei es darauf ankommt, alle Teile des Pferdes, auch die schwerer zugänglichen (z. B. den Hals unter der Mähne, die Unterbrust zwischen den Vorderbeinen, die Innenseite der Hinterbeine usw.) mit der Kar-

60 Vollständiges Putzzeug mit Pflegebox
a Kardätsche (Bürste); b Massagebürste; c Wurzelbürste für die Mähne; d Wischtuch; e Schwamm für Augen, Nüstern und Maul; f Schwamm für After und Geschlechtsteile; g Hufräumer, der keine scharfen Spitzen oder Kanten haben darf; h Wurzelbürste für Hufe und Fesseln; i Tuch zum Austrocknen der Fesseln (besonders im Winter); k Striegel (möglichst Reformstriegel)

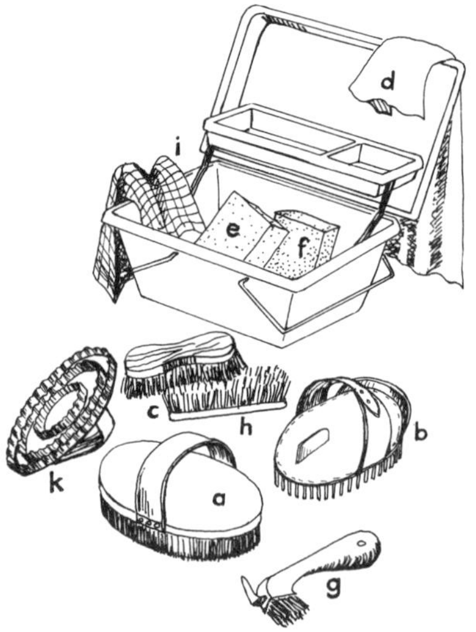

dätsche zu erreichen und zu säubern. Die *Kardätsche* wird in möglichst langen Streichbewegungen aus „langem Arm“ ruhig über den Pferdekörper hingeführt. Die Bewegungen sollen z. B. vom Kopfansatz über Hals und Schulter hinab bis zum Huf geführt werden. Die dabei erforderliche Bewegung ist für den Putzenden gleichzeitig eine gute Übung der Bauch- und Rückenmuskulatur. Mit seinem Körpergewicht übt der Putzende während des Überstreichens einen mäßigen Druck auf die Kardätsche aus. An Stellen, wo Knochen direkt unter der Haut liegen, wird der Druck gemildert. Kurze, hackende Putzbewegungen sind falsch und müssen schon in den ersten Ausbildungsstunden bekämpft werden.

Nach jedem Kardätschenstrich über das Pferd wird die Kardätsche am Striegel abgestrichen. Der Striegel wird dazu mit seiner geschlossenen Seite nach unten gehalten, damit der vom Pferd entfernte Schmutz im Striegel aufgefangen wird und nicht wieder auf das Tier zurückfallen kann. Zu diesem Zweck eignen sich die ovalen, mit einem Seitenrand versehenen *Reformstriegel* besonders gut.

Der Striegel darf mit dem Pferd überhaupt nicht in Berührung kommen! Ein Putzen mit dem Striegel ist generell zu vermeiden, und wo es noch vorkommt, zu bekämpfen, weil es die Pferde nervös macht und die Haut zur übermäßigen Absonderung von Oberhautschuppen reizt.

Schmutzverkrustete Stellen sind mit der *Wurzelbürste* zu lockern, ehe sie mit der Kardätsche gesäubert werden.

Gummistriegel und *Massagebürsten* aus Plaste sind ebenfalls dazu geeignet.

Nachdem das Pferd auf beiden Seiten von vorn nach hinten geputzt worden ist, wird der Kopf gesäubert. Dies erfordert besondere Behutsamkeit. Der Striegel ist dazu am besten aus der Hand zu legen, damit man das Pferd am Halfter halten kann. Beachte, daß auch dort gesäubert wird, wo die Schopfhaare die Stirn und das Genickstück des Halfters die Mähnenhaare verdecken.

Zur Selbstkontrolle des Putzenden sollen insbesondere bei Lernenden immer „Striche“ gefordert werden. Unter einem Strich versteht man den vom Pferd abgeputzten und aus dem Striegel auf eine mit Wasser befeuchtete Stelle der Stallgasse ausgeklopften Staub. Dieses Verfahren erlaubt eine annähernde Kontrolle über den Erfolg des Putzens, und außerdem wird der Staub gleichzeitig gebunden. Deshalb ist das Ausklopfen des Striegels gegen den Standbaum oder die Boxenwand abzulehnen.

Ein Strich gilt als „voll“, wenn je nach Putzzustand und Hauttätigkeit des Pferdes etwa 60 bis 80mal mit langen Armbewegungen die Kardätsche über das Pferd geführt wurde. Der Anfänger sollte leise mitzählen. Bei der Ausbildung von Kinderberitten kann der Ausbilder anfangs auch selbst zählen und nach je 80 Kardätschenstrichen die Striegel ausklopfen lassen. Das gewöhnt die Anfänger an den richtigen Takt und an einen flüssigen Putzvorgang. Das Motto: Lang der Arm und kurz die Pause! gilt auch heute noch überall dort, wo Pferde gut gepflegt werden. Normalerweise putzt man täglich dreizehn Striche von einem Pferd (vier von der Vorderhand, vier von der Mittelhand, vier von der Hinterhand und einen vom Kopf), bei besonders verschmutzten Tieren bis zu zwanzig (Vorhand sechs, Mittelhand sechs, Hinterhand sechs, Kopf zwei).

In größeren Ställen werden von den Angestellten auch elektrische Pferdestaubsauger zum Putzen verwendet. Sie erleichtern und verkürzen den Putzvorgang. Das aber wird durch die zeitliche Einschränkung des Kontaktes mit dem Pferde bezahlt. Im Normalfall sollte deshalb für den Reiter oder Fahrer das Putzen „von Hand“ die Methode der Wahl bleiben. Nach dem Putzen werden *täglich* einerseits Augen, Nüstern und Maul sowie andererseits After und Geschlechtsteile mit unterschiedlich gekennzeichneten Schwämmen ausgewischt. Die Schwämme sind nach jedem Gebrauch auszuspülen. Junge und unruhige Pferde sind geduldig und mit reichlich Leckerbissen an diese Pflegebehandlung heranzuführen und besonders Hengste und Wallache schon sehr jung daran zu gewöhnen, daß sie sich den *Schlauch waschen* lassen.

Die *Mähne* wird mit der Kardätsche durchgebürstet, der *Schweif* mit der Hand verlesen. Dabei werden miteinander verklebte und verschlungene Haare vorsichtig und ohne sie auszureißen, nebeneinander gelegt. Mit der feuchten Wurzelbürste werden die Mähnenhaare angebürstet. Einen *Mähnenkamm* zu benutzen ist nur bei einer sehr starken und dichten Mähne erlaubt. Mit dem Schweif darf er niemals in Berührung kommen.

Die *Hufe* werden mit einem *Hufräumer* aus Holz oder Plaste ausgekratzt, der keine scharfen Kanten haben darf. Metall-Hufräumer sind verpönt. Dabei ist auf eine gründliche Säuberung von Strahlfurchen und Strahlgruben zu achten.

Anschließend wird der Huf mit einer *Wurzelbürste* gründlich aus- und abgebürstet. Angeklebter Schmutz läßt sich am besten durch *Abwaschen* beseitigen. Auf keinen Fall dürfen Pferde mit unsauberen Hufen den Stall verlassen. Wird im Winter oder bei feuchter Witterung im Freien geritten, so sind die Hufe einschließlich Sohle, Strahl und Strahlfurchen vorher einzufetten.

Der Putzvorgang schließt mit dem *Glattputzen* des Haares ab. Dazu wird das Wischtuch so oft und unter Aufdrücken über den Pferdekörper geführt, bis das Deckhaar gut glänzt.

Reihenfolge der Einzelhandlungen beim Putzvorgang

1. Anfeuchten der Stallgasse;
2. Entnahme des Putzzeuges aus dem Beutel, dem Kasten oder aus dem Regal;
3. Anrufen des Pferdes und Betreten der Box oder des Standes auf der linken Seite; Halfter auflegen (falls nicht bereits vorher geschehen;
4. Putzen der Vorhand (links), 2–3 Striche;
5. Putzen der Mittelhand (links), 2–3 Striche;
6. Putzen der Hinterhand (links), 2–3 Striche;
7. Das Pferd herumtreten lassen;
8. Putzen der Vorhand (rechts), 2–3 Striche;
9. Putzen der Mittelhand (rechts), 2–3 Striche;
10. Putzen der Hinterhand (rechts), 2–3 Striche;
11. Vorsichtiges Putzen des Kopfes, 1–2 Striche;
12. Auswaschen von Augen, Nüstern und Maul mit einem Schwamm;
13. Auswaschen von After und Geschlechtsteilen mit einem anderen Schwamm;
14. Bürsten des Schopfes und der Mähne sowie Verlesen des Schweifes;
15. Ausräumen der Hufe mit dem Hufräumer, Aus- und Abbürsten mit der Wurzelbürste;
16. Glattputzen mit dem Wischtuch;
17. Wegräumen des Putzzeuges;
18. Wegfegen der Striche.

Grundsätze für die Behandlung von ängstlichen, nervösen und bösartigen Pferden:

- Reitschüler, die noch nicht genügend Sicherheit im Umgang mit Pferden haben, dürfen keinesfalls Pferde pflegen, die sich dem Putzen widersetzen. Bei Unfällen trägt der Ausbilder die volle Verantwortung.
- *Beißer* sind beim Putzen und Satteln stets mit *Beißkörben* zu versehen. Das gilt auch für Pferde, die sich beim Putzen unwillig zeigen. Der Verzicht auf den Beißkorb ist kein Zeichen von Heldentum, sondern gefährlicher Leichtsinn.
- *Schläger* dürfen nur von geübten Pflegern geputzt werden.
- Widersetzliche, unruhige, nervöse und ängstliche Pferde sollen immer nur von *einem* Pfleger betreut werden, da ständiger Wechsel das Übel meist verschlimmert. Ist ein ständiger Pferdepfleger angestellt, so gehört ihre Pflege stets in seine Hände.
- Beim Putzen ist mit größter *Ruhe* vorzugehen. Der Putzende soll leise mit dem Pferd sprechen. Personen, die beim Putzen trotz Belehrung ständig mit dem Pferd herumschimpfen oder gar in der Behandlung Roheit und Unverständnis für seine Psyche zeigen, werden niemals einfühlende und das Vertrauen des Pferdes erwerbende Reiter.

• *Kitzlige Pferde* sind von besonnenen und energischen Pflegern zu putzen. Sie sind, wenn nötig, kurz anzubinden, und gegebenenfalls kann bei ihnen die oben angegebene Reihenfolge des Putzvorganges verändert werden.

Pflege und Frisieren des Langhaares

Das Langhaar erfordert sorgfältige Pflege. Während in früheren Zeiten die Mode auch vor den Mähnen und Schweifen der Pferde nicht haltmachte und zum Teil sehr widernatürliche Frisuren forderte, die manchmal mit erheblichen Quälereien für das Tier verbunden waren, hat sich jetzt der vernünftige Standpunkt durchgesetzt, daß das ordentlich gepflegte Langhaar des Pferdes seiner natürlichen Bestimmung als Schutzhaar voll entsprechen muß.

Auf welcher Halsseite die **Mähne** liegt, ist von untergeordneter Bedeutung. Sie soll 10 bis 15 cm lang sein und sich glatt an den Hals anschmiegen. Schlecht liegende Mähnen flicht man für kurze Zeit in Zöpfe ein. Nach dem Auflösen der Zöpfe wird die Mähne angefeuchtet, glattgebürstet und mit einem Woilach bedeckt, bis sie trocken ist. Nötigenfalls muß diese Prozedur mehrfach wiederholt werden. Für besondere Zwecke, z. B. bei Teilnahme an einer Preisbewerbung, kann man die Mähne in kleine Zöpfe flechten. Gut gepflegte Mähnen ohne Haarwirbel machen solche „Frisierkünste" überflüssig. Zu lange Mähnenhaare werden *verzogen* und niemals beschnitten. Dazu faßt man mit Daumen und Zeigefinger jeweils einige zu lange Haare an der Stelle, an der nach beendeter Frisur der untere Mähnenrand sein soll. Mit der behandschuhten freien Hand oder mit einem Mähnenkamm schiebt man das übrige Haar zurück und zieht die wenigen Haare so aus, daß die Unterkante der Mähne gleichmäßig verläuft. (Abb. 61).

Das *Abschneiden der Mähnen* – sofern nicht Hautkrankheiten ein Wegnehmen des Mähnenhaares vorübergehend erforderlich machen – ist ein negatives Zeichen für den Fleiß und die Sachkenntnis des Pferdepflegers. Pferde mit abgeschorener Mähne sind häßlich.

61 Gut frisiertes Pferd

Die *Frisur des Schweifes* verlangt besondere Aufmerksamkeit. An der Länge der langsam wachsenden Schweifhaare – ein Haar braucht ca. zwei Jahre, bis es heruntergewachsen ist – wie auch an ihrer Dichte darf nichts geändert werden. Das Schweifhaar muß *verlesen*, d. h. mit der Hand geordnet werden. Die in der Nähe des Afters an der Unterseite und an der Seite der Schweifrübe sitzenden langen Haare werden einzeln ausgezogen, um dem Schweif ein eleganteres Aussehen zu geben. Nur bei Ponys läßt man sie stehen. Das *Verziehen* des Schweifes muß mit fließendem Übergang dort aufhören, wo der natürlich getragene Schweif (in der Bewegung) anfängt, abwärts zu verlaufen. Keinesfalls dürfen die Haare an dieser Stelle mit der Schere beschnitten werden. Besonders gepflegt erscheint ein Schweif, der (beispielsweise zwei bis drei Stunden vor einer Prüfung) *feucht bandagiert* wurde. Daß bei langen Schweifen die längsten Haare von der Streu ausgezogen werden, kann durch gerades Abschneiden der Schweifspitze kurz über dem Boden (in getragenem Zustand) verhindert werden (s. Abb. 61).

Mähne und Schweif werden im Sommer oft, letzterer auch im Winter, bei starker Verschmutzung *gewaschen.* Wäscht man mit Seife, so sind die Seifenreste durch Spülen gründlich zu entfernen, weil sie sonst einen Juckreiz verursachen können. Mit einer gebogenen Fesselschere sind die Haare des Fesselbehangs und über den Kronenrand hinausragende Haare zu verschneiden (außer bei Ponys und Kaltblütern). Vom Fesselbehang läßt man nur einen kleinen, spitzen Zopf stehen, der das am Bein herablaufende Wasser über die Ballen ableitet. Das Ausscheren der Fesselbeuge ist abzulehnen. (Abb. 62).

Von den Langhaaren am Ohr dürfen nur die über die Ohrmuschel herausragenden Spitzen abgeschnitten werden. Die langen und harten Haare am unteren Rand des Unterkiefers können dagegen gänzlich entfernt werden, niemals aber die Tasthaare an den Nüstern und am Maul.

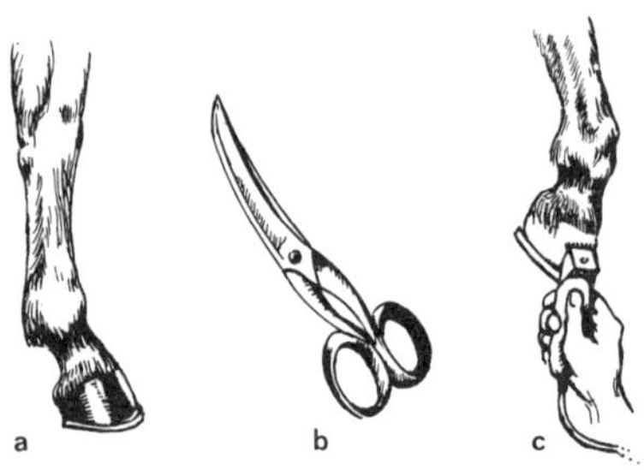

62 a gepflegte Fessel; b gebogene Fesselschere; c Scheren der Kronenhaare

Baden, Schwemmen, Wälzen

Wie für den Menschen ist auch das Baden und Schwemmen für das Pferd an warmen Tagen wohltuend. Das *Baden* unterstützt die Hautpflege, indem es die Oberhaut aufweicht und abgestorbene Hautzellen lockert, so daß sie sich anschließend leichter herausputzen lassen.

Zum *Schwemmen* benutzt man seichte Gewässer, die frei von Gerümpel, Glasscherben, Pfählen, Löchern o. ä. sind. Flüsse mit starker Strömung sind ungeeignet. Am besten geschieht das Schwemmen an warmen und windstillen Tagen, an denen auch die Wassertemperaturen angenehm sind. Der Aufenthalt im Wasser soll 5 bis 10 Minuten nicht überschreiten. Fängt ein Pferd an zu zittern, ist es höchste Zeit zum Verlassen des Wassers. Während des Aufenthaltes im Wasser müssen die Körperpartien, die das Wasser nicht erreicht, gründlich mit der Wurzelbürste bearbeitet werden.

Für das Pferd gelten dieselben *Vorsichtsregeln* wie für den Menschen: nicht unmittelbar nach Mahlzeiten und nicht in erhitztem Zustand ins Wasser! Da von den Haaren Wasser zurückgehalten wird, wirkt das Bad beim Pferd länger abkühlend als beim Menschen. Solange das Haar feucht ist, sind Pferde für Erkältungen besonders anfällig. Man muß sie deshalb in der Sonne oder an windgeschützten Stellen gut trocknen lassen.

Wo keine Gelegenheit zum Schwemmen besteht, leistet ein *Abwaschen* des ganzen Pferdes ähnliche Dienste. Am besten verwendet man dazu abgestandenes Wasser. Verhältnismäßig einfach ist es, Pferde mit dem Schlauch abzuspritzen, doch setzt das eine systematische Gewöhnung voraus. Der Druck des Wasserstrahls soll dabei gering sein. Wird mit Seife gewaschen, so ist diese anschließend restlos abzuspülen. Schweißnasse, erhitzte Pferde niemals abspritzen! Sie müssen erst abkühlen!

Nach dem Waschen ist für vollkommenes *Trocknen* zu sorgen, indem das Wasser aus dem Haar ausgedrückt (Schweißmesser) und das Pferd trockengeputzt wird. Besonders wichtig ist das *Austrocknen der Fesseln*, da sonst leicht Entzündungen in der Fesselbeuge (Mauke) entstehen. Dazu wird erst mit den Fingern das Wasser aus den Fesselhaaren herausgestreift und anschließend mit einem Tuch die Fessel gut trockengerieben.

Im Handel werden spezielle Decken und Trockeneinrichtungen angeboten. Sie erfüllen in der Regel ihren Zweck, schränken aber

die Zeitdauer des Kontaktes zwischen Mensch und Pferd weiter ein. In der Ausbildung sollte deshalb auf sie verzichtet werden.
Nach der Arbeit wälzen sich Pferde gern. Dieser physiologische Vorgang kann durch Anlage eines Wälzplatzes von 5 m × 5 m unterstützt werden, auf dem die Pferde ein Bad im sauberen, möglichst staubfreien Sand nehmen können.

2.3. Gesundheitskontrolle und Wartung

Tägliche Gesundheitskontrolle

Einsatzbereitschaft und Belastbarkeit des Pferdes hängen von seinem Gesundheitszustand ab. Dessen Kontrolle darf deshalb nicht dem Tierarzt allein überlassen bleiben; will man Schädigungen des Pferdes vermeiden, muß sein Gesundheitszustand laufend kontrolliert werden. An diesen **Kontrollen** sind sowohl der verantwortliche Ausbilder als auch der Reiter beteiligt. Bei Pferden, die dem Reiter nicht gehören, ist diese Gesundheitskontrolle außerdem eine Pflicht gegenüber dem Besitzer. Die Kontrollmaßnahmen müssen exakt durchgeführt und besondere Beobachtungen dem Verantwortlichen gemeldet werden.
Der Gesundheitszustand der Tiere ist morgens durch den Verantwortlichen (Stall- oder Futtermeister) und *vor dem Reiten* durch den Ausbilder bzw. Reiter wie folgt zu kontrollieren:
Allgemeinbefinden des Pferdes. Hier sind die auf das allgemeine Wohlbefinden des Pferdes deutenden Symptome zu überprüfen. Abweichungen sind dem Verantwortlichen bzw. Besitzer zu melden, der entscheiden muß, ob das Pferd eingesetzt werden kann. Pferde mitgehen zu lassen, die Anzeichen von Krankheit zeigen, ist in höchstem Grade unreiterlich. In allen Fällen, wo die Anzeichen für das Wohlbefinden fehlen, ist unverzüglich die *Körpertemperatur* zu messen.
Die **Freßlust** ist zu kontrollieren, indem die Krippe nach Futterresten untersucht wird. Kleine, schon eingespeichelte Klümpchen in den Futterresten deuten auf hervorstehende Außenränder der Backenzähne (Haken), deren Spitzen beim Kauen in die Maulschleimhaut stechen und dem Pferd große Schmerzen bereiten. In solchen Fällen ist es notwendig, den Tierarzt zu Rate zu ziehen, der die Grate mit der Raspel beseitigt.
Ausgeruhtsein des Pferdes. Außer sehr alten legen sich gesunde und ermüdete Pferde auch tagsüber häufig hin, wenn ihnen ein trockenes und weiches Lager zur Verfügung steht. Pferde können aufgrund bestimmter anatomischer Gegebenheiten auch im Stehen schlafen, können sich aber nicht so vollkommen wie im Liegen erholen. Deshalb ist es wichtig, festzustellen, ob sie im Liegen geruht haben. Man kann dies am Fell sehen, dessen Haare an den Liegestellen nicht mehr glatt liegen.
Der **Zustand der Beine** ist täglich mehrmals mit äußerster Sorgfalt zu überprüfen, da an ihnen vielerlei Schäden auftreten können. Zuerst beobachtet man, ob das Pferd im Stall gleichmäßig auf allen vier Beinen steht. Entlastet es ein Bein und schont es, insbesondere ein Vorderbein, so müssen Sehnen und Sehnenscheiden untersucht werden. Diese Untersuchung erstreckt sich stets auf alle vier Beine, um Veränderungen des Zustandes und der Temperatur der Sehnen festzustellen. Die *Sehnen* müssen bei jeder Gesundheitskontrolle abgefühlt werden. Akute krankhafte Veränderungen der Sehnen zeigen sich immer durch Schwellungen und erhöhte Temperatur an und erfordern sofortige Behandlung. Stellt man Veränderungen an den Gliedmaßen fest, muß eine genaue Untersuchung erfolgen, wozu das Pferd zunächst vorzufüh-

ren ist. Das Pferd ist dabei in ruhigem Trab und ohne aufregendes Treiben zu führen. Der Zügel muß lang gefaßt werden. Die Vorführstrecke soll eben sein. Beim Vorführen sind der *lahme Fuß,* der *Grad* und der *Sitz der Lahmheit* festzustellen. Das Pferd belastet das gesunde Bein länger als das kranke. Der Hufschlag des gesunden Beines ist lauter als der des kranken, und das gesunde Bein bleibt länger am Boden. Das Fußen des gesunden Vorderbeines ist mit einem Nicken des Kopfes, das des gesunden Hinterbeines mit einem Senken der Kruppe auf dieser Seite verbunden (s. a. Abschnitt 1.6).

Man führt das Pferd sowohl auf *hartem* als auch auf *weichem* Boden vor, um Schlüsse auf den Sitz der Lahmheit ziehen zu können. Ist dieser im Huf bzw. in den unteren Abschnitten des Fußes zu suchen, so wird sich die Lahmheit auf hartem Boden stärker zeigen. Stärkeres Lahmgehen auf weichem Boden hingegen weist auf Schmerzen in den oberen Abschnitten des Beines bzw. in der Schulter hin. Schon nach einigen Tritten abnehmende Lahmheit an den Hintergliedmaßen deutet auf Spat hin.

Die **Untersuchung der Hufe und des Beschlags** gehört auch bei einem Pferd, das keinerlei Krankheitssymptome zeigt, zur täglichen Gesundheitskontrolle. Beim **Beschlag** ist besonders darauf zu achten, daß die *Eisen* festsitzen und alle *Nägel* vorhanden sind. Durch Abfühlen der Hufwand stellt man außerdem fest, ob etwa *Niete* aus der Hufwand hervorstehen, da diese zu Verletzungen des Pferdes führen können.

Weiterhin muß sich der Kontrollierende vergewissern, daß keine *Fremdkörper* zwischen Huf und Eisen gedrungen sind und sich dort festgesetzt haben, weil dies zu unangenehmen Quetschungen der Huflederhaut führen kann. Ist eine Lahmheit vorhanden, deren Sitz man nach dem Vorführen im Huf vermutet, und verleiht eine erhöhte Temperatur des Hufes dieser Vermutung weitere Sicherheit, so ist der **Huf** genauer zu untersuchen. Der Tierarzt lokalisiert den Krankheitsherd durch Untersuchung des Hufes auf *Druckempfindlichkeit* mit Hilfe der Hufuntersuchungszange und durch Vergleich der *Pulsation* der Hauptmittelfußarterie an beiden Füßen.

Äußert das Pferd beim Drehen des Hufes bei gestrecktem Unterfuß Schmerz, so läßt sich auf eine *Hufgelenkentzündung* schließen, wogegen Schmerz bei der gleichen Bewegung mit gebeugtem unterem Fußabschnitt auf eine Entzündung am *Krongelenk* hindeutet.

Auch beim Vorführen des lahmen Pferdes lassen sich Anzeichen für den Sitz der Krankheit im Huf finden. Fußt das Pferd stärker mit der Zehe auf, so weist dies auf Schmerz im hinteren Abschnitt des Hufes hin. Das mit einem ganz charakteristischen klammen Gang verbundene stärkere Belasten der *Trachten* deutet darauf, daß die Ursache der Lahmheit in der Hufzehe zu suchen ist.

Das *Fesselgelenk* wird bei festgehaltenem Mittelfuß durch Strecken und Drehen der Fessel untersucht.

Der Reiter muß diese Untersuchungsmethoden kennen, damit er dem Tierarzt zur Hand gehen kann und ihm vielleicht sogar durch Hinweise das Auffinden der erkrankten Stelle erleichtern kann. Bei der täglichen Routineuntersuchung ist ferner darauf zu achten, ob Fremdkörper in den Huf eingedrungen sind. In der Strahlfurche eingeklemmte Steine sind zu entfernen. Haben sich aber Gegenstände (z. B. Nägel, Drahtstücke, Scherben) in das Sohlenhorn hineingebohrt, muß eine sachkundige Behandlung durch Tierarzt oder Hufbeschlagschmied erfolgen.

Die Untersuchung des Hufes erstreckt sich auch auf die *Hufkrone* und die *Ballen,* an denen gerade bei Pferden, die ihre Arbeit in höheren Gangarten leisten, oft Verletzungen auftreten. *Kronen- und Ballentritte* müssen unbedingt ordnungsgemäß versorgt werden (s. Abschnitt 1.6.). Da sich Pferde derartige Verletzungen sehr selten im Stall zuziehen, sind erst bei der morgendlichen Kontrolle entdeckte Kronen- oder Ballentritte als Zeichen mangelhafter Überprüfung nach der Arbeit des Vortages zu sehen. Das gleiche gilt für die aus verschiedenen Ursachen auftretenden *Streichverletzungen,* die hauptsächlich an

der Innenseite der Fesselköpfe zu finden sind und von einem Anschlagen des anderen Fußes während des Vorschwingens herrühren. Ähnlich wie Kronen- und Ballentritte müssen auch Streichwunden sofort behandelt werden.
Da Verletzungen an Beinen und Hufen die Gefahr bleibender Folgen in sich bergen, die die Brauchbarkeit des Pferdes erheblich einschränken können, muß ein Pferd mit Beinschäden sofort außer Dienst gestellt und sachgemäß behandelt werden. Über den weiteren Einsatz entscheidet der Tierarzt. Wenn kleinere Verletzungen von den Verantwortlichen des Stalles selbst behandelt werden, müssen diese dafür sorgen, daß das Pferd bis zur völligen Abheilung der Wunden nicht oder nur schonend eingesetzt wird.
Während des Reitens ist vom Ausbilder besonders darauf zu achten, ob Lahmheiten, Kronen- und Ballentritte, Streichwunden und ähnliche Verletzungen auftreten. Werden solche Erscheinungen bemerkt, ist das Pferd sofort in den Stall zu führen und zu behandeln. Lahme oder verletzte Pferde weiter zu gebrauchen ist eine große Unreiterlichkeit und Tierquälerei. Genauso zu beurteilen ist, wenn ein Pferd längere Zeit weitergeritten wird, nachdem es ein Eisen verloren hat.
Verletzungen am Körper kommen besonders dann vor, wenn Pferde auf Turnieren in Behelfsstallungen untergebracht werden. Selbst der vorsichtigste Pfleger kann einen vorhandenen Nagel oder ein loses Drahtende übersehen. Auch in der Streu können derlei Dinge verborgen sein. Deshalb ist es erforderlich, den Pferdekörper auf solche Verletzungen hin gründlich zu untersuchen und nach der Wundbehandlung die Schadensursache zu beseitigen.
Die **Sattellage**. Widerrist, Sattellage und Gurtenlage sind die bevorzugten Stellen für *Druckschäden*. Da sich diese erst eine halbe bis eine Stunde nach Abnehmen des Sattels zeigen, ist es durchaus möglich, daß sie am Vorabend übersehen werden. Diese Druckstellen sind weiche, schmerzhafte, in der Sattel- und Gurtenlage scharf begrenzte, am Widerrist aber nicht immer so deutlich abgesetzte Anschwellungen. Sie fühlen sich etwas wärmer an als die Umgebung und können beim Darüberstreichen mit der flachen Hand ermittelt werden. Pferde mit Druckstellen müssen außer Dienst gestellt und vom Tierarzt behandelt werden, da sonst die Gefahr eines längeren Ausfalls für die Nutzung besteht. Deshalb ist auch nach einem Sturz des Pferdes, bei dem sich der Sattel verschieben kann oder Sand, Steine u. ä. unter die Sattelunterlage gelangen können, der Sattel auf richtigen Sitz und Sauberkeit zu überprüfen.
Das **Maul** ist, häufiger als allgemein angenommen, inneren und äußeren Verletzungen ausgesetzt, die stets durch Unachtsamkeit oder Unreiterlichkeit verursacht werden. Deshalb ist es ebenfalls täglich zu kontrollieren, besonders bei auf Kandare gerittenen und heftigen Pferden. Erkennt man Druckstellen oder gar Quetschungen, so ist das Pferd bis zur vollständigen Heilung außer Dienst zu stellen, da andernfalls erhebliche Komplikationen eintreten können.

Überbelastungserscheinungen und Kontrollen nach der Arbeit. Schwieriger ist es für den Ausbilder und den Reiter, zu starke Belastung während der Arbeit zu erkennen. Nachlassen des Vorwärtsdranges, Stolpern u. a. sind meist die sicht- und spürbaren Anzeichen größerer Ermüdungserscheinungen. Aus den genannten Gründen sind für die Erhaltung der Gesundheit und Leistungsfähigkeit des Pferdes folgende Kontrollen nach der täglichen Arbeit wichtig:
- Vortraben der Pferde;
- Hufe auf eingetretene Fremdkörper sowie Kronen- und Ballentritte untersuchen;
- Eisen auf festen Sitz und Vorhandensein aller Nägel sowie vorstehende Niete untersuchen und Stollen ausschrauben;
- Sehnen aller vier Beine abfühlen;
- Widerrist, Sattel und Gurtenlage auf Druckstellen untersuchen;
- Maul des Pferdes gründlich nachsehen;
- Verhalten des Pferdes im Stall beobachten,

um zu hohe Belastung zu erkennen und daraus Schlüsse zu ziehen.
Um den Gesundheitszustand der Pferde einer Anlage auch über längere Zeit übersehen zu können, wird empfohlen, Gesundheits- und Unfall-Kontrollnachweise zu führen. Die Eintragungen sind täglich von den Reitern bzw. Ausbildern vorzunehmen und von Zeit zu Zeit dem Besitzer und dem Tierarzt vorzulegen.

Das Warten der Pferde nach der Arbeit

Man versteht darunter die Pflege nach der Arbeit, durch die alle Spuren des Gebrauchs, wie Schmutz und Schweiß, beseitigt werden sollen.
Die ordnungsgemäße Wartung ist für die Gesundheit und das Wohlbefinden des Tieres sehr wichtig. Wer es unterläßt, sein Pferd nach getaner Arbeit richtig zu warten, oder sich mit einem oberflächlichen Erledigen der allernotwendigsten Arbeiten begnügt, beweist damit seine mangelnde Tierliebe und verhält sich eines Reiters unwürdig.

Die **Wartung** der Pferde beginnt schon während der letzten Viertelstunde der Arbeit. In diesem Zeitraum ist den Tieren nach anstrengender Arbeit mit hingegebenem Zügel Gelegenheit zur *Abkühlung* zu geben. Es ist mit Recht verpönt, Pferde in naßgeschwitztem Zustand in den Stall zu bringen. Sie müssen zumindest trockengeführt werden.
Bei kühlen Außentemperaturen sind die Pferde zum *Waschen der Beine* gesattelt zu lassen, weil die vom Sattel bedeckten naßgeschwitzten Stellen des Rückens auch beim Schrittreiten nicht trocknen.
Im Stall ist unbedingt *Zugluft* zu vermeiden. Sattel und Geschirr sind sofort abzunehmen und in der Sattelkammer abzulegen. Sie werden später gepflegt. Vorrangig ist die Pflege des Pferdes. Das *Abtrocknen* der Pferde geschieht mit aus sauberem und trockenem Stroh fest zusammengedrehten Strohwischen, mit denen die schweißnassen Fell- und Hautstellen kräftig gerieben werden, bis sie völlig trocken sind. Wer das unterläßt oder nur oberflächlich macht, setzt die Gesundheit seines Pferdes aufs Spiel. Danach erfolgt das gründliche *Putzen*, das die von Schweiß und Schmutz verklebten Poren öffnet und die Durchblutung anregt. In Ausnahmefällen kann das Pferd nach dem Absatteln zunächst mit einer Decke oder einem Woilach eingedeckt werden. Schwitzt es nach, ist die Decke oder der Woilach abzunehmen und das Tier vor Zugluft zu schützen. An warmen Tagen empfinden es die Tiere als wohltuend, wenn die verschwitzten Stellen gründlich abgewaschen werden.

Die Pflege der Beine

Regelmäßige und sorgsame Pflege der Beine kann zwar Verletzungen, Krankheiten und allmähliche Abnutzung dieser am meisten beanspruchten Körperteile nicht verhindern, aber doch wesentlich einschränken oder hinausschieben. Ein außerordentlich wichtiger Bestandteil der Beinpflege ist die Pflege von Huf und Hufbeschlag.

Die **tägliche Beinpflege** besteht – neben den bereits erwähnten Untersuchungen vor und nach der Arbeit – vor allen Dingen im *Waschen der Füße* nach der Arbeit.
Nach dem Waschen ist das Wasser aus dem Fell herauszustreifen und die *Fesselbeuge* mit einem weichen Lappen *auszutrocknen*. Bei Pferden mit starkem (bei Reitpferden also meist vernachlässigtem) Fesselbehang ist darauf besonders zu achten (Gefahr der Maukebildung). Empfehlenswert ist das Abreiben mit *Sägespänen*, die anschließend wieder sorgfältig herausgebürstet werden müssen.
Im Winter empfiehlt es sich, um Schnee und Wasser fernzuhalten, Fessel und besonders Fesselbeuge mit etwas Fett einzureiben. Bei der Rückkehr in den Stall sind dann die Füße, an deren Fell sich kleine Eis- und Schneeklümpchen angesetzt haben, mit der Bürste

abzureiben und mit der Hand kräftig zu massieren.
Nach größeren Anstrengungen sollten die Beine auch dann, wenn noch keine Sehne „angelaufen“ ist, besonders behandelt werden. Nach dem Abreiben werden die Beine mit Fluid oder einem ähnlich wirkenden Mittel, z. B. Radiol (Verdünnung beachten!) eingerieben und eine lockere *Wattebandage* (Abb. 63a) angelegt, um Schwellungen der Sehnenscheiden und Gelenke vorzubeugen. Eine derartige Behandlung ist z. B. nach einem Geländeritt unerläßlich. Zum *vorbeugenden Kühlen* verwendet man Aciterran, Burowsche Mischung oder essigsaure Tonerde, die etwa nach jeder Stunde neu aufgetragen oder angegossen werden müssen. Ansonsten darf das Pferd nicht längere Zeit im Stall bandagiert stehen.
Insgesamt sollte der prophylaktischen Behandlung der Sehnen große Bedeutung beigemessen werden. Tägliches Einreiben der Sehnen mit bewährten Präparaten ist äußerst günstig.

Bandagen bzw. **Gamaschen** schützen die Pferdebeine gegen äußere Verletzungen durch Anschlagen an Hindernisse oder Streichen. Deshalb sind jungen Pferden, die ihr Gleichgewicht noch nicht gefunden haben, bei der Longenarbeit an allen vier Beinen Bandagen anzulegen. Pferde, die über Sprünge geritten werden, sollten immer bandagiert bzw. durch Springgamaschen geschützt sein.
Zu fest angezogene Bandagen können Blutstauungen, Druckschäden und Bewegungsstörungen bewirken. Scheuerstellen und Entzündungen treten auch auf, wenn das Pferdebein vor dem Bandagieren verschmutzt war oder sich in der Bandage Fremdkörper, wie Sandkörnchen, verborgen hatten. Die gleiche Gefahr besteht beim Reiten durch tiefen Sand, wenn Sandkörner in die Bandagen geraten. Besonders gefährlich sind *durchnäßte Bandagen,* da sie sich beim Trocknen zusammenziehen und die Blutzirkulation behindern. Deshalb sind Geländepferden nur *Gamaschen mit Schaumgummieinlage* anzulegen.
Im allgemeinen werden wollene Bandagen von 1,8 bis 2 m Länge, 10 cm Breite und unauffälliger Farbe verwendet. Vor dem Bandagieren ist die trockene und von allen Fremdkörpern befreite Bandage gerade und straff zusammenzurollen, und zwar so, daß das mit Bändern versehene dreieckige Ende in der Mitte der Rolle liegt. Danach wird die Bandage an das saubere und fest durchgetretene Bein angelegt. Man nimmt dazu das Ende der Bandage in die rechte Hand und den Bindenkopf in die linke Hand, legt das Ende von außen dicht unterhalb des Vorderfußwurzelgelenks an das Bein an und wickelt nun die Bandage von oben nach unten in etwas schrägliegenden Gängen (Spiralgängen) so um das Bein, daß der vorhergehende Gang immer bis zur Hälfte vom folgenden bedeckt wird. Auf diese Weise wickelt man den Vordermittelfuß bis an den Fesselkopf ein, läßt die Fessel selbst frei und geht dann mit der Bandage wieder bis etwa zur Hälfte des Vordermittelfußes empor. Die einzelnen Gänge müssen völlig glatt und faltenfrei anliegen, damit es nicht zu Blutstauungen kommen kann (s. Abb. 63b).

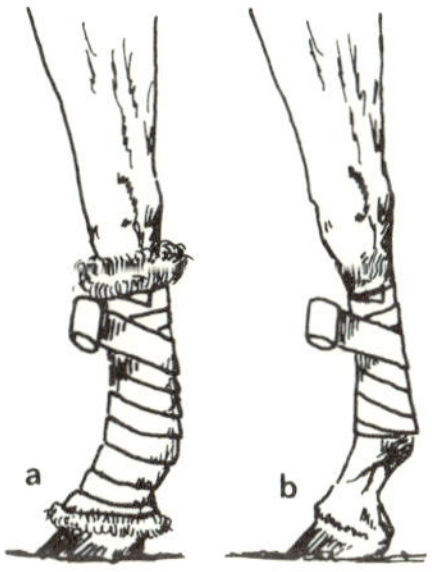

63 Bandagieren: a Wattebandage; b trockene Bandage (Arbeitsbandage)

Ist die Bandage zu Ende, so werden die Bänder glatt um das Bein gelegt und an der Außenseite des Beines verknotet. Die Bänder dürfen dabei nicht straffer sitzen als die Bandage. Der Knoten muß jedoch in sich fest an-

gezogen sein, damit er sich nicht löst. Die Enden der Schleife werden hinter die Bänder gesteckt.
Bandagen und Gamaschen mit Klettverschluß erleichtern das Anlegen und haben sich bewährt, ebenso elastische Bandagen, die sich hinsichtlich ihres festen Sitzes den Wollbandagen überlegen zeigen. Selbstverständlich geht auch bei der Verbesserung des Beinschutzes für die Pferde die Entwicklung weiter voran. Das sollte keinen Reiter davon abhalten, das Bandagieren in der herkömmlichen Art zu erlernen.

64 Vorstellen des Pferdes

Das Vormustern des Pferdes

Bei der Gesundheitskontrolle nach dem Reiten, bei einer Pferdebesichtigung, wenn ein Pferd dem Tierarzt, dem Schmied oder dem Richter zur Beurteilung des Exterieurs und Ganges vorgestellt wird, erfolgt dies durch das sogenannte Vormustern, für das es eine zweckmäßige und deshalb auch feststehende Form gibt.
Außer wenn während oder nach dem Reiten die Pferde vorgetrabt werden, erfolgt das Vormustern immer mit dem ungesattelten, jedoch aufgetrensten Pferd. Aus Gründen des Arbeitsschutzes darf ein Pferd nicht am Halfter vorgestellt werden. Deshalb ist ein Pferd immer aufzutrensen, wenn es aus dem Stall herausgenommen werden soll.

Aufstellen des Pferdes

Der Reiter steht an der linken Seite des Pferdekopfes. Seine rechte, in Schulterhöhe befindliche Hand hält die Trensenzügel, die durch *Zeige- und Mittelfinger* geteilt werden, etwa eine Handbreit unterhalb der Trensenringe, und zwar so, daß der rechte Zügel etwas kürzer ist als der linke. Die zwei Finger zwischen den Zügeln gestatten wegen des längeren Hebels eine bessere Führung. Die Zügelenden laufen von unten nach oben durch die volle rechte Hand und werden vom Daumen festgehalten. Wird das Pferd vor einem Beurteiler aufgestellt, so macht der Vorführende in Höhe des Beurteilers Halt, stellt sich mit etwas auseinandergestellten Füßen vor den Kopf des Pferdes auf und erfaßt den rechten Zügel mit der linken und den linken mit der rechten Hand in Höhe der Trensenringe, wobei die Daumen unterhalb der Schnallen auf den Zügeln liegen sollen (nicht auf den Schnallen, weil deren Dorne bei einer heftigen Kopfbewegung den Daumen verletzen können) und die Zügelenden in der rechten Hand verbleiben. Hiernach wird das Pferd durch gelindes Vorwärtsziehen oder weichen Druck auf das Maul gerade und gleichmäßig auf alle vier Beine gestellt. Der Kopf des Pferdes wird etwas angehoben. (Abb. 64) Auf alle Fälle soll das Pferd auf einer ebenen Fläche stehen. Ist keine vorhanden, dürfen die Vorderbeine eher etwas höher stehen. Tritt ein Beurteiler an das Pferd heran, der Pferd und Reiter nicht kennt, so sollte der Vorführende das Pferd und sich selbst vorstellen, wobei er auf Besonderheiten des Pferdes aufmerksam macht. Das ist ein Gebot der Höflichkeit.

Vorführen des Pferdes

Nach der Vorstellung tritt der Vorführende an die linke Seite des Pferdekopfes und nimmt die Zügel wieder auf wie am Anfang.
Soll das Pferd züchterisch beurteilt werden,

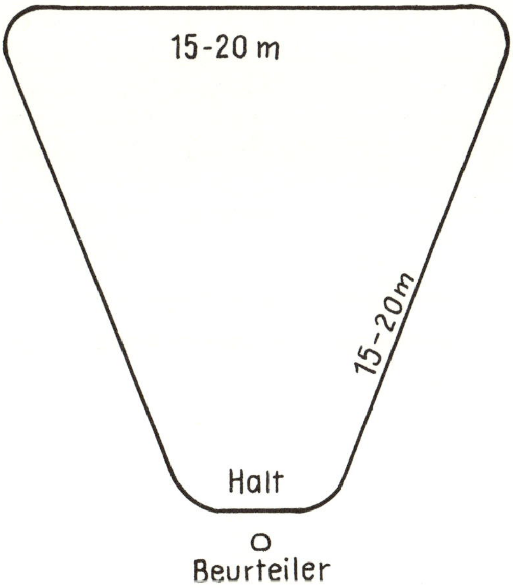

65 Vorführbahn (bei züchterischen Veranstaltungen)

so erfolgt das Vorführen auf einer in Dreieckform angelegten Bahn. (Abb. 65) Im allgemeinen begnügt man sich jedoch mit dem Hin- und Herführen auf einer geraden Linie, an deren Ende das Pferd immer eine Rechtsumkehrtwendung machen muß, mit Ausnahme von Pferden, die rechts lahm gehen. In diesem Fall ist nach links, d. h. immer über das gesunde Beinpaar zu drehen. Das Pferd wird zuerst im *Schritt*, danach im *Trab* vorgeführt. Der Vorführende geht neben dem Pferdekopf, die rechte Hand in Schulterhöhe, den linken Arm in zwangloser Bewegung, frei vorwärts. Beim Trab läuft der Vorführende in der gleichen Weise mit, wobei er Gleichschritt mit dem Pferd aufnimmt. (Abb. 66)

66 Vorführen (Vormustern) des Pferdes

Bei einem *phlegmatischen Pferd* geht der Vorführende seitwärts etwas vor dem Kopf und versucht, es mit gehobener Hand vorwärts zu führen. Dabei darf er es nicht ansehen. Nötigenfalls gibt ein Helfer, der sich schräg hinter dem Vorführenden befindet, eine treibende Peitschenhilfe unterhalb der Sprunggelenke. Knallen und Schwirrenlassen der Peitsche ist zu vermeiden.
Bei einem *heftigen Pferd*, das vorwärts drängt und eilt, bleibt der Vorführende an dessen Schulter zurück und wirkt mit sanften Zügelanzügen ein, um es neben sich zu halten. Ist das Drängen stärker, so hebt der Vorführende die linke Hand vor das Gesicht des Pferdes, bis es sich beruhigt hat.
Schlägt ein Pferd mit Vorder- und Hinterbeinen gegen den Vorführenden, hält sich dieser dicht an dessen Schulter und straft die Unart sofort durch einen Stoß der rechten Hand gegen das Kinn des Pferdes.

Pferdebesichtigung

Für Vereine wie Besitzer ist die Erhaltung eines optimalen Gesundheitszustandes der Pferde von erstrangiger Bedeutung. Deshalb empfiehlt es sich, von Zeit zu Zeit den Pferdebestand einer Besichtigung durch Vereinsvorstand, Tierarzt und Hufschmied zu unterziehen. Darin drückt sich zugleich auch die Wahrnehmung der Verantwortung für den Tierschutz aus.
Zur Vorbereitung ist das ganze Pferd gründlich zu säubern. Es ist völlig *trocken* vorzustellen. Die *Hufe* müssen gewaschen, dürfen aber noch nicht gefettet oder mit Holzteer behandelt sein. Dies erfolgt erst nach der Besichtigung.

Kontrolliert werden Gesundheits-, Futter- und Pflegezustand. Dabei sind auch solche Stellen am Pferd zu prüfen, die leicht der Reinigung entgehen. Von einem Helfer sind die

Beine aufzuheben, danach der Zustand von Huf und Beschlag zu begutachten. Wer auf guten Futterzustand hält und trotzdem Geld sparen will, der kann die Pferde gleich mit auf einer in der Nähe befindlichen Fuhrwerkswaage wiegen. *Gewichtsveränderungen* geben schon rechtzeitig Hinweise auf Nährstoffbedarf und Trainingsverträglichkeit.

Der Vorstand sollte die unverzügliche Beseitigung aller bei einer Pferdebesichtigung festgestellten Mängel in bezug auf Gesundheits-, Fütterungs- und Pflegezustand verlangen bzw. veranlassen.

Selbstverständlich wird dabei auch ein gründlicher Blick in den Stall geworfen. Zum Bild eines in guter Ordnung befindlichen Stalles gehören glattgezogene Streu mit eingerollter Hinterkante der Matratze (auch am Eingang der Boxen), sauber ausgewaschene Krippen, gut geputzte Fenster und ordentlich an seinem Aufbewahrungsort aufgestelltes, sauberes Stallgerät.

Alle Bemerkungen sollten zum späteren Vergleich in ein *Nachweisbuch* eingetragen werden. (Tab. 28)

Es wird empfohlen, in Ausbildungs- und Jugendberitten die Pferdebesichtigung wettbewerbsmäßig durchzuführen. Man gibt dadurch den Kindern und Jugendlichen eine nützliche Motivation für sorgsame Pflege und tierschutzgerechte Haltung.

Tabelle 28: Gestaltung des Nachweisbuches

In nachstehender Tabelle ist ein Beispiel für die Führung des Nachweisbuches gegeben, das selbstverständlich nach den Erfordernissen des Vereins präzisiert werden muß.

Ararad, geb. 10. 04. 1977, brauner Wallach, v. Flimmerstrahl a. d. Heiderose
Züchter: E. Starke, Adorf, Krs. Hackberg,
Besitzer: R.-u.-F.-Verein Adorf e. V.

Datum der Besichtigung: 15. 10. 1984
Namen der Besichtigenden: Müller, Dr. Schneider, Lehmann

Kontrolliert wurde: / Feststellung:	erforderliche Maßnahme	erledigt durch: Datum / Unterschrift
a) Gesundheitszustand		
befriedigend Streichwunde hinten links verheilt schlecht	Behandlung der Streichwunde nach Anweisung des Tierarztes, Streichkappen	Wunden abgeheilt 28. 10. gez. Schmidt
b) Pflegezustand		
gut	auf besseres Auswaschen des Schlauches achten	Schlauch nachgesäubert 16. 10. gez. Schmidt
c) Futterzustand		
genügend	Untersuchung auf Haken bis 20. 10. vornehmen lassen. Rauhfutter zulegen	Haken beseitigt 18. 10. gez. Schmidt Rauhfutter 1 kg Zulage bis 30. 10.
d) Zustand des Beschlags bzw. der Hufe		
mangelhaft, Zehen zu lang, Kanten zu wenig gebrochen	bis 21. 10. ausschneiden lassen, auf richtiges Brechen der Kanten achten	Hufe ausgeschnitten und Kanten 45° gebrochen 19. 10. gez. Schmidt

3. Grundausbildung des Reiters

Die Grundausbildung des Reiters umfaßt mehrere Teilgebiete:

- Die Vermittlung von Kenntnissen, Fähigkeiten und Fertigkeiten in der *Pferdekunde* und in der *Technik des Reitens*, die den Reitschüler befähigen, sein Pferd in der Reitbahn und im Gelände sicher zu beherrschen und Hindernisse zu überwinden. Dabei soll er Freude an der reiterlichen Betätigung finden, die ihm zum Bedürfnis bei der Gestaltung von *Freizeit und Erholung* wird. Der Reiter soll die verschiedenen Reitausübungsarten kennen – und schätzen lernen. Er soll dabei den klassischen Auffassungen der Reitkunst in Sitz und Einwirkung auf das Pferd folgen, sich eine entsprechende reiterliche Technik aneignen und sie ständig vervollkommnen. Die talentiertesten Reitschüler sollen auf gleicher Grundlage befähigt werden, an *turniersportlichen Wettkämpfen* mit guten Leistungen teilzunehmen. Diese Reiter sollen auch die Grundprinzipien und die Systematik der *Pferdeausbildung* begreifen und erste Fähigkeiten und Fertigkeiten in der Ausbildung von jungen Pferden erwerben.
- Die Erziehungsbemühungen sind auf die Entwicklung der für den Reiter erforderlichen Eigenschaften des Charakters und die Ausprägung reiterlicher Selbstdisziplin gerichtet.
- Tierliebe und Tierschutz müssen für den Reiter bestimmende Anliegen und ständige Verpflichtung sein.

3.1. Voraussetzungen für eine erfolgreiche Ausbildung

Neben dem Vorhandensein *geeigneter Pferde*, die eine gediegene Ausbildung erhalten haben und über ein gutmütiges Temperament verfügen, müssen Reiter, Ausbilder, Ausbildungsorte und Ausbildungsmethodik eine Reihe von wichtigen Bedingungen für eine erfolgreiche Ausbildung erfüllen.

Da die Ausbildung der Pferde für diesen Zweck nach den in Kapitel 4 geschilderten Prinzipien und Verfahren geschieht, wollen wir uns hier ausschließlich mit der Ausbildung des Reiters beschäftigen und die dafür erforderlichen Voraussetzungen untersuchen.

Der Reiter

Zweifellos ist das Bestreben richtig, das Kind schon in frühem Alter Balance und Vertrauen auf dem Rücken des Pferdes finden zu lassen. An eine Reitausbildung im eigentlichen Sinne kann aber zu diesem Zeitpunkt noch nicht gedacht werden, weil die Entwicklung von Körperhöhe und Kraft noch keine effektive Einwirkung auf das Pferd erlaubt – mit Ausnahme bei Ponys, bei denen die Verhältnisse günstiger liegen. Für Kinder ist das Voltigieren eine geeignete Vorbereitung.

Wichtig für das Gesamtbild ist die Figur des Reiters. Die körperliche Entwicklung bei Kindern läßt sich aber nicht genau voraussagen. Lediglich die Körpergestalt der Eltern kann begrenzte Anhaltspunkte geben.

Viele Vorteile sprechen für die Reitausbildung von größeren Kindern (10–12 Jahre). Talente können frühzeitig entdeckt und zielstrebig ausgebildet werden. So läßt sich das *Reittalent* schon nach kurzer Übungszeit erkennen: Das Gleichgewichtsempfinden und die Fertigkeit, mit der Bewegung des Pferdes mitzugehen, werden sehr rasch entwickelt. Außerdem zeichnen sich Kinder dadurch aus, daß sie außerordentlich schnell das „Gefühl" dafür erwerben, was im gegebenen Augenblick zu tun ist (*Reitertakt*).

Balance, Einwirkung und Eleganz der Erscheinung werden durch bestimmte Körpermerkmale beeinflußt.

Die *Körperhöhe* eines erwachsenen Reiters sollte etwa 1,60 m bis 1,75 m betragen. Andernfalls wird es schwer, für ihn ein „passendes" Pferd zu finden. Diese „Idealmaße" sind aber gegenwärtig eher selten. Viel häufiger wird die Körperhöhe am Ende des Wachstums diese Werte überschreiten. Die Probleme, die sich daraus für die Ausbildung ergeben, sind aber nicht unüberwindbar und daher kein Hindernis für die Aufnahme einer Reitausbildung.

Die *Mittelpositur* ist für den Sitz wichtig. Zu ihr zählen Becken und Oberschenkel. Ein niedriges und schmales Becken erleichtert durch seinen tiefliegenden und seitlich stabilen Schwerpunkt den Sitz. Anders das höhere weibliche Becken, bei dem die Beckenwirbel zudem leicht nach hinten geneigt sind. Im Zusammenhang mit einer stärkeren Entwicklung der Gesäßmuskulatur entsteht oft der Eindruck eines nach hinten ausweichenden Gesäßes. Vorschieben des Gesäßes und Kreuzeinwirkung sind damit erschwert.

Der *Oberschenkel* sollte lang und an seiner Innenfläche flach sein. Dadurch ergibt sich eine optimale Berührungsfläche. Der weibliche Oberschenkel ist meist runder. Die Muskulatur an der Innenseite des Oberschenkels bildet sich im Verlauf eines längeren Zeitraumes um. In der ausgedehnten Longierperiode während der Anfangsausbildung muß diese Umbildung der Muskulatur eingeleitet und gefördert werden.

Lange, nach innen gedrehte und bei angespanntem Gesäß flach am Sattel anliegende Oberschenkel sorgen für eine richtige und feste Lage des Knies.

Die oft als „Reiterbeine" bezeichneten O-Beine sind für die flache und geschlossene Lage des Knies ungünstig. Der Reiter sollte gerade oder auch leicht nach der X-Form abweichende Beine haben.

Die *Schultern* dürfen nicht hochgezogen oder zu stark entwickelt sein. Da letztere meist mit einem kurzen Hals verbunden sind, vermindern sie den eleganten Gesamteindruck. Ein aus losgelassenen Schultern frei herausragender, schlanker Hals verbessert ihn.

Der *Oberkörper* soll gerade auf den Hüften sitzen und nicht durch zu reichliche Ernährung entstellt sein. Eine gesunde und unverbildete Wirbelsäule, die in flacher S-Krümmung die knöcherne Hauptstütze des Oberkörpers darstellt, ist erforderlich. Menschen mit Wirbelsäulenschäden dürfen nicht in die Reitausbildung aufgenommen werden (außer therapeutisches Reiten auf ärztliches Anraten). Eine durch *sportliche Übungen* hinlänglich entwickelte Körpermuskulatur und Geschmeidigkeit der Körperbewegungen kommt der reiterlichen Ausbildung zugute. Energie, Arbeitseifer und Liebe zur Sache können kleinere Mängel überwinden.

Geistige und charakterliche Voraussetzungen. Das Wissen des Pferdesportlers muß sehr umfangreich sein, wenn er in seiner reiterlichen Entwicklung ohne zeitraubende Irrgänge sein Ziel erreichen will. Dabei kann ihm eine gute Allgemeinbildung helfen.

Von den charakterlichen Eigenschaften der Reiter hängt in hohem Maße der Ausbildungserfolg und ihre Stellung in der Gemeinschaft ab.
Die *Liebe zum Pferd* ist unbedingte Voraussetzung für jeden Erfolg im Pferdesport. Sie muß die Grundlage für das auf tiefem Verständnis der physischen und psychischen Leistungsfähigkeit des Pferdes beruhende Leistungsstreben des Reiters sein. Seine innere Einstellung zum Pferd muß ihn veranlassen, mit all seiner Arbeit dem Pferd Gutes tun, ihm seine Aufgaben erleichtern, ihm sein Leben angenehm gestalten und es vor Widerwärtigkeiten schützen zu wollen.
Der *Fleiß* ist eine der wichtigsten Eigenschaften des Reiters. Er ist Bedingung für gute Ausbildungsergebnisse sowie wichtige Voraussetzung für die Erhaltung von Pferden, Ausrüstung und Anlagen.
Geduld und Selbstbeherrschung wird vom Reiter während seiner Arbeit mit dem Pferd verlangt. Ihr Fehlen macht ihn für den Pferdesport ungeeignet. Ein ausgeglichenes Gemüt hilft dem Reiter, diese beiden Eigenschaften zu entwickeln.
Mit *Beharrlichkeit* muß der Reiter an sich und seinem Pferd arbeiten. Er muß den Willen haben, allen Hindernissen zum Trotz sein Ziel auf dem korrekten Wege zu erreichen.
Pünktlichkeit, Sorgfalt und *Exaktheit* bei der Ausführung der übertragenen Aufgaben erleichtern es dem Reiter, gute Ausbildungserfolge zu erreichen. *Aufrichtigkeit* und *Offenheit* auch bei Dingen, die das Pferd angehen, müssen grundlegende Charaktereigenschaften sein. *Mut* und *Entschlossenheit* werden beim Überwinden von Hindernissen im Gelände und auf dem Springplatz benötigt. Ehrgeiz ist eine nützliche Eigenschaft, wenn der Reiter sein Erfolgsstreben dem unterordnet, was für das Pferd gut und nützlich ist. Die in hohem Maße vorhandene Fähigkeit zur *Selbstkritik,* die uneingeschänkte Bereitschaft, die Ursachen von Fehlleistungen des Pferdes immer zuerst bei sich zu suchen, verhindert übertriebenen Ehrgeiz ebenso wie ungerechtes Verhalten gegenüber dem Pferd.

Bei einem gut ausgebildeten Pferd wird der Reiter selten in die Lage kommen, sich durchsetzen zu müssen. In solchen Fällen aber wird er die Energie nicht entbehren können. *Disziplin, Härte gegen sich selbst* und *Verzicht auf Bequemlichkeit* müssen von jedem Reiter ständig verlangt werden.

Der Ausbilder

Die hohe und verantwortliche Tätigkeit des Ausbilders setzt ausreichende fachliche, pädagogische und methodische Kenntnisse voraus, ohne die er weder Lehrer noch Erzieher seiner Reiter sein kann.
Fachliche Eignung. Er muß neben Kenntnissen über die Ausbildung in den drei reitsportlichen Disziplinen auch solche im Fahren, im Voltigieren und auf dem Gebiet der Pferdekunde besitzen. Darüber hinaus sollte er in der Lage sein, die vom Reiter verlangten Übungen selbst auf dem Pferd zu demonstrieren (ausgenommen hiervon sind ältere und Ausbilder von Reitern höherer Klassen). Deshalb hat er sich ständig theoretisch und praktisch *weiterzuqualifizieren.*
Charakterliche Eignung. Einsatzfreudigkeit, Korrektheit, Pünktlichkeit, Sauberkeit, Ordnungsliebe und pädagogische Konsequenz helfen dem Ausbilder, Achtung und Vertrauen seiner Reitschüler zu erwerben. Aufrichtigkeit und Liebe zur Sache sowie Intoleranz gegenüber Nachlässigkeit, Faulheit und mangelhafter Aufgabenerfüllung unterstützen die fachliche und menschliche Entwicklung seiner Schüler, auf die er seine eigene Begeisterung übertragen soll. Fleiß und Gründlichkeit in der Unterrichtsvorbereitung garantieren den planmäßigen Verlauf der Übungsstunden und sichern letztlich das Erfolgserlebnis.
Vorbildwirkung. Neben *pädagogischem Geschick* sollte der Ausbilder *Selbstdisziplin* und *Geduld* besitzen und sich darüber im klaren sein, daß ein gutes persönliches Vorbild mehr bewirkt als lange Reden. Das gilt für seinen Umgang mit den Reitern (Verkehrston)

und Pferden (vorbildliche, ruhige und besonnene Behandlung) sowie für den Ablauf des Übungsbetriebes. Schimpfworterfülltes Brüllen hat auf unseren Plätzen nichts zu suchen. Damit ist nichts gegen eine laute, kurze und verständliche Kommandosprache gesagt, die auch zur Aufrechterhaltung der nötigen Disziplin gehört.

Der *Unterrichtston* sollte aber gerade so laut sein, daß die Reiter die Hinweise deutlich verstehen. Ein Zuviel führt zu Unruhe und Ängstlichkeit – besonders bei jungen Reitern und Pferden – und stört das Vertrauensverhältnis.

Der Ausbilder darf außerdem keine Forderungen stellen, die er selbst nicht erfüllen würde (mit Ausnahme älterer Ausbilder), aber auch nicht von einmal gestellten Forderungen abweichen. *Konsequenz* in der Erziehung ist eines der wichtigsten pädagogischen Gesetze, das z. B. erfordert, einen einmal eingeführten Handlungsablauf (Pferde putzen, Satteln, usw.) nicht ohne triftigen Grund zu ändern. Wer es verletzt, erzieht seine Reiter zur Disziplinlosigkeit.

Einige Aufgaben des Ausbilders. In Verantwortung für die ihm anvertrauten Menschen, Tiere und Materialien ergeben sich für den Ausbilder eine Anzahl wichtiger Aufgaben.

- Die Forderungen an die Reiter sind deren physischer und psychischer Verfassung anzupassen. Unfälle und Schädigungen durch Überforderung gehen zu Lasten des Ausbilders. Achtung: Unter Alkoholeinfluß stehende Personen gehören grundsätzlich nicht aufs Pferd!
- Die Pferde sind sorgfältig zu kontrollieren: ihre Verfassung (Gesundheits-, Pflegezustand und Hufbeschlag) vor und nach dem Reiten sowie die Sattelung und Zäumung. Mängel und Schäden sind dem Verantwortlichen für das Pferd oder dessen Besitzer sofort zu melden. Treten Satteldrücke, Lahmheiten usw. während der Übungsstunde auf, so ist das Pferd sofort in den Stall zu führen, und die notwendigen Maßnahmen sind einzuleiten. Der Ausbilder ist in jedem Fall verpflichtet, den Zustand der Pferde *vor und nach* der Übungsstunde zu kontrollieren. Um erzieherisch auf die Reitschüler einzuwirken, muß er auch auf kleinere Mängel (Putzzustand, Frisur, Hufbeschlag, Zustand des Sattels usw.) hinweisen und deren Abstellung fordern.
- Die übernommenen Ausbildungsgeräte sind in bestem Zustand zurückzugeben. Entstandene Mängel sind sofort zu beseitigen oder dem Verantwortlichen zu melden. Außerdem sollten die Ausrüstungsgegenstände auch außerhalb der festgelegten Übungsstunden einmal wöchentlich gepflegt werden.

Die Ausbildungsorte

Als **Reitplatz** eignet sich ein ebener Platz mit leichtem Boden (nicht zu tiefem Sand), damit er auch bei nassem Wetter benutzt werden kann. Auf ihm ist ein ebenes *Viereck* von 20 m × 40 m oder besser 30 m × 60 m anzulegen. Bei der Neuanlage eines Platzes sollte das berücksichtigt werden, da für bestimmte Aufgaben auch ein *Dressurviereck* von 20 m × 60 m benötigt wird (Abb. 67), das auf dem größeren Platz leicht abzugrenzen ist. Um die Reitfläche des kleinen Vierecks (20 m × 40 m) herum sollte deshalb ein bereitbarer Streifen von 5 m Breite an den langen Seiten und 10 m Breite an den kurzen Seiten vorhanden sein. Dadurch entsteht dann eine Abmessung von 30 m × 60 m = 1800 m². Auf einem Platz dieser Größe können auch Springpferde ausgebildet werden. Für Springprüfungen genügen diese Maße jedoch nicht, denn dafür fordert die LPO in den Klassen A, L und M/B einen Platz von 2800 m² Größe (kurze Seite 40 m), für M/A und S 4000 m² (kurze Seite 50 m). Der Platzbedarf für Dressurplätze von internationalem Standard liegt bei 6000 m², da sich an allen vier Seiten des 60 m × 20 m großen Vierecks noch ein 20 m breiter Streifen befinden muß, der die Zuschauer von den Reitern trennt. Bei nationalen Prüfungen genügt zu diesem Zweck ein 5 m breiter Streifen.

Der größere Reitplatz ist auch deshalb vorzuziehen, weil die längeren Linien sich sowohl

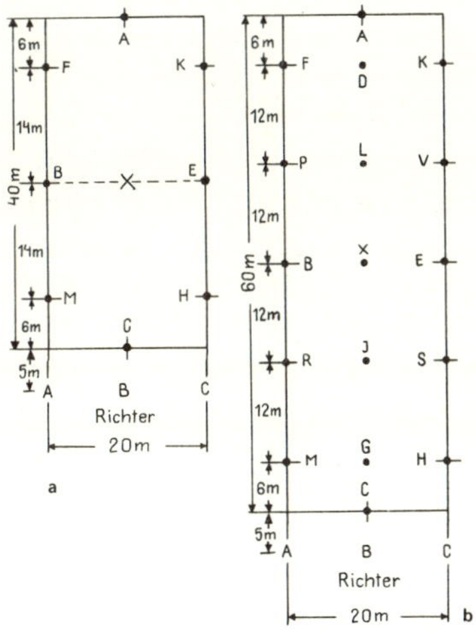

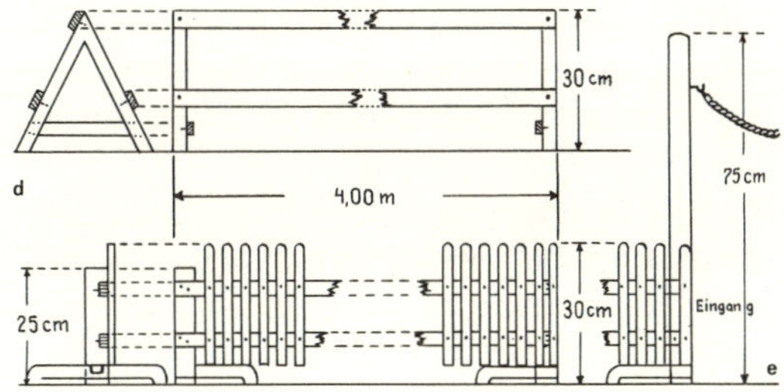

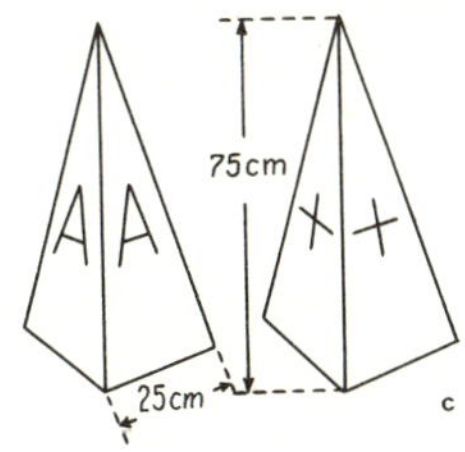

67 Dressurvierecke: a Dressurviereck 20 m × 40 m mit Buchstaben; b Dressurviereck 20 m × 60 m mit Buchstaben; c Markierungskegel; d Viereckumgrenzungen; e Eingang zum Dressurviereck

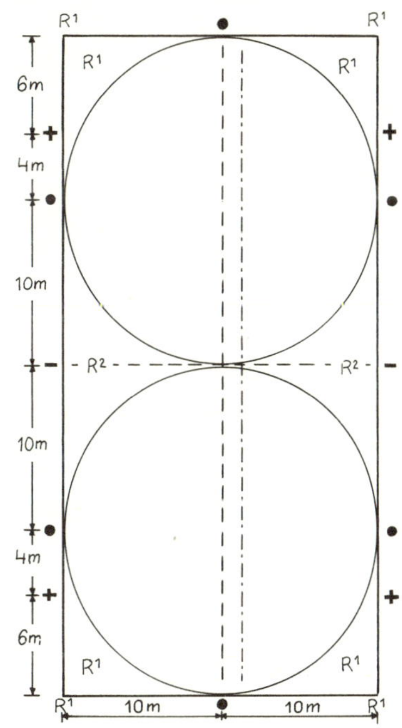

68 Der Reitplatz, Markierungspunkte und Linien: a Mittellinie (– – – –; von ● bis ●); b Grundlinie (–·–·–·–); c Hufschlag der halben Bahn (– – – –; von ❙ bis ❙); d + = Wechselpunkt; ● = Zirkelpunkt; ❙ = Mittelpunkt der langen Seite (HB); g R[1] = Platz des Übungsleiters beim Reiten auf dem Hufschlag der ganzen und halben Bahn, R[2] – Platz des Übungsleiters beim Reiten auf dem Zirkel

auf die Reitausbildung als auch auf die Ausbildung der Pferde günstig auswirken. Auf kleinem Reitplatz werden die Gelenke und Sehnen stärker beansprucht. Auch die Ausbildung des Reiters kann – vor allem im Anfangsstadium – unter den häufigen Wendungen leiden. Größere Abmessungen erschweren zwar die Arbeit des Ausbilders, sind jedoch vorteilhafter als zu kleine, bei denen sich schon wenige Reiter gegenseitig behindern.

Als *Begrenzung* des Reitplatzes ist ein kleiner Erdwall oder ein niedriges Geländer (bis 60 cm hoch) anzulegen. Damit sich die Reiter leichter orientieren und korrekte Bahnfiguren ausführen können – auf dem Reitplatz wird nie kreuz und quer, sondern immer in den festgelegten Bahnfiguren geritten

- ist der Platz mit einer Reihe von *Markierungszeichen* versehen (Abb. 68), die folgende Bedeutung haben:
- ❙ Markierung der „Halben Bahn“, in der Mitte der langen Seiten;
- + Markierung der Wechselpunkte, an denen der Reiter auf die Diagonale abwendet (sechs Meter von der Ecke entfernt auf den langen Seiten);

– ●Markierung der Punkte, an denen die Kreislinie des Zirkels vom Radius der halben Bahnbreite die kurze bzw. die lange Seite der Bahn berührt.

Die Markierung einer Reitbahn mit *Buchstaben* ist dort nötig, wo Dressuraufgaben geritten werden, denen nach Buchstaben zu reitende Lektionen zugrunde liegen, sowie beim Figurenreiten.

Von ganz besonderer Wichtigkeit ist die Beschaffenheit des Reitbahnbodens. Sowohl bei offenen Reitplätzen als auch in Reithallen wird ein lockerer und zugleich *trittfester* Boden gefordert, der bei Trockenheit nicht zu sehr staubt und bei Nässe nicht in den Hufen klebt. Soll ein offener Reitplatz von der Witterung unabhängig sein, muß er eine gute *Wasserdurchlässigkeit* aufweisen, und auch seine Trittfestigkeit darf sich bei Nässe nicht wesentlich ändern. Zur Schonung des Bewegungsapparates des Pferdes muß der Boden eine gewisse *Nachgiebigkeit* besitzen, damit die Belastung von Sehnen und Bändern verringert wird. Sinken jedoch die Hufe zu tief ein, wird der Gang erschwert, und die Pferde werden schneller müde. Natürlich ist es außerdem wichtig, daß der Boden möglichst lange locker bleibt und sich nicht zu leicht festtreten läßt (Hufschlagbildung). Für Springpferde muß der Reitbahnboden einen sicheren, möglichst wenig Kraft beanspruchenden Absprung und eine *elastische* Landung gewährleisten.

Der natürliche, gewachsene Boden ist auch für die Arbeit mit dem Pferd am besten geeignet. Wo täglich viele Pferde auf einer relativ kleinen Fläche bewegt werden, kann der Naturboden der starken Belastung aber nicht standhalten. Deshalb bedarf es besonderer Maßnahmen, um die im vorangegangenen Abschnitt beschriebenen Anforderungen an den Boden einer Reitfläche zu erfüllen.

Es gibt wissenschaftlich-technische Erkenntnisse über den Bau von Reitplätzen und deren Bodengestaltung, die man vor Neuanlage eines Platzes kennenlernen sollte. Hier soll nur auf die Broschüre „Orientierungshilfen für die Planung und den Bau von Reitanlagen und Reitwegen“ (FN-Verlag) verwiesen werden, in der sich viele technische Hinweise finden.

Großen Einfluß hat die oberste Schicht des Reitbahnbodens, die als „Tretschicht“ bezeichnet wird. Sie soll in der Regel 10 cm dick sein und sich aus fünf Volumenteilen Sand (Körnung 0,1–3 mm) und vier Volumenteilen Sägespänen (Gatterspäne von Nadelhölzern) zusammensetzen.

Unter der Tretschicht befindet sich die *Tragschicht*. Sie ist die standfeste Unterlage für die Tretschicht. Die Tragschicht muß eine große Festigkeit aufweisen, damit sie *eben* bleibt. Außerdem muß die Oberfläche *rauh* sein oder ein Profil haben, damit die Tretschicht nicht rutschen kann. Außerdem sollte auch die Tragschicht etwas nachgiebig sein, damit der Aufprall beim Aufsetzen der Hufe gemildert wird. Endlich soll die Tragschicht auch den *Abfluß* überschüssigen Regenwassers gewährleisten.

Für den Aufbau der Tragschicht kommen mineralische Baustoffe in Betracht. Dazu können Schlacke der Körnung 0–18 mm und Lehm der Körnung 0–2 mm im Verhältnis 3:1 gemischt werden. In neueren Reitanlagen findet man auch wasserdurchlässige Tragschichten aus Bitumen, die zur Sicherung einer gewissen Elastizität Beimischungen aus Gummi- oder Korkgranulat enthalten. Für Dressurplätze sind auch Tragschichten aus Ziegeln und Betonverbundsteinen schon hergestellt worden.

Zur Trennung von Tret- und Tragschicht werden in zunehmendem Maße *Vliese* verwendet. Gewebevliese sind Faservliesen vorzuziehen. Vliese müssen an den Rändern (außerhalb des Reitplatzes) fest verankert werden, damit sie ihre Lage nicht verändern. Die Vliese hindern die Bestandteile der Tretschicht daran, in die Tragschicht einzudringen und deren Hohlräume zu verstopfen. Sie sorgen so für ein ungehindertes Versickern des Wassers. Bei Verwendung von Vliesen sollte für Dressurplätze die Tretschicht bis zu 15 cm, für Springplätze bis zu 25 cm Dicke gewählt werden, um ein Durchtreten zu verhindern.

Neu anzulegende Reitplätze sollten nach neueren Erkenntnissen 0,35–0,50 m höher liegen als ihre Umgebung. Das hilft beim Abfluß des Oberflächenwassers. Trotzdem wird es in manchen Fällen erforderlich sein, den Platz mit einer Dränage zu versehen. Sie muß unter allen Umständen fachmännisch angelegt sein, damit sie nicht verstopft bzw. sich ausspülen läßt.
Jeder Reitplatz bedarf einer ständigen Pflege. Er ist von Pferdedung, Steinen und Fremdkörpern freizuhalten, regelmäßig zu eggen und der Hufschlag, besonders in den Ecken, täglich zu harken und einzuebnen. Sind Tret- und Tragschicht durch ein Vlies getrennt, muß die Tretschicht täglich eingeebnet werden. Wenn auf einem solchen Platz gesprungen wird, müssen außerdem Absprung- und Landestellen nach jedem Sprung glattgeharkt werden.
Neuerdings werden auch spezielle Matten angeboten, mit deren Hilfe Reitplätze leichter angelegt werden können. Sie müssen sich in der Praxis der Dauernutzung erst noch bewähren. Der Pflegeaufwand für solche Plätze dürfte allerdings wesentlich geringer sein.
Eine *Beleuchtungsanlage*, die den ganzen Platz gleichmäßig und möglichst schattenfrei erhellt, erhöht seine Nutzungsmöglichkeiten, besonders in den Abendstunden.
Der Ausbilder muß Reiter und Pferde bei den verschiedenen Übungen gut beobachten können. Dazu wählt er sich unterschiedliche *Standorte*, von wo er sie möglichst oft von der Seite oder von vorn und hinten sieht (s. Abb. 68).

Beobachtungsmöglichkeiten

- *von der Seite:* Sitz im tiefsten Punkt des Sattels, Mitschwingen mit der Bewegung des Pferdes, Lage von Fuß, Unterschenkel, Knie, Oberschenkel (Bügellänge), Aufrichtung des Oberkörpers und Kopfes, Stellung und Bewegung der Hände;
- *von hinten:* offenes Knie, verdrehte Schenkel, eingeknickte Hüfte, abgespreizte Ellbogen, schiefe Kopfhaltung;
- *von vorn;:* verdrehte Füße, offenes Knie, ungleiche Bügellänge, unruhige oder zu tiefe (zu hohe) Hände, abgespreizte Ellbogen, eingeknickte Hüften, schiefe Kopfhaltung. (Abb. 69)

Bei *Mannschafts-Dressurprüfungen* oder bei einer *Quadrille* stellt sich der Ausbilder zur Begrüßung einen Schritt rechts von der Abteilung in Höhe der Reiter auf. Das Kommando zum Beginn des Reitens gibt er von seinem Platz in der Mitte der langen Seite aus.
Neben dem Reitplatz, auf dem die dressurmäßige Arbeit geleistet wird, sollte noch ein größerer Platz für die Springausbildung vorhanden sein, auf dem die Hindernisse nach Belieben umgestellt werden können.
Der **Springplatz** soll eben und der Boden so beschaffen sein, daß die Pferde überall siche-

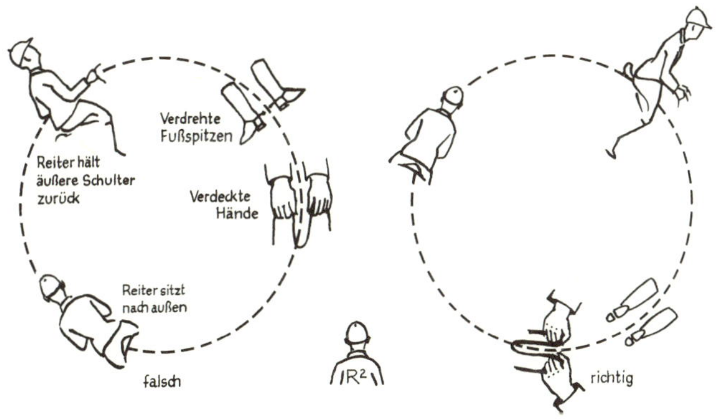

69 Das sieht der Reitlehrer von seinem Platz in der Mitte der langen Seite beim Reiten auf dem Zirkel

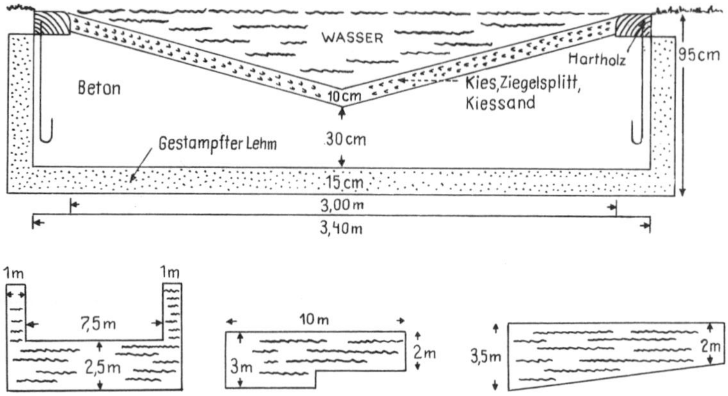

70 Anlage und Formen von Wassergräben

ren Halt beim Absprung und bei der Landung haben.

Zur Ausrüstung jedes Springplatzes gehört ein Wassergraben oder ein Wassergrabensystem. (Abb. 70)

Auch *Natursprünge* (Wall-, Tiefsprung) sollten auf einem größeren Springplatz vorhanden sein. Besonders wichtig für die Ausbildung von Reiter und Pferd sind die *Gymnastikhindernisse.* Ist der Springplatz groß genug, so sollte man einen Teil (etwa 25 m × 25 m) für die Anlage eines *Sternhindernisses* (s. Abb. 155) vorsehen und an einer Platzseite eine Wallreihe (s. Abb. 149) aufbauen.

Sind in einem Schuppen in der Nähe des Springplatzes noch eine Anzahl von *Übungshindernissen* gelagert, die einzeln, zu Kombinationen und zum Aufbau von *Hindernisreihen, Teilparcours* und *Kontrollparcours* verwendet werden können, so ist der Springplatz für alle Anforderungen ausgerüstet.

Ohne Reithalle läßt sich im Winter der Übungsbetrieb nur unvollkommen aufrechterhalten, selbst wenn der *Hufschlag* des Reitplatzes, einschließlich der Zirkellinie und der Diagonalen, etwa 10 cm hoch und 60 cm breit mit Pferdedung belegt wird. Die Pferde treten dann – zumindest bis zum nächsten größeren Schneefall – auch bei gefrorenem Boden noch weich und sicher auf. Besser hat sich eine Mischung aus *Sand* und *Gummiraspeln* bewährt. Wird der Reitplatz vor dem ersten Bodenfrost sehr gut geebnet, so kann im allgemeinen bei Pulverschnee geritten werden. Vorausgesetzt, die Hufe wurden vor dem Reiten auch an ihrer Unterseite gut gefettet.

Der *Longierzirkel* ist für die Ausbildung junger Reiter und junger Pferde sowie für das Voltigieren unentbehrlich. Sein Boden muß völlig eben und nicht zu tief sein. Rasen ist nicht zu empfehlen, da er auf dem Hufschlag bald abgetreten wird. Wer einen speziellen Zirkel für die Übungen der Voltigiergruppen anlegt, kann um einen Rasenzirkel von 13,5 m Durchmesser einen Sandhufschlag von 0,5 m Breite anlegen. Der Durchmesser eines großen Longierzirkels beträgt 20 m, die Breite des Hufschlags 1,5 m, damit beim Anlernen von jungen Pferden der Helfer außen gehen kann und das Pferd sich nicht zu stark an die Eingrenzung anlehnt.

Im *Mittelpunkt* des Zirkels sollte eine hölzerne Scheibe von 50 cm Durchmesser und einer Stärke von 3 bis 5 cm fest im Boden verankert werden. Diese dient als Tritt für den Longenführer und bietet ihm den Vorteil, daß er seinen Standort in der Kreismitte stets unverändert einnimmt. Außerdem schützt sie bei nassem Wetter das Schuhwerk.

Der Longierzirkel wird zweckmäßigerweise mit einem 50 bis 70 cm hohen Wall umfriedet, auf dem eine Hecke gepflanzt ist. Sie soll so dicht sein, daß der Zirkel von der Umgebung abgeschlossen ist, damit junge Pferde nicht von ihrer Arbeit abgelenkt werden. Am Eingang wird die Umfriedung auf einer Breite von etwa 2,5 m unterbrochen und mit einer Stange oder Schranke verschlossen. Der Longierzirkel muß regelmäßig eingeebnet werden, wobei auch der von den Pferdebeinen nach außen geworfene Bodenbelag über den Hufschlag hereinzuziehen ist. In größeren Zeitabständen ist die festgetretene Tretschicht des Hufschlags mit der Egge aufzulockern und gegebenenfalls durch frischen Belag zu ergänzen.

Für eine kontinuierliche Ausbildungs- und Trainingsarbeit während des ganzen Jahres ist eine **Reithalle** unverzichtbar. Von Herstellerfirmen angebotene Reithallen entsprechen in aller Regel den wichtigsten Anforderungen. Die sollte man aber auch kennen, wenn es um die Verbesserung vorhandener Hallen oder um den Ausbau zur Verfügung stehender Altbausubstanz geht.

Reithallen weisen in der Regel eine *Reitfläche* von 20 m × 40 m auf, d. h. ihr Seitenverhältnis beträgt 1:2. Diese Abmessungen werden als Mindestmaße angesehen. Kleinere Reitflächen lassen nur eine eingeschränkte Nutzung zu, indem sie nur einzelnen Reitern zum Üben dienen können bzw. nicht mehr alle Tempi bzw. Lektionen zulassen.

Für Reithallen, in denen auch Dressurprüfungen stattfinden, bietet eine Reitfläche von 25 m × 65 m die Möglichkeit, Dressurvierecke mit den vorgeschriebenen Abmessungen aufzustellen, und zwar, ohne die Bande einzubeziehen.

Noch größere Reitflächen, z. B. von 25 m × 80 m, sind für Springtraining und Springprüfungen, auch zum Fahren, geeignet. Einzelne große Trainingshallen weisen Abmessungen von 60 m × 120 m auf.

Als *Höhe* der Halle unterhalb der Dachkonstruktion reichen 4,25 m aus, auch, wenn in der Halle gesprungen wird.

Die *Bande* ist die Holzeinfasssung, die das Reitviereck vollständig umschließt. Sie dient Sicherheitsbedürfnissen, ist aber auch ein notwendiges Hilfsmittel bei der Ausbildung. Die Höhe der Bande über dem Hufschlag beträgt 1,60 bis 1,80 m, in Ausnahmefällen auch 2,00 m. Bis zu dieser Höhe muß sie völlig glatt sein. Darüber hinaus dürfen bis zu einer Höhe von mindestens 3,00 m keine Vorsprünge in die Halle hineinragen.

Als Material werden horizontal verlaufende, getränkte Hartholzplanken von 4,5 cm Stärke verwendet, die bis ca. 35 cm über den Hallenboden reichen (Abb. 71). In einigen Hallen wird auf diese Planken verzichtet. Das erfordert zwar eine spezielle Konstruktion der

71 Form der Reithallenbande

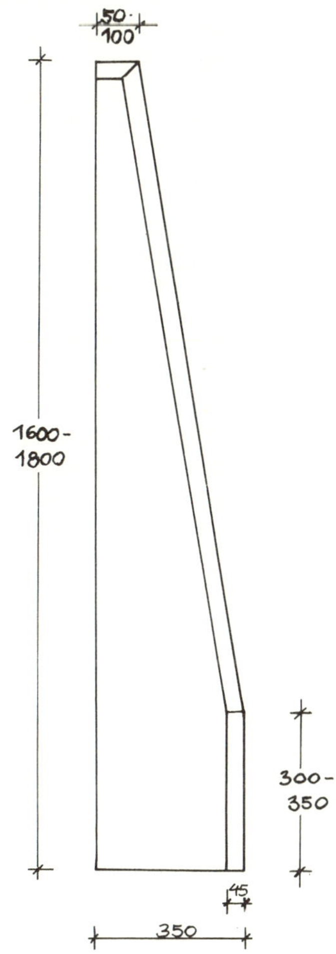

Bande, hilft aber, den Hufschlag eben zu halten.
Die 1,30 bis 1,50 m langen und mindestens 3,0 cm starken senkrecht verlaufenden Bohlen der Bande sind in einem Winkel von ca. 110 Grad nach außen geneigt. Dadurch wird ein Berühren mit Knie oder Fußspitze des Reiters vermieden.
Das Bandentor, das in seiner Breite dem Eingangstor der Halle entsprechen muß, soll eine Mindestbreite von 3,50 m aufweisen, damit die Halle auch mit Maschinen befahren werden kann. Die Bandentore sollen sich nach außen öffnen lassen. Das erfordert eine horizontale Führung, vermindert aber die Unfallgefahr beim Öffnen der Bandentüren. Zu letzterem trägt auch eine Sichtöffnung in der Bandentür bei. Bandentüren wie auch freistehende Banden müssen gegen Überspringen gesichert sein. Das wird besonders dort erforderlich, wo freistehende Banden vor Tribünen stehen, die eine oder mehrere Seiten der Reitfläche umschließen, aber auch, wenn sich hinter der Bande ein Gang für die Zuschauer befindet. Eine Höhe von 1,80 bis 2,00 m über dem Hallenboden kann als zuverlässige Sicherung gegen Überspringen gelten.
Auf der Bande sind die *Reitbahnmarkierungen* angebracht. Bewährt haben sich weiße Tafeln von 25 cm × 25 cm, auf die mit schwarzer Farbe die Markierungszeichen gemalt sind. Sie werden an der Bande 40–50 cm unterhalb der Bandenoberkante befestigt. Als Markierungszeichen für den Mittelpunkt der Bahn wie der Zirkel können Kugeln von 15–25 cm Durchmesser (Holzkugeln, einfarbige Bälle o. ä.) in einer Höhe von 3,00 bis 3,50 m, aufgehängt werden.
Was die Beschaffenheit des *Reitbahnbodens* betrifft, so gelten die gleichen Anforderungen wie für Reitplätze im Freien.
Die Tragschicht des Reitbahnbodens muß natürlich auch in der Halle völlig eben sein. Bewährt hat sich seit vielen Jahren eine 10 cm hohe Schicht aus *gestampftem Lehm*, der zur Verbesserung der Nachgiebigkeit eine Beimischung aus gehäckseltem Schilf oder auch Strohhäcksel erhält. Auf diese feste, jedoch auch elastische Unterlage wird die Tretschicht aufgebracht.
Die ca. 10 cm dicke Tretschicht besteht auch in einer Reithalle meist aus einer Mischung von *Sand* (fünf Raumteile) und *Gatter- bzw. Schälspänen* von Nadelhölzern (vier Raumteile). Verwendet man ein Vlies zur Trennung von Tret- und Tragschicht, ist eine dickere Tretschicht zu wählen, um die Vliese zu schonen.
Zum Herstellen einer geeigneten Tretschicht können auch *Hartholzspäne* (kein Nadelholz) ohne weitere Zusätze verwendet werden. Da sich die Späne stark verdichten, muß, besonders in der ersten Zeit, nachgefüllt werden. Diese Späne halten das Wasser gut, wodurch die Staubbildung verringert wird, und sind wenig frostempfindlich. Ein solcher Belag ist aber relativ teuer.
Mit gutem Erfolg werden *Lederspäne* für Reithallenböden verwendet. Die Tretschicht hat mit 12 cm eine ausreichende Dicke. Lederspäne klumpen nicht und bleiben bei Frost lange bereitbar, wegen der darin enthaltenen Fette. Lederspäne sind außerdem wasseranziehend (hygroskopisch). Das wirkt der Staubbildung entgegen und verringert die Notwendigkeit der Beregnung. Außerdem sind Lederspäne rutschfest und elastisch. Sie sind wenigstens fünf Jahre ohne Nachfüllung zu verwenden. Die Pflege, die auch hier im Einebnen der Reitfläche besteht, kostet wenig Anstrengung, da die Späne leicht sind.
Staubbildung in der Reitbahn ist nicht völlig auszuschließen, wenn die Tretschicht nicht angefeuchtet ist. Optimales Befeuchten der Tretschicht kann durch automatische Beregnungsanlagen erreicht werden. In den meisten Fällen wird die Tretschicht mit dem Schlauch angefeuchtet werden müssen. Rasensprenger sind dazu wenig geeignet. Besser verwendet man einen Schlauch mit C-Rohr und gegebenenfalls einen Druckverstärker.
Besteht die Tragschicht aus gestampften Lehm, muß man beim Beregnen eher mit Wasser sparen, damit die Lehmschicht nicht aufweicht.
Feuchtigkeit hält sich in der Tretschicht be-

sonders gut, wenn Magnesium-Kalzium-Chlorit als Feuchtigkeitsstabilisator entweder mit der Druckspritze in flüssiger Form oder in fester Form durch Düngerstreuer eingebracht wird.
Auch für Reitplätze im Freien braucht man leistungsfähige Hydranten, um sie, besonders in längeren Trockenperioden, feucht zu halten. Neben der Staubbildung wird dadurch auch die Entmischung verhindert.
Die Reithalle soll soviel *Fensterfläche* besitzen, daß auch bei weniger guten Tageslichtverhältnissen in den Wintermonaten ohne künstliche Beleuchtung geritten werden kann. 1,50 bis 2,00 m hohe Fenster (Lichtbänder) sollen dazu an allen Seiten, einschließlich der Giebelseiten, vorhanden sein. Möglichst viel Licht soll aus dem Norden und Nordosten kommen, um Schlagschatten zu vermeiden. Aus demselben Grund ist ein diffuses Licht anzustreben. Bei weit überragenden Dächern dürfen die Fenster nicht bis an die Unterkante des Daches reichen. Ihre Oberkante muß sich unterhalb eines festen Wandteils befinden, das ca. 1,00 bis 1,50 m hoch ist. Die Unterkante der Fenster soll sich mindestens 2 m über dem Boden befinden.
Für die *künstliche Beleuchtung* sind 200–300 Lux erforderlich, um die Reitfläche vollständig und schattenfrei auszuleuchten. Aus Gründen der Stromeinsparung sollten Serien- und Stufenschaltungen vorgesehen werden, damit auch einem größeren Lichtbedarf, z. B. bei Hallenveranstaltungen, entsprochen werden kann.
Neben der Beleuchtung muß auch noch an Steckdosen für Starkstrom und an Schwachstromleitungen, z. B. für Lautsprecheranlage, Zeitmeßgerät u. a. gedacht werden.
Sowohl Reitplätze als auch Reithallen bedürfen *sorgfältiger Pflege,* um sie voll gebrauchsfähig zu erhalten.
Dazu gehört in erster Linie das sofortige Entfernen des von den Pferden abgesetzten Kots. Zu diesem Zweck müssen sich in der Reitbahn ein Dungkorb und eine kurze Harke befinden, mit denen ein den Bahndienst versehender Helfer die Kotballen (nicht aber den Reitbelag) aufnimmt. Wurden *Hindernisse* gebraucht, so muß man diese nach Schluß des Unterrichts wieder an ihren Aufbewahrungsort bringen, der entweder außerhalb der Reitbahn liegt oder sich unter der Bande – durch Klappen in der Bande vom Reitbahninneren her zugänglich – befindet. Für die Erhaltung der Tretschicht ist es ebenso notwendig wie für die Gewöhnungsarbeit mit den Pferden, die Hindernisse häufig umzustellen.
Nach Schluß der Reitstunde muß mit den zweckmäßigerweise am Eingang aufgehängten Holzrechen und Schaufeln der *Hufschlag eingeebnet* werden, weil sich dieser sonst austritt und die Ebenheit der Unterschicht verlorengeht. Das gilt auch für den Hufschlag der Zirkellinien. Wöchentlich einmal sollte in einer täglich benutzten Reitbahn die gesamte Reitfläche durch Schleppen eingeebnet werden. Steht ein Reitbahnplaner zur Verfügung, läßt sich diese Arbeit auch täglich durchführen.
Jährlich einmal, am besten vor Beginn der Winterarbeit, ist der *Reitbahnbelag aufzufüllen,* weil sich die Säge- und Maschinenhobelspäne zerreiben. Die Menge des aufzufüllenden Materials richtet sich nach dem Verbrauch; sie beträgt gewöhnlich 5 bis 8 m^3. Beim Auffüllen des Belages ist sorgfältig darauf zu achten, daß keinerlei Fremdkörper wie Holzstücke oder -splitter, Nägel, Glasscherben u. a. in den Belag geraten, da sich die Pferde diese eintreten können. Die Stärke der Tretschicht darf dabei nicht vergrößert werden. Sind die organischen Bestandteile der Tretschicht (Holz, Leder) vollständig zermahlen, muß die ganze Tretschicht ausgewechselt werden. Gleiches gilt, wenn sie aufgrund nachlässiger Pflege stark mit Kotballen durchsetzt ist.
Nach mehreren Jahren wird es auch in einer sorgfältig gepflegten Reitbahn erforderlich sein, die uneben gewordene *Tragschicht* wieder zu *nivellieren.* Dazu wird sie stark angefeuchtet, mit einer scharfen Egge oder dem flachgestellten Kultivator aufgerissen. Die Schollen werden zerkleinert. Nach dem Einebnen wird je nach Bedarf eine entsprechende

Menge des Tragschichtgemischs ergänzt und das Ganze wieder zu einer ebenen Schicht verfestigt.

Zur Einrichtung einer Reitbahn gehören Spiegel an den langen Seiten und in den Ekken. Außerdem sind eine gut sichtbare Uhr sowie Garderobenhaken und Sattelböcke am Eingang erforderlich, um Überbekleidung, Decken und nicht benötigte Reitmaterialien ablegen zu können. Das Schild *Rauchen verboten* sowie ein oder mehrere Feuerlöscher vervollständigen die Einrichtung der Reitbahn.

Kontrollstrecken im Gelände. Die Arbeit von Reiter und Pferd im Gelände soll auf möglichst verschiedenartigen Strecken erfolgen. Häufige Wiederholungen gleichgearteter Übungen auf den gleichen Strecken führen zu unerwünschter Gewöhnung. Das gilt für die vielerorts noch üblichen „Galoppstrecken", die Tag für Tag von Anfang bis Ende durchgaloppiert werden, so daß die Pferde sich schließlich schon aufregen, wenn sie nur in deren Nähe kommen.

Trotz der erforderlichen Abwechslung braucht man aber für die Ausbildung des Reiters wie des Pferdes auch von Zeit zu Zeit eine *Standardstrecke*, die Gelegenheit gibt, das Verlängern der Galoppsprünge bei Erhöhung der Geschwindigkeit, die Fähigkeit des Reiters zum Einhalten vorgegebener Zeiten oder Tempobereiche u. ä. zu überprüfen. Sie sollte über eine Entfernung von mindestens 500 m auf der Ebene möglichst ununterbrochen geradeaus oder nur in sanften Windungen verlaufen, etwa 3 bis 4 m breit sein, so daß mindestens zwei Pferde nebeneinander galoppieren können, und einen möglichst gleichmäßigen, weichen und elastischen Bodenbelag haben (z. B. Waldschneisen).

Zur Entwicklung des Tempogefühls des Reiters werden auf der ganzen Strecke alle 50 bis 100 m *Tafeln mit Entfernungsangaben* angebracht. Bewährt haben sich gelbe Tafeln von etwa 25 bis 30 cm Seitenlänge mit schwarzer Schrift.

Der Unterrichtsraum. Nicht viele theoretische Fragen lassen sich während der praktischen Übungen gründlich genug erläutern. Sie sind vor der Reitstunde zu besprechen. Da der Stall nicht als Unterrichtsraum benutzt werden soll, benötigt jeder Verein für den theoretischen Unterricht einen heizbaren Raum, dessen Einrichtung einladend und zweckmäßig sein soll (Schrank, Tische, Stühle, Wandtafel, Gardinen usw.).

Auch eine maßstabgerechte Nachbildung des Dressur- und Springplatzes in einem *Sandkasten* kann für die Ausbildung der Reiter nützlich sein. In ihm lassen sich Hufschlagfiguren und Bahndisziplin demonstrieren. Außerdem können mit selbstgebastelten und ebenfalls maßstabgerecht hergestellten Hindernissen Springbahnen nachgestaltet oder entworfen werden.

Anschauungstafeln und *Modelle* sind erforderlich. Manche davon (z. B. Skelettknochen, Hufe) kann man mit Unterstützung des Tierarztes oder Roßschlächters relativ leicht selbst präparieren. Anschauungstafeln sind beim FN-Verlag der Deutschen Reiterlichen Vereinigung GmbH, Freiherr-von-Langen-Straße 13, 4410 Warendorf 1, zu beziehen.

Für den Unterricht über Sattelzeug und Geschirre ist ein kleiner *Sattelbock* recht gut zu gebrauchen, an dessen einem Ende eine Vorrichtung zum Aufhängen des Zaumzeuges angebracht wird. Für den Fahrunterricht wird ein Fahrlehrgerät benötigt.

Vereine, denen Overhead-Projektor und Filmvorführgerät zur Verfügung stehen, können sich eine Vorführwand einrichten und die übrigen Wände mit guten Sportbildern dekorieren. Auch Videofilme können genutzt werden.

Bestandteile der Grundausbildung

Die Ausbildung des Reiters erstreckt sich auf vier große Gebiete, die gleich wichtig, aber verschieden umfangreich sind;

- Ausbildung in Pferde- und Stallpflege
- Reit- und Fahrausbildung
- Theoretische Ausbildung
- Körperliche Ausbildung.

Ausbildung in Pferde- und Stallpflege. Ziel dieser Ausbildung ist es, den jungen Reiter mit der korrekten und zweckmäßigen Ausführung aller Pflegearbeiten am Pferd, aller *Stallarbeiten* und den dabei zu beachtenden *Arbeitsschutzbestimmungen* vertraut zu machen und ihm durch Übung die dazu erforderliche Fertigkeit zu vermitteln. Darum muß den folgenden Ausbildungsbestandteilen im ersten Ausbildungsabschnitt des Reitschülers genauso große Bedeutung beigemessen werden wie den praktischen Reitübungen.

Ausbildungsbestandteile:
Putzen des Pferdes;
Baden und Schwemmen;
Pflege des Langhaares;
Pflege der Hufe;
Gesundheitskontrolle und Wartung;
Bereiten und Pflege der Streu;
Verwendung der Stallgeräte;
Stallordnung und Stallarbeiten;
Arbeiten zur Futterversorgung.

Da der Anteil dieser Arbeiten an der Gesamtdauer einer Übungseinheit sehr groß ist, soll die Ausbildung in Pferde- und Stallpflege in *Unterrichtsform* mit anschließenden *praktischen Übungen* erfolgen, die über einen längeren Zeitraum vom Ausbilder *kontrolliert* werden.

1. Der Ausbilder *erklärt die Handlung,* deren Ausführung er lehren will, und begründet, weshalb diese in der von ihm geforderten Art (und auch Reihenfolge bei mehreren Einzelhandlungen) ausgeführt werden muß. Zu dieser Unterweisung ruft er alle Angehörigen seines Berittes zusammen.

2. Nach der Begründung und Erklärung *demonstriert* er die Handlung selbst, und zwar langsam oder abschnittweise, wobei er die besonders zu beachtenden Punkte und eventuellen aus der Erfahrung bekannten, häufig auftretenden Fehler hervorhebt. Vorgeführt wird aber immer nur das Richtige, niemals das Falsche!

3. Anschließend werden zwei bis drei Schüler aufgefordert, das Gezeigte zu *wiederholen.* Dabei wird anfangs wiederum langsam verfahren, so daß Fehler von allen erkannt werden können. Gemeinsam mit den übrigen Schülern werden die Fehler festgestellt und beseitigt. Die Schüler erhalten Gelegenheit, Fragen zu stellen.

4. Nun folgt die *Übung der ganzen Gruppe* unter Anleitung und Aufsicht des Ausbilders.

5. Im weiteren Ausbildungsverlauf müssen die Reiter dazu erzogen werden, sich *gegenseitig* auf Fehler bei der Ausführung der gelernten Handlung aufmerksam zu machen. Die *Kontrolle* durch den Ausbilder bleibt aber bestehen, damit sich einschleichende Fehler frühzeitig erkannt und bekämpft werden können.

Reit- und Fahrausbildung. Da der Inhalt der praktischen Reit- und Fahrausbildung in den entsprechenden Kapiteln ausführlich behandelt wird, sollen hier nur einige allgemeine methodische Hinweise zum *Aufbau* und zum *Ablauf* einer praktischen Übungsstunde gegeben werden.

Vorbedingung für eine erfolgreiche Arbeit des Ausbilders ist die *Verteilung des Lehrstoffes* auf die einzelnen Übungsstunden oder -abende. Dabei ist vom Jahresausbildungsplan auszugehen. Dieser muß die Forderungen und Vorschläge des Vorstandes unter Berücksichtigung der örtlichen Möglichkeiten und Voraussetzungen enthalten. Verantwortlich für die Aufstellung eines Ausbildungsplanes eines Vereins ist die Gesamtheit aller Ausbilder des Vereins, die in vielen Vereinen in Form einer Ausbildungs- oder Sportkommission zusammenwirken.

Der Jahresausbildungsplan muß für die einzelnen Beritte individuell aufgebaut werden und folgende Angaben enthalten:

- Anzahl der voraussichtlichen Übungsstunden
- Ziele der sportpraktischen Arbeit (u. a. wer bis zu welcher Leistung gefördert werden soll, z. B. 10% der Reiter des Beritts sollen Dressuraufgaben der Klasse A reiten können).

Die Ziele müssen kontrollierbar sein.
- Aufteilung der Stunden für sportpraktische Arbeit auf die einzelnen Übungsgebiete, z. B.: 150 Std., davon
  60 Std. Reitausbildung,
  30 Std. Fahrausbildung,
  20 Std. theoretischer Unterricht,
  32 Std. Stalldienst;
- Themen der theoretischen Unterweisung, aufgeschlüsselt nach Sachgebieten unter Angabe der Stundenzahl;
- Maßnahmen zur Vorbereitung und Durchführung besonderer Veranstaltungen (vereinsinterne Wettbewerbe, Turniere, Erntefeste, Jagden usw.);
- Arbeiten, die zur Verbesserung des Übungsbetriebes, zum Ausbau bzw. zur Verschönerung der Anlagen usw. geleistet werden sollen (Art und Stundenzahl).

Da der Rahmen eines Jahresausbildungsplanes bei gleichbleibenden Bedingungen innerhalb eines Vereins in der Regel keiner erheblichen Veränderungen bedarf, bleibt er zumeist für mehrere Jahre gültig. Dadurch wird der Planungsaufwand wesentlich verringert.
Der Jahresausbildungsplan ist auf die Monate aufzuschlüsseln, und danach ist die einzelne Übungsstunde zu planen. Dabei muß der jeweils für einen Übungsabend vorgesehene Stoff eine Einheit bilden, d. h. in fachlichem Zusammenhang stehen. Es ist so zu planen, daß sich das Thema jeweils abschließen läßt. Außerdem müssen die grundlegenden didaktischen Prinzipien beachtet werden.

Die **didaktischen Prinzipien** stellen die Verallgemeinerung zahlreicher methodischer Erfahrungen dar. Sie sind die allgemeingültigen Grundsätze der inhaltlichen und organisatorisch-methodischen Gestaltung des Übungsbetriebes und Unterrichts, die sich aus objektiv wirkenden Gesetzen ableiten.
Für den Pferdesport besitzen folgende didaktische Prinzipien besondere Bedeutung:
Prinzip der Bewußtheit und Aktivität. Bewußtheit bedeutet vor allem das Verstehen der konkreten Ziele, die der Reiter im Übungsprozeß erreichen soll. Das Prinzip dient einer tieferen geistigen Durchdringung und Verarbeitung des Wissens und Könnens und fordert die aktive verstandesmäßige und schöpferische Mitarbeit des Reiters.
Bei der Ausbildung motorischer Stereotype ist dem Übenden eine richtige und vollständige *Bewegungsvorstellung* zu verschaffen. Komplizierte Bewegungselemente sind besonders deutlich zu machen.
Bei Entwicklung und Verbesserung der *körperlichen Fähigkeiten* bei sich und seinem Pferd muß sich der Pferdesportler mit den theoretischen Grundlagen des Reitens oder Fahrens sowie der Trainingslehre des Pferdesports vertraut machen.
Prinzip der Anschaulichkeit. Dieses Prinzip dient einer konkreteren, lebendigeren und klareren Erfassung der Erscheinungen, von denen sich der Übende mit Hilfe seiner Sinnesorgane, aus den Ausführungen seines Übungsleiters, aus Lehrbüchern usw. eine Vorstellung gemacht hat. Durch die Verwendung von Anschauungsmitteln werden die Vorstellungen vertieft und wird das Einprägen bestimmter Fakten erleichtert. Dabei ist nicht nur die Arbeit mit *Bildern* und *Modellen* im theoretischen Unterricht und das *Demonstrieren* (Vorzeigen von Handgriffen oder Vorführen von Übungen bzw. Bewegungsabläufen) wichtig. Gleiches gilt auch für die Schulung des Auges (Erfassung von Bewegungseindrücken), des Ohres (Erfassen von Bewegungsrhythmen) und – als allerwichtigstes – des Muskelempfindens („Gefühl"), das Voraussetzung für das Erfühlen der Bewegung des Pferdes und für die Kontrolle der Einwirkung ist.
Prinzip der Faßlichkeit. Die physischen und psychischen Anforderungen an den Reiter müssen dem jeweiligen Leistungsstand von Reiter und Pferd entsprechen. Sie sollten aber auch die obere Grenze der momentanen Leistungsfähigkeit erreichen, weil sie nur so ein echter Entwicklungsreiz sind. Es muß erkannt werden, daß der Widerspruch zwischen den Forderungen und dem Leistungsstand die Triebkraft zur Erhöhung des Leistungsvermögens ist.

Der Ausbilder muß jederzeit in der Lage sein, den Entwicklungsstand seiner Aktiven genau einzuschätzen, um den folgenden Stoff in der richtigen Art und Weise methodisch aufzubereiten und darzubieten, bzw. die richtigen Forderungen zu stellen.

Prinzip der Systematik und Folgerichtigkeit. In allen Einzelheiten und in der Gesamtheit des Übungs- und Trainingsprozesses muß sich ein *systematischer* und *folgerichtiger* Aufbau erkennen lassen. Keine Übungsstunde darf ohne Zusammenhang mit der vorhergehenden und der folgenden durchgeführt werden. Dabei sind die Grundsätze „vom Gekonnten zum Ungekonnten", vom Leichten zum Schweren", „vom Einfachen zum Komplizierten", „vom Bekannten zum Unbekannten" zu beachten.

Jeder Lehrstoff ist derart zu vermitteln, daß der Lernende erkennt, warum dieses oder jenes gerade so und nicht anders gemacht wird. Für alle Forderungen muß der Ausbilder eine logische Begründung geben können.

Hat der Ausbilder einen Handlungs- oder Bewegungsablauf begründet, muß er sich auch selbst unbedingt daran halten, Abweichungen aus Bequemlichkeit oder Vergeßlichkeit darf er weder bei sich noch bei seinen Schülern dulden.

Prinzip der Verbindung von Theorie und Praxis. Es geht davon aus, daß die im theoretischen Unterricht erworbenen Kenntnisse auch unbedingt in der Praxis verwendet werden. Vom Ausbilder können persönliche Erfahrungen aus seiner eigenen Praxis auch in die theoretische Darlegung einbezogen werden. Dabei darf er jedoch nur allgemeingültige Erfahrungen in die theoretische Ausbildung einfließen lassen, die in Übereinstimmung mit den gültigen Ausbildungsrichtlinien sowie den Forderungen des Tierschutzes stehen.

Das Prinzip fordert aber auch umgekehrt, daß die theoretischen Erkenntnisse in der Praxis konsequent und beharrlich angewendet werden, d. h., daß einmal Gelerntes auch immer wieder richtig wiederholt wird. Gerade beim Reiten und Fahren besteht die Gefahr, daß bestimmte Forderungen im Laufe der Zeit nicht mehr korrekt ausgeführt werden (z. B. korrekte Handlungsabläufe beim Putzen, Satteln, Auftrensen, Aufsitzen, Absitzen, Warten der Pferde; Haltung und Stellung beim Longieren, Stellung der Hände, Lage der Schenkel; Vorherrschen der treibenden Einwirkungen bei allen Hilfen u. v. a.). Der Ausbilder muß daher immer und ständig mit einer hohen Korrekturintensität darauf achten, daß das theoretisch Gelernte in der Praxis immer korrekt ausgeführt wird.

Prinzip der Berücksichtigung der individuellen Unterschiede. Die Reiter unterscheiden sich sowohl in der körperlichen Entwicklung als auch in der psychischen. Unterschiede im Lebensalter und im Trainingsalter der einzelnen Reiter sind ebenso von Bedeutung wie die Unterschiede in der Aneignung von Kenntnissen und Bewegungsfertigkeiten. Diese Unterschiede sollte der Ausbilder bei allen Reitern seiner Übungsgruppe genau kennen, damit er seine Impulse bei der Vermittlung von Kenntnissen sowie bei der Fähigkeits- und Fertigkeitsausbildung methodisch richtig differenzieren kann. Um jeden Übenden optimal zu beeinflussen, muß der Ausbilder über großes methodisches Geschick verfügen. So muß er danach trachten, das Zurückbleiben einzelner Reitschüler bei der Entwicklung von Fähigkeiten und Fertigkeiten durch Veränderung seiner methodischen Verfahren oder auch durch zusätzliche Übungen zu verhindern und die leichter Lernenden durch abgeänderte Aufgabenstellung weiter zu motivieren.

Prinzip der Einheit von Bildung und Erziehung. Dieses Prinzip ist im gesamten Ausbildungsprozeß zu verwirklichen. Jede Vermittlung von Kenntnissen stellt zugleich die Aufgabe, erzieherische Arbeit zu leisten, damit diese Kenntnisse wirksam werden. Eigenschaften wie Ordentlichkeit, Sauberkeit, Fleiß, Sorgfalt, Gründlichkeit u. a. werden im einheitlichen Bildungs- und Erziehungsprozeß entwickelt.

Prinzip der ständigen Ergebnissicherung. Es zielt auf das Behalten des erworbenen Wis-

sens und auf das Erreichen größerer Festigkeit von Fertigkeiten und Fähigkeiten hin. Das wird durch *vertiefende Wiederholung* erreicht. Das Prinzip wirkt zusammen mit dem Prinzip der Verbindung von Theorie und Praxis und dem Prinzip der Einheit von Bildung und Erziehung.
Die *didaktischen Prinzipien bilden eine Einheit* und sind demzufolge im Übungsbetrieb komplex anzuwenden.

Folgende Aufgaben sind bei der *Planung der Übungsstunde* festzulegen:
– Ziel der Übungsstunde
– Benötigte Materialien
– Unterrichtsmethoden
– Einteilung der Reiter und Pferde
– Zeitlicher und inhaltlicher Ablauf der Übungsstunde.

Stoffverteilung. Bei wöchentlich einer Übungsstunde genügen die auf die Monate aufgeschlüsselten Themen des Jahresausbildungsplanes. Wird zwei- und mehrmals in der Woche geübt, müssen die Pläne auf die einzelnen Wochen aufgeschlüsselt werden. Danach sind die einzelnen Übungseinheiten zu planen.

Beispiel einer Übungseinheit:

Wartung der Pferde und des Geräts	40 min
Kurzthema zu den praktischen Übungen	15 min
Gymnastik	5 min
Satteln bzw. Anschirren und Anspannen	10 min
Hauptthema: praktisches Reiten (Fahren)	75 min
Wartung der Pferde	25 min
Auswertung	10 min
	180 min

Das vorstehende Beispiel des zeitlichen Ablaufs einer Übungseinheit setzt sowohl eine gute Organisation des Übungsbetriebes als auch die engagierte, auf die Vermeidung von „Leerlauf" gerichtete Zusammenarbeit von Ausbilder und Reitschülern voraus.
Monatlich mindestens einmal sollten ein oder zwei zusätzliche Übungsstunden angesetzt werden, in denen *theoretische Themen* ausführlich behandelt werden können. Fahrunterricht am Fahrlehrgerät sollte besonders in den ländlichen Vereinen im Winter ein- bis zweimal monatlich stattfinden.
Ziel der Übungsstunde. Das Ziel der Übungsstunde geht aus dem Jahresausbildungsplan bzw. Wochenplan hervor. Die Festlegung des Zieles für die einzelnen Abschnitte der Übungsstunden muß gründlich durchdacht werden, weil der Erfolg daran gemessen wird, ob oder inwieweit das Ziel erreicht wurde. Ziel einer Übungsstunde kann es sein, den Reiter Kenntnisse zu vermitteln, Kenntnisse zu vertiefen, Fähigheiten oder Fertigkeiten zu entwickeln.

Beispiele für Übungsstunden-Zielstellungen:
– Kennen- und Verstehenlernen der richtigen Technik des Pferdeputzens;
– Erwerben der Fertigkeiten des richtigen Pferdeputzens;
– Kennen- und Ausführenlernen der Hufschlagfiguren „Ganze Bahn!" und „Durch die ganze Bahn wechseln!";
– Erwerben der Fähigkeit, die Vorhandwendung richtig auszuführen usw.

Die Ziele für die einzelnen Teile einer Übungseinheit sind vorher festzulegen und den Reitern vor den Übungen in einer Zielorientierung bekanntzugeben, um sie für das Erreichen dieser Ziele zu motivieren. Durch die Motivation wird die Bereitschaft zur Mitarbeit geweckt und der Übungserfolg erhöht. Zielorientierung und Motivation bilden eine Einheit.
Benötigte Materialien. Der Ausbilder muß bei der Planung und Vorbereitung seiner Übungsstunde wissen, über welches Ausbildungsmaterial (Pferde, Geräte, Anschauungsmittel usw.) er verfügt. Anderenfalls werden wertvolle Minuten mit dem Zusammensuchen des Ausbildungsgeräts vergeudet.

Deshalb sind die benötigten Unterrichtsmittel vorher festzulegen sowie rechtzeitig vollständig und in verwendbarem Zustand bereitzuhalten. Dabei kann selbstverständlich die Mithilfe der Reitschüler in Anspruch genommen werden, wenn z. B. Bodenricks oder Hindernisse auf- oder umzubauen sind, für den theoretischen Unterricht Anschauungsmittel bereitgelegt werden müssen u. v. a.

Unterrichtsmethoden. Das Unterrichtsgespräch ist die zweckmäßigste, jedoch recht schwierige Methode für den theoretischen Unterricht. Hierbei muß der Ausbilder durch Fragen die Schüler gleichsam selbst die Antworten bzw. Erkenntnisse finden lassen. Methodisch einfacher ist es, den Übenden das notwendige Wissen in sachlicher, logischer Form darzustellen und durch Anschauungsmittel zu verdeutlichen. Dazu eignet sich aber auch der Lehrvortrag.

Die sportpraktische Arbeit verlangt in erster Linie die praktische Übung, der eine erklärende Demonstration vorausgeht. Hier kommt es darauf an, daß die Erklärung verständlich ist und auf den Schüler schon bekannten Erscheinungen aufbaut. Danach folgt die Demonstration durch den Ausbilder, die Wiederholung durch einige oder alle Schüler und danach die Übung. Der Ausbilder muß darauf achten, daß alle Schüler das Verlangte richtig machen, bevor er zur Übung übergehen läßt.

Bei der Festlegung der Unterrichtsmethode muß der Ausbilder bestimmen, auf welche Weise sich das Ziel der Übungsstunde am besten und sichersten erreichen läßt. Lange Vorträge sollten unterbleiben. Nach Erläuterung weniger Tatsachen ist das Verständnis für das Gesagte bei den Schülern durch Fragen und Wiederholenlassen des Erklärten zu festigen. Die zweckmäßigste Form für den Übungsbetrieb ist also: kurz erklären, veranschaulichen (demonstrieren), wiederholen lassen und dann üben.

Einteilung der Schüler und Pferde. Die Pferdeeinteilung ist ein sehr wichtiges Mittel zur Förderung der Reitschüler. Der Ausbilder muß sie daher anhand der Auswertung der vorhergehenden Übungseinheit selbst vornehmen und darf die Wahl nicht den Reitern überlassen. Genauso wie es notwendig ist, bei der Sitzausbildung des Anfängers zunächst einem Reiter längere Zeit das gleiche Pferd zu geben, kann oft ein Wechsel einem in der Ausbildung stagnierenden Reiter weiterhelfen. Da häufig ein Teil der für die Ausbildung vorgesehenen Pferde nicht einsatzbereit ist, muß sich der Ausbilder rechtzeitig vor der Übungsstunde über die ihm zur Verfügung stehenden Pferde informieren und nötigenfalls Umplanungen vornehmen.

Zeitlicher und inhaltlicher Ablauf. Nachdem Thematik und Ziele der Übungsstunde bestimmt sind, ist ihr zeitlicher Ablauf auf etwa zehn Minuten genau festzulegen. Erfolgt das nicht, so wird oft der geplante Lehrstoff nicht geschafft. Deshalb gilt für die zeitliche Planung der Hauptgrundsatz: lieber etwas weniger, dafür aber gründlich! Außerdem muß immer genügend Zeit zur Wiederholung und Übung vorhanden sein.

Erst durch die *Wiederholung* von Lehrstoff in einer der nächsten Übungsstunden läßt sich kontrollieren, ob der gebotene Lehrstoff von den Schülern richtig verarbeitet worden ist. Gleichzeitig wird dieser Lehrstoff dadurch im Gedächtnis (Bewegungsabläufe im koordinativen Zentrum) gefestigt. Man sollte daher niemals versäumen, den neuen Lehrstoff dadurch einzuleiten, daß man mittels einer Wiederholung des vorher Geübten den Anschluß an das Neue herstellt.

Die Wiederholung steht am Anfang jeder Übungsstunde, der theoretischen wie der sportpraktischen. Sie dient gleichzeitig der Kontrolle des Leistungsstandes der Schüler und zeigt dem Ausbilder, ob und wie schnell er weitergehen darf. Der *Stoff* der Stunde ist gründlich zu durchdenken und in Stichworten niederzuschreiben. Strenge Einhaltung des Planes ist die Voraussetzung einer erfolgreichen Übungsstunde.

Abschweifungen führen zu Zeitverlust und hemmen das Entwicklungstempo. Sie sind erst dann gerechtfertigt, wenn ein großer Teil der Reitschüler oder Pferde vom Ausbilder nicht vorausgesehene Schwierigkeiten bei der Aneignung der Kenntnisse, Fähigkeiten und Fertigkeiten hat. In diesem Fall muß der Unterrichtsplan umgestellt werden. Kommen nur einzelne Schüler im Unterricht nicht mit, so sind besondere *Förderungsmaßnahmen* anzuwenden.

Aufbau und Ablauf einer praktischen Stunde wird am Beispiel einer Unterrichtsvorbereitung deutlich. (Tab. 29)

Um Ordnung und Sicherheit zu gewährleisten, muß jede Übungsstunde in der Reitbahn und auf dem Reitplatz immer mit dem *Aufmarschieren der Abteilung* beginnen und auch abschließen. Vor Beginn der Übungsstunde darf die *Kontrolle der Sattelung und Zäumung* nicht vergessen werden. Neben dem Einhalten gleicher Zwischenräume zwischen den Pferden wird dabei besonders Wert auf ruhiges Stehen gelegt. Sowohl beim Auf- bzw. Absitzen als auch vor dem Anreiten und nach der Parade zum Anhalten müssen alle Pferde auf allen vier Beinen, geschlossen und ruhig stehenbleiben. Das ist nicht nur ein Erfordernis der Sicherheit, sondern zugleich eine wichtige Vorübung für das Reiten von Aufgaben auf dem Viereck.

Tabelle 29: Vorbereitung einer Übungsstunde

Ziel der Übungsstunde: Einführung der Hufschlagfigur „Durch den Zirkel wechseln" – korrektes Reiten der Hufschlagfigur
Materialien: markierte Wechsellinie durch den Zirkel

Zeit	Stundenteil	Teilziel	Hinweise
16.00–16.05	Aufmarschieren der Abteilung und Kontrolle von Sattelung und Zäumung	Überprüfen der ordnungsgemäßen Sattelung und des Aufsitzens, Bügellänge	Schmidt – Bügellänge beachten!
16.05–16.10	Reitgymnastische Übungen	Seitgrätsche, Rumpfbeugen, Rumpfdrehen	
16.10–16.25	Auseinanderreiten: Pferde lösen	Zwangloses Treten und Sicherung der Anlehnung	„Florett" mehrfach über Bodenrick
16.25–16.40	Wiederholende Übungen	Viel gebogene Linien; Zirkel Schlangenlinien an der langen Seite im Trab, Volten	Lehmann und Meyer bessere Schlangenlinien; Petzold viel Volten, Sitzkorrektur bei Müller
16.40–17.10	Hauptteil	Einführung der Hufschlagfigur „Durch den Zirkel wechseln"	Erst einzeln im Schritt
17.10–17.15	Pause	Reitgymnastische Lockerungsübungen	
17.15–17.20	Überprüfung in der Abteilung	Auf zwei Zirkeln mit je vier Reitern	Schritt und Arbeitstrab
17.20–17.30	Stundenausklang	Schritt mit hingegebenen Zügeln, Pferde beruhigen	
17.30–17.35	Aufmarschieren der Abteilung, Absitzen, Lockergurten usw.	Kontrolle des ordentlichen Aufmarschierens, Zügel aus der Hand kauen lassen	„Baikal" muß ruhig stehen

Der *theoretische Unterricht* ist eine notwendige Ergänzung der praktischen Übungen. Hier lernt der Schüler die Zusammenhänge seiner Arbeit begreifen. Der reittheoretische Unterricht soll deshalb dem praktischen Üben stets vorausgehen. Er umfaßt die *Reit- und Fahrlehre* und folgende *Teilgebiete der Pferdekunde:*

- Geschichte des Pferdes;
- Einführung in Anatomie und Physiologie;
- Exterieurslehre;
- Lehre vom Hufschlag;
- Fütterungslehre.

Nach Abschluß der Grundausbildung werden darüber hinaus die *Wettkampfbestimmungen* sowie einige ausgewählte Kapitel der *Trainings- und Wettkampflehre* besprochen.

Die Teile der *Theoriestunde* sind:

- Einführung, verbunden mit einer Wiederholung, die den Anschluß zum vorgehenden Thema herstellt;
- Darbietung oder Erarbeitung des neuen Lehrstoffes;
- Wiederholung und Vertiefung.

Der Unterricht über pferdekundliche Themen sollte möglichst ein- bis zweimal monatlich in besonderen Lehrstunden erfolgen. Die praktischen Übungen hingegen können in einer kurzen reittheoretischen Unterweisung vor dem Satteln bzw. der Gymnastik vorbereitet werden.

Die Übungen am Fahrlehrgerät stellen dabei eine besondere Form des theoretischen Unterrichts dar.

Auch im Pferdesport kommt der körperlichen Ausbildung der Übenden eine große Bedeutung zu. Der Schulsportunterricht allein aber reicht häufig nicht aus, um eine gute allgemeine physische Entwicklung zu erlangen. Deshalb beteiligen sich manche Reiter auch an den Übungsstunden in anderen Sportarten (z. B. Turnen, Schwimmen).

Bewährt hat sich eine sportliche Selbstbetätigung, die gymnastische und spezielle Übungen für den Reitunterricht enthält, die sich morgens nach dem Aufstehen, abends vor dem Schlafengehen wie auch zu jeder anderen Tageszeit durchführen lassen.

Zu diesen Übungen gehören: Fußrollen einwärts, seitliches Abspreizen eines Beines aus dem Stand, Vor- und Rückschwingen eines Beines aus dem Stand, Erweitern der Seitgrätschstellung (evtl. bis zum Spagat), Hüftrollen, Rumpfbeugen, Rumpfdrehen, Rumpfkreisen, Schulterrollen, Armkreisen rückwärts, Kopfrollen, Handrollen, Fingerübungen und alle Kombinationen mit diesen Übungen. Schwimmen, Waldlauf, Skilaufen, Schlittschuhlaufen sowie Volleyball und Tischtennis sind ebenfalls zu empfehlen.

Jugendlichen und Kindern sollten bei der Auswertung der Reitstunde die verschiedenen für die Beseitigung ihrer Fehler nützlichen gymnastischen Übungen für die Selbstbetätigung erläutert und demonstriert werden.

Bedauerlicherweise sind gymnastische Übungen vor Beginn der Reitstunde fast völlig aus der Mode gekommen. Die oben angeführten Übungen eignen sich dazu und können sowohl am Boden als auch zum großen Teil im Sattel ausgeführt werden. Sie nehmen vor der Reitstunde lediglich 5 Minuten vor dem Aufsitzen und vielleicht noch einmal 5 Minuten innerhalb der Übungsstunde in Anspruch. Ganz hervorragende Anleitung zu diesen Übungen ist dem Buch „Konditionstraining" von Claus Chmiel (FN-Verlag Warendorf 1987) zu entnehmen.

Anzug des Reiters. Die für Turniere vorgeschriebene Bekleidung ist kostspielig und empfindlich und deshalb für die Übungsstunden unzweckmäßig. Da eine gut passende Reitbekleidung großen Einfluß auf den Sitz und die Einwirkung des Reiters hat, ist diese gegen vorzeitige Abnutzung und Verschmutzung zu schützen. Ein *Stall- oder Arbeitsanzug* sollte deshalb bei allen übrigen Tätigkeiten getragen werden. Er darf aber die Körperbewegungen nicht behindern. Bewährt hat sich ein Arbeitskittel oder eine Arbeitskombination. Beim Waschen von Pferden und Wagen sollten außerdem Gummistiefel getragen werden. Die Arbeit im Stall ohne festes Schuhwerk ist unzulässig.

Der *Anzug für den Reitunterricht* muß strapazierfähig und unempfindlich gegen Verschmutzung sein und vor allen Dingen tadellos passen.
Die *Reithose,* wichtigstes Bekleidungsstück des Reiters, muß unmittelbar am Spalt sitzen, unterhalb der Knie und über dem Unterschenkel bis kurz oberhalb der Knöchel fest anliegen, ohne dabei zu drücken oder zu spannen. Sie muß an den Seiten sowie über dem Gesäß genügend Elastizität- bzw. Stoffreserven besitzen, damit das Knie ungehindert gebeugt werden kann, ohne daß sie vom Spalt abgezogen wird.
Sehr praktisch und in den Sommermonaten besonders angenehm sind *Jodhpur-Reithosen* mit langem Bein, für die hinsichtlich des Paßsitzes die gleichen Forderungen gelten. Sie empfehlen sich besonders für Kinder und Jugendliche, weil diesen die teuren Stiefel schnell zu klein werden.
Die Reithose sollte aus kräftigem Anzugstoff in gedeckten Farben (grau oder braun) hergestellt sein. Besonders empfehlenswert sind Reithosen aus elastischen Geweben, die einen eleganten Zuschnitt gestatten. Stiefelreithosen erhalten einen ganzen, das Gesäß überdeckenden und bis in die halbe Wade reichenden Besatz aus Wildleder, Jodhpurs dagegen im allgemeinen nur einen an den Innenflächen der Knie. Künftig werden dafür neue, pflegeleichte Materialien eingesetzt.
Die Reithose muß in der Taille sitzen oder durch Hosenträger nach oben und von Stegen nach unten gehalten werden. Faltenlose Unterbekleidung muß gewährleistet sein, damit die Haut an Oberschenkel und Sitzfläche nicht wund gerieben wird. Die *Reitstiefel* dürfen den Fuß und das Bein an der Wade nicht einengen, weil dadurch die Blutzirkulation gestört wird. Der Schaft soll an der dem Pferd zugekehrten Seite weich sein, bis kurz unter das Knie reichen und an seinem oberen Ende außen etwas höher als innen, vorn etwas höher als hinten geschnitten sein. Die durch eine Einlage verstärkte Naht des Schaftes zieht in gerader Linie ohne Ausbuchtung nach unten in die etwa 8–10 cm hohe rechteckige Kappe,

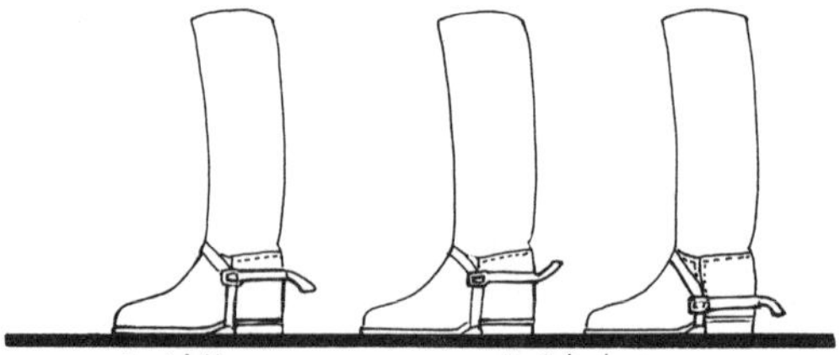

72 Stiefel und Sitz der Sporen

die den Sporen einen guten Sitz verleiht. Die Vorderseite des Reitstiefels ist leicht gebogen. Die Sohle geht ohne Absatz in die Fußdünnung über. Der Blockabsatz ist nach vorn abgerundet und nach der Fußdünnung abgeschrägt. (Abb. 72)
Gute Stiefel heben nicht unwesentlich die Eleganz des Reiters, für den Reitunterricht müssen sie aber vor allem bequem sein. Hergestellt werden Reitstiefel aus schwarzem Rindbox oder Mastboxleder. Stiefel mit braunen Lederstulpen gehören nur zum Anzug des Spring- und Vielseitigkeitsreiters. Zu Jodhpurs werden schwarze oder braune Stiefeletten getragen. Reitstiefel aus Gummi oder Plaste, die den obenstehenden Forderungen entsprechen, sind ein guter und relativ billiger Ersatz für Lederstiefel.
Die *Bekleidung des Oberkörpers* muß eng anliegen. Oberhemden und Trainingsjacken, unter deren Bauschen sich die Rückenlinie des Reiters nicht beurteilen läßt, sind ungeeignet. Pullover oder T-Shirts sind zweckmäßiger. Der *Reitrock,* der bis etwa auf die Mitte des Oberschenkels herabreicht und in der Farbe zur Reithose passen soll, hat am Rükken einen Schlitz bis zur Taillenhöhe und etwas nach außen gestellte Schöße.
Als *Kopfschutz* ist eine splittersichere Reitkappe zu tragen. Sie muß mit einem Riemen unter dem Kinn gegen das Verlieren gesichert sein. In Leistungsprüfungen, in denen Hindernisse zu überwinden sind und auch beim Springen auf dem Vorbereitungsplatz ist das

Tragen der Kappe Pflicht. Bei allen Arten von Prüfungen im Gelände muß die Reitkappe Dreipunkt- bzw. Vierpunktbefestigung aufweisen. Die letztgenannten Arten von Schutzkappen sollten auch generell für Kinder und Jugendliche sowie in der Ausbildung verwendet werden.
Handschuhe gehören zum vollständigen Reitanzug und sollten deshalb auch im Training benutzt werden.
Behelfskleidung reicht anfangs bei Kindern und Jugendlichen aus. Denn es ist nicht immer angebracht, die recht kostspielige Reitbekleidung gleich am Beginn der Ausbildung anzuschaffen. Anfangs ist eine strapazierfähige Hose, die im Spalt nicht zu eng ist und gegen das Hochrutschen ein Paar Stege erhalten sollte, eine völlig ausreichende Beinbekleidung. Auch Jeanshosen können getragen werden, wenn sie nicht zu eng sind. Gummistiefel lassen sich gut verwenden, haben aber meist den Nachteil, daß sich die Schafträn der unter das Sattelblatt klemmen. Halb- oder Turnschuhe dürfen wegen der Gefahr des Hängenbleibens in den Steigbügeln nicht getragen werden.

73 Gerte, Peitsche und Sporen

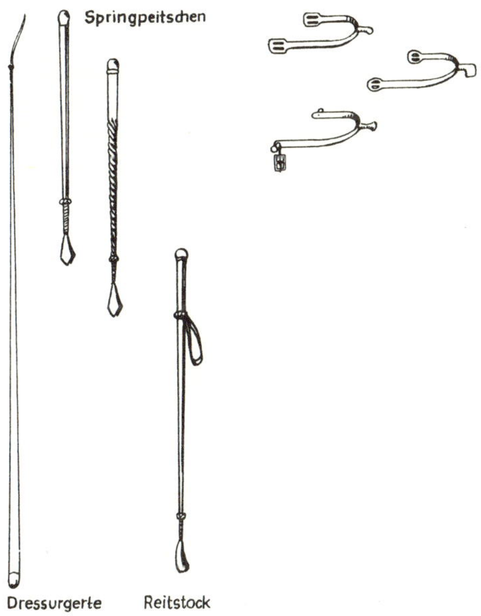

Gerte, Peitsche und *Sporen* gehören zur Ausrüstung des Reiters. Sie werden aber nur zum Reiten in die Hand genommen bzw. angelegt. (Abb. 73) Ansonsten sind sie in einem Schrank aufgehängt aufzubewahren.
Die *Sporen* müssen sich junge Reiter erst verdienen. Nach etwa achtmonatiger Grundausbildung ist u. a. zu prüfen, ob ihre Schenkellage so ruhig ist, daß sie während des Reitens Sporen tragen dürfen. Dieser Höhepunkt im reiterlichen Leben des Jugendlichen kann in feierlicher Form durch den Vereinsvorstand gestaltet werden. Die Genehmigung zum Tragen der Sporen kann vom Vereinsvorstand auch mit der Prüfung für das „Kleine Hufeisen“ oder den „Reiter-Paß“ verbunden werden.
Die Sporen werden so angelegt, daß sie etwa drei Finger breit über dem Absatz und mit diesem parallel verlaufen. Die Schnalle des Sporenriemchens muß sich auf der Mitte des Spanns befinden, bzw. sie darf von diesem Punkt wenig nach außen abweichen. Scharfe Sporen und Sporen mit Rädchen sind unreiterlich und dürfen weder bei Übungen noch im Wettkampf verwendet werden. Weitergehende Bestimmungen sind in § 68, C.2, der LPO festgelegt.
Eine *Gerte* von 1 bis 1,3 m Länge kann beim Reitunterricht und zur Unterstützung des Schenkels mit Zustimmung des Ausbilders verwendet werden. Den gleichen Zweck kann aber auch ein ebenso langer und nicht ganz steifer *Haselstock* erfüllen. Eine *Springpeitsche* wird zum Springen und im Gelände verwendet. Sie muß wenigstens daumenstark (geringster Durchmesser 0,5 cm), biegsam und darf insgesamt nicht länger als 75 cm sein. An ihrem unteren Ende befinden sich zwei etwa 7 cm lange Lederstücke. Springpeitschen mit längeren beweglichen Enden sind nicht erlaubt.
Peitschen mit Fiberglaseinlagen müssen eine genügend starke Umhüllung tragen. Steife Reitstöcke mit Handschlaufe und einer Lederschlaufe am unteren Ende sind nur zum Spazierenreiten verwendbar. Bestimmungen über das Mitführen von Gerten/Peitschen in

Leistungsprüfungen sind in § 68, C.1. der LPO gegeben.
Der **vorgeschriebene Reitanzug** für Turniere ist in der LOP festgelegt. In Prüfungen der Kategorie A und B sind helle Reithose, Stiefel und einfarbiger, gedeckter Rock von allen Teilnehmern zu tragen. Ein passendes Hemd mit Plastron oder Krawatte, in aller Regel weiß, gehört dazu.
Männlichen Teilnehmern an Jagdpferdeprüfungen und Springprüfungen der Klasse S ist der rote Rock erlaubt.
In Geländeprüfungen gelten keine Anzugsvorschriften.
Hinsichtlich der Kopfbedeckung gilt neben den schon erwähnten Vorschriften über das Tragen splittersicherer Schutzkappen die Bestimmung, daß in allen anderen Leistungsprüfungen die Kopfbedeckung zum Anzug passen muß: Jagdkappe, runder Hut (Bowler) oder Reitzylinder.
In Prüfungen der Kategorie C werden hinsichtlich der Farbe des Reitanzuges keine Forderungen gestellt. Hier gilt nur der Grundsatz der Zweckmäßigkeit, der aber erfordert eben einen vollständigen Reitanzug. Keinerlei Konzessionen werden auch in diesen Prüfungen in bezug auf die Kopfbedeckung gemacht, für die in Kat. C ebenso eine splittersichere Schutzkappe verlangt wird wie in den anderen Kategorien.
Für Militär und Polizei ist die vorgeschriebene Uniform zugelassen. Allerdings gelten auch dafür die Bestimmungen über den Kopfschutz. Gleiches gilt für besondere Vereins- oder Klub-Bekleidung, die ebenso in allen Prüfungskategorien zugelassen ist.
Die Bestimmungen über den Kopfschutz gelten auch in dem Fall, daß eine Turnierleitung mit Zustimmung des LK-Beauftragten einen anderen Anzug zuläßt. Von dieser Bestimmung wird manchmal bei hohen Temperaturen Gebrauch gemacht, indem den Reitern erlaubt wird, in einer Springprüfung ohne Rock zu reiten. Auf derartige „Zugeständnisse“ sollte allerdings im Interesse des Images des Pferdesports bei den Zuschauern verzichtet werden, zumal Springreiter, für die derartige „Erleichterungen“ in der Regel wirksam werden, nur für eine sehr kurze Zeit zum Tragen des vollständigen Anzuges gezwungen sind. Für die wesentlich längeren Leistungszeiträume in Dressurprüfungen werden von den Reitern Ansprüche auf derartige Erleichterungen nicht gestellt.
Eine etwas strengere Anzugsordnung gilt für die Teilnehmer an Dressurprüfungen, bei denen Aufgaben der FEI geritten werden. Hier sind tiefdunkler Reitfrack, Zylinder und Handschuhe vorgeschrieben.
Über das Tragen von Handschuhen sind in der LOP keine weiteren Vorschriften enthalten. Sie gehören jedoch zum vollständigen Reitanzug. Der Verzicht darauf beweist schlechten Geschmack. Manche Reiter sind der Auffassung, Handschuhe behinderten sie und störten ihr feines Gefühl in den Händen. Würden sie immer, auch im Training, mit Handschuhen reiten, hätten sie diesen Eindruck nicht, weil man sich auch daran gewöhnt und das feine Gefühl danach keine Einschränkung erleidet.
Bei Zeremonien und Siegerehrungen Handschuhe zu tragen, ist ein Gebot der Höflichkeit gegenüber Zuschauern und Offiziellen. Übrigens, auch bei der Gratulation kann der Handschuh anbehalten werden.
Im vollständigen Reitanzug mit Sporen und Gerte durch die Straßen zu gehen, macht die reiterliche Unreife des Betreffenden deutlich. Ausnahmen sind aus zeitlichen und praktischen Gründen nur bei Turnieren zulässig.

Ordnung auf dem Viereck

Ähnlich wie im Straßenverkehr ist auch für das Reiten auf dem Reitplatz und in der Reitbahn eine gewisse Ordnung vorgeschrieben, die durch Bezeichnungen, Hufschlagfiguren und Bahnregeln sowie Kommandos und Zurufe aufrechterhalten wird. Das Wort „Kommando“ wird in der Reitersprache nicht im Sinne eines militärischen Befehls gebraucht, sondern im Sinne einer mit gleichbleibender Wortfolge und kurzgefaßtem Informationsinhalt vereinbarten Anweisung, die für alle Reiter unmißverständlich ist.

Bezeichnungen. Die *Mittellinie* ist die Linie, die die Mittelpunkte der kurzen Seiten der Bahn miteinander verbindet. An der Mittellinie stehen die Pferdeköpfe der in offener Aufstellung aufmarschierten Abteilung.

Die *Grundlinie* ist eine Linie, die man sich durch die Vorderhufe des richtig aufgestellten Pferdes des Mittelreiters der Abteilung denkt. Bei *offener Aufstellung* liegt die Grundlinie etwas hinter der Mittellinie (Abteilung von vorn betrachtet) und parallel zu dieser. (Abb. 74) Bei *geschlossener Aufstellung* verbindet die Grundlinie die beiden in einer Bahnhälfte gelegenen Zirkelpunkte der langen Seiten und schneidet die Mittellinie rechtwinklig.

Der *Zwischenraum* ist die Entfernung zwischen zwei nebeneinander befindlichen Reitern, gemessen von Bügel zu Bügel. Er beträgt bei offener Aufstellung der Abteilung drei Schritt (etwa 2,5 m).

74 Aufstellen der Abteilung in der Reitbahn
---- = Mittellinie; ····· = Grundlinie

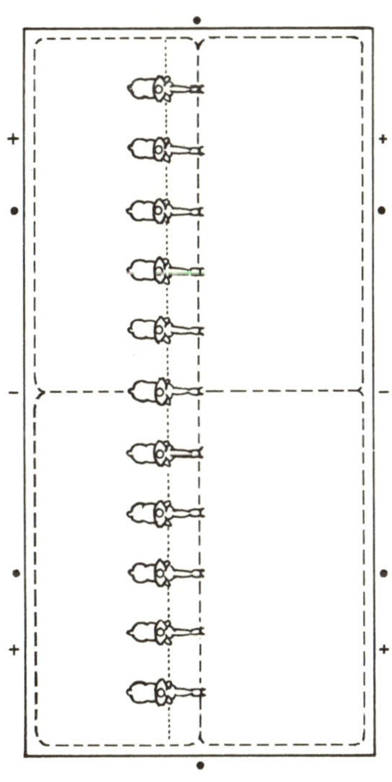

Fühlung haben die Reiter, wenn sich ihre Bügel berühren. Dies ist der Fall, wenn die Reiter in geschlossener Aufstellung vor der kurzen Seiten aufmarschieren. Die geschlossene Aufstellung kommt bei Mannschafts-Dressurprüfungen, bei Quadrillen und bei Aufmärschen während eines Turniers vor.

Die *Seitenrichtung* der aufmarschierten Abteilung ist korrekt, wenn die Vorderhufe aller Pferde auf einer Linie (in der Reitbahn der Grundlinie) stehen.

Damit ein ordentliches Bild entsteht, muß in den obenerwähnten Fällen jeder Reiter selbständig Fühlung und Seitenrichtung nehmen. Von letzterer gilt dies auch, wenn in offener Aufstellung aufmarschiert wird.

Abstand ist die Entfernung vom Schweif eines Pferdes bis zum Kopf des ihm folgenden Pferdes. Der Abstand wird nach Schritten (etwa 0,80 m) und nach Pferdelängen (3 Schritt) gemessen. Wenn nicht andere Abstände angeordnet sind, wird in der Abteilung immer mit 6 Schritt Abstand geritten. Der Abstand beträgt etwa zwei Pferdelängen (6 Schritt), wenn der Reiter zwischen den Ohren seines Pferdes die Fesseln des Vorderpferdes sehen kann.

Auf der rechten (linken) Hand befindet sich der Reiter bzw. die Abteilung, wenn die rechte (linke) Körperseite des Reiters dem Inneren der Bahn bzw. des Reitplatzes zugewendet ist. Die *innere Seite* beim Pferd ist die Seite, nach der es gestellt ist. Beim geradeaus gestellten Pferd bezeichnet man die dem Bahninneren zugewendete als die innere Seite.

Die *äußere Seite* ist beim Pferd die der Stellung entgegengesetzte, beim geradeaus gestellten Pferd die nach der Bande gerichtete Seite.

Abteilungsreiten ist für den Reitunterricht, ganz besonders im ersten Ausbildungsjahr, die zu bevorzugende Methode.

Indem die Reiter in der Abteilung hinter einem fortgeschrittenen Anfangsreiter mit vorgegebenen Abständen reiten, wird ihnen das richtige Gefühl für die verschiedenen Tempi der einzelnen Gangarten vermittelt. Das ist für ihre weitere reiterliche Entwicklung von ausschlaggebender Bedeutung. Beim Abteilungsreiten wird jeder einzelne Reiter außerdem veranlaßt, ständig auf sein Pferd einzuwirken, mit treibenden und verhaltenen Hilfen Tempo und Abstand zu korrigieren, mit wendenden Hilfen die vom Anfängerreiter gerittene Linie genau nachzureiten. Damit erwirbt der Reiter die erforderliche Fertigkeit in der Hilfengebung und zugleich die Grundlagen des Gefühls für die erforderliche Stärke der Einwirkungen, mit denen er seinen Platz in der Abteilung exakt einhalten kann. Der Erwerb von für die reiterliche Entwicklung bedeutsamen koordinativen Fähigkeiten wie motorische Anpassungs- und Umstellungsfähigkeit in bezug auf die gegebene Situation, Orientierungsfähigkeit in Zeit und Raum u.a. wird durch das Abteilungsreiten wesentlich gefördert. Der Reitausbilder hat beim Abteilungsreiten eine gute Übersicht über die ganze Abteilung und kann die erforderlichen Korrekturen an Sitz und Einwirkung, unterstützt durch die Möglichkeit des Vergleichs zwischen verschiedenen Reitern, wirkungsvoller anbringen. Darüber hinaus kann er durch entsprechende Kommandos die Schwierigkeit der Aufgaben variieren und durch Abwechslung in seinen Forderungen die Konzentration der Reiter wachhalten. Diese und weitere Aspekte lassen das Abteilungsreiten zur Methode der Wahl in der Anfängerausbildung werden.

Eine das Abteilungsreiten ergänzende Methode, mit der der Übergang zum selbständigen Reiten gefördert wird, ist das *Durcheinanderreiten.* Dazu sucht sich jeder Reiter, entsprechend der vorgegebenen Aufgabe selbständig den Ort und den Zeitpunkt für die Ausführung der verlangten Übungen aus. Dabei sind die Hufschlagfiguren korrekt einzuhalten. Der Reiter muß darauf achten, daß er nicht ständig hinter einem anderen her reitet, sondern sich stets, z. B. durch Abwenden auf den Zirkel, seinen eigenen Weg sucht. Der Zweck des Durcheinanderreitens besteht darin, daß jeder Reiter sein Pferd selbständig führt und die Pferde nicht einfach hintereinander laufen. Zur Aufrechterhaltung der Ordnung bestimmt der Ausbilder Gangart, Tempo und Übung sowie die Hand, auf der geritten wird. Dies geschieht z. B. folgendermaßen: „Abteilung auf der rechten Hand auseinanderreiten! Arbeitstrab! Leichttraben! Pferdelösen!“ oder, wenn die Abteilung schon durcheinanderreitet, „Einzeln durch eine Kehrtwendung um die Hinterhand auf die rechte Hand gehen!“ oder „Alles im Arbeitstrab – Ganze Bahn! – und auf den langen Seiten Tritte verlängern!“

Soll das Durcheinanderreiten beendet werden, sind die Reiter durch ein Kommando (s. Tabelle 30) wieder zur Abteilung zusammenzufassen. Beim Durcheinanderreiten kann der Ausbilder sich nacheinander mit den einzelnen Reitern beschäftigen, während die anderen die verlangten Übungen selbständig fortsetzen. Beim *Einzelreiten* beschäftigt sich zwar der Ausbilder auch mit dem einzelnen Reiter, jedoch sind die anderen Reiter des Beritts zur relativen Untätigkeit verurteilt, weil der jeweils Übende eine besondere Aufgabe erhält, die er korrekt an vorgeschriebener Stelle ausführen muß. Für das Einzelreiten gibt es verschiedene Möglichkeiten: Entweder hält die Abteilung, während ein einzelner Reiter seine Aufgaben ausführt, oder sie befindet sich auf dem zweiten Hufschlag im Schritt.

Hufschlagfiguren. Unter dem Begriff *Hufschlag* versteht man den etwa 50 bis 60 cm breiten Weg, auf dem sich das Pferd in der Reitbahn oder auf dem Reitplatz bewegt. Als *zweiter Hufschlag* wird der neben diesem liegende Streifen gleicher Breite bezeichnet. *Hufschlagfiguren* sind die vorgeschriebenen Linien, die der Reiter zur Aufrechterhaltung der Ordnung und zur Vermeidung von Störungen anderer Reiter nicht verlassen darf. Sie stellen die „Straßen“ der Reitbahn dar. (Abb. 75)

Da das korrekte Einhalten der Hufschlagfiguren auch über die Einwirkung des Reiters auf

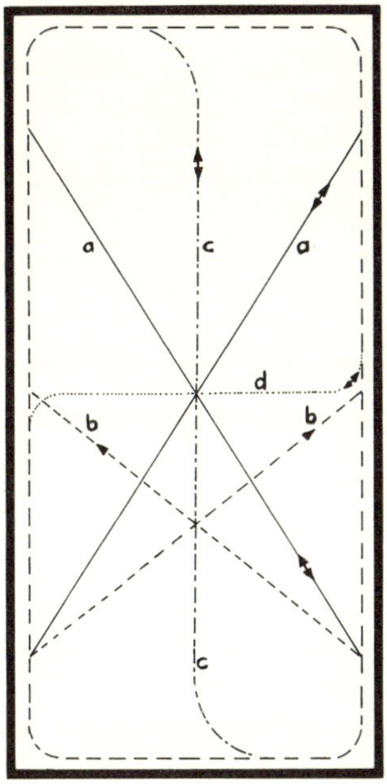

75 Hufschlagfiguren: a durch die ganze Bahn wechseln; b durch die halbe Bahn wechseln; c durch die Länge der Bahn wechseln; d durch die Breite der Bahn wechseln

das Pferd Aufschluß gibt, wird es bei Wettbewerben, Reiter- und Dressurprüfungen stark bewertet. Daher muß die exakte Ausführung der Hufschlagfiguren erläutert werden.
Der *Hufschlag der ganzen Bahn* verläuft in gleichmäßigem Abstand von der Bande an den langen und kurzen Seiten um die Bahn.
Der *Hufschlag der halben Bahn* (s. Abb. 75) wird gebildet von zwei halben langen Seiten, der dazwischenliegenden kurzen Seite und der Verbindungslinie zwischen den Mittelpunkten der langen Seiten.
In den vier *Ecken* ist der Hufschlag jeweils abgerundet und bildet einen Viertelkreis mit einem Radius von drei Metern. Das *Wechseln durch die ganze Bahn* (s. Abb. 75) kann in allen Gangarten geschehen. Der Reiter wendet vom ersten Wechselpunkt der langen Seite ab und reitet durch die Diagonale der Bahn – dabei den Bahnmittelpunkt berührend – schnurgerade nach dem Wechselpunkt der gegenüberliegenden langen Seite. Das *Wechseln durch die halbe Bahn* (s. Abb. 75) kann ebenfalls in allen Gangarten erfolgen, jedoch nur im Arbeitstempo bzw. versammelten Tempo. Vom ersten Wechselpunkt der langen Seite wendet der Reiter ab und reitet schnurgerade auf die Mitte der gegenüberliegenden langen Seite zu. Das Wechseln durch die ganze bzw. halbe Bahn beginnt immer nach Durchreiten der zweiten Ecke der kurzen Seite.
Das *Wechseln durch die Länge der Bahn* (s. Abb. 75) wird in den Arbeits- bzw. Mitteltempi aller Gangarten ausgeführt. Drei Schritt vor Erreichen des Mittelpunktes der kurzen Seite beginnt der Reiter einen Viertelkreis von drei Schritt Radius (Viertelvolte), der ihn genau auf die Mittellinie der Bahn bringt. Hier reitet er unter Passieren des Bahnmittelpunktes schnurgerade auf den Mittelpunkt der gegenüberliegenden kurzen Seite zu, leitet 3 Schritt vor Erreichen dieser kurzen Seite wiederum einen Viertelkreis von 3 Schritt Radius (Viertelvolte) ein, der ihn 3 Schritt hinter dem Mittelpunkt der kurzen Seite auf den neuen Hufschlag bringt. Das *Reiten auf dem Zirkel* (Abb. 76) erfolgt in den versammelten und Arbeitstempi aller Gangarten, in den höheren Klassen auch im Mitteltrab. Der Zirkel ist ein Kreis, der an den *Paradepunkten* (Zirkelpunkten) der beiden langen und der zwischen ihnen liegenden kurzen Seite den Hufschlag der ganzen Bahn, im Bahnmittelpunkt den der halben Bahn berührt. Beim *Beginn* des Zirkelreitens geht der einzelne Reiter wie auch die Abteilung vom *zweiten* Paradepunkt einer langen Seite auf die Zirkellinie über, d. h., man beginnt den Zirkel immer zur geschlossenen Seite hin (Abb. 76) Ist das Zirkelreiten beendet, geht der Reiter am ersten Paradepunkt der langen Seite auf den Hufschlag der ganzen Bahn über (Abb 76).
Das *Wechseln aus dem Zirkel* erfolgt von einem Zirkel auf den anderen. Zwei Schritt vor Erreichen des Paradepunktes der offenen Seite des Zirkels (Bahnmittelpunkt) reitet man eine Pferdelänge geradeaus und stellt das Pferd um, worauf man auf die neue Zirkellinie übergeht (s. Abb. 76).

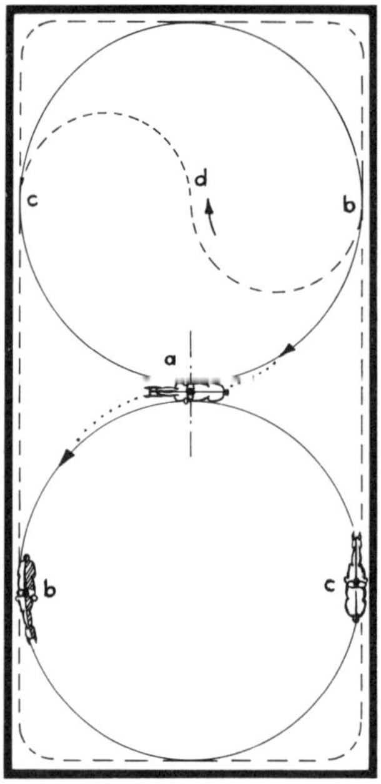

76 Zirkelreiten: a aus dem Zirkel wechseln; b Beginn des Zirkels; c Ende des Zirkels; d durch den Zirkel wechseln

Beim *Reiten auf zwei Zirkeln* richten sich die Anfangsreiter durch Verkürzen bzw. Verstärken des Tempos während der ersten ein bis zwei Runden so ein, daß sie sich jeweils am Paradepunkt der offenen Seite treffen.

Beim *Wechseln aus den Zirkeln* gehen die Reiter des einen Zirkels auf die Zirkellinie des anderen über, indem sie außen (auf der rechten Hand rechts, auf der linken Hand links) an den ihnen entgegenkommenden Reitern des anderen Zirkels vorbeireiten, und zwar so, daß die ersten, zweiten und folgenden Reiter der beiden Zirkel jeweils am Paradepunkt der offenen Seite (Bahnmittelpunkt) auf gleicher Höhe sind.

Das *Wechseln durch den Zirkel* erfolgt nur in verkürzten und versammelten Tempi. Hat der Reiter den ersten Paradepunkt der langen Seite (nach Passieren der geschlossenen Seite des Zirkels) erreicht, leitet er einen Halbkreis mit 10 m Durchmesser ein, der ihn im Zirkelmittelpunkt auf die Mittellinie der Bahn bringt (s. Abb. 76). Wenn das Pferd diesen Punkt erreicht, steht es – mit dem Blick zur kurzen Seite – genau auf der Mittellinie, auf der es eine Pferdelänge geradeaus geht. Dabei stellt der Reiter das Pferd um und beginnt einen Halbkreis von 10 m Durchmesser auf der anderen Hand, der ihn wieder auf die Zirkellinie zurückführt.

Die *Acht* besteht aus zwei aneinander anschließenden Kreisen von 10 m Durchmesser, die ihren Berührungspunkt auf der Mittellinie haben, wo auch das Pferd umgestellt wird. Man beginnt sie entweder im Bahnmittelpunkt oder in der Mitte der langen Seite. Die Acht kann auch auf der Mittellinie 6 Schritt vor Erreichen des Hufschlags an der kurzen Seite oder 6 Schritt vor der zweiten Ecke der langen Seite bzw. 6 Schritt nach der zweiten Ecke der kurzen Seite begonnen werden. Man beendet die Acht, indem man von ihrem Endpunkt auf den Hufschlag der ganzen Bahn übergeht. Wurde die Acht in der Bahnmitte geritten, so kann der Reiter seinen Weg auf dem Hufschlag der Mittellinie fortsetzen. Die Acht kann nicht in der Abteilung geritten – wie beispielsweise eine Schlangenlinie – und darf nur in verkürzten und versammelten Tempi ausgeführt werden. Andererseits können alle Reiter einer Abteilung gleichzeitig von einer langen Seite oder der Mittellinie aus auf Kommando (Abteilung! Achter – marsch!) einzeln eine Acht reiten.

Die *Volte* (s. Abb. 77) ist ein Kreis von 6 Schritt Durchmesser und erfordert vom Pferd die größtmögliche seitliche Biegung, weshalb sie auch nur in verkürzten und versammelten Tempi ausgeführt werden kann. Für in der Ausbildung noch nicht fortgeschrittene Pferde muß man den Durchmesser der Volten größer (8 m und mehr) wählen. Die Aufgaben der LPO tragen dem Rechnung, indem sie in den untersten Klassen nur Volten von 10 m bzw. 8 m Durchmesser fordern.

Die Volte kann an beliebiger Stelle der Bahn ausgeführt werden. Wird eine Volte in der Abteilung geritten, so wenden alle Reiter gleichzeitig vom Hufschlag der ganzen Bahn ab. Jeder Reiter richtet sich im ersten Drittel

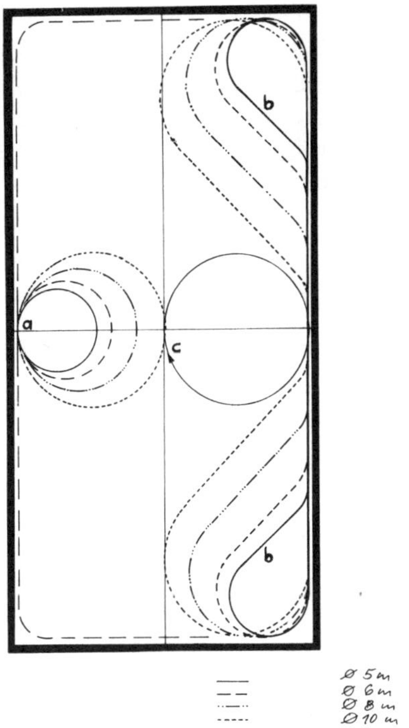

77 a Volten; b Kehrtvolten verschiedener Größe; c Acht

der Volte nach seinem Vordermann, im zweiten Drittel nach den hinter ihm Reitenden und im letzten Drittel wieder nach dem Vordermann aus.
Teile von Volten finden sich als *halbe Volten* in den Hufschlagfiguren *Kehrtvolte* und *Kehrtwendungen aus der Ecke,* als *Viertelvolten* beim Durchreiten der Ecken der Bahn, bei Wendungen im Gang sowie am Beginn und Ende des *Wechselns durch die Länge der Bahn.* Bei der *Doppelvolte* reitet der Reiter zwei Volten hintereinander auf dem gleichen Hufschlag. Entsprechend dem für die verschiedenen Klassen vorgeschriebenen Durchmesser der Volten, ändert sich auch der Radius der Teile von Volten.
Zur *Kehrtwendung aus der Ecke* (s. Abb. 77) folgt der Viertelvolte zum Durchreiten der Ecke eine weitere Viertelvolte, nach deren Beendigung das Pferd wieder schräg zum Hufschlag der ganzen Bahn zurückgeführt wird, den es 12 m von der Ecke entfernt, also etwa am ersten Zirkelpunkt der langen Seite, bzw. 16 m nach einer halben 8 m-Volte oder 20 m nach einer halben 10 m-Volte (d. h. in der Mitte der langen Seite) in einem Winkel von etwa 45 Grad wieder erreicht.
Die Kehrtwendung kann aber auch als *Kehrtvolte* an der langen Seite geritten werden. In diesem Fall erreicht das Pferd den Hufschlag wieder 9 m bzw. 13 m oder 17 m vor der Abwendestelle zur Volte (s. Abb. 77).
Schlangenlinien erfordern, das Pferd bei jedem Richtungswechsel umzustellen, und können nur in Arbeits- und verkürzten Tempi geritten werden. *Schlangenlinien an der langen Seite* bestehen im Entfernen des Reiters vom Hufschlag der ganzen Bahn und anschließender Rückkehr auf diesen in einer Schlangen- oder Wellenlinie. In Dressuraufgaben werden Schlangenlinien an der langen Seite auch als *einfache Schlangenlinie* mit einem Bogen und als *doppelte Schlangenlinie* mit zwei Bogen gefordert. Im ersten Fall befindet sich die größte Entfernung vom Hufschlag der ganzen Bahn in Höhe der Mitte der langen Seite, im zweiten Fall sind die beiden Punkte, wo die Entfernung vom Hufschlag der ganzen Bahn am größten ist, in Höhe der Zirkelpunkte. Bei einfachen Schlangenlinien muß die Entfernung vom Hufschlag 5 m, bei doppelten mindestens 2,50 m betragen.
Schlangenlinien durch die Bahn erstrecken sich vom Hufschlag der einen langen Seite bis zum Hufschlag der gegenüberliegenden langen Seite. In der neuerdings vorgeschriebenen Form besteht die Schlangenlinie aus mehreren gleichmäßig über die Bahn verteilten halben Volten, zwischen denen jeweils eine geradeaus zu reitende Strecke liegt. Von der Anzahl (und damit dem Durchmesser) der halben Volten hängt die Länge der Geradeaus-Strecke ab. Bei dieser Ausführung der Schlangenlinie werden die Pferde jeweils am Ende eines Bogens (halbe Volte) geradeaus gestellt und beim Beginn des gegenüberliegenden Bogens in die nächste halbe Volte gestellt.
Werden bei dieser Hufschlagfigur vier Bogen verlangt, wobei der erste Bogen immer in der

Mitte einer kurzen Seite beginnt, wird die lange Seite des Vierecks (40 m) in vier gleich große Abschnitte geteilt, da die Halbvolten einen Durchmesser von 10 m besitzen. Die Mittellinie wird jeweils senkrecht überritten. Eine gerade Anzahl von Bögen führt zum Handwechsel, nach einer ungeraden Anzahl von Bögen, z. B. 5 Bögen, bei denen der Durchmesser der Halbvolte 8 m beträgt, findet kein Handwechsel statt. Galoppwechsel und Fußwechsel beim Leichttraben sind jeweils beim Überreiten der Mittellinie auszuführen.

Die bisher übliche Form der Schlangenlinien unterscheidet sich von der jetzt geforderten durch die Form der Bögen, die der einer Birne ähnelt. Die Mittellinie wird jeweils schräg passiert. Die Bögen schließen unmittelbar aneinander an. Stellung und Biegung des Pferdes nach der einen Seite gehen jeweils nahtlos in die nach der anderen Seite über. Das Umstellen erfolgt beim Passieren der Mittellinie,

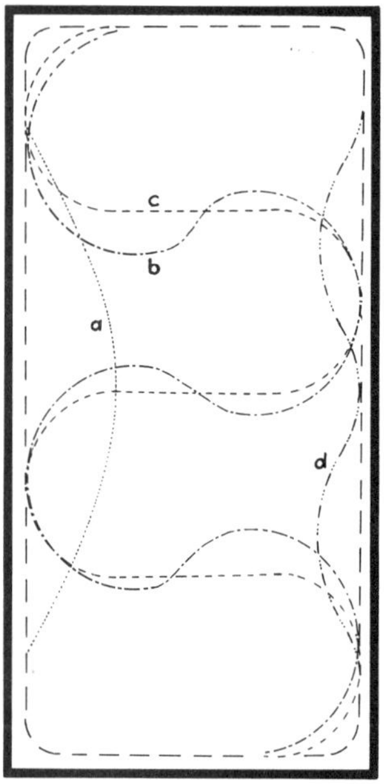

78 a einfache Schlangenlinie an der langen Seite; b Schlangenlinie durch die Bahn (alte Form); c Schlangenlinie durch die Bahn (neue Form); d doppelte Schlangenlinie an der langen Seite

desgleichen der Fußwechsel beim Leichttraben sowie das Wechseln des Galopps. Wenn auch die letztgenannte Ausführung der Schlangenlinie in den Aufgaben nicht mehr gefordert wird, ja als falsch angesehen werden muß, so hat sie doch unverkennbar eine positive Einwirkung auf die Entwicklung der Biegefähigkeit der Wirbelsäule, sowie die Verbesserung der Selbsthaltung und auch der Beugefähigkeit der Hinterbeine. Aus diesen Gründen sollte diese Hufschlagfigur zumindest im Katalog der in der Ausbildung zu reitenden Hufschlagfiguren ihren Platz behalten. Zur Unterscheidung von der neuen Form der Schlangenlinien haben wir der bisherigen die Bezeichnung *Serpentine* gegeben (s. a. Tab. 30).

Wenn sich mehrere Einzelreiter in der Bahn befinden, dürfen keine anderen als diese Hufschlagfiguren geritten werden. Aber auch einem einzelnen disziplinierten und sachkundigen Reiter wird es nicht einfallen, andere als die aufgeführten Figuren zu reiten, weil sie ihm die beste Voraussetzung für eine korrekte Arbeit seines Pferdes in allen Lektionen geben.

Zurufe und Bahnkommandos. In der Regel wird der Ausbilder den Reitunterricht durch *Zurufe* leiten. Das gilt immer, wenn die Methoden des Durcheinander- und Einzelreitens angewendet werden. Die Zurufe sollen deutlich und für den Angerufenen verständlich sein. Lautes Schreien führt dazu, daß die Reiter nicht mehr hinhören; zu leises Sprechen lenkt den Reiter von seiner Aufgabe ab. Dagegen schärft eine ruhige, sachliche Sprache, die gerade so laut ist, daß der betreffende Reiter sie deutlich vernimmt, die Aufmerksamkeit. Hinweise und Zurufe müssen den Reiter unmißverständlich darüber informieren, was er tun soll. Erklärungen gehören in die Vorbereitung und Auswertung der praktischen Stunde. Deshalb nicht!: „Herr Meyer, lassen sie nicht ständig den Kopf hängen, das sieht unschön aus!“, sondern: „Herr Meyer, Kopf hoch!“

Kennen die Reiter ihre hauptsächlichen Fehler, so genügen zur Korrektur oft schon *Zei-*

chen. Zum Beispiel bedeutet das Anrufen des Reiters und aufrechtes Hinstellen der Fäuste vor der Leibesmitte: „Herr Meyer, Fäuste aufrecht stellen." Das hat den Vorteil, daß die anderen Reiter nicht abgelenkt werden.

Faßt der Ausbilder während der Stunde die Abteilung zusammen, so braucht er, damit die Reiter die verlangten Übungen gleichmäßig ausführen, bestimmte *Kommandos.* Das gilt selbstverständlich auch für den Stundenbeginn und das Ende der Übungen.

Ausbilder und Reiter müssen diese Kommandos als verständliche, verabredete Zeichen kennen, nach denen eine Übung gleichzeitig und gleichmäßig von allen ausgeführt wird. Bahnkommandos im Reitunterricht sind daher ihrem Sinn nach keine militärischen Befehle, sondern stellen in ihrem Wortlaut festliegende Kurzfassungen von Anweisungen bzw. Erläuterungen dar.

Jedes Kommando besteht aus einem *Ankündigungs-* und einem *Ausführungskommando.* Beide werden durch eine Sprechpause getrennt, damit die Reiter nach Ertönen des Ankündigungskommandos Zeit haben, sich und ihre Pferde auf die unmittelbar mit dem Ausführungskommando beginnende Ausführung der geforderten Bewegungen oder Lektionen vorzubereiten.

Erfolgt ein Ankündigungskommando, während die Abteilung leicht trabt, bedeutet dies immer auch „aussitzen".

Soll eine Lektion oder Bewegung von allen Reitern der Abteilung gleichzeitig ausgeführt werden, so heißt das Ausführungskommando meistens „Marsch!" Abweichungen von dieser Regel dienen dazu, Verwechslungen zu vermeiden. Die Kommandos, mit denen Hufschlagfiguren, und die, mit denen Gangarten angeordnet werden, sind immer getrennt zu betrachten und gelten, bis sie durch ein Gegenkommando widerrufen werden, es sei denn, es liegt ein Halten dazwischen.

Beispiel: Eine Abteilung befindet sich im Trab. Es wird eine Kurzkehrtwendung verlangt. Nach Ausführung der Wendung trabt die Abteilung weiter.

In der *Kommandotafel* sind alle erforderlichen Kommandos aufgeführt und erläutert. (Tab. 30) Ausbilder und Reiter müssen sie beherrschen.

Bahnregeln und Bahnsitten. Für das Verhalten in der Reitbahn und auf dem Reitplatz gibt es eine Reihe von Regeln, die teils auch von den umstehenden Zuschauern beachtet werden müssen. Da meist ein Teil des Reitunterrichts im Durcheinanderreiten verläuft, ist es erforderlich, daß jeder Reiter sich an die folgenden *Bahnregeln* hält:

- Geritten wird grundsätzlich nur auf den *vorgeschriebenen Hufschlagfiguren,* weil dadurch alle Reiter die Möglichkeit haben, den beabsichtigten Weg der mit ihnen in der Bahn befindlichen Reiter zu erkennen. Aber auch dabei ist von jedem Reiter Vorsicht und gegenseitige Rücksichtnahme zu fordern, damit nicht Zusammenstöße Unfälle hervorrufen. (Abb. 79)

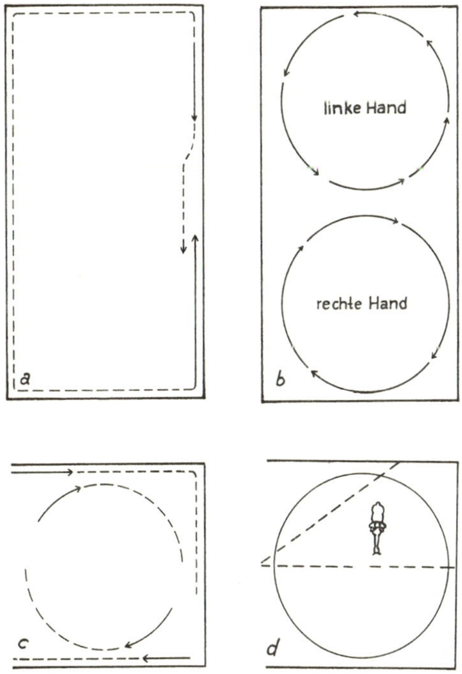

79 Bahndisziplin: a ausweichen; b Vermeiden von Kreuzen beim Zirkelreiten; c kleiner angelegter Zirkel, wenn andere Reiter auf dem Hufschlag der ganzen Bahn reiten; d günstige Position des haltenden Reiters

In dieser Übersicht ist **I** das Ankündigungskommando, **II** das Ausführungskommando und III die Darstellung des Zwecks und der Ausführung des Kommandos. Die Trennung zwischen Ankündigungs- **(I)** und Ausführungskommando **(II)** erfolgt auch bei eigentlich zusammengehörenden Kommandos, um auf die richtige Sprechweise hinzuweisen. Wird die Ausführung eines Kommandos an anderer Stelle beschrieben, so ist auf die entsprechende Seite verwiesen.

I Fertigmachen zum Aufsitzen!
II Aufsitzen!
III s. S. 192

I Fertigmachen zum Absitzen!
II Absitzen!
III s. S. 193

I Fertigmachen zum Aufsprung!
II Aufsprung!
III s. S. 194

I Fertigmachen zum Absprung!
II Absprung!
III s. S. 194

II Zügel in die linke Hand!
III Zügel zum Überprüfen der Selbsthaltung! Der rechte Trensenzügel wird zwischen Zeige- und Mittelfinger in die linke Hand gelegt. Der Daumen hält beide Zügel fest. Bei Führung auf Kandare s. S. 206.

I Abteilung zu einem – rechts (links) brecht ab –
II Marsch!
III Das Kommando, mit dem die Abteilung zu Beginn der Reitstunde auf den Hufschlag geleitet wird. Der rechte (linke) Flügelreiter reitet im Schritt geradeaus an. Ebenso reiten alle anderen Reiter nacheinander geradeaus an, sobald ihr rechter (linker) Nebenreiter mit der Kruppe seines Pferdes eine Pferdelänge über den Kopf ihres eigenen Pferdes vorgerückt ist. Alle Reiter blicken dabei geradeaus.
Drei Schritt vor Erreichen des Hufschlags wendet jeder Reiter für sich auf einer Viertelvolte nach rechts (links) auf den Hufschlag und folgt dem Vorderreiter. Alle Reiter der Abteilung haben jetzt einen Abstand von sechs Schritt (zwei Pferdelängen) von ihrem Vorderreiter.

I Anfang rechts (links) dreht, links (rechts) marschiert auf –
II Marsch!
III Das Kommando, mit dem die Abteilung bei Beendigung der Reitstunde zur Aufstellung an der Mittellinie veranlaßt wird. Auf „Marsch!“ wendet der Anfangsreiter auf einer Viertelvolte in die Bahn und reitet senkrecht auf die gegenüberliegende lange Seite zu. Die folgenden Reiter reiten eine Pferdelänge über den Punkt hinaus, an dem ihr Vorderreiter die Wendung eingeleitet hat, und beginnen dort ihre Viertelvolte.

I Anfang –
II Halt!
III Auf dieses Kommando pariert der Anfangsreiter sein Pferd. Die übrigen Reiter reiten so lange in unveränderter Gangart, bis der Kopf ihres Pferdes in Höhe der Kruppe des rechten (linken) Nachbarpferdes erscheint. Dann gehen sie zum Schritt über und rücken bis auf die Höhe des Anfangsreiters vor. Die Abteilung steht danach mit drei Schritt Zwischenraum von Reiter zu Reiter an der Mittellinie.

I Anfang rechts (links) dreht, mit sechs Schritt (ohne) Zwischenraum links (rechts) marschiert auf –
II Marsch!
III Wird ein größerer, kleinerer oder gar kein Zwischenraum zwischen den einzelnen Reitern verlangt, so wird dies im Ankündigungskommando besonders angegeben.

I **Auf der rechten (linken) Hand auseinanderreiten!**
II **Gangart! (Schritt, Trab, Galopp)**

I **Auf beiden Händen auseinanderreiten!**
II **Gangart! (Schritt, Trab, Galopp)**
III Dieses Kommando löst die Ordnung der Abteilung auf. Jeder Reiter hat danach sein Pferd auf selbstgewählten Hufschlaglinien, jedoch auf der vorgeschriebenen Hand und in der vorgeschriebenen Gangart (Arbeitstempo) so zu reiten, daß er möglichst andere Reiter nicht behindert und sich von ihnen nicht „ziehen" läßt. Wird nach dem Auseinanderreiten auf beiden Händen geritten, müssen die Bahnregeln (s. S. 179 u. 188) eingehalten werden.

I **Auf der rechten (linken) Hand rechts (links) abgebrochen! Abteilung bilden!**
II **Gangart! (Schritt, Trab, Galopp)**
III Dieses Kommando beendet das Durcheinanderreiten, wenn *eine bestimmte Reihenfolge* der Reiter innerhalb der Abteilung festliegt.
Zur Ausführung des Kommandos begibt sich jeder Reiter auf der durch das Kommando bestimmten Hand und in der kommandierten Gangart (Arbeitstempo) auf dem kürzesten Weg an seinen Platz in der auf dem Hufschlag der ganzen Bahn reitenden Abteilung, jedoch ohne andere Reiter durch Kreuzen ihres Weges zu behindern.

I **Auf der rechten (linken) Hand rechts (links) abgebrochen. Auf (Pferdenamen oder Namen des Reiters) Abteilung bilden!**
II **Gangart! (Schritt, Trab, Galopp)**
III Dieses Kommando beendet das Durcheinanderreiten, wenn *keine bestimmte Reihenfolge* der Reiter innerhalb der Abteilung festliegt. Der benannte Anfangsreiter antwortet mit dem Ruf: „Anfang hier!" Alle Reiter ordnen sich auf dem kürzesten Weg an beliebiger Stelle in die Abteilung ein.

I **Anfang! Rechts (Links) schwenkt –**
II **Marsch!**
III Durch dieses Kommando leitet der Ausbilder die Abteilung auf den gewünschten Hufschlag. Der Anfangsreiter reitet eine Viertelvolte und danach wieder geradeaus.

I **Anfang! Zweimal rechts (links) schwenkt –**
II **Marsch!**
III Auf dieses Kommando wird an die erste Viertelvolte (s. o.) eine weitere Viertelvolte angeschlossen, womit die Richtung um 180° geändert wird.

I **Ganzer –**
II **Platz!**
III Dieses Kommando veranlaßt den Anfangsreiter (z. B. bei einer Vorstellung vor dem Turnierpublikum), das Reitviereck über den ganzen Platz zu legen. Die Gangart wird beibehalten.

I **Auf dem Viereck –**
II **geritten!**
III Dieses Kommando führt die Abteilung auf den Hufschlag der ganzen Bahn eines Reitvierecks. Meist geht ihm ein Kommando zum Schwenken voraus. Alle Reiter folgen dem Anfangsreiter.

I **Ganze –**
II **Bahn!**
III Das Kommando wird zur Beendigung des Reitens auf dem Zirkel bzw. der halben Bahn gegeben. Das Ausführungskommando muß spätestens erfolgen, wenn der Anfangsreiter in Höhe der zweiten Ecke der kurzen Seite ist. Zur Beendigung des Reitens auf dem Hufschlag der halben Bahn muß das Ausführungskommando spätestens am ersten Zirkelpunkt der langen Seite gegeben werden.

I **Halbe –**
II **Bahn!**
III Das Kommando wird zum Beenden des Reitens auf dem Hufschlag der ganzen Bahn und des Zirkels gegeben. Das Ausführungskommando muß spätestens in der Mitte der kurzen Seite gegeben werden. Der Anfangsreiter wendet drei Schritt vor Erreichen der Mitte der langen Seite in einer Viertelvolte nach dem Bahnmittelpunkt ab und reitet

genau senkrecht zur Mitte der gegenüberliegenden langen Seite. Drei Schritt vor Erreichen dieser langen Seite wendet er mit einer Viertelvolte nach der gleichen Richtung wie vorher.

I **Auf dem Zirkel –**
II **geritten!**
III Das Kommando wird zum Überleiten der Abteilung auf die Zirkellinie gegeben. Das Ausführungskommando muß kurz vor dem zweiten Zirkelpunkt der langen Seite gegeben werden. Ausführung s. S. 175.

II **Herr (oder Name bzw. Vorname) Anfang vom zweiten Zirkel**
III Dieser Hinweis geht dem Kommando zum Reiten auf zwei Zirkeln voraus und bestimmt den Anfangsreiter des zweiten Zirkels. Durch den Antwortruf: „Anfang vom zweiten Zirkel hier" macht er den übrigen Reitern seinen Platz bekannt.

I **Auf zwei Zirkeln –**
II **geritten!**
III Das Kommando wird gegeben, um die Abteilung zur Hälfte auf den einen, zur Hälfte auf den anderen Zirkel zu führen. Die beiden Anfangsreiter gehen jeder für sich von dem ihnen jeweils nächstgelegenen zweiten Zirkelpunkt der langen Seite auf die Zirkellinie über, da der Zirkel nach der geschlossenen Seite begonnen werden muß. Das Kommando muß gegeben werden, wenn sich der Anfangsreiter des zweiten Zirkels in der Mitte der langen Seite befindet.

I **Auf einen (zwei, drei) Schritt Abstand aufgerückt –**
II **Gangart (Schritt, Trab, Galopp)**
Unmittelbar danach

I **Anfang –**
II **Halt: (Schritt, Trab)**
III Das Kommando wird zum Verkleinern der Abstände innerhalb der Abteilung gegeben. Soll der Anfangsreiter seine Gangart beibehalten, so erfolgt das Aufrücken in der nächsthöheren Gangart, die jeweils im Kommando angegeben wird. Soll das Aufrücken in der Gangart erfolgen, in der sich die Abteilung gerade befindet, muß der Anfangsreiter das Tempo verringern, wozu ihn das Kommando auffordert.

I **Vorwärts × Schritt (Pferdelängen) Abstand genommen –**
II **Gangart! (Trab, Galopp)**
III Das Kommando wird zum Vergrößern der Abstände innerhalb der Abteilung gegeben. Während der Schlußreiter seine Gangart beibehält, gehen die anderen Reiter in die kommandierte Gangart über und parieren erst wieder zur vorher gerittenen Gangart, wenn sie den angegebenen Abstand vom folgenden Reiter haben, wovon sie sich durch einen schnellen Blick nach hinten überzeugen. Hat die ganze Abteilung den angegebenen Abstand eingenommen, wird in der vorhergehenden Gangart weitergeritten. Dieses und das vorhergehende Kommando werden an beliebiger Stelle der Bahn gegeben. (Abstandnehmen nach hinten ist unmöglich, weil es dem Grundsatz des Vorwärtsreitens widerspricht.)

I **Durch die ganze (halbe) Bahn –**
II **wechseln!**
III Das Kommando wird zum Handwechsel auf der Diagonalen der ganzen bzw. der halben Bahn gegeben. Es muß vor der zweiten Ecke der kurzen Seite erfolgen. Ausführung s. S. 175.

I **Durch die Länge der Bahn –**
II **wechseln!**
III Das Kommando ordnet den Handwechsel auf der Mittellinie an. Es muß vor der zweiten Ecke der langen Seite gegeben werden. Ausführung s. S. 175.

I **Aus dem Zirkel (Aus den Zirkeln) –**
II **wechseln!**
III Das Kommando ordnet den Handwechsel von einem zum anderen Zirkel an. Es muß am Zirkelpunkt der geschlossenen Seite gegeben werden. Ausführung s. S. 175.

I Durch den (die) Zirkel –
II wechseln!
III Das Kommando ordnet den Handwechsel innerhalb des Zirkels (der Zirkel) an. Das Ausführungskommando muß am Zirkelpunkt der geschlossenen Seite gegeben werden. Ausführung s. S. 176.

II Zirkel verkleinern! Zirkel vergrößern! Viereck verkleinern! Viereck vergrößern! Zirkel verkleinern und vergrößern! Viereck verkleinern und vergrößern!
III Diese Kommandos werden zur Einleitung der geforderten Lektionen in der Mitte der kurzen Seite gegeben. Ausführung s. S. 227f., 232f.

I Anfang –
II (einfache, doppelte) Schlangenlinie an der langen Seite!
III Mit diesem Kommando wird die Abteilung zum Reiten von Schlangenlinien an der langen Seite aufgefordert. Der Anfangsreiter beginnt damit nach Durchreiten der ersten Ecke der langen Seite. Das Kommando muß vor der Mitte der kurzen Seite erfolgen. Ausführung s. S. 177.

I Anfang –
II Schlangenlinie durch die Bahn! × Bogen
III Mit diesem Kommando wird der Übergang auf die Schlangenlinie angeordnet. Der Anfangsreiter beginnt damit an der Mitte der kurzen Seite. Das Kommando muß vor der ersten Ecke der kurzen Seite erfolgen. Ausführung s. S. 177f.

I Anfang –
II Serpentine! (× Bogen)
III Mit diesem Kommando wird der Übergang auf die Serpentine (Schlangenlinie der alten Form) angeordnet. Der Anfangsreiter beginnt damit an der Mitte der kurzen Seite. Das Kommando muß vor der ersten Ecke der kurzen Seite erfolgen. Ausführung s. S. 178.

I Abteilung Volte (Doppelvolte) –
II Marsch!
III Das Kommando gibt die Aufforderung zum Reiten einer Volte oder einer Doppelvolte. Das Ausführungskommando wird an der Stelle der Bahn gegeben, an der die Volte ausgeführt werden soll, und erfolgt, wenn sich alle Reiter auf der langen Seite befinden. Ausführung s. S. 176f. Der verlangte Durchmesser der Volte(n) muß den Reitern bekannt sein.

I Anfang! Aus der nächsten Ecke –
II Kehrt!
III Durch das Kommando wird veranlaßt, daß ein Reiter nach dem anderen eine Kehrtvolte in der zweiten Ecke der langen Seite reitet. Ausführung s. S. 177.
Der verlangte Durchmesser der Kehrvolte und der Punkt, an dem er den Hufschlag der ganzen Bahn wieder erreicht, muß dem Anfangsreiter bekannt sein.

I Abteilung! Kehrt –
II Marsch!
III Auf dieses Kommando führt jeder Reiter an der Stelle der Bahn, an der er sich bei Ertönen des Ausführungskommandos gerade befindet, eine Kehrtvolte aus. Ausführung s. S. 177. Das Ausführungskommando erfolgt, wenn sich alle Reiter auf der langen Seite befinden und der letzte Reiter der Abteilung so weit aus der ersten Ecke der langen Seite heraus ist, daß er nach der Kehrtvolte den Hufschlag der langen Seite vor der Ecke wieder erreicht (s. S. 177). Der verlangte Durchmesser der Kehrtvolten und der Punkt, an dem der Hufschlag der ganzen Bahn wieder erreicht wird, muß jedem Reiter bekannt sein.

I Abteilung! Rechtsum (Linksum) –
II Marsch!
III Das Kommando leitet einen Richtungswechsel um 90° in der Bewegung ein. Auf „Marsch!“ reitet jeder Reiter eine Viertelvolte nach der angegebenen Richtung und danach genau senkrecht zur gegenüberliegenden Seite. Späte-

stens an der Mittellinie (s. S. 226f.) muß das Ausführungskommando für die nächste Wendung gegeben werden. Erfolgt dieses Kommando nicht, wird bei Erreichen der gegenüberliegenden Seite die im Kommando angegebene Richtungsänderung wiederholt.

I Auf der Vorhand rechtsum (linksum) –
II Marsch!
III Dieses Kommando löst eine Viertelwendung um die Hinterhand aus. Es wird nur im Halten gegeben. Ausführung s. S. 223f. In einer Reithalle ist die Abteilung zuvor auf den zweiten Hufschlag zu führen (s. u.).
Nach Ausführung der Lektion stehen die Pferde senkrecht zum Hufschlag. Deshalb muß entweder das entgegengesetzte Kommando folgen oder das gleiche wiederholt werden, bevor die Abteilung wieder in Bewegung gesetzt und auf den ersten Hufschlag zurückgeführt werden kann.

I Auf der Vorhand rechtsum kehrt (linksum kehrt) –
II Marsch!
III Dieses Kommando löst eine halbe Wendung um die Vorhand aus. Es wird nur im Halten gegeben. Ausführung s. S. 223f. Wenn in der Halle geritten wird, ist die Abteilung zuvor auf den zweiten Hufschlag zu führen (s. u.).
Nach Ausführung der Lektion stehen die Pferde in der der Ausgangsstellung entgegengesetzten Richtung auf dem zweiten Hufschlag.

I Auf der Hinterhand rechtsum (linksum) –
II Marsch!
III Dieses Kommando löst eine Viertelwendung um die Hinterhand aus und wird nur im Halten gegeben. Ausführung s. S. 224f.
Nach Ausführung der Lektion stehen die Pferde senkrecht zum Hufschlag. Deshalb muß entweder das entgegengesetzte Kommando folgen oder das gleiche wiederholt werden, bevor die Abteilung wieder in Bewegung gesetzt werden kann.

I Auf der Hinterhand rechtsum kehrt (linksum kehrt) –
II Marsch!
III Dieses Kommando löst eine halbe Wendung um die Hinterhand aus und wird nur im Halten gegeben. Ausführung s. S. 224f.

I Abteilung! Kurzkehrt –
II Marsch!
III Das Kommando löst eine halbe Hinterhandwendung in der Bewegung (Kurzkehrtwendung) aus und wird im Schritt bzw. im Trab gegeben. Ausführung s. S. 229.
Nach der Ausführung setzt das Pferd seinen Weg in umgekehrter Richtung, jedoch in der gleichen Gangart fort, in der es sich vor Beginn der Kurzkehrtwendung befand.

I Anfang! Auf dem zweiten (ersten) Hufschlag –
II geritten!
III Das Kommando wird in einer Reitbahn vor dem Halten zur Vorhandwendung gegeben und wenn aus anderen Gründen, z. B. um einzelne Reiter allein üben zu lassen, der erste Hufschlag frei gemacht oder danach wieder beritten werden soll. Zur Ausführung des Kommandos reitet der Anfangsreiter auf den angeordneten Hufschlag, die anderen Reiter folgen.

I Abteilung! Auf den zweiten (ersten) Hufschlag –
II Marsch!
III Das Kommando wird aus gleichen Gründen wie das vorher erläuterte gegeben. Die Ausführung erfolgt durch alle Reiter gleichzeitig.

I Anfang! An der nächsten langen Seite –
II dem rechten (linken) Schenkel weichen lassen!
III Das Kommando gibt die Aufforderung zur Ausführung der Lektion „Schenkelweichen“ auf der nächsten langen Seite. Ausführung s. S. 230ff.
Das Kommando muß spätestens gegeben werden, wenn der Anfangsreiter die Mitte der vorhergehenden kurzen Seite passiert. Die Reiter beginnen die Übung nacheinander jeweils an der gleichen Stelle nach Durchreiten der zweiten Ecke der kurzen Seite.

I Anfang! An der nächsten langen Seite –
II Schulter herein!
III Der Anfangsreiter beginnt die Lektion aus der Ecke. Alle ihm folgenden Reiter beginnen am gleichen Punkt. Das Kommando muß spätestens gegeben werden, wenn der Anfangsreiter die Mitte der kurzen Seite passiert.

I Abteilung! Schulter herein –
II Marsch!
III Auf das Ausführungskommando beginnen alle Reiter der Abteilung gleichzeitig mit dem Schulterherein. Das Ausführungskommando wird an der Stelle gegeben, an der die Lektion beginnen soll.
Schenkelweichen und Schulterherein werden nur im Schritt und Arbeitstrab bzw. versammelten Trab geritten.

I Anfang –
II Travers!

I Abteilung! Travers –
II Marsch:

I Anfang! Aus der Ecke zum Renvers –
II Kehrt!

I Abteilung! Zum Renvers kehrt –
II Marsch!
III Für die Seitengänge, die nur in Reitabteilungen der Klasse M und höher vorkommen, geben wir hier nur die richtigen Kommandos an. In diesen Fällen wird sinngemäß wie beim Schulterherein verfahren.

I Anfang –
II Geradeaus!

I Gerade-
II aus!
III Diese Kommandos werden zur Beendigung des Schenkelweichens oder eines Seitenganges gegeben. Je nachdem, ob die Reiter die Übung nacheinander oder gleichzeitig beenden sollen, wird das erste oder das zweite Kommando gegeben.
Anmerkung: Im Schenkelweichen oder in einem Seitengang wird niemals eine Ecke durchritten. Erfolgt das Kommando zum Geradeausreiten nicht vor der Ecke, so muß jeder Reiter sein Pferd vor der Ecke geradeaus stellen, die Ecke auf einen Hufschlag durchreiten, danach das Pferd wieder auf zwei Hufschläge führen und das Schenkelweichen bzw. den Seitengang fortsetzen.

I Abteilung –
II Halt!
III Dieses Kommando verlangt den Übergang aus allen Gangarten zum Halten. Ausführung s. S. 221 f. Beim Halten müssen die Pferde auf einer geraden Hufschlaglinie stehen. Deshalb muß ein Reiter, der in der Ecke zum Halten käme, durch diese noch hindurchreiten. Das Kommando darf nicht auf dem Zirkel gegeben werden, es sei denn, Reiter und Pferde besitzen wenigstens das Ausbildungsniveau der Klasse M.

I Abteilung –
II Marsch!
III Das Kommando löst den Übergang vom Halten zum Mittelschritt aus.

I Versammelter (Starker) –
II Schritt!
III Dieses Kommando fordert alle Reiter der Abteilung zum gleichzeitigen Übergang aus dem Mittelschritt zu dem entsprechenden Tempo auf (wird nur in Aufgaben der Klasse M und höher verlangt).

I Mittel-
II schritt!
III Das Kommando fordert den gleichzeitigen Übergang aller Reiter der Abteilung aus einem anderen Schrittempo zum Mittelschritt.

I Abteilung –
II Schritt!
III Dieses Kommando fordert den gleichzeitigen Übergang aller Reiter der Abteilung aus einer höheren Gangart zum Mittelschritt.

I Abteilung! Im Arbeitstempo –
II Trab!
III Dieses Kommando fordert das gleichzeitige Anreiten aller Reiter der Abteilung im Arbeitstrab aus dem Halten oder aus dem Schritt.

I Mittel-
II trab!
III Das Kommando fordert das Verstärken des Arbeitstrabs oder versammelten Trabs zum Mitteltrab. Es wird daher nur gegeben, wenn sich die Abteilung im Arbeitstrab oder im versammelten Trab befindet. Das Ausführungskommando wird gegeben, wenn der Anfangsreiter die zweite Ecke der kurzen Seite durchreitet.

II Im Arbeitstempo!
III Auf dieses Kommando gehen die Reiter gleichzeitig vom Mitteltrab zum Arbeitstrab über. Kommt dieses Kommando bei einer im Mitteltrab gehenden Abteilung vor der zweiten Ecke der langen Seite nicht, so sind die Bogen des Hufschlags in den Ecken abzuflachen (s. Abb. 99).

I Abteilung! Mittel-
II trab!
III Auf dieses Kommando reitet die haltende oder im Schritt befindliche Abteilung im Mitteltrab an.

I Abteilung! Im versammelten Tempo –
II Trab!
III Auf dieses Kommando reitet die haltende oder im Schritt befindliche Abteilung im versammelten Trab an.

II Im versammelten Tempo!
III Auf dieses Kommando gehen alle Reiter der Abteilung gleichzeitig aus dem Arbeitstrab oder Mitteltrab in das versammelte Tempo über.

I Starker –
II Trab!
III Dieses Kommando veranlaßt die Reiter, den Mitteltrab gleichzeitig bis zum starken Trab zu steigern. Die Ecken werden dabei stark abgeflacht, falls nicht richtigerweise das Tempo vor der zweiten Ecke der langen Seite durch das nächste Kommando gemäßigt wird.

I Im Mittel-
II tempo!
III Das Kommando fordert den Übergang vom starken Trab zum Mitteltrab.

II Stärker (Kürzer)!
III Diese Kommandos verlangen ein Verlängern oder Verkürzen der Tritte im Trab und werden gegeben, wenn das entsprechende starke bzw. versammelte Tempo aufgrund des Ausbildungsstandes noch nicht korrekt geritten werden kann.

I Abteilung! Im Arbeitstempo Galopp –
II Marsch!
III Auf dieses Kommando galoppiert die Abteilung aus dem Halten, dem Schritt oder dem Trab an. Das Ausführungskommando wird im allgemeinen gegeben, wenn der Anfangsreiter die zweite Ecke der kurzen Seite durchritten hat oder sich auf dem Zirkel der geschlossenen Seite nähert, d. h. den Bahnmittelpunkt passiert hat.

I Mittel-
II galopp!
III Das Kommando führt den Übergang der Abteilung vom Arbeitsgalopp zum Mittelgalopp herbei, ebenso vom versammelten Galopp zum Mittelgalopp. Im übrigen s. „Mitteltrab!“.

II Im Arbeitstempo!

III Das Kommando führt den Übergang vom Mittelgalopp und starken Galopp zum Arbeitsgalopp herbei. Im übrigen s. „Im Arbeitstempo!“ bei „Mitteltrab“.

I Versammelter –

II Galopp!

III Dieses Kommando fordert den Übergang vom starken Galopp, Mittelgalopp oder Arbeitsgalopp zum versammelten Galopp.

I Abteilung! Im versammelten Tempo Galopp –

II Marsch!

III Auf dieses Kommando erfolgt der Übergang in den versammelten Galopp aus dem Halten, aus dem Schritt und aus dem versammelten Trab.

I Starker –

II Galopp!

III Dieses Kommando veranlaßt die Reiter, den Galopp gleichzeitig bis zum starken Galopp zu steigern.

I Im Mittel-

II tempo!

III Dieses Kommando führt den Übergang vom starken Galopp zum Mittelgalopp herbei.

II Stärker (Kürzer)!

III Sinngemäß wie bei Trab.

I Abteilung (1 Pferdelänge oder *n* Tritte) Rückwärts richt euch –

II Marsch!

III Dieses Kommando veranlaßt die Reiter, alle Pferde der Abteilung gleichzeitig um 1 Pferdelänge (3 Schritt) oder eine bestimmte Anzahl (n) von Tritten zurücktreten zu lassen. Nach Ausführung der Lektion verharren die Reiter im Halten, bis das nächste Kommando kommt.

II Halt!

III Dieses Kommando beendet das Rückwärtstreten gleichzeitig und ohne Rücksicht darauf, ob die Pferde die vorgeschriebene Pferdelänge (Anzahl der Tritte) zurückgetreten sind. Es muß gegeben werden, wenn die Anzahl der Pferdelängen oder Tritte im Ankündigungskommando nicht angegeben worden ist.

Anmerkung:
Die Galoppwechsel, gleich ob einfach oder fliegend, werden, wenn nicht anders gefordert, am Wechselpunkt (bei Erreichen des neuen Hufschlags) ausgeführt. Diese Regel gilt sinngemäß auch für das Umsitzen beim Leichttraben. Ob einfacher, fliegender oder „ohne Wechsel“ gefordert wird, wird jeweils besonders angeordnet, z. B.:
„Durch die ganze Bahn wechseln mit fliegendem Galoppwechsel!“
„Durch die ganze Bahn wechseln mit fliegendem Galoppwechsel im Mittelpunkt!“
„Durch die ganze Bahn wechseln mit einfachem Galoppwechsel!“
„Durch die ganze Bahn wechseln mit einfachem Galoppwechsel im Mittelpunkt!“
„Aus dem Zirkel wechseln, ohne Galoppwechsel!“
„Aus der Ecke kehrt, ohne Galoppwechsel!“
„Mitte der langen Seite einfacher Galoppwechsel!“

• Der *erste Hufschlag* ist den Reitern freizuhalten, die in höherer Gangart reiten. Will ein Reiter Schritt reiten, während andere sich auf dem Hufschlag bewegen, so muß er dazu den zweiten Hufschlag benutzen. Falls sich Reiter im Galopp auf dem ersten Hufschlag und andere im Trab auf dem zweiten Hufschlag befinden, muß der Schrittreitende seinen Weg noch weiter nach dem Bahninnern zu (auf dem dritten Hufschlag) wählen. Vorübergehend halten kann der Reiter auf dem zweiten oder dritten Hufschlag. Soll das *Halten* aber ausgedehnt werden, z. B. um das Sattelzeug zu ordnen, so stört es die anderen Reiter am wenigsten, wenn der Haltende sich in einem der äußeren Zirkelquadranten aufstellt. Er hat darauf zu achten, daß die Mittellinie, die Diagonale und die Wechsellinie durch den Zirkel frei bleiben (s. Abb. 79d)

• Kommen sich zwei Reiter in gleicher Gangart auf dem Hufschlag *entgegen*,, so muß der auf der rechten Hand reitende nach rechts, d. h. dem Bahninnern zu, ausweichen (s. Abb. 79a).

• Reitet einer der sich begegnenden Reiter in einer niedrigeren Gangart als der andere, so hat er dem in der höheren Gangart reitenden den Hufschlag so rechtzeitig freizugeben, daß dieser nicht gezwungen wird, sein Tempo zu verändern.

• Reiten zwei Reiter in gleicher Gangart *hintereinander* und will der hintere durch Verstärken des Tempos (nicht durch Erhöhen der Gangart) an dem vorderen vorbeireiten, so darf er nach dem Überholen nicht den Weg des Überholten durch Kreuzen versperren. Diese Gefahr besteht besonders vor Ecken.

• Sieht ein in der höheren Gangart Reitender vor sich auf dem Hufschlag einen in niedrigerer Gangart befindlichen Reiter, der den Hufschlag noch nicht geräumt hat, so fordert er ihn mit dem Ruf *„Hufschlag frei!“* dazu auf.

Zur Aufmerksamkeit, die von jedem Reiter in der Bahn gefordert wird, gehört es auch, daß er über „die rückwärtige Verkehrslage“ ständig auf dem laufenden ist.

Aus der *Verantwortung des Ausbilders* für das Geschehen in der Reitbahn ergibt sich:

• Will ein Reiter *halten*, so muß er den Ausbilder informieren. Das ist nicht nur ein Gebot der Höflichkeit, sondern auch für den ordnungsgemäßen Ablauf der Stunde erforderlich.

• Während der Reitstunde ist unaufgefordertes Sprechen nur dem Ausbilder gestattet. Der Reiter antwortet nur, wenn er vom Ausbilder gefragt wird. Diese Regel trägt zur Ruhe und zur Aufmerksamkeit der Reiter bei.

• Über Weisungen des Ausbilders darf in der Reitstunde nicht diskutiert werden. Dazu ist die Auswertung da.

• Selbstverständlich darf der Reiter auch in der Reitstunde den Ausbilder nach Unverstandenem fragen.

• Der Reiter darf – und soll – mit seinem Pferd sprechen, das mit seinem feinen Gehör auch ganz leise Worte wahrnimmt. Verboten ist das Zungenschnalzen, das die anderen Pferde stört und überdies zu einer häßlichen Angewohnheit werden kann, welche die Richter in Dressurprüfungen durch Punktabzug bestrafen.

• Personen, die dem Reitunterricht zuschauen möchten, sollten dazu den Ausbilder um Erlaubnis bitten. Zuschauer sind aber nicht befugt, den Ausbilder oder die Reiter zu korrigieren oder gar zu belästigen. Sie dürfen auch weder durch Lärm noch Bewegungen die Reiter und Pferde stören. In einer Reitbahn sollte außer der Stimme des Ausbilders und dem gedämpften Hufschlag der Pferde nur noch das Knarren des Lederzeugs und das zufriedene Schnauben der Pferde zu hören sein (auch kein Peitschenknallen oder Zungenschnalzen des Ausbilders).

Muß ein Außenstehender aus irgendeinem Grund in das Reitviereck hinein, so hat er aus Unfallschutzgründen mit dem Ruf „Hufschlag frei!“ (in Bahnen mit Bandentüren auch: „Tür frei!“) die Reiter darauf aufmerksam zu machen, daß er die Reitfläche betreten und den Hufschlag kreuzen will. Das darf er aber erst dann tun, wenn ihm der Ausbilder mit der Antwort: „Hufschlag ist frei!“ („Tür ist frei!“) die Erlaubnis dazu erteilt hat.

3.2. Reitausbildung

Satteln und Zäumen

Sattel, Trense und Kandarenzäumung sowie deren Sitz am Pferd werden im Abschnitt 4.1 ausführlich erläutert. Der Auszubildende muß Kenntnisse darüber zunächst im theoretischen Unterricht erwerben bzw. den angeführten Abschnitt gründlich studieren. Danach wird das Satteln und Auftrensen entsprechend den nachstehenden Hinweisen geübt.

Ordnung in der Sattelkammer (Abb. 80):
Der *Sattel* hängt in der Sattelkammer (nicht im Stall); die Bügel sind herabgezogen, der Gurt ist zugeschnallt. Die Satteldunterlage (Satteldecke, Filz) liegt mit der dem Pferderücken aufliegenden Seite nach oben über dem Sattel, damit sie besser trocknen kann, falls sie beim Reiten feucht geworden sein sollte.
Die *Trense* ist mit dem Kopfstück am vorderen Ende des Sattelhalters aufgehängt (Trensenringe sind auf gleicher Höhe), Kehlriemen und Kinnriemen sind durch die Schlaufen gezogen (nicht zugeschnallt), die Zügel hängen ausgedreht und gleichmäßig an einem Wandhaken unterhalb des Sattelhalters, oder sie werden mit ihrem Ende über das Genickstück gelegt.

80 Aufbewahrung von Sattel und Trense

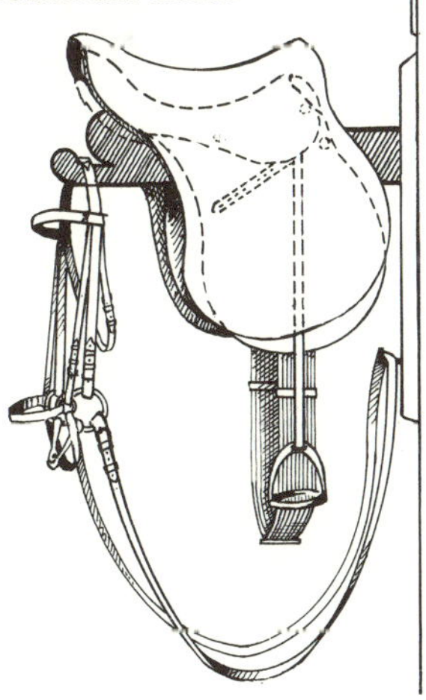

Reihenfolge beim Satteln und Auftrensen:
1. Sattelgurt aufschnallen, *Bügel* hochziehen.
2. *Sattelunterlage* herabnehmen und ausschütteln.
3. *Sattelgurt* überschlagen, *Sattelunterlage* auf den Sattel legen.
4. *Kehl-* und *Kinnriemen* der Trense öffnen.
5. *Trense* vom Sattelhalter herabnehmen und über den linken Unterarm hängen.
6. *Sattel* herabnehmen und (linke Hand am Vorderzwiesel, rechte Hand am Hinterzwiesel) vor dem Körper zur Box (Stand) tragen.
7. Pferd anrufen, damit es nach rechts zur Seite tritt. Wenn die Pferde gewöhnt sind, nach links zur Seite zu treten, muß der hier dargestellte Handlungsablauf entsprechend verändert werden. Im Grunde ist es gleich, von welcher Seite gesattelt wird. Nur sollte dies in jedem Fall für alle Pferde einheitlich sein. Pferde in Boxen sind aus Unfallschutzgründen zum Satteln anzubinden.
8. *Box (Stand)* betreten und Sattel auf dem Sattelhalter (der Standbegrenzung) ablegen.
9. *Sattelunterlage* auflegen und von vorn kontrollieren, ob sie gleichmäßig an beiden Seiten herabhängt, und ggf. am Sattel befestigen.
10. *Sattel* vorsichtig auf den Pferderücken legen. (Abb. 81) und in Richtung des Haarstrichs in seine richtige Lage schieben.
11. Decke vorn, Woilach vorn und hinten in die *Kammer* ziehen.
12. *Decke* (Filz) am Sattel *festschnallen.*
13. *Sattelgurt herabnehmen,* gleichzeitig kontrollieren, ob alle *Strupfen glatt liegen.*
14. Sattelgurt leicht *anziehen.*

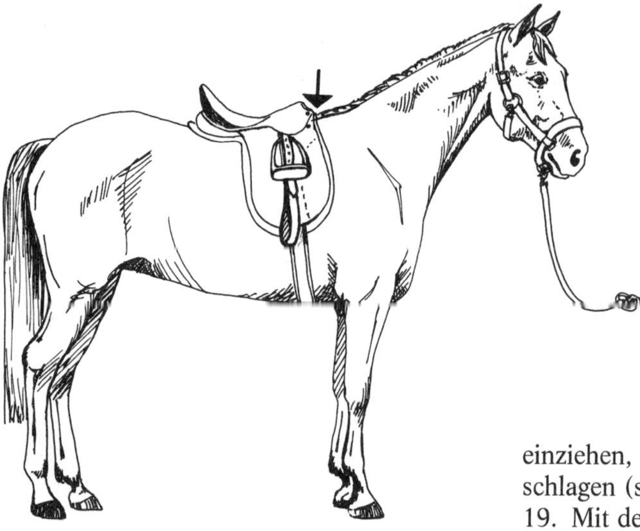

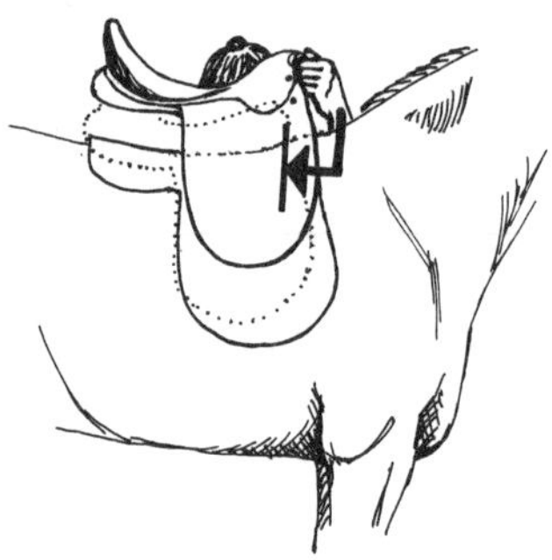

81 a richtige Lage des Sattels; b so wird der Sattel in die richtige Lage geschoben und die Satteluntérlage in die Kammer gezogen

15. *Stallhalfter* herabnehmen und auf den Krippenstein (nicht in die Krippe) legen. Dabei hält die rechte Hand den Pferdekopf fest. Bei Pferden, die beim Auftrensen nicht ruhig stehen, oder, wenn Pferde außerhalb des Stalles angebunden sind, muß man das Stallhalfter um den Hals legen und zuschnallen.
16. *Zügel* über den Hals legen (kurz hinter das Genick).
17. *Trense* in der Mitte der Backenstücke mit der rechten Hand fassen und vor dem Gesicht des Pferdes emporheben. Dabei befindet sich der rechte Arm unter dem Pferdehals.
18. *Gebiß* mit der linken Hand vor das Maul führen und dieses mit leichtem Daumendruck auf die Laden öffnen. Darauf mit der rechten Hand das Gebiß vorsichtig in das Maul hineinziehen, ohne damit an die Zähne anzuschlagen (s. Abb. 82).
19. Mit der linken Hand unter dem Genickstück hindurchfassen und zuerst das linke, dann das rechte *Ohr* vorsichtig unter dem Genickstück nach vorn herausziehen. Die rechte Hand zieht gleichzeitig das Genickstück nach hinten. Anschließend wird der *Schopf* unter dem Stirnriemen hervorgezogen.
20. *Kehlriemen* zuschnallen.
21. *Kinnriemen* zuschnallen.
22. *Schopf* und *Mähne* bürsten, *Schweif* ordnen, *Augen, Nüstern* und *Maul* sowie *After* und *Geschlechtsteile* auswischen (falls das Satteln unmittelbar im Anschluß an den vollständigen Putzvorgang erfolgt). *Hufe* säubern. Pferde in Ständen werden dazu im Stand umgedreht. Bei Pferden, die in Boxen gehalten werden, oder die es nicht gelernt ha-

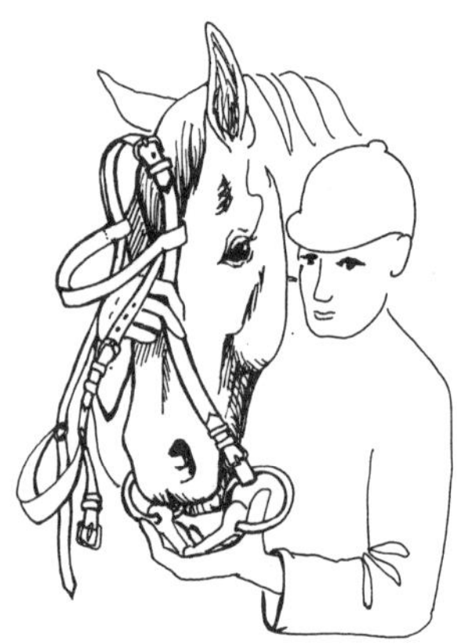

82 Auftrensen

ben, ruhig stehenzubleiben, bleibt das Stallhalfter um den Hals.
23. *Sattelgurt* festziehen.

Einzelhandlungen beim Absatteln und Abtrensen:
1. *Trensenzügel,* beim Führen des Pferdes herabgenommen, über den linken Arm legen.
2. Bei unruhigen Pferden bzw. in Boxen *Stallhalfter* um den Hals legen und eindornen.
3. *Kehlriemen* und *Kinnriemen* aufschnallen.
4. *Trense* vorsichtig *herabnehmen* und über den linken Arm legen.
5. *Stallhalfter* auflegen.
6. *Sattelgurt* (der nach dem Absitzen schon gelockert wurde) losschnallen.
7. *Sattelunterlage* zusammen mit dem *Sattel,* dessen Bügel hochgezogen sind, vorsichtig vom Rücken nach links hinten herabziehen. Dabei ist mit der Hand der Sattelgurt über den Sattel zu legen.
8. *Sattelzeug* in die Sattelkammer bringen und provisorisch ablegen (danach erfolgt zunächst die Wartung des Pferdes).
9. *Trensengebiß* ausschnallen, säubern und abtrocknen.
10. Lederzeug der Trense abwischen.
11. *Trense* zusammenschnallen und aufhängen, Kehl- und Kinnriemen sind dabei durch Einschlaufen geschlossen.
12. *Sattel* abwischen und Bügel säubern.
13. *Sattel* aufhängen (s. Abb. 80).
14. *Sattelunterlage* über den Sattel legen.
15. *Bügel* herabziehen und Gurt zuschnallen.
16. *Zustand* des Sattelzeuges überprüfen.
17. *Schäden* ggf. dem Verantwortlichen melden.

Bleiben die Pferde im Sommer zum Beinewaschen vor dem Stall, so ist ihnen das Stallhalfter über der Trense aufzulegen. Das Anbinden erfolgt am Stallhalfter. An den Trensenzügeln dürfen die Pferde nicht angebunden werden. Will man das Stallhalfter nicht auflegen, muß man die Pferde von Reitern halten lassen. Der Sattel wird erst im Stall abgenommen, es sei denn, die Sattellage oder das ganze Pferd sollen gewaschen werden.

Auf- und Absitzen, Auf- und Abspringen

Das *Hinaufheben* des Reiters ist die am wenigsten störende Art aufzusitzen. Dadurch vermeidet man das für das Pferd unangenehme Zerren des Sattels nach einer Seite. Deshalb sollen Kinder und Jugendliche, denen das Aufsitzen wegen ihrer geringen Körpergröße noch Schwierigkeiten bereitet, stets auf das Pferd hinaufgehoben werden. Auch bei jungen Pferden, die beim Aufsitzen noch nicht sicher stillstehen, ist der Reiter in den Sattel zu heben. Dabei ist das Pferd zum Stillstehen zu erziehen. Beim Hinaufheben auf das Pferd steht der Reiter dem Tier zugewandt. Mit der linken Hand hat er die Zügel aufgenommen (linker Trensenzügel zwischen Ring- und kleinem Finger, rechter Trensenzügel zwischen Zeige- und Mittelfinger; der Daumen drückt auf die Zügel) und den Vorderzwiesel gefaßt, mit der rechten Hand hat er den Hinterzwiesel ergriffen. Dann beugt er das linke Bein im Knie ab, das der Helfer mit beiden Händen erfaßt. Während der Reiter sich mit dem rechten Fuß abdrückt, hebt der Helfer das linke Bein so an, daß das Gesäß des Reiters sicher und ohne zu viel Schwung in Höhe der Sitzfläche des Sattels kommt. Danach verfährt der Reiter wie beim selbständigen Aufsitzen. Der Helfer schiebt ihm noch den Bügel über den linken Fuß, wozu er die Vorderkante des Bügels nach außen dreht.
Steht das Pferd beim Hinaufheben des Reiters nicht ruhig, so faßt der Helfer mit der linken Hand das Backenstück der Trense und hält das Pferd, während er mit der rechten Hand, die dazu von oben und innen unter die Schienbeinseite des angehobenen Unterschenkels gelegt wird, das Bein hochhebt. Will sich ein älterer Reiter nicht auf das Pferd hinaufheben lassen, so unterstützt ihn der Helfer, indem er auf der rechten Seite des Pferdes mit seiner rechten Hand das *Backen-*

stück der Trense ergreift, während die linke den Bügelriemen faßt und diesen – als Gegendruck gegen das Gewicht des aufsitzenden Reiters – nach abwärts zieht. Hat der Reiter Platz genommen, schiebt er ihm den Bügel über den Fuß. Gegenüber älteren Reitern erfordert es die Höflichkeit, daß ihnen ein jüngerer beim Aufsitzen behilflich ist. Es ist keine Schande für einen Reiter, wenn er sich zum Aufsitzen einen in der Nähe gelegenen höheren Standort aussucht, von dem aus er in den Sattel gelangen kann, ohne daß dieser zur Seite gezogen wird. Da in vielen Fällen der Sattel erst beim Nachgurten seinen festen Sitz erhält, wird durch dessen seitliche Verschiebung beim Aufsitzen auch die Sattelunterlage verschoben, so daß deren Kammerung verloren gehen kann. In diesem Fall hilft nur „Nachsatteln", d. h., der Reiter muß absitzen, den Sattelgurt lösen, die Sattelunterlage wieder in die Kammer ziehen und den Sattelgurt wieder befestigen, bevor er erneut aufsitzen kann.

Beachte: Der Helfende darf niemals in die Zügel fassen, er hält das Pferd immer am Backenstück. Hat der Reiter die Zügel in die Hand genommen, hat mit der Zügeleinwirkung kein anderer mehr etwas zu tun (ausgenommen, um Unfälle zu vermeiden!).

Beim *Aufsitzen* steht in der Regel keine Hilfsperson zur Verfügung. Der Reiter muß deshalb auch allein aufsitzen können, und zwar gleich gut, sicher und schnell von beiden Seiten. Der Anfänger muß dies von vornherein richtig lernen.

Vorgang des Aufsitzens: (Abb. 83)

1. Nachdem der Ausbilder Sattelung und Zäumung der an der Mittellinie der Bahn aufgestellten Pferde überprüft hat, läßt er die Bügel herunterziehen und die Zügel auf den Pferdehals legen. Der Reiter steht links neben dem Kopf des Pferdes. Auf das Kommando „Fertigmachen zum Aufsitzen" wendet er sich dem Pferd zu. Die linke Hand faßt den linken Zügel zwischen Ring- und kleinem Finger, den rechten zwischen Zeige- und Mittelfinger, so daß beide Zügel gleichmäßig (eher der rechte etwas stärker) anstehen. Nun nimmt er ein größeres Büschel Mähnenhaare mit in die

83 Aufsitzen

linke Hand oder faßt in den Vorderzwiesel und wirft die Zügelenden auf die rechte Seite des Pferdehalses. Damit ist er fertig zum Aufsitzen.

2. Auf das Kommando „Aufsitzen!" dreht der Reiter dem Pferd seine linke Schulter zu. Die rechte Hand ergreift den Bügelriemen und dreht die Hinterkante des Bügels etwas nach außen. Der linke Fuß wird bis hinter den Ballen von vorn in den Bügel gesetzt. Das linke Knie wird an das Sattelblatt gelegt. Jetzt hebt sich der Reiter auf den Ballen des rechten Fußes und ergreift mit der rechten Hand den Hinterzwiesel.

3. Während der Reiter den Druck seines linken Fußes auf den Bügel verstärkt und das Knie fester gegen den Sattel drückt, stößt er sich mit dem rechten Fuß kräftig vom Boden ab. Dabei wird der Oberkörper leicht nach vorn geneigt, und der Reiter drückt sich in den Stütz. Danach stützt sich der Reiter hauptsächlich auf die Arme, nicht auf den Bügel.

4. Der Reiter verlagert vorübergehend sein Gewicht auf den linken Arm und bringt die rechte Hand zur Stützung des Oberkörpers an den Vorderzwiesel. Dann hebt er das rechte Bein, führt es hoch über die Kruppe und läßt sich *weich* in den Sattel gleiten. Als letztes nimmt er den rechten Bügel auf, indem er mit einwärts gerichteter Fußspitze an den hinteren Bügelrand drückt, worauf der Bügel von selbst auf den Fuß fällt, und ordnet die Zügel. In gleicher Weise hat das Aufsitzen auch allein und ohne Kommando zu erfolgen.

Während des Aufsitzens darf die *Fußspitze* des Reiters den Pferdeleib nicht berühren. Damit sich keine Fehler einschleichen, muß der Ausbilder das Aufsitzen häufig üben lassen und kontrollieren.

Obwohl es seltener benötigt wird, sollte der junge Reiter in der Grundausbildung auch das *Aufsitzen von rechts* lernen.

Dazu muß er auf das Kommando „Fertigmachen zum Aufsitzen von rechts!" zunächst um den Kopf des Pferdes herum an die rechte Seite des Tieres treten. Danach erfolgt der dargestellte Vorgang seitenverkehrt. Ist das Aufsitzen von rechts beendet, sind die Zügelenden auf die rechte Halsseite zu legen. Dabei muß man die Pferde, die an das Aufsitzen von rechts nicht gewöhnt sind, so lange von einem anderen Reiter halten lassen, bis sie dabei ruhig stehenbleiben.

Das Aufsitzen auf ein mit Kandare gezäumtes Pferd erfolgt in der gleichen Weise. Die *Kandarenzügel* sind jedoch so aufzunehmen, wie sie beim Reiten mit einer Hand gehalten werden, wobei die Trensenzügel anstehen, während die Kandarenzügel durchhängen.

Hat ein Pferd die Angewohnheit, den Reiter beim Aufsitzen in das Gesäß zu zwicken, muß man den Zügel der anderen Seite stärker annehmen. Das gleiche Verfahren ist bei Pferden anzuwenden, die während des Aufsitzens schon antreten.

Vorgang des Absitzens:

1. Auf das Kommando „Fertigmachen zum Absitzen!" legt der Reiter zuerst den rechten Zügel zwischen Zeige- und Mittelfinger in die linke Hand. Mit dieser stützt er sich auf die Mähne, mit der rechten auf den Vorderzwiesel. Dabei läßt er den rechten Bügel los, stützt sich verstärkt auf den linken Bügel und lüftet den Sitz, indem er unter Vorneigen des Oberkörpers das Gesäß aus dem Sattel hebt.

2. Auf „Absitzen!" führt er das gestreckte rechte Bein hoch über die Kruppe und ergreift mit der rechten Hand den Hinterzwiesel. Ohne die Bewegung zu unterbrechen, läßt der Reiter seinen Körper sanft nach unten gleiten und fängt ihn federnd auf dem rechten Fuß auf. Das linke Knie bleibt während dieser Bewegung fest am Sattel liegen. Danach wird der linke Fuß aus dem Bügel gehoben und neben den rechten gestellt, so daß die Ausgangsstellung für das Aufsitzen erreicht wird.

3. Abschließend nimmt der Reiter die Hand von der Mähne und dreht sich nach links zum Kopf des Pferdes, neben dem er sich aufstellt wie zum Führen (s. S. 148).

Zwar sollten alle Reiter die beschriebene Art des Absitzens erlernen und von Zeit zu Zeit ausüben, damit die Pferde auch dabei ruhig

stehenbleiben. In der Praxis ist es jedoch üblich geworden, nach dem Herübernehmen des rechten Beines über den Sattel, den linken Fuß aus dem Bügel zu nehmen und sich dann aus dem Stütz zu Boden gleiten zu lassen. Bei dieser Art des Absitzens fällt der seitliche Zug auf den Sattel genauso weg wie beim Hinaufheben des Reiters. Für junge und schreckhafte Pferde empfiehlt sich diese Art des Absitzens auch aus dem Grunde, weil dabei die Gefahr vermieden wird, daß der Reiter im Bügel hängenbleibt, wenn das Pferd während des Absitzens unruhig wird.
Das Herübernehmen des rechten Beines über den Pferdehals verleitet den Reiter dazu, seinem Pferd ohne Belohnung oder freundliches Wort „den Rücken zu kehren". Es muß deshalb als unreiterlich betrachtet werden.
Das **Auf- und Abspringen** von links und rechts müssen jugendliche Reiter ebenfalls lernen und üben.
Beim *Aufspringen* verläuft die erste Phase wie beim Aufsitzen. Auf das Kommando „Fertigmachen zum Aufsprung!" legt der Reiter die linke Hand auf den Mähnenkamm und die rechte auf den Vorderzwiesel oder unmittelbar davor auch auf den Mähnenkamm. Auf das Kommando „Aufsprung!" schnellt sich der Reiter mit beiden Beinen vom Boden ab und springt in den Stütz, wobei der Oberkörper leicht vorgeneigt wird. Im Stütz mit gestreckten Armen richtet er den Oberkörper auf, bevor er das Bein über die Kruppe führt. Danach läßt er sich weich in den Sattel gleiten.
Das *Abspringen* ist bedeutend leichter. Auf das Kommando „Fertigmachen zum Absprung!" legt der Reiter dem ruhig stehenden Pferd die Zügel auf den Hals. Die Hände werden auf die Sattelpauschen und die Ellbogen gegen den Leib gestützt. Auf das Kommando „Absprung!" schwingt der Reiter den Oberkörper nach vorn, die Beine nach hinten und hebt das Gesäß aus dem Sattel, so daß er sich nur noch auf die Hände stützt. Die Beine müssen gestreckt bis hoch über die Kruppe geführt werden, wo die Fersen zusammenschlagen sollen. Dann werden die Beine durch eine geringfügige Körperdrehung nach links gebracht, wo sie an der Seite des Pferdes hinabgleiten und die Körperlast des Reiters federnd auffangen. Der Reiter geht zum Kopf des Pferdes und nimmt die Zügel wie zum Führen auf (s. S. 148).
Im Zusammenhang mit dem Schwemmen der Pferde kann Auf- und Abspringen auch am ungesattelten Pferd geübt werden.

3.2.1. Sitz und Einwirkung des Reiters

Dem *korrekten Sitz* kommt größte Bedeutung zu. Er ist Voraussetzung für die *richtige Einwirkung* auf das Pferd und Grundlage jedes reiterlichen Fortschritts. Deshalb spielt die Sitzschulung in der Grundausbildung des Reiters eine hervorragende Rolle. Aber auch bei älteren Reitern sind regelmäßig Sitzkorrekturen erforderlich.
Das *Gesäß* ruht mit entspannten Muskeln im tiefsten Punkt des gut gebauten und richtig aufgelegten Sattels. Die Hauptstütze des Gesäßes bilden die beiden kufenförmigen *Sitzbeine*, die der Sattelfläche möglichst nahe sein müssen. Dies ist nicht möglich, wenn fehlerhaft angespannte Muskeln zwischen Sitzbeinen und Sattel ein „Polster" bilden. Wenn die Last des Körpers auf beide Sitzbeine gleichmäßig verteilt ist, befinden sich die *Hüften* senkrecht über ihnen.
Die *Oberschenkel* werden im Hüftgelenk so weit nach innen gedreht und zurückgenommen, wie das mit dem in voller Breite auf dem Sattel ruhenden Gesäß möglich ist.
Die *Knie* erhalten eine flache, tiefe und geschlossene Lage, wenn die Oberschenkel mit ihrer Innenseite flach am Sattel anliegen. Auf diese Weise erreicht die *Sitzbasis* optimale Ausdehnung und Stabilität. Diese Form der Mittelpositur erleichtert dem Reiter, das *Gleichgewicht* zu halten, und gestattet ihm, die Bewegungen des Pferdes besser zu fühlen.
Die *Unterschenkel* nehmen bei richtiger Lage des Sattelgurts (senkrecht unter dem tiefsten Punkt des Sattels etwa eine bis eineinhalb

Handbreit hinter dem Ellbogenhöcker des Pferdes), bei der oben beschriebenen Haltung von Gesäß, Oberschenkel und Knie sowie bei leichtem Zurückbeugen im Kniegelenk ganz von selbst die richtige Stellung ein. Sie wird dadurch gekennzeichnet, daß der Gurt unmittelbar unterhalb des Sattelblattes zu einem Teil, direkt oberhalb des Fußspanns aber vollständig vor dem Unterschenkel zu sehen ist. Der Zuschauer muß zwischen dem Hinterrand des Gurtes und dem Vorderrand des Stiefels „noch ein paar Pferdehaare schimmern sehen." Die weiche Fühlung, die die flache Wade mit dem Pferdeleib aufnimmt, erstreckt sich dann bis oberhalb des Knöchels.

Bei so plaziertem Unterschenkel trifft eine durch Schulter- und Hüftgelenk gefällte Senkrechte den Absatz. Dieser wird leicht nach unten gedrückt und federt bei jedem Schritt des Pferdes im *elastisch nachgebenden Fußgelenk* tief durch, wobei sich die Wadenmuskulatur ungezwungen an- und abspannt.

Die *Fußspitzen* des Reiters weisen leicht nach außen, so wie dies ohne Verdrehung im Fußgelenk bei richtiger Lage von Oberschenkel, Knie und Unterschenkel von selbst eintritt (ca. 30 Grad).

Diese Lage des Unterschenkels ist bis zu einem gewisse Grad vom Körperbau des Reiters und des Pferdes abhängig, weshalb man für den Reiter kein starres Sitzschema angeben kann. Entscheidend ist die Herausbildung eines *tiefen,* mit den Bewegungen des Pferdes mitgehenden und *geschlossenen Sitzes.* Der Ausbilder muß die individuell richtige Sitzform herausfinden und sie den Reiter finden lehren.

Die *Länge der Bügel* muß gewährleisten, daß bei breit auf dem Sattel ruhendem Gesäß, bei geschlossener Schenkellage und auf dem Steg des Bügels ruhenden Fußballen die Absätze den tiefsten Punkt des Reiters bilden. Dabei müssen die Beinlänge des Reiters sowie Rippenlänge und -wölbung und auch die Gangmechanik des Pferdes berücksichtigt werden. (Abb. 84)

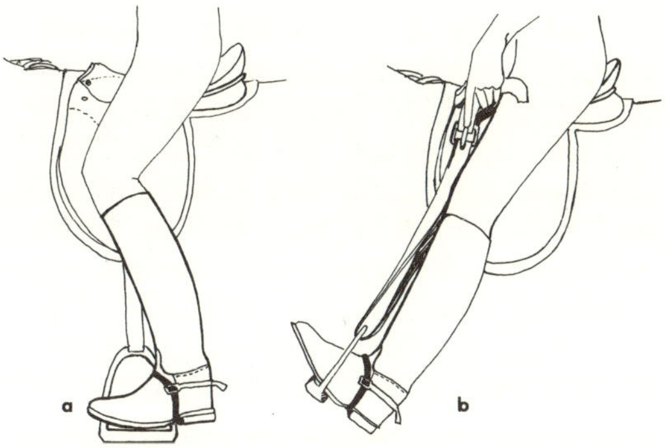

84 Bügellänge: a Verpassen der Bügel; b Verschnallen der Bügel

Der *Oberkörper* des Reiters erhebt sich senkrecht über den Hüften, die sich gleich hoch über dem Sattel befinden müssen. Die *Wirbelsäule,* die sich senkrecht, genau über der Mitte des Sattels erhebt, ist elastisch gespannt und in ihrem unteren Teil, reiterlich „Kreuz" genannt, mäßig angezogen. So ist sie in der Lage, die Stöße aufzufangen, die von den Bewegungen des Pferdes auf den Reiterkörper übertragen werden, was dem Reiter ermöglicht, tief im Sattel sitzenbleiben zu können. Die Wirbelsäule des aussitzenden Reiters vollführt dazu kaum sichtbare Schwingungen, indem das „Kreuz" in dem Augenblick, in dem ein Stoß erfolgt ist, angezogen wird und das *Becken* nach vorn in den Sattel hineinzieht. Der Oberkörper, der beim Anziehen des Kreuzes größer und relativ schwerer wird, folgt der Bewegung des Beckens. Deshalb kann das Gesäß im Sattel „kleben" bleiben. Da im Bewegungsrhythmus des Pferdes die Stöße immer durch eine dazwischenliegende Pause getrennt sind, wodurch die Bewegungsschwingungen die Form einer Wellenlinie erhalten, folgen auch Anziehen und Abspannen des Kreuzes beim aussitzenden Reiter in gleichmäßigen Intervallen.

Wenn in der Reitersprache vom „Kreuz", von der „Kreuzeinwirkung", vom „An- und Abspannen des Kreuzes" gesprochen wird, verführt das leicht zu der Annahme, dies werde – wie alle Körperbewegungen – durch eine dafür eingesetzte „Kreuzmuskulatur" bewirkt, die sich auf der Rückseite des Körpers befindet. Das ist falsch. Wenn der Reiter „das Kreuz anzieht", hebt er vielmehr mit Hilfe seiner Bauchmuskulatur den Vorderrand des Beckens. Dadurch verlagert sich der Berührungspunkt mit dem Sattel auf den Sitzbeinen weiter nach hinten.

Die *Schultern* werden ungezwungen fallengelassen und leicht zurückgenommen. Das genügt völlig, um der Brust die erforderliche Wölbung nach vorn zu geben. Die Forderung „Brust heraus!" kann, falsch verstanden, zum Hohlkreuz führen. Andererseits führt ein in sich zusammenfallender Oberkörper dazu, daß die Brustmuskulatur zum Heben des Beckens nicht mehr wirkungsvoll eingesetzt werden kann, d. h., das Kreuz kann nicht angespannt werden.

Der *Kopf* wird frei und aufrecht getragen. Der Blick ist über die Pferdeohren gerichtet. Das Kinn wird etwas angezogen, der Hals leicht zurückgenommen, so daß seine Rückseite den Kragen berührt. Senken des Blickes vermindert ebenso die Vorspannung der Bauchmuskulatur wie ein nicht aufgerichteter Oberkörper und verhindert dadurch den wirkungsvollen Einsatz des Kreuzes.

Die *Oberarme* hängen aus den Schultern senkrecht – eher leicht nach vorn als nach hinten geneigt – herab, ohne krampfhaft angedrückt zu werden. Die im Ellbogengelenk gewinkelten *Unterarme* lehnen sich mit der inneren Fläche ihres Mittelteils an den Leib leicht an.

Die *Hände* stehen *senkrecht* eine Handbreit vor dem Körper, wobei der Handrücken mit der Außenseite des Unterarms in einer Ebene liegt. Die *Höhe der Hände* ist allein von der Kopfstellung des Pferdes abhängig: sie ist richtig, wenn *Ellenbogen-Unterarm-Hand-Zügel-Pferdemaul eine gerade Linie bilden. Beide Hände sind stets in gleicher Höhe und auf der ihrer Körperseite entsprechenden Seite des Pferdehalses zu tragen! Verschieben der Hand über den Widerrist ist ein schwerwiegender Fehler!*

Abweichungen, auch kleinere, von den vorstehenden Forderungen haben in der Regel große Auswirkungen, besonders hinsichtlich der Einwirkung des Reiters auf das Pferd. Deshalb müssen Ausbilder wie Reiter durch Kontrolle und Selbstkontrolle ständig an der Erhaltung des korrekten Sitzes und der Bekämpfung sich einschleichender Sitzfehler bewußt und unverdrossen in jeder Reitstunde arbeiten, denn „nur aus einem korrekten Sitz ist eine richtige Einwirkung möglich". Diese alte Reiterweisheit gilt uneingeschränkt bis in das kleinste Detail, sozusagen, von den Fingern bis zu den Absätzen, vom Kopf bis zu den Unterschenkeln.

Die **Sitzformen.** Der *Normalsitz* hat folgende Funktionen zu erfüllen:

1. Er muß es dem Reiter leicht ermöglichen, seinen eigenen Schwerpunkt mit dem des Pferdes auf der gleichen *Schwerelinie* (Abb. 85) zu halten, d. h. „die eigene Gewichtsverteilung mit der Gleichgewichtshaltung des Pferdes, die durch oft blitzschnell wechselnde Bewegungsenergie und Bewegungsrichtung bedingt wird, in Einklang zu bringen" (SEUNIG).
2. Er muß einen minimalen Kraftaufwand vom Reiter verlangen, damit dieser nicht zu rasch ermüdet.

Ein auf ebenem Boden in Selbsthaltung gehendes Pferd erfüllt diese Voraussetzungen für den Normalsitz, dessen Form im vorhergehenden Abschnitt als korrekter Sitz beschrieben worden ist.

Von dieser Form des Normalsitzes gibt es – bedingt durch die unterschiedlichen Situationen und die dafür erforderliche Hilfengebung – sehr viele Abweichungen. Es lassen sich aber zwei vom Normalsitz abweichende Sitzformen mit unterschiedlicher Einwirkung auf das Pferd erkennen.

Ruht beim Normalsitz der Oberkörper auf dem tiefsten Punkt der beiden kufenförmigen Sitzbeine, kann durch Vorneigen des Oberkörpers ihr vorderer Rand, durch Rückwärtsneigen des Oberkörpers ihr hinterer Rand mehr belastet werden. Im ersten Fall führt dies zur Entlastung des Pferderückens, wes-

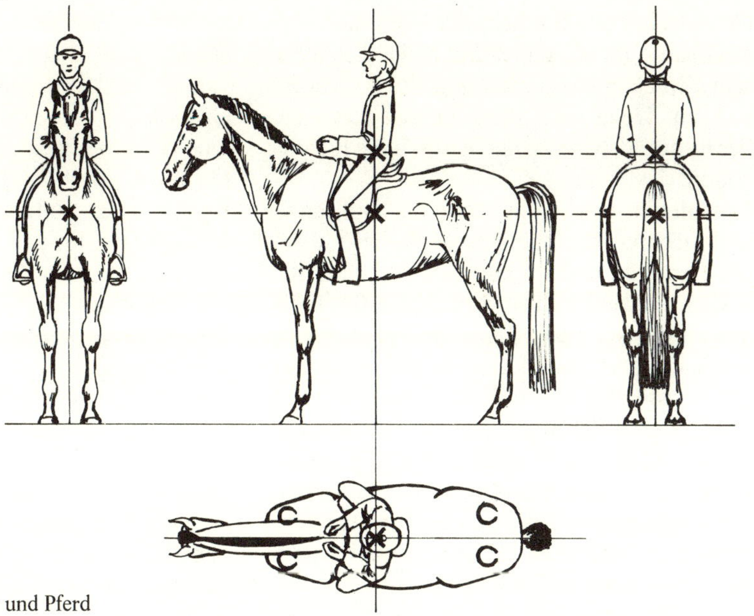

85 Schwerpunkt von Reiter und Pferd

halb wir vom *Entlastungssitz* sprechen. Im zweiten Fall wird die treibende Einwirkung verstärkt. Darum wird diese Sitzform als *verstärkt treibender Sitz* bezeichnet. (Abb. 86)

Da beide Sitzformen, vom Normalsitz ausgehend, nur für kurze Zeit und bis ihr Zweck erreicht ist, angewandt werden, tragen sie den Charakter von Hilfen.

Die in der Ausbildung wichtigsten Varianten des Entlastungssitzes sind der *Springsitz*, der entlastende *Korrektursitz* und der *Remontesitz.* Ihr gemeinsames Anliegen ist, den Rükken des Pferdes zu entlasten. Entsprechend diesem Zweck wird der Entlastungssitz angewandt:

a) beim *Springen* zur Entlastung der Hinterhand während des Abdrückens und zur Erleichterung der Rückenaufwölbung in der Flugphase (auch: leichter Sitz);

b) bei *jungen Pferden*, um Sehnen und Bänder der Hinterhand zu schonen;

c) bei *Pferden mit schwachem* oder *empfindlichem Rücken*, um dem Tier die Hergabe des Rückens zu erleichtern;

d) *in verstärkten Tempi*, um die Tätigkeit der Rückenmuskulatur nicht zu stören, u. ä.

Zum *Entlastungssitz* kommt der Reiter aus dem Normalsitz, wenn er bei stärkerem Anziehen des Kreuzes und damit verbundenem Vorschieben der Mittelpositur den Oberkörper nach vorn neigt, so daß das Gesäß mehr *am* als *im* Sattel bleibt. Dabei verlagert er sein

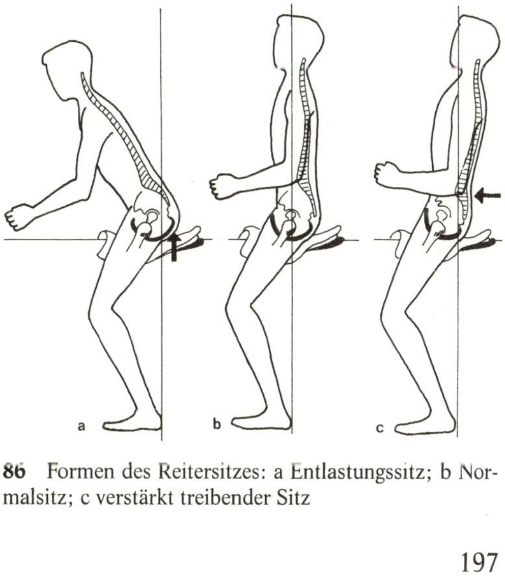

86 Formen des Reitersitzes: a Entlastungssitz; b Normalsitz; c verstärkt treibender Sitz

Gewicht auf den Sitzbeinen weiter nach vorn sowie auf Oberschenkel und Knie, die zu diesem Zweck etwas stärker angedrückt werden müssen. Denn im Entlastungssitz kann sich der Reiter nicht mehr allein durch die Balance halten.
Das hier in stärkerem Maße als Stoßfänger und Drehpunkt eingesetzte Knie wird in seiner Funktion und im Hinblick auf die erforderliche Lage durch ein *Verkürzen der Bügellänge* um zwei bis fünf Löcher – je nach dem beabsichtigten Zweck und der Form des Sattels – unterstützt. Die Füße können bis zum Spann durch die Bügel gesteckt werden. Der Absatz bleibt aber auch dann der tiefste Punkt des Reiters. Das fest an den Sattelpauschen anliegende Knie und die ihre Lage unverändert haltenden Unterschenkel bilden das Fundament dieser Sitzform.
Auch der *verstärkt treibende Sitz* leitet sich vom Normalsitz ab.
Wirkt schon der Normalsitz treibend, und zwar durch das in die Bewegung eingehende Gewicht des Reiters, so wird diese Wirkung noch vertieft durch stärkeres Anziehen des Kreuzes (Heben des Vorderrandes des Bekkens durch Anspannen der Bauchmuskulatur) und dadurch verursachtes Vordrücken des Beckens. Wenn nötig, kann der Oberkörper leicht hinter die Senkrechte zurückgenommen werden. Dadurch sind die Sitzbeine an weiter zurückliegenden Punkten mehr belastet, und der hintere Beckenrand senkt sich etwas.
Zweck dieser Sitzform ist es, im Verein mit einer stärkeren Einwirkung der Unterschenkel, durch eine stärkere treibende Wirkung das Pferd nach vorn an die Hand heranzuschieben. Je nachdem, ob die Hand nachgibt oder aushält, erreicht man dadurch:
a) ein *stärkeres Strecken der Gelenke* der Hinterhand, was gleichbedeutend ist mit längeren Tritten, oder
b) ein *stärkeres Beugen der Gelenke* der Hinterhand, was gleichbedeutend ist mit einer höheren Versammlung.

Der Gang der Sitzausbildung. Die Anfängerausbildung an der *Longe* ist die rationellste Möglichkeit, dem Lernenden ohne Überlastung von Pferd und Reiter die korrekten Grundlagen der sportlichen Technik des Reitens relativ schnell zu vermitteln.
Für die körperliche Entwicklung des jungen Reiters ist es außerdem zweckmäßig, wenn die Übungen für den einzelnen nur kurz sind und durch längere Pausen getrennt werden.
Als Grundsatz gilt: *lieber öfter kurze Übungen, als lang anhaltende Reitstunden, bei denen die Muskulatur verkrampft.* Alle Anfänger sollen so lange an der Longe systematisch ausgebildet werden, bis sie *ausbalanciert* und *losgelassen* im Trab und Galopp sitzen können und die *treibenden Hilfen* sowie die *Paraden* so weit erlernt haben, daß sie ihr Pferd im Schritt und Trab selbständig reiten können. Dazu lernen sie das Antraben und Angaloppieren. Das schont sowohl den Reiter (Vorbeugen gegen Verkrampfungen, Festhalten am Zügel usw.) als auch das Pferd.
Neben dieser Sitzausbildung sind die Reiter dazu anzuhalten, während ihrer Pausen in der Longierstunde selbständig *reitgymnastische Übungen* auszuführen (s. S. 199).
Erhaltung der Freude, Erzeugen des Gefühls des Fortschritts (Erfolgserlebnis), ständige Festigung des Vertrauens und Unfallfreiheit sind die wichtigsten Gesichtspunkte. Um die Freude zu erhalten und Begeisterung zu erwecken, müssen die Unterrichtsstunden abwechslungsreich gestaltet werden. Das läßt sich in Longierstunden dadurch erreichen, daß die gymnastischen Nebenübungen so ausgebaut werden, daß der Reitschüler ständig vor neue Aufgaben gestellt wird.
Da man bei Kindern anfangs nicht mit allzu großer Ausdauer rechnen kann, sind die Anforderungen und Übungen möglichst verschiedenartig zu gestalten. Wichtig ist, daß die Kinder in ihrer Betätigung ernst genommen werden. Auch müssen die Erklärungen kindgemäß sein, damit das Kind sie mit Vorstellungen aus seiner Begriffswelt verbinden kann.
Die *Longierstunde* ähnelt in ihrem Aufbau dem Riegenturnen, d. h., jeder Reitschüler

wird mehrfach zu einzelnen Übungen bzw. zu einer Übungsreihe herangezogen. Dabei soll die Übungszeit für den einzelnen Sportler anfangs 5–6 Minuten nicht überschreiten und erst allmählich bis auf 10 Minuten ausgedehnt werden. Zur besseren Ausnutzung der Übungsstunde empfiehlt es sich, einige ältere oder fortgeschrittene Reiter als Longenführer auszubilden und mit mehreren Pferden gleichzeitig zu longieren.

Bei der Herausbildung des Sitzes wird stufenweise vorgegangen und erst allmählich die optimale individuelle Sitzform erreicht. Die Ausbildung an der Longe hat dabei den Vorteil, daß sich der Reiter voll auf seinen Sitz konzentrieren kann, ohne daß er durch die Führung des Pferdes abgelenkt wird.

Es ist unbedingt darauf zu achten, daß sich keinerlei Verkrampfungen einschleichen. Zeigen sich solche Erscheinungen, ist das Ausbildungstempo zu verringern, oder es sind zusätzliche Übungen durchzuführen. Im Verlauf von 30–40 Übungsstunden ist bei Kindern (bei Jugendlichen und Erwachsenen genügen 20–30) der losgelassene Balancesitz allmählich aufzubauen.

Der *losgelassene Balancesitz* ist die Grundlage jeder weiteren reiterlichen Entwicklung. Wo er nicht erreicht wird, ist jede Fortführung der Ausbildung sinnlos. Deshalb muß diesem Ziel verhältnismäßig viel Zeit gewidmet werden, die sich später durch rascheres Vorwärtskommen wieder aufholen läßt.

Reihenfolge des Aufbaus des Reitersitzes

1. Die Mittelpositur des Reiters muß auf breitem, entspanntem Gesäß tief im Sattel ruhen; das Gewicht ist gleichmäßig auf die Sitzbeine verteilt. Der Oberschenkel liegt flach am Sattel, das Knie möglichst tief.
2. Die *Unterschenkel* liegen am Gurt oder wenig dahinter. Die Füße weisen nach vorn und wenig auswärts. Der Absatz ist herabgedrückt bzw. die Fußspitze angezogen.
3. Der *Oberkörper* „wächst“ gerade aus den Hüften heraus. Der Kopf wird aufrecht getragen.
4. Die *Stellung* der Hände wird fixiert.

Bevor mit der nächsten Phase begonnen wird, muß die vorausgehende im wesentlichen abgeschlossen sein. In der folgenden Phase wird das in der vorhergehenden Erreichte stets mit kontrolliert und gefestigt. Schon an der Longe muß der Anfänger sich das erste *Reitergefühl* erwerben. Er versucht, das vorschwingende oder stützende Hinterbein zu bestimmen, den Rhythmus des Einwirkens der Unterschenkel im Schritt und Trab zu finden (Unterschied zwischen gleichseitiger und wechselseitiger Einwirkung) sowie das Zusammenwirken von Kreuz und Unterschenkel zu erfühlen.

Neben den *Übungen zu Fuß* sind auch während der Sitzübungen an der Longe immer wieder *Freiübungen* zur Verbesserung der Balance zu machen. Hierzu gehören: Fußrollen einwärts, Pendeln der Oberschenkel bei fest anliegendem Knie, Abspreizen der Oberschenkel und Heranführen an die richtige Lage von rückwärts, Rumpfvorwärtsbeugen neben dem Hals des Pferdes bei festliegendem Knie, Rumpfrückwärtsbeugen bis auf die Kruppe bei festem Knie, Rumpfdrehen mit Armen in Seit- oder Hüfthalte bei fest liegendem Knie, Schulterrollen rückwärts, Armkreisen rückwärts und Mühlkreisen rückwärts im Takt der Bewegung des Pferdes, Kopfrollen. Zu den Freiübungen können auch Stöckchen verwendet werden, mit denen sich eine Vielzahl von Übungen ausführen lassen, z. B. Herumgeben des Stöckchens von einer Hand in die andere, von der Hüfte zur Schulter hinter dem Rücken des Reiters, unter dem Unterschenkel des Reiters hindurch bei fest liegendem Knie, unter dem Hals des Pferdes (bei ruhigen Pferden) usw. Ist der Sitz schon etwas gefestigt, kann auch das Spiel mit dem Ball in das Programm aufgenommen werden, wozu man anfangs den Ball am besten in ein Ballnetz steckt, das man am Sattel festbindet. Bei ruhigen und daran gewöhnten Pferden kann man später auch von einem zweiten Reitschüler, der im Longierzirkel hinter der Longe geht, dem Reiter den Ball zuwerfen lassen.

Sitzfehler und ihre Korrektur. Auch bei systematischer Sitzausbildung sind Sitzfehler (Abb. 87) nicht ausgeschlossen. Meist sind sie relativ leicht zu korrigieren, wenn sie frühzeitig erkannt werden. *Stabilisierte Sitzfehler* sind nur sehr schwer wieder zu beseitigen. Deshalb muß jeder Ausbilder und Reiter diese Fehler und ihre Auswirkung kennen, um sie rechtzeitig bekämpfen zu können. Häufig genug haben Sitzfehler ihre Ursache in schlecht verpaßten (zu weit vorn liegenden) oder durch lange Benutzungszeit aus ihrer ursprünglichen Form geratenen Sätteln, bei denen sich z. B. der tiefste Punkt aus der Mitte der Sitzfläche nach hinten verschoben hat. In diesem Fall kann die Sitzkorrektur beim Reiter nur dann Erfolg haben, wenn die Mängel am Sattel beseitigt sind.

Fehler in der Mittelpositur:

1. Das *Gesäß* ist aus dem tiefsten Punkt des Sattels *nach hinten hinausgeschoben*, wobei das Knie hochgezogen wird (Stuhlsitz). Ursache sind oft zu kurze Bügel. Der Reiter kann nicht treiben.

Abhilfe: Der Reiter muß das Gesäß öfter nach vorn in den Sattel hereinziehen sowie das Knie und den Absatz nach unten drücken. Oberschenkel abspreizen und von hinten am Sattelblatt entlang in ihre richtige Lage schieben. Armkreisen rückwärts, Rumpfbeugen rückwärts. Die Bügel länger schnallen.

2. Das *Gesäß* ruht *zu weit vorn* auf den Sitzbeinen (Spaltsitz), was oft mit einem hohlen Kreuz verbunden ist. Manchmal sind zu lange Bügel die Ursache. Der Reiter kann nicht treiben.

Abhilfe: Der Reiter muß das Gesäß nach vorn in den Sattel ziehen und sein Gewicht mehr nach hinten verlegen. Nötigenfalls Oberschenkel und Knie etwas nach vorn gegen die Sattelpauschen verlagern und Bügel kürzer schnallen.

3. Der *Oberschenkel* ist *verdreht,* so daß die Kniescheibe nach außen zeigt. Dadurch kommt das Knie nicht flach an den Sattel zu liegen (offenes Knie). Dieser Fehler ist oft

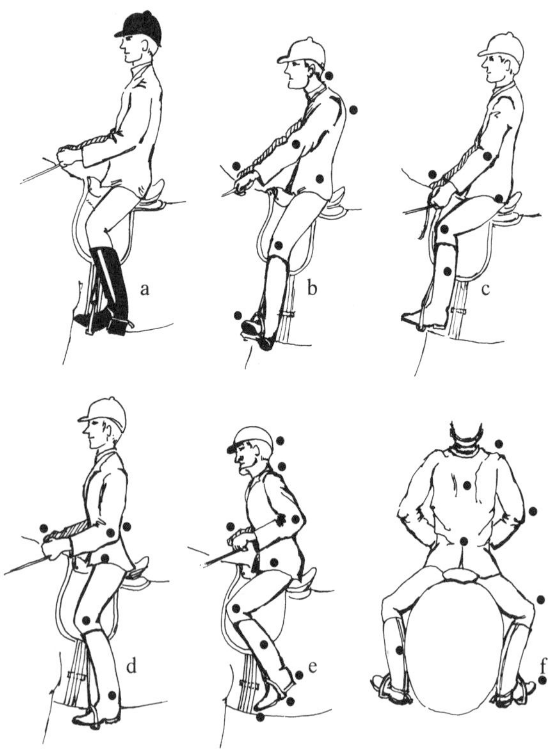

87 a Korrekter Sitz; b Unterschenkel zu weit vorn, Fußspitzen nach außen, offenes Knie, krummer Rücken, vorgestreckter Hals, steife Ellbogen, verdeckte Hände; c Unterschenkel zu weit vorn, Absatz zu hoch, hochgezogenes Knie, Stuhlsitz, steife Ellbogen, nach unten drückende Hände; d Unterschenkel und Knie zu weit zurück, Spaltsitz, Hohlkreuz; e hochgezogene Absätze, zurückfliegende Unterschenkel, Oberkörper zu weit vorgeneigt, Kopf schief, verdeckte Fäuste, zu lange Zügel, daher Ellbogen zu weit zurück; f Fußspitzen nach außen, klemmende Wade, offenes Knie, abgespreizte Ellbogen, hochgezogene Schulter

verbunden mit einem Klemmen der Waden. Der sichere Sitz des Reiters ist nicht gewährleistet (s. Abb. 87 f).
Abhilfe: Eindrehen des Oberschenkels in den Hüften zu Fuß üben (Entengang).
Im Sattel Oberschenkel häufig abspreizen und flach wieder an den Sattel legen. Unterschenkel loslassen. Hin und wieder ein paar Tritte ohne Bügel leicht traben lassen (Vorsicht! Gefahr der Verkrampfung beim Reiter). Freiübungen mit festliegendem Knie.
4. Der *Oberschenkel* ist *übertrieben einwärts* gedreht, wobei das Knie krampfhaft angepreßt wird. Dadurch verkrampft sich der Reiter, und der Unterschenkel wird vom Pferd abgehoben. Die Einwirkung der Unterschenkel wird beeinträchtigt.
Abhilfe: Lockerungsübungen zu Fuß, Verbesserung der Balance und Losgelassenheit durch Freiübungen zu Pferd, öfter Anheben der Knie während des Longierens. Den Reiter häufig veranlassen, seine Unterschenkel zu gebrauchen.
5. *Zu stark gestreckte Oberschenkel* erleichtern zwar das Umfassen des Pferdes, schmälern aber die horizontale Sitzbasis so stark, daß der Sitz labil und locker wird.
Abhilfe: Die Bügel verkürzen. Oberschenkel und Knie in die richtige Lage bringen.
Bemerkung: Die Muskulatur des Oberschenkels darf in ihrer Funktion nicht beeinträchtigt werden. *Zum Reiten ohne Bügel sind diese deshalb nicht überzuschlagen, sondern aus dem Sattel zu entfernen!* Fehler in der Lage des Knies sind immer Fehler in der Lage des Oberschenkels.

Fehler an Unterschenkeln und Füßen

1. *Zu weit vorn plazierte Unterschenkel,* die den Gurt verdecken, sind meist eine Begleiterscheinung des Stuhlsitzes. (Abb. 87) Außerdem können sie keine weiche Fühlung mit dem Pferdeleib haben, weil der relativ harte Gurt zwischen Pferdeleib und Wade liegt. Ihre Wirkung ist dadurch beeinträchtigt.
Abhilfe: Oberschenkel und Knie tiefer und weiter nach hinten legen. Bügellänge anpassen.
2. *Zu weit nach hinten verlagerte Unterschenkel* sind bei normalen Proportionen von Ober- und Unterschenkel oft mit Spaltsitz (s. Abb. 87d) verbunden. Ist die Mittelpositur in Ordnung, findet sich die individuell richtige Lage des Unterschenkels, sofern dabei das Knie geschlossen und der Absatz der tiefste Punkt bleibt.
Abhilfe: s. Spaltsitz.
3. *Klemmen mit der Wade* ist eine Folge von auswärts gedrehtem Oberschenkel und offenem Knie und wird wie diese bekämpft. Der Fehler kann auch in einem Verdrehen des Fußes nach außen liegen.
Abhilfe: s. Punkt 7.
4. *Pendelnde Unterschenkel* können keine Einwirkung ausüben.
Abhilfe: Viel reiten ohne Bügel, ständige Hinweise auf den Fehler.
5. *Klopfende Schenkel* stören den Takt der Bewegung, machen das Pferd „schenkeltot", d. h. stumpfen es ab. Einer der schwersten Fehler!
Abhilfe: Wochenlanges Longieren und ständige, unnachsichtige Korrektur.
6. Durch *Einwärtsdrehen der Fußspitzen* (in Richtung Pferdekopf) verliert die flache Wade die Fühlung am Pferdeleib, wenn das Knie geschlossen bleiben soll. Will der Reiter beide Forderungen erfüllen, muß er den Fuß im Fußgelenk verdrehen, um die Fußspitzen parallel zum Pferd zu halten. In diesem Fall müßte sich das Fußgelenk verkrampfen. Deshalb ist die Forderung „Fußspitzen nach dem Pferdeleib" falsch.
Abhilfe: Fußspitzen in normaler Lage, etwas nach außen weisend, halten lassen. Häufiges Fußrollen bei schon eingetretener Verkrampfung.
7. *Im Fußgelenk nach außen gedrehte Füße* führen ebenfalls zu einer Verkrampfung dieses Gelenks. Die Verkrampfung greift auf die Wadenmuskulatur über, die ihre Elastizität verliert. Wird bei starkem Auswärtsdrehen der ganze Unterschenkel in seiner Lage beeinflußt, ist eine kneifende Wirkung des klemmenden Unterschenkels die Folge, die dem Pferd Unbehagen bereitet.

Abhilfe: Häufiges Fußrollen einwärts zu Pferde. Die übrige Korrektur ist die gleiche wie beim auswärts verdrehten Oberschenkel. Beim Reiter zu Fuß feststellen, inwieweit eine anatomische Ursache vorliegt.

8. *Herabhängenlassen der Fußspitzen* entspannt die an der Innenseite des Unterschenkels verlaufenden Muskeln. Diese müssen sich aber elastisch federnd anspannen und entspannen, wenn der Druck der Wade im Bewegungstakt wirksam werden soll.

Abhilfe: Fußspitzen anheben lassen. Auf tief durchfedernden Absatz achten.

9. *Hoher Absatz* entspannt ähnlich wie im vorhergenannten Fall die Muskeln, die das Durchdrücken der Ferse bewirken. Die Folge ist die gleiche.

Abhilfe: s. Punkt 8.

Fehler an Oberkörper, Schultern und Armen:

1. Einseitiges *Einknicken in der Hüfte* verlagert das Gewicht des Reiters auf das gegenüberliegende Sitzbein und führt damit zu falscher Einwirkung.

Abhilfe: Viele Freiübungen, besonders den Rumpf streckende. Forderung nach dem tiefen Knie, besonders auf der eingeknickten Seite. Dabei ist starke Verlagerung des Gewichts auf den inneren Gesäßknochen zu verlangen. Häufiges Wechseln der Hand an der Longe ist zweckmäßig. Schon geradeaus reitende Schüler mit hingegebenem Zügel reiten lassen.

2. *Hohlkreuz* ist einer der schwersten Fehler. Er vermindert die Einwirkung des Kreuzes, weil der untere Teil der Wirbelsäule nach hinten ausweichen muß und der Vorderrand des Beckens nicht genügend angehoben wird. Man sollte jedoch vor der Korrektur genau feststellen, ob nicht zu hohe Schulterblätter und stärker entwickeltes Sitzfleisch den Fehler nur vortäuschen.

Abhilfe: Die Mittelpositur öfter an den Vorderzwiesel heranziehen lassen. Fallenlassen der Schultern verlangen. Freiübungen, die das Vorwärtsbeugen des Rumpfes erfordern.

3. *Steifheit der Hüften* hindert den Reiter daran, weich und schmiegsam mit den Bewegungen des Pferdes mitzugehen. Der Reiter lernt niemals richtig sitzen, was sich natürlich auf die Hilfengebung auswirkt.

Abhilfe: Es sind sehr viele Freiübungen am Boden (Hüftrollen) erforderlich. Zu Pferde soll man den Reiter häufig im Aussitzen antraben lassen, das Aussitzen aber jedesmal sofort beenden, wenn der Reiter sich wieder zu verkrampfen beginnt. Oft nützt es, seine Aufmerksamkeit von der Körperhaltung durch Gespräche abzulenken.

Das richtige Gefühl für das Mitschwingen mit der Bewegung des Pferdes kann man – ein ruhiges Pferd vorausgesetzt – dem Reiter dadurch vermitteln, daß man ihm einen Riemen um das Gesäß legt, der vom Rücken um die Hüften und dann von außen nach innen über die Oberschenkel läuft und unter dem Pferdeleib zugeschnallt wird. Mit diesem Verfahren läßt sich allerdings nur eine Bewegungsvorstellung entwickeln. (Daß für diese Übung ein absolut zuverlässiges Pferd Bedingung ist, muß deutlich betont werden.) Zur Beseitigung des Fehlers führt neben der Verbesserung der allgemeinen Beweglichkeit nur ausgiebiges Reiten an der Longe.

4. *Steifheit im Genick und in den Schultern* wirken sich über die Wirbelsäule nachteilig auf das Mitschwingen des Reiters mit den Bewegungen des Pferdes aus und beeinträchtigen über die Oberarme auch die Zügelführung.

Abhilfe: Freiübungen (Schulterrollen, Armkreisen, Kopfrollen) zu Pferde.

5. *Anklemmen der Ellbogen* hat das Hochziehen und Verkrampfen der Schultern sowie eine starre, unnachgiebige Hand zur Folge.

Abhilfe: Freiübungen zu Pferde (Schulterrollen, Armkreisen). Beim Longieren sollte der Reiter oft abwechselnd mit hinter den Oberschenkeln zwanglos herabhängenden Händen und mit vor dem Leib aufgestellten Händen ohne Zügel reiten. (Weitere Möglichkeiten s. Punkt 9).

6. *Abspreizen der Ellbogen* beeinträchtigt Sitz und Führung des Reiters, zumal es meist mit einem Verkrampfen der Schultern ver-

bunden ist. Im Sitz über dem Sprung wirkt dieser Fehler besonders nachteilig, weil er das geforderte Vorgehen der Hand in Richtung Pferdemaul behindert und dadurch die Streckbewegung des Halses einengt.
Abhilfe: Häufige Freiübungen, um die völlige Losgelassenheit des Reiters zu erreichen. In hartnäckigen Fällen soll der Reiter vorübergehend den Zwischenraum zwischen den beiden Händen etwas vergrößern; dann fällt ihm das Abspreizen der Ellbogen schwerer.
7. *Zu lange Unterarme* führen leicht dazu, daß die Oberarme eine Neigung nach hinten erhalten und die Ellbogen über die Hüften hinausgeschoben werden. Der gleiche Fehler kann auftreten, wenn sich die Hände zu nahe am Körper befinden. Dadurch wird die Zügelführung beeinträchtigt.
Abhilfe: Die Zügel sind kürzer zu fassen und die Hände weiter nach vorn zu stellen.
8. *Zu weit vorn getragene Zügelhände* lassen den Reiter in Ellbogen und Schultergelenk steif werden. Beim Springen erschweren sie das Nachgeben.
Abhilfe: Die Zügel etwas länger fassen und Hand wie Oberarm in die richtige Stellung bringen.
9. *Unruhige Hände* leiten sich meist aus Steifheiten im Sitz eines Reiters her, der noch nicht über eine unabhängige Hand verfügt.
Abhilfe: In erster Linie muß der losgelassene Sitz des Reiters erreicht werden. Zur Selbstkontrolle kann der Reiter in jeder Hand (beim Longieren) ein etwa 30–35 cm langes Stöckchen tragen. Auch das zu Unrecht außer Gebrauch gekommene Tragen voller oder anfangs halbgefüllter Wassergläser ist ein gutes Mittel der Selbstkontrolle. Diese Übungen können allerdings nur als Vorübungen angesehen werden, weil die „ruhige Hand" nur dann gegeben ist, wenn diese den Bewegungen des Pferdemaules folgt, so daß eine gleichbleibende Verbindung zwischen diesem und der Reiterhand besteht. Beurteilen läßt sich dies an den Trensenringen, die in bezug auf die Lefzenwinkel keine Bewegung erkennen lassen dürfen. Die Schulung des Gefühls für die gleichbleibende Verbindung zwischen Reiterhand und Pferdemaul kann jedoch beginnen, sobald der Reiter an der Longe die Zügel aufnimmt.
10. *Zu hoch* und *zu tief getragene Hände* führen zu einer falschen Zügelwirkung, da ein Knick in der geraden Linie Ellbogen-Hand-Pferdemaul entsteht.
Abhilfe: In Verbindung mit einer geringfügigen Änderung der Zügellänge wird der richtige Winkel zwischen Ober- und Unterarm hergestellt.
11. Über den Widerrist *seitlich verschobene Hände* und *ungleich hoch stehende Hände* führen zu unterschiedlicher Einwirkung der Zügel.
Abhilfe: Ständige Kontrolle und Korrektur. Entwicklung der Bereitschaft des Reiters zur ständigen Selbstkorrektur.
12. Mit dem Handrücken nach oben weisende „verdeckte Hände" und im Handgelenk *nach innen abgeknickte Hände* haben nicht die erforderliche Elastizität und Geschmeidigkeit. Sie führen zu einer „harten", d. h. nicht genügend nachgiebigen Hand, da sie stets mit einer Feststellung von Unterarmmuskeln verbunden sind.
Abhilfe: wie Punkt 11.
13. *Senken des Blickes* läßt den Reiter Hindernisse zu spät erkennen und bildet daher – insbesondere im Gelände, jedoch auch bereits, wenn mehrere Reiter in der Bahn arbeiten – eine Gefahr. Außerdem beeinträchtigt es die Kreuzeinwirkung (s. S. 195f.).
Abhilfe: wie Punkt 11.
14. *Schiefgehaltener* und *unruhiger Kopf* haben ihre Ursache meist in der Verkrampfung der Schultermuskulatur und sind deshalb nicht nur Schönheitsfehler.
Abhilfe: Völlige Losgelassenheit des Sitzes erreichen. Bei dem erstgenannten Fehler kann dies durch Kopfrollen unterstützt werden. Im zweiten Fall ist ein stärkeres Aufrichten des Oberkörpers mit entsprechend verbesserter elastischer Spannung der Rücken- und Halsmuskulatur erforderlich.
Einwirkung mit dem Gewicht bezweckt stets, die *Schwerpunkte* von Reiter und Pferd auf eine Schwerelinie zu bringen (s. Abb. 85)

Das geschieht einmal dadurch, daß der Reiter durch das Eingehen in die Bewegung bestrebt ist, seinen Schwerpunkt mit dem des Pferdes in Einklang zu bringen, und zum anderen dadurch, daß das Pferd veranlaßt wird, seinen Schwerpunkt dem des Reiters anzupassen.
In diesem Sinne zeigt auch der *Entlastungssitz,* bei dem der Reiter das Bestreben hat, mit seinem eigenen Schwerpunkt dem nach vorn verlagerten Schwerpunkt des Pferdes in der Bewegung zu folgen, eine Einwirkung mit dem Gewicht.
Wenn der Reiter mit dem Gewicht im *Normalsitz* und im *verstärkt treibenden Sitz* einwirkt, verlagert er durch das Anziehen des Kreuzes seinen Schwerpunkt nach hinten. Das Pferd wird dadurch veranlaßt – will es seinen Schwerpunkt durch Rückwärtsverlagerung dem des Reiters anpassen –, vermehrt mit der Hinterhand unter den Leib zu treten. Je nachdem, wie die anderen Einwirkungen beteiligt sind, werden dadurch völlig verschiedene Ergebnisse hervorgerufen: Zusammen mit dem treibenden Unterschenkel und dem aushaltenden Zügel wird die Versammlung erhöht, zusammen mit dem verhaltenden Zügel und dem taktmäßig treibenden Unterschenkel wird auch die Parade eingeleitet.
Eine **einseitige Einwirkung mit dem Gewicht** ist durch Anziehen der Bauchmuskulatur einer Körperseite, Vordrücken des Sitzbeines dieser Seite, Herabdrücken des Knies dieser Seite und leichtes Vornehmen der entgegengesetzten Schulter gekennzeichnet. Sie besteht also in einer Gewichtsverlagerung nach einer Seite, die auf das Pferd *mechanisch* wirkt. Es kommt ihr deshalb schon in einem frühen Ausbildungsstadium willig nach, weil seine Querachse kurz und seine seitliche Stabilität gering ist. Bei einseitigen Einwirkungen mit dem Gewicht zeigt das Pferd also ebenfalls das Bestreben, seinen Schwerpunkt dem verlagerten Schwerpunkt des Reiters anzupassen, reagiert aber nur in der Bewegung.
Die **Einwirkung mit den Schenkeln** veranlaßt die Bewegung des Pferdes und erhält sie aufrecht. Der Schenkel wirkt daher immer treibend.
Eine Einwirkung kommt bereits – die weich am Pferdeleib angeschmiegten Unterschenkel vorausgesetzt – dadurch zustande, daß das Pferd im Takt der Bewegung seinen Rumpf von einer Seite zur anderen schwingt. Dabei muß der Rumpf des Pferdes das Gewicht des angeschmiegten Unterschenkels mit zur Seite schieben, wobei ein gewisser Druck auf die Seitenbrust erzeugt wird. Das Pferd holt sich also bei jedem Tritt eine Einwirkung des Schenkels und treibt sich dadurch gleichsam selbst, ohne daß der Reiter aktive Muskelarbeit leistet. Vorausgesetzt ist hierbei natürlich, daß das Pferd in seiner Grundausbildung das dazu erforderliche Feingefühl erworben hat. *In der Bewegung treiben also die Unterschenkel stets wechselseitig entsprechend dem Bewegungsrhythmus des Pferdes. Der Schenkeldruck wirkt hauptsächlich durch das tiefe Durchfedern des Fußgelenks nach unten und das damit verbundene Anspannen der Wadenmuskulatur. Das geschieht in dem Augenblick, in dem der gleichseitige Hinterfuß im Vorschwingen begriffen ist und gilt immer, wenn der Reiter in gleichmäßiger Bewegung bleiben will.*
In seiner normalen Lage dicht hinter dem Gurt wirkt der Schenkel anregend. Die Funktion des *anregenden* Schenkels besteht im Hervorrufen und Beleben der Bewegung. Er wirkt also immer vortreibend. Seine Wirkung beruht auf der Ausnutzung der erläuterten Pendelschwingungen des Pferdeleibes. In diesem Sinne überwachen die Schenkel Takt und Tempo des Pferdes. Ihre treibende Einwirkung setzt ein, wenn jene nachlassen. Ansonsten beschränkt sich die Tätigkeit der Schenkel auf ruhiges Anschmiegen an den Pferdeleib und Mitgehen mit dessen Bewegung.
Beim Anreiten und Antraben sowie auch zur Tempoverstärkung erfolgt die Einwirkung im Unterschied zur wechselseitigen Schenkeleinwirkung in der Bewegung immer durch *gleichmäßigen Druck.* (Abb. 88a)
Bei Pferden, die auf eine solche kurz dauernde Einwirkung aufgrund noch ungenügend fortgeschrittener Ausbildung nicht reagieren, kann die Einwirkung mit dem Schenkel auch

88 Lage des Unterschenkels: a treibend; b verwahrend bzw. seitwärtstreibend

vibrierend (nicht aber durch ständiges Klopfen) ausgeführt werden. Das gilt aber nur für das Anreiten und das Antraben, da der vibrierende Unterschenkel den Takt der Bewegung nicht berücksichtigen kann.

Der *drückende* Schenkel liegt mit dem vorderen Stiefelrand in Höhe des Übergangs vom Spann in den Schaft etwa eine bis eineinhalb Handbreit hinter dem Gurt. In dieser Lage hat der Unterschenkel eine zweifache Funktion: Er verhindert das Abweichen der Hinterhand vom Hufschlag als *verwahrender Schenkel,* und als *seitwärts treibender Schenkel* veranlaßt er ein Seitwärtstreiten des gleichseitigen Hinterbeines (s. Abb. 88b).

Auch der seitwärts treibende Schenkel wirkt auf den gleichseitigen Hinterfuß in dem Augenblick, in dem sich das betreffende Hinterbein in der Schwebe befindet.

Allgemein gilt für den Schenkeldruck, sei er vortreibend oder seitwärtstreibend: Tritt die gewünschte Wirkung ein, muß der Druck sofort aufhören. Der Schenkel nimmt dann lediglich seine Ausgangslage in weicher und schmiegsamer Fühlung mit dem Pferdeleib wieder ein, er „läßt los".

Zügelhaltung und Einwirkung mit den Zügeln. Bei der *Zäumung auf Trense* werden die Zügel gleich lang gefaßt. Sie laufen zwischen dem Ring- und kleinen Finger hindurch, so

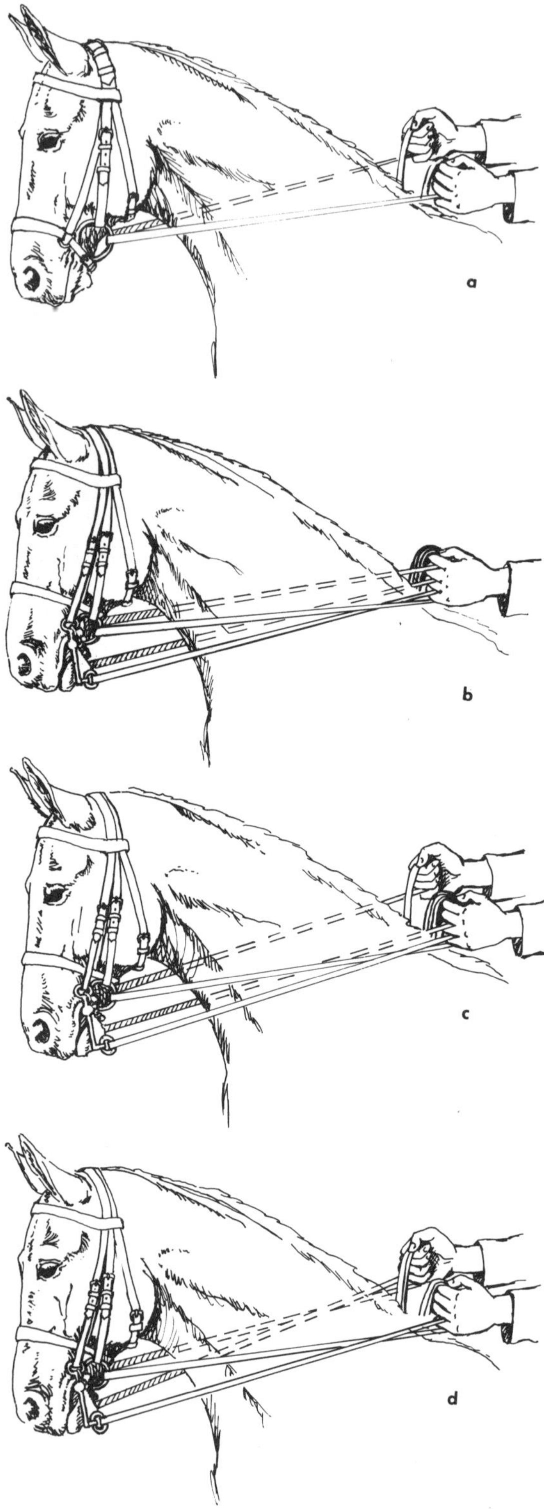

89 Zügelführung: a auf Trense; b auf Kandare in einer Hand; c auf Kandare mit angefaßter Trense; d auf Kandare mit geteilten Zügeln

daß die glatte Seite des Leders nach dem kleinen Finger weist (bei aufrecht vor dem Oberkörper in richtiger Haltung stehenden Händen nach unten) und die Zügel an der Daumenseite die Hand wieder verlassen. Die zusammengeschnallten Zügelenden hängen auf der rechten Seite des Pferdehalses – unter dem rechten Zügel – herab. Die Hände sollen geschlossen sein, dürfen aber nicht krampfhaft zur Faust geballt werden. Der leicht gekrümmte Daumen liegt auf dem Zügel und verhindert sein Durchgleiten, indem er ihn gegen das zweite Gelenk des Zeigefingers drückt. (Abb. 89a)

Zügelhaltung bei Zäumung auf Kandare. Die schulmäßige Führung des Pferdes auf Kandare erfolgt mit einer Hand. Diese muß genau vor der Mitte des Reiteroberkörpers (Knopfreihe) stehen. Man unterscheidet dabei das Reiten mit *durchgezogener Trense* und das Reiten mit *losgelassener Trense.* Beim ersteren stehen alle vier Zügel gleichmäßig an, während bei letzterem nur die Kandarenzügel wirken. Das Reiten mit losgelassener Trense ist auf Sonderfälle beschränkt und wird in der Grundausbildung des Reiters wie auch des Pferdes nicht angewendet.

Beim Reiten mit *durchgezogener Trense* (s. Abb. 89b) verlaufen die Zügel in folgender Weise durch die linke Hand: rechter Trensenzügel zwischen Mittel- und Zeigefinger, rechter Kandarenzügel zwischen Mittel- und Ringfinger, linker Kandarenzügel zwischen Ring- und kleinem Finger, linker Trensenzügel unter dem kleinen Finger.

Alle vier Zügel werden auf dem zweiten Gelenk des Zeigefingers von dem gekrümmten Daumen festgehalten. Der rechte Arm hängt zwanglos von der Schulter herab. Die Innenfläche der hinter dem Oberschenkel liegenden Hand weist nach dem Pferdeleib. Jede andere Armhaltung führt zu Versteifungen.

Beim Reiten mit *angefaßter Trense* (s. Abb. 89c) ist die Zügelführung in der linken Hand die gleiche. Lediglich der rechte Trensenzügel wird aus der linken Hand herausgenommen und läuft zwischen Ring- und kleinem Finger in und von unten nach oben durch die rechte Hand. Alle vier Zügel müssen gleichmäßig anstehen.

Als Besonderheit ist zu bemerken, daß die linke Hand – wegen der nichtgeteilten Kandarenzügel – den Platz behält, den sie beim Reiten mit einer Hand immer einnimmt: senkrecht über dem Widerrist vor der Mitte des Oberkörpers. Die rechte Hand steht etwa zwei Fingerbreit rechts von ihr in gleicher Höhe und Stellung. Diese Zügelführung, bei der die Führung der Kandare allein in der linken Hand liegt, gestattet dem Pferd, mit größerer Sicherheit Anlehnung an das starre Kandarengebiß zu nehmen. In dieser Führung 3:1, wie sie auch genannt wird, liegt eine wichtige Reserve für die Überwindung von Anlehnungsschwierigkeiten beim aufgezäumten Pferd. Ein Grund, dieser Art der Führung auf Kandare wieder mehr Aufmerksamkeit zu schenken.

Im sportlichen Training und Wettkampf findet man jetzt ausschließlich eine *Zügelführung mit geteilten Trensen- und Kandarenzügeln.* Hierbei werden die Kandarenzügel zwischen Ring- und kleinem Finger, die Trensenzügel unter dem kleinen Finger geordnet (s. Abb. 89d). Für eine rasche Übernahme der in der rechten Hand geführten Zügel wird auch empfohlen, die linken Zügel durch den kleinen Finger, die rechten aber durch den Ringfinger zu trennen.

Als veraltet wird die sogenannte *Fillis-Zügelführung* angesehen, bei der die Kandarenzügel von der Kleinfingerseite und die Trensenzügel über den Zeigefinger durch die volle Hand laufen. Sie kann aufgrund der damit verbundenen Wechselwirkung zwischen aufrichtender Trense und beizäumender Kandare in Ausnahmefällen praktisch sein. Ihre Verwendung ist auf den Übungsplatz beschränkt.

Einwirkungen mit den Zügeln. Sie sind ihrer

90 Überstreichen

Wirkungsweise nach *verhaltend.* Je nachdem, wie sie ausgeführt werden, unterscheidet man nachgebende, durchhaltende, annehmende und verwahrende Einwirkungen.

Die *nachgebenden Zügeleinwirkungen* sind die wichtigsten. Ihre Skala reicht von einer geringen Aufwärtsdrehung der Hand, wobei der kleine Finger ein wenig in Richtung Pferdemaul vorgeht, bis zur Streckung des ganzen Armes. Beim Nachgeben muß die Fühlung mit dem Pferdemaul stets erhalten bleiben.

Eine Sonderform der nachgebenden Zügeleinwirkung ist das Überstreichen. Hierbei werden bei Trensenzäumung beide Hände des Reiters ohne Rücksicht auf die Verbindung mit dem Pferdemaul an beiden Halsseiten des Pferdes in Richtung seines Maules langsam vor- und zurückgeführt. Werden bei Kandarenzäumung die Zügel in einer Hand geführt, geht diese zum Überstreichen längs des Mähnenkammes nach vorn. Man kann dadurch die Selbsterhaltung des Pferdes überprüfen. (Abb. 90)

Die *durchhaltenden Zügeleinwirkungen* bestehen in einem Schließen der Hände bei gleichzeitigem Anziehen des Kreuzes. Die Hände verbleiben dazu auf ihrem Platz und halten den stärkeren Druck des Pferdemaules aus, bis dieser aufhört, d. h. das Pferd sich am Gebiß abstößt und wieder eine leichtere Verbindung mit der Reiterhand sucht. In diesem Fall müssen sich die durchhaltenden Hände sofort wieder leicht öffnen und weich werden. Auch bei stärkerem Durchhalten darf die Hand nicht krampfhaft geschlossen werden. *Elastische Fingergelenke* müssen auch die Anlehnung elastisch erhalten. Die momentweise durchhaltende Einwirkung mit den Zügeln wird – bei elastisch angespanntem Kreuz – zu *halben Paraden* verwendet.

Die *annehmende Zirkeleinwirkung* darf immer nur vorübergehend angewandt werden und steht, wenn sie nicht sofort befolgt wird, in ständigem *lebhaftem* und *taktmäßigem Wechsel* mit nachgebenden Einwirkungen.

Alle annehmenden Einwirkungen werden durch ein Nachgeben mit den Zügeln beendet, sobald der Gehorsam erreicht ist.

Zur annehmenden Einwirkung werden die Hände geschlossen und nötigenfalls zum Oberkörper des Reiters zu eingedreht. Die Stärke der Einwirkung richtet sich nach dem Grad der Durchlässigkeit des Pferdes und reicht vom festeren Schließen der Finger bis zum Eindrehen der geschlossenen Hände und damit verbundenen Zurückgehen der Hände in Richtung auf den Oberkörper des Reiters. Annehmende Einwirkungen werden bei *halben* und *ganzen Paraden* angewandt.

Neben diesen beiderseitig gleichmäßigen Zügeleinwirkungen sind noch die *einseitigen Zügeleinwirkungen* zu erwähnen.

Beim durchgerittenen Pferd bedarf es keiner wendenden Einwirkung mit den Zügeln durch Eindrehen der Hand. Da die Schultern des richtig sitzenden Reiters immer parallel zu den Schultern des Pferdes verlaufen, ergibt sich automatisch ein leichtes Vorschieben der äußeren und ein leichtes Zurückgehen der inneren Reiterhand.

Bei einem weniger feinfühligen Pferd wird jedoch ein leichtes Annehmen des inneren Zügels erforderlich sein. Das Abwenden des Kopfes und Halses zur Seite verursacht dabei eine *Störung des Gleichgewichts* des Pferdes, worauf es die Wendung beginnt.

Jungen Pferden, die die annehmende Wirkung des inneren Zügels noch nicht befolgen, kann man das Eingehen in die Wendung durch eine noch deutlichere Störung des Gleichgewichts, den *öffnenden Zügel,* erleichtern, d. h. ein Seitwärtsführen der Hand nach der Wendungsseite. Es hindert das Pferd außerdem daran, auf die äußere Schulter zu fallen. Während der Wendung kommen die äußere Schulter und Hand des Reiters jedoch nicht so weit vor, wie es der durch die Biegung entstehenden Streckung der äußeren Halsseite entsprechen würde. Der Zügel übt demzufolge eine begrenzende Wirkung auf die Biegung aus, weshalb man von der *verwahrenden Zügeleinwirkung* spricht. Sie besteht in einem leichten Gegenhalten des äußeren Zügels, das notfalls bis zum leichten Annehmen gesteigert werden kann.

Die meisten Reiter wirken zuviel mit den Zügeln ein und lassen den treibenden Einwirkungen von Schenkel und Gewicht nicht den ihnen gebührenden Vorrang. Ein grundsätzlicher Fehler, der in jeder Übungsstunde bekämpft werden muß!

Begriffe im Zusammenhang mit der Zügelführung: Ein Pferd geht *am Zügel,* wenn der Reiter das Gefühl einer ständigen, sicheren und weichen Verbindung zwischen Reiterhand und Pferdemaul hat.

Ein Pferd geht *gegen den Zügel,* wenn es sich im Genick steif macht und durch Anspannen der Halsmuskulatur versucht, sich dem Nachgeben im Genick zu entziehen.

Ein Pferd geht *am langen Zügel,* wenn es ohne Biegung im Genick eine stete Verbindung mit der Reiterhand hat.

Ein Pferd geht *am hingegebenen Zügel,* wenn bei äußerster Streckung des Halses die Verbindung zur Reiterhand noch besteht.

Ein Pferd geht *mit hingegebenem Zügel,* wenn der Zügel – an der Schnalle angefaßt – so lang ist, daß keine Verbindung mit dem Pferdemaul mehr vorhanden ist.

Ein Pferd ist *auf dem Zügel,* wenn es eine Stütze im Gebiß sucht und dadurch der Reiterhand die Möglichkeit zu feinabgestuften Einwirkungen nimmt.

Ein Pferd ist *hinter dem Zügel,* wenn es keine Anlehnung an das Gebiß nimmt, sondern der Verbindung zwischen Hand und Pferdemaul ausweicht, indem es das Maul in Richtung Brust zurücknimmt.

Gebrauch von Gerte, Peitsche und Sporen. Das Pferd lernt in der Ausbildung die Bedeutung der Schenkeleinwirkungen kennen und dem *zum gleichen Zweck* immer *exakt in der gleichen Weise* einwirkenden Schenkel gehorchen. Reicht die Einwirkung des Schenkels nicht aus, werden Gerte und Sporen als „Verstärker“ angewandt.

Anwendung von Gerte und Peitsche. Die Gerte wird hauptsächlich verwendet, um die Tätigkeit der Hinterhand des Pferdes verbessern zu helfen. Sie muß deshalb für das Training lang genug sein, damit der Reiter das Pferd unmittelbar hinter seinem Stiefelschaft oder am Unterschenkel berühren kann. Für den richtigen Gebrauch der Gerte benötigt der Reiter deshalb ebensoviel Geschick und Übung wie für den richtigen Gebrauch seiner Schenkel. Er muß die Gerte anwenden können, ohne die Stellung seiner Hände und damit die Wirkung des Gebisses auf das Pferdemaul auch nur geringfügig zu verändern. Auch muß er in der Lage sein, die Stärke der Gertenhilfe zu variieren. Der geübte Reiter gibt seinen Bewegungen dabei eine gewisse ruhige Bestimmtheit, so daß auch ein nervöses Pferd in verhältnismäßig kurzer Zeit die Bedeutung der Gertenhilfe kennenlernt und sie annimmt, ohne zu erschrecken.

Das Anlegen der Gerte hat genauso im Bewegungsrhythmus zu erfolgen wie der anregende Schenkeldruck. Gertengebrauch, der Unregelmäßigkeit in den Bewegungen des Pferdes verursacht, ist immer falsch! Die Gerte ist auf der weniger empfindlichen oder der steifen Seite des Pferdes zu tragen. Der Reiter soll sie jedoch unverzüglich mit einer ruhigen und sicheren Bewegung in die andere Hand übergeben können, wenn sich dies als notwendig erweist. Auch soll die Gerte nicht vor dem Pferde versteckt werden. Denn ein Pferd, das in seiner Ausbildung die Gerte als Hilfsmittel und nicht als Folterwerkzeug kennengelernt hat, wird sie respektieren, aber nicht vor ihr scheuen.

Empfehlungen zur Handhabung der Gerte: Gehorcht das Pferd nicht dem Signal der treibenden Unterschenkel des Reiters, so sollte im gleichen Augenblick, in dem die Wade den Druck verstärkt ein leichter Schlag mit der Gerte unmittelbar hinter dem Unterschenkel oder an das Hinterbein des Pferdes erfolgen. Dieser erzeugt beim Pferd ein stechendes Gefühl, das es veranlaßt, die Hinterbeine weiter unter den Körper zu ziehen. Dieser Vorgang ist mehrfach zu wiederholen, damit sich ein bedingter Reflex herausbildet. Spürt das Pferd die deutliche Gertenberührung zugleich mit dem Schenkeldruck, bringt es beides in Verbindung. Die Gerte wird später weggelassen, und der Schenkeldruck allein löst den gleichen Effekt aus.

Die Gerte wird in *Ausgangsstellung* an der Schulter des Pferdes getragen, darf aber niemals dort verwendet werden. Ein solcher Einsatz der Gerte lenkt nur die Aufmerksamkeit des Pferdes ab und vermittelt ihm keine Anregung zum geraden Vorwärtsgehen.

Gehorcht das Pferd dem seitwärts treibenden Schenkel nicht, erfolgt ein leichter Schlag hinter diesen Schenkel. Dort bleibt die Gerte liegen, solange der Schenkel einen Druck ausübt.

Erfolgt die Schenkel- und Gertenhilfe nicht in Übereinstimmung mit der Bewegung des Pferdes, wirkt sie eher verwirrend als aufmunternd.

Reagiert das Pferd nicht auf die mit beiden Schenkeln gleichzeitig gegebene Hilfe zum *Absprung,* ist die Gerte während der Schenkelhilfen etwas fester hinter dem Unterschenkel des Reiters anzulegen.

Die gleichen Grundsätze gelten auch für die Anwendung der *Springpeitsche,* bei deren Einsatz die Zügel aber unbedingt in eine Hand zu nehmen sind.

Das richtig ausgebildete und an den Hilfen stehende Springpferd verliert jedoch seinen Vorwärtsdrang nicht und bedarf selten einer zusätzlichen Aufmunterung. Peitschengebrauch an jedem Hindernis beweist, daß der

Reiter nicht in der Lage ist, den Schwung des Pferdes während des Anreitens zu erhalten, und führt meist zu Springfehlern. Ein solches Verhalten des Reiters ist außerdem tierschutzwidrig und dem Ansehen des Pferdesports abträglich. In Springprüfungen hat ein solches Pferd – und auch ein solcher Reiter – nichts zu suchen.

Anwendung der Sporen. Die Sporen werden in erster Linie verwendet, um die Einwirkung der Schenkel zu verfeinern, und erst in zweiter Linie, um die Wirksamkeit zu erhöhen. In diesem Sinne können die Sporen die Gerte ersetzen.

Wer unempfindlich gewordene Pferde reitet, kann manchmal ohne Sporen nicht auskommen. Anders bei edlen, hoch im Blut stehenden Pferden (und besonders Stuten). Hier können Sporen das Gegenteil des gewünschten Effekts bewirken (anstatt das Pferd vorwärts zu bringen, veranlassen sie es zum Bokken oder Schlagen).

Am günstigsten ist es, wenn das Pferd so ausgebildet ist, daß *Sporen überflüssig* sind. Glaubt der Reiter, während der Prüfung unbedingt Sporen haben zu müssen, um „für alle Fälle gerüstet“ zu sein, so sollte er grundsätzlich solche mit kurzem und stumpfen Schaft nehmen. Die Länge des Schafts ist jedoch von der Unterschenkellage des Reiters abhängig. Sie muß gestatten, die Sporen durch eine leichte Dehnung des Fußes an das Pferd zu bringen, ohne daß dabei der Absatz über die Horizontale gehoben wird. In der Teilprüfung Gelände bei Vielseitigkeitsprüfungen und bei Geländeritten, Geländepferde- und Jagdpferdeprüfungen gilt allerdings eine Beschränkung der Schaftlänge auf 2 cm.

Die LPO legt in § 68, C, 2, die in Leistungsprüfungen zulässige Form der Sporen ziemlich eindeutig fest, in dem sie solche Sporen ausschließt, die bei normaler Anwendung Stich- oder Schnittverletzungen hervorrufen können. Dazu werden alle Sporen mit Rädchen, Spitzen oder scharfen bzw. rechtwinkligen Kanten gerechnet, wohingegen Sporen mit ovalen bzw. runden Endflächen erlaubt sind. Die erlaubten Sporen sind in allen Wettbewerben und Leistungsprüfungen zugelassen.

In der Teilprüfung Dressur von Vielseitigkeitsprüfungen sind sie vorgeschrieben. Aus dieser Formulierung muß logisch gefolgert werden, daß eine vorhandene Sporenverletzung ihre Ursache nur in nicht normaler Anwendung oder in unzulässiger Form der Sporen haben kann. Das führt zu den vorgesehenen Sanktionen.

Auch im Training sollen die Sporen mehr die Härte des Stiefelschaftes verstärken als scharfe und schmerzhafte Stiche verursachen. *Scharfe Sporen* und solche mit Rädchen sind unreiterlich. Erstens kann ein plötzlicher, schmerzhafter Sporenstoß ein krampfhaftes Zucken der Rippenmuskulatur verursachen, wodurch das Pferd verwirrt wird. Zweitens können unsichere Reiter – besonders beim Springen – durch klemmende oder unruhige Unterschenkel dem Pferd mit solchen Sporen erhebliche Hautwunden beibringen.

3.2.2. Reiterhilfen und ihre Anwendung

Die Reiterhilfen sollen dem Pferd mittels ihm während seiner Grundausbildung verdeutlichter Signale den Willen des Reiters kundtun. Voraussetzung für den Erfolg dieser Hilfen ist, daß sie *zum gleichen Zweck immer exakt in der gleichen Weise* gegeben werden. Alle Hilfen setzen sich aus den Einwirkungen mit Gewicht, Schenkeln und Zügeln zusammen. Einzelne Einwirkungen führen nicht zum Erfolg. Alle drei Arten der Einwirkung müssen, wenn auch mit unterschiedlicher Stärke, an der Entstehung einer Hilfe mitwirken. Die Rolle, die dabei den einzelnen Einwirkungen zukommt, richtet sich nach dem Zweck der Hilfe. Außerordentlich wichtig ist die Einwirkung mit dem *Kreuz.* Durch das *„Anziehen“ des Kreuzes* werden die einzelnen Einwirkungen zu einer Hilfe koordiniert.

Wichtig ist auch das *einseitige Anziehen des Kreuzes.* Das Reiten in Stellung, jede Wendung und der Sitz im Galopp sind davon abhängig, ob der Reiter gelernt hat, das innere Sitzbein und die innere Hüfte vorzuziehen. Kreuzanziehen bildet die Grundlage zum Zurechtsetzen, Anreiten und Parieren. Ohne Kreuzanziehen ist jede korrekte Hilfe undenkbar, jede Parade nur ein Ziehen am Zügel.

Die von Schenkeln und Zügeln ausgehenden Einwirkungen stehen nur dann in Übereinstimmung, wenn durch gleichzeitige Kreuzeinwirkung ein unmittelbarer Zusammenhang zwischen ihnen hergestellt wird (Brükkenfunktion des Kreuzes). Spannt der Reiter auf einem gutgerittenen Pferd bei anliegenden Schenkeln sein Kreuz an und gibt gleichzeitig mit den Zügeln nach, so geht das Pferd vorwärts; gibt er nicht nach, so pariert er das Pferd. Spannt er das Kreuz zum Anreiten oder Parieren nicht an, erreicht er die gewünschte Wirkung nur durch gröbere Einwirkungen. Je feinfühliger das Pferd nun ist, desto weniger gern wird es sich grobe Hilfen gefallen lassen, und es erscheinen nur deshalb viele Pferde als unrittig, weil ihre Reiter die Kreuzeinwirkungen nicht beherrschen.

Durch das Zusammenwirken der Gewichts-, Schenkel-, Zügel- und Kreuzeinwirkung in Form von **Hilfen** wird die von der Dressur angestrebte (individuelle) Haltung, die Gangleistung des Pferdes und seine Beherrschung im Gebrauch erreicht. Nicht starker Kraftaufwand, sondern geschickte, zum gleichen Zweck immer völlig gleichartige Hilfen bringen Erfolg. Die Fähigkeit, die Stärke der Einwirkungen bei der Hilfengebung richtig aufeinander und auf die Bewegung des Pferdes abzustimmen, bezeichnet man als Reitergefühl. Ein feines Reitergefühl kann aber nur haben, wer durch schmiegsamen Sitz in steter Übereinstimmung mit den Bewegungen des Pferdes bleibt.

Das *Zusammenwirken der treibenden und verhaltenen Einwirkungen* im Sinne ihres mit dem Bewegungsrhythmus abgestimmten Nacheinander bewirkt die *Versammlung* des Pferdes. Das Zusammenspiel der biegenden inneren und der verwahrenden äußeren Einwirkungen gibt ihm die seitliche *Biegung,* die für die Berarbeitung des ganzen Pferdes unerläßlich ist.

Wägt man die treibenden und verhaltenden Einwirkungen gegeneinander ab, so gebührt den treibenden unbedingt der Vorrang! Beide Arten richtig anzuwenden ist von entscheidender Wichtigkeit für Gang und Gehorsam. Deshalb gilt als oberster Grundsatz: *Erhalte stets den Schwung nach vorwärts, auch in den kürzesten Gängen!* Immer müssen die Hinterbeine weit in Richtung auf den Fußpunkt der gemeinsamen Schwerelinie von Reiter und Pferd (s. Abb. 85) vortreten. Ein Reiter, der diesen unentbehrlichen Nachschub der Hinterhand durch zu geringes Treiben nicht genügend entwickelt oder durch zu starkes Verhalten erstickt, erreicht niemals Versammlung, sondern ein auf der Hand liegendes oder schwunglos hinter dem Zügel gehendes Pferd.

Treibende Schenkelkraft gegen gleichzeitig verhaltende Armkraft einsetzen zu wollen, ist ein fruchtloses, für den Reiter aufreibendes und für das Pferd nervenzerrüttendes Unterfangen. Eine Lösung kann nur in einem exakt mit dem Bewegungsrhythmus abgestimmten Wechselspiel von treibenden und verhaltenden Einwirkungen gefunden werden. Dabei ist das Kreuz als Mittler (auch zeitlich im Sekundenbruchteil der Bewegungsphase) zwischen beiden eingeschaltet.

Ein ebenso wichtiger Grundsatz ist: *Richte die Vorhand des Pferdes so auf dessen Hinterhand ein, daß die Hinterfüße den Vorderfüßen in der Bewegungsrichtung genau folgen!* Tritt ein Hinterfuß seitwärts der Spur des entsprechenden Vorderfußes nach innen oder nach außen, geht die Schub- und Tragkraft des Hinterfußes und somit auch die Durchlässigkeit für Einwirkungen und Hilfen zum großen Teil verloren. Deshalb: **Reite dein Pferd vorwärts und richte es gerade!**

An-die-Hilfen-Stellen

Das bedeutet, das Pferd mit Hilfe der treibenden Schenkeleinwirkung zu veranlassen, die Verbindung zwischen Pferdemaul und Reiterhand herzustellen. Diese Verbindung, die vom Pferd durch Heranstrecken des Halses an das hingehaltene Gebiß gesucht werden muß, nennt man *Anlehnung*. Sie ist eine Komponente der *Losgelassenheit*. Deshalb kann man das an die Hilfen gestellte Pferd auch so kennzeichnen:

a) Der Zustand der Losgelassenheit ist erreicht. Es ist keinerlei Steifheit oder Verkrampfung im Pferd mehr vorhanden.

b) Das Pferd ist völlig gehorsamsbereit und stellt dem Reiter seinen ganzen Bewegungsapparat zur Verfügung. Das setzt voraus, daß das Pferd die Einwirkungen von Schenkel, Hand, Gewicht und Kreuz verstehen und ihnen gehorchen gelernt hat.

Das An-die-Hilfen-Stellen ist somit Ausgangspunkt für jede Bearbeitung des Pferdes unter dem Reiter.

Im *Halten* geschieht das An-die-Hilfen-Stellen dadurch, daß der Reiter mit beiden Schenkeln und angespanntem Kreuz das Heranstellen der Hinterbeine bewirkt. Die Hand des Reiters hält dazu die Zügel leicht aus, bis das Pferd auf dem Gebiß zu kauen beginnt. Die Hand muß dabei völlig ruhig stehen, riegelnde Bewegungen sind falsch. Erforderlichenfalls dürfen vibrierende Bewegungen des zweiten Gliedes des Ringfingers den Übergang zum Kauen unterstützen. Beginnt das Pferd zu kauen, wird die aushaltende Hand ganz weich und ist nur noch bemüht, die Anlehnung nicht durch eine Bewegung zu stören. Auf diese Weise erzielte Haltung von Kopf und Hals wird dem Dressurgrad und dem Gebäude des Pferdes entsprechen, wenn der Reiter mit der Hand nicht rückwärts wirkt. *Das Pferd darf mit der Stirnlinie nicht hinter die Senkrechte kommen.* Das richtige an die Hilfen gestellte Pferd steht gleichmäßig auf vier Beinen, hat Anlehnung an das Gebiß genommen und kaut darauf.

Aufgabe der *verwahrend* am Pferdeleib liegenden Schenkel des Reiters ist, den jeweils gleichseitigen Hinterfuß an seinem Platz zu halten und ein Ausweichen nach der Seite oder nach hinten zu verhindern. Das Vorstellen eines Vorderfußes verhindert der gleichseitige Zügel. Werden beide Vorderfüße unter den Leib gestellt, sollen die am Gurt treibend einwirkenden Schenkel das Pferd veranlassen, sie wieder vorzustellen.

Im *Gang* sind die gleichen Hilfen dann anzuwenden, wenn der Reiter das mit hingegebenem Zügel gehende Pferd veranlassen will, die Anlehnung aufzunehmen.

Sie werden auch notwendig, wenn der Reiter fühlt, daß während der Bewegung die Anlehnung verlorengegangen ist, das Pferd nicht mehr auf dem Gebiß kaut und in der Vorwärtsbewegung nachläßt.

Das An-die-Hilfen-Stellen führt oft zu Schwierigkeiten, insbesondere zu Versteifungen im Genick, wenn in der Grundausbildung des Pferdes zu rasch vorwärtsgegangen und ihm nicht ausreichend Zeit gegeben wurde, im zwanglosen Gehen die Anlehnung an das Gebiß zu finden.

Es ist deshalb in solchen Fällen notwendig, daß der Reiter erst längere Zeit *mit hingegebenem Zügel* das Pferd seine Muskulatur entspannen und das Gebiß in der Tiefe suchen läßt, bevor er es mit verstärkt treibender Einwirkung von Kreuz und Schenkel vermehrt gegen die nun den langen Zügel aushaltende Hand herantreibt, bis es das Gebiß losläßt und zu kauen beginnt.

Steifheiten im Genick müssen immer in der Bewegung beseitigt werden. Hals- und Genickbiegung müssen immer die Folge von vermehrtem Untertreten der Hinterfüße sein, wodurch die reiterliche Selbsthaltung des Pferdes verbessert wird. Aktive Handeinwirkung, um Hals- und Kopfstellung erzwingen zu wollen, ist in jedem Fall ein grober Fehler.

Einige Fehler und deren Abhilfe:

a) Steift sich ein Pferd hartnäckig im Genick und sucht es das Gebiß nicht in der Tiefe, so liegt ein schwerer, aber leider recht häufiger

Fehler in der Grundausbildung vor. Es ist vorteilhaft, wenn man ihm durch Eindrehen der inneren Hand und vermehrten Druck mit dem inneren Schenkel bei gut verwahrendem äußeren Schenkel und Zügel auf dem *Zirkel* eine deutliche Stellung gibt. Sobald das Pferd nachgibt, muß die innere Hand sofort *ganz leicht* werden und der äußere Zügel die Vorhand wieder auf die Zirkellinie hinausführen. In der so gewonnenen Haltung trabe man zunächst im natürlichen Trabtempo an und gehe dann zum Arbeitstempo über;

b) Bei Pferden mit weichem Rücken und schwacher Hinterhand kann man versuchen, durch *Vorhandwendungen* das Abstoßen vom Gebiß zu erreichen und danach erst im kürzeren, später freieren Arbeitstempo die Nachgiebigkeit abzugewinnen;

c) Sucht das Pferd in der Hand des Reiters eine Stütze, legt es sich also in der Tiefe auf das Gebiß oder entzieht es sich durch Überzäumung (Nase hinter der Senkrechten) der Einwirkung (hinter dem Zügel gehen), so muß das Pferd mit tiefgestellter und anfangs vorgehender, später erst aushaltender Hand energisch, aber nicht in übereilten Tritten *vorwärts* geritten werden. Die raumgreifenden Tritte zwingen das Pferd, seine Gleichgewichtshaltung zu verbessern und Kopf und Hals höher zu tragen, wobei auch die Nasenlinie vor die Senkrechte kommt;

d) Jeder Versuch des Reiters, durch *Herunterdrücken* und *Steifmachen* der Hände die Nachgiebigkeit im Genick zu erreichen, ist ein *grober Verstoß* gegen die Prinzipien der Reiterei und führt zu weiteren Fehlern.

Entwicklung der Gangarten

Neben den drei *Gangarten* des Pferdes (Schritt, Trab, Galopp) kennen wir für jede Gangart noch verschiedene *Gangmaße* oder *Tempi* (versammeltes, abgekürztes, Arbeits-, Mittel-, starkes Tempo). Sie unterscheiden sich durch den Versammlungsgrad des Pferdes, von dem die unterschiedliche Länge der Schritte, Tritte oder Sprünge abhängt. Der Renngalopp wird wegen seiner vom Galopp abweichenden Fußfolge von manchen Autoren als besondere Gangart angesehen. Weitere Gangarten, wie Paß, Tölt u. a., sind nicht korrekt im Sinne der für uns geltenden Anforderungen an das Gangwerk eines Sportpferdes.

Besonders wichtig ist die Forderung, daß die Bewegungen innerhalb eines gewählten Gangmaßes immer gleichmäßig, d. h. im *Takt*, ablaufen müssen.

Der Schritt. Der *Mittelschritt* muß fleißig, raumgreifend und im deutlichen Viertakt (vier in gleichmäßigen Abständen aufeinanderfolgende Hufschläge) sein. Die Hinterfüße treten über die Spuren der Vorderfüße (Abb. 91) hinaus. Die Anlehnung ist stetig und weich.

Der *starke Schritt* ist nur am langen Zügel zu reiten. Er verlangt vom Pferd das seinem Körperbau und Temperament entsprechende Höchstmaß der raumgreifenden und kraftvollen Schritte. Im starken Schritt fußen die Hinterhufe deutlich weiter vor den Spuren der Vorderhufe als im Mittelschritt. Gangmaß und Bewegungsrichtung müssen jederzeit geändert werden können.

Der *versammelte Schritt* muß – wie die beiden anderen Schrittgangmaße – ein gleichmäßiger Viertaktschritt sein. Die einzelnen Tritte sind jedoch kürzer, die Bewegungen der Beine erhabener als im Mittelschritt, weil die Gelenke der Hinterhand stärker gebeugt werden. Die Hinterfüße erreichen höchstens die Hufeindrücke der Vorderfüße. Entsprechend der erreichten Versammlung ist der Hals des Pferdes mehr aufgerichtet (wird höher getragen), die Nasenlinie nähert sich der Senkrechten, bleibt jedoch deutlich vor dieser.

Um aus dem *Halten im Schritt* anzureiten, treibt der Reiter das an die Hilfen gestellte Pferd mit beiden gleichzeitig und gleichmäßig einwirkenden Schenkeln und angespanntem Kreuz vorwärts. Dabei gibt die Hand nach und läßt die Vorwärtsbewegung sich entwikkeln. Zu feste Anlehnung schränkt den Raumgriff ein und führt zum Verlust des Taktes (Paß oder unreiner Schritt).

91 Ein Schritt-Tritt

Zackelnde Pferde beruhigen sich am besten, wenn sie viel mit hingegebenem Zügel geritten werden. Dazu sind sie zunächst im Trab an die Hilfen zu stellen und danach vorsichtig zum Schritt durchzuparieren. Verhalten mit der Hand verschlimmert das Zackeln.

Der Trab. Der *Arbeitstrab* muß taktmäßig und schwungvoll sein. Bei gleichmäßigem Fußen der diagonalen Beinpaare sind zwei Hufschläge in gleichmäßigen Abständen hörbar. Das Tempo ist stets ein wenig höher, als es von dem losgelassen gehenden Pferd angeboten wird.

Der *Mitteltrab* unterscheidet sich vom Arbeitstrab durch raumgreifendere Tritte, nicht aber durch schnellere Trittfolge. Ein stärkerer Abschub der mit vermehrt gebeugten Gelenken unter der Last fußenden Hinterbeine ermöglicht dem Pferd, die vom Boden abfedernden Vorderbeine aus der Schulter frei vorzuschwingen und dadurch mehr Raumgriff zu entwickeln. Die Hinterfüße treten über die Spuren der Vorderfüße hinaus. Die Anlehnung darf nicht stärker werden. Das Pferd kommt mit der Nase meist etwas weiter vor die Senkrechte (Abb. 92), bleibt aber in korrekter Haltung.

Der *starke Trab* ist durch den höchsterreichbaren Schwung, Schub und Raumgriff des Pferdes im Einklang mit der entsprechenden Erweiterung des Rahmens gekennzeichnet. Diese wird durch das Dehnen des Halses und eine stärkere Neigung der Stirnlinie vor die Senkrechte erreicht. Der starke Trab zeigt die besondere Fähigkeit des Reiters im Treiben. Die Anlehnung wird etwas deutlicher, damit

92 Ein Trabtritt

das Pferd nicht auseinanderfällt. Die Hinterhufe treten deutlich über die Spur der Vorderhufe hinaus.

Der *versammelte Trab* zeigt sich in erhabeneren, weniger raumgreifenden Tritten und guter Aufrichtung des Halses, die bei stärker gebeugten Hanken und näher an den Fußpunkt der Schwerelinie herantretenden Hinterbeinen zu einer Entlastung der Vorhand führt. Fleiß, Aktivität und Schwung erleiden keine Einbuße. Die Hinterhufe fußen höchstens bis in die Spur der Vorderhufe.

Der starke und versammelte Trab erfordern eine gute dressurmäßige Ausbildung des Pferdes und vom Reiter eine fortgeschrittene Entwicklung seiner Einwirkungen.

Zum *Antraben aus dem Schritt und aus dem Halten* sind die gleichen Hilfen wie zum Anreiten im Schritt erforderlich. Jedoch sind sie etwas deutlicher zu geben. Vor allen Dingen aber muß, insbesondere beim Antraben aus dem Halten, gesichert sein, daß das Pferd an die Hilfen gestellt ist. Während des Trabes muß der Reiter durch Sitz und Schenkel die Beibehaltung des schwungvollen und taktmäßigen Tretens im gewünschten Gangmaß kontrollieren. Er hat ferner dafür zu sorgen, daß Halsstellung und Anlehnung erhalten bleiben. *Verstärken des Tempos* erfordert eine bestimmte, gleichzeitige und gleichmäßige Einwirkung beider Schenkel und des Kreuzes, wobei die Hand durch Nachgeben – ohne die Verbindung mit dem Pferdemaul zu unterbrechen – den größeren Raumgriff der Tritte fördert. Der Reiter darf dabei seine Hilfen nicht zu plötzlich verstärken und muß darauf achten, daß die Tritte länger, aber nicht rascher werden.

In verstärktem Trabtempo ist es für den Reiter schwieriger, mit der Bewegung mitzugehen. Deshalb muß er schon an der Longe (auf größtmöglichem Zirkel!) auch freiere Trabtempi aussitzen lernen.

Beantwortet ein Pferd die Hilfen zum Antraben durch Eingehen in den Galopp, so gilt der Grundsatz: das Pferd zunächst durch Treiben an die Hilfen stellen, erst dann zum Trab durchparieren.

Das *Leichttraben* vermindert wesentlich die Gewichtseinwirkung des Reiters auf den Rücken und die Gelenke des Pferdes. Es erleichtert dem Pferd das Atmen sowie das Abschieben und Untersetzen der Hinterbeine. Auch ermüdet es den Reiter weniger als das Aussitzen. (Abb. 93)

Der Reiter sitzt nicht jeden Tritt des Pferdes aus, sondern fängt, sich auf Knie und Bügel stützend, je einen Tritt ab und setzt sich erst wieder beim folgenden Tritt *mit vorgeschobenem Gesäß* weich in den Sattel. In diesem Augenblick federt der Absatz ganz tief nach unten durch, und die Finger werden etwas geöffnet. Der Oberkörper hebt sich beim Vorschwingen des einen diagonalen Fußpaares, also des rechten Hinterfußes und linken Vorderfußes oder umgekehrt, und senkt sich

93 Leichttraben

beim Fußen desselben Paares. Der Reiter kommt somit jedesmal in den Sattel zurück (sitzt ein), wenn entweder der rechte oder der linke Hinterfuß auftritt. Man sagt deshalb, daß der Reiter *auf dem rechten oder linken Hinterfuß* trabt. Das Vorschwingen des Hinterfußes, durch das der Reiter gehoben wird, erkennt er an dem gleichzeitigen Vorschieben der entgegengesetzten Schulter. Jedoch bedarf der Reiter, der an der Longe bereits die Bewegungen der Hinterbeine des Pferdes richtig erfühlen gelernt hat, dieser optischen Kontrolle nicht.

Beim Reiten in der Bahn wird stets auf dem *inneren Hinterfuß* getrabt, weil nur der durch den inneren Schenkel zum weiten Vortreten veranlaßte innere Hinterfuß richtig zu stützen vermag. Beim *Handwechsel* soll der Reiter den Hinterfuß dadurch wechseln, daß er nach dem Einsitzen in den Sattel einen oder eine ungerade Zahl von Tritten aussitzt und sich wieder erhebt, wenn der nunmehrige innere Hinterfuß vortritt.

Ein gleichmäßig bequemes Gefühl beim Traben auf dem rechten wie dem linken Hinterfuß zeigt, daß beide Seiten des Pferdes gleichmäßig ausgebildet sind. Der Reiter darf das Pferd beim Leichttraben nicht auseinanderfallen lassen, sondern hat es stets mit leichter, jedoch bestimmter *Anlehnung* an den Hilfen zu halten. Hierzu muß er auch im Leichttraben treiben können. Er schiebt bei aufrecht bleibendem Oberkörper Hüften und Gesäß bei jedem Niedersetzen in den Sattel gut nach vorn und hält mit den ruhig angeschmiegten Unterschenkeln bei federndem Fußgelenk dauernd Verbindung mit dem Pferdekörper, um das wechselseitige Mitgehen der Unterschenkel im Bewegungsrhythmus beim Nachlassen von Takt oder Tempo sofort zum taktmäßigen Treiben verstärken zu können.

Nur durch das Bestreben, die Hinterfüße zum weiten Vortritt anzuregen, werden beim Leichttraben der Gang und die Nachgiebigkeit des Pferdes fördernd beeinflußt. Es verschlechtert sich die Haltung des Pferdes, wenn der Reiter dabei vornüberfällt, das Gesäß mit losem Kreuz nach hinten hinausschiebt, die Zügel hängen läßt und die Schenkel mit starren Knie- und Fußgelenken absperrt.

Schon an der *Longe* beginnen die Übungen im Leichttraben. Der Ausbilder muß besonders darauf achten, daß der Reiter lernt, beim Niedersetzen seine Mittelpositur gut im Sattel vorzuschieben. Auch die Schenkel müssen ihre treibende Einwirkung fortsetzen. Beide Forderungen ergeben sich daraus, daß das Gesäß des Reiters, das sich beim Aussitzen ständig im Sattel befindet und die treibende Einwirkung des Kreuzes bei jedem Tritt auf das Pferd überträgt, während des Leichttrabens immer nur beim Auffußen des gleichen diagonalen Beinpaares voll in den Sattel niedergesetzt wird. Auch ist darauf hinzuwirken, daß der Reiter sein Gesäß nicht weiter aus dem Sattel hebt, als dies durch die Bewegung des Pferdes von selbst geschieht. Ein Aufstehen in den Bügeln beeinträchtigt den Schwung des Pferdes ebenso wie das beim Niedersetzen nach hinten hinausgeschobene Gesäß. *Tiefes Durchfedern des Absatzes* während des Hebens dagegen verhindert ein zu starkes Entfernen der Mittelpositur vom Sattel. Besonderer Übung bedarf auch das *Leichttraben im Entlastungssitz,* weil dazu der Reiter die Fähigkeit, bei angezogenem Kreuz treiben zu können, in starkem Maße braucht. Als häufig auftretender Fehler sei noch das Steifen des Knie- und Fußgelenks erwähnt. Reiter, bei denen dieser Fehler auftritt und die genannten Gelenke nicht federn, können ihre Unterschenkel nicht weich und gefühlvoll an den Pferdeleib anschmiegen und fein abgestufte Einwirkungen geben. Sie suchen meist auch eine zu starke Stütze im Bügel, wodurch die Geschlossenheit des Sitzes leidet.

Der Galopp. Er besteht aus aufeinanderfolgenden *Sprüngen,* deren Fußfolge einen Dreitakt mit einem Moment der freien Schwebe ergibt. Je nachdem, welches seitliche Beinpaar in der Bewegung weiter vorgreift, unterscheidet man *Links- und Rechtsgalopp.* (Abb. 94) Normalerweise greift das dem Bahninnern zugewendete Beinpaar weiter vor

94 Ein Galoppsprung: Mittelgalopp oben; Renngalopp unten

(Handgalopp). Vorgreifen des äußeren Beinpaares kennzeichnet den *Außengalopp,* der als „falscher Galopp“ gilt, wenn Stellung und Rippenbiegung des Pferdes nicht nach der Seite des führenden Beinpaares gegeben sind. Auch der *Kreuzgalopp,* bei dem das Vorderbein der einen und das Hinterbein der anderen Seite des Pferdes vorspringt (linker Vorderfuß – rechter Hinterfuß oder umgekehrt), ist fehlerhaft.
Im Gegensatz zum Schritt und Trab darf das Pferd im Galopp auch auf gerader Linie geringfügig gestellt sein.
Der *Arbeitsgalopp* soll regelmäßig und schwungvoll sein. Das Pferd ist in sich geradegerichtet. Die Galoppsprünge sind weder übereilt noch schleppend. Die Hinterbeine springen lebhaft unter den Leib. Das Pferd steht sicher an den Hilfen; die Anlehnung ist leicht.
Der *Mittelgalopp* zeigt gegenüber dem Arbeitsgalopp mehr Schwung und größeren Raumgriff. Der Takt der Bewegung ist jedoch nicht schneller als beim Arbeitsgalopp. Der Rahmen des Pferdes ist wenig erweitert. Das „Verlängern der Galoppsprünge“ ist eine Übergangsphase zum Mittelgalopp, in der der Raumgriff der Galoppsprünge allmählich vom Arbeits- zum Mittelgalopp gesteigert wird.
Der *starke Galopp* unterscheidet sich durch noch größeren Raumgriff und gestrecktere Bewegungen, bei denen der größtmögliche Bodengewinn erzielt wird, vom Mittelgalopp. Die Vergrößerung des Raumgriffes darf jedoch nicht mit eiligeren Sprüngen verbunden sein. Das Pferd muß auf treibende Einwirkungen frei vorwärts gehen, jedoch stets bei gleichmäßiger Anlehnung an den Hilfen des Reiters bleiben und in jedem Augenblick leicht zu parieren sein.
Im *versammelten Galopp* weist das Pferd einen höheren Grad der Versammlung und demzufolge auch eine höhere Aufrichtung auf. Die Galoppsprünge sind erhabener und weniger raumgreifend, nicht aber langsamer als im Arbeitsgalopp. Die Hinterbeine springen deutlich unter.
Zum *Angaloppieren* muß der Reiter das Pferd an die Hilfen stellen. Dabei gibt er ihm eine leichte Kopfstellung nach innen durch geringfügiges Annehmen des inneren Zügels. Indem der Reiter die innere Hüfte im Sattel nach vorn schiebt, belastet er sein inneres Sitzbein

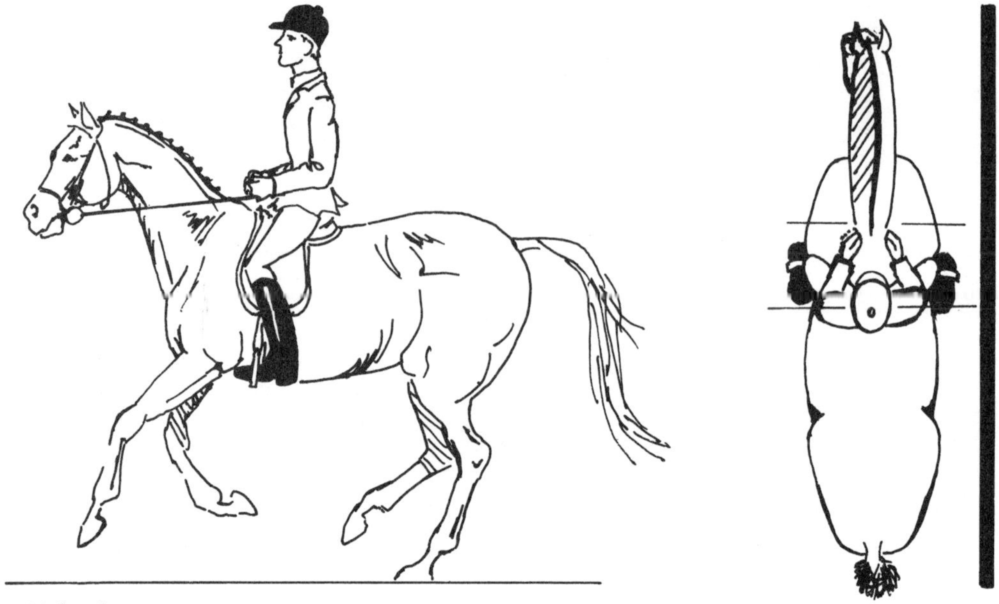

95 Linksgalopp

stärker als das äußere. Wenn der Reiter auf diese Weise gleichsam „schräg“ im Sattel sitzt, muß er darauf achten, daß seine äußere Schulter nicht zurückbleibt, denn die Schultern des Reiters müssen immer parallel zu den Schultern des Pferdes verlaufen. Die Wirbelsäule des Reiters weist daher in ihrer Längsrichtung eine Drehung auf. Diese ist für den Sitz im Galopp charakteristisch. Der *innere, treibende Schenkel* des Reiters liegt am Gurt, der *äußere Unterschenkel* befindet sich entsprechend seiner verwahrenden Funktion eine Handbreit hinter dem Gurt. (Abb. 95; Beim Abteilungsreiten führt der Reiter die genannten Vorbereitungen auf das Ankündigungskommando: „Abteilung im Arbeitstempo Galopp“ aus.)
Der *äußere Zügel* bewirkt im Zusammenwirken mit dem Kreuz eine halbe Parade und aufgrund seines Durchhaltens ein Zurückbleiben und vorzeitiges Auffußen des äußeren Hinterfußes. Damit wird die Trabdiagonale „äußerer Hinterfuß – innerer Vorderfuß“ gestört.
Der *innere Schenkel* vermittelt der Diagonale „innerer Hinterfuß – äußerer Vorderfuß“ eine starke treibende Einwirkung, während sie sich im Vorschwingen befindet. Gleichzeitig bewirkt dies einen stärkeren Abstoß des äußeren Hinterfußes. Der innere Vorderfuß wird dadurch veranlaßt, weiter nach vorn zu schwingen.
Der *äußere Schenkel* behält seine verwahrende Lage am Gurt und verhindert das Ausweichen der Hinterhand. Es ist sehr streng darauf zu achten, daß das Pferd auf einem Hufschlag galoppiert. Sobald die Vorhand sich hebt, d. h., der innere Vorderfuß seine Vorwärtsbewegung aufnimmt, läßt der Reiter durch leichtes *Nachgeben* mit der Hand, das aber nicht zum völligen Aufgeben der Innenstellung führen darf, den Galoppsprung heraus.
Weitere treibende Einwirkungen mit Gewicht und Schenkel im Takt der Bewegung bringen den Galopp in Fluß. Dabei muß der Oberkörper gut in die Bewegung eingehen, und zwar in der anfangs eingenommenen Po-

sition: vorgeschobene innere Hüfte und gut mitgenommene äußere Schulter.
Ruhiges und weiches Angaloppieren ist die Voraussetzung für einen ebensolchen Galopp. Stoßende Hilfengebung und nicht im Augenblick des Vorschwingens des inneren Hinterfußes wirkender innerer Schenkel führen zur Störung des Gleichgewichts und in dessen Folge zu unregelmäßigem, übereiltem Angaloppieren.
Ist das Pferd im *falschen Galopp* oder *Kreuzgalopp* angesprungen, so muß es weich durchpariert werden. Beim Abteilungsreiten muß man sich dazu auf den zweiten oder dritten Hufschlag begeben. Es wird erst wieder angaloppiert, wenn das Pferd korrekt und gerade gerichtet an den Hilfen steht und ihm von neuem die richtige Stellung gegeben worden ist.
In der Ausbildung des Reiters sollte das Angaloppieren anfangs aus dem Schritt, später aus dem Trab erfolgen. Dadurch ergeben sich bessere Voraussetzungen für die Aneignung einer korrekten Hilfengebung.
Man übe es zunächst auf dem Zirkel kurz vor Erreichen der geschlossenen Seite oder vor der ersten Ecke der kurzen Seite, später muß man es auch auf den langen Seiten üben.
Während des Galopps hat der Reiter sein Hauptaugenmerk darauf zu richten, daß er den Bewegungen des Pferdes geschmeidig folgt. Knie- und Fußgelenke müssen ihre federnde Elastizität behalten. Das ist für die ungestörte Rückentätigkeit des Pferdes und für die Erhaltung seiner Durchlässigkeit sehr wichtig. Das elastisch angespannte Kreuz des Reiters ist ständig bestrebt, die Mittelpositur vorzuschieben und das Gesäß im Sattel zu halten. Ein klappendes Gesäß hat eine harte, unruhige Hand zur Folge und beeinträchtigt die Tätigkeit der Rückenmuskulatur. Um Schwung und Gleichmäßigkeit (Takt) der Galoppsprünge zu erhalten, wird der zum Angaloppieren eingenommene Sitz auch während des Galopps beibehalten. Durch entsprechenden Druck des inneren Schenkels ist taktmäßig bei jedem Galoppsprung zu treiben.
Pferde, die *auf zwei Hufschlägen* galoppieren, sind durch verstärkte Einwirkung mit dem inneren Schenkel geradezurichten, indem die Vorhand auf die Hinterhand eingerichtet wird.
Bei Pferden, die den Galopp auf einer Hand bevorzugen und deshalb zum *selbständigen Wechsel* des Galopps (Umspringen) neigen, sollen verwahrende Zügel und Schenkel stärker wirken als in anderen Fällen.
Zum *Verstärken des Galopps* dürfen die Hilfen nicht plötzlich und für das Pferd überraschend erfolgen. So wie der Übergang zum Galopp weich und fließend erfolgen soll, so muß auch die vortreibende Hilfe allmählich einsetzen und stärker werden. Je stärker das Tempo des Galopps ist, um so mehr muß der Reiter darauf achten, daß er nicht hinter der Bewegung bleibt, sondern mit ihr geschmeidig mitgeht, damit er seinen tiefen Sitz im Sattel behalten kann.
Im verstärkten Tempo wird die *Anlehnung* des Pferdes bestimmter. Der Reiter muß sich bemühen, das Pferd durch halbe Paraden an den Hilfen und durchlässig zu erhalten.
Zum *Verkürzen des Galopps* muß der Reiter die Länge der Galoppsprünge allmählich verringern. Dazu muß er die treibenden Hilfen mit Kreuz und Schenkeln verstärken.
Durch halbe Paraden im Takt der Bewegung wird der weniger weit, aber mit stärker gebeugten Gelenken unterspringenden Hinterhand mehr Last zugeschoben. Die Schenkel regen die Hinterbeine zu lebhaften und regelmäßigen Sprüngen an, während die Hand den nach der halben Parade jeweils kürzeren Sprung durch Nachgeben nach vorn herausläßt.
Auch im verkürzten bzw. versammelten Galopp müssen die Sprünge lebhaft, regelmäßig und energisch sein. *Das erfordert das Vorherrschen der treibenden Hilfen.* Ist deren Wirkung zu gering oder fehlt sie ganz, wird der Galopp lediglich durch eine verhaltende Einwirkung der Zügel verkürzt, der Schwung geht verloren, und es entsteht ein schleppender Galopp im fehlerhaften Viertakt.
Während zum Verkürzen des Galopps die

Hand die einzelnen, kürzeren Sprünge wieder durch Nachgeben nach vorn herausließ, bewirkt ihr elastisches Aushalten bei vermehrt angespanntem Kreuz und stärkerem Druck der Sitzbeine, besonders des inneren, verbunden mit einem tiefgedrückten inneren Absatz und entsprechend gestrecktem innerem Bein, die *Parade* aus dem Galopp.

Von der aushaltenden Hand hängt es ab, ob die Parade die Bewegung bis zum Halten einschränkt oder den Übergang in eine niedrigere Gangart bewirkt.

Diese Übergänge müssen ruhig und flüssig sein. Das Pferd muß geradegerichtet mit beiden Schenkeln bei elastisch angespanntem Kreuz und gut in die Bewegung eingehendem Oberkörper in den taktmäßigen Trab hineingeschoben werden. Die Unterschenkel des Reiters müssen vom ersten Trabtritt an den Rhythmus ihrer wechselseitigen Einwirkung finden. Unruhiger Sitz und starre Hand stören den Übergang und werden häufig zur Ursache neuen Angaloppierens. Da das Mitgehen mit der Bewegung während des Übergangs aus dem Galopp zum Trab Anfängern erfahrungsgemäß Schwierigkeiten macht, muß man es schon während der Sitzausbildung an der Longe auf einem möglichst großen Zirkel ausgiebig üben. Hat der Reiter genügend Übung in der sicheren und flüssigen Ausführung der Paraden aus dem Galopp zum Schritt, ist der Zeitpunkt für die Einführung des *einfachen Galoppwechsels* gekommen. Dazu soll er das Pferd zunächst auf der Wechsellinie zum Schritt durchparieren und nach einer Anzahl von Schritttritten, während derer er umsitzt (Einnehmen des Sitzes für den Galopp auf der anderen Hand) und das Pferd umstellt, wiederum ganz gerade angaloppieren. Im Verlauf der Übungen verringert der Reiter die Anzahl der Schrittzwischentritte, bis er in der Lage ist, zwei bis drei Tritte nach der korrekten Parade zum Schritt wieder anzugaloppieren. Ist dieses Ziel auf der Wechsellinie durch die ganze Bahn erreicht, muß der Galoppwechsel an der dafür vorgeschriebenen Stelle – vor Erreichen des neuen Hufschlages – durchgeführt werden. Im Wettkampf wird eine Anzahl von drei bis fünf klaren Schritttritten verlangt.

Danach ist der einfache Galoppwechsel beim Wechseln aus dem Zirkel, beim Reiten der Acht und beim Reiten von Schlangenlinien durch die ganze Bahn zu üben. Nach Einführung des Außengalopps schließlich wird er auch beim Erreichen des Hufschlags nach einer Kehrtvolte sowie in der Mitte der langen und der kurzen Seite ausgeführt. Zuletzt wird der einfache Galoppwechsel von Außengalopp zu Außengalopp erlernt; sowohl beim Wechseln aus dem Zirkel als auch auf der Wechsellinie der ganzen Bahn.

Der *Außengalopp* (Kontergalopp) wird meist aus dem Handgalopp durch einen Handwechsel „ohne Galoppwechsel" herbeigeführt. Er wird nur im *abgekürzten* und *im versammelten Tempo* und auch nur einzeln (im Durcheinanderreiten) geübt. Die Stellung des Pferdes ist dabei unverändert, d. h. die leichte Innenstellung, die das Pferd im Galopp von selbst annimmt, bleibt bestehen, jetzt aber nach der Bandenseite zu. Auch der Sitz des Reiters darf sich nicht verändern. Es kann lediglich erforderlich werden, die Einwirkungen mit Kreuz und Schenkeln bei unverändert ruhigem Oberkörper etwas zu verstärken. Erst zu dem Zeitpunkt, an dem der Reiter im Außengalopp bei korrekter Stellung exakt durch die Ecken reiten kann, darf auch das *Angaloppieren im Außengalopp* auf gerader Linie geübt werden.

Die Paraden

Man unterscheidet halbe und ganze Paraden. Mit der halben Parade kann der Reiter
- den Übergang des Pferdes in eine niedrigere Gangart bewirken;
- das Gangmaß verkürzen;
- Takt und Haltung des Pferdes während des Gangs verbessern oder wiederherstellen. Das ist z. B. erforderlich, wenn das Pferd auf eine folgende Lektion aufmerksam gemacht werden soll, aber auch, wenn es eilt oder auf das Gebiß drückt.

Mit der ganzen Parade bringt der Reiter das in der Bewegung befindliche Pferd zum Halten.

Die **halbe Parade.** Die Hilfengebung bei der halben Parade entspricht der bei der ganzen Parade. Der Unterschied besteht lediglich darin, daß die Hand die Bewegung nicht zum Stillstand bringt. Auch bei der halben Parade gebührt den *treibenden Hilfen der Vorrang.* Besonders ist auf das Anspannen des Kreuzes und – in seiner Folge – das Strecken des ganzen Sitzes Wert zu legen. Tiefes Durchtreten der Absätze erhöht die treibende Wirkung der weich angeschmiegten Unterschenkel.

Der richtige Zeitpunkt für die halbe Parade ist der Moment, in dem sich das Hinterbein der betreffenden Seite vom Boden löst und zum Vorschwingen anschickt. Es bedarf langer und ausdauernder Übung des Reiters unter Mithilfe des Ausbilders, bis der Reiter die korrekte Anwendung der halben Paraden in allen Gangarten so beherrscht, daß er das Pferd förmlich von Tritt zu Tritt leiten kann, indem er halbe Paraden abwechselnd auf beiden Körperseiten des Pferdes anwendet.

Auch jede halbe Parade endet mit einem Nachgeben!

Bei gut gerittenen und feinfühligen Pferden kann das Anziehen des Kreuzes und ein vorübergehendes Schließen der Finger bereits als Hilfengebung für die halbe Parade genügen. Der Reiter gibt halbe Paraden – außer in den eben genannten Fällen – auch *jedesmal,* bevor er dem Pferd eine neue Leistung abverlangt (z. B. Durchreiten einer Ecke, Wendung im Gang, Volte, Antraben, Angaloppieren, ganze Parade usw.).

Halbe Paraden zum Aufmerksammachen vor einer neuen Forderung werden in der Regel mit den äußeren Hilfen gegeben. Die den Gang beeinflussenden halben Paraden, die jeweils auf das gleichseitige Hinterbein wirken, können innen oder außen gegeben werden.

Die halbe Parade ist kein einmaliger Vorgang, sondern sie wird im Bewegungsrhythmus so oft wiederholt, bis ihr Zweck erreicht ist!

Die **ganze Parade.** Die Hilfengebung bei der ganzen Parade zeigt am deutlichsten das richtige Zusammenwirken der treibenden und verhaltenden Hilfen (Abb. 96):

1. Die in ihrer normalen Position am Gurt

96 Zusammenspiel der treibenden und verhaltenden Einwirkungen bei der ganzen Parade liegenden, *wechselseitig* treibenden Unterschenkel holen zusammen mit der treibenden Kreuzeinwirkung die Hinterbeine vor.

2. Die Hinterhand wird durch den *gleichzeitigen Druck* beider Schenkel herangehalten.

3. Verstärktes *Anspannen des Kreuzes* bei senkrechtem, bei Bedarf sogar hinter die Senkrechte zurückgenommenem Oberkörper erhöht die belastende Einwirkung des Sitzes.

4. *Sitz und Schenkel* treiben das Pferd gegen die aushaltende Hand vor.

5. Nach Bedarf wird bei unveränderter Haltung des Oberkörpers und passiv anliegendem Schenkel der Zügel mehr oder weniger angenommen.

6. Kommt das Pferd nicht zum Halten, wird mit der Hand nachgegeben und *derselbe Vorgang wiederholt.*

Natürlich gehen die hier nacheinander aufgeführten Einzelwirkungen zur ganzen Parade in der Praxis ineinander über und verschmelzen miteinander. Deshalb erfolgen auch Zügelannehmen und -nachgeben sowie Wiederannehmen in lebhaftem Wechsel. Jedoch darf dabei niemals die immer den Bruchteil einer Sekunde früher einsetzende treibende Hilfe fehlen. Kommt der annehmende Zügelanzug zu früh und wirkt er der treibenden Gewichtseinwirkung entgegen, kann die Parade nicht weich und flüssig erfolgen.
Die beschriebenen Einwirkungen sind zu wiederholen, bis das Ziel erreicht ist. Wann dies der Fall ist, hängt sowohl von Gangart und Tempo als auch von der Durchlässigkeit des Pferdes ab. *Eine ganze Parade besteht also aus einer Anzahl von halben Paraden.* Deshalb bedarf ein Halten mehrerer vorausgehender halben Paraden.
Ist das Pferd zum *Halten gekommen,* darf die Einwirkung des Reiters nicht enden. Er muß vielmehr

- sein Kreuz *leicht anspannen,* weil es nur noch zum Heranhalten des Pferdes an die Hilfen benötigt wird;
- durch *geringfügiges Zurücknehmen des Oberkörpers* die Hinterhand belasten und die Hinterbeine an ihrem Platz festhalten, wozu ihm gegebenenfalls auch noch die Unterschenkel zur Verfügung stehen, die sonst nach dem Aufhören der Bewegung „loslassen";
- sobald das Pferd das Bestreben zeigt, den Hals zu strecken, *mit der Hand ein wenig vorgehen,* damit dem Pferd das Stehen an den Hilfen erleichtert wird, ohne daß sich der Rahmen deutlich ändert.

Weicht das Pferd nach der ganzen Parade nach hinten aus oder stößt es gegen den Zügel (Kopfschlagen), so hat dies meist eine Ursache darin, daß die Hand im Annehmen verharrt und nicht wieder nachgibt. Das ist ein schwerer Verstoß gegen die bei der annehmenden Zügeleinwirkung zu beachtenden Grundsätze.

Geraderichten des Pferdes

Das auf einem Hufschlag gehende Pferd muß sich mit seiner Körperlängsachse (Wirbelsäule) stets der Hufschlaglinie anpassen, wobei es gleich ist, ob diese gerade oder gebogen verläuft. Ein so gehendes Pferd nennt man geradegerichtet.
Beim geradegerichteten Pferd folgen die Hinterfüße den Vorderfüßen *in Spurdeckung* (ausgenommen beim Reiten in Stellung). Ein Abweichen eines Hinterfußes nach außen ist fehlerhaft, weil sich dadurch der Hinterfuß der Belastung entzieht und die Hinterhand ihren Schwung nicht mehr genau in der Richtung der Schwerelinie entwickelt.
Unter *Geraderichten* versteht man die Summe aller Einwirkungen des Reiters, die das Geraderichtetsein herbeiführen sollen. Es muß immer in entschiedenem Vorwärtsreiten erfolgen.

Der Forderung des Geraderichtetseins steht bei vielen Pferden die Neigung zur *Schiefe* entgegen.
In den meisten Fällen ist es der rechte Hinterfuß, dessen Vorsetzen in gerader Richtung unter den Leib dem Pferd Schwierigkeiten bereitet.
Hilfengebung zum Geraderichten eines von rechts hinten nach links vorn schiefen Pferdes:

1. Der öffnend wirkende *rechte Zügel* führt die Vorhand nach rechts, bis der rechte Vorderfuß auf der gleichen Linie tritt wie der rechte Hinterfuß.

2. Der *rechte Schenkel* liegt hinter dem Gurt und wirkt seitwärtstreibend bzw. verwahrend, womit er das ausfallende rechte Hinterbein gegen und – in der Bewegung – vor das linke treibt.

3. Der *linke Schenkel* wirkt am Gurt vortreibend und hält damit die Bewegung in Fluß. Gleichzeitig treibt er das Pferd an den inneren Zügel heran.

4. Der etwas tiefgestellte *linke Zügel* verhindert das weitere Ausfallen der linken Schulter.

Wendungen auf der Stelle

Wendungen auf der Stelle können sowohl um die Vorhand als auch um die Hinterhand ausgeführt werden.
Durch mehrere aufeinanderfolgende *Teilwendungen* auf der Vor- und Hinterhand wird das Pferd in der aufgestellten Abteilung auf der Grundlinie verschoben, wobei in der Regel mit der Teilwendung auf der Hinterhand begonnen wird. Ihr folgt die Teilwendung auf der Vorhand, dann wieder die Teilwendung auf der Hinterhand usw., bis der Zweck, meist die Korrektur des Zwischenraumes, erreicht ist (s. S. 233).
Statt dieser Teilwendungen wird auch das *Schließen* ausgeführt.
Die Wendung auf der Vorhand. Die Vorhandwendung ist eine lösende Übung, und sie hat in der Ausbildung vor allem den Zweck, den Reiter die *einseitige Hilfengebung* zu lehren.
Bei der Ausbildung des Pferdes dient die Vorhandwendung der Schulung des Gehorsams auf den seitwärtstreibenden Schenkel. Dieser muß stets auf den inneren Hinterfuß wirken und diesen vorwärts und seitwärts vor den äußeren Hinterfuß treiben.

Hilfengebung zur Vorhandwendung:
1. Das sicher an den Hilfen stehende Pferd erhält eine leichte *Kopfstellung* nach der Seite der Wendung (der Bewegungsrichtung der Hinterhand entgegengesetzt), die damit zur inneren wird. Dann hält der Reiter den Zügel aus, bis das Pferd das Gebiß losläßt.

2. Gleichzeitig verlegt er sein *Gewicht* auf die innere Seite, indem er das Sitzbein dieser Seite stärker belastet (durch einseitiges Kreuzanziehen) und dabei die innere Hüfte vorschiebt.

3. Der hinter dem Gurt liegende *innere Schenkel* wirkt seitwärtstreibend ein, bis der innere Hinterfuß einen Tritt nach vorwärtsseitwärts vor dem äußeren Hinterfuß vorbei gemacht hat und der äußere Hinterfuß sich wieder neben den inneren gestellt hat. *Dieses Übertreten des inneren Hinterfußes ist das wichtigste Kennzeichen für die richtig ausgeführte Vorhandwendung!*

4. Bei jedem zweiten Tritt – also jeweils dem des äußeren Hinterfußes – fängt der verwahrend hinter dem Gurt liegende *äußere Schenkel* die Seitwärtsbewegung des äußeren Hinterfußes auf, so daß dieser neben den inneren Hinterfuß gestellt wird. Danach entsteht jedesmal eine kaum merkliche Pause. Dadurch soll ein Herumeilen der Hinterhand vermieden werden. Die Vorderfüße treten im Bewe-

gungstakt mit. Sie beschreiben dabei einen kleinen Kreis, wobei der innere Vorderfuß möglichst nahe am Mittelpunkt des Kreises bleibt.

5. Der *äußere Zügel* verhindert ein zu weites Vortreten des äußeren Vorderfußes, das gewöhnlich mit einem Ausfallen der äußeren Schulter verbunden ist. Äußere Zügel und äußerer Schenkel sorgen also für das Geradegerichtetsein des Pferdes.

6. Während und nach der Wendung drücken *Kreuz und Schenkel* das Pferd nach vorn an den Zügel heran und lassen es nicht zurückkriechen.
Da die Vorhandwendung wegen der Behinderung durch die Bande in der Bahn nicht auf dem ersten Hufschlag ausgeführt werden kann, wird dazu das Pferd auf den zweiten Hufschlag gebracht. Die Abteilung wird durch das Kommando „Anfang – auf dem zweiten Hufschlag geritten!" dazu veranlaßt. (Abb. 97)

Die Wendung auf der Hinterhand. Die Hinterhandwendung ist eine *versammelnde Übung.* Den Drehpunkt der Wendung bildet der innere Hinterfuß.

und sie möglichst noch zu einem leichten Vortreten unter die Last anzuregen.

4. Neben dieser Aufgabe verhindert der *äußere Schenkel* in seiner verwahrenden Lage hinter dem Gurt ein Ausfallen des äußeren Hinterfußes.

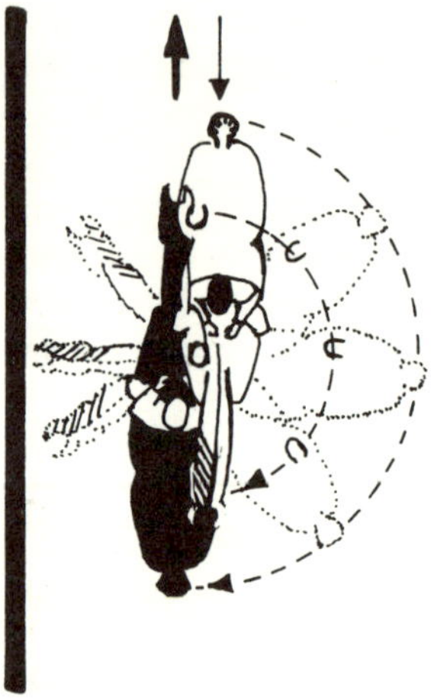

97 Wendung um die Vorhand (rechtsumkehrt)

Hilfengebung zur Hinterhandwendung:

1. Das Pferd wird sicher an die Hilfen und nach der Seite der Wendung (innen) gestellt.

2. Das *Gewicht* wird verstärkt auf das innere Sitzbein verlagert, wo es verbleibt.

3. Der *innere Schenkel* liegt – der Längsbiegung des Pferdes entsprechend – knapp hinter dem Gurt und wirkt vortreibend. Seine Aufgabe ist es, im *wechselseitigen,* dem Bewegungsrhythmus entsprechenden Zusammenwirken mit dem äußeren Schenkel, die taktmäßige Bewegung der Hinterbeine zu erhalten, ihr Rückwärtstreten zu verhindern

5. *Beide Hände* führen mit leicht seitwärtsweisender Wirkung (jedoch der äußeren Zügel keinesfalls über den Mähnenkamm hinweg) die Vorhand Tritt für Tritt um die Hinterhand herum.

6. Der *Oberkörper* des Reiters geht in der Bewegung mit, wobei dieser die äußere Schulter gut vornimmt.

7. Das *Kreuz* ist angespannt und unterstützt die vortreibenden Einwirkungen der Schenkel, um das als groben Fehler gewertete Zurücktreten zu verhindern.

7. Das *Kreuz* ist angespannt und unterstützt die vortreibenden Einwirkungen der Schenkel, um das als groben Fehler gewertete Zurücktreten zu verhindern.
8. Der *äußere Zügel* verhindert durch Gegenwirken (nicht Rückwärtsziehen) das Vortreten des Pferdes, das jedoch gegenüber dem Zurücktreten als der geringere Fehler gilt.

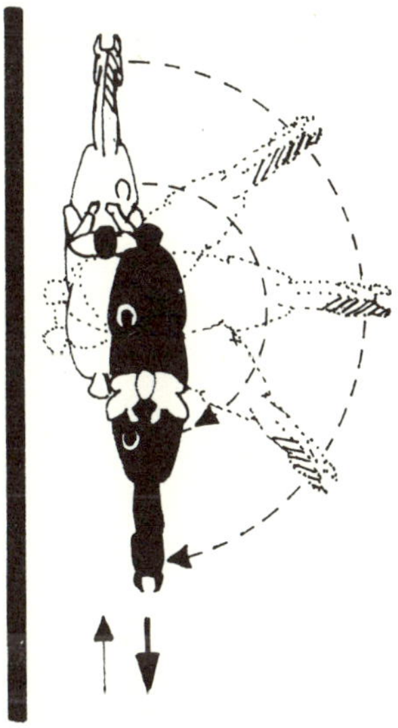

98 Wendung um die Hinterhand (rechtsumkehrt)

Während der Hinterhandwendung dürfen die Hinterbeine des Pferdes nicht stehenbleiben, sondern müssen im *Takt* weitertreten. Um dies zu sichern, darf die Seitwärtsbewegung der Vorhand erst eingeleitet werden, wenn die vortreibende Wirkung von Kreuz und Schenkel spürbar wird, d. h., das Pferd sich zum Antreten nach vorn anschickt. Es ist ein geringer Fehler, wenn sich der innere Hinterfuß – im taktmäßigen Treten – auf einem kleinen Kreis bewegt. (Abb. 98)
Während der Hinterhandwendung kommt das Pferd etwa um die Breite seines Körpers vom Hufschlag nach dem Bahninnern ab und steht, wenn es die Wendung beendet hat, in Außenstellung. Es wird vorwärts-seitwärts auf den Hufschlag zurückgeführt und dann wieder geradeaus gestellt.

Wendungen im Gang.

Diese Art der Wendungen verlangen ebenfalls ein geradegerichtetes Pferd. Deshalb kann der Reiter Wendungen im Gang nur dann exakt reiten, wenn das Pferd eine mit der gebogenen Hufschlaglinie parallel verlaufende *Biegung* seiner Wirbelsäule zeigt.
Beim richtigen Wenden muß der *innere Hinterfuß* die Körperlast vermehrt stützen.

Hilfengebung zur Wendung im Gang:
1. Vor jeder Wendung im Gang gibt der Reiter seinem Pferd eine oder mehrere halbe Paraden.
2. Das *Gewicht* des Reiters wird etwas nach der Wendungsseite verlagert. Dabei wird die innere Hüfte vorgeschoben und das Knie herabgedrückt. Die äußere Schulter geht mit, so daß die Schultern des Reiters den Schultern des Pferdes auf der gebogenen Linie parallel bleiben.
Bei der Gewichtsverlagerung darf der Reiter nicht in der Hüfte einknicken, weil dadurch sein Gesäß nach außen verschoben und eine falsche Gewichtseinwirkung herbeigeführt wird.
3. Das Pferd wird nach der Seite der Wendung gestellt. Der *innere Zügel* führt das Pferd in die Wendung hinein.
4. Der *innere Schenkel* liegt am Gurt und treibt den inneren Hinterfuß vermehrt unter die Last.
5. Der *äußere Zügel* gibt zunächst durch das Mitgehen der Reiterschulter soviel nach, wie es die Innenstellung des Pferdes und die damit verbundene Streckung der äußeren Halsseite erfordern, d. h., er regelt die Hals- und Kopfstellung. Diese Aufgabe erfüllt er auch weiterhin, wenn er anschließend durch Gegenhalten die äußere Schulter des Pferdes verwahrt und die Größe der Wendung bestimmt.
Je mehr es dem Reiter gelingt, den inneren Hinterfuß zum richtigen Stützen unter den Leib vorzubringen und den äußeren Hinterfuß so heranzuhalten, daß er in Richtung zwischen die Vorderfüße vortritt, um so enger kann er eine Wendung reiten.

Wenn die Vorhand in die gewünschte neue Richtung geführt ist, setzt sich der Reiter wieder gerade, wodurch er mit dem inneren Zügel nachgibt und den äußeren etwas annimmt, so daß das Pferd wieder geradeaus gestellt ist. Er verteilt sein Gewicht wieder gleichmäßig auf beide Sitzbeine und führt den äußeren Schenkel in seine Ausgangsstellung am Gurt zurück. Wurde vor der Wendung in Stellung geritten, so wird nach der Wendung gegebenenfalls die der neuen Hand entsprechende Stellung angenommen.
Da fast allen Pferden das Untersetzen und Beugen des rechten Hinterfußes schwerer fällt als das des linken, entwickeln sie in der Rechtswendung stärker die Neigung, mit dem inneren Hinterfuß von der Hufschlaglinie der Vorderfüße nach innen abzuweichen. Durch kräftigere Einwirkung des rechten Schenkels ist daher der gleichseitige Hinterfuß heranzuhalten.

Das Durchreiten der Ecken. Die Hilfengebung entspricht der bei den Wendungen im Gang. Hier werden deshalb nur die Besonderheiten erwähnt. Zum korrekten Durchreiten der Ecke gibt der Reiter drei Schritte vor der Ecke, d. h. also unmittelbar vor Beginn der Wendung, eine *halbe Parade.* Fast gleichzeitig stellt er das Pferd nach innen und führt es mit dem inneren Zügel auf dem Kreisbogen einer Volte durch die Ecke. Ist die Dressurausbildung des Pferdes noch nicht fortgeschritten oder sind Gangart bzw. Tempo zu hoch, so muß die Ecke abgeflacht werden. (Abb. 99)
Manche Pferde versuchen, sich der stärkeren Biegung in der Ecke dadurch zu entziehen, daß sie den Kreisbogen abflachen oder mit dem inneren Hinterfuß nach innen von der Hufschlaglinie abweichen. In diesem Fall muß der *innere Schenkel* die Biegung und das Heranhalten des Hinterbeines durch verstärkte Einwirkung im Bewegungsrhythmus gewährleisten.
Keinesfalls darf aber das tiefe Hineinreiten in die Ecke durch ein Hinausdrücken mit dem inneren Zügel erfolgen, weil ein Ausfallen der äußeren Schulter hervorgerufen würde.

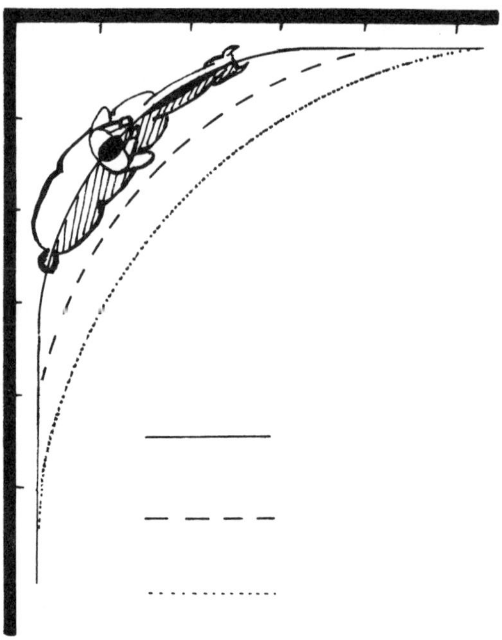

99 Ausreiten der Ecken

Bei fehlender Bande oder Viereckumgrenzung drücken manche Pferde vor der Ecke nach außen, um der engeren Biegung zu entgehen. Äußere Schenkel und Zügel müssen dann das Pferd auf dem Hufschlag halten.

Abwenden vom Hufschlag und Wendungen zum Hufschlag. Solche Wendungen können beim Wechseln durch die Länge der Bahn, durch die halbe Bahn und durch die ganze Bahn vorkommen, ebenso beim Reiten auf dem Hufschlag der halben Bahn. Das gleiche gilt natürlich für das Reiten auf einem nicht begrenzten Viereck.
Ein zu frühes Abwenden muß vom inneren Schenkel und vom äußeren Zügel verhindert werden.
Bei fehlender Bande müssen – wie beim Durchreiten der Ecken – äußerer Schenkel und Zügel verhindern, daß das Pferd die Wendung nach außen ausweitet.
Nach dem Abwenden vom Hufschlag müssen die treibenden Hilfen das Pferd bestimmt ge-

gen die Zügel vortreiben, um es geradegerichtet zu halten.
Im übrigen gilt hier das gleiche wie für die Hilfengebung bei Wendungen im Gang.

Das Reiten auf dem Zirkel. Dabei wird ein *fortgesetztes Biegen* des Pferdes erforderlich, dessen Längsachse der Kreislinie genau parallel laufen muß. Dazu muß das Pferd bei sicherer Anlehnung im Hals vor dem Widerrist festgestellt sein. Beide Hinterfüße sollen im Schritt und Trab in die Spur des gleichseitigen Vorderfußes treten, im Schritt eher etwas darüber hinaus.

Hilfengebung auf dem Zirkel:

1. Die Hinterhand wird von den Schenkeln und die *Vorhand* von den Zügeln auf der Kreislinie geführt und erhalten.
2. Beim *Übergang auf die Kreislinie,* der stets am zweiten Zirkelpunkt der langen Seite stattfindet, verlegt der Reiter sein Gewicht stärker auf das innere Sitzbein bei gleichzeitigem einseitigen Anziehen des Kreuzes und tiefem Knie.
3. Der *innere Zügel* wendet das Pferd am Zirkelpunkt auf die Kreislinie. Dabei wird sein Kopf entsprechend der Längsbiegung des Pferdes nach innen gestellt. Der Reiter kann dann das innere Auge „schimmern" sehen.
4. Der *innere,* am Gurt liegende *Schenkel* (s. Abb. 88) hat eine dreifache Funktion. Er treibt den inneren Hinterfuß vor, hilft die Biegung erhalten und verhindert das Hereindrängen des Pferdes in den Kreis.
5. Der *äußere Schenkel* liegt, entsprechend der Biegung des Pferdes und um die Forderung zu erfüllen, daß die Hüften des Reiters parallel zu denen des Pferdes verlaufen, eine Handbreit hinter dem Gurt. Er hat die Aufgabe, das äußere Hinterbein vorzutreiben. Gleichzeitig erhält er in seiner verwahrenden Funktion – gemeinsam mit dem inneren Zügel – die Längsbiegung.
6. Der *äußere Zügel* unterstützt den äußeren Schenkel, indem er die äußere Schulter verwahrt. Drängt das Pferd in den Kreis hinein, so hält er es, seitwärtsweisend, unterstützt vom inneren Schenkel, auf der Kreislinie.

Beim *Wechseln aus dem Zirkel* und durch den Zirkel muß das Pferd jeweils vor dem Übergang auf die andere Hand geradeaus gestellt werden, bevor ihm durch Umsitzen und Verkürzen des neuen inneren Zügels die neue Stellung und Biegung gegeben wird. Beim *Wechseln durch den Zirkel* darf der erste Bogen nicht zu groß geritten werden, damit das Umstellen auch wirklich im Mittelpunkt des Zirkels erfolgen kann.

Beim *Zirkelverkleinern* verlegt der Reiter sein Gewicht vermehrt auf das innere Sitzbein. Der seitwärtsweisende innere Zügel und der seitwärtstreibende äußere Schenkel führen Vor- und Hinterhand, gleichzeitig vorwärtsseitwärts treibend, auf einer Spirallinie nach innen, bis nach eineinhalb Zirkeltouren die Kreislinie einer Volte erreicht ist. (Abb. 100a) Die Innenvolte wird einhalbmal oder eineinhalbmal herumgeritten, bevor das Zirkelvergrößern beginnt.

Beim *Zirkelvergrößern* erhält der vortreibende, am Gurt liegende innere Schenkel die Bewegung. Der äußere Zügel verhindert das Ausfallen der Schulter und bestimmt gemeinsam mit dem äußeren Schenkel das Maß der Längsbiegung. Einem Versuch, mit der Hinterhand auszufallen, muß ebenfalls der äußere Schenkel begegnen.

Beim Zirkelvergrößern erreicht der Reiter die ursprüngliche Zirkellinie wiederum auf einer Spirallinie, indem der innere Schenkel kurz hinter dem Gurt seitwärtstreibend und der äußere Zügel von der Schulter abrükkend und seitwärtsweisend das Pferd auf einer Spirallinie allmählich nach außen führen (s. Abb. 100b).

Da beim Zirkelverkleinern der äußere Hinterfuß vor und leicht über den inneren Hinterfuß tritt, bezeichnet man die Ausführung der Lektion auch als traversartig. Die Ausführung des Zirkelvergrößerns wird hingegen schulterhereinartig genannt, weil hierbei der innere Vorderfuß wie bei dem gleichnamigen Seitengang vor und über den äußeren Vorderfuß tritt. Dementsprechend ähneln auch die Reiterhilfen denen für die entsprechenden Seitengänge.

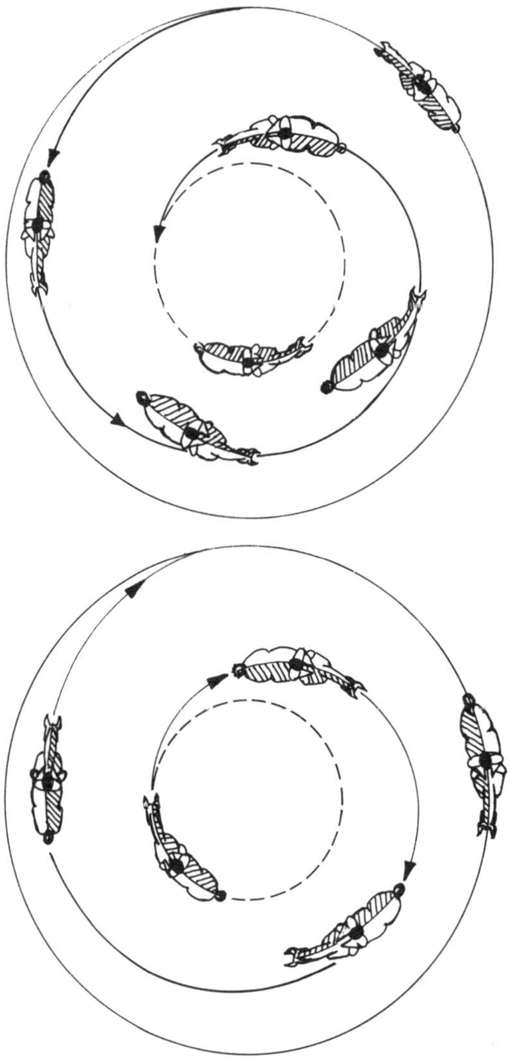

100 a Zirkel verkleinern und b vergrößern

In beiden Fällen hat der Reiter den der Biegung des Pferdes entsprechenden Sitz einzunehmen.

Im allgemeinen werden beide Übungen im *Arbeitstrab* ausgeführt. Beim *Zirkelverkleinern* ist das Tempo durch halbe Paraden gegen den Innenzirkel allmählich bis zum verkürzten Arbeitstrab zu verringern. Beim Zirkelvergrößern soll ein Zulegen aus dem verkürzten Arbeitstrab in der Weise erfolgen, daß beim Erreichen der Zirkellinie das Arbeitstempo erreicht ist.

Das Zirkelvergrößern ist gut geeignet, um bei jungen Pferden die Entwicklung des Galopps vorzubereiten. Auch für junge Reiter ist die Übung sehr nützlich, wenn man sie auf das Erlernen des Angaloppierens aus dem Trab vorbereiten will.

Volten, Kehrtwendungen, Acht und Schlangenlinien stellen aufgrund ihres geringeren Durchmessers größere Anforderungen an die Geschmeidigkeit und Durchlässigkeit des Pferdes sowie an die Koordination und Wirksamkeit der Hilfengebung des Reiters.

Unterschreitet der *Durchmesser einer Volte* oder *einer Kehrtwendung* 6 m, so muß selbst der Gang des gutgerittenen Pferdes leiden, denn es vermag nicht mehr, seine Längsbiegung dem engen Bogen der Hufschlaglinie anzupassen. Daraus läßt sich auch die Forderung ableiten, daß für in ihrer Ausbildung noch unfertige Pferde der Durchmesser der Volte oder Kehrtwendung größer zu wählen ist. Gleiches gilt für junge Reiter, deren Hilfengebung noch wenig entwickelt ist. (Abb. 101) Dem trägt die LPO Rechnung, indem für die verschiedenen Klassen unterschiedliche Voltendurchmesser von 10 m, 8 m und 6 m verlangt werden (s. Aufgabenheft).

Hin und wieder sollten *mehrere Volten* hintereinander an der gleichen Stelle geritten werden (Doppelvolte, Dreifachvolte). Die treibenden Einwirkungen müssen dazu schon so entwickelt sein, daß der Schwung nicht verlorengeht.

Volten und Kehrtwendungen von 6 m Durchmesser sind in der Grundausbildung nur im *Schritt* oder im *abgekürzten Trab* zu reiten.

Vergrößerte Volten (8 bis 10 m Durchmesser) können auch im *Arbeitstrab* geritten werden, besonders wenn die Fähigkeit des Treibens beim Reiter noch nicht genügend entwickelt ist. Auch die *Acht* kann im Arbeitstrab geritten werden. Das geschieht meist mehrfach hintereinander, weil in dem häufigen Umstellen und Umsitzen großer Nutzen für den Reiter und in den Wechseln ebensol-

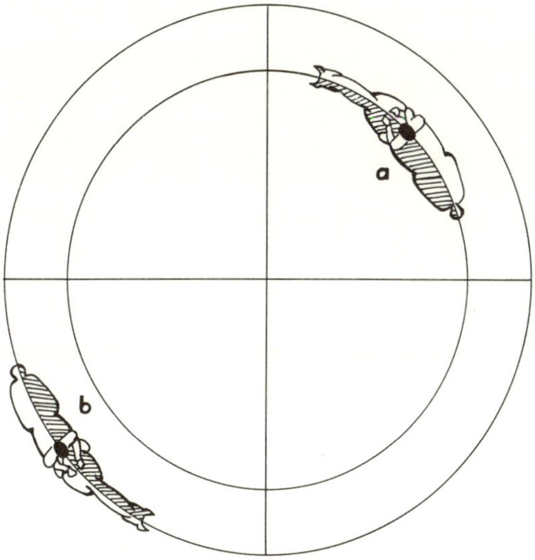

101 So kreisrund muß eine Volte geritten werden: a 6 m Durchmesser; b 8 m Durchmesser

cher für die Längsbiegung des Pferdes liegt. Voraussetzung ist, daß das Umsitzen und Umstellen am Berührungspunkt der beiden Kreise der Acht flüssig, geschmeidig und deutlich erkennbar geschieht.
Schlangenlinien in der alten Form (Serpentinen) sind für den Reiter ein gutes Mittel zum Üben der wendenden Hilfen. Die Einwirkung mit dem Gewicht spielt dabei die Hauptrolle. Beim Übergang von einem Bogen auf den anderen ist jeweils ein deutliches Umstellen des Pferdes erforderlich.
Die Tempoangaben für Volten gelten auch für das Reiten von Schlangenlinien. Diese Art von Schlangenlinien, bei denen die Mittellinie jeweils schräg überritten wird, entsprechen nicht den gegenwärtigen Forderungen des Aufgabenheftes. Sie haben darum aber keine geringere Bedeutung für die Ausbildung des Reiters wie des Pferdes. Bei der neuen Form der Schlangenlinie muß das Pferd am Ende jedes Bogens geradeaus gestellt und am Beginn des nächsten Bogens wieder auf dessen Kreislinie eingestellt werden.
Kurzkehrtwendungen sind Wendungen von 180° um die Hinterhand aus der Bewegung. Sie werden nur aus dem Schritt und dem versammelten Trab in *Schritt-Tritten* ausgeführt. (In der höheren Dressur werden Kurzkehrtwendungen, hier halbe Pirouetten genannt, auch im versammelten Galopp geritten. Wendungen um 360° im versammelten Galopp werden als ganze Pirouetten bezeichnet.) *Stehenbleiben der Hinterbeine ist der schwerste Fehler!*
Drehpunkt bei der Kurzkehrtwendung ist der innere Hinterfuß. Dementsprechend ist auch die Hilfengebung ähnlich der bei der Hinterhandwendung, jedoch ohne das Pferd vor der Wendung völlig zum Halten zu bringen. Die Vorwärtsbewegung des nach der Wendungsseite gestellten Pferdes wird durch halbe Paraden eingeschränkt, die das Pferd jedoch nicht zum völligen Stillstand bringen. Es kann dadurch mit auf der Stelle tretenden Hinterbeinen wie bei der Hinterhandwendung Schritt für Schritt herumgeführt werden. Beschreiben die Hinterbeine dabei einen kleinen Kreis, so ist der Fehler geringer, als wenn sie am Boden klebenbleiben. Ganz besonders wichtig ist, daß der knapp hinter dem Gurt liegende innere Schenkel die Bewegung aktiviert und den Hinterfuß am Zurücktreten hindert. Weitere Einwirkungen s. Hinterhandwendung.
Die Kurzkehrtwendung ist durch immer enger werdende Kehrtwendungen einzuführen, wobei der äußere, hinter dem Gurt wirkende Schenkel die Hinterhand verstärkt am Hufschlag festhält. Dabei muß er besonders ein Ausfallen des äußeren Hinterfußes verhindern. Der innere Schenkel darf nicht seitwärtstreibend wirken.

Das Rückwärtstreten

Es wird vom Pferd mit *diagonaler Fußfolge* (ähnlich dem Trab) ausgeführt. Es erhöht die Durchlässigkeit und den Gehorsam bei Pferden, die die ganze Parade aus dem Schritt und Trab sicher befolgen. (In diesem Buch wird immer vom „Rückwärtstreten“, niemals vom

„Rückwärtsrichten" gesprochen, weil mit letzterer Bezeichnung der Eindruck vorherrschender Zügeleinwirkung verbunden ist.)

Hilfengebung zum Rückwärtstreten:
1. Dem sicher an den Hilfen stehenden und bereits einen geringen Versammlungsgrad aufweisenden, geradegerichteten Pferd gibt der Reiter die Hilfen zum *Anreiten.*
2. In dem Augenblick, in dem sich ein Hinterbein zum Vortreten erhebt, wirkt der *gleichseitige Zügel* verhaltend bis leicht annehmend und veranlaßt dadurch das Zurücktreten des betreffenden Fußes und des diagonalen Vorderfußes.
3. Diese *Zügeleinwirkungen* erfolgen *wechselseitig* im Bewegungsrhythmus so oft, bis die gewünschte Anzahl der Tritte nach rückwärts erreicht ist.
4. Die *Schenkel* werden in die *verwahrende Position* zurückgenommen und verhindern das seitliche Ausfallen der Hinterhand. Ihre treibende Wirkung darf nur gerade so stark sein, daß das Pferd am Gebiß bleibt.
5. Während der Rückwärtsbewegung sitzt der Reiter nicht schwer ein. Bei Pferden mit schwachem Rücken empfiehlt es sich sogar, den *Oberkörper* etwas nach vorn zu neigen.
6. Durch *Anziehen des Kreuzes* und verstärkte treibende Einwirkung der Schenkel wird zu eiliges Rückwärtstreten abgefangen und – bei entsprechend nachgebender Hand – das Rückwärtstreten beendet.

Bei Pferden, die die Hinterbeine nach hinten herausstemmen, ist als Korrekturmaßnahme das Rückwärtstreten so einzuleiten wie die Vorhandwendung. Die annehmende Einwirkung mit dem Zügel erfolgt, wenn das Pferd den inneren Hinterfuß zum Vortreten hebt.

Um die Reiter an korrekte Hilfengebung und die Pferde an unbedingten Gehorsam zu gewöhnen, muß man die Aufgabenstellung für das Rückwärtstreten von Übung zu Übung verändern.

Beispiel:
1. Mal = 2 Tritte rückwärts, halten
2. Mal = 3 Tritte rückwärts, anreiten
3. Mal = 1 Tritt rückwärts, halten
4. Mal = 1 Tritt rückwärts, anreiten
5. Mal = 3 Tritte rückwärts, halten usw.

Das Schenkelweichen

Seine Bedeutung für die Ausbildung des Pferdes ist umstritten, da es keine schulgerechte Übung ist. In den Wettkampfaufgaben wird diese Lektion deshalb nicht mehr verlangt, mit Ausnahme des „Viereckverkleinerns und -vergrößerns" in zwei Dressuraufgaben der Klasse A.

Das Pferd lernt beim Schenkelweichen die seitwärtstreibenden Einwirkungen des Reiters kennen. Für den Reiter ist es eine Übung, die ihn den Gebrauch der einseitigen Hilfen lehrt. Das Schenkelweichen gehört zu den *lösenden Übungen.* Das Pferd bewegt sich dabei – mit geringer Kopfstellung nach der Seite des seitwärtstreibenden Schenkels, der dadurch zum inneren wird, aber *ohne Längsbiegung* – auf zwei Hufschlägen. Diese sind bis zu einem Schritt voneinander entfernt, so daß die *Abstellung* (Schrägstellung der Längsachse des Pferdes zur Hufschlaglinie) höchstens 45° beträgt. Dabei treten die inneren Füße gleichmäßig vor den äußeren vorbei. Schenkelweichen wird nur im Schritt und im verkürzten Arbeitstrab ausgeführt. Es kann auf den langen Seiten und auf dem Zirkel geritten, darf aber immer nur auf kurzen Strekken geübt werden. Ecken dürfen im Schenkelweichen nicht durchritten werden. An der langen Seite kann man vor dem rechten und vor dem linken Schenkel, auf dem Zirkel darf man nur vor dem jeweils der Zirkelmittel zugekehrten Schenkel weichen lassen. Der Schenkel, vor dem man das Pferd weichen läßt, ist immer der seitwärtstreibende. Tritt das Pferd z. B. nach rechts seitwärts, so weicht es vor dem linken Schenkel.

Das Pferd weicht vor dem der Bande zugekehrten Schenkel.
Dazu ist die Hinterhand des Pferdes in die Bahn hineingestellt und tritt auf dem zweiten Hufschlag.

Hilfengebung:
1. Der Reiter gibt eine *halbe Parade,* sobald er die erste, zu diesem Zweck etwas abgeflachte Ecke einer langen Seite so weit durchritten hat, daß der Kopf des Pferdes sich ein bis zwei Schritte vor der langen Seite befindet.
2. Unmittelbar nach der halben Parade gibt er dem Pferd *Kopfstellung* nach dem seitwärtstreibenden Schenkel, der bisher der äußere war und nun zum inneren wird, indem er den der Bande zugekehrten Zügel annimmt. Der Hals darf jedoch nur ganz geringfügig gebogen werden, weil sonst die äußere Schulter leicht ausfällt – der größte Nachteil des Schenkelweichens – und der Hals an seiner Basis gelockert wird.
3. Das *Gewicht* des Reiters wird stärker auf das innere, der Bande zugekehrte Sitzbein verlagert.
4. Der *innere Schenkel* liegt hinter dem Gurt und wirkt seitwärtstreibend. Der Druck mit dem inneren Schenkel muß in dem Augenblick einsetzen, in dem das Pferd den inneren Hinterfuß von der Erde hebt. Dieser Druck wird von Tritt zu Tritt wiederholt.
5. Der *innere Zügel* erhält die Kopfstellung.
6. Der *äußere Zügel* führt die Vorhand auf ihrem Hufschlag weiter und verhindert durch sein verwahrendes Anliegen am Hals, daß die äußere Schulter ausfällt.
7. Der *äußere Schenkel* in verwahrender Lage hinter dem Gurt verhindert, daß das Pferd vor dem inneren Schenkel flieht, d. h. zu eilig und zu stark seitwärts tritt.
8. Zur *Beendigung* dieser Art des Schenkelweichens wird das Pferd wieder umgestellt und in flachem Bogen auf den Hufschlag geführt.

Das Weichen vor dem der Bande zugekehrten Schenkel wird nur zum Anlernen von Reiter und Pferd bei den ersten Übungen des Schenkelweichens durchgeführt.

Das Pferd weicht vor dem dem Bahninnern zugekehrten Schenkel (s. Abb. 102b). Dazu ist die *Vorhand* des Pferdes in die Bahn *hereingestellt* und tritt auf dem zweiten Hufschlag. Die Hilfengebung ist die gleiche, nur seitenverkehrt, wie im zuvor beschriebenen Fall. Zum Beginn des Schenkelweichens führt der Reiter sein Pferd, nachdem die erste Ecke der langen Seite durchritten ist (später auch an beliebiger Stelle), wie zur Volte einen Schritt nach dem Bahninnern, und zwar so, daß die Hinterhand auf dem Hufschlag verbleibt. Nun erfolgt die *halbe Parade,* die *Gewichtsverlagerung* nach innen und der Einsatz des *seitwärtstreibenden Schenkels.* Beendet wird das Schenkelweichen durch Einrichten der Vorhand auf die Hinterhand, indem der äußere Zügel die Vorhand auf den Hufschlag zurückführt.

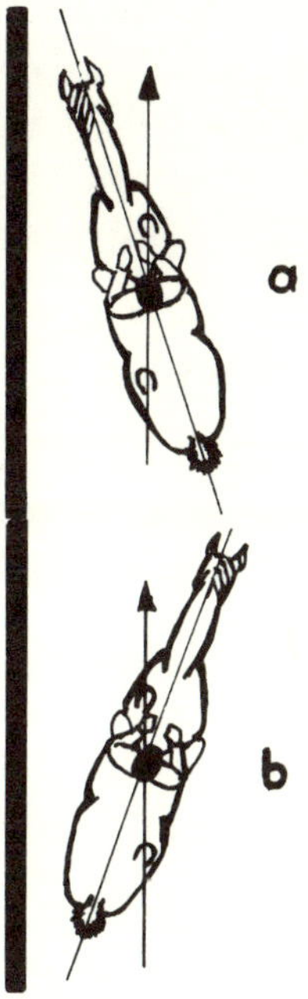

102 Schenkelweichen: a vor dem der Bande zugekehrten linken Schenkel; b vor dem dem Bahninnern zugekehrten rechten Schenkel

Das Pferd weicht vor dem dem Zirkelinnern zugekehrten Schenkel. Ausführung und Hilfengebung sind die gleichen wie im vorhergehenden Fall. Da jedoch die Bewegung auf der Zirkellinie schon ein stärkeres Beugen der

Gelenke des inneren Hinterfußes erfordert, fällt diese Übung dem Pferd schwerer als das Schenkelweichen an der langen Seite. Deshalb muß hierbei die vortreibende Wirkung der Schenkel wie auch die verwahrende von Schenkel und Zügel etwas deutlicher sein.

Viereckverkleinern und -vergrößern wird geritten, um den Gehorsam des Pferdes auf die seitwärtstreibende Schenkeleinwirkung zu festigen und auch beim Reiter das Gefühl für die seitwärtstreibenden Hilfen zu entwikkeln. (Abb. 103)
Das Pferd bewegt sich dazu wie beim Schenkelweichen an der langen Seite, jedoch vorwärts-seitwärts nach dem Innern der Bahn zu. Die *Kopfstellung* gegen die Bewegungsrichtung ist gering. Die beiden Hufschläge der Vorder- und Hinterfüße sind *bis zu einem Schritt* voneinander entfernt. Je sicherer das Pferd an die äußeren Hilfen herangebracht worden ist, um so geringer kann die Abstellung (Winkel zwischen Längsachse des Pferdes und Hufschlaglinie der langen Seite) sein, so daß sich das Pferd annähernd parallel zur langen Seite bewegt, wobei es in sich geradegerichtet ist.
Die Lektion wird im *Schritt* und im *verkürzten Arbeitstrab* geritten. Wie weit das Pferd beim Viereckverkleinern in die Bahn geführt wird, richtet sich nach seinem Ausbildungsgrad. Anfangs dürfen nur wenige Tritte verlangt werden. In Dressuraufgaben wird gefordert, das Pferd vom ersten Wechselpunkt der langen Seite vorwärts-seitwärts 5 m in die Bahn zu führen, in Höhe der Mitte der langen Seite eine Pferdelänge geradeaus zu reiten, dann vorwärts-seitwärts zum zweiten Wechselpunkt der langen Seite zurückzureiten.
Übungsausführung:
1. Nach Durchreiten der ersten Ecke gibt der Reiter dem Pferd *Kopfstellung,* die der Hand, auf der geritten wird, entgegengesetzt ist. Dadurch wird die der Bande zugekehrte Seite des Pferdes die innere.
2. Der Reiter verlegt *sein Gewicht* stärker auf das innere Sitzbein, und beide *Unterschenkel* gleiten hinter den Gurt.

103 Viereck verkleinern und vergrößern

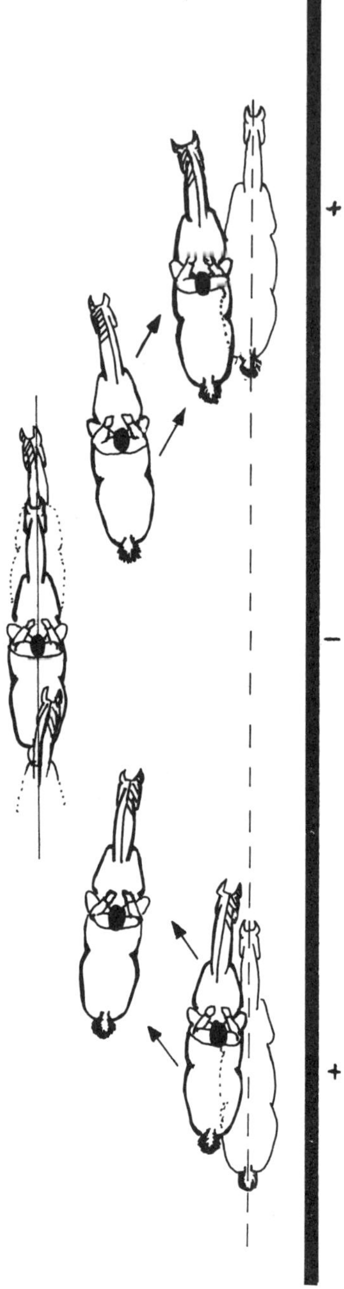

3. Frühestens am Wechselpunkt setzt die seitwärtstreibende Einwirkung des *inneren Schenkels* ein, der das Pferd vorwärts-seitwärts nach dem Bahninnern drückt.

4. Der *äußere Schenkel,* der jetzt dem Bahninnern zugekehrt ist, wirkt verwahrend und – wenn nötig – auch vorwärtstreibend.
5. Kurz bevor er die Hufschlaglinie der halben Bahn erreicht, richtet der Reiter (durch eine Teilwendung auf der Hinterhand im Gang) die Vorhand auf die Hinterhand ein und beendet damit das Viereckverkleinern.
6. Der Reiter reitet *eine Pferdelänge* geradeaus, sitzt um und stellt dabei sein Pferd um, so daß es die *neue Kopfstellung* etwa zwei Schritt hinter der Hufschlaglinie der halben Bahn gewonnen hat.
7. Von diesem Punkt aus drückt der *neue innere Schenkel* das Pferd nach außen, so daß es am Wendepunkt den Hufschlag der ganzen Bahn wieder erreicht.
8. Beim Erreichen des Hufschlags wird das Pferd *geradeaus gestellt* und dann richtig durch die Ecke geritten.

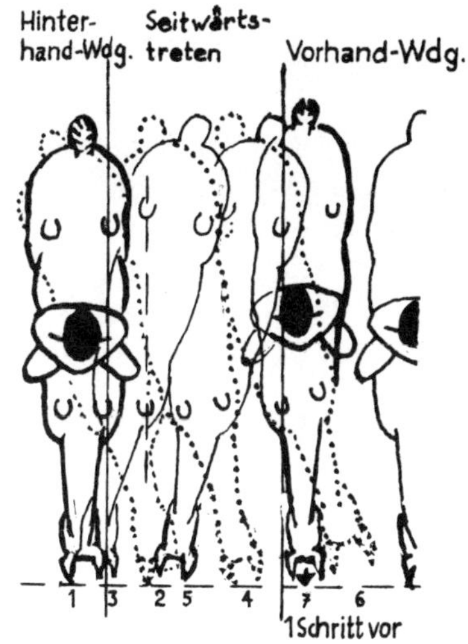

104 Schließen: a durch Schenkelweichen; b durch abwechselnd aufeinanderfolgende Teilwendungen auf der Hinter- und Vorhand

Das Schließen ist eine Seitwärtsverschiebung des Pferdes auf gerader Linie, die z. B. zur Korrektur ungleichmäßiger Zwischenräume einer aufmarschierten Abteilung angewandt wird.
Übungsausführung:
1. Der Reiter stellt sein Pferd an die Hilfen und gibt ihm eine *geringe Kopfstellung* in die beabsichtigte Bewegungsrichtung.
2. Sein *Gewicht* verlagert er etwas mehr auf das innere Sitzbein.
3. Es folgt eine *Achtelwendung* auf der Hinterhand in die Bewegungsrichtung.
4. Der hinter dem Gurt liegende *äußere Schenkel* wirkt seitwärtstreibend und veranlaßt das Pferd, ruhige und gleichmäßige Tritte nach der Seite zu machen, wobei die *äußeren Füße vor und über die inneren* treten. Darin und in der Kopfstellung in Bewegungsrichtung liegt der Unterschied zum Schenkelweichen.
5. Der seitwärtsführende *innere Zügel* erhält die Kopfstellung.
6. Der *äußere Zügel* verhindert die Bewegung nach vorn und unterstützt das Seitwärtstreten des äußeren Hinterfußes, indem er durch leichtes Annehmen die Vorwärtsbewegung dieses Hinterfußes nach Bedarf einschränkt.
7. Der *innere Schenkel* liegt am Gurt und verhindert das Rückwärtstreten des Pferdes.
8. Hat das Pferd die erforderliche Anzahl von Tritten ausgeführt, so wird es mit Zügeln und vorwiegend innerem Schenkel pariert.
9. Nach der Parade stellt der Reiter das Pferd durch eine *Achtelwendung* um die Vorhand wieder geradeaus.
10. Da der Reiter durch die zu Beginn ausgeführte Achtelwendung um die Hinterhand etwa einen halben Schritt hinter die Linie gelangt ist, auf der die Vorderbeine vor Beginn der Lektion gestanden haben, muß er abschließend sein Pferd wieder bis an die Ausgangslinie vortreten lassen. (Abb. 104)

Reiten in Stellung und Außenstellung

In *Stellung* geht das Pferd, wenn es durch die Einwirkung von äußerem Schenkel und Zügel in einer gleichmäßigen Längsbiegung „von den Ohren bis zum Schweif" erhalten wird. Dabei spurt der innere Hinterfuß auf den inneren Vorderfuß, während der *äußere Hinterfuß* in *Richtung zwischen die Vorderfüße* tritt. Der Mähnenkamm des Pferdes ist nach innen gekippt. Der Reiter sieht das innere Auge des Pferdes schimmern.
Diese Stellung ist immer zum Durchreiten der *Ecken,* zu den *Wendungen,* zu allen *Hufschlagfiguren,* zum *Galopp* und auch zu allen *Seitengängen* erforderlich. (Abb. 105)
In der *Außenstellung* ist das Pferd nach der Bande gestellt und *wendet* demzufolge *gegen die Längsbiegung seiner Wirbelsäule.* Das Wechseln der Stellung soll so weich und fließend geschehen, daß das Pferd ohne zu stokken oder zu eilen in die neue Stellung eingeht.
Erst wenn der Reiter seine Einwirkung bei Wendungen auf der Stelle und in der Bewegung gut koordinieren kann, ist er darauf vorbereitet, das Reiten in Stellung zu erlernen. Er muß nämlich mit Kreuz, Gewicht, beiden Schenkeln und beiden Zügeln *gleichzeitig, jedoch auf beiden Seiten des Pferdes unterschiedlich* einwirken.
Einwirkungen des Reiters:
1. Der Reiter gibt eine *halbe Parade* (s. Abb. 105 a).
2. Das Pferd wird um den inneren Schenkel als festem Drehpunkt gebogen. Dazu liegt der *innere Schenkel* verwahrend am Gurt, d. h., er bleibt an dieser Stelle passiv. Keinesfalls darf er vom Pferd weggestreckt werden, weil es dann unmöglich würde, das Pferd zu stellen. Er darf aber auch nicht aktiv einwirken, weil das Pferd sonst zur Seite treten würde.
3. Der Reiter verlegt seinen *Schwerpunkt nach innen,* d. h. nach der Seite, nach der das Pferd gestellt werden soll, drückt innere Hüfte und inneres Sitzbein vor und senkt dabei das innere Knie und den inneren Absatz.

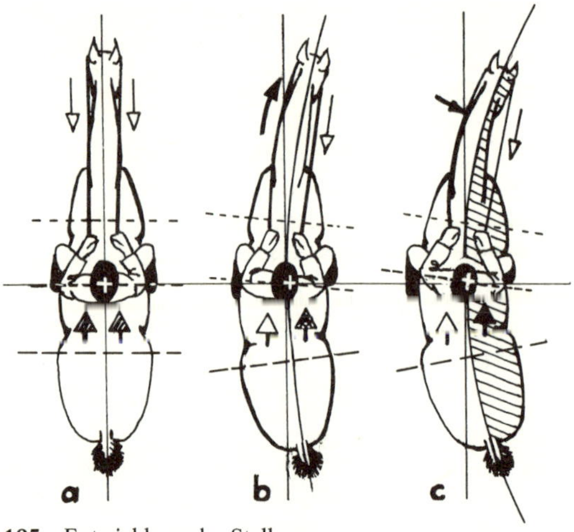

105 Entwicklung der Stellung

4. Der *äußere Schenkel* wirkt im Bewegungsrhythmus hinter dem Gurt und drückt die Hinterhand nach innen.
5. Der *innere Zügel* wird weich angenommen. Anderenfalls würde sich das Pferd in Hals oder Genick verwerfen.
6. Der *äußere Zügel* gibt zunächst nach, damit das an den Hilfen stehende Pferd seine äußere Halsseite streckt, um am Gebiß zu bleiben. Dazu bedarf es seitens des Reiters keiner besonderen Aktion, denn allein durch das Vornehmen der äußeren Schulter des Reiters (die Reiterschultern und -hüften müssen mit denen des Pferdes parallel sein) wird dieses Nachgeben bereits bewirkt. Nötigenfalls kann durch Handdrehung mit dem kleinen Finger in Richtung Pferdemaul nachgegeben werden (s. Abb. 105 b).
7. Hat das Pferd eine geringe Stellung, wird auch der äußere Zügel angenommen. Er wirkt, da der Hals bereits gekrümmt ist, in Richtung der Sehne des Kreisbogens. Das führt zu einer *Verstärkung der Stellung.* Andererseits liegt er an der gekrümmten äußeren Halsseite an und wirkt damit *verwahrend* auf die äußere Schulter. Selbstverständlich ist auch hier das Hinüberdrücken der Hand über den Widerrist ein großer Fehler. Während des

Stellens des Pferdes wirken Kreuz, Gewicht, beide Schenkel und der innere Zügel wie unter 2. bis 6. beschrieben.

Ist die gewünschte Stellung des Pferdes erreicht, wirken *beide Zügel annehmend.* Da der innere Zügel jetzt ebenfalls nur für die Beibehaltung einer weichen Verbindung mit dem Pferdemaul zu sorgen hat, der äußere jedoch die Haltung und Stellung des Pferdes beeinflussen muß, wirkt auch jetzt der äußere Zügel stärker (s. Abb. 105c).

Ein zu starker Gebrauch des inneren Zügels führt häufig zu Steifungen und Verwerfungen im Hals. Zur Korrektur muß der Reiter frisch vorwärts reiten und das Pferd im Geradeausreiten wieder an die Hilfen stellen.

Reiterfehler: Einknicken in der Hüfte, übertriebenes Verdrehen des Oberkörpers, zurückfallende Schultern.

Der Außengalopp

Hier ist das Pferd nach der Bande gestellt. Da es in dieser Stellung dem Pferd schwerer fällt, sich in der Wendung auszubalancieren, besteht der Hauptwert der Lektion darin, die Gewandtheit des Pferdes und auch seine Versammlung zu erhöhen. Mit im Außengalopp noch nicht gefestigten Pferden ist eine enge Kehrtwendung aus der zweiten Ecke der langen Seite zu reiten, damit vor der ersten im Außengalopp zu durchreitenden Ecke noch ein längeres Stück gerader Hufschlag liegt. Die Ecke wird anfangs *abgerundet.* Bewährt hat sich auch das Wechseln aus einem kleinen Zirkel im Handgalopp auf einen größeren im Außengalopp und umgekehrt.

Zum *Übergang in den Außengalopp* führt der Reiter die Vorhand des Pferdes, ohne die Halsbiegung zu verstärken, soweit wie möglich gegen die Bande, als wollte er durch diese hindurchreiten. Dadurch wird der innere Vorderfuß der Bande genähert. Der innere Hinterfuß darf nicht weiter von ihr entfernt sein als der entsprechende Vorderfuß. Der Reiter muß dabei gut nach innen sitzen. Das Pferd ist demnach auch im Außengalopp geradezurichten und auf einem Hufschlag zu reiten.

Je besser die Versammlungsfähigkeit des Pferdes entwickelt ist, um so sicherer wird es sich auch im *Außengalopp* tragen können, der nur im *versammelten Tempo* geritten wird.

Sobald der Reiter das Pferd im Außengalopp durch die Ecken reiten kann, ohne daß es zu eilen beginnt, können andere *Übungen im Außengalopp* durchgeführt werden. Dazu gehören:

Wechseln aus dem Zirkel ohne Galoppwechsel;

Wechseln durch die ganze und halbe Bahn ohne Galoppwechsel;

Angaloppieren im Außengalopp auf gerader Linie aus dem Schritt und aus dem Arbeitstrab;

Reiten im Außengalopp auf dem Zirkel;

Reiten von Schlangenlinien und der Acht im Außengalopp, einfache Galoppwechsel zum Außengalopp;

einfacher Galoppwechsel von Außengalopp zu Außengalopp.

3.2.3. Bodenrickarbeit

Bauweise der Bodenricks

Bodenricks sind Stangen von 1,50 bis 2,50 m Länge und 10 bis 12 cm Durchmesser, die an ihren Enden Holzkreuze tragen. Die *Oberkante* der Stangen befindet sich etwa 15 bis 20 cm über dem Boden, nicht höher. Die Holzkreuze sollen einen kleineren und einen größeren Winkel aufweisen und an ihren Enden so abgeschrägt sein, daß sie in jeder Stellung fest auf dem Boden stehen, sich aber auch übereinanderlegen lassen. Die Stange wird in einem der beiden Winkel so fest mit den Kreuzen verbunden, daß das ganze Bodenrick äußerst stabil ist. (Abb. 106)

So gebaute Bodenricks (auch Cavaletti genannt) lassen sich zur Bodenrickarbeit und auch für die Vorbereitung des Springpferdes verwenden, weil man sie auf drei Höhen (20, 40 und 50 bzw. 60 cm) stellen kann. Jeder

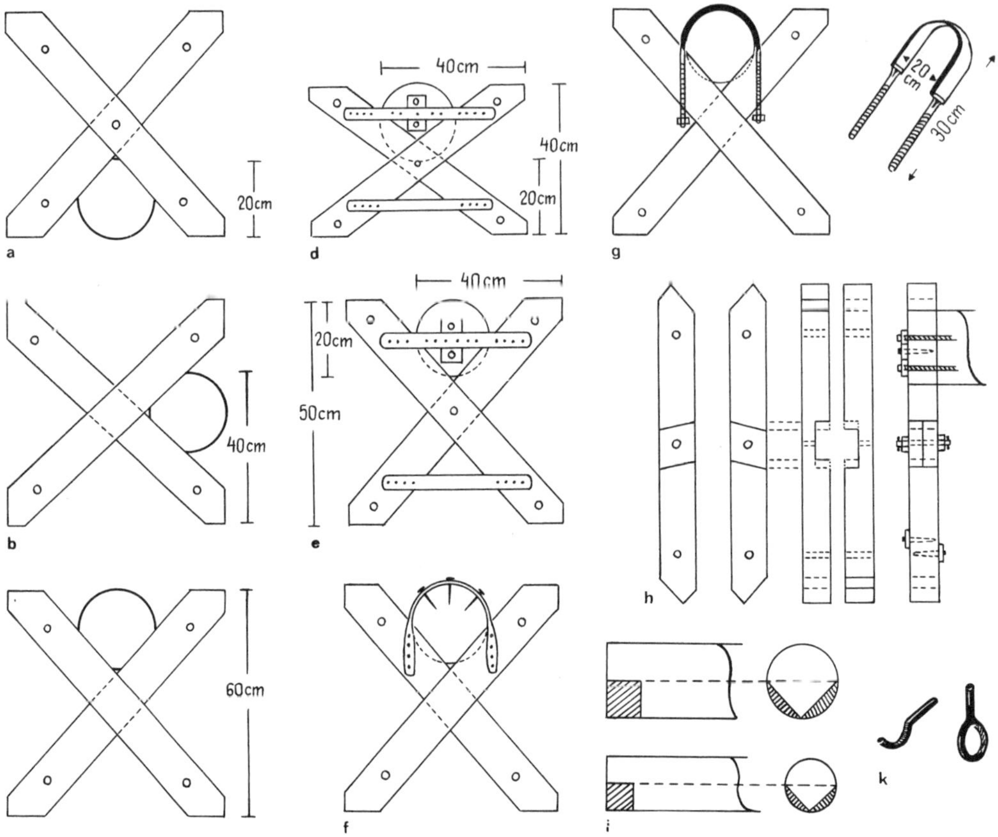

106 Bodenricks: a–c unterschiedliche Höhen; d–f Verstrebungen des Kreuzes; f–g Befestigung der Stange; h Einzelteile des Kreuzes; i zur Befestigung an den Kreuzen vorbereitete Stangenenden; k Auflageeisen für seitliche Begrenzungsstangen

Verein, der Reiter und junge Pferde ausbildet, sollte wenigstens 6 bis 10 solcher Bodenricks besitzen.

Speziell für die Ausbildung von Dressurpferden angefertigte Ricks sollten 1,5 m lang und nur 15 bis 20 cm hoch sein. Die geringe Breite unterstützt das Geradeausgehen des Pferdes. Diese Art von Bodenricks kann man leicht herstellen, indem man unter den Enden der Bodenrickstange 50–60 cm lange Querhölzer anbringt und mit Bandeisen befestigt. Bodenricks brauchen durchaus nicht einfarbig zu sein, sondern können in der Farbgebung Hindernisstangen gleichen.

Sinn und Zweck der Bodenrickarbeit

Die Bodenrickarbeit dient sowohl der Ausbildung des Reiters auf älteren Pferden als auch der Ausbildung junger Pferde. Sie fördert die Losgelassenheit und Geschmeidigkeit des Reiters und bereitet ihn auf das Überwinden von Hindernissen vor.

Schmiegsames Mitgehen in Hüft-, Knie- und Fußgelenk sowie den Bewegungen des Pferdehalses entsprechendes Vorgehen der Hand des Reiters sind dabei erforderlich. Um das Pferd in Maul und Rücken nicht zu stören, soll der Reiter die Knie stärker schließen und

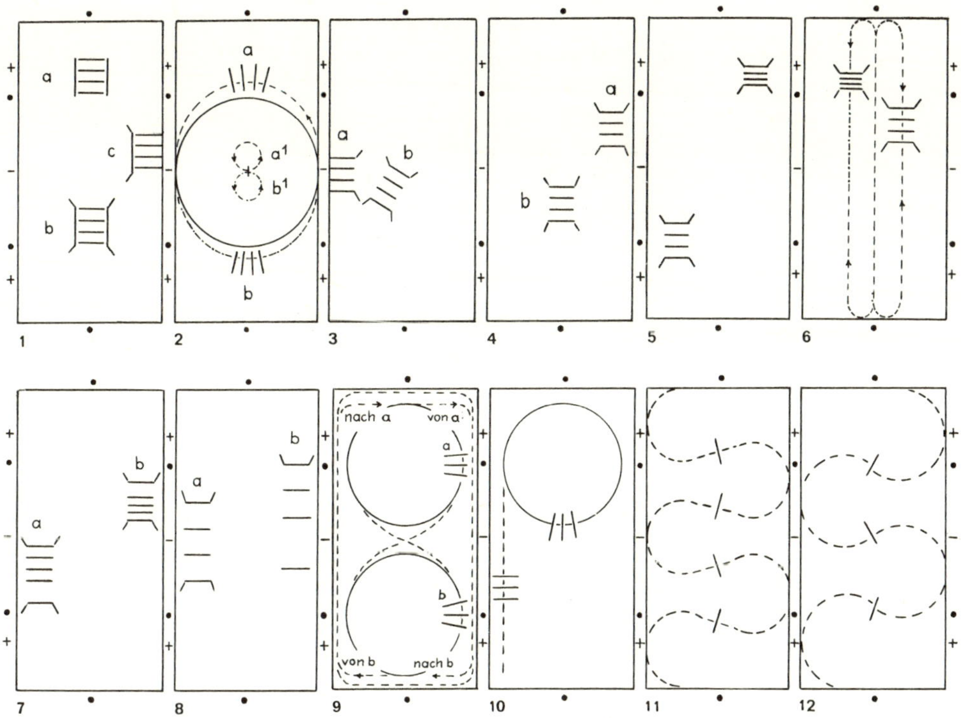

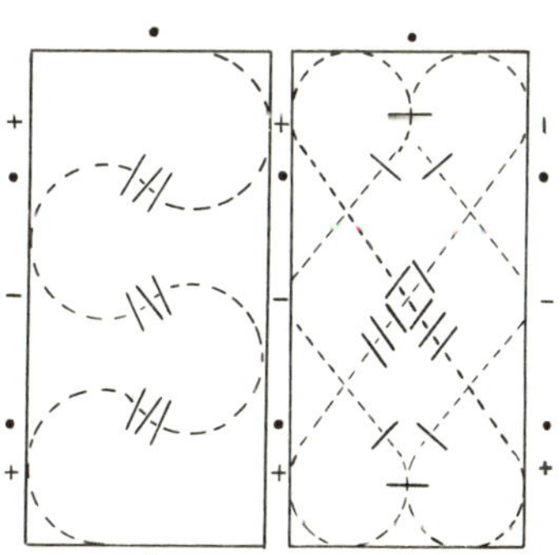

107 Bodenrickaufstellung

1 – a mit seitlicher Begrenzung durch Stangen; b mit seitlichen Begrenzungsstangen und Fängen; c auf dem Hufschlag der ganzen Bahn mit Begrenzungsstangen und Fängen nach innen

2 – a für den Trab an der Longe: Abstand Innenkante 1,2 m, Mitte 1,3 m, Außenkante 1,5 m; a[1] Weg des Longenführers, wenn er das Pferd im Trab auf die Kreislinie führen will, auf der Bodenricks stehen; b für den Schritt: Abstand 1,1 m; b[1] Weg des Longenführers, wenn er das Pferd im Schritt auf die Kreislinie führen will. Dabei sind die Ausbinder unbedingt auszuschnallen!

3 – a auf dem Hufschlag der ganzen Bahn; b auf der Diagonalen durch die ganze Bahn

4 – a neben dem Hufschlag der ganzen Bahn; b auf der Mittellinie

5 – für Schritt und Trab neben dem Hufschlag

6 – für Schritt und Trab neben der Mittellinie

7 – für Trab mit Zwischenschritt nach dem vierten Bodenrick; b für Schritt mit Zwischentritt

8 – für Galopp: a regelmäßiger Abstand 3,5 m, Höhe 0,5 m; b mit Zwischengaloppsprung nach dem dritten Cavaletti, Abstand des vierten Cavaletti 7,90 m

9 – auf den Zirkeln: Reiter kann entweder ständig aus den Zirkeln wechseln oder nach Passieren der Bodenricks jeweils wieder auf die ganze Bahn gehen (einhalbmal herum) und danach auf dem anderen Zirkel die Bodenricks auf der gleichen Hand passieren

10 – auf dem Hufschlag der ganzen Bahn und auf der Zirkellinie

11 – auf der Mittellinie für Hufschlagfigur „Schlangenlinie durch die ganze Bahn" (5 Bogen) (Serpentine)

12 – auf der Mittellinie für Lektion „Schlangenlinien durch die ganze Bahn wechseln" (4 Bogen) (Serpentine)

13 – je drei Stück auf dem Hufschlag der Lektion „In Schlangenlinien durch die ganze Bahn wechseln" (Serpentine)

14 – auf dem Hufschlag der Lektion „Aus der nächsten Ecke kehrt". Abstand der Bodenricks auf der Kehrtvolte 4,2 m (2 Trabzwischentritte)

den Oberkörper bei angespannt federndem Kreuz leicht in die Bewegung hineinneigen (Entlastungssitz). Er erhält dadurch auch das Gefühl für den schwingenden Pferderücken und kann seinen Sitz überprüfen. Die deutlich wechselnde Schwerpunktlage des Pferdes wird ihn erkennen lassen, ob er in ausreichendem Maß mit den Bewegungen des Pferdes mitgeht. Desgleichen kann er seine Schenkellage kontrollieren. Denn auch bei unregelmäßigen Bewegungen des Pferdes muß das völlig festliegende Knie den Unterschenkeln ihre unveränderte Lage am Pferdeleib ermöglichen.

Ausführung der Bodenrickarbeit

Sie erfolgt im Schritt, Trab oder Galopp. Damit die Pferde die Bodenricks in flüssiger Bewegung überwinden können, müssen die Abstände zwischen den einzelnen Bodenricks der Schritt-, Tritt- oder Sprunglänge des Pferdes angepaßt sein. Als zweckmäßige Abstände für ältere Pferde haben sich erwiesen: Im Schritt 0,8 m, im Trab 1,2 m bis 1,4 m und im Galopp 3,0 m bis 3,5 m, 7,0 m bis 7,5 m oder 11,0 m.

Zur *Gewöhnung* beginnen die Übungen im Schritt mit hingegebenen Zügeln. Schreiten alle Pferde des Beritts ruhig über die Bodenricks, kann die Übung (mit veränderten Abständen) im Arbeitstrab wiederholt werden. Dabei wird der Rücken entlastet, indem der Reiter, auf Knie und Bügel gestützt, den Oberkörper in die Bewegung neigt und das Gesäß leicht über die Sattelfläche erhebt (s. Entlastungssitz). Es wird nicht leichtgetrabt. Junge Reiter fassen notwendigenfalls mit entspannten Armmuskeln in den *Halsriemen.* Ausgesessen wird erst dann, wenn die Reiter gelöst sind und auf losgelassen gehenden Pferden den Bewegungen geschmeidig folgen können.

Übungsempfehlung für die tägliche Ausbildung:

1. Am *Anfang der Stunde* wird während der lösenden Arbeit im Durcheinanderreiten zwei- bis dreimal über auf der Mittellinie aufgestellte Bodenricks geritten. Anfangs sind nicht mehr als zwei, später (8 bis 10 Wochen) bis zu vier aufzustellen.
2. Am *Schluß der Stunde* wird in der Abteilung oder einzeln über die abwechslungsreich aufgestellten Bodenricks geritten. (Abb. 107)

3.2.4. Reiten im Gelände

Übungen im Gelände sind genauso wichtig, wie solche in der Reitbahn und auf dem Reitplatz. Sie stellen an Reiter und Pferd ganz anders geartete, vielgestaltige Anforderungen.

In unebenem Gelände ist es für den Reiter schwieriger, seinen Schwerpunkt stets in Übereinstimmung mit dem des Pferdes zu halten, weil die Schwerpunktlage des Pferdes unregelmäßig wechselt. Diese Veränderungen zwingen ihn dazu, sich auch dann auszubalancieren, wenn die Tritte des Pferdes einmal nicht ganz so gleichmäßig sind, wie auf dem ebenen Hufschlag. Außerdem wird die Aufmerksamkeit des Reiters von sich und seinem Sitz abgelenkt. Bei der Konzentration auf Weg und Umgebung lösen sich die noch vorhandenen Verkrampfungen von selbst, und der Reiter beginnt, sich auf dem Pferd wohl zu fühlen. Ein langer, ruhiger Trab kann hierfür sehr nützlich sein.

Reiten im Gelände erscheint den jungen Reitern als Belohnung für die Mühen des Reitenlernens und erzeugt Lust und Freude, die sich für die weitere Ausbildung förderlich auswirken. Auch wird ihr Vertrauen zum Pferd gestärkt und das Gefühl, ein Pferd im Gelände führen zu können, zum nachhaltigen Erfolgserlebnis und Ansporn für sie.

Hinweise zum Reiten im Gelände

Es kann nicht frühzeitig genug begonnen werden, im Gelände zu reiten. Voraussetzung dafür ist, daß geeignete Pferde zur Verfügung stehen.

Junge Reiter sollten schon nach den ersten Reitübungen an der Longe am *Führzügel* mit ins Gelände genommen werden. Diese ideale Methode, die Grundlage des losgelassenen Balancesitzes zu erwerben, beansprucht aber etwas mehr Zeit. Deshalb wird die Sitzausbildung der Anfänger vorrangig an der Longe praktiziert, und das Mitreiten am Führzügel kann nur wenig genutzt werden.

Stehen ruhige Pferde zur Verfügung, ist spätestens in der fünften oder sechsten Ausbildungswoche, nachdem die jungen Reiter auf dem Viereck reiten, ein kleiner Ausflug im Schritt außerhalb des Vierecks zu unternehmen.

Beim Reiten außerhalb des Vierecks müssen alle Reiter einen *Kopfschutz* tragen, und den Pferden ist ein *Halsriemen* (Bügelriemen) umzulegen (s. Abb. 136). Falls die Reiter (auch ältere) einmal in Gleichgewichtsschwierigkeiten kommen sollten, ist es immer reiterlicher, dem locker gewordenen Sitz einen Halt an diesem Riemen zu geben, als sich am Zügel festzuhalten.

Übungen auf unebenem Boden ermöglichen dem Reiter, seinen Sitz den Schwerpunktverschiebungen entsprechend an die Bewegungen seines Pferdes anzupassen und durch eine zweckentsprechende Entlastung die Rückentätigkeit des Pferdes zu fördern. Dazu nimmt er den *Entlastungssitz* ein. Dabei ist das Kreuz elastisch angespannt und der Oberkörper etwas in die Bewegung geneigt. Das Gesäß bleibt am Sattel. Der Kopf wird frei und aufgerichtet getragen. Die Hände sind, entsprechend dem weiteren Rahmen des Pferdes beim Reiten im Gelände, tiefer gestellt und geben aus lockerem Schulter- und Ellbogengelenk mit vorgehendem Arm nach, wenn sich der Pferdehals etwas mehr strecken soll.

Im weiteren Verlauf der Ausbildung sollte zu etwa jeder dritten Reitstunde, nach Möglichkeit das ganze Jahr hindurch, ein Ausritt ins Freie gehören. Zum Reiten im Gelände sind die Bügelriemen zwei bis drei Loch kürzer zu schnallen.

Auf einem geeigneten großen Platz (Stoppelfeld, Koppel o. ä.) sollten die Reiter das, was sie in der Reitbahn gelernt haben, im Durcheinanderreiten selbständig üben können. In den erforderlichen Pausen zwischen den Übungen in den drei Gangarten können Wendungen auf der Stelle, Rückwärtstreten, Halten, ruhiges Stehen (auch mit hingegebenem Zügel) sowie Auf- und Absitzen je nach Ausbildungsstand der Reiter und Pferde geübt werden. Grundsätzlich muß aber jede dieser Aufgaben auf dem Viereck vorbereitet worden sein.

Die Anforderungen sind auch hier unter Berücksichtigung der didaktischen Prinzipien zu steigern. Dabei ist zu beachten, daß die Pferde im Gelände mit geringerer Versammlung gehen, das Überwinden der Bodenunebenheiten aber höhere Anforderungen an Gewandtheit und Gehorsam der Pferde stellt. Gesunde Pferde gehen indes im Gelände sehr vorsichtig und deshalb auch sicher, vorausgesetzt, der Reiter stört sie nicht.

Beim Reiten über ebenen oder weniger schwierigen Boden ist *schulmäßig* zu arbeiten, d. h. mit an den Hilfen stehendem Pferd. Ausgenommen sind Schrittpausen oder lange, nervenerholende Bummelritte, bei denen die Zügel hingegeben werden. Auf ebenen Wegen und Flächen können im Grunde alle Lektionen geritten werden, die auf dem Viereck geübt wurden.

Übungen im Gelände:

Schritt mit hingegebenem und am langen Zügel;
Arbeits- und Gebrauchstrab im Leichttraben;
Arbeits- und Gebrauchsgalopp;
Schenkelweichen im Schritt und Trab;
Hufschlagfiguren: Schlangenlinien und Zirkel;
Antraben aus dem Schritt und dem Halten;
ganze Paraden;
Angaloppieren aus dem Schritt und Trab;
Galoppieren auf ebenem und unebenem Boden;
Durchreiten von Gräben und Wasserläufen;
Durchreiten von Wald;
Temporitte (Streckenritte nach Zeit);
Klettern

Hinweise zu den letzten vier Übungen:
Durchreiten von Gräben und Wasserläufen. Flache Gräben werden in Abschnitt 4.5. beschrieben. Für das Durchreiten tieferer Gräben gelten die Angaben zu „Klettern".
Für das Durchreiten von Wasser dürfen nur *flache Stellen* in Teichen mit bekanntem festem Untergrund oder Gewässer mit niedrigem Wasserstand und geringerer Strömungsgeschwindigkeit benutzt werden. Die Pferde müssen an allen Stellen auf dem Grund fußen können. Bei *steilem Ufer* sind sie zum vorsichtigen Einstieg zu veranlassen. Ausstieg wie „Klettern". Gefahr droht auch beim Durchreiten von Gewässern mit *stärkerer Strömung.* In diesem Fall ist das Pferd schräg gegen die Strömung zu stellen. Der Reiter behält ständig den Punkt im Auge, an dem er am gegenüberliegenden Ufer ankommen will.
Beim Durchreiten von Wasser ruht das Gesäß mit etwas zurückgenommenem Oberkörper fest im Sattel. Die Knie sind stärker angedrückt. Die *Unterschenkel* liegen am Pferd und wirken nach Bedarf vortreibend. Die Zügel gewähren dem Pferd die erforderliche Freiheit für die Halsstreckung. Besonders in flachen Gewässern müssen die Reiter darauf achten, daß sich ihre Pferde nicht hinlegen. Schwitzende Pferde, die an Wasser gewöhnt sind, tun das sehr gern. Meist kündigen sie das Vorhaben durch Spritzen mit den Vorderbeinen an. In diesem Fall müssen sofort die Zügel aufgenommen und das Pferd vorwärtsgeritten werden.
Durchreiten von Wald. Schrittreiten im Wald hat am Anfang der Grundausbildung große Bedeutung. Der Reiter erwirbt und festigt das Gefühl für die Gewichtseinwirkung. Am besten eignet sich Hochwald mit geringem Unterholz und festem Waldboden. In lichten Beständen sind diese Übungen bei fortschreitender Ausbildung auch im gemäßigten *Arbeitstrab* und viel später sogar im *Arbeitsgalopp* auszuführen. Dabei muß der Reiter den besten Weg möglichst weit voraus feststellen. Plötzliches Ausweichen vor Bäumen und Hindurchreiten zwischen zu eng stehenden Bäumen setzt ihn der Gefahr aus, mit dem Knie schmerzhaft anzustoßen oder gar abgestreift zu werden. Er wird deshalb bestrebt sein, möglichst Fußpfaden zu folgen. Gefahren bilden auch niedrig hängende Äste, die ihm ins Gesicht schlagen oder die Kopfbedeckung herunterreißen. Er muß deshalb mit vorausgerichtetem Blick diese rechtzeitig erkennen und ihnen durch Vorneigen des Oberkörpers, notfalls bis auf den Pferdehals, ausweichen, ohne daß das Gesäß mehr als notwendig aus dem Sattel herausgehoben wird.
Die Rückkehr hat stets bei Tageslicht zu erfolgen. Sollte sich durch besondere Umstände die Heimkehr verzögern und darüber die *Dunkelheit* hereinbrechen, so muß sich der Reiter möglichst in der Mitte des Weges halten. Er überzeugt sich davon durch gelegentliche Blicke nach dem hellen Streifen zwischen den Baumkronen. Der Reiter soll seine Einwirkungen darauf beschränken, den Abstand zum vorhergehenden Pferd zu sichern. Das eigene Pferd erhält am langen Zügel soviel Freiheit, daß es den Kopf tief nehmen kann. Führt der Ritt in der Dunkelheit über öffentliche Straßen und Wege, so muß die *Kolonne* entsprechend den Vorschriften der Straßenverkehrsordnung *beleuchtet* sein.
Temporitte. Der Reiter muß möglichst bald beginnen, das Tempogefühl herauszubilden, das er für Wanderritte ebenso wie für Wettkämpfe in der Springbahn und im Gelände dringend braucht.
Die dazu erforderlichen Übungen sind anfangs paarweise, bald aber einzeln auf geeigneten Wegen durchzuführen. Wichtig sind hier die *Streckenmarkierungen* als Anhaltspunkte für das Tempo.
Zuerst ist darauf zu achten, daß in *gleichmäßigem Tempo* geritten wird, weil dies eine der Hauptvoraussetzungen für schonendes Reiten längerer Strecken ist. Dann gilt es, das richtige Tempo einzuhalten.
Für das Normtempo ergeben sich:
im Schritte 125 Schritt oder 100 m/min;
im Gebrauchstrab 275 Schritt oder 220 m/min;
im Gebrauchsgalopp 500 Schritt oder 400 m/min.

Der Reiter muß sich anhand der Streckenmarkierungen und der Uhr zunächst das Gefühl für dieses Normaltempo erwerben. Später werden diese Werte für die einzelnen Gangarten, besonders aber für den Galopp, differenziert, so daß der Reiter noch andere Geschwindigkeiten (z. B. 300, 350, 450, 500, 600 m/min) kennenlernt.

Klettern. Der Reiter erlernt dabei das geschmeidige Mitgehen mit der Bewegung des Pferdes, eine zweckmäßige Vorübung für das Überwinden von Hindernissen im Sprung. Knie und Schenkel bekommen eine festere Lage, so daß sie auch bei plötzlichen Bewegungen nicht verrutschen. Das Gesäß bleibt – von Ausnahmen abgesehen – bei elastischem Hüftgelenk leicht am Sattel. Der Oberkörper ist je nach Bedarf in die Bewegung geneigt. Die Hände geben aus vollem Arm in Richtung des vorwärts-abwärts strebenden Pferdemauls nach. Die Schenkel liegen mit tiefem Absatz am Pferdeleib und wirken richtungserhaltend.

Kletterstellen bergauf und bergab sind grundsätzlich *senkrecht zum Hang* zu überwinden. Nur lange, wenig geneigte Hänge werden, um die Pferde zu schonen, in schräger Richtung überwunden. Vorübungen für das Klettern sind auch die Arbeiten auf der Wallreihe (s. Abschnitt 4.5.).

Das *Bergaufklettern* erfolgt mit vorgeneigtem Oberkörper, festem Knieschluß und völlig nachgegebenen Zügeln. Zum Training der Hinterhandmuskeln sind weniger steile Hänge im ruhigen Schritt zu erklimmen. Die später zu übenden kurzen und steilen Hänge kann das Pferd nur in Sprüngen hinaufkommen. Das Tempo bleibt dabei dem Pferd überlassen. Der Reiter muß das Gesäß aus dem Sattel herausnehmen und bei festliegendem Knie so im Bügel stehen, daß sein Oberkörper parallel zum Pferdehals liegt. Die Hand sucht einen Halt im Halsriemen. Ohne die Stütze im Bügel und den Halt im Halsriemen kann ein junger Reiter sein Gleichgewicht nicht in Übereinstimmung mit dem des Pferdes halten und dieses selbst nicht im Gleichgewicht bleiben. (Abb. 108)

Beim *Bergabreiten* an weniger steilen Hängen wird der Oberkörper des Reiters so weit vorgeneigt, daß sich die Körperschwerpunkte von Pferd und Reiter etwa senkrecht übereinander befinden. Dadurch wird einmal der Pferderücken genügend entlastet, und die Hinterhand kann besser untertreten, zum anderen kommt das Pferd nicht nach vorn aus dem Gleichgewicht. Deshalb muß der Reiter auch von einem bestimmten Neigungswinkel des Hanges an seinen Oberkörper nach hinten legen, um seinen Schwerpunkt über dem des Pferdes zu halten. Der verstärkte Knieschluß bei tief durchgetretenem Absatz gibt dem Sitz des Reiters Halt. Die Schenkel liegen am Pferdeleib an und wirken nach Bedarf dirigierend. Sie verhindern das vor allem bei steilen Hängen äußerst gefährliche seitliche Abweichen der Hinterhand.

Die Hand hält Verbindung mit dem Pferdemaul, verlängert dazu die Zügel aber so weit, daß sich das Pferd mit tiefer Nase und gestrecktem Hals ausbalancieren kann.

Da auch die Pferde das ruhige Bergabklettern erst lernen müssen, dürfen bei den Kletterübungen junger Reiter die Anforderungen nur so hoch gestellt werden, wie sie die Pferde in Ruhe erfüllen.

Verhalten bei schwierigen Bodenverhältnissen. Da es für den Pferdesportler meist nicht notwendig ist, bei schwierigen Bodenverhältnissen zu üben, sollte lieber ein Umweg in Kauf genommen werden, als unnötig die Pferdebeine zu gefährden. Treten trotzdem einmal gefährliche Situationen ein, so kann das Pferd durch zweckentsprechendes Verhalten des Reiters vor Schäden geschützt bzw. ihm die Aufgabe erleichtert werden.

Auf besonders *glattem* oder *vereistem Boden* sind die Pferde stets zu führen. Dabei müssen rasche und enge Wendungen vermieden werden, weil sie die Gefahr des Ausrutschens vergrößern. Gerät ein Reiter in sehr *tiefen* oder *sumpfigen Boden,* so muß er, falls das Pferd nur wenig bis über die Fesseln einsinkt, den Rücken und die Hinterhand entlasten, indem er bei festem Knieschluß den Oberkörper

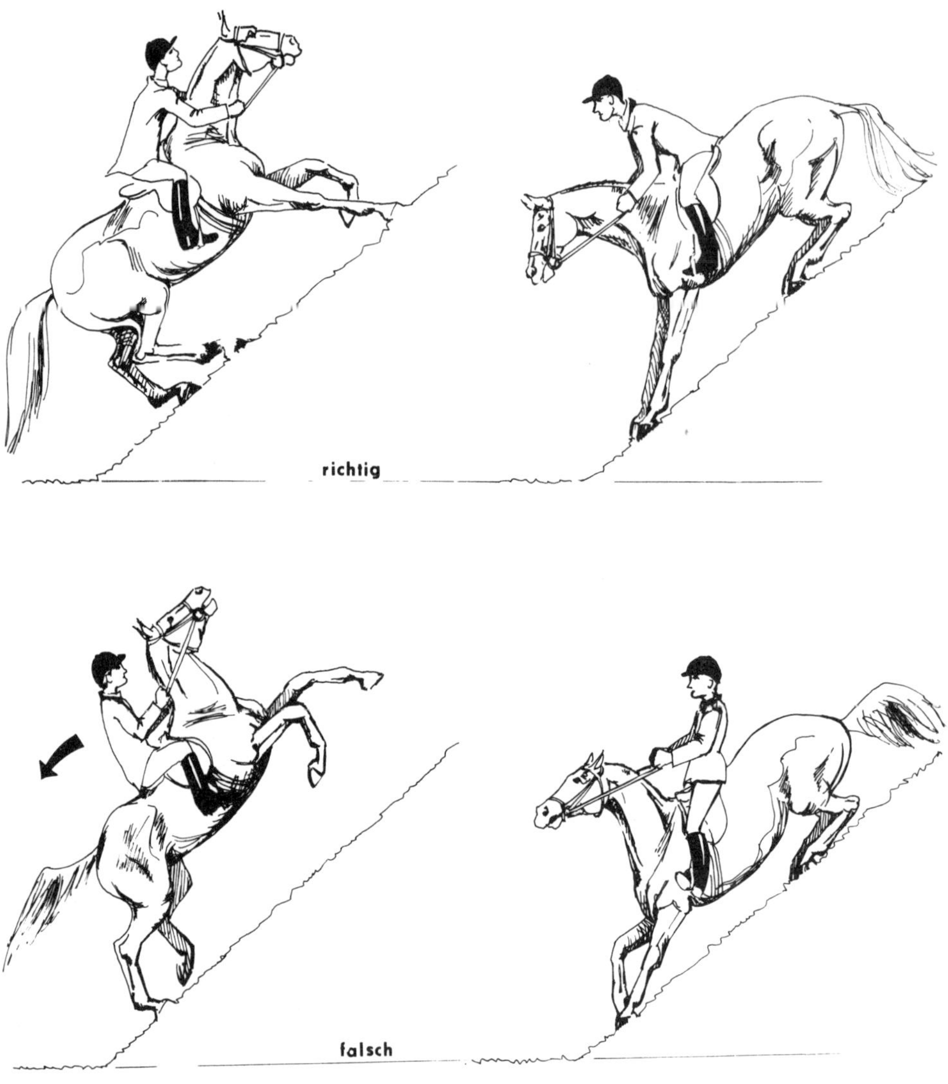

108 Bergaufklettern und Bergabrutschen

nach vorn neigt und die Zügel verlängert. Bei tieferem Einsinken muß der Reiter abspringen und das Pferd am langen Zügel führen.

Ordnungsformen

Beim *Reiten im Rudel* ist der Reiter zwar an keinen bestimmten Platz gebunden. Es gehört jedoch zu den Geboten der gegenseitigen Rücksichtnahme, daß keiner den Weg eines Mitreiters kreuzt oder ihn behindert. Unleidlichen Pferden nähert man sich nicht zu sehr. Überholen ist unangebracht. Der Ausbilder reitet entweder an der Spitze oder hinter dem Rudel. Nach den ersten Ausritten, bei denen er selbst für regelmäßiges Tempo gesorgt hat, wird er sich meist hinter dem Rudel aufhalten

und durch Zurufe Tempo und Richtung angeben. An der Spitze sollte ein fortgeschrittener Reitschüler reiten, an dem die anderen nicht vorbeireiten dürfen. (Abb. 109a)
Beim Reiten im Rudel wird der Herdentrieb des Pferdes ausgenutzt. Das kann auch für das *Gewöhnen* des Pferdes an das Überwinden von Hindernissen vorteilhaft sein. Jungen Reitern erspart das Reiten im Rudel Kräfte, und sie finden daran Freude. Da das Reiten im Rudel aber den Herdentrieb der Pferde verstärkt, muß es auch bei jungen Reitern ständig durch Einzelreiten ergänzt werden.
Um das *Einzelreiten* zu üben, werden erst je zwei, später einem Reiter dem Ausbildungsstand angemessene Aufgaben gestellt, zu deren Erfüllung sich zunächst das Rudel vom einzelnen, dann auch der einzelne vom Rudel entfernen muß. In diesem Fall soll zur Bekämpfung des „Herdentriebes" in stärkerer Gangart geritten werden, wenn sich der Reiter vom Rudel entfernt, in niedrigerer, wenn er auf das Rudel zureitet. Solche Aufgaben sind für die Ausbildung des Reiters sehr wichtig, weil er dadurch lernt, sein Pferd im Gelände selbständig zu führen.

Beispiele für Aufgaben zum Einzelreiten:
Das Rudel entfernt sich in höherem Tempo, während ein oder zwei Reiter die bisherige Geschwindigkeit beibehalten.
Das Rudel entfernt sich, während ein Reiter zurückbleibt.
Das Rudel entfernt sich in höherer Gangart, während ein Reiter langsam hinterherreitet.
Während das Rudel hält, muß sich ein Reiter im Trab oder Galopp vom Rudel entfernen und im Schritt wieder zurückkehren.
Während sich das Rudel im Schritt bewegt, erhält ein Reiter die Aufgabe, in höherer Gangart bis zu einem bestimmten Punkt voraus oder nach der Seite zu reiten und im Schritt wieder zum Rudel zurückzukehren.
Während das Rudel Schritt reitet, erhält ein Reiter den Auftrag, bis zu einem bestimmten Punkt auf dem gleichen Weg im Galopp zurückzureiten und danach im Trab das Rudel wieder einzuholen.

Der Ausbilder darf nur solche Aufgaben stellen, bei denen der Gehorsam des Pferdes wahrscheinlich ist. Anderenfalls bringt er den Reiter um das Erfolgserlebnis.
Das *Reiten in der Reihe* wird im allgemeinen auf Wald- und Feldwegen sowie auf den weichen Seitenstreifen von Landstraßen vorgezogen. Der Ausbilder reitet an der Spitze. Es sei denn, er hat einen anderen Reiter dazu eingeteilt, damit dieser sich im Einhalten des gleichmäßigen Tempos übt (s. Abb. 109c).
In der Reihe gehen alle Pferde hintereinander im Abstand von einer Pferdelänge. Soll der Abstand vergrößert werden, ist dies besonders anzuordnen.
Größtes Augenmerk ist auf gleichmäßiges und richtiges Tempo zu legen. Das Tempo des Anfangsreiters hat sich nach dem langsamsten Pferd des Beritts zu richten.
Auf öffentlichen Straßen und Wegen ist die *Straßenverkehrsordnung* einzuhalten. Dazu gehört das Anzeigen der Richtungsänderung, das Benutzen der rechten Fahrbahnseite, das Beachten der Vorfahrt und das vorgeschriebene Beleuchten der Gruppe bei Dunkelheit.
Wird aus einer niedrigen in eine höhere Gang-

109 Gruppenausritt: a im Rudel; b in Marschordnung; c in Reihe

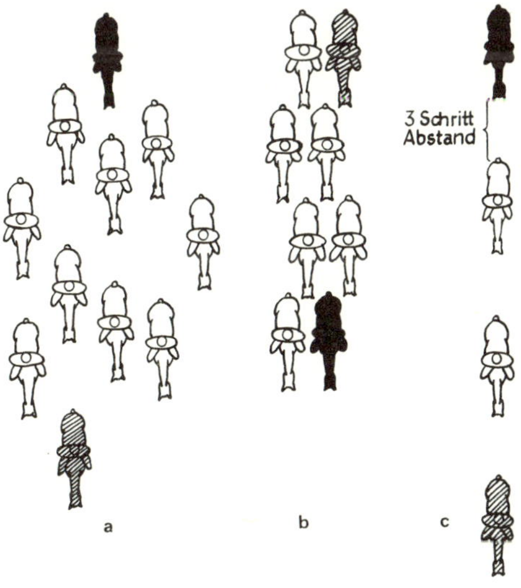

art übergegangen, so soll dieser Übergang von hinten nach vorn erfolgen, damit die Reihe nicht auseinandergerissen wird.
Paraden werden gleichzeitig, jedoch nicht zu plötzlich ausgeführt, weil sonst die hinten gehenden Pferde auf die vorderen aufprallen, wobei Ballentritte entstehen können. Das *Reiten in Marschordnung* zu zweien ist auf das Passieren von Ortschaften beschränkt. Der Ausbilder reitet voran. Mit drei Schritt Abstand folgt das erste Paar der mit *Bügelführung* reitenden Reiter. Die übrigen folgen paarweise hintereinander, wobei die Paare „auf Lücke" gehen, d. h., das rechte Pferd des zweiten Paares, das linke Pferd des dritten Paares usw. geht in Richtung zwischen die Pferde des Vorderpaares. Die folgenden Paare stehen mit ihren Köpfen jeweils in Höhe der Schweife der vorangehenden („Kopf auf Schweif", s. Abb. 109b).
Bei Marschordnung zu zweien führen die Reiter die Zügel mit beiden Händen. Es wird in dieser Ordnung ausschließlich im Schritt geritten.
Zum *Führen des Beritts im Gelände* verwendet der Ausbilder *Zurufe* oder *Zeichen,* die so gegeben werden müssen, daß sie von allen Reitern verstanden werden. Folgende Zeichen werden – bei Zügelführung in der linken Hand – mit dem rechten Arm gegeben. (Abb. 110)
Achtung! – Emporhalten des gestreckten Armes. Zeichen vor jedem anderen geben.
Marsch! – Senken des erhobenen Armes in Marschrichtung bis zur Schulterhöhe. Das Zeichen wird zum Anreiten im Schritt aus dem Halten gegeben (Abb. 110a).
Trab! – Mehrfaches Hochstoßen des Armes. Das Zeichen zum Antraben aus dem Schritt (110b).
Galopp! – Mehrfaches Schwenken des Armes über dem Kopf mit anschließendem Senken des gestreckten Armes in Marschrichtung. Das Zeichen zum Angaloppieren aus Schritt und Trab (110c).
Trab! Schritt! Halt! – Senken des erhobenen Armes seitwärts bis zum Oberschenkel. Einmaliges Senken bedeutet den Übergang zur nächstniedrigeren Gangart, z. B. vom Galopp zum Trab. Wiederholen des Zeichens bedeutet weiteren Übergang in niedrigere Gangart, z. B. vom Galopp zum Trab, vom Schritt zum Halten (110d).
Aufsitzen! – Hochstoßen des Armes bedeutet Aufsitzen für die im Gelände abgesessene Übungsgruppe.
Absitzen! – Das gleiche Zeichen wie für den Übergang zu niedrigerer Gangart, jedoch der haltenden Gruppe gegeben (110d).
Das Reiten nach Armzeichen hat auch einen Nutzen für die Schulung der Aufmerksamkeit. Die Reiter werden veranlaßt, den Ausbilder ständig im Auge zu behalten. Dieser hingegen kann mit den angegebenen oder an-

110 Zeichen für Führung eines Beritts

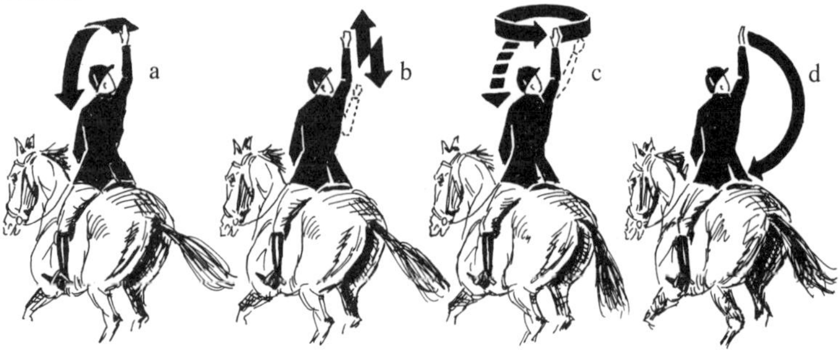

deren vereinbarten Zeichen einzelnen Reitern oder der ganzen Übungsgruppe Aufträge erteilen.

Schwimmen am Pferd

Hierfür sind *nur gute Schwimmer* zugelassen. Außerdem muß dafür gesorgt werden, daß *Rettungsschwimmer* und ein *Boot* vorhanden sind. Die Verantwortung dafür trägt der Ausbilder.

Jedes Pferd kann von Natur aus schwimmen und macht dazu etwa die Bewegung des Mitteltrabs (Abb. 111).

Zum Schwimmen tragen die Reiter Badebekleidung. Die Pferde werden auf Trense gezäumt. Der Sattel wird abgenommen oder bleibt, wenn der Weg zum Stall nicht allzuweit ist, ganz zu Hause. Alle Pferde tragen einen *Halsriemen* (s. Abb. 136).

Der Reiter sitzt auf das ungesattelte Pferd auf, knotet die Trensenzügel kurz und reitet, die geknoteten Zügel in beiden Händen, in das Wasser. Verliert das Pferd den Grund und beginnt zu schwimmen, werden die Zügel losgelassen und mit der rechten Hand der Halsriemen erfaßt. Dann läßt sich der Reiter nach links vom Pferd gleiten und mitziehen. Dabei soll er seinen Körper möglichst nicht über dem des Pferdes halten. Er muß jedoch bereit sein, sofort wieder den Reitsitz einzunehmen, sobald das Pferd Grund unter den Füßen hat. (Abb. 111)

Bei sehr langsam schwimmenden Pferden soll der Reiter mit der linken Hand und den Beinen mitschwimmen.

Um die Pferde beim Schwimmen in der gewünschten Richtung zu halten, genügen ganz geringe Anzüge am Trensenzügel oder Spritzen mit Wasser. Starke Anzüge können das Pferd im Wasser umwerfen.

Reiten mit Handpferd

Auch heute kommt diese Form des Reitens noch manchmal vor. Vor allem beim Verladen mehrerer Pferde oder auf Turnieren. Da gerade die jüngeren Reiter oft als Pferdepfleger zu Turnieren mitgenommen werden, wo ihnen auch diese Aufgabe zufällt, sollten sie eine eingehende Unterweisung darin erhalten. Der Reiter sitzt auf dem *ruhigsten* der Pferde, damit er den größten Teil seiner Aufmerksamkeit auf die Handpferde lenken kann.

111 Schwimmen am Pferd

Im *Straßenverkehr* darf nur *ein* verkehrssicheres Handpferd mitgeführt werden. Diesem werden die Zügel vom Hals genommen, und der Reiter ergreift sie mit der rechten Hand. Mit der linken Hand führt er sein eigenes Pferd. Das ist aber nur ein Notbehelf. Wenn mit Handpferd ausgeritten wird, um beim Bewegen der Pferde einen Reiter zu sparen, oder bei einem Handpferdereiten als breitensportlicher Wettbewerb sollte das Handpferd mindestens auf der rechten Seite ausgebunden und mit einem Führzügel im linken Trensenring geführt werden. Denkbar, wenn auch nicht ganz korrekt, ist es, den Führzügel in den Verbindungsriemen der Trense einzuhaken. Das Handpferd soll sich beim Führen etwa in Höhe des Reiters befinden.

Ein oder auch zwei Handpferde sind grundsätzlich an der rechten Seite des Reiters zu führen. Verkehrsreiche Straßen sind dabei möglichst zu meiden. *Nicht verkehrssichere Pferde* müssen im Straßenverkehr von einem zu Fuß gehenden Reiter geführt werden.

3.2.5. Springen

Mit den ersten *Vorübungen zum Springen* sollte sehr früh begonnen werden. Das steht keineswegs im Gegensatz zu unserer Auffassung, nach der ein gutes Reiten über Hindernisse nur dann zu erwarten ist, wenn Reiter und Pferd eine wohlfundierte Ausbildung in der Dressur erhalten haben. Dadurch, daß der richtige Springsitz systematisch und langsam aufgebaut wird, lassen sich zugleich die Voraussetzungen für hohe Leistungen schaffen. Außerdem werden so entwicklungshemmende Fehler in Sitz und Einwirkung vermieden, die sich bei überhastetem Vorgehen sehr leicht einschleichen.

Die Technik des Reiters im Sprung (Abb. 112)

Beim Reiten über Sprünge müssen Rücken und Hinterhand des Pferdes stärker entlastet werden. Deshalb sind im Springsitz die *Bügel* zwei bis drei Loch *kürzer* geschnallt als beim dressurmäßigen Reiten. Wird zu diesen Übungen ein Springsattel verwendet, müssen die Bügelriemen so kurz geschnallt werden,

112 Sitz des Reiters im Sprung

daß das Knie an der Pausche anliegt. Das können bis zu fünf Loch sein.
Der Fuß ist bis zum Spann, nicht aber bis zum Absatz durch den Bügel gesteckt. Dem Pferd wird bei der Springausbildung junger Reiter immer ein *Halsriemen* angelegt (s. Abb. 136).
Für die Betrachtung des Reiters im Sprung unterscheiden wir fünf Phasen: das Anreiten, den Absprung, das Schweben, das Landen und die Fortsetzung des Rittes. (Abb. 113)
Grundsatz für das Anreiten von Hindernissen ist: *Das Pferd muß an den Hilfen stehen!*
Daraus ergibt sich die Forderung, daß jedes Pferd vor dem Springen korrekt gelöst und an die Hilfen gestellt wird. Das Pferd wird senkrecht auf die Mitte des Sprunges zu geritten. Dabei bleibt der Reiter mit den treibenden Hilfen, die Unterschenkel unverrückbar am Gurt, gut am Pferd. Das Kreuz ist angespannt und drückt die Hüften nach vorn, um einer Rückverlegung des Schwerpunktes, wie sie ein Hinausschieben des Gesäßes über den Sattelkranz herbeiführen würde, zu begegnen. So geht der Reiter mit der Bewegung mit. Sein Gesäß bleibt dabei am Sattel. Darunter versteht man ein nur ganz geringes Abheben des Gesäßes von der Sitzfläche des Sattels, wodurch das Reitergewicht auf Oberschenkel und Knie verlagert ist. Bei dieser Haltung ist das Kreuz bereit, in Sekundenbruchteilen verstärkt zu wirken. Der bei richtiger Ausbildung tiefgetragene, lange Hals des Pferdes erfordert, daß die ruhig stehenden Hände ihren Platz an den beiden Halsseiten rechts und links des Mähnenkammes finden (tiefe Hand). Das Pferd soll losgelassen vorwärts gehen und der Reiter in der Lage sein, es am Sitz zu halten, so daß es den ihm gegebenen Hilfen gehorcht.
Das *Anreiten* muß energievoll sein. Das bewirken die treibenden Hilfen, die sich, besonders auf laurigen und nicht sicher springenden Pferden, bis zum Absprung steigern sollen, ohne daß dabei das Tempo erhöht wird.
Im letzteren Fall wird das Gesäß im Sattel bleiben und die treibende Wirkung verstärken müssen. Pferde, bei denen durch sachge-

113 Bewegungsablauf beim Springen

mäße Ausbildung die Springfreudigkeit entwickelt wurde, bedürfen jedoch solcher Verstärkungen der treibenden Hilfen nicht.

Beim *Absprung* machen sich für den Reiter zwei Erscheinungen bemerkbar:

1. Die *Richtungsänderung* der Bewegung durch das Heben der Vorhand und die anschließende aufwärts gerichtete Phase des Sprungs;
2. die plötzliche *Beschleunigung* der Vorwärtsbewegung, die durch das Abschnellen mit den Hinterbeinen hervorgerufen wird.

Wenn der Reiter im Gleichgewicht mit seinem Pferd bleiben will, muß er seinen Schwerpunkt nach vorn über den des Pferdes bringen. Das gelingt, wenn er seinen Oberkörper bei angespanntem Kreuz, vorgedrückten Hüften und aufgerichtetem Kopf entsprechend dem Absprungwinkel des Pferdes nach vorn neigt. Dabei muß er das Gesäß etwas aus dem Sattel heben, vor allem wenn der Absprungwinkel groß, der Sprung also steil ist. Jedes Zuviel ist aber von Übel, weil dadurch die Sicherheit des Sitzes beeinträchtigt wird. Knie und Schenkel bleiben an ihrem Platz. Der feste Knieschluß gibt dem Sitz seinen Halt. Das fixierte Knie bildet den Drehpunkt für die Bewegungen des Oberkörpers.

Während des Hebens streckt das Pferd Hals und Kopf nach vorn. In der anschließenden Schwebephase wird diese Bewegung noch deutlicher. Um nicht zu stören und dem Pferd sowohl den freien Gebrauch seines Halses als Balancierstange zu sichern als auch das von der maximalen Halsstreckung abhängige Anziehen und Beugen der Vorderbeine im Ellbogen- und Vorderfußwurzelgelenk zu ermöglichen, muß der Reiter mit den Händen aus *Schulter- und Ellbogengelenk* so weit in Richtung auf das Pferdemaul vorgehen, daß das Pferd die Zügelfreiheit erhält, die es zur völligen Streckung braucht. Die Hände werden dazu an den Halsseiten vorwärts-abwärts geschoben. Richtig aufrechtstehende Hände verhindern, daß der Ellbogen vom Körper abgespreizt wird, was als schwerer Fehler anzusehen ist, weil es das Nachgeben behindert. Geht in der Anfangsphase, in der das Pferd die Vorhand hebt und dabei die Strecke Pferdemaul-Reiterhand etwas verkürzt, die Verbindung mit dem Pferdemaul vorübergehend verloren, so ist dies der geringere Fehler. Äußerst schädlich dagegen ist, wenn das unmittelbar danach erforderliche Nachgeben nicht in ausreichendem Maße erfolgt. In diesem Fall wird das Balanciervermögen des Pferdes gestört, und die Vorderbeine hängen herab. Das ist schon der Fall, wenn der Reiter im Sprung eine stärkere Anlehnung verspürt, als er sie beim richtigen Anreiten, bei dem die Verbindung zwischen Hand und Pferdemaul leicht sein soll, gehabt hat.

Die *Schwebephase* setzt sich aus dem aufsteigenden Ast und dem abwärtsgerichteten Teil der Sprungkurve zusammen. Deutlich erkennbar ist hier die Streckung des Pferdehalses. Diese darf unter keinen Umständen eingeschränkt werden. Folglich müssen die

Arme noch weiter vorgehen. Aus diesem Grunde bleibt die starke Vorneigung des Oberkörpers erhalten, obwohl der Oberkörper des Reiters, der Schwerpunktlage entsprechend, hier schon wieder etwas aufgerichtet sein und das Gesäß wieder in den Sattel gebracht werden könnte. Der Oberkörper wird bei geradem Rücken des Reiters aus der Hüfte vorgeneigt. Oberschenkel, Knie und Unterschenkel müssen ihre Lage behalten. Ein das Gleichgewicht störender Fehler ist es, wenn der Reiter seinen Oberkörper während des Vorbeugens nach der Seite verschiebt. Der Kopf des Reiters ist erhoben, mit Blick auf den Weg bzw. das nächste Hindernis.

Richtiges *Landen* ist wichtig, um die Springfreudigkeit des Pferdes zu erhalten. Da der Schwerpunkt des Reiters während des abwärtsgerichteten Teils der Schwebephase noch vor dem des Pferdes liegt, muß der Reiter sich kurz vor der Landung bemühen, vermehrt nach hinten in den Sattel zu gleiten (Oberkörper aufrichten). Im Augenblick des rasch aufeinanderfolgenden Auffußens der Vorderbeine dienen die fest an den Sattel gepreßten Knie des Reiters als Stoßdämpfer, indem sie das Reitergewicht federnd auffangen und dadurch die Vorderbeine des Pferdes schonen. Obwohl ein Teil der Last auf die Bügel übertragen wird, muß doch der größere Teil der Last vom Knie abgefangen werden, wenn dem Pferd unangenehme Eindrücke erspart werden sollen.

Die *Reiterhand* darf die charakteristische Aufwärtsbewegung von Kopf und Hals beim Landen nicht stören. War während des Sprunges die Verbindung zwischen Hand und Pferdemaul unterbrochen, werden die Zügel erst einen Galoppsprung nach dem Landen wieder aufgenommen.

Bei der *Fortsetzung des Rittes* muß der Reiter während der ersten beiden Galoppsprünge nach dem Landen das Pferd wieder an die Hilfen stellen. Durch entsprechende Einwirkung verhindert er das Wegeilen, das seitliche Abweichen oder das Langsamerwerden des Pferdes.

Entwicklung der Springtechnik

Nach etwa 12- bis 15maliger Sitzübung im Normalsitz an der Longe kann mit den Übungen im *Entlastungssitz* begonnen werden. Diese Übungen ergänzen aber lediglich die zum großen Teil im Normalsitz durchgeführten. Die ersten Vorübungen für den Springsitz finden schon beim Reiten über Bodenricks und während der ersten leichten Kletterübungen im Gelände statt.

Obwohl das Mitgehen im Sprung aus dem Galopp für den Reiter am leichtesten ist, wird der Ausbilder doch die ersten kleinen *Sprünge an der Longe* aus dem Trab über 40 bis 50 cm hohe Stangen ausführen lassen, denn dabei findet das Pferd immer den Absprung, und es kommt nicht zu unregelmäßigen Bewegungen, die den Reiter vielleicht noch im Sitz stören. Der Reiter soll dabei die Bügel behalten, die dazu entsprechend verkürzt worden sind.

Die Hände greifen notfalls in den *Halsriemen,* der bei diesen Übungen immer umzulegen ist. Keinesfalls darf der Reiter einen Halt im Vorderzwiesel suchen, denn dadurch wird das Mitgehen unmöglich. Gerade das Gefühl für das Mitgehen muß aber bei den vorbereitenden Übungen zum Springen entwickelt werden.

Im Verlauf der Übungen im Springsitz an der Longe wird das Hindernis allmählich bis zu 0,8 m Höhe gesteigert, und es wird auch hin und wieder aus dem Galopp gesprungen. Die Übung wird zunächst stets mit Bügeln ausgeführt. Erfüllt der Reitschüler diese Anforderung gut, sollte man ihn anschließend über die etwas niedriger gestellte Stange ohne Bügel springen lassen.

Ganz zu Unrecht fast völlig in Vergessenheit geraten sind Springübungen über niedrige Hindernisse, bei denen der Reiter ohne Bügel reitet und die Arme in die Hüften stützt oder die Hände im Nacken faltet. Sie tragen sehr zur Herausbildung des sicheren und unabhängigen Sitzes im Sprung bei. Es lohnt sich, diese Übungen ihrem Dornröschen-Schlaf zu entreißen, zumal sie – mit Vernunft gehand-

habt – den Reitschülern sicher auch Spaß machen.
Inzwischen ist die Gruppe schon zum Reiten auf dem Viereck übergegangen, und die jungen Reiter haben einige Fertigkeiten in der Hilfengebung gewonnen. Sobald sie ihre Pferde an die Hilfen stellen können, wird das Springen auf dem Springplatz, für das wiederum das Reiten über Bodenricks eine gute Vorübung ist, noch durch eine spezielle Sitzschulung über die Wallreihe (s. Abschnitt 4.5.) vorbereitet. Sinn dieser anfangs im Schritt, später auch im Trab und Galopp ausgeführten Übungen ist es, einen korrekten Bewegungsablauf im Sprung herauszuarbeiten. Die Wallreihe erleichtert dies, da das Pferd bei ihrem Überwinden genau die gleichen Bewegungen des Rückens und des Halses ausführt wie beim Sprung selbst, jedoch aufgrund der niedrigeren Geschwindigkeiten in wesentlich verlangsamtem Zeitablauf. Der Reiter erhält dadurch die Möglichkeit, seinen Bewegungsablauf im Sprung zu entwickeln. Der Ausbilder vermag schon zu einem sehr frühen Zeitpunkt auftretende Fehler zu erkennen und zu bekämpfen.
Vom Fortgang und Ergebnis dieser Übungen hängt es ab, wann zum *Springen kleiner Hindernisse* auf dem Viereck übergegangen werden kann. Dazu werden anfangs nur Miniaturhindernisse benutzt, etwa eine 40 bis 50 cm hohe Stange mit Absprungstange. Bald schon werden die Gymnastikhindernisse für die Ausbildung verwendet. Vorsicht bei Steigerung der Anforderungen! Wer sich Zeit nimmt, kommt auch hierbei sicherer und schneller zum Ziel.
Da an der Wallreihe auch schon das mehrfache Übergehen vom Normalsitz zum Springsitz und umgekehrt geübt wurde, bereiten aus mehreren Elementen bestehende Gymnastikhindernisse kaum noch Schwierigkeiten. Überwinden die Reiter diese gut, werden auf dem Platz mehrere Hindernisse zu einem *Gymnastikparcours* verbunden. Dabei muß der Reiter jedes neue Hindernis mit an den Hilfen stehendem Pferd anreiten. Diese Forderung ist wichtiger als das Einhalten der vorgeschriebenen Linienführung. Zwischen den einzelnen Hindernissen des Gymnastikparcours ist immer wieder zum Trab überzugehen. Handwechsel und schließlich das Durchreiten solcher Bahnen im Galopp stellen weitere Anforderungen an den Reiter.
Entsprechend den Fortschritten des Reiters bei den Springübungen an der Longe und beim Überwinden von Gymnastikhindernissen wird parallel zu diesen auch das Überwinden von *Einzelhindernissen aus dem Trab* geübt, deren Höhe sich zwischen dem fünften und zehnten Ausbildungsmonat von 0,50 auf 1,10 m steigert. Vom achten Monat an beginnen die Übungen über Doppelsprünge von den gleichen Abmessungen wie die Einzelsprünge.
Auch diese Trabsprünge, die über Turnierhindernisse durchgeführt werden, können in Form einer *Teilparcours* zusammengestellt werden. Entscheidend für die Linienführung ist aber immer der vom einzelnen Reiter im dressurmäßigen Reiten erreichte Fortschritt.
Erst wenn im Trab völlige Beherrschung des Pferdes und Sicherheit im Sprung erreicht ist, wird die *Galoppspringtechnik* eingeführt. Auch hier werden die möglichst vielfältigen Hindernisse zunächst etwas niedriger gewählt, später aber bis zum 12. Ausbildungsmonat auf 1,10 m Höhe gesteigert. Der Ausbildungsgang ist der gleiche wie bei den Springübungen aus dem Trab. Unbedingt sind dabei auch in niedrigeren Abmessungen gehaltene *Hoch-Weitsprünge* zu üben, anfangs in Form von Hindernissen mit in den Sprung geneigter Vorderebene (Doppelbarre, Triplebarre, Stufenmauer u. a.). Oxer müssen auch bei Minimalabmessungen vorn und hinten gleiche Höhe aufweisen.
Im weiteren Ausbildungsgang werden die Anforderungen bis zu Hindernissen von 1,20 m Höhe und 1,40 m Tiefe gesteigert. Ist der Reiter in der Lage, sein Pferd über mehrere Einzelsprünge im Galopp zu reiten, wird mit dem Üben von *Weitsprüngen* auf dem Springplatz begonnen. Gräben sind im Gelände schon überwunden worden. Der Reiter muß zu die-

ser Zeit bereits *Tempoübergänge* im Gelände unter richtigem Einsatz der treibenden Hilfen reiten können. Er darf aber nicht versuchen, dem Pferd den Absprung anzugeben. Das lernt er erst viel später. Hier stören derartige Versuche nur das Pferd.
Grundforderung an den Ausbilder: Die Springausbildung muß immer so gestaltet werden, daß Reiter und Pferd daran Freude haben. Zu rasches Vorgehen und zu hohe Anforderungen führen nicht nur zu fehlerhafter Springtechnik, sondern lassen Reiter und Pferd das „Herz" verlieren. Eine zu große Anzahl von Sprüngen ist weder für die Pferde noch für die jungen Reiter angebracht. 15–20 Sprünge über diese kleinen Hindernisse sollten für eine Übungseinheit genug sein.

Fehler in der Springtechnik

Wir unterscheiden zwischen Fehlern im Sitz vor dem Hindernis, Fehlern im Sitz, die nur während des Sprungs auftreten, und solchen, die auf mangelhafte Einwirkung des Reiters zurückzuführen sind.
Da die *Wallreihe* ein ausgezeichnetes Mittel ist, um Fehler im Sitz des Reiters zu korrigieren, wird der Ausbilder oft darauf zurückgreifen. Weil aber beim Reiten über die Wallreihe die Geschwindigkeit wesentlich herabgesetzt ist, muß er den Reiter auch während der Springübungen korrigieren. Die rasche Ausführung der Sprungbewegung verhindert jedoch, daß die Korrektur noch beim gleichen Sprung wirksam wird. Deshalb versichert sich der Ausbilder der Mithilfe des Übenden, indem er ihn veranlaßt, sich selbst durch einen entsprechenden *Ruf* an seinen Fehler zu erinnern. Dieser Ruf soll in dem Augenblick erfolgen, in dem die zu korrigierende Bewegung ausgeführt wird. Er trägt aber nur zur Abhilfe solcher Fehler bei, die während des Sprungs oder unmittelbar vor oder während des Absprungs auftreten.

Fehler vor dem Hindernis:
1. Der Reiter bleibt hinter der Bewegung.
Abhilfe: Wo nicht Pferdewechsel angebracht erscheint, weil das Pferd das Tempo vor dem Sprung erhöht, muß der Reiter beim Anreiten den Oberkörper stärker nach vorn neigen und in den Halsriemen fassen.
2. Der Reiter *fällt* vor dem Sprung vornüber.
Abhilfe: Den Reiter veranlassen, so lange aufrecht im Sattel sitzen zu bleiben, bis sich die Vorhand des Pferdes zum Absprung hebt.
3. Der Reiter *verliert die Bügel.*
Abhilfe: Füße bis zum Spann durch die Bügel stecken lassen. Auf ruhig am Pferd liegende Unterschenkel achten.

Fehler beim Absprung und Sprung:
1. Der Reiter bleibt *hinter der Bewegung.*
Abhilfe: Der Reiter soll den Oberkörper mehr nach vorn neigen und in den Halsriemen fassen. Dabei ruft er: „Vor!"
2. Die *Knie* des Reiters *verrutschen.*
Abhilfe: Der Reiter soll spätestens im Augenblick vor dem Absprung rufen: „Knie zu!"
3. Der Reiter *zieht Knie* und *Absätze hoch.*
Abhilfe: Beim Sprung rufen lassen: „Absatz tief!"
4. Dem Reiter *verrutschen die Unterschenkel.*
Abhilfe: Beim vorletzten Galoppsprung vor dem Absprung rufen lassen: „Schenkel vor!" (nicht beim Absprung selbst, da sich sonst der Reiter angewöhnt, dem Pferd den Absprung bestimmen zu wollen)
5. Der Reiter dreht die *Fußspitzen* nach *auswärts.*
Abhilfe: Während des Sprungs rufen lassen: „Fußspitzen vor!"
6. Der Reiter führt vor dem Absprung die *Hände aufwärts.*
Abhilfe: Beim Anreiten rufen lassen: „Hände tief!"
7. Der Reiter führt die *Arme nicht weit genug nach vorn.*
Abhilfe: Während des Absprungs rufen lassen: „Arme vor!" (die gleiche Korrektur ist erforderlich, wenn der Reiter vor oder während des Sprungs mit den Händen rückwärts wirkt)

8. Der Reiter *spreizt die Ellbogen ab.*
Abhilfe: Während des Anreitens rufen lassen: „Ellbogen ran!“
9. Der Reiter richtet den Blick nach unten.
Abhilfe: Rufen lassen: „Kopf hoch!“
10. Der Reiter *sieht sich* während oder nach dem Sprung *um.*
Abhilfe: Rufen lassen: „Blick nach vorn!“
11. Der Reiter *fällt* beim Landen *mit dem Gesäß in den Sattel.*
Abhilfe: Während des Sprungs rufen lassen: „Knie zu!“
12. Der Reiter *hält sich* über dem Sprung *an den Zügeln fest.*
Abhilfe: Während des Sprungs rufen lassen: „Finger auf!“ bzw. „Hände vor!“

Fehler in der Einwirkung des Reiters:
1. Vor Trabsprüngen *galoppiert* das Pferd an.
Abhilfe: Der Reiter wendet ab, stellt das Pferd an die Hilfen und reitet aussitzend im ruhigen Trab wieder an. Dabei reguliert er das Trabtempo durch mehrfache halbe Paraden. Erforderlichenfalls sind durch verstärkte Einwirkungen mit beiden Schenkeln am Gurt die letzten beiden Tritte etwas zu verlängern.
2. Der Reiter *reitet schräg* an das Hindernis an.
Abhilfe: Den Sprung wiederholen lassen, wobei der Reiter von einem ihm angegebenen Punkt auf das Hindernis abwenden und senkrecht auf die Mitte des Hindernisses zureiten soll.
3. Der Reiter *versucht,* dem Pferd den *Absprung vorzugeben.*
Abhilfe: Der Reiter muß veranlaßt werden, Hände und Unterschenkel während der letzten Tritte bzw. Galoppsprünge vor dem Absprung ganz ruhig zu halten. Gegebenenfalls kann es in diesem Fall nützlich sein, wenn er sich durch den Ruf: „Hände ruhig!“ daran erinnert.
4. Der Reiter *gibt die Anlehnung* beim Absprung plötzlich *auf.*
Abhilfe: Im Galopp auf der Wallreihe das Gefühl für das Vorgehen der Arme unter Beibehaltung der Anlehnung ausbilden.

Springen im Gelände

Etwa vom vierten Ausbildungsmonat an werden die sich im Gelände bietenden Gelegenheiten zum Überwinden *kleiner Hindernisse* (umgestürzter Baumstamm, kleiner Steinwall, schmaler Graben usw.) *aus dem Trab* genutzt. Sie sind Vorübung und Ergänzung zu den Springübungen auf dem Platz.
Die *Anforderungen* im Gelände sind gleich laufend mit den Fortschritten auf dem Springplatz zu steigern. Auch hier gilt der Grundsatz: kein Sprung, ohne daß das Pferd an den Hilfen steht! Die vom Gelände gebotenen Bedingungen reichen bald nicht mehr aus, und man muß deshalb mit Genehmigung der zuständigen Stellen einige *Geländehindernisse* anlegen.

Ratschläge für den Geländehindernisbau:
1. Die Hindernisse müssen sich harmonisch in das Gelände einfügen und ihrer Umgebung entsprechen.
2. Die Hindernisse müssen nach beiden Seiten Anschluß an andere, natürliche Hindernisse haben. Denn weder Pferd noch Reiter müssen ein frei im Gelände stehendes Rick von 3 m Breite überwinden. Sie könnten es viel bequemer umgehen. Baut man es jedoch in einen Hohlweg, in eine Waldschneise oder zwischen nicht zu weit voneinanderstehende Büsche, so findet es Anschluß nach beiden Seiten und lädt zum Überspringen ein, selbst wenn es ziemlich schmal ist.
3. Schmale Hindernisse haben den Vorteil, daß sie die Pferde zum geraden Herangehen veranlassen.
4. Alle Absprung- und Landestellen müssen sicheres Auffußen gewährleisten, sie dürfen also nicht steinig, sumpfig oder uneben sein.
5. Gräben mit sumpfigen Rändern sind ungeeignet.
6. Dadurch, daß die Geländehindernisse mit der Umgebung entsprechendem Buschwerk ausgefüllt werden, erscheinen sie dem Pferd massiver und werden besser überwunden.
7. Hindernisse im Gelände müssen fest gebaut werden, weil sie dann für Pferd und auch

Reiter einen größeren erzieherischen Wert haben. Sie erfordern von beiden größere Sorgfalt.
8. Im Gelände lassen sich einfache Hindernisse, wie Ricks, sehr leicht mit Gräben, Wällen, Mulden, Hängen u. ä. zu kombinierten Hindernissen vereinigen. Auch Hindernisse auf schräger Ebene sowie solche, deren Landeseite höher oder tiefer liegt als die Absprungstelle, dienen der weiteren Ausbildung des Reiters. Zur Gestaltung solcher Hindernisse sind transportable Vorrichtungen (s. Abb. 157 und 236–240) sehr nützlich.

Die *Abmessungen* der Geländehindernisse erhöhen sich mit den Fortschritten des Reiters, sollen jedoch nicht schwerer sein als die auf dem Springplatz zu diesem Zeitpunkt gesprungenen. *Feste Hindernisse* müssen außerdem immer 10 cm niedriger sein als die halbfesten Übungshindernisse auf dem Platz. Ihre Breite am Boden kann über ihr Höhenmaß jedoch hinausgehen, sobald sie im Galopp gesprungen werden, weil sie dann verlangen, daß das Pferd sich fliegen läßt.
Beim Reiten im Gelände soll man die Reiter dazu erziehen, daß sie bewußt nach Möglichkeiten zum Springen suchen. Auf diese Weise kann gleichzeitig ihre Fähigkeit im Beurteilen von Geländehindernissen gut ausgebildet werden.
Selbstverständlich dürfen Hindernisse, an denen die Pferde Schaden nehmen können, nicht gesprungen werden (z. B. Stacheldrahtzäune, Zementrohre, Eisenrohre usw.).

3.2.6. Plan der Grundausbildung des Reiters

Für die zeitliche Verteilung der Ausbildungsanforderungen und ihr Nach- bzw. Nebeneinander gibt der folgende Plan einen *Anhalt.* Er ist selbstverständlich kein Dogma und muß, wenn nicht genügend gut gerittene Pferde für die Ausbildung zur Verfügung stehen oder die Übungszeit geringer ist, entsprechend verändert werden. Der Plan führt bis zum Abschluß der Grundausbildung und zur ersten Teilnahme des Reiters an Wettkämpfen.
Junge Reiter, die nicht wenigstens 5mal in der Woche trainieren können, werden die Ziele der Grundausbildung in der im nachfolgenden Plan vorgesehenen Zeit nicht erreichen, desgleichen Reitschüler, die nur über ein geringes Talent verfügen. Für sie kann deshalb die Teilnahme an Turnieren noch nicht angestrebt werden.

1. Monat (November)

Ausbildungsziel
Vertrautwerden mit dem Pferd. Erlangen des Gleichgewichts zu Pferde. Erzielen der Losgelassenheit des Sitzes. Vermittlung theoretischer Grundkenntnisse.

Umfang der Ausbildung pro Woche
2 × 50 min athletische Ausbildung;
2 × 15 und 1 × 30 min theoretische Ausbildung;
3 × 10 min Gewandtheitsübungen am Pferd;
3 × 20 min Sitzübungen an der Longe.

Ausrüstung von Reiter und Pferd
Reitanzug ohne Sporen, Stöckchen, Ball. Für Gewandtheitsübungen auch Sportanzug. Pferd mit vollständiger Longierausrüstung.

Übungen an der Longe, Sitz- und Gewandtheitsübungen
Aufbau des losgelassenen Balancesitzes in Phasen, Leichttraben mit Bügeln, Aussitzen und Antraben ohne Bügel. Aufsitzen und Absitzen von links und rechts, desgl. Auf- und Abspringen. Übungen mit Stöckchen und Ball. Freiübungen. Mutsprung (aus dem Kniestand auf dem Sattel).
Übungen auf dem Viereck, Bodenrickarbeit, Springen.
Geländereiten findet noch nicht statt, mit Ausnahme von Spazierritten am Führzügel.

Theoretische Ausbildung
Reitlehre: Sattel und Trense, Satteln und Auftrensen. Sattelpflege. Auf- und Absitzen. Auf- und Abspringen. Sitz des Reiters.
Gesundheitspflege: Stallordnung und Stalldienst. Pferde- und Hufpflege. Wartung der Pferde. Führen der Pferde.
Beurteilungslehre: Körperteile des Pferdes.
Fütterungslehre: Füttern und Tränken. Hauptfuttermittel und Mengen.

Sonstiges
Braundschutzbelehrung

2. Monat (Dezember)

Ausbildungsziel

Verbessern des Gleichgewichts zu Pferde. Verbessern der Losgelassenheit des Sitzes. Aufbau des Normalsitzes. Anfänge der Hilfengebung. Vermittlung theoretischer Kenntnisse. Erste Ausbildungsüberprüfung.

Umfang der Ausbildung pro Woche

2 × 50 min athletische Ausbildung;
2 × 15 und 1 × 30 min theoretische Ausbildung;
3 × 10 min Gewandtheitsübungen am Pferd;
3 × 20 min Sitzübungen an der Longe;
1 × 90 min Ausritt im Gelände im Schritt.

Ausrüstung von Reiter und Pferd

Wie im 1. Monat.
Geländereiten mit ausgebundenen Pferden. Halsriemen erforderlich. Auf dem Viereck mit ausgebundenen Pferden.

Übungen an der Longe, Sitz- und Gewandtheitsübungen

Aufbau der individuellen Form des Normalsitzes. Erlernen der Zügelführung auf Trense, Anreiten, Antraben, Paraden, Angaloppieren, Treiben im Trab und Galopp. Freiübungen im Schritt, Trab und Galopp mit und ohne Bügel. Schere. Überschlag im Halten.

Übungen auf ebenem Hufschlag

Übergang zum Reiten auf dem Viereck (3. und 4. Woche). Anreiten, Antraben, Leichttraben, Aussitzen, Links- und Rechtswendungen im Schritt und Trab.

Bodenrickarbeit

Während der Übungen an der Longe reiten über 1–3 Stangen, später Bodenricks, im Schritt, Trab und Galopp. Im Gelände im Schritt über Stangen treten lassen.

Geländereiten

Ausritte im Schritt, von der vierten Woche an auch ruhiger Arbeitstrab, Leichttraben, im Rudel. Nur leicht unebenes Gelände.

Theoretische Ausbildung

Reitlehre: Einwirkungen und Hilfen, Einwirkung mit dem Gewicht. Halbe Paraden. Die Galopphilfen. Der Reitplatz. Größe und Markierungen. Die Hufschlagfiguren. Bahndisziplin. Erforderliche Bahnkommandos.
Beurteilungslehre: Das Haar. Farben und Abzeichen. Die wichtigsten Pferderassen. Die Gliedmaßen des Pferdes und ihre Hauptteile.
Sonstiges
Pferdebesichtigung. Erste Ausbildungsprüfung. Sattelzeugkontrolle.

3. Monat (Januar)

Ausbildungsziel

Erreichen der völligen Losgelassenheit und Festigung des Sitzes. Seitwärtstreibende Hilfen. Vermittlung theoretischer Kenntnisse.

Umfang der Ausbildung pro Woche

2 × 50 min athletische Ausbildung;
2 × 15 und 1 × 30 min theoretische Ausbildung;
3 × 5 min Gewandtheitsübungen am Pferd;
3 × 20 min Sitzübungen an der Longe;
2 × 30 min Reiten auf dem Viereck;
1 × 90 min Ausritt ins Gelände.

Ausrüstung von Reiter und Pferd

Wie im 1. Monat.
Voltigierübungen mit Voltigierausrüstung des Pferdes.

Übungen an der Longe, Sitz- und Gewandtheitsübungen

Sitzübungen an der Longe wie im 2. Monat, desgl. Freiübungen. Sitzübungen auf dem Viereck mit geknoteten Zügeln und ausgebundenen Pferden. Gewandtheitsübungen in Form von Voltigierübungen: Auf- und Abspringen im Halten, Schritt und Galopp.

Übungen auf ebenem Hufschlag

Schritt und Trab mit Bügeln, später Trab ohne Bügel, Leichttraben. Halbe Paraden. Angaloppieren auf einem großen Zirkel. Leichttraben mit Umsitzen beim Handwechsel. Durch die ganze und die halbe Bahn wechseln. Rechts- und Linkswendungen. Vorhandwendung.

Bodenrickarbeit

Wie im 2. Monat, jedoch auch ohne Bügel. Im Gelände auch im Trab über Stangen treten lassen.

Geländereiten

Wie im 2. Monat. Fußwechsel beim Leichttraben. Reiten in Reihe und in Marschordnung zu zweien.

Theoretische Ausbildung

Reitlehre: seitwärtstreibende Hilfen.
Gesundheitspflege: Vormustern der Pferde.
Krankheiten: häufige Erkrankungen und ihre Kennzeichen.
Beurteilungslehre: die Formen von Rumpf, Kopf, Hals und Schweif.
Fütterungslehre: Beschaffenheit der Futtermittel.
Sonstiges
Pferdebesichtigung, Sattelzeugkontrolle, Brandschutzbelehrung.

4. Monat (Februar)

Ausbildungsziel

Erreichen der völligen Losgelassenheit. Weitere Festigung des schmiegsamen Sitzes. Seitwärtstreibende Hilfen. Vorübungen für den Springsitz. Vermittlung theoretischer Kenntnisse.

Umfang der Ausbildung pro Woche
Wie im 3. Monat.

Ausrüstung von Reiter und Pferd
Wie im 3. Monat.
Im Gelände ohne Ausbindezügel, aber mit Halsriemen. Auch bei der Arbeit auf der Wallreihe mit Halsriemen und ohne Ausbindezügel. Springübungen an der Longe mit Halsriemen.

Übungen an der Longe, Sitz- und Gewandtheitsübungen
Sitzübungen an der Longe wie im 2. Monat. Herausbilden des Entlastungssitzes. Trab vorwiegend ohne Bügel. Reiten auf dem Viereck völlig ohne Bügel. Freiübungen. Voltigierübungen: Sprung in den Seitsitz, Mühle.

Übungen auf ebenem Hufschlag
Trab und Galopp ohne Bügel. Angaloppieren aus Schritt und Trab. Auf dem Zirkel reiten. Aus dem Zirkel wechseln im Schritt und Trab. Aus der Ecke kehrt im Schritt und Trab. Volten (10 m Durchmesser) im Schritt. Vorhandwendungen. Halbe Paraden.

Bodenrickarbeit
Wie im 2. Monat, jedoch ausschließlich ohne Bügel. Reiten über Wallreihe im Schritt und Trab mit Bügeln.

Springen
Gymnastikrick mit Nachstange 30 cm/60 cm mit Bügeln. Grid mit 2–3 Elementen 40–50 cm mit Bügeln. Einzelne Trabsprünge 30–40 cm mit Bügeln.

Geländereiten
Erstes ruhiges Galoppieren im Gelände auf ebenem Boden. Schritt und Trab (auch aussitzen) auf unebenem Boden. Springen kleiner Gräben bis 0,8 m. Erstes Bergaufklettern.

Theoretische Ausbildung
Reitlehre: der Entlastungssitz. Verhalten im Sprung und beim Klettern.
Gesundheitslehre: Erste Hilfe bei Verletzungen des Pferdes.
Beurteilungslehre: Die Gliedmaßen und ihre Stellung.
Fütterungslehre: Zusatz- und Ersatzfuttermittel.
Pflege des Pferdes: Die Pflege des Langhaares.
Geschichte: Die geschichtliche Entwicklung des Pferdes.

Sonstiges
Pferdebesichtigung, Sattelzeugkontrolle.

5. Monat (März)

Ausbildungsziel
Vervollkommnen des losgelassenen, schmiegsamen Sitzes. Festigung der Hilfengebung. Vertiefen der bisher erarbeiteten Übungen. Vermittlung theoretischer Kenntnisse.

Umfang der Ausbildung pro Woche
Wie im 3. Monat, jedoch 2 × 40 min Reiten auf dem Viereck, einschließlich der Springübungen.

Ausrüstung von Reiter und Pferd
Wie im 4. Monat, jedoch jetzt auch auf dem Viereck ohne Ausbindezügel.

Übungen an der Longe, Sitz- und Gewandtheitsübungen
Sitzübungen an der Longe wie im 4. Monat. Sitzübungen auf dem Viereck wie im 4. Monat. Freiübungen. Voltigierübungen: Fahne, Schere. Springübungen an der Longe, 40 cm hoch, ohne Bügel.

Übungen auf ebenem Hufschlag
Trab im Aussitzen mit und ohne Bügel. Schlangenlinien (alte Form) durch die Bahn im Schritt und Trab. Acht im Schritt und Trab. Volten 10 m Durchmesser im Schritt und Trab. Angaloppieren aus dem Trab. Ganze Parade aus dem Schritt. Zügel aus der Hand kauen lassen.

Bodenrickarbeit
Bodenrickarbeit wie im 4. Monat, jedoch auch bei Freiübungen auf dem Viereck. Reiten über die Wallreihe im Schritt und Trab ohne Bügel.

Springen
Wie im 4. Monat ohne Bügel.
Gymnastikrick mit Nachstange 35 cm/70 cm mit Bügeln. Grid mit 3–4 Elementen 40–50 cm mit Bügeln. Einzelne Trabsprünge 50 cm mit Bügeln.

Geländereiten
Einzelreiten im Schritt und Trab über unebenen Boden. Galoppieren im Rudel. Springen kleiner Gräben bis 1 m. Überwinden leichter Kletterstellen bergauf und bergab.

Theoretische Ausbildung
Reitlehre: Bezeichnungen in der Reitbahn. Bahnkommandos.
Anatomie: Bau der tierischen Zelle. Die Nerventätigkeit des Pferdes. Das Skelett.
Beurteilungslehre: die Gangarten, Hufformen.
Krankheiten: Infektionskrankheiten.
Fütterungslehre: Körnerfutter.

Sonstiges
Pferdebesichtigung, Sattelzeugkontrolle, Brandschutzbelehrung.

6. Monat (April)

Ausbildungsziel
Vervollkommnen des losgelassenen, schmiegsamen Sitzes. Verbessern der Hilfengebung. Verbessern der Beherrschung des Pferdes durch den Reiter in den bisher erarbeiteten Übungen. Vermittlung theoretischer Kenntnisse.

Umfang der Ausbildung pro Woche
Wie im 5. Monat.

Ausrüstung von Reiter und Pferd
Wie im 5. Monat.
(Da bis zum 10. Monat keine Veränderungen in der Ausrüstung auftreten, erscheint diese Spalte bis dahin nicht mehr!)

Übungen an der Longe, Sitz- und Gewandtheitsübungen
Sitzübungen an der Longe und auf dem Viereck wie im 4. Monat, jedoch mit und ohne Bügel, desgl. Freiübungen. Voltigierübungen: Knien, Flanke aus dem Seitsitz. Springübungen an der Longe, 50 cm hoch, ohne Bügel.

Übungen auf ebenem Hufschlag
Traben im Aussitzen mit und ohne Bügel. Galopp mit Bügeln. Halbe Paraden. Ganze Parade aus Schritt und Trab. Korrektes Durchreiten der Ecken. Schenkelweichen im Schritt. Schlangenlinien an der langen Seite im Schritt und Trab. Verlängern der Tritte im Arbeitstrab. Überstreichen im Galopp. Viel Reiten mit einer Hand.

Bodenrickarbeit
Bodenricks wie im 5. Monat. Reiten auf der Wallreihe wie im 5. Monat, dazu im Arbeitsgalopp mit Bügeln.

Springen
Wie im 5. Monat, jedoch ohne Bügel.
Gymnastikrick mit Nachstange 40 cm/80 cm mit Bügeln. Grid mit 4–5 Elementen 50–60 cm mit Bügeln. Einzelne Trabsprünge 60 cm mit Bügeln.

Geländereiten
Einzelreiten in allen Arbeitstempi über unebenen Boden. Reiten durch Wasser (evtl. hinter einem Führpferd). Springen und Klettern wie im 5. Monat und kleine Hindernisse bis 50 cm. Temporeiten im Schritt und Trab.

Theoretische Ausbildung
Reitlehre: An-die-Hilfen-Stellen. Reiten nach Tempomarken.
Anatomie: Bau des Knochens und der Gelenke.
Beurteilungslehre: Kopf, Hals, Widerrist.
Fütterungslehre: Kleie, Hülsenfrüchte.
Beschlaglehre: Hufmechanismus.
Krankheiten: Krankheiten der Verdauungsorgane.

Sonstiges
Sattelzeugkontrolle, Pferdebesichtigung.

7. Monat (Mai)

Ausbildungsziel
Wie im 6. Monat, dazu:
Beherrschen des Pferdes beim Einzelreiten durch Verbesserung der Hilfengebung. Vermittlung theoretischer Kenntnisse. Teilnahme an einem Reitwettbewerb, evtl. kleines Hufeisen.

Umfang der Ausbildung pro Woche
Athletische und theoretische Ausbildung wie bisher.
3 × 5 min Gewandtheitsübungen;
3 × 10 min Sitzübungen an der Longe;
2 × 45 min Reiten auf dem Viereck, einschl. Springen;
1 × 90 min Ausritt ins Gelände.

Übungen an der Longe, Sitz- und Gewandtheitsübungen
Sitzübungen an der Longe und auf dem Viereck, wie im 6. Monat.
Voltigierübungen: Stehen, freie Flanke. Springübungen an der Longe, 60 cm hoch, ohne Bügel, 50 cm hoch mit Händen im Hüftstütz bzw. im Nacken gefalteten Händen.

Übungen auf ebenem Hufschlag
Wie im 6. Monat.
Zirkelverkleinern und -vergrößern im Schritt, Schenkelweichen im Trab. Angaloppieren aus dem Schritt nach der Volte. Verlängern der Galoppsprünge.

Bodenrickarbeit
Reiten über 3–4 Bodenricks im Schritt, Trab und Galopp auf dem Viereck, dabei einzeln auch Freiübungen. Reiten über die Wallreihe im Galopp ohne Bügel.
(In den folgenden Monaten bleibt die Arbeit über Bodenricks und Wallreihe die gleiche. Die ist zwar ständig fortzusetzen, wird aber nicht mehr erwähnt.)

Springen
Wie im 6. Monat, jedoch ohne Bügel.
Gymnastikrick mit Nachstange 45cm/90 cm mit Bügeln. Grid mit 6 Elementen, 50–60 cm hoch, mit Bügeln. Einzelne Trabsprünge bis 70 cm mit Bügeln. Gridkombinationen, Gymnastikparcours.

Geländereiten
Wie im 6. Monat.
Reiten im Galopp nach Tempomarken. Überwinden kleiner Hindernisse bis 60 cm, Gräben bis 1,2 m.

Theoretische Ausbildung
Reitlehre: Zwanglosigkeit und Losgelassenheit.
Anatomie: das Rumpfskelett.
Beurteilungslehre: Rücken, Lende, Kreuz, Schweif.
Fütterungslehre: Knollen- und Wurzelgewächse.
Beschlagslehre: Formen der Hufeisen.
Krankheiten: Krankheiten der Atmungsorgane.

Sonstiges
Pferdebesichtigung, Sattelzeugkontrolle, Brandschutzbelehrung.

8. Monat (Juni)

Ausbildungsziel
Wie im 7. Monat.

Umfang der Ausbildung pro Woche
Wie im 7. Monat.

Übungen an der Longe, Sitz- und Gewandtheitsübungen
Wie im 7. Monat.
Sitzübungen an der Longe und auf dem Viereck. Wiederholung der Voltigierübungen. Springübungen an der Longe oder im Springgarten, 60 cm hoch, ohne Bügel mit Händen im Hüftstütz, mit hinter dem Nacken gefalteten Händen und auf dem Rücken verschränkten Armen.

Übungen auf ebenem Hufschlag
Wie im 8. Monat, dazu Angaloppieren aus dem Schritt aus der Ecke. Mitteltrab. Mittelgalopp. Rückwärtstreten aus dem Halten zum Halten und mit sofortigem Anreiten im Schritt aus der Rückwärtsbewegung.

Springen
Wie im 7. Monat, jedoch ohne Bügel.
Gymnastikrick mit Nachstange 50 cm/100 cm mit Bügeln. Gymnastikparcours aus verschiedenen Gymnastikhindernissen mit Handwechsel, mit Bügeln. Einzelne Trabsprünge bis 80 cm hoch und 80 cm tief mit Bügeln. Doppelsprünge bis 80 cm hoch mit passenden Abständen, mit Bügeln. Kurzer Gymnastik-Doppelsprung: vorn 0,4 m, hinten 0,7 m, Abstand etwa 2,8 m, mit Bügeln.

Geländereiten
Wie im 7. Monat, dazu Einsprünge in seichtes Wasser. Auf- und Absprünge etwa 50 cm hoch. Abrutschen über einen kurzen Hang.

Theoretische Ausbildung
Reittheorie: Normalsitz, Entlastungssitz, verstärkt treibender Sitz und Treiben im Bewegungsrhythmus.
Geschichte: zoologische Zuordnung und phylogenetische Entwicklung.
Anatomie: das Skelett der Gliedmaßen.
Beurteilungslehre: Brust, Bauch, Flanken.
Fütterungslehre: Heu.
Beschlagslehre: der Beschlagsvorgang.
Krankheiten: Dummkoller, Stätigkeit, Koppen, Epilepsie.

9. Monat (Juli)

Ausbildungsziel
Wie im 6. Monat, dazu:
Wiederholung und Festigung. Vermittlung. Wiederholung und Vertiefung der theoretischen Kenntnisse. Sommerlager (evtl. auch im August). 2. Ausbildungsüberprüfung (Reiterpaß).

Umfang der Ausbildung pro Woche
Wie im 7. Monat, jedoch in den Ferien möglichst ein drittes Mal 45 min auf dem Viereck reiten. Im Sommerlager täglich:
2 × 50 min theoretische Ausbildung;
1 × 50 min athletische Ausbildung;
1 × 10 min Gewandtheitsübungen am Pferd;
1 × 20 min Sitzübungen an der Longe;
1 × 60 min Reiten auf dem Viereck im Wechsel mit
1 × 90 min Reiten im Gelände.

Übungen an der Longe, Sitz- und Gewandtheitsübungen
Wiederholung und Vertiefung des bisher Erlernten. Korrektur von Sitzfehlern. Springübungen an der Longe, 70 cm, ohne Bügel; über Grid mit 3–4 Elementen, 60 cm hoch, ohne Bügel, mit Händen in den Hüften, im Nacken oder Armen hinter dem Rücken.

Übungen auf ebenem Hufschlag
Wie im 8. Monat, dazu Hinterhandwendung. Einfacher Galoppwechsel. Reiten von Teilaufgaben Klasse E, evtl. A. Erstes Reiten von Aufgaben Klasse E, im Sommerlager evtl. Klasse A.

Springen
Wie im 8. Monat, jedoch ohne Bügel.
Gymnastikrick mit Nachstange 55 cm/110 cm mit Bügeln.
Gymnastikparcous mit Handwechsel auch im Galopp (einfacher Galoppwechsel).
Einzelne Trabsprünge bis 90 cm. Doppelsprünge bis 90 cm, Hochweitsprünge bis 90 cm × 90 cm.
Gymnastikdoppelsprung: vorn 0,4 m, hinten 0,9 m, Abstand 2,8 m.
Teilparcours mit 6 Hindernissen im Trab. Übergang zur Galoppspringtechnik bei einzelnen Sprüngen gleicher Abmessungen und Teilparcours bis zu vier Hindernissen.

Geländereiten
Wie im 8. Monat, dazu Gebrauchsgalopp (400 m/min) nach Tempomarken, verstärkter Galopp (500 m/min) nach Tempomarken. Arbeitsgalopp bergab und bergauf (sanfte Hänge). Arbeitsgalopp auf schmalen Waldwegen und durch lichte Baumbestände. Kleine Hindernisse bis 80 cm, Wassergräben bis 1,5 m, Auf- und Absprünge bis 60 cm. Einsprünge in seichtes Wasser über niedrige Koppelricks. Streckenritte 5–8 km, paarweise und einzeln.

Theoretische Ausbildung
Reittheorie: Vertiefende Wiederholung zu „Normalsitz“ und „Sitzformen“. Die Springtechnik und der springtechnische Zyklus. Der Ausbildungsgang des Pferdes (Übersicht).
Anatomie: das Muskelgewebe. Die Rumpfmuskulatur.
Beurteilungslehre: Vorder- und Hintergliedmaßen.
Fütterungslehre: Stroh, Grünfutter.
Beschlagslehre: Hufverletzungen und Hufkrankheiten.
Krankheiten: Sattel- und Geschirrdrücke.

Sonstiges
Pferdebesichtigung, Sattelzeugkontrolle, Baden bzw. Schwimmen am Pferd, Brandschutzbelehrung.

10. Monat (August)

Ausbildungsziel
Wie im 6. Monat, dazu:
erste Teilnahme an Dressurprüfungen Kl. E, Dressur- und Springreiter-Wettbewerbe sowie kombinierten Reiterwettbewerben.
Für diejenigen Reiter, die nicht an Turnieren teilnehmen werden, beginnt von diesem Monat an ein abwechslungsreicher Übungsbetrieb, in dem der erhaltende und fördernde Reitunterricht und eine vielseitige reiterliche Betätigung, wie Wanderritte, Figuren- und Formationsreiten, Quadrillen- und Musikreiten, die Hauptkomponenten sind. Als Wettkämpfe kommen alle breitensportlichen Wettbewerbe in Betracht (s. LPO, Teil B).

Umfang der Ausbildung pro Woche
Wie im 7. Monat, jedoch verringert entsprechend den Wettkampftagen.

Ausrüstung von Reiter und Pferd
Wie im 5. Monat, jedoch mit Sporen.
(Da bis zum 13. Monat keine Veränderungen auftreten, erscheint die Spalte bis dahin nicht mehr.)

Übungen an der Longe, Sitz- und Gewandtheitsübungen
Sitzübungen an der Longe und auf dem Viereck wie im 8. Monat.
Voltigieren nur noch gelegentlich zur Erhaltung der Fertigkeiten.
Springen an der Longe, 80 cm, ohne Bügel; über Grid mit 4–6 Elementen, 60 cm hoch, ohne Bügel mit Händen in den Hüften, im Nacken oder Armen hinter dem Rücken.

Übungen auf ebenem Hufschlag
Wie im 9. Monat.
Vervollkommnen der Technik und Taktik des Reitens von Dressuraufgaben Klasse A.
Mehrfaches Angaloppieren auf der Geraden an der langen Seite, auf der Mittellinie, den Wechsellinien und dem Zirkel. Reiten von Teilaufgaben und Kontrollaufgaben Klasse A.

Springen
Wie im 9. Monat, jedoch die Trabsprünge ohne Bügel.
Gymnastikrick mit Nachstange 60 cm/120 cm mit Bügeln.
Gymnastikparcours mit mehrfachem Handwechsel im Trab und Galopp (einfacher Galoppwechsel).
Einzelne Trabsprünge bis 1,0 m. Doppelsprünge bis 1,0 m. Hochweitsprünge 90 cm × 90 cm × 100 cm. Gymnastikdoppelsprung: vorn 0,4 m, hinten 1,0 m, Abstand 2,8 m. Einzelsprünge im Galopp bis 1,1 m. Doppelsprünge 1,1 m. Hochweitsprünge 90 cm × 90 cm × 120 cm. Teilparcours bis zu fünf Hindernissen im Galopp. Kontrollparcours mit entsprechenden Anforderungen.

Geländereiten
Wie im 9. Monat.
Geländesprünge bis 0,9 m. Wassergräben bis 2 m. Auf- und Absprünge bis 0,8 m. Streckenritte einzeln, 8–12 km.

Wettkämpfe
Unmittelbare Wettkampfvorbereitung durch Reiten von Wettkampfaufgaben als Teilaufgaben.
Teilnahme an ein bis zwei Dressurprüfungen Klasse E sowie an kombinierten Dressur- und Springreiter-Wettbewerben.

Theoretische Ausbildung
Reittheorie: Nennung und Meldung zu Pferdeleistungsschauen.
Wettkampfbestimmungen für Dressurprüfungen. Verhalten auf Pferdeleistungsschauen. Verhalten bei längeren Wanderritten.
Anatomie: die Muskulatur der Gliedmaßen.
Beurteilungslehre: Beurteilung des Ganges.
Fütterungslehre: Getränke, anorganische Nährstoffe.
Beschlagslehre: Pflege der Hufe.
Krankheiten: Gelenk- und Sehnenentzündungen.

Sonstiges
Pferdebesichtigung, Sattelzeugkontrolle.

11. Monat (September)

Ausbildungsziel
Wie im 6. Monat, dazu:
Erste Teilnahme an Stilspringprüfungen Kl. A sowie an kombinierten Dressur- und Springreiter-Wettbewerben.
Erwerb des Deutschen Reiterabzeichens Klasse IV.

Umfang der Ausbildung pro Woche
Wie im 10. Monat.

Übungen an der Longe, Sitz- und Gewandtheitsübungen
Wie im 10. Monat.
Springen an der Longe, 90 cm ohne Bügel; 80 cm ohne Bügel mit Händen in den Hüften, im Nacken oder Armen auf dem Rücken, desgl. mit geknoteten Zügeln über Hindernisreihen mit 2–3 Elementen.

Übungen auf ebenem Hufschlag
Wie im 10. Monat, wobei die Beseitigung der aufgetretenen Mängel im Mittelpunkt steht.

Springen
Wie im 10. Monat, jedoch ohne Bügel.
Gymnastikdoppelsprung: vorn 0,4 m, hinten 1,1 m, Ab-

stand 2,8 m. Einzelne Hochweitsprünge 100 cm × 100 cm × 120 cm. Doppelsprünge 110 cm.
Ein Teilparcours der Klasse A mit mittleren Anforderungen.
Ein Kontrollparcours der Klasse A mit leichten Anforderungen.

Geländereiten
Wie im 10. Monat.
Geländesprünge bis 1 m. Wassergräben bis 2,5 m. Auf- und Absprünge bis 1 m. Reiten von Strecken in vorgeschriebenem Tempo (auf Kontrollstrecken), Streckenritte 12– 15 km mit wenigen Hindernissen.

Wettkämpfe
Unmittelbare Wettkampfvorbereitung durch Reiten der Wettkampfaufgaben als Teilaufgaben, durch wöchentlich einen Teilparcours und eine Woche vor dem Wettkampf einen Kontrollparcours. Teilnahme an ein bis zwei kombinierten Dressur- und Springreiter-Wettbewerben/ Teilnahme an ein bis zwei Stilspringprüfungen Kl. A oder Teilnahme an einem Geländereiter-Wettbewerb.

Theoretische Ausbildung
Reittheorie: Das Reiten von Springprüfungen. Richtverfahren in Springprüfungen. Grundlagen des Quadrillenreitens.
Anatomie: Nervengewebe, Gehirn, Rückenmark.
Beurteilungslehre: das Haar.
Pflege des Pferdes: Hautpflege.
Beschlagslehre: Sonderbeschläge.
Krankheiten: Wunden. Quetschungen.

Sonstiges
Pferdebesichtigung, Sattelzeugkontrolle, Brandschutzbelehrung.

12. Monat (Oktober)

Ausbildungsziel
Wie im 6. Monat, dazu:
erste Vielseitigkeitsprüfung.
Teilnahme an Reitjagden.

Umfang der Ausbildung pro Woche
Wie im 10. Monat.

Übungen an der Longe, Sitz- und Gewandtheitsübungen
Wie im 10. Monat.
Springen an der Longe 1 m, ohne Bügel. Hochweitsprünge 0,8 m × 0,8 m × 0,5 m, ohne Bügel; 90 cm ohne Bügel mit Händen in den Hüften, im Nacken oder Armen auf dem Rücken, desgl. mit geknoteten Zügeln über Hindernisreihen mit 3–5 Elementen.

Übungen auf ebenem Hufschlag
Wie im 11. Monat

Springen
Wie im 11. Monat.

Geländereiten
Wie im 11. Monat.
Ein Teilgeländeritt Klasse A (Streckenlänge 3–4 km, Tempo 400 m/min, 5 Hindernisse).

Wettkämpfe
Teilnahme an einer Vielseitigkeitsprüfung Klasse A mit einem Geländeritt Klasse A. Teilnahme an ein bis zwei Reitjagden.

Theoretische Ausbildung
Reittheorie: Das Reiten von Vielseitigkeitsprüfungen. Die Berechnung der Ergebnisse bei Vielseitigkeitsprüfungen. Verhalten bei Reitjagden. Regeln für das Quadrillenreiten.
Anatomie: Sinnesorgane Auge und Ohr.
Beurteilungslehre: die Abzeichen, ihre Beschreibung und Schreibweise.
Pflege des Pferdes: Warten des Pferdes bei Turnieren.
Beschlagslehre: orthopädische Beschläge.
Krankheiten: Mauke, Einschuß, Starrkrampf.

Sonstiges
Pferdebesichtigung, Sattelzeugkontrolle.

13. Monat (November)

Ausbildungsziel
Übergang zu höheren Anforderungen. Teilnahme an Reitjagden.

Umfang der Ausbildung pro Woche
2 × 30 min athletische Ausbildung;
2 × 20 min und 1 × 50 min theoretische Ausbildung;
2 × 5 min Gewandtheitsübungen;
1 × 20 min Sitzübungen an der Longe;
3 × 45 min Reiten auf dem Viereck (einschl. Springen);
1 × 90 min Reiten im Gelände.
(Änderungen entsprechend den zeitlichen Möglichkeiten. Die Aufgaben stellen eine Anforderung für diejenigen Reiter dar, die im Turniersport weiterentwickelt werden sollen.)

Ausrüstung von Reiter und Pferd
Wie im 5. Monat, jedoch zeitweise auf Kandare (bei Dressurübungen).

Sitzübungen an der Longe, Gewandtheitsübungen
Wie im 10. Monat, mit vorrangiger Bekämpfung auftretender Mängel. Springen an der Longe, 1,1 m, ohne Bügel; Springen ohne Bügel und mit geknoteten Zügeln, dabei Hände in den Hüften, im Nacken oder Arme auf dem Rücken.

Dressurmäßiges Reiten
Förderung der Durchlässigkeit. Verbesserung des Schwunges. Erlernen der Kandarenführung.

Springen
Rittigkeitsarbeit über Gymnastikhindernisse mit etwas verkürzten Abständen. Trabsprünge bis 1,1 m, auch ohne Bügel. Einzelne Hindernisse bis 1,2 m, Doppelsprünge bis 1,2 m.

Geländereiten
Bummelritte ins Gelände und leichte Arbeit auf unebenem Boden.

Wettkämpfe
Teilnahme an ein bis zwei Reitjagden am Monatsbeginn.

Theoretische Ausbildung
Reittheorie: Begriffe Durchlässigkeit, Vorwärtsgehen, Sichtreibenlassen. Die Führung auf Kandare.
Quadrillenfiguren: Grundfiguren.
Anatomie: Geruchs-, Geschmacks- und Tastorgane.
Beurteilungslehre: Erkennen des Alters an den Zähnen.
Pflege des Pferdes: das Scheren.
Beschlagslehre: Schärfvorrichtungen.
Krankheiten: Augenleiden.

Sonstiges
Pferdebesichtigung, Sattelzeugkontrolle, Brandschutzbelehrung.

14. Monat (Dezember)

Ausbildungsziel
Wie im 13. Monat.
Vertiefen des Erlernten.

Umfang der Ausbildung pro Woche
Wie im 13. Monat.

Ausrüstung von Reiter und Pferd
Wie im 13. Monat.

Sitzübungen an der Longe, Gewandtheitsübungen
Wie im 13. Monat. In kleinen Schritten werden die Anforderungen beim Springen ohne Bügel und Zügel erhöht.

Springen
Wie im 13. Monat.
Hochweitsprünge 110 cm × 110 cm × 120 cm, einzeln und innerhalb von Doppelsprüngen.

Dressurmäßiges Reiten
Wie im 13. Monat.

Geländereiten
Wie im 13. Monat.
Kraftarbeit am Hang. Ausdauerarbeit 12–15 km im Tempo 240 m/min. (Trab und Galopp).

Theoretische Ausbildung
Reittheorie: Sinn und Zweck des Longierens.
Quadrillenfiguren: Grundfiguren.
Springausbildung des Pferdes: Periode des Tretens über am Boden liegende oder niedrige Stangen und über Miniaturhindernisse.
Anatomie: die Verdauungsorgane.
Beurteilungslehre: Temperament und Kondition. Die Hauptmängel eines Pferdes.

Sonstiges
Pferdebesichtigung, Sattelzeugkontrolle.

15. Monat (Januar)

Ausbildungsziel
Vervollkommnen der Technik der Hilfengebung. Verbessern der Einwirkung.

Umfang der Ausbildung pro Woche
Wie im 13. Monat.

Ausrüstung von Reiter und Pferd
Wie im 13. Monat.

Sitzübungen an der Longe, Gewandtheitsübungen
Wie im 14. Monat.

Dressurmäßiges Reiten
Wie im 13. Monat.
Außengalopp, Verbessern von Schwung und Ausdruck des Mitteltrabs und Mittelgalopps.

Springen
Wie im 13. Monat.
Hochweitsprünge 110 cm × 110 cm × 140 cm, einzeln und innerhalb von Doppelsprüngen.

Geländereiten
Wie im 13. Monat.
Rittigkeitsarbeit im Gelände.

Theoretische Ausbildung
Reittheorie: Direkte und indirekte Biegung. Fehler bei der Führung auf Kandare.
Quadrillenreiten: Die Stellungen, in denen die Grundfiguren geritten werden.
Longenarbeit: Die Ausrüstung des Pferdes zum Longieren. Gewöhnung des jungen Pferdes an das Longieren.
Springausbildung des Pferdes: Überwinden von Gymnastikhindernissen.
Anatomie: Blutkreislauf, Herz und Lymphgefäße.

Pflege des Pferdes: der Stall, Behelfstallungen auf Turnieren. Bandagieren.

Sonstiges
Pferdebesichtigung, Sattelzeugkontrolle, Brandschutzbelehrung.

16. Monat (Februar)

Ausbildungsziel
Wie im 15. Monat.

Umfang der Ausbildung pro Woche
2–3 Tage dressurmäßige Arbeit. 1–2 Tage springtechnische Arbeit. 1–2 Tage Reiten im Gelände.

Ausrüstung von Reiter und Pferd
Wie im 13. Monat.
Die Dressurarbeit wird abwechselnd auf Trense und Kandare ausgeführt. Springtechnische Arbeit und Geländereiten nur auf Trense.

Sitzübungen an der Longe, Gewandtheitsübungen
Wie im 14. Monat.

Dressurmäßiges Reiten
Wie im 15. Monat, dazu:
Wechsel von Außengalopp zu Außengalopp. Verbessern von Schwung und Ausdruck im Mitteltrab und Mittelgalopp.

Springen
Wie im 15. Monat, dazu:
einzelne Hindernisse bis 1,3 m. Einzelne Hochweitsprünge 120 cm × 120 cm × 140 cm, Doppelsprünge 120 cm.
(Bei ungünstigen Trainingsvoraussetzungen für die Winterarbeit müssen die springtechnischen Anforderungen zugunsten ausgiebiger Arbeit über Gymnastikhindernisse verringert werden.)

Geländereiten
Wie im 15. Monat.

Theoretische Ausbildung
Reittheorie: Schiefe – Zwangseite – schwierige Seite. Anforderungen an das Reiten in Dressurprüfungen.
Quadrillenreiten: die Formationen, in denen die Grundfiguren geritten werden.
Longenarbeit: Haltung und Stellung des Longenführers. Die Hilfen bei der Longenarbeit.
Dressurausbildung: das erste Anreiten. Erreichen von Zwanglosigkeit und Losgelassenheit.
Springausbildung: das Überwinden von kleinen Hindernissen aus dem Trab. Die Korrektur gegen Hindernisse stürmender Pferde.
Anatomie: die Atmungsorgane.

Pflege des Pferdes: die Wartung des Pferdes während und nach Vielseitigkeitsprüfungen.

Sonstiges
Pferdebesichtigung, Sattelzeugkontrolle.

17. Monat (März)

Ausbildungsziel
Wie im 15. Monat

Umfang der Ausbildung pro Woche
Wie im 16. Monat.
Für Reiter, die sich mit ihren Pferden auf Dressur- und Springprüfungen vorbereiten, 1 x 60–90 min Bummelritt ins Gelände.

Ausrüstung von Reiter und Pferd
Wie im 16. Monat, jedoch reiten die Reiter, die ihre Pferde auf Dressurprüfungen vorbereiten, nur ein- bis zweimal wöchentlich auf Trense.

Sitzübungen an der Longe, Gewandtheitsübungen
Wie im 14. Monat.

Dressurmäßiges Reiten
Wie im 16. Monat, dazu:
Angaloppieren im Außengalopp auf der Geraden. Reiter, die ihre Pferde auf Springprüfungen vorbereiten, außerdem Tempoverstärken und -verringern. Aufgaben für kombinierte Dressur- und Springpferdeprüfungen. Teilaufgaben der Klasse L (Dressur).

Springen
Wie im 16. Monat, dazu:
einzelne Hochweitsprünge 1,2 m × 1,2 m × 1,5 m. Einzelne Doppelsprünge und Dreifachkombinationen mit etwas geringeren Abmessungen. 2 Teilparcours, 1 Kontrollparcours Klasse L.

Geländereiten
Dressur- und Springreiter nur Bummelritte ins Gelände. Vielseitigkeitsreiter Ausdauer- und Kraftarbeit sowie Springen im Gelände, entsprechend dem individuellen Konditionierungsprogramm.

Theoretische Ausbildung
Reittheorie: Anlehnung – An-die-Hand-Gestelltsein – Aufrichtung – Versammlung. Ganze und halbe Paraden.
Quadrillenreiten: die Brechungen der Kolonne, Auf- und Abmärsche.
Longenarbeit: die Bearbeitung des Pferdes an der Longe. Übertretenlassen.
Dressurausbildung: Entwicklung des Gangs durch Arbeits- und Mitteltrab.
Springausbildung: Entwicklung der Galoppspringtechnik.

Anatomie: Harn- und Geschlechtsorgane.
Pflege des Pferdes: Verladen, Transport.

Sonstiges
Pferdebesichtigung, Sattelzeugkontrolle, Brandschutzbelehrung.

18. Monat (April)

Ausbildungsziel
Unmittelbare Wettkampfvorbereitung
Erwerb des Deutschen Reiterabzeichens Klasse III

Umfang der Ausbildung pro Woche
Wie im 17. Monat.

Ausrüstung von Reiter und Pferd
Wie im 17. Monat.

Sitzübungen an der Longe, Gewandtheitsübungen
Wie im 14. Monat.

Dressurmäßiges Reiten
Wiederholen und Vervollkommnen des bisher Erlernten beim abschnittsweisen Einüben der Aufgaben. Reiten von Teilaufgaben und Kontrollaufgaben. Die Springreiter üben besonders die Aufgaben für Springpferdeprüfungen.

Springen
Wie im 17. Monat.

Geländereiten
Wie im 17. Monat.
Die Vielseitigkeitsreiter am Monatsende einen Teilgeländeritt Klasse L (Streckenlänge 5–6 km, Tempo 450 m/min, 8 Hindernisse).

Theoretische Ausbildung
Reittheorie: zusammenfassende Wiederholung des bisher erarbeiteten Stoffes aus der Reittheorie und den Wettkampfbestimmungen.
Auswendiglernen der Aufgaben.
Quadrillenreiten: Frontmärsche und Schwenkungen. Zusammenstellen einer Quadrille.
Longenarbeit: Gewöhnung an das Reitergewicht. Übergang zum Reiten auf dem Viereck.
Dressurarbeit: das Vorgehen bei Gebäude-, Temperaments- und Charakterfehlern des Pferdes.
Springausbildung: Entwicklung des Springens unter ungewohnten Bedingungen.
Pflege des Pferdes: Bedeutung der Regelmäßigkeit bei Pflege, Fütterung, Wartung, Beschlag.

Sonstiges
Pferdebesichtigung, Sattelzeugkontrolle.

Anmerkung. Die athletische Ausbildung ist nur in ihrem zeitlichen Umfang, nicht aber in ihrem Inhalt angeführt. Das darf jedoch keinesfalls zu einer Unterschätzung dieses besonders wichtigen Bestandteils der Grundausbildung führen.
Besondere Bedeutung kommt den Judo-Fallübungen zu.
Die Zeitangaben für den Umfang der Ausbildung beziehen sich jeweils auf einen Reiter und schließen im allgemeinen den Schulsport und die sportliche Selbstbetätigung ein.
Zur inhaltlichen Gestaltung der athletischen Ausbildung bietet das Buch „Konditionstraining und Ausgleichssport für Reiter und Voltigierer“ von Claus Chmiel (FN-Verlag Warendorf) viele Anregungen.

4. Grundausbildung des Pferdes

Ziel der Grundausbildung

des Pferdes ist, das junge, noch ungerittene Tier durch zielgerichtete und systematische, seine psychischen und physischen Gegebenheiten berücksichtigende Beeinflussung so vorzubereiten, daß es die für seine *Verwendung* im Dienste des Menschen erforderlichen Eigenschaften in einem Grad erwirbt, der seine gefahrlose und für den Reiter erholsame Nutzung gestattet und der den Ausgangspunkt für eine spätere Spezialisierung bilden kann.
Da für jeden Verwendungszweck des Pferdes eine planmäßige *gymnastische Durchbildung* seines Körpers sowie eine sorgfältige *Erziehung* und *Gewöhnung* Voraussetzung sind, man überdies auch die Eignung des Tieres für eine Spezialverwendung am Anfang seiner Ausbildung in vielen Fällen nicht eindeutig bestimmen kann, ist die *Grundausbildung für alle Sportpferde gleich.* Bei erkennbarer Eignung für eine der drei reitsportlichen Disziplinen kann schon im Verlauf der Grundausbildung zielgerichtet gearbeitet werden, ohne daß jedoch dabei die Vielseitigkeit der Ausbildung vernachlässigt wird. Am Ende der Grundausbildung sollen die natürlichen Anlagen des Pferdes entwickelt und ihm eine Form und Haltung gegeben sein, in der es seine *Leistungsfähigkeit* entwickeln kann.

1. Das Pferd soll an alle *Einflüsse* gewöhnt sein, die im Zusammenhang mit seiner Verwendung auftreten.
2. Es soll zum *Vertrauen* gegenüber dem Menschen und den Anforderungen erzogen sein, die er ihm stellt.
3. Es soll die *Signale* kennen und befolgen gelernt haben, mit deren Hilfe der Mensch ihm seinen Willen übermittelt.
4. Es soll die *Gewandtheit, Kraft und Ausdauer* gewonnen haben, die für eine Dressurprüfung der Klasse L ohne gröbere Mängel, eine fehlerfreie Springbahn der Klasse L und einen Geländeritt der Klasse L im vorgeschriebenen Tempo ohne Fehler benötigt wird.

4.1. Ausrüstung des Reitpferdes

Von zweckmäßigen, tadellos passenden und gut gepflegten *Ausrüstungsgegenständen* hängt es ab, ob das Pferd sich unbelästigt auf die Anforderungen seines Ausbilders konzentrieren kann und ob die ihm übermittelten Signale (Hilfen) von seinem Nervensystem in der gewünschten Weise verarbeitet werden.

Der Sattel

Der Sportsattel (auch „englischer Sattel") ist der einzige in Leistungsprüfungen zugelassene und auch für die Ausbildung von Reiter und Pferd am besten geeignete Sattel. Die Gründe dafür sind seine niedrige Höhe, die ei-

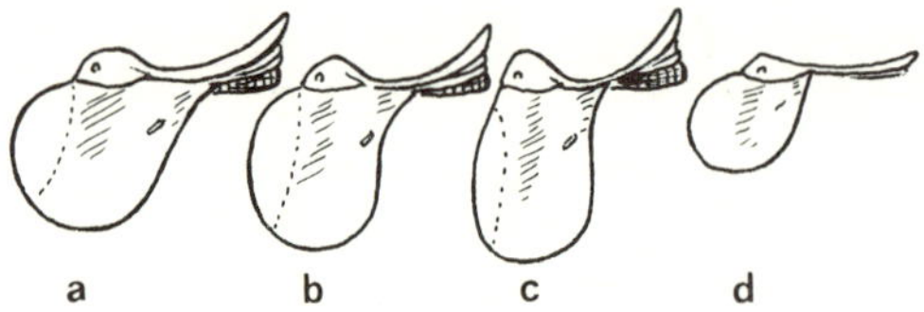

114 Sattelformen: a Springsattel; b Vielseitigkeitssattel; c Dressursattel; d Rennsattel

nen guten Kontakt mit dem Pferderücken gewährleistet, und daß er dem losgelassenen Balancesitz des Reiters entgegenkommt und eine korrekte Hilfengebung ermöglicht.
Der Unterschied zwischen den *Spezialsätteln* für Dressur und Springen und den gebräuchlicheren *Vielseitigkeitssätteln* besteht hauptsächlich in der Form der Sattelblätter und der Pauschen. (Abb. 114) Besondere Verzierungen sind weder am Sattel noch am Zaumzeug erwünscht oder erforderlich.
Die wichtigsten Teile des Sattels. (Abb. 115)
Der *Sattelbaum* bildet die Grundlage für die Form des Sattels und besteht aus Kunststoff. Sattelbäume aus Holz werden kaum noch verwendet. Haltbarkeit und Elastizität, die ein

115 1 Sitzfläche; 2 oberes Sattelblatt; 3 unteres Sattelblatt; 4 Sattelzwiesel; 5 Sattelkranz; 6 Kammer; 7 Steigbügelfeder; 8 Gurtstrupfe; 9 Widerrist-Rückenpolster; 10 Kniepolster; 11 mögliches Unterschenkelpolster (oder Tasche für Blei); 12 Rückenpolster; 13 Sattelgurt; 14 Gurtschnalle; 15 tiefster Punkt des Sattels

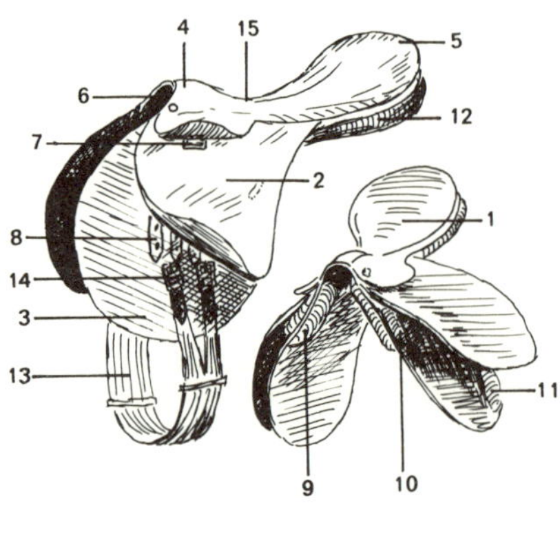

gutes Anschmiegen an den Pferderücken und richtige Gewichtsverteilung gewährleisten, sind notwendige Forderungen. An seinem vorderen Ende, das über dem Widerrist liegt, befindet sich ein *Bogen* (Vorderzwiesel). Dieser bildet zusammen mit der *Polsterung* die *Kammer.* (s. Abb. 115)
Die *Kammer* muß so hoch sein, daß auch der belastete Sattel keinesfalls einen Druck auf die am Widerrist sehr langen und unmittelbar unter der Haut liegenden Dornfortsätze der Rückenwirbel ausübt, denn das führt fast unausbleiblich zu Quetschungen (Satteldruck), die oft eine monatelange Dienstuntauglichkeit des Pferdes zur Folge haben. Aus nicht ganz einwandfreiem Material hergestellte Sattelbäume erweitern sich oder brechen sogar an dieser Stelle. Deshalb ist eine häufige Kontrolle erforderlich. Zu enge Kammern üben einen seitlichen Druck auf den Widerrist aus und behindern die Muskeltätigkeit.
Damit die Kammer nicht zu hoch gebaut werden muß, was dem Sattel ein plumpes Aussehen geben und außerdem die Zügelführung behindern würde, zeigt sie häufig eine nach hinten gerichtete Einbuchtung. Derartig ausgeschnittene Kammern sind das sicherste Mittel gegen Widerristdrücke.
Die *Polsterung* des Sattels bedeckt die Unterseite des Sattelbaumes. Sie wird im allgemeinen aus Schaumstoffen hergestellt. Die Polsterung muß gleichmäßig dicht sein und darf sich beim Gebrauch des Sattels nicht zusammendrücken. Sie soll nicht stärker sein, als erforderlich ist, um den Pferderücken gegen den unmittelbaren Druck des harten Sattelbaumes zu schützen. Eine zu starke Polsterung beeinträchtigt das Gefühl und die Einwirkungsmöglichkeit des Reiters.
Die Polsterung ist mit Stoff oder Leder bezogen. Letzteres ist – eine gute Pflege vorausgesetzt – vorzuziehen. Sattelbaum und Polsterung bestimmen die Form des auf dem Pferderücken aufliegenden Teils des Sattels, der *Trachten.* Sie müssen überall gleichmäßig anliegen.
Die *Sitzfläche,* die – wie die anderen Lederteile des Sattels – meist aus Schweinsleder

und neuerdings auch aus geeigneten Kunststoffen hergestellt ist, hat durch ihre Form einen bedeutenden Einfluß auf den Sitz des Reiters. Sie ist mehr oder weniger konkav. Der *tiefste Punkt* der Sitzfläche muß sich genau in der Mitte des Sattels befinden. Sättel, deren tiefster Punkt *zu weit vorn* liegt, sind meist im hinteren Teil zu stark gepolstert. Sie verleiten den Reiter zum *Spaltsitz.* Man findet diesen Fehler häufig bei Sätteln, die nachgepolstert wurden und bei denen der Sattler etwas zuviel des Guten getan hat. Noch schlimmer ist es, wenn der tiefste Punkt *zu weit hinten* liegt. Dadurch wird der *Stuhlsitz* mit allen seinen Nachteilen hervorgerufen. Leider ist das bei Sätteln, die lange im Gebrauch gewesen sind, sehr oft der Fall. Sie müssen unbedingt aufgepolstert werden, weil sie dem Reiter nicht gestatten, ordnungsgemäß einzuwirken. Außerdem besteht die Gefahr von Druckschäden. Das vordere Ende der Sitzfläche wird *Vorderzwiesel,* das hintere *Sattelkranz* (auch *Hinterzwiesel;* Sattlerfachausdruck: Efter) genannt.

Die *Sattelblätter* bilden die Seitenteile des Sattels und sind meist aus dem gleichen Material hergestellt wie die Sitzfläche. Der Dressursattel weist am Vorderrand fast senkrecht geschnittene Seitenblätter auf, während sie beim Vielseitigkeits- und Springsattel nach vorn gerundet sind. Für den Sitz des Reiters hat die Form der Sattelblätter insofern Bedeutung, als ein Reiter mit langen Oberschenkeln auf einem Sattel mit vorgerundeten Blättern seine Beine besser plazieren kann.

Unter oder auf dem vorderen Rand der Seitenblätter befinden sich die *Sattelpauschen.* Das sind deutliche Verstärkungen der Polsterung, die dem Knie des Reiters einen sicheren und stoßdämpfenden Halt geben sollen. Dementsprechend sind die Pauschen bei Springsätteln am stärksten ausgebildet, während sie an Dressursätteln oft ganz fehlen.

Der *Sattelgurt* dient zur Befestigung des Sattels auf dem Pferd. Er ist aus festem Gewebe entweder in Strähnen- oder Schnurenform hergestellt. (Abb. 116) Danach unterscheidet man *Strähnen-* oder *Schnurengurte.* Bei erste-

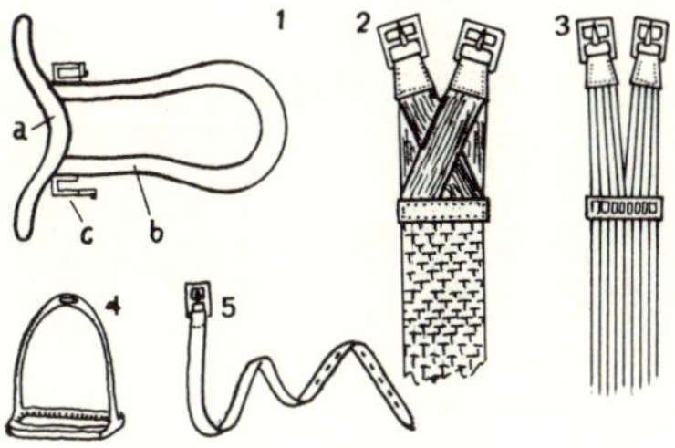

116 1 Sattelbaum – a Bogen, b Steg, c Sturzfeder (Steigbügelfeder); 2 geflochtener Gurt mit elastischem Schnallenteil (Gummigurt); 3 Strähnengurt; 4 Steigbügel; 5 Steigbügelriemen

ren wird die gleichmäßige Lage der einzelnen Strähnen durch drei verschiebbare und auf den Gurt aufgezogene Lederteile gewährleistet. Bei letzteren wird derselbe Zweck durch Geflecht der Schnuren erreicht. Mehr und mehr kommen Gurte in Gebrauch, die vollständig aus Leder bestehen.

Der Sattelgurt weist an jedem Ende zwei starke *Schnallen* auf, die in je eine (normalerweise die beiden äußeren) Gurtstrupfe eingeschnallt werden. Die drei *Gurtstrupfen* sind am Sattelbaum befestigt.

Elastische Gurte (Gummigurte) sind für das Pferd angenehmer und geben dem Druck der Körperbewegung bei großen Anstrengungen nach. Sie werden teilweise bei Spring- und Vielseitigkeitspferden verwendet. (s. Abb. 116/2). Um bei jungen Pferden, bei denen die Sattellage noch nicht ausgebildet ist, ein Verrutschen des Sattels nach vorn zu verhindern, verwendet man einen *Vorgurt,* der – mit genügend hoher Polsterung versehen – vor dem Sattel aufgelegt und fest angezogen wird. An Seiten- und Unterbrust verläuft der Vorgurt zur Hälfte über dem Sattelgurt, so daß dieser zu etwa einem Drittel von dem Vorgurt (Abb. 117) verdeckt wird.

Der *Steigbügel* muß schwer und nicht zu eng sein, damit er im Falle eines Sturzes vom Fuß rutscht. Ein solcher Bügel läßt sich auch leichter wieder aufnehmen, wenn er vom Fuß geglitten ist. Die Seitenteile des Bügels sollen nicht nach außen gerundet sein. Das *Fußblatt*

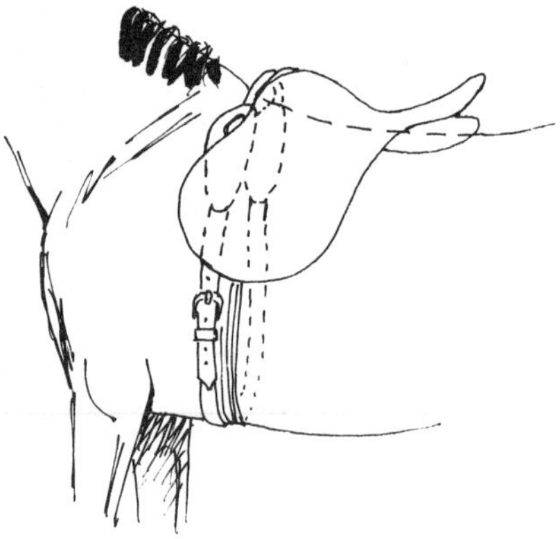

117 Vorgurt

des Bügels, das meist aus zwei Stegen besteht, ist aufgerauht, um ebenso wie die oft verwendeten, teilweise keilförmig gestalteten *Steigbügeleinlagen* aus Gummi oder Filz dem Fuß einen besseren Halt zu geben. Wirksamer ist allerdings das bei geschmeidigem Sitz elastisch federnde Fußgelenk. Im Winter sind Bügeleinlagen jedoch berechtigt, weil sie die Kälte nicht so gut leiten wie das Metall des Bügels.

Die Steigbügel werden mittels der *Bügelriemen* am Sattel befestigt. An die Haltbarkeit von Bügelriemen und *Bügelriemenschnalle* werden hohe Anforderungen gestellt. Erstere werden deshalb aus Chromleder, das sich nur anfangs dehnt, letztere aus gutem Stahl hergestellt. Besonders großer Belastung ist der Dorn der Bügelriemenschnalle ausgesetzt. Beide zu einem Sattel gehörende Bügelriemen müssen eine gleiche Anzahl von Schnallöchern in gleichem Abstand haben, damit sie immer gleichmäßig verschnallbar sind. Um einem ungleichmäßigen Dehnen der Bügelriemen zu begegnen, sollte man die beiden Riemen eines Paares, besonders am Beginn ihrer Nutzung, hin und wieder miteinander austauschen.

Die Bügelriemen werden durch eine am Sattelbaum angebrachte *Steigbügelfeder* gezogen. Bei den jetzt gebräuchlichen Sätteln wird diese Haltevorrichtung für den Bügelriemen meist mit einer Schnappfeder verschlossen, die sich bei Stürzen öffnen und den Bügelriemen freigeben soll. Das Gelenk der Schnappfeder ist deshalb immer gut zu ölen. Steigbügel- und Steigbügelriemen müssen frei von der Steigbügelfeder (Sturzfeder) und oberhalb des Sattelblattes herabhängen. Andere Befestigungsarten sind unzulässig.

Die *Sattelunterlage* hat den Zweck, den Schweiß des Pferdes von der Polsterung fernzuhalten. Daraus ergibt sich schon, daß die Sattelunterlagen nicht allzu stark sein sollen. Ist die Polsterung des Sattels ungenügend, kann die Sattelunterlage etwas dicker sein. Als Material ist wegen der bequemen Reinigung nicht zu weiches, glattes Leder am besten geeignet. Häufiger gebraucht werden allerdings Filzunterlagen. Für im Rücken empfindliche Pferde verwendet man auch Unterlagen aus Lammfell oder aus Schaumgummi.

Die Sattelunterlagen werden mittels der auf ihren Seitenteilen befindlichen *Riemchen* am Sattel festgeschnallt. (Abb. 118) Für besondere Zwecke gibt es auch viereckige Sattelunterlagen *(Schabracken)*. Bei offiziellen Anlässen wird in den hinteren Ecken der Schabracke auf beiden Seiten des Pferdes das Emblem des Vereins oder Landesverbandes, bei Nationalequipen das Staatsemblem getragen. Anstatt der aus Filz bestehenden Schabrakken können auch weiße Leinentücher verwendet werden. Woilachs, die das Gefühl des Reiters beeinträchtigen, werden höchstens

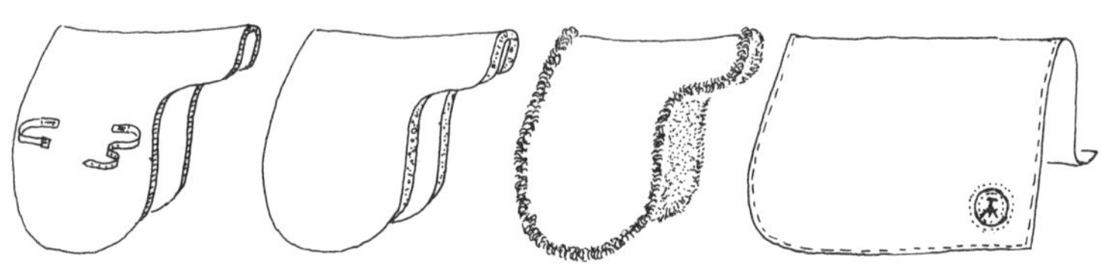

118 Sattelunterlagen

unter einem noch übriggebliebenen Armeesattel verwendet. Sie sind faltenfrei und neunfach zusammenzulegen.

Die Lage des Sattels. *Nur auf einem richtig gebauten und gut liegenden Sattel kann der Reiter richtig sitzen und einwirken.* Da die Pferde in der Körperform, besonders in der des Widerrists, Unterschiede aufweisen, muß ihnen der Sattel *angepaßt* werden. Das geschieht am besten ohne Sattelunterlage.

Der *Sattel* muß mit den Trachten gleichmäßig auf den Rippen aufliegen. Ihr vorderer Rand liegt etwa an den Schulterblättern. Die Trachtenenden sind etwas vom Pferd abgebogen.

Die *Kammer* muß so weit und hoch sein, daß der Sattel nirgends die Rückenmuskulatur klemmt. Selbst wenn der festgegurtete Sattel mit dem Reitergewicht belastet ist, müssen nach zwei Finger zwischen ihm und dem Widerrist sowie dem Pferderücken Platz haben. Der festangezogene Sattelgurt sichert die richtige Lage des Sattels. Auf *Nachgurten* (Abb. 119) ist deshalb Wert zu legen.

Der *tiefste Punkt* des Sattels muß unbedingt in der Mitte der Sitzfläche und genau über dem 15. Rückenwirbel des Pferdes liegen. (Abb. 120)

Die *Sattelunterlage* soll, wenn sie am Vorderzwiesel in die Kammer gezogen ist, genau mit der Form des Sattels übereinstimmen. Der *Woilach* wird mit den offenen Enden nach links unten und hinten weisend so aufgelegt, daß er vorn etwa eine Handbreit und hinten etwa zwei Fingerbreit über den Sattel hinausragt. Vor dem Zusammenlegen muß er *ausgeschüttelt* werden, um Staub und Fremdkörper zu entfernen. Er muß völlig *faltenlos* aufliegen und wird im Gegensatz zu anderen Sattelunterlagen *vorn und hinten* in die Kammer gezogen.

119 Nachgurten

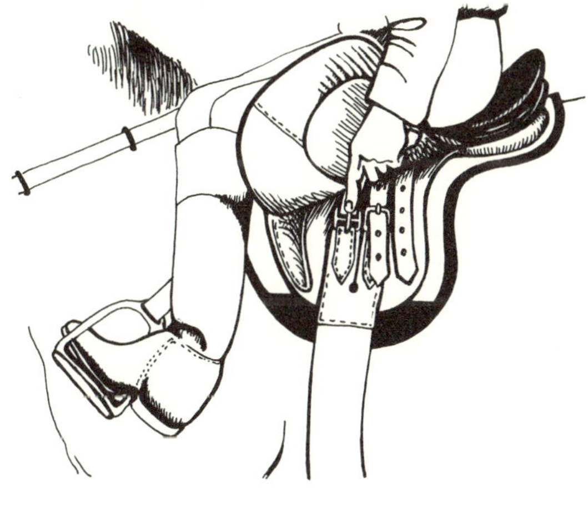

Der *Sattelgurt* muß völlig glatt etwa eine bis eineinhalb Handbreit hinter dem Ellbogenhöcker lotrecht am Pferdeleib anliegen. Die mittlere Gurtstrupfe des Sattels hat *auf* dem Gurt zu liegen, da sonst Druckschäden entstehen können. Eine Ausnahme bilden manche Ledergurte, deren Schnallen so eng zusammenliegen, daß sie nur in nebeneinander liegende Gurtstrupfen eingeschnallt werden können.

Pflege von Sattel und -unterlage. Das Sattelzeug ist teuer, hat aber eine hohe *Lebensdauer,* wenn es regelmäßig und ordentlich gepflegt wird. Deshalb sind nach dem Gebrauch Schmutz und Staub zu entfernen. Auf dem Lederbezug der Polsterung befindlicher, eingetrockneter *Schweiß* ist abzuwaschen und der Bezug nach dem Trocknen hauchdünn einzufetten.

Die Sattelgurte sind meist an ihrer dem Boden zugekehrten Seite schmutzig. Beim Abbürsten darf man auch die *Gurtenschieber* nicht vergessen. Die Steigbügel werden mit einem Tuch abgewischt.

Mindestens einmal in vierzehn Tagen muß der Sattel sorgfältig gepflegt werden. Dazu werden alle Teile auseinandergeschnallt und gründlich gesäubert. Anschließend fettet man die Lederteile und -flächen, sofern sie nicht mit dem Anzug des Reiters in unmittelbare Berührung kommen, mit einem guten Lederfett sehr *sparsam* und *reibt das Fett kräftig in das Leder ein.* Nicht reichliches, sondern regelmäßiges Fetten hält das Leder geschmeidig! Besonders die Gurtstrupfen müssen gut gepflegt werden. Wenn sie brechen, können

120 Richtige Lage des Sattels

schwere Unfälle entstehen. Das gleiche gilt von den Steigbügelriemen. Auch die Lederteile an den Gurten werden eingefettet. Sitzfläche und Sattelblätter werden mit *Sattelseife* behandelt. Die Polster werden ausgeklopft und abgebürstet.
An den Metallteilen sind evtl. *Roststellen* zu entfernen. Stählerne Steigbügel werden poliert und danach leicht eingefettet. Da sich alter Rost nur sehr schwer beseitigen läßt, sollten in allen Vereinen die Bügel und Gebisse stets sauber sein. Praktisch sind nichtrostende Metallteile, die aber ebenfalls regelmäßig gesäubert und poliert werden müssen.
Die am Pferd anliegenden Seiten des Sattelgurtes und der Sattelunterlage werden im Laufe der Zeit hart, weil Schweiß in sie eindringt und dort eintrocknet. Von Zeit zu Zeit muß man deshalb die Sattelunterlagen reinigen. Die Lederteile sind nach dem Abwaschen sorgfältig zu fetten. Filzunterlagen werden am besten zur chemischen Reinigung gegeben.

Die Trense

Sie ist für die Grundausbildung des Pferdes und des Reiters sowie zum Springen und zum Reiten im Gelände die am besten geeignete Zäumung.
Sie besteht aus zwei *Hauptteilen* (Abb. 121):
Dem *Trensenzaum* mit Gebiß und Zügeln und dem *Reithalfter.*
Der **Trensenzaum.** Das *Kopfstück* ist der oberste, breite Teil des Trensenzaumes. Es besteht aus einem rechten Teil, der in eine Strupfe ausläuft, und einem linken, der mit einer Schnalle versehen ist. Mit der Schnalle wird die Länge des Trensenzaumes reguliert. Auf das Kopfstück ist der Stirnriemen, ein unterhalb der Ohren über die Stirn verlaufender Riemen, der zu Schmuckzwecken vielfach mit ein- oder mehrfarbigem *Lackleder* oder ähnlichem überzogen ist, aufgeschlauft. Er verhindert, daß das Kopfstück nach hinten verrutscht.

Unterhalb des Stirnriemens teilt sich das Kopfstück in die vorn gelegenen, etwas breiteren *Backenstücke,* die an ihrem unteren Ende je eine Schnalle tragen, und in den dahinterliegenden, etwas schmaleren *Kehlriemen,* der am linken Teil des Kopfstückes als Strupfe ausgebildet ist und am rechten, längeren Teil eine Schnalle trägt. In den unteren Schnallen (Gebißschnallen der Backenstücke) werden die Trensenringe befestigt. Im allgemeinen wird ein einfaches *Trensengebiß* verwendet. Je dicker die Teile des Gebisses sind, die das Pferdemaul aufnimmt, um so weicher und für das Pferd angenehmer ist ihre Wirkung. Dünne Mundstücke und solche, deren Teile nicht glatt sind, dürfen nicht verwendet werden, weil ihre schmerzhafte Wirkung dem Pferd das Vertrauen zur Reiterhand nimmt. Nach den Ringen zu sind die Teile des Mundstückes erheblich verdickt, nach dem Gelenk zu werden sie dünner. Ihre Stärke muß an den Maulwinkeln mindestens 14 mm betragen. Dadurch wird ein Teil des *Gebißdrucks* auf die Laden übertragen. Die vorteilhaften dicken Gebisse sind oft *hohl* angefertigt. Sie werden dadurch leichter, dem Pferd noch angenehmer, und die Einwirkung verfeinert sich.

Die Größe der *Trensenringe* ist von untergeordneter Bedeutung. Sehr große Ringe findet man häufig bei Renntrensen. Die normalen Trensenringe haben einen Durchmesser von etwa 7 cm. Die Löcher, durch die die Trensenringe laufen, dürfen nicht so abgenutzt sein, daß scharfe Grate entstehen, die das Pferdemaul wund reiben. Das muß als Tierquälerei gelten und ist daher nach dem Tierschutzgesetz nicht zulässig. Außerdem können solche Gebisse die Lefzen kneifen. Die Ringe des Trensengebisses sind oft durch einen *Riemen* verbunden, der seinen Platz unter dem Kinn hat und bei einem möglichen starken einseitigen Zügelanzug verhindern soll, daß ein Trensenring in das Pferdemaul hineingezogen wird. Außerdem dient er bei älteren Ausbildungspferden zur Befestigung eines einzelnen Ausbindezügels, der auf den Sattelgurt aufgeschoben ist und zwischen den Vorderbeinen des Pferdes hindurchläuft (Stoßzügel). Diese Anordnung hat jedoch den Nachteil, daß die Lefzen von den Mundstückhälften seitlich zusammengepreßt werden.

Deshalb darf so unter keinen Umständen bei jungen Pferden verfahren und schon gar nicht die Longe in diesen Verbindungsriemen eingeschnallt werden.

Nach den Reglements der FEI und der LPO sind folgende *Trensengebisse* zugelassen. (Abb. 122)

a) gewöhnliches Reittrensengebiß (Wassertrense);

b) Trensengebiß mit doppelt gebrochenem Mundstück;

c) Renntrense;

d) Olivenkopftrense mit und ohne Knebel;

e) Knebeltrense;

f) Trense mit Halbknebeln;

g) Gummitrensengebiß;

h) ungebrochenes Trensengebiß.

Die vielen in der Vergangenheit noch erfundenen Gebisse, die der einen oder anderen Untugend schlecht erzogener Pferde abhelfen sollten und meist von Reitern verwendet wurden, denen der gute Sitz und die daraus resultierende weiche Hand fehlten, sind glücklicherweise fast völlig verschwunden.

Als *Trensenzügel* werden einfache Lederzügel verwendet, die hinter den Backenstücken in die Trensenringe geschnallt werden und an

121 Trense: a Kopfstück (Genickstück); b Stirnriemen; c Backenstück; d Trensengebiß; e Nasenriemen; f Kinnriemen; g Reithalfter; h Kehlriemen; i Trensenzügel

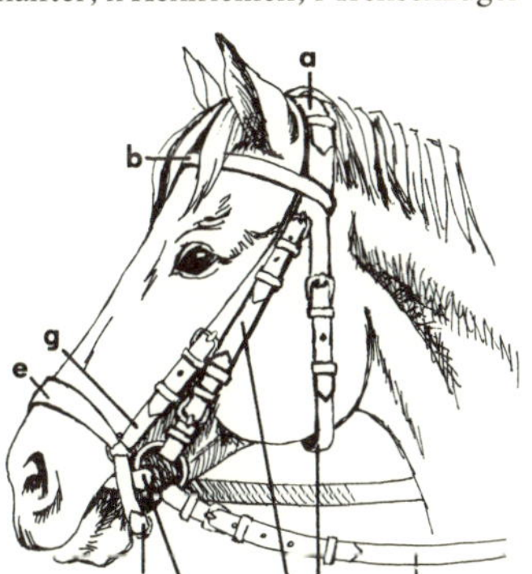

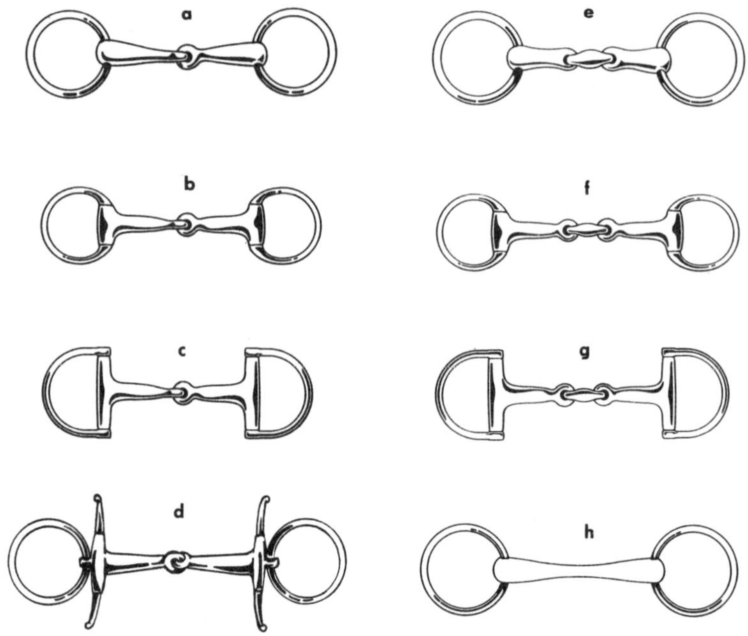

122 Trensengebisse: a Wassertrense; b Olivenkopftrense; c Renn-(D-)Trense; d Knebeltrense;
e doppelt gebrochene Wassertrense
f doppelt gebrochene Olivenkopftrense
g doppelt gebrochene Renn-(D-)Trense
h Gummitrense

ihrem anderen Ende von einer kleinen Schnalle zusammengehalten werden. In die Trensenringe genähte Zügel sind unpraktisch, weil sie die Reinigung des Gebisses erschweren. Mit offenen, d. h. nicht an ihren Enden zusammengeschnallten Trensenzügeln wird nicht mehr geritten.

Im Gelände und beim Springen werden manchmal Trensenzügel verwendet, die zum größten Teil mit *genopptem Gummi* überzogen und dadurch griffiger sind. Einer leichten Verbindung mit dem Pferdemaul sind sie aber nicht förderlich. Deshalb muß ihre Verwendung auch auf die genannten Fälle beschränkt bleiben, bei denen ja meist eine etwas deutlichere Anlehnung des Pferdes gestattet wird. Lederzügel werden bei stark schwitzenden Pferden oder regnerischem Wetter rasch glitschig. Gute Griffigkeit haben *Gurtzügel,* die aber ziemlich schnell lappig werden. Zur Verbesserung der Griffigkeit von Gurtzügeln findet man nicht selten aufgenähte Lederstege. Auch diese können eine wirklich feine Zügeleinwirkung beeinträchtigen.

Bei Verwendung eines *Martingals* muß in die Trensenzügel kurz hinter den Gebißschnallen ein Quersteg, die *Martingalsperre,* eingenäht sein, damit sich die Ringe des Martingals nicht in den Gebißschnallen verhaken können (Gefahr schwerer Stürze).

Das Reithalfter. Das Reithalfter hat den Zweck, das Maul des Pferdes geschlossen zu halten und daran zu hindern, dem Gebiß durch Bewegungen des Unterkiefers auszuweichen.

Hauptteil des Reithalfters ist demzufolge der *Nasenriemen,* ein auf der Mitte des knöchernen Nasenbeines meist etwas breiteres und nach den Seiten sich verjüngendes Lederteil, an dessen beiden Enden kleine Ringe einge-

näht sind. In diese sind – Schnallstößel links, Strupfe rechts – die beiden Teile des *Kinnriemens* eingenäht.
Das Kopfstück des Reithalfters ist durch einen eingenähten Ledersteg mit dem Nasenriemen verbunden, wodurch sein Herabfallen verhindert wird. Sein rechter Strupfenteil ist so lang, daß er unter dem Kopfstück der Trense durch die Schlaufen des Stirnriemens gezogen und an der linken Seite des Pferdekopfes mit dem weit kürzeren Schnallstößel verbunden werden kann.
In der Regel werden das *englische* und das *hannoversche Reithalfter* verwendet. Während ersteres dem Reithalfter der Kandarenzäumung ähnelt und das Pferdemaul oberhalb des Trensengebisses umschließt, sperrt letzteres das Maul des Pferdes durch den unterhalb des Trensengebisses verlaufenden Kinnriemen, wodurch häufig die Lefzen hochgezogen werden, was zur Tierquälerei wird, wenn mehr als zwei/drei kleine Falten in den Lefzenwinkeln entstehen. Dem englischen Reithalfter ist deshalb der Vorzug zu geben. Wird ein englisches Reithalfter mit einem zusätzlichen Kinnriemen ausgestattet, der durch eine Schlaufe an der Unterkante des Nasenriemens gezogen und dann wie der Kinnriemen des hannoverschen Reithalfters unterhalb des Trensengebisses zugeschnallt wird, nennt man dies ein *Kombiniertes Reithalfter.* Eine damit ausgestattete Trense wird auch als *Springtrense* bezeichnet, was den hauptsächlichen Verwendungszweck kennzeichnet. Für Springpferde ist in der letzten Zeit das *Bügelreithalfter* in Gebrauch gekommen (s. Abb. 123 e), das ebenfalls zwei Kinnriemen besitzt, die in die Endösen eines halbmondförmigen, auf die Nase des Pferdes zu gebogenen Stahlteils eingenäht sind. Etwas oberhalb der Mitte des Stahlbügels ist eine weitere, rechteckige Öse zu finden, in die der Nasenriemen eingenäht wird. Das Bügelreithalfter fixiert den Unterkiefer des Pferdes und überträgt dank des starren Bügels einen Teil des Gebißdrucks *senkrecht* auf das Nasenbein. Ein wichtiger Vorteil gegenüber den bisher beschriebenen Reithalftern (mit Ausnahme des englischen) besteht in der freien Lage des Gebisses, das die Lefzen nicht hochzieht. Außerdem wird noch das *mexikanische Reithalfter* benutzt. Es weist zwei sich auf der Nase des Pferdes kreuzende Riemen und dementsprechend auch zwei Kinnriemen auf, von denen einer oberhalb, der andere unterhalb des Mundstücks zugeschnallt wird. (Abb. 123)

Sitz der Trense. Die *Kopfstückschnalle* sitzt auf dem Genick des Pferdes. Die *Backenstücke* müssen so lang gearbeitet bzw. verschnallt werden, daß das Trensengebiß die Lefzen nicht hochzieht. Es dürfen sich höchstens zwei bis drei kleine Fältchen in den Lefzenwinkeln bilden, die aber nicht spannen. Andererseits darf es aber auch nicht so tief liegen, daß es gegen die Hackenzähne schlägt. Das *Trensengebiß* soll so lang sein, daß bei normaler Lage im Maul die Trensenringe die Lefzen nicht seitlich drücken.
Geringfügige Änderungen der Lage des Gebisses können bei der Ausbildung des Pferdes vorübergehend erforderlich werden. Bei Pferden, die mit hoher Nase gegen den Zügel gehen, wird man z. B. das Gebiß etwas tiefer legen. In entgegengesetzter Richtung verlegt man es bei Pferden, die in der Tiefe hinter den Zügel kriechen. Das ist aber kein Allheilmittel und wird keinerlei Erfolg zeigen, wenn das Pferd nicht mit energisch treibenden Hilfen bei weicher Hand zum Heranstrecken an das Gebiß gebracht wird.
Ist der *Stirnriemen* zu lang, so kann sich das Kopfstück nach hinten verlagern, und die Mähnenhaare können sich an dieser Stelle abscheuern. Das ergibt einen unangenehmen Schönheitsfehler. Schlimmer wirkt sich ein zu kurzer Stirnriemen aus, weil er das Kopfstück nach vorn zieht, so daß es an den Ohren reibt und dem Pferd Schmerzen verursacht, die es mit Kopfschlagen oder -schütteln beantwortet.
Der *Kehlriemen* wird so eng geschnallt, daß im Kehlgang des Pferdes noch eine aufrecht gehaltene Hand Platz hat. Er liegt dann etwa in der Mitte der Ganaschen.

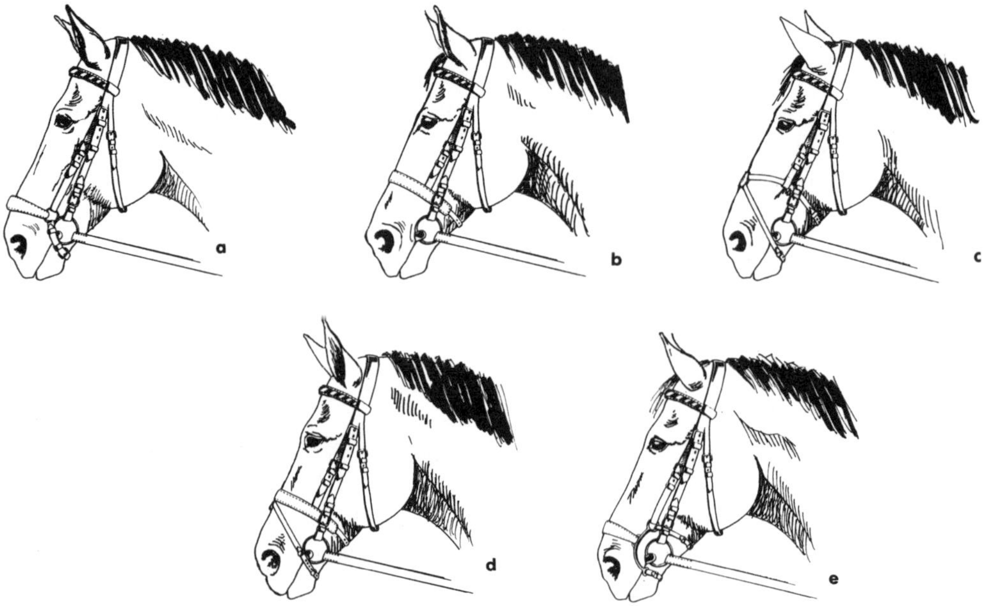

123 Reithalfter: a hannoversches; b englisches; c mexikanisches; d kombiniertes; e Bügelreithalfter

Bei einer gut passenden Trense sitzen Kehlriemenschnalle und Reithalfterschnalle auf gleicher Höhe.
Der *Nasenriemen* soll etwa vier Fingerbreit über dem oberen Nüsternrand auf dem knöchernen Teil der Nase liegen.
Der *Kinnriemen* verläuft hinter dem Unterkiefer und wird nur so eng zusammengeschnallt, daß das Pferd noch kauen kann. Das ist der Fall, wenn zwischen Nase und Nasenriemen etwa zwei Finger nebeneinander Platz haben. Ein zu eng geschnallter Kinnriemen belästigt das Pferd und behindert – gemeinsam mit dem zu tief liegenden Nasenriemen – die Luftzufuhr. Ein zu weit geschnallter Kinnriemen macht das Reithalfter wirkungslos.
Mängel in der Ausbildung des Pferdes können niemals durch Engerschnallen des Reithalfters ausgeglichen werden!
Aufgabe des Richters bzw. des Aufsichtführenden auf dem Abreiteplatz ist es deshalb, durch eine Kontrolle der Zäumung vor der Prüfung solchen Quälereien und unredlichen Mitteln, die hauptsächlich bei Verwendung des hannoverschen und des schwedischen Reithalfters angewandt werden, energisch entgegenzutreten.

Pflege der Trense. Nach jedem Gebrauch ist das *Trensengebiß* zur Schonung der Lederteile auszuschnallen, im Wasser abzuspülen und trockenzureiben. Das geschieht am besten in einer Kiste mit Sägespänen. Anschließend ist das Gebiß mit einem Lappen abzuwischen.
Rost an Stahlgebissen ist durch Reiben mit Sand zu entfernen. Am wenigsten Arbeit machen Argentangebisse und solche aus nichtrostendem Stahl, auch verchromte und vernikkelte, solange der Überzug noch unbeschädigt ist. Beginnt die Chrom- oder Nickelschicht abzuplatzen, muß das Gebiß ausge-

tauscht werden, weil dadurch die Gefahr von Verletzungen der Maulschleimhaut heraufbeschworen wird.
Auch die *Lederteile,* besonders der Kinnriemen, werden von angeklebten Futter- und Speichelresten befreit. Sind diese in den Nähten eingetrocknet, was zumeist auf Nachlässigkeit des vorherigen Benutzers der Trense hindeutet und von mangelhafter Kontrolle durch den Ausbilder zeugt, werden sie mittels eines Holzspanes beseitigt. Scharfe Gegenstände wie Taschenmesser und ähnliche beschädigen das Leder. Stark verschwitzte Lederteile werden mit Wasser und einem Schwamm gereinigt, an der Luft getrocknet und dann eingefettet. Alle vierzehn Tage ist die Trense völlig auseinanderzuschnallen und zu pflegen. Besonders sorgfältig sind die Stellen zu reinigen und zu fetten, an denen Schnallen das Leder berühren. Dort setzt sich oft Rost an und macht das Leder brüchig. Das Leder soll nach der Pflegestunde einen matten Glanz aufweisen. Die glatte Seite des Leders kann mit Sattelseife behandelt werden.
Neues Lederzeug wird nicht gefettet, sondern an einem staubfreien, trockenen Ort aufbewahrt, solange es nicht in Gebrauch genommen ist. Dabei sind die Gebisse auszuschnallen. Vor dem ersten Gebrauch ist es dann einzufetten.
Die für die Pflege der Trensen gegebenen Hinweise gelten auch für alle anderen Pferdeausrüstungsgegenstände aus Leder.

Die Kandarenzäumung

Sie wird in Dressurprüfungen Klasse L und höher verlangt, in denen bereits ein gewisser Grad der Versammlung gefordert wird. Das *hebelartig* wirkende Gebiß hilft bei richtiger Zügelführung und losgelassenem, weichem und schmiegsamem Balancesitz des Reiters durch seine stärkere Einwirkung auf den Unterkiefer, Haltung und Gang des Pferdes zu verbessern, das geradegerichtet an den Hilfen steht und dessen reiterliches Gleichgewicht schon entwickelt ist.

Kandarenzäumungen weisen unterschiedliche Konstruktionen auf. Deshalb sollen hier ihre Teile auch nicht weiter beschrieben werden. Die Kandarenzäumung mit englischem Reithalfter und das Gebiß mit geraden Anzügen (Stangenkandare) ist vorzuziehen.
Sitz der Zäumung und Wirkung der Kandare. Das *Kopfstück* der Zäumung liegt so weit hinter den Ohren des Pferdes, daß die *Backenstücke* der Kandare etwa 4 cm hinter den Jochbeinen verlaufen. Der *Nasenriemen* befindet sich ungefähr 2 cm unterhalb der Jochbeinleisten und soll so eng sein, daß er leicht am Kopf des Pferdes anliegt. Für den *Kehlriemen* gelten die gleichen Gesichtspunkte wie bei der Zäumung auf Trense. Besonders zu beachten ist die Lage der Gebisse:

124 Kandare: a richtige Winkelstellung; b zu steil (Kandare strotzt); c Kandare fällt durch

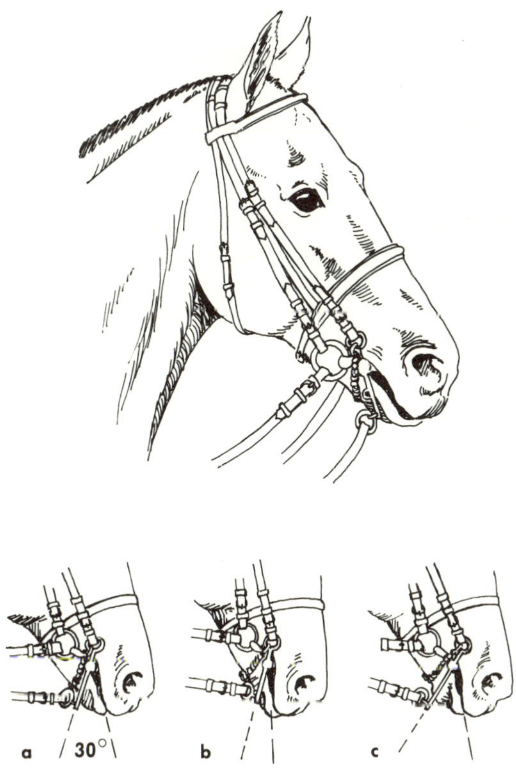

Das *Unterlegtrensengebiß*, das dünner und leichter als ein normales Trensengebiß ist, muß den Maulwinkeln anliegen, darf sie aber nicht hochziehen. Unterlegtrensengebisse gibt es natürlich auch in verschiedener Stärke; im allgemeinen sind die dickeren vorzuziehen. Unterlegtrensen müssen an den Maulwinkeln eine Mindestdicke von 10 mm aufweisen. Das Unterlegtrensengebiß (Unterlegtrense) liegt oberhalb des Kandarengebisses im Pferdemaul. Unterlegtrensen dürfen auch in der Form einer Olivenkopftrense oder einer doppelt gebrochenen Trense verwendet werden.

Die *Kandare* soll so im Maul des Pferdes liegen, daß ihr Mundstück sich auf gleicher Höhe mit der Kinnkettengrube befindet. Es darf die Hakenzähne nicht berühren. Bei Pferden, die sich leicht überzäumen, kann man die Kandare etwas höher legen.

Kandaren mit kurzen *Unterbäumen* wirken milder, aber rascher; solche mit langen Unterbäumen wirken stärker, jedoch setzt ihre Wirkung langsamer ein. Dünnere Mundstücke drücken die Maulscheimhäute empfindlicher als dicke. Die für das Pferd angenehmer wirkende Kandare ist die mit dicken Mundstück und relativ kurzen Unterbäumen *(Anzügen)*, sofern sie von einer weichen Reiterhand geführt wird.

Das richtige *Längenverhältnis* von Oberbaum zu Unterbaum beträgt 1:1,5 bis 1:2.

Für Kandarengebisse wird eine Mindestdicke von 14 mm an den Maulwinkeln gefordert.

Die zulässige Länge der Anzüge (Unterbäume) ist 5–10 cm.

In Dressurprüfungen dürfen nur aus einheitlichem Metall hergestellte Kandarengebisse verwendet werden.

Der *Oberbaum* soll so lang sein, daß die *Augen* (Zaumringe) über den Maulwinkel des Pferdes hinaufreichen, damit sie nicht ins Maul hineingezogen werden können. Die Oberbäume sind etwas nach außen abgebogen. Dadurch können sie nicht gegen die Bakkenhaut drücken.

Das Hebelgesetz besagt, daß die Kraft am günstigsten wirkt, wenn sie in einem rechten Winkel angreift. Deshalb soll der Anzug der wirkenden Kandare mit der Maulspalte einen *Winkel* von 30 bis 40° bilden, weil so zwischen Anzug und Zügel ein rechter Winkel entsteht. Ist dieser Winkel größer, so *fällt die Kandare durch*, ist er kleiner, so *liegt sie zu steil* (oder „strotzt"). In beiden Fällen wirkt die Kandare fehlerhaft, indem sie die Lefzen kneift oder den Unterkiefer quetscht. (Abb. 124 a–c)

Die *Breite* des Stangenmundstücks muß der des Pferdemauls entsprechen. Es darf weder im Maul hin und her gleiten (zu »weites« Gebiß), noch darf es die Lefzen drücken oder quetschen (zu „enges" Gebiß). Ist das Mundstück zu breit, übt die Kinnkette ungleichmäßigen Druck aus, und die Zungenfreiheit kommt auf die Laden zu liegen. Um die erforderliche Breite festzustellen, kann man dem Pferd gegenüber der Kinnkettengrube ein Holzstäbchen über die Zunge legen und mit den Daumennägeln darauf die Stangenbreite markieren.

Das *Mundstück* trägt in der Mitte eine mehr oder minder große Wölbung, die *Zungenfreiheit*, deren Übergang in das Mundstück von den *Ballen* gebildet wird. Die Ballen liegen den Laden auf, während sich die Zunge unter der Zungenfreiheit befindet.

Eine *kleine Zungenfreiheit* mildert den Druck des Gebisses auf die Laden, eine hohe Wölbung verschärft ihn. Andererseits verringert eine große Zungenfreiheit den Druck auf die Zunge, eine kleine verstärkt ihn.

Ein gut passendes Kandarenmundstück muß deshalb die Form der Zunge und des Zungenkanals genau berücksichtigen. Wird dies vernachlässigt, so entzieht das Pferd die empfindliche Zunge dem starken Druck durch *Hochziehen* über das Gebiß und läßt die Ballen des Mundstücks allein auf den Laden ruhen. Man muß dies als einen Beweis dafür ansehen, daß die Laden weniger empfindlich sind als die Zunge. Wohl sind sie aber leichter verletzbar, weil hier der Knochen dicht unter der Haut liegt. Mundstücke mit größerer Zungenfreiheit beschädigen die Laden eher als solche mit niedriger.

Das *Hochziehen der Zunge* über das Gebiß ist oft mit einem Heraushängenlassen der Zunge, dem *Zungenstrecken*, verbunden. Es ist vielfach erblich und dann kaum zu beseitigen. Ist es nicht angeboren, so kann diese Untugend durch ein genau passendes Mundstück und zweckentsprechendes Verschnallen des Nasenriemens, der so viel Spielraum haben muß, daß die hochgezogene Zunge ohne Schwierigkeiten ihren normalen Platz unter dem Gebiß wieder einnehmen kann, allmählich verlorengehen. Dazu ist jedoch erforderlich, daß ein lebendiger Schenkel des Reiters das Pferd bei leichter Zügelführung immer wieder zum Herandehnen an das Gebiß und zum Abkauen auffordert. Beim Abstoßen vom Gebiß wird dann die Zunge ihre richtige Lage einnehmen. Mittel von anhaltender Wirkung gegen gewohnheitsmäßiges Zungenstrecken gibt es nicht. Ein Gebiß mit größerer Zungenfreiheit mildert aber den Druck auf die Zunge etwas.

Der früher manchmal zur Bekämpfung des Zungenstreckens verwendete Zungenriemen gehört in den Bereich der Tierquälerei, zumal es bei seinem Gebrauch in nicht seltenen Fällen zum Absterben der Zunge gekommen ist.

An den Oberbäumen befinden sich die beweglich in deren Augen eingeschmiedeten *Kinnkettenhaken.* Die beiden Haken jedes Gebisses sind genau symmetrisch gestaltet, weshalb sie nicht verwechselt werden dürfen. Die normalerweise nach außen gebogenen freien Enden der Haken würden dann nach innen weisen, was zu Maulverletzungen führen kann. Die Haken sind in sich so gebogen, daß sie die Kinnkette glatt anliegen lassen. Sie sollen bis auf das Mundstück herabreichen.

Die *Kinnkette*, die aus einfach oder doppelt ineinandergeschmiedeten, in sich verbogenen und dadurch ein glattes Aufeinanderliegen gewährleistenden Ringen besteht, bereitet dem Pferd nur dann keine Schmerzen, wenn sie bei wirkender Kandare mitten in der *Kinnkettengrube* liegt und das Mundstück sich ihr genau gegenüber befindet.

Die *Länge der Kinnkette* hängt von der Breite des Maules und der Höhe der Laden ab. Im allgemeinen nimmt man als *Richtmaß* das Verhältnis Maulbreite:Länge der Kinnkette ausschließlich der Haken = 1:1,25 oder Maulbreite:Länge der Kinnkette mit Haken = 1:1,5 an.

Die Kinnkette soll möglichst breit sein. Ihre einzelnen Glieder müssen völlig glatt aufeinanderliegen, damit nicht auf einzelne Stellen der Kinnkettengrube ein stärkerer Druck ausgeübt wird als auf andere. Bei sehr empfindlichen Pferden und solchen, die Verletzungen in der Kinnkettengrube haben, kann man unter der Kinnkette eine *Unterlage* aus Gummi oder Leder verwenden. Es gibt auch Kinnketten, deren Mittelstück völlig aus Leder angefertigt ist. Diese sind jedoch bei Leistungsprüfungen nicht erlaubt.

Beim *Anlegen* wird die Kinnkette zunächst in den rechten Kinnkettenhaken eingehängt und nach rechts so weit ausgedreht, bis sie vollkommen glatt liegt. Danach wird sie in den linken Haken so eingehängt, daß sie glatt liegenbleibt. Ist die Kinnkette etwas länger, hängen die überzähligen Glieder, auf beide Seiten gleichmäßig verteilt, herab. Wenn die Zahl der nicht benötigten Glieder ungerade ist, kommt auf die linke Seite eines mehr.

Die *Wirkung* der Kinnkette soll eintreten, wenn diese beim Annehmen der Kandarenzügel an ihrem vorgesehenen Platz in der Mitte der Kinnkettengrube liegt. Sie darf dabei nicht in der Kinnkettengrube nach oben rutschen.

Nach dem Generalreglement der FEI und der LPO sind folgende Gebisse, Unterlegtrensen und Kinnketten für Dressurprüfungen zugelassen (Abb. 125):

a) Stangenkandare
b) Unterlegtrense
c) Gummi-Pelham
d) Pelham
e) doppelt-gebrochenes Pelham
f) S-Kandare
g) Kinnkette
h) Gummi-Springkandare
i) normale Springkandare
j) doppelt-gebrochene Springkandare

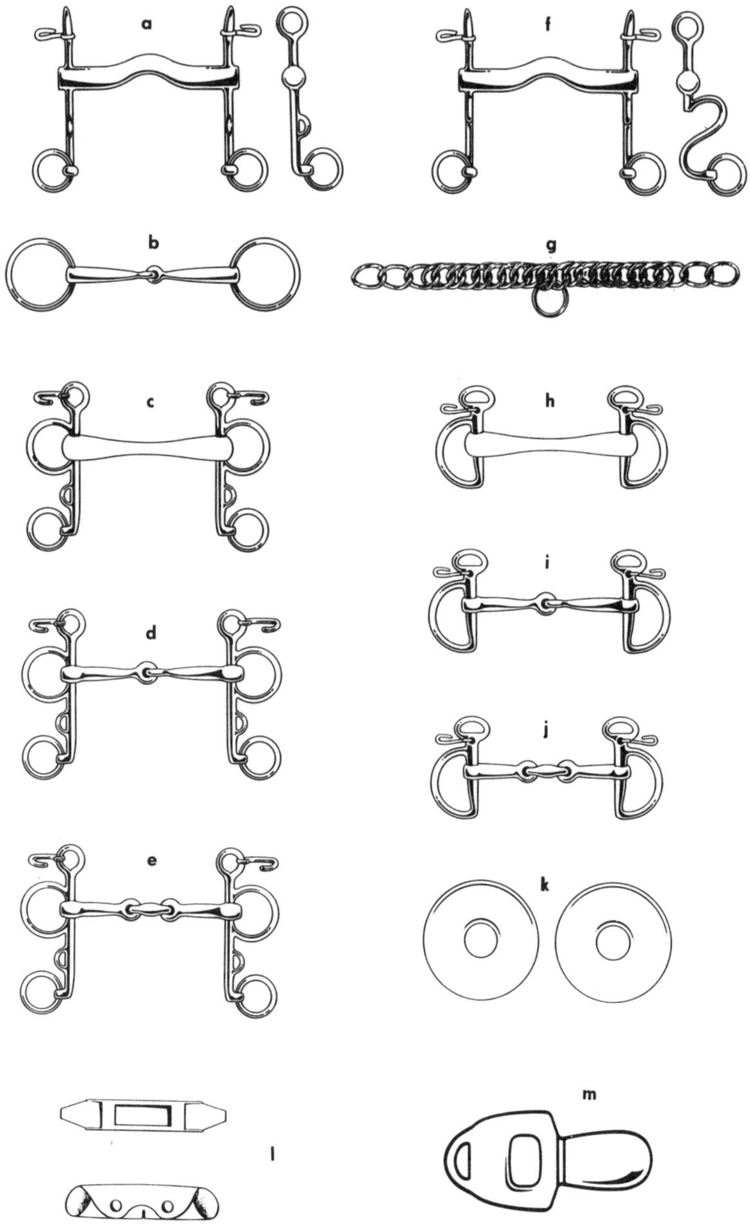

125 Kandaren, Unterlegtrensen, Kinnkette, Kinnkettenunterlagen und anderes Zubehör
a Stangenkandare; b Unterlegtrense; c Gummi-Pelham; d Pelham; e doppelt-gebrochenes Pelham; f S-Kandare; g Kinnkette; h Gummi-Springkandare; i normale Springkandare; j doppelt gebrochene Springkandare; k Gummischeiben; l Kinnkettenunterlagen; m Zungenstrecker

k) Gummischeiben
l) Kinnketten-Unterlagen
m) Gummi-Zungenstrecker

Während sich der *Zügel der Unterlegtrense* vom normalen Trensenzügel nicht unterscheidet, weist der *Kandarenzügel* folgende Abweichungen auf: Die Enden der Kandarenzügel sind unter Einschub eines kleinen Lederkeils aufeinandergenäht. Dadurch entsteht eine Verdickung, die das Abrutschen des auf den Kandarenzügeln gleitenden *Schiebers* verhindert. Soll nun mit Trense geritten werden, wird der Schieber so weit nach vorn geschoben, daß er beide Kandarenzügel zusammenhält und ihr Herabfallen verhindert. Der rechte Kandarenzügel ist um 2,5 cm kürzer als der linke. Das muß beim Einschnallen der Zügel beachtet werden.

Kandarengebisse mit gebrochenem Mundstück, sogenannte *Pelhams*, erlauben keine korrekte Einwirkung und werden daher ebenso wie die Vielzahl anderer Kandarenmundstücke, denen früher besondere Wirkungen zugeschrieben wurden, nicht besprochen.

Weitere Ausrüstung des Reitpferdes

Die Longierausrüstung (Abb. 126). Bei der Ausbildung von Reitern und Pferden spielt das Longieren eine große Rolle. Voraussetzung für richtiges Longieren ist eine zweckentsprechende Ausrüstung. Diese muß in jedem Falle bestehen aus:

- Longiergurt,
- Kappzaum,
- Ausbindezügeln (zwei),
- Longe,
- Longierpeitsche,
- Gamaschen bzw. Streichkappen für Vorder- und Hinterfüße (oder auch Bandagen).

Der *Longiergurt* muß 15 bis 20 cm breit und in der Sattellage gut gepolstert sein. Auf seinem höchsten Punkt ist ein *Ring* zum Durchziehen der Trensenzügel angebracht.

Zu beiden Seiten der Pferdebrust sind *vier bis fünf Ringe* in kleinen Abständen vorhanden, die zum Höher- und Tieferstellen der Ausbinder dienen. Der unterste Ring befindet sich etwa in Höhe des Buggelenks. Unter den Gurt ist stets eine Decke oder Schabracke zu legen.

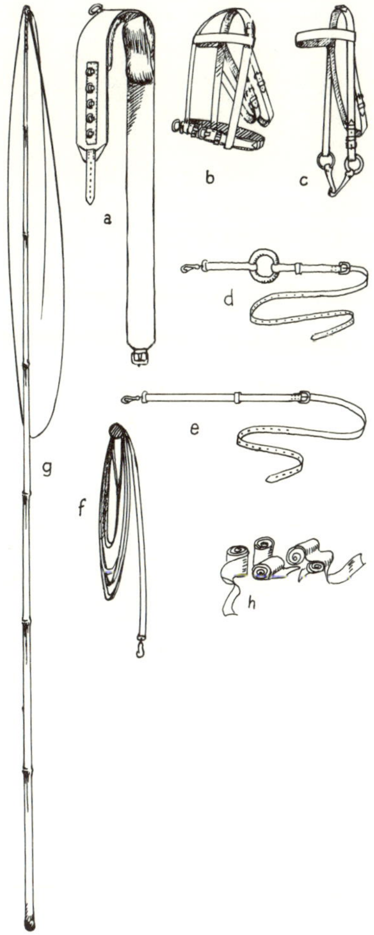

126 Longierausrüstung: a Longiergurt; b Kappzaum; c Trense ohne Reithalfer; d Ausbindezügel mit Gummiring; e gewöhnlicher Ausbindezügel; f Longe; g Longierpeitsche; h Bandagen

Wird das Pferd gesattelt an der Longe gearbeitet, darf der Longiergurt nicht straffer angezogen sein als der Sattelgurt und sich auch nicht nach vorn ziehen. Er muß sich im tiefsten Punkt des Sattels befinden und soll dadurch auf dem nach dem Vorderzwiesel ansteigenden Teil der Sitzfläche Halt haben. Da der auf der Decke liegende Longiergurt oft keinen richtigen Halt findet, sollte das junge Pferd frühzeitig an den Sattel gewöhnt werden.

Auch ein Voltigiergurt kann zum Longieren verwendet werden, wenn am vorderen Rand der Taschen genügend Ringe angenäht sind.

Der *Kappzaum* liegt mit seinem gut gepolsterten und mit zwei Gelenken versehenen metallenen *Nasenbügel* auf dem knöchernen Teil des Nasenrückens so fest auf, daß er *keinen Spielraum* hat. Liegt er zu locker, entstehen schmerzhafte Scheuerstellen. Der Nasenbügel trägt drei *Ringe*, die nicht an hervorstehenden metallenen Fortsätzen angebracht sein dürfen, weil diese Hebel die Wirkung der Longenanzüge verschärfen und dadurch die Gelenke der Hinterhand geschädigt werden können. Diese Ringe müssen mit einer Schweißnaht geschlossen sein. Lediglich zusammengedrückte Ringe bilden eine erhebliche Gefahr, weil sie sich bei einem kräftigen Zug der Longe, wie er nun einmal beim überraschenden Wegspringen eines jungen Pferdes entstehen kann, aufbiegen können. Die Longe wird in den *mittleren Ring* eingeschnallt; der Schnalldorn weist nach oben. Bei Pferden, die nach außen drängen, wird die Longe in den inneren Ring geschnallt, um ein Verschieben des Kappzaumes zu verhindern. Das Pferd wird auf Trense *ohne Reithalfter* gezäumt. Kopfstück und Stirnriemen des Kappzaumes liegen *über* den entsprechenden Teilen der Trense. Nasen- und Backenriemen des Kappzaumes kommen *unter* die Backenstücke der Trense. Die Ansatzstelle des Backenriemens des Kappzaumes liegt etwa in der Mitte des Backenstückes. Der *Backenriemen* wird *fest* angezogen, damit sich das äußere Backenstück nicht verschieben und das Auge verletzen kann. Steht kein Kappzaum zur Verfügung oder vermag sich das Pferd nicht an die starren *Nasenbügel* zu gewöhnen, kann auf den Nasenriemen eines festen Reit- oder Kandarenreithalfters ein starker Lederriemen aufgenäht werden. Die Ringe zum Einschnallen der Longe und die Backenriemen sind wie beschrieben anzubringen. Zumindest diesen Ersatz sollte man überall besitzen, wo Pferde an der Longe gearbeitet werden. (Abb. 127)

Sinn des Kappzaumes ist es, die Hilfen des Longenführers auf den weniger empfindlichen *knöchernen Teil* der Nase zu übertragen und das Pferdemaul zu schonen. Das junge Pferd soll das Gebiß aufsuchen können, ohne gleich von Beginn an die Bekanntschaft mit vielleicht etwas zu starken Handhilfen zu machen. Mit einer in den Trensenringen eingeschnallten Longe kann man *nicht sachgemäß* longieren, weil die Anzüge nach der Seite wirken. Falls ausnahmsweise einmal kein Kappzaum oder entsprechender Ersatz zur Verfügung stehen sollte, muß wenigstens die Schnallstrupfe der Longe von außen durch den inneren Trensenring so unter dem Reithalfter hindurchgeführt werden, daß sie oberhalb des Nasenriemens wieder herauskommt. Auf diese Weise ist die Longe an Trensenring und Reithalfter befestigt, so daß der seitliche Zug hauptsächlich auf den *Nasenriemen* erfolgt. Das ist aber eine Notlösung, die keine korrekte Bearbeitung des Pferdes an der Longe gestattet. Deshalb ist ein Kappzaum unbedingt erforderlich, der – auch wenn kein Eisenbügel vorhanden ist – von einem geschickten Sattler angefertigt werden kann. Praktischer und für das Pferd angenehmer ist der *Unterschnallkappzaum*, der nach Entfernen des Reithalfters aus dem Trensenzaum dessen Stelle einnimmt. Dadurch wird das Gewicht der Lederteile auf dem Pferdekopf verringert, da das Kopfstück und der Stirnriemen des Kappzaumes wegfallen. Soll das Pferd im Anschluß an das Longieren geritten werden, kann der Unterschallkappzaum gleich die Funktion des Reithalfters übernehmen. Man braucht dazu nur den Backenriemen etwas weiter zu stellen.

Wo Pferde in einer Übungseinheit ausschließlich longiert werden, haben sich kurze Riemchen bewährt, mit denen die Trensenringe in zu beiden Seiten des Pferdekopfes in den Nasenriemen eingenähte Halbringe befestigt werden können. Da auf diese Weise der Kappzaum ein Trensengebiß erhalten hat,

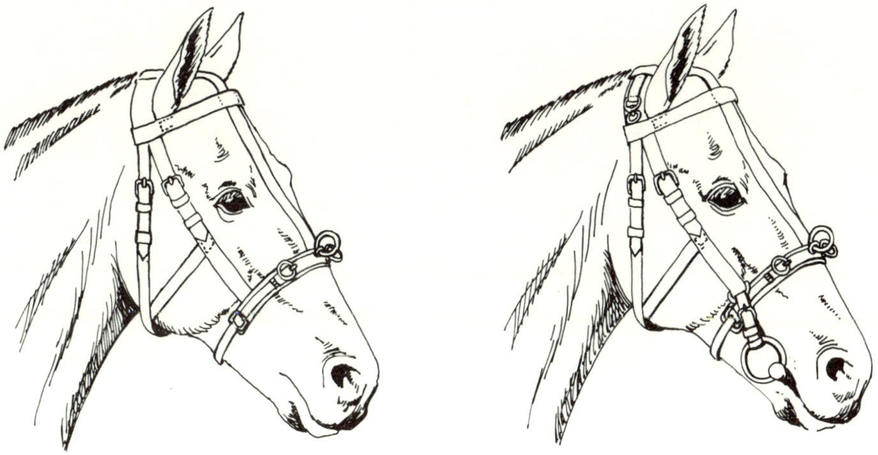

127 a Kappzaum; b Kappzaum mit Trense

kann man auf den ganzen Trensenzaum verzichten (127b).

Die *Ausbindezügel* werden verwendet, um den Pferdehals und -kopf in einer bestimmten Haltung festzustellen. Sie sind deshalb – über die Sitzausbildung des jungen Reiters an der Longe hinaus – so lange mit Nutzen zu verwenden, wie dieser sein Pferd noch nicht an die Hilfen stellen kann.

Reitanfängern kann das „Zusammenhalten" der Pferde mit einem *Stoßzügel* erleichtert werden. Dies ist ein einzelner Ausbindezügel, der mit seiner Schlaufe auf den Sattelgurt unter der Brust des Pferdes aufgeschoben und zwischen den Vorderbeinen des Pferdes hindurchgeführt wird. Das Schnallenende wird im Verbindungsriemen zwischen den Trensenringen befestigt. Mit diesem Stoßzügel, der Kopf- und Halshaltung des Pferdes in vertikaler Richtung festhält, wird das Pferd veranlaßt, seine Rückenmuskulatur in gewissem Maße zu gebrauchen und damit dem Reitschüler das Sitzen zu erleichtern. Da andererseits durch den Stoßzügel der Hals in seiner horizontalen Bewegungsmöglichkeit nicht eingeschränkt wird, kann der Anfänger sein Pferd mit dem Stoßzügel (s. Abb. 128 a) auf gebogenen Linien stellen.

Zwei Ausbindezügel braucht man bei der Bearbeitung des jungen Pferdes an der Longe. Sie ersetzen die Einwirkung der Reiterhand. Da sie dem Gebiß eine ruhige Lage verleihen, helfen sie dem Pferd, vertrauensvoll Anlehnung zu suchen. (Um diesen Vorgang nicht zu stören, macht sich eben die Befestigung der Longe am Kappzaum erforderlich.)

Ausbindezügel (auch manchmal als *stehendes Martingal* bezeichnet) sind schmale, etwa 1,20 bis 1,50 m lange Riemen, deren eines Ende mit einem *Karabinerhaken* oder einer *Schnalle* versehen ist und vom Trensenring aufgenommen wird. Das andere Ende wird durch die Ringe am Longiergurt oder unter dem Sattelgurt hindurchgezogen und in der erforderlichen Länge in einer Schnalle befestigt, die etwa 40 cm vom Karabinerhaken entfernt auf dem Ausbinder aufgenäht ist. Die glatte Seite des Leders weist vom Karabinerhaken bis zur Schnalle nach außen. Die *Schnallstrupfe* ist umgekehrt aufgenäht und mit einer möglichst großen Anzahl von Schnallöchern versehen, so daß von der Schnalle an die glatte Seite des Leders dem Pferdeleib zugewandt ist. Vorteilhaft sind Ausbindezügel, bei denen in das Teil zwischen Karabinerhaken und Schnalle ein *Gummiring* oder *-knochen* eingefügt ist. Sie erleichtern dem Pferd die Anlehnung (s. Abb. 128 b).

Die Ausbindezügel dürfen das Pferd in seiner

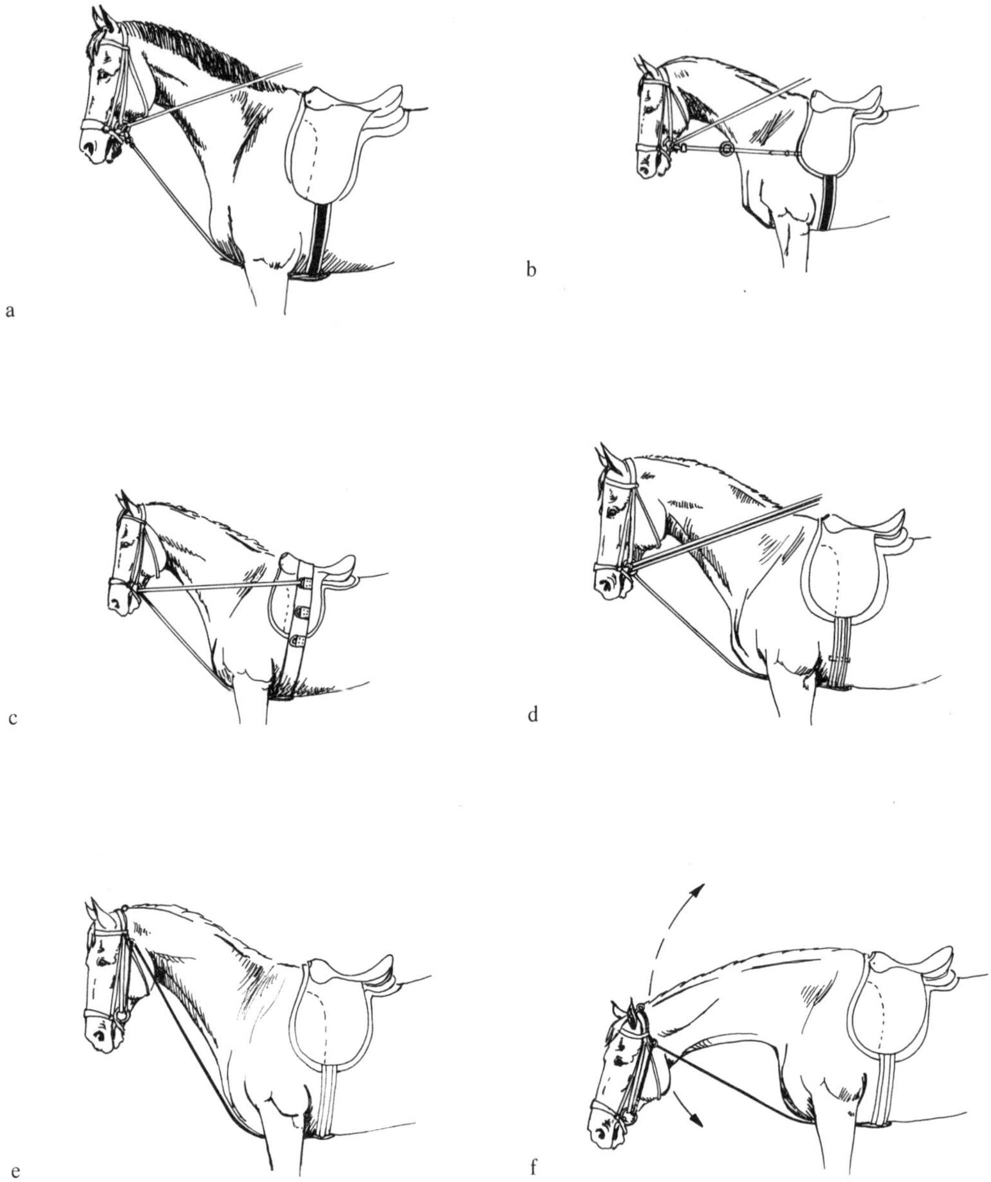

128 a Stoßzügel; b normaler Ausbindezügel; c Holleuferscher Schlaufausbinder; d Holleuferscher Schlaufzügel; e Chambon; f Wirkung des Chambons natürlichen Haltung nicht stören. Sie werden daher entsprechend lang in die Ringe an den Seitenteilen des Longiergurtes und – unter den Trensenzügeln – in die Trensenringe eingeschnallt. Beide Ausbindezügel müssen zunächst gleich lang sein. Die Kontrolle darüber verschafft man sich, indem man – vor dem Pferd stehend – die Ausbindezügel nach vorn straff anzieht. Beide Trensenringe müssen dabei auf gleicher Höhe sein.

Bei Pferden, die den Rücken festhalten, sich zu hoch tragen oder den Weg in die Tiefe nicht finden – also meist bei der Korrektur verrittener Pferde –, kann der *Holleuffersche Schlaufzügel* verwendet werden. Dieser Trensenzügel von doppelter Länge läuft vom untersten Ring des Longiergurtes aus von unten-außen nach oben-innen durch die Trensenringe und wird beiderseits des Sattels in den Ösen des Vorderzwiesels befestigt. Wer noch die Schulterbewegung ausschalten will, kann die unteren Enden der Schlaufzügel zusammenfassen – z. B. durch eine Hülle –, zwischen den Vorderbeinen hindurchführen und am tiefsten Punkt des Sattelgurtes befestigen. In diesem Fall müssen sie von oben-außen nach unten-innen durch die Trensenringe geführt werden. Diese Zügel laden das Pferd direkt dazu ein, den Hals nach unten zu strekken (s. Abb. 128 c).

Der Nachteil besteht darin, daß das Pferd zwar den Hals nach unten strecken, jedoch die Nase nicht nach vorn bringen kann. Deshalb muß der Holleuffersche Schlaufzügel so lang geschnallt werden, daß die Nase des Pferdes deutlich vor der Senkrechten steht.

Der aus Frankreich kommende *Chambon* (s. Abb. 128 d u. f) besitzt gegenüber dem Holleufferschen Schlaufzügel den Vorteil, daß er die Streckung von Hals und Kopf nicht begrenzt. Er ist deshalb besonders *für Pferde geeignet, die sich im Rücken festhalten.* Sein Nachteil besteht darin, daß er den Hals seitlich nicht feststellt. *Junge Pferde kann man deshalb mit dem Chambon nur in einem umschlossenen Longierzirkel arbeiten.*

Die *Longe* ist 7 bis 10 m lang. Eine längere Longe ist einer kurzen vorzuziehen, weil man damit das Pferd auf einem größeren Zirkel gehen lassen kann. Das eine Ende der Longe trägt eine *Handschlaufe,* das andere besitzt einen Karabinerhaken, mit dem sie in einem Ring des Kappzaumes befestigt wird. Bei vielen Longen befindet sich zwischen Longe und Karabinerhaken noch ein Drehgelenk, das ein Verdrehen der Longe verhindern soll. Die ganze Longe besteht aus Hanf, wodurch sie genügend Griffigkeit besitzt. Lederlongen sind zu schwer und werden außerdem rascher brüchig.

Vor dem Einschnallen in den mittleren Ring des Kappzaumes ist die Longe in *Schleifen* zu legen, die glatt nach vorn aus der Hand herausgelassen werden können.

Die *Longierpeitsche* soll so lang sein, daß der Longenführer das Pferd mit dem Ende des Schlages erreichen kann. Dazu müssen Stock und Schnur (Schlag) je 3 bis 4 m lang sein. Nur wenn der *Stock* steif und einigermaßen ausgewogen ist, lassen sich richtige Hilfen geben. In der letzten Zeit hat man gute Erfahrungen mit Longierpeitschen gemacht, die aus im Handel erhältlichen Angelruten (3,5 m lang) hergestellt wurden. Sie weisen die erforderliche Steifheit auf und sind relativ leicht. Man läßt sie beim Sattler mit einer Lederschlaufe zur Aufnahme des etwa 5 m langen *Peitschenschlages* versehen. Falls kein genügend langer Schlag erhältlich ist, kann man ihn aus mehreren kurzen Peitschenschlägen zusammennähen. In Reitanlagen, die Longierzirkel verschiedenen Durchmessers besitzen, oder auch bei der Benutzung verschiedener Kreisdurchmesser für die Longenarbeit ist es praktisch, Peitschen verschiedener Länge zur Verfügung zu haben. Kurze Peitschen, etwa Zweispännerstockpeitschen, mit denen das Pferd nicht erreicht werden kann, sind zum Longieren völlig nutzlos!

Pflege der Longierausrüstung. Der *Longiergurt* braucht wenig Pflege. Wird der Longiergurt nicht über den Sattel geschnallt, muß er von Zeit zu Zeit mit Bürste und Wasser abgescheuert werden. Seine Lederteile sind einzufetten. Der *Kappzaum* wird in der gleichen Weise wie alle Zaumzeuge gepflegt. Wird ein-

mal – ausnahmsweise – in einen zu langen Backenriemen ein Knoten geschlungen, der beim angelegten Riemen mitten im Kehlgang sitzen muß und keinesfalls auf die Unterkieferäste drücken darf, so ist dieser auf alle Fälle sofort im Anschluß an die Arbeit wieder zu lösen, weil sich sonst der Backen verzieht.
Die *Ausbindezügel* werden gemeinsam mit dem Zaumzeug und in der gleichen Weise gepflegt. Hinsichtlich etwaiger Knoten gilt dasselbe wie für den Kappzaum. Zu lange Ausbindezügel sollten aber besser vom Sattler gekürzt werden. In der *Sattelkammer* sind sie entweder mit dem Karabinerhaken an einem Nagel oder Häkchen aufzuhängen oder über eine *Holzrolle* von mindestens 5 cm Durchmesser zu legen, um das Brechen des Leders zu verhindern.
Die *Longe* wird in *glatt übereinandergelegten Schlaufen* auf einer etwas stärkeren Holzrolle abgelegt. Um ein Verziehen des Gurtes zu vermeiden und die Longe glatt zu erhalten, darf das Ende nicht um die Schlaufen herumgeschlungen werden.
Die *Lederteile* der Longe, insbesondere die Schnallstrupfen, sind durch regelmäßiges Fetten geschmeidig zu halten, da sie großen Belastungen ausgesetzt sind. Ebenso ist *Rost* an den Metallteilen sofort zu entfernen, und die *Drehgelenke* sind leichtgängig zu halten, wozu hin und wieder ein Tropfen Öl genügt.
Die *Longierpeitsche* wird an dem Verbindungsriemchen zwischen Stock und Schlag so aufgehängt, daß sie den Boden nicht berührt oder auf mehrere in gleicher Höhe angebrachte Wandhaken abgelegt, deren geringer Abstand voneinander das Durchbiegen des Stockes verhindert. In eine Ecke gelehnte Peitschen werden krumm. Mit solchen kann man nicht mehr genau treffen.
Der *Peitschenschlag* darf nicht um den Stock gewickelt werden, sondern hängt lang herunter. Sollte er dabei am Fußboden schleifen, so wird er so durch den genannten Verbindungsriemen gezogen, daß der Schlag eine große Schleife bildet (s. Abb. 126).
Der *Peitschenstock* bedarf keiner Pflege. Der Schlag ist jedoch nach jedem Gebrauch mit einem Lappen vom Staub zu befreien und anschließend durch einen Fettlappen zu ziehen.
Die *Bandagen* werden faltenfrei und fest gerollt aufbewahrt. Zu Beginn des Einrollens ist darauf zu achten, daß die Bänder möglichst glatt liegen. Vor dem Einrollen müssen die Bandagen getrocknet und von Fremdkörpern gereinigt werden. Das Trocknen darf nicht im Stall erfolgen.
Von Zeit zu Zeit müssen die Bandagen gewaschen werden. Wer großen Wert auf das Aussehen der Bandagen nach dem Waschen legt, kann sie auch bügeln. Einfach ist die Verwendung von Schnallbandagen oder Bandagen mit Klettverschluß. Aber auch diese müssen saubergehalten werden, damit etwa zurückgebliebene Sandkörner nicht scheuern können.

Hilfszügel

Aus der relativ großen Anzahl der in der Vergangenheit erfundenen *Hilfszügel* sind nur zwei unter Umständen zu gebrauchen: Das laufende Ringmartingal und der Schlaufzügel. (Abb. 128 d) Der bei der Ausbildung des Pferdes systematisch vorgehende, den jeweiligen Ausbildungsstand und die Lernfähigkeit seines Pferdes berücksichtigende Reiter wird ohne diese Hilfsmittel zum Ziel kommen. Ihre Verwendung weist in den meisten Fällen auf eine fehlerhafte Ausbildung des Pferdes hin.
Von dieser Feststellung möchten wir einen einzigen Fall ausnehmen, nämlich Pferde, die infolge ständigen Einsatzes in schweren Springprüfungen im Verlauf des Wettkampfjahres heftiger werden. Bis zur Klasse M sollte indes ein korrekt ausgebildetes und zweckmäßig eingesetztes Pferd ohne Hilfszügel geritten werden können. Wenn die LPO ein gleitendes Ringmartingal in Springpferdeprüfungen (Kat. B), Geländepferdeprüfungen (Kat. B), Springprüfungen (Kat. A und B), Teilprüfungen Geländereiten und Springen von Vielseitigkeitsprüfungen (Kat. A und B), Jagdpferdeprüfungen (Kat. A und B), Gelände-

ritte (Kat. B) sowie Spring-, Gelände und Jagdreiterwettbewerbe (Kat. C) zuläßt, so deshalb, weil sie auch Pferde berücksichtigen muß, deren Leistungsgrenze niedriger liegt, sowie Jugendliche und Seitensteiger, die ihr Pferd noch nicht voll beherrschen.

Das *Martingal* kann bei heftiger werdenden Pferden, die den Kopf so hoch nehmen, daß die richtige Einwirkung des Gebisses in Frage gestellt ist, oder die mit dem Kopf nach oben schlagen und damit den Reiter gefährden, die Kopfbewegung nach oben begrenzen und eine bessere Einwirkung erreichen, indem es die Wirkungsrichtung des Gebisses auf Zunge und Laden sichert und verhindert, daß die Lefzen nach oben gezogen werden. Da dieser Hilfszügel gleichzeitig die Einwirkung der Hand auf das Gebiß verlangsamt, mildert er die schmerzhafte Wirkung einer steigenden Hand, die bei plötzlichen und ungeregelten Bewegungen des Pferdes auftreten kann. Das Martingal wird deshalb gern beim Springen und bei Jagden verwendet, im letzteren Fall vor allem dann, wenn der Reiter ein ihm nicht genügend vertrautes Pferd reitet oder der Jagdherr dem reiterlichen Können des Gastes entgegenkommen will.

Das Martingal ist *kein Korrekturmittel.* Es begrenzt zwar die Bewegungen des Kopfes nach oben, doch kann mit seiner Hilfe der Kopf nicht heruntergebracht werden. Das muß der Reiter wissen, damit er das Martingal richtig anlegt (s. Abb. 192).

Beim Anlegen wird zunächst der Halsriemen des Martingals um den Pferdehals geschnallt, danach der Sattelgurt durch die Endschlinge gezogen, so daß sie sich an der tiefsten Stelle des Gurtes unter dem Brustbein befindet, und schließlich werden die Zügel der Trense durch die Ringe des Martingals geführt. Die Zügel müssen eine Martingalsperre haben.

Die *Länge des Martingals* muß so bemessen sein, daß bei aufgenommenen Zügeln und an die Hilfen gestelltem Pferd die Gerade zwischen Pferdemaul und Ellbogengelenk des Reiters durch das Martingal *keinen Knick* nach unten erhält. Das Martingal darf in dieser Stellung nicht gespannt sein, sondern muß leicht, besser sogar in deutlichem Bogen durchhängen. Ist es zu kurz geschnallt, bringt das dann flaschenzugähnlich wirkende Martingal das Pferd vollends aus dem Gleichgewicht, wodurch es immer schneller und nur noch heftiger werden muß.

Der *Schlaufzügel* kann bei verrittenen Pferden verwendet werden, solchen also, die die Reiterhilfen nicht richtig zu deuten wissen, weil sie diese während ihrer Ausbildung nicht in sachgemäßer, den Grundsätzen der Reitkunst entsprechender Weise kennengelernt haben, dadurch in eine fehlerhafte Haltung gezwungen worden sind und auch ihre Muskulatur nicht loslassen.

Er ist aber nur in der Hand von Reitern, die gut und schmiegsam sitzen, mit *weicher Hand* führen und hervorragend *treiben* können, ein geeignetes Korrekturmittel. Mit ihm kann dem Pferd der Weg in die Tiefe gezeigt werden, d. h. das Vorwärts-Abwärts-Strekken von Hals und Kopf, wodurch es über die Ausbildungsstadien der Zwanglosigkeit und Losgelassenheit wieder zu einer richtigen Entwicklung zurückfindet. Außerdem können mit seiner Hilfe ein vor dem Widerrist loser Hals festgestellt, Steifheiten im Genick bekämpft und – ähnlich wie mit dem Martingal – die Bewegung des Halses nach oben begrenzt werden.

Der Schlaufzügel besteht aus zwei je 2,75 m langen Zügeln, die an einem Ende wie die Trensenzügel zusammengeschnallt sind. Am anderen Ende ist auf der glatten Seite des Leders eine Schnalle mit langer Strupfe angebracht. Letztere wird unter der Brust des Pferdes um den Sattelgurt geschnallt. Der Zügel verläuft von dort – zwischen den Vorderbeinen am besten durch eine Hülle, Schlaufe o. ä. mit dem Schlaufzügel der anderen Seite zusammengehalten – nach dem Trensenring, wird unterhalb des Trensenzügels *von außen nach innen* durch die Trensenringe geführt und gelangt schließlich über die Kleinfingerseite in die Hand des Reiters. Vom Gurt bis zum Trensenring ist die rauhe Seite des Zügels dem Pferd zugekehrt. Von dort verläuft sie außen, so daß in der Hand des Reiters

Trensen- und Schlaufzügel mit ihren Haarseiten (glatten Seiten), durch den kleinen Finger getrennt, gegeneinander liegen und der Daumen, auf die rauhe Seite des Schlaufzügels drückend, diesen und den Trensenzügel festhält.
Der mit dem Schlaufzügel beabsichtigte Zweck wird von vornherein verfehlt, wenn ihn der Reiter dazu benutzt, das Pferd in eine bestimmte Haltung zu zwingen. Er darf dem Pferd lediglich die Grenze angeben, über die hinaus es mit dem Kopf nicht nach oben darf. Keinesfalls darf der Schlaufzügel als Flaschenzug nach unten wirken. Durch Verstärken der treibenden Hilfen mit tätigem Schenkel muß das Pferd zum Abstoßen am Gebiß gebracht werden. Gibt es im Genick nach, so verringert sich die Wirkung des Schlaufzügels und hört nach und nach ganz auf. Schließlich mahnt der Hilfszügel das Pferd nur noch durch sein Eigengewicht an die geforderte Haltung, wirkt also verwahrend. Damit sich das Pferd in den Wendungen und beim Reiten in Stellung nicht an dem äußeren Zügel stößt, muß dieser genügend nachgeben, gegebenenfalls durch entsprechendes Vorgehen mit der Hand.
Sind die treibenden Hilfen zu schwach, so kommen mit Schlaufzügeln gerittene Pferde auf die Vorhand und hinter den Zügel. Das Maul wird stumpf. Schwung und Raumgriff des Ganges gehen verloren. Darin liegt die große *Gefahr,* die der Schlaufzügel in der Hand unerfahrener Reiter heraufbeschwört.
Auch Steifheiten im Genick, die das Pferd daran hindern, sich richtig an die Hand des Reiters zu stellen, können nur dann erfolgreich beseitigt werden, wenn die treibenden Hilfen den Schwung entwickeln. Eine gewaltsame Einwirkung mit dem Schlaufzügel führt nur zu Widersetzlichkeiten, die ihre Ursache in Schmerzen haben. Damit wird eine solche Einwirkung, wie auch der Verzicht auf die Möglichkeit, dem Pferd häufig durch Strekken des Halses Gelegenheit zur Erholung zu geben, zur Tierquälerei. Vor dem ersten Gebrauch des Schlaufzügels muß man das Pferd mit dessen Wirkung bekannt machen, indem man zu Fuß durch seitliche Anzüge das Pferd zum Nachgeben im Genick veranlaßt.
Pferde, zu deren Korrektur der Schlaufzügel benötigt wird, sind nicht in einem Ausbildungszustand, der ihre korrekte Vorstellung auf Turnieren zuläßt. Deshalb ist auch die Verwendung des Schlaufzügels in Turnierprüfungen verboten.

4.2. Verhalten, Erziehung, Gewöhnung

4.2.1. Verhalten des Pferdes

Allgemeines

In den letzten Jahren ist immer deutlicher geworden, in welch hohem Maße das natürliche Verhalten des Pferdes Berücksichtigung bei der Ausbildung erfordert. Genaue Kenntnis der artspezifischen Verhaltensweisen bilden die größte, in weitem Maße noch unausgeschöpfte Reserve bei der Verfeinerung der Ausbildungsmethodik und zur weiteren Verbesserung der Effektivität in der Ausbildung des Pferdes. Deshalb gebührt dem natürlichen Verhalten des Pferdes und seiner Nutzung bei der Ausbildung die Aufmerksamkeit aller Pferdeausbilder und -halter.
Der Gebrauchswert des Pferdes wird heute im wesentlichen nach seiner Eignung für die Freizeitgestaltung und den Sport bestimmt. Daraus ergeben sich folgende Forderungen an seine psychologische Eignung:
• *Positive Charaktereigenschaften* und große *Leistungsbereitschaft,* gekennzeichnet

u. a. durch Tolerationsfähigkeit, Aufmerksamkeit, Eifer, Prägungsfähigkeit („Dressurfähigkeit"), Springfreudigkeit.

- *Positive Temperaments- und Intelligenzeigenschaften*, gekennzeichnet u. a. durch Aufmerksamkeit und Auffassungsvermögen für die Einwirkung des Reiters, schnelles Reaktionsvermögen (vor allem zur Reduzierung des Zeitaufwandes für die gediegene Grundausbildung).

Unabhängig von den Exterieurqualitäten und der speziellen Leistungsfähigkeit (Dressur, Springen usw.) müssen Sportpferde zunächst bequeme Mittel zum Reiten sein. Sie sollen sich in der Umwelt sicher verhalten. Umwelterfahrungen, Konzentrationsfähigkeit auf den Reiter und die dazu gehörende Folgsamkeit (Gehorsam) sind unbedingte Voraussetzungen.

Mit der planmäßigen, körperlichen Schulung des Pferdes müssen eine sorgfältige, verständnisvolle Erziehung und ruhige, individuelle Behandlung des Pferdes einhergehen. Aus diesen Gründen ist das zielgerichtete Eingehen auf Verhaltensweisen des Pferdes, ihre Formung und Nutzung (psychologische Beeinflussung) *unverzichtbarer Bestandteil* seiner körperlichen (physischen) Ausbildung. Sie sind unter dem Gesichtspunkt der Haltung und des Trainings weitgehend schulungs- und förderungsfähig.

Wie bei jeder anderen Tierart auch, sind die natürlichen Verhaltensweisen des Pferdes *artgebunden* und *arttypisch.* Für die Nutzung des Pferdes in Freizeit und Sport sind sie von entscheidender Bedeutung. Ihre Kenntnis ist deshalb *unentbehrlich.* Nur so können sie für die Ausbildung und den Einsatz des Pferdes *genutzt, gefördert* oder auch *zurückgedrängt* werden. Eine positive Beeinflussung der gesamten Pferdehaltung, die Erhöhung ihrer Effektivität bzw. die Senkung des Risikos sind damit eng verbunden. Das weitgehende Eingehen auf die Individualität des Pferdes ist dabei die *methodische Hauptforderung,* die durch den Reiter, Fahrer, Ausbilder, durch den Aufzüchter und Halter ganz allgemein zu erfüllen ist.

Erbanlagen und Erfahrung

Hinsichtlich bestimmter Verhaltensweisen ist das Pferd *erblich* veranlagt. Sie können also bei der Zuchtwahl berücksichtigt werden. Bei züchterischen Entscheidungen wird deshalb verhaltensbedingten Eigenschaften zunehmend mehr Gewicht beigemessen, da die Verwendung des Pferdes im wesentlichen im Sport- und Freizeitbereich liegt und seine Eignung dafür im erheblichen Umfang von seinen Verhaltensweisen abhängt.

Angeborene Verhaltensweisen werden durch solche ergänzt oder ersetzt, die das Pferd im Verlaufe der Aufzucht und Ausbildung durch *Erfahrung* erwirbt. Das ist ein *Prozeß, der nur durch eindeutiges, konsequentes, für das Pferd erfaßbares Handeln, genaue Beobachtung und Erkennen des Aha-Moments sowie Anwendung des Lob-Tadel-Prinzips durch den Menschen, verbunden mit sehr viel Einfühlungsvermögen und Güte bei souveräner Fachkenntnis unter Achtung vor dem Tier als Partner erfolgreich gestaltet werden kann.*

Eine psychologische Beeinflussung des Sportpferdes ist erst möglich, wenn es von bestimmten erblich bedingten und damit angeborenen Verhaltensmustern im Instinktverhalten durch den Menschen *gelöst* worden ist. Das betrifft die unerwünschten Eigenschaften. An ihrer Stelle tritt die vom Menschen gewünschte Reaktion, zum Beispiel die auf die Einwirkungen des Reiters. Sind die vom Menschen gewünschten Verhaltensmuster im Instinktverhalten des Pferdes vorhanden, können sie durch Erfahrungshandlungen gefestigt, ergänzt oder erweitert werden. Wenn diese grundsätzlichen Voraussetzungen für die eigentliche Ausbildung des Pferdes nicht erfüllt sind, erreicht das Pferd weder ein optimales Leistungsniveau noch eine vertretbare Nutzungsdauer.

Die Verhaltensweisen eines Pferdes müssen stets im Zusammenhang mit der *Leistungsfähigkeit seiner Sinnesorgane* beurteilt werden; schon deshalb sind sie von Tier zu Tier unterschiedlich. Das wiederum ist eine weitere Ursache für die hohe Individualität, die bei der

Ausbildung und Nutzung zu beachten ist. Je mehr der Mensch auf sie eingeht, desto größer werden Leistungsbereitschaft, Leistungsfähigkeit und Umgangsqualitäten des Pferdes in seinem Sinne entwickelt werden können.

Verhaltensmuster

In seinem Gesamtverhalten ist das Pferd auf das Grundsystem *Furcht-Selbstschutz* eingestellt und wird deshalb auch als *Fluchttier* bezeichnet. Diesem System entsprechen seine angeborenen Verhaltensprogramme, die zwangsläufig ablaufen, wenn sie durch einen Schlüsselreiz ausgelöst werden. Im allgemeinen kann von folgendem *Verhaltensmuster* des Pferdes ausgegangen werden:

– Ausgeprägtes *Neugierverhalten*, verbunden mit Hemmungen, die dem Grundsystem „Furcht-Selbstschutz“ entsprechen.
– Ausgeprägte *Nahrungsmotivation*, die oft Angst oder andere Hemmungen überspielt.
– Im Rahmen der Klasse der Säugetiere nur *durchschnittliche Lerndisposition*, die jedoch individuell stark variiert.
– Stark *gruppenbezogenes* Verhalten, nachgewiesen u. a. durch Stimmungsübertragung mit Neigung zur Handlungsangleichung („Nachmachen“), wiederum mit großen individuellen Unterschieden.
– Triebhafter, aber sehr unterschiedlich ausgeprägter *Zusammenhalt untereinander* (vgl. Herdentrieb); er ist Voraussetzung und zugleich auch Folge des sozialen Zusammenlebens. Hieraus ergibt sich wiederum eine Fülle spezifischer Verhaltensweisen.

Unter Berücksichtigung dieses grundsätzlichen Verhaltensmusters ergeben sich die Verhaltensweisen des Pferdes weitgehend aus den *Erfahrungen*, die es im Umgang mit dem Menschen und unter dessen Einfluß gemacht hat. Schon der Embryo empfindet Umwelteinflüsse und kann von ihnen geprägt werden. Die direkten Erfahrungen mit dem Menschen beginnen mit der Stunde der Geburt.

Erkennen ist schwierig

Die Schwierigkeiten bei der psychologischen Beeinflussung und damit der wunschgemäßen Erziehung und Ausbildung des Pferdes liegen darin, daß seine Äußerungen über *Wohlbefinden* oder *Ablehnung* nur schwer – vor allem in den Abstufungen – erkannt werden können. Katzen schnurren, Hunde wedeln mit dem Schwanz, wenn sie sich wohl fühlen; das ist für jeden wahrnehmbar und zu nutzen. *Losgelassenheit,* also Freisein von Verspannungen usw., beim Pferd als Zeichen des Wohlbefindens und der Arbeitsbereitschaft ist dagegen wesentlich schwieriger zu erkennen. Die unterschiedlichen, für die Tätigkeit des Halters, Aufzüchters oder Ausbilders aber so wichtigen Verhaltensweisen, zum Beispiel von Hemmungen bis Übermut, von Angst über Frechheit bis zur „Sturheit“ oder von der Zuneigung über Vertrauen bis zum Gehorsam usw. richtig zu deuten und psychologisch richtig und konsequent zu reagieren, ist die wesentlichste Voraussetzung für dauerhafte Erfolge in der Pferdehaltung, -ausbildung und -nutzung. Daraus ergibt sich die unbedingte Forderung nach fundierten fachlichen Kenntnissen und Fertigkeiten, die unter Anerkennung der artspezifischen Grundsätze des *Tierschutzes* anzuwenden sind. Kompromisse kann es im Interesse des Pferdes sowie seiner Nutzung in Freizeit und Sport hierbei nicht geben. Positive Ergebnisse bilden zugleich auch die Erfolgserlebnisse für Halter, Ausbilder, Freizeitreiter und Sportler, die sie immer wieder haben müssen, um mit Freude und Geduld diese oft mit großen Rückschlägen verbundene, meist harte Arbeit zielstrebig durchzuführen.
Beobachtung verschiedener Äußerungen des Pferdes, die auf seinen *psychischen Zustand* schließen lassen, können dabei hilfreich sein. Gegenstand solcher Beobachtungen sind Auge, Ohr, Schweif, Stimme, Schnauben, Schweißbildung und Gang des Pferdes.
Aus dem *Ausdruck des Auges* kann man einiges über Temperament und Charakter des Pferdes ablesen. Ein ruhiges, klares und gut-

mütig blickendes Auge gilt als Zeichen für einen angenehmen Charakter. Solche Pferde können über Temperament verfügen, besitzen aber ein sogenanntes „frommes Feuer“, d. h., sie sind keinesfalls bösartig. Letzteres trifft eher bei Pferden zu, deren Auge klein und böse blickend erscheint. Augen, in denen viel Weiß zu sehen ist, deuten auf sehr energische und aus diesem Grund manchmal unbequeme Pferde.

Ein unruhiges, gequält blickendes Auge deutet auf Ängstlichkeit. Ein solches Pferd ist vor allem liebevoll zu behandeln, und sein Vertrauen zum Menschen muß gefestigt werden; denn fast in allen Fällen liegen Fehler in der Behandlung vor. Allerdings kann ein ängstlich blickendes Auge auch Ausdruck innerer Schmerzen sein, besonders dann, wenn es sich durch gute Behandlung nicht ändert.

Das *Ohrenspiel* des Pferdes gibt wichtige Hinweise auf dessen Gemütsverfassung.

Vorwärts gespitzte Ohren drücken Interesse, aber auch eine ausgeglichene Stimmung aus. Aufgestellte, mit den Öffnungen nach hinten gedrehte Ohren deuten auf gespannte Aufmerksamkeit auf hinter dem Pferd befindliche Lautquellen, z. B. auf den Ausbilder, Reiter oder Fahrer. Zurückgelegte Ohren sind ein Zeichen von Unbehagen. Vom Fohlenalter her an gute Behandlung gewöhnte, gesunde und täglich ausreichend bewegte Pferde zeigen dieses Mißtrauen nicht. Deshalb kann man an den Ohren auch erkennen, wie ein Pferd psychisch auf die von ihm verlangte Leistung reagiert. Reiter und Ausbilder müssen sich daher bemühen, Trainingsanforderungen, die dem Pferd Unbehagen bereiten, mit solchen abwechseln zu lassen, die das Pferd mit gespitzten Ohren als angenehm quittiert.

Bei zurückgelegten Ohren ist ein Pferd außerdem stets zur Abwehr geneigt und zum Beißen oder Schlagen bereit. Deshalb darf man sich ihm nur vorsichtig nähern.

Das *Mienenspiel* des Pferdes, zu dem auch bestimmte Bewegungen der Lippen gehören, ist sehr vielseitig und vielgestaltig. Durch intensive Beobachtung wird der Reiter im Gesicht seines Pferdes lesen können wie in einem Buch.

Ein ruhig im Takt der Bewegung pendelnder *Schweif* ist das untrügliche Kennzeichen für losgelassenes Gehen und Wohlbefinden. Spannungen körperlicher wie auch psychischer Natur zeigen sich im angeklemmten oder stark nach hinten hinausgestreckten Schweif. Auch die aus dem Stallmut geborenen Luftsprünge künden sich so an. Aufregung zeigt sich u. a. darin, daß die Pferde den Schweif teilweise sogar nach oben einrollen. Pferde, die während der Bewegung mit dem Schweif schlagen, sind meist kitzlig, vorausgesetzt, daß nicht unsachgemäßer Sporengebrauch die Schweifbewegung veranlaßt.

Beginnt ein Pferd nach längerem Galopp mit dem Schweif zu schlagen, muß dies als Zeichen von Ermüdung aufgefaßt werden.

Die *Stimme* des Pferdes dient nicht nur dem Sichfinden von Hengst und Stute oder der Stute und ihres Fohlens. Mit ihr werden auch andere Pferde begrüßt. Allein im Stall zurückgelassene Pferde wiehern ihren Stallgenossen nach, wenn sie zur Arbeit gehen. Mit wohlgefälligem dunklem Wiehern empfängt das Pferd ihm angenehme Erscheinungen, z. B. Tränkwasser und Futter. Leidet das Pferd sehr starke Schmerzen, dann ächzt, stöhnt oder schreit es gar. Kitzelgefühle werden, vor allem von rossigen Stuten, durch ganz charakteristische Quieklaute ausgedrückt.

Das *Schnauben* in der Form des „Abbrausens“ ist ein Zeichen dafür, daß das Pferd seine Spannungen aufgibt und nun gelöst der weiteren Arbeit zur Verfügung steht.

Zusammen mit schnarchenden Geräuschen beim Einatmen deutet ein heftiges und stoßweises Schnauben auf Aufregung beim Herannahen furchterregender Erscheinungen.

Schweißbildung kann als Begleiterscheinung besonderer Aufregung eintreten. Sie ist dann oftmals mit einem teilweise durch das Sattelblatt spürbaren *Herzklopfen* und mit einem *Zittern* des ganzen Tieres verbunden.

Ein *gespannter Gang* drückt ebenfalls Erregung des Pferdes aus. Er kann allerdings auch durch Bewegungsmangel verursacht sein.

Rangordnungsverhalten

Im Gegensatz z. B. zu Raubtieren sind Pferde untereinander *verträglich.* Diese Eigenschaft ist ihnen angeboren. Sie gilt offensichtlich für Weidetiere überhaupt, beispielsweise für Rinder, Schafe und Ziegen, da im Wildstand genügend Raum für das einzelne Tier der jeweiligen Art, auch für dessen Ernährung, verfügbar ist. Der Kampf um Beute entfällt somit. Trotzdem gibt es auch unter ihnen keine Gleichberechtigung. Eine *Rangordnung* zu bilden ist eine angeborene Verhaltensweise der meisten Tierarten.
Die Ausbildung einer Rangordnung allerdings ergibt sich vor allem auf Grund der *Körpermasse* (damit sind auch Beziehungen zur Körpergröße gegeben) und des *Alters* des Pferdes. Es bestehen somit Abhängigkeiten von genetischen Faktoren und von Umwelteinflüssen. Die Körpermasse kann in erhöhter Körperkraft, das Alter in entsprechend längerer und vielseitiger Erfahrung zur Wirkung kommen. Es gilt als erwiesen, daß das *Alter* für die Rangordnung *bestimmender* als die Körpermasse ist.
Die Übernahme einer *Leitfunktion* in einer Herde muß nichts mit der Rangordnung zu tun haben. Das Leittier muß also nicht zugleich das ranghöchste Tier sein. Bei Pferden und auch bei anderen, sozial (in Herden) lebenden Tierarten nimmt im Wildstand meist ein weibliches Tier Leitfunktionen wahr, während das männliche ranghöchste Tier „für Ordnung sorgt". Der Wildpferdhengst beherrscht die Mitglieder seiner Herde durch Bewegungen des Kopfes, die jeweils ein Signal darstellen. Nähert er sich z. B. langsam unter Kopfschütteln der Herde, galoppiert diese schnell auseinander (Reizschwelle 5 bis 10 m). Durch ruckartiges Schütteln des Kopfes gegen ein Einzeltier der Herde wird dieses zum Stehen, zur Einnahme einer Abwehrhaltung veranlaßt (Reizschwelle 4 bis 5 m). Schon Fohlen im Alter von 10 Tagen deuten diese *Signale* richtig und befolgen sie, wie auch die erwachsenen Herdenmitglieder, sofort. Auch bei Hauspferden, die in Gruppen zusammen sind, können ähnliche Verhaltensweisen beobachtet werden.
Bei *domestizierten Tierarten* sind Bedeutung und Notwendigkeit der Führung einer Herde (Leitfunktion) bei Gefahr, Futterplatzwechsel usw. *weitgehend aufgehoben.* Es gibt aber auch hier bestimmte Situationen, z. B. Aus-, Um- und Eintreiben der Herde, in denen wiederholt ein bestimmtes Tier an der Spitze laufen kann. Zur dauerhaften Ausbildung des Leittierprinzips kommt es aber nur sehr selten. Weder ein ranghöherer Hengst noch eine ranghöchste Stute nehmen regelmäßige Leitfunktionen wahr. Es ist sogar auffallend, daß sich ranghöchste Tiere häufig von der Herde absondern und allein bleiben.
Bei Pferden bleibt die Rangordnung *relativ lange Zeit* bestehen. Das Mitglied einer Gruppe behält seine Stellung über einen größeren Zeitraum – mehrere Monate – auch bei Unterbrechung der Weidehaltung im Gedächtnis. Das ist bei weiblichen Tieren noch ausgeprägter der Fall als bei den Hengsten und Wallachen. Es gilt besonders für die Futteraufnahme und das Geschlechtsverhalten, für den Freß- und Liegeplatz im Laufstall. Das ranghöchste Tier frißt und (Hengst) deckt zuerst, wenn mehrere Bewerber gleichzeitig vorhanden sind. Für die *Stall- und Weidehaltung* sind folgende Gesichtspunkte zu beachten:

- Während der Ausbildung einer Rangordnung innerhalb einer Gruppe/Herde ist die Neigung zur *Unverträglichkeit* am größten; das gilt auch bei Störungen der Rangordnung durch neuhinzukommende Tiere.
- *Anfang* und *Ende* der *Rangfolge* erweisen sich über lange Zeit *am stabilsten.*

Schlußfolgerungen aus diesen Erkenntnissen sind bei der Fohlenaufzucht besonders bezüglich der *Fütterung* zu ziehen und rechtfertigen das schon möglichst frühe *Anbinden* der Fohlen beim Fressen, bestimmten Erziehungsvorhaben wie *Hufeanheben* usw. Weiterhin sollen *Umstellungen* in der Herde/Gruppe vermieden werden. Sind sie nicht zu umgehen sollte es sich nur um annähernd gleich entwickelte (Körpermasse) Tiere handeln, die der Herde/Gruppe neu zugeordnet werden. Bei der Futteraufnahme im Stall verteidigt das Pferd seinen Futterplatz nur so lange, wie es frißt (Regelfall). Hat es das Maul voll, läßt es sich aus der Krippe bzw. dem Eimer durch rangniedere Tiere herausdrängen. Für die Praxis bedeutet das, durch genügend große *Krippenlängen, Futteraufnahmeflächen* im Stall bzw. Weideflächen dafür zu sorgen, daß Futterneid nicht aufkommt.

Nahrungsaufnahmeverhalten

Aus dem Verhaltensmuster des Pferdes ergeben sich wichtige Einflüsse auf sein Nahrungsaufnahmeverhalten. Sie sind von fundamentaler *biologischer Bedeutung* und bei der *praktischen Pferdeernährung* sorgfältig zu beachten (vgl. Abschnitt 1.7.). Ihre Beachtung bedeutet zugleich z. B. auch die Verbesserung der Aufzuchtergebnisse sowie die Leistungserhöhung des Pferdebestandes generell, weiterhin auch kostengünstigeren Einsatz der Futtermittel.

Futteraufnahme

Auffällig ist das unterschiedliche Verhalten der Pferde bei der Futteraufnahme. Das ist in der Praxis zu bedenken. Manche Pferde verzehren ihr Futter ruhig und bedächtig. Sie nehmen Leckerbissen vorsichtig von der Handfläche und verstreute Futtermittel ruhig vom Boden auf. Ebenso sind sie auf der Weide verträglich. Andere dagegen verzehren und trinken überhastet und sind aggressiv. Mit Tricks versuchen sie, das Futter des Nachbarn mit aufzunehmen und ihn aus seiner Krippe zu vertreiben, schnappen nach mit der Hand gereichten Futtermitteln und schaben die Handfläche des Fütterers mit den Schneidezähnen blank. Im allgemeinen *überwiegt* die starke Nahrungsmotivation deutlich.

Zeit und Regelmäßigkeit

Infolge des beim Pferd sehr ausgeprägten *Zeitsinns*, der mit bestimmten Vorstellungen (Erwartungen) wie z. B. Futter, Heimkehr zum Stall, Aus- und Eintrieb, Trainingsbeginn und -ende verbunden ist, ergibt sich sein Empfinden für z. B. die Futterzeit mit den entsprechenden *physiologischen Konsequenzen* wie Speichelfluß, Beginn bzw. Einstellung der Verdauungstätigkeit. Deshalb ist in der Pferdehaltung die *Regelmäßigkeit* einmal zeitlich festgelegter Arbeitsgänge, u. a. der Stallarbeit, Fütterung, des Trainings, also das *Einhalten bestimmter Ordnungen* notwendig und eine entscheidende Grundlage für *Streßfreiheit*, d. h. für das Wohlbefinden des Pferdes. Unregelmäßigkeit, Unordnung, Planlosigkeit bewirken Unruhe in der Pferdegruppe und beim Einzeltier. Sie sind Quelle von Leistungsabfall, Unfällen, Körperschäden, Wachstumsstörungen, Dysstreßwirkungen usw.

Aktivitäts- und Ruheverhalten

Da das Pferd ein *Tagtier* ist, vollzieht sich sein Aktivitäts- und Ruheverhalten entsprechend. Diesem ebenfalls angeborenen *Grundschema* ist bei der Pferdehaltung, so auch bei der Fütterung, Rechnung zu tragen. Der o. g. Zeitsinn ordnet sich in dieses Schema ein (vgl. Tab. 24 und 25).

Diese Grundsätze unterliegen einer Reihe von Einflüssen, die sich aus der Haltung des Pferdes, seinem Gesundheitszustand, seiner Nutzung und den örtlichen Verhältnissen ergeben; sein *Lebensalter* – heranwachsend oder erwachsen (nach und nach immer erfahrener) – spielt dabei eine *dominierende Rolle.*

Zwei Besonderheiten treten nahezu unabhängig von dem erwähnten Aktivitäts- bzw. Ruheverhalten und seiner Periodisierung ein; sie sind von großer praktischer Bedeutung, vor allem für die Haltung von Turnier- und Rennpferden sowie von Pferden, von denen eine

hohe Dauerleistung gefordert wird. Es ist dies einmal die Tatsache, daß Pferde aufgrund ihres intensiv gruppenbezogenen Verhaltens und ihrer sozialen Lebensweise zumeist in *Gesellschaft* besser fressen und trinken als allein (vgl. Gaststätten-/Stammtischverhalten beim Menschen), andererseits aber auch ungestört sein wollen (vgl. 4.1.2.). Zum Zweiten verweigern erregte und gestreßte Pferde aus dadurch ausgelösten verdauungsphysiologischen Gründen (Appetitlosigkeit), wie auch andere Tierarten vor allem im Wildstand, oft das ihnen angebotene Futter. Bei Angst, Schreck, Aggressionsabsichten oder Schmerz ist das sofortige Einstellen der normalen Tätigkeit der Darmmuskulatur möglich und kann viele Stunden andauern. In der Turnier- oder Rennsaison sowie bei Hengsten während der Deckzeit kann es zu länger andauernder *Nahrungsverweigerung* und damit zum *Leistungsabfall* kommen, weil andere Bedürfnisse einschließlich des hohen Erregungstatus des Nervensystems den Vorrang haben (vgl. „Liebeskummer").
Es kommt bei Pferden vor, daß sie beim Fehlen von Möglichkeiten, Teilen des Verhaltensmuster zu entsprechen, also angeborene Triebe zu erfüllen, unnatürlich viel fressen. Wahrscheinlich handelt es sich hierbei um eine nervlich bedingte *Fehlreaktion*, der das Tier unterliegt, um zur Ruhe zu kommen (vgl. „Rauch-" bzw. „Freß-" oder auch „Sauf-"bedürfnis beim Menschen).

Bewegungsverhalten

Das Bewegungsverhalten bei der Nahrungsaufnahme ist beim Pferd grundsätzlich nach vorn gerichtet; zumal dem Pferd das *Rückwärtstreten* erhebliche Schwierigkeiten macht und unnatürlich ist. Diese Eigenschaft muß beim Anbinden von Pferden, beim Anlegen von Fußfesseln usw. berücksichtigt werden. Zum Beispiel tüdern sich Pferde um einen Baum oder Pfahl auf, können aber nicht wieder zurück.

Das Pferd – ein Dauerfresser

Die Nahrungsaufnahme nimmt einen erheblichen Teil des Tagesablaufes beim Pferd ein (das Pferd ist ein „Dauerfresser"/vgl. Abschnitt 1.7.), ist zeitlich jedoch auch von der Beschaffenheit der Futtermittel, also der Verzehrzeit, abhängig (Tab. 31).
Pferde fressen alles das, woran sie gewöhnt worden sind. Da sie in weiten Teilen der Erde bei unterschiedlichsten Ernährungsbedingungen gehalten werden, ist das auch notwendig und somit auch die Grundlage für ihre große Verbreitung, denn sie müssen sich vom *ortsüblichen Futterangebot* erhalten und auch noch Leistung bringen. Ausnahmen machen Galopp- und Trabrennpferde sowie hochklassige Warmblutsportpferde, die infolge der an den unterschiedlichsten nationalen und internationalen Standorten stattfindenden Wettkämpfe auf der Grundlage von standardisierten *Konzentrat- und Mineralstoffmischungen* sowie hochwertigem Heu weitgehend einheitlich und entsprechend den an sie gestellten Leistungsansprüchen wesentlich energiereicher und mit höherer Energiekonzentration ernährt werden müssen (vgl. Abschnitt 1.7.). Dieser Wandel des Ernährungsregimes hat ganz erhebliche Einflüsse auf den psychologischen (z. B. Beschäftigungsmangel) und physiologischen (Abgehen vom Dauerfressen minderwertiger Nahrung, stoßweise Belastung des Verdauungssystems usw.) Status des Pferdes und muß bei seiner Haltung vielfältig beachtet werden. Bei ungenügender Auslastung des vorhandenen Bewegungs- und Spieltriebs sowie der damit verbundenen Bewegungsaktivitäten kommt es schnell zu solchen abweichenden Verhaltensweisen wie Weben und Kettenrasseln oder auch zum Beknabbern von Stalleinrichtungen, Schlagen gegen Wände, Enthalftern des Nachbarpferdes usw. Es ist deshalb zu überlegen, inwieweit die *Stallaufenthaltszeiten* der Pferde sinnvoll begrenzt und *durch Auslauf, Weidegang* oder *aktive Bewegung ersetzt* werden und welche Möglichkeiten bestehen, vor allem täglich oft kaum eine Stunde bewegte

Tabelle 31: Dauer der Aufnahme von Rauh- und Körnerfuttermitteln sowie Silage bei Großpferden – 500–600 kg Lebendmasse – (nach Material von AHLSWEDE/MEYER, AHLSWEDE, REINHARDT)

Futtermittel	n (Pferde)	Freßdauer min/kg	min/max	Kauschläge je kg
Heu, lang, mittl. Qualität	27	39,0	20/96	3256
Stroh, lang	3	45,0	40/50	3645
Heuhäcksel, 5–15 mm	5	52,6	36/60	n.e.
Maissilage, 5–10 mm	5	9,7	7/14	n.e.
Hafer, ganz	68	9,7	6/18	832
Hafer, gequetscht	20	9,5	6/17	n.e.
Mischfutter, lose	13	14,1	8/37	1383
Mischfutter, pellet. 4 mm	3	11,2	8/14	837
Mischfutter, pellet. 8 mm	20	9,9	4,5/16	848
Mischfutter, pellet. 10 mm	3	13,5	10/19	862

Sport- und Freizeitpferde darüber hinaus in *Boxen oder Laufställen* aufzustallen.

Bei der Pferdehaltung ist stets zu berücksichtigen, daß folgende angeborenen Grundsätze der Nahrungsaufnahme bestehen:

- häufige oder sogar fast ständige Futteraufnahme,
- vorwiegende Aufnahme nährstoffarmer Pflanzen,
- Futteraufnahme bei ständiger Bewegung.

In diesem Zusammenhang ist für Pferde *typisch*, an Holz, Rinde oder Zweigen zu knabbern sowie frische (zarte) Rinde oder Zweige zu fressen. Die Schäden an ungeschützten Bäumen/Sträuchern, evtl. auch am Bewuchs ganzer Landstriche (USA, Australien) können beträchtlich sein. Die Herkunft des Pferdes aus Savannen und Waldsteppen kann dieses Verhalten begründen. Mit eventuellem Mineralstoff- oder Vitaminmangel ist es nicht zu erklären, da es auch bei diesbezüglich vollwertig ernährten Pferden regelmäßig nachweisbar ist. Offensichtlich hat diese Eigenart allgemeine, das *Wohlbefinden* (psychologisch und physiologisch) des Pferdes begünstigende Wirkung (Streßminderung). Zum Beispiel helfen *frische Weiden- oder Rotbuchenzweige* bei der Wiederherstellung mangelnden Appetits; wenn man mit Pferden auf Turnieren usw. unterwegs ist, sollte man sie nicht vergessen. Durch Fehlen von Ballaststoffen in der Futterration (Sättigungsproblem) wird der Knabbertrieb begünstigt; auch findet z. B. das *Koppen*, vor allem das Luftkoppen als Ersatzhandlung darin seine Begründung.

Das Pferd sucht und bevorzugt die *Abwechslung*, auch *bei der Nahrungsaufnahme.* Sie wirkt appetitanregend und auch ernährungsphysiologisch positiv. Wie andere Säugetierarten auch, verweigert das Pferd bei den meisten physischen und psychischen Störungen (s. o.) die Futter-, danach auch die Wasseraufnahme: Bei Erkrankungen aller Art, also nicht nur des Verdauungsapparates ebenso wie z. B. beim Absetzen, bei Transporten, in fremden Ställen, vor und nach Wettkämpfen. Nur ausnahmsweise überfrißt sich das Pferd; es schützt sich vor „zuviel Fressen“ und „Saufen“ durch unbewußtes Fasten, wie wir es z. B. auch vom Hund kennen.

Die Bedeutung von Geruch und Geschmack bei der Futteraufnahme

Das Pferd orientiert sich bei der Futter- und Wasseraufnahme im wesentlichen mit seinem vorzüglichen *Geruchs- und Geschmackssinn.* Negativ verhält es sich gegenüber ihm unbekannten oder unangenehmen Gerüchen (s. u). Zunächst verhält sich das Pferd ebenfalls ablehnend gegenüber *unbekannten Futtermitteln oder Tränken.* Letzteres spielt besonders bei dem mit der Wettkampfteilnahme verbundenen Ortswechsel, aber auch bei Wanderritten u. a. eine beachtenswerte Rolle. Zweifellos ist das Pferd ein *Gewohnheitstier*, wobei anspruchslosere Rassen, z. B. fast alle Kleinpferderassen (deshalb z. T. auch als *Robustrassen* bezeichnet), die auf einem niedrigen Ernährungsniveau aufgezogen und gehalten werden, dabei von geringwertigen Futtermitteln einschließlich bescheidener Weide leben, unkompliziert sind; sie nehmen fast alles, was angeboten wird, ortsübliche Besonderheiten eingeschlossen (z. B. auch Datteln, Mangofrüchte, Seegras, aber auch Heuschrecken, Trockenfisch, Frischmilch von Rind, Schaf, Kamel, pulverisiertes Fleisch von Ziegen, Gazellen, Kamelen, Sauermilch von Ziegen und Kamelen, rohes/gekochtes Fleisch von Gazellen, Kamelen, Ziegen usw.); auch ihr Interesse z. B. an Alkoholica ist bekannt (Bier).

An bestimmte Gerüche und Geschmacksstoffe kann man das Pferd *gewöhnen*, so bedingt an fremdes Wasser, an besondere Futtermittel wie z. B. Silage, Stroh- und Mischfutterpellets sowie verschiedene Ersatzfuttermittel (vgl. Tab. 24). Hier gilt aber auch, daß hochgezüchtete Pferderassen diesbezüglich allgemein besondere Schwierigkeiten haben und individuell sehr unterschiedlich reagieren; die Gewöhnung, d. h. die *Umstellung*, dauert längere Zeit und muß unter Beachtung verdauungsphysiologischer Gesichtspunkte mit Vorsicht vorgenommen werden.

Mit dem *Geruchs-* und dem intensiven *Tastsinn der Lippen* sortiert das Pferd die Futtermittel; nach ihrem *Wohlgeschmack* und bedingt auch nach ihrer *Bekömmlichkeit,* außerdem nach ihrer *Freßbarkeit* (Härte, organische Herkunft oder nicht usw.). Es ist eine irrige Annahme, das Pferd „sähe“ sich das Futter an; es frißt nicht „mit den Augen“. Während der Futter- und Wasseraufnahme sichert das Pferd sein Umfeld mit den Augen; das kann natürlich auch eine vor ihm, also im Freßbereich liegende Zone betreffen, hat aber mit der Futter- oder Wasseraufnahme nichts zu tun.

Pferde können offensichtlich lernen (evtl. auch Erfahrungen der Gruppe/ältere Generation), welche Pflanzen ungefährlich und welche *giftig* sind (z. B. Konik, New-Forest-Pony), andererseits kommen Schäden bei Pferden durch Giftpflanzen vor, die auf der Weide aufgenommen wurden oder im Grünfutter bzw. Heu enthalten waren (vgl. Abschnitt 1.7).

Wichtig für die Nahrungsaufnahme ist die in der Gruppe bestehende Rangordnung (s. o.). Der Futterplatz wird verteidigt, wenn ein Angriff vermutet wird. Das Pferd frißt erst dann weiter, wenn es keinen Grund zur Verteidigung findet. Für in eine Gruppe gut eingeordnete Pferde beträgt – unabhängig von ihrer Rangstellung – die Auslastung der vorhandenen Freßzeit (Kraftfutter) 80–100%, bei schlecht integrierten Pferden nur 60–90%. „Neu hinzugekommene Pferde gelangen anfangs überhaupt nicht an das Kraftfutter“ (ZEEB).

Periodizitätsverhalten

Es gibt auch beim Pferd eine regelmäßige Wiederkehr bestimmter Verhaltensweisen. Ihr *Rhythmus* läßt sich zuverlässig nachweisen und ist *artspezifisch.* Die Kenntnis dieser Rhythmik kann vom Menschen für Haltung, Ausbildung/Training, Transport, Wettkämpfe usw. direkt genutzt werden. Zu unterscheiden ist zwischen

- artspezifischer (pferdespezifischer) Rhythmuscharakteristik, die *typisch normal* ist,
- artspezifischer Rhythmuscharakteristik bei *typisch abnormalem Zustand* des Pferdes (z. B. bei verändertem Hormonspiegel infolge Brunst oder Laktation),
- *nicht typischem Verhalten* infolge negativer Streßeinwirkung (sog. Dysstreß, z. B. durch Überforderungen im Training, bei Transporten, bei Wettkämpfen), gekennzeichnet durch verlagerte Periodik und veränderte Phasendauer.

Das Pferd reagiert auf Nervenbelastung besonders intensiv, ist also sehr *streßempfind-*

lich. Reizzustände, die nicht trainiert wurden, führen beim Pferd fast immer zur Verschiebung der typisch normalen Verhaltensweise. Diese *Streßanfälligkeit* hängt von der Rangstellung des Pferdes und der Dauer des Trainings der jeweiligen Eigenschaften ab.
Als Beispiel sollen die Regelmäßigkeit des Triebes zur Nahrungsaufnahme, zu Ruhe und Schlaf sowie zur Geburtenverteilung genannt werden, für die beim Pferd eindeutig der 24-Stunden-Rhythmus artspezifisch, also typisch ist.
Bei der *Nahrungsaufnahme* (s. o.) gibt es ein sehr stabiles *Hauptmaximum,* das bei einer Gesamtdauer von rund 12 Stunden etwa 2 Stunden vor Sonnenuntergang liegt. Die Gesamtaktivität beginnt etwa 12.00 Uhr und ist etwa 24.00 Uhr zu Ende. Die *Nebenmaxima* sind individuell verschieden und werden vorwiegend zwischen 5.00 und 9.00 Uhr wirksam. Streßeinwirkungen auf erwachsene Tiere können diese typische Periodik völlig aufheben. Deshalb sind die Tiere im Stall bzw. auf der Weide in den freßaktiven Zeitabschnitten *möglichst störungsfrei* zu halten. Das ist bei der *Trainingsplanung* (Tagesplan) sowie für die Durchführung von *Pflege-, Stall- und Schmiedearbeiten* zu beachten. Die *Futterzeiten* sind entsprechend festzulegen, damit der Nahrungsaufnahmetrieb optimal genutzt werden kann.
Der *Schlafbedarf* beträgt beim erwachsenen Pferd etwa 7 Stunden/Tag. Das Pferd ist ein ausgesprochenes *Tagtier.* Das *Hauptmaximum* für den Schlaf (stehend oder liegend) liegt bei einer Gesamtdauer von maximal 10 Stunden etwa um 24.00 Uhr. Die Schlafenszeit beginnt um etwa 20.00 Uhr und dauert bis etwa 6.00 Uhr. Es gibt direkte zeitliche Beziehungen zur Regelmäßigkeit der Nahrungsaufnahme; tritt bei einem der beiden eine Verschiebung ein, wird auch das andere davon betroffen. Dabei geht das Ende der Periode der optimalen Nahrungsaufnahme gleitend in den Anfang der Schlafperiode über. Für das *sportliche Training* bleibt als *biologisch günstige Zeit* etwa die von 8.00 bis 9.00 und von 14.00 bis 15.00 Uhr, wenn man bestimmte individuelle Nebenmaxima vernachlässigt.
Die *Schlafperiode* des einzelnen Tieres hängt von der Herde/Gruppe ab, der es angehört. Wahrscheinlich richtet es sich im Wildstand nach dem Rhythmus des Leittieres bzw. beim Hauspferd nach dem des ranghöchsten oder eines ranghohen Pferdes. Zudem gibt es individuelle kleine *Nebenmaxima,* die sich auf den Zeitraum von 8.00 bis 20.00 Uhr verteilen, aber unbedeutend sind. Streßeinwirkungen führen zu einer Störung des typischen Verlaufes der Schlafphasen, reduzieren das Hauptmaximum und bewirken eine Störung der Gesamtfunktion. Treten sie gehäuft auf, haben sie *schwerwiegende Folgen* (ähnlich wie beim Menschen). Zu den negativen Anlässen gehören Störungen der Tiere im Stall bzw. auf der Weide. Die strenge *Einhaltung der Stallordnung* ist deshalb auch bei Pferden notwendig. Bei Vorhaben, wie z. B. längeren Transporten, Mehrtagesritten, Besuchen von Wettkämpfen, ist der typische, gewohnte Schlafrhythmus zu beachten. Interessant ist, daß die Anwesenheit des Leittieres (beim Wildpferd) oder eines bestimmten ranghohen (älteren) Tieres *streßmindernd* auf die Pferde der jeweiligen Gruppe wirkt. Es ist zu beachten, daß das Aufsuchen des Schlafplatzes (zum Niederlegen) den psychischen Ruhezustand einleitet, der dem Schlaf vorausgeht. Der *Schlafplatz* ist eine vom Pferd gewählte geeignete Stelle in der Box usw., die jeweils wieder zum Schlafen aufgesucht wird.
Wie auch andere Säugetiere *gebären* Pferde zumeist *nachts.* Die Ursache ist u. a., daß Licht, Geschäftigkeit, Lärm, ein Unruhegefühl bei der Stute hervorruft, das die Ausschüttung der geburtsvorbereitenden und -auslösenden Hormone hemmt. Das gilt für die Verhaltensweise der Stute in der Herde/Gruppe auf der Weide und im Stall bzw. für das Wildpferd. In der Zeit zwischen 18.00 und 6.00 Uhr (zwischen Sonnenuntergang und -aufgang) liegen etwa Dreiviertel aller Geburten; dieser Zeitabschnitt kommt im Regelfall auch der äußeren Ruhe gleich.
Es ist notwendig, bei hochtragenden Stuten

besonders nachts zu prüfen, ob eine Geburt unmittelbar bevorsteht, damit notfalls geholfen werden kann. Auch bei der Haltung im Laufstall oder auf der Weide sind diese Kontrollen in den letzten Tagen vor dem planmäßigen Geburtstermin voll gerechtfertigt. Streßeinwirkungen können zur *Verzögerung des Geburtstermins* bis zu mehreren Stunden führen. Wie in anderen Fällen auch, sind Ruhe und Regelmäßigkeit im Stall und beim Umgang mit der Stute notwendig.

Die Leistungen der Sinne und ihre Wirkung auf bestimmte Verhaltensweisen

Die Sinnesleistungen des Pferdes entsprechen einem *Reiz-Bewegungs-System,* das wesentlich auf *Furcht/Selbstschutz* (s. o.) eingestellt ist. Kennzeichnend dafür sind u. a. Neugier, Vorsicht, Scheu/Schreckhaftigkeit, Angst, Neigung zur Panik, andererseits eine ausgeprägte *soziale Verhaltensweise* im Rahmen einer Gruppe oder Partnerschaft. Im ganzen gesehen verfügt das Pferd deshalb über sehr *leistungsfähige Sinnesorgane,* die ihm damit eine *hohe Sensibilität* verleihen mit individuell oft erheblichen Unterschieden. Davon muß bei Beziehungen zu Pferden, bei ihrer Haltung und Pflege, vor allem aber bei ihrer Ausbildung, Schulung und Nutzung ausgegangen werden, um dem artgerechten Umgang mit seinen beiderseitigen Vorteilen zu entsprechen.

Der Geruchssinn

Der Geruchssinn ist beim Pferd vorzüglich ausgeprägt. Es ist ein typisches *Nasentier,* sehr empfindlich gegenüber ihm unangenehmen Gerüchen, z. B. Gerüchen der eigenen Exkremente, Blutgeruch oder Schweißgeruch des Menschen. Im Interesse einer gesunden und streßfreien Haltung des Pferdes muß darauf Rücksicht genommen werden. Das gilt vor allem für das Sauberhalten der Stände und Boxen sowie der Futtereinrichtungen, aber auch für die Tätigkeit des Tierarztes, für Transporte, für den Aufenthalt des Pferdes in der Nähe von Fleischereien usw. Pferde laufen im Wildstand gegen den Wind, um den potentiellen Feind, das Raubtier, so am sichersten und damit auch am schnellsten zu wittern und demzufolge noch rechtzeitig fliehen zu können (Furcht/Selbstschutz-System des Pferdes).

Im Vergleich zum Menschen ist der *Geruchssinn* des Pferdes *unvorstellbar fein:* die Witterungsfähigkeit für Wasser in Steppen und Wüsten (das Pferd ist von der Natur her ein Steppentier) kann bis zu 50 km betragen; das Pferd findet Baue von Nagetieren (Kaninchenlöcher usw.) noch bei totaler Finsternis durch Geruchsortung und tritt nicht hinein (deshalb unter solchen Bedingungen dem Pferd genügend Zügelfreiheit zur Kopfbewegung lassen). Der Hengst orientiert sich mit der Nase am Stutenharn über den aktuellen Sexualstatus. Vollständig blinde Pferde finden ihren Stall und ihren Stand nur mit dem Geruchssinn u. a. m. Infolge dieser ausgeprägten Sinnesleistung verweigert das Pferd schlechtes bzw. unzuträgliches Futter und Wasser. *Futtermittel bzw. Tränkwasser* müssen deshalb stets *frisch* und *einwandfrei* sein. Für die Erhaltung und Förderung der Freßlust der noch wachsenden Fohlen hat das eine große Bedeutung.

Das *Gedächtnis* für einen spezifischen Geruch hält je nach der Tiefe des Geruchseindrucks jahre- und jahrzehntelang an. So erkennt das Pferd nach langer Zeit seinen Pfleger, Reiter oder Fahrer an dessen *individuellem Körpergeruch* und verbindet damit die entsprechende Erinnerung, die positiv („Gute" Worte, Streicheleinheiten, Fütterung usw.) oder negativ (Grobheit, Schläge, Roheiten usw.) ist und die Reaktion des Pferdes auf das „Wiedersehen" bestimmt.

Auch die durch Freude, Angst, Erregung usw. ausgelösten *Veränderungen des individuellen Körpergeruchs* des Menschen werden durch das Pferd wahrgenommen; nach und nach

sammelt es Erfahrungen, was sie bedeuten. Weiterhin ist z. B. bekannt, daß bestimmte Pferde, vor allem Hengste, Frauen bzw. Männer im Umgang bevorzugen oder ablehnen.
Der Geruchssinn ist die Sinnesleistung, auf die sich das Pferd verläßt, auch wenn er langsamer informiert als beispielsweise das Auge. In Zweifelsfällen (Unsicherheit, Angst, Schreck) beriecht das Pferd den furchterregenden Gegenstand „in Ruhe"; ist es über diesen Weg von seiner Harmlosigkeit überzeugt, sind auch Hemmungen bzw. Angst verschwunden. Von diesem Grundsatz sollte sich jeder Pferdehalter und -nutzer leiten lassen, um die Arbeit mit dem Pferd sicherer und auf die Dauer erfolgreicher sowie mit mehr Freude zu gestalten.

Der Gehörsinn

Das Pferd hat ein *vorzügliches Gehör,* reagiert also auf Schallreize sehr intensiv. **Man sollte es deshalb nicht anschreien!** Es läßt sich von leisem, zischelndem Flüstern positiv beeinflussen und vollständig beruhigen („in den Schlaf flüstern").
Andererseits gewöhnt sich das Pferd rasch an Geräusche, wird also z. B. gegenüber Straßenlärm, Publikum, Schnalzen mit der Zunge, lautem Umgang schnell abgestumpft.
Das Pferd richtet Ohren und Kopf nach der Lärmquelle. Ortet es diese nicht sicher, wird ein Ohr dem anderen entgegengesetzt gestellt. Besteht z. B. infolge Abstumpfung kein Interesse, sind beide Ohrmuscheln nach rückwärts gedreht.
Sehr bedeutsam zum äußerlichen Erkennen bestimmter Verhaltensweisen ist, daß das Pferd auch dann Kopf und Ohren einer *Interessenquelle* zuwendet, wenn von dieser keine Geräusche ausgehen. Als Beispiel können für Kopfhinwendungen mit *gespitzten Ohren* genannt werden:

- Verabreichung von Futtermitteln,
- Herangehen an Stall-/Herdengefährten,
- Kontaktaufnahme mit Menschen und Tieren,
- Fixieren des Hindernisses in der Absprungphase bzw. der Landestelle in der Schwebe- oder Landephase,
- Fixieren eines unbekannten Gegenstandes usw.

Bei *hoher Konzentration,* z. B. eines Dressurpferdes auf die Einwirkungen oder – im übrigen auch bei Springpferden, z. B. in der Anreitephase – zu erwartenden treibenden *Hilfen des Reiters* soll damit auch das Interesse des Pferdes an der Umwelt zurückgedrängt werden. Das wird sichtbar im *Zurückdrehen der Ohrmuscheln,* oftmals in Verbindung mit Entspannung der Muskeln, die die Stellung der Muscheln stabilisieren. Dieses Zurückdrehen hat differenzierten Charakter (seitlich bis rückwärts) und hängt von der individuellen Erregbarkeit des Pferdes stark ab. Der Hengst z. B. verliert während des Deckaktes jedes Interesse an seiner Umwelt; mit Beginn der Ejakulation (Orgasmus) sind seine Ohrmuscheln vollständig zurückgedreht.

Der Gesichtssinn

Der *Gesichtssinn,* d. h. das Sehvermögen im weitesten Sinne, ist in ganz besonderer Weise und vielseitig für die *Schutzfunktion* beim Pferd (Furcht/Selbstschutzsystem des Pferdes) ausgebildet. Es wird *schneller* als jede andere Sinnesleistung *wirksam*; bei „unklaren" Verhältnissen, die die Möglichkeit von Gefahr einschließen, verläßt sich das Pferd zuerst auf seine Augen und flieht deshalb zunächst. Dieses Verhalten ist angeboren und im Wildstand lebenserhaltend. Wäre der Geruchssinn schneller, unterbliebe diese Flucht in den meisten Fällen, da sich die Anlässe – beim Hauspferd fast immer – als harmlos herausstellen, wenn das Pferd seine Nase eingesetzt hat. Deshalb ist es richtig, wenn man dem Pferd genügend Zeit läßt, Gegenstände, vor denen es sich fürchtet und scheut, zu beriechen und ihm damit die Möglichkeit verschafft, sich eindeutig von deren Gefahrlosigkeit zu überzeugen.
Der Gesichtssinn des Pferdes wird von Züch-

tern, Reitern, Fahrern u. a. oft mit dem des Menschen gleichgesetzt. Das ist natürlich nicht richtig, denn das Pferd hat, wie jedes andere Lebewesen auch, die für seine Sicherheit und Lebensweise spezifischen und damit optimalen Sinnesleistungen, auch auf dem Gebiet des Sehens. Danach muß der Mensch sich richten. Für den Pferdesport gibt es in diesem Zusammenhang eine Reihe von Nachteilen, da der Gesichtssinn des Pferdes ja nicht auf eine solche Betätigung eingestellt ist.

Gemessen an anderen Säugetieren hat das Pferd *relativ große Augen.* Die Form des Pferdekopfes und die, je nach Rasse, Geschlecht und individueller Gestaltung des Kopfskeletts unterschiedliche Lage seiner Augen lassen z. B. gegenüber dem Menschen oder Raubtieren ein *weites Blickfeld* von über 300° zu, das durch geringfügige seitliche Kopfbewegungen zur *totalen Rundsicht* von 360° erweitert werden kann. So vermögen Pferde Gegenstände, die sich hinter ihnen befinden, innerhalb eines bestimmten Abschnitts zu sehen. Diese Eigenschaft entspricht ihrem Schutzbedürfnis als typische Steppentiere (Weidetiere); beim Grasen sind am Horizont auftauchende Objekte, unabhängig von ihrer Richtung zum Pferd, jederzeit wahrnehmbar. Im Wildstand ist das vor allem zum Schutz vor sich anschleichenden Raubtieren lebenswichtig. Daraus ergibt sich die Erkenntnis, daß das Pferd vor unbekannten Gegenständen, die *hinter* ihm erscheinen (z. B. überholende Fahrzeuge auf der Straße), zu fliehen versucht. Es sieht Knie und Schenkel des Reiters, die Gerte oder auch seitliche Handbewegungen, die der Reiter im Sattel macht, ebenfalls flatternde Kleidungsstücke, die er trägt. Sinngemäß gilt das auch für die Fahrpeitsche, für seitliche Bewegungen, die aus dem Kutschfahrzeug heraus erfolgen usw. Das Pferd reagiert entsprechend, wenn es diese Erscheinungen nicht kennt oder sie plötzlich auftreten. Deshalb ist es bei der Annäherung von hinten, also z. B. vor Betreten seines Standes, durch den Menschen *stets anzurufen*, damit es nicht erschrickt und – da es nicht fliehen kann – sich wehrt (schlägt). Das junge Pferd ist hierbei besonders empfindlich, deshalb also sehr vorsichtig und ruhig zu behandeln.

Im Gegensatz dazu ist die vordere Blickzone des Pferdes wesentlich *eingeengt.* Sie entspricht zunächst dem Augenabstand und läuft vor dem Pferdekopf in Richtung seiner Längsachse spitzwinklig zusammen. Um unmittelbar vor sich befindliche Gegenstände sehen zu können, muß das Pferd also durch Kopfbewegungen sein Blickfeld um diese „tote Zone“ erweitern (Seitenbewegungen). Da diese Kopfbewegungen nur bei unmittelbaren Anlässen erfolgen, bewegt sich im Normalfall das ganze Pferd entsprechend; deshalb sind u. a. auch seine regelmäßig begangenen Wechsel auf Koppeln, Weiden usw. im Wildstand stets in Schlangenlinien oder im Zickzack angelegt. Ähnlich ist die Situation auch beim Sehen „nach oben“. Das Pferd richtet bei normaler Kopfhaltung den Blick nach *vorn unten.* Über dieser Linie liegende Objekte, Geräuschquellen usw. kann es deshalb nur durch Heben und Drehen des Kopfes orten. Diese Bewegungsfähigkeit ist jedoch aus anatomischen Gründen stark eingeengt, d. h., auch die Blickzone nach oben ist weitgehend „tot“.

Die *Konstruktion* des Pferdeauges (s. Abb. 15) führt zu begrenzter Fähigkeit zum *Scharfeinstellen* der Augenlinse auf den erforderlichen Abstand (sog. Akkomodation, beim Menschen hervorragend ausgebildet, beim Pferd weniger gut, da unter den Verhältnissen des Wildstandes an diese Fähigkeit keine besonderen Forderungen gestellt werden). Diese Schwierigkeit bezieht sich auf Objekte, die mehr als etwa 3 bis 5 m vom Pferd entfernt sind, also auf die *Fernsicht* des Pferdes. Da die Linse die Scharfeinstellung nicht optimal ermöglicht, ist das Pferd auf unterschiedliche Kopfhaltung angewiesen. Nur so können die einfallenden Lichtstrahlen optimal auf die Netzhaut auftreffen, um von den Sehnerven optimal aufgenommen, d. h. vom Pferd im Rahmen seiner Möglichkeiten scharf gesehen zu werden. Das wiederum hängt von der unterschiedlichen Krümmung der Netzhaut ab, die damit das Pferd zur jeweiligen Kopfstellung veranlaßt (zwingt). Erschwert wird die Fernsicht zusätzlich durch die tote Zone, die sich am Eintrittsort des Sehnerves im Netzhautbereich befindet. Jede unnatürliche Veränderung der Pupille/Linse, vor allem Einengungen des Lichteinfalls, hat für die Sehleistung des Pferdes entscheidende Nachteile; sie werden meist nicht erkannt und führen deshalb zu falschen Schlußfolgerungen in der Ausbildung und sportlichen Nutzung. Die eingeschränkte und relativ langsam verlaufende Akkomodation des Pferdeauges zeigt sich z. B. in Schwierigkeiten beim Wechsel von hellen und dunklen Räumen (Betreten eines Pferdehängers, Zögern beim Sprung vom sonnenbeschienenen Platz über ein völlig im Schatten stehendes Hindernis).

Durch Heben bzw. Senken des Kopfes in Richtung auf den zu erkennenden Gegenstand versucht das Pferd, diesen mit maximaler Schärfe zusehen. Daraus läßt sich z. B. erklären, daß fast alle Pferde *vor dem Absprung* über ein Hindernis das Bestreben haben, *den Kopf hochzunehmen*, um u. a. den Sprung entsprechend *taxieren* zu können. Das tritt wenigstens 2 bis 3 Galoppsprünge vor dem Absprung, also im letzten Abschnitt der Anreitephase ein (Abb. 129). Sowohl diese Eigenschaft als auch die erwähnte „tote Blickzone“ sind vom Reiter zu beachten: Einengen der Kopfbewegung durch „Hilfs“zügel, durch grobe Zügeleinwirkungen, zu knappes Heranreiten an Hindernisse und Springen fast aus dem Stand (Unterlaufen) usw. führen deshalb zu Fehlern und Unfällen, vor allem bei nicht routinierten Pferden.

Im *Sehnahbereich*, also unter etwa 3 bis 5 m, werden vom Pferd schon sehr geringe Veränderungen, z. B. im Ausdruck der Stall- bzw. Weidegenossen erkannt (Ohrenstellung,

129 Gesichtsfeld und Sehschärfe des Pferdes: a von der Seite; b von oben
0 Bereich des toten Winkels;
1 Bereich des unscharfen Sehens – einäugige Sicht
2 Bereich des scharfen Nahsehens
3 Bereich des Fernsehens

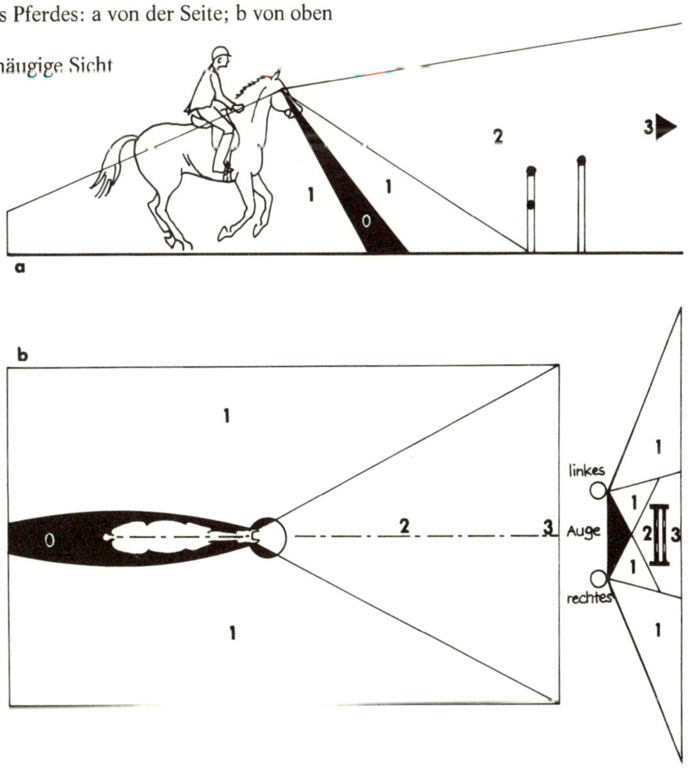

Muskelanspannung vor dem Ausschlagen, Maulwinkelungen), nach intensiver Dressurarbeit in bestimmtem Umfang auch des Menschen (Zirkusdressurleistungen, z. B. „kluger Hans“). Dabei werden *Bewegungsabweichungen* von nur 0,2 mm wahrgenommen. Die Ursache dieser Sehleistung im Nahbereich liegt im *Astigmatismus* (Stabsichtigkeit, eine Fehlsichtigkeit, bei welcher Punkte als Striche gesehen werden), der zwar die eigentliche Sehschärfe beeinträchtig, aber alle *Bewegungsbahnen*, die unter 3 bis 5 m vor dem Pferdeauge ablaufen, wesentlich verstärkt an das Sehzentrum weiterleitet. Das betrifft natürlich auch die Eigenbewegung des Pferdes.

Die *Empfindlichkeit* für das *Bewegungssehen* ist beim Pferd besonders groß und führt zu Verhaltensweisen wie Bodenscheue, plötzlichem Ausweichen, Abstellung von der Wand oder Bande, schnellem Durcheilen von Wegeverengungen (Stalltüren u. a. m.). Sie sind vom Menschen zu beachten.

Das Pferd orientiert sich beim Unterscheiden verschiedener Tierarten und des Menschen mit seinem Gesichtssinn nur an deren *gesamter Gestalt*, nicht aber an Körperteilen. Einen ganz bestimmten Menschen, z. B. seinen ihm vertrauten Betreuer, Reiter usw. erkennt es nicht an dessen Gesicht (als Teil des Körpers), sondern am spezifischen Geruch, an der Stimme, Bewegung und Kleidung, aber auch das nur nach langer Partnerschaft. Das Antlitz des Menschen wird offensichtlich vom Pferd nicht anders gewertet als andere, etwa gleich große Bereiche des Körpers.

Plastisch oder auf Bildern in etwa *natürlicher Größe* dargestellte Pferde werden als Artgenossen anerkannt. Das Erkennen erfolgt auch hier auf Grund der gesamten Gestalt. Der Geruchssinn spielt hierbei eindeutig eine nachgeordnete Rolle und bezieht sich auf die bekannten Details des Körpers, die der Kontaktaufnahme dienen. Möglicherweise können Pferde ihnen bekannte Tierarten und den Menschen ebenfalls auf Bildern (natürliche Größe) erkennen. Vor dem Anblick unbekannter Tiere (z. B. Kamele, Schweine, Schlangen usw.) scheuen sie schon, bevor der Geruchssinn angesprochen hat. Hier läßt sich einordnen, daß z. B. Fohlen im Alter unter 7 Wochen ihre Mutter – also ein ganz bestimmtes Pferd – mit ihrem Gesichtssinn nicht erkennen, wenn sie diese einmal aus ihrem Blickfeld verloren haben. Sie laufen erst nach Lautäußerungen und Beantwortung ihres Rufes durch die Stute in die betreffende Richtung. Bei Entfernungen von unter 20 m erkennen sie die Mutter mit den Augen.

Das *Farbsehen* des Pferdes ist, an menschlichen Maßstäben gemessen, *relativ schwach* ausgeprägt, aber besser als das vieler anderer Säugetiere. Eindeutig werden die vier Hauptfarben wahrgenommen, wenn auch mit großen qualitativen Unterschieden; Gelb wird am zuverlässigsten, Grün nicht ganz so sicher von anderen Farben unterschieden. Große Fehlsichtigkeit besteht bei Blau und Rot. Die Sehschärfe verhält sich entsprechend und ist im Blau/Rot-Bereich ganz gering, im Blau/Grau-Bereich infolge des schwachen Blau-Farbsehens kaum vorhanden.

In der Dunkelheit sind Sehstärke und -schärfe des Pferdes im Vergleich zu anderen Säugetieren hervorragend, müssen aber unter Berücksichtigung der vorgenannten Gesichtspunkte beurteilt werden. Für diese Eigenschaft sorgt ein fluoreszierender, stark zinkhaltiger *Schirm am Augenhintergrund*, der als Reflektor wirkt und die einfallenden Lichtstrahlen durch die Augenlinse zurückwirft. Dadurch wird ihre Reizwirkung auf das Sehzentrum kräftig verstärkt, zugleich das Pferdeauge zum leuchtenden „Nachtauge“ gemacht (vgl. Katze, Fuchs usw.), wenn es von starken Lichtstrahlen getroffen wird.

Das Pferd orientiert sich in der Dämmerung und auch nachts sehr sicher, ausgenommen bei totaler Finsternis; gleichzeitig kommt dem Geruchssinn sehr große Bedeutung zu.

Der Tastsinn

Auch der Tastsinn ist beim Pferd stark ausgeprägt. *Haut* und *Muskeln* sind gegen Berührung sehr *empfindlich.* Dementsprechend müssen die Tiere vorsichtig behandelt werden; das trifft besonders für Fohlen und Jungpferde zu. Falscher Umgang führt zu Widersetzlichkeit, Angst und demzufolge zu Verhaltensweisen, die Schwierigkeiten und Unfälle zur Folge haben können. Durch ständige Überreizung schwächt sich der Tastsinn ab, läßt sich aber – im Gegensatz zum Gehörsinn – *nicht völlig* abstumpfen. Die Schlußfolgerungen aus diesen Tatsachen sind u. a.:

– *Vorsicht beim Umgang mit dem Putzzeug.* Nur in Ausnahmefällen, bei starker Verkrustung und nur an weniger empfindlichen Körperstellen, die verklebten Stellen mit Wurzelbürste, Gummistriegel oder Massagebürste auflockern. Nicht gegen den Fellstrich putzen. Das Putzen nicht unnötig in die Länge ziehen (lang den Strich und **kurz die Pause!**)

– *Vorsicht bei allen Auswirk- und Beschlagarbeiten,*

– *Vorsicht bei allen Zäumungs- und Schirrungsvorgängen,* vor allem beim Satteln (Sattelauflegen, Anziehen des Sattelgurtes). Nur Ausrüstungen verwenden, die glatt aufliegen und durch richtige Pflege in einem anpassungsfähigen Zustand (weich usw.) gehalten werden,

– nur *feine, angedeutete Hilfengebung* (z. B. treibender Schenkel, Gerte, Longierpeitsche) vornehmen, damit die Reizschwelle niedrig gehalten bzw. herabgesetzt wird; niemals Klopfen mit den Schenkeln zulassen usw.

So negativ ein Pferd seines empfindlichen Tastsinnes wegen auf grobe Einwirkungen reagiert, so *positiv wirken sich Liebkosungen durch Streicheln oder Klopfen mit der Handfläche aus,* nach dem Lob-Tadel-Prinzip soll man davon möglichst oft Gebrauch machen (Gelegenheiten zum Loben suchen!).

Grundlage des Tastsinnes ist eine gesunde, saubere Haut. Ihrer Pflege kommt also nicht nur aus physiologischen, sondern zugleich auch wegen ihrer psychologischen Wirksamkeit eine große Bedeutung zu. Dabei ist zu berücksichtigen, daß für die individuelle oder auch populationsgebundene Ausprägung des Tastsinnes die Beschaffenheit der Haut (dünn = empfindlich, dick = weniger empfindlich) ausschlaggebend ist. Hochgezüchtete Kulturrassen, die eine dünne, feine Haut mit feinem Fell haben, sind deshalb hinsichtlich Pflege und Behandlung besonders anspruchsvoll. Die mechanischen Einwirkungen durch die Hilfengebung des Reiters (s. o.) oder Fahrers sind deshalb besonders sorgfältig und fachgerecht zu gestalten.

Verhalten und Umwelt/Lernleistungen

Das Pferd ist in der Lage, mit seinen Sinnesorganen Veränderungen wahrzunehmen, die sich aus den Wechselwirkungen zwischen seinen biologischen Reizzonen und z. B. dem Wetter ergeben. Diese *Wetterfühligkeit* bezieht sich u. a. auf Luftdruckschwankungen, den Ionisationsstatus der Atmosphäre, Sauer- und Spurenstoffgehalt der Atemluft, atmosphärische Akkordschwankungen, Strahlungen im sichtbaren und unsichtbaren Bereich. Entsprechend sind die Verhaltensweisen des Pferdes; es kommt zu Unruhe, negativer und positiver Leistungsdisposition, zum Meideverhalten oder auch zum Einhalten bestimmter Fluchtdistanzen, wie z. B. von blitzgefährdeten Stellen bei Gewitter.

Infolge seiner guten und spezialisierten Sinnesleistungen ist auch das *Heimfindevermögen* des Pferdes im allgemeinen vorzüglich. Solange es seinen Geruchssinn nutzen kann, also den heimatlichen Stall wittert, dominiert diese Sinnesleistung, wenn das Pferd den Hinweg nicht kennt. Bei großen Entfernungen muß das Pferd jedoch den Hinweg kennen, um sich wieder zurückzufinden.

Das hervorragende *optisch-motorische Gedächtnis* des Pferdes (sein isoliertes Personengedächtnis ist dagegen sehr schlecht) und Erinnerungsvermögen führen zur Fähigkeit, Schreckerlebnisse oder gute Erfahrungen mit ihrem *Eintrittsort* zu verbinden. Das führt zum Scheuen von Pferden, das sich vor bestimmten Gegenständen an einem bestimmten Ort ständig wiederholt und nur mit viel

Geduld nach und nach abgebaut werden kann. Hierzu gehört auch das „automatische“ Angaloppieren an bestimmten Stellen, wenn dort zuvor wiederholt angaloppiert wurde. Es gibt Koppelungen von Erinnerungen mit neu hinzugekommenen Veränderungen, selbst wenn sie dem Menschen völlig belanglos erscheinen. So können z. B. Papierschnitzel, die „gestern“ noch nicht am ständig von Pferd begangenen Weg lagen, wo sie „heute“ sind, zum Scheuen und zu anderen Angstreaktionen führen.

Jedes starke Erlebnis hinterläßt beim Pferd einen *nachhaltigen Eindruck*, aber eine *gleichbleibende Wiederholung* ist notwendig, um ihn in Erinnerung zu behalten. Darauf beruht der *Erfolg jeder Dressur*, ob in Form von Anreiten (Zureiten), Rittigkeitsarbeit, Dressurreiten oder anderen pferdesportlichen Betätigungen. Im Gegensatz zum Menschen prägt sich das Pferd nicht von selbst etwas ein (es lernt nicht aktiv), sondern *ihm wird etwas eingeprägt*, es sammelt lediglich Erfahrungen, die wiederum die Voraussetzung für seine sportliche Nutzung und Entwicklung sind, wenn sie vom Pferdesportler richtig vermittelt und verwertet werden. Die dazu notwendige *Prägsamkeit* des Pferdes ist vergleichsweise zu anderen Säugetieren nur durchschnittlich, das *Lernvermögen* also nicht zu gut. Diese Fähigkeit schwankt aber individuell und auch rasse- bzw. populationsgebunden stark. Demzufolge ist auch der Aufwand sehr unterschiedlich, dem Pferd etwas beizubringen. Die individuelle Behandlung, Schulung und Förderung ist deshalb bedeutungsvoll, wenn man bei der Freizeitgestaltung und im Sport zu dauerhaften und den hohen Aufwendungen entsprechenden Ergebnissen kommen will.

4.2.2. Grundsätze der Methodik zur Nutzung der natürlichen Verhaltensweisen bei der Ausbildung des Pferdes

Sowohl das menschliche Denken als auch die Verhaltensweisen des Tieres sind Ausdruck der *Tätigkeit des Nervensystems.* Der Sitz des menschlichen Denkens ist bekanntlich das *Großhirn.* Es ist das Zentrum der Nerventätigkeit überhaupt. Auch beim Tier ist die Großhirnrinde jene Zentrale, von der die Anpassung des Lebewesens an die Umweltbedingungen gesteuert wird.

Kenntnisse von den Vorgängen der Nerventätigkeit – wenigstens in ihren Grundzügen – braucht deshalb der Reiter, Fahrer und Ausbilder, der mit sicherem und dauerhaftem Erfolg arbeiten will. Ja, man kann geradezu sagen, daß der Erfolg der Ausbildung, Erziehung und Gewöhnung davon abhängt, inwieweit der Ausbilder Kenntnis von den psychischen Vorgängen, von der Art der Nerventätigkeit, von den Verhaltensweisen des betreffenden Tieres gegenüber seiner Umwelt hat.

Forschungen auf dem Gebiet der höheren Nerventätigkeit haben zu Erkenntnissen geführt, die auch für die Ausbildung von Pferden Gültigkeit haben:

1. Alle „seelischen“ Vorgänge sind an Tätigkeiten des Nervensystems gebunden.
2. Es gibt „unbedingte“ und „bedingte“ Reflexe, die grundlegende Bedeutung für die Tiererziehung haben, die gewissermaßen den Schlüssel jeder erfolgreichen Tiererziehung bilden.

Unbedingte Reflexe sind die im Verlauf der Entwicklungsgeschichte herausgebildeten Reaktionen und Verhaltensweisen des Tieres gegenüber seiner Umwelt, die erblich geworden sind. Dazu gehören z. B. der *Abwehr- oder Schutzreflex*, wenn Pferde sich mit der Hinterhand gegen den Feind oder gegen das Wetter stellen, oder der *Fluchtreflex*, der Pferde zum Durchgehen veranlaßt, sowie auch der *Nahrungsreflex*, die *Geschlechtsre-*

aktion u. a. Diese Reflexe sind verhältnismäßig beständig und haben sich im Laufe einer langen Entwicklungszeit der Pferde herausgebildet, und zwar als *Anpassung* des Lebewesens an die Umweltbedingungen. Sie sind bei allen Pferden vorhanden, wenn auch in unterschiedlichem Grade, und wurden im vorhergehenden Abschnitt eingehend dargestellt. *Bedingte Reflexe* entstehen, wenn zunächst ganz gleichgültige Reize dauernd oder längere Zeit mit einem unbedingten Reiz zusammenfallen. Das klassische Beispiel dafür ist das Klingelzeichen, das stets dann ertönt, wenn das Tier Futter erhält. Der Anblick der Nahrung verursacht eine Zunahme der Speichelerzeugung, wodurch sich der Körper auf die nachfolgende Nahrungsaufnahme vorbereitet. Wenn nun eine Zeitlang das Futter immer zusammen mit dem Klingelzeichen gegeben wird, tritt der Speichelfluß auch ein, wenn das Klingelzeichen ertönt, ohne daß Futter gereicht wird. Es ist ein bedingter Reflex erzeugt worden. In gleicher Weise wirkt das Geräusch der Futterkiste.

Der bedingte Reflex ist einem unbedingten Reflex *überlagert* worden. Auf diese Weise bedient sich der Mensch der natürlichen, erblichen Verhaltensweisen für die Tiererziehung. Wenn junge Pferde im Rudel geritten werden und der Ausbilder auf seinem alten Pferd antrabt (dasselbe gilt bei Verwendung eines Führpferdes), veranlaßt der unbedingte Herdentrieb – ein Schutzreflex – die Remonten ebenfalls zum Trab. Fällt nun mit dieser unbedingten Reaktion der Remonten jeweils die treibende Schenkeleinwirkung ihrer Reiter zusammen, so bildet sich ein bedingter Reflex heraus: Schenkeleinwirkung = Antraben. Abb. 130 zeigt das Schema der Bildung eines bedingten Reflexes am eben genannten Beispiel.

Im Zuge der Ausnutzung der unbedingten Reflexe für die Ausbildung ist es auch erforderlich, bestimmte unbedingte Reflexe zu fördern oder zurückzudrängen. Auch das geschieht durch die Ausarbeitung entsprechend wirkender bedingter Reflexe. Wir müssen untersuchen, von welchen *Bedingungen* die Ausarbeitung eines bedingten Reflexes abhängig ist, um das richtige Vorgehen ableiten zu können. Nur die Einhaltung der Grundsätze sichert den Erfolg.

130 Schema für die Bildung eines bedingten Reflexes (nach SCHULZE)

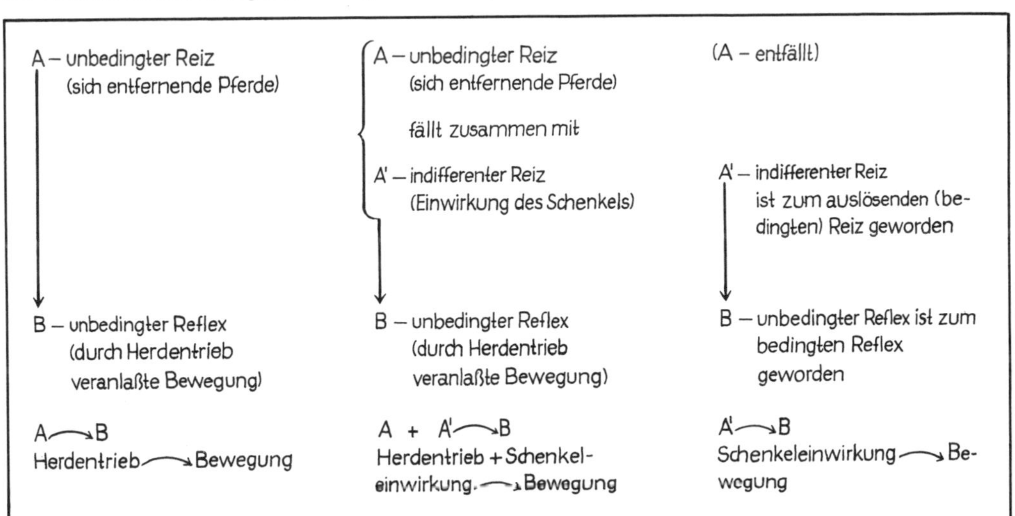

1. Zur Ausarbeitung eines bedingten Reflexes ist es notwendig, daß ein *unbedingter Reiz* – d. h. ein Reiz, der einen unbedingten Reflex auslöst – mit einem für das Tier zunächst *gleichgültigen Reiz zeitlich gekoppelt* ist (im Höchstfall nach 2 Sekunden folgt). Diese zeitliche Koppelung ist auch besonders für die Strafe von Bedeutung, da später die Strafe vom Pferd nicht mehr mit der Handlung in Verbindung gebracht werden kann und dadurch zur sinnlosen Tierquälerei wird. Pferde haben kein „schlechtes Gewissen".

2. Die *Koppelung* von unbedingtem und für das Tier gleichgültigem (indifferentem) Reiz muß *mehrfach in der gleichen Weise* herbeigeführt werden, damit der bedingte Reflex „eingeschliffen" (eingeprägt) wird; d. h., es muß geübt werden.

3. Eine weitere Bedingung ist der *aktive Zustand der Großhirnrinde,* die relativ frei von fremden Einflüssen sein muß. Für die Erziehung des Pferdes bedeutet das, eine Ablenkung durch fremde Einflüsse zu vermeiden.

4. Der bedingte Reflex muß häufig *bekräftigt* werden, d. h., die Ausgangssituation A–B (Abb. 130) muß wiederhergestellt werden, wenn die bedingte Reaktion schwächer wird.

5. Schließlich ist noch die Bedingung zu erwähnen, daß der indifferente Reiz der Wirkung des unbedingten Reizes immer etwas *vorausgehen* soll. Wenn man z. B. ein junges Pferd die Bedeutung des treibenden Reiterschenkels lehren will, dann muß man das Antippen mit der Gerte immer einen ganz kurzen Augenblick vor dem Schenkeldruck erfolgen.

Aus der Kenntnis des reflektorischen Geschehens beim Tier wird klar, daß ein Tier nicht wie ein Mensch denken kann; d. h., es ist nicht in der Lage, Schlußfolgerungen zu ziehen, etwa in der Art: Weil ich vor dem Hindernis stehengeblieben bin, werde ich gestraft.

Diese Hinweise zum Reflexgeschehen des Pferdes geben kein Rezept für die Behandlung jedes Einzelfalles. Sie bieten jedoch die Grundlage für die korrekte Behandlung und Erziehung der Pferde. Und sie geben die Möglichkeit, die Nerven der Pferde zu schonen, was für die Ausbildung und im Leistungssport sehr wichtig ist.

Die *Erziehungsmaßnahmen* aufgrund des reflektorischen Geschehens müssen natürlich wohlüberlegt sein. Nicht ohne Grund fordern alle hippologischen Autoren – ausgehend von der richtigen Beobachtung der Verhaltensweisen des Pferdes –, niemals in Zorn oder Wut zu strafen. Durch die Kenntnis von der Nerventätigkeit des Pferdes und ihrer Beeinflussung zur Ausarbeitung bedingter Reflexe ist es auch möglich, die richtigen Bedingungen zur Erreichung des Ziels zu schaffen, ohne aus Unwissenheit Tierquälerei zu begehen und damit die Nerven des Pferdes zu ruinieren.

Die hier sehr vereinfacht dargestellte grundlegende Methode zur Tiererziehung und -ausbildung muß im Zusammenhang mit den Erkenntnissen der Verhaltensweisen des Pferdes gesehen und angewandt werden. In diesem Sinne stellt sie ein wichtiges Hilfsmittel zur Vermeidung von Fehlern in der Verständigung mit dem Pferde dar.

4.2.3. Erziehung und Gewöhnung

Häufig kommt ein Pferd in den Stall, das die Grundlagen der Erziehung und Gewöhnung schon im Stall des Vorbesitzers erhalten hat. Wie diese ausgesehen haben, wird nur in den seltensten Fällen genau zu erfahren sein. Deshalb empfiehlt sich, den Zustand mit der gebotenen Vorsicht lieber selbst zu untersuchen. Dazu gilt als *oberster Grundsatz:* Keinesfalls darf durch unvorsichtiges oder zu schnelles Vorgehen das Nervensystem des jungen Pferdes erschüttert werden, da dies zu dauernden Schäden führen kann.

Zunächst ist zu beachten, daß das junge Pferd aus der gewohnten Umgebung herausgerissen worden ist und einen Futter- evtl. auch einen Klimawechsel durchmachen muß. Es muß daher am ersten Tag nach der Umstellung in Ruhe gelassen werden und wird auch

an den nächsten 4 bis 5 Tagen nur geführt, wobei es an der Hand des Pferdepflegers auf *Spaziergängen* die nächste Umgebung des Stalles kennenlernen soll.
Sehr viel Aufmerksamkeit muß der *Futterumstellung* gewidmet werden. Beim Vorbesitzer ist die bisherige Zusammensetzung des Futters zu erfragen. Im allgemeinen dürfte die Haferration knapp bemessen gewesen sein. Solchen Pferden – wie auch Fohlen, die von der Weide kommen – sind anfangs nur etwa 1,5 kg Hafer zu geben. Die *Haferration* wird erst im Verlauf von 6 bis 8 Wochen auf 5 kg erhöht. Während dieser Zeit ist als Ausgleich mehr *Heu* (etwa 6 kg) zu geben. Nach Möglichkeit ist *erfrischendes Futter* (Gras, Mohrrüben) zu beschaffen. An Häcksel ist das Pferd von Beginn an zu gewöhnen, da er die Verdauungsorgane anregt. Die Beschaffung von sauberem Strohhäcksel macht in vielen Fällen Schwierigkeiten, deren Überwindung sich aber lohnt. Unsauberer oder zu kurzer Häcksel bringt die Gefahr von Kolikerkrankungen und darf daher nicht gefüttert werden. Die Ration an Häcksel und *Futterstroh* beträgt zusammen 4 kg, weil der evtl. vorhandene Weidebauch nur langsam verschwinden darf.
Auch in Ställen, in denen spezielle Pferdefuttermittel verwendet werden, muß die Umstellung auf die ungewohnten Futtermittel sehr langsam erfolgen. Womöglich, sollte daher vom Vorbesitzer eine ausreichende Menge der gewohnten Futtermittel erworben werden, denen dann die neuen, in langsam steigenden Anteilen beigemischt werden.

Gewöhnung an Stall, Pflege und Wartung

Das junge Pferd soll vorerst *nur von einem Menschen* versorgt werden. Das unterschiedliche Verhalten mehrerer Menschen – auch wenn sie mit Pferden umgehen können – beansprucht die Nerven des jungen Pferdes zu stark. Nach der Eingewöhnung in den Stall hat dann außer dem *Pferdepfleger* nur der *ständige Ausbilder* mit dem Pferd in Kontakt zu treten. Es ist nach Möglichkeit zu unterbinden, daß andere als diese sich mit dem jungen Pferd beschäftigen oder gar mit ihm spielen. Dadurch kann sein Charakter verdorben und es zum Beißen erzogen werden. Schon in den ersten Tagen hat der Pferdepfleger vorsichtig das *Aufheben der Beine* zu probieren und – wenn nötig – entsprechende Übungen zu machen. Das geschieht am besten, wenn das Pferd frißt.
Das junge Pferd ist nach Möglichkeit in einer *Box* unterzubringen oder auch mehrere Stunden des Tages auf einer *Koppel* zu halten, damit es die bisher gewohnte Bewegung nicht entbehrt und sich nicht Stalluntugenden angewöhnt. Ideal für diesen Zweck sind *Kleinausläufe* von wenigstens 3,5 m × 7,0 m Grundfläche am Stall, die von den Boxen aus betreten werden können.
Gleichlaufend mit diesen Übungen ist das Pferd an die *Pflegehandlungen* zu gewöhnen. Viele Pferde widersetzen sich dem *Auswaschen* des Afters und der Geschlechtsteile, weil sie nicht in der richtigen Weise daran gewöhnt worden sind. Gerade hierbei ist tierpsychologisch korrektes Vorgehen von besonderer Bedeutung, da sich sonst den Menschen gefährdende Untugenden herausbilden können. Deshalb ist nach den ersten Gewöhnungsübungen und nach Festigung der Verbindung »Pferdepfleger ≙ Futter« deren Erweiterung so zu betreiben, daß auch die dem Pferd zunächst unangenehmen Reize (kaltes Wasser an Geschlechtsteilen und After) mit dem unbedingten Nahrungsreiz verbunden werden. Bei dieser – wie auch jeder anderen – Erziehungs- und Gewöhnungsarbeit sollte man stets das Gesicht des Pferdes beobachten, weil man daran deutlich ablesen kann, wie die Maßnahmen »ankommen«.
Neben der Gewöhnung an den Vorgang der Pferdepflege ist in gleicher Weise die systematische Gewöhnung an die Erscheinungen der Umgebung zu betreiben, wobei besonders der Gewöhnung an die *Schmiede* und die Beschlagsbehandlung sowie an den *Tierarzt* größtes Gewicht beizumessen ist.

Gewöhnung an Sattel und Zaumzeug

Die erste Verbindung, die hergestellt wird, heißt Pferdepfleger ≙ Futter. Werden Dekken, Sattel, Trense und andere Ausrüstungsgegenstände das erste Mal vom Pferdepfleger zusammen mit der Futterschwinge hereingebracht, so wird das Pferd die unheimlichen Gegenstände mit der angenehmen Erinnerung an das Futter verbinden. Auf diese Weise wird – immer nach einigen Bekräftigungsübungen weitergehend – das Pferd an das Auflegen des Sattels (zunächst ohne Bügel und Gurt) gewöhnt. Nach einigen Tagen erfolgt dann ein leichtes *Angurten*, wonach der Gurt im Verlauf von etwa einer Woche allmählich und für das Pferd unmerklich seine endgültige feste Lage erhält. Durch diese Vorsichtsmaßnahme wird vermieden, daß das Pferd das *Aufblähen* erlernt oder *Sattelzwang* ausbildet. Gleichzeitig verwendet man diese Übungen, um dem Pferd den „passenden" Sattel auszuwählen.
Wenn der Gurt fest angezogen werden kann, läßt man die Bügel im Sattel und führt zunächst mit hochgezogenen, später mit herabhängenden Bügeln anfangs im Schritt, dann aber auch im Trab. Das ist zugleich eine gute Vorbereitung auf die Schenkel des Reiters. Zum Longieren werden die Bügel jedoch noch ausgeschnallt.
Mit der *Trense* wird das junge Pferd im allgemeinen bereits vertraut sein. Sollte es jedoch schon so schlechte Erfahrungen gemacht haben, daß es sich nur widerwillig auftrensen läßt, so ist äußerste Geduld am Platz, denn ein bereits eingeschliffener negativer bedingter Reflex muß zunächst gelöscht und dann durch einen positiven ersetzt werden, was nicht immer ganz leicht ist. Dazu kann man das *Trensengebiß* mit einem kleinen *Grasbüschel* umwickeln und es so dem Pferd ins Maul schieben. Durch mehrfaches Üben wird das Ergebnis gefestigt. In der gleichen Weise vorsichtig wird das Pferd mit den Ausrüstungsgegenständen für die Longenarbeit vertraut gemacht.
Loben hat eine sehr große Bedeutung bei der Ausbildung des Pferdes, denn das im Vertrauen zum Reiter erzogene Pferd ist für Lob sehr empfänglich. **Der Reiter darf daher keine Gelegenheit auslassen, das Pferd die Zufriedenheit mit seiner Leistung spüren zu lassen.** Es kann dies tun durch Worte mit lobendem Tonfall, die von *Klopfen* oder Reichen eines *Leckerbissens* begleitet sind, durch Einlegen einer *Schrittpause* mit hingegebenem Zügel und – besonders bei erstmaliger Erfüllung einer ungewohnten Anforderung – durch *Absitzen* und Beenden der Übung.
Richtiges und zweckmäßiges Loben setzt beim Reiter eine entsprechende *Einstellung* voraus, die ein Bestandteil seines reiterlichen Gesamtverhaltens gegenüber dem Pferd ist. Diese Einstellung muß ihn veranlassen, die Gelegenheit zum Loben bewußt zu suchen. Dazu gehört auch, daß der Reiter niemals den Stall betritt oder aufsitzt, ohne sich vorher mit einer ausreichenden Menge von *Leckerbissen* versehen zu haben. *Zucker* ist dazu nicht am besten geeignet. Im Stall mit Zucker gefütterte Pferde gewöhnen sich leicht das Koppen an, wenn sie süße Speichelreste vom Krippenrand auflecken. Beim aufgetrensten Pferd verklebt der Zuckerschaum oft das Lederzeug. Möhren- und Brotstückchen sind zweckmäßiger. Dort, wo pelletiertes Futter vorhanden ist, nehmen die Pferde gern einige *Pellets* als Belohnung. Spezielle „Pferde-Würfel", die im Handel erhältlich sind, dienen diesem Zweck am besten.
Klopfen, besonders streichelndes Klopfen mit der Handfläche, drückt nicht nur Lob aus, sondern wirkt auch beruhigend, besonders wenn es mit beruhigenden Worten verbunden ist. Bei jungen Pferden ist das Klopfen mit einem *Vorneigen* des Oberkörpers zu verbinden, weil dabei der Rücken des Pferdes entlastet und so die Wirkung des Lobes verstärkt wird. Bei älteren, in der Dressurausbildung schon fortgeschrittenen Pferden aber ist dieses Vorneigen ein Fehler, wenn es nicht mit angespanntem, sondern ausweichendem Kreuz geschieht. Das Pferd macht sich von den Hilfen los, und der Reiter muß den voran-

gegangenen Zustand des An-den-Hilfen-Stehens erst wieder herstellen. Aus dem gleichen Grund wäre es falsch, bei jedem Klopfen die Zügel ganz hinzugeben. Wohl aber soll der Reiter das lobende Klopfen, bei dem er die Zügel in einer Hand führt, durch leichtes, nur durch Öffnen der Finger bewirktes Nachgeben unterstreichen.

Hauptgrundsatz für die Behandlung des Pferdes ist Ruhe und vorsichtiges Vorgehen unter Beachtung des reflektorischen Mechanismus. Daher muß der Anwendung jeder Gewöhnungs- und Erziehungsmaßnahme die *Analyse* der reflektorischen Situation und darauf aufbauend die Festlegung der erforderlichen zweckentsprechenden Maßnahmen vorangehen.

Dazu ist eine bestimmte **Kontrolle der Auswirkung der Arbeit auf das Pferd** vorzunehmen, denn Überlastungen sind oft schwer zu erkennen. Besonders lebhafte und nervöse Pferde erwecken den Anschein, es sei unmöglich, sie müde zu machen. Der verantwortungsbewußte Ausbilder eines jungen Pferdes wird deshalb einige Zeit nach Abschluß der Pflege und Wartungsarbeiten noch einmal den *Stall* aufsuchen, um sich vom Zustand seines Pferdes zu überzeugen. Dabei richtet er sein Augenmerk sowohl auf das *Gesamtverhalten* des Tieres als auch auf dessen *Futteraufnahme.* Ein Zeichen für *Überforderung* ist teilnahmsloses Stehen, evtl. sogar mit hängendem Kopf, und überhaupt ein gegenüber dem Normalen verändertes Verhalten. Wenn das Pferd dazu noch die Aufnahme des Futters verweigert, so deutet dies auf eine Erschöpfung hin. In derartigen Fällen ist – neben einer angemessenen Ruhezeit – eine spürbare *Herabsetzung* der Anforderungen notwendig. Nicht immer machen sich Überforderungen durch so akute Erscheinungen bemerkbar. Auch regelmäßige geringfügige Überforderungen verschlechtern das Allgemeinbefinden des Pferdes, was sich schließlich im Futterzustand deutlich zeigt. Noch ehe dies aber äußerlich feststellbar wird, kann der Ausbilder eines jungen Pferdes die Überforderung am *Gewicht* des Pferdes erkennen, das bei zu starker körperlicher Anstrengung erheblich zurückgeht, erkennen.

Neben den Kontrollen zur Feststellung von Überforderungen muß sich die Aufmerksamkeit des Ausbilders auf die Entdeckung von Verletzungen richten, die auch Auswirkung der Arbeit sein können. Dabei kommen in erster Linie Verletzungen der Lefzen durch das Gebiß sowie Streichwunden an den Fesselköpfen und Ballentritte in Betracht. Ihre sofortige sachkundige Versorgung ist unbedingt erforderlich, um den Schaden gering und das Pferd nutzungsfähig zu erhalten.

4.3. Periode der Arbeit an der Longe und erstes Anreiten

Aufgabe und Ziel des Longierens

Aufgabe und Ziel des Longierens ist es, das junge Pferd, das noch keinerlei Arbeit getan hat, ein festes Vertrauensverhältnis auch außerhalb des Stalles zum Menschen finden zu lassen. Die Longenarbeit muß dabei nach Möglichkeit von dem künftigen Ausbilder des Pferdes ausgeführt werden, denn bereits hier verschafft er sich einen Überblick über bestimmte *Eigenschaften* des Pferdes wie Gehlust, Faulheit, Ermüdungsfestigkeit der Muskulatur, Reaktionsfähigkeit des Nervensystems u. a., die er bei der Ausbildung unter dem Sattel kennen muß. Andererseits wird die länger währende Longierperiode das junge Pferd an *Stimme* und *Berührung* durch den künftigen Reiter so gewöhnen, daß das Vertrauensverhältnis als Grundlage und festes Fundament des Ausbildungsganges gesichert wird. Die Arbeit an der Longe bringt folgende Vorteile:

a) Sie bietet dem jungen Pferd die zur Gesunderhaltung notwendige *Bewegung.*

b) Dem Anreiten wird vorgearbeitet, indem das junge Pferd die vortreibenden und verhaltenden *Hilfen* kennenlernt.

c) Das junge Pferd wird – ungestört durch Muskelschmerzen, die das Reitergewicht verursachen könnte – dazu gebracht, sich an das Gebiß heranzudehnen und zur *Losgelassenheit* zu kommen, indem es den seiner Gangmechanik entsprechenden Raumgriff im Gleichgewicht wiederfindet.

d) Psychische und körperliche *Verkrampfungen* werden in dem ruhigen Tempo an der Longe allmählich *gelöst.*

e) Die Arbeit an der Longe dient auch in gewissem Maße zur *Entwicklung der Muskulatur.*

Das Ziel der Longenarbeit am Anfang der Ausbildung des jungen Pferdes besteht darin, dieses den *zwanglosen Gang* wiederfinden zu lassen, den es auf der Weide gehabt hat, ihm die vortreibenden und verhaltenden Hilfen verständlich zu machen und den ersten *Gehorsam* zu schulen, indem man es gegen Ende der Longierperiode etwas schneller gehen läßt, als es selbst will.

Junge Pferde brauchen eine *längere Longierperiode* zur Vorbereitung auf das Anreiten. Man kann ohne Schaden 1½- bis 2jährige Warmblutpferde schon longieren, vorausgesetzt, daß man die Anforderungen sehr vorsichtig steigert, stets einen Zirkel von wenigstens *20 m Durchmesser* benutzt und sich exakt an die nachfolgend gegebenen Hinweise hält. Für dreijährige Pferde dauert die Longierperiode mindestens *sechs Monate*, ehe sie sehr vorsichtig angeritten werden dürfen. Nach Möglichkeit sollte diese Periode bis zur Vollendung des vierten Lebensjahres ausgedehnt werden. Bei älteren Pferden richtet sich die Länge der Longierperiode nach den individuellen Fortschritten, sollte jedoch nicht kürzer als *zwei Monate* sein.

Stellung und Haltung des Longenführers

Der Longenführer steht in der Mitte des Zirkels und dreht sich um einen Punkt, der unter seinem inneren *Absatz* liegt. Diesen Punkt darf er nicht verlassen. Auf der linken (rechten) Hand ist die linke (rechte) *Schulter* des Longenführers vom Pferd abgewandt. Der die Longe führende *Arm* dieser Seite liegt angewinkelt am Oberkörper des Longenführers. Der Daumen liegt auf der über das zweite Glied des Zeigefingers laufenden

131 Stellung und Haltung des Longenführers

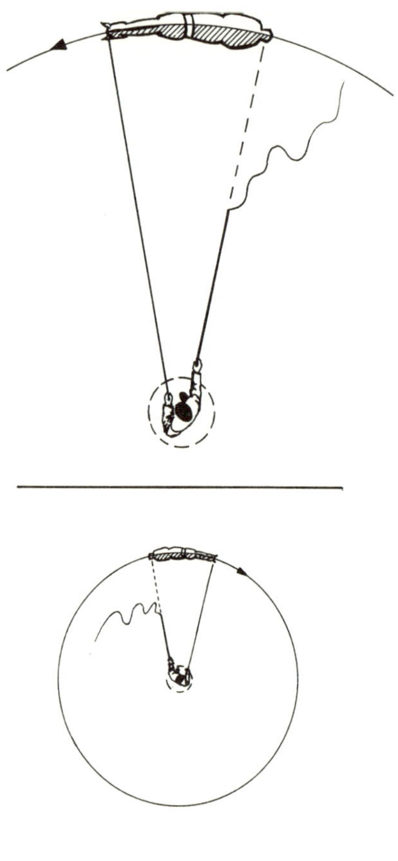

Longe und weist in Richtung des Pferdekopfes, *Ellbogen – Hand – Longe bilden bis zum Kappzaum eine gerade Linie.* Diese Haltung sichert, daß die Anzüge der Longe vorwärts und nicht nur seitwärts oder gar rückwärts wirken, wodurch beim regellosen Herumspringen eines jungen Pferdes schwere Beinschäden, wie Schulterlahmheit, Überköten des inneren Fesselgelenks u. a., eintreten können. Der Longenführer muß seine Hand ruhighalten, um dem Pferd eine gleichmäßige leichte *Anlehnung* zu gestatten. (Abb. 131)
Wenn das Pferd einen starken Druck auf die Longe ausübt, kann man diese auch wie einen Trensenzügel in die Hand nehmen.
Die *Peitsche* wird in der dem Pferd zugewandten Hand gehalten. Ihre Spitze weist im allgemeinen in Richtung auf die Sprunggelenke des Pferdes. Im Anfangsstadium des Longierens wird ein besonderer *Peitschenführer* hinzugezogen, der sich auf einem Kreis zwischen Longenführer und Pferd hinter der Longe bewegt.

Gewöhnung des Pferdes an die Longenarbeit

Vor Beginn der täglichen Arbeit muß das junge Pferd Gelegenheit haben, sich auf der *Koppel* ausgiebig frei zu bewegen. Die ersten Gewöhnungsübungen sollen entweder auf einem eingehegten *Longierzirkel* oder in einer Reitbahn stattfinden, damit mindestens drei Seiten des Zirkels eine natürliche Begrenzung haben. Wenn diese Arbeit auf einem größeren *Reitplatz* vor sich gehen muß, so begibt man sich in eine Ecke, um wenigstens zwei begrenzte Seiten zu haben.
Die *Peitsche* bleibt zunächst noch weg. Das junge, möglichst unbeschlagene Pferd wird an allen vier Beinen *bandagiert* oder mit Gamaschen ausgestattet in die Reitbahn gebracht. Dort werden die *Ausbindezügel* so lang eingeschnallt, daß sie den freien Raumgriff des Pferdes im Schritt nicht behindern. Die Longe wird in den *mittleren Ring* des Kappzaumes eingeschnallt.
Zu diesen Übungen ist vom Longenführer der *Pfleger* des Pferdes als *Gehilfe* heranzuziehen. Zunächst wird das Pferd einige Male auf der linken Hand in der ganzen Bahn *herumgeführt,* wobei es von dem auf der *Außenseite* gehenden Gehilfen am Backenstück der Trense gefaßt wird. Der Longenführer geht an der *Innenseite* des Pferdes und führt die Longe in der linken Hand, ohne mit ihr Einfluß zu nehmen. Die rechte Hand bleibt zum beruhigenden Klopfen und Streicheln frei.
Nach einigen Umgängen wird das Viereck des Hufschlages allmählich zur *Ellipse* und nach einigen weiteren Umgängen zum *Kreis.* Nachdem das Pferd einige Male auf der Kreislinie herumgeführt worden ist, läßt der Longenführer allmählich Stück für Stück der Longe durchgleiten und nähert sich dem Mittelpunkt des Zirkels. Wenn er den Kreismittelpunkt erreicht hat, dreht er sich in der zuvor beschriebenen Weise um einen Punkt und beginnt langsam und vorsichtig, die Longe anzustellen und Fühlung mit dem Pferd aufzunehmen. (Abb. 132)
Nun ist der Zeitpunkt gekommen, wo der Gehilfe hin und wieder vorsichtig das Backenstück *losläßt,* um festzustellen, ob das Pferd auf der *Kreislinie* bleibt. Es geht aber selbstverständlich weiter nebenher, um ein *Fortstürmen* verhindern zu können. Nachdem dieser Erfolg erreicht worden ist, kann man die erste Übungsstunde beenden. Natürlich muß die Belohnung des Pferdes mit Leckerbissen immer berücksichtigt werden, und zwar konsequent und beim kleinsten Teilerfolg.
Dieses Verfahren ist in gleicher Weise auch auf der rechten Hand durchzuführen.
Die nächste Lektion beginnt gleich auf dem großen Kreis, wobei jedoch der Longenführer anfangs wieder an der Innenseite des Pferdes geht und sich erst nach einigen Zirkelrunden allmählich auf seinen Platz in der Kreismitte begibt. Durch vorsichtiges Loslassen des Backenstücks ist zu kontrollieren, ob das Pferd auf der Kreislinie bleibt. Danach beginnt der Gehilfe auf das entsprechende Kommando des Longenführers, das Pferd im *Trab* anzu-

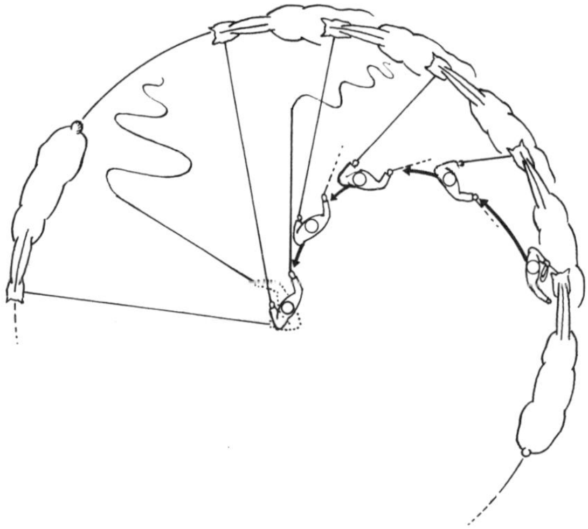

132 So bewegt sich der Longenführer vom Pferd zum Kreismittelpunkt

führen. Vor dem Antraben muß jedoch sicher sein, daß das Pferd sich vollkommen beruhigt hat und auf der Kreislinie bleibt. Andernfalls muß die vorher geschilderte Übung weitergeführt werden.

Der Gehilfe begleitet das Pferd einige Runden im Trab, wobei er es – wenn nötig – mit der *Stimme* beruhigt. Auch hier beginnt bald die Kontrolle durch Loslassen des Backenstücks. Sobald das Pferd von sich aus die Kreislinie einhält, kann der Gehilfe allmählich *zurückbleiben.* Sollte dabei das Pferd allerdings das Tempo verkürzen, so muß er es mit einem *Zuruf* antreiben. Wenn das Pferd auch im Trab die Kreislinie einhält, kann der Gehilfe in den Kreis treten, wo er das Pferd jedoch weiter hinter der Longe begleitet. Bleibt es stehen, muß der Gehilfe ruhig herantreten und es wieder anführen. Dieses Anführen wird vom Longenführer durch den Zuruf: „Komm!" begleitet, wodurch das Pferd schon an die Stimme gewöhnt wird. Auch diese Übungen sind selbstverständlich auf beiden Händen auszuführen.

Um das Pferd mit Sicherheit auf der Kreislinie zu halten, muß man es bei Beginn der Übungsstunde dorthin stellen. Der Longenführer begibt sich von dort zur Mitte des Zirkels. Es ist falsch, wenn der Longenführer das Pferd vom Kreismittelpunkt aus angehen und die Kreislinie nach einigen spiralförmigen Umgängen erreichen läßt. **Bei Beendigung einer Übungsstunde wie auch bei jedem Anhalten muß das Pferd auf der Kreislinie bleiben!**

Das Stehenbleiben – das dem späteren Auslaufenlassen unter dem Reiter entspricht – wird dadurch bewirkt, daß der Longenführer, die Longe allmählich verkürzend, in Richtung seiner vom Pferd abgewandten Schulter so lange *seitwärts* tritt, bis er auf der Kreislinie vor dem Pferd steht. (Abb. 133) Während des Seitwärtstretens sind beruhigende, gedehnte Zurufe in tiefer Stimmlage (Hooh! Haaalt!) angebracht. Wiederum dienen Leckerbissen zur Bekräftigung der Verbindung. Zuruf Hooh! und Herantreten des Longenführers an die Kreislinie ≙ Halten.

Will das Pferd beim Anhalten nach außen ausweichen, so muß der Longenführer sein

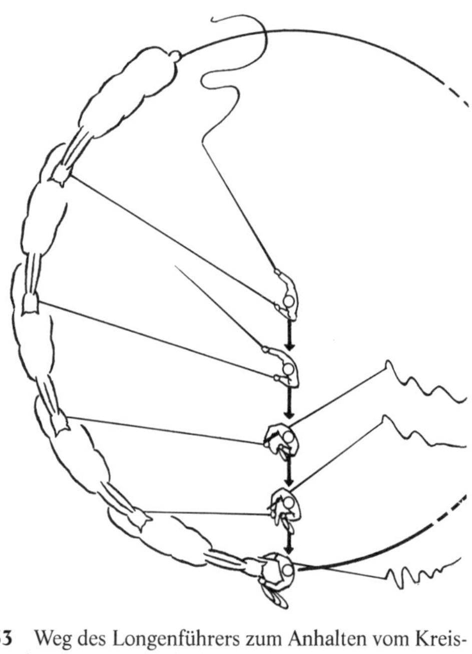

133 Weg des Longenführers zum Anhalten vom Kreismittelpunkt vor das Pferd

Seitwärtstreten so einrichten, daß er das Pferd zwischen sich und die Bande bringt.
Diese Übung des Anführens und Auslaufenlassens wird – mit dem Gehilfen an der inneren Seite – mehrfach wiederholt, bis das Pferd darin eine gewisse Sicherheit erlangt hat. Nach jedem Anhalten ist das Pferd mit Leckerbissen zu belohnen.
Damit ist diese Lektion beendet, die in der gleichen Weise noch zwei- bis dreimal durchzuführen ist. Die *Dauer der Übungen* soll dabei etwa 20 bis 30 Minuten betragen. Nach Abschluß dieser Übungen muß das Pferd auf der Kreislinie bleiben und traben sowie ruhig anhalten, wenn der Longenführer ihm dazu das Kommando gibt und sich ihm nähert.
In den folgenden drei bis fünf Tagen ist das Pferd an die *Longierpeitsche* zu gewöhnen, die zum ersten Male gegen Ende einer Übung in der Hand des Gehilfen auftaucht. Bei einem Anhalten bringt sie der Gehilfe zusammen mit dem Leckerbissen unter dem Arm. Beim nächsten Anhalten berührt er das Pferd

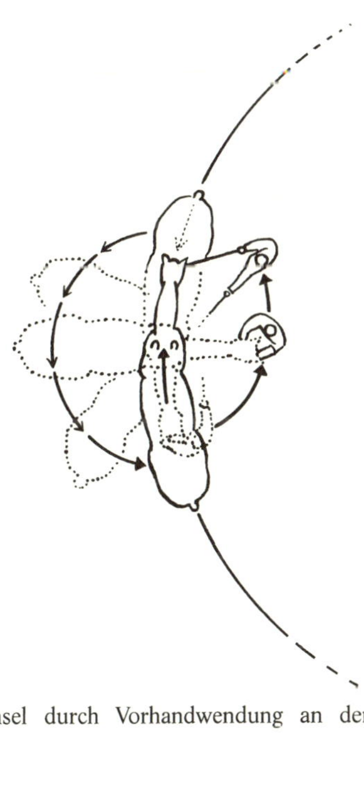

134 Handwechsel durch Vorhandwendung an der Longe

mit ihr, während er den Leckerbissen reicht. Auf diese Weise wird der den Fluchtreflex auslösende Reiz „Peitsche“, falls das Pferd damit schon unangenehme Bekanntschaft gemacht haben sollte, gehemmt.
Im Verlaufe weiterer Übungen streicht man mit der Peitsche über das Pferd und berührt es an allen Körperteilen. Nun wird es auch Zeit, mit dem *Handwechsel* zu beginnen. Voraussetzung dafür ist, daß das Pferd sich an die Peitsche gewöhnt hat. Beim Handwechsel wird folgendermaßen vorgegangen: Der Longenführer läßt das Pferd anhalten, belohnt es, faßt dann – vor dem Pferd stehend – die Longe und zieht das Pferd sanft nach vorn und seitwärts. Gleichzeitig hebt er die Peitsche in die Horizontale und übt damit einen leichten Druck auf die Rippenwandung aus, sobald das Pferd den *inneren Hinterfuß* zum Vorwärtstreten erhebt. Wenn das Pferd auch nur Miene macht zu gehorchen und mit dem inneren Hinterfuß vor und über den äußeren tritt, gibt es Leckerbissen. Wir haben diese Einzelheit so ausführlich behandelt, weil sie für die weitere Ausbildung von besonderer Bedeutung ist; denn hier liegen bereits die ersten Anfänge, dem Pferd den seitwärtstreibenden Reiterschenkel verständlich zu machen. (Abb. 134)
Von nun an sind etwa acht Tage lang die vorstehenden Übungen abwechselnd auf beiden Händen auszuführen.
In diesen acht Tagen läßt man das Pferd nach Beendigung der Übungsstunde an der Longe noch etwa fünf Minuten lang mit ausgeschnallten Ausbindezügeln über außerhalb des Longierzirkels unregelmäßig umherliegende *Stangen* treten, von denen die letzten in Richtung Ausgang zu überschreiten sind. Auch hier erhält das Pferd wieder Leckerbissen als Lohn für seinen Gehorsam. Damit leistet der Ausbilder die allererste Vorbereitungsarbeit für die spätere *Springausbildung.* Durch diese lange andauernden Gewöhnungsübungen (12 bis 14 Tage) zu Beginn der Longierperiode werden beim Pferd in aller Ruhe und ohne Überforderung seiner Nerven die notwendigen bedingten Reflexe nachein-

ander ausgearbeitet. Damit wird Verwirrungen im reflektorischen Geschehen vorgebeugt.

Hilfengebung bei der Longenarbeit

Bei der Longenarbeit sind die *Peitschenhilfen* eine Vorbereitung auf Gerte und Schenkel. Die *Zügelhilfen* werden durch Longe, Kappzaum und Ausbinder vermittelt.

Beim Longieren kann sich der Ausbilder nur auf sein *Auge* und sein *Gefühl* in der Hand verlassen. Es fehlt der unmittelbare körperliche Kontakt zum Pferd. Dadurch werden der Wirksamkeit dieser Arbeit Grenzen gesetzt. Der Kappzaum verlegt die Einwirkung der Longe auf den weniger empfindlichen knöchernen Teil der Nase. Das Maul bleibt von den anfangs nicht immer zu umgehenden kräftigen Handhilfen verschont. Durch Longieren mit im Trensenring befestigter Longe (Abb. 135) werden leicht Zungenschwierigkeiten sowie das Ausweichen des Unterkiefers nach hinten oder seitwärts hervorgerufen. Außerdem sind die Longenanzüge am Trensenring nicht geeignet, das anfangs noch schüchterne Heranstrecken des Pferdes an das Gebiß zu fördern.

Bei der Hilfengebung ist die *Stimme* ein unentbehrliches Hilfsmittel. Sie wird mit gleichlautendem Kommando und mit gleichem Tonfall eingesetzt, wenn die gleiche Wirkung erreicht werden soll. Dabei muß sie unbedingt mit den Longenhilfen zusammenfallen, so daß das Pferd mit der Zeit lernt, auf immer feinere Hilfen das Gewünschte auszuführen. Für Pferde, die später einmal im Wagen gehen sollen, empfiehlt es sich von Anfang an, jedem Kommando den Namen des Pferdes voranzustellen. Das Kommando wird damit für das einzelne Pferd gültig, und das ist für die Ausbildung im Zwei- und Vierspänner von Bedeutung.

135 Trense mit eingeschnallter Longe (Behelfsmöglichkeit, nur zum Bewegen des Pferdes)

Sowie das Pferd gelernt hat, nach Aufforderung durch die Stimme auf der Kreislinie vorwärts zu gehen, kann der Gehilfe als Peitschenführer in den Kreis treten. Die Peitsche wird anfangs mit ihrer Spitze gegen die *Kruppe*, später – bei zunehmender Sicherheit – gegen die *Sprunggelenke* gerichtet.

Zum Vortreiben senkt der Peitschenführer die Peitsche und schwingt sie von unten nach oben und von hinten nach vorn gegen die Hinterhand, damit die Hilfe von hinten nach vorn wirkt. Dabei muß man versuchen, ohne Berührung des Pferdes auszukommen.

Der Longenführer begleitet jede Aufforderung mit der Stimme. Zum *Aufhalten,* das erst später bei Mitwirkung der treibenden Hilfen zum Parieren wird, bleibt der Peitschenführer an seinem Platz. Die Peitsche wird nicht aus ihrer Lage genommen, auch wenn das Pferd eilen oder gar stürmen sollte, was allerdings bei richtiger Gewöhnung an die Peitsche nicht vorkommt. Sollte dabei ein Fehler gemacht worden sein, so muß er spätestens hier korrigiert werden. Das Pferd muß sich an den Anblick der Peitsche gewöhnen, weil es sich sonst später jedesmal aufregen würde, wenn die Peitsche beim Treiben in Aktion tritt. Dadurch würde die Arbeit außerordentlich erschwert werden.

Damit die Gangart vermindert, das Tempo verkürzt oder das Pferd zum Anhalten veranlaßt wird, verbindet der Longenführer seinen beruhigenden Zuruf mit einem sanften *Annehmen und Nachgeben* oder einem leichten

Schütteln der Longe, das sich dem Pferd als mehrmals rasch wiederholtes Annehmen und Nachgeben mitteilt. Man soll von vornherein darauf achten, daß ein Anzug mit der Longe in dem Augenblick wirksam wird, in dem das *innere Hinterbein* aufgefußt hat, um ein bei wiederholtem Annehmen mögliches Ausfallen der Hinterhand zu vermeiden, das auch den Verlust des freien Ganges zur Folge hätte. **Longenhilfen müssen in jedem Falle den Bewegungsrhythmus genau berücksichtigen!**

Falls das Pferd auf diese Einwirkungen noch nicht gleich reagiert, führe der Longenführer gleichzeitig einige seitliche Schritte auf die Kreislinie zu aus, wobei die Longe natürlich anstehen bleibt, weshalb sie vom Longenführer allmählich in dem Maße verkürzt wird, indem er sich dem Pferd nähert.

Es muß immer wieder betont werden, daß die Bekräftigung des Gelernten durch *Belohnung* mit Leckerbissen häufig zu erfolgen hat.

Anfangs versuchen viele Pferde, in Nähe des Ausgangs nach außen zu *drängen*. In solchen Fällen bleibt der Longenführer fest auf seinem Platz stehen und treibt das Pferd mit dem energischen Ruf „Vorwärts!“ zum Weitergehen an. Der Peitschenführer eilt hinter das Pferd und unterstützt die Stimmhilfe des Longenführers durch ein Schwingen der Peitsche gegen die Sprunggelenke. Er berührt diese mit dem Peitschenschlag jedoch nur, wenn das Pferd der Stimmhilfe nicht gehorcht. Bleibt es auf der Kreislinie, kehrt er an seinen Platz zurück.

Reagiert der Peitschenführer schon bei den *ersten Anzeichen* des Ausbrechens, wird der Erfolg am nachhaltigsten sein. In diesem Fall genügt bald schon ein Schritt des Peitschenführers auf das Pferd zu, um es zu weiterem Vorwärtsgehen zu veranlassen. Das letztgenannte Verfahren ist auch anzuwenden, wenn das Pferd sich verhält.

Oft kommt es vor, daß ein Pferd nach innen zu drängen versucht und sich dabei von der Longe losmacht. Auch hier ist offenbar in den ersten Stunden bei der Gewöhnung an die Kreislinie nicht sorgfältig genug vorgegangen worden. In diesem Fall ist die Peitsche von oben nach unten zu schwingen, wobei nötigenfalls die Peitschenschnur Schulter und Hals leicht berühren kann. Gleichzeitig setzt der Longenführer die Longe in eine *schlängelnde Bewegung*, die sich gegen das innere Auge des Pferdes richtet und das Pferd zur Rückkehr auf die Kreislinie veranlaßt. Erforderlichenfalls kann bei „schwerhörigen“ Pferden die Longe mit einem starken, drehenden Schwung gegen das Pferd zu in Bewegung gesetzt werden, wodurch die Wirkung der Hilfe verstärkt wird.

Bei Pferden, die sich ständig stark *auf die Longe legen* und nach außen drücken, versucht der Longenführer durch wiederholtes Annehmen und Nachgeben der Hand das Pferd zu einer leichten Anlehnung zu bringen. In diesen Fällen ist dann die Longe in den *inneren Ring* des Kappzaumes zu schnallen.

Viele Pferde werden aus Übermut – bei nicht richtiger Vorbereitung auch aus Angst – *fortstürmen*. Solche Pferde läßt man sich ablaufen, wobei sich der Longenführer passiv verhält und nur dafür sorgt, daß das Pferd auf der Kreislinie bleibt. Das gleiche gilt für das Sichaustoben oder Umherspringen, wodurch die Muskelspannung gelöst wird. Es ist lediglich darauf zu achten, daß der Longierzirkel genügend groß (etwa 16 bis 20 m Durchmesser) und der Boden so beschaffen ist, daß das Pferd nicht ausrutschen kann. Mit der Stimme fördert der Longenführer die Beruhigung.

Auf keinen Fall darf man durch schmerzhafte Rucke an der Longe das Tempo mindern wollen. Der Schmerzreiz würde nur den Fluchtreflex verstärken. Wenn die Gefahr besteht, daß das Pferd hinfällt und es auf beruhigende Zurufe sowie Annehmen und Nachgeben der Longe nicht reagiert, kann – als letztes Mittel – der Kreis durch Verkürzen der Longe verengt werden, wodurch die Schubkraft geschwächt wird. Wird dieses Mittel zu häufig angewandt, können jedoch Sehnen, Gelenke und Knochen des jungen Pferdes schweren Schaden nehmen. Schon deshalb sollte es möglichst vermieden werden.

Peitschenhilfen werden immer von untenhinten nach oben-vorn als *treibende,* von oben nach unten längs der Longe als *hinausweisende* Hilfen gegeben und sind nur in ihrem Grad unterschiedlich. Sie müssen in gleicher Weise wie die Longenhilfen den Bewegungsrhythmus des Pferdes berücksichtigen. Das erfordert viel Übung in der Handhabung der langen Longierpeitsche.

Strafen bei der Longenarbeit

Wer es versteht, sein Pferd in der beschriebenen Weise richtig an die Longenarbeit heranzuführen und darüber hinaus, immer einen Augenblick vorausahnend, evtl. Unarten zuvorzukommen, wird ohne Strafen auskommen und damit wirklichen *Reitertakt* beweisen.

Peitschenstrafen sind lediglich eine Verstärkung der Peitschenhilfen und werden in der gleichen Weise gegeben.

Mit der Longe werden als Strafen sogenannte „Sakkaden“ gegeben, d. h. rasche und nachdrückliche Rucke in Richtung der Schulter des Longenführers, nachdem vorher der Kontakt der Longe ein wenig gelockert worden ist.

Sakkaden dürfen nur gegeben werden, wenn das Pferd in übereiltem Tempo auf die Longe drückt und wiederholte Anzüge mit der Longe nicht durchgekommen sind, obwohl das Pferd vorher schon einen sicheren Gehorsam auf diese Einwirkungen gezeigt hat. Bei jungen Pferden in ihrer ersten Longierperiode sind Sakkaden grundsätzlich zu vermeiden. Nötigenfalls ist hier der Gehorsam auf die halben und ganzen Paraden durch entsprechende Bekräftigung der bedingten Reflexe zu festigen.

Longen- und Peitschenstrafen sind stets mit einem *scharfen Anruf* zu verbinden, wodurch erreicht wird, daß später der Anruf als Strafe genügt, die Unart dadurch im Keime erstickt wird und schmerzhafte Strafen überflüssig werden.

Die Bearbeitung des Pferdes an der Longe

Wenn die Gewöhnung abgeschlossen ist, beginnt die eigentliche *Arbeit* des Pferdes an der Longe. Zu diesem Zeitpunkt dürften auch die Auswirkungen eines etwaigen Futter- oder Klimawechsels überwunden sein. Auch die allgemeine Kräftigung des Körpers wird so weit fortgeschritten sein, daß die Übungen an der Longe verlängert werden können. Im Verlaufe mehrerer Wochen werden sie auf eine Stunde ausgedehnt.

Wichtig ist der planmäßige Handwechsel sowie der Wechsel von Belastung und Erholung (Schrittpause). Wenn die Muskulatur unter gleichbleibender Belastung ermüdet, verkrampft sie sich, und der Erfolg der Arbeit wird dadurch in Frage gestellt. Trabreprisen sollten daher anfangs nicht länger als vier bis fünf Minuten, später nicht über zehn Minuten ausgedehnt werden. Dann muß ein Handwechsel folgen, der anfangs immer mit einer Schrittpause verbunden werden kann. Die Pausenlänge wird sich allmählich von fünf bis sechs Minuten auf zwei bis drei Minuten verkürzen lassen. Der häufige Handwechsel ist auch erforderlich für die gleichmäßige Ausbildung beider Körperseiten des Pferdes. Auch bei Voltigierpferden darf darauf nicht verzichtet werden.

Unter Beibehaltung des *taktmäßigen Ganges* und infolgedessen der *Selbsthaltung* wird durch Treiben zunächst die *Schubkraft* entwickelt. Dies wird ein weiteres *Vortreten* und einen kräftigeren *Abschub* der Hinterbeine und damit ein Herandehnen des ganzen Pferdes an das Gebiß zur Folge haben. Dadurch ist bereits der Anfang zu einer sicheren *Anlehnung* gemacht. Die Hinterbeine werden stärker am Abschieben und Tragen der Last beteiligt, wozu sie sich mehr strecken und beugen müssen. Eine Folge davon sind energische *Rückenschwingungen.* Die Gelenke der Hinterhand werden *beugefähiger,* woraus sich ein elastisches *Abfedern* vom Boden, das *schwungvolle Treten,* ergibt. Die *Losgelassenheit* ist erreicht. Der Bewegungsstereotyp mit diesen Eigenschaften ist an der Longe zu entwickeln.

Bei den ersten Lektionen sind die *Ausbindezügel* so lang zu schnallen, daß sie dem Pferd eine natürliche, völlig gestreckte Haltung erlauben; bei entsprechendem Treiben kann es den Zügel *in der Tiefe* suchen. Zu langes Ausbinden ist jedoch zwecklos, weil das Pferd dann das Gebiß nicht finden kann. In der Folge werden die Ausbindezügel nur während der lösenden Arbeit lang geschnallt, wie es bereits beschrieben wurde.

Bei der eigentlichen Bearbeitung des Pferdes wird die *Länge der Ausbindezügel* nach den Fortschritten bemessen. Mit wachsender Fähigkeit des Pferdes, sich auf der gebeugten Hinterhand – bei voller Aufrechterhaltung des taktreinen, schwungvollen Ganges – besser zu tragen, werden sie deshalb etwas verkürzt.

Der *äußere Ausbindezügel* ist nun – der Biegung auf der Zirkellinie entsprechend – etwas länger. Jetzt ist auch der Zeitpunkt gekommen, an dem der Longenführer selbst die Peitsche übernimmt. Damit ist die *Übereinstimmung* von Longen- und Peitschenhilfen gesichert. Nun ist darauf zu achten, daß das *innere Auge* des Pferdes immer an die Bewegungen der Peitsche gefesselt bleibt.

In den nächsten Wochen besteht die Arbeit hauptsächlich in der Entwicklung und Erhaltung des raumgreifenden, schwungvollen Ganges, in Tempowechsel und Paraden, wozu die besprochenen Hilfen, möglichst immer mehr vereinfacht, angewandt werden. Bei den halben und ganzen Paraden wird mit zunehmender Beugefähigkeit der Hinterhand die vortreibende Peitschenhilfe mitwirken.

Der Zeitpunkt zum *Angaloppieren* aus dem Trab ist gekommen, wenn das Pferd schon eine gewisse Selbsthaltung erworben hat. Die Hilfen dazu werden gegeben, indem der Longenführer das Pferd mit einem leichten Anzug etwas in den Kreis hereinführt und gleichzeitig mit einer vortreibenden Peitschenhilfe und dem Zuruf „Galopp!“ *im Augenblick des Vorschwingens des inneren Hinterfußes* nachgibt.

Dadurch, daß das Pferd dem Nachgeben nach außen folgt, wird die für das Eingehen in den Galopp günstige Stellung geschaffen, und das losgelassen trabende Pferd wird in den Galopp gleichsam hineingleiten können. Später genügt die Stimme.

Der *Galopp* stellt höhere Anforderungen an die Selbsthaltung des Pferdes und darf daher nur auf einem möglichst großen Kreis und anfangs nur 5 bis 10 Runden geübt werden. Es ist besser, die Reprisen am Anfang kürzer zu halten, dafür aber mehrfach hintereinander anzugaloppieren, wobei gleichzeitig die Reaktion des Pferdes auf die Hilfen zum Angaloppieren in nützlicher Weise geübt wird.

Soll aus dem Galopp in den *Trab* übergegangen werden, wird durch Anzüge nach innen die Fußsetzung des Galopps gestört und (außerdem durch beruhigende Zurufe) der Wechsel der Gangart erreicht.

Wenn Pferde von selbst aus dem Galopp in den Trab fallen, liegt das meist daran, daß sie sich noch nicht lange tragen können. Diese Pferde müssen zunächst in einem ruhigen Trab das Gleichgewicht wiederfinden, ehe von neuem die Hilfen zum Angaloppieren gegeben werden.

Die *Haltung*, die das Pferd während der Trab- und Galopparbeit durch das Treiben von hinten nach vorn an die allmählich kürzer werdenden Ausbindezügel gewinnt, ist für den Schritt zu eng. Sobald eine Schrittpause eingelegt wird, müssen daher die Ausbindezügel ausgeschnallt bzw. ausgehakt werden.

Schrittarbeit kann an der Longe nicht geleistet werden, wenn man nicht riskieren will, daß sich Takt und Raumgriff verschlechtern. In den Schrittpausen, die am Anfang häufig und ausgedehnt einzulegen sind, wird „freier Schritt mit hingegebenem Zügel“ geübt, wozu man mit dem Pferd in der Reitbahn oder auf dem Reitplatz spazierengeht und es dabei wiederholt über *Stangen, Bodenricks* und *Miniaturhindernisse* treten läßt. Jeder Ausbilder sollte Wert darauf legen, daß er sich hin und wieder von einem Fachmann außerhalb des Longierzirkels *kontrollieren* läßt. Von dort lassen sich Fehler in der Längsbiegung, wie

Ausfallen der Hinterhand, vermehrte Belastung der äußeren Schulter, falsche Kopfstellung und Abbiegen des Halses vor dem Widerrist, besser erkennen als von der Zirkelmitte. Durch rechtzeitige Hinweise kann so das Einwurzeln von Fehlern vermieden werden, die schwer zu beseitigen sind und die Ausbildung unter dem Reiter nachteilig beeinflussen würden.

Hauptgrundsatz für die Ausbildungsperiode des Pferdes: *Laß dir viel Zeit!* Zu eiliges Vorgehen rächt sich später und kann die künftige Leistungsfähigkeit stark beeinträchtigen. Vom systematischen und richtigen Aufbau dieses Ausbildungsabschnittes sowie vom langsam-vorsichtigen, den Fortschritten des Pferdes angepaßten Vorgehen des Ausbilders hängt es ab, ob das junge Pferd gut vorbereitet, mit gesunden Nerven und einer geeigneten körperlichen Verfassung in die Periode seiner Ausbildung unter dem Reiter eintritt.

Die im vorstehenden Kapitel gegebenen Hinweise zum Longieren sollten in der Ausbildung der Reiter, die ihre Grundausbildung beendet haben, einen Platz als *Unterrichts- und Übungsthema* finden. In einigen Vereinen müssen sich die jungen Reiter einer Prüfung unterziehen, bevor sie selbständig ein Pferd longieren dürfen. Dieses Verfahren motiviert die Jugendlichen und fördert das sachgemäße, fachlich korrekte Longieren aller Pferde im Verein. Es bietet eine bestimmte Gewähr für das Erfüllen der Forderung:

Longiert wird grundsätzlich mit vollständiger Longierausrüstung! Ohne Ausbinder und Longierpeitsche ist eine Longenarbeit unmöglich.

Erstes Anreiten

Die Gewöhnung an das *Reitergewicht* und das Vertrautmachen mit den *elementaren Hilfen* des Reiters ist für die weitere Entwicklung des Pferdes äußerst wichtig. Fehler und Versäumnisse, die in den ersten Wochen begangen werden, können zu unüberwindlichen Schwierigkeiten führen oder die Leistungsgrenze des Pferdes stark herabsetzen, da sie jeder weiteren Vervollkommnung der Ausbildung eine unübersteigbare Barriere entgegenstellen.

In den folgenden Abschnitten wollen wir das junge Pferd, das an der Longe schon sichere Anlehnung an das von den Ausbindezügeln fixierte Gebiß gewonnen hat, ohne daß die Halsstreckung eingeschränkt wurde, auf seinem weiteren Weg verfolgen.

Auf- und Absitzen

Hat das junge Pferd an der Longe das zwanglose Gehen gelernt und dehnt es sich unter den treibenden Hilfen des Longenführers bereits an das Gebiß heran, so ist der Zeitpunkt gekommen, es mit dem Gewicht des Reiters bekannt zu machen. Wenn der Ausbilder dazu einen leichten, aber *geschmeidig* und *fest sitzenden* Reiter auswählt und die ersten Übungen an das *Ende* der Longierstunde verlegt, erhöhen sich die Aussichten auf einen reibungslosen Ablauf dieser Gewöhnungsarbeit.

Von nun an wird das Pferd mit einem *Halsriemen* ausgerüstet, der dem Reiter als Unterstützung dient, wenn das Pferd ungeregelte Sprünge machen sollte. (Abb. 136)

Waren die *Ausbindezügel* im Verlauf der Longierausbildung – der verbesserten Haltung des Pferdes entsprechend – schon etwas kürzer geworden, sind sie nun wieder so lang zu schnallen wie für die ersten Übungen an der Longe.

Vor dem *ersten Versuch* aufzusitzen wird das Pferd zunächst auf beiden Händen und zuletzt noch einmal auf der linken Hand etwas länger als gewöhnlich longiert, damit es müde wird und ihm das folgende Anhalten und Stehen als Erleichterung erscheint.

Nun nähert sich der Reiter dem Longenführer, der an das auf der Kreislinie haltende Pferd herangetreten ist. Der Pfleger des Pferdes oder ein mit ihm schon vertrauter Reiter hält die *Haferschwinge* oder Leckerbissen bereit.

136 Halsriemen

In der Folge wird nun das Pferd unter häufiger Belohnung für den kleinsten Fortschritt daran gewöhnt, daß der Reiter nach und nach in seinen Sattel kommt. Erst erhält es die Belohnung dafür, daß es duldet, wenn sich der Reiter an der Mähne und am Vorderzwiesel ein wenig hinaufzieht, ohne daß seine Füße schon den Boden verlassen. Beachtet es diese Bewegung nicht mehr, so wird es unter den gleichen Bedingungen auch den Fuß im Bügel dulden und ruhig bleiben, wenn sich der Reiter mehrfach und immer wieder durch Belohnungen unterbrochen nach und nach immer weiter vom Boden abstößt, bis er schließlich mit seinem Oberkörper auf den Sattel zu liegen kommt. Wird das Pferd auch dabei belohnt und durch die Haferschwinge abgelenkt, bleibt es in den meisten Fällen bei dieser *allmählichen Vergrößerung* der Last auf seinem Rücken völlig ruhig. Selbstverständlich muß man bei allen Gewöhnungsübungen sofort aufhören und einen Schritt zurückgehen, wenn das Pferd Unruhe zeigt.

Erträgt das Pferd den mit dem Oberkörper über dem Sattel liegenden Reiter, so mache dieser zunächst mit dem rechten Arm langsame Bewegungen, als schwinge er das Bein über die Kruppe. Bleibt auch hierbei das Pferd gelassen, so hebt der sich auf Mähne und Vorderzwiesel stützende Reiter das rechte Bein schließlich hinüber und nimmt *vorsichtig* im Sattel Platz. Während dieses ganzen Vorgangs soll man das Pferd ruhig das Maul in die Haferschwinge stecken lassen.

Sobald der Reiter seinen Platz im Sattel eingenommen hat, schiebt ihm der Gehilfe den Bügel, der natürlich vorher richtig verpaßt sein muß, auf den Fuß und geht dann mit der Haferschwinge etwas zurück, um das Pferd, dem die Belastung seines Rückens im Gang weniger unangenehm ist als im Halten, zum Antreten zu veranlassen. Einige Schritte lang bleibt der Longenführer noch an der Seite des Pferdes, dann tritt er in die Zirkelmitte, wie es das Pferd schon lange kennt.

Die *Führung des Pferdes* obliegt völlig dem Longenführer, der auch das Vorwärtstreiben im Falle etwaigen Verhaltens oder von Bocksprüngen auf der Stelle besorgt. Die Zügel werden vom Reiter noch nicht aufgenommen.

Der Reiter folgt *geschmeidig*, jedoch völlig *passiv* den Bewegungen des Pferdes. Dabei trabt er leicht im *Entlastungssitz*. Wenn der Longenführer gut aufpaßt und das Pferd an der Longe richtig vorbereitet hat, wird es nicht versuchen, den Reiter abzuwerfen. Sollte der Fall aber doch eintreten, so muß der Reiter die *Knie* fest schließen und mit den Händen in den Halsriemen greifen. Er darf sich unter keinen Umständen abwerfen lassen. Geschieht das dennoch, so muß sofort ein fester sitzender Reiter das Pferd besteigen, damit es nicht erst lernt, sich der unangenehmen Last zu entledigen, was es immer

wieder versuchen würde, wenn man dem nicht von vornherein begegnet.
Bei den *ersten Übungen* unter dem Reitergewicht wird nur auf der linken Hand longiert. Es genügen *wenige Runden* mit einer Haltepause, während der der Reiter durch Streicheln, Klopfen und Reichen von Leckerbissen vom Sattel aus sowie durch gutes Zureden dem Pferd die ungewohnte Last angenehm macht. Während des *Haltens* wird natürlich wieder die Haferschwinge vorgehalten. Hat das Pferd nach dem Halten noch einige runden im Trab absolviert, ist das Ende der ersten Übung herangekommen. Der Reiter sitzt ab, indem er das rechte Bein vorsichtig über die Kruppe schwingt, danach, auf die Arme gestützt, den linken Fuß aus dem Bügel nimmt und sich langsam zu Boden gleiten läßt. Da das Pferd nun doch etwas müde geworden ist, wird es die *mehrfache Wiederholung* des Auf- und Absitzens, die man zur Festigung noch vornimmt, ohne Aufregung ertragen, vorausgesetzt, daß alles ruhig und ohne hastige, das Pferd erschreckende Bewegungen erfolgt. Danach führt man das Pferd in den Stall. Das Aufhören mit der Arbeit und die Rückkehr in den Stall nach einer gut ausgeführten Übung ist immer die *wirksamste Belohnung* für das Pferd.

Einfluß des Reitergewichts

Für das erste Anreiten wie auch für den weiteren Gang der Ausbildung gilt immer wieder die zwanglose Arbeit sämtlicher an der Bewegung des Pferdes und am Tragen der Reiterlast beteiligten Muskelgruppen als Ziel. Da aber weder Muskeln noch Sehnen, Bänder oder Knochen des Pferdes von Natur aus zum Tragen eines größeren Gewichts geschaffen sind, werden sich die ersteren unter der Belastung anfangs verkrampfen. Diese Verkrampfungen, die in der Reitersprache mit „Spannung" bezeichnet wird, findet man besonders in der Muskulatur des Pferderückens. Sie beeinträchtigt Gang und Haltung des Pferdes sehr nachteilig.

Bei der für das Reitpferd so überaus wichtigen Rückenmuskulatur handelt es sich um eine Gruppe von *Streckern.* Zu ihnen gehören die am Knie bzw. Sprunggelenkhöcker ansetzenden *Kruppenmuskeln*, die das Hüftgelenk umgebenden *Gesäßmuskeln*, die ebenfalls bis zum Kniegelenk laufen, die von den Kreuzwirbeln bis zum Hinterhauptbein sich erstreckende und aus verschiedenen miteinander gekoppelten Muskeln bestehende Streckergruppe, die als *lange Rückenmuskeln* bezeichnet werden, und die *schiefen Muskeln*, von denen die Bewegung der Vorderbeine geregelt wird. Ferner gehören noch die den Widerrist mit den Halswirbeln verbindenden *Nackenmuskeln* und die *Dornmuskeln* dazu, die den nach vorn gerichteten Zug der Nackenmuskeln von den Dornfortsätzen der Wirbel auf die Wirbelkörper übertragen und damit starke und elastische Aufhängungen für die Wirbelsäule bilden, die deren Durchbiegen nach unten verhindern. Bei dieser Streckergruppe handelt es sich um eine größere Anzahl in ihrer Wirkung voneinander abhängiger Muskeln, die man deshalb in der Praxis der Reiterei als einen *durchgehenden Muskelstrang* ansehen kann. (Abb. 137)
In ähnlicher Weise wird auch die bauchwärts gelegene Gruppe der *Beugemuskeln* aus mehreren einzelnen Muskeln gebildet, von denen die wichtigsten folgende sind: der *Kopf-Hals-Armmuskel*, der die in seinem Namen angegebenen Körperteile verbindet, die *Rippenhalter*, die sich zwischen den vorderen Rippen und dem unteren Teil des Halses erstrecken sowie schließlich die Gruppe der *Bauchmuskeln*, die neben dem Tragen des Bauchinhalts das Vorschwingen der Hinterbeine und den Atmungsvorgang beeinflussen.
Die Streck- und Beugemuskeln bilden zusammen einen *Muskelring*, durch den Vor- und Hinterhand verbunden werden und zusammenwirken können. Wenn Strecker und Beuger gleichzeitig zusammengezogen (kontrahiert) werden, bewirkt dies eine Verkrampfung des ganzen Rumpfes. Der Rücken ist gespannt, die Wirbelsäule wird festgehalten. Diese Erscheinung findet sich besonders

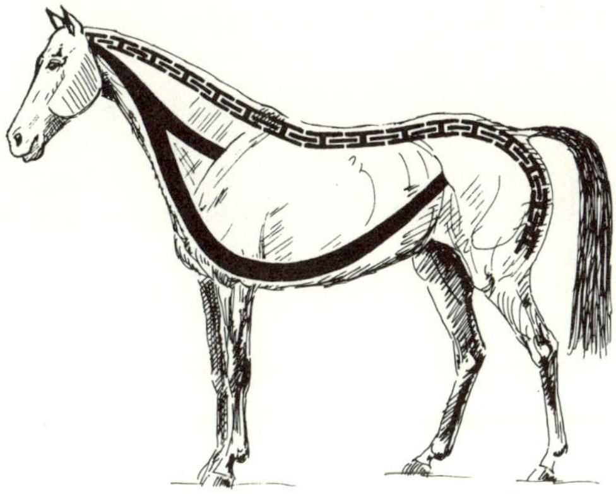

137 Muskelring

deutlich bei einem jungen Pferd, das noch nicht gelernt hat, das Gewicht des Reiters zu tragen. Aber auch bei raschem und starkem Angurten kann ein solches Verkrampfen auftreten (Sattelzwang).

Sehr oft ist bei Pferden die gesamte Streckmuskulatur des Rückens verkrampft. (Abb. 138) Sie tragen Hals und Kopf hoch *(Hirschhals)* und schleppen die Hinterbeine nach. Außer bei ungerittenen Pferden findet sich dieser sehr schwer zu beseitigende Fehler besonders bei Pferden, bei denen die Periode der Gewöhnung an das Reitergewicht und die ihr folgende Periode des natürlichen Trabes nicht ausgedehnt genug war und dem Pferd nicht genügend Gelegenheit gab, sich unter dem Reitergewicht *ausbalancieren* zu lernen. Der verkrampfte Rücken ist einer der *schwersten Fehler*, die eine unverständige Ausbildung hervorrufen kann. Auf einem solchen Pferd kann der Reiter nicht sitzen. Auch kann es die Reiterhilfen nicht durchlassen.

Nicht nur das junge und unrittige Pferd begegnet dem Druck des Reitergewichts mit einem Verkrampfen der Rückenmuskulatur. Auch bei älteren Pferden tritt diese Erscheinung in unterschiedlichem Grad auf, und zwar immer dann, wenn das Pferd nach längerer Ruhe bestiegen wird. Das Pferd geht dann mit erhobenem Hals, festgehaltenem Rücken und nachschleppenden Hinterbeinen. Dies zwingt den Reiter, die Muskulatur zunächst zur Entspannung zu bringen, ehe er die Arbeit mit dem Pferd beginnen kann. Jedes Reiten muß deshalb mit „lösenden" Übungen beginnen.

Sind weder Strecker noch Beuger verkrampft, so arbeiten sie richtig koordiniert im Bewegungsablauf zusammen. Der Grad ihrer elastischen Anspannung bedingt das Maß des Untertretens der Hinterbeine unter den Leib und auch die Haltung von Hals und Kopf. (Abb. 139)

Beim ausgebildeten Pferd lassen sich das elastische Anspannen und Dehnen der Muskeln sowie die für die Leistungen aufgewendete Energie, die sich in Tempo und Schwung ausdrückt, durch die treibenden Hilfen regeln.

Die *einseitige Betätigung* der Streck- und Beugemuskeln biegt die Wirbelsäule und damit den ganzen Rumpf nach der Seite der sich kontrahierenden Muskeln und bewirkt dabei ein weiteres Vortreten des gleichseitigen Hin-

138 Verkrampfte Muskulatur

139 Entspannte Muskulatur

terbeines. Einseitige Schenkel- und Gewichtseinwirkungen des Reiters führen zu diesem Ergebnis.

Aus den Darlegungen über den Einfluß des Reitergewichts auf die Muskulatur lassen sich Schlußfolgerungen ziehen, die bei der Ausbildung des Pferdes beachtet werden müssen:

– Bei jungen Pferden, besonders solchen mit schwachem Rücken, muß das Anreiten ein möglichst *leichter Reiter* vornehmen.

– Der Reiter muß vermeiden, Verkrampfungen hervorzurufen. Dazu ist durch *weiches* Hineingleiten in den Sattel beim *Aufsitzen*, geschmeidiges *Mitgehen* mit den Bewegungen des Pferdes und bei jungen Pferden sowie solchen, die ihren Rücken festzuhalten pflegen, durch konsequentes Reiten im *Entlastungssitz* jedes Aufprallen des Reitergewichts auf den Sattel zu verhindern.

– Am Anfang jedes Reitens müssen *lösende Übungen* stehen, die das Pferd zum Entspannen seiner verkrampften Muskeln veranlassen, bis es mit vorwärts-abwärts gestreckter Nase, federndem Rücken und ruhig pendelndem Schweif taktmäßig geht. Das läßt sich gut kontrollieren, indem sich der Reiter im Trab die *Zügel aus der Hand kauen* läßt.

– Wenn sich im Verlauf der Ausbildung infolge übereilten Vorgehens wieder Verkrampfungen der Rückenmuskulatur einstellen, sind die *Anforderungen* sofort *herabzusetzen* und zunächst die richtige Rückentätigkeit wiederherzustellen.

Erste Übungen unter dem Reiter

Das junge Pferd hat nun schon mehrere (mindestens 6 bis 8) Wochen lang neben dem seinem Wohlbefinden sehr dienlichen ausgedehnten Aufenthalt auf der *Koppel* täglich etwa eine Stunde an der *Longe* gearbeitet. Das bleibt auch weiter so, denn die Übungen unter dem Reiter, die wir stets an das Ende der Longierstunde legen, werden mit Rücksicht auf den Rücken des Pferdes nicht länger als 10 bis 20 Minuten, je nach dem Grad der Müdigkeit, dauern, wobei mehrfacher *Handwechsel* angebracht ist.

Eine durch zu langes Üben hervorgerufene Verkrampfung der Muskeln, die an den Druck des Reitergewichts noch nicht gewöhnt sind, versucht man durch *häufige* Pausen zu vermeiden. In diesen festigt man durch *Führen* des Pferdes über Stangen, Aufheben der Beine und mehrmaliges Auf- und Absitzen bereits erarbeitete Übungen und überprüft die Lage des Sattels, denn das junge Pferd besitzt noch keine ausgeprägte Sattellage. Diese entwickelt sich erst im Verlauf der Ausbildung.

Der *Sattelung* des jungen Pferdes muß überhaupt großes Augenmerk geschenkt werden. Die Pausen benutzt man dazu, den Sattel immer wieder auf den richtigen Platz zu schieben, so daß der tiefste Punkt des Sattels über dem 15. Wirbel liegt. Senkrecht in der Linie Sattelmitte (tiefster Punkt) – Erdboden liegt dann der Gurt. Daß zu derartigen Korrekturen der Sattelgurt zu lösen und der Sattel anzuheben ist, um ihn nicht gegen den Haarstrich zu schieben, ist sicher selbstverständlich.

Bei Pferden, bei denen aufgrund ihrer Form der Sattel nach vorn rutscht, erweist sich der Vorgurt als ein zweckmäßiges Mittel. Er wird unmittelbar vor dem Sattel aufgelegt und verdeckt das vordere Drittel des Sattelgurtes. Speziell konstruierte Vorgurte, die vor dem Sattel aufgelegt werden und mit auf ihnen angebrachten Pauschen das Vorrutschen verhindern, sind für die Herausbildung einer richtigen Sattellage noch wirksamer und soll-

ten in keinem Ausbildungsstall fehlen (vgl. Abb. 117).
Je besser das Pferd den Hilfen von Longe und Peitsche folgt, um so mehr wird sich der Reiter bei den ersten Übungen auf seinen mitgehenden Sitz konzentrieren können. Das schafft die besten Voraussetzungen, zu starke Spannungen im Rücken des Pferdes zu vermeiden.

Verdeutlichung der Einwirkungen

Für die beschriebenen Übungen läßt man dem jungen Pferd einige Tage Zeit. Erst wenn es sich an das Reitergewicht gewöhnt hat und die Last willig trägt, geht man zu neuen Lektionen über.
Es ist günstig, das junge Pferd möglichst bald *geradeaus* zu reiten, weil das Reiten auf dem Zirkel – selbst wenn man den größtmöglichen Radius wählt – den inneren Hinterfuß unzweckmäßig belastet. Als Voraussetzung dafür muß es jedoch die Grundbegriffe des Gehorsams auf die Einwirkungen des Reiters noch an der Longe erlernen.
Auch hier lernt es die treibenden Hilfen vor den verhaltenden kennen. Über einige Zwischenstufen muß der bedingte Reflex herausgearbeitet werden: Gleichzeitiger Druck mit beiden Schenkeln ≙ Vorwärtsgehen.
Der Reiter wird dazu mit einer langen *Gerte* (1,1 m) ausgerüstet. Zunächst legt er jeweils auf das bekannte Kommando des Longenführers zum Angehen die Gerte hinter seinem Unterschenkel an. Später wird die Stimme des Longenführers wegbleiben und das Angehen allein auf die Gertenhilfe erfolgen. In gleicher Weise wird nun die Einwirkung von Gerte und Schenkel verbunden, bis schließlich auch die Gerte wegfällt. Selbstverständlich könnte man auch auf die Gerte verzichten. Wenn wir sie hier benutzen, so deshalb, um gleich den bedingten Reflex (Gerte ≙ vorwärts gehen), den wir später brauchen werden, mit herauszuformen.
Selbstverständlich muß dic vortreibende Hilfe sofort *aufhören*, wenn das Pferd die Forderung erfüllt. *Sporen* sind bei diesen Übungen unangebracht. Die treibende Wirkung des Gewichts darf jetzt noch nicht eingesetzt werden. Bis der Gehorsam auf den vortreibenden Schenkel gesichert ist, muß der *Longenführer* das Pferd an der Longe führen und ein etwaiges Sichverhalten des Pferdes korrigieren. Die Übungen zur Festigung dieses Gehorsams werden fortgesetzt, während man dem Pferd nun auch die verhaltenden Hilfen verdeutlicht.
Es wurde schon erwähnt, daß bei den ersten Übungen unter dem Reiter die *Ausbindezügel* wieder so lang geschnallt werden wie am Anfang der Longierperiode. Die Ausbindezügel sollen das Pferd am starken seitlichen Biegen und Verdrehen des Halses hindern und es aufmerksam erhalten. Sie müssen so lang sein, daß sie die volle Streckung von Kopf und Hals nur wenig einschränken, andererseits aber dem Pferd gestatten, das Gebiß zu finden.
Der Reiter nimmt jetzt die Zügel auf, darf aber dabei unter keinen Umständen im Maul stören. Daraus ergibt sich, daß er nur eine ganz *leichte Verbindung* mit dem Pferdemaul haben darf, die es dem Pferd ermöglicht, seine Haltung selbst zu bestimmen. Anfangs werden die dem Pferd schon bekannten Longen- und Stimmhilfen auch zur Verdeutlichung der *Zügeleinwirkung* ausgenutzt, indem der Reiter beim Übergang vom Trab zum Schritt durch Anlaufenlassen gegen die stillstehende, nur etwas mehr geschlossene Hand oder – wenn nötig – durch abwechselndes leichtes Annehmen und Nachgeben des inneren Zügels den Trab in den Schritt auslaufen läßt. Wenn das Pferd den Stimm- oder Longenhilfen folgt, wird ihm die Bedeutung der Zügeleinwirkung sehr bald geläufig sein. Danach sollte man nur das Anlaufenlassen gegen die stillstehende Hand üben und das Wechselspiel von Annehmen und Nachgeben auf ein Schließen und Öffnen der Finger beschränken.
Während der Verdeutlichung der verhaltenden Zügeleinwirkung darf der Reiter nicht etwa – wie später, wenn sich das Auslaufenlassen zur Parade entwickelt hat – den Rük-

ken vermehrt belasten. Das würde das junge Pferd nur ablenken. Vielmehr bleibt der Reiter im *Entlastungssitz* und verstärkt noch den *Knieschluß,* womit er den Teil seines Gewichts, der bisher mittels der Bügelriemen auf den Pferderücken eingewirkt hat, verringert und teilweise auf die Seiten des Pferdes verlagert.

Übergang zum Freireiten

Unter *Freireiten* versteht man das Reiten auf dem Reitplatz oder in der Bahn, das aber natürlich noch nicht auf einem Viereck, sondern eher auf *ovalem Hufschlag* erfolgt. Der Zeitpunkt, die Longe wegzulassen, wird etwa dann gekommen sein, wenn das Pferd, dem ruhiges Stillstehen beim Auf- und Absitzen des Reiters schon in Fleisch und Blut übergegangen ist, die vortreibenden und verhaltenden Hilfen des Reiters befolgt und der Longenführer mehr und mehr passiv geworden ist. Wenn man die Pausen beim Longieren fleißig genutzt hat, um das junge Pferd unter dem Reiter und mit ausgehakten Ausbindezügeln im Schritt in der Bahn herumzuführen, und auch am Ende der Longierstunde derartige Übungen gemacht wurden, wobei der Reiter schließlich die Führung übernahm, wird es sicherlich für das Pferd kein aufregendes Ereignis mehr sein, wenn eines Tages nach einer verkürzten Longierstunde noch eine halbe Stunde ohne Longe und Ausbindezügel weitergeritten wird.
Sehr nützlich ist es auch, an mehreren Tagen am Ende der Longierstunde einen Stallgefährten als *Führpferd* heranzuziehen, an dessen Seite dann die Übungen am Schluß der Stunde absolviert werden. Wurde dies getan, und das junge Pferd hat sich an den ruhigen und zuverlässigen Kameraden gewöhnt, so könnte nur ein lebhafter Straßenverkehr davon abhalten, den ersten *Bummelritt* ins Gelände mit beiden Pferden zu wagen. Wer mit seinem jungen Pferd auf einem ruhigen, nur wenig benutzten Waldweg reiten kann, lasse sich diese Gelegenheit nicht entgehen.

Zwanglosigkeit und Losgelassenheit

Die *Wiedergewinnung* der zwanglosen Natürlichkeit der Haltung des Pferdes sowie der Freiheit, Sicherheit und Regelmäßigkeit seiner Bewegungen unter dem Reiter ist die *Aufgabe* dieses wichtigsten Ausbildungsabschnittes. Durch Reiten auf möglichst geraden Linien ohne häufige Richtungsänderungen, wie sie das Reiten in der Bahn nun einmal mit sich bringt, soll das Pferd unter dem Reiter seine natürliche Haltung und seinen natürlichen Gang wiederfinden. Dazu muß es veranlaßt werden, die nach dem Aufsitzen verkrampften Rückenmuskeln zu lösen.
Bei den *Bummelritten* ins Gelände hat der Ausbilder dieses Hauptziel ständig im Auge, wenn er auch natürlich bei jedem Ritt *Gewöhnungsarbeit* leistet, da er möglichst jedesmal einen anderen Weg reitet. Die Gangart, bei der das Pferd am schnellsten die Muskulatur entkrampft, ist der *Trab.* Deshalb wird man das junge Pferd in dem Gangmaß des Trabs gehen lassen, das es anbietet.
Die Zügel müssen so lang sein, daß der Reiter zwar eine lose Verbindung hat, das Pferd sich aber nicht auf das Gebiß stützen kann! Nur wenn es in dieser Periode lernt, sich ohne den Halt an der Hand des Reiters auf seinen vier Beinen auszubalancieren, wird es die *natürliche Selbsthaltung* finden oder „sich tragen“, wie man auch sagt. Ein Pferd, das „sich trägt“, muß aber alle Verkrampfungen seiner Muskeln lösen. Das junge Pferd hat damit den Zustand der *Zwanglosigkeit* erreicht, in dem es, ohne seine Muskeln mehr anzustrengen als zur Erhaltung der Gangart nötig ist, sich nur auf seinen vier Beinen im Gleichgewicht haltend, mit langem Hals und tiefer Nase bei völlig hingegebenen Zügel dahinpendelt. **Dieses Stadium darf bei keinem Pferd übergangen werden!** Jedes richtig ausgebildete Pferd muß in der Lage sein, jederzeit in diesen Zustand zurückzufinden.
Im Verlaufe der mehrere Wochen dauernden Übungen im ruhigen, *natürlichen Trab* wird das Pferd mit der Verbesserung seiner Selbsthaltung auch den *gleichmäßigen Bewegungs-*

takt wiederfinden, der bei den Übungen des unbelasteten Pferdes an der Longe schon herausgebildet wurde, und dabei auch die Muskulatur von Rücken und Hinterhand kräftigen.

Sollte das junge Pferd den *Galopp* anbieten, so nehme man ihn ruhig an, denn dies ist ein Zeichen dafür, daß das Pferd sich nun auch schon im Galopp tragen kann. Keinesfalls aber darf der Ausbilder jetzt schon die Übungen im Galopp in das Ausbildungsprogramm aufnehmen, da sonst die Gefahr besteht, daß durch Überanstrengung neue Verkrampfungen entstehen. Man läßt das Pferd in dem angebotenen Galopp gehen, bis es wieder von selbst in den Trab fällt.

In den recht ausgedehnten *Schrittreprisen* dieses Ausbildungsabschnittes werden die Zügel stets ganz hingegeben, so daß das Pferd das Gebiß nicht finden kann. Dadurch erreicht man ruhige und raumgreifende Tritte. Die erste Anlehnung an das Gebiß im Schritt wird dem Pferd erst nach mindestens viermonatiger Ausbildung gegeben. Hierbei begangene Fehler wirken sich oft auf Raumgriff und Bewegungsablauf (Schrittakt) verheerend aus.

Hat das Pferd sein natürliches Gleichgewicht gefunden und ist der Zustand der Zwanglosigkeit erreicht, kann der Reiter, soweit er über einen schmiegsamen und weich mitgehenden Sitz verfügt, den *Normalsitz* einnehmen und aussitzen; dann ist der Rücken nicht mehr gespannt, und der Reiter wird nicht mehr geworfen.

Muß jedoch ein junges Pferd von einem Reiter ausgebildet werden, dessen Sitz in bezug auf Schmiegsamkeit und Mitgehen mit der Bewegung nicht *alle* Anforderungen erfüllt, so mag er lieber beim Leichttraben bleiben, bis mit gesicherter Anlehnung der Rücken tätig wird und dem Reiter das Mitgehen erleichtert. Ein zu frühes, die Rückentätigkeit störendes Aussitzen beeinträchtigt in diesem Falle die Bewegungen des Pferdes; Takt und Raumgriff der Tritte leiden. Der fehlerbehaftete Sitz wirkt sich über die Hand auch auf das Maul aus.

Von der Zwanglosigkeit zur Losgelassenheit. Auf der Weide wendet das Pferd nur gerade soviel Energie auf, wie zum Erreichen seines Ziels erforderlich ist. Ebenso bewegt sich das Pferd im Zustand der Zwanglosigkeit. Diese Zwanglosigkeit genügt aber für die reiterliche Ausbildung nicht, weil der Reiter die Bewegungen seines Pferdes in diesem Zustand nicht regulieren kann. Dazu kommt, daß nur durch die energische *Mitarbeit der Rückenmuskulatur* einer frühzeitigen Abnutzung der Pferdebeine entgegengewirkt werden kann. Die nächste Aufgabe des Reiters muß darin bestehen, die matt arbeitenden Muskeln zu energischerer Tätigkeit anzuregen, d. h. aktiv zu treiben.

Da der Ausbilder dem jungen Pferd bisher die treibende Einwirkung des Gewichts noch nicht verdeutlicht hat und damit auch noch etwas warten soll, das Pferd aber die vortreibende Wirkung der Schenkel im Bewegungsrhythmus schon kennt, muß er sich ihrer bedienen, um die bisher nachschleppenden *Hinterbeine* zu kräftigerer Bewegung und Streckung zu veranlassen. Damit wird ein energisches Abstoßen der Hinterbeine vom Boden und ihr weiteres Vortreten in Richtung der Schwerelinie von Reiter und Pferd erreicht. Unter dem Einfluß der wechselseitigen, anregenden Wirkung der Schenkel, die jeweils im Moment des Vorschwingens des gleichseitigen Hinterfußes durch den nach unten durchfedernden Absatz und das damit verbundene Anspannen der Wadenmuskulatur einen kurzen Druck ausüben, muß das Pferd bei gleichbleibendem Gangmaß den *Raumgriff* der Tritte etwas vergrößern.

Diese Übungen entwickeln die *Schubkraft* der Hinterbeine und bewirken, daß diese durch ihr weiteres Vortreten bereits mehr Last übernehmen. Dadurch wird der Vorhand der freie und raumgreifendere Austritt erleichtert.

Das kräftigere Abschieben und weitere Untertreten wirkt sich aber auch auf die Streckung des Halses nach vorwärts-abwärts aus, die schließlich zum *Herandehnen an das Gebiß* führt. Dieses Herandehnen an das Gebiß unter dem Einfluß der treibenden Einwirkung der Schenkel wird dem Pferd um so leichter fallen, je konsequenter ihm bisher die Stütze im Maul versagt und es zum Ausbalancieren gezwungen wurde.

Bisher ist die Reiterhand der Streckung des Pferdehalses immer nach vorn ausgewichen. Das ändert sich nun insofern, als der Reiter dem Pferd das *Gebiß hinhält*, ohne der zusätzlichen Streckung nach vorn auszuweichen. Die Reiterhand nimmt dabei so viel an Gewicht an, wie das Pferdemaul infolge der zusätzlichen, aus dem stärkeren Abschieben beruhenden Streckung des Halses hineinlegt: das Pferd nimmt Anlehnung.

An diesem Punkt der Ausbildung ist es entscheidend, daß der Reiter das Heranstrecken an das Gebiß nicht stört. Ein Annehmen der Zügel ist immer gleichbedeutend mit einem Abschrecken des Pferdes von dem vertrauensvoll angenommenen Gebiß. Die Bereitschaft des Reiters, nach vorn nachgebend den Bewegungsschwingungen zu folgen, ist hier besonders erforderlich.

Damit der Reiter eine gefühlvolle, weiche Hand hat, muß er einen schmiegsamen, mitgehenden Sitz haben und *völlig entkrampft* sein. Nur eine *aufrechtstehende Hand*, deren Finger – bis auf den Daumen, der den Zügel festhält – ganz *leicht geöffnet* sind, ist in der Lage, dem Pferd die Anlehnung durch »Mitatmen« mit dem Bewegungsrhythmus so angenehm wie möglich zu machen. Bewegungen der Hand müssen für das Auge des Beschauers unsichtbar sein. Die Trensenringe dürfen ihre Lage im Maulwinkel nicht verändern.

Die Entwicklung der Schubkraft durch *wechselseitige* Einwirkung der treibenden Schenkel im *Bewegungstakt* und die Gewinnung der Anlehnung an das Gebiß kennzeichnen den Übergang von der Ausbildungsstufe der *Zwanglosigkeit zu der der Losgelassenheit.*

Im Verlauf der weiteren Arbeit zur Sicherung der *Losgelassenheit* wird mit fortschreitender Entwicklung der *Schubkraft* und dem Beginn der Entwicklung des *Schwungs* die das Gebiß passiv hinhaltende Hand durch etwas festeres Schließen der Fäuste zeitweilig zum „Aushalten“ kommen. Dieses *zeitweilige Aushalten* bei Verstärkung der treibenden Hilfen dient dazu, die bisherige Untätigkeit von Kaumuskeln, Nackenband und Genick zu überwinden und diese zur losgelassenen Mittätigkeit zu bringen.

Ein auf dieser Ausbildungsstufe häufig auftretender *Fehler* ist eine zu starke Einwirkung des Reiters mit der Hand, der versucht, schon jetzt die *Beizäumung* zu erreichen. Im Laufe der Ausbildung sich ständig verbessernde Selbsthaltung aufgrund vervollkommneten reiterlichen Gleichgewichts und die Entwicklung des Schwungs sind die Voraussetzungen dafür, daß Maul und Genick tätig werden. Keinesfalls darf der Reiter das Treten durch das Genick mit Gewalt erzwingen wollen, weil dadurch neue Verkrampfungen geradezu provoziert werden. Die *Losgelassenheit* macht sich durch verschiedene Anzeichen bemerkbar, die der Reiter kennen muß. Diese Anzeichen sind aber nicht Ziel, sondern nur Folgeerscheinungen richtiger Arbeit:

a) Das Pferd „kaut“

Das *Kauen* ist die Reaktion des losgelassen gehenden Pferdes auf die richtige Handeinwirkung.

Das Kauen besteht in Bewegungen der Zunge beim *Schlucken* mit fast geschlossenem Maul und völlig geschlossenen Lippen. Der losgelassene Kaumuskel und die übrigen Muskeln des Unterkiefers folgen dabei jeder Bewegung des Gebisses. Durch die Schluckbewegung wird eine stärkere Speichelabsonderung hervorgerufen. Der Speichel wird durch die Bewegung des Unterkiefers in *Schaum* verwandelt. Das Kauen fördert außerdem die Nachgiebigkeit des Genicks, weil sich die Schluckbewegungen bis zur Zungenwurzel erstrekken, die in unmittelbarer Nähe des Genicks liegt.

Die Schluckbewegungen erfolgen beim richtigen Kauen *unabhängig* vom Takt der Bewegungen des Pferdes. Wenn sich dabei später ein leises Klirren des Gebisses (bei Kandarenzäumung) vernehmen läßt, so ist dies als ein gutes Zeichen zu werten.

Ein mit dem Bewegungsrhythmus übereinstimmendes Kauen deutet jedoch auf Mängel in der Losgelassenheit hin, besonders wenn das Aufeinanderbeißen der Zähne bei krampfhaft angespannten Kaumuskeln ein knirschendes Geräusch im Takt des Ganges entstehen läßt oder durch eine Zungenbewegung ein lautes, taktmäßiges Klappern mit dem Gebiß hervorgerufen wird.

b) Das Pferd „schnaubt ab"

Das *Abschnauben* (Abbrausen) ist ein freies Durchatmen, wenn die Muskeln, die an den falschen Rippen ansetzen, losgelassen zu arbeiten beginnen.

Dieses Entspannen der *Rippenmuskulatur* trägt zusammen mit dem weiteren Untertreten der Hinterbeine dazu bei, daß die Schenkel des Reiters besser an die Seiten des Pferdes angeschmiegt werden können.

Die Losgelassenheit des Pferdes wirkt sich aber in erster Linie auf Gang und Haltung aus. Der Rücken schwingt elastisch und energisch. Dabei wird der Reiter weich hingesetzt. Die Schwingungen ziehen sein Gesäß gleichsam nach vorn in den Sattel hinein. Der Reiter hat nicht mehr das Gefühl des Geworfenwerdens, sondern kann bequem aussitzen.

Das weitere *Untertreten* der Hinterbeine unter den Pferdeleib hat schon eine etwas stärkere Beugung der Gelenke der Hinterhand zur Folge und die Übernahme eines kleinen Teils der auf der Vorhand ruhenden Last auf die Hinterbeine. Das gibt dem Reiter das Gefühl, daß das Pferd vorn *höher* wird. Im Zusammenhang damit wird die *relative Aufrichtung* des Pferdes größer, d. h., der seine Dehnung völlig beibehaltende Hals, der bisher vorwärts gestreckt war, hebt sich etwas an, so daß der Reiter „mehr vor sich" hat.

Der Reiter muß in den kommenden Ausbildungswochen sehr darauf bedacht sein, mit losgelassen tätigen, *abwechselnd* exakt *im Bewegungsrhythmus* treibenden und ständig *weiche Fühlung* mit dem Pferdeleib haltenden Unterschenkeln und durch fast unmerkliches elastisches Öffnen und Schließen der Finger seiner ruhig stehenden und weich führenden Hand das Vertrauen des Pferdes in die Reiterhand zu vertiefen sowie die Anlehnung zu sichern.

Ein Pferd, das in Gang und Haltung so weit gefördert ist, lädt den Reiter gleichsam ein, den *Normalsitz* einzunehmen. Damit ist der Zeitpunkt gekommen, ihm die treibende Wirkung des Sitzes zu verdeutlichen. Da das Pferd bisher nur die vortreibende Wirkung der Unterschenkel kennengelernt hat, muß man zur Verdeutlichung der treibenden Sitzeinwirkung von jener ausgehen.

Die Einwirkung des Sitzes (oder des Gewichts) besteht in einem *Strecken* des gesamten Reitersitzes, das mit einem gleichzeitigen *Anziehen* des Kreuzes verbunden ist. Dabei werden auch Knie und Absätze des Reiters nach unten gedrückt und die Wadenmuskulatur stärker angespannt, was zu einer stärkeren Einwirkung der Unterschenkel führt. Der beim Anziehen des Kreuzes von hinten nach vorn wirkende Druck der Sitzbeine, der in gleicher Richtung einen Schub auf den Pferderücken ausübt, ist dadurch mit der Einwirkung der Schenkel verbunden. Dies erleichtert es erheblich, die Sitzeinwirkung zu verdeutlichen.

In den folgenden Ausbildungsabschnitten gewinnt die *vortreibende Wirkung des Sitzes* immer größere Bedeutung sowohl für die Beschleunigung des Ganges als auch für seine Unterbrechung. Für beide Fälle und die zwischen ihnen liegenden Stufen bleibt die treibende Sitzeinwirkung prinzipiell immer gleich, wenn sie auch hinsichtlich Dauer und Stärke sehr viele Nuancen aufweist. Das Ergebnis dieser Einwirkung hängt weitgehend vom Zusammenwirken mit den Zügeln ab.

Ganz am Anfang der Ausbildung war der Übergang von der Bewegung zum Stillstand ein *„Auslaufen"* gewesen, bei dem das Pferd nur durch die ihm schon bekannte verhaltende Wirkung des Zügels allmählich zum Stehen gebracht wurde. Beim losgelassenen und die Anlehnung suchenden Pferd wurde durch die Mitwirkung der das weitere Vortreten der Hinterfüße anregenden Unterschenkel bei etwas weniger in die Bewegung eingehendem Gewicht des Reiters aus dem „Auslaufen" bereits ein „Aufhalten", wobei das Gewicht des Reiters im Normalsitz die stärker untertretenden Hinterbeine bereits belastete. Im Verlauf der weiteren Ausbildung entwickeln sich aus dem Aufhalten die *Paraden*, bei denen die treibenden Einwirkungen der Schenkel und des Sitzes (Gewicht) das Pferd sich weich und geschmeidig an der Hand aufnehmen lassen.

Dabei setzen die Unterschenkel ihre wechselseitigen Einwirkungen im Bewegungsrhythmus bei gleichzeitig stärkerem Anziehen des Kreues so lange fort, bis die Bewegung des Pferdes unter dem Einfluß der ebenso im Bewegungsrhythmus abwechselnd annehmenden und nachgebenden Zügeleinwirkungen aufgehört hat. Danach lassen die Schenkel los, und das Pferd wird allein mit dem Kreuz an die Zügel herangedrückt. Die *Hand* erleichtert dem Pferd das Ausbalancieren im Halten, indem sie ihm durch ganz geringes Vorgehen der kleinen Finger in Richtung auf das Pferdemaul gestattet, den Rahmen fast unsichtbar und kaum merklich zu erweitern, ohne daß dabei die Anlehnung verlorengeht.

Die vortreibende Wirkung des Sitzes kann aber in der gegenwärtigen Ausbildungsstufe des jungen Pferdes zu negativen Ergebnissen führen, wenn sie falsch angewandt wird. Deshalb ist eine Erläuterung erforderlich.

Beim Anziehen des Kreuzes wird der *Schwerpunkt* des Reiters infolge der leichten Rückwärtsneigung des Oberkörpers nach hinten verlegt. Gleichzeitig holen die stärker anregenden Unterschenkel die Hinterbeine weiter unter den Leib. Die Gelenke der Hinterbeine werden infolge der Verlagerung des Gewichts stärker belastet und beugen sich deshalb auch mehr. Das Strecken der Gelenke kann um so kraftvoller erfolgen, je mehr sie gebeugt wurden. Die *Energie des Ganges* wird gefördert, wenn die von den Schenkeln vorgeholten Hinterbeine während ihrer Stützphase durch Mehrbelastung stärker gebeugt werden – was sowohl durch die Verstärkung der Gewichtseinwirkung als auch durch eine Verlängerung des gleichseitigen Schenkeldrucks bis in die Stützphase hinein bewirkt wird – und sich dadurch das Strecken und Beugen im Bewegungstakt mehr ausprägt.

Diese Mehrbelastung der Hinterhand darf aber keine dauernde sein, weil sonst das Gegenteil der beabsichtigten Wirkung erreicht würde. Das Pferd würde nicht mehr untertreten, um sich der dauernden Belastung zu entziehen. Als Folge des Hintenherausbleibens der Hinterhand bliebe die ganze Last auf den Vorderbeinen des Pferdes ruhen. Außerdem würde dadurch die Gefahr heraufbeschworen, daß das Pferd den *Rücken* nach unten *festhält.* Die Mehrbelastung der Hinterhand durch die Einwirkung des Sitzes muß sofort aufhören, wenn der Reiter fühlt, daß die Wirkung erreicht ist. Er nimmt dann wieder den Normalsitz ein und beschränkt die Dauer der Schenkeleinwirkung auf die Phase des Vorschwingens.

4.4. Entwicklung des Ganges

Die Bemühungen des Reiters in dieser Phase der Ausbildung dienen der Erhaltung und Förderung der *natürlichen, taktmäßigen Bewegungsfolge.* Am Ende der Grundausbildung muß die Wirbelsäule in seitlicher Richtung geschmeidig gemacht und der Gehorsam auf die immer feiner werdenden Hilfen verbessert sein.

Dies wirkt wiederum auf die Entwicklung des Ganges zurück.

4.4.1. Periode des Arbeitstrabs

Nachdem mit der Losgelassenheit der natürliche Trab des Pferdes unter dem Reiter wieder erreicht wurde, führt die folgende Arbeit durch den Einsatz der treibenden Hilfen bei gleichbleibendem Takt zu etwas *größerem Raumgriff* der Tritte und der Möglichkeit, die vorgeholten Hinterbeine während ihrer Stützphase etwas *mehr zu beugen*. Dadurch wird aus dem natürlichen Trab in einigen Wochen der *Arbeitstrab*.

Das **Kennzeichen des Arbeitstrabs** besteht darin, daß sein Tempo stets etwas höher liegt als das des vom losgelassen gehenden Pferd gerade angebotenen natürlichen Trabs. Aufgabe des Reiters ist es, mittels Sitz und Hilfen dieses Mehr zu erhalten. Die treibenden Hilfen setzen dabei jedesmal zur Korrektur von Tempoabweichungen ein.

Da Raumgriff und Tempo der Bewegungsfolge bei allen Pferden unterschiedlich sind, läßt sich das *Gangmaß* des Arbeitstrabs nicht in Zahlen fassen. Der Versuch, die Anforderungen zu vereinheitlichen, würde zu schwerwiegenden Fehlern führen. Entscheidend für das Tempo des Arbeitstrabs dürfen allein Gangmechanik und Ausbildungsgrad des Pferdes sein. Junge Pferde also nicht mehr in der Abteilung reiten, wenn es um die Entwicklung ihrer Gangeigenschaften geht! Der „Arbeitstrab" ist im wesentlichen die Ausbildungsgangart des Pferdes. Er ist die Grundlage für die Entwicklung des Mittel- und des versammelten Trabs und notwendige Vorbereitung für Galopp und Schritt. Daß er sich zur Ausbildung so gut eignet, beruht auf *drei Faktoren:*

- Die treibenden Hilfen regen die Muskulatur des Pferdes zu einer intensiveren Tätigkeit an, ohne eine zu frühe Ermüdung herbeizuführen. Dadurch wird auch die Muskelentwicklung gefördert.
- Im Trab kann sich das Pferd den Einwirkungen des Reiters nur schwer widersetzen, weil es in der Stützphase immer nur zwei Beine kurze Zeit am Boden hat.
- Das Pferd kann sich nur schwer verhalten, weil der Schub, und später natürlich der immer besser ausgeprägte Schwung, dies sehr schwierig macht.

Vom Arbeitstrab wird gefordert, daß er regelmäßig, raumgreifend und lebhaft sei. Diese *Eigenschaften* sind bei jedem Pferd unterschiedlich ausgeprägt und machen seine *Individualität* aus. Für die *Qualität des Ganges* haben sie insofern Bedeutung, als

- ein unregelmäßiger Gang, bei dem das Pferd seine Füße in ungleichmäßigen Abständen zu Boden setzt, auch das Gleichgewicht und damit die Selbsthaltung des Pferdes beeinträchtigt;
- eine die Möglichkeiten des Körperbaus des Pferdes nicht ausnutzende geringe Trittlänge die Muskulatur – und insbesondere die Rükkenmuskulatur – nicht zu so energischen Schwingungen veranlaßt, wie sie erforderlich sind, um den Rücken tätig zu machen und dadurch die Beine zu schonen und dem Reiter einen angenehmen Sitz zu ermöglichen. Ein Pferd, das einen großen Raumgriff seiner Tritte zeigt, kommt selbstverständlich auch schneller und kraftschonender vorwärts;
- nur eine fleißig und in lebhaftem Takt tretende Hinterhand von allen Verkrampfungen frei ist, womit sie auch nicht mehr die Möglichkeit besitzt, der Belastung Widerstand zu leisten.

Ein lebhafter Gang ist jedoch nicht mit eiligen Tritten zu verwechseln. Raumgriff und Takt bilden eine Grenze für die Lebhaftigkeit des Ganges, denn wenn ein Pferd die Forderung nach einem die Möglichkeiten seines Körperbaus ausschöpfenden Raumgriff erfüllt, kann es nur eine bestimmte Anzahl von Tritten in einer Zeiteinheit machen, es sei denn, es verliert den Takt und die Regelmäßigkeit des Ganges. Damit kommt es ins *Eilen*, macht kürzere Tritte oder verhält sich gar.

Die **Entwicklung des Arbeitstrabs** erfolgt am Anfang jeder Übungsstunde – nach einer längeren Schrittreprise (nicht unter 10–15 Minuten) mit hingegebenem Zügel – zunächst aus dem natürlichen Trab, bis das Pferd den Zustand der *Zwanglosigkeit* erreicht und im zwanglosen Trab dahinpendelt. Erst danach wird die *Anlehnung* hergestellt. Mit dem im natürlichen Trab *losgelassen* gehenden Pferd wird der Übergang zum Arbeitstrab begonnen. Dazu müssen die Hilfen allmählich und unter Berücksichtigung der Empfindlichkeit des Pferdes stärker werden, jedoch immer nur so, daß der *regelmäßige Takt* erhalten bleibt. Als Regel gilt: Der Übergang vom natürlichen Trab zum Arbeitstrab ist ein Verstärken des Trabs. Dabei bewirkt das kräftigere Abschieben und Vorschwingen der Hinterbeine größere *Trittlänge.* Die **Anzahl der Tritte pro Zeiteinheit bleibt dabei die gleiche.**

Der Verlust des regelmäßigen Taktes, bei dem das Pferd ins Eilen gerät, ist für die weitere Arbeit schädlich. Es kommt aber häufig genug vor, daß ein Pferd aus irgendeinem Grund, sei es Stallmut (bei mangelhafter lösender Arbeit im natürlichen Trab), Unbehagen, Schmerz oder auch der Versuch eines Ungehorsams, ins Eilen oder gar Stürmen gerät. Dann wird der Reiter das Tempo wieder einfangen und den Gang regulieren müssen, was dem Ausbildungsstand des Pferdes entsprechend am besten dadurch geschieht, daß er im leichten Sitz und bei passiven Unterschenkeln die Hände mit verkürzten Zügeln beiderseits an den Pferdehals leicht anlehnt und bei wiederholtem Schließen und leichtem Öffnen der Fäuste weich gegenhält.

Falsch ist es, in solchen Fällen, oder wenn das junge Pferd einmal aus Übermut oder Schreckhaftigkeit eine heftigere Bewegung macht, die Hände hochzunehmen und zurückzuziehen. Eine solche Hand wirkt immer grob, und ihre rohen, schmerzhaften Einwirkungen sind geeignet, das Vertrauen des Pferdes in die Reiterhand zu erschüttern und die Sicherheit der Anlehnung zu gefährden.

Man faßt daher bei jungen Pferden, bei denen die Zügel mit tief gehaltenen, die Gerade zwischen Ellbogen und Pferdemaul nicht verletzenden, jedoch etwas mehr in Richtung Pferdemaul vorgeschobenen Hände relativ kurz und behält dabei Fühlung mit dem Pferdemaul (und mit dem Halsriemen!). Das ist die sicherste Möglichkeit, unbeabsichtigte grobe Zügelanzüge zu vermeiden.

Erst wenn das Pferd sich beruhigt hat und die aufgetretene Spannung beseitigt ist, wird man auch den Zügel wieder verlängern können, und die Hände können ihren Platz vor der Leibesmitte wieder einnehmen.

Die Sprünge und heftigen Bewegungen haben dazu beigetragen, noch verborgene Spannungen – auch psychischer Art – zu lösen. Damit ist der Weg für die weitere Arbeit mit dem Pferd frei, denn das nun losgelassen gehende Pferd leistet den Reiterhilfen keinen Widerstand mehr.

Der Reiter muß also für jede Situation auch die *passende Zügellänge* finden, immer bestrebt sein, bei Eintreten der Losgelassenheit zu einem *relativ langen* Zügel zurückzukehren.

Neben Pferden, bei denen sich noch vorhandene Verkrampfungen in einem Davoneilen äußern, gibt es auch solche, die sich verhalten. Wurde im ersten Fall die Losgelassenheit durch Beruhigen mit der Stimme, Klopfen des Halses, gleichmäßiges und möglichst ruhiges Tempo gefördert, muß im zweiten Fall erst die Ursache des *Verhaltens* ergründet werden. Bei *frühzeitiger Ermüdung* z. B., die ihren Grund in ungenügender Entwicklung der Kraftausdauer hat, helfen nur häufige Pausen oder gar Belastungsverminderung. Wenn *phlegmatisches Temperament* zum Sichverhalten führt, müssen hin und wieder Gerte oder Sporen nachdrücklich für Aufmunterung sorgen. In diesen Fällen muß jedoch die Strafe sofort aufhören und die *Hand völlig* nachgeben, wenn das Pferd vorwärts geht oder springt. Ganz wichtig ist in diesem Augenblick das mit Stimme und Hand ausgedrückte *Lob,* mit dessen Hilfe dem Pferd deutlich gemacht wird, was von ihm verlangt wird. Das Loben darf vor allem nicht vergessen werden, wenn ein Pferd nach anfänglichem Widerstreben eine Leistung, und sei es eine noch so geringfügige, vollbracht hat. Leider wird oft aus Nachlässigkeit oder Unüberlegtheit gegen diesen wichtigen, auf tierpsychologischen Erkenntnissen beruhenden Grundsatz verstoßen. Reiter sollten ihn sich jedesmal ins Gedächtnis rufen, wenn sie aufsitzen, Ausbilder sollten den Hinweis in das Repertoire ihrer Mahnungen aufnehmen.

Gelegenheit zum Loben muß jeder Reiter ständig suchen!

Übergänge aus einer Gangart in die andere sind in dieser Periode noch nicht so vollkommen wie beim ausgebildeten Pferd. In ihrer Anlage müssen sie jedoch korrekt sein. Es wurde bereits darauf hingewiesen, daß mit dem Erreichen der Losgelassenheit die Übergänge vom Trab zum Schritt und vom Schritt zum Halten ein „Aufhalten" geworden sind, bei dem die treibenden Hilfen die Hinterbeine heranholen und die Vorwärtsbewegung durch die aushaltende, nicht aber rückwärts wirkende Hand aufgefangen wird. *Hauptgewicht* ist darauf zu legen, daß die *treibenden Hilfen* zur Wirkung kommen. Sie spielen bei den Paraden eine noch größere Rolle.
Zum Übergang aus dem Schritt, der in dieser Ausbildungsperiode immer mit hingegebenem Zügel geritten wird, in den Trab verkürzt man allmählich die Zügel so weit, daß Hals und Kopf des Pferdes die Haltung annehmen, die sie im Trab beibehalten. Danach werden die Hilfen zum *Antraben* entsprechend der Empfindlichkeit des Pferdes durch *gleichzeitigen* Druck beider Schenkel gegeben. Auf fließenden Übergang achten! Die obere Grenze des Zügelverkürzens ergibt sich aus der Forderung, die Reinheit des Schrittes zu wahren. Diese Forderung kann nicht genug betont werden, denn ein Zuviel in dieser Beziehung bereitet leicht den Boden für den mit Recht so gefürchteten *Paßgang.*
Von einer „Arbeit" im *Schritt* kann in der *Periode des Arbeitstrabs* überhaupt noch nicht gesprochen werden; sie beginnt frühestens am Ende des ersten Ausbildungsjahres. Im gegenwärtigen Ausbildungsabschnitt geht es um einen raumgreifenden, fleißigen *Schritt mit hingegebenem Zügel*, um ruhiges Schreiten im regelmäßigen Viertakt. Übereilung und Unregelmäßigkeit führen zu Versteifungen. Gewarnt werden muß auch vor dem Versuch, einen ruhigen Schritt im Viertakt durch zu starkes Treiben lebhafter machen zu wollen. Das führt in vielen Fällen zum Verlust des regelmäßigen Schrittaktes. Der Schritt dient in der geschilderten Form vor allem der *Erholung* des Pferdes. Deshalb ist dem Pferd zwischen den noch relativ kurzen Trabreprisen auch stets Gelegenheit zu geben, die ermüdete Muskulatur des Halses vorwärts-abwärts zu strecken.

Überforderung und ihre Folgen
Bedauerlicherweise begegnet man häufig auf Dressurplätzen, in der Springbahn und auch in den Ausbildungsberitten Pferden, deren Ausbildungsmängel eindeutig auf zu rasches Vorgehen und körperliche wie psychische Überforderung in den ersten Ausbildungsmonaten zurückzuführen sind.
Leider gibt es viele Reiter, die aus Mangel an Kenntnissen und an Verständnis für eine systematische Schulung des Pferdes das Sichanbieten des Tieres bis zum Ende ausnutzen und dabei seiner Entwicklung schaden. Für die Pferdeausbildung gilt aber unumstößlich, daß der am schnellsten und sichersten zum Ziel gelangt, der sich Zeit für eine solide Ausbildung nimmt und diese schrittweise aufbaut.
Manche Reiter täuschen aus falschem Ehrgeiz das Bild eines in Versammlung gehenden Pferdes vor, indem sie mit riegelnder Hand „beizäumen". Der Hals wird dabei in eine Form gebracht, die das von der Trage- und Beugefähigkeit der Hinterbeine bestimmte Maß bei weitem überschreitet. Ein so überfordertes Pferd wird sich der Überbelastung entziehen, indem es die noch nicht ausreichend geschmeidigen Hinterbeine nicht mehr weit genug nach vorn unter den Leib bringt. Ob nun das Pferd mit beiden oder nur mit einem Hinterbein *der Belastung ausweicht*, immer wird der Gang fehlerhaft sein. Treten beide Hinterbeine nicht richtig nach, muß das Pferd die nun ausbleibende Stützung seines Körpers dadurch ersetzen, daß es eine Stütze in der Hand sucht und *auf den Zügel* drückt.

Einige Pferde weichen der zu starken Einwirkung mit den Zügeln auch aus, rollen den Hals auf und gehen *hinter dem Zügel.* Wird nur ein Hinterbein der Belastung entzogen, führt dies dazu, daß die „natürliche Schiefe" zum Ausdruck kommt, bei der das ausweichende Hinterbein seitwärts von der Spur des gleichseitigen Vorderbeines abweicht.
Einzig und allein frisches *Vorwärtsreiten* kann in diesem Ausbildungstadium zu einer *Korrektur* führen. Nach der Rückkehr in den Zustand der Zwanglosigkeit muß die Losgelassenheit neu gefestigt und das Pferd sowohl zum Ausbalancieren auf seinen vier Beinen ohne die Stütze an der Hand des Reiters wie auch zum vertrauensvollen Heranstrecken an das Gebiß wieder veranlaßt werden.

Einwirkungen auf das stehende Pferd

Von großer Bedeutung für die Entwicklung ist auch das ruhige, gelassene *Stehen.*
Sofort nach dem Anhalten ist zunächst mit der Hand eine Kleinigkeit mehr nachzugeben, als der Zügel vorher angenommen worden war, ohne aber die Verbindung mit dem Pferdemaul aufzugeben. Einige Sekunden danach werden die Zügel vollständig hingegeben. Auf diese Weise gewöhnt man die Pferde daran, mit auf den Hals geworfenen Zügeln längere Zeit ruhig zu stehen. Daß der Reiter auch diese Gewöhnungsarbeit durch Leckerbissen (vom Sattel aus gegeben!) sowie durch Loben mit Hand und Stimme fördern kann, bedarf wohl keiner Erläuterung mehr. Ruhiges Stehen unter dem Reiter, wenn auch anfangs von nur geringer Dauer, sollte das Pferd auf alle Fälle schon frühzeitig lernen, z. B. nach dem Aufsitzen und nach dem Abschluß der Bewegung so lange unbeweglich stehen, bis es die Hilfen zum Angehen erhält.
Eine grobe, auf falsch verstandenen und veralteten Anschauungen beruhende *Unsitte* ist das Formen des Halses mit der Hand im Stehen. In dieser Ausbildungsperiode kann das nur zu einem Zurücktreten der bereits unter den Leib gebrachten Hinterbeine führen.

Wenn auch der Arbeitstrab eine leichte Verengung des *Rahmens* (d. h. eine Verkürzung der Linie Maul-Sitzbeinhöcker, nicht aber der „Oberlinie": Halskamm–Rücken–Kruppe) mit sich gebracht hat (Abb. 140) und dabei die Hinterbeine in Richtung des Fußpunktes der Schwerelinie weiter unter den Leib traten, kann das Pferd diesen Rahmen im Stehen noch nicht beibehalten. Da wir aber hauptsächlich im Sinne haben, die Hinterbeine unter der von ihnen übernommenen Last zu halten, d. h. zu verhindern, daß sie hinter die durch Hüftgelenk und Hufmitte laufende Senkrechte zurückgesetzt werden, müssen wir dem Pferd eine freiere Haltung von Kopf und Hals gewähren, bei der allerdings die einmal gewonnene Anlehnung erhalten bleibt. Einem Ausweichen nach hinten oder seitwärts begegnen die *vibrierenden*, dem Auge des Betrachters jedoch völlig ruhig erscheinenden Unterschenkel und im Bedarfsfall ein Anlegen der Gerte, mit deren Hilfe das Pferd zum Vorwärtstreten veranlaßt wird, um es wieder gerade zu stellen.

Das **Zügel-aus-der-Hand-kauen-Lassen** ist

140 Rahmen des Pferdes

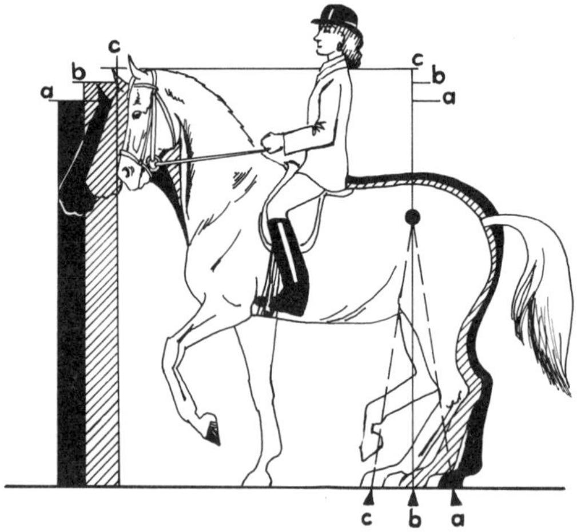

ein nützliches Hilfsmittel für die Ausbildung und ermöglicht, den richtigen Dressuraufbau zu überprüfen. Das Pferd zieht, in dem Bestreben, die ermüdeten Halsmuskeln zu dehnen, unter Kaubewegungen die Zügel allmählich durch die leichtgeöffneten Finger. Der Hals wird dabei bis zu seiner äußersten Streckmöglichkeit gedehnt, ohne daß das Pferd die Anlehnung aufgibt. Der unsichtbar vibrierende Schenkel unterstützt dabei das zum Strecken auffordernde Nachgeben.

Das Zügel-aus-der-Hand-kauen-Lassen lehrt das Pferd auf recht angenehme Weise, beim Strecken des Halses am Zügel zu bleiben, und macht ihm dies zur Gewohnheit. Das ist von großer Bedeutung für die Ausbildung. Es ist aber auch ein untrügliches *Kontrollmittel* für die vorangegangene Arbeit. Mit Gewalt oder groben Handeinwirkungen in eine Form gepreßte Pferde werden nämlich den zusammengeschraubten Hals mit einem Ruck befreien, sobald sie ein Nachlassen des Zwanges verspüren. Andere dagegen, die nicht gelernt haben, die Anlehnung nach vorn zu suchen, sondern sich hinter dem Zügel verkriechen, werden überhaupt keine Anstalten machen, dem Reiter die Zügel durch die Hand zu ziehen. Beide Fehler haben ihre Ursache in zu starker Einwirkung mit der Hand. Daher ist das Zügel-aus-der-Hand-kauen-Lassen ein *Kriterium für richtige Handeinwirkung*, die nach jedem Arbeitsabschnitt jeder Übungseinheit überprüft werden sollte. Es wird nicht nur nach dem Anhalten, sondern auch nach dem Übergang zum Schritt geübt. Das Pferd muß dabei am treibenden Schenkel bleiben. So ergibt sich der freie *Schritt am hingegebenen Zügel*, bei dem das Pferd jedoch völlige Halsfreiheit erlangt. Beim bisher erreichten Ausbildungsstand genügen wenige Schritt-Tritte in der Anlehnung; danach werden die Zügel völlig hingegeben. Dadurch wird der Schritt *am* hingegebenen Zügel zum Schritt *mit* hingegebenem Zügel. In der Folgezeit wird es in jeder Übungseinheit auch im Trab – später auch im Galopp – geübt, um die Zwanglosigkeit zu überprüfen.

Als Kontrollmittel für die richtige Einwirkung der Reiterhand wird Zügel-aus-der-Hand-kauen-Lassen auch in einigen Aufgaben des Aufgabenheftes der LPO gefordert. Zu wünschen wäre die Einführung des Zügel-aus-der-Hand-Kauens in allen drei Gangarten vor allem in Aufgaben für Pferde, die sich noch in der Grundausbildung befinden.

Auch das *Überstreichen* ist eine wichtige Methode zur Kontrolle der vom Pferd gewonnenen Selbsthaltung, die in allen Ausbildungsabschnitten angewandt werden kann. Dabei gehen die Hände so weit *in Richtung auf das Pferdemaul* nach vorn, wie dies mit gestreckten Armen und ohne Veränderung des Sitzes möglich ist. Die *Anlehnung* wird vorübergehend aufgegeben. Nach einigen Tritten gleiten die Hände langsam an ihren Platz zurück (vor die Mitte des Leibes) und nehmen dabei die Verbindung mit dem Pferdemaul wieder auf. *Treibende Hilfen* werden während des Überstreichens nicht unterbrochen.

Bleiben *Tempo* und *Takt* während des Aufgebens der Verbindung zum Pferdemaul unverändert erhalten, so ist die *Selbsthaltung* des Pferdes entsprechend seinem Ausbildungsstand in Ordnung. Das Pferd soll beim Überstreichen die Nase etwas nach vorn nehmen.

Bei nervösen und unruhigen Pferden wird das Überstreichen auch zur *Beruhigung* angewendet. Zur Kontrolle, ob das Pferd auch am äußeren Zügel steht, kann die innere Hand *allein* vorgehen, wobei sie beruhigend den Hals klopft.

Sicherung des An-den-Hilfen-Stehens

Das junge Pferd „steht an den Hilfen“, wenn es keinen Versuch mehr macht, von sich aus die Anlehnung aufzugeben. Der Reiter erreicht dies dadurch, daß er durch vorsichtiges taktmäßiges Treiben im Arbeitstrab die Hinterbeine noch stärker zum Untertreten veranlaßt und dadurch das Pferd zu sicherer und bestimmterer Anlehnung bringt.

Nun ist auch der Zeitpunkt gekommen, mit der weiteren Entwicklung der Trage- und Beugefähigkeit der Hinterbeine zu beginnen,

die die *Grundlage* für die spätere *Versammlung* ist. Der Reiter muß dabei langsam und vorsichtig zu Werke gehen. Der Prozeß ist langwierig und erstreckt sich über die ganze weitere Ausbildungszeit des Pferdes.
Vorübergehend und jeweils nur für einen kürzeren Zeitraum – anfangs sogar nur für einige Tritte – wird die *Zügellänge* etwas verkürzt. Wird das übertrieben, leiden darunter Rükkentätigkeit und Raumgriff. Daher sind die treibenden Hilfen zu verstärken, wenn die Zügel verkürzt werden.
Man kann bei diesen Übungen vom Pferd leicht zuviel verlangen, wenn Hinterhand und Rücken noch nicht genügend gekräftigt sind. Deshalb die *Übungen* zeitlich *kurz* halten, sie dafür aber häufiger wiederholen! Auf jeden Fall aber sofort die Übung unterbrechen, wenn sich Fehler bemerkbar machen! Wenn die *Hinterbeine* des Pferdes noch nicht genügend geschmeidig und beugefähig sind, um den Teil des Gewichts der Vorhand zu übernehmen, der ihnen durch das Verkürzen der Zügel zugeschoben wird, so wird das Pferd sich dieser Belastung durch Hintenherausbleiben der sich steifenden Hinterbeine wie auch durch fehlerhafte Verkrampfungen in Hinterhand und Rücken, die der Reiter unangenehm im Sitz empfindet, zu entziehen versuchen. Dadurch leidet der *Raumgriff*, und die *Anlehnung* wird entweder durch ein Versteifen des Halses zu fest oder durch sein Aufrollen ganz aufgegeben.
Wichtigste Aufgabe des Reiters ist es deshalb bei den beschriebenen Übungen das richtige *Maß* zu halten und jedes Anzeichen einer Überforderung rechtzeitig zu erkennen.
Stellen sich solche Anzeichen ein, so muß das Pferd wieder längere Zeit im *Arbeitstrab* und mit dem seinem Ausbildungsstand entsprechenden *langen Zügel* geritten werden, und zwar bis die Anlehnung wieder in Ordnung ist. Das Pferd wird dann seine Losgelassenheit wiedergefunden haben, und der Reiter wird dies daran erfühlen, daß ihn der elastisch schwingende Pferderücken wieder mitnimmt und der Pferdekörper den Sitz wieder ausfüllt.

Wendungen

Da das junge Pferd bisher noch keine *Längsbiegung* im reiterlichen Sinne kennengelernt hat, wurde es bisher auch bei den Wendungen beim Reiten im Gelände und auf dem Reitplatz in dieser Beziehung noch nicht beeinflußt. Alle Wendungen wurden bewußt in einem möglichst *flachen Bogen* geritten, um der Schubkraft ein ungehindertes Wirken gegen die Vorhand zu ermöglichen und den Takt zu erhalten. An ein korrektes *Ausreiten der Ekken* auf dem Viertelbogen einer Volte mit 3 m Radius war noch nicht zu denken, um Gang und Anlehnung nicht nachteilig zu beeinflussen.
Das äußere Beinpaar hat in jeder Wendung einen längeren Weg zurückzulegen als das innere. Der Reiter muß demzufolge in den Wendungen darauf achten, daß das *äußere Hinterbein* nicht zurückbleibt. Das erfordert eine treibende Hilfe. Das Vortreten des äußeren Hinterbeines wird außerdem durch ein Nachgeben des *äußeren Zügels* erleichtert, das sich aus dem Vornehmen der äußeren Schulter des Reiters ergibt. Der innere Zügel führt das Pferd in die Wendung hinein, indem er als „öffnender Zügel" vom Pferdehals nach innen abdrückt und so die Richtung der Wendung angibt. Keinesfalls darf der öffnende Zügel rückwärts wirken.
Jede Wendung ist mit einer *Gewichtsverlagerung* verbunden, die mit der Einleitung der Wendung beginnt und durch einseitiges Anspannen des Kreuzes bei gleichzeitigem Vordrücken des inneren Sitzbeines und Senken von Knie und Absatz bewirkt wird. Die *äußere Schulter* wird dabei vorgenommen, womit der Reiter dem Grundsatz nachkommt, daß die Schultern des Reiters richtungsgleich (parallel) zu denen des Pferdes sein müssen. Daraus ergibt sich das erwähnte Nachgeben mit der äußeren Hand, die jedoch die Fühlung mit dem Pferdemaul aufrechterhält. Die Gewichtsverlagerung unterstützt die wendende Zügeleinwirkung. Diese stört zwar an sich schon das Gleichgewicht, jedoch wird diese Störung durch den mechanischen Zwang der

Gewichtsverlagerung noch verstärkt. So wird das Pferd veranlaßt, nach der Wendungsseite zu treten, um seinen eigenen *Schwerpunkt* wieder unter den nach dieser Seite hin verschobenen des Reiters zu bringen, weil es unter dieser Bedingung die Last am leichtesten tragen kann. Hat das Pferd die Wendung passiert, hört die Gewichtseinwirkung auf, der innere Zügel rückt wieder – leicht nachgebend – an den Hals heran, so daß das Pferd den während der Wendung wirkungslos gebliebenen äußeren Zügel annimmt.

Erst wenn das junge Pferd sicher an den Hilfen steht, kann der äußere Zügel während der Wendung einen leichten, nach innen gerichteten und deshalb verwahrend wirkenden Druck auf die äußere Halsseite und die äußere Schulter ausüben. Dadurch wird die innere Hand unterstützt, die auch dann noch mit öffnendem Zügel in die Wendung führt. Der äußere Zügel aber hat schon die Funktion übernommen, die äußere Schulter am *Ausfallen* zu hindern. **Dabei darf allerdings die Hand niemals nach der Wendungsseite über den Widerrist herüberdrücken**, weil damit die Wirkung auf das gleichseitige Hinterbein verlorenginge.

Einseitige Hilfen

Bevor dem Pferd die auf gebogenen Linien erforderliche Längsbiegung seiner Wirbelsäule abgewonnen werden kann, ist es mit den ein seitigen Hilfen vertraut zu machen. Vorarbeit dazu wurde schon während der Longierperiode beim Handwechsel und durch die beschriebene Hilfengebung beim Reiten der abgeflachten Wendungen geleistet. Um Gehorsam auf die einseitigen Hilfen zu erreichen, ist die *Wendung um die Vorhand* das beste Mittel. Sie ist zugleich eine zweckmäßige lösende Übung für die Pausen zwischen den einzelnen Trabreprisen.

Bei der Einführung der Vorhandwendung hält man in der Mitte der Bahn oder des Reitplatzes. Hier wird das *innere Sitzbein* stärker belastet und der *innere Zügel* etwas angenommen. (Die innere Seite ist die der Bewegungsrichtung der Hinterhand entgegengesetzte.) Der innere Zügel hält so lange aus, bis das Pferd das Gebiß losläßt. Danach wirken die *hinter dem Gurt* angelegten Schenkel durch gleichzeitigen Druck so lange vortreibend, bis das Pferd erkennen läßt, daß es sich zum Vorwärtsgehen anschickt. In dem Augenblick, in dem es den *inneren Hinterfuß* hebt, setzt die *seitwärtstreibende* Einwirkung des inneren Schenkels ein. Reagiert das Pferd auf die seitwärtstreibende Schenkelhilfe nicht, so legt man die Gerte mehrfach leicht klopfend direkt hinter dem Unterschenkel an und verstärkt diese Aufforderung durch einige Kopf und Hals nach innen wendende weiche Zügelanzüge. Der äußere Zügel bleibt währenddessen zunächst wirkungslos. Hat das Pferd den seitwärtstreibenden Hilfen durch einen *Doppeltritt* Folge geleistet, hören sie auf, und es wird eine Pause eingelegt. Danach wird entweder der nächste Doppelritt nach der Wendungsseite oder auch – nach entsprechendem Umstellen – zurück zur Ausgangsstellung gefordert.

Man sollte sich bei den ersten Übungen mit wenigen Tritten der Hinterbeine begnügen, ihre willige Ausführung aber um so mehr belohnen, denn es gilt zunächst, dem Pferd die Bedeutung seitwärtstreibender Einwirkungen klarzumachen. Besondere Aufmerksamkeit verdient von Anfang an das *Vor- und Übertreten des inneren Hinterfußes* zu Beginn der Wendung. Es ist falsch, wenn zunächst der äußere Hinterfuß zur Seite gestellt und danach der innere an ihn herangezogen wird. Dort allerdings, wo das junge Pferd schon während der Longierperiode jeden Handwechsel an der Longe als Vorhandwendung an der Hand korrekt auszuführen gelernt hat, werden in dieser Hinsicht kaum Schwierigkeiten auftreten.

Bei den weiteren Übungen zur Verbesserung der Vorhandwendung wird nun das *einseitige Kreuzanziehen* des Reiters auf der inneren Seite des Pferdes belastend und beugend auf das vor- und übertretende Hinterbein wirken. Dann tritt auch der *äußere Zügel* in Aktion, der eine *dreifache Funktion* erfüllt. Zum einen verhindert er das Ausfallen der äußeren Schulter, zum zweiten wirkt er einem zu weiten Vortreten des Pferdes entgegen, und schließlich hält er – unterstützt von dem jeden zweiten Tritt des Pferdes auffangenden, verwahrend hinter dem Gurt angelegten äußeren Schenkel – das Pferd geradegerichtet. Auf diese Weise wird es in einigen Wochen gelingen, die *Vorhandwendung auf der Stelle* zwar flüssig, aber immer in deutlich gegeneinander abgesetzten Doppeltritten, bei denen sich *alle vier Hufe vom Boden lösen*, um 180°, später auch um 360° auszuführen. Dabei hat das Pferd aber nicht nur Gehorsam auf die seitwärtstreibenden Hilfen auf der Stelle gelernt, sondern ist auch an die äußeren Hilfen herangebracht worden. Darin liegt die Bedeutung dieser Lektion, die allerdings nur in der dargestellten Ausführungsart einen Wert für die Ausbildung des Pferdes hat.

Um die Entwicklung des Gehorsams auf die einseitigen Hilfen beurteilen zu können, sollte die Vorhandwendung ihren Platz in Aufgaben von Dressurprüfungen bei vereinsinternen Wettkämpfen finden.

In der Ausbildung des jungen Pferdes dient die Vorhandwendung der ersten Vorbereitung auf die viel später zu übenden Seitengänge, mit deren Einführung bei täglicher Arbeit und veranlagten Pferden frühestens ein Jahr nach dem Anreiten begonnen werden darf. Die Monate bis dahin sind jedoch für die Vorbereitung zu nutzen, indem die Vorhandwendung durch entsprechende Übung an Flüssigkeit gewinnt.

Die Vorhandwendung in der Bewegung (Schwenkvolte) vereinigt die Vorteile der Vorhandwendung, die in der erwähnten Wirkungsmöglichkeit des äußeren Zügels bestehen, mit den Vorteilen des Schenkelweichens (Vorwärts-Seitwärts-Bewegung mit allen vier Füßen), ohne jedoch den Nachteilen eines unkorrekt gerittenen Schenkelweichens Raum zu geben. Der äußere Zügel hat allerdings auch jetzt ein zu weites Vortreten zu begrenzen, beschränkt sich aber in der Hauptsache auf die anderen beiden Funktionen. Während der innere, im Bewegungsrhythmus einwirkende Schenkel auch hier die Seitwärtsbewegung veranlaßt, übernimmt der äußere zu seiner verwahrenden noch die Aufgabe des Vorwärtstreibens. Auf diese Weise tritt die Vorhand, von den Zügeln geführt, auf dem Bogen eines kleinen Kreises; die Hinterhand, von Schenkel und Gewicht geführt, auf einen größeren, exzentrischen Kreis. Es sind ebenfalls – besonders am Anfang – häufig Pausen einzulegen.

Da die Ausführung des *Schenkelweichens* bereits beschrieben wurde (s. Abschnitt 3.2.2.) genügt hier ein Hinweis auf *Gefahren*, die bei unkorrekter Ausführung drohen.

Die Hauptgefahr besteht darin, daß das Pferd mehr seitwärts als vorwärts-seitwärts tretend *auf die Schulter fällt*, weil die Hinterbeine noch nicht genügend beugefähig sind, um, in Richtung der Schwerelinie vortretend, ihre stützende Funktion voll auszuüben. Dadurch wird auch das Ausfallen der äußeren Schulter begünstigt, das in der Bewegungsrichtung besonders leicht eintreten kann.

Das *Ausfallen der Schulter* bewirkt eine Lockerung der Halsbasis. Bei einer mehr seitwärts als vorwärts-seitwärts gerichteten Bewegung können die inneren Füße beim Übertreten gegen die äußeren anschlagen.

Diese Gefahren werden gemindert, wenn das Pferd bereits eine gewisse Sicherheit in der Vorhandwendung erlangt hat und wenn der Reiter darauf achtet, daß die Bewegung beim Schenkelweichen stets mehr vorwärts als zur Seite gerichtet ist. Das ist außerdem am vorteilhaftesten für die Erhaltung der Gehlust.

Das Reiten von Schlangenlinien

Nachdem mit Hilfe der Vorhandwendung die Nachgiebigkeit auf die inneren Hilfen erreicht wurde, kann mit dem Reiten von „Schlangenlinien an der langen Seite“ begonnen werden. Anfangs genügt ein flacher Bogen an der langen Seite. Dem Pferd soll zunächst einmal im Schritt der Weg gezeigt werden. Danach beginnt die Arbeit im frischen Arbeitstrab.

Beim Reiten der Schlangenlinien ist besonders auf das fließende und schmiegsame *Eingehen in die Wendungen* zu achten. Da die wendenden Zügeleinwirkungen stets den Schwung des Ganges etwas beeinträchtigen, müssen korrekte Gewichtseinwirkungen die Hilfengebung vervollständigen und dem Pferd das Wenden erleichtern.

Beim Üben der Schlangenlinien empfiehlt sich das *Leichttraben*, das an sich einen fördernden Einfluß auf die Gehlust des Pferdes ausübt. Der Reiter hat dabei jedoch besonders auf die Hilfengebung während der Richtungsänderungen zu achten, in die er mit Sitz- und Fußwechsel bei besonders tiefem Absatz und Knie eingehen soll.

Vor jeder *Umstellung* muß das Pferd auch hier einen Augenblick (etwa eine Pferdelänge oder zwei Tritte) geradeausgestellt sein.

Während der nächsten acht bis zehn Monate werden, abhängig von dem Wachsen der Versammlungsfähigkeit des Pferdes, die Übungen auf den Schlangenlinien schwieriger.

Die *Erschwernis* erstreckt sich auf

- die Vergrößerung der Entfernung der Bogenmitte vom Hufschlag der langen Seite bis zu fünf Meter;
- das Reiten von doppelten Schlangenlinien an der langen Seite.

Niemals beide Erschwernisfaktoren auf einmal einführen!

Das Leichttraben wird jetzt auch im *Normalsitz* ausgeführt. Wenn es jedoch ratsam erscheint, den Entlastungsitz einzunehmen, was bei Ritten im Gelände und auch bei auftretenden Verkrampfungen im Rücken der Fall sein kann, muß sich der Reiter bemühen, bei angezogenem Kreuz zu treiben. Der *wichtigste Augenblick* in der Bewegungsfolge ist dabei der Moment, in dem die Beindiagonalen wechseln. Genau dann muß das Gesäß mit Hilfe des Kreuzes stärker nach vorn in den Sattel hineingeschoben werden. Dabei bewirkt tiefes Durchfedern der Absätze den wechselseitig treibenden Schenkeldruck. Leichtes Öffnen der Finger läßt die Tritte nach vorn heraus.

Auf welchem Fuß soll der Reiter leichttraben? Für die Dressurprüfungen ist diese Frage geklärt: Die Bestimmungen des nationalen Reglements verlangen stets das Leichttraben auf dem *inneren Hinterfuß*, während in internationalen Prüfungen die Wahl das Hinterfußes dem Reiter überlassen bleibt, wobei dieser lediglich den einmal gewählten Fuß während der ganzen Aufgabe beizubehalten hat. Für die Ausbildung des jungen Pferdes sind jedoch noch andere Gesichtspunkte maßgebend, die so lange Gültigkeit haben, wie das Pferd den verwahrenden Schenkel noch nicht richtig annimmt und noch Mängel in der Durchlässigkeit auf die einseitigen Hilfen zeigt, mit dem man daher die Ecken noch nicht korrekt ausreiten kann.

In der Reitbahn oder auf dem Übungsviereck wird auf dem äußeren Hinterfuß leichtgetrabt,

- wenn das Pferd in seinem Bestreben, das Gleichgewicht aufrechtzuerhalten, den belasteten äußeren Hinterfuß in Richtung der Schwerelinie unter die Last setzen soll, und zwar in Richtung der Spur des diagonalen Vorderfußes. Damit wird dieser Hinterfuß beugend bearbeitet. Diese Wirkung tritt allerdings nicht ein, wenn das Pferd sich schief macht;
- wenn wir den inneren Hinterfuß schonen wollen. Denn dieser wird auf den vielen gebogenen Linien, die wir in der Bahn reiten, ohnehin mehr beansprucht (Grund für häufigen Handwechsel).

Im Freien ist bei jeder neuen Trabreprise der *Hinterfuß* zu *wechseln*, um die Muskeln und Gelenke beider Körperseiten gleichmäßig zu kräftigen und geschmeidig zu machen. Damit können sich auch beide Körperseiten gleichmäßig entwickeln. Bei ungleichmäßig entwikkelten Pferden allerdings wird die schwächere Körperseite allmählich mehr belastet werden müssen. Bei einem Pferd, das schon auf dem Kreisbogen einer Viertelvolte (drei Schritt Radius) durch die Ecken geritten werden kann, trabt man auf dem inneren Hinterfuß.

In der Reitbahn oder auf dem Übungsviereck

trabt man auf dem *inneren Hinterfuß* leicht,
- wenn er beugend belastet werden soll, was die Geschmeidigkeit seiner Gelenke fordert,
- wenn die Aufgabe des äußeren Hinterfußes erleichtert werden soll. Durch die beim Aufsetzen des inneren Hinterfußes einsetzende treibende Einwirkung des äußeren Schenkels wird der vorschwingende äußere Hinterfuß zum weiteren Vortreten angeregt. Erleichternd wirkt dabei, daß der bei dem jetzt in Stellung gehenden Pferd den weiteren Weg zurücklegende äußere Hinterfuß entlastet wird.

Im Freien wird bei längeren Ritten (wenn das Pferd beidseitig gleichmäßig ausgebildet ist) nach jeder Trabreprise der Hinterfuß gewechselt. Bei ungleichmäßiger Ausbildung wird vom Pferd ein Hinterfuß „angeboten". Wenn der Zweck und die Dauer des Rittes die fördernde Bearbeitung der schwachen Seite nicht ratsam erscheinen lassen, soll man aus Gründen der Kräfteschonung den „angebotenen" Hinterfuß annehmen. In keinem Fall ist es ratsam, ein diagonal verbundenes Fußpaar beim Leichttraben zu belasten, dessen eine oder andere Gliedmaße *Schonung* braucht.

Die **Arbeit auf dem Zirkel** kann einsetzen, wenn durch die Vorhandwendung und auch beim Abrunden der Ecken dem Pferd die inneren Hilfen verdeutlicht wurden und der Gehorsam darauf genügend gefestigt ist.

Gehlustige und heftige Pferde nimmt man lieber etwas eher auf den Zirkel, während bei *faulen* und trägen Pferden durch häufiges frisches Vorwärtsreiten im Gelände und auf langen Linien die Gehlust geweckt werden muß, bevor mit der Zirkelarbeit begonnen wird.

Dem jungen Pferd fällt es nicht schwer, die Zirkellinie einzuhalten, denn das hat es beim vorbereitenden Longieren ausgiebig gelernt. Da es sich auch in Freiheit bei Wendungen nach der Wendungsseite biegt, nimmt das auf der Zirkellinie zwanglos gehende Pferd eine gewisse Längsbiegung von selbst an. Der Reiter unterstützt die *natürliche Längsbiegung* durch die inneren Hilfen, mit denen er das Pferd an die äußeren heranbringt. Diese wirken den ersteren – besonders an den offenen Seiten des Zirkels – entgegen. So wird das Pferd an die *biegenden Hilfen* gestellt. Als *Kontrolle* dafür dient das Maß der Zügelanspannung. Beide Zügel müssen ungefähr gleichmäßig angespannt sein, wenn das Pferd an den biegenden Hilfen steht.

Daß das Pferd an den biegenden Hilfen steht, ist außerordentlich wichtig für die spätere Entwicklung der Seitengänge. Es muß daher sorgfältig herausgearbeitet werden. Das richtig in Längsbiegung gehende Pferd paßt sich der Zirkellinie so an, daß seine Wirbelsäule *parallel* zum Kreisbogen des Zirkels verläuft. Die innere Seite des Pferdes wird dabei *hohl*, die äußere *aufgewölbt.*

Auf der Kreislinie kommt die *Zentrifugalkraft* zur Wirkung, von der das Pferd je nach Tempo und Zirkeldurchmesser nach außen getrieben wird. Um ihr zu begegnen, muß der Schwerpunkt von Reiter und Pferd auf das Zirkelinnere zu verschoben werden, was durch einen entsprechenden Sitz geschieht. Das Pferd jedoch wird gezwungen, das innere, durch die Schwerpunktverschiebung mehr belastete Hinterbein stärker zu *beugen.* Dies macht die Zirkelarbeit so bedeutungsvoll.

Beim Reiten auf dem Zirkel ist die *Kreislinie* genau einzuhalten. Dazu muß die Hinterhand von den Schenkeln, die Vorhand von den Zügeln auf dem Kreisbogen geführt werden. Bei einem sich geschmeidig der gebogenen Linie anpassenden Pferd wird der *innere Schenkel* des Reiters ruhig am Gurt bleiben und so die Biegung erhalten können. Drängt das Pferd in den Kreis hinein, so wirkt der innere Schenkel gemeinsam mit dem seitwärts weisenden äußeren Zügel dem entgegen.

Bei einem Pferd das sich gegen die richtige Längsbiegung seiner Wirbelsäule steift, wird der innere Schenkel des Reiters keine ruhige Lage erhalten, sondern von der Bewegung des Pferdes abgestoßen.

Da auf der Kreislinie das Becken des Reiters parallel zu den Hüften des Pferdes bleibt und das Pferd zudem auf seiner Außenseite konvex gewölbt ist, nimmt der *äußere Reiterschenkel* ganz von selbst einen etwas hinter dem Gurt liegenden Platz ein. An dieser Stelle kann er am besten *verwahrend* das Ausfallen der Hinterhand nach außen verhindern. Außerdem wirkt er vortreibend. Beide Wirkungen des äußeren Schenkels erhalten, gemeinsam mit dem *inneren Zügel*, der für die mit der Längsbiegung der ganzen Wirbelsäule übereinstimmende Kopfstellung nach innen sorgt, die Biegung des Pferdes auf der Kreislinie.

Das erwähnte Zusammenwirken von innerem Zügel und äußerem Schenkel bzw. äußerem Zügel und innerem Schenkel bezeichnet man als *diagonale Hilfengebung*, während man bei gleichseitiger Einwirkung von Zügel und Schenkel den Ausdruck *laterale Hilfengebung* verwendet.

Mit Hilfe der Zirkelarbeit und später der Seitengänge wird das Pferd immer mehr durch die inneren an die äußeren Hilfen herangebracht. Mit zunehmender gymnastischer Durchbildung des Pferdes wird es dadurch dem Reiter immer besser möglich, mit Hilfe fein abgestimmter Einwirkungen ein fast müheloses *Verschieben des Schwerpunktes* von Reiter und Pferd sowohl auf der Längsachse als auch auf der Querachse zu erreichen. Das erstere tritt bei Änderungen des Rahmens, der Haltung auf, das letztere bei Biegungen.

Es kommt bei der Zirkelarbeit relativ häufig vor, daß ein Pferd mit der Hinterhand nach innen ausweicht. In vielen Fällen liegt das auch daran, daß am inneren Zügel gezogen wird. Da jetzt noch kein Interesse daran besteht, es auf eine Auseinandersetzung mit dieser *natürlichen Schiefe* ankommen zu lassen, bleibt es vorläufig bei dem Bemühen, die richtige Längsbiegung wiederherzustellen, indem beide Schenkel vortreibend wirken und so bei leichter Zügelführung dem Pferd Gelegenheit gegeben wird, die Biegung seiner Wirbelsäule der Kreislinie wieder anzupassen.

Bei Pferden, deren Schenkelgehorsam und Schwungentwicklung noch ungenügend ist, zeigen sich besonders häufig Schwierigkeiten, die auf Versteifungen gegen die Rippenbiegung zurückzuführen sind. Ihre Korrektur wird beim geraderichtenden Biegen besprochen. Auch während des Reitens auf dem Zirkel müssen *Lebhaftigkeit und Raumgriff des Ganges* erhalten bleiben. Lassen sie nach, so gilt als goldene Regel: Ganze Bahn! Auf geraden Linien in frischem Arbeitstrab die Gehlust wieder wecken! Überhaupt soll die Zirkelarbeit immer wieder durch Reiten auf langen und geraden Linien unterbrochen werden, da gerade beim jungen Pferd die einseitige Belastung zu Überanstrengungen führen kann. Aus diesem Grund ist auch ein häufiger *Handwechsel* erforderlich.

Ausreiten der Ecken

Bisher wurden die Ecken der Bahn immer abgeflacht. Jetzt, da das Pferd nach mehrwöchiger Zirkelarbeit sicher an die äußeren Hilfen gestellt ist, können auch die Ecken ausgeritten werden. Dazu verkleinern wir den Radius des Bogens allmählich, indem wir den Bogen jeweils etwas weniger flach reiten als bisher. Das *Maß* dafür gibt das Pferd selbst an. Wird nämlich dabei der *Takt* des Ganges beeinträchtigt, wird also das Pferd eiliger oder verliert es an Schwung, so ist die Krümmung des Bogens zu stark gewesen. Das Pferd hat sich auf diesem Bogen noch nicht ausbalancieren, noch nicht tragen können. Deshalb ist zu flacheren Bögen zurückzukehren.

Beim Ausreiten der Ecken auf dem Kreisbogen einer Viertelvolte machen sich besonders jene Schwierigkeiten bemerkbar, die mit der natürlichen Schiefe des Pferdes zusammenhängen, weshalb nochmals auf das geraderichtende Biegen verwiesen sei (s. S. 347 ff.).

4.4.2. Periode des Mitteltrabs

Der Mitteltrab

Obwohl der *Mitteltrab* keine Gangart ist, die vom Reitpferd – außer in Dressurprüfungen – als Gebrauchsgangart gefordert wird, ist doch eine ganze Ausbildungsperiode danach benannt, weil sich mit Hilfe des Mitteltrabs die gymnastische Durchbildung des Pferdes außerordentlich fördern läßt und er überdies ein *unbestechliches Kontrollmittel* für den richtigen Dressuraufbau ist.

Kennzeichnend für den Mitteltrab sind schwungvolle und raumgreifende Bewegungen, die ausdrucksvoll sind, aber nicht zu einer Mehrbelastung der Vorhand führen. Sie gehen vielmehr aus sich energievoller und ausgiebiger streckenden und beugenden Hanken hervor. Der stärkere *Schub* fördert den *Raumgriff.* Das durch weiteres Vortreten verbesserte Tragen wirkt sich positiv auf die Haltung des Pferdes aus.

Das energievollere Beugen und Strecken von *Hüft- und Kniegelenk* (diese beiden mächtigsten Gelenke des Pferdekörpers führen in der Reittheorie die Bezeichnung „Hanken") erhöht auch den *Schwung* der Bewegungen. Die ganz nahe aneinander vorbeitretenden Hinterbeine schwingen das aufgenommene Gewicht elastisch vorwärts-aufwärts, d. h. noch *bevor* die sich streckenden Gelenke ihre vollständige Streckung erreicht haben. Das zeigt sich dem Auge des Beschauers als elastisches, schwungvolles *Abfedern* der Beine vom Boden. Befindet sich das Pferd bei dieser Aktion der Hinterhand im reiterlichen Gleichgewicht, wird den Vorderbeinen ein freier Austritt ermöglicht. Die Vorderbeine fußen dann an dem Punkt des Bodens auf, auf den die Hufzehe im Moment der höchsten Erhebung des Vorderbeines zeigt. Die Bewegung soll „rund" und fließend sein, das Auffußen sicher und leicht. *Hackige Bewegungen* sind ein Zeichen gespannter Tritte.

Das Pferd soll mit leicht *vor* der Senkrechten stehenden Stirnlinie gehen. Je besser es sich am Gebiß abstößt, um so leichter tritt es durchs Genick und läßt den von der Hinterhand erzeugten Schwung nach vorn durch. Begrenzt wird der Schwung durch die Hand des Reiters, die ihn regelt und im Bedarfsfall bei aushaltender Einwirkung mit dem Zügel in eine die Gelenke der Hinterhand stärker beugende Belastung umformt.

Ohne entsprechende *Schwungentwicklung* ist kein Mitteltrab möglich. Da diese aber mit einer stärkeren Hankenbeugung und einer dementsprechenden Senkung der Hinterhand verbunden ist, müssen auch Hals und Kopf höher getragen werden. Ein charakteristisches Merkmal des Mitteltrabs ist somit auch die verbesserte *relative Aufrichtung* des Pferdes. Entwicklung des Schwungs und relative Aufrichtung sind Voraussetzung dafür, daß die Durchlässigkeit des Pferdes ständig verbessert wird.

Der Mitteltrab dient auch der Verbesserung des Gebrauchstrabes. Dieser – weniger ausdrucksvoll und weiter im Rahmen – soll Schwung und Rückentätigkeit des Mitteltrabs übernehmen. *Elastische Mittätigkeit des Rückens* ist Bedingung dafür, daß ein Pferd im Gebrauchstrab stundenlang gehen kann, ohne sich oder seinen Reiter übermäßig zu ermüden. Raumgriff und Schwung im Mitteltrab sind der Maßstab dafür, wieweit das Biegen vorangetrieben oder die Versammlung gesteigert werden kann.

Wenn sich Schwung und Raumgriff als gut erweisen, kann der Reiter durch *halbe Paraden* die Belastung der Hinterhand allmählich erhöhen und dabei gleichzeitig den Raumgriff der Vorhand einschränken. Geht aber während solcher Versuche der Takt verloren und stellen sich beim Pferd Versteifungen ein, die der Reiter in Sitz und Hand fühlt, so waren die Anforderungen zu hoch, und das Pferd ist für abgekürzte Gangmaße noch nicht genügend vorbereitet.

Entwicklung des Mitteltrabs

Anfangs darf nichts übereilt werden. Es genügt schon, wenn es gelingt, auf den Diagonalen und an den langen Seiten *einige Tritte* des Arbeitstrabs zu *verlängern.* Von größter Bedeutung ist allerdings, daß bei diesen verlängerten Tritten der Takt des Arbeitstrabs erhalten bleibt.
Nach mehreren Wochen erst kann man einmal im Mitteltrab um die Bahn reiten, mit gut abgeflachten Ecken natürlich, ohne daß die Hinterhand zu schleppen beginnt, die Rükkentätigkeit nachläßt, die Anlehnung verlorengeht oder die Tritte ungleichmäßig und eilig werden. Alle diese Fehler zeigen, daß *zuviel* verlangt wurde. Bei ihrem Auftreten, und das wird anfangs häufig sein, ist unbedingt zum *Arbeitstrab* zurückzukehren. Erst nachdem im Arbeitstempo Takt und Anlehnung wieder hergestellt sind, ist der nächste Versuch zu beginnen, die Tritte zu verlängern. Keinesfalls darf beim Auftreten eines der erwähnten Gangmängel der Mitteltrab weiter erzwungen werden. Der Dressuraufbau würde dadurch nachhaltig geschädigt, denn Bewegung und Haltung müssen immer miteinander harmonieren. Arbeiten Vor- und Hinterhand nicht – durch einen tätigen Rükken miteinander verbunden – korrekt zusammen, sind außerdem Schädigungen der Beine zu erwarten. Besonders muß davor gewarnt werden, die Remonte durch zu ausgedehnte Übungen des Mitteltrabs zu *ermüden.* In diesem Fall würden die Muskeln des Pferdes ihre elastische Arbeitsfähigkeit vorübergehend einbüßen, d. h., der Schwung würde verlorengehen, und das Pferd würde „auseinanderfallen". Ein äußeres *Kennzeichen* dafür ist, daß das Pferd mit den Hinterbeinen nicht mehr genügend trägt und die Vorderbeine zum Stützen der stärker belasteten Vorhand länger am Boden verweilen und sich nicht so rechtzeitig abstoßen, wie dies geschieht, wenn die Selbsthaltung in Ordnung ist.
Noch größer ist die *Überforderungsgefahr* bei einem Pferd, das sich durch seine Gehlust und ein gutes Gangwerk gleichsam zu höheren Leistungen anbietet. Wer glaubt, dadurch auf die Dauer Ruhm in Dressurprüfungen ernten zu können, wird sich schon nach wenigen Jahren enttäuscht sehen, wenn sein einst so hoffnungsvolles Pferd bereits verbraucht ist. Deshalb muß der Reiter gerade bei Pferden, die von Natur aus die gar nicht hoch genug einzuschätzende Gabe der Gehlust mitbringen, langsam und systematisch vorgehen. Selbstverständlich erfordert der Mitteltrab, daß der Reiter die schwungvolleren und raumgreifenderen Bewegungen des Pferdes geschmeidig mitgehend aussitzen kann. Ein Reiter, der dies nicht kann und vielleicht überdies nicht über eine im Bewegungstakt „mitatmende" Hand und in ständiger Fühlung mit dem Pferdeleib bleibende Unterschenkel verfügt, wird kein Pferd im korrekten Mitteltrab ausbilden können.

Galopp

Die Eingliederung der Galopparbeit in die Periode des Mitteltrabs nimmt dieser Gangart nichts von ihrer Eigenständigkeit und ihrem Wert für die weitere dressurmäßige Durchbildung des Pferdes. Es soll damit lediglich gezeigt werden, daß der Hauptteil dieser Arbeit im zweiten Abschnitt der Ausbildungsperiode liegt, die sich mit der Entwicklung des Ganges beschäftigt.
Bisher wurde der im Gelände oder in der Bahn gelegentlich *angebotene Galopp* grundsätzlich nicht unterdrückt. Er wurde aber auch nicht erzwungen, weil unser Pferd sich unter dem Reiter in dieser Gangart noch nicht tragen konnte. Ein zu frühes Hineinstoßen in den Galopp hätte beim Pferd Unbehagen hervorgerufen, dessen Folge falsche Spannungen gewesen wären. Pferde, denen durch zu frühes Angaloppieren eine Abneigung gegen den Galopp anerzogen worden ist, zeigen dies manchmal ihr Leben lang durch zurückgelegte Ohren beim Angaloppieren. Bei einem noch nicht im gefestigten reiterlichen Gleichgewicht befindlichen Pferd würde überdies Eilen oder Fortstürmen die Folge zu frühen

Angaloppierens sein. Der Reiter aber wäre dann gezwungen, rückwärts zu wirken und dadurch einen nachteiligen Einfluß auf die weitere Ausbildung auszuüben.

Die Entwicklung des natürlichen Galopps

Der natürliche Galopp weist die gleichen Eigenschaften auf wie der natürliche Trab. Er sollte bei dem im Gelände ab und zu vom Pferd angebotenen Galopp erreicht werden, indem dem Pferd die *Wahl des Tempos* überlassen wurde und es seinen *Takt* finden konnte. Dabei störte es nicht, wenn das Pferd anfänglich seinen Übermut herausgaloppierte und erst allmählich sein Tempo mäßigte. Wichtig war nur die Boden- und örtliche Beschaffenheit: elastischer Boden und lange Wege oder große Flächen, die keine engen Wendungen erfordern.

Wenn das Pferd allerdings noch nicht entspannt ist und dabei aus Übermut oder Schreckhaftigkeit ungeregelte Sätze macht, wird man auch bei den Übungen im natürlichen Galopp vom kurzen zum langen Zügel kommen müssen.

Bei Pferden mit guter natürlicher Selbsthaltung kann nach zwei- bis dreimonatiger Ausbildung begonnen werden, den natürlichen Galopp aus dem Trab zu erreichen.

Die Hauptsache bei diesen Vorübungen für die Galopparbeit: *jegliche Unruhe und Aufregung vermeiden!* Das Pferd soll den Übergang in den Galopp genauso unbefangen und ruhig vollziehen, wie es dies als Fohlen auf der Weide getan hat. Um dieses Ziel zu erreichen, ist sowohl erforderlich, daß der Reiter das junge Pferd nicht mit seinen Hilfen überfällt, sondern es möglichst ruhig in den *Galopp hineingleiten* läßt, als auch ein ständiger Wechsel der Stelle, an der der Galopp begonnen wird. Wenn das junge Pferd in zwanglosen, taktmäßigen und ruhigen Sprüngen in natürlicher Selbsthaltung *mit hingegebenem Zügel* galoppiert, ist das Ziel der Übungen im natürlichen Galopp erreicht.

Das richtige Angaloppieren unter dem Reiter an der Longe. Hat das junge Pferd gelernt, auf die Stimme richtig anzugaloppieren (1. Voraussetzung) und in natürlicher Selbsthaltung zu gehen, so sind ihm die Hilfen des Reiters zum Angaloppieren sehr leicht und sicher folgendermaßen zu verdeutlichen:

– Das Pferd lernt, unter dem Reiter und auf dessen Hilfen anzutreten und anzutraben (2. Voraussetzung).

– Danach wird auf Zuruf angaloppiert. Der Reiter gibt im Augenblick des Zurufs des Longierenden, der den Bewegungsrhythmus zu berücksichtigen hat, die korrekten Hilfen zum Angaloppieren.

– Dieses Vorgehen wird auf beiden Händen so oft geübt, bis allmählich der Zuruf weggelassen werden kann, weil das Pferd allein auf die Hilfen den Übergang in den Galopp ausführt. Derartig sollten aber nur Reiter verfahren, die korrekte Hilfen geben, da dem Pferd rasch Falsches angewöhnt werden kann. Die folgenden Methoden stellen größere Anforderung an Reiter und Pferd.

Richtiges Angaloppieren auf großem Zirkel.

Voraussetzung für den Beginn dieser Übungen ist, daß sich das Pferd im *verkürzten Arbeitstrab* selbst tragen kann und den *seitwärtstreibenden Hilfen* folgt.

- Das Pferd wird im verkürzten Arbeitstrab auf einem großen Zirkel geritten. Der Reiter verlegt sein *Gewicht* stark nach innen und bewirkt mit *äußerem Schenkel* und *innerem Zügel* ein Verkleinern des Zirkels. Das Pferd soll sich dabei *traversartig* nach dem Zentrum des Kreises bewegen, ohne daß die Hinterhand der Vorhand vorauseilt.
- Mit dem kurz hinter dem Gurt einwirkenden *inneren Schenkel* und dem von der Schulter nach außen abrückenden *äußeren Zügel* veranlaßt der Reiter das Pferd, den Zirkel wieder zu erweitern. Der äußere Zügel führt dabei die Schulter seitwärts, wodurch die Erweiterung des Zirkels *schulterhereinartig* geschieht. Der Reiter behält dabei seinen der Biegung auf der Kreislinie entsprechenden Sitz bei. Sein Gewicht geht in Bewegungsrichtung (vorwärts-auswärts) mit.

• Mit Erreichen der Ausgangszirkellinie der *offenen Seite* und vor der langen Seite beendet der hinter dem Gurt liegende äußere Schenkel die Seitwärtsbewegung. Dabei unterstützt der verwahrende, an der äußeren Halsseite anliegende Zügel (durchhaltende Einwirkung).
Der innere, am Gurt liegende Schenkel wirkt stärker ein und treibt vor. Diese vortreibende Hilfe kann bei den ersten Versuchen durch ein Anlegen der Gerte an der inneren Schulter oder auch durch einen Zuruf unterstützt werden. Die innere Hand gibt bei den ersten Versuchen etwas nach, um „den Galoppsprung herauszulassen", d. h., das weitere Vorgreifen des inneren Vorderbeines zu erleichtern. Dieses Nachgeben darf aber nicht dazu führen, daß die Innenstellung von Hals und Kopf völlig verlorengeht oder gar zur Außenstellung wird. Die Innenstellung fordert nämlich die Kontraktion des Kopf-Hals-Armbein-Muskels, die das Anheben des inneren Vorderbeines zur Folge hat.
• Durch das Erweitern des Kreises mit anschließendem Auffangen der Bewegung durch äußeren Schenkel und Zügel und deren Zusammenwirken mit der Einwirkung von innerem Schenkel und Zügel gleitet das Pferd gleichsam von selbst in den richtigen Galopp, vorausgesetzt, daß die treibende Einwirkung des inneren Schenkels exakt im Moment des *Vorschwingens des inneren Hinterfußes einsetzt.*

Verdeutlichen wir uns die theoretische Seite der geschilderten Methode:
1. Der verwahrend und durchhaltend wirkende äußere Zügel behindert das Vortreten des äußeren Hinterfußes und veranlaßt dessen vorzeitiges Auffußen.
2. Dadurch wird die im Trab vorhandene Diagonale äußerer Hinterfuß – innerer Vorderfuß gestört.
3. Die treibende Wirkung des inneren Schenkels veranlaßt den stützenden äußeren Hinterfuß zu kräftigem Abstoßen vom Boden.
4. Dieser Abstoß gibt auch der Hauptdiagonale innerer Hinterfuß – äußerer Vorderfuß einen starken Impuls zum energischen Vorschwingen.
5. Während des Vorschwingens der Hauptdiagonalen stößt auch der innere Vorderfuß vom Boden ab, schwingt weiter vor als das äußere Vorderbein und verharrt dort einen Augenblick, ehe er nach dem Auffußen der Hauptdiagonalen als innerer Vorderfuß den Boden berührt.
Daraus erhellt, daß ein Pferd aus dem starken Trab nicht so gut angaloppieren kann wie aus dem verkürzten Trabtempo. Der Reiter muß die veränderte Bewegungsfolge durch weiches Mitgehen unterstützen. Je besser es ihm gelingt, sich bei verstärkt belastetem innerem Sitzbein der Bewegung anzupassen und in der beschriebenen Weise durch Nachgeben „den Sprung herauszulassen", um so flüssiger werden die Sprünge bei unveränderter Anlehnung sein.

Angaloppieren aus der Ecke vor der langen Seite. Bei Pferden, die auf die seitwärtstreibenden Hilfen noch nicht richtig reagieren, kann eine zweite Methode angewandt werden: Die Hilfengebung selbst ist die gleiche. Der Einsatz der Hilfen erfolgt jedoch während des Durchreitens der Ecke vor der langen Seite. Sitz, Gewichtsverlagerung und Schenkellage des Reiters haben sich schon auf der Hufschlaglinie der Wendung ergeben. Aushalten des äußeren Zügels, kurzer Druck mit beiden Schenkeln und Nachgeben des inneren Zügels erfolgen im Augenblick des Vorschwingens des inneren Hinterfußes am Übergang vom Bogen der Wendung auf die Gerade. Man übe das Angaloppieren nie öfter als zweimal aus derselben Ecke und wechsle die Ecken häufig und unregelmäßig. Temperamentvolle Pferde kommen sonst den Reiterhilfen zuvor und werden unruhig.

Angaloppieren aus schulterhereinartiger Biegung. Bei einem feinfühligen Pferd mit gut entwickeltem Gehorsam auf die seitwärtstreibenden Hilfen und der Neigung zum Ausweichen mit der Hinterhand nach innen empfiehlt sich eine dritte Methode: Auf dem Zir-

kel wird die Vorhand mit beiden Zügeln etwa eine Hufbreite nach innen geführt, wodurch das Pferd in die „Schulter-vor-Stellung" kommt, die als erste Stufe der Entwicklung des „Schulterherein" der Methode den Namen gegeben hat.
Nachdem das Pferd einige Tritte auf dem so verbreiterten Hufschlag gemacht hat, werden bei gleichzeitigem Zurückführen der Vorhand auf die Zirkellinie die Hilfen zum Angaloppieren gegeben. Da die Seitwärtsschwenkung nur die wenigen Zentimeter einer Hufbreite beträgt, setzt diese Art des Angaloppierens relativ große Feinfühligkeit des Pferdes voraus. Sie gibt aber dem Reiter Gelegenheit, die Geraderichtung des Pferdes beim Übergang in den Galopp zu erhalten. Dadurch ist sie besonders auch während der weiteren Galopparbeit nützlich, wenn ein Pferd sich durch Ausweichen des inneren Hinterfußes nach innen der Geraderichtung zu entziehen versuchen sollte.

Allgemeines und Fehler beim Angaloppieren. Es ist unnötig, nach jedem Angaloppieren eine ausgedehnte Galoppreprise zu reiten. Beim jungen Pferd genügen ein bis zwei Runden im Galopp vollauf. Danach stellt der Reiter die treibenden Hilfen ein und läßt das Pferd in den Trab fallen, um es nach einigen Trabtritten zum Schritt aufzuhalten. Das Pferd soll sich dann die Zügel aus der Hand kauen, worauf es der Reiter mit hingegebenem Zügel lobt. Erst viel später, wenn die Durchlässigkeit auf die Paraden erreicht ist, muß jeder Übergang zum Trab oder Schritt als korrekte Parade geritten werden.
Man übe das Angaloppieren mehrmals hintereinander innerhalb einer Übungseinheit, niemals aber, ohne zwischen zwei Versuchen wieder kurze Zeit zum Schritt übergegangen zu sein und das Pferd gelobt zu haben!
Regt sich ein Pferd beim Angaloppieren auf und will es fortstürmen, darf man nicht versuchen, es durch Zügeleinwirkung aufzuhalten. Vielmehr muß sich der Reiter bemühen, mit den Bewegungen des Pferdes gut mitzugehen und dabei mit den *treibenden* Hilfen am Pferd zu bleiben, als wolle er das Tempo noch verstärken. Man geht dabei möglichst auf einen großen Zirkel, den man erst verläßt, wenn das Pferd ruhiger geworden ist. Sobald der Reiter wieder geradeaus reitet, soll er durch das dem Pferd schon bekannte *Überstreichen* auf eine völlige Beruhigung hinwirken.
Häufig kommt es vor, daß ein junges Pferd *falsch angaloppiert.* Auch hier ist, wie immer bei der Arbeit mit dem Pferd, Ruhe oberstes Gebot. Das Pferd ist bei vorwirkendem innerem Schenkel und Zügel in den Trab zu bringen und in dieser Gangart so lange zu reiten, bis der Zustand der *Losgelassenheit* wieder vollkommen hergestellt ist. Erst dann darf neu angaloppiert werden.
Es ist außerordentlich wichtig, daß sich der Reiter bei Einführung der Galopparbeit viel Zeit läßt. *Sicherheit* und *Korrektheit* der Ausführung steht über allem. Nur bei einem langsamen, systematischen Vorgehen können Fehler vermieden werden, die als Steifungen, Schiefmachen usw. sichtbar werden und sich als sehr schwer überwindbare Hindernisse auf dem weiteren Ausbildungsweg erweisen. Deshalb ist gerade in diesem Abschnitt jede Anforderungserhöhung abhängig von der sicheren Erfüllung der vorangegangenen Übungen.
Entwicklung des Arbeitsgalopps aus dem natürlichen Galopp. Bei den ersten Galoppübungen in der Bahn und im Gelände konnte das Pferd seinen natürlichen Galopp gehen. Nach ein bis zwei Wochen aber wird dieser natürliche Galopp durch treibende und verhaltende Hilfen so reguliert, daß ein gleichmäßiges Tempo entsteht: Der *Arbeitsgalopp.*
Eine Steigerung des Tempos des Arbeitsgalopps darf nur jeweils so weit erfolgen, daß *Losgelassenheit* und *Selbsthaltung* niemals gefährdet werden.Deshalb sind solche Übungen streng auf die *langen Seiten* des Dressurvierecks zu beschränken.

Verkürzen des Arbeitsgalopps. Das Verkürzen des Arbeitsgalopps ist mit einer Erhöhung der Versammlung verbunden. Im Gegensatz zur ersten Versammlung im Trab, die man am besten durch Aufnehmen des Pferdes aus einem schwungvollen Mitteltrab oder verstärkten Arbeitstrab erreicht, wird der gleiche Effekt im Galopp durch *wiederholtes Angaloppieren* aus dem Schritt erzielt.

Mit der Methode ist auch schon der *Zeitpunkt* gekennzeichnet, zu dem mit dieser Übung begonnen werden kann: Das Pferd muß im taktmäßigen Mittelschritt bei etwas verkürztem Zügel in Anlehnung gehen können. Dieser Zeitpunkt wird etwa am Beginn des zweiten Ausbildungsjahres liegen.

Das Angaloppieren aus dem Schritt fällt dem Pferd nicht schwer, da es auf die gleichen Hilfen reagieren soll, die es beim Übergang vom Trab in den Galopp ausreichend kennengelernt hat. Man erleichtert ihm die Aufgabe, wenn man anfangs aus der *Ecke* oder einer *Volte* heraus angaloppiert. Gehen Anlehnung und taktmäßiger Gang verloren, so hat der Reiter die Grenze des Zulässigen beim Verkürzen überschritten. Auch hier kann man nur allmählich die Anforderungen steigern. Daß er zuviel verlangt hat, erkennt der Reiter mit Sicherheit daran, daß die Sprungbewegungen an *Lebhaftigkeit* verlieren, er selbst nicht mehr vom elastisch schwingenden Rükken tief in den Sattel hineingezogen wird, dabei sein innerer Schenkel nicht mehr mühelos am Pferd anliegt und die leichte Verbindung mit dem Pferdemaul verlorengeht. Alle diese Anzeichen deuten aber auch darauf hin, daß das Pferd die zu hohen Anforderungen mit einem Verkrampfen einzelner Muskelgruppen, also einem Verlust an Losgelassenheit, beantwortet. So ist beispielsweise die Ursache dafür, daß der Schenkel seinen Platz nicht ohne Anstrengung halten kann, in einer Verkrampfung der am Vorschwingen der Hinterbeine beteiligten Bauchmuskulatur zu suchen. Gerader und schiefer Bauchmuskel sind festgehalten oder wie man auch sagt: Das Pferd „läßt die Rippen nicht fallen“.

Entwicklung des Mittelgalopps aus dem Arbeitsgalopp und des Gebrauchsgalopps aus dem Mittelgalopp. Geht das Pferd losgelassen und in Selbsthaltung im Arbeitsgalopp, so wird ab und zu auf den langen Seiten des Reitplatzes oder auch auf geraden Linien im Gelände das Tempo des Galopps zeitweise bis zum *Mittelgalopp* gesteigert. Sein Tempo beträgt etwa 320 m/min. Die Steigerungsmöglichkeit wird durch die Forderung nach Beibehaltung reinen Taktes, ungestörter Selbsthaltung und Geraderichtung beschränkt.

Wenn das Pferd im Mittelgalopp sicher ausbalanciert geht, kann die Geschwindigkeit im Gebrauchsgalopp auf etwa 400 m/min erhöht werden. Für solche Übungen braucht man jedoch eine gerade Strecke mit elastischem Boden.

Wichtig ist, daß der Reiter das Unterspringen der Hinterbeine und die Tätigkeit der Rükkenmuskulatur erleichtert. Dazu nimmt er den *Entlastungssitz* ein, geht gut mit der Bewegung mit und führt mit *tiefer, ruhiger Hand.* Wenn die Hände beiderseits des Halses in Richtung auf das Pferdemaul vorgehen, sind längere Sprünge möglich, und der Hals kann die in freieren Galopptempi besonders notwendige Balanciertätigkeit besser ausführen.

Wird ein Galopp zu *eilig*, was immer auf den Verlust der Selbsthaltung hinweist, wird der Reiter, ohne die geringe Vorwärtsneigung seines Oberkörpers zu verändern, das Kreuz stärker anziehen und bei tiefem Knie und anliegenden Unterschenkeln versuchen, durch weiche und kurze, immer wieder durch Nachgeben unterbrochene Zügelanzüge die Geschwindigkeit zu verringern und den Takt wiederherzustellen.

Bei Pferden, die beim Steigern des Galopptempos unruhig werden oder fortstürmen, geht man am besten in den *Trab* über und galoppiert erst wieder an, wenn sich das Pferd völlig beruhigt hat. Das wird vielleicht nicht gleich beim ersten Versuch die erwartete Wirkung hervorbringen. Wiederholt man jedoch bei jeder beginnenden Unruhe dieses Verfahren, beruhigt sich das Pferd bald. Als sehr wirksames Mittel, von dem überdies wegen seiner wohltuenden Wirkung auf die Nerven des Pferdes zwei- bis dreimal wöchentlich Gebrauch gemacht werden sollte, haben sich lange *Schritteinlagen im Gelände* erwiesen. Nach solchen Schrittreprisen wird der Galopp ruhiger. Diese Übungen müssen im Schritt *mit hingegebenem Zügel* geritten werden, wobei der Unterschenkel des Reiters ständig weiche Fühlung mit dem Pferdeleib halten soll. Die Ansicht, daß man temperamentvolle Pferde müde jagen müsse, ist ein gefährlicher Irrtum, der mit Sicherheit Schäden am Bewegungsapparat oder Kreislauf hervorruft.

Übergang aus dem Galopp in den Schritt und zum Halten

Für ein am Ende seiner Ausbildung stehendes Pferd ist der Vorgang beim Abkürzen des Galopps, beim Übergang zum Schritt und auch bei der ganzen Parade folgender: Im Moment der Schwebe, in der das Pferd kein Bein am Boden hat, werden Kopf und Hals etwas mehr aufgerichtet. Dabei geht die Hand des Reiters zurück, der im gleichen Augenblick seinen Oberkörper *streckt* und dabei treibend-versammelnd mit dem Sitz einwirkt. Zweck dieser das Verkürzen der Sprünge gleichsam einleitenden Hilfe ist es, die Nachgiebigkeit in Rücken und Genick zu sichern, damit im Anschluß daran die im Takt der Sprungbewegung ausgeführten und die Sprunglänge verkürzenden Zügelanzüge „durchgehen" können. Die auf diese Weise mehr belastete Hinterhand muß sich stärker beugen. Dazu ist sie auch bereit, weil jedesmal, nachdem die Bewegung von Kopf und Hals das Zurückgehen der Hand veranlaßt hat, der äußere Hinterfuß zur Aufnahme der gesamten Last von Reiter und Pferd senkrecht unter oder noch vor dem Hüftgelenk gefußt hat und der innere Hinterfuß keinen Widerstand leisten kann, da er sich im Vorschwingen befindet.
Je nachdem, ob die Absicht des Reiters in einem Verkürzen des Galopps oder in der ganzen Parade besteht, wird die Hilfengebung eine *graduelle Abstufung* aufweisen. Beim Verkürzen des Galopps sollen die Unterschenkel die Lebhaftigkeit der Sprünge erhalten, wobei die Hinterbeine weniger weit, aber dafür stärker gebeugt unterspringen. Die Hand regelt das Maß der Verkürzung, läßt aber immer den Sprung wieder heraus. Ein *weiteres Verkürzen* des Galopps, bei dem eine größere Belastung der Sitzbeine bei verstärkt angezogenem Kreuz hinzukommt, wobei besonders der Druck des inneren Sitzbeines auf den Sattel durch Strecken des inneren Beines bei ganz tief durchgetretenem Absatz erhöht wird und bei dem die elastisch aushaltende Hand mitwirkt, die die Sprunglänge immer weiter einschränkt, führt schließlich zur *ganzen Parade.* Während dieses Vorgangs bleibt die sich in der Intensität verringernde Einwirkung der Unterschenkel bestehen, um die Hinterbeine heranzuhalten. Erst wenn die Bewegung aufgehört hat, „lassen" die Schenkel „los".
Für die weitere Ausbildung des Pferdes ist es von großer Bedeutung, daß bei diesen Übungen Schwung und Geschmeidigkeit erhalten bleiben. Je besser das Pferd lernt, sich während der letzten schwungvollen Sprünge auf gebeugt unterspringenden Hinterbeinen auszubalancieren, um so *feiner* können die Reiterhilfen werden, bis sie sich schließlich bei gut veranlagten Pferden auf bloße Andeutung beschränken können, die hauptsächlich in einem Straffen des Kreuzes bestehen. Ehe ein solches Ziel erreicht werden kann – es läßt sich nicht mit allen Pferden vollkommen verwirklichen –, bedarf es langer Arbeit. In der gegenwärtigen Ausbildungsperiode des jungen Pferdes sind die Ansprüche zwangsläufig geringer. Zunächst sei auf einen häufigen Fehler verwiesen. Beim Übergang vom Galopp in den Schritt fallen viele Pferde in den Trab oder machen mehrere Trabzwischentritte. Dafür gibt es zwei Ursachen: Mangel an Selbsthaltung und unzureichendes Verstehen der Anforderungen.

Der Mangel an Selbsthaltung kommt am häufigsten vor, weil leider immer noch viele Reiter und Trainer ihren Pferden in der Grundausbildung zuwenig Zeit lassen.

Pferde mit ungenügender Selbsthaltung dürfen nicht mit kräftigen Einwirkungen zum schnellen Anhalten gezwungen werden. Für sie gibt es nur ein korrektes Mittel, das weder ihnen noch ihrem Ausbildungsgang schadet: Zunächst muß die Muskulatur der Hinterhand weiter gestärkt werden, und die Beugefähigkeit der Gelenke ist durch häufige Arbeit auf dem Zirkel und das Reiten von Übergängen zu verbessern. Erst dann kann man Paraden zum Schritt mit weniger und schließlich ohne Zwischentritte verlangen.

Die zweite Ursache entsteht bei einer unsystematischen, hektischen Pferdeausbildung. Sie beruht auf einer mangelhaften körperlichen Vorbereitung. Der Fehler kann aber auch bei einer sachgemäß ausgebildeten Remonte auftreten, hat dann aber keine größere Bedeutung und kann durch ruhige Übungswiederholung nach mehreren Tagen überwunden werden. Festzustellen, welche Ursache jeweils vorliegt, ist nicht leicht. Wenn der Reiter den Übergang vom Galopp zum Schritt früher als 15 Monate nach dem Beginn der Grundausbildung in sein Programm aufgenommen hat, darf er mit großer Wahrscheinlichkeit die erstgenannte Fehlerursache annehmen. Glaubt er nicht daran und sucht er durch mehrfache Wiederholungen die Ausführung zu verbessern, so begreift schließlich das Pferd, was es tun soll. In diesem Fall gibt ihm jedoch die Art der Ausführung selbst letzten Aufschluß. Die Aktion der Vorderbeine nach der Parade aus dem Galopp zum Schritt ist ein untrügliches Anzeichen dafür, ob das Pferd die Parade korrekt ausführt. Hat es nämlich trotz nicht ausreichender physischer Vorbereitung gelernt, „in den Schritt zu fallen“, so stemmt es dabei mit den Vorderfüßen und gibt die richtige Anlehnung auf. In diesem Fall sind die ersten Tritte der Vorderbeine nach der Parade flach und ausdruckslos. Ist jedoch die gymnastische Bearbeitung der Hinterbeine so weit fortgeschritten, daß die Parade mit richtiger Hankenbeugung erfolgt, werden auch die ersten Tritte der Vorderbeine nach der Parade leicht und erhaben sein. Im Ausbildungsabschnitt „Übergänge aus dem Arbeitsgalopp zum Schritt und zum Halten“ ist das Angaloppieren aus einem verkürzten Arbeitstrab häufig zu üben. Es ist als lösende Übung zu betrachten und fördert die Entwicklung der Flüssigkeit des Galoppansatzes mit geradegerichtetem Pferd.

Stellung des Pferdes im Galopp

Aufgrund der Fußfolge des Galopps, bei dem in jedem Sprung der äußere Hinterfuß des Pferdes für einen Augenblick die ganze Last tragen muß, nimmt das Pferd eine leichte Längsbiegung ein, um den äußeren Hinterfuß unter die Last setzen zu können. Es kann so besser das Gleichgewicht halten und findet dabei auch günstigere Bedingungen für das Tragen und Abhebeln der Last. Der Betrachter sieht von vorn, daß wohl der innere Hinterfuß genau auf den inneren Vorderfuß spurt, doch der äußere Hinterfuß erscheint zwischen den Vorderfüßen, da er etwa eine halbe Hufbreite von der Spur des äußeren Vorderfußes nach innen abweicht. (Abb. 141)

Die Längsbiegung der Wirbelsäule – obschon geringgradig – verläuft gleichmäßig durch das ganze Pferd. Das Nackenband kippt nach der Seite der Biegung. Das Pferd biegt sich auch in den Ganaschen.

Das Wesentliche an diesen Anfängen der Längsbiegung auf einem Hufschlag besteht darin, daß sie das *nahe Neben- und Voreinandertreten der Hinterbeine* auf einer schmalen Spur fördert. Dies wiederum ist wegen der stärkeren Beugung der Hinterhandgelenke Voraussetzung für die Entwicklung des Schwungs. Aus diesem Grund wird unser Pferd auch im abgekürzten Trab in „Stellung“ geritten, wie diese Längsbiegung genannt wird. Außerdem wird dabei die Weichheit der inneren Seite des Pferdes und seine Bereitschaft zu enger werdenden Wendungen erhöht. Während des In-Stellung-Reitens muß der innere Schenkel dafür sorgen, daß das innere Hinterbein genau auf das entsprechende Vorderbein spurt.

Starke Tempi von Trab und Galopp

Starker Trab und starker Galopp werden aus den entsprechenden Mitteltempi entwickelt. Beide Gangarten sind in ihren starken Tempi erst relativ spät im Ausbildungsprogramm zu finden. Erwähnt werden sie hier wegen des Zusammenhangs mit den Mitteltempi, obwohl sie nicht zur Grundausbildung des Pferdes gehören.

Entwicklung des starken Trabs

Der starke Trab dient wie der Mitteltrab, jedoch in noch stärkerem Maße und mit wesentlich höheren Anforderungen an die Geschmeidigkeit der Gelenke und der Muskulatur, der *gymnastischen Durchbildung* des Pferdes. Auch der starke Trab gibt darüber Auskunft, ob und wie *Takt, Selbsthaltung* und *Schwung* entwickelt sind. Der richtig gerittene starke Trab stellt außerordentlich hohe Anforderungen an Schub, Schwung und reiterliche Selbsthaltung. Nur wenn das Pferd systematisch ausgebildet ist und sein Mitteltrab die verlangten Komponenten in dem entsprechenden Reifegrad zeigt, lassen sich die aus gesenkter Hinterhand vorgetragenen, zum äußersten Raumgriff gesteigerten Tritte des starken Trabs als ein Glanzpunkt und das Endergebnis planmäßiger und allseitiger Gymnastizierung des Pferdes entwickeln.
Der *Zeitpunkt*, an dem damit begonnen werden darf, die Tritte des Mitteltrabs zeitweise zu verlängern, liegt frühestens am Ende des zweiten Ausbildungsjahres. Früher als gegen Mitte des dritten Ausbildungsjahres kann also auch der starke Trab aus dem verstärkten Mitteltrab nicht entwickelt sein. Als ein wesentliches *Charakteristikum* gilt – wie schon für den Mitteltrab – die Beibehaltung des Taktes bei Verlängerung der Tritte.
Durch vermehrtes Treiben im verstärkten Mitteltrab veranlaßt der Reiter ein noch energischeres Abschieben der Hinterhand, das zu einer weiteren Vergrößerung des Raumgriffes führt. Die Aktion der hoch aus der Schul-

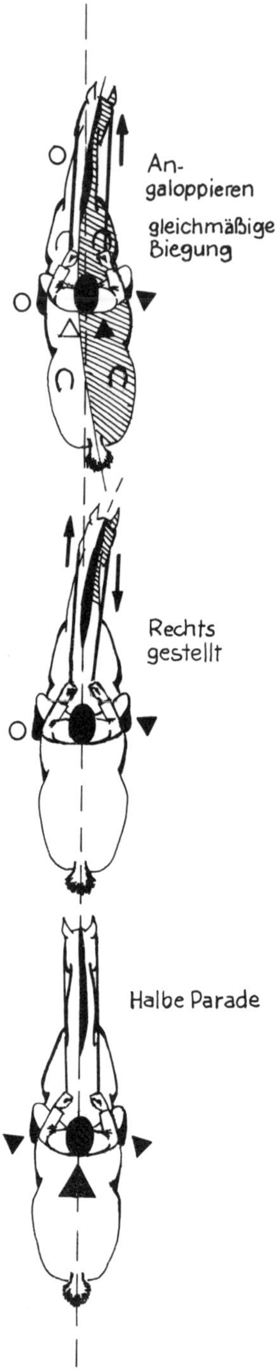

141 Angaloppieren

ter heraus vorgeschwungenen Vorderbeine erreicht ihr Optimum, da Schub und Schwung, aus deutlich gebeugten Hanken hervorgehend, sie dazu befähigen. Die Tritte der Hinterbeine sind kadenziert, und der Beschauer kann trotz flüssiger Bewegung das Beugen, Strecken und Hinsetzen der Beine genau unterscheiden. Der Abschub ist um so kräftiger, je besser das Pferd sich am Gebiß abstößt und durch das Genick tritt.
Das *Höchstmaß* des starken Trabs darf nur auf *geraden Linien* entwickelt werden, da in Wendungen die Gefahr von Niederbrüchen besteht. Im *Gelände* wird der starke Trab, der reine Schulgangart ist, nicht geritten. (Soll im Gelände die Geschwindigkeit über das Maß des Gebrauchstrabs – 220 m/min – hinaus erhöht werden, so reitet man Galopp.)
Der *Rahmen* des Pferdes wird im starken Trab weiter sein müssen. Die Stirnlinie kommt dabei etwas vor die Senkrechte. Die Reiterhand wird ein wenig tiefer gestellt.
Fällt jedoch das Pferd mit gestrecktem Hals auseinander, so geht die Übereinstimmung zwischen Bewegung und Haltung verloren. Das Pferd wird sich dabei in die Eisen schlagen oder die breit tretenden Hinterbeine an den Vorderfußspuren außen vorbeischwingen, anstatt in Richtung der Vorderfußspuren und über diese hinaus zu treten. In diesem Fall muß das Tempo vermindert und die Regelmäßigkeit des Ganges zunächst wieder hergestellt werden.
Im starken Trab sind die Schwingungen des Rückens zwar sehr ausgeprägt, aber regelmäßig und federnd. Der Reiter, der während der Ausbildung konsequent auf die Entwicklung der Rückentätigkeit hinarbeitet, schafft sich damit auch die Voraussetzung dafür, daß er im starken Trab angenehm sitzen kann. Zugleich zeugt sein Sitz auch vom richtigen Aufbau der Dressurarbeit.
Übereilte Arbeit führt zum Festhalten des Rückens; durch Leichttraben muß er dann wieder zur Tätigkeit angeregt werden.
Der starke Trab ist Teil der Spezialausbildung des Dressurpferdes.

Entwicklung des starken Galopps

Ebenso wie beim starken Trab muß auch beim starken Galopp dem Pferd eine Erweiterung des Rahmens gestattet werden. Während Hals und Nase etwas vorgehen, muß der *Takt* gleichbleiben. Es gilt der Grundsatz, daß der Raumgriff bei gleichbleibendem Takt größer wird. Die Sprünge werden auch flacher, jedoch bleibt ihr regelmäßiger Dreischlag ebenso wie in den kürzeren Gangmaßen erhalten.
Entwickelt wird der starke Galopp aus dem Mittelgalopp, indem die treibenden Hilfen verstärkt werden. Die Hand gestattet durch Tieferstellen und leichtes Vorgehen in Richtung Pferdemaul die für die Erweiterung des Rahmens erforderliche Halsstreckung, wobei sie dem Pferd eine bestimmtere Anlehnung gewährt. Der Reiter geht, ohne sich zu stark vorzuneigen, mit der beschleunigten Bewegung mit. Ein Zurückbleiben hinter der Bewegung würde das Pferd stören. Auch der starke Galopp darf nur auf *geraden Linien* geritten werden. Da aber die Länge der geraden Seite einer Reitbahn nicht zur vollen Entwicklung des starken Galopps ausreicht, darf dieser nur auf Geländestrecken mit elastisch federndem Boden geübt werden. Erst mit fortschreitender Verbesserung von Durchlässigkeit und Selbsthaltung im starken Galopp können kurze Übungen in diesem Tempo auch auf einem großen Reitplatz geritten werden, dessen lange Seiten mindestens 80 bis 100 m lang sein sollten.
Wenn Durchlässigkeit und Selbsthaltung gefestigt sind und auch die Übergänge zum Mittelgalopp keine Schwierigkeiten mehr bereiten, kann der starke Galopp auch auf dem Dressurviereck geritten werden. Wie schon bei Übungen auf dem großen Reitplatz ist auch hier darauf zu achten, daß vor jeder Ecke eine halbe Parade zum Mittelgalopp gegeben werden muß, und zwar auch dann, wenn die Ecken in dem bei Mitteltempo erforderlichen flachen Bogen geritten werden. Wenn das Pferd gelernt hat, sich ohne Beeinträchtigung seiner Selbsthaltung im Ge-

brauchsgalopp etwa in einer Geschwindigkeit von 320 bis 400 m/min zu bewegen, kann in der Grundausbildung im Gelände eine weitere Steigerung des starken Galopps bis zu etwa 550 m/min erfolgen. Natürlich muß dem Pferd für die höhere Geschwindigkeit eine *freiere Haltung* als zu Schulungszwecken in der Reitbahn gewährt werden.
Diese Zahlenangaben sind als Anhaltspunkte gedacht. Bei besonders veranlagten Pferden z. B., die über eine hervorragende Gangmechanik verfügen, wird es erforderlich sein, die angegebenen Werte zu überschreiten, um die Entwicklung der Gangmechanik nicht zu hindern. Klammerte man sich hier an die genannten Werte, würde es zu einer Versteifung des ganzen Bewegungsapparates des Pferdes führen, weil die Gelenke niemals ihren Aktionsradius ausnutzen könnten. Selbstverständlich muß auch diese maximale Steigerung unter Berücksichtigung der Entwicklung der Selbsthaltung allmählich erfolgen, um besonders Schäden an den Beinen vorzubeugen. Pferde mit solch einer hervorragenden Gangmechanik im Galopp sind in der Regel die für die Military gut geeigneten Pferde. Mit Rücksicht auf ihr natürliches Galoppiervermögen liegen die Tempoanforderungen auch in den unteren Klassen der Geländeprüfungen höher, als die vorstehenden Zahlen angeben.

Geraderichtende Arbeit

In der bisherigen Ausbildung wurde bereits *indirekt geraderichtende Arbeit* geleistet. Indem man das Pferd vorwärts ritt und ihm eine Stütze auf dem Zügel versagte, wurde es veranlaßt, sich auszubalancieren. Dadurch konnten Schwierigkeiten und die *natürliche Schiefe* des Pferdes, die dann eintritt, wenn es mit einem Hinterbein der Belastung ausweicht, nicht zum Ausdruck kommen. Bei den meisten Pferden aber wird eine Auseinandersetzung mit der natürlichen Schiefe nicht zu vermeiden sein. Diese hängt vermutlich mit der Lage des Herzens auf der linken Körperseite zusammen. Ein im Laufe der stammesgeschichtlichen Entwicklung zur Erbanlage herausgebildeter unbedingter Reflex veranlaßt das Pferd, sich bei drohender Gefahr nach links abzuwenden und so die Herzseite zu schützen. Das hat zur Folge, daß der *rechte Hinterfuß* eine enorme *Schubkraft* entwickeln muß, an den *linken Hinterfuß* jedoch – und das ist das Wesentliche dabei – höhere Anforderungen in bezug auf die *Beugefähigkeit* seiner Gelenke gestellt werden. Diese ist demzufolge bei ihm besser entwickelt als beim rechten Hinterfuß. Setzt eine größere Belastung ein, die eine stärkere Beugung der Hinterbeine erfordert, so kann wohl der linke Hinterfuß dieser Forderung nachkommen, der rechte jedoch sucht sich dieser vermehrten Beugung durch ein seitliches Abweichen von der Spur des gleichseitigen Vorderfußes zu entziehen.
Bei vielen jungen Pferden wird bei vorsichtiger Anforderungserhöhung sichtbar, daß sie nicht auf beiden Seiten gleichmäßig Anlehnung nehmen. Hier zeigt sich die Schiefe zuerst. Im Zusammenhang damit entzieht sich ein Hinterfuß der ihm unbequemen Belastung und auch der Einwirkung mit dem gleichseitigen Zügel, indem er nicht mehr in Richtung

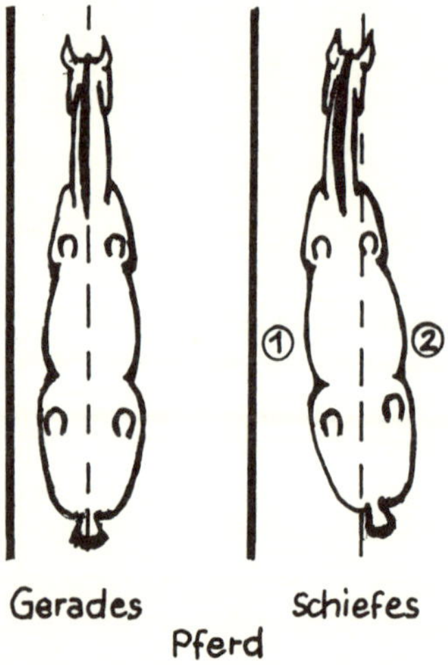

142 1 Zwangsseite; 2 schwierige Seite

der Fußspur des gleichseitigen Vorderfußes unter den Leib tritt, sondern außerhalb dieser Spur auffußt. Entsprechend der Ursache der Schiefe ist dies meist der rechte Hinterfuß. (Abb. 142)

Das Auffußen des rechten Hinterfußes außerhalb der Vorderfußspur hat zur Folge, daß das Pferd gegen den rechten Schenkel geht, den rechten Zügel nicht annimmt, im linken Zügel eine Stütze sucht, indem es dagegen geht und auf die linke Schulter fällt. Man spricht in diesem Fall von der linken Seite des Pferdes als der „Zwangsseite" und von der rechten als der „schwierigen Seite". Bei einem in entgegengesetzter Richtung schief gehenden Pferd sind diese Verhältnisse umgekehrt.

Die Auseinandersetzung mit der Schiefe beginnt, sobald das junge Pferd gelernt hat, dem seitwärtstreibenden Schenkel Folge zu leisten, und der Schwung des Pferdes so entwikkelt werden kann, daß die Einwirkung mit Schenkel und Zügel von dem losgelassen gehenden Pferd nicht mehr mit einem Sichverhalten beantwortet wird. Die *geraderichtende Arbeit* ist von diesem Zeitpunkt an Bestandteil jeder Übungsstunde, um die Geradeausstellung oder auch die geforderte Längsbiegung zu überwachen.

Geraderichtendes Biegen

Mit steigenden Anforderungen und der Notwendigkeit, den Versammlungsgrad des Pferdes dementsprechend zu erhöhen, tritt die Schiefe in Erscheinung. Da das freie Vorwärtsreiten nun nicht mehr genügt, über die Schwierigkeiten dieser Erscheinung hinwegzuhelfen, muß der Reiter befähigt werden, auf geraden und gebogenen Linien die Hinterhand so einrichten zu können, daß der von der Hinterhand ausgehende Schub und Schwung voll *in der Bewegungsrichtung* wirkt, ohne daß ein Energieverlust eintritt. Die Methode dazu ist das „geraderichtende Biegen". Mit ihm werden völliges Gleichgewicht und sichere Selbsthaltung hergestellt, Hindernisse für die Wirkung des Schwungs bis zum Genick beseitigt und damit Voraussetzungen für wirkliche Durchlässigkeit und Versammlung geschaffen. Diese Forderungen kann das geraderichtende Biegen erfüllen, weil mit ihm völlige Losgelassenheit erreicht wird.

Zum geraderichtenden Biegen sollte der Reiter anfangs immer auf einem umzäunten Reitplatz oder einer Reitbahn arbeiten, damit die Umzäumung bzw. Bande ihn einerseits dabei unterstützt und ihm andererseits die Kontrolle erleichtert.

Unterschieden wird zwischen *indirekter* oder *Biegung ersten Grades* und *direkter* oder *Biegung zweiten Grades*. Für die Grundausbildung des Pferdes bis zur Klasse L interessiert in erster Linie die indirekte Biegung.

Die Bezeichnung „indirekte Biegung" oder „Biegung ersten Grades" wird erklärlich, wenn man davon ausgeht, daß sich der Anfang jeder Biegung aus der *Streckung* der äußeren Körperseite ergeben soll. Bei den Biegungen ersten Grades wirken daher hauptsächlich innerer Schenkel und Zügel. Eine spürbare Gegenwirkung der äußeren Hilfen ist nicht vorhanden. Daher erfolgt die Biegung auch indirekt, im Gegensatz zur Biegung zweiten Grades, die durch direkte Einwirkung von äußerem Schenkel und Zügel gleichsam um den inneren Schenkel herum ausgeführt wird, als biege man eine Gerte um das Knie.

Die *Hilfengebung* für das geraderichtende Biegen des jungen Pferdes stimmt nicht mit den Vorschriften für das Biegen eines ausgebildeten Pferdes überein. Wird das nicht berücksichtigt, kann genau das Gegenteil des Erwünschten eintreten.

Im *Normalfall* ist das Pferd von rechts hinten nach links vorn schief (s. Abb. 142). Die rechte ist die schwierige Seite.

Das Pferd macht sich rechts hohl, geht gegen den Schenkel, und der Druck gegen den rechten Zügel ist gering. Die linke ist die Zwangsseite. Das Pferd belastet die linke Schulter mehr als die rechte, und der Druck auf den linken Zügel ist merklich stärker.

Soll mit diesem Pferd eine Rechtswendung geritten werden und wird dazu der rechte Zügel angenommen, so biegt sich das Pferd zwar auf der schon hohlgebogenen rechten Seite noch mehr, belastet aber zugleich die linke Schulter noch stärker. Dadurch kann es der Aufforderung zur Rechtswendung nur zögernd folgen. In schweren Fällen weicht es dieser Wendung sogar nach links aus.

Ganz anders sieht das Pferd in der Linkswendung aus. Beim Wenden nach dieser Seite folgt es dem Zügelzwang. Es biegt sich aber nicht in der Wendung, und es zeigen sich die Fehler, die für das nicht mit Spurdeckung gehende Pferd beschrieben wurden (s. o.).

Beim Reiten *auf der rechten Hand* ist folgendes zu beachten: Da das Pferd dem linken Zügel noch nicht nachgibt, kann auch durch Gegenhalten mit dem linken Zügel nicht verhindert werden, daß es auf die linke Schulter fällt, vielmehr würde sich dieser Fehler nur noch verschlimmern. Um das zu verhindern, muß der linke Zügel sowohl in den Wendungen als auch auf geraden Linien völlig passiv bleiben und nur eine ganz leichte Verbindung mit dem Pferdemaul halten.

Für eine aktive Einwirkung zum Geraderichten bleibt somit nur der rechte Zügel. Bei dem von rechts hinten nach links vorn schiefen Pferd wird dieser, nachdem er zur Verbesserung der Verbindung mit dem Pferdemaul etwas verkürzt worden ist, benutzt, um durch leichte „öffnende" Anzüge die Vorhand nach rechts vor die Hinterhand zu führen, bis der Hinterfuß wieder auf den Vorderfuß spurt.

Ist nun der rechte Schenkel noch nicht in der Lage, durch verwahrende Wirkung die erreichte Geraderichtung aufrechtzuerhalten, wird die Schiefe und damit die Mehrbelastung der linken Schulter wieder spürbar, wenn die seitwärtsweisenden Anzüge mit dem rechten Zügel aufhören. Das tritt spätestens beim Durchreiten der nächsten Ecke auf der rechten Hand ein, in der dann alle geschilderten Fehler wieder zum Vorschein kommen.

Eine Gegenwirkung des linken Zügels gegen die zu starke Biegung des Halses nach rechts und gegen das Ausfallen der linken Schulter würde auf das Pferd außerdem verhaltend wirken. Dieses Verhalten aber könnte der Reiter auch durch treibende Einwirkung mit den Schenkeln nicht korrigieren, weil das Pferd auf ein derartiges Eingespanntsein zwischen versammelnden Hilfen mit einem weiteren Verlust an Losgelassenheit reagieren und sich nur noch mehr spannen würde.

Diese Verhältnisse müssen sowohl auf geraden Linien als auch bei der Rechtswendung für die richtige Hilfengebung berücksichtigt werden. Der rechte Schenkel ist hinter dem Gurt plaziert und wirkt seitwärtstreibend. Dadurch wird das rechte Hinterbein veranlaßt, gegen und vor das linke zu treten. Der linke Schenkel befindet sich am Gurt. Seine Aufgabe besteht im anregenden Vortreiben der Hinterbeine, wodurch die Flüssigkeit des Ganges erhalten wird.

Wird das von rechts hinten nach links vorn schief gehende Pferd *auf der linken Hand* geritten, tritt die gleiche Neigung mit umgekehrten Folgen auf. Die stärker belastete linke Schulter wird in der Linkswendung nach innen gedrängt. Deshalb sind hier öffnende Zügelanzüge nach links nicht angebracht. Richtig ist vielmehr, den linken Zügel am Hals anliegen zu lassen und dem Pferd nur durch Schließen der Finger die Richtungsänderung anzudeuten.

Da die stärker belastete linke Schulter das Pferd veranlaßt, in die Wendung zu eilen, muß der rechte Zügel durch von innen nach außen gerichtete Anzüge dem entgegenwirken. Gleichzeitig unterstützt das durch Mitnehmen der rechten Schulter bewirkte Vorgehen der rechten Hand die Dehnung der rechten Seite des Pferdes

Der linke Schenkel liegt knapp hinter dem Gurt und wirkt seitwärts. Damit unterstützt er den rechten Zügel, der das Hineineilen in die Wendung verhindern soll.

Der rechte Schenkel liegt in verwahrender Funktion hinter dem Gurt. Er soll den seitwärts abweichenden rechten Hinterfuß gegen den linken treiben, um eine dem Bogen der Wendung entsprechende Längsbiegung der

Wirbelsäule zu erreichen. Eine vortreibende Wirkung des rechten Schenkels würde vor Erreichen der Geraderichtung nur dazu führen, daß das Pferd noch mehr auf die linke Schulter gebracht wird. Ist die richtige Längsbiegung, die Geraderichtung, auf dem gebogenen Hufschlag erreicht, muß jedoch der rechte Schenkel neben seiner verwahrenden und die Längsbiegung aufrechterhaltenden Tätigkeit noch die Aufgabe übernehmen, gemeinsam mit dem linken Schenkel durch treibende wechselseitige Einwirkung im Bewegungsrhythmus ein gleichmäßiges Tempo zu erzielen.

Dem Reiter wird empfohlen, diese Arbeit, mit der dem Pferd verständlich gemacht werden soll, welche Anforderungen das Geraderichten stellt, zunächst im leichten Sitz auszuführen und dabei sein Körpergewicht möglichst gleichmäßig auf beide Seiten des Pferdes zu verteilen. Damit schafft er sich die beste Ausgangsposition, durch seitliche Gewichtsverlagerungen den öffnenden Zügel, der einen Gewichtsausgleich zwischen den beiden Vorderbeinen bewirken soll, zu unterstützen. Außer in diesen kurzen Augenblicken aber muß er geschmeidig in der Bewegungsrichtung mitgehen.

Wendung auf der Hinterhand

Sie kann in zwei Arten ausgeführt werden: als *Wendung im Gang* (Kurzkehrtwendung, Schrittpirouette) und als *Wendung aus dem Halten* (Hinterhandwendung). Für beide Ausführungsweisen gelten die gleichen Grundprinzipien. Der wichtigste Grundsatz für die Hinterhandwendung ist, daß sie immer in der Bewegung erfolgen muß. Auch bei der Wendung auf der Hinterhand aus dem Halten kommen die vortreibenden Hilfen zur Wirkung, bevor die wendenden eingesetzt werden. Die Wendung darf erst dann eingeleitet werden, wenn die Beine des Pferdes zum Vortreten ansetzen.
Mit der Wendung auf der Hinterhand soll die *Wendsamkeit* des Pferdes verbessert werden. Der Reiter aber, der den vorstehenden Grundsatz vernachlässigt, wird eher das Gegenteil bewirken, weil er durch den Einsatz der wendenden Hilfen ohne vorheriges Anregen zum Vortreten das Pferd lehrt, die Wendung mit auf der Stelle drehendem Hinterfuß auszuführen, dabei auf die Schulter zu fallen und eine vermehrte Stütze im Zügel zu suchen. Das führt zum Verlust des reiterlichen Gleichgewichts.
Festgestemmter innerer Hinterfuß bei der Wendung auf der Hinterhand ist deshalb der schwerste Fehler und wird von den Richtern in einer Dressurprüfung entsprechend gewertet.

Das junge Pferd ist für die Hinterhandwendung genügend vorbereitet, wenn es sich im verkürzten Arbeitstrab in *Stellung* reiten läßt. Demjenigen Reiter aber, der sein Dressurpferd für höhere Klassen ausbilden will und sich dazu genügend Zeit lassen kann, wird empfohlen, die Wendung auf der Hinterhand erst dann in das Ausbildungsprogramm aufzunehmen, wenn das Pferd im *Travers* einige Tritte auf dem Zirkel machen kann, ohne daß Gang oder Anlehnung verlorengehen.

Die Wendung auf der Hinterhand wird immer in Schritt-Tritten ausgeführt. Die Bewegungsfolge des Schritts wird während der Wendung beibehalten. Dazu gehört, daß sich auch der innere Hinterfuß, der den Drehpunkt der Wendung bildet, an der Bewegung in gleicher Weise beteiligt wie der äußere. Er muß *auf der Stelle treten* bzw. nur geringfügig vor der Abfußstelle auffußen. Der Reiter muß dazu seine wechselseitige Einwirkung mit den Schenkeln im Bewegungsrhythmus des Schritts fortsetzen. Während der Wendung um die Hinterhand befinden sich immer drei Beine am Boden. Nach Beendigung der Wendung wird das Pferd vorwärts-seitwärts auf den Hufschlag zurückgeführt und wieder gehalten (s. Aufgabenheft zur LPO). Der Unterschied zwischen einer Hinterhandwendung aus dem Gang und der Wendung um die Hin-

terhand aus dem Halten besteht lediglich darin, daß im ersten Fall die Wendung nach der Parade, im zweiten Fall aber nach den Hilfen zum Anreiten eingeleitet wird. Bevor die Wendung auf der Hinterhand eingeleitet wird, gibt der Reiter dem Pferd Stellung nach der Wendungsseite und danach eine Parade, die jedoch die Bewegung nicht völlig unterbrechen darf. Die Parade beendet lediglich die Vorwärtsbewegung und erhöht den Grad der Versammlung. Dadurch ist das Pferd imstande, die Wendung mit *taktmäßig* tretenden Hinterbeinen auszuführen.
Zur *Wendung* führen beide Zügel die Vorhand Schritt für Schritt um die taktmäßig tretende Hinterhand herum, wobei der innere Zügel die Kopfstellung und in der Hauptsache das trittweise Führen der Vorhand bewirkt, während der äußere Zügel den Hals gerade hält und das Pferd am Vortreten hindert. Dabei hält der innere Schenkel, der entsprechend der Längsbiegung des Pferdes knapp hinter dem Gurt liegt und in erster Linie treibend wirkt, die Bewegung der Hinterbeine in Fluß. Der äußere Schenkel beteiligt sich ebenfalls in wechselseitiger Einwirkung mit dem inneren Schenkel an der Erhaltung der Bewegung, verhindert aber gleichzeitig durch seinen Platz hinter dem Gurt ein Ausfallen der Hinterhand. Die treibenden Einwirkungen der Schenkel erhalten das Pferd am Zügel. Sie werden darin durch die Kreuzeinwirkung unterstützt. Der Oberkörper des Reiters geht mit deutlich *vorgenommener äußerer Schulter* in Richtung der Wendung mit. Ein relativ häufiger Fehler besteht darin, daß der Reiter mit den Zügeln rückwärts wirkt, wenn er das Pferd in die Wendung führt. Damit wirft der Reiter das Pferd aus der Wendung.
Bei den ersten Übungen begnügt man sich mit einem Viertelkreis und reitet nach dessen Vollendung geradeaus. Auch gestattet man dem jungen Pferd während der Wendung zunächst noch einige Tritte vorwärts und wertet dieses Vortreten als Ausdruck einer nicht hoch genug einzuschätzenden Gehlust. Für uns ist das Wesentliche an diesen ersten Übungen – wie auch späterhin –, daß das junge Pferd die ihm zugemutete Mehrbelastung seiner Hinterbeine ohne Widerstand annimmt, damit mit elastisch tretenden Hinterfüßen die Bewegung aufrechterhält und an den Hilfen bleibt. Diese Merkmale sind die Voraussetzung, daß das Pferd die verlangte Wendung ruhig, aber flüssig ausführt, ohne nach innen zu drängen und dadurch ins Eilen zu geraten. Selbstverständlich wird das Pferd nach Vollendung der Wendung in der Bahn umgestellt. Anzeichen dafür, daß die Wendung auf der Hinterhand den Ausbildungsstand in der gewünschten Weise gefördert hat, bieten der Takt des Ganges, die Haltung und die Geraderichtung des Pferdes, die nach der Wendung nicht schlechter, sondern eher noch besser als vorher sein sollen. Ist das der Fall, so beweist dies, daß die losgelassen tretenden Hinterbeine durch die Wendung noch tätiger geworden sind.
Ein Zeichen dafür, daß die Wendung auf der Hinterhand *korrekt* ausgeführt wurde, ist auch, daß der Reiter in jeder Phase der Wendung die Seitwärtsbewegung unterbrechen und ohne Stockung geradeaus reiten kann.
Viele Pferde lernen das korrekte Mittreten der Hinterfüße im Schrittakt besser, wenn man die Hinterhandwendung zunächst aus dem Gang übt. Der innere Schenkel darf dabei nicht seitwärts treiben, um zu verhindern, daß der innere Hinterfuß vor den äußeren gesetzt wird und dieser daraufhin ausweicht.

Rückwärtstreten

Es ist für den vollständigen Gebrauch des Pferdes von Bedeutung und wird in Dressurprüfungen zum Nachweis der Durchlässigkeit und des Gehorsams verlangt. (Anstatt mit dem üblichen Wort „Rückwärtsrichten“ wird die Rückwärtsbewegung des Pferdes in diesem Buch stets als „Rückwärtstreten“ bezeichnet. Damit soll zum Ausdruck gebracht werden, daß die Rückwärtstritte nicht eine Folge des Zurückziehens mit den Zügeln sein dürfen.)
Zu früher Beginn dieser Übungen ist streng

abzulehnen. Der richtige Zeitpunkt ist gekommen, wenn das Pferd die halben und ganzen Paraden willig durchläßt.

Zweckmäßig ist es jedoch auch dann, dem Pferd vor Beginn der Übungen *an der Hand* begreiflich zu machen, daß es zurücktreten soll. Dazu übt der neben dem ausgebundenen Pferd stehende Ausbilder einen leichten Druck auf den *inneren* Zügel aus. Reagiert das Pferd darauf nicht, so klopft der Ausbilder gleichzeitig mit der Gerte leicht gegen das *äußere* Vorderfußwurzelgelenk.

Der Ausbilder muß sich anfangs mit dem Zurücksetzen eines Fußes begnügen, danach loben und aufhören. Auch zu späterer Zeit dürfen diese Übungen niemals lange ausgedehnt werden, und es dürfen auch immer nur wenige Tritte rückwärts verlangt werden.

Während das junge Pferd beim Rückwärtstreten mit einem Vorderbein beginnt, leitet das schon weiter ausgebildete Pferd diese Bewegung mit einem *diagonalen* Beinpaar ein. Richtiges Rückwärtstreten trägt immer den Keim der Vorwärtsbewegung in sich, d. h., ein rückwärts tretendes Pferd muß so sicher an den vortreibenden Hilfen stehen, daß es aus jedem Rückwärtstritt sofort in die Vorwärtsbewegung übergehen kann.

Das Rückwärtstreten geschieht bei diagonaler Fußfolge im klaren *Zweitakt*. Da aber hier, im Gegensatz zu der mit gleicher Fußfolge ausgeführten Gangart vorwärts, dem Trab, keine Schwebephase vorhanden ist, muß die *Länge* der Rückwärtstritte beschränkt sein. Sie würden sonst auf den Hinterfuß der gleichen Seite treffen, dessen Platz noch nicht frei ist.

Wesentlich für die korrekte Ausführung des Rückwärtstretens ist zuvor die *einleitende Hilfengebung*. Der Reiter gibt nämlich dem sicher an den Hilfen und in dem seinem Ausbildungsstand angemessenen Versammlungsgrad stehenden Pferd die Hilfen zum Antreten. In dem Augenblick aber, in dem das Pferd ein Hinterbein hebt, um die Vorwärtsbewegung zu beginnen, wirkt der gleichseitige Zügel so weit verhaltend, daß das angehobene Hinterbein und das dazugehörige diagonale Vorderbein nicht vorwärts, sondern rückwärts gesetzt werden. Bei den ersten Übungen kann es durchaus zweckmäßig sein, das junge Pferd tatsächlich einen Tritt nach vorn machen zu lassen.

Pferde besitzen im Skelett der Vorderbeine einen „Sperrmechanismus", der ihnen das Rückwärtstreten unmöglich macht. Dieser wird gelöst, wenn sich das Pferd zur Vorwärtsbewegung anschickt. Scheinbare Widersetzlichkeit gegen Rückwärtstreten hat oft seinen Grund darin, daß dies übersehen wird.

Nach jedem Tritt sollen jedoch die Schenkel des Reiters, die in verwahrender Funktion hinter dem Gurt ein seitliches Ausweichen der Hinterbeine und vortreibend das Zurückkriechen des Pferdes verhindern, die Bewegung auffangen, wobei sie vom vermehrt angespannten Kreuz unterstützt werden. Die Trittzahl kann allmählich bis zu vier Tritten (eine Pferdelänge) gesteigert werden. Der letzte Tritt ist dabei ein halber Tritt, wonach das Pferd wieder geschlossen steht. Die *Flüssigkeit* der Rückwärtsbewegung ergibt sich allmählich; nicht zuletzt auch dadurch, daß der Reiter die *Anzahl der Rückwärtstritte vorher* bestimmt und nach ihrer Ausführung die Kreuzeinwirkung verstärkt und mit der Hand entsprechend nachgibt, um entweder ein sofortiges Halten oder den unmittelbaren und nicht durch Nebeneinanderfußen der Hinterbeine unterbrochenen Übergang in eine flüssige Vorwärtsbewegung herbeizuführen. Um zu verhindern, daß das Pferd den Reiterhilfen zuvorzukommen lernt, muß man Trittzahl und Beendigung der Übung jedesmal variieren.

Als *Fehler* beim Rückwärtstreten zeigen sich in erster Linie: breites Treten der Hinterbeine, Ausweichen nach der Seite, Zurückkriechen und Eilen. Schlagen mit dem Kopf bzw. Abweichen mit dem Kopf aufwärts oder abwärts kennzeichnen entweder Fehler in der Einwirkung (Zurückziehen mit den Zügeln) oder nicht korrektes An-den-Hilfen-Stehen des Pferdes.

Ein Pferd kann nur dann *ganz gerade* halten

bleiben sowie auch an- und rückwärtstreten, wenn es *geradeausgestellt* ist, und die zusammengedrückten Ohrspeicheldrüsen beim an die Hand gestellten Pferd beiderseits genau gleichmäßig über die Ganaschenränder hervorragen.
Wenn Pferde bei den ersten Übungen im Rückwärtstreten nach einer Seite *abweichen*, ist es falsch, durch aktive Einwirkung des Schenkels eine Korrektur zu versuchen. Hier ist das Übel durch Einrichten der Vorhand auf die Hinterhand zu bekämpfen.
Beim korrekt ausgeführten Rückwärtstreten muß der Beschauer den Eindruck haben, daß die Bewegung von der Hinterhand ausgeht und das gebeugt zurücktretende Hinterbein die entsprechende Bewegung des Vorderbeins auslöst. So ausgeführt, beweist das Rückwärtstreten, daß die vorausgegangene Arbeit die Hinterhand geschmeidig und bereit zur vermehrten Lastaufnahme gemacht hat.

Verkürzter Trab und Galopp

In der zweiten Hälfte des zweiten Ausbildungsjahres werden sich bei normalen Fortschritten des Pferdes im systematischen Ausbildungsgang Biegsamkeit und Tragkraft der Hinterhand so entwickelt haben, daß deren Mehrbelastung durch *Erhöhen der Versammlung* möglich ist.
Die versammelten Gangarten werden erst in Dressurprüfungen der Klasse L verlangt.

Entwicklung des verkürzten Trabs

Der Zeitpunkt, zu dem man beginnen kann, die Versammlung des Pferdes im Trab zu erhöhen, ist dann gekommen, wenn das junge Pferd im Verlauf der Ausbildung durch Paraden und Rückwärtstreten die erforderliche Geschmeidigkeit der Hanken gewonnen hat. Den ersten Schritt in dieser Richtung geht man, indem man den Gang des Pferdes im verkürzten Trab ausdrucksvoller zu gestalten sucht. Hierzu eignen sich häufige *Übergänge* aus dem Mitteltrab in ein verkürztes Tempo, wobei man sich bemüht, bei gleichbleibendem Takt den im Mitteltrab gewonnenen Schwung in den verkürzten Tritten zu erhalten. Andererseits sollte man auch ebenso häufig aus dem verkürzten Trab in den Mitteltrab übergehen, um Schub und Schwung neuen Nachdruck zu verleihen.
Diese häufigen Übergänge zwischen einer Streckung bei erweitertem Rahmen und erhöhter Beugung durch stärkere Versammlung, die während mehrerer Wochen einen *ständigen Bestandteil* der Übungseinheiten bilden, steigern sowohl Schwungkraft als auch Tragkraft der Hinterhand, so daß sich im fließenden Verlauf aus dem Arbeitstrab der verkürzte und danach der versammelte Trab entwickelt.
Dieser *verkürzte Trab* darf immer nur auf *kurzen Strecken* geritten werden. Ihm muß jeweils eine in freieren Gängen gerittene Reprise folgen.
Ist dic Rückentätigkeit des jungen Pferdes noch nicht genügend aktiviert, besonders bei Pferden mit straffem Rücken, zeigen sich mitunter schwebende Tritte, die als Ausdruck dafür zu werten sind, daß Lebhaftigkeit, Frische und Losgelassenheit verlorengegangen sind. Da solche Pferde gewöhnlich über oder hinter dem Zügel gehen, ist das Gegenmittel darin zu suchen, durch Vorwärtsreiten in freieren Gängen zunächst Losgelassenheit und Rükkentätigkeit in Ordnung zu bringen. Der besprochene Fehler ist ein Zeichen dafür, daß mit der stärker versammelten Arbeit im Trab zu früh begonnen wurde.
Auch wenn die Tritte flach und ausdruckslos werden, muß das Pferd durch frisches Vorwärtsreiten wieder an den Zügel gebracht werden. Es wird sich dann, vorausgesetzt, daß die Beugefähigkeit der Gelenke der Hinterhand genügend entwickelt ist, der richtige Gang wieder einstellen. Ist allerdings diese Voraussetzung noch nicht erfüllt, so wird der Schwung beim Verkürzen des Tempos zwangsläufig verlorengehen.
Auch in diesem Fall wurde die stärker versammelnde Arbeit zu früh begonnen.

Drückt das Pferd im verkürzten Trab auf die Zügel, so ist dies ein Zeichen dafür, daß es die in der Versammlung erzielte Beugung der Hinterbeine nicht beibehalten hat und die Gelenke der Hinterhand durch stärkere Belastung der Vorhand entlasten will. In diesem Fall wird der Reiter versuchen, durch kurze, aber weiche Anzüge nach hinten den Hinterbeinen die abgegebene Last wieder zuzuschieben. Im Anschluß an diese Anzüge werden die anregend treibenden Schenkel die Selbsthaltung durch stärkeres Heranholen der Hinterbeine wiederherstellen. Die Zügelanzüge müssen sofort aufhören, sobald ihr Zweck erreicht ist, da sonst die Gefahr besteht, daß sie ein Kürzertreten der Hinterbeine bewirken. Falsch ist es auch, wenn während der erwähnten Zügelanzüge verstärkt treibende Hilfen gegeben werden, da dies kürzere und eilige Tritte hervorruft. Ein Prüfstein dafür, ob das Pferd zum Antraben richtig an den Hilfen gestanden hat, ist, daß bei den Übergängen vom Schritt oder aus dem Halten in den Trab die ersten Tritte sogleich reine Trabtritte sind, die in Raumgriff und Ausdruck dem verlangten Gangmaß entsprechen.

Entwicklung des verkürzten Galopps aus dem Mittelschritt

Eine ebenso fördernde Wirkung auf die Selbsthaltung des Pferdes und die weitere Entwicklung der Geschmeidigkeit der Gelenke der Hinterhand hat der verkürzte Galopp.

Der verkürzte Galopp wird aus dem Schritt entwickelt. Dieser ist im Verlauf der Ausbildung zu einem *Mittelschritt am Zügel* geworden.

Es empfiehlt sich dazu folgendes Verfahren: Nach einer Trabreprise erfolgt eine Parade zum Schritt. Dieser wird nach der Parade an Bestimmtheit und Ausdruck gewonnen haben. Nachdem man diesen Mittelschritt am Zügel in reiner Trittfolge einige wenige Tritte geritten hat, wird angaloppiert.

Nachdem wir im Kapitel über den Galopp schon das Wesentliche zum Verkürzen dieser Gangart gesagt haben (s. S. 340f.), sollen an dieser Stelle noch zwei Erscheinungen besprochen werden, die uns bei der Entwicklung des verkürzten Galopps begegnen können. Wir gehen dabei von der Erkenntnis aus, daß bei der versammelnden Arbeit Losgelassenheit, Takt und Schwung in der Geraderichtung erhalten bleiben müssen. Das Verkürzen darf demnach nur so weit erfolgen, als Frische, Lebhaftigkeit und Reinheit des Galoppsprungs nicht leiden.

- Ein Anzeichen dafür, daß der Hinterhand die erforderliche Losgelassenheit fehlt und die Gelenke der Hinterbeine sich der vermehrten Lastaufnahme durch Steifen widersetzen, ist ein stoßartiger Galopp, bei dem die Hinterhand im Takt der Sprünge nach oben wippt und den Oberkörper des Reiters zu unfreiwilligem Vorwärtsneigen veranlaßt. Dieser Fehler wird am besten dadurch korrigiert, daß man die Beugefähigkeit der Hinterhand erhöht, indem man häufig aus dem eben erwähnten bestimmteren Mittelschritt am Zügel flüssig und weich im verkürzten Galopp angaloppiert und schon nach wenigen Galoppsprüngen wieder zum Trab durchpariert, und zwar noch ehe das Pferd Gelegenheit gefunden hat, die Gelenke der Hinterhand wieder zu steifen. Durch die Lektion wird die Biegsamkeit der Hinterbeine erhöht, so daß man mit fortschreitender Übung die Anzahl der Galoppsprünge erhöhen kann.
- Ein zu starkes Verkürzen des Galopps kann auch zu einer Störung der Reinheit des Ganges führen, die sich im Viertakt äußert. Dabei springt das Pferd nicht entsprechend der Galoppbewegung mit den Hinterbeinen, sondern führt eine schreitende Bewegung aus. Der Grund dafür ist ein Mangel in der Bewegungskoordination zwischen Rücken- und Hinterhandmuskulatur. Diesen Gangfehler muß man sofort durch energisches Vorwärtsreiten in einem freien Tempo korrigieren, damit er sich nicht zum Stereotyp ausbildet und das Pferd dadurch auch für die mittleren Gangmaße Schaden leidet. Da sich bei einem

solchen „Osterhasen-Galopp“ das Pferd oft auch noch gleichzeitig hinter dem Zügel verkriecht, muß der Reiter nach der Wiedergewinnung des taktmäßigen Dreischlages auch darauf achten, das Pferd wieder richtig an die Hilfen zu bringen, insbesondere die sichere Anlehnung wiederherzustellen.
Wurde im Verlauf mehrerer Monate die Selbsthaltung des Pferdes im verkürzten Galopp durch häufiges Angaloppieren aus dem Schritt gefestigt, können auch *Übergänge vom Mittelgalopp* in das verkürzte Gangmaß geübt werden. Diese Lektion kann aber bis ganz an das Ende des Abschnitts der Grundausbildung verschoben werden.

Entwicklung des Kontergalopps

Wenn das Pferd seine Selbsthaltung im verkürzten Galopp gewonnen hat, kann mit der Entwicklung des *Kontergalopps* begonnen werden. Als erste Vorübung für diese Lektion reitet man auf dem Reitplatz *sehr flache Schlangenlinien* ohne Stellungswechsel. Sollte das Pferd dabei von sich aus umspringen oder in Kreuzgalopp gehen, läßt man es auf einem großen Zirkel den richtigen Galopp von selbst wiederfinden.
In diesem Stadium darf das Pferd unter keinen Umständen gestraft werden, wenn es von sich aus den Galopp wechselt. Auch grobes Durchparieren mit der Absicht, danach neu anzugaloppieren, ist ein schwerer Fehler, der im weiteren Verlauf der Ausbildung dazu führen würde, daß das Pferd eine Abneigung gegen Galoppwechsel entwickelt, die dem Lehren des fliegenden Galoppwechsels unüberwindliche Hindernisse entgegensetzt. Hingegen muß das Pferd nach den ersten Übungen im Kontergalopp, falls es von selbst umgesprungen ist, weich zum Schritt durchpariert werden, um es danach neu angaloppieren zu lassen.
Im Verlauf der Übungen werden die Bögen der Schlangenlinie etwas *konvexer* angelegt. Schließlich beginnt man in der Reitbahn die ersten Versuche im Kontergalopp, indem man aus der zweiten Ecke der langen Seite eine große Kehrtwendung reitet und dabei den Galopp nicht wechselt. Erst an oder nach der Mitte der langen Seite wird zum Trab durchpariert und – falls das Pferd nicht umgesprungen ist – gelobt.
Die Anforderungen werden nun systematisch durch allmähliches Verengen der Kehrtvolte und später durch Durchreiten der folgenden, zur Zirkellinie abgeflachten Ecken im Kontergalopp bis zu den in den verschiedenen Aufgaben geforderten Lektionen gesteigert.
Der *dressurmäßige Wert* des Kontergalopps liegt besonders in der genauen Führung der Schultern des Pferdes. Daraus ergibt sich, daß der Reiter immer bemüht sein muß, die Vorhand vor den inneren, der Bande zugekehrten Hinterfuß zu richten. Da im Kontergalopp der innere Hinterfuß der Bande zugekehrt ist, kann der Reiter diesen Hinterfuß besser beherrschen als in der entsprechenden Lektion im Handgalopp. Dies wirkt sich auch vorteilhaft auf den äußeren Hinterfuß und damit auf die Haltung des Pferdes aus.

Entwicklung des einfachen Galoppwechsels

Ist der Kontergalopp so weit gefestigt, daß weder die Fußsetzung noch die Haltung in dieser Gangart dem Pferd Schwierigkeiten macht, und führt das Pferd die Paraden vom Galopp zum Schritt (s. S. 342f.) korrekt aus, ist der Zeitpunkt für die Einführung des *einfachen Galoppwechsels* gekommen. Der Reiter wird anfangs auf der Wechsellinie kurz nach dem Passieren des Bahnmittelpunktes zum Schritt durchparieren, umsitzen, das Pferd umstellen und dann bei Erreichen des Hufschlags der ganzen Bahn neu angaloppieren. Die Anzahl der Schritt-Tritte wird allmählich verringert. Drei bis fünf Schrittzwischentritte sind das anzustrebende Minimum.
Wert zu legen ist auf eine *flüssige Ausführung* des Wechsels in *exakter Geraderichtung*, weil die eine wichtige Vorübung für den fliegenden Galoppwechsel ist.

Abschließende Hinweise zum Galopp

Es soll noch auf einige fehlerhafte Erscheinungen, die bei der Entwicklung des Galopps auftreten können, hingewiesen werden.

- Verkürzt das Pferd in Wendungen, z. B. der Kehrtvolte, von sich aus das Tempo, wobei die Sprünge verhalten oder auch bäumend wirken, so ist dies ein Zeichen für den Verlust des Schwungs. Der Reiter ist offensichtlich noch nicht in der Lage, die Hinterbeine auch in solchen Wendungen genügend zu tätigem Untertreten anzuhalten. Die Korrektur besteht in der Wiederherstellung des Schwungs durch Reiten von Übergängen zwischen Arbeits- und Mittelgalopp.
- Manche Pferde machen im Galopp auf der einen Hand langsamere Sprünge als auf der anderen Hand. Daraus läßt sich schließen, daß die Ausbildung beider Körperseiten nicht völlig gleichmäßig erfolgt ist. In diesem Fall muß man zu freieren Gangmaßen übergehen, das Pferd erst wieder zum Strecken kommen lassen, um erst dann – unter besonderer Förderung der zurückgebliebenen Seite durch häufige Übungen – zum vermeintlich schon erreichten Ausbildungsstand zurückzukehren.

Für die Galopparbeit gilt allgemein, daß bei zunehmender Sicherheit zeitweise auf das Hilfsmittel der *Bande* verzichtet werden sollte. Das Reiten auf dem zweiten Hufschlag, auf der Mittellinie der Bahn oder noch besser auf dem großen Reitplatz abseits einer Begrenzung gibt Gelegenheit, von Zeit zu Zeit die Geraderichtung zu überprüfen und auch unter erschwerten Bedingungen zu üben.

Der Schritt

Wenn wir erst jetzt, als letzte Gangart und schon fast am Ende der Grundausbildung des Pferdes, den *Schritt* besprechen, so deshalb, weil die Schrittarbeit – wenn natürlich auch im Verlauf des bisherigen Ausbildungsganges Schritt geritten wurde – hinter der Arbeit in den übrigen Gangarten zurückzustehen hat. Falsch verstandene und zu frühe Schritt*arbeit* führt in den meisten Fällen zu erheblichen Störungen der klaren Viertakt-Trittfolge und häufig zu dem gefürchteten *Paßgang*.

Die Richter in Dressurprüfungen wachen über die Reinheit und Lebhaftigkeit des Schritts und fällen – zum allgemeinen Nutzen der Dressurreiterei – bei Fehlern im Schritt ein scharfes Urteil. Da aber Unzulänglichkeiten, die sich bei dieser Gangart eingeschlichen haben, außerordentlich schwer zu beseitigen sind, ist der Reiter gut beraten, der sich bei der Schrittarbeit nicht zur Hast verleiten läßt.

Der Schritt im Verlauf des bisherigen Ausbildungsganges

Schon vom Beginn der Ausbildung an mußten wir das Pferd auch Schritt gehen lassen. Wir haben aber streng darauf geachtet, daß bei den Schrittreprisen zwischen den Übungen und bei den nervenschonenden Bummelritten im Gelände die Zügel ganz hingegeben wurden. Der taktmäßig wechselseitig anregend wirkende Unterschenkel half im Bedarfsfall vortreiben. Auf diese Weise wurde der freie *Schritt mit hingegebenem Zügel* erreicht.

Etwas später, als das junge Pferd nach dem Übergang vom Trab zum Schritt beim Zügel-aus-der-Hand-Kauen die Anlehnung bei äußerster Streckung des Halses beibehielt, wurde der *Schritt am hingegebenen Zügel* erreicht. Diesen ritten wir aber zunächst nur einige Tritte, ehe wir die Zügel wieder vollständig hingaben. Allmählich verlängerten sich die Schrittreprisen am hingegebenen Zügel, wobei unser *Maßstab* von der Regelmäßigkeit und dem Raumgriff der Tritte gebildet wurde. Der Zeitpunkt für den Beginn der Verlängerung der Schrittreprisen am hingegebenen Zügel war gekommen, als beim Aufhalten des Pferdes Schwung und Haltung in der höheren Gangart dazu führten, daß das Pferd sich gleichsam von selbst an die Hilfen stellte. Selbstverständlich haben wir die Dauer der

Schrittreprise am hingegebenen Zügel niemals so lange ausgedehnt, daß der regelmäßige Vortritt gestört wurde. Wir haben vielmehr beim geringsten Anzeichen dafür, daß kürzere und eiligere Tritte als Symptome der Überforderung auftraten, die Zügel sofort wieder völlig hingegeben. Nach dem ersten Jahr der Grundausbildungszeit des Pferdes kamen wir dann zum *Mittelschritt*, als wir feststellten, daß zunehmende reiterliche Selbsthaltung und erhöhte Biegsamkeit der Gelenke der Hinterhand zu gesicherter Anlehnung und einem etwas kürzeren Zügel geführt hatten. In diesem Gangmaß treten die Hinterfüße des Pferdes, je nachdem, wie dessen natürliche Gangmechanik dies zuläßt, in geringerem oder größerem Maß über die Vorderfußspuren hinaus.

Ist dieser Grad reiterlicher Selbsthaltung im Schritt erreicht, ist das Ziel der Grundausbildung erfüllt. Langsames und systematisches Vorgehen hat auch die Grundlagen dafür geschaffen, in der weiteren Ausbildung an die eigentliche Schrittarbeit gehen zu können, bei der wir eine fortschreitende Versammlung auch in dieser Gangart erreichen.

Die *versammelnde Arbeit im Schritt* ist eine der größten Fehlerquellen und gilt daher als außerordentlich schwierig. Schon deshalb muß sie im Ausbildungsverlauf hinter der versammelnden Arbeit im Trab und Galopp zurückstehen.

Fehler beim Schrittreiten

Ein Fehler, den sehr viele Reiter begehen – selbst erfolgreiche –, ist zugleich der folgenschwerste: zu starke Handeinwirkung.

Auch Reiter, denen bekannt ist, daß die treibenden Einwirkungen immer den Vorrang vor den verhaltenden haben müssen, folgen doch vielfach einer natürlichen Reaktion und verleihen den Einwirkungen der Hand unbewußt einen stärkeren Nachdruck als den vortreibenden Einwirkungen von Schenkeln und Kreuz. Diese Tendenz, die von jedem Ausbilder bei jedem Reiter dauernd und ständig bekämpft werden muß, ist schon im Trab und Galopp nachteilig. Bei der Ausbildung im Schritt hat sie katastrophale Folgen. Der Grund dafür ist, daß der Schwung in den stärker beschleunigten Gangarten leichtere Mängel der Handeinwirkung teilweise ausgleichen kann, nicht jedoch im Schritt. Deshalb muß der Reiter besonders in dieser Gangart ständig darauf achten, daß seine Hand nicht mit Zwang auf die Formung der Muskulatur des Halses einwirkt. Es gibt auch viele Reiter, die ihre Pferde im Trab und Galopp nicht von hinten nach vorn an die Hand heranformen können. Solche Reiter mit an sich schon schwacher Einwirkung versuchen dann, dieses Ziel im Schritt zu erreichen, weil da der Widerstand des Pferdes geringer zu sein scheint. Auch ihnen muß immer wieder ihr Fehler vor Augen geführt werden, damit sie nicht den Schritt des Pferdes verderben. **Mehr noch als im Trab und Galopp ist die Beschränkung der Handeinwirkung im Schritt ein Hauptschlüssel zum reinen Gang!**

Nach einigen Monaten richtig ausgeführter, langsam und systematisch gesteigerter Arbeit im Trab und Galopp wird sich das junge Pferd entsprechend der Entwicklung seines reiterlichen Gleichgewichts ganz von selbst an die Hand des Reiters heranformen und dabei eine bestimmtere Anlehnung gewinnen. Der Reiter darf diesen Prozeß nicht beschleunigen wollen, wenn er nicht den korrekten Dressuraufbau gefährden will. Seine Aufgabe besteht darin, den richtigen Verlauf dieses Prozesses zu kontrollieren, indem er häufig überprüft, ob sein Pferd beim Nachgeben und Zügel-aus-der-Hand-kauen-Lassen immer wieder seine Bereitschaft zeigt, sich an das Gebiß heranzudehnen.

Oft treten im Verlauf der Ausbildung beim Schritt auch dann Mängel auf, wenn der Schritt am Zügel bei beginnender und später sich steigender versammelnder Einwirkung in *zu langen Reprisen* geritten wird. Man gebe daher dem Pferd stets nach einer kurzen Strecke Gelegenheit, die Halsmuskulatur im freien Schritt mit hingegebenem oder am hingegebenem Zügel zu strecken.

Ein weiterer Fehler des Reiters besteht in der unrichtigen Einwirkung seiner *Schenkel* im Schritt. In allen Gangmaßen des Schritts muß das Pferd am gleichsam „angesaugten“, den Bewegungen folgenden und wechselseitig im Bewegungsrhythmus treibenden Schenkel bleiben. Der Schenkel regelt den Gang. Überfällt der Reiter das Pferd mit gröberen, stoßenden oder plötzlichen Einwirkungen, wird er nur Unordnung in den Takt der Bewegung bringen, weil er Spannungen in Rücken und Hinterhand erzeugt, welche die Koordination der Bewegung von Vor- und Hinterhand stören und dadurch zu einer Ursache des Zakkelns oder paßähnlicher Tritte werden.
Die Schenkel dürfen ihre Aufgabe nicht durch ständiges deutliches wechselseitiges Heranfallen – vielleicht gar noch nach vorherigem Aufheben der Verbindung mit dem Pferdeleib – erfüllen wollen. Das ist genauso falsch wie das noch schädlichere gleichzeitige Klopfen mit beiden Schenkeln.
Es wurde bereits darauf hingewiesen, daß die *Schenkeleinwirkung,* wenn ihr Zweck erreicht ist, *aufzuhören* hat. Ständiges Einwirken mit den Schenkeln stumpft die Pferde ab und macht sie schenkeltot. Bei solchen Pferden muß dann der Gehorsam auf die vortreibende Wirkung des Kreuzanziehens und des Drucks mit gespannter Wade erst durch ein- oder mehrmaligen energischen und beiderseitigen Druck mit beiden Schenkeln, nötigenfalls von der Gerte unterstützt, wieder geweckt werden. *Faule* oder *sich verhaltende Pferde* werden durch Anlegen der Gerte dicht hinter dem Schenkel im Augenblick seiner Einwirkung zu lebhafterem Gang veranlaßt.
Der Schenkel hat aber auch bei *heftigen, nervösen* oder auch *übereifrigen Pferden* den Gang zu überwachen. Solche Pferde, die oft kurze, übereilte oder sogar unreine Tritte machen, finden ihre Ruhe und damit den klaren Viertakt der Schrittbewegung am leichtesten wieder, wenn der Schenkel weich angeschmiegt bleibt. Treten eilige Tritte auf, so wird der Reiter mit schmiegsam angesaugtem Schenkel eine leichte halbe Parade geben müssen, um dadurch zunächst den reinen Viertakt der Bewegung wieder herzustellen. Erst danach darf der vorsichtig einsetzende Schenkeldruck das Pferd allmählich wieder zu raumgreifenderem Ausschreiten und auch lebhafteren Tritten anregen. Keinesfalls darf diese Einwirkung des Schenkels das Pferd überraschen. Es würde sich bei einer stoßenden Einwirkung sofort spannen.
Während wir bei der Besprechung von Trab und Galopp darauf hinwiesen, daß der *Takt* in allen Gangmaßen dieser Gangart gleichbleiben soll, gilt dies für den Schritt erst dann, wenn er mit einem hohen Maß an Versammlung geritten werden kann.

Gangmaße des Schritts

In der Grundausbildung des jungen Pferdes beschäftigen wir uns nur mit zwei Gangmaßen des Schritts: dem freien Schritt und dem Mittelschritt.
Der *freie Schritt* ist das Gangmaß, in dem das junge Pferd im ganzen ersten Ausbildungsjahr zu reiten ist. Das Pferd geht in natürlicher Selbsthaltung, die Freiheit des Halses ist fast gar nicht begrenzt. Der Hals ist vorwärts gestreckt. Die Hinterhufe treten über die Spuren der Vorderhufe hinaus. Die Tritte sind regelmäßig, raumgreifend und ruhig. Der freie Schritt wird anfangs mit ganz hingegebenem Zügel, danach am hingegebenen Zügel und später (gegen Ende des ersten Ausbildungsjahres) am langen Zügel geritten.
Aus dem freien Schritt am langen Zügel entwickelt sich im Laufe des zweiten Ausbildungsjahres der Mittelschritt. Die treibenden Hilfen haben das Pferd veranlaßt, sich (ohne aktive Einwirkung mit den Zügeln) an die Hand des Reiters heranzuformen. Dabei sind die Anlehnung wie auch die fleißigen, ruhigen und raumgreifenden Tritte bestimmter geworden. Da infolge der schon entwickelten reiterlichen Selbsthaltung bereits ein geringer Teil der Last auf die Hinterhand verlagert ist, werden die korrekt untertretenden Hinterfüße nur noch wenig über die Vorderfußspuren hinaustreten.

4.5. Ausbildung des Pferdes im Springen und im Gelände

Das Springtraining des Pferdes baut sich auf einer richtigen und allseitigen Grundausbildung des jungen Pferdes auf, bei der dressurmäßige Ausbildung und Springschulung vom ersten Tag der Ausbildung an stets Hand in Hand gehen. Die dressurmäßige Grundausbildung schafft alle wesentlichen Voraussetzungen für die Springausbildung. Letztere wird durch *Gymnastizierungsarbeit sowie spezielle Technik- und Kraftschulung* besser gefördert als durch ein unüberlegtes, eintöniges Wiederholen von Sprüngen.

Wenn sich der Reiter in der Grundausbildung des jungen Pferdes *Mäßigung im Springen* auferlegt, sichert er dessen allseitige Entwicklung und Gesunderhaltung, so daß es seine Laufbahn als Turnierpferd wohlvorbereitet beginnen kann.

Die Springausbildung wie auch die Geländeausbildung gehören in ihren Grundzügen zur Grundausbildung jedes Reitpferdes. Ihre Aufgabe ist sowohl die *Kraftschulung* (Muskelentwicklung) als auch die Förderung von *Beweglichkeit, Gewandtheit und Gehorsam.* Das Pferd muß daran gewöhnt werden, Hindernisse weder zu fürchten noch als unüberwindlich zu betrachten.

Die gesamte Springausbildung des jungen Pferdes läßt sich in folgende *Abschnitte* einteilen:

- Treten über Miniaturhindernisse (Cavaletti)
- Überwinden von Gymnastikhindernissen
- Springen von kleinen Hindernissen aus dem Trab
- Entwicklung der Galoppspringtechnik
- Entwicklung des Springens unter ungewohnten Bedingungen.

Hauptaufgabe des Ausbilders während der gesamten Ausbildung des Pferdes über Hindernisse ist, die Springfreudigkeit des Pferdes zu erzeugen und zu erhalten. Ein zur Springfreudigkeit erzogenes Pferd wird vertrauensvoll an alle Hindernisse herangehen. Andererseits wird auch ein beherztes Pferd dieses für den Reiter so kostbare Vertrauen verlieren, wenn es während des Springens in irgendeiner Weise mehrmals schlechte Erfahrungen gemacht hat.

4.5.1. Periode des Tretens und Springens über Miniaturhindernisse

Ziel der Ausbildung

Ziel der Ausbildung in diesem Abschnitt ist die Gewöhnung des Pferdes an das *ruhige und flüssige Treten* über kleinste Hindernisse. Man kann mit dieser Arbeit bereits beginnen, wenn das Pferd seine erste Vorbereitung an der Longe erhält, und sie von da an während der ganzen Longierperiode täglich einige Minuten lang betreiben. Sobald das Pferd an das Reitergewicht gewöhnt ist und mit seinem Reiter ohne Longe ruhig vorwärts geht, reitet man – wie bisher liegen diese Übungen auch jetzt am Schluß der täglichen Arbeit – 10 bis 20 Minuten lang im Schritt und Trab über sechs bis acht unregelmäßig auf dem Platz verteilt am Boden liegende Stangen (Abbildung 143 zeigt ein Beispiel für die Verteilung der Stangen, die etwa aller zwei Tage, wenn das Pferd sich daran gewöhnt hat, geändert wird). Nach einigen Tagen bilden die Stangen keine Überraschungen mehr.

Diese Arbeit am *Ende* der Übungsstunde wird etwa drei Wochen lang fortgesetzt. Nach diesem Zeitraum verlegt man sie an den *Anfang* des Freireitens und läßt das Pferd während der lösenden Arbeit über die Stangen treten.

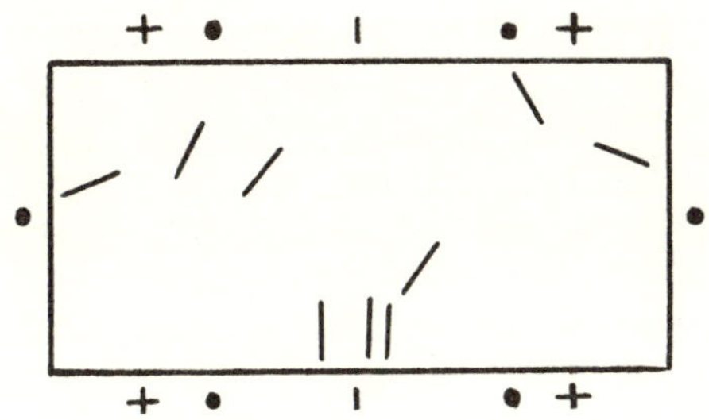

143 Auf dem Reitplatz verteilte Bodenstangen

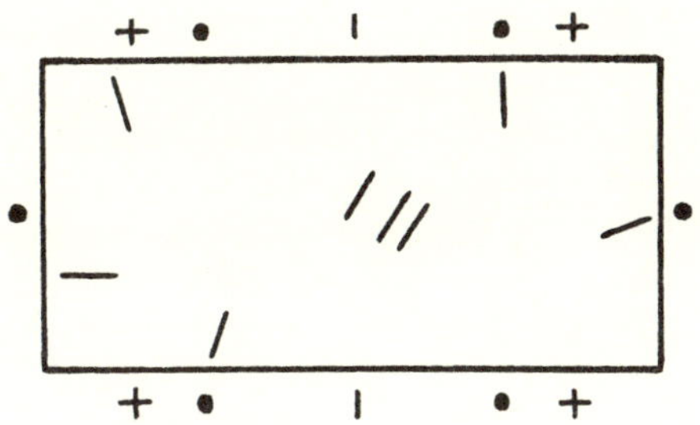

145 Verteilung von Bodenricks bzw. Miniaturhindernissen auf dem Reitviereck

Wenn die Ausbildung so weit fortgeschritten ist, daß das Pferd den treibenden und wendenden Hilfen des Reiters willig nachkommt, können die Stangen allmählich nacheinander durch 15 bis 20 cm hohe *Bodenricks* ersetzt werden. Diese wiederum werden gegen Miniaturhindernisse gleicher Höhe (niedrige Ricks, Wälle, Baumstämme, niedrige Hecken, sogenannte Appellhecken, oder niedrige Mauern, wozu auch zwei Reihen von Aufsatzkästen verwendet werden können) ausgetauscht. (Abb. 144) Bei richtiger und genügend vorsichtiger Arbeit können alle am Boden verwendeten Stangen in fünf bis sechs Wochen ersetzt sein. (Abb. 145)

Diese Vorrichtungen sind noch keine eigentli-

144 Miniaturhindernisse

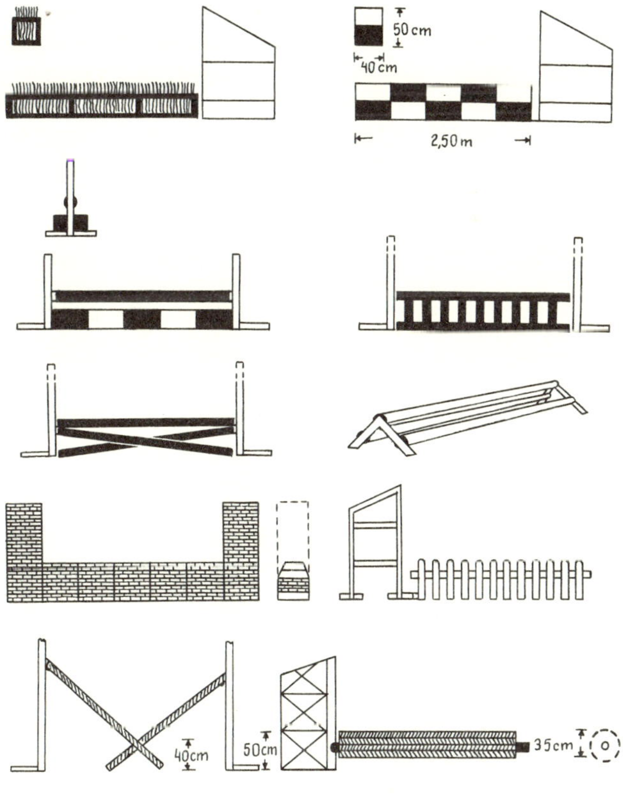

chen Hindernisse, denn sie erfordern noch keine Sprungbewegung. Sie dienen lediglich zum Lösen, dem Vertrautmachen (Gewöhnung) und in geringem Grade der Entwicklung der Muskulatur. Ihre überragende Bedeutung liegt vielmehr darin, daß sie den bedingten Reflex erzeugen: Hindernis ≙ Sprung. Das aber ist – mit einem Begriff der Reitersprache gesagt – Springfreude.
Während dieser Übungen darf das Pferd keinesfalls überfordert werden, besonders auch nicht nervlich. Deshalb muß man sich darauf beschränken, das Pferd lediglich in die gewünschte Richtung zu führen.
Wenn das junge Pferd über diese kleinen Hindernisse tritt, muß der Reiter (auch im Schritt) den *Entlastungssitz* einnehmen und die Zügel hingeben. Er soll sie während dieser Arbeit nur im wirklichen Bedarfsfall aufnehmen. Der für die Ausbildung des jungen Pferdes unentbehrliche *Halsriemen* (s. Abb. 136) ist anzulegen. Selbst der beste Reiter kann durch einen unvorhergesehenen Satz des Pferdes in seinem Sitz beeinträchtigt werden und so „hinter die Bewegung“ kommen, daß er in den Sattel zurückfällt und vielleicht gar noch am Zügel hängt. Die dem Pferd auf diese Weise erzeugten Schmerzen können seine Springfreudigkeit beeinträchtigen. Wenn der Reiter in derartigen Fällen in den Halsriemen greift (und die Zügel durch die geöffnete Hand gleiten läßt), vermeidet er solche schädlichen Einflüsse auf das Pferd. Deshalb ist den Pferden während der Spring- und Geländeausbildung grundsätzlich ein Halsriemen anzulegen.
Je systematischer und ausgedehnter die Vorübungen gewesen sind, als das Pferd am Ende der Longierstunde über die Stangen in der Reitbahn geführt wurde, um so seltener wird es vorkommen, daß ein junges Pferd vor den Stangen, Bodenricks oder Miniaturhindernissen stehenbleibt. Tritt der Fall dennoch ein, so bleibe man halten, gebe die Zügel hin und bleibe ganz ruhig. Der Reiter muß lediglich verhindern, daß das Pferd sich von dem Hindernis wegwendet. Das Verfahren erfordert vom Reiter viel Geduld, ist aber außerordentlich wirksam, denn früher oder später ist das Pferd des Stehens überdrüssig und wird schließlich *von sich heraus* über die Stange treten. Dann hat der Reiter gewonnen, und der evtl. hohe Zeitaufwand ist gerechtfertigt.
Man kann das Verfahren etwas abkürzen, wenn man auf der anderen Seite des Hindernisses einen Reiter mit der *Haferschwinge* postiert und sich auf diese Weise den Nahrungsreiz zunutze macht.
Wenn das Pferd ruhig vor dem Hindernis steht und nach längerem Verweilen von sich aus keine Anstalten zum Hinübertreten macht, kann es der Reiter mehrfach leicht mit der Gerte hinter dem Unterschenkel antippen, um so das Pferd zum Vorwärtsgehen zu veranlassen. Aber auch dabei muß unbedingt verhindert werden, daß das Pferd zur Seite wendet. Auch muß der Reiter bereit sein, einer plötzlichen Bewegung des Pferdes zu folgen.
Zeigt das Pferd Sicherheit im Hinübertreten über diese Miniaturhindernisse, reitet man sie im ruhigen Trab an. Die Hindernisse sollen dann schon einen kleinen Sprung erfordern und haben dazu die in Abbildung 144 angegebenen Abmessungen. Man muß streng darauf achten, daß das Pferd während und nach diesem kleinen Sprung nicht mit der Hand gestört wird. Zeitlich gehören diese Übungen hinter die nachfolgend beschriebene Bodenrickarbeit, mit der sie dann parallel laufen. Durch die geschilderte Methode wird die bedingt-reflektorische Tätigkeit des Nervensystems des jungen Pferdes in der richtigen Weise auf die später folgende Springarbeit vorbereitet, ohne daß das Pferd körperlich überfordert wird.

Gymnastizierende Übungen

Wenn der Gehorsam des jungen Pferdes auf die treibenden und verhaltenden Hilfen gesichert ist, kann die vorbereitende Arbeit auf die eigentliche Springausbildung beginnen. Das Fundament dieser Arbeit ist die *Gymna-*

stizierung des Pferdes, d. h. die Schulung seiner Beweglichkeit und Gewandtheit. Sie ist einerseits Gegenstand der im vorhergehenden Kapitel besprochenen dressurmäßigen Ausbildung und wird andererseits durch bestimmte Übungen ergänzt, die die für das Springen charakteristischen psychischen Eigenschaften und konditionellen Fähigkeiten fördern.
Die dazu erforderlichen Übungen sollen gleichzeitig gewährleisten, daß der richtige *Bewegungsablauf* des Pferdes im Sprung (Springtechnik) entwickelt wird. Entsprechend diesem Ziel müssen die Mittel und Methoden der Arbeit so ausgewählt werden, daß der gewünschte *dynamisch-motorische Stereotyp* herausgebildet wird.
Auch wenn man das Pferd mit Hilfe mechanischer Mittel zu einem richtigen Bewegungsablauf bringen kann, ist es doch erforderlich, daß der Reiter die Führung behält, d. h., das Pferd muß während des Anreitens an die Gymnastikhindernisse in taktmäßigem Trab an den Hilfen stehen, so daß es Verbindung mit der Reiterhand hat und sein Gehorsam auf Paraden und treibende Hilfen entsprechend dem Stand der dressurmäßigen Ausbildung gesichert ist.
Die gymnastizierenden Übungen können entweder mit Hilfe geeigneter *Geländeformationen* oder besonderer *künstlicher Vorrichtungen* (Bodenricks, Cavaletti, Gymnastikhindernisse) ausgeführt werden.

Bodenrickarbeit

Bevor man das junge Pferd in der gymnastizierenden Arbeit über Geländeunebenheiten reitet, sollte man sich der Bodenricks bedienen. Da das Pferd über die Bodenricks taktmäßig treten, nicht aber springen soll, dürfen sie nicht höher als 15 bis 20 cm sein. Höhere Bodenricks verleiten das Pferd zum Festhalten des Rückens oder zum Springen. Mit der Bodenrickarbeit werden beim jungen Pferd mehrere *Absichten* verfolgt:

- Das Pferd soll lernen, seine Rückenmuskulatur kräftiger zu gebrauchen.
- Das Pferd soll das „Tauchen" lernen, das in einem Vorwärts-Abwärts-Strecken des Halses vor dem Absprung besteht.
- Das Pferd soll lernen, seinen Schwerpunkt rasch und sicher zu verlagern.
- Die Trittsicherheit des Pferdes soll verbessert werden.

Bei jungen Pferden hat die Arbeit über Bodenricks grundsätzlich anfangs *mit hingegebenem Zügel* zu erfolgen, denn das Pferd soll sich ja selbst ausbalancieren. Lediglich zur Korrektur der Bewegungsrichtung darf sich der Reiter – falls erforderlich – des Zügels vorsichtig bedienen.
Der Reiter nimmt beim Reiten über Bodenricks den *Entlastungssitz* ein. Das elastisch angespannte Kreuz ermöglicht ihm das Eingehen in die Bewegung des Pferdes. Er sollte die Bodenrickarbeit immer zum Anlaß nehmen, seinen *Sitz zu korrigieren*, zumal dabei all die Forderungen auftreten, die der Springsitz stellt: festliegendes Knie, unverrückbar seinen Platz behauptender Unterschenkel, elastisch federndes Fußgelenk, extrem nach unten durchgedrückter Absatz, fast parallel zum Pferdekörper weisende Fußspitzen.
Die Bodenrickarbeit beginnt in einem sehr frühen Ausbildungsstadium. Schon in der Longierperiode und bei den ersten Übungen unter dem Reiter wird sie verwendet, um eine kräftige Betätigung der Rückenmuskulatur zu erreichen. Die Arbeit über Bodenricks wird bei dem damit noch nicht vertrauten Pferd am Ende der Übungseinheit, bei dem in der Ausbildung schon fortgeschrittenen Pferd an deren Beginn ausgeführt. Oft bildet sie einen in sich abgeschlossenen Teil der Übungseinheit, der gegenüber anderen Abschnitten dadurch abgegrenzt ist, daß Schrittreprisen an seinem Anfang und Ende stehen. Zu letzteren sollten die Bodenricks auf oder neben der Mittellinie der Bahn in einem dem Raumgriff der Pferde angepaßten Abstand (etwa 80 cm) aufgebaut sein. Der *Hauptteil* der Arbeit über Bodenricks wird in einem frischen Arbeitstrab geleistet, weil hierbei der gymnastizierende Effekt am größten ist. Da jedoch diese Arbeit, be-

sonders am Anfang, den meisten Pferden etwas schwerfällt, beginnt man mit nur zwei Bodenricks im Abstand von 1,2 bis 1,4 m; erst im Verlauf mehrerer Wochen wird man ihre Anzahl auf vier erhöhen können.
Sollte ein Pferd am Beginn der Arbeit Zwischentritte machen, muß man den Abstand der Bodenricks verringern. Mit dem Fortschreiten der Ausbildung werden allmählich die Abstände bis auf etwa 1,4 m erweitert. Wenn das Pferd über diese Abstände losgelassen treten kann, wird man unter strenger Berücksichtigung der Gangmechanik des Pferdes die Abstände der Bodenricks allmählich und über einen längeren Zeitraum jeweils um 10 cm bis auf 1,1 m für den Schritt und bis auf 1,6 bis 1,7 m für den Trab vergrößern können. In letzterem Falle kommt es schon darauf an, das Pferd an den passenden Abfußungspunkt vor dem ersten Bodenrick taktmäßig und schwungvoll heranzubringen. Darin liegt für das Pferd (und natürlich auch für einen jungen Reiter) schon eine Vorübung für das Einschätzen der Absprungsentfernung vor einem Hindernis.
Niemals sollte man gleichzeitig Abstand und Anzahl der Bodenricks verändern. *Genaue Abstände* beim Aufstellen der Bodenricks sind unbedingt notwendig und erfordern die Verwendung einer Meßlatte. Mit jungen Pferden wird über Bodenricks grundsätzlich im Entlastungssitz geritten. Damit wird dem Pferd die Aktivierung der Rückenmuskulatur erleichtert, zumal es vielen Reitern schwerfällt, die Bewegungen auszusitzen, wodurch sie im Rücken stören und dem Zweck der Bodenrickarbeit gerade entgegenwirken.
Neben der Verbesserung der Beweglichkeit haben die Übungen über Bodenricks auch eine günstige Wirkung bei heftigen und faulen Pferden, indem sie erstere ruhig machen und letztere zur Aufmerksamkeit zwingen. Ruhiges und sicheres Übertreten der Bodenricks im gleichbleibenden Takt ist ein wichtiges Kriterium der Bodenrickarbeit.

Gymnastikarbeit im Gelände

Es gibt zwei Haupttypen von Geländeformationen, die für diese Arbeit besonders geeignet sind: den Hang und den flachen Graben. Diese Bodenformationen üben auf die Bewegung des Pferdes die günstigste Wirkung aus. Bevor ein Pferd mit dem *Abstieg* beginnt, neigt es zur Verlangsamung seines Tempos, um dann beim Abstieg selbst immer schneller zu werden. Nähert sich ein Pferd hingegen *einer Steigung*, so wird es zunächst sein Tempo verstärken, gewissermaßen um „Schwung zu holen" beim Erreichen der Höhe aber langsamer werden, weil es den Schwung verliert.
Die Übungen müssen daher so ausgeführt werden, daß das Pferd ständig in völlig *gleichmäßigem Tempo* geht. Um dies zu erreichen, muß der Reiter durch ständig abwechselnde halbe Paraden und treibende Hilfen die Tritte des Pferdes genau regulieren. In diesem genau reguliertem Tempo bei taktmäßigem Gang liegt die gang- und gehorsamsfördernde Bedeutung dieser Übungen, die überdies auch die Entwicklung der Gewandtheit von Pferd und Reiter dienen.
Die gymnastizierenden Übungen im Gelände sollten auch später, wenn sich das Pferd im wirklichen Springtraining befindet, immer weitergeführt werden, weil sie für das Pferd eine Abwechslung bedeuten und sich einstellende Verkrampfungen ohne große Anstrengungen beseitigen helfen.

Die Arbeit am Hang

Wir unterscheiden die *Hangkletterarbeit* am steilen, relativ kurzen Hang und die *gymnastizierende Arbeit* am sanft geneigten Hang. Erstere ist eine *spezielle Methode der Kraftentwicklung* (s. S. 95, Bd. 2), die vor allem im späteren Leistungstraining eingesetzt wird.
Für die gymnastizierende Bearbeitung des jungen Pferdes bedienen wir uns einer sanft geneigten Hangfläche, die innerhalb ihrer Ausdehnung ein bis zwei steilere Absätze besitzt. (Abb. 146) Dazu geeignete Hangflä-

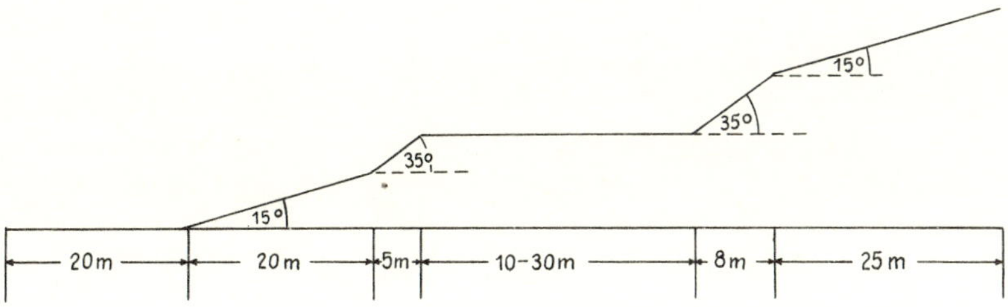

chen lassen sich fast überall finden. Zu Beginn der Übungen wird man zunächst im Trab, erst später im Galopp den Hang hinaufreiten, wobei streng darauf zu achten ist, daß das regelmäßige Tempo erhalten bleibt und das Pferd nicht vor den steileren Stellen eilig wird. Sobald man merkt, daß das Pferd sein Tempo verstärken will – was gewöhnlich der Fall ist –, muß man es parieren, wenn nötig bis zum Halten. In dem Augenblick, in dem die Parade durchgekommen ist, müssen die treibenden Hilfen wieder einsetzen. Falls das Pferd während des Bergaufreitens langsamer werden will, sind die treibenden HIlfen zu verstärken. Oben am Hang angekommen, gibt man die Zügel hin und gönnt dem Pferd eine kleine Pause, während man im Schritt den Hang wieder hinabreitet. Man kann auf diese Weise den Hang sechs- bis achtmal hintereinander hinaufreiten, wobei allerdings der Punkt des Antrabens bzw. Angaloppierens jedesmal verlegt werden muß, damit keine stereotype Ausführung zustande kommt, bei der das Pferd bald versuchen würde, selbst das Tempo zu bestimmen und gegen den Hang zu stürmen. Der Reiter kann auf diese Weise sein Pferd im Herangehen an Hindernisse und deren Überwinden trainieren, ohne tatsächlich zu springen, weil das Hangaufwärtsreiten beim Pferd dieselben Muskelgruppen in gleicher Arbeitsrichtung beansprucht wie das Springen selbst. Daher kann man mit dieser Methode das Pferd bereits in einem Stadium auf seine spätere Verwendung als Springpferd vorbereiten, in dem tatsächliches Springen noch schädlich wäre.

Der Abhang hilft dem Reiter ferner, den Gehorsam des Pferdes auf weiche Paraden zu entwickeln, da die dem Hang eigene *Bremswirkung* die Hilfen des Reiters unterstützt. Das Anreiten nach der Parade am Hang ist eine Prüfung des Gehorsams auf die treibenden Hilfen, da es einen bedeutend *höheren Kraftaufwand* als in der Ebene erfordert.

Diese Übung ist übrigens auch sehr gut geeignet für alle Pferde, die gegen die Hindernisse stürmen.

Natürlich muß das Pferd an diese Art der Arbeit erst gewöhnt werden. Deshalb reitet man die ersten Male im Schritt mit hingegebenen Zügeln den Hang hinauf und hinab. Dabei beschränkt sich die Einwirkung des Reiters auf Andeutungen. Je nachdem, wie die Geländeform auf das Pferd wirkt, hält er entweder vor Erreichen der kritischen Stellen durch sanfte halbe Paraden das Pferd vom Eilen ab, oder er hindert es durch sanften Schenkeldruck am Langsamwerden.

Geht das Pferd im Schritt ruhig hangauf- und hangabwärts, kann die gleiche Arbeit in einem *ruhigen Arbeitstrab* beginnen. Das Pferd ist dabei an den Hilfen, und der Reiter trabt leicht. In dieser Weise an die Anforderungen gewöhnt, lernt das Pferd gleichzeitig, auf Paraden und treibende Hilfen weich zu reagieren. Es kann einige Wochen dauern, bis es gelernt hat, die Arbeit am sanft geneigten Hang in zufriedenstellender Weise auszuführen. Erst dann vermag man den gymnastizierenden Wert dieser Übung voll auszunutzen, der u.a. in der Verbesserung der Beweglichkeit der großen Gelenke der Hinterhand, von Hüft- und Kniegelenken, besteht, die auf diese Weise am besten zu bewirken ist.

Man beginnt immer mit dem Lösen des Pferdes. Erst dann nimmt der Reiter die Zügel auf und stellt das Pferd, entsprechend seinem jeweiligen Ausbildungsstand, an die Hilfen.

Danach reitet er die Übung im ruhigen Trab, wobei der Schwung der Bewegung erhalten bleiben muß.

Während der Übung muß der Reiter an den kritischen Stellen mit Paraden oder treibenden Hilfen einwirken. Wahrscheinlich werden diese Einwirkungen das Pferd veranlassen, sein Tempo in der entgegengesetzten Weise zur Wirkung der Geländeform zu ändern. Das aber verhindert der Reiter durch erneute Gegenwirkung. Auf diese Weise wird das Pferd durch ständig wechselnde halbe Paraden und treibende Hilfen gewissermaßen *von Tritt zu Tritt geleitet.* Ob der Reiter richtig einwirkt, zeigt sich an der Reaktion des Pferdes:

- Wenn das Pferd an den kritischen Stellen langsamer wird, hat es den Schwung verloren, woraus hervorgeht, daß die treibenden Hilfen nicht genügt haben oder zu spät gekommen sind;
- Wenn das Pferd schneller wird, ist das ein Zeichen dafür, daß die Paraden nicht durchgekommen sind und ein bloßes Ziehen am Zügel waren.

Somit werden durch diese Übungen gleichzeitig die Einwirkungen des Reiters verfeinert und die Reaktion des Pferdes verbessert. Sie fördern die Losgelassenheit des Pferdes und seine Muskelentwicklung und erhöht vor allen Dingen die Beweglichkeit seiner Gelenke. Außerdem wird die Rückentätigkeit verbessert.

Um diese letzte Wirkung noch zu unterstützen, muß der Reiter den Rücken des Pferdes entlasten, wenn er diese Übung mit einer Remonte ausführt. Dazu muß er selbst im Schritt den Vorwärtssitz einnehmen. Das ist für den Reiter gleichzeitig eine gute Vorübung für das Springen, erhöht die Stabilität und Geschmeidigkeit seines Entlastungssitzes und sollte oft ausgeführt werden.

Dort, wo das Reitgelände in der Umgebung der Anlage leicht wellig ist, sind für diese Arbeit hervorragende natürliche Bedingungen vorhanden, die bei jedem Ausritt genutzt werden.

Die **Arbeit am flachen Graben** wirkt ähnlich wie die am sanft geneigten Hang, weshalb das dort über die Hilfengebung Gesagte auch hier gilt. Als Gymnastikhindernis wird der flache Graben verwendet, der senkrecht zu seiner Längsrichtung überwunden wird. (Abb. 147)

Zu Beginn der Übung wird das Pferd schräg in den Graben hineingeführt, und nach etwa 5 bis 10 m geradeaus klettert es im gleichen Winkel auf der anderen Seite wieder hinaus (s. Abb. 147a). Auf diese Weise wird der Graben in Form einer unregelmäßigen Schlangenlinie einige Male durchritten, bis das Pferd sich daran gewöhnt hat.

Sobald das Pferd ruhig geht, kann sich der Weg allmählich einer regelmäßigen Schlangenlinie annähern (s. Abb. 147b). Nachdem diese Übung an 12 bis 14 Tagen ausgeführt worden ist, nähert sich der Winkel zur Grabensohle, unter dem das Hinein- bzw. Herausreiten erfolgt, immer mehr 90° (s. Abb. 147c). Wenn der Reiter dies Stadium erreicht hat, sollte er sich zwei 25 bis 50 m voneinander entfernte Punkte suchen, an denen er den Graben senkrecht durchreiten kann, so daß sein Weg ein Viereck mit abgerundeten Ecken bildet (s. Abb. 147d).

Hinsichtlich der *Dauer der Übung* genügen pro Übungseinheit 8 bis 20 Wiederholungen im Schritt und die gleiche Anzahl im Trab. Inwieweit das Pferd zu diesen Übungen an die Hilfen gestellt wird, hängt von dessen Ausbildungsstand ab. Daher läßt sich der volle gymnastizierende Wert dieser Übungen erst dann

147 Gewöhnung an die Arbeit am flachen Graben

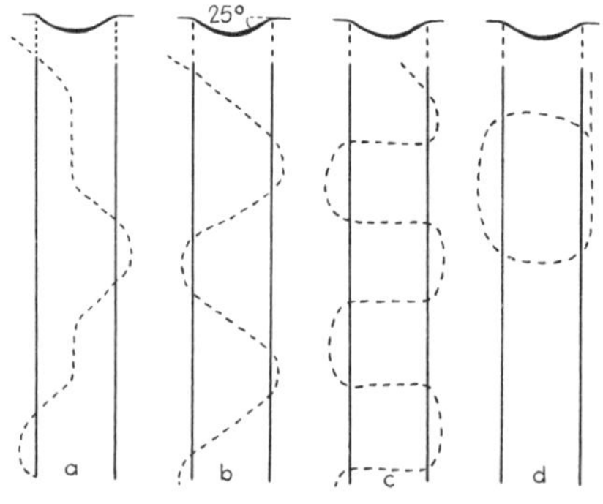

nutzen, wenn der entsprechende Ausbildungsstand des Pferdes auf dem Reitplatz erreicht ist. Das Überwinden der genannten Geländeformationen mit hingegebenem Zügel ist also hauptsächlich eine vorbereitende Gewöhnungsarbeit, die das Anfangsstadium der Übungen bildet. Das Ziel ist erreicht, wenn das Pferd die Übung in gleichmäßigem Tempo und taktmäßigen Trabtritten, an den Hilfen stehend, ausführen kann.

Die Arbeit über Gymnastikhindernisse

Künstliche Vorrichtungen, die die Beweglichkeit verbessern und den richtigen dynamischen Stereotyp des Pferdes im Sprung (Springtechnik) herauszubilden helfen, bezeichnen wir als *Gymnastikhindernisse.*

Wir behandeln folgende Gymnastikhindernisse:

- Das Grid
- Die Wallreihe
- Das Gymnastikrick mit Nachstange
- Den kurzen Gymnastikdoppelsprung
- Den Gymnastik-Parcours.

Die mit allen diesen Vorrichtungen angestrebten gemeinsamen *Ziele* sind;

- das Vorwärtsstrecken des Halses und das Aufwölben des Rückens im Sprung zu fördern und zu verstärken, was eine wertvolle Hilfe für die Herausbildung der gewünschten Springtechnik ist;
- das Anheben der Vorderbeine und den Abschub durch die Hinterhand zu fördern, wobei in gewissem Maße auch die Muskelkraft entwickelt wird;
- das Pferd im richtigen Taxieren des Absprungpunktes zu schulen.

Hauptgrundsatz: *Nach jedem überwundenen Gymnastikhindernis das Pferd wieder an die Hilfen stellen, korrekt zum Trab durchparieren und Losgelassenheit sowie Ruhe wieder herstellen!*

Das *Grid* ist eine aus dem Englischen stammende Bezeichnung für ein Gymnastikhindernis, das eine entfernte Ähnlichkeit mit einem Rost (die wörtliche Übersetzung für Grid) hat. Dieses Gymnastikhindernis besteht aus drei bis sechs auf niedrigen Ständern liegenden Stangen, die hintereinander aufgestellt sind. Höhe und Abstand der Stangen müssen entsprechend dem Ausbildungsstand für jedes Pferd individuell festgelegt werden. (Abb. 148) Die *erste Stange* soll nur die Sprungbewegung erzeugen. Sie stellt noch keine Anforderungen hinsichtlich der Herausbildung der Springtechnik.

Die *zweite Stange* ist der wichtigste Teil des Gymnastikhindernisses. Sie muß 10 bis 15 cm höher liegen als die erste und 2,25 bis 2,50 m von ihr entfernt aufgebaut sein, wenn – wie das während der Rittigkeitsarbeit des jungen Pferdes grundsätzlich der Fall ist – im Trab angeritten wird. Wird auf einer viel späteren Ausbildungsstufe diese gymnastizierende Arbeit im Galopp geleistet, so sind etwa 3 m oder 6 m die richtigen Abstände. Sie müssen jedoch individuell nach der Länge der Galoppsprünge des einzelnen Pferdes eingerichtet werden. Die zweite Stange reguliert aufgrund ihrer Lage die Bewegung (den Galoppsprung) des Pferdes und veranlaßt es, sich aufzunehmen. Danach erzeugt sie eine neue Sprungbewegung, die nun schon in der gewünschten Technik er-

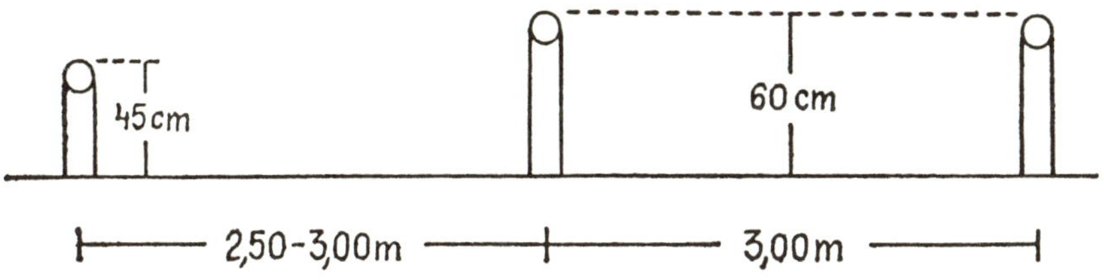

148 Grid

folgt. Die zweite Stange setzt das Pferd in Spannung, indem sie es zum starken Aufnehmen und weiten Untersetzen der Hinterbeine zwingt. Daraus resultiert dann der kräftige Absprung und der richtige Bewegungsablauf im Sprung.
Der Zweck der *dritten Stange* ist der gleiche wie der der zweiten Stange im Verhältnis zur ersten. Außerdem erhält sie die Elastizität des Pferdes nach dem Überwinden der zweiten Stange und sorgt dafür, daß es die von der zweiten Stange erzeugte Versammlung auch weiter behält und den nächsten Sprung wiederum mit der gewünschten Technik ausführt.
Dem gleichen Ziel dienen *alle weiteren Stangen*. Durch die Wiederholung des gleichen Bewegungsablaufs wird dieser beim Pferd gefestigt, d. h., der erwünschte dynamisch-motorische Stereotyp wird herausgebildet. Dieses Gymnastikhindernis darf nicht zu Springübungen über größere Höhen verwendet werden. Man beginnt bei jungen Pferden mit drei Stangen in Höhe von 30 cm, 45 cm und 45 cm. Im Verlauf von 6 Wochen wird allmählich die Anzahl der Stangen auf sechs erhöht. Erst dann werden, wiederum in längeren Abständen, und zwar mit dem letzten Element des Grids beginnend, allmählich die einzelnen Elemente erhöht, bis diese nach etwa 2 Monaten Höhen von 60 cm erreicht haben.
Erst in der zweiten Hälfte des ersten Ausbildungsjahres des Springpferdes, wenn das Pferd gelernt hat, das Grid ruhig und in gleichmäßigem Tempo sicher zu überwinden, kann man beginnen, die Anforderungen dadurch zu erschweren, daß man die Abstände zwischen den einzelnen Elementen des Gymnastikhindernisses verkürzt, wodurch die gymnastizierende Wirkung außerordentlich erhöht wird. Durch die Verkürzung der Abstände wird das Pferd zu rascherem und energischerem Anziehen der Vorderbeine veranlaßt, was für die Entwicklung der Springtechnik von großer Bedeutung ist. Natürlich dürfen die Abstände nur allmählich und stufenweise verkürzt werden. Man beginnt dabei mit dem Abstand zwischen dem 2. und 3. Element des Grids. Das Maß des Verkürzens muß sich aus genauer Beobachtung des Pferdes ergeben und ist abhängig von der individuellen Entwicklung der Beweglichkeit jedes Pferdes.
Es ist jedoch auch bei diesen leichten Sprüngen darauf zu achten, daß die Pferde nicht überfordert werden. Der konstitutionellen Festigung des jungen Pferdes, der Entwicklung seiner Muskeln, der Stärkung seiner Sehnen und Bänder muß die erforderliche Zeit gelassen werden. Deshalb soll dieses Gymnastikhindernis nicht öfter als drei- bis fünfmal innerhalb einer Übungseinheit überwunden werden.
Bei erwachsenen Pferden kann man mit dieser Arbeit etwas schneller vorgehen, sie soll aber wegen der notwendigen Gewöhnung alle Stufen durchlaufen. Die Übungen strengen die Muskulatur des noch nicht daran gewöhnten Pferdes an, und *Muskelschmerzen* werden wohl am Anfang nicht ausbleiben. Deshalb ist Mäßigung geboten. Im Laufe der Zeit können aber die Anforderungen dann rascher gesteigert werden als bei jungen Pferden, und auch die Anzahl der Serien kann auf 6 bis 7 erhöht werden.
An dieser Stelle sei vorgreifend und warnend gesagt: Wenn man im Verlauf der weiteren Ausbildung des fortgeschrittenen Springpferdes (Vorbereitung auf Springprüfungen Klasse M) die Stangen weiter erhöht, so darf dies nicht über 70 bis 80 cm hinaus geschehen. Sobald die Stangen höher als 60 cm liegen, muß der Abstand zwischen den einzelnen Elementen anfangs 6,6 m betragen. Es gilt als eine Grundsatzregel, daß ein Grid, wie übrigens jedes andere Gymnastikhindernis auch, *stets im taktmäßigen Trab anzureiten* ist. Danach kann das Pferd die Gangart selbst bestimmen und wird das zweite und die weiteren Elemente im Galopp überwinden.
Da manche Pferde bei der Arbeit über ein gleichbleibendes Grid nachlässig und unvorsichtig werden, empfiehlt es sich, von Zeit zu Zeit das eine oder andere Element einmal zu entfernen oder auch engere mit weiteren Abständen abwechseln zu lassen. Das erhält die

Aufmerksamkeit und ist eine gute Übung zur Entwicklung des *Taxiervermögens*. Bei solchen Veränderungen der Abstände soll das Pferd im gleichbleibenden Takt des Galopps lediglich die Länge seiner Galoppsprünge den Veränderungen anpassen.

Die Wallreihe ist eine aus dem Grid entwikkelte Ausbildungshilfe. Hierbei denkt man sich drei oder vier Stangen eines Grids mit Erde bedeckt, die nach der Mitte zwischen zwei Stangen sanft abfällt und zur nächsten Stange sanft ansteigt. (Abb. 149)
Diese Wallreihe wird im Entlastungssitz im Schritt und später im Trab durchritten. Sie hilft dem Pferd, die richtige Tätigkeit des Rückens und des Halses im Sprung zu entwickeln, da bei ihrem Überwinden die gleichen Bewegungen erforderlich sind wie im Sprung selbst, allerdings – und darin liegt ihr Vorteil – in wesentlich verlangsamtem Ablauf. Es empfiehlt sich daher, dieses Ausbildungshilfsmittel bereits ganz am Anfang der Ausbildung einzusetzen, wenn das Pferd noch keine Sprünge machen darf. Aber auch später wird es – besonders zur Anregung der Rückentätigkeit – nützlich sein. Innerhalb einer Übungsstunde soll diese Gymnastikvorrichtung nicht häufiger als das Grid überwunden werden, d. h. drei- bis fünfmal.
Die gleichsam im Zeitraffertempo ausgeführten „Sprungbewegungen" auf der Wallreihe bieten natürlich auch eine ausgezeichnete Gelegenheit, um die *Technik* und das *Gefühl* des *Reiters* im Sprung zu schulen. Deshalb ist diese Einrichtung auch in der Grundausbildung der Reiter nützlich.
Ausbildungsstätten, denen in ausreichendem Maße Platz zur Verfügung steht, können die Länge der Wellenbahn auch vergrößern und sich damit die Möglichkeit zu Übungen im Bergauf- und Bergabgaloppieren schaffen.
Die *Arbeit mit den Gymnastikhindernissen* darf nicht zu einem eintönigen und sinnlosen Wiederholen dieser Sprünge werden. Diese Hindernisse erfüllen ihren Zweck nur dann vollkommen, wenn sie – sobald das Pferd an sie gewöhnt ist – mit dem an den Hilfen stehenden Pferd in taktmäßigen Galoppsprüngen überwunden werden. Der Hauptteil einer Übungseinheit, in der das Grid oder die Wallreihe verwendet wird (das gilt auch für alle anderen Gymnastikhindernisse), muß dressurmäßiges Reiten sein. Ist das Pferd gelöst und an die Hilfen gestellt, wird das Gymnastikhindernis wie ein einzelnes Hindernis oder eine Hindernisreihe überwunden und anschließend mit der dressurmäßigen Arbeit fortgefahren.

Das Gymnastikrick mit Nachstange besteht aus zwei Stangen, von denen sich eine in geringer Höhe über dem Boden befindet, während die andere direkt auf dem Boden liegt. Das Verhältnis von Höhe der ersten Stange und Abstand der beiden Stangen voneinander ist immer 1:2, d. h., liegt die erste Stange 45 cm hoch, so beträgt der Abstand zwischen den beiden Stangen 90 cm. Dieses Gymnastikhindernis wird stets *von der höheren Seite* und nur *im Trab* überwunden. (Abb. 150)
Der Zweck der höheren Stange besteht darin, das Pferd zu einer Sprungbewegung zu veranlassen. Die auf dem Boden liegende Stange hindert es dabei, zu früh abzuspringen, und erzeugt dadurch die entscheidende Wirkung dieser Gymnastikvorrichtung.
Während des letzten Trabrittes vor dem Absprung paßt sich das Pferd der Absprungsituation an. Dazu bringt es die Hinterbeine

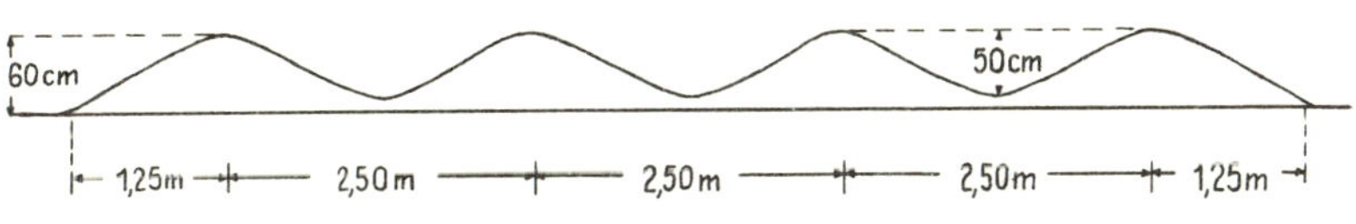

149 Wallreihe

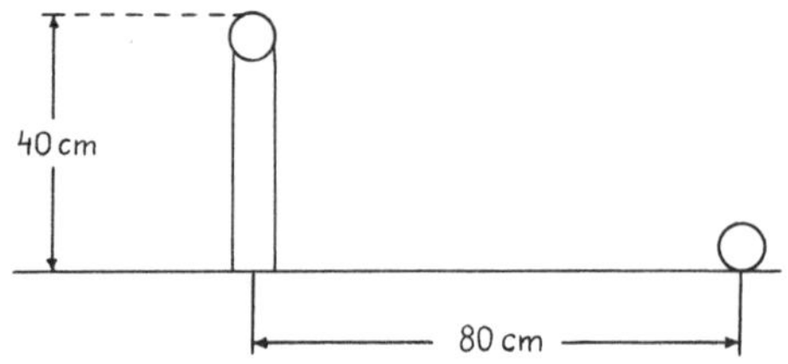

150 Gymnastikrick mit Nachstange

stark unter den Körper. Gleichzeitig veranlaßt die auf dem Boden liegende Nachstange das Pferd zu einem energischen Abdrücken mit den Hinterbeinen und zu einem starken Aufwölben des Rückens während der Schwebephase.
Um unter allen Umständen auch nur die geringste Störung des Pferdes im Maul zu vermeiden, ist der Sprung *mit hingegebenen Zügeln* auszuführen.
Es ist praktisch, dieses Gymnastikhindernis so aufzubauen, daß es der Reiter ständig überwinden kann, wenn er auf einem großen Zirkel reitet. Man beginnt mit Abmessungen von 25 cm und 50 cm oder 30 cm und 60 cm und steigert diese allmählich. Beim Anreiten muß das Pferd in einem lebhaften Arbeitstrab an den Hilfen sein. Die Regelmäßigkeit des Trabs wird durch halbe Paraden gesichert, mit denen das Pferd gleichsam von Tritt zu Tritt geleitet wird.
Unter Beibehaltung des Verhältnisses zwischen den beiden Stangen (1:2) können die Abmessungen allmählich so gesteigert werden, daß nach 2 bis 3 Monaten 60 cm Höhe und 1,2 m Abstand erreicht werden. Diese Maximalabmessungen dürfen nicht überschritten werden. Sie genügen vollauf, um das Pferd zu einer starken Rückentätigkeit zu veranlassen und dadurch die richtige Springtechnik des Pferdes herauszubilden.
Wenn man die Schwierigkeit des Gymnastikhindernisses erhöhen will, indem man nur den Abstand zwischen den beiden Stangen vergrößert, besteht die Gefahr, daß das Pferd auf der Nachstange landet und sich verletzt. Wegen dieser Gefahr sollten junge Pferde diese Übungen nicht erst am Ende der täglichen Arbeit absolvieren, wenn sie bereits ermüdet sind. Sie können das Gymnastikhindernis – mit eingeschobenen Ruhepausen – 15- bis 20mal springen.
Sind die Pferde schon etwas fortgeschritten, verlegt man das Überwinden dieses Gymnastikhindernisses in den Anfangsteil der Übungsstunde. Es ist dann vor dem Beginn der springtechnischen Arbeit vier- bis fünfmal zu springen.
Dieses Gymnastikhindernis sollte auch auf jedem *Abreiteplatz* vorhanden sein und während des Abreitens zur Festigung der korrekten Springtechnik verwendet werden.

Die **Kombination von Grid und Gymnastikrick mit Nachstange** besteht aus drei Elementen. Das erste Element, das Gymnastikrick mit Nachstange, fördert das Aufwölben des Rückens. Das zweite Element ist eine einfache Stange, deren Lage das Pferd zwingt, sich aufzunehmen und dadurch dem folgenden Absprung größere Energie zu geben. Das dritte Element ist wiederum ein Stangenpaar, von dem jedoch eine Stange als Vorstange vor der zweiten auf dem Boden liegt. Es dient gewissermaßen als Belohnung für die Anstrengung, die das Pferd das Überwinden der ersten beiden Elemente gekostet hat. Außerdem vergrößert dieser einladende Aufbau den Schwung. (Abb. 151)
Anfangs baut man am besten nur das erste Element der Kombination auf und springt es einige Male allein, bevor man die anderen Elemente hinzufügt.
Als Regel gilt: Diese Gymnastikkombination wird im Trab angeritten. Danach wird dem Pferd gestattet, im Galopp über das zweite und dritte Element zu gehen.

Der **kurze Gymnastikdoppelsprung** besteht aus zwei Elementen: einer Stange in einer Höhe von anfangs 30 bis später 50 cm und einer zweiten Stange in etwas größerer Höhe. Die zweite Stange kann während der Übungen von 60 cm bis auf 1,10 m erhöht werden.

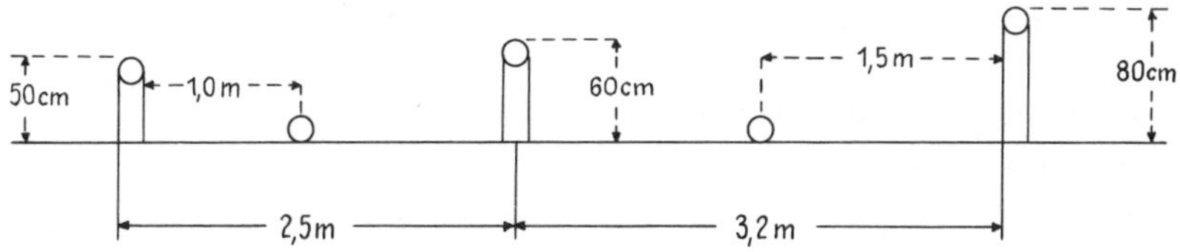

151 Kombination von Grid und Gymnastikrick mit Nachstange

Der Abstand zwischen den beiden Stangen beträgt etwa 2,80 m und kann im Verlauf von zwei Monaten auf 2,25 m verkürzt werden, wodurch Anforderungen und Trainingseffekt wesentlich höher werden. (Abb. 152) Die erste Stange veranlaßt das Pferd zum Sprung, übt aber keine gymnastizierende Wirkung aus. Die zweite Stange wirkt wie das zweite Element des Grids, jedoch ist die Trainingswirksamkeit wesentlich größer. Deshalb darf der Gymnastikdoppelsprung von den Pferden erst dann verlangt werden, wenn sie die anderen bisher beschriebenen Gymnastikhindernisse in den angegebenen Maximalabmessungen nach längerer Übungszeit einwandfrei überwinden.

Um das Rückenaufwölben beim Pferd weiter zu verbessern, wird der *Abstand* zwischen den beiden Stangen während der Übungen allmählich verringert. Durch Erhöhen der zweiten Stange wird eine größere Kraftentfaltung beim Absprung und eine größere Sprunghöhe erreicht. Daher wirkt diese Übung gleichzeitig muskelkraftbildend.

Dieses Gymnastikhindernis ist besonders dann von *Vorteil*, wenn in der springtechnischen Arbeit ein höheres Einzelhindernis geübt wird. Aber auch auf dem Abreiteplatz bzw. vor dem Springen eines Parcours sollte dieses Gymnastikhindernis am Ende der lösenden Arbeit stets einige Male überwunden werden. Es genügen dabei drei bis vier Sprünge in einer Übungseinheit bzw. auf dem Abreiteplatz. Im Verlauf dieser Sprünge kann die Schwierigkeit der Aufgabe allmählich in der beschriebenen Weise gesteigert werden. Es bedarf dabei sicher nicht mehr besonderer Erklärung, daß nur jeweils eine der Anforderungen gesteigert werden darf, und zwar ist immer zuerst die zweite Stange zu erhöhen. Erst wenn das so erschwerte Hindernis von dem Pferd in guter Qualität überwunden wird, erfolgt die weitere Steigerung der Schwierigkeit durch vorsichtiges Verkürzen des Abstandes zwischen der ersten und zweiten Stange. In keinem Falle darf der Abstand so stark verkürzt werden, daß ein berührungsfreies Überwinden für das Pferd unmöglich wird. Dies würde nämlich als Barren angesehen werden müssen.

Bei Pferden, die die erste Stange nicht aus dem Trab springen, sondern vorzeitig angaloppieren, legt man in passenden Abständen 2 bis 3 Bodenstangen vor das Hindernis.

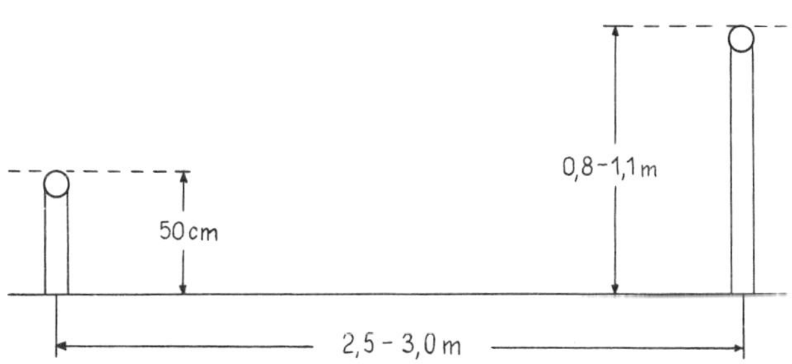

152 Kurzer Gymnastikdoppelsprung

Der Gymnastikparcours

Bei der Arbeit mit den verschiedenen Gymnastikhindernissen können auch mehrere kombiniert verwendet werden. Abbildung 153 zeigt, auf welche Weise man bereits während dieser Übungen eine *Folge von Gymnastikhindernissen* überwinden kann, was zugleich eine Vorübung zum Durchreiten eines Parcours ist. Gymnastikhindernisse können in sehr vielfältiger Form kombiniert werden. Man beginnt derartige Zusammenstellungen in die Übungen einzubeziehen, wenn die Pferde gelernt haben, die einzelnen Gymnastikhindernisse ruhig anzugehen und fließend zu überwinden. Der Gehorsam der Pferde auf Paraden muß zu diesem Zeitpunkt schon so ausgebildet sein, daß jeweils nach Überwinden eines solchen Hindernisses wieder *weich zum Trab durchpariert* werden kann. Zu einem späteren Zeitpunkt, wenn das Pferd die treibenden und verhaltenden Hilfen im Galopp willig annimmt, können diese Übungen auch im ruhigen Arbeitsgalopp ausgeführt werden.

4.5.2. Periode des Springens aus dem Trab

Springen aus dem Trab

Das **Springen aus dem Trab** ist eine grundlegende Methode für das Training von Pferd und Reiter. Da das Pferd relativ langsam an das Hindernis herankommt und bei jedem Trabtritt abdrücken kann (während dies bei einem ganzen Galoppsprung nur einmal möglich ist), gewinnt es Vertrauen zu sich selbst sowie auch zum Hindernis. Das Pferd lernt, beim Absprung *ruhig* zu bleiben, was wiederum hilft, die Springfreudigkeit zu erhalten und zu stärken. Außerdem verbessern solche Übungen die *Gewandtheit* des Pferdes und tragen nicht unwesentlich zur *Muskelbildung* (Kraftentwicklung) bei.
Sobald sich das Pferd auf die treibenden und verhaltenden Hilfen im Trab völlig gehorsam zeigt und in dieser Gangart Wendungen willig ausführt, kann zusammen mit den Übungen über Gymnastikhindernisse das Springen aus dem Trab beginnen.

153 Gymnastikparcours

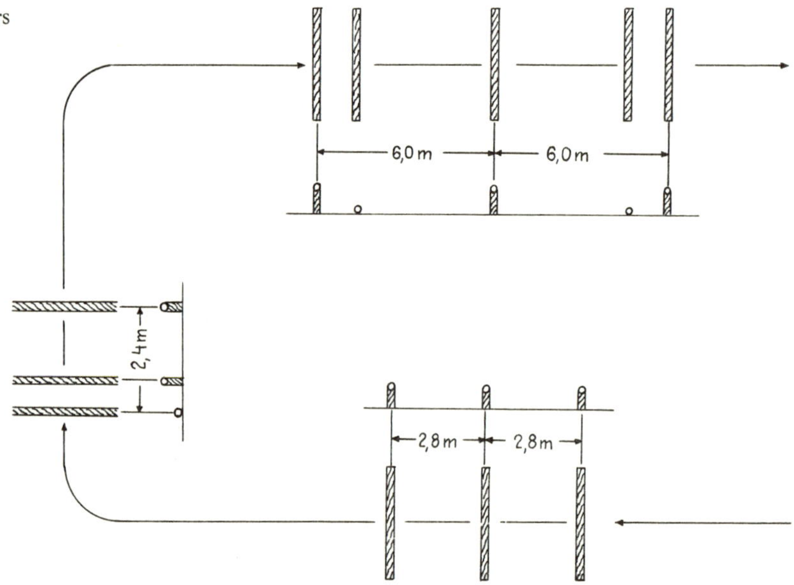

Die bisher beschriebenen Gymnastikhindernisse werden ausschließlich zu gymnastizierenden Übungen und später zum Lösen der Pferde verwendet. Wir betrachten sie deshalb nicht als wirkliche Hindernisse. Auf unserem Ausbildungsweg haben wir aber jetzt ein Stadium erreicht, in dem es zweckmäßig ist, das junge Pferd mit zwar kleinen, aber *richtigen Hindernissen* bekannt zu machen. Solche Hindernisse sollen 60 bis 70 cm hoch sein.

Das Hindernis soll *am langen Zügel* in einem lebhaften, taktmäßigen Arbeitstrab angeritten werden. Der Reiter soll dabei nicht auf das Hindernis schauen, sondern sich hauptsächlich darauf konzentrieren, den geregelten *Takt* der Bewegung zu erhalten.

Wurde in der vorangegangenen Ausbildung oberflächlich verfahren, so zeigen sich spätestens hier die Mängel, die einer sofortigen Korrektur bedürfen.

Dazu einige *Hinweise*:

Falls das Pferd beim Anreiten schneller werden sollte, muß man es vor dem Hindernis in dem Moment abwenden, in dem es das Hindernis anziehen will. Diese Methode ist im allgemeinen immer dann anzuwenden, wenn das Herangehen des Pferdes an das Hindernis nicht befriedigt.

Je nach dem Temperament und der Ausbildung des Pferdes übt das Hindernis beim Anreiten einen *Reiz* aus, der das Pferd zur *Beschleunigung* seiner Bewegungen veranlaßt (das Pferd „zieht das Hindernis an"). Der Punkt, an dem dieser Reiz wirksam wird, heißt „Reizschwelle". Der Zweck dieser Übungen besteht darin, der Reizschwelle ihre Wirksamkeit zu nehmen und dabei gleichzeitig den Gehorsam auf die Hilfen zu erhöhen. Deshalb ist es erforderlich, daß das Pferd, sobald es seine Bewegungen beschleunigen will, auf einen Zirkel abgewendet und nach dem Reiten des Zirkels immer wieder an den Punkt gebracht wird, an dem der Reiz des Hindernisses wirksam wurde. Dazu wendet man *abwechselnd* nach links und rechts ab. Das Pferd muß am Wechselpunkt zwischen den beiden Zirkeln jeweils genau *geradeaus* und *senkrecht zum Hindernis* gerichtet sein. (Abb. 154)

Reagiert das Pferd nicht mehr auf den Reiz des Hindernisses, wird der Wechselpunkt allmählich immer weiter an das Hindernis herangelegt. Wenn der Reiz des Hindernisses auch in einer Entfernung von 4 bis 6 Trabtritten nicht mehr wirkt und das Pferd korrekt an den Hilfen bleibt, reitet man das Hindernis im Trab an und überwindet es. Diese Übungen erfordern vom Ausbilder viel Geduld und Ausdauer, denn erfahrungsgemäß muß diese Methode bei für das Pferd neuen Hindernissen häufig wieder praktiziert werden, ehe sich ein etwas temperamentvolleres Pferd das Stürmen gegen das Hindernis abgewöhnt. Die Übungen sind aber in der Periode der Trabsprünge – und auch später – von außerordentlicher Bedeutung, weil sie wesentlich dazu beitragen, daß die Pferde ruhig und vom Reiter beherrscht an den Sprung herangehen.

154 Verlegen der Reizschwelle näher an das Hindernis

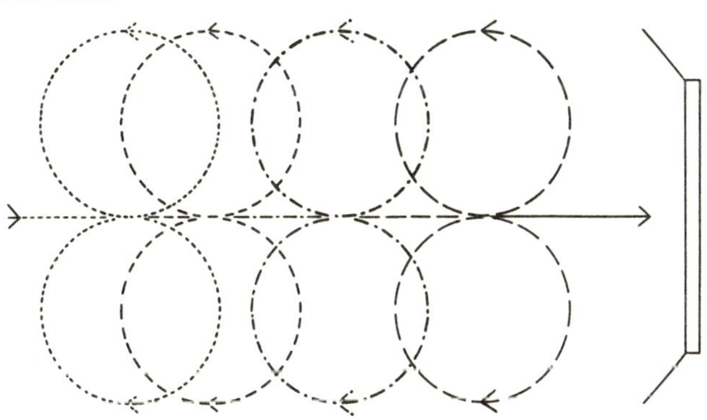

Der Reiter braucht nicht zu befürchten, daß das Pferd durch das häufige Abwenden zum Stehenbleiben verleitet wird, solange er es korrekt an den Hilfen hat und dressurmäßig reitet. Nur wenige Pferde, die an jeder beliebigen Stelle vor dem Hindernis weich durchpariert werden können, „verweigern". Ein Pferd, das die Paraden durchläßt, gehorcht auch den treibenden Hilfen.
In diesem Ausbildungsstadium wird ein Pferd, das nicht systematisch daran gewöhnt worden ist, aus dem Trab zu springen, häufig aus dem Takt kommen. In diesem Falle wird auch der Reiter viel öfter vor dem Hindernis abwenden müssen, als er dieses wirklich springt. Der Reiter muß das Herangehen an den Sprung geduldig korrigieren und darf sich keinesfalls mit einer Reihe schlechter Sprünge zufriedengeben.
Während dieses frühen Ausbildungsabschnittes wäre es unklug, wenn der Reiter einen direkten Einfluß auf den *Absprung* ausüben wollte. Die Hauptaufgabe besteht vielmehr darin, das Pferd mit dem „Auftauchen" des Hindernisses während des Anreitens vertraut zu machen und ihm dadurch Gelegenheit zu geben, selbst die geeignete *Absprungstelle* richtig abschätzen zu lernen. Da das Pferd auf diese Weise grundlegende Erfahrungen gewinnt, die es später dringend benötigt, muß der Reiter ihm dazu auch genügend Zeit lassen.
Während des Anreitens kann sich der Reiter stets auch selbst im *Abschätzen* der Absprungstelle üben. Während des Sprungs muß er sein ganzes Bestreben darauf richten, beim Pferd jede Verwirrung oder Störung zu vermeiden (tiefe, weiche Hand, Halsriemen!). Falls das Pferd in eine schlechte Springtechnik zurückfällt, muß man sofort zu den Übungen über die Gymnastikhindernisse zurückkehren. Sie sind einige Male zu überwinden, bevor ein neuer Versuch zum Springen von Einzelhindernissen aus dem Trab gemacht wird.

Spezielle Ausbildung über künstliche Hindernisse. Die Hindernisse, die man im ersten Stadium der Springausbildung verwendet, dürfen das Pferd nicht durch ungewöhnliche Form oder Farbe erschrecken. Sie sollen anziehend und einladend sein, damit sie das Pferd ermutigen und seine Springfreudigkeit steigern. Sie müssen durch die Art ihres Aufbaus dem Pferd helfen, die richtige *Absprungentfernung* schätzen zu lernen.
Werden die angeführten Punkte berücksichtigt, kann man für die Übungen dieser Periode *alle Arten von Hindernissen* verwenden, vorausgesetzt, daß ihre Höhe dem Ausbildungsstand des Pferdes entspricht (60 bis 70 cm). Bei *Hochweitsprüngen* soll die Tiefe nicht größer als 60 cm sein, während *Gräben* nicht über 1,50 m hinausgehen dürfen. Das Überwinden von *Doppel- und Dreifachsprüngen* mit Hindernissen gleicher Abmessungen kann schon nach den ersten Übungseinheiten eingeführt werden, in denen Einzelhindernisse aus dem Trab gesprungen werden. Voraussetzung ist nur, daß das Pferd die Trabsprünge an den Einzelhindernissen flüssig ausführt. Wenn derartige kleine Kombinationen gesprungen werden, muß der Reiter den ersten Sprung so anreiten, als ob dahinter nichts mehr käme. Nach dem ersten Sprung gestattet er dem Pferd, im Galopp weiterzugehen, wie es das aus der Arbeit mit den Gymnastikhindernissen kennt.
Bei diesen Trabsprüngen soll der *Abstand* eines Doppelsprunges nicht mehr als 6,40 m betragen. Im Falle einer Dreifachkombination kann der Abstand zwischen dem zweiten und dritten Element der Kombination auf 6,80 m erhöht werden. Diese Zahlen dürfen aber nur als Anhaltswerte betrachtet werden. Die Länge des natürlichen Galoppsprungs und die Geschwindigkeit der Galoppbewegungen spielen anfangs eine große Rolle, so daß die Kontrolle der Abstände in den Kombinationen und ihre Anpassung an die Bewegungen des Pferdes eine wichtige Voraussetzung für den Erfolg der Arbeit ist. Bleibt das Pferd trotz gründlicher Ausbildung und korrekten Herangehens an das gut aufgebaute Hindernis stehen und besteht kein Anlaß zum Verändern der Abstände, läßt man es 8 bis 10

Sekunden vor dem Hindernis verweilen. Danach wendet man das Pferd, stellt es im Trab an die Hilfen und macht einen neuen Versuch, als ob nichts gewesen wäre. Nach einem einzelnen Verweigern braucht keine andere Vorsichtsmaßregel ergriffen zu werden, als daß das Pferd korrekt an die Hilfen gestellt und die erfolgreiche Lebhaftigkeit der Tritte erzeugt wird. Das Pferd springt das Hindernis beim zweiten Versuch, meist ohne zu zögern. Sollte das Pferd jedoch beim zweiten Versuch wiederum stehenbleiben, tippe man es mit der Peitsche ein paarmal hinter dem Unterschenkel an (keine Schläge), während es vor dem Hindernis hält. Dabei darf dem Pferd nicht gestattet werden, sich vom Hindernis abzuwenden.

Wird das Pferd danach abgewandt und ein neuer Versuch gemacht, *muß* das Hindernis *niedriger* gestellt werden. Sollte sich auch dann das Stehenbleiben des Pferdes wiederholen, kann der Reiter die Peitsche etwas deutlicher anlegen. Jedoch wird die Peitsche hierbei nur zur Erziehung, nicht aber zur Strafe verwendet. Die Korrekturmaßnahmen sind immer darauf ausgerichtet, dem Pferd die Aufgabe so zu erleichtern, daß es sie ausführen kann. Danach können die Anforderungen allmählich wieder bis zu diesem Punkt gesteigert werden, an dem die Schwierigkeiten auftraten.

Das Sternhindernis

Eine solche Anordnung von Hindernissen kann in dem hier besprochenen Ausbildungsabschnitt mit großem Vorteil verwendet werden. Es ist eine sehr praktische Einrichtung, die außerdem nur wenig Platz beansprucht. (Abb. 155)

Die *Maße* der Konstruktion sind aus der Abbildung ersichtlich. Der Vorteil des Sternhindernisses besteht darin, daß der Reiter immer

155 Sternhindernis

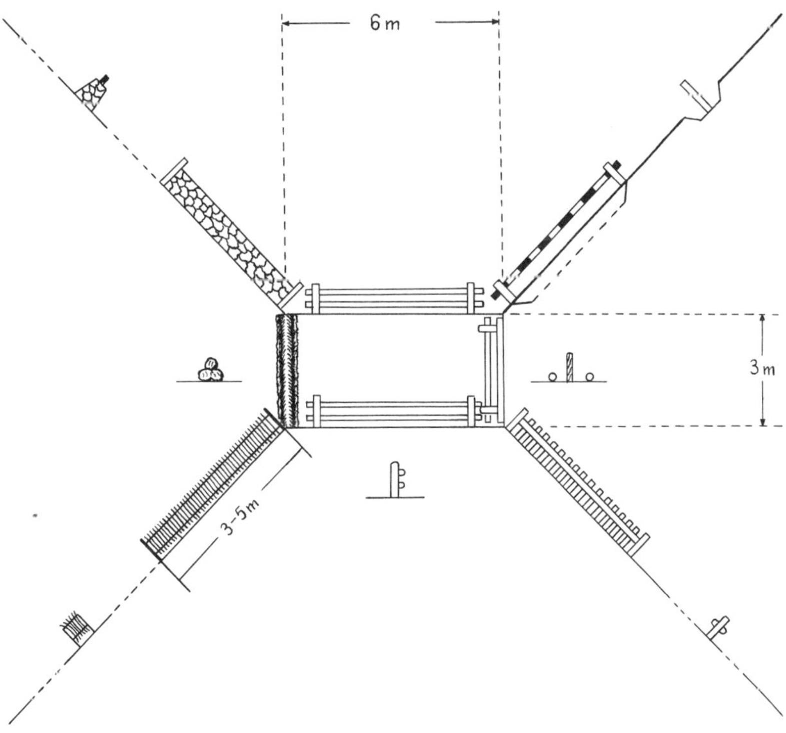

dann, wenn er sein Pferd auf den Sprung richtig vorbereitet hat, vor einem der Hindernisse der Kombination steht. Dadurch werden lange Wege zum nächsten Hindernis vermieden, auf denen das Pferd leicht wieder von den Hilfen kommen bzw. die erreichte Stufe der Vorbereitung des Sprungs verlorengehen kann. Der Reiter wäre in diesem Fall gezwungen, mit der Arbeit wieder von vorn zu beginnen. Viele Reiter vernachlässigen während des Anreitens die erforderlichen Korrekturen und bereiten dadurch das Pferd nicht richtig auf den Sprung vor. Das Sternhindernis hilft durch die Art seiner Anlage diese schädliche Ungeduld zu zähmen. Wenn die einzelnen Elemente des Sternhindernisses relativ niedrig sind (40 bis 50 cm), können sie auch zum Lösen verwendet werden (Miniaturhindernisse).

Hindernisreihen können bereits in der vorliegenden Ausbildungsetappe verwendet werden, um die Springtechnik des Pferdes und seine Rückentätigkeit zu verbessern, seine Muskelkraft zu entwickeln und es an die verschiedenen Arten von Hindernissen zu gewöhnen. Sie stellen eine Erweiterung der in der Periode des Springens aus dem Trab (s. S. 372) erwähnten Zwei- und Dreifachkombinationen dar. Außerdem vervielfachen sie die Möglichkeit, die springtechnischen Aufgaben zu variieren und dabei eine *komplexe Trainingsarbeit* zu leisten.

Sie sollten nicht mehr als 4, gegen Ende des zweiten Ausbildungsjahres höchstens 6 Einzelhindernisse (s. Abb. 144) umfassen. Erst nach Abschluß des ersten Jahres der Grundausbildung können, je nach den Fortschritten des Pferdes, die Abmessungen von 0,80 bis 1,00 m erreicht werden.

Die *Prinzipien* nach denen solche Hindernisse aufgebaut und verwendet werden, sind die gleichen wie beim Grid. Das erste Hindernis der Reihe muß jeweils 10 bis 15 cm niedriger sein als die folgenden. (Abb. 156)

Die Hindernisreihen sind eine außerordentlich gute, schon auf früher Ausbildungsstufe anwendbare *Vorübung* für das spätere Springen von *Kombinationen*. Deshalb werden die Abstände so gewählt, daß innerhalb einer Reihe zwischen den Hindernissen ein oder auch mehrere Galoppzwischensprünge verlangt werden. Natürlich müssen die Abstände anfangs genau in den Galoppsprung des Pfer-

156 Hindernisreihen

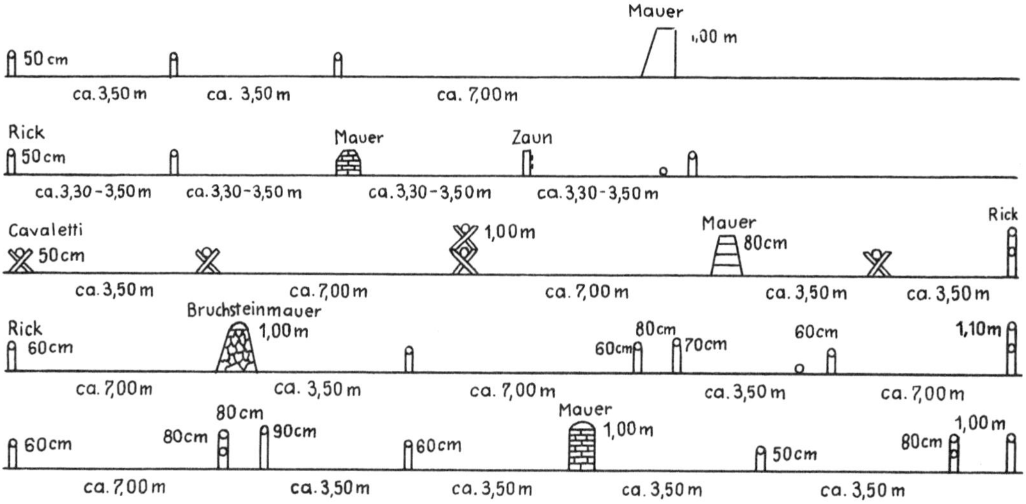

des passen. Erst gegen Ende des zweiten Ausbildungsjahres darf vorsichtig begonnen werden, die Anforderungen durch Verkürzen oder Erweitern der Abstände zu ändern.
Wählt man innerhalb einer Reihe Hindernisse verschiedener Höhe, muß man dies auch bei den Abständen berücksichtigen. Durch die Hindernisreihe läßt sich auch die *Springtechnik* verbessern, wenn die Hindernisse mit davor oder dahinter plazierten Stangen, Bodenricks oder Miniaturhindernissen entsprechend aufgebaut werden. Damit bieten diese Hindernisreihen die Möglichkeit, das Pferd vor immer neue Situationen zu stellen und die Ausbildung vielseitig und abwechslungsreich zu machen.
Der Phantasie des Reiters werden beim Ausdenken solcher Hindernisreihen nur durch den jeweiligen Ausbildungsstand des Pferdes Grenzen gesetzt, die nicht überschritten werden dürfen, damit es keine Rückschläge gibt. Bleibt ein Pferd innerhalb einer Hindernisreihe stehen, so ist in den meisten Fällen ein *Fehler im Aufbau* der Reihe gemacht worden.

An den *Anfang* der Hindernisreihe setzt man immer dem Pferd bereits bekannte Elemente. Neu einzuführende Hindernisarten, -höhen und -kombinationen (mit einem oder zwei Galoppzwischensprüngen) werden stets an den *Schluß* der Reihe verlegt, weil man sich dabei den bereits erreichten Bewegungsfluß zunutze macht.
Bei trainingsmethodisch richtigem Vorgehen kann man aus der Hindernisreihe allmählich einen ganzen Parcours entwickeln. Dafür gelten folgende *Grundsätze:* Vor dem ersten, niedrigen Hindernis liegen 4–6 Bodenstangen, die den Trab beim Anreiten regulieren. Zwischen den weiteren Hindernissen liegt jeweils ein Abstand von 3, 6 oder 9 m, später auch mehr, aber immer eine Meterzahl, die sich durch drei teilen läßt. Das gilt auch für Wendungen zwischen den Hindernissen, deren Radius aber immer so groß sein muß, daß das Pferd nicht den Schwung verliert. Für diese Arbeit ist es vorteilhaft, wenn das Pferd jeweils auf der Hand landet, auf der es die nächste Wendung ausführen soll. Das kann der Reiter beeinflussen, indem er das Pferd lehrt, im Sprung den Galopp zu wechseln. Er muß dazu dem Pferd während des Sprunges eine deutliche Kopfstellung nach der Wendungsseite geben und dabei sein Gewicht mehr auf diese Seite verlegen, indem er den Bügel dieser Seite stärker austritt.

Überwinden von Geländehindernissen

Während des hier besprochenen Ausbildungsabschnittes des jungen Pferdes kann man es bei Ausritten ins Gelände schon kleine Sprünge machen lassen. Ein kleiner Graben, eine niedrige Hecke, ein einzelner Baumstamm oder ein ähnliches „Hindernis“ kann sicher überall gefunden werden. Ein weiterer Zweck der Übungen im Gelände besteht darin, die Pferde daran zu gewöhnen, auf leicht *geneigten* Flächen taktmäßig und gleichmäßig im Schritt und Trab zu gehen. Dies wird durch lösende und gymnastizierende Übungen wie auch Gewöhnungsübungen im Gelände erreicht.
Der Reiter sollte auch versuchen, einige steilere Hänge zu *klettern* oder Bäche zu durchreiten, wenn sich solche natürlichen Hindernisse anbieten. Er muß dabei alle Möglichkeiten ausnutzen, die das Gelände aufweist – natürlich ohne das Pferd zu überanstrengen. Durch diese Übungen soll das Pferd an seine späteren Aufgaben herangeführt werden. Die hierfür ausgewählten *Hänge* dürfen nur so steil und lang sein, daß sie sich auf- oder abwärts im Schritt reiten lassen. *Auf- und Tiefsprünge* dürfen keinen größeren Höhenunterschied als anfangs 50 cm, später 75 cm aufweisen.
Da aus Sicherheitsgründen beim Reiten im Gelände stets mindestens zwei Reiter gemeinsam üben sollten, kann häufig das erfahrenere der beiden Pferde dem jüngeren als Führpferd dienen und die Gewöhnung an Neues durch Ausnutzung des Herdentriebes wesentlich erleichtern.

Springen von Gräben

Gräben sind die am häufigsten in jedem Gelände vorkommenden Naturhindernisse. Das Pferd muß sie in allen Formen und mit allen ihren Besonderheiten kennenlernen, damit es sie vertrauensvoll auch dann springt, wenn sie einmal imposant aussehen. Wenn der Reiter die Fähigkeit seines Pferdes zum Springen von Wassergräben entwickeln will, muß er den allergrößten Wert darauf legen, das *Vertrauen* und die *Springfreudigkeit* des Pferdes für solche Hindernisse anzuregen. Er beginnt deshalb mit einer ganz einfachen Aufgabe, da die meisten Schwierigkeiten im Überwinden der psychischen Eindrücke liegen, die durch die Erscheinung dieses Hindernisses hervorgerufen werden. Wenn das Pferd auf seinen frühesten Ausbildungsstufen mit dem Überwinden eines ganz kleinen Grabens vertraut gemacht wird, ist genügend Zeit vorhanden, diese Fähigkeit in den folgenden Ausbildungsabschnitten langsam und systematisch zu entwickeln.

Für die ersten Versuche wähle man einen *trockenen Graben* aus, der nicht breiter als 1,50 m ist, dessen *steile Wände* jedoch eine Sprungbewegung verlangen, wenn das Pferd auf die andere Seite kommen will.

Das Pferd ist zunächst im Schritt genau gerade auf den Graben zuzureiten. Beim Erreichen der Kante muß man ihm gestatten, seinen Hals zu strecken und den Graben „anzuriechen". Wenn das Pferd vor dem Graben stehenbleibt, ist das kein Grund zur Beunruhigung, da es mehr als 2 m aus dem Stand springen kann.

Der Reiter muß fest entschlossen sein, den Graben zu überwinden. Das ist der *Hauptfaktor,* der das Pferd zur Ausführung des Sprungs veranlaßt.

Die einzige Hilfe, die der Reiter geben kann, besteht in einer einfachen vortreibenden Einwirkung gleichzeitig mit beiden Schenkeln. Die meisten Pferde entschließen sich nach einem nur wenige Sekunden dauernden Zaudern zum Sprung und drücken ab. Dies geschieht meist sehr plötzlich. Damit der Reiter die Bewegungen des Pferdes auf keinen Fall stört, muß er in den *Halsriemen* greifen.

Wenn das Pferd sich nicht zum Absprung entschließen kann, wird die treibende Schenkelhilfe durch ein *Anklopfen* mit der Peitsche hinter dem Schenkel (nicht aber durch „Bolzen" mit den Waden) verstärkt. Während dieses Vorgangs muß der Reiter sein ganzes Augenmerk darauf richten, daß das Pferd nicht zur Seite abwendet oder zurücktritt. Wenn notwendig, läßt man das Pferd 5 bis 20 Minuten oder auch noch länger vor dem Graben stehen. Sollte das Pferd sich zum Springen anschikken, dann aber den Sprung doch nicht wagen, klopft man ihm einige Male den Hals und gestattet ihm dann, zu einem neuen „Entschluß" zu kommen. Der Reiter darf dabei niemals die Geduld verlieren, sondern muß in aller Ruhe abwarten, bis der Sprung ausgeführt ist. Das Pferd wird sich früher oder später zu dem Sprung entschließen, wenn es nicht vom Reiter gestört wird. Wer bei diesen ersten Versuchen ungeduldig wird und vielleicht gar die Peitsche in strafender Weise gebraucht, erzieht unzuverlässige Grabenspringer.

Ein Reiter, der glaubt, diese Geduldsprobe nicht durchstehen zu können, sollte sich von Anfang an eines Führpferdes bedienen.

Bewährt hat sich auch eine vor dem Graben aufgebaute *Hindernisreihe,* die dem Pferd schon bekannt ist, so daß es den passenden Absprung etwa 30 cm vor der Grabenkante mit dem entwickelten Schwung erreicht.

Häufig sind heutzutage geeignete Gräben in der Nähe von Reitanlagen nicht mehr zu finden. Hat man nicht die Möglichkeit, für das Training künstliche Gräben in den erforderlichen Größen zu verwenden, hat sich auch die Benutzung einer Plastikplane bewährt, deren Breite sich nach Bedarf verändern läßt. In diesem Falle ist es wichtig, vor der Plastikplane eine Absprunghecke oder ein anderes Absprungelement aufzustellen und das Ende der Plane mit einem weißen Band zu markieren. Die Einordnung eines solchen künstlichen Grabens an das Ende einer Hindernisreihe ist dringend zu empfehlen. Sollte ein Pferd trotzdem in den „Graben" treten, muß man ihn zunächst mit einer Stange überbauen, um den Sprung zu sichern. Die Stange, die zuerst über der Mitte der Plane und ca. 50 cm über ihr liegt, wird allmählich mehr nach der Landeseite verlegt, bis sie, aus dem Blickwinkel des Pferdes gesehen, das Band verdeckt. Danach entfernt man sie, wenn die Sprünge die gewünschte Qualität erreicht haben. Eine Verbreiterung des „Grabens“, der anfangs eine zu überspringende „Wasser“-fläche von 1,00 bis 1,20 m aufwies, darf danach allmählich erfolgen, wobei er auch als Einzelhindernis zu üben ist. Es kommt bei diesen Übungen auf gerades Anreiten in lebhaften Trabtritten an. Natürlich ist auch bei diesen Übungen das taktmäßige Anreiten von Bedeutung.

Spezielle Kraftarbeit

Neben dem Klettern von Steilhängen kann zur speziellen Kraftentwicklung auch die folgende *Methode* angewandt werden:
Vor einem zunächst niedrigen Hindernis mit geneigter Vorderebene (Hochsprung) von 70 cm werden Stangen auf den Boden gelegt, die das Pferd zwingen, im Trab zu bleiben. Dadurch bleibt die Geschwindigkeit des Anreitens niedrig, und der Kraftaufwand zur Entwicklung der Beschleunigung für das Überwinden des Hindernisses wird groß.
Allmählich erhöht man das Hindernis entsprechend dem Springvermögen des Pferdes. Entscheidend ist, daß jedes Anreiten im lebhaften, aber taktmäßigen Trab erfolgt. Entsprechend der wachsenden Höhe des Hindernisses muß dessen Abstand von der letzten Bodenstange vergrößert werden, da die Absprungentfernung vor dem Hindernis größer wird.
Die *Anzahl der Wiederholungen* pro Serie (2 bis 3 Serien je Übungseinheit) richtet sich nach dem Pferd. Der hohe Energieverbrauch bei dieser Übung führt beim Pferd relativ rasch zur Ermüdung der Muskulatur, die aber nicht völlig lokal ermüdet werden darf, weil sonst die Springfreudigkeit verlorengeht. Ein Versuch zuviel kann schon schaden!

Diese Arbeit ist mit jungen Pferden einmal pro Woche, mit ausgebildeten zweimal durchzuführen. Voraussetzung für diese sehr *trainingsintensive* Methode ist die Springwilligkeit des Pferdes. Ihre Anwendung in der Praxis (Anhaltspunkte s. Tab. 32) ist aber stark von der individuellen Belastbarkeit des Pferdes abhängig und erfordert daher genaue Beobachtung der *Belastungsverträglichkeit.* Es darf nicht dazu kommen, daß ein Pferd bei dieser Arbeit stehenbleibt!

4.5.3. Periode des Springens aus dem Galopp

Warum beginnen wir eigentlich nicht gleich mit dem Springen aus dem Galopp? Diese Frage ist leicht zu beantworten: Das Ziel der Springausbildung lag im bisher geschilderten Ausbildungsgang sowohl darin, das Pferd das richtige *Herankommen an das Hindernis* zu lehren als auch in der Herausbildung einer richtigen Springtechnik. Im Trab findet das Pferd immer den Absprung. Deshalb fällt dem jungen Pferd das Springen aus dem Trab leichter als aus dem Galopp. Andererseits hat sich ein zu langes Verweilen bei der Trabspringtechnik als nicht vorteilhaft erwiesen, weil das Pferd dabei nicht genügend Beschleunigung für einen fliegenden Sprung erhält.
Bevor man mit dem Anreiten der Hindernisse im Galopp beginnt, muß das Pferd auf beiden Händen willig angaloppieren können.
Während des *Arbeitsgalopps* ist zunächst der Gehorsam des Pferdes auf die verhaltenden und treibenden Hilfen zu überprüfen. Nur wenn der Reiter damit zufrieden ist und das Pferd ein Tempo hält, das wenig unter seinem gewöhnlichen Galopptempo liegt, darf er an das Springen denken. (Das Sternhindernis wird auf dieser frühen Ausbildungsstufe sehr nützlich sein.) Während der gesamten nun folgenden Springausbildung ist das Durchreiten von Hindernisreihen, Kombinationen und Teilparcours in einem *gleichmäßigen Tempo* und mit *taktmäßigen Galoppsprüngen* bei

Tabelle 32: Belastungsplan für spezielle Kraftarbeit (Beispiel)

Ausbildungsmonat	Vorstangen			Hindernishöhe	Serien Anzahl	Pausen		Wiederholungen Anzahl pro Serie	Gesamtzahl der Sprünge
	Anzahl	Abstand (m)	Abstand der letzten Stange vom Hindernis (m)	(m)		Anzahl	Länge (min)		
7. (Februar)	4	1,4	2,2	0,7	2	1	3	4	8
8. (März)	4	1,4	2,2	0,7	3	2	3	5	15
9. (April)	3	1,4	2,2	0,8	2	2	3	6	12
10. (Mai)	4	1,5	2,2	0,8	3	1	2	6	18
11. (Juni)	3	1,5	2,2	0,8	4	2	3	5	20
12. (Juli)	4	1,4	2,2	0,9	3	3	2	4	12
13. (August)	3	1,4	2,2	0,9	3	2	3	5	15
14. (September)	3	1,4	2,2	0,9	4	3	2	5	20
15. (Oktober)	4	1,5	2,3	0,9	3	2	3	5	15
16. (November)	3	1,5	2,4	1,0	3	2	2	4	12
17. (Dezember)	4	1,6	2,4	1,0	3	3	2	5	15
18. (Januar)	3	1,6	2,5	1,0	4	3	2	4	16
19. (Februar)	4	1,5	2,5	1,1	3	2	2	4	12
20. (März)	3	1,5	2,5	1,1	4	2	2	5	20
21. (April)	4	1,4	2,5	1,2	3	2	2	5	15

korrekter Stellung und Biegung ein prinzipielles Ziel, das niemals aus dem Auge gelassen werden darf.
Wenn das Pferd gegen das Hindernis stürmt, so liegt das meist daran, daß der Reiter mit den Zügeln zu „halten" versucht. Er muß deshalb größten Wert darauf legen, die *leichte Anlehnung* zu erhalten. Wenn das Pferd vor dem Hindernis Widersetzlichkeit erkennen läßt, ist ein einfacher treibender Schenkeldruck die beste Hilfe. Wenn es erforderlich ist, kann sie durch ein leichtes Antippen mit der Gerte hinter dem Unterschenkel verstärkt werden. Hat man nach dieser treibenden Hilfe noch genügend Zeit, sollte man eine halbe Parade folgen lassen und danach wiederum die treibende Hilfe geben. Dadurch gelingt es, die Lebhaftigkeit des Galoppsprungs zu erhöhen.
Ziel dieser Arbeit ist es, die Grundlage für das vom ausgebildeten Springpferd später zu fordernde Einhalten eines gleichmäßigen Galopptempos durch den ganzen Parcours zu legen. Unterstützen kann man dies, indem vor und nach den Hindernissen Bodenstangen im Abstand der Länge der Galoppsprünge (ca. 3,50 m) hingelegt werden, die das Pferd veranlassen, mit geregelten Galoppsprüngen an das nächste Hindernis heranzukommen bzw. nach dem Landen nicht eilig zu werden. Auf diese Weise kann man das ruhige und gleichmäßige Galoppieren zwischen den Hindernissen fördern. Beim Auslegen der Stangen muß selbstverständlich die Landeentfernung hinter dem vorhergehenden Hindernis und die Absprungsentfernung vor dem folgenden berücksichtigt werden.

Die Anzahl der verwendeten Bodenstangen richtet sich nach dem Abstand der Hindernisse voneinander. Zu berücksichtigen ist die Verkürzung der ersten beiden Galoppsprünge nach der Landung. Daraus ergibt sich die Anzahl der Bodenstangen zwischen den Hindernissen, wie sie in Tabelle 33 angegeben ist.

Die Anzahl der Bodenstangen vor dem ersten Hindernis sollte 5–6 betragen, damit das Pferd veranlaßt wird, in geregelten Galopp-

Tabelle 33: Verwendung von Bodenstangen zur Regulierung der Galoppsprünge zwischen den Hindernissen

a) Entfernung zwischen Hindernis 1 und 2:	13,60 m	17,10 m	20,60 m	24,10 m	27,60 m	31,10 m
setzt sich zusammen aus:						
b) Landeentfernung nach Hindernis 1*)	1,90 m	1,90 m	2,00 m	2,00 m	2,00 m	2,00 m
c) Länge des 1. Galoppsprungs nach der Landung	3,25 m	3,25 m	3,25 m	3,25 m	3,25 m	3,25 m
d) Länge des 2. Galoppsprungs nach der Landung	3,40 m	3,40 m	3,40 m	3,40 m	3,40 m	3,40 m
e) Länge weiterer Galoppsprünge/Anzahl	3,50 m	3,50 m	3,50 m	3,50 m	3,50 m	3,50 m
f) Absprungentfernung vor Hindernis 2*)	1,55 m	1,55 m	1,55 m	1,55 m	1,55 m	1,55 m
g) Anzahl der erforderlichen Bodenstangen	3	4	5	6	7	8

*) Die Länge von Absprung- und Landeentfernung ändert sich mit den Abmessungen der Hindernisse und der Anreitegeschwindigkeit:

Höhe der Hindernisse	Absprungentfernung**) 1,50 m	Landeentfernung**) 1,80 m
1,00 m	1,55 m	1,90 m
1,10 m	1,60 m	2,00 m
1,20 m	1,65 m	2,10 m
1,30 m	1,70 m	2,15 m

**) bei Tempo 325 m/min

sprüngen an das Hindernis heranzugehen.
An das gleichmäßige Galoppieren über die Bodenstangen müssen Reiter wie Pferde vorher gewöhnt werden, wozu mit 2–3 Bodenstangen begonnen und deren Anzahl bis auf 10 gesteigert wird. Die Reiter müssen lernen, die Gleichmäßigkeit des Galopps durch halbe Paraden zu unterstützen.
In diesem Ausbildungsstadium darf der Reiter – gleich ob mit oder ohne Bodenstangen – keinerlei Versuche machen, den *Absprungpunkt* des Pferdes bestimmen zu wollen. Die bei den Übungen verwendeten Hindernisse sind nicht schwierig, und das Pferd soll ja auch eigene „Erfahrungen" sammeln. Deshalb muß man ihm das Finden der Absprungstelle selbst überlassen. Falls das Pferd einen *im Galopp* angerittenen Sprung verweigern sollte, ist es am besten, den gleichen Sprung (etwas niedriger gestellt) *im Trab* noch einmal anzureiten. Auch einige Gymnastiksprünge kann man verlangen. Erst danach versucht man, das Hindernis erneut im Galopp zu überwinden. Jedes *Vorwärtszwingen* des Pferdes mit dem Sitz oder gar der Peitsche, um den vermeintlichen Ungehorsam mit Gewalt zu brechen, erzieht nur *unzuverlässige Springer.*

Umfang und Inhalt der Springarbeit

An zwei bis drei Tagen der Woche sind Übungen in der *Galoppspringtechnik* vorzusehen. Stets müssen diesen Springübungen sorgfältig ausgeführte lösende Übungen, dressurmäßige Arbeit und Gymnastikarbeit vorausgehen.
Für die *Auswahl der Hindernisse* gelten die gleichen Gesichtspunkte wie für das Trabspringen. Vorwiegend werden Hindernisreihen geübt. Die *Abstände* zwischen den einzelnen Elementen sollten 6 oder 9 m betragen. Zu Einzelsprüngen kommt man am besten, wenn man das letzte Element der Hindernisreihe allmählich und jeweils um 3,00–3,50 m von der Reihe absondert.
Für die *Arbeit im Gelände* werden ebenfalls die bisher verwendeten Hindernistypen weiter benutzt. Ihre Höhe kann bis zu 1 m gestei-

gert werden. Außerdem sollten in das Training einbezogen werden: kleine Hindernisse auf sanft geneigten Hängen; Gräben und auch Wassergräben mit verschiedenartigen Uferformen (bis 2,50 m breit); seichte Teiche, die Hinein- und Herausspringen gestatten.
In einer Übungseinheit dürfen nicht mehr als drei bis vier solcher Übungen enthalten sein.

Geschicklichkeit im Gelände. Das Pferd hat bereits die Grundlage für ein sicheres Gehen im Gelände durch die lösenden Übungen sowie durch die Gymnastikübungen erhalten. Nun muß es auch *in welligem Gelände* im Galopp geritten werden und das Überwinden von *Steilhängen* lernen.
Wenn das Gelände nur sanft abfällt, galoppiert man wie auf der Ebene. Im *Tempo* darf es keinen Unterschied geben, gleich ob man bergauf, bergab oder in der Ebene galoppiert. Sobald die Regelmäßigkeit des Tempos verlorengeht, muß sie sofort wiederhergestellt werden. Beim Reiten von *Steilhängen* besteht jedoch ein Unterschied zwischen dem *Bergab-* und dem *Bergaufreiten*. Wenn das Pferd einen steilen Abhang hinabgeht, hält es sich mit den Vorderbeinen im Gleichgewicht, trägt aber fast das ganze Gewicht seines Körpers mit den stark unter den Leib geschobenen Hinterbeinen. Damit es diese Bewegung ungehindert ausführen kann, muß es den Hals vorwärts-abwärts strecken, und der Reiter muß die Zügel so verlängern, daß er den Hals nicht einengt, aber noch Verbindung mit dem Pferdemaul hat. Gleichzeitig entlastet er den Rücken und die Hinterbeine durch Vorwärtsneigen des Oberkörpers.
Bei guter Bodenbeschaffenheit kann man einen Hang bis zu 25° Neigung in allen drei *abgekürzten* Gangarten hinabreiten.
Ein steilerer Hang muß abwärts im *Schritt* überwunden werden. Ist die Neigung größer als 35°, so rutscht das Pferd hinab. In diesem Falle wird der Oberkörper des Reiters zurückgenommen. (s. Abb. 108)
Beim *Bergaufreiten* ist im großen und ganzen die gleiche Technik anzuwenden. Um das Pferd zu entlasten und seine ungehinderten Bewegungen zu sichern, muß man ihm gestatten, den Hals vorwärts-abwärts zu strecken und den Rücken aufzuwölben.
Einen Hang bis zu 30° Neigung kann man in allen drei Gangarten hinaufreiten. Zwischen 30° und 45° läßt sich die Aufgabe im *Schritt* oder *Galopp* lösen. Ist die Neigung größer als 45°, kann der Hang nur im *Galopp* „erklettert“ werden.
Das Hinaufreiten eines Hanges von 500 bis 800 m Länge mit einer *mäßigen Neigung* (bis zu 30°) sowohl im Schritt als auch im Trab ist eine sehr gute Übung für die Entwicklung der *Ausdauer* des Pferdes.
Ein *kurzer, steiler* Hang (15 bis 20 m), besonders bei sandigem Boden, entwickelt außerdem die *Muskelkraft.*
Hänge mit mäßiger Neigung haben den Vorteil, daß die Sehnen und Gelenke der Pferde nicht über Gebühr strapaziert werden. Deshalb hat diese Arbeit eine besondere Bedeu-

157 Versetzbare Geländehindernisse können während der gesamten Arbeit im Gelände nützlich sein

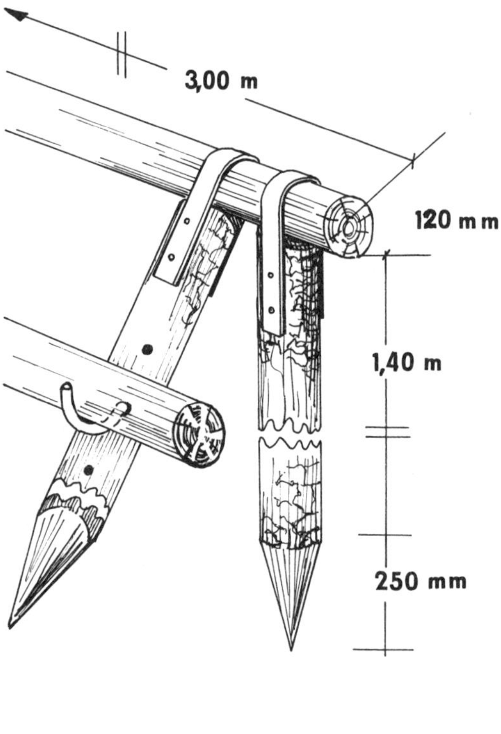

tung dort, wo das Ausdauertraining wegen zu harten Bodens auf intensive Galopparbeit verzichten muß.
Bergauf- und Bergabreiten von Hängen mit größerer Neigung als 30° bedeutet jedoch, insbesondere für junge Pferde, eine starke Belastung.

Springen unter ungewohnten Bedingungen

Diese Ausbildungsetappe kann beginnen, wenn der Gehorsam des Pferdes auf die Hilfen gefestigt ist.
Hat das Pferd in den vorangegangenen Ausbildungsabschnitten die richtige Springtechnik erlernt und Freude am Springen gefunden, wird es alle Arten von Hindernissen auch unter ihm noch ungewohnten Umständen willig springen. Um diesen Ausbildungsstand zu erreichen, muß man aber das Pferd zum Springen wirklich *allseitig* ausbilden und darf es nicht nur über einige gerade vorhandene primitive Hindernisse drillen. Wenn man versucht, das Pferd auf die letztgenannte Weise zu „schulen", so wird es zwar die wenigen Hindernisse auf dem Übungsplatz ohne Fehler oder Widersetzlichkeit überwinden, aber es wird häufig sofort versagen, wenn es sich neuen, ungewohnten Anforderungen gegenübersieht.

Einführung neuer Hindernisse

Bei der Einführung neuer Hindernisse muß man die psychische Gegebenheit berücksichtigen, daß das Pferd alles in seinem Gesichtskreis Befindliche komplex wahrnimmt. Daraus ergibt sich: Will man ein dem Pferd unbekanntes Hindernis verwenden, stellt man es zunächst an eine Stelle, an der das Pferd bereits andere Hindernisse gut überwunden hat (z. B. in eine Reihe, die das Pferd schon

kennt). Erst wenn es das neue Hindernis an dem schon bekannten Platz vertrauensvoll überwindet, kann man dieses Hindernis auch in eine *unbekannte* Umgebung stellen. Bevor man ein *unbekanntes Hindernis* springt, reitet man das Pferd zuerst im Schritt gerade heran und läßt es vom Pferd beschauen und beriechen. Während dieser Untersuchung darf dem Pferd jedoch keinesfalls ein Abweichen nach der Seite gestattet werden, und der Reiter soll das Pferd leicht mit der Gerte hinter seinem Unterschenkel klopfen, um ihm so begreiflich zu machen, daß es dieses Hindernis überwinden soll. Als Ergebnis dieser Aufforderung wird das Pferd plötzlich die Absicht zeigen, die Aufgabe auszuführen, indem es vorwärts gehen will. Erst jetzt darf der Reiter das Pferd vom Hindernis abwenden.
Nun reitet man das Hindernis zunächst im Trab, beim zweiten Mal im Galopp aus einer genügend großen Entfernung senkrecht an, damit man während des Anreitens Zeit zum Regeln des Ganges hat. Weitere Vorsichtsmaßnahmen braucht man nicht zu treffen, da es unwahrscheinlich ist, daß das Pferd weitere Schwierigkeiten macht, wenn es sicher an den Hilfen steht. Wenn man das junge Pferd in der beschriebenen Weise mit einer möglichst großen Anzahl verschiedener Arten von Hindernissen bekannt gemacht hat, wird es das Vertrauen gewonnen haben, auch *unbekannte* Hindernisse ohne vorherige Einführung zu springen – vorausgesetzt, daß systematisch vorgegangen und das Pferd im Laufe seiner bisherigen Ausbildung niemals vor Aufgaben gestellt wurde, denen es noch nicht gewachsen war. Der Reiter muß die Entwicklung des *Gehorsams* während der vorliegenden Ausbildungsperiode einige Male überprüfen, indem er das Pferd gegen kleine Hindernisse reitet, die es noch nicht kennengelernt hat. Es ist sinnlos, während solcher Übungen über mäßige Anforderungen an das Springen hinauszugehen. Geduld und Vorsicht führen besser und schneller zum Ziel.

Verbesserung des Galopps

In dieser Periode erhält das junge Pferd auch seine erste Unterweisung im Verbessern der Galoppaktion, indem das Tempo in erster Linie durch Verlängern der Galoppsprünge und erst in zweiter Linie durch Beschleunigung der Sprünge erhöht wird. Zunächst genügt ein Tempo von 400 m/min, das allmählich auf 600 m/min gesteigert wird. Die Streckenlänge kann ebenfalls ganz allmählich von 550 m auf 800 m anwachsen.
Im *weiteren Verlauf der Grundausbildung* stecken wir uns als *Ziel*:

- die Ergebnisse des bisherigen Trainings zu festigen und die *Beweglichkeit* des Pferdes zu verbessern;
- die *Muskulatur* des Pferdes weiterzuentwickeln;
- die *Springtechnik* weiter zu verbessern.

Diese Ausbildungsperiode kann beginnen, wenn das Pferd gelernt hat, im Mitteltrab und Mittelgalopp losgelassen und ausbalanciert zu gehen.
Auch nach der gründlichsten Ausbildung ist es notwendig, die erreichten Ausbildungsergebnisse durch Übung ständig zu festigten. Dadurch wird eine *Stabilisierung* erreicht.
Bei der dressurmäßigen Arbeit sind die treibenden Hilfen und die Paraden für die Erhöhung der *Durchlässigkeit* besonders bedeutsam. Wichtige Merkmale dieses Ausbildungsabschnittes sind aber auch die Seitwärtsbewegungen, die die *Beweglichkeit der Schultern* fördern (Hinterhandwendung, Vorhandwendung).
Während der täglichen Arbeit sind die gymnastizierenden Übungen entweder mit der dressurmäßigen Arbeit zu verbinden, oder sie bilden den Übergang von dieser zu den Springübungen.
Zur **Entwicklung der Ausdauer** haben sich lange Arbeitsgalopps als vorteilhaft erwiesen. Vor Beginn dieser Übungen muß die Muskulatur des Pferdes völlig gelöst sein. Jede Steifheit und deren Ursachen müssen beseitigt werden. Dann kann mit dem Arbeitsgalopp begonnen werden. Das Pferd soll in einem

mäßigen Tempo (etwa 330 m/min) mit raumgreifenden Sprüngen vorwärts gehen.
Der *Arbeitsgalopp* soll so lange dauern, bis der Reiter fühlt, daß die Muskulatur des Pferdes *ermüdet*. Das ist daran zu erkennen, daß der Vorwärtsdrang nur durch häufigeres Treiben aufrechterhalten werden kann und das Pferd schließlich zu schwitzen und mit dem Schweif zu schlagen beginnt.
Während des Arbeitsgalopps muß die *Hand* etwa alle fünf Minuten *gewechselt* werden, damit die Muskulatur auf beiden Seiten gleichmäßig entwickelt wird. Es ist ratsam, den Arbeitsgalopp jedesmal auf einer anderen Hand zu beginnen. Anfangs kann man etwa 10 Minuten hintereinander galoppieren. Im Verlauf von drei Monaten kann dieser Zeitabschnitt allmählich auf 20 Minuten anwachsen. Längere Arbeitsgalopps sind in dieser Ausbildungsphase unnötig.
Nach dem Arbeitsgalopp ist das Pferd durch *Trabarbeit* wieder korrekt an die Hilfen zu stellen und bis zur völligen Beruhigung in ihm bekannten Lektionen und mit niedriger Belastung dressurmäßig zu reiten. Diese Art des Kompensationstrainings hat große Bedeutung in allen Fällen, in denen das Pferd durch die Arbeit aufgeregt worden ist.
Künftige Vielseitigkeitspferde sollten außerdem einmal in der Woche zur Entwicklung der *Grundlagenausdauer* längere Strecken im Trab zurücklegen, die über sehr unterschiedliche Bodenverhältnisse führen (von Sand- und Waldwegen bis zu befestigten Wegen und Asphaltstraßen). Dadurch wird neben der Grundlagenausdauer sowohl die Trittsicherheit der Pferde als auch die Durchblutung der unteren Gliedmaßenabschnitte gefördert.

Entwicklung der Springtechnik des Pferdes

Dieser Teil der Ausbildung umfaßt die täglichen Übungen zur Verbesserung der Springtechnik (Gymnastikhindernisse) und das Springen unter ungewohnten Umständen (s. o.). Die Höhe von *Einzelhindernissen* wie von Hindernissen in einfachen Kombinationen kann bis zu 1,10 m betragen. Mit Rücksicht auf die Abmessungen der Hindernisse in den Springbahnen sollte man in der Ausbildung von vornherein darauf achten:

- Die Hochweitsprünge sollten die gleichen Höhen aufweisen wie die Hochsprünge;
- die Oxer sollten von Anfang an vorn und hinten die gleiche Höhe aufweisen;
- die Hindernisse in den Kombinationen sollten die gleiche Höhe haben wie die der Einzelsprünge.

Vertrautmachen mit größeren Abmessungen

Nach der gründlichen Springausbildung ist unser junges Pferd nun an dem Punkt angekommen, an dem es die Bedeutung von *Höhe* und *Tiefe* der Hindernisse kennenlernen muß. Zu diesem Zweck kann der Reiter gegen Ende des vorliegenden Ausbildungsabschnittes einladende Hindernisse bis zu 1,20 m Höhe, Hochweitsprünge von 1,20 m Höhe und 1,40 m Tiefe sowie Gräben bis zu 3 m springen. Auch hierbei ist es besonders wichtig, neben der Festigung der richtigen Springtechnik die *Springfreudigkeit* des Pferdes zu erhalten und zu verbessern. Deshalb legt man diese nur mit größter Mäßigung durchzuführenden Übungen stets an das *Ende* der Übungseinheit und sitzt sofort ab, wenn der Sprung gelungen ist. Nichts ist der Entwicklung des jungen Pferdes in diesem Abschnitt schädlicher, als wenn diese Arbeit übertrieben wird.
Wenn das Pferd bis zu diesem Zeitpunkt richtig vorbereitet und ausgebildet wurde, dürften die etwas *größeren Abmessungen* keine besonderen Schwierigkeiten bereiten. Der Reiter muß darauf bedacht sein, daß das Pferd von diesen ersten Versuchen zum Überwinden größerer Hindernisse „angenehme Eindrücke“ mitnimmt. Sehr wichtig ist dabei, mit sicher an den Hilfen stehendem Pferd am richtigen *Absprungpunkt* anzukommen. Dazu kann die Vorrichtung zur *Absprungsre-*

gulierung nützen (s. Abb. 158). Es soll hier auch noch einmal auf die Notwendigkeit der Belohnung des Pferdes für jede neue Leistung hingewiesen werden. Der Reiter muß dies ganz konsequent – lieber einmal mehr als einmal zuwenig – tun. Nicht zuletzt erleichtert er sich damit selbst die Arbeit.

Überwinden von Springbahnen

In Leistungsprüfungen müssen sowohl Spring- als auch Vielseitigkeitspferde eine *Folge von Hindernissen* überwinden. Deshalb muß das Pferd mehrere Hindernisse hintereinander, d. h. eine *Springbahn* überwinden lernen.

Während der Ausbildungsperiode wird die Anzahl der Hindernisse, die das Pferd hintereinander überwinden darf, von der Fähigkeit des Pferdes, sein reiterliches Gleichgewicht zu erhalten, bestimmt. Je besser es im Gleichgewicht ist, um so mehr Hindernisse hintereinander kann es überwinden. Diese Bedingung, das Im-Gleichgewicht-Bleiben, ist das *Grundprinzip* der Ausbildung, ja des Springreitens überhaupt. Darum kommt es in der Springstunde, in der das Überwinden einer Folge von Hindernissen vorgesehen ist, in erster Linie darauf an, die Hindernisse korrekt zu überwinden, und nicht darauf, daß unbedingt die vorgeschriebene Linienführung eingehalten wird.

Der Reiter muß sein Pferd nach *jedem* Sprung wieder an die Hilfen stellen und darf erst dann den nächsten Sprung ins Auge fassen, wenn das Pferd wieder geregelt an den Hilfen steht, d. h. richtig auf das Überwinden des nächsten Hindernisses vorbereitet ist. Daraus ergibt sich, daß es in der Springausbildung immer besser ist, einen Sprung auszulassen oder die Reihenfolge zu unterbrechen, wenn das Pferd nicht korrekt an den Hilfen steht, als ihn unter widrigen Bedingungen doch zu wagen. (Zu einem viel späteren Zeitpunkt, wenn das Pferd schon reichlich Erfahrung im Überwinden von Hindernissen gewonnen hat, wird das auch erforderlich werden, zumal im Wettkampf derartige Vorkommnisse nicht auszuschließen sind.)

Um einen kontinuierlichen Fortschritt zu erzielen, beginnen wir mit der Arbeit über das *Sternhindernis*, das jedoch für den vorliegenden Zweck keinen Doppelsprung im Innern hat. Das Pferd soll dabei in einem ruhigen Arbeitsgalopp um das Sternhindernis herumgeritten werden. Wenn der Reiter mit Takt, Schwung und Losgelassenheit zufrieden ist, springt er das ihm am nächsten gelegene Teilhindernis des Sterns. Während er nun im Arbeitsgalopp weiterreitet, überprüft er, ob sein Pferd noch richtig an den Hilfen steht und regelmäßig geht. Ist dies der Fall bzw. hat er die verlorengegangene Regelmäßigkeit wiederhergestellt, soll er versuchen, den nächsten Teil des Hindernisses zu überspringen. Am Beginn dieser Arbeit muß man den Pferden nach drei oder vier aufeinanderfolgenden Sprüngen eine Pause von wenigen Minuten gewähren. Danach wird die Übung auf der anderen Hand wiederholt.

Wenn die oben geschilderte Arbeit vom Pferd sicher und ruhig geleistet wird, nimmt man im nächsten Stadium dieser Ausbildungsperiode einen *Handwechsel* vor, indem man über das Hindernis im Innern des Sterns reitet. Nach diesem Sprung wird der Handwechsel ausgeführt, wozu einige Trabtritte eingelegt werden können, falls das Pferd noch nicht gelernt hat, über dem Hindernis (im Sprung) den Galopp zu wechseln. Danach macht man zwei oder drei Sprünge in der neuen Richtung. Diese Übung darf nicht öfter als zweimal in einer Übungseinheit ausgeführt werden. Zwischen den beiden Übungen muß man dem Pferd eine kurze Pause geben. Die Höhe der Hindernisse darf 90 cm nicht überschreiten.

Wenn es das Pferd gelernt hat, ruhig und mit weicher Anlehnung die Übungen am Sternhindernis auszuführen, werden vier oder fünf Hindernisse als eine kleine *Springbahn* aufgebaut. Wir nennen dies „Springen eines *Teilparcours*“. Solche Teilparcours sind vom 15. Monat der Ausbildung eines jungen Pferdes an zwei- bis dreimal in 14 Tagen zu springen. Für die älteren Springpferde liegt die Arbeit über Teilparcours in der zweiten Etappe der Vorbereitungsphase. (In der Grundausbildung lassen sich diese Teilparcours auch aus Hindernisreihen – s. S. 374f. – entwikkeln.) Die *Linienführung* dieser Teilparcours muß – besonders für junge Pferde – einfach sein und genügend weite Wendungen vorsehen. Die einzelnen Hindernisse müssen zuerst mindestens 10 bis 15 Galoppsprünge voneinander entfernt sein (dieser Abstand wird im Verlauf der Arbeit immer kleiner), damit der Reiter die etwa verlorengegangene Regelmäßigkeit des Ganges seines Pferdes wieder korrigieren kann.

Die Verwendung von Bodenstangen zur Regulierung des Galopps beim Anreiten ist auch in diesem Falle zu empfehlen. Auf kleineren Übungsplätzen, bei denen so große Abstände zwischen den Hindernissen nicht zu erreichen sind, sollten die Bodenstangen zwischen den Hindernissen ebenso verwendet werden wie bei der Erhöhung der Anforderungen durch bewußtes Verringern der Abstände.

Die *Hindernisse* selbst sollen einladend wirken. Sie sollten eine in den Sprung geneigte Form aufweisen (schräge Mauern, Triplebarre u. ä.) und dürfen nicht zu breit sein. Solche Folgen von Hindernissen müssen unbedingt in einem dem Pferd angenehmen und gleichmäßigen Tempo sowie unter Bedingungen überwunden werden, die seine *Springfreudigkeit* erhalten und erhöhen. Die *Haferschwinge* muß dabei eine wesentliche Rolle spielen. Mit fortschreitender Sicherheit des Pferdes bei der Ausführung dieser Übungen werden die Anforderungen gesteigert, indem die Hindernisse näher aneinandergesetzt werden. Durch die verringerten Abstände zwischen den Hindernissen werden die Wendungen allmählich etwas enger. Mit kleiner werdenden Abständen zwischen den Einzelhindernissen erhalten auch die sogenannten „Distanzprobleme“ Gewicht. Es wird dabei eine vorher festgelegte Anzahl von Galoppsprüngen zwischen den Einzelhindernissen verlangt. Das ist zugleich ein Teil der Vorbereitung auf die Teilnahme an Springpferdeprüfungen. Daß hierbei die Bodenstangen eine nützliche Rolle spielen können, bedarf keiner Erläuterungen.

Die Hindernisse dieser Elementar-Springbahnen müssen etwa 15 bis 20 cm niedriger als die Hindernisse sein, die bis zu diesem Zeitpunkt einzeln gesprungen wurden, d. h., sie sollen 90 bis 100 cm hoch sein. Ihre Tiefe darf 100 cm nicht überschreiten. Die Höhe der Hindernisse kann im Verlauf der viermonatigen Arbeit in dieser Weise (etwa im 18. Monat der Ausbildung des jungen Pferdes) bis auf 1,10 m steigen, die Tiefe auf 1,30 m, d. h., den Anforderungen der Springprüfungen Klasse A/L entsprechen. Während dieser Übung muß der Reiter ruhig und losgelassen, jedoch mit sicherer Entschlossenheit vorwärts reiten. Er darf das Pferd auf keinen Fall dadurch stören, daß er ihm durch besondere Aktivität (heftige Bewegung u. ä.) zu „helfen“ versucht. Seine ganze Aufgabe besteht darin, weich mit den Bewegungen des Pferdes mitzugehen und es durch sanfte Einwirkung an den Hilfen zu behalten.

Falls diese Bedingungen nicht erfüllt werden können, ist entweder der Reiter oder das Pferd noch nicht reif für die Anforderungen. In diesem Fall bleibt nichts anderes übrig, als die Anforderungen zu senken. Auf etwa geplante Teilnahme an Prüfungen auf Turnieren muß man unter diesen Umständen natürlich noch verzichten.

4.5.4. Hilfsmittel für die Springausbildung

Der Ausbilder bzw. Reiter kann, um die Springfähigkeit seines Pferdes zu verbessern, zwei verschiedene *Hilfsmittel* verwenden: die *Vorrichtung zur Absprungregulierung* und den Couloir (oval angelegter Springgarten).

Der Punkt, an dem das Pferd abspringt, hat einen außerordentlich großen Einfluß auf die Qualität des Sprungs. Deshalb ist es sehr wichtig, daß der Reiter sein Pferd an den Punkt bringt, von dem es am besten abspringen kann (von dem der Absprung „paßt“).

Um diesen Absprungpunkt stets zu finden, müssen Pferd und Reiter viel Erfahrung und ein gutes Augenmaß gewinnen. Darum müssen während der Ausbildung alle dazu sich bietenden Übungsmöglichkeiten genutzt werden.

Neben den mehrfach erwähnten Bodenstangen bilden *Cavaletti* ein gebräuchliches Mittel zur Absprungregulierung. Dabei muß folgendes berücksichtigt werden:

Wenn sich ein Pferd einem Hindernis – und sei es noch so klein – nähert, wird es immer versuchen, seinen Galoppsprung so *anzupassen*, daß es möglichst wenig Energie für den Sprung aufwenden muß. Folglich behält es entweder die Länge seines Galoppsprungs bei, wenn diese der vor ihm stehenden Aufgabe entspricht, oder es ändert die Länge, damit es tatsächlich am passenden Absprungpunkt ankommt. Dieses *instinktive Verändern* der Länge des Galoppsprungs kann ausgenutzt werden, um das Pferd das sichere Finden des richtigen Absprungpunktes zu lehren, und zwar unter Verwendung eines kleinen Hindernisses, z. B. eines Cavaletti. Da erfahrungsgemäß ein Cavaletti nicht genügt, um die Länge des Galoppsprungs in der gewünschten Weise zu verändern, empfiehlt es sich, immer zwei in geringem Abstand voneinander aufgebaute Cavaletti zu verwenden.

Wenn das Pferd derartig angeordnete Cavaletti springt, bewirkt das erste eine deutliche Veränderung der Länge des Galoppsprungs, während das zweite die Regulierung vervollständigt und verfeinert.

Die *Höhe* der Stangen soll ungefähr 50 cm betragen. Ihr *Abstand* untereinander wird von der Länge des Galoppsprungs des Pferdes bei der vorgesehenen Geschwindigkeit bestimmt sowie davon, ob das Pferd ein oder zwei Galoppsprünge zwischen den Cavaletti machen soll.

Nachdem man den richtigen Abstand zwischen den Cavaletti festgelegt hat, stellt man sie 3 bis 6 Galoppsprünge vor dem Hindernis auf. Dieses ist zunächst sehr niedrig gebaut. Danach wird der erste Springversuch gemacht. Stellt sich dabei heraus, daß der Absprungpunkt zu nahe an dem Hindernis liegt oder zu weit davon entfernt ist, wird man die Cavaletti in der entsprechenden Richtung verschieben. Der Abstand zwischen den beiden Cavaletti muß jedoch immer gleich bleiben. (Abb. 158) Nach ein oder zwei weiteren Versuchen wird man die Stelle gefunden haben, die einen korrekten Absprung gewährleistet. Wenn dies geschehen ist, kann das Hindernis zu der in dieser Übungseinheit vorgesehenen Höhe aufgebaut und die Arbeit entsprechend durchgeführt werden.

158 Verwendung des Cavalettipaares

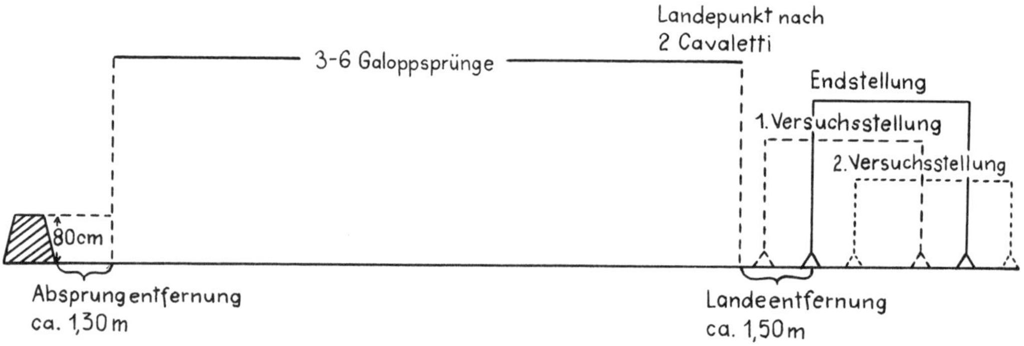

Springgarten Couloir

Abbildung 159 zeigt Bauart und Abmessungen dieses Hilfsmittels für die Springausbildung. Wird der Springgarten in anderer Form aufgebaut, besteht die Gefahr, daß man seine an sich schon nicht überragende Wirksamkeit noch weiter einschränkt und evtl. sogar die Sehnen und Bänder des aktiven Bewegungsapparates des Pferdes schädigt (z. B. bei quadratischer oder kleinerer Anlage als angegeben).

Mit dem *Couloir* wird in folgender Weise gearbeitet: Wenn das Pferd in die Umzäunung hineingeführt worden ist, wird die Trense abgenommen. Dann gestattet man dem Pferd die Rundstrecke einige Male zu durchmessen, wobei noch keine Hindernisse aufgebaut sind. Dies dient gleichzeitig dazu, das Pferd sich lösen zu lassen. In den meisten Fällen wird man nicht zu treiben brauchen. Sollte das Pferd jedoch stehenbleiben, wird gewöhnlich ein Heben bzw. Schütteln der Longierpeitsche, verbunden mit einer treibenden Stimmhilfe, genügen.

Hat sich das Pferd dann mit der Umgebung vertraut gemacht, werden die Gymnastikhindernisse oder Hindernisse aufgebaut, die es überwinden soll. Das Pferd soll diese dann möglichst ruhig und aus *eigenem Antrieb* überwinden. Die *Abstände* zwischen den einzelnen Elementen der Gymnastikhindernisse sollten zu Beginn weiter sein und entsprechend den Fortschritten des Pferdes verringert werden. Auf diese Weise kann man die Herausbildung der richtigen *Springtechnik* des Pferdes unterstützen.

Der *Couloir* kann auch verwendet werden:

- zur Arbeit von Pferden mit Satteldrücken (jedoch darf ein Pferd nach einer Lahmheit nicht im Couloir gearbeitet werden);
- zur gymnastizierenden Arbeit von Pferden, die beim Springen das „Herz verloren“ haben und „sauer“ geworden sind, nachdem man ihnen eine längere Pause gewährt hat;
- zur „Warnung“ notorisch unvorsichtiger Pferde, wozu man die Stangen fester legt, was zugleich als Erziehungsmaßnahme und Strafe in ausgesprochenen hartnäckigen Fällen *ausnahmsweise* geschehen darf;

159 Springarten (Couloir): a Grundriß; b Umzäunung

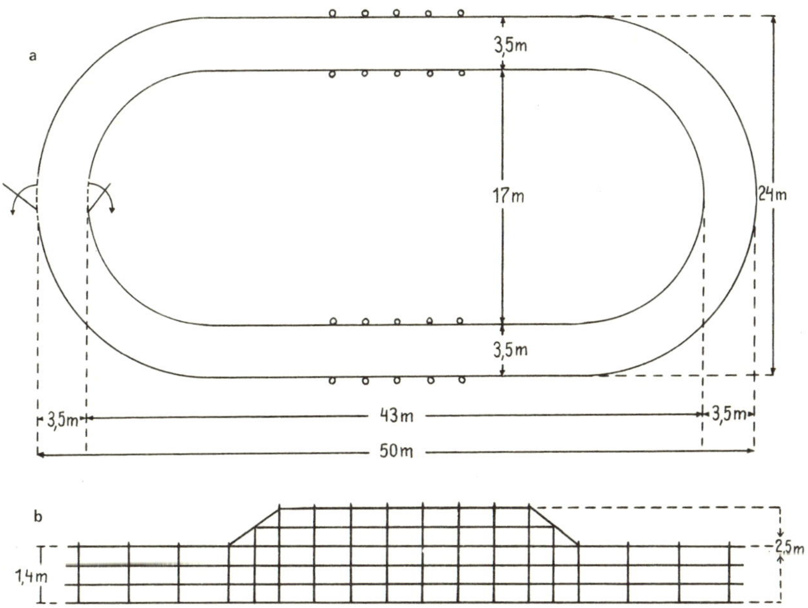

• zur Feststellung der Springkapazität.

Manchmal wird der Couloir auch dazu verwendet, Pferden ein Springtraining zu geben, deren Reiter aus Zeitmangel oder auch aufgrund eigener Unzulänglichkeit das Pferd nicht selbst unter dem Sattel trainieren. Der Wert dieser Arbeit im Couloir ist sehr beschränkt, weil die Pferde unter anderen Gleichgewichtsverhältnissen springen, wenn das Springtraining nicht unter dem Reiter erfolgt. Deshalb können diese Übungen allenfalls als Ergänzungsübungen dienen; *Springen lehren kann man damit ein Pferd nicht.*

Freispringen

Die Nachteile, die Springübungen im Couloir besitzen, sind beim Freispringen noch größer, weil dabei meist infolge unrichtigen Vorgehens die *Nerven* des Pferdes äußerst stark belastet werden und man Verletzungen riskiert. Bei der Springausbildung, wie wir sie hier geschildert haben, werden wir am besten auf das Freispringen *ganz verzichten*; denn Vorteile für die Ausbildung des Pferdes hat es nur dann, wenn sonst aufgrund von Personalmangel auf die Übungen im Überwinden von Hindernissen ganz verzichtet werden müßte. Da jedoch mancher Ausbilder glaubt, ohne das Freispringen nicht auskommen zu können, wollen wir darstellen, wie es *richtig* gemacht werden muß, so daß es keinen Schaden anrichtet.

Zur *Gewöhnung* läßt man das Pferd wie bisher zunächst über Stangen treten. Allmählich legt man eine Stange höher, so daß der Reiter das Pferd noch darüber führen kann. Schließlich wird eine Stange etwa in der Mitte der langen Seite angebracht. Es wird abwechselnd auf der linken und rechten Hand gesprungen.

Die Pferde werden vor einer kurzen Seite der Bahn nebeneinander aufgestellt, und zwar mit den Köpfen gegen die Sprungrichtung. Sie brauchen nicht gesattelt zu sein. Die Trensezügel werden durch den Kehlriemen gezogen und über dem Mähnenkamm geknotet.

Das oder die Hindernisse sind zwischen 50 cm und 1,20 m hoch. Überspringen von höheren Hindernissen ohne Reiter hat *keinen Wert* für die Ausbildung des Springpferdes, auch wenn dies bei Auktionen – nach spezieller Vorbereitung des Pferdes – als Demonstration von Springvermögen und Springveranlagung vorgeführt wird.

Zum Freispringen benötigt man wenigstens fünf bis sechs Personen (die natürlich mit größerem Nutzen die Pferde auch reiten könnten!). Der Ausbilder steht an der Absprungseite des Hindernisses dem Bahninnern zu. Er hat für alle Fälle eine Bahnpeitsche mit, die er, mit der Spitze und dem Schlag nach dem Boden gerichtet, in der äußeren Hand hält. Die Peitsche dient nur zum Drohen für den Fall, daß ein Pferd vor dem Hindernis stockt. Ein Reiter steht mit der Haferschwinge in der Ecke der Reitbahn hinter dem Hindernis. Er hält dem Pferd nach dem Sprung das Futter vor, läßt es ein Maul voll nehmen und lobt dabei mit Stimme und Hand. Danach erfaßt er die Trensenzügel und bringt das Pferd in die Abteilung zurück.

Zwei Reiter haben die an der kurzen Seite aufgestellten Pferde ruhigzuhalten.

Ein Reiter führt jeweils ein Pferd im Schritt auf dem Hufschlag der ganzen Bahn bis kurz vor das Hindernis. Will das Pferd das Hindernis anziehen, läßt er den Trensenzügel los. Ob der Reiter das Pferd am äußeren Zügel führt, um es mehr nach der Hindernismitte zu dirigieren, oder aus Sicherheitsgründen an der Innenseite geht, ist vom Ausbilder zu entscheiden. (Das Freispringen beginnt man stets auf der linken Hand.)

Springfreudige Pferde muß der Anführende gerade und gut mitgehend in Richtung auf das Hindernis führen und rechtzeitig vorsichtig loslassen. Falsch ist es, sie mit der Hand vorwärts zu stoßen. Bei unruhigen und mit der Hinterhand nach innen ausweichenden Pferden geht der Anführende auf der Innenseite. Die Pferde werden zunächst gerade gestellt. Wenn sich ihre Unruhe noch nicht legt, werden sie so lange auf Volten geführt, bis sie sich beruhigt haben.

Bleibt ein Pferd stehen oder zeigt es sich ungeschickt, ist die Stange sofort *tiefer* und eine *Absprungstange* davor zu legen.
Ein noch schlimmeres Zeichen für die vorausgegangene Arbeit ist es, wenn ein Pferd ausbricht. Hier bleibt – falls man sich nicht zum Verzicht auf das Freispringen entschließen kann – nur noch die Möglichkeit, das Pferd die Fehler seines Ausbilders entgelten zu lassen, indem man es zunächst dicht vor das Hindernis führt und von dort so oft jeweils eine kurze Strecke rückwärts richtet, bis es von sich aus vorwärts geht und springt. Ein wahrhaft wenig reiterliches Verfahren! Ohne den Wert des Freispringens für die Springausbildung überschätzen zu wollen, läßt sich seine Wirkung durch die Verwendung von Bodenstangen, Gymnastikhindernissen, Kombinationen und Hindernisreihen verbessern, für die dann die gleichen Grundsätze wie für die Übungen unter dem Reiter gelten, die bereits beschrieben worden sind.
Alles in allem kann Freispringen aber kein vollwertiges Trainingsmittel sein, weshalb der Verzicht auf diese Methode eher für als gegen den Ausbilder spricht.

4.6. Plan der Grundausbildung des Pferdes

Der nachstehende Plan ist nach dem Prinzip aufgebaut, die Grundausbildung des jungen Pferdes allseitig zu gestalten. Dressur-, Spring- und Geländeausbildung laufen so nebeneinander, daß sie sich gegenseitig fördern. Er erfordert Mitdenken und gibt hinsichtlich seines zeitlichen Verlaufs nur Anhaltspunkte. Die methodische Reihenfolge sollte jedoch eingehalten werden.

Plan der Grundausbildung des Pferdes

1. Monat – Vom Eintreffen des jungen Pferdes an – (August)

Ausbildungsziel
Gewöhnung an die Umgebung und Futterumstellung. Gewöhnung an Pflegehandlungen, auch Abwaschen und Abspritzen. Gewöhnung an Longiergurt, Trense, Kappzaum, Ausbindezügel, Sattel und Bandagen. Gewöhnung an die Arbeit an der Longe. Erreichen der Zwanglosigkeit an der Longe. Erste Vorübungen der Springausbildung.

Erziehung und Gewöhnung
Kennenlernen der Haferschwinge. Kennenlernen der Stimme des Ausbilders. Gewöhnung an das Einhalten der Kreislinie. Gewöhnung an die Longierpeitsche. Kennenlernen der vortreibenden und verhaltenden Hilfen beim Longieren. Üben des Anhaltens und des Stehenbleibens auf der Kreislinie beim Longieren. Kennenlernen und Üben der Vorhandwendung an der Hand beim Handwechsel während der Longierarbeit.
Gewöhnung an das ruhige Überschreiten von Stangen im Schritt.

Übungen
Vor dem Longieren soll das junge Pferd Gelegenheit haben, sich in der Koppel oder im Auslauf frei zu bewegen.
Tägliche Arbeit an der Longe 20–40 min (einschließlich Schrittpausen mit ausgehakten Ausbindern), bis zum Ende des Monats ansteigend.
Langmachen des Halses mit vorwärts-abwärts gestreckter Nase durch entsprechendes Verschnallen der Ausbindezügel.
Häufiger Handwechsel durch Vorhandwendung an der Hand auf der Kreislinie.

Gangarten und Tempi
Natürlicher, zwangloser, regelmäßiger Trab an der Longe. Falls das Pferd Galopp anbietet, wird er angenommen, jedoch wird noch kein Galopp verlangt. Zum Schritt an der Longe und beim Führen über Stangen werden grundsätzlich die Ausbindezügel ausgehakt.

Übergänge und Paraden
Übergange vom Trab zum Schritt und zum Halten, gegebenenfalls auch vom Galopp zum Trab, auf Stimm- und Longenhilfen. Angehen im Schritt und Antraben an der Longe auf Stimm- und Peitschenhilfen.

Springausbildung
Zwischen den in ihrer Dauer langsam ansteigenden Trababschnitten der Longenarbeit sind Schrittpausen von etwa fünf Minuten Dauer einzulegen, während der das Pferd über am Boden liegende Stangen und niedrige Bodenricks zu führen ist.

Kraft- und Ausdauerarbeit
Ein – wenn auch geringer – Kraftzuwachs wird durch die Arbeit an der Longe erreicht.

---

2. Monat (September)

Ausbildungsziel
Erreichen der Losgelassenheit an der Longe durch Gewinnung der Anlehnung bei erhöhter Schubkraft. Erreichen der Zwanglosigkeit unter dem Reiter.

Erziehung und Gewöhnung
Gewöhnung an das Auf- und Absitzen des Reiters. Erziehung zum Ruhigstehen beim Auf- und Absitzen. Gewöhnung an das Reitergewicht an der Longe. Kennenlernen der Reitgerte und der vortreibenden und verhaltenden Hilfen des Reiters. Gewöhnung (falls noch nicht geschehen) an den Reitplatz und die Reithalle. Erste Gewöhnung an das Reitgelände (dabei – wenn erforderlich – erste Gewöhnung an den Straßenverkehr), jedoch nur mit ruhigen Pferden und in Begleitung älterer, ruhiger Pferde.

Übungen
Vor dem Longieren soll das junge Pferd Gelegenheit haben, sich in der Koppel oder im Auslauf frei zu bewegen. Tägliche Arbeit an der Longe von 40–60 min (einschließlich der Schrittpausen mit ausgehakten Ausbindern), bis zum Ende des Monats ansteigend.
Entsprechend der Haltung des Pferdes im Trab Verkürzen der Ausbindezügel.
Gegen Ende der Longierstunde leichten Reiter vorsichtig aufsitzen lassen. Erste Longierübungen unter dem Reiter (Halsriemen) dürfen 10 min nicht überschreiten. Bis Monatsende auf 20 min verlängern. In der zweiten Monatshälfte erstes Geradeausreiten, evtl. hinter Führpferd, im Schritt und Trab.

Gangarten und Tempi
Beim Longieren: Verbesserung der Regelmäßigkeit des Trabs. Ruhiges Galoppieren auf sehr großem Kreis.
Beim Geradeausreiten: In kurzen Reprisen natürlicher Trab, dessen Regelmäßigkeit verbessert wird, dabei leichttraben. Viel Schritt mit hingegebenem Zügel.

Übergänge und Paraden
Beim Longieren: Übergang vom Galopp zum Trab sowie vom Trab zum Schritt und zum Halten auf Stimm- und Longenhilfen. Angehen im Schritt, Antraben und Angaloppieren.
Beim Geradeausreiten: Vertrautmachen mit den vortreibenden und verhaltenden Hilfen des Reiters. Anreiten im Schritt, Antraben aus dem Schritt. Übergänge vom Halten zum Schritt und Trab in Form des Auslaufenlassens.

Springausbildung
Beim Longieren: wie im 1. Monat.
Beim Geradeausreiten: Anfangs hinter einem Führungspferd, später allein im Schritt und Trab mit hingegebenem Zügel über Stangen und niedrige Bodenricks treten lassen.

Geländeausbildung
Am Ende der Übungsstunde im Schritt ins Gelände. Im Schritt mit hingegebenem Zügel (ruhige Pferde auch im natürlichen Trab) über leicht unebenes Gelände (Führpferd).

Kraft- und Ausdauerarbeit
Wie im 1. Monat.

---

3. Monat (Oktober)

Ausbildungsziel
Verbesserung der Losgelassenheit an der Longe durch weitere Entwicklung der Schubkraft. Erste Schwungentwicklung an der Longe. Erreichen der Zwanglosigkeit unter dem Reiter.

Erziehung und Gewöhnung
Wie im 2. Monat, dazu Kennenlernen der vortreibenden Sitzeinwirkung.
Gewöhnung an Bodenricks und an die verschiedensten Miniaturhindernisse. Gewöhnung an vielseitiges Gelände und an die Wallreihe. Gewöhnung an das Gehen im Rudel (wenn erforderlich).

Übungen
Geradeausreiten ohne Führpferd, sobald das Pferd auf treibende Hilfen sicher vorwärts geht. Dauer der Übungen an der Longe von 60 auf 40 min verringern. Dauer der Übungen unter dem Reiter von 20 auf 60 min erhöhen. Bei entsprechender Hergabe des Rückens: Beginn der aktiven, treibenden Einwirkung im Aussitzen (Remontesitz).

Gangarten und Tempi
Beim Longieren: Verbesserung des taktreinen Arbeitstrabes. Verbesserung der Regelmäßigkeit des Galopps.
Beim Geradeausreiten: Natürlicher Trab mit und am hingegebenen Zügel. Viel Schritt mit hingegebenen Zügeln. Bietet das Pferd den Galopp an, läßt man es kurze Zeit galoppieren.

Paraden und Übergänge
Beim Longieren: Verbesserung der Übergänge in die nächst niedrige Gangart durch Verwandlung des Auslaufenlassens in ein Aufhalten unter Einsatz von Stimme, Longe und Peitsche.
Verbesserung des Gehorsams auf die vortreibenden Hilfen beim Angehen und Antraben aus dem Halten.
Beim Geradeausreiten: Die Übergänge vom Trab zum Schritt und vom Schritt zum Halten sind noch ein Auslaufenlassen, desgleichen ggf. Übergänge vom Galopp zum Trab.

Springausbildung
Treten über 2–4 Bodenricks im Schritt und Trab mit hingegebenen Zügeln. Arbeit an der Wallreihe im Schritt und Trab mit hingegebenen Zügeln.
Springen von Miniaturhindernissen bis 40 cm Höhe aus dem Trab.

Geländeausbildung
Am Ende der Übungsstunde im Schritt und natürlichen Trab. Reiten im Gelände, teilweise ohne Führpferd. Kennenlernen des „flachen Grabens". Natürlicher Trab in gleichmäßigem Tempo (Wechsel der vortreibenden und verhaltenden Hilfen) am langen Zügel in welligem Gelände.

Kraft- und Ausdauerarbeit
2- bis 3mal wöchentlich nach Ende der Übungsstunde Bergauftraben im Gelände über lange, leicht geneigte Hänge.

---

4. Monat (November)

Ausbildungsziel
Entwicklung der Losgelassenheit unter dem Reiter. Beginn der Entwicklung der Schubkraft, Beginn der Anlehnung.

Erziehung und Gewöhnung
Fortsetzung und Erweiterung der Gewöhnungsarbeit des 2. und 3. Monats. Kennenlernen der Gymnastikhindernisse: Gymnastikrick mit Nachstange und Grid. Kennenlernen kleiner Geländehindernisse.

Übungen
Flache Wendungen in der Bewegung. Häufiger Handwechsel (Reitviereck als Oval geritten). Gewinnung der Anlehnung zur Entwicklung der Losgelassenheit durch Heranholen der Hinterbeine. Verbesserung des Gehorsams auf treibende und verhaltende Hilfen.

Gangarten und Tempi
Natürlicher Trab am hingegebenen und am langen Zügel. Entwicklung des Arbeitstrabs aus dem natürlichen Trab. Schritt *mit* hingegebenem Zügel, zeitweise einige Tritte nach dem Aufhalten *am* hingegebenen Zügel.

Übergänge und Paraden
Erstes Angaloppieren durch Zulegen aus dem Trab, wenn das Pferd genügend im Gleichgewicht ist. Auslaufenlassen vom Galopp zum Trab.
Bei den Übergängen vom Trab zum Schritt und vom Schritt zum Halten wird das Auslaufenlassen zum Aufhalten.

Springausbildung
Wie im 3. Monat.
Vorsichtiger Beginn des Überwindens von Gymnastikhindernissen aus dem Trab mit hingegebenen Zügeln: Gymnastikrick mit Nachstange (25 cm; 50 cm), Grid (mit 3 Elementen: 25, 40, 40 cm).

Geländeausbildung
Wie im 3. Monat.
Arbeit am „flachen Graben".
Überwinden kleiner Hindernisse von 40 cm Höhe aus dem Arbeitstrab. Überwinden kleiner Böschungen; kurze, ruhige Galopps.

Kraft- und Ausdauerarbeit
Wie im 3. Monat, jedoch unter Verbesserung aller Übungen. Bergauftraben über etwas längere oder steilere Hänge.

---

5. Monat (Dezember)

Ausbildungsziel
Entwicklung der Losgelassenheit unter dem Reiter.
Weiterentwicklung der Schubkraft, Festigung der Anlehnung.
Erste Entwicklung des Schwungs. Entwicklung des Gehorsams auf die seitwärtstreibenden Hilfen.

Erziehung und Gewöhnung
Wie im 4. Monat.
Gewöhnung an das Stehen mit hingegebenen Zügeln (nach dem Aufhalten).
Kennenlernen des Sternhindernisses.
Gewöhnung an den Straßenverkehr (nur bei schneefreien Straßen).

Übungen
Wie im 4. Monat.
Wendungen auf der Vorhand.
Zügel aus der Hand kauen lassen.
Treten über 4–6 Bodenricks im Trab.
Arbeit auf der Wallreihe im Trab.

Gangarten und Tempi
Arbeitstrab, Anfänge des verkürzten Arbeitstrabs.
Natürlicher Galopp am langen Zügel.
Schritt *mit* hingegebenen Zügeln, zeitweise einige Tritte *am* langen Zügel.

Übergänge und Paraden
Angaloppieren aus dem Trab auf beiden Händen. Übergänge vom Galopp zum Trab (Auslaufenlassen). Übergänge

vom Arbeitstrab zum Schritt (Aufhalten) und wieder Antraben auf gerader Linie. Übergänge vom Schritt zum Halten und wieder Anreiten im Schritt.

Springausbildung
Beginn der Entwicklung der korrekten Springtechnik des Pferdes über Gymnastikhindernisse aus dem Trab am langen Zügel.
Gymnastik mit Nachstange (30 cm; 60 cm); Grid mit 3–4 Elementen (30, 45, 45, 45 cm); Trabsprünge über einzelne Hindernisse (am Sternhindernis) bis 50 cm.

Geländeausbildung
Reiten in welligem Gelände im Trab und Galopp am langen Zügel, im Schritt am hingegebenen Zügel. Auf Takt und Tempo achten!
Vertrautmachen mit neuen Geländeformen.
Springen von kleinen Böschungen (50 cm) auf und ab aus dem Trab.
Überwinden kleiner Hindernisse im Gelände (50 cm Höhe). Kurze, ruhige Galopps (2- bis 3mal pro Woche).

Kraft- und Ausdauerarbeit
Wöchentlich 2- bis 3mal nach Ende der Übungsstunde im Wechsel: Bergauftraben über leicht geneigte, längere Hänge; Streckenritte im Trab 2 x 2 km im Arbeitstrab mit 1000 m Schrittpause (mit hingegebenen Zügeln).

---

6. Monat (Januar)

Ausbildungsziel
Sicheres An-den-Hilfen-Stehen des losgelassenen Pferdes.
Weiterentwicklung des Schwungs.
Erster Beginn der Versammlung.
Geraderichtende Arbeit im Vorwärtsreiten.
Entwicklung des Gehorsams auf seitwärtstreibende Hilfen.

Erziehung und Gewöhnung
Wie im 5. Monat.
Gewöhnung an das Stehen mit hingegebenen Zügeln an beliebiger Stelle.
Kennenlernen von Gymnastikkombinationen.
Gewöhnung an die Marschordnung.

Übungen
Wie im 5. Monat.
Besondere Aufmerksamkeit gilt der richtigen Tätigkeit der Rückenmuskulatur.
Am-Zügel-Strecken-Lassen.
Während des Reitens im Gelände öfter im Schritt und Trab in Marschordnung reiten.
Erstes Reiten auf dem Zirkel im Arbeitstrab auf beiden Händen.
Zur Überprüfung der Losgelassenheit und Selbsthaltung häufiges Überstreichen im Trab und Galopp.

Gangarten und Tempi
Arbeitstrab, verkürzter Arbeitstrab, Arbeitsgalopp.
Schritt *mit* hingegebenen Zügeln, zeitweise auf kurzen Strecken *am* hingegebenen Zügel.

Übergänge und Paraden
Entwicklung des Arbeitsgalopps durch häufiges Angaloppieren aus dem Trab.
Übergänge vom Arbeitstrab zum Schritt und umgekehrt auf dem Zirkel.
Verbesserung der Übergänge zur niedrigeren Gangart durch stärkeres Heranholen der Hinterbeine.

Springausbildung
Weitere Entwicklung der Springtechnik am langen Zügel: Gymnastikrick mit Nachstange (35 cm; 70 cm); Grid mit 4–5 Elementen (35, 50, 50, 50, 50 cm); Gymnastikkombination mit 3 Elementen bis 50 cm. Trabsprünge über Einzelhindernisse bis 60 cm.

Geländeausbildung
Wie im 5. Monat.
Springen von kleinen Böschungen (70 cm) auf und ab und Geländehindernissen (60 cm) aus dem Trab. Kurze und ruhige Galopps 2- bis 3mal wöchentlich (Strecken wenig länger als im 5. Monat) über unterschiedlichen Boden. Während des Reitens im Gelände öfter im Schritt und Trab in Marschordnung reiten.

Kraft- und Ausdauerarbeit
Wöchentlich 2- bis 3mal nach Ende der Übungsstunde im Wechsel:
Bergaufreiten im Trab über leicht geneigte, längere Hänge; Streckenritte im Trab 2 x 2,5 km Arbeitstrab mit 1000 m Schrittpausen (mit hingegebenen Zügeln).

---

7. Monat (Februar)

Ausbildungsziel
Festigung des An-den-Hilfen-Stehens.
Verbesserung des Gehorsams auf seitwärtstreibende Hilfen.
Geraderichtende Arbeit.
Weiterentwicklung des Schwungs.

Erziehung und Gewöhnung
Wie im 6. Monat.
Arbeit auf dem Reitplatz und im Gelände in allen drei Gangarten mit hingegebenen Zügeln.
Kennenlernen der Hindernisreihen.
Längeres Stehen an beliebiger Stelle auf dem Reitplatz und im Gelände.

Übungen
Wie im 6. Monat.
Verbesserung der Vorhandwendung.
Zügel aus der Hand kauen lassen im Trab und Galopp.
Schlangenlinien an der langen Seite (1. Bogen, 1 m von der Bande) im Arbeitstrab.
Reiten auf dem Zirkel im verkürzten Arbeitstrab auf beiden Händen.
Erste Anwendung der halben Paraden zur Verbesserung der Haltung.
Verbessertes Durchreiten – wenn auch noch nicht Ausreiten – der Ecken.
Reiten von Achten im Schritt am hingegebenen Zügel und im verkürzten Arbeitstrab.

Gangart und Tempi
Arbeitstrab, verkürzter Arbeitstrab, Arbeitsgalopp.
Arbeitsgalopp am langen und *mit* hingegebenen Zügeln.
Schritt *mit* hingegebenen Zügeln, zeitweise *am* hingegebenen Zügel.

Übergänge und Paraden
Wie im 6. Monat.
Paraden aus dem Arbeitstrab zum Schritt auf dem Zirkel und wieder Antraben.
Erstes Verlängern, jeweils nur wenige Tritte, des Arbeitstrabs auf der Diagonalen oder an den langen Seiten.

Springausbildung
Weitere Entwicklung der Springtechnik am langen Zügel: Gymnastikrick mit Nachstange (40 cm; 80 cm); Grid mit 5-6 Elementen (35, 50, 50, 50, 50, 50 cm);
Hindernisreihen mit 3 Elementen bis 60 cm.
Trabsprünge über Einzelhindernisse (Sternhindernis) bis 60 cm.

Geländeausbildung
Wie im 6. Monat.
(Die Galopps im Gelände erscheinen von diesem Monat an in der nächsten Spalte.)

Kraft- und Ausdauerarbeit
Wöchentlich 3- bis 4mal nach Ende der Übungsstunde im Wechsel:
Bergaufreiten im Trab über leicht geneigte, längere Hänge (evtl. mit Wiederholungen bei zu geringer Länge des Hangs), spezielle Kraftarbeit (s. S. 377f.).
Streckenritte im Trab 3 x 2 km mit zwei Schrittpausen von 750 m mit hingegebenen Zügeln über unterschiedlichen Boden;
ruhige Arbeitsgalopps 2 x 1,5 km mit 1000 m Schrittpause.

---

8. Monat (März)

Ausbildungsziel
Verbesserung von Schwung, Durchlässigkeit und Geraderichtung.
Verbesserung des Gehorsams auf seitwärtstreibende Hilfen. Verbesserung der körperlichen Verfassung des Pferdes (Kondition).

Erziehung und Gewöhnung
Gewöhnung an das Stillstehen mit hingegebenen Zügeln, wenn andere Pferde in der Nähe in Bewegung sind.
Kennenlernen verschiedener Hindernisse durch gelegentliche Übungen auf den Plätzen von Nachbarvereinen.
Kennenlernen von Gymnastikparcours.
Gewöhnung an das Klettern im Schritt (wenn die Bodenverhältnisse dies gestatten).

Übungen
Wie im 7. Monat.
Weitere Verbesserung der Vorhandwendung.
Schlangenlinien an der langen Seite.
Schenkelweichen im Schritt.
Verbesserung der halben Paraden.
Verbessertes Durchreiten der Ecken durch verstärkte Einwirkung mit äußerem Schenkel und Zügel. Große Kehrtvolte im verkürzten Arbeitstrab. Volten von 10 m Durchmesser im verkürzten Arbeitstrab.

Gangarten und Tempi
Arbeitstrab, verkürzter Arbeitstrab, Arbeitsgalopp wie im 7. Monat.
Verlängern der Tritte im Arbeitstrab, auf der Diagonalen und an den langen Seiten.
Schritt *mit* hingegebenem, zeitweise *am* hingegebenen Zügel.

Übergänge und Paraden
Wie im 7. Monat.
Verbessern der Paraden.
Übergänge vom Arbeitstrab zu verlängerten Tritten und umgekehrt.

Springausbildung
Weitere Entwicklung der Springtechnik am langen Zügel:
Gymnastikrick mit Nachstange (45 cm; 90 cm);
Grid mit 6 Elementen (45, 60, 60, 60, 60, 60);
Hindernisreihen mit 4 Elementen bis 60 cm;
wöchentlich einmal ein Gymnastikparcours (3–4 Gymnastikhindernisse bzw. -kombinationen).
Trabsprünge über einzelne Hindernisse bis 70 cm und Gräben bis 1,5 m.

Geländeausbildung
Wie im 7. Monat.
Springen kleiner Geländehindernisse bis 70 cm aus dem Trab.

Kraft- und Ausdauerarbeit
Wöchentlich 3- bis 4mal nach Ende oder vor Beginn der Übungsstunde im Wechsel:
Bergauftraben wie im 7. Monat.
Spezielle Kraftarbeit (s. S. 377f.).
Streckenritte im Trab 3 x 2,5 km mit zwei Schrittpausen von 750 m mit hingegebenen Zügeln;
ruhige Arbeitsgalopps 2 x 1,5 km mit 800 m Schrittpause (mit hingegebenen Zügeln);

Klettern im Schritt an kurzen, steilen Hängen mit anfangs geringer, allmählich vorsichtig gesteigerter Anzahl von Wiederholungen.

---

9. Monat (April)

Ausbildungsziel
Verbesserung von Schwung, Durchlässigkeit und Geraderichtung.
Verbesserung des Gehorsams auf seitwärtstreibende Hilfen.
Verbesserung der körperlichen Verfassung des Pferdes (Kondition).
Einführung der Galoppspringtechnik.

Erziehung und Gewöhnung
Wie im 8. Monat.
Kennenlernen des kurzen Gymnastik-Doppelsprungs.
Weitere Gewöhnung an den Straßenverkehr.
Gewöhnung an das ruhige Gehen ohne Reiter neben einem gerittenen Pferd (als Handpferd).
Gewöhnung an das Stillstehen beim Auf- und Absitzen im Gelände, wenn andere Pferde in der Nähe in Bewegung sind.

Übungen
Wie im 8. Monat.
Schenkelweichen im Trab.
Aus dem Zirkel wechseln.
Zirkelverkleinern und -vergrößern.
Schlangenlinien an der langen Seite im verkürzten Trab.
Arbeitsgalopp auf dem Zirkel.

Gangarten und Tempi
Arbeitstrab, verkürzter Arbeitstrab, Arbeitsgalopp wie im 8. Monat.
Verlängerte Tritte aus dem Arbeitstrab einmal um die Bahn mit gut abgerundeten Ecken.
Schritt *mit* hingegebenem, zeitweise *am* hingegebenen Zügel.
Einige verlängerte Galoppsprünge auf der Diagonalen und an den langen Seiten.

Übergänge und Paraden
Wie im 8. Monat.
Übergang zu verlängerten Galoppsprüngen aus dem Arbeitsgalopp und zurück zum Arbeitsgalopp.

Springausbildung
Weitere Entwicklung der Springtechnik am langen Zügel;
Gymnastikrick mit Nachstange (50 cm; 100 cm);
Grid mit 6 Elementen (45, 60, 60, 60, 60, 60), im Verlauf des Monats Austausch des letzten Elements gegen ein Hindernis bis 80 cm;
Gymnastikkombination mit 5–6 Elementen mit Höhen bis zu 60 cm;
Hindernisreihen mit 5 Elementen zwischen 60 und 80 cm und wechselnden Abständen mit 1 oder 2 Galoppzwischensprüngen;
wöchentlich einmal ein Gymnastikparcours (3–4 Gymnastikhindernisse bzw. -kombinationen).
Trabsprünge über einzelne Hindernisse bis 80 cm und Gräben bis 1,8 m.
Übergang zur Galoppspringtechnik: Springen einzelner Hindernisse bis 80 cm und Gräben bis 1,80 m aus dem Arbeitsgalopp.

Geländeausbildung
Wie im 8. Monat.
Springen kleiner Geländehindernisse bis 80 cm aus dem Trab und aus dem Arbeitsgalopp.
Überwinden von Klettergräben mit steigenden Anforderungen.

Kraft- und Ausdauerarbeit
Wöchentlich 3- bis 4mal nach Ende oder vor Beginn der Übungsstunde im Wechsel:
Bergauftraben und spezielle Kraftarbeit wie im 8. Monat;

Streckenritte im Trab 2 x 4 km mit 1000 m Schrittpause mit hingegebenen Zügeln;
ruhige Arbeitsgalopps 2 x 1,5 km mit 600 m Schrittpause (mit hingegebenen Zügeln);
Klettern im Schritt wie im 8. Monat.

---

10. Monat (Mai)

Ausbildungsziel
Verbesserung von Schwung, Durchlässigkeit und Geraderichtung.
Verbesserung des Gehorsams auf seitwärtstreibende Hilfen.
Verbesserung der körperlichen Verfassung des Pferdes (Kondition).

Erziehung und Gewöhnung
Wie im 9. Monat.
Gewöhnung an längeres Stehen am hingegebenen Zügel in der aufmarschierten Abteilung.

Übungen
Wie im 9. Monat.
Durch den Zirkel wechseln.
Schlangenlinien (Serpentinen) durch die Bahn (2 Bögen) im Arbeitstrab.
Schlangenlinien an der langen Seite im verkürzten Arbeitstrab.
Volten 10 m Durchmesser im verkürzten Arbeitstrab.
Kehrtvolte im verkürzten Arbeitstrab mit verstärkter Anwendung von äußerem Schenkel und Zügel zur allmählichen Verkleinerung des Durchmessers.

Gangarten und Tempi
Arbeitstrab, Verlängern der Tritte aus dem Arbeitstrab, verkürzter Arbeitstrab, Arbeitsgalopp. Verlängern der Galoppsprünge auf der Diagonalen und an den langen Seiten. Schritt mit hingegebenem, zeitweise am langen Zügel.

Übergänge und Paraden
Wie im 9. Monat.
Übergänge vom Arbeitsgalopp zu verlängerten Galoppsprüngen und umgekehrt.
Übergänge von verlängerten Tritten zum verkürzten Arbeitstrab und umgekehrt.

Springausbildung
Weitere Entwicklung der Springtechnik am langen Zügel.
a) Trabspringtechnik
Gymnastikrick mit Nachstange (55 cm; 110 cm);
kurzer Gymnastikdoppelsprung (vorn 30 cm, hinten 70 cm, Abstand 2,8 m);
Grid mit 5 Elementen (45, 60, 60, 60, 60, 60); mit geringer Erschwerung durch Verkürzung der Abstände;
Gymnastikkombination mit 5–6 Elementen mit Höhen bis zu 60 cm;
Hindernisreihen mit 6 Elementen zwischen 70 und 90 cm und wechselnden Abständen (1, 2 oder 3 Galoppzwischensprünge);
wöchentlich einmal ein Gymnastikparcours (3–4 Gymnastikhindernisse); Trabsprünge über einzelne Hindernisse bis 90 cm.
b) Galoppspringtechnik
Springen einzelner Hindernisse bis 90 cm; Gräben bis 2 m aus dem Arbeitsgalopp (erforderlichenfalls Verwendung des Absprungregulators).
Hindernisreihen wie unter a), auch aus dem Arbeitsgalopp.

Geländeausbildung
Wie im 9. Monat.
Springen kleiner Geländehindernisse bis 90 cm aus dem Trab und dem Arbeitsgalopp (Hindernisse bis 60 cm tief).
Erhöhung der Geschicklichkeit des Pferdes beim Überwinden von Geländeschwierigkeiten. Durchreiten von Wasser.

Kraft- und Ausdauerarbeit
Wöchentlich 3- bis 4mal nach Ende oder vor Beginn der Übungsstunde bzw. in einer zweiten Übungseinheit am Tage (wo dies möglich ist) im Wechsel:

Bergauftraben und spezielle Kraftarbeit wie im 9. Monat;
Streckenritte im Gebrauchstrab 3 x 3 km mit 2 Schrittpausen (mit hingegebenem Zügel) von 500 m Länge;
ruhige Arbeitsgalopps 2 x 2 km mit 600 m Schrittpause (mit hingegebenen Zügel);
Klettern im Schritt wie im 9. Monat.

11.–12. Monat (Juni–Juli)

Ausbildungsziel
Verbesserung von Schwung, Durchlässigkeit und Geraderichtung.
Verbesserung des Gehorsams auf seitwärtstreibende Hilfen.
Verbesserung der körperlichen Verfassung des Pferdes (Kondition).

Erziehung und Gewöhnung
Wie im 10. Monat, dazu, wenn möglich: Gewöhnung an das Gehen in tiefem Wasser; Gewöhnung an das Schwimmen; Gewöhnung an das Baden und Schwemmen.

Übungen
Wie im 10. Monat.
Schlangenlinien (Serpentinen) durch die Bahn (3 Bogen) im Arbeitstrab.
Verwendung von Bodenricks und Gymnastikhindernissen (geringere Anforderungen als bei der springtechnischen Arbeit) zum Lösen.
Schultervor im Arbeitstrab auf gerader Linie.
Volten von 8 m Durchmesser im verkürzten Arbeitstrab. Viel Zirkelreiten.

Gangarten und Tempi
Arbeitstrab, verlängerte Tritte aus dem Arbeitstrab, verkürzter Arbeitstrab, Arbeitsgalopp, verlängerte Galoppsprünge.
Verlängerte Galoppsprünge 1- bis 2mal um die Bahn bei gut abgerundeten Ecken.
Schritt am langen Zügel, wenige Schritte am etwas verkürzten Zügel.

Übergänge und Paraden
Wie im 10. Monat.
Übergänge von verlängerten Galoppsprüngen zum Arbeitstrab. Ganze Paraden aus dem verkürzten Arbeitstrab und Arbeitstrab zum Halten und Wiederanreiten im Schritt und Arbeitstrab.

Springausbildung
Weitere Entwicklung der Springtechnik am langen Zügel:
a) Trabspringtechnik
Gymnastikrick mit Nachstange (60 cm; 120 cm);
kurzer Gymnastikdoppelsprung (vorn 30 cm, hinten 80 cm, Abstand 2,80 m);
Normales Grid (45, 60, 60, 60, 60, 60 cm) mit Erschwerung der Anforderungen durch Verkürzen der Abstände.
Gymnastikkombination wie im 10. Monat.
Hindernisreihen mit 6 Elementen zwischen 80 und 100 cm und wechselnden Abständen (1, 2, 3, 4, und ohne Galoppzwischensprünge).
Gymnastikparcours wie im 10. Monat.
Trabsprünge über einzelne Hindernisse bis 1,00 m hoch und 50–80 cm tief.
b) Galoppspringtechnik
Springen einzelner Hindernisse bis 1,00 m hoch und 90 cm tief aus dem Arbeitsgalopp, Gräben bis 2,20 m.
2 Teilparcours über 4–6 Einzelhindernisse. Hindernisreihen wie unter a), auch aus dem Arbeitsgalopp (erforderlichenfalls Verwendung von Absprungregulator).

Geländeausbildung
Wie im 10. Monat.
Springen kleiner Geländehindernisse bis 90 cm aus dem Trab, Arbeits- und Mittelgalopp (Hindernisse bis 90 cm tief).
Reiten im tiefen Wasser und (wo möglich) Schwimmen.

Kraft- und Ausdauerarbeit
Wöchentlich 3- bis 4mal nach oder vor Beginn der Übungsstunden bzw. in einer zweiten Übungseinheit am Tag (wo dies möglich ist): Streckenritte über 3 x 3 km im Gebrauchstrab in welligem Gelände mit 2 Schrittpausen von 500 m (mit hingegebenem Zügel). Kletterarbeit.
Galopparbeit: 2 km Arbeitsgalopp – 600 m Schritt (mit hingegebenen Zügeln) – 2 km Mittelgalopp.

---

13. Monat (August)

Ausbildungsziel
Verbesserung von Schwung, Durchlässigkeit und Geraderichtung.
Verbesserung des Gehorsams auf seitwärtstreibende Hilfen.
Verbesserung der körperlichen Verfassung des Pferdes.
Teilnahme am ersten Wettkampf.

Erziehung und Gewöhnung
Wie im 11. und 12. Monat.
Gewöhnung an Einsprünge ins Wasser.
Gewöhnung an das Verladen in Kraftfahrzeuge.
Gewöhnung an Fahnen, Musik und Zuschauer.

Übungen
Wie im 11.und 12. Monat.
Schlangenlinien und Serpentinen durch die Bahn (5 Bogen).
Rückwärtstreten.
Verkürzen des Arbeitsgalopps durch häufiges Angaloppieren aus dem Mittelschritt.
Viel Zirkelreiten.

Gangarten und Tempi
Arbeitstrab, Mitteltrab, verkürzter Arbeitstrab, Arbeitsgalopp, Mittelgalopp, Mittelschritt.
Erste etwas verkürzte Galoppsprünge.

Übergänge und Paraden
Wie im 11. und 12. Monat.
Übergang vom Arbeitstrab zum Mitteltrab sowie vom Arbeitsgalopp zum Mittelgalopp und umgekehrt.

Springausbildung
Weitere Entwicklung der Springtechnik.
a) Trabspringtechnik
Wie im 11. und 12. Monat.
Kurzer Gymnastikdoppelsprung (vorn 40 cm, hinten 90 cm, Abstand 2,80 m).
b) Galoppspringtechnik
Springen einzelner Hindernisse bis 1,10 m hoch und 1,20 m tief aus dem Arbeits- und Mittelgalopp, Gräben offen und überbaut bis 2,50 m. Hindernisreihen mit 2–3 Elementen bis 1 m hoch und 1 m tief als Doppel- bzw. Dreifachsprung.

Geländeausbildung
Wie im 11. und 12. Monat.
Einsprünge in seichtes Wasser.
Auf- und Tiefsprünge auf geneigter Ebene bis 90 cm.

Kraft- und Ausdauerarbeit
Wie im 11. und 12. Monat.
Streckenritte über 3 x 3,5 km im Gebrauchstrab in welligem Gelände mit 2 Schrittpausen von 500 m (mit hingegebenem Zügel).
Galopparbeit: 2,5 km Arbeitsgalopp – 600 m Schritt (mit hingegebenen Zügeln) – 2,5 km Mittelgalopp.

Wettkampfziele und Wettkampfvorbereitung
Teilnahme an einer Dressurpferdeprüfung Klasse A oder Springpferdeprüfung Klasse A und einer Stilspringprüfung

Klasse A in der zweiten Monatshälfte mit dem Ziel:
a) in der Dressurpferdeprüfung bzw. in der Springpferdeprüfung eine korrekte Vorstellung mit exakter Ausführung der geforderten Lektionen am vorgeschriebenen Platz und
b) in der Stilspringprüfung einen fehlerfreien Ritt in einem Tempo von 320–350 m/min (Mittelgalopp) mit einer Stilnote von besser als 5,5 zu zeigen.
2 Wochen vor dem Wettkampf Reiten der geforderten Aufgabe in Teilen.
1 Woche vor dem Wettkampf zweimaliges Reiten der ganzen Aufgabe.
2 Wochen vor dem Wettkampf einen Teilparcours über 4–5 Hindernisse mit einem Doppelsprung.
1 Woche vor dem Wettkampf einen Kontrollparcours (Standardparcours) mit 7–9 Hindernissen, darunter 2 Doppelsprüngen.
Am Tage vor dem Wettkampf und 2 Tage nach dem Wettkampf leichte Arbeit im Gelände (Bummelritte).

14. Monat (September)

Ausbildungsziel
Verbesserung von Schwung, Durchlässigkeit und Geraderichtung.
Verbesserung des Gehorsams auf seitwärtstreibende Hilfen.
Verbesserung der körperlichen Verfassung des Pferdes (Kondition).
Erweiterung der Wettkampferfahrung.

Erziehung und Gewöhnung
Wie im 13. Monat.
Vertiefende Wiederholung der bisher durchgeführten Gewöhnungsübungen.

Übungen
Wie im 13. Monat.
Hinterhandwendung bzw. Kurzkehrtwendung.
Viel Zirkelreiten.

Gangarten und Tempi
Arbeitstrab, Mitteltrab, verkürzter Arbeitstrab, Arbeitsgalopp, Mittelgalopp, Mittelschritt.
Wenige Galoppsprünge verkürzter Arbeitsgalopp.
Im Gelände verstärkter Mittelgalopp bis 400 m/min.

Übergänge und Paraden
Wie im 11. und 12. Monat.
Verbesserung aller bisher gerittenen Übergänge durch Verbesserung der halben und ganzen Paraden.
Parade vom Mittelschritt zum Halten und Wiederanreiten im Mittelschritt.

Springausbildung
Weitere Entwicklung der Springtechnik.
a) Trabspringtechnik: wie im 11. und 12. Monat;
b) Galoppspringtechnik: wie im 11. und 12. Monat, mit möglichst verschiedenen Hindernissen.
Kurzer Gymnastikdoppelsprung: vorn 40 cm, hinten 1 m, Abstand 2,80 m.
Die Anzahl der Sprünge ist bei den Springübungen wegen der Parcours stark herabgesetzt.

Geländeausbildung
Wie im 13. Monat.
Hindernisse bis 1 m hoch und 1,40 tief im Tempo 350–380 m/min.
Einsprünge in seichtes Wasser.
Auf- und Tiefsprünge sowie Sprünge auf geneigter Ebene bis 1 m hoch.

Kraft- und Ausdauerarbeit
Wie im 13. Monat.
Streckenritte über 3 x 3,8 km im Gebrauchstrab in welligem Gelände mit 2 Schrittpausen von 500 m (mit hingegebenem Zügel). Galopparbeit: 2,5 km Mittelgalopp (320 m/min) – 600 m Schritt (mit hingegebenem Zügel) – 2,5 km Mittelgalopp (350 m/min).

Wettkampfziele und Wettkampfvorbereitung
Ende der zweiten Woche: Teilnahme an Dressurpferde-, Springpferde- und Stilspringprüfung wie im 13. Monat und mit gleicher Zielstellung.
Ende der vierten Woche: Teilnahme an einer Geländepferdeprüfung oder an einem Geländeritt Klasse A im Rahmen einer Vielseitigkeitsprüfung Klasse A mit dem Ziel der fehlerfreien Absolvierung im Tempo von durchschnittlich 400 m/min.
Die unmittelbare Wettkampfvorbereitung auf die Turnierprüfungen erfolgt wie im 13. Monat.
Als Teil der unmittelbaren Wettkampfvorbereitung auf den Geländeritt wird etwa 10 Tage vor dem Wettkampf ein Teilgeländeritt über 3000 m und 6 Hindernisse im Tempo 450 m/min durchgeführt.
Bemerkung: Falls zu den angegebenen Zeitpunkten keine erreichbaren geeigneten Wettkämpfe durchgeführt werden, werden die Anforderungen jeweils in einer wettkampfnah gestalteten Übungseinheit gefordert (evtl. Zusammenarbeit mehrerer Nachbarvereine für deren junge Pferde gleichen Ausbildungsstandes).

---

15. Monat (Oktober)

Ausbildungsziel
Verbesserung von Schwung, Durchlässigkeit und Geraderichtung.
Verbesserung des Gehorsams auf seitwärtstreibende Hilfen.
Verbesserung der körperlichen Verfassung des Pferdes.
Erweiterung der Wettkampferfahrung.
Vorbereitung auf die Teilnahme an Reitjagden.

Erziehung und Gewöhnung
Wie im 14. Monat.
Galoppieren im Rudel. Galoppieren durch Wald.

Übungen
Wie im 13. Monat.
Viel Zirkelarbeit.

Gangarten und Tempi
Arbeitstrab, Mitteltrab, verkürzter Arbeitstrab, Arbeitsgalopp, Mittelgalopp, verkürzter Arbeitsgalopp, Mittelschritt. Verkürzter Arbeitsgalopp auf dem Zirkel und auf den Geraden, jedoch nicht länger als eine Runde bzw. lange Seite. Im Gelände Gebrauchsgalopp bis 500 m/min.

Übergänge und Paraden
Wie im 14. Monat.

Springausbildung
Weitere Entwicklung der Springtechnik:
a) Trabspringtechnik
Wie im 11. und 12. Monat.
Kurzer Gymnastikdoppelsprung: vorn 40 cm, hinten 1,10 m, Abstand 2,80 m.
b) Galoppspringtechnik
Wie im 14. Monat.
Anzahl der Sprünge bei den Springübungen wegen der Parcours stark herabgesetzt.

Geländeausbildung
Wie im 14. Monat.
Einsprünge in seichtes Wasser.
Überwinden der Hindernisse in Tempo 450 m/min.

Kraft- und Ausdauerarbeit
Wie im 14. Monat.
Streckenritte über 3 x 4 km im Gebrauchstrab in welligem Gelände mit 2 Schrittpausen von 500 m (mit hingegebenem Zügel).
Galopparbeit: 3 km Mittelgalopp (320 m/min) – 600 m Schritt (mit hingegebenen Zügeln) – 2,5 km Gebrauchsgalopp (380 m/min).

Wettkampfziele und Wettkampfvorbereitung
Wie im 14. Monat.
Durchschnittsgeschwindigkeit im Geländeritt 450 m/min.
Durchschnittsgeschwindigkeit im Teilgeländeritt 480 m/min.

---

16. Monat (November)

Ausbildungsziel
Verbesserung von Schwung, Durchlässigkeit und Geraderichtung.
Verbesserung des Gehorsams auf seitwärtstreibende Hilfen.
Verbesserung der körperlichen Verfassung des Pferdes.
Erste Teilnahme an Reitjagden.

Erziehung und Gewöhnung
Wie im 15. Monat.

Übungen
Wie im 15. Monat.

Gangarten und Tempi
Arbeitstrab, Mitteltrab, verkürzter Arbeitstrab, Arbeitsgalopp, Mittelgalopp, verkürzter Arbeitsgalopp. Gebrauchsgalopp, Mittelschritt.
Im Gelände Gebrauchsgalopp bis 550 m/min.

Übergänge und Paraden
Wie im 14. Monat.

Springausbildung
Weitere Entwicklung der Springtechnik
a) Trabspringtechnik:
Wie im 11. und 12. Monat.
Kurzer Gymnastikdoppelsprung: vorn 45 cm, hinten 1,10 m, Abstand 2,70 m.
b) Galoppspringtechnik
Wie im 13. Monat. Anzahl der Sprünge bei den Springübungen wegen der größeren Anzahl der Geländesprünge gegenüber dem 14. Monat herabgesetzt.

Geländeausbildung
Wie im 15. Monat.
Überwinden der Hindernisse im Tempo 420 m/min.

Kraft- und Ausdauerarbeit
Wie im 14. Monat.
Streckenritte über 2 x 5 km im Gebrauchstrab mit einer Schrittpause von 500 m (mit hingegebenen Zügeln).
Galopparbeit: 3 km Mittelgalopp (320 m/min) – 600 m Schritt (mit hingegebenen Zügeln) – 2,5 km Gebrauchsgalopp (400 m/min).

Teilnahme an Reitjagden und deren Vorbereitung
Teilnahme an 1–2 leichten Reitjagden im Abstand von 2 Wochen mit dem Ziel:
a) ruhiges und flüssiges Galoppieren im Gelände und in Gesellschaft anderer Pferde zu üben;
b) flüssiges und sauberes Springen der Jagdhindernisse im Gebrauchsgalopp zu überprüfen.
An einem evtl. Auslauf im Renngalopp nimmt das junge Pferd nicht teil!
Als Teil der unmittelbaren Vorbereitung auf die Reitjagd wird 5–6 Tage vor der Jagd ein Jagdgalopp über 3 km im Tempo 400 m/min über 6–8 jagdmäßige Hindernisse empfohlen.
Am Tage vor der Reitjagd und 2 Tage nach der Jagd leichte Arbeit im Gelände (Bummelritte).

17.–19. Monat (Dezember–Februar)
(1. Etappe der Vorbereitungsperiode)

Ausbildungsziel
Verbesserung von Gang, Schwung, Durchlässigkeit und Geraderichtung.
Verfeinerung des Gehorsams auf die Reiterhilfen.
Nervliche Erholung.
Festigung der Grundlagenausdauer.
Festigung der springtechnischen Eigenschaften und Fertigkeiten.

Erziehung und Gewöhnung
Aus dem Gesamtkomplex der Erziehungs- und Gewöhnungsaufgaben sind die herauszugreifen, die von dem jungen Pferd noch nicht oder nicht immer zur Zufriedenheit des Ausbilders erfüllt werden.
Unter Beachtung der reflektorischen Mechanismen des Pferdes sind die entsprechenden bedingten Reflexe wieder zu festigen.

Übungen
Alle bisher gerittenen Lektionen sind in den Übungseinheiten weiter zu üben und zu vervollkommnen. Dabei ist besonders in den Monaten Dezember und Januar größter Wert darauf zu legen, daß evtl. entstandene Mängel in der Losgelassenheit (Takt, Anlehnung) durch schwungvolles Vorwärtsreiten wieder beseitigt werden.
Im Monat Dezember treten die versammelnden Übungen vorübergehend in den Hintergrund (Schrittpausen verlängern sich), um den Nerven des Pferdes eine Erholungspause zu gewähren.
Ab Januar steigen die versammelnden Übungen wieder etwas an, so daß Ende Januar der Stand am Ende des 13. Monats wieder erreicht ist. Im Februar kommen die Kurzkehrtwendungen im Schritt und verkürzten Arbeitstrab neu hinzu, bzw. es wird die Hinterhandwendung neu in das Programm aufgenommen, falls die Kurzkehrtwendung zuerst (14. Monat) eingeführt worden ist.

Gangarten und Tempi
Im Dezember treten die verkürzten Tempi in den Hintergrund. Ab Januar alle bisher geübten Gangarten und Tempi, wobei besonders darauf geachtet werden muß, daß der Schwung der Mitteltempi in die verkürzten Tempi mitgenommen wird.

Übergänge und Paraden
Im Dezember sind nur die Übergänge aus den ersten acht Ausbildungsmonaten zu reiten.
Ab Januar sind alle bisher geübten Übergänge und Paraden zu verfeinern.
Im Februar kommen neu hinzu: Arbeitsgalopp-Arbeitstrab-Arbeitsgalopp; Mittelgalopp zum verkürzten Arbeitsgalopp.

Springausbildung
Im Dezember Trabspringtechnik wie im 11.-12. Monat.
Ab Januar Trabspringtechnik wie im 11.-12. Monat, Galoppspringtechnik wie im 11.-12. und 13. Monat (bei Vorhandensein einer Reithalle) außer Teil- und Kontrollparcours. Anzahl der Sprünge herabsetzen.

Geländeausbildung
Längere Spazierritte mit Einschub von Reprisen dressurmäßigen Reitens bei günstigen Bodenverhältnissen. Keine Geländesprünge. Kletterübungen.

Kraft- und Ausdauerarbeit
Streckenritte im ruhigen Gebrauchstrab 1- bis 2mal pro Woche.
Dezember: 3 x 5 km mit 2 Schrittpausen von 500 m.
Januar: 4 x 4 km mit 3 Schrittpausen von 400 m.
Februar: 4 x 4 km mit 3 Schrittpausen von 300 m.
Galopparbeit im ruhigen Mittelgalopp (320 m/min) bei günstigen Bodenverhältnissen (1- bis 2mal pro Woche).
Dezember: 2 x 2 km mit 500 m Schrittpause.
Januar: 3 x 1,5 km mit 2 Schrittpausen von 400 m.
Februar: 3 x 1,8 km mit 2 Schrittpausen von 400 m.
Spezielle Kraftarbeit (s. S. 377f.).

20.-21. Monat (März-April;
2. Etappe der Vorbereitungsperiode)

Ausbildungsziel
Verbesserung von Gang, Schwung, Durchlässigkeit und Geraderichtung.
Verfeinerung des Gehorsams auf die Reiterhilfen.
Vorbereitung zur Teilnahme an Wettkämpfen in Dressur, Springen und Vielseitigkeit der Klasse A.
Bemerkung: Für Pferde, deren weitere Entwicklung als Dressurpferd vorgesehen ist, entfällt von jetzt an die springtechnische Arbeit in Galoppspringtechnik sowie das Springen im Gelände.
Das Reiten im Gelände ist für sie auf Spazierritte mit einigen dressurmäßigen Reprisen beschränkt.
Die Geschwindigkeit beim Reiten im Gelände ist temperamentsabhängig.

Erziehung und Gewöhnung
Wie 17. und 18. Monat.
Bemerkung: Die Erziehungsarbeit erstreckt sich in gleicher Weise auf den gesamten künftigen Nutzungszeitraum des Pferdes.

Übungen
Wie 17. und 18. Monat.
Ansteigen der versammelnden Übungen.
Außengalopp.
Einfacher Galoppwechsel.
Erhöhung der Versammlung im Trab und Galopp.
Beginn von Schulterherein und Travers.

Gangarten und Tempi
Alle bisher gerittenen Gangarten und Tempi, dazu abgekürzter Trab und abgekürzter Galopp, Außengalopp.

Übergänge und Tempi
Alle bisher gerittenen Übergänge werden verfeinert. Neu hinzu kommen:
vom Arbeitsgalopp zum Mittelschritt.
Arbeitsgalopp-Mittelschritt-Arbeitsgalopp.
Mitteltrab zum Mittelschritt.
Schritt – (ohne Halten) Rückwärtstreten (ohne Halten) – Schritt.
Übergänge von den Arbeits- und Mitteltempi zu den abgekürzten Tempi.

Springausbildung
Weitere Entwicklung der Springtechnik
a) Trabspringtechnik
Wie 11. und 12. Monat.
Allmähliche Steigerung der Anforderungen durch Verkürzen der Abstände bei den Gymnastikhindernissen (Grid und kurzer Gymnastik-Doppelsprung).
b) Galoppspringtechnik
Springen einzelner Hindernisse (1,20 m hoch und 1,50 m tief) aus dem passenden Galopptempo, Gräben bis 3 m.
Hindernisreihen mit 2–3 Elementen bis 1,20 m hoch und 1,40 m tief. Als Doppel- bzw. Dreifachsprung.
Passende Abstände.
Monatlich 2 Teilparcours 5–7 Hindernisse, darunter 1 Doppel- oder Dreifachsprung.
Monatlich 1 Kontrollparcours der Klasse L (Tempo 350 m/min).
In den Teil- und Kontrollparcours abwechslungsreiche Linienführung mit allmählich ansteigendem Schwierigkeitsgrad.

Geländeausbildung
Gewinnung weiterer Erfahrungen im Überwinden (kletternd und springend) von vielgestaltigen Geländehindernissen mit mäßigen Abmessungen entsprechend dem Ausbildungsstand für künftige Vielseitigkeitspferde.
Für Springpferde und Dressurpferde nervenberuhigende Bummelritte mit kleinen Dressureinlagen.

Kraft- und Ausdauerarbeit
Für Dressurpferde: Streckenritte im Trab wie 17.–19. Monat, dazu ruhige Arbeitsgalopps 2–2,5 km.
Für Springpferde: Spezielle Kraftarbeit (s. S. 377 f.). Trab- und Galopparbeit wie 17.–19. Monat, einmal wöchentlich einen Sprint (von 300–400 m Länge mit Maximalgeschwindigkeit).
Für Vielseitigkeitspferde: weitere systematische Steigerung (s. Kap. 8), abhängig von der Konstitution des Pferdes.

Nachbemerkungen:
Für die Ausbildung des jungen Pferdes ist *tägliches Reiten* erforderlich. Nach neuesten Erkenntnissen ist es wahrscheinlich noch günstiger, wenn das Tagesprogramm auf *zwei Übungseinheiten pro Tag* verteilt wird. Wer nicht wenigstens einmal täglich reiten kann, muß sich natürlich mit geringeren Fortschritten bescheiden.
Wir möchten noch einmal darauf hinweisen:
Der Maßstab allen Fortschritts ist die tatsächliche Entwicklung des Pferdes.
Der Ausbilder eines jungen Pferdes wird die in den Aufstellungen gegebenen, sehr summarischen Angaben über den Trainingsinhalt der einzelnen Monate entsprechend seinen Möglichkeiten so aufschlüsseln müssen, daß das Ausbildungsziel in systematischer Steigerung der Anforderungen erfüllt werden kann. Dabei sollten folgende *Prinzipien* beachtet werden:

- Die Ausbildung soll abwechslungsreich sein. Dies läßt sich erreichen, wenn man sich niemals nur auf einen Bestandteil der Ausbildung (Dressur, Springen oder Gelände) konzentriert, sondern wenigstens zwei von ihnen *kombiniert*, z. B. Arbeit im Gelände nach der dressurmäßigen Arbeit auf dem Reitplatz, Gymnastiksprünge vor Beginn der Arbeit im Gelände o. ä.
- *Neue Übungen* gehören vom Zeitpunkt ihrer Einführung zum Arbeitspensum. Sie sind ständig zu wiederholen, zu festigen und zu verbessern. Dabei muß der Ausbilder Einförmigkeit und Drill vermeiden. Da jedoch in einer Übungseinheit – vor allen Dingen im zweiten Ausbildungsjahr – nicht mehr alle bekannten Lektionen geritten werden können, muß der Ausbilder sie auf verschiedene Übungseinheiten schwerpunktmäßig verteilen. Den *Überblick* über die Verteilung der Lektionen gewährleistet ein *Ausbildungstagebuch.*
- Der Reiter muß bestrebt sein, dem Pferd neben der Arbeit noch Gelegenheit zur Bewegung zu geben. Dafür ist *Weidegang* geeignet. Auch lang ausgedehnte *Spazierritte* wirken günstig. Auf alle Fälle sollte dafür gesorgt sein, daß sich das junge Pferd täglich so lange wie möglich im Freien aufhält.
- Ständige *Beobachtung* des jungen Pferdes im Hinblick auf seine Ausbildungsfortschritte und in bezug auf seinen Gesundheits- und Trainingszustand hilft dem Ausbilder, sowohl das Auftreten von Fehlern als auch von Überforderungen rechtzeitig zu erkennen und entsprechende Maßnahmen zu treffen.

4.7. Hinweise für die Berücksichtigung von Temperaments- und Gebäudefehlern

Die Pferdezucht hat große Anstrengungen gemacht, um geeignete Sportpferde zu züchten. Die *individuellen Besonderheiten* der Pferde bleiben jedoch bestehen, und sie in der Ausbildung zu berücksichtigen, ist die große Kunst des Ausbilders. Sie besteht nicht zuletzt auch darin, zu wissen, in welcher Weise Mängel des Temperaments oder des Körperbaus ganz oder teilweise ausgeglichen werden können. Voraussetzung dazu sind Kenntnisse und Erfahrungen bei der *Beurteilung von Pferden.* Im Grunde genommen ist dies eine sehr komplizierte Arbeit. Und man muß sich darüber im klaren sein, daß sich größere Mängel manchmal nicht ausgleichen lassen. Dann muß man sich mit geringeren Fortschritten zufriedengeben.

Es soll im folgenden nur auf einige besonders ins Auge fallende Besonderheit des Temperaments und des Körperbaus eingegangen werden, die auf die Gestaltung der Ausbildung von großem Einfluß sind bzw. ihr Grenzen setzen.

Allgemein gelten auch für diese Fälle die *Prinzipien,* die der Ausbildung normal gebauter und mit geeignetem Temperament ausgestatteter Pferde zugrunde liegen.

Auf *Losgelassenheit* beruhende *Selbsthaltung* und Entwicklung des *Schwungs* sind auch hier die Grundlage, um die optimale Leistung des Pferdes in der Ausbildung zu erreichen, die seinen relativ langen Gebrauch sichert.

Pferde mit Temperamentsfehlern

Temperament und psychische Eigenschaften des Pferdes sind *angeboren.* Durch richtige Erziehung und Gewöhnung können sie gebessert, durch falsche und schlechte Behandlung aber auch sehr leicht verschlechtert werden.

Wie eine alte Reitvorschrift treffend feststellt, sind „Temperamentsfehler schwerer als Gebäudefehler zu korrigieren". Bei der Erziehungs- und Gewöhnungsarbeit haben wir immer wieder geduldiges Vorgehen gefordert. Hier werden noch größere Anforderungen gestellt. Aber auch die *Selbstdisziplin des Reiters* wird harten Prüfungen unterworfen.

In der Hauptsache haben wir drei Gruppen von Pferden zu betrachten:

- Ängstlich wegeilende Pferde
- Gehunlustige Pferde
- Widersetzliche Pferde.

Da, wie bereits ausgeführt wurde, Erziehung und Gewöhnung die ererbten Anlagen des Pferdes nicht verändern, sondern man diese nur beeinflussen kann, muß man immer mit einem Wiederauftreten des Fehlers rechnen, wenn die bedingten Reflexe nicht umfassend genug ausgearbeitet, mangelhaft gefestigt oder – aufgrund fehlender Wiederholung – wirkungslos geworden sind.

Ängstlich wegeilende Pferde

Dieser Temperamentsfehler beruht auf dem in diesem Fall individuell leicht auslösbaren unbedingten *Fluchtreflex.* Eine entsprechend große *Empfindlichkeit der Nerven* ist die Grundlage dafür.

Solche Pferde werden bei ungewohnten Erscheinungen und Wahrnehmungen (Geräuschen, Gerüchen, Berührungen, schnellen Bewegungen), die vielleicht den abgestumpften menschlichen Sinnen verborgen bleiben, ihre Rettung in der Flucht suchen. Ungeschickte, grobe oder ständig aufgeregte Reiter können diesen Fehler so verstärken, daß der Zustand angstvoller Erregung zum Dauerzustand wird und die Gebrauchsfähigkeit des Pferdes stark einschränkt.

Bei der Ausbildung des jungen Pferdes muß man solche Temperamentsvoraussetzungen von vornherein berücksichtigen, indem man bei der Erziehungs- und Gewöhnungsarbeit mit größter *Sorgfalt* vorgeht und sich dazu lieber mehr *Zeit* nimmt als zu wenig.

Nervöse, psychisch nicht ausgeglichene Menschen, deren Einsatzmöglichkeit im Pferdesport sowieso sehr gering ist, können solche Pferde nicht ausbilden. Für die Ausbildung eines nervösen und ängstlichen Pferdes ist am besten ein Reiter geeignet, dessen *innere Ruhe* durch nichts zu erschüttern ist. Er kann am leichtesten das Vertrauen des Pferdes erwerben und so den Temperamentsfehler gar nicht erst zum Ausbruch kommen lassen.

Sollte sich die ängstliche Erregung erst im Verlauf der Ausbildung einstellen, so ist – falls der Reiter die erforderliche Ruhe nicht aufbringen kann – der einzige Ausweg, den Ausbilder zu wechseln. Der neue Ausbilder wird auf langen *Bummelritten* im Gelände das erschütterte Vertrauen des Pferds in den Menschen erst wieder festigen müssen, ehe die Ausbildung fortgesetzt werden kann. Erst wenn die Aufregungszustände behoben sind, die Nerven des Pferdes sich erholt haben, das Wohlbefinden des Pferdes sich gebessert hat, darf man die Ausbildung vorsichtig wieder aufnehmen.

Man beginnt damit, das Pferd auf dem völlig abgeschlossenen Longierzirkel – auf dem es vielleicht schon an der *Longe* den Takt des Trabs wiedergefunden hat – im Trab zu reiten. Dabei hat sich der Reiter jeder Einwirkung zu enthalten. Er hat nur gut mitzugehen, dabei den Rücken nicht voll zu belasten und zu warten, bis das Pferd von selbst kürzere und langsamere Tritte anbietet. *Beruhigendes Sprechen* mit dem Pferd und *streichelndes Klopfen* des Pferdehalses werden nach mehreren Tagen dazu beitragen, daß Momente ruhigen, taktvollen Gehens in Selbsthaltung öfter eintreten und länger andauern. Das ist dann der Zeitpunkt, wo der Reiter beginnt, sich mit dem bisher völlig passiven und unter Umständen jede Berührung anfänglich vermeidenden Unterschenkel wieder sehr vorsichtig an das Pferd heranzufühlen und weiche Verbindung aufzunehmen.

Je mehr die Beruhigung Fortschritte macht, um so mehr kommt der Reiter wieder zum Treiben. Aber auch dabei ist größte Geduld geboten, damit nicht ein Rückschlag die Arbeit von Wochen zunichte macht.

Läßt sich das Pferd wieder treiben, so hat der Reiter gewonnen, denn nun treten die Hinterbeine weiter unter den Leib und können deshalb keine kurzen und eiligen Tritte mehr machen, zumal die bei längeren Tritten besser tragende Hinterhand dem Pferd Gleichgewicht und Selbsthaltung ermöglicht.

Auch nach Abschluß dieser Korrektur wird der Reiter stets darauf bedacht sein müssen, den gewonnenen Erfolg durch Ruhe und Besonnenheit zu erhalten.

Gehunlustige Pferde

Die Gehlust, der Vorwärtsdrang des Pferdes ist eine der kostbarsten Eigenschaften, mit denen ein Pferd seinem Ausbilder die Arbeit erleichtern und zur Freude machen kann.

Hat man aber ein Pferd unter den Sattel genommen, dem diese Eigenschaft fehlt, so ist eine erfolgreiche Ausbildung bei aller Mühe doch erheblich erschwert. Ein solches Pferd würde stets nur lässig widerstrebend durch die Gegend „schleichen", wenn nicht der Ausbilder energische Maßnahmen ergreift, um die Gehlust zu wecken.

Man reitet solche faulen und launigen Pferde in frischem Tempo im Gelände und läßt dabei einen gut vorwärts gehenden Stallgefährten einen vorbildhaften Einfluß ausüben.

Allerdings müssen sie auch auf dem Übungsplatz lernen, daß sie auf vortreibende Hilfen sofort, ohne zu zögern, vorwärts gehen müssen. Daher darf schon während der Ausbildungszeit an der Longe die Peitsche hin und wieder mit einem derartigen Pferd in Berührung kommen, wenn es der Aufmunterung bedarf. Hat das Pferd die Bedeutung der vortreibenden Hilfen des Reiters kennengelernt und zeigt, daß es diese versteht, muß bei anhaltender Faulheit der Reiter auch einmal zu einem drastischen Mittel greifen, indem er dem Pferd durch zwei mit höchster Schnelligkeit und Energie kurz hinter den Sattelgurt treffende Gertenhiebe seinen Willen kundtut. Macht das Pferd daraufhin einige Sprünge nach vorn, darf es nicht mit der Hand gestört werden. Diese hat vielmehr nachzugeben und die ersten Sprünge vorwärts herauszulassen, ehe sie bei einer sehr weichen Parade mitzuwirken beginnt. Ist der Erfolg eingetreten, *muß sofort gelobt* werden. Ohne dieses *abschließende ausgiebige Loben* wird das Verfahren allerdings zu einer unreiterlichen und deshalb energisch zu bekämpfenden Prügelei. Wahrscheinlich muß dieses Verfahren einige Male angewandt werden, ehe das erforderliche Vorwärtsgehen gesichert ist. Je eher man damit beginnt und je konsequenter man sich durchsetzt, um so größer ist die Aussicht auf dauerhafte Wirkung. Dann werden immer leichtere Hilfen genügen, um die Pferde zum Herantreten an das Gebiß zu veranlassen. Bei jungen Pferden ist es nicht immer leicht, zu unterscheiden, ob *Faulheit* oder *Müdigkeit* zum Mangel an Gehlust führt. Darüber muß man sich genau klarwerden (in Zweifelsfällen ist immer das letztere anzunehmen), ehe man zu den geschilderten drastischen Maßnahmen greift. Es besteht sonst die Gefahr, daß ein müdes Pferd überfordert und sein Vertrauen in den Reiter erschüttert wird.

Widersetzliche Pferde

Manche laurigen Pferde wehren sich mit Nachdruck dagegen, besser vorwärts zu gehen und entwickeln dabei erhebliche Kraft und Energie; besonders dann, wenn sie merken, daß sich ein schwacher Reiter nicht richtig durchsetzen kann. Zu ihrer Korrektur braucht man daher einen *sattelfesten Reiter*, der ihnen keine Zeit zum Bocken oder Ausschlagen läßt. Solche Pferde sind als Reitpferde wertlos, wenn sie nicht korrigiert werden. Auch hier sollte die Korrektur einsetzen, sobald sich die Widersetzlichkeit zum ersten Mal zeigt. Das geschieht wahrscheinlich schon während der Longierarbeit, wenn der Peitschenführer sofort hinter das Pferd eilt und es energisch vortreibt, noch ehe es zum Bocken oder Ausschlagen kommt. Wegen der Gefahr von Beinschäden muß dabei der Zirkel möglichst groß gehalten werden. Auch haben die vortreibenden Peitschenhilfen sofort aufzuhören, wenn das Pferd vorwärts geht. Dafür setzt dann das Loben mit der Stimme ein. Das Wiederauftreten der Widersetzlichkeit wird der aufmerksame Longenführer dann schon durch einen warnenden Zuruf und ein drohendes Erheben der Peitsche verhindern können. Einige Schritte des Peitschenführers auf das Pferd zu helfen auch in hartnäckigen Fällen. Treten bei älteren Pferden derartige Unarten auf, so wurde bestimmt ein entscheidender Fehler in der Ausbildung gemacht. Es bleibt dann nichts weiter übrig, als das Versagen des Menschen zu Lasten des Pferdes zu korrigieren.

Bei Pferden, die in ihrer Ausbildung und gymnastischen Durchbildung erhebliche Mängel aufweisen, führt die lösende Arbeit auf dem Zirkel mit vorherrschendem Einsatz der *lateralen* Hilfen eher zum Erfolg als auf der Geraden. Der Reiter bemüht sich dabei, mit treibendem Sitz das leicht nach innen gestellte Pferd zum Strecken von Hals und Kopf zu veranlassen, indem er den vorübergehend leicht Verbindung aufnehmenden äußeren Zügel ganz nachgibt und dadurch dem Pferd den Weg vorwärts-abwärts weist.

Einseitige Zügelwirkung, in diesem Fall aber blitzschnell und mit aller Energie, hat einzutreten, wenn durch schwache Reiter verdorbene Pferde am *Steigen, Durchgehen oder Scheuen* gehindert oder bei Ausbruch dieser Widersetzlichkeit kräftig zur Ordnung gerufen werden müssen. Dabei wird der Zügel der nachgiebigeren Seite kurz gefaßt und energisch angenommen (ohne zu reißen), wobei die Zügelhand gegebenenfalls hinter dem Knie des Reiters einen Halt sucht.

Vollblüter von der Rennbahn

Während der einfühlsame Ausbilder, der das

seltene Glück hat, einen noch nicht durch den Rennbetrieb gegangenen Vollblüter unter die Hand zu bekommen, in den meisten Fällen und bei körperlicher Eignung des Pferdes mit dem Temperament und der Lernfähigkeit seines jungen Pferdes sehr zufrieden sein wird, steht sein Kollege, der ein Vollblutpferd mit Rennbahnvergangenheit ausbilden soll, vor erheblichen Problemen.

Der Ausbilder eines ehemaligen Rennpferdes muß seine erste Aufgabe darin sehen, es die „Kindheitserinnerungen", die tiefer wurzeln als spätere Erfahrungen, vergessen zu lassen. Dazu bedarf es in den meisten Fällen einer ganzen Reihe von Monaten, in denen der Ausbilder auf ausgedehnten *Spazierritten* im gemütlichen Tempo eines ruhigen natürlichen Trabs mit hingegebenem Zügel das Vertrauen des Pferdes erwerben muß. Dafür ist keine Zeit zu lang. Geduld des Ausbilders wird gerade vom Vollblüter reichlich belohnt, dessen Intelligenz und Energie dem Reiter, zu dem er Vertrauen gefaßt hat, die Arbeit zur Freude macht. Außerdem geben die langen Spazierritte eine gute Möglichkeit, das Pferd seine *natürliche Selbsthaltung* finden zu lassen, in der es dann vielleicht die Tritte zeigt, die in der schnellen Vorbereitung auf die Rennen nicht zur Entwicklung kommen konnten.

Die Ausbildungsperiode, in der das Pferd über die Zwanglosigkeit zur Losgelassenheit gebracht werden muß, ist bei ehemaligen Rennpferden von ganz entscheidender Bedeutung und wird auch zeitlich ausgedehnter sein müssen.

Pferde mit Gebäudefehlern

Ideale, völlig fehlerlose Pferde gibt es nicht. Für die Ausbildung ist demnach in jedem Fall zu entscheiden, welche Fehler durch individuelle Anpassung der Ausbildungsmethoden verbessert oder vielleicht gar beseitigt werden können und welche Fehler der Ausbildung unüberwindliche Grenzen setzen.

Pferde mit ausgeprägten *Gebäudefehlern* sind nicht mehr allzu häufig in den Pferdesportställen zu finden. Bei kleineren Abweichungen vom Idealbild muß der Ausbilder in erster Linie danach trachten, schwach entwickelte Körperpartien des Pferdes durch *anfängliche Schonung* zu Lasten gut entwickelter Körperteile vor Überanstrengung zu schützen und sie mittels auf ihre Kräftigung gerichteter vorsichtig gesteigerter *Übungen* schließlich zu befähigen, ihre Rolle im Ablauf der Bewegung voll zu erfüllen.

Die Prinzipien des richtigen Ausbildungsganges gelten hier wie auch bei Pferden mit schwereren Gebäudemängeln ohne Ausnahme. Die Kunst des Ausbilders besteht darin, in jedem Fall das *Maß der Anforderungen* zu finden, die an das ungünstig gebaute Pferd gestellt werden dürfen. Danach muß sich der Ausbildungsplan richten. Die Anforderungen waren richtig, wenn auch hier *Takt, Losgelassenheit und Schwung* entsprechend den Möglichkeiten erreicht werden.

Natürlich sind Pferde mit ausgeprägten Gebäudemängeln sehr viel schwieriger als normal gebaute Pferde auszubilden. Deshalb sollte ihre Ausbildung auch nur von Reitern übernommen werden, die schon Erfahrungen bei der Ausbildung mehrerer normal gebauter Pferde gesammelt haben. Sie werden eher als der unerfahrene Reiter in der Lage sein, auch gefühlsmäßig die Notwendigkeit der Hilfengebung und die Möglichkeiten der Anforderungen zu erfassen.

Die Exterieursmängel, die sich in der Ausbildung hauptsächlich bemerkbar machen und auch relativ häufig sind, treten an drei Körperteilen auf: dem Rücken, den Beinen und dem Hals.

Arbeit von Pferden mit fehlerhaftem Rücken

Nicht nur die losgelassene Tätigkeit der Rükkenmuskulatur als Teil des Muskelrings aus Streckern und Beugern hat für den Gang des Pferdes Bedeutung. Auch die Form des Rükkens hat Einfluß auf die Tätigkeit seiner Muskulatur. Im folgenden betrachten wir den lan-

gen, kurzen, überbauten und abschüssigen Rücken.
Mancher *lange* Rücken besitzt eine so günstige muskuläre Verbindung mit dem Widerrist und der Lende, daß die einzelnen Muskelgruppen im Bewegungsablauf tadellos miteinander koordiniert arbeiten. In diesem Fall bereitet die etwas größere Länge des Rückens keine Schwierigkeiten und kommt durch größere Geschmeidigkeit der Ausbildung geradezu entgegen.
Wenn jedoch diese Koordination der Muskelgruppen nicht vorhanden ist und die Länge des Rückens das Untertreten der Hinterbeine in Richtung Fußpunkt der Schwerelinie behindert, wird der lange Rücken, der oft noch mit einer schwachen Lendenpartie gekoppelt ist, zum Hindernis für die Ausbildung, weil das Pferd mit den Hinterbeinen zu kurz tritt und daher eilige oder matte, schleppende Tritte zeigt. Ein solch langes Pferd füllt den Sitz des Reiters nicht aus und vermittelt ihm und dem Beschauer den Eindruck, daß er „auf zwei verschiedenen Pferden" sitzt.
Besonders deutlich wird das ungenügende Zusammenwirken von Vor- und Hinterhand *im Galopp*, der ohne Schwebephase und fast im Viertakt zu sein scheint. Ihm fehlt das Charakteristikum dieser Gangart, das Springen. Der Grund hierfür liegt im mangelhaften Vorziehen der Hinterbeine durch die sich nicht kräftig genug kontrahierenden Bauchmuskeln, wodurch die Hauptdiagonale des Galoppsprungs auseinanderfällt.
Die Aufgabe des Reiters ist in diesem Fall, die *Zusammenarbeit zwischen Vor- und Hinterhand* wiederherzustellen, damit das Pferd zu taktmäßigen und raumgreifenden Tritten bzw. Sprüngen kommt. Gleichzeitig muß die *Bauchmuskulatur* gekräftigt werden, die als Gegenspieler der Rückenmuskulatur eine große Bedeutung auch für deren Arbeit hat.
Der Reiter muß versuchen – bei weitgehender Entlastung des Pferderückens durch Verlagerung seines Gewichts auf die Oberschenkel –, zunächst den *natürlichen Trab* und einen *freien, energischen Galopp* zu erreichen, um danach durch treibende Einwirkung von Gerte und Schenkel bei tiefer Hand die Hinterbeine zu längeren Tritten bzw. energischem Unterspringen zu bringen. Ziel der Arbeit ist es, zu erreichen, daß die bisher krampfhaft festgehaltenen Muskelpartien regelmäßig an- und abgespannt werden. Erst in dem Moment, wenn dies gelingt, wird sich das Pferd an der passiven Hand des Reiters loslassen.
Es wird einige Wochen dauern, bis die Bewegungsmuskulatur so zusammenarbeitet, daß normales Einsitzen des Reiters den Gang nicht mehr nachteilig beeinflußt. Aber auch dann noch muß er bei den Paraden darauf achten, die schwache Lendenpartie durch schweres Einsitzen nicht zu stark zu belasten, weil dadurch die Hinterbeine am Untertreten gehindert würden. Außerdem würde der in der Lendenpartie hervorgerufene Schmerz zu Unruhe und vielleicht sogar zu Widersetzlichkeiten führen.
Vorsichtige Arbeit über Bodenricks und über das Grid mit anfangs etwas erweiterten Abständen (im *Entlastungssitz* ausgeführt) fördert die Ausbildung solcher Pferde sehr.
Pferde mit fehlerhaftem *langen Rücken und schwacher Lende* eignen sich nicht zu Leistungspferden. In der Dressurausbildung kann die Versammlung nicht über die Gebrauchshaltung hinaus gesteigert werden. Über die Grenze der Klasse L werden solche Pferde in keiner Disziplin hinauskommen. Als Reitpferde und Ausbildungspferde sind sie recht gut geeignet, zumal sie keinen hohen Wurf haben. Für Dauerleistungen sind sie nicht zu gebrauchen.
Der *kurze Rücken* läßt die Pferde quadratisch erscheinen. Unter ihnen sollte man keine Leistungspferde suchen. Ihre kurze Unterstützungsfläche erschwert ihnen das Balancieren, es sei denn ein besonders langer Hals, der als Balancierstange benutzt wird, trägt zur Erhöhung der Trittsicherheit bei. Um einen kurzen Rücken zur *Losgelassenheit* zu bringen, verwendet man Bodenricks und niedrig gestellte Gymnastikricks. Während der übrigen Arbeit ist so lange leichtzutraben, bis sich das Pferd am Gebiß losläßt. Man wird aber auch dann

nicht voll einsitzen, sondern sich weiter bemühen, durch frischen Arbeitstrab und -galopp den Rücken besser zum Strecken zu bringen. Der Reiter muß geschmeidig am Sattel bleibend mitgehen, um besser zum Treiben zu kommen. Wenn der Rücken zum Schwingen gebracht ist, kann der Reiter den Normalsitz einnehmen und erforderlichenfalls durch kurze, aufrichtende Zügelanzüge die Aufwölbung des Rückens zu unterstützen suchen. Sollten sich dabei wieder Steifungen bemerkbar machen, muß zu der eben beschriebenen Arbeit zurückgekehrt werden, weil die Losgelassenheit wieder verlorengegangen ist.

Fehlerhafte Rücken, verbunden mit abweichender Winkelung der Hinterbeine. Als überbautes Pferd bezeichnen wir ein Pferd, dessen Kruppe höher liegt als der höchste Punkt des Widerristes. Das Überbautsein ist fast immer mit *stumpfgewinkelten* und zu *langen Hinterbeinen* verbunden.

Dadurch entsteht beim Reiter das Gefühl, der Rücken senke sich nach vorn. Wollte er diesem Gefühl dadurch begegnen, daß er den Kopf mit aktiv aufrichtenden Zügelanzügen höher stellt und durch Einsatz des Gewichts die Hinterhand zu senken sucht, würden sich Rücken und Hinterbeine nur noch mehr versteifen und der Belastung entziehen. Dies ist durch die stumpfen Gelenkwinkel und den nach vorn abfallenden Rücken bedingt. Um das Übel zu verringern, empfiehlt sich: Reiten im leichten Sitz (Bügel etwa 2 Loch kürzer), dabei die Hinterbeine zum weiten Vortreten anregen; dem Pferd keine Gelegenheit geben, eine Stütze in der Hand zu finden; erst bei fortschreitendem Tätigwerden der Rückenmuskulatur einsitzen; im Verlauf der Ausbildung zu einem späteren Zeitpunkt erst die Beugefähigkeit der Hinterbeine zu erhöhen trachten, und zwar mittels seitlichen Biegens.

Solche Pferde sind für die Ausbildung zum Dressurpferd nicht geeignet. Sie werden stets die Vorhand stärker belasten und einem Verschieben des Schwerpunktes nach hinten große Schwierigkeiten entgegensetzen. Da sie jedoch kräftig abzuschieben vermögen, sind sie oft mit erheblicher *Springkapazität* ausgestattet. Die Widerstände jedoch, die die steilen Hinterbeine der völligen Gymnastizierung entgegensetzen, und die starke Beanspruchung der Vordergliedmaßen schränken ihre Verwendung auch in den anderen Disziplinen ein.

Ein Pferd mit *abschüssigem Rücken* hat *starkgewinkelte Hintergliedmaßen*, die man bei *säbelbeinigen* Pferden findet.

Diese Winkelung bedingt einen sich nach hinten senkenden Rücken. Infolge ihrer kleineren Winkel können die Hinterbeine nur wenig Schubkraft entwickeln. Das macht solche Pferde zum Springen ungeeignet. Aber auch mit der Erhöhung der Versammlung, der die stark unter die Last tretenden Hinterbeine entgegenzukommen scheinen, muß man vorsichtig sein, wenn die ohnehin stark beanspruchten Sprunggelenke nicht Schaden nehmen sollen. Der Reiter muß deshalb bei der Ausbildung derartiger Pferde sein Augenmerk auf die Entwicklung der Schubkraft legen. Dazu wird er die freieren Tempi bevorzugen. Als Reitpferde für weniger anspruchsvolle Reiter und für solche, die bequeme Pferde wünschen, sind sie geeignet, sofern von ihnen keine großen Dauerleistungen verlangt werden.

Pferde mit fehlerhafter Beinstellung

Die richtige Arbeit der Hinterbeine ist Vorbedingung für die elastische Tätigkeit der Rükkenmuskulatur. Wo die Hinterbeine zu *taktmäßiger Tätigkeit* gebracht werden können, wird auch der Rücken lernen, zu schwingen, sich zu strecken, und das Pferd wird Anlehnung suchen; es wird zur *Losgelassenheit* kommen. Inwieweit die *Sprunggelenke* durch beugende Belastung beansprucht werden können, ist unterschiedlich. Jedoch müssen Pferde mit zu nahe beieinander (kuhhessig) – und viel mehr noch mit zu weit voneinander (faßbeinig) – stehenden Sprunggelenken von höherer Versammlung verschont bleiben. Ist durch den Einsatz kuhhessiger Pferde in leichten Spring- und Dressurprüfungen sicherlich kein Schaden anzurichten, so liegen die Verhältnisse beim faßbeinigen Pferd anders. Die Winkelung der Knochen und die Ansatzpunkte der Muskeln sind bei ihnen so ungünstig, daß sowohl Schub- als auch Tragkraft stark herabgesetzt werden und ihre Beanspruchung früher oder später zu Schäden des Sprunggelenks, aber auch der Gelenke des Fußes führt.

Pferde mit fehlerhaftem Hals

Die Form des Halses im Rahmen seiner anatomischen Gegebenheiten ist immer eine Folge der Arbeit von Hinterhand und Rücken. *Wer den Hals umformen will, bearbeite deshalb Hinterhand und Rücken!* Der Hals formt sich dann von selbst in der Anlehnung. Hauptsächlich drei Halsformen bereiten bei der Ausbildung des jungen Pferdes Schwierigkeiten: der lange, dünne Hals; der kurze, dicke Hals; der Hirschhals.

Der *lange, dünne Hals*, der noch in seinem oberen Teil stark gebogen und am Rumpf zu hoch aufgesetzt ist, heißt *Schwanenhals*. Er ist mit schlaffen, dünnen Muskeln besetzt. Ein derartiger Hals macht dem Ausbilder sehr viel Mühe. Bis ein solcher Hals sich so streckt, daß das Pferd am Gebiß Anlehnung nimmt, können Monate oder auch Jahre vergehen. Der Hauptteil dieser Zeit wird für das Feststellen des Halses vor dem Widerrist benötigt. Dazu muß die durch die Eintiefung zwischen den Schultern und dem Seitenhals verlaufende Muskulatur – hauptsächlich die *Rippenhalter* – gestärkt werden.

Die Arbeit mit einem solchen Pferd ist für den Reiter mit vielen Entsagungen verbunden. Ist es ihm gelungen, im freien Vorwärtsreiten die Anlehnung an ein dickes Trensengebiß herzustellen ist die größte Schwierigkeit überwunden. Die weitere Arbeit hat sich dann darauf zu richten, die Anlehnung zu sichern. Erst wenn die Halsmuskulatur so entwickelt ist, daß sie dem unteren Teil des Halses Stetigkeit verleiht, kann der Reiter sein Ziel als erreicht betrachten und in der Ausbildung des Pferdes fortfahren.

Der *kurze, dicke Hals* ist meist schwer, tief aufgesetzt und mit einem breiten und schweren Genick verbunden. Derartige Pferde sind zum Reiten nicht geeignet. Sie sind vor allem zum Selbsttragen in der Gebrauchshaltung zu bringen. Dazu muß man fleißig das Untertreten fördern und – in dem bescheidenen Rahmen des Möglichen – Schwung entwickeln.

Falsch wäre es, diese Pferde durch riegelnde Zügeleinwirkung in eine Art Beizäumung zu bringen, bevor die Losgelassenheit erreicht ist. Dadurch würde man nur die Rippenhalter schwächen und das Pferd auf die Vorhand bringen. Fleißiges Longieren des Pferdes am Anfang der Grundausbildung, bei dem mit fortschreitender Selbsthaltung die Ausbindezügel so kurz werden können, daß das Pferd im Genick nachzugeben veranlaßt wird, kann nützlich sein, sofern der Gang nicht darunter leidet.

Der *Hirschhals* zeichnet sich durch zu starke Entwicklung der Muskulatur des Unterhalses aus. Wenn das Pferd richtig ausgebildet wird, kann sich kein Hirschhals entwickeln.

Da der Hirschhals jede reiterliche Hilfe wirkungslos macht, muß er bekämpft werden, wenn das Pferd wieder gebrauchsfähig werden soll.

Durch geduldiges Reiten im Schritt und Trab *mit hingegebenen Zügeln* muß das Pferd sich wieder strecken lernen. In gewissem Maße kann dies durch Treten über *Bodenricks* und *Gymnastikhindernisse* gefördert werden. Die Anforderungen hierbei dürfen aber nur sehr langsam steigen, weil ja zugleich eine Rückbildung der Muskulatur des Unterhalses bezweckt wird. Das dauert einige *Monate*. Eine Überforderung würde im Festhalten des Rükkens resultieren, zu dem das hirschhalsige Pferd sowieso neigt.

Der *krause Hals* ist ein durch fehlerhafte Handeinwirkung zu kurz gemachter Hals, der an seiner Basis locker geworden ist und eingerollt wird, so daß das Pferd *hinter den Zügel* kommt. Ein solcher Hals kann nur von einem

Reiter mit eiserner Selbstbeherrschung und Geduld, verbunden mit einem sehr feinen Gefühl, wieder korrigiert werden.
Die Korrektur hat den Zweck, den Hals wieder festzustellen, zu strecken und das Pferd wieder an das Gebiß heranzubringen.
Entscheidend für den Erfolg ist, daß die Hand einen sehr *feinen Kontakt* zum Pferdemaul hält und dem geringsten Streckversuch des Pferdes folgt. Der Reiter versucht, mit weich angesaugtem Schenkel lange Tritte bei gleichbleibendem ruhigem Takt zu erreichen, dabei den Schwung zu erhalten und auf diese Weise das Pferd zum Strecken des Halses zu veranlassen.
Anfangs weicht die aus ganzem Arm vorgehende Hand der Streckbewegung des Pferdehalses immer wieder nach vorn aus, damit das Pferd nicht mehr Anlehnung nehmen kann als den erwähnten leisen Kontakt. Darüber hinaus hat die Hand nur Kopf und Hals geradezuhalten. Der vortreibende Sitz wirkt zusammen mit den weich im Bewegungsrhythmus treibenden Schenkeln auf eine weitere Streckung des Halses hin.
Fühlt der Reiter nach einiger Zeit, daß das Pferd sich besser an die Hand herandehnt und Kopf und Hals sich als Folge der weiter untertretenden Hinterbeine etwas heben, folgt die Hand der Streckbewegung nicht mehr, sondern gewährt dem Pferd die gesuchte Anlehnung durch passives Hinhalten. Höchstwahrscheinlich wird das Pferd aber bald wieder in seinen alten Fehler zurückfallen und das auch noch häufiger tun. Der Reiter muß jedesmal den Druck der Hand wieder bis zum leisen Kontakt mildern und jeder Bewegung des Halses folgen, bis ihm gelungen ist, das Pferd wieder in gleicher Weise wie vorher zum Herandehnen an das Gebiß zu bringen. Das ist eine langwierige und mühevolle, aber auch lohnende Arbeit, gilt es doch, dem Pferd seine volle Gebrauchsfähigkeit wiederzugeben und einen sicheren Ausgangspunkt für die weitere Ausbildung zu finden.

SPORT
VERLAG

SPORT
VERLAG

Erich Oese

Pferdesport
Band 2

Training und Wettkampf

Sportverlag Berlin

Autorenverzeichnis

	Kapitel/Abschnitt
Egold, Klaus – Berlin	9
Erbe, Hartmut – München	13
Flade, Dr. Johannes-Erich – Fliemstorf	1.1., 1.2., 1.4., 1.7., 4.2.1.
Fuchs, Dr. Rudolph – Leipzig	6
Kloß, Kurt – Leipzig (verst.)	1.5.
Oese, Erich – Berlin	2, 3, 4, 4.2.2. und 4.2.3. 10, 11, 12
Plewa, Martin – Warendorf	8
Richter, Dr. Wilfried – Berlin	1.3., 1.6.
Schulze, Dr. Dieter – Berlin	5, 7

ISBN 3-328-00518-8 (Band 1 und 2)

Sechste, stark bearbeitete und erweiterte Auflage
Illustrationen: Eva Wilde
Einband: Theodor Bayer-Eynck
Einbandfoto: Transglobe Agency/W. Bordis Deuter
Printed in Germany
Satz: IBV Satz- und Datentechnik GmbH, Berlin
Druck und Bindung: Mohndruck Graphische Betriebe GmbH, Gütersloh

Inhaltsverzeichnis

Band II

5. Grundlagen der allgemeinen Trainings- und Wettkampflehre des Pferdesports 7
5.1. Vorbemerkungen 7
5.2. Grundfragen der allgemeinen Trainingslehre 9
5.3. Zum langfristigen Aufbau sportlicher Leistungen 11
5.4. Grundmerkmale der Trainingsbelastung 15
5.5. Grundsätze der Trainingsgestaltung 18
5.6. Konditionstraining 23
5.7. Ausbildung der sportlichen Technik 35
5.8. Methoden zur Kontrolle des Trainings 38
5.9. Bemerkungen zu Trainingsplänen 45

6. Dressurtraining 46
6.1. Allgemeines 46
6.2. Hinweise für den Reiter 46
6.3. Die Förderung des Pferdes zur mittelschweren Klasse 48
6.3.1. Die weitere Vervollkommnung der Geraderichtung und Versammlung 49
6.3.2. Die Seitengänge 53
6.3.3. Der fliegende Galoppwechsel 60
6.4. Die Förderung des Dressurpferdes zur schweren Klasse 62
6.4.1. Traversalen und Traversalverschiebungen 63
6.4.2. Halbe und ganze Galopppirouetten 63
6.4.3. Mehrfacher fliegender Galoppwechsel 65
6.4.4. Piaffe und Passage 67
6.5. Longieren 71
6.6. Planung und Gestaltung des Dressurtrainings 74
6.7. Wettkampfvorbereitung und -teilnahme 78

7. Springtraining 80
7.1. Leistungsbestimmende Merkmale des Springreitens 80
7.2. Aufbau und Gestaltung des mehrjährigen Springtrainings 84
7.3. Trainingsgestaltung im Jahresverlauf 88
7.3.1. Das Training in der Vorbereitungsperiode 89
7.3.2. Training und Turnierteilnahme in der Wettkampfperiode 127
7.3.3. Gestaltung der Übergangsperiode 137

8. Vielseitigkeitstraining 139
8.1. Vorbemerkung 139
8.2. Auswahl eines Vielseitigkeitspferdes 140
8.3. Anforderungen an den Vielseitigkeitsreiter 142
8.4. Das Prüfungssystem 143
8.5. Die Grundausbildung des Vielseitigkeitspferdes 145
8.6. Vorbereitung auf Große Vielseitigkeitsprüfungen 157
8.7. Vorbereitung und Ablauf einer Großen Vielseitigkeitsprüfung 166
8.8. Jahres- und Turnierplanung 172
8.9. Die Verantwortung des Vielseitigkeitsreiters 174

9. Voltigieren 175
9.1. Zur Entwicklung des Voltigierens 175

9.2. Zur Bedeutung des Voltigierens 176
9.3. Voraussetzungen zum Voltigieren 177
9.3.1. Anforderungen an das Voltigierpferd 177
9.3.2. Ausrüstung des Pferdes 178
9.3.3. Anforderungen an die Voltigierer 179
9.3.4. Anforderungen an den Voltigierausbilder 179
9.3.5. Anforderungen an die Trainingsbedingungen 179
9.4. Longieren und Ausbilden des Voltigierpferdes 182
9.5. Erwärmung und Gymnastik 182
9.6. Pflichtübungen 183
9.6.1. Grundübungen für die Pflicht 185
9.6.2. Erste Pflichtübung: Grundsitz 188
9.6.3. Zweite Pflichtübung: Fahne 189
9.6.4. Dritte Pflichtübung: Mühle 189
9.6.5. Vierte Pflichtübung: Schere 191
9.6.6. Fünfte Pflichtübung: Stehen 192
9.6.7. Sechste Pflichtübung: Flanke 193
9.7. Die Kür 195
9.7.1. Allgemeine Bemerkungen 195
9.7.2. Einflüsse auf die Bewertung 197
9.8. Gesamteindruck 199
9.9. Bewertung in Voltigierwettkämpfen 199

10. Die Reitjagd 201
10.1. Durchführungsarten der Jagd 201
10.2. Vorbereitung der Jagd 202
10.3. Auswahl und Aufbau der Jagdstrecke 204
10.4. Der Ablauf der Reitjagd 207
10.5. Nach der Jagd 216

11. Distanzreiten 218
11.1. Geschichte und Allgemeines 218
11.2. Distanzritte, -fahrten und ihre Besonderheiten 221
11.2.1. Charakter von Distanzritten, -fahrten 221
11.2.2. Strecken und Markierungen 222
11.2.3. Hindernisse 223
11.2.4. Streckenbesichtigung und Veränderung der Strecke 224
11.2.5. Zulassungsbestimmungen und Ausrüstung 224
11.3. Durchführung und Bewertung 225
11.3.1. Startverfahren und Zeitplan 225
11.3.2. Gangart und Führen des Pferdes / Reiterwechsel 226
11.3.3. Zeitwertung 226
11.3.4. Sonderwertungen 227
11.3.5. Erlaubte und unerlaubte Hilfe / Verbotene Substanzen 227
11.3.6. Mißhandlung 228
11.3.7. Organisation, Technischer Delegierter, Schiedsgericht 229
11.4. Tierärztliche Überwachung und Betreuung 230
11.4.1. Bestimmungen und Verfahren 230
11.4.2. Durchführung der Veterinärkontrollen 231

12. Fahren 233
12.1. Fahrausbildung 233
12.1.1. Leinenführung bei Zweispännern 241
12.1.2. Leinenführung bei Vierspännern 259
12.1.3. Leinen- und Geschirrkunde 270
12.1.4. Anschirren, Anspannen, Leinenaufnehmen und Aufsitzen 286
12.1.5. Anfahren, Anhalten, Rückwärtsrichten und Einschlagen 296
12.1.6. Gebrauch der Peitsche 300
12.1.7. Ausbildung des Wagenpferdes 304
12.2. Fahrtraining 312
12.2.1. Belastungsgestaltung 312
12.2.2. Probleme der Technikschulung 315
12.2.3. Die Gesundheitspflege während des Trainings 316
12.2.4. Training der Pferde 318
12.2.5. Hinweise zur Vorbereitung auf Fahrprüfungen 319

13. Pferdeleistungsprüfungen 334
13.1. Allgemeine und züchterische Gesichtspunkte 334
13.2. Sportliche Gesichtspunkte 336
13.3. Aufbau und Durchführung 337

Literaturverzeichnis 340
Sachwortverzeichnis 344

5. Grundlagen der allgemeinen Trainings- und Wettkampflehre des Pferdesports

5.1. Vorbemerkungen

Im ersten Band ist die *Grundausbildung* des Reiters und des Pferdes erläutert worden.
Danach hat der *junge Reiter* auf ausgebildetem Pferd gelernt, losgelassen in den Grundgangarten zu sitzen und durch aufeinander abgestimmte Hilfen einzuwirken. Im ständigen Üben hat er zunehmend mehr Verständnis und Gefühl für die grundlegende Erkenntnis unserer Meister gefunden, daß alle Einwirkungen nur unter dem Motto „Reite Dein Pferd vorwärts und richte es gerade" zum Ziel führen. Der auf gymnastiziertem Pferd geförderte, talentierte Reiter hat dann genügend Erfahrungen gesammelt, um selbst ein *junges Pferd* vielseitig so auszubilden, daß es im Gleichgewicht, losgelassen, durchlässig und vertrauensvoll den Reiterhilfen gehorsam folgt.
Kurz, Reiter und Pferd haben durch Fleiß und Talent den Grad der Ausbildung erreicht, um ihren Anlagen entsprechend möglichst hohe Ziele in einer speziellen Pferdesportdisziplin zu erreichen. Die Folge „Erziehung, Gewöhnung und Ausbildung" des Pferdes setzt sich jetzt z. B. im Spring-, Dressur-, Vielseitigkeits- oder Fahrtraining fort. So könnte man also sogleich dazu übergehen, Wissenswertes zur soliden Vorbereitung der Pferde auf diesen speziellen Gebieten zu beschreiben. Bevor dies aber geschieht, sollen in einem Abschnitt einige *allgemeine, prinzipielle Erkenntnisse zum Training* vorangestellt werden. Es mag sein, daß mancher Reiter, Fahrer oder Ausbilder sich nicht zuerst für diesen übergreifenden, z. T. theoretischen Problemkreis, sondern für sein spezielles Fachgebiet interessieren wird. Zahlreiche Fachbücher zum Reiten und Fahren hatten meist beschreibenden Charakter. Überwiegend wurde das „Was" und „Wie" erläutert, jedoch weniger das „Warum" begründet. Dazu helfen nicht nur spezielle, sondern auch übergreifende Erkenntnisse, um den Inhalt des Trainings bestimmen, beobachten und bewerten zu können.
So genügt es sicher nicht mehr, beispielsweise die Piaffe oder Pirouette nur zu beschreiben und von der erhöhten Tragkraft der Hinterhand zu sprechen, wenn nicht einige Kenntnisse über die Kraftfähigkeit im allgemeinen und die Trag- oder Schubkraft im besonderen vorhanden sind. Damit kann der Ausbilder auch wirkungsvolle Methoden zur Entwicklung einer speziellen Kraftfähigkeit des Pferdes anwenden.

Der interessierte Trainer wird sich auch nicht damit begnügen, nur festzustellen, daß das Pferd im Wettkampf nicht genügend Ausdauer zeigte. Warum im Training mehr, in welchem Tempo und wie oft galoppiert werden sollte, kann er besser entscheiden, wenn er über grundlegende Kenntnisse zur konditionellen Ausdauerfähigkeit verfügt. Die Ausdauer des Pferdes für einen Rennbahn- oder Querfeldeingalopp oder für den Parcours läßt sich systematisch verbessern, wenn man die wesentlichen Zusammenhänge des Energiestoffwechsels oder die Funktion des Herzkreislaufsystems kennt.

Im Bestreben, das „Warum“ der Reaktionen des Pferdes auf unsere Handlungen als Reitlehrer zu ergründen, darf man auch nicht nur *ein* Wissenschafts- oder Erfahrungsgebiet zu Rate ziehen. So sind z. B. Fragen des Gleichgewichts von Reiter und Pferd als wesentliche Voraussetzung der Bewegungsleistung nicht allein vom Standpunkt der Physik, dem Schwerpunktverhalten für ein stabiles oder labiles Gleichgewicht zu beantworten. Diese Betrachtungsweise hilft zwar, das „Warum“ im Bewegungsablauf zu ergründen. Verselbständigte man jedoch diese Betrachtungsweise, hieße das, die Bewegung des Pferdes nur nach Lageveränderungen seiner Körpermasse zu erklären. Schwerpunktverlagerungen lassen sich jedoch nur dann richtig beschreiben und beeinflussen, wenn man sie mit den biologischen inneren Ursachen der Bewegungsleistung in Beziehung bringt.

Eine ähnliche einseitige Ansicht verbirgt sich auch z. B. hinter der Definition zur Dressur, die von einem Autoren als „die Lehre von der Beherrschung der Muskulatur des Pferdes durch den Menschen“ bezeichnet wurde. Folgt man dieser engen Begriffsbestimmung für die Trainingsgestaltung, so wird der aktive Leistungsanteil des Pferdes vernachlässigt, den es durch sein psychisches Instinkt- und Lernverhalten einbringen kann. Ebenso fehlerhaft wäre es jedoch, einigen älteren Veröffentlichungen folgend, die psychischen Fähigkeiten des Pferdes zu überschätzen. Weil es ein gutes Erinnerungsvermögen besitzt, begann man das Pferd zu „vermenschlichen“ und ihm in diesem Sinne Intelligenz mit Denkvermögen zuzuschreiben. Obwohl die Pferdefreunde durch Sport und Freizeit eine enge emotionale Beziehung zum Pferd entwickelt haben, werden doch alle seine psychischen Handlungen entsprechend seiner animalischen Herkunft durch unbedingtes instinktives und erworbenes bedingtes Reflexverhalten bestimmt.

Die kurzen Bemerkungen sollten verdeutlichen, daß das Training in einer speziellen Pferdesportdisziplin um so erfolgreicher gestaltet werden kann, je mehr ihm auch allgemeine leistungsbeeinflussende Erkenntnisse zugrunde gelegt werden. Solche Voraussetzungen wurden im 1. Band im Kapitel „Pferdekunde“ zur beschreibenden Anatomie und Physiologie sowie im Abschnitt „Grundausbildung“ zur Psyche, Erziehung und Gewöhnung des Pferdes erläutert. Zeigt das Pferd, daß es für höhere Leistungen in einer speziellen Disziplin geeignet ist, dann lohnt es sich, auch verallgemeinerte Erfahrungen aus dem Training zu kennen und zu nutzen.
Dabei sollten jedoch die Teilgebiete der Trainingslehre und benachbarter Wissenschaftsdisziplinen stets in ihrem Zusammenhang und in ihrer Wechselbeziehung zueinander betrachtet und genutzt werden. Das Training von Reiter und Pferd ist ein ganzheitlicher, komplexer Vorgang von vielfältigen Ursachen und Wirkungen. Eine einseitige Anwendung von Erkenntnissen eines Teilbereiches beschränkt den Erfolg.

Die Kunst des Reitlehrers wird immer darin bestehen, die Erkenntnisse der allgemeinen Trainingslehre des Pferdesports mit den Erfahrungen seiner Spezialdisziplin zu verknüpfen und dabei stets die individuelle Entwicklung des Pferdes zu berücksichtigen.

5.2. Grundfragen der allgemeinen Trainingslehre

In der Reitsportliteratur findet man nicht so häufig den Begriff „Training“. Überwiegend wurde von der „Ausbildung“ oder der „Schulung“ des Pferdes gesprochen. Die Entwicklungsabschnitte wurden nicht als Teile des langzeitlichen Trainings, sondern als „Niedere und höhere Campagneschule“ sowie „Hohe Schule“ bezeichnet. Früher war es üblich, den Trainingsbegriff vorrangig im Pferderennsport zu gebrauchen. Dort ist auch die Berufsbezeichnung Trainer entstanden und von andern Sportarten übernommen worden. Im Bereich unseres Pferdesports waren und sind auch noch die Bezeichnungen Reit- oder Fahrlehrer bzw. Ausbilder üblich. Erst in den letzten Jahrzehnten begann sich der Trainingsbegriff im Pferdesport stärker durchzusetzen. Dabei wird er jedoch im Springreiten und in der Vielseitigkeitsreiterei mehr benutzt als in der Dressurreiterei. Im Bereich der Reitkunst der Hohen Schule fällt es schwer vom „Training“ einer Lektion zu sprechen, weil dieser Begriff vorrangig an die Konditionsentwicklung gebunden war.
Um aber den Trainingsbegriff für *alle* Disziplinen des Pferdesports anwenden zu können, ohne ihn formal und im Widerspruch zum inhaltlichen Anliegen zu gebrauchen, soll er weiter gefaßt werden und aus der engeren begrifflichen Anwendung des Konditionstrainings befreit werden. Das gelingt, wenn das *Training* als

> „systematische, umfassende Vorbereitung der Pferde und Pferdesportler auf hohe Leistungen“

bezeichnet wird.
Damit wird deutlich, daß nicht nur das *Pferd*, wie man in manchen Reitsportbüchern den Eindruck gewinnen kann, sondern mit ihm auch der *Reiter* sportlich vervollkommnet wird. Der Begriff kennzeichnet, daß das Training *alle* inhaltlichen Seiten dieses Entwicklungsprozesses, also nicht nur konditionelle umfaßt. Und drittens wird der Trainingsbegriff nur für den Abschnitt der sportlichen *Leistungsentwicklung* von Reiter und Pferd angewendet. Damit bleibt der Begriff „Ausbildung“ als Bezeichnung der vielseitigen Grundausbildung und notwendigen Voraussetzung für ein disziplinspezifisches Leistungstraining erhalten und unangetastet. Training kann somit als Erziehungs- und Bildungsvorgang verstanden werden, der die physischen und psychischen Anlagen und Fähigkeiten von Reiter und Pferd formt und verbessert.
Trainer und Reiter tragen dabei hohe Verantwortung gegenüber dem Pferd. Sie sollten alles tun, was die natürlichen Anlagen des Pferdes mit adäquaten Mitteln fördert und nichts tun, was nicht der ethisch-moralischen Verantwortung des Menschen gegenüber dem von ihm abhängigen Lebewesen entspricht. Jeder, der unreiterliche Mittel und Methoden im Umgang mit dem Pferd, also auch im Training mit dem Pferd anwendet, dem sollten Stall, Trainings- und Turnierplatz für immer versperrt bleiben. So ist zwar gelegentlich ein hartes Zupacken bei Widersetzlichkeiten zulässig, rohe Gewalt beim Strafen im Zorn überschreitet die moralische Grenze. Das trifft beispielsweise auf Springreiter zu, die ihrem Pferd vorsätzlich durch Barren Schmerz zufügen, um ein Ziel zu erzwingen, das durch ein reelles Training oder auch durch anlagebedingte mangelnde Beugefähigkeit der Beine nicht erreicht wurde. Ebenso muß man die damals von James Fillis praktizierte Methode des Rückwärtsgalopps und des Galopps auf drei Beinen bewerten, weil damit die reinen, natürlichen Gänge des Pferdes mit Zwang deformiert wurden. Man braucht aber nicht fast 100 Jahre zurückzuschauen, um solche Beispiele zu finden. Auch im Pferdesport der Gegenwart sind einzelne Fälle bekannt, daß Sportpferde durch Injektion von unzulässigen Pharmaka gedopt wurden, um Leistungen zu erschleichen, die

durch ehrliche Trainingsarbeit nicht erreicht wurden.
Um eine möglichst weiter wachsende Leistung im Parcours, im Gelände oder auf dem Dressurplatz zu erzielen, muß also durch systematisches, prinzipientreues Training die dementsprechende *Leistungsfähigkeit* vorbereitet worden sein. „Sie stellt die Gesamtheit der Voraussetzungen für die sportliche Leistung dar und besteht hauptsächlich aus den dazu notwendigen körperlichen Fähigkeiten und Bewegungsfertigkeiten sowie den damit eng verbundenen charakterlichen Verhaltensweisen." Man kann deshalb auch vereinfacht sagen, daß die Leistungsfähigkeit aus Leistungsvermögen und Leistungsbereitschaft besteht.
Das **Leistungsvermögen** umfaßt hauptsächlich *konditionelle Fähigkeiten* (Ausdauer, Kraft, Schnelligkeit und Beweglichkeit) und *Bewegungsfertigkeiten* (Technik, Gewandtheit und Taktik), die in den folgenden Abschnitten genauer erläutert werden.
Zur **Leistungsbereitschaft** dagegen zählen vor allem *Charaktereigenschaften*, die auf die Leistung anregend (stimulierend) oder hemmend wirken können. Der *Wille* und die *Einsatzbereitschaft* bestimmen die Einstellung des Reiters zum Training und zum Wettkampf. Sie ist eng mit den *Beweggründen* (Motiven) verbunden, die den Reiter oder Fahrer beflügeln, sein Leistungsvermögen im sportlichen Wettkampf voll einzusetzen. Solche Motive können auf persönliche Interessen zurückgehen (Erfolg, Anerkennung, Geltungsstreben, Freude am Pferdesport), aber mit stärkerer Prägung des Charakters auch auf gesellschaftliche Interessen übergreifen (Ehrgefühl, für den Verein oder sein Land zu starten).

Das *Pferd* zeigt ebenfalls im Wettkampf und auch in anderen Verhaltenssituationen eine Bereitschaft, sein Leistungsvermögen für eine bestimmte Aufgabe einzusetzen (Endkampfsituation beim Zieleinlauf von Rennpferden, beim Militarypferd zu beobachtendes „Mitkämpfen" in schwierigen Geländesituationen). Diese „Bereitschaft" des Pferdes, eine bestimmte Aufgabe zu erfüllen, ist dadurch gekennzeichnet, daß das Tier nicht wie der Mensch über einen vom Bewußtsein gesteuerten Willen verfügt. Die Wurzeln der „Leistungsbereitschaft" des Pferdes sind im unbedingt-reflektorischen Verhalten zu suchen. Der Mensch hat sie sich zweckgerichtet über das bedingt-reflektorische Geschehen, also durch Tierdressur im weiteren Sinne, zunutze gemacht. Diese Eigenschaft, die über das physische Leistungsvermögen hinausgeht, muß im Trainingsprozeß sorgsam gehütet werden, damit sie der Reiter im entscheidenden Moment des Wettkampfes herausfordern kann. In diesem beschriebenen Sinne soll auch in den weiteren Kapiteln der Begriff der „Leistungsbereitschaft des Pferdes" verstanden werden.

Mit der Leistungsfähigkeit werden häufig ähnliche Sachverhalte in Verbindung gebracht oder gleichgesetzt. Das trifft oft bei der Verwendung der Begriffe „Trainingszustand" und „sportliche Form" zu.

Unter **Trainingszustand** soll die Leistungsfähigkeit in bezug auf eine bevorstehende *Zielleistung* verstanden werden. Aus der Aussage „Das Militarypferd A hat einen guten Trainingszustand" folgt z. B. vier Wochen vor dem Wettkampf nicht, daß die erwartete Zielleistung schon erfüllt werden kann. Die zu diesem Zeitpunkt erreichte Leistungsfähigkeit liegt meistens noch unter der erwarteten Wettkampfleistung. Dennoch ist es berechtigt, den Trainingszustand als „gut" zu bezeichnen, wenn trainingsmethodische Tests und sportmedizinische Kontrollen eine positive Tendenz des Trainingszustandes zeigen. Die noch zur Verfügung stehende Zeit bis zum Wettkampf wird ausreichend sein, um durch eine sinnvolle Trainingsbelastung das erwartete Leistungsniveau zu erreichen. Die Aussage, „die sportliche Form war beim Qualifikationsturnier nicht zufriedenstellend", läßt im allgemeinen den Schluß zu, daß der Trainingszustand in der Vorbereitung nicht

das erforderliche Niveau erreicht hatte. Als **sportliche Form** bezeichnen wir also die sich in der *Wettkampfleistung* ausdrückende Leistungsfähigkeit.
Die *Beziehung* der beiden Begriffe läßt sich so erläutern: Der Trainingszustand ist der Entwicklungsstand der Leistungsfähigkeit im Hinblick auf die erwartete Wettkampfleistung, die sportliche Form ist die im Wettkampf sichtbare Leistungsfähigkeit.

5.3. Zum langfristigen Aufbau sportlicher Leistungen

Spitzenleistungen werden auch im Pferdesport fast ausnahmslos nur noch von Reitern und Pferden vollbracht, die in einem *langfristigen Ausbildungs- und Trainingsprozeß* systematisch vorbereitet wurden.
Der Gesamtzeitraum, der für die Vorbereitung bis zur individuellen Höchstleistung notwendig ist, wird hauptsächlich durch die jeweilige Reitsportdisziplin bestimmt. Je größer der Anteil der sporttechnischen Wettkampfinhalte ist, um so länger dauert im allgemeinen dieses aufbauende Training. So erfordert die Vorbereitung eines Dressurpferdes für die höchste Prüfungsklasse wesentlich mehr Trainingsjahre als die für ein Pferd, das z. B. an einem Distanzritt teilnehmen soll. Der Hauptanteil der Vorbereitung eines Dressurpferdes besteht aus dem zeitaufwendigen Erlernen und Festigen vielfältiger Bewegungsfertigkeiten (Lektionen). Das Distanzpferd muß weitaus weniger Anforderungen an dressurmäßige Grundlagen erfüllen. Der Aufbau der Leistungskondition des Distanzpferdes erfordert zwar ebenfalls ein systematisches Training, das sich jedoch nicht wie bei einem Dressurpferd über 4–5 Jahre erstreckt.
Unabhängig von der Dauer des langfristigen Leistungsaufbaus in den einzelnen Disziplinen, muß auch im Pferdesport zunächst ein *solides Fundament* allgemeiner Kondition und grundlegender technischer Fertigkeiten vorhanden sein, ehe mit dem Training begonnen werden kann. Das spezielle Training setzt also eine ausreichende vielseitige, grundlegende Ausbildung voraus. Es hat sich als zweckmäßig erwiesen, den langfristigen Leistungsaufbau in einzelne Abschnitte zu gliedern:

1. Abschnitt: die Grundausbildung
2. Abschnitt: das Aufbautraining
3. Abschnitt: das Erhaltungstraining

(Abb. 160)
Das Ziel, der Inhalt und die Methoden der pferdesportlichen *Grundausbildung* wurden im 1. Band ausführlich dargestellt und begründet. Auf diesem Fundament soll sich das disziplingebundene Training mit dem Ziel fortsetzen, wiederholbare Spitzenleistungen vollbringen zu können.
Der *Zeitraum* bis zum Abschluß der Grundausbildung beträgt im Pferdesport ungefähr $1^1/_2$ Jahre. Er ist hauptsächlich vom Alter des Pferdes, von der inhaltlichen Gestaltung der Ausbildung sowie von der physischen und psychischen „Zuwachsrate" der Leistungsfähigkeit des Pferdes während der Ausbildung

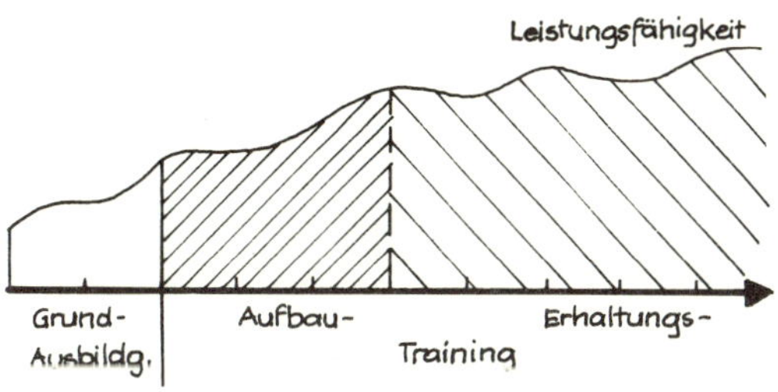

160 Abschnitte des langfristigen Leistungsaufbaus

abhängig, die durch das Können des Ausbilders beeinflußt werden kann.
In der vielseitigen Grundausbildung wird es für Reiter und Ausbilder mehrfach Gelegenheit gegeben haben, die Veranlagung des Pferdes deutlich zu erkennen. Damit werden Probleme der *Auswahl* des Pferdes berührt. Zunächst einmal ist die Entscheidung zu treffen, ob sich ein junges Pferd überhaupt als Reit- oder Wagenpferd eignet. Ein harmonischer Körperbau im Reitpferdtyp, reine Gänge, vorwärtsdrängendes Temperament, ausgeglichener Charakter sind einige Exterieur- und Interieureigenschaften, die ein sportbegabtes Pferd auszeichnen. Man kann sie als anlagebedingte, durch die Zucht erzielte *Begabung* bezeichnen. In der Grundausbildung erkennt der erfahrene Reiter und Ausbilder, daß das Pferd z. B. nicht nur reine, schwungvolle Gänge, sondern auch eine gute Lernfähigkeit für Bewegungsdifferenzierungen besitzt. Erst in der sportlichen Tätigkeit erwächst aus der Begabung das *Talent.* Damit fällt die nächste Auswahlentscheidung vom Reitpferd zum Dressurpferd. Mancher verwendet die Bezeichnung Talent nur für ein Pferd mit außergewöhnlicher Leistungsveranlagung und -fähigkeit. Gewöhnlich wird aber schon z. B. von einem talentierten Springpferd gesprochen, wenn es bereits als junges Leistungspferd durch besondere Aufmerksamkeit und natürliches großes Springvermögen auffällt. Aus dem talentierten Dressurpferd wird erst dann ein „Superpferd", wenn es von einem Meister der Reitkunst mit Feingefühl dazu geformt wurde.

In der Mehrzahl der Sportarten wird das Training nicht in zwei trainingsmethodische Abschnitte, in das Aufbau- und Erhaltungstraining gegliedert. Die im Pferdesport vorgenommene Trennung liegt darin begründet, daß die Wettkampfdisziplinen, mit Ausnahme der Rekordhoch- und -weitspringen, zu den Sportarten mit *absoluten Höchstleistungen* gehören. Für viele andere Sportarten (z. B. Leichtathletik, Schwimmen, Gewichtheben u. v. a. m.), auch für den Galopp- und Trabrennsport ist kennzeichnend, daß dort *relative Höchstleistungen* vollbracht werden. Diese Leistungen sollen und können immer wieder verbessert werden. Das Leistungstraining ist in diesen Sportarten auf immer neue Rekordleistungen ausgerichtet.
Im Pferdesport sind die Höchstleistungen begrenzt und sollen nicht weiter überboten werden.
In der Military kann beispielsweise die Geschwindigkeitsleistung, die auf einer Teilstrecke der Geländeprüfung erreicht wurde, dann als absolut bezeichnet werden, wenn die durch das unveränderte Wettkampfprogramm geforderte, nach oben begrenzte Geschwindigkeit über die maximal zulässige Streckenlänge erreicht wird. In der Dressur ist die absolute Höchstleistung theoretisch erfüllt, wenn in einer inhaltlich unveränderten Dressurprüfungsklasse für alle Lektionen die nach oben begrenzte Höchstnote erteilt wird. Auch im Springreiten wird durch Einhaltung der Höhen- und Breitenabmessung, der Anzahl der Hindernisse und der als fair vereinbarten Hindernisformen der Springprüfungsklasse eine Begrenzung der Leistungsanforderung erreicht. Die Rekordspringen dagegen als Disziplin mit relativer Höchstleistung werden nur noch selten ausgeschrieben. Auch die Mächtigkeitsspringen mit Stechen bis zur Entscheidung kommen immer weniger zur Austragung. Abgesehen von der publikumswirksamen Zugnummer bleibt dem beteiligten Reiter oft nur die unangenehme Erinnerung an ein nervlich und physisch überfordertes Pferd, das in einer späteren Springprüfung diese Herausforderung mit Verweigerungen beantwortet. Ob es sich dann lohnt, ein solches Springtalent aufs Spiel zu setzen, um den Rekord des Chilenen Larraquibel Morales auf Huaso von 2,47 m näher zu kommen, den er mit einem der Sprungkurve entgegenkommenden Hindernisaufbau erzielte?
Damit sollte nachgewiesen sein, daß es richtig ist, im Pferdesport eine Trennung des langfristigen Trainings in einen leistungsentwickelnden und einen leistungserhaltenden Abschnitt vorzunehmen.

Das Aufbautraining

Das *Aufbautraining* ist zunehmend auf die besonderen Anforderungen der ausgewählten Pferdesportdisziplin ausgerichtet. Es müssen deshalb die *Bestandteile des Trainings* stärker in den Vordergrund treten, die die erforderliche Leistungsfähigkeit für diese Wettkampfdisziplin hervorbringen. Auf dem breiten konditionellen und reittechnischen Fundament der Grundausbildung tritt die *Spezialisierung* der technischen Schulung und der Konditionierung stärker in den Vordergrund. Das heißt, im Aufbautraining des zukünftigen Dressurpferdes werden Übungen zur Vorbereitung und Lektionen zum Erlernen neuer Elemente der jeweiligen Dressurprüfungsklasse verstärkt in den Vordergrund treten. Dabei tritt zwar der Anteil der für ein Dressurpferd erforderlichen konditionellen Ausdauer- und kraftentwickelnden Bewegungsübungen zurück. Er wird aber wegen seines psychisch erholenden und abwechslungsreichen Charakters nicht zu stark reduziert oder gar vernachlässigt. Ein in der gedeckten oder außen begrenzten Reitbahn vom natürlichen Umfeld zurückgehaltenes Pferd empfindet diese Aussperrung ebenso abstumpfend wie der Mensch, der sich in einer Großstadt mit wenig Grün nur zwischen Wohnung und Arbeitsplatz bewegt. Charakteristisch für das Aufbautraining des Springpferdes ist, daß sich auch dabei der Anteil des vorbereitenden und speziellen springtechnischen Trainings erhöht. Aber auch in diesem Metier muß das Rittigkeits-, Kraft- und Ausdauertraining mit solchen Anforderungen weitergeführt werden, daß die physischen Voraussetzungen für wiederholbare Sprungkraftleistungen gegenüber der Grundlagenausbildung ein deutlich höheres Niveau besitzen.

Einleuchtend ist, daß die Struktur der vielseitigen Grundausbildung des Vielseitigkeitspferdes bzw. zukünftigen Militarypferdes auch im Aufbautraining als die angemessene Form der Spezialisierung beibehalten wird. Natürlich steigen die Anforderungen im Dressur- und Springtraining im Parcours und im Gelände. Die Ausdauerleistung muß vor allem für die Geländeprüfung und später für den Rennbahngalopp im Aufbautraining mit großer Aufmerksamkeit und mit Einblick in leistungsphysiologische, biologische Vorgänge aufgebaut werden.

Man spürt, daß die neuen Anforderungen im leistungssportlichen Aufbautraining ein Übergang in eine Phase mit höherem Anstrengungsgrad im physisch-organischen Bereich, aber auch im psychischen Aufnahmevermögen darstellen. Deshalb ist die Mahnung an Trainer oder Reitlehrer um so wichtiger, insbesondere in diesem Entwicklungsabschnitt für eine ausreichende Erholung zu sorgen. Die Wiederherstellung darf man nicht als einen Vorgang betrachten, auf den das Pferd schon selbst rechtzeitig hinweisen wird.

Erholungsabschnitte sind ein Teil des Trainings. Wer sich in einem Trainingsprogramm vornimmt, wann und wie oft er dressurmäßig arbeitet, springt oder konditioniert, der sollte auch in planmäßigem Rhythmus Tage der Erholung vorsehen, die vom Pferd als solche spürbar empfunden werden.

Dieser Abschnitt des Aufbautrainings dauert erfahrungsgemäß ungefähr drei bis vier Jahre, wobei der Zeitraum von der Pferdesportdisziplin, aber auch vom Entwicklungsfortschritt des einzelnen Pferdes oder des Reiters abhängig ist. Es ist das Ziel, im leistungssportlichen Aufbautraining möglichst die Anforderungen der Leistungsprüfungsklasse S zu erfüllen. Veranlagte Pferde können in der Hand erfahrener Reiter und Trainer *in Ausnahmefällen* dieses Ziel schon in kürzerer Zeit erreichen. Im Reitsport sollte man jedoch die alte pädagogische Weisheit „Zeit verlieren, um Zeit zu gewinnen“ nicht zu wenig beachten.

Den meisten langjährig erfolgreichen Turnierpferden hat man in deren Grundausbildung und auch im Aufbautraining genügend Zeit für eine solide Entwicklung gelassen, die eine stabile nervliche und muskuläre Belastbarkeit hervorbrachte.

Das Erhaltungstraining

Für die meisten Leistungspferde beginnt, wenn sie in den Wettbewerben der schweren Klasse mehrfach gute Ergebnisse erzielt haben, der Übergang in den Abschnitt des Trainings, der der Erhaltung des hohen Leistungsniveaus dienen soll. Außer einigen Korrekturen, die durch die gelegentlich schwankende sportliche Form erforderlich werden, müssen im Training kaum noch wesentlich neue reit- oder fahrsportliche Fähigkeiten und Fertigkeiten entwickelt werden. Hauptaufgabe des *Erhaltungstrainings* ist es, vor allem dafür zu sorgen, daß sich das Pferd gesund, leistungsbereit und belastbar z. B. der Dressur- oder Springprüfung beim nächsten Turnier stellen kann. Damit gewinnt das Erhaltungstraining gegenüber dem Aufbautraining einen neuen Charakter, der sich im veränderten Verhältnis von Training und Wettkampf, von Belastung und Erholung äußert.

So benötigt das ausgebildete, in den oberen Klassen wettkampferfahrene Pferd ein Programm, das nicht alle Inhalte des vorangegangenen Aufbautrainings erfaßt.

Im Techniktraining ist es zweckmäßig, umfangmäßig weniger, dafür aber *komplexe wettkampfbezogene Forderungen* zu stellen. Wenn Gehorsam, Geschmeidigkeit und Frische der Pferde zufriedenstellend sind, ist z. B. für routinierte Spitzenpferde ein häufiges Springen über kleine und mittlere Hindernisse nicht notwendig. Dafür ist es besser, durch wenige Sprünge im Bereich der oberen Leistungsklasse die Sicherheit, das „Sich-zu-Hause-Fühlen" über bestimmte Hindernisabmessungen für Reiter und Pferd zu bewahren.

Es können bei insgesamt etwas reduziertem Heimtraining einige bedeutende Wettkämpfe mehr im Vergleich zum Aufbautraining vertragen werden. Das Training zwischen den Turnieren sollte neben den sporttechnischen Korrekturen vor allem der Erhaltung der Leistungsbereitschaft des Pferdes dienen. Ausritte ins Gelände fördern die psychische Verfassung. Sie isolieren die Pferde nicht von der Umwelt, wie das bei zu häufigem Training in der Reitbahn geschieht.

Erholung und Besinnung braucht aber manchmal auch der Reiter, der z. B. eine Enttäuschung vom letzten Turnier überwinden muß, um mit sich und dem Pferd wieder ins Gleichgewicht zu kommen. Oft wird er erst später erkennen, daß die Ursache für eine Fehlleistung nicht immer zuerst beim Pferd zu suchen ist. Zwischen den Turnieren findet der Reiter vielleicht auch Zeit, sich mit Reiterfreunden über Beobachtungen oder Probleme seines Pferdes zu beraten, um Lösungen für einen ungestörten Fortgang im Training oder für den vorgesehenen Turniereinsatz zu finden. Man kann dabei vom Freund oder vom Trainer nicht mehr erwarten, als sie selbst sehen können oder vermittelt bekommen. Außenstehende Helfer beobachten also nicht alles, was der Reiter selbst fühlt. Da hilft oft ein Blick ins Fachbuch, um mit aufgefrischtem Wissen der Sache auf den Grund zu gehen.

Manchmal liegt die Ursache für Disharmonien des Reiters mit dem Pferd gar nicht so sehr im lückenhaften theoretischen Wissen der Anatomie, der Physiologie, der Psychologie des Pferdes oder der allgemeinen und speziellen Trainingslehre des Pferdesports, um bessere Methoden zur Korrektur oder Vervollkommnung des Pferdes anwenden zu können. An der sportlichen Leistung ist nicht unbeträchtlich der Reiter selbst beteiligt. So ist eigentlich nie die Notwendigkeit einer systematischen, allseitigen körperlichen Ausbildung des Reiters bestritten worden. Ihr wird nur praktisch immer wieder ausgewichen. Junge Reiter folgen dem Rat der Trainer, ihre Kondition und Gewandtheit über den Schulsport hinaus zu fördern. Etwas ältere, erfahrene Reiter überwinden sich schwerer, ihre körperliche Fitness zu erhalten. Besonders in einer langen, schweren Geländeprüfung der Military schwinden z. B. zum Ende hin die Kräfte der meisten Pferde. In dieser Situation, wenn sich langsam die Erschöpfung meldet, braucht das Pferd die Unterstützung des aufmerksamen und konditionell leistungsfähigen Reiters. Es wird sich selbst überlassen, wenn auch er am Ende seiner Kraft und Ausdauer ist. Gerade jetzt braucht er sie, um das ermüdete Pferd zu versammeln und fordernd zu unterstützen. Auch im Springsport kann man ähnliches beobachten, wenn ein Reiter mehrere Pferde in einer Prüfung oder gar im Stechen reiten soll. Es wird nicht ausreichen, sich als Reiter nur dann solch eigener körperlicher Konditionierung in einem gemeinsamen Trainingskurs zu stellen, wenn man zu Haus nicht ebenso dazu bereit ist. Wie man sieht, hat Erhaltungstraining nicht nur mit der Beschäftigung des Pferdes zu tun.

Der *Zeitraum* der Erhaltung der individuellen Höchstleistung läßt sich kaum genau bestimmen. Im allgemeinen erreichen Dressurpferde ein höheres durchschnittliches Leistungsalter als Spring- und Militarypferde, weil die konditionelle Belastung und Verletzungsgefahr unterschiedlich hoch ist.
Natürlich ist es das Ziel der langjährigen Arbeit, daß die erreichte Leistungsfähigkeit in möglichst zahlreichen Erfolgen auf bedeutenden Turnieren bis zum Ende der Laufbahn zur Wirkung kommt. Lassen die Erfolge aufgrund von Alterserscheinungen deutlich nach, wäre es indes unreiterlich, ein ehemals erfolgreiches Pferd aus Ehrgeiz oder Gewinnsucht zu starten und dem Kopfschütteln oder dem Mitleid der Reitergemeinde auszusetzen.

5.4. Grundmerkmale der Trainingsbelastung

Ob die Leistungsfähigkeit auf wachsendem Niveau erreicht und möglichst lange erhalten werden kann, darüber entscheidet, wie das Training inhaltlich gestaltet wird. *Was* und *Wie* trainiert wird, hat vor allem Einfluß darauf, ob das Leistungsniveau zunimmt, stagniert oder gar im schlimmsten Fall unwiederbringlich beendet ist.
Mit der Frage, was dem Pferd im Training zugemutet werden darf und muß, beginnt eines der Hauptprobleme der Trainingslehre. Davon ist abhängig, ob das Pferd gefördert oder überfordert wird. Wird es physisch vor eine Aufgabe gestellt, die seinem muskulären Leistungsvermögen noch nicht entspricht, oder nervlich mit einer neuen Situation konfrontiert, auf die es nicht systematisch vorbereitet wurde, dann wurde die Größe und Vielfalt der Anforderungen unterschätzt.
Schon oft hat ein wenig erfahrener Reiter von einem jungen Leistungspferd wissen wollen, „was hat er drauf“. Begeistert über das anfängliche Vertrauen und die Sprungkraft dieses Talents, wurde das Versuchshindernis so lange erhöht, bis das Pferd verweigerte oder durch Hineinspringen mit Schmerzerinnerungen aus der Bahn geführt wurde.

Die Erfahrungen und Erkenntnisse über die Größe der Anforderungen und den Anstrengungsgrad, die dem Pferd angemessen sind werden in der Trainingslehre unter dem Gesichtspunkt der *Trainingsbelastung* behandelt. Die Kenntnisse darüber sollen den Trainer unterstützen, das optimale Maß der Anstrengung an das Pferd im Training und im Wettkampf zu finden, um möglichst ohne ungewollte Unterbrechung oder nachhaltigen Schaden auf dem Weg zum Erfolg voranzukommen.
Auf eine knappe Form gebracht, versteht man unter Trainingsbelastung die körperliche und nervliche Beanspruchung, die der sportlichen Leistungsentwicklung dient.
Im weiteren wird dafür die kürzere Bezeichnung „Belastung“ gebraucht. Für die trainingsmethodische Anwendung hat es sich als nützlich erwiesen, die Belastung als „innere“ und „äußere“ zu unterscheiden. Die äußere ist leichter erkennbar und direkt durch den

Trainer beeinflußbar. Die Trainingsaufgabe wird z. B. so gestellt: „Bereiten Sie das Pferd in der Trainingsstunde so vor, daß es einen Trainingsparcours mit gutem Ergebnis überwinden kann, der eine Länge von 350 m mit 7 Hindernissen und einer Höhe von 1,40 m besitzt." Oder „Im Rahmen des cirka zweistündigen Geländetrainings soll u. a. ein zweimaliges Galopptraining im Tempo 400 m/min über 4 km Länge absolviert werden, wobei die Pause zwischen beiden Galopps cirka 30 min betragen soll." In dieser Aufgabe sind die konkreten Angaben enthalten, die die äußere Belastung kennzeichnen. Man nennt sie auch **Belastungskomponenten**, die der Ausbilder dem Trainingsprogramm entnimmt.

Als wesentliche Belastungskomponenten lassen sich folgende unterscheiden: *Intensität, Umfang, Häufigkeit und Qualität* der Belastung.

Verschiedene Geschwindigkeiten beim Galopptraining, unterschiedliche Hindernishöhen und -breiten im Springtraining oder verschiedene Lektionen im Dressurtraining erzeugen eine niedrige, mittlere oder hohe *Intensität* der Belastung des Pferdes. Gebräuchliche Meßgrößen für den *Belastungsumfang* sind z. B. die Trainings- oder Wettkampfstrecke beim Geländeritt und im Springreiten, die Anzahl von Wiederholungen von Lektionen im Dressurreiten oder von Versuchen im Springtraining. Die *Qualität* der Belastung wird danach unterschieden, ob die sportliche Bewegung, z. B. die Lektion einer Dressurprüfung, dem Idealbild der Ausführung entspricht oder der Sprung über ein Hindernis fehlerfrei und im Gleichgewicht von Reiter und Pferd ausgeführt wurde. Die *Häufigkeit* der Belastung richtet sich danach, ob ein geschlossenes Trainingspensum mehrfach wiederholt wird. Das ist der Fall, wenn beispielsweise ein Militarypferd am Vormittag ein Dressurprogramm und am Nachmittag ein Ausdauertraining durchführt.

Die innere Belastung ist die Reaktion des Organismus auf die realisierte äußere Belastung. Sie äußert sich durch die Stärke der physiologischen, biochemischen und morphologischen Veränderungen sowie durch den Grad der psychischen Beanspruchung.

So verändert sich durch umfangreiche Galopp- und Trabarbeit in bestimmter Intensität die Kapazität des Herz-Kreislauf-Systems. Durch häufige Wiederholungen erhöht sich der Lerneffekt und die Stabilität der Dressurlektion im bedingt-reflektorischen psychischen Handlungsvollzug. Die systematische Belastung bewirkt, daß positive innere morphologische Veränderungen zugunsten des Stütz- und Bewegungssystems entstehen.

Da die innere Belastung im Grunde die Effektivität des Trainings, also die Leistungsfähigkeit bestimmt, wäre es für den Trainer wünschenswert, diese Zustandsveränderungen möglichst öfters einschätzen zu können, vor allem im Bereich des Hochleistungstrainings, in dem sich die intensiven Belastungen erhöhen. Damit könnte die Auswahl und Entscheidung für die folgende äußere Belastung treffsicherer erfolgen. Die Belastungsintensität z. B. könnte genauer durch die Bestimmung des biochemischen Energieumsatzes ermittelt werden. Das ist aber an finanziell und gerätetechnisch aufwendige wissenschaftliche Untersuchungen gebunden und deshalb für die normale Trainingspraxis nicht anwendbar. Pulsmessungen beim Pferd sind schon lange Zeit üblich, weil sie einfach zu handhaben sind. Für den Trainingspraktiker genügt es, davon auszugehen, daß sich der Anstrengungsgrad, die Intensität proportional mit äußeren Widerständen verändert. Er muß also alle die Trainingsbelastung beeinflussenden Größen kennen. So wird die Intensität z. B. beim Springtraining nicht nur von der Höhe, Breite und Tiefe der Hindernisse und ihrer Anzahl bestimmt. Auf den inneren Anstrengungsgrad wirken auch das Eigengewicht des Reiters und des Pferdes selbst, die Haftreibung der Bodenstruktur, die Höhenlage als geographischer Faktor sowie Temperatur und Luftfeuchtigkeit als klimatische Größen. Auf das heimatliche Training bezogen, verändern sich einige davon nicht, so daß durch diese relativ konstanten Bedingungen nur die Anforderungen der Hindernisse selbst die Belastungsintensität bestimmen. Es lohnt sich aber, darüber nachgedacht zu haben, wenn man in einem anderen Land unter stark veränderten Bedingungen Wettkampfanforderungen bewältigen muß, die im Heimtraining nicht geübt oder stimuliert werden können.

Wer die olympische Militaryprüfung 1968 im mexikanischen Avandaro erlebte, erinnert sich, wie hier Pferde Grenzbelastungen bestehen mußten, die nicht allein durch die Höhenlage (2200 m) sondern vor allem durch die Überschwemmung eines Teils der Geländestrecke durch wolkenbruchartigen Regen hervorgerufen wurden. Der aufgeweichte Boden, nicht mehr erkennbare Absprungstellen an sonst schmalen Bächen verunsicherten die meisten Pferde, so daß die normalen, reglemententsprechenden Abmessungen der Hindernisse nicht allein für die Beurteilung des Schwierigkeitsgrades der Geländestrecke herangezogen werden konnten. Pferde mit sensiblen Nerven oder durchschnittlichem internationalem Leistungsvermögen ohne physisches Reservepolster waren chancenlos, obwohl sie nach Erfolgen unter „Normalbedingungen" nicht unberechtigt die Reise über den Großen Teich angetreten hatten.

Die Leistungsfähigkeit des Pferdes und des Reiters kann also im Training durch Belastungen gesteigert werden, wenn diese durch ihre Intensität und Dauer die Funktionssysteme des Organismus so stärken und entwickeln, daß die weiter erhöhten äußeren Anforderungen toleriert und erfüllt werden können. Im Sport wird damit eine biologische Gesetzmäßigkeit genutzt, der alle Organismen unterworfen sind, um ihre Lebensfähigkeit zu erhalten. Alle Lebewesen streben danach, sich veränderten Umweltbedingungen *anzupassen*, um das gestörte innere Milieu mit dem veränderten äußeren wieder ins Gleichgewicht zu bringen. Durch die veränderte äußere Situation erhalten die Organe *Anregungen* (Reize) zur erhöhten Tätigkeit. Sie bilden ihre Struktur stärker aus, um ihre Funktion zur Gleichgewichtsregulierung gegenüber den äußeren Störgrößen erfüllen zu können. Andere Organsysteme, die wenige oder gar keine funktionsstimulierenden Reize mehr erhalten, bilden sich zurück oder verkümmern.

Für die Reizdosierung im sportlichen Training kann man sich an folgender Reihenfolge orientieren:

- Bewegung entsteht erst, wenn eine bestimmte *Reizstärke* (Reizschwelle) überschritten wird. Unterschwellige Reize bleiben **ohne Wirkung.**
- *Schwächere Reize*, die über der Reizschwelle liegen, **erhalten** das erreichte Bewegungsniveau.
- *Stärkere Reize* fördern die Anpassung und **entwickeln** das Leistungsniveau weiter.
- *Zu starke Reize* senken die Leistungsfähigkeit und **schädigen** die Funktion.

Struktur und Leistungsfähigkeit der Organsysteme sind also in erster Linie von wirksamen *Belastungsreizen* abhängig, die den Organismus veranlassen, das zeitweilig gestörte Gleichgewicht Umwelt–Organismus wiederherzustellen. Im sportlichen Training wird dieses biologische *Gesetz der Anpassung* individuell angewendet.

Die mit optimaler Stärke wirkenden Belastungsreize dürfen eine bestimmte Dauer nicht überschreiten. Dieser Zeitpunkt tritt meist mit der beginnenden Ermüdung ein. Danach setzt der Organismus in der Erholungsphase die leistungssteigernde Verarbeitung besonders nachhaltig fort. Es werden jetzt nicht nur die verbrauchten Energiequellen erneuert. Gegen Ende der Erholungsphase hat sich ein neues Ausgangsniveau gebildet, das bei fortgesetzter Belastung ein höheres Leistungsniveau hervorbringt. Diese Erscheinung bezeichnet man als Überkompensation. (Abb. 161)

Die **Überkompensation** ist also eine Grundlage der Leistungssteigerung. Die Leistungsfähigkeit wird nicht nur allein durch die Belastung, sondern auch nachhaltig durch die Erholung im Sinne der Wiederherstellung beeinflußt. Belastung und Erholung sind deshalb immer als Einheit im trainingsme-

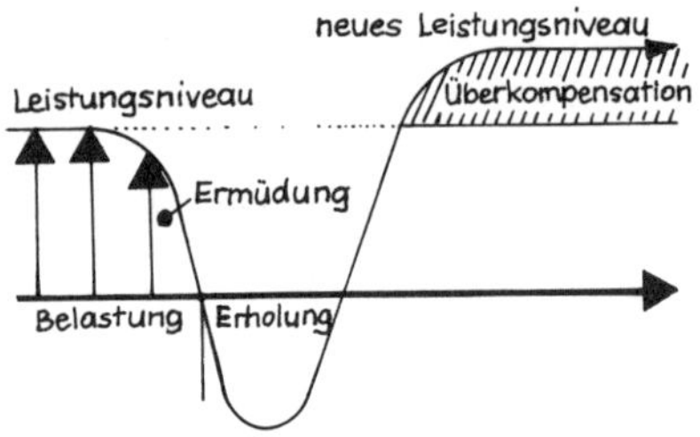

161 Prinzip der Überkompensation (nach JAKOWLEW)

thodischen Vorgehen zu verstehen und anzuwenden. An dieser Stelle ist es angebracht, die für die Erklärung der Überkompensation verwendeten Ausdrücke Ermüdung und Erholung sowie die damit in Verbindung stehenden Begriffe Erschöpfung und Übertraining zu erläutern.
Die **Ermüdung** ist eine zeitweilige, umkehrbare Herabsetzung der Leistungsfähigkeit als Folge der Belastung. Der Organismus ist bei Ermüdung noch nicht gezwungen, die Tätigkeit abzubrechen. Sie kann z. B. durch Verminderung der Intensität fortgesetzt und die Belastbarkeit wiederhergestellt werden.
Die **Erholung** ist der Abschnitt der Wiederherstellung der Leistungsfähigkeit mindestens auf das Ausgangsniveau der vorangegangenen Belastung. Der Prozeß der Erholung kann auf zwei Weisen erfolgen. Der Organismus kann sich *aktiv* (Belastung mit niedriger Intensität) oder *passiv* durch Ruhe erholen.
Dagegen führt die *Erschöpfung* zur Einstellung der Tätigkeit, weil keine Energie vom Organismus mehr für eine Leistungsabgabe mobilisiert werden kann.
Bei Erschöpfung eines Pferdes nach einem überaus schweren Geländeritt ist die Erholung durch zusätzliche Maßnahmen der schnellen Wiederherstellung für den folgenden Wettkampf zu unterstützen, wenn nicht die Verfassung des Pferdes derart geschwächt ist, daß es aus der Konkurrenz genommen werden muß. In diesem Falle wird die Wiederherstellung der Leistungsbereitschaft des Pferdes meist einen längeren Zeitraum in Anspruch nehmen, bis es wieder an einem Wettbewerb teilnehmen kann. Läßt die Leistungsfähigkeit z. B. bei ständig hoher Trainingsbelastung über einen größeren Zeitraum deutlich nach, spricht man von *Übertraining.* Es tritt meist dann auf, wenn das Verhältnis Belastung und Erholung im Training nicht genügend beachtet wurde. Übertraining darf man nicht mit Ermüdung verwechseln. Während bei Ermüdung die Leistungsfähigkeit mit Hilfe von verschiedenen Erholungsformen relativ schnell wiederhergestellt wird, ist die Erholungsfähigkeit bei Übertrainingssymptomen längerfristig gestört.

5.5. Grundsätze der Trainingsgestaltung

Mit viel Erfahrung, gründlichem Wissen und mit Einfühlungsvermögen haben erfolgreiche Reitlehrer und Trainer, aber auch Reiter selbst, talentierte Pferde zu großen internationalen Erfolgen geführt. In der umfangreichen Reitsportliteratur liegen vielfältige und umfangreiche Erkenntnisse vor, die bei der Ausbildung gewonnen werden konnten. Dabei wurden nicht nur die Anforderungen, die Leistungseigenschaften eines Dressur- oder Springpferdes beschrieben. Sie erläutern auch *Methoden*, wie das Training inhaltlich gestaltet wurde.
Versucht man diese Bemerkungen und Hinweise nach ihren methodischen Aussagen hin zu systematisieren, dann zeigt sich, daß dabei einige wesentliche *Trainingsprinzipien* beachtet wurden, die den Leistungsaufbau sichern halfen. Wenn man sie sinnvoll beachtet, werden kaum schwerwiegende Fehler

beim Trainings- und Leistungsaufbau entstehen. Sie werden durch einige neuere Trainingserfahrungen erweitert, die die älteren ergänzen oder diese in einem anderen Licht erscheinen lassen.

Prinzip des kontinuierlichen Trainings

Damit ist natürlich nicht gemeint, daß das Pferd ständig, bis auf Futteraufnahme und Schlaf, sportlich trainiert wird. Kontinuität im vernünftigen Sinne bedeutet, daß das Pferd regelmäßig, d. h. langfristig mehrjährig und auch während des Jahresverlaufs gearbeitet wird. Im Zusammenhang mit der Erläuterung der Etappen des langfristigen Leistungsaufbaus (s. S. 11 f.) wurde von diesem Prinzip ausgegangen. Vor allem im Abschnitt der Entwicklung der Leistungsfähigkeit ist das regelmäßige Trainieren des Pferdes von besonderer Bedeutung. Nur durch häufige Wiederholungen, durch eine bestimmte Quantität der Belastungsreize wird eine Bewegungsfertigkeit (Lektion) oder konditionelle Fertigkeit (z. B. Ausdauer) entwickelt und auch gefestigt. Das schließt natürlich ein, daß ein kontinuierliches Training abwechslungsreich im Inhalt und unter veränderten Umweltbedingungen durchgeführt wird.

Durch eine langfristige Unterbrechung geht das Leistungsniveau bald verloren. Man muß jedoch abwägen, ob man den zeitweiligen Verlust des physischen Leistungsniveaus des Pferdes durch einen längeren Weidegang in Kauf nimmt, weil es nervlich durch zu intensive, unangemessene Trainings- und Wettkampfbelastungen überfordert wurde.

Prinzip der steigenden Trainingsbelastung

Ein kontinuierliches Training gibt noch keine Gewähr dafür, daß sich das Leistungsniveau verbessert. Es kann trotz regelmäßiger Arbeit gerade ausreichen, den erreichten Trainingszustand zu erhalten. Bei langzeitiger Wiederholung gleicher Belastungsreize kann sogar ein Rückgang der Leistungsfähigkeit eintreten, wie das vor allem im Konditionstraining beobachtet wurde. Die Anpassung an ein gleichförmiges Belastungsniveau ruft auf Dauer Stagnation oder Leistungsabfall hervor.

Leistungsentwicklung entsteht also nicht nur durch kontinuierliche, sondern vor allem durch die Steigerung der Anforderungen. Dabei müssen die verschiedenen Belastungskomponenten (s. S. 16) in methodisch sinnvoller Weise zur Wirkung gebracht werden. Umfang, Intensität und Häufigkeit müssen erhöht und miteinander variiert werden. Steigert man die Belastung über den Umfang, ohne die Intensität zu erhöhen, dann entwickelt sich das Leistungsniveau relativ langsam. Wird aber die Intensität bei gleichem Umfang erhöht, dann steigt durch die intensiveren Reize das Fähigkeitsniveau rascher an. Jüngere Pferde vertragen eine längere, umfangreiche Trainingsbelastung ohne gleichzeitige Anhebung intensiver Anforderungen besser als trainingsältere, denen ein kurzes, reizwirksames Pensum schon eher zugemutet werden kann. Generell hat sich der Grundsatz „Erst den Umfang, dann die Intensität erhöhen“ bewährt, weil damit die Belastungsverträglichkeit durch sanfter entwickelte Organ- und Funktionssysteme nachhaltiger gestärkt wird. (Abb. 162)

Natürlich muß im Laufe der mehrjährigen Entwicklung auch zunehmend intensiver gearbeitet werden, um den von Jahr zu Jahr wachsenden Anforderungen im Springparcours, Gelände oder höheren Dressurprüfungen gewachsen zu sein.

Aber man hüte sich vor hoher Intensität (Ga-

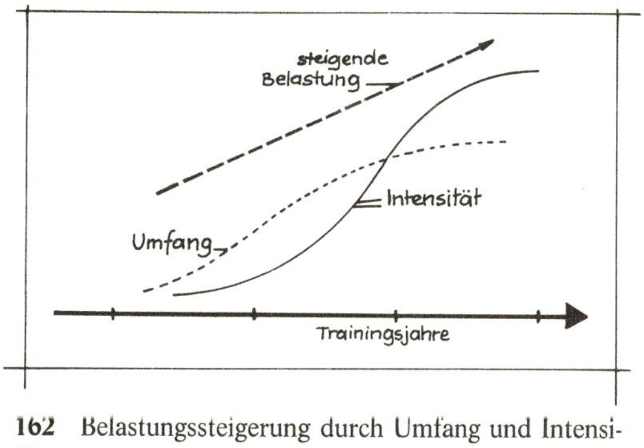

162 Belastungssteigerung durch Umfang und Intensität

loppgeschwindigkeit oder Hindernishöhe) ohne sie durch umfangreiche, vorbereitende, niedrige Belastungen sowohl im Jahresverlauf als auch im wöchentlichen oder täglichen Training vorbereitet zu haben.
Natürlich gibt es auch Beispiele dafür, daß ein hohes Leistungsniveau durch konzentrierte, intensive Belastungssteigerung erreicht wurde, ohne daß dem ein längeres vorbereitendes Training mit mittlerer Intensität vorausging. Das war meist dann der Fall, wenn ein Leistungspferd durch Verletzung oder Krankheit das Training unterbrechen mußte und der Zeitraum zur ausgiebigen Vorbereitung auf einen wichtigen Wettkampf zu kurz war. Eine intensive verkürzte Vorbereitung hatte aber meistens nur bei trainingsälteren, leistungsstarken Turnierpferden Erfolg. Und wenn es gelang, dann meist nur für ein oder zwei Einsätze, nach denen das alte Leiden wieder zum Durchbruch kam. Wie oft sind Reiter und Trainer vor die Frage gestellt worden, entweder ein Risiko einzugehen oder sich für den Einsatz eines noch nicht so bewährten Reservepferdes zu entscheiden. Nach einer ausgeheilten Verletzung oder einer Überlastung des Bewegungs- und Stützapparates und einer kurzen Vorbereitungszeit ist dieses Risiko im allgemeinen bei einem Dressurpferd etwas geringer als bei einem Militarypferd. Aus Erfahrung kann man jedem nur raten, sich in einem solchen Fall für die längere Wettkampfpause zu entscheiden, um mit ruhigem Gewissen und unbeschwert die Belastung später wieder steigern zu können.

Prinzip der zyklischen Trainingsgestaltung

Das Ziel des Trainings besteht vor allem darin, die sportliche Form so zu entwickeln, daß die beste Leistung möglichst zu einem bestimmten sportlichen Höhepunkt vollbracht werden kann. Jeder vernünftige Reiter wird als nächsten Jahreshöhepunkt ein solches Turnier auswählen, das der Leistungsstufe seines Pferdes im mehrjährigen Aufbau- oder Erhaltungstraining entspricht, das aber zugleich zu einer weiteren Leistungssteigerung herausfordert. An einer Landesmeisterschaft mit einem talentierten Nachwuchspferd teilzunehmen und eine gute Plazierung zu erreichen, kann einen Reiter ebenso motivieren wie einen Reiter der Auswahlmannschaft, der den Erfolg bei internationalen Meisterschaften sucht.

Vergleicht man, wie sich das Leistungsniveau bis zum sportlichen Höhepunkt verändert, dann kann man 3 Abschnitte unterscheiden:

- die Entwicklung,
- die Stabilisierung und
- den zeitweiligen Verlust der sportlichen Form.

Insgesamt bezeichnet man diese Aufeinanderfolge als einen *Zyklus* zum Aufbau der sportlichen Form, zur Ausprägung der wettkampfspezifischen Leistungsfähigkeit. (Abb. 163)

Im ersten Abschnitt wird eine möglichst vielseitige Kondition und Bewegungsfertigkeit in der Dressur bzw. Rittigkeit als Fundament für die *Entwicklung* der Leistungsfähigkeit vorbereitet. Im zweiten Abschnitt folgt der Aufbau und die *Stabilisierung* der wettkampfspezifischen Leistungsfähigkeit. Dabei wird nicht nur trainiert, sondern auch der Wettkampf als Trainingsmittel zur Festigung der sportlichen Form genutzt. Günstig ist es, an einigen zusammenhängenden Turnieren teilzunehmen, damit danach noch genügend Zeit für ein Training vor dem Hauptwettkampf bleibt. Diese *Aufbauwettkämpfe* sollen auch noch nicht die maximale Leistung fordern. Das Pferd stabilisiert dabei nicht nur das physische Leistungsvermögen. Durch wech-

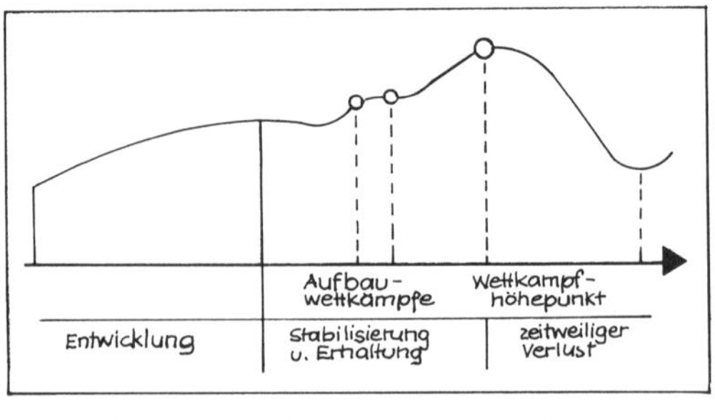

163 Zyklus zum Aufbau der sportlichen Form

selnde Umweltbedingungen – Turnierplätze, Publikum, Transport, Stallungen usw. – wird es auch psychisch zunehmend belastbarer und weniger ablenkbar.

Der 3. Abschnitt, *der zeitweilige Verlust der sportlichen Form,* ist nicht nur ein Zeitraum, in dem sich Reiter und Pferd aktiv erholen. Er ist der Übergang auf das neue Anforderungsniveau einer höheren Leistungsklasse der Reit- und Fahrdisziplinen, ganz besonders während des Aufbautrainings im langfristigen Leistungsaufbau. Dazu ist das bisherige relativ stabile System der biologischen Struktur so abzusenken, daß eine neue aufnahmefähige Ausgangsposition geschaffen wird. In diesem Sinne ist der zeitweilige Verlust der sportlichen Form eine notwendige Voraussetzung für ihre eigene Weiterentwicklung. Im 2. Abschnitt, der Vervollkommnung der Leistungsfähigkeit, waren die Belastungen sehr intensiv. Diese Intensität, die die Turnierform hervorbrachte, ist nicht auf lange Zeit zu halten, ohne daß ein Übertraining entsteht. Die sportliche Form muß zu einem optimalen Zeitpunkt zurückgehen. Diese Phase spielt also im Vergleich zum Leistungsaufbau keine untergeordnete Rolle. Entwicklung und zeitweiliger Verlust der sportlichen Form bilden einen einheitlichen, wenn auch differenzierten trainingsmethodischen Zyklus.

Innerhalb eines Trainingsjahres kann die sportliche Form ein- oder zweimal, in seltenen Fällen auch dreimal aufgebaut werden. Es müssen aber ausreichende Zeitabstände zwischen den Hauptwettkämpfen zur Verfügung stehen, um nach dem Prinzip der zyklischen Trainingsgestaltung die 3 Phasen des Leistungsaufbaus gestalten zu können. Auf jeden Fall sollte man diese zyklische Vorgehensweise bei jüngeren Pferden nicht verletzen. Bei älteren, stabilen Leistungspferden genügt oft eine kurze Erholungsphase, in der das Niveau etwas absinkt und an die sich noch einmal eine zusammengefaßte vorbereitende Stabilisierung der Leistungsfähigkeit vor dem Höhepunkt anschließt.

Prinzip der individuellen Trainingsbelastung

In diesem Kapitel der allgemeinen Trainingslehre und in den folgenden speziellen Abschnitten dieses Bandes sind verallgemeinerte Erfahrungen aus Theorie und Praxis des Pferdesports zusammengefaßt und prinzipielle Empfehlungen zur Methodik der Ausbildung und des Trainings enthalten.

Der Erfolg im Leistungsaufbau des Pferdes wird sich aber erst dann einstellen, wenn dabei die unterschiedlichen Eigenheiten des einzelnen Pferdes genügend berücksichtigt werden. Dann kann es optimal belastet werden. So kann vermieden werden, daß es überlastet oder von ihm zu wenig verlangt wird. Im Zusammenspiel mit den vorher genannten nimmt das *Prinzip der individuellen Belastung* einen besonderen Stellenwert ein. Wenn man den bisherigen Entwicklungsweg und den aktuellen Leistungsstand des einzelnen Pferdes gründlich eingeschätzt hat, dann werden die Trainingsanforderungen die erwartete Wirkung kaum verfehlen. Im Leistungstraining wird das Pferd – mit Ausnahme der Ausbildung der Wagenpferde – einzeln gearbeitet, so daß man sich im Gegensatz zum Abteilungsreiten während der Grundausbildung des Reiters gänzlich auf die Individualität des Pferdes einstellen kann.

Einige ausgewählte wesentliche Merkmale, die ein individuelles Vorgehen kennzeichnen und das Leistungsergebnis beeinflussen, sollten beachtet werden.

Der Konstitutions- und Nerventyp von Pferd und Reiter

Der *Konstitutions- und Nerventyp von Pferd und Reiter* ist sehr unterschiedlich ausgeprägt. Schon bei der Auswahl muß man darauf achten, für welche Disziplin das Pferd geeignet sein soll. Konnte man ein Pferd erwerben, das dem Typ des galoppierfreudigen, möglichst auch eleganten Vollblüters für die Military oder des großrahmigen, mit natürlicher Sprungkraft versehenen edlen Warmblüters entspricht, dann ist die Wahrscheinlichkeit nicht mehr so groß, trotz fleißiger und systematischer Arbeit ein für diese Disziplin untalentiertes Pferd im Stall zu haben. Nicht immer kann man gleich erkennen, ob das konstitutionell geeignete Pferd ein phlegmatisches oder besonders sensibles ist. Man hüte sich deshalb, ein Pferd nach kurzem Vorführen, noch geladen mit Stallmut, zu erwerben. Trotz individueller einfühlsamer Ausbildung wird im allgemeinen weder ein übernervöses noch ein mit wenig Gehfreudigkeit ausgestattetes Pferd den Weg zur Spitzenklasse finden. Stimmt also der Konstitutions- und Nerventyp mit den späteren Leistungsanforderungen der zugeordneten Pferdesportdisziplin überein, dann ist es sehr wichtig, daß auch die Figur und die Mentalität des Reiters zum jeweiligen Pferd passen.

Größe und Gewicht des *Reiters* müssen dem Pferd proportional entsprechen. Den absolut „idealen" Reiter kann man weder körperlich genau vermessen noch sein Temperament und seinen Charakter zuverlässig austesten. Ein Leichtgewichtsjockey im Rennsport unterscheidet sich doch deutlich von einem athletisch gebauten Springreiter auf einem großrahmigen Pferd. Im Turniersport ist eine schlanke Mittelgröße des Reiters wünschenswert und vielseitig einsetzbar.

Noch wichtiger als die körperliche Paßfähigkeit des Reiters zu seinem Pferd ist der „seelische" Kontakt der beiden. Je harmonischer diese individuelle Übereinstimmung ist, um so ungestörter geht die Ausbildung und das Training voran. Wird die Ausbildung des Pferdes auf Vertrauen aufgebaut – was Konsequenz nicht ausschließt –, dann können schädliche Härten vermieden werden, wodurch die Langlebigkeit des Pferdes positiv unterstützt wird. Das vertrauensbildende Einfühlungsvermögen des Reiters auf das individuelle Temperament und den Charakter seines Pferdes wirkt sich oft positiv in kritischen Situationen des Wettkampfes aus. Beide können sich im Rahmen ihres Leistungsvermögens aufeinander verlassen.

Damit diese individuelle psychische Verständigungsbereitschaft und -fähigkeit möglichst bald hergestellt wird, muß der Reitlehrer bzw. Trainer eine wichtige pädagogische und psychologische Vermittlungsfunktion wahrnehmen. Hier zahlt sich langjährige Erfahrung des Praktikers aus, um möglichst bald die Individualität von Reiter und Pferd und die Ansatzpunkte für das gegenseitige Verstehen zu ergründen. Dabei hat es sich bewährt, einem energischen, aktiven Reiter ein Pferd in die Hand zu gehen, das von sich aus nicht besonders gehfreudig ist und stärkere, treibende Hilfen benötigt. Der Reiter, der psychisch ausgeglichen ist und eine weiche Hilfengebung besitzt, wird ein sensibles Pferd eher zum Erfolg führen. Im sportlichen Sinne ist es wünschenswert, daß ein Leistungspferd unabhängig vom Besitzverhältnis nach dem Prinzip zur Leistungsspitze geführt werden kann, welcher Reiter mit dem besseren Einfühlungsvermögen und dem größeren reiterlichen Können die individuelle Leistungsveranlagung des Pferdes am besten fördert.

Die gegenwärtige Tendenz zum Einsatz von Leistungspferden mit höherem Vollblutanteil stellt weit höhere pädagogische und psychologische Anforderungen an Trainer und Reiter im Vergleich mit der Zeit, da der reine Warmblüter der am stärksten verwendete Typ des Reitpferdes war.

Die individuelle Trainingsbelastung – die Intensität, die Dauer, die Art und Weise der Lektionen und Übungen – ist von der Belastbarkeit und Wiederherstellungsfähigkeit des einzelnen Pferdes abhängig. Trotz notwendiger Häufigkeit der Wiederholungen von Dressurlektionen oder der Dauer des konditionellen Trainings muß sehr aufmerksam beobachtet werden, welche individuelle Belastbarkeit das einzelne Pferd besitzt. Das spürt der Reiter nicht nur durch Atem- und Pulsfrequenzmessungen in Belastungspausen, sondern schon früher durch nachlassende Gehfreudigkeit bei Galopps oder durch verminderte Aufmerksamkeit seines Pferdes bei Springübungen. Die entwicklungswirksame Belastung ist also mit der Beobachtung der individuellen Reaktion verbunden.

Diese individuelle Belastbarkeit ist vom unterschiedlichen *kalendarischen, biologischen und Trainingsalter* abhängig. So wird im Pferdesport im allgemeinen mit der regulären systematischen Ausbildung nicht vor dem 3. Lebensjahr begonnen. Im Pferderennsport dagegen erwartet man, daß im 3. Lebensjahr bereits das höchste Leistungsniveau im klassischen Derbyrennen erreicht wird. Die frühere Höchstleistung des Vollblüters hat ihre Ursache in der selektiven Zuchtauswahl, die auf der Grundlage der frühreifen englischen Zuchtlinien basiert. Im Gegensatz dazu ist das mit dominierendem Warmblutanteil gezogene Reitpferd erst nach dem 6. Lebensjahr, nach vollständigem Wachstumsabschluß voll belastbar. Der frühreifere Vollblüter hat also ein anderes biologisches Alter und kann deshalb bei Verwendung im Turniersport etwas früher reitsportlich belastet werden. Das kalendarische Alter ist vom Geburtsdatum bestimmt. Damit leuchtet leicht ein, daß das Training in Abhängigkeit vom Lebensalter individuell gesteigert werden kann, wozu hier keine weitere Begründung erforderlich ist. Es kann jedoch nicht jedes Pferd mit gleichem Lebensalter gleich belastet werden. Manche Pferde sind einige Jahre im Freizeitsport geritten worden. Erst später wurden sie als „Seiteneinsteiger" in den Turniersport entdeckt. Solche Pferde brauchen besondere Geduld. Für sie gilt ganz besonders das Prinzip der individuellen Trainingsgestaltung, um in einem verkürzten Leistungsaufbau dennoch die erforderliche Belastbarkeit und das mehrjährige Spitzenniveau zu sichern. Das Trainingsalter unterscheidet sich also vom Lebensalter dadurch, daß es nur den Zeitraum erfaßt, der von der Aufnahme des pferdesportlichen Trainings bis zu einem bestimmten Termin vergangen ist. Bei einem Besitz- oder Trainingswechsel ist es ratsam, nicht nur das Trainingsalter sondern auch Angaben zur bisherigen Trainings- und Wettkampfhäufigkeit zu erfahren, um einen möglichst kontinuierlichen individuellen Übergang in den neuen Trainingsabschnitt neben der Anpassung an die veränderten Umweltbedingungen zu sichern. Die Leistungsfähigkeit von Reiter und Pferd wird hauptsächlich durch das erreichte Niveau der Kondition und der technisch-taktischen Fähigkeiten und Fertigkeiten bestimmt. Beide Leistungsbereiche müssen so weit ausgebildet sein, daß in komplexer Wirkung die geforderte Wettkampfleistung der verschiedenen Pferdesportdisziplinen erzielt werden kann.

5.6. Konditionstraining

Das praktische Training kann durch einige theoretische Kenntnisse unterstützt werden, die das *Konditionstraining und die technisch-taktische Schulung* und ihren wechselseitigen Zusammenhang im Pferdesport betreffen.
So nutzt z. B. eine gute dressur- und springtechnische Ausbildung des Militarypferdes nur wenig, wenn auf der Rennbahn und auf der Geländestrecke die Ausdauer im Galoppiervermögen nicht ausreicht, um keine Strafpunkte zu erhalten. Andererseits kommt eine hervorragende Sprungkraft im Parcours nur zur Wirkung, wenn sie mit einer feinabgestimmten springtechnischen Rittigkeit des Pferdes korrespondiert.
Als Kondition wird der physische und psychische Trainingszustand bezeichnet, der durch die Entwicklung der Ausdauer, Kraft, Schnelligkeit und Beweglichkeit sowie der diesen Fähigkeiten zugeordneten psychischen Eigenschaften gekennzeichnet ist.
Damit werden also nicht nur die wesentlichen physischen Fähigkeiten der Kondition definiert. Gleichzeitig wird auch zum Ausdruck

gebracht, daß diese Fähigkeiten nur durch parallel laufende psychische Vorgänge aktiviert werden. Der ausdauer- oder kraftfähige Muskel leistet die energetische Arbeit nur, wenn er durch den psychisch ausgelösten Reiz kontrahiert. Bewegungsreize kommen durch äußere oder innere Wahrnehmungen, durch Gefühle oder willensbedingte Einstellungen zustande. Eine vereinfachte, allgemeine Übersicht soll die wichtigsten Bestandteile der Kondition kennzeichnen. (Tab. 34)

Es entsteht die Frage, welche konditionelle Fähigkeit die Leistung in den verschiedenen Pferdesportdisziplinen hauptsächlich bestimmt. Eine einzelne konditionelle Eigenschaft bringt, neben den erforderlichen reit- oder fahrtechnischen Fertigkeiten, nicht die Leistung hervor.
So bestimmt die Ausdauer des Militarypferdes, die Kraft des Spring- oder Wagenpferdes nicht allein deren Leistungsfähigkeit. Einzelne sind besonders leistungsbestimmend und dominierend, aber stets sind die anderen konditionellen Fähigkeiten mit beteiligt.
Es wäre für das praktische Training nicht uninteressant, zu wissen, wie groß die Anteile der verschiedenen konditionellen Fähigkeiten an unterschiedlichen Spring-, Dressur- und Geländeleistungen sind. Dann könnte das Konditionstraining zur Entwicklung der Kraft- und Ausdauerfähigkeiten proportionsgerechter gestaltet werden. Das ist gegenwärtig kaum exakt bestimmbar und in der praktischen Durchführbarkeit auch umstritten. Dazu wären u. a. histologische Untersuchungen über den Anteil der schnellen und langsamen Muskelfasern (s. I. S. 37) erforderlich, deren Anlage auch die Trainierbarkeit der Kraft und Schnelligkeit bestimmt. Da solche muskelbioptischen Eingriffe mit ethischen Grundwerten des Pferdesports schwer vereinbar sind, bleiben uns die vieljährigen Erfahrungen praktischer Arbeit, um diese trainingsmethodischen Fragen ausreichend zu beantworten. Trainingstests und Turnierergebnisse vorbereitender Wettkämpfe zeigen, ob für die Entwicklung eines bestimmten Konditionsbereiches noch mehr oder weniger getan werden muß. Trotz berechtigter und notwendiger Zergliederung der Kondition in ihre einzelnen Bestandteile darf man nicht übersehen, daß beim Ausdauertraining z. B. nie diese konditionelle Eigenschaft allein und isoliert entwickelt wird. In gewissem Umfang werden dabei zugleich auch Belastungsreize auf die Kraftfähigkeit ausgelöst. Durch verschiedene Auswahl der Trainingsmittel und -methoden wird lediglich gesichert, daß in diesem Fall *hauptsächlich* die Ausdauerkomponente gefördert wird.

Tabelle 34: Zusammenwirken der physischen und psychischen Fähigkeiten auf die Kondition

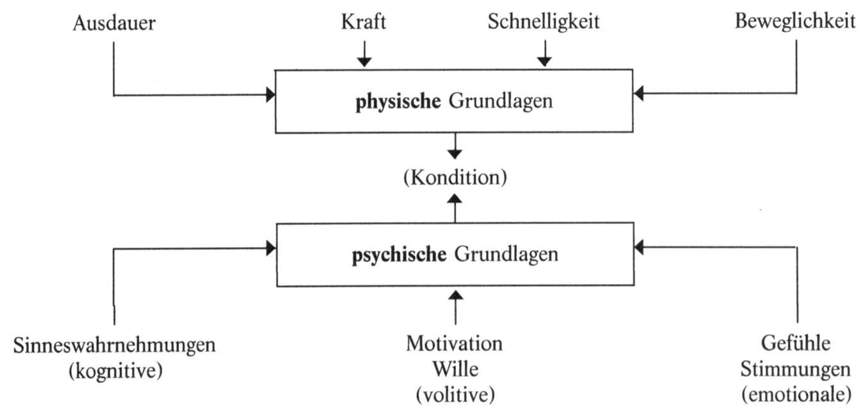

Tabelle 35: Konditionelle Anforderungen in den olympischen Reitsportdisziplinen

Disziplin	Ausdauer	Muskelkraft	Schnelligkeit	Beweglichkeit
Dressurreiten	X	XX	X	XXX
Springreiten	XX	XXX	XX	XX
Vielseitigkeitsreiterei	XXX	XXX	XX	XX

XXX = sehr hoch XX = mittelmäßig X = niedrig

Aus der Beobachtung der Wettkampfanforderungen (Leistungsstruktur) der verschiedenen Pferdesportdisziplinen ergeben sich unterschiedliche Anteile und Wertigkeiten der konditionellen Anforderungen. In einer Übersicht werden sie in einfacher Weise vergleichbar dargestellt. (Tab. 35)

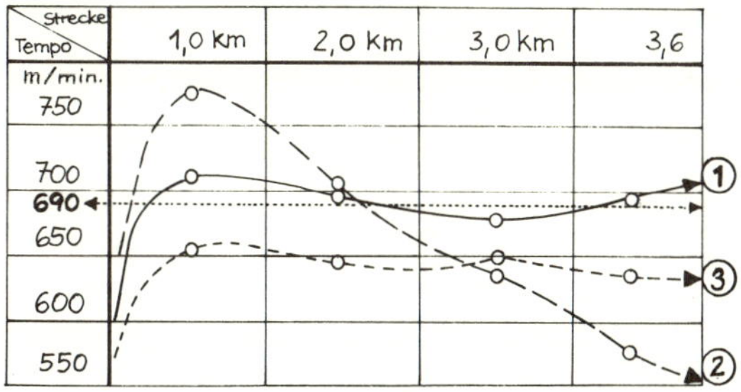

164 Geschwindigkeitsverlauf auf der Rennbahnstrecke verschiedener Militarypferde: 1 hohes stabiles Ausdauerniveau; 2 nachlassendes Ausdauerniveau; 3 mittleres stabiles Ausdauerniveau

Ausdauertraining

Das unterschiedliche Niveau der konditionellen Fähigkeit „Ausdauer" läßt sich am besten erkennen, wenn man den Geschwindigkeitsverlauf eines Militarypferdes auf einer Rennbahnstrecke oder einer relativ ebenen Querfeldeinstrecke ermittelt. Teilstreckenzeiten verschiedener Pferde, z. B. auf einer 3600 m langen Rennbahn, zeigen entweder eine verhältnismäßig gleichmäßige oder eine deutlich abfallende, seltener eine ständig zunehmende Tempocharakteristik.

Aus einer Vielzahl von Teilstreckenmessungen wurden 3 typische Tempoverläufe zur Veranschaulichung gewählt. (Abb. 164) In jedem Fall besteht die Absicht des Reiters, die Strecke möglichst im Tempo von 690 m/min zurückzulegen, um keine Strafpunkte durch langsameres Reiten in Kauf zu nehmen. Normalerweise geht der Reiter von der Erkenntnis aus, daß ein möglichst gleichmäßiges Durchschnittstempo am günstigsten für den Energiehaushalt des Pferdes ist. Der Geschwindigkeitsverlauf bis zum Ende der Rennbahnstrecke kann so als Gradmesser für das individuelle Ausdauerniveau herangezogen werden.

In der allgemeinen Trainingslehre bezeichnet man die Ausdauer als Widerstandsfähigkeit gegen Ermüdung bei längeren Trainings- und Wettkampfbelastungen.

Wie schon am Beispiel des Rennbahngalopps in der Military deutlich wurde, besteht auch für die anderen Pferdesportdisziplinen die Spezifik, daß die Ausdauerfähigkeit im allgemeinen durch eine obere Grenze der Geschwindigkeit und der zurückgelegten Strecke begrenzt ist. Das trifft auf die ungefähr 7–8 km lange Querfeldeinstrecke im Tempo 570 m/min, den ca. 700 bis höchstens 1200 m langen Springparcours im Tempo 400 m/min, die ca. 5 km lange Geländetrabstrecke der Marathonstrecke (19 km/h), Hindernisfahren im Tempo bis 240 m/min zu. Typisch für andere Sportarten ist dagegen, daß die Geschwindigkeitsanforderungen nicht begrenzt sind, sondern vielmehr das Ziel darin besteht, den Sieg durch höchstes Tempo, wenn möglich durch einen Rekord zu sichern.

Es hat sich als nützlich erwiesen, die Ausdauer in Abhängigkeit von der jeweiligen Wirkungsdauer zu differenzieren. Man unterscheidet die *Kurz-, Mittel und Langzeitaus-*

Tabelle 36: Zuordnung der Prüfungsarten zu den Ausdauerformen

Kurzzeit	Mittelzeit	Langzeit
bis 2 Minuten Belastung	bis 8 Minuten Belastung	länger als 8 Minuten Belastung
Springreiten	Military – Rennbahngalopp	Military – Querfeldeinstrecke
	Fahrsport – Hindernisfahren	Fahrsport – Gelände- und Streckenfahrten
		Distanzritte

dauer. Diese Einteilung hat sich aus unterschiedlichen physiologischen Anforderungen an den Organismus in diesen Ausdauerbereichen ergeben, auf die noch näher eingegangen wird.

Danach lassen sich die Pferdesportdisziplinen so zuordnen, wie aus Tabelle 36 hervorgeht:

Von Bedeutung ist auch, daß die Ausdauer in den verschiedenen Wettkampfanforderungen als Mischform mit anderen konditionellen Fähigkeiten auftritt. So wird im Springreiten und in der Military die Leistung zusätzlich durch intensive Kraftbelastungen beim Überwinden der Parcours- und Geländehindernisse hervorgebracht. Oder beim Stechen wird die Ausdauer ähnlich wie beim Rennbahngalopp mit einer höheren Schnelligkeitsleistung kombiniert. Es entstehen also in Abhängigkeit von den spezifischen Inhalten der Leistungsstruktur Abwandlungen in Form der *Kraftausdauer* oder *Schnelligkeitsausdauer.*

Eine Besonderheit der Military und des Fahrsports besteht darin, daß die Ausdauerleistung durch Festlegung des Mindesttempos oder auf Grund des Geländeprofils im Trabe oder im Galopp zu vollbringen ist. So werden die Wegestrecken in der Geländeprüfung der Military hauptsächlich im Trab zurückgelegt. Im Fahrsport muß im Gelände ständig die Gangart gewechselt werden, um nach langen Trabstrecken fehlerfrei im Galopp mit komplizierten Wendungen durch die Hindernistore zu gelangen. Dadurch entstehen wechselnde Bedingungen an den Bewegungsablauf der Pferde, die zu unterschiedlichen Anforderungen an den Kreislauf und Stoffwechsel führen.

An dieser Stelle sollen zum weiteren trainingsmethodischen Verständnis einige kurze, vereinfachte Erläuterungen über die *biologischen Grundlagen* der Ausdauerentwicklung folgen.

Jede Ausdauerleistung kann nur so lange fortgesetzt werden, wie *Energiestoffe* – hauptsächlich für die Bewegungsmuskulatur – zur Verfügung stehen. Sie werden dem arbeitenden *Muskel* durch den Sauerstoff- und Nährstofftransport zugeführt. Für das Ausdauertraining genügt es, die beiden Grundformen der Energiegewinnung und -verarbeitung zu kennen. Die Energie wird durch die Verbrennung der *Glukose,* die im Blut und in der Leber gespeichert wurde, mit Hilfe des aufgenommenen Sauerstoffs gewonnen. Eine Energiegewinnung, die sich mittels ausreichenden Sauerstoffs durch vollständige Verbrennung (Oxydation) vollzieht, bezeichnet man als *aeroben Stoffwechselprozeß* (s. I, S. 37).

Die Dauer und die Geschwindigkeit einer Ausdauerübung im aeroben Stoffwechselbereich ist von der Fähigkeit des Organismus abhängig, Sauerstoffaufnahme und -verbrauch möglichst rationell zu gestalten. Bei aeroben Ausdauerübungen befindet sich also der Organismus im *Stoffwechselgleichgewicht.*

Die sportliche Belastung wird am Start sofort mit voller Stärke geleistet. Die Atmung steigt dagegen erst allmählich in den ersten Minuten an. In dieser Zeit reicht der durch die Atmung angebotene Sauerstoff nicht aus, um den Bedarf zu decken. Der Organismus geht damit eine *Sauerstoffschuld* ein, die nach Ende der Belastung wieder ausgeglichen wird (Abb. 165). Soll die Ausdauerbelastung längere Zeit fortgesetzt werden, dann muß das Trainingstempo so eingepegelt werden, daß das Sauerstoff- und Stoffwechselgleichgewicht beibehalten wird.

Wenn jedoch die Ausdauerbelastung in einem höheren, wettkampfspezifischen Tempo erfolgen soll, dann ist das nur so lange möglich, wie die größere Sauerstoffschuld ertragen werden kann.

Der Organismus vermag nämlich außerhalb des Stoffwechselgleichgewichts Energie auf einem zweiten Wege zu erzeugen. Durch geringeres Sauerstoffangebot wird die Glukose nur unvollständig verbrannt. Diesen biochemischen Prozeß bezeichnet man als *anaeroben Stoffwechselprozeß.* Die erworbene Leistungsfähigkeit wird deshalb anaerobe Ausdauer genannt. Sie ist die Fähigkeit, eine hohe Belastungsintensität mit größerer Sauerstoffschuld beizubehalten. Als Endprodukt dieses Energieverbrauchs entsteht das sogenannte Lactat. Die Lactatkonzentration im Blut weist nach, ob und in welchem Grad zur Ausdauerleistung die anaerobe Energiegewinnung erforderlich war.

Die Energiegewinnung läuft im Organismus nicht nach dem Prinzip „entweder aerob oder anaerob" ab. An Ausdauerleistungen sind in der Regel stets beide Energiequellen beteiligt. Die Anteile aerober und anaerober Stoffwechselprozesse verändern sich vom Kurzzeit- bis zum Langzeitausdauerbereich zugunsten zunehmender aerober Ausdauer. Die Abb. 166 verdeutlicht diese prinzipielle Beziehung.

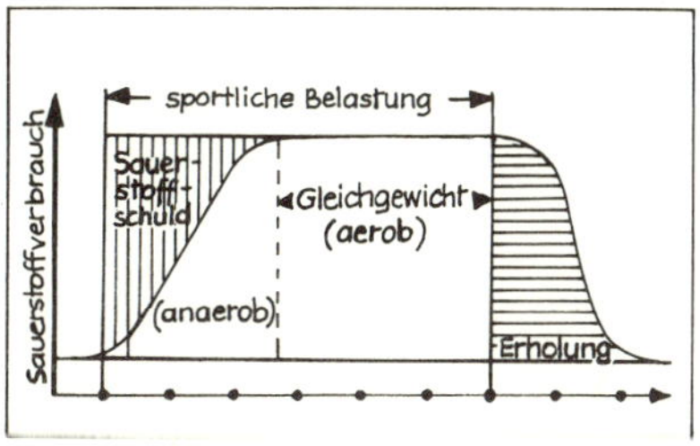

165 Entstehung und Ausgleich der Sauerstoffschuld

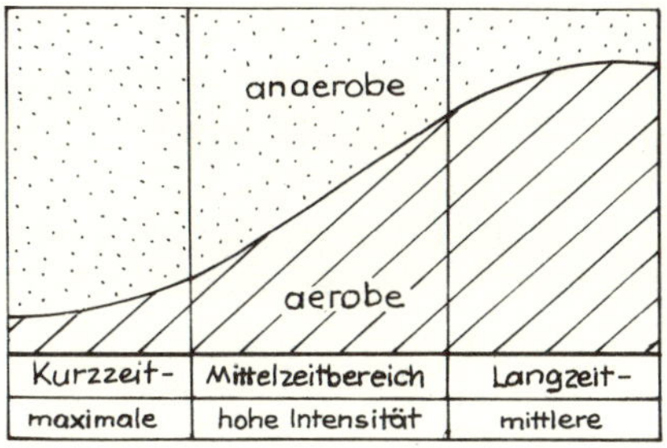

166 Anteile der aeroben und anaeroben Energie in verschiedenen Ausdauerbereichen

Eigene Untersuchungen zum Ausdauertraining von Militarypferden (1965–68) haben gezeigt, daß die aerobe Ausdauer im Mittel- und Langzeitbereich nicht nur Bedeutung als sog. *Grundlagenausdauer* hat, sondern zugleich auch als wettkampfspezifische Ausdauer eine große leistungsbestimmende Rolle spielt. Je größer das Sauerstoffaufnahmevermögen über das Herz-Kreislauf-System entwickelt ist, um so später muß die anaerobe Energiegewinnung im Wettkampf in Anspruch genommen werden. Es hat sich darum als günstig erwiesen, als Belastungsumfang zur Ausdauerentwicklung im Jahresverlauf durchschnittlich ungefähr 80% aerober Trab- und Galopparbeit zu ca. 20% intensiver anaerober Galopparbeit vorzusehen. Im speziellen Kapitel zum Vielseitigkeits- und Militarytraining werden dazu einige weitere spezifische Angaben ergänzt.

Krafttraining

Um konditionelle und sporttechnische Bewegungsaufgaben in den verschiedenen Sportarten ausführen zu können, muß eine ausreichende *Muskelkraft* zur Verfügung stehen. Die Gesamtbewegung von Reiter und Pferd entsteht aus dem Zusammenspiel vieler auf-

einander abgestimmter einzelner Muskelbewegungen. Kraft entsteht durch willkürliche Kontraktion des Muskels. Es sind zwei Arbeitsweisen des Muskels bekannt.
Er kann seine innere Spannung erhöhen, ohne den Körper in Bewegung zu setzen. In diesem Fall spricht man von *statischer* oder *isometrischer Kraft.* Sie tritt auch im Pferdesport auf. Die gesamte Hilfengebung des Reiters auf das Pferd wird vorrangig durch Anspannung (im Wechselspiel mit Entspannung), durch Kreuz und Schenkel erzeugt. Auch bei bestimmten Dressurlektionen sind isometrische Kraftfähigkeiten des Pferdes beteiligt, z. B. in der Levade.
Kraft wird aber hauptsächlich benötigt, um sportliche Bewegung zu erzeugen. Dazu verkürzt sich der Muskel, wirkt über Knochenhebel und entwickelt so *dynamische* oder *isotonische Kraft.* (Abb. 167) Beide Kraftformen treten jedoch in der Regel in kombinierter Form auf. Meist geht eine Erhöhung der Spannung des Muskels der folgenden Verkürzung (Kontraktion) voraus.
Je nach der Art der Bewegungsaufgabe äußert sich die Muskelkraft im sportlichen Training in verschiedenen *Wirkungsformen:*
1. Maximalkraft
2. Schnellkraft
3. Kraftausdauer

Die verschiedenen Kraftformen entstehen durch Verbindung mit den konditionellen Fähigkeiten Schnelligkeit und Ausdauer. In der Tabelle 37 sind diese Mischformen dargestellt:

Maximalkraft ist die Kraft, die ein Muskel bei maximaler, willkürlicher isometrischer Kon-

Tabelle 37: Kraftformen

Maximalkraft
↓ Kraftausdauer | ↓ Schnellkraft
↑ Kraftausdauer ← Ausdauer → Schnelligkeitsausdauer ← Schnelligkeit → Schnellkraft ↑

Ausdauer → Schnelligkeitsausdauer ← Schnelligkeit

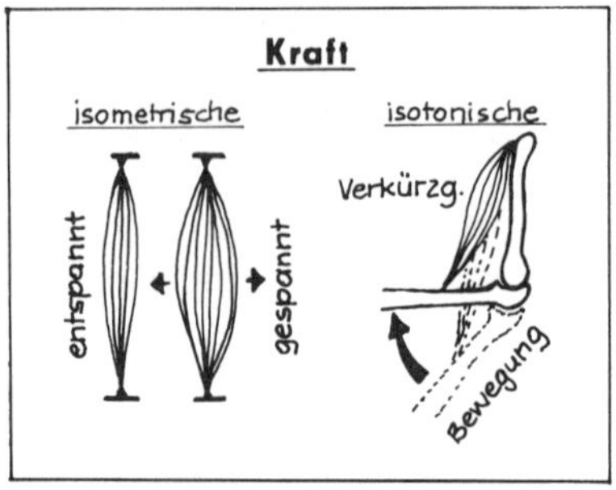

167 Kontraktionsformen des Muskels zur Entwicklung der Kraft

168 Levade (statische Kraft)

169 Pferd im Sprung (isotonische Kraft)

traktion erzeugen kann. Voraussetzung für die Maximalkraft ist nach den Erkenntnissen der Muskelphysiologie ein *großer aktivierbarer Muskelquerschnitt.* Deshalb ist es das Ziel des Maximalkrafttrainings, den Querschnitt des Muskels zu vergrößern und die Anzahl der bei der Kontraktion tätigen *Muskelfunktionseinheiten*(-fasern) zu erweitern. Damit neue Wachstumsreize für den Querschnitt des Muskels auftreten, muß die Intensität der Trainingsbelastung im Grenzbereich der individuellen Leistungsfähigkeit liegen.
Im Reitsport kennen wir kaum Übungsteile, für die eine maximale Kraftleistung wie in den Kraftsportarten (z. B. Gewichtheben) verlangt wird. Sie tritt jedoch im Fahrsport bei hohen Zugkraftleistungen in einzelnen Abschnitten der Geländeprüfung auf.
Die individuelle maximale Kraft des Pferdes, die durch Zucht oder längeres Training entwickelt wurde, kann man auch als Grundlagenkraft bezeichnen. Damit wird eine relativ große Muskulatur aktivierbar, die vor allem für Schnellkraftleistungen erforderlich ist.
Schnellkraft ist die Fähigkeit des Muskels, Widerstände mit hoher Bewegungsschnelligkeit zu überwinden. Die Leistung eines schnellkräftigen Bewegungsmuskels hängt somit von seiner schnellen Kontraktion ab. Die Schnellkraftleistung wird wie schon erwähnt von der beteiligten Maximalkraft beeinflußt. Sonst wäre die Beschleunigung der zu bewegenden Masse nicht möglich.
Die **Sprungkraft** des Springpferdes stellt eine Form der hier definierten Schnellkraft dar. Im Augenblick des Absprungs muß die Körpermasse (Pferd und Reiter) durch eine schnelle Kontraktion der Sprungmuskulatur eine große Beschleunigung erhalten, damit durch Überwindung der Erdanziehungskraft die Sprunghöhe erzielt wird.
Abgesehen von den äußeren Widerständen, wird die Kontraktionsgeschwindigkeit der Muskulatur durch die Schnelligkeit der kontraktionsauslösenden Nervenimpulse bestimmt. Die *explosive* Ausführung der Sprungkraftübung ist also der wichtigste Wirkungsfaktor im Schnellkrafttraining.

Kraftausdauer ist die Widerstandsfähigkeit der Muskelkraft gegen Ermüdung bei oftmaligen *Bewegungswiederholungen.* Sie ist in Pferdesportdisziplinen leistungsbestimmend, in denen ein bestimmtes Ausdauervermögen und eine entsprechende Kraftleistungsfähigkeit erforderlich ist. Im Springreiten ist neben der erwähnten Schnellkraft zum Überwinden eines Hindernisses auch Kraftausdauer erforderlich, um die Vielzahl der Sprünge fehlerfrei ausführen zu können. Ganz besonders gilt das für Vielseitigkeitspferde, die über eine mittel- und langzeitige Sprungkraftausdauer verfügen müssen.
Aus muskelphysiologischer Sicht entsteht beim Training der Kraftausdauer ein Problem *entgegengesetzt wirkender Anpassungsvorgänge,* das vor allem in der Vielseitigkeitsreiterei beim Geländeritt auftritt. Der auf aerobe Ausdauer trainierte schlanke Muskel wird durch einen gut funktionierenden Kreislauf optimal mit Sauerstoff versorgt. Durch das auf Muskelquerschnittsvergrößerung gerichtete Sprungkrafttraining wird die Versorgung der Muskulatur mit Sauerstoff (Kapillarisierung) jedoch nicht verbessert. Der auf Kraftzuwachs trainierte Muskel ist durch sein Dikkenwachstum leichter ermüdbar. Diese Eigenschaft wirkt sich aber auf die aerobe Ausdauerleistungsfähigkeit leistungsmindernd aus. Im Kraftausdauertraining muß die Belastung im Hinblick auf beide Anpassungserscheinungen gut abgestimmt werden.

Schnelligkeitstraining

Als Schnelligkeit wird die Fähigkeit bezeichnet, motorische Aktionen in kürzester Zeit zu realisieren. Damit ist die Eigenschaft des Muskels verbunden, maximal schnell zu kontrahieren und zu entspannen.
Eine schnelle Bewegung wird nicht nur benötigt, um eine hohe Geschwindigkeit beim Zurücklegen einer bestimmten Strecke zu erreichen. Im Pferdesport hat die Schnelligkeit in Kombination mit anderen konditionellen Fähigkeiten Einfluß auf die Leistung, z. B. beim

Rennbahngalopp der Military als Schnelligkeitsausdauer, beim Absprung des Springpferdes als Schnellkraft. Im Pferderennsport kommt sie beim Start als kurzzeitige reine Schnelligkeit zur Wirkung.
Entscheidend für die Schnelligkeit der Muskelbewegung ist die Zeitspanne zwischen der Reizgebung und der motorischen Reaktion. Sie wird als *Latenzzeit* bezeichnet, die von der Nervenleitgeschwindigkeit und der Zeit abhängig ist, die zum Ablauf der biochemischen Vorgänge bei der Kontraktion notwendig ist (Abb. 170). Die Schnelligkeit wird

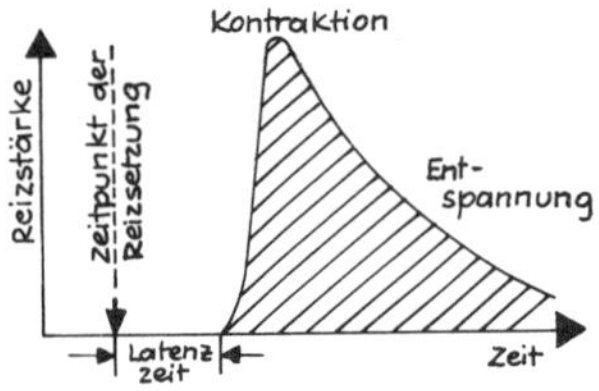

170 Latenzzeit der Muskelkontraktion

vom Nerventyp des Pferdes beeinflußt und wird als angeborene, wenig trainierbare Eigenschaft angesehen.
Die Schnelligkeitsleistung wird besonders durch die Elastizität, die Lockerheit und Entspannungsfähigkeit beeinflußt. Nervosität vor und beim Start verkrampft die Muskulatur und erhöht die Latenzzeit. Die Vorbereitung des Pferdes auf dem Abreiteplatz darf deshalb nicht vorrangig den Zweck verfolgen, nur einige Probesprünge zu absolvieren. Vorbereitende Erwärmung, Lockerungs- und Dehnungsübungen sind notwendige Voraussetzung für die Funktionstüchtigkeit der schnellkräftigen Nerven- und Muskeltätigkeit.
Die Schnelligkeit äußert sich nicht nur in der **Aktionsschnelligkeit** der Bewegung selbst. Sie ist auch wesentlich von der Schnelligkeit der Aufnahme und Verarbeitung der Sinneswahrnehmungen abhängig, um eine bestimmte Handlung oder Bewegung einzuleiten. Die **Reaktionsschnelligkeit** ist eine in allen Pferdesportdisziplinen erforderliche Fähigkeit, die sowohl beim Reiter als auch beim Pferd entwickelt werden muß. Ein Reiter mit einer geringen Reaktionsschnelligkeit kann sein Springpferd negativ beeinflussen, wenn er z. B. auf eine äußere Situation im Springparcours langsam reagiert und unentschlossen handelt. Der Reiter muß die sich im Wettkampf verändernden Situationen schnell erkennen, um sofort handeln zu können. Das setzt eine genaue optische räumliche *Wahrnehmungsfähigkeit* voraus (Taxiervermögen). In Verbindung mit gutem reittechnischen Können wird der reaktionsschnelle Reiter die im Spring- und Geländereiten häufig wechselnden Wettkampfsituationen erfolgreich lösen. Die Reaktionsschnelligkeit wird am besten im praktischen Reittraining und in der Leistungsprüfung geformt, weil dabei mit speziellen Mitteln in bestimmten Standardsituationen die erforderlichen Verhaltensweisen ausgebildet werden können.

Entwicklung der Beweglichkeit

In jeder Sportart sind unterschiedliche sportliche Bewegungen erforderlich, um eine bestimmte Leistung zu vollbringen. Damit die im Training erworbenen konditionellen Fähigkeiten Kraft, Ausdauer, Schnelligkeit möglichst umfassend genutzt werden können, müssen bestimmte anatomische und physiologische Voraussetzungen für einen bestmöglichen Bewegungsablauf gegeben und entwickelt sein.
Eine solche Fähigkeit ist die Beweglichkeit, die auch als Gelenkigkeit bezeichnet wird. Sie wird durch eine große Schwingungsweite (Amplitude) der Gelenke und eine möglichst hohe Dehnbarkeit der sie umgebenden Sehnen, Bänder und Muskeln gekennzeichnet.
Auch im Reitsport hat die Beweglichkeit erhebliche Bedeutung. Die reitsportlichen Begriffe *Schub* (das weite Vortreten der Hinterbeine in Richtung des Fußpunktes der Verbindungslinie der Schwerpunkte von Reiter

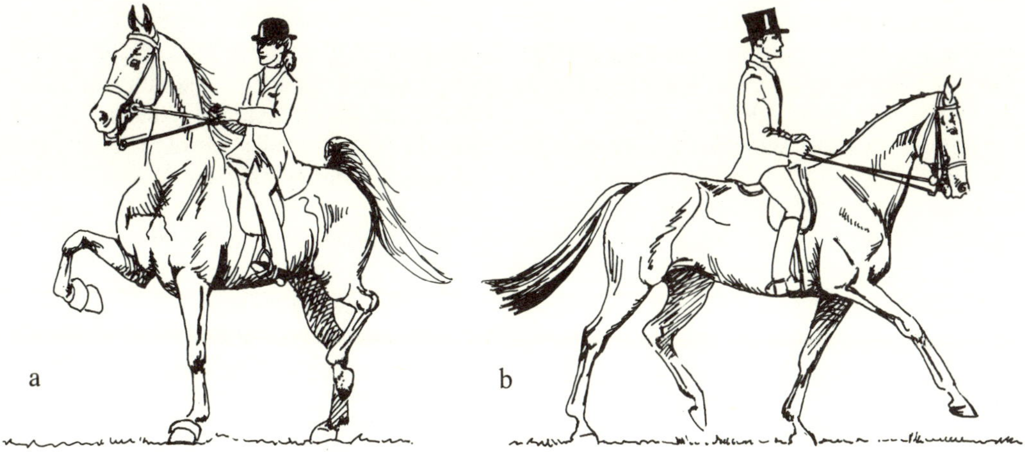

171 Spezifische Formen der Beweglichkeit: a Aktion (American Saddle Horse); b Raumgriff (Vollblüter)

und Pferd auf Grund energischen Abstoßens der Hinterbeine vom Boden), *Aktion* (Grad der Beinwinkelung in den verschiedenen Gangarten, der von der Neigung der Schulter und vom Längenverhältnis Unterarm: Vordermittelfuß abhängig ist) und *Raumgriff* (als Länge eines Bewegungsablaufes in den verschiedenen Gangarten und -maßen) sind spezifische Formen der Beweglichkeit. (Abb. 171) Auch die Fähigkeit des Pferdes, ein Hindernis fehlerfrei und ohne Berührung zu überwinden, hängt in großem Maße von der *Winkelung* der Beingelenke, also von der Beweglichkeit, ab.

Den anatomisch maximal möglichen *Winkelbereich* eines Gelenkes bezeichnen wir als Bewegungsamplitude. (Abb. 172) Sie begrenzt die Beweglichkeit theoretisch. Praktisch wird sie durch die *Gelenkbänder* als ihr Schutzorgan verkleinert. Die *Sehnen*, die Endstücke des Muskels, überlagern meist auch die Gelenkoberfläche, ehe sie in einem Knochen verwachsen. Auch sie beschränken die theoretisch mögliche Bewegungsamplitude. Sehnen und Bänder können durch Training nur in geringem Maße dehnbar gemacht werden, um die Beweglichkeit zu verbessern. Die Beweglichkeit wird am stärksten durch die *Elastizität der Muskeln* beeinflußt. Die praktisch erreichbare Bewegungsamplitude entsteht durch den höchstmöglich verkürzten (kontrahierten) Muskel (Agonist) und den höchstmöglich entspannten Gegenmuskel (Antagonist).

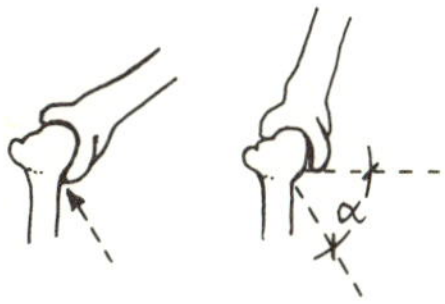

172 Beweglichkeit des Gelenks (= Bewegungsamplitude)

Nähert sich ein Glied auf Grund großer Kontraktionsgeschwindigkeit der *Grenzstellung* des geöffneten Gelenks und kann die Bewegung nur schlecht abgebremst werden, dann besteht die Gefahr von Sehnen- und Bänderrissen, Blutergüssen, ja sogar von Knochenbrüchen. Um solche, leider auch bei Pferden auftretenden Verletzungen zu vermeiden, hat der Körper bestimmte *Schutzreflexe* aufgebaut. Insbesondere der antagonistisch wirkende Muskel *bremst* die Bewegung ab und vermeidet den Aufprall in der Grenzlage der Winkelöffnung des Gelenks.

Um die aktive Beweglichkeit der Gelenke zu erhöhen, ist eine vorbereitende Dehnung der

Bänder, Sehnen und Muskeln notwendig, damit die Elastizität und Durchblutung erhöht wird. Die Beweglichkeit von Reiter und Pferd soll nicht nur während ihrer Grundausbildung oder des Aufbautrainings entwickelt werden. Sie ist altersabhängig.
Degenerierende Prozesse führen um so eher zur Versteifung, wenn dem nicht auch im späteren Trainingsalter durch regelmäßige beweglichkeitsfördernde Übungen begegnet wird.
Die gute Beweglichkeit beeinflußt im Reitsport die qualitative *Bewegungsausführung.* Sie kann durch das Training verbessert werden. Der Raumgriff läßt sich durch Reiten über Bodenricks mit individuellem Abstand vergrößern. Die erwünschte Rückenaufwölbung (Bascule) des Springpferdes über dem Hindernis wird durch eine größere Dehnung der Rückenmuskulatur und durch eine erhöhte Bewegungsamplitude der Wirbelgelenke entwickelt. Dressurmäßige Arbeit auf gebogenen Linien unterstützt die seitliche Beweglichkeit (Kontraktion und Dehnung) der Hals- und Rückenmuskulatur sowie der Wirbelgelenke. Die Beweglichkeit des Reiters kann durch verschiedene allgemeine gymnastische Übungen geschult werden (Dehnungsübungen der Rücken-, Schulter- und Beinmuskulatur).

Trainingsmethoden zur Entwicklung der Kondition

Wenn darüber Klarheit besteht, welche konditionellen Fähigkeiten in den verschiedenen Pferdesportdisziplinen entwickelt werden müssen (spezifische Leistungsstruktur), dann entscheidet die methodische Trainingsgestaltung in Verbindung mit dem Belastungsinhalt darüber, ob die vorgesehene Leistungsfähigkeit erreicht wird oder nicht. Eine gleiche Trainingsbelastung, die der Organismus mit verschiedenen Trainingsmethoden verarbeiten muß, bringt unterschiedliche, physiologische Anpassungsvorgänge hervor. Diejenige Methode, die den organischen Funktionsablauf den besonderen Bedingungen einer bestimmten Wettkampfdisziplin am besten angleichen kann, ist die zweckmäßigste.
Die verschiedenen Methoden, die im Konditionstraining verwendet werden, lassen sich auf drei **Haupttrainingsmethoden** zurückführen:

1. Die Dauertrainingsmethode
2. Die Intervalltrainingsmethode
3. Die Wettkampfmethode.

Die verschiedenen Trainingsmethoden müssen sichern, daß die notwendige Grundlagen- und die spezifische Kondition bestmöglich entwickelt werden.
Das **Dauertraining** ist eine Trainingsarbeit ohne Unterbrechung in einem langsamen oder mittlerem Tempo über eine relativ lange Zeit. Die Bewegungsgeschwindigkeit kann gleichmäßig, aber auch wechselnd sein. Die Dauertrainingsmethode ist eine Methode, mit der die Arbeitsfähigkeit des Kreislaufsystems erhöht und die Koordination der Organe verbessert wird. Dabei wird vor allem die Sauerstoffaufnahmefähigkeit vergrößert. Mit der zunehmenden Kapillarisierung verbessert sich die Durchblutungsgröße, der Sauerstofftransport des Kreislaufes.
Entscheidend für die Dauertrainingsmethode ist die Bestimmung der Trainingsgeschwindigkeit. Liegt sie relativ niedrig (z. B. 300–350 m/min im Galopp), wird die bestehende aerobe Kapazität nur stabilisiert. Erst wenn die Geschwindigkeit in einem mittleren Tempo (400–450 m/min) den Grenzbereich zum anaeroben Stoffwechselbereich tangiert, wird das aerobe, für Langstreckenleistungen erforderliche Niveau weiterentwickelt. Mit längerem Training wird zugleich auch das Durchhaltevermögen als willensmäßig beeinflußbare Eigenschaft aufgebaut. Das Geländepferd als „Kämpfertyp" ist nicht schon mit dieser Fähigkeit geboren. Dazu wird es, indem diese Anlage des Voll- oder Halbblutpferdes im Training über längere Strecken herausgefordert wird. Auch reine Warmblutpferde haben sich durch umfangreiches Training die gleiche Kondition angeeignet, die sie sogar bei Olympischen Spielen erfolgreich

nachweisen konnten. Die Dauertrainingsmethode ist besonders geeignet, die wettkampfspezifische Ausdauer für längere Querfeldeinprüfungen auf der im Training bereits entwickelten Grundlagenausdauer vorzubereiten. Müssen aber höhere Wettkampfgeschwindigkeiten über mittlere Distanzen, z. B. über die Rennbahn der Militaryprüfung, geritten werden, dann ist ein größeres *anaerobes Leistungsvermögen* des Pferdes erforderlich. Dazu ist in den Kraftausdauersportarten die sog. **Intervalltrainingsmethode** mit Erfolg angewendet worden. Sie ist durch einen deutlichen Wechsel von belastungsintensiven Teilstrecken und folgenden Erholungsabschnitten gekennzeichnet. Dabei wird die Belastung durch mehrere veränderliche Größen bestimmt: Länge der Gesamtstrecke als Summe der *Teilstrecken,* Dauer und Gestaltung der *Pausen.* Sinn und Zweck des Intervalltrainings ist es, durch die eingeschobenen *Erholungsabschnitte* (Intervalle) in einer Trainingseinheit insgesamt auf einen größeren *Arbeitssummenwert* zu kommen. Mit dieser Methode können hohe Belastungsreize im *wettkampfnahen Intensitätsbereich* gesetzt werden.
Zwei *Hauptformen* des Intervalltrainings wurden angewandt, die eine unterschiedliche Wirkung hervorrufen und sich durch die Art und Weise der *Pausengestaltung* unterscheiden. Mit der einen Methode wird beabsichtigt, daß sich der Organismus nach der Teilstreckenbelastung, die die hauptsächliche Trainingswirkung hervorruft, *weitestgehend erholt.* (Abb. 173) In der Pause soll die Sauerstoffschuld kompensiert werden, die durch die Galopparbeit im höheren Tempo (z. B. 600 m/min) und mittlerer Streckenlänge (z. B. 1500–2000 m) entstanden ist. Nach einer Schritt- oder Trabpause von 15–20 min mit relativ *vollständiger Erholung* kann die ein- bzw. zweimalige Wiederholung der Belastung erfolgen. Entscheidend ist die Kontrolle der individuellen Wiederherstellung in der Pause, die am einfachsten immer noch durch die Pulsfrequenzbestimmung erfolgt. Dazu später mehr.
Die andere Richtung des Intervalltrainings vertritt die Auffassung, daß sich die Organsysteme in der Pause *nicht vollständig* erholen sollen. (Intervalltraining nach Freiburger Art). Dabei wird von der Auffassung ausgegangen, daß der eigentliche physiologische Anpassungsreiz für die *Herzvolumenvergrößerung* in der Pause liegt. Mit dieser Methode wird das Prinzip der Überkompensation konsequent angewandt (s. S. 17 f.). Die optimale Herzvolumenvergrößerung tritt noch vor dem Abschluß der Erholung auf. (Abb. 174)

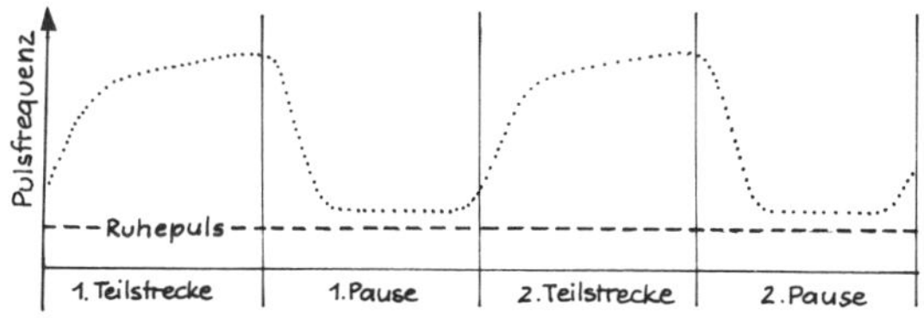

173 Intervallarbeit mit relativ vollständiger Erholung

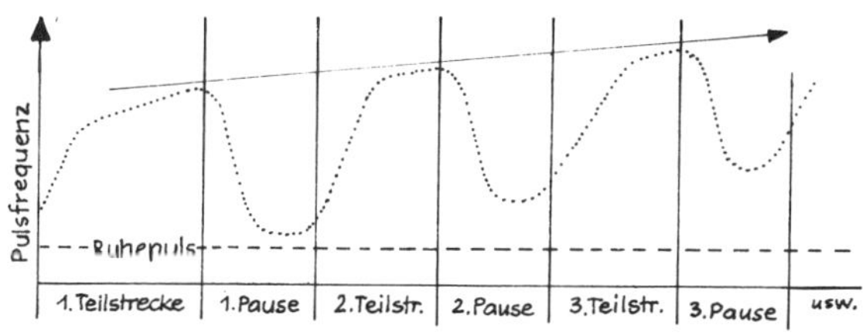

174 Intervalltraining mit unvollstandiger Erholung

Dieser Zeitpunkt soll der Beginn der folgenden Belastung sein. Diese Form des Intervalltrainings ist die belastungsintensivste, weil sie eine hohe Intensität auf der Belastungsstrecke und eine unvollständige Erholung in den Pausen vorsieht.
Durch das Intervalltraining mit kurzen, hochintensiven Teilstrecken wird der Organismus im *anaeroben Stoffwechselbereich* belastet. Er wird darauf trainiert, unter Sauerstoffschuld zu arbeiten. Diese wird aber hauptsächlich auf kurzen und mittleren Strecken mit hohem Geschwindigkeitsbereich benötigt. Deshalb sollte im Turniersport diese Intervalltrainingsform *nicht vorrangig* angewandt werden, da sie auch aus methodischer Sicht nicht einfach zu handhaben ist, um den Zeitpunkt der „unvollständigen Erholung" genügend genau zu bestimmen. Jedoch ist das Intervalltraining mit optimaler Wiederherstellung in der Pause für Rennbahnstrecken (2400 bis 3600 m) der Military angebracht, weil aerobe und anaerobe Stoffwechselprozesse in gemischter Form mobilisiert werden müssen, um die Prüfung in der geforderten Wettkampfgeschwindigkeit zu bestehen. Auch im *Trab- und Galopprennsport* ist die Intervalltrainingsmethode im Bereich kurzer bis höchstens mittlerer Distanzen mit meist individuellen Höchstgeschwindigkeiten und dominierenden anaeroben Stoffwechselprozessen geeignet.
Generell hat sich gezeigt, daß die beiden Grundformen von Trainingsmethoden zur Entwicklung der Ausdauer, Kraft und Schnelligkeit – Dauer- und Intervallmethode – sich nicht gegenseitig ausschließen. Sie ergänzen sich sinnvoll je nach ihrer trainingsmethodischen Aufgabenstellung, die von der Paßfähigkeit der Wettkampfanforderung mit den dazu erforderlichen Stoffwechselvorgängen bestimmt wird. Wichtig dabei ist jedoch, daß die Verantwortung des Reiters und Trainers gegenüber dem Pferd mit steigender Belastungsintensität wächst. Sie müssen sie durch gründliche Einschätzung der Belastbarkeit vermehrt wahrnehmen.
Als Wettkampfmethoden werden solche bezeichnet, die die im Training entwickelten konditionellen Fähigkeiten und sporttechnisch-taktischen Fertigkeiten der Pferde und Reiter unter wettkampfnahen oder Wettkampfbedingungen komplex überprüfen.
Diese Methode wird für den gesamten Anwendungsbereich der pferdesportlichen Leistungsfähigkeit definiert, beschränkt sich also nicht nur auf solche, mit denen lediglich die konditionelle Leistungsfähigkeit eingeschätzt wird.

Vor allem in der Phase der Entwicklung und Stabilisierung der wettkampfspezifischen Leistungsfähigkeit wird sie in *allen* Pferdesportdisziplinen angewendet. Dazu werden wettkampfnahe oder Wettkampfbedingungen geschaffen. Die neben den physischen Anforderungen auch neue psychische Reize entstehen lassen, die durch die etwas monotone Heimatmosphäre, insbesondere bei täglichem Hallentraining, nicht ausreichend angesprochen wurden. Wer war nicht schon überrascht, wenn an einem anderen Ort die Dressurvorstellung völlig danebenging, weil der Gehorsam und die Losgelassenheit des Pferdes durch die fremde Umwelt gestört waren. Wettkampfnahe Belastungen, die der Turniersituation nahekommen, sowie Test- und Aufbauwettkämpfe sind also wichtiger Bestandteil des Gesamttrainings. Meistens werden in dieser Phase des Leistungsaufbaus methodisch angepaßte, wettkampfnahe Testanforderungen gestellt. So werden z. B. längere Jagdgalopps in mittlerer Geschwindigkeit oder kürzere mit hoher Intensität geritten. Im Springreiten können Teilparcours mit spezifischen springtechnischen Aufgaben gefordert werden. Mit der Wettkampfmethode lassen sich leichter Stärken und Schwächen erkennen, die im „normalen" Training nicht so deutlich sichtbar werden. Damit lassen sich notwendige Akzentverschiebungen für das folgende Training vornehmen, um am späteren bedeutenden Wettkampf mit der bestmöglichen sportlichen Form teilzunehmen.

5.7. Ausbildung der sportlichen Technik

Pferdesportliche Spitzenleistungen werden nicht nur mit einer hochentwickelten Kondition erzielt. Sie erfordern auch eine ausgereifte und variable *sportliche Technik. Darunter versteht man die realisierbare Art und Weise, wie eine sportliche Bewegungsaufgabe prinzipiell gelöst wird.*

Die optimale Ausführungsweise einer Bewegungsaufgabe dient als äußeres *Leitbild* der sportlichen Technik. Die Vorstellung über das günstigste Lösungsverfahren der Bewegungsaufgabe stellt sich als Technikmodell dar. Die sportliche Technik äußert sich in einem differenzierten System gleichzeitiger oder aufeinander folgender Teilbewegungen. Das *Technikmodell* – entweder in verbaler, beschreibender Form oder durch moderne biomechanische Kennlinien dargestellt – unterstützt die Erklärung oder Demonstration des motorischen Lernprozesses. In den meisten Fachbüchern der Pferdesportliteratur wurden solche „Technikmodelle“ als Leitbilder der Reit- und Fahrtechnik ausführlich beschrieben. Besonders ausführlich geschah das notwendigerweise, um die vielfältigen Lektionen im Dressurreiten oder den optimalen Bewegungsablauf im Springreiten zu erläutern. Einzelne Autoren versuchten, die günstigste Technik mit Hilfe der sich in der Bewegung verändernden Schwerpunktlage von Reiter und Pferd zu begründen und führten damit physikalische Betrachtungsweisen in die Bewegungslehre des Pferdesports ein. Vielfach wird der Bewegungsvollzug aus Gesetzmäßigkeiten der Anatomie oder der Muskel- und Nervenphysiologie erklärt. Das alles sind weitere Schritte zur Begründung der pferdesportlichen Bewegung durch innere physische und psychische Vorgänge. Trotzdem bleibt vieles noch ungeklärt, und es ist als Ganzes nicht hinreichend durchschaubar, wie auf der einen Seite die bewunderte höchste Übereinstimmung zwischen Reiter und Pferd zustande kommt und wodurch andererseits Disharmonien und Widerstand begründet sind.

Für alle Pferdesportdisziplinen werden zunächst gleiche *allgemeine Anforderungen* an die Qualität des Bewegungsablaufes in den drei Grundgangarten Schritt, Trab, Galopp gestellt. Die Leistung wird aber hauptsächlich durch die vorherrschende Technik bestimmt. Schwierigkeitsgrad und Umfang der *spezifischen* sportlichen Techniken sind jedoch in den einzelnen Reit- und Fahrdisziplinen sehr verschieden. Im Springreiten und in Geländeprüfungen der Vielseitigkeitsreiterei ist *eine* sportliche Grundtechnik von besonderer Bedeutung: vielfältige Hindernisse fehlerfrei zu überspringen. Dagegen müssen im Dressurreiten *viele* technische Bewegungsfertigkeiten entwickelt und in besonderen Verbindungen beherrscht werden. So werden die Pferdesportdisziplinen entweder mehr den „Kraftausdauersportarten“ oder den „technischen Sportarten“ zugeordnet.

Die Grundgangarten sind angeborene Bewegungsfertigkeiten, die zur *Erbmotorik* gehören. Dagegen werden die erworbenen technischen Fertigkeiten dem Gebiet der *Lernmotorik* zugerechnet. Erworbene Bewegungserfahrungen werden im Gedächtnis gespeichert. Durch häufige Wiederholungen über längere Zeit entstehen *automatisierte Handlungen,* die die einzelnen sportlichen Techniken unmittelbar nach Aufnahme des Bewegungsreizes auslösen. Diese Bewegungen laufen meist präzise, sicher und fast mühelos ab, wenn wir nur z. B. an die Galoppwechsel à tempo auf der Diagonalen denken. Diese positive Seite automatisierter Handlungen hat wie so oft jedoch auch eine negative. Ist eine Technik im Lernprozeß mit Fehlern bis zur verfestigten Form entwickelt worden, dann kann man solche automatisierten Bewegungsabläufe nur schwer, wenn überhaupt korrigieren. Das ist besonders schwierig beim Lerntraining des Pferdes, dem man den erkannten Fehler sprachlich nicht erklären und die Korrekturmaßnahmen nicht bewußt machen kann. Umlernen ist schwieriger als Neulernen. Der Reiter hat jedoch die Fähigkeit, sich den Bewegungsablauf, das technische Leitbild, gedanklich vorzustellen, bevor die praktische Ausführung beginnt. Mit diesem *mentalen Training* des Reiters kann u. a. auch der Lernprozeß des Pferdes beschleunigt und eine Korrektur unterstützt werden.

Lernphasen im Techniktraining

Auf jeder Stufe der Grundausbildung und des folgenden speziellen Trainings des Pferdes kann man einzelne *Phasen des Lernens im Techniktraining* beobachten.

1. Zunächst wird die Grundform der bestimmten Bewegung erworben, wobei ihre einzelnen Teilbewegungen noch ungenau und nicht genügend zuverlässig koordiniert werden. *(Phase der Grobkoordination)*

Nehmen wir z. B. das Lernen des unterschiedlichen Rechts- und Linksgalopps des jungen Pferdes, das zunächst aus dem Trabe erfolgt, wobei noch solche Fehler wie Umspringen, unregelmäßiges Tempo, fehlende Anlehnung und Durchlässigkeit auftreten.

2. Dann wird der Bewegungsablauf zunehmend verfeinert und differenzierter ausgeführt. *(Phase der Feinkoordination)* Im genannten Beispiel wird die Zuverlässigkeit der Ausführung im geforderten richtigen Galopp steigen. Das Angaloppieren erfolgt jetzt aus Schritt und Trab, wobei sich Durchlässigkeit, Schwung und Losgelassenheit in unterschiedlichen Tempi verfeinern.

3. Die einzelne sportliche Technik wird mit anderen (Lektionen) verknüpft und gefestigt. *(Phase der Stabilisierung)*

Durch vielfältige Kombination mit anderen inzwischen erlernten Lektionen wird der Übergang zum und aus dem Galopp im Rahmen erster Dressurprüfung unter veränderten Umweltbedingungen zuverlässig ausgebildet. Die feine, automatisierte Hilfengebung und Verständigung zwischen Reiter und Pferd zum Erlernen und Stabilisieren des Galopps wird damit abgeschlossen.

Auch in der Ausbildung anderer Lektionen des Dressur- und Fahrsports, im Rittigkeits- oder Springtraining der Spring- und Vielseitigkeitspferde kann man diese *Lernschrittfolgen* erkennen und nachvollziehen. Beim Erarbeiten schwieriger Bewegungsanforderungen, z. B. im Dressurtraining zur Entwicklung der Piaffe oder Passage oder im Springtraining zum Überwinden komplizierter Hinderniskombinationen, wird sichtbar, daß das Erlernen der Technik stets mit ausreichenden konditionellen Fähigkeiten, in diesem Fall mit Kraft und Beweglichkeit verbunden ist.

Zerlegt man eine Dressurprüfung der höheren Klasse, so kann man beispielsweise die Lektionen verschiedener Gangarten zusammenfassen. Innerhalb dieser Gruppen lassen sich die Lektionen dem Schwierigkeitsgrad nach ordnen. Man erkennt, daß in jeder Gruppe bestimmte *Fundamentallektionen* vorhanden sind, von denen aus die schwierigeren systematisch in der mehrjährigen Ausbildung aufgebaut werden. So entstehen verschiedene, von einer Basislektion abgeleitete sporttechnische Bewegungsabläufe (Lektionen). Daraus ergibt sich eine *methodische Reihe* im Lernprozeß, die das folgerichtige Fortschreiten von einer Lektion zu anderen umfaßt, um die höchste technische Vervollkommnung zu erwerben.

Knüpfen wir an das Beispiel der Fundamentallektion „Galopp" an, das bei der Erläuterung der Lernschrittfolge benutzt wurde. In der Tabelle 38 wird eine mögliche, darauf aufbauende methodische Reihe gezeigt. Dabei müssen die entscheidenden Komponenten der Fundamentalübung Galopp (Reinheit der Dreischlagfußfolge) in den abgeleiteten Varianten erhalten bleiben.

Methodische Reihen sind auch in den anderen Pferdesportdisziplinen als zweckmäßiges Hilfsmittel im Lernprozeß der sportlichen Technik anwendbar.

Im Spring- und Geländereiten muß das erfolgreiche Leistungspferd jedes dem Reglement entsprechende Hindernis fehlerfrei und ohne Verweigerungen überwinden. Die Hindernisarten und -formen im Parcours und im

Gelände sind so vielfältig, daß es sich für Reiter und Trainer lohnt, sie ebenfalls in methodischer Reihe nach ihrem Schwierigkeitsgrad folgerichtig einzusetzen.

Im Kapitel „Springreiten" werden am Beispiel von Einzelhindernissen und Kombinationen solche Lernschrittfolgen erläutert. Das Überwinden von Hindernissen in einer Geländestrecke wird zusätzlich und sogar beträchtlich durch das Geländeprofil erschwert, in das sie eingebaut sind. Es reicht nicht aus, wenn das Militarypferd wie im Springreiten lediglich mit verschiedenen Steil-, Hochweit- oder Weitsprüngen vertraut gemacht wird. Es muß sie auch ohne Zögern bergauf, bergab und ohne die Landestelle sehen zu können überspringen. Deshalb wächst gerade in diesem Metier der methodische Anspruch an den Trainer, weil er in der springtechnischen Geländeausbildung immer die summierte Wirkung der Schwierigkeit des Hindernisses **und** des Geländeprofils bewerten und berücksichtigen muß (s. S. 43f.). Im Abschnitt „Trainings- und Wettkampfanalyse" wird für diese Reitsportdisziplin ein Überblick von Geländehindernissen mit unterschiedlichem Schwierigkeitsgrad des Geländeprofils dargestellt, der durch Auswertung von Geländeritten ermittelt wurde. Mit dem Ergebnis dieser Analysearbeit können individuelle methodische Reihen auch für die Springausbildung im Gelände zusammengestellt werden.

Tabelle 38: Beispiel einer methodischen Reihe im Dressurtraining (Galopp)

3. Ableitung	mehrfacher fliegender Galoppwechsel bis zu 1 Tempi
↑	↑
2. Ableitung	einmaliger fliegender Galoppwechsel
↑	↑
1. Ableitung	einfacher Galoppwechsel
↑	↑
Fundamental-lektion	**Galopp** in den verschiedenen Tempi

Die allgemeinen Bemerkungen zur sportlichen Technik sollen mit einer kurzen Erläuterung der beiden Begriffe „Technik" und „Stil" abgeschlossen werden, die fälschlicherweise synonym gebraucht werden. Der Begriff sportliche Technik wurde eingangs als prinzipielle Lösung einer Bewegungsaufgabe definiert. So wurde z. B. bis zur letzten Jahrhundertwende die englische Springtechnik angewendet. Dabei lehnten sich die Reiter während des Sprunges nach hinten und streckten die Unterschenkel stark nach vorn-abwärts. Zu Beginn des 20. Jahrhunderts entwickelte sich die *italienische Technik* des Springreiters, die im Prinzip auch heute noch als biomechanisch günstigere Lösung (Lage der Schwerpunkte Reiter–Pferd) verwendet wird. In der Literatur und im Sprachgebrauch der Sportart wird *fälschlicherweise* die englische oder italienische Technik des Springreiters als englischer bzw. italienischer *Stil* bezeichnet.

Vom sportlichen Stil spricht man *richtigerweise* nur, wenn bei mehrfachen Wiederholungen ein gleicher, individueller typischer Bewegungsablauf des Reiters oder des Pferdes erkennbar wird. „Stil" existiert also nur für den einzelnen Reiter bzw. das einzelne Pferd und ist aus der Verallgemeinerung der von ihm selbst vollzogenen gleichen Einzelbewegung entstanden. Ein zweiter und dritter Springreiter zeigen verschiedenen persönlichen Stil, obwohl sie in der gleichen Weise italienische Springtechnik anwenden.

5.8. Methoden zur Kontrolle des Trainings

Das Leistungsniveau im internationalen Pferdesport ist in den letzten Jahrzehnten ebenso wie in anderen Sportarten deutlich angestiegen. Das trifft im größeren Maße auf die kraft- und ausdauerbetonten Disziplinen Springreiten und besonders die Military zu. Abmessungen und Schwierigkeitsgrad der Hindernisse erhöhten sich. Speziell in der Military stieg die durchschnittliche Geschwindigkeit im Galopp auf Rennbahn- und Querfeldeinstrecke an.

Eine Analyse der vergleichbaren Rennbahnleistung der olympischen Militaryprüfungen von 1912–1936 und 1948–1964 zeigt, daß in der zweiten Hälfte des Jahrhunderts diesbezüglich ein wesentlicher Leistungszuwachs erfolgte. Die Grafik (Abb. 175) verdeutlicht, daß bis 1936 die meisten Teilnehmer durchschnittlich 30–60 % der möglichen Gutpunkte erreichten. Im Zeitraum von 1948–1964 erzielten die meisten Reiter jedoch 80–100 % der Gutpunkte. Dieser Trend hielt auch später an, nachdem dieser Vergleich vom Verfasser 1965 aus veröffentlichten Daten von RAU und LINKENBACH berechnet wurde. Gegenwärtig galoppieren fast alle an internationalen Titelkämpfen teilnehmenden Militarypferde im strafpunktfreien Geschwindigkeitsbereich von 690 m/min über die Bahn. Damit wird auch exemplarisch sichtbar, daß sich die konditionellen Wettkampfleistungen und damit die erforderlichen Trainingsbelastungen der Pferde deutlich erhöhten.

Mit dem wachsenden Belastungs- und Leistungsniveau nahmen jedoch auch die Überlastungserscheinungen bei Leistungspferden zu. Damit wuchs das Interesse, wirksame Methoden zu finden, um solche folgenschweren Überbeanspruchungen zu vermeiden. Zugleich sollten auch Belastungsbereiche ermittelt werden, die einen möglichst großen physiologisch verträglichen Leistungszuwachs ermöglichen. Da dieser Spielraum zwischen intensiver Belastung und Überbelastung nicht sehr groß ist, wuchs also das Bedürfnis verantwortungsbewußter Trainer und Reiter, besser über die Belastbarkeit des Pferdes im Training Bescheid zu wissen. Langjährige Erfahrungen und moderne Erkenntnisse wurden genutzt, um praktisch anwendbare Kontrollmethoden zur Trainingseinschätzung bereitzustellen. Inzwischen arbeiten Leistungsphysiologen, Mediziner, Techniker und Trainer im Leistungssport eng zusammen, wenn Auswahlmannschaften auf sportliche Höhepunkte vorbereitet werden. Verschiedene Untersuchungsmethoden werden eingesetzt, um

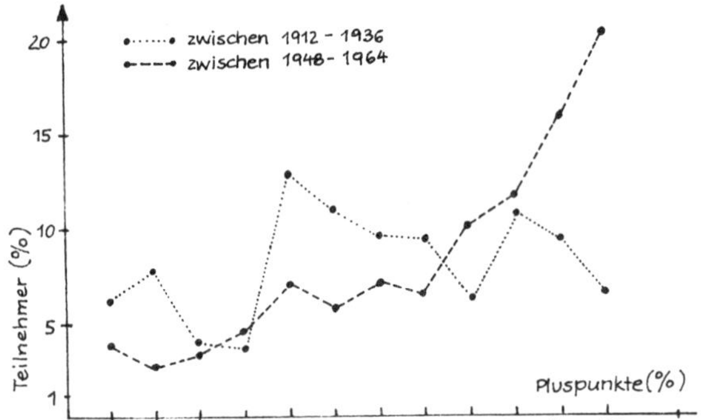

175 Leistungsentwicklung in der Military dargestellt an der Geschwindigkeitsleistung in der Rennbahnphase bei den Olympischen Spielen von 1912 bis 1964

den Trainingszustand zu bewerten und Empfehlungen für das weitere trainingsmethodische Vorgehen zu erarbeiten. Für die Mehrzahl der Pferdesportler ist jedoch von größerem Interesse, wie mit möglichst einfachen Mitteln und geringem Aufwand der Trainingszustand der Pferde eingeschätzt werden kann.

Zunächst einige Hinweise zur **Kontrolle des Konditionstrainings**, die für Vielseitigkeits- und Springpferde von größerer Bedeutung sind. Danach sollen einige Bemerkungen folgen, die die Einschätzung des Entwicklungsstandes der sportlichen Technik unterstützen können.

Schon die Beobachtung der äußerlich erkennbaren körperlichen Verfassung und Verhaltensweise des Pferdes *in Ruhe,* ohne Belastung, läßt Hinweise auf seinen Gesundheits- und Trainingszustand zu. Wer sein Pferd nicht nur reitet oder trainiert, sondern in regelmäßigen Kontakt zu ihm lebt, erkennt sehr schnell diesbezügliche Veränderungen. Im Stall sind die Freßlust, das glänzende, glatte Haarkleid, das aktive Ohrenspiel und das aufmerksame, klare Auge ein erstes Signal dafür, daß sich das Pferd wohl fühlt. Es empfiehlt sich auch, die rektal gemessene Körpertemperatur und den Ruhepuls täglich festzustellen und vergleichend zu registrieren. Es ist eine kleine, wenig zeitaufwendige zusätzliche Routinearbeit. Sie zahlt sich deshalb aus, weil diese beiden Indikatoren innere biologische Veränderungen eher anzeigen, als sie erst später äußerlich bewußt zu bemerken sind. Die 1966 in der erwähnten Verlaufsuntersuchung gemessenen Ruhetemperaturen trainierter Leistungssportpferde lagen bei durchschnittlich 37,5, die Ruhepulswerte bei durchschnittlich 33 Schläge/min. Bei trainingsälteren Militarypferden sank der Ruhepuls in Trainingsabschnitten mit umfangreicher aerober Ausdauerbelastung als Ausdruck verbesserter Grundlagenausdauer auf durchschnittlich 31 Schläge/min ab. Auch die Atemfrequenz in Ruhe folgte der Tendenz der Pulsfrequenz im Jahresverlauf.

Wichtiger ist zu wissen, wie das Pferd *während der Belastung* organisch auf die unterschiedlichen Trainingsanforderungen reagiert. Beobachtungen und Datenerhebungen während der Trainings- und Wettkampfbelastung sind aussagefähiger, weil sie sehr deutlich und unmittelbar der Intensität der Trainingsbelastung folgen. Die Differenz der biologischen und trainingsmethodischen Meßwerte zwischen Ruhezustand und höchster Belastung ist relativ groß. Damit besteht ein ausreichender Spielraum in der Beziehung der äußeren Trainingsbelastung und der inneren organischen Reaktion, um Belastungsstufen zu ermitteln, die das systematische, dem Organwachstum angepaßte Training unterstützen.

Für die *Belastungskontrolle* während des Trainings sind drei Probleme für die Praxis von Interesse:

1. Ist eine Kontrolle von organischen Belastungswerten *unmittelbar während des Trainings* möglich und notwendig?
2. Können Daten *in der Wiederherstellung nach dem Training* die vorangegangene Belastungsintensität bewerten helfen?
3. Wie kann man über einen *längeren Zeitraum* den Verlauf und die *Entwicklung der Leistungsfähigkeit* durch biologische und trainingsmethodische Testwerte einschätzen?

Es besteht kein Zweifel, daß eine Methode zur sofortigen *Belastungskontrolle während des Konditionstrainings* eine ideale Lösung wäre, zuverlässige Informationen über die aktuell verlaufende Situation zu erhalten. Die Belastungsintensität könnte gesteuert und grenzwertüberschreitende Überlastungen vermieden werden. Bereits vor Jahren wurden dazu auch im Pferdesport einige Untersuchungen durchgeführt. Der Verfasser beobachtete solche drahtlosen Übertragungen von Herzfrequenzmessungen im Trabe (BÖRNERT 1965), die jedoch damals unter Feldbedingungen im Galopp nicht fortgesetzt wurden. Es zeigte sich nämlich, daß die apparative Vorbereitung (Haftfähigkeit der Elektroden an der Haut des Pferdes in der Bewegung, Anbringung und Reichweite des am

Pferd angebrachten Senders) und die Datenverarbeitung im Sinne einer Schnellinformation einen nicht vertretbaren finanziellen und zeitlichen Aufwand darstellten, um diese Methode praxisanwendbar weiter zu vervollkommnen. Dennoch sind diese dabei telemetrisch ermittelten Pulsfrequenzen über eine Dauer von 30 min erwähnenswert. Sie lagen bei den vier Versuchen in einem Halbjahr bei konstantem Trabtempo zwischen 100 oder 110 Schlägen/min. Diese bestätigen den Erfahrungswert, daß Trabstrecken zwischen intensiveren Galoppbelastungen im Training oder zwischen der Rennbahn- und Querfeldeinstrecke im Wettkampf im aeroben Stoffwechsel ablaufen und eine wiederherstellende Funktion besitzen. Diese Feststellung ist auch für das Konditionstraining der Springpferde von Interesse, wenn mit längeren Trab- oder Galoppreprisen gearbeitet wird.
Verbreitet ist jedoch die Methode, fast *unmittelbar nach Training und Wettkampf* in der beginnenden Wiederherstellungsphase informative Kreislauf- und Stoffwechselwerte zu erfassen. Man muß sich aber im klaren sein, daß es sich dabei nicht um Belastungswerte im echten Sinne handelt. Es sind Nachbelastungswerte. Sie sind aber noch hochgradig vom soeben beendeten Training bzw. Wettkampf beeinflußt und deshalb hinreichend für die Beurteilung der konditionellen Verfassung geeignet. (Siehe: Verfassungsprüfungen bei Distanzritten).
Am einfachsten lassen sich die Atem- und Pulsfrequenzen durch Auszählen (Auskultation) von einem Tierarzt oder versierten Helfer ermitteln, weil der Reiter selbst in diesem Augenblick dazu kaum in der Lage ist. Es wird gleich nach Ende der Belastung gezählt und die Frequenz pro Minute bestimmt, indem der vierfache Wert der ersten noch hochfrequenten 15 Sekunden berechnet wird. Mit diesen Näherungswerten unmittelbar nach der Belastung läßt sich gut arbeiten. Sie wurden für Vielseitigkeitspferde mit unterschiedlichem Trainingsalter (Gruppe A Pferde im 3. Trainingsjahr, Gruppe B 4–5 Trainingsjahre) nach unterschiedlichen Trainings- und Wettkampfbelastungen ermittelt. (Tabelle 39) Dazu wurde eine Galoppbelastung im aeroben Stoffwechselbereich und eine andere ausgewählt, an der mit großer Wahrscheinlichkeit anaerobe Prozesse beteiligt waren. Während bei der aeroben Belastung die trainingsjüngeren Pferde das gleiche Leistungsniveau der älteren erreichten, zeigte sich bei intensiverer Belastung ganz deutlich das unterschiedliche Verträglichkeitsniveau gegenüber Anforderungen bei hoher Sauerstoffschuld.

Tabelle 39: Durchschnittliche Puls- und Atemfrequenz von Pferden mit unterschiedlichem Trainingsalter

Gruppe	Belastung	Pulsfrequenz	Atemfrequenz
A	1	83	58
	2	131	91
B	1	82	63
	2	118	79

Belastung 1: 4000 m, Tempo 400 m/min
2: 5400 m, Tempo 550 m/min

Durchschnittswerte, die aus Untersuchungen gewonnen wurden, sind verallgemeinerte Richtwerte, die für die Mehrzahl der beteiligten Pferde in einem bestimmten Schwankungsbereich (Streubereich) zutreffen. Für die praktische Arbeit muß man stets von den individuellen Ruhe- und Belastungswerten ausgehen und deren Veränderungen beobachten.
Noch aussagefähiger ist die Methode, die davon ausgeht, daß ein konditioneller Trainingszustand dann ein gutes Niveau hat, wenn sich die Nachbelastungswerte schnell wieder senken und dem Richtwert vor der Belastung nähern. In der Untersuchung wurden bis 10 min nach Ende einer konstanten Belastung im Jahresverlauf die Pulsfrequenzen mehrfach bestimmt und eine angenäherte *Erholungspulssumme* errechnet. (Abb. 176) Je kleiner der Summenwert bei gleicher Belastung im Laufe der Zeit wird, um so mehr hat

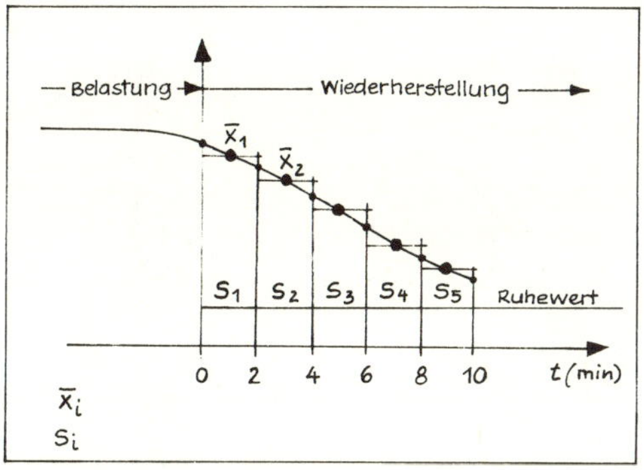

176 Erholungspulssumme in der Wiederherstellungsphase nach Ende der Belastung
$\bar{X}_i$ = mittlere Frequenz von 2 min; S_i = Atempulsteilsumme von 2 min

sich die konditionelle Leistungsfähigkeit verbessert.

Weniger zeitaufwendig ist es, die Herzfrequenz nur unmittelbar nach der Belastung und zum zweiten Mal, z. B. wie in dem genannten Versuch, nach 10 min zu messen. Dann braucht man nur den Mittelwert davon zu berechnen, z. B. (Frequenz 120 + Frequenz 54) : 2 = 87. Der Vergleich dieser Werte über eine längere Zeit zeigt dem Praktiker hinreichend die Tendenz des Trainingszustandes des Pferdes. Bei konstanter Vergleichsbelastung (Strecke und Geschwindigkeit) reicht dieser Wert als *Schnellinformation.*

Zur konditionellen Trainings- und Leistungskontrolle wurde in den letzten Jahren zunehmend mehr versucht, Parameter des Stoffwechsels zu nutzen. Dabei hat sich die *Bestimmung des Laktats* in mehreren anderen Sportarten in der Trainingspraxis bewährt. Sie ermöglicht, den Übergang vom aeroben zum anaeroben Stoffwechsel bei der Energieverwertung zu bestimmen. Es wurde zugleich eine Beziehung zu entsprechenden Atem- und Pulsfrequenzbereichen hergestellt, um sicherer zu beurteilen, ob z. B. im anaeroben Bereich trainiert wird.

Diese Methode ist jedoch nur anwendbar, wenn eine zwar geringe, aber dennoch für das Pferd nicht vertrauensbildende Blutabnahme vorgenommen wird. Das Pferd muß auch losgelassen und zufrieden galoppiert sein. Erregte, gegen die Hand gehende Pferde haben höhere Kreislauf- und Laktatwerte. Die Möglichkeit, diese Methode zu nutzen, war bei der genannten Untersuchung 1966 bekannt, wurde aber aus diesen beiden Gründen nicht weiter angewendet.

Zur **Beurteilung der Technik** im Pferdesport hat sich die Beobachtung durch den Reitlehrer oder den Trainer als *subjektive Methode* bewährt, um einfach und schnell Hinweise zur Korrektur an den Reiter übermitteln zu können. Auch die Wettkampfleistung wird in den Dressurprüfungen wie in anderen technischen Sportarten nicht mit objektiven Meßverfahren, sondern nach international annähernd übereinstimmenden Anforderungen, aber unterschiedlich durch Wertungsrichter beurteilt.

Im Training dagegen werden zunehmend mehr *objektive Mittel zur Leistungsanalyse* eingesetzt. Einzellektionen und vollständige Aufgaben können mit Film- und Videokameras schnell aufgenommen und ausgewertet werden. Dabei sind die zeitlich verzögerten kinematografischen Bewegungsanalysen besonders hilfreich. Fehler im Stil und in der Hilfengebung sind nicht nur im Dressurreiten, sondern auch in allen Pferdesportdisziplinen zu erkennen. Besonders eindrucksvoll und aussagefähig ist die Kombination von zwei Kameras, die zeitsynchron die Bewegung von der Seite und von vorn aufnehmen. (Abb. 177) Damit kann die seitliche Betrachtung der technischen Ausführung der Einzellektion mit der gleichzeitigen Beurteilung, z. B. des Geradegerichtetseins, der Stellung und Biegung verbunden werden. Die mit dem Gespräch verbundene Demonstration nach dem Ritt kann nachhaltiger und überzeugender wirken als mündliche Hinweise während des Trainings. Früher wurden mit Hilfe der sogenannten Chronofotografie mehrere Einzelphasen übereinander auf einer Betrachtungsfläche dargestellt. Die Verbindung gleicher Körperpunkte (z. B. Vorder- und Hinterhuf, Vorderfußwurzel und Sprunggelenk), vielleicht in der Passage oder im

177 Aufnahmen mit zwei zeitsynchron laufenden Kameras für die Trainingsauswertung

Sprung, erzeugt Weglinien, die die Abweichung oder Übereinstimmung mit einer idealen Verlaufskurve erkennen lassen. Sie wurden für biomechanische Untersuchungen im Sport angewandt, um zweckmäßige Bewegungsabläufe zu ermitteln.
Aussagefähig können auch *Fehleranalysen* vom Springreiten und von Geländeprüfungen sein. Die Häufigkeit von Fehlern kann die Suche nach ihren Ursachen erleichtern. Dazu werden die Springfehler desselben Pferdes über mehrere Wettbewerbe notiert. Hindernisse, die öfter zu Fehlern führten, kann man mit steigender Schwierigkeit etwas mehr als andere im Training üben. Springfehler, die jedoch im Stechen mit risikovollem Reiten und enger Linienführung entstanden sind, sollten in eine solche *individuelle Fehleranalyse* nicht aufgenommen werden.

Es hat sich im mehrjährigen Leistungsaufbau bewährt, die springtechnische Fertigkeit des Pferdes systematisch vom Leichten zum Schweren zu entwickeln. Dabei ist es besonders wichtig, die Pferde vor allem an Hindernisarten mit hohem Schwierigkeitsgrad methodisch zu gewöhnen. Viele Parcourschefs stellen Reiter und Pferd immer wieder mit ihrem Ideenreichtum vor unerwartete neue Situationen. Eine vom Verfasser bei der Weltmeisterschaft der Military 1970 in Punchestown (Irland) angefertigte Analyse der Verweigerungen und Stürze in der insgesamt schweren Querfeldeinstrecke zeigte deutlich, welche Hindernisse höchste Anforderungen an Gehorsam, Sprungkraft und Ausdauer stellten. Dazu wurde die folgende Fehleranalyse für alle 40 Teilnehmer angefertigt. (Abb. 178) Die Hindernisse 13/14, 20 und 29, die als Skizze beigefügt sind, waren die schwierigsten. (Abb. 178) Dabei handelt es sich um Geländehindernisse mit tieferliegender, beim Anreiten nicht erkennbarer Landestelle (Nr. 20 und 29). Ebenso schwierig erwies sich eine Hindernisfolge, die durch das erste (Nr. 13) mit einem trockenen Graben davor und dahinter zur Verweigerung am Sprung 14 führte, weil der Schwung nach der Landung verlorenging.
Aus mehreren solcher Fehleranalysen wurde vom Verfasser eine methodische Lernfolge für die springtechnische Geländeausbildung erarbeitet, die neben der Berücksichtigung anderer Kriterien vor allem vom unterschiedlichen Schwierigkeitsgrad des Geländeprofils ausging. Dazu wurde die Lage der Absprung-

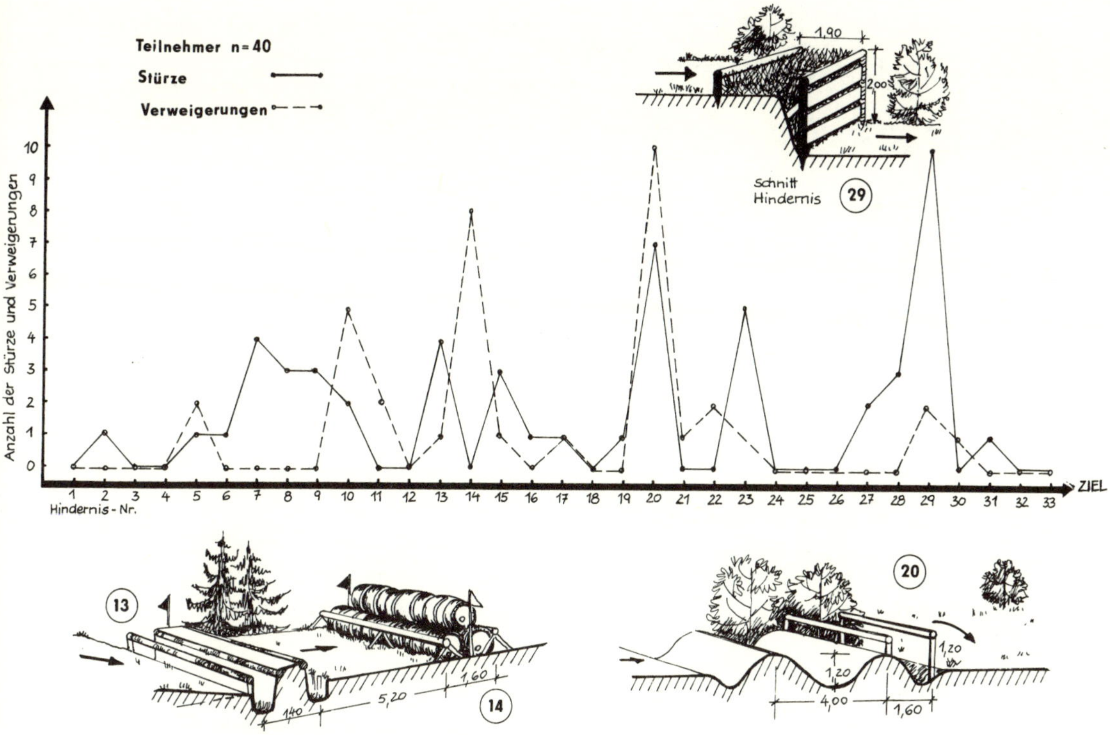

178 Fehleranalyse der Military – Weltmeisterschaft 1970

und Landestelle zueinander und das Geländeprofil am Hindernis analysiert. Es wurde zwischen horizontalem, ansteigendem und abfallendem Gelände unterschieden. So ist ein beliebiges Geländehindernis z. B. dadurch charakterisiert, daß die Absprungstelle auf einem ansteigendem und die tiefliegende Landestelle auf abfallendem Gelände liegt.

Verknüpft man die verschiedenen genannten Bedingungen, so entstehen 9 Varianten, wenn der Absprung zunächst aus horizontaler Anreitesituation erfolgt. (Tabelle 40)

Um die optische Vorstellung dieser Tabelle zu unterstützen, werden dazu einfache Geländeskizzen beigefügt. (Abb. 179)

Aus der Sicht der Problemstellung der Analyse wurde der Einfluß des unterschiedlichen Schwierigkeitsgrades der Hindernisse zunächst vernachlässigt. In der Abbildung wurde deshalb repräsentativ für alle möglichen Hindernisse nur ein einfaches Rick eingezeichnet.

Liegt die Absprungstelle auf ansteigendem oder abfallendem Gelände, dann ergeben sich nochmals zwei Gruppen von je 9 Varianten. Insgesamt bestehen also 27 mögliche *Arten von Geländehindernissen, die vom Bodenprofil abhängig sind.*

Der praktische Wert einer solchen systematischen Wettkampfanalyse liegt insbesondere für den Abschnitt des Aufbautrainings darin, ein methodisch folgerichtiges Programm für die Gewöhnung und Stabilisierung des Pferdes an zunehmend schwierigeren Geländehindernissen zusammenzustellen. Das bedeutet jedoch nicht, daß **alle** diese verschiedenen Möglichkeiten im Training nacheinander durchgeübt werden müssen. Das ist von vorhandenen Geländebedingungen und vom materiellen Aufwand abhängig. Ausgehend vom

Tabelle 40: Varianten von Geländehindernissen aus horizontaler Anreitesituation

Variante	Absprungstelle			Landestelle					
	horizontal	ansteigend	abfallend	horizontal	ansteigend	abfallend	Lage zur Absprungstelle gleich	höher	niedriger
1	X			X			X		
2	X			X				X	
3	X			X					X
4	X				X		X		
5	X				X			X	
6	X				X				X
7	X					X	X		
8	X					X		X	
9	X					X			X

individuell erreichten Stand der Springfertigkeit des Pferdes kann sich der Trainer oder der Reiter eine methodische Lernfolge zusammenstellen, die das Prinzip vom Leichten zum Schweren berücksichtigt. So kann das junge Pferd an größere Schwierigkeiten herangeführt werden, damit es möglichst zu keinen Verweigerungen oder anderen Störungen im Leistungsaufbau kommt.

Die Erfahrung hat gezeigt, daß es günstiger ist, das Pferd zunächst mit den vielfältigen schwierigen Geländeprofilen vertraut zu machen, bevor der Schwierigkeitsgrad der dortigen Hindernisse erhöht wird.

Warum international erfolgreiche Militarypferde in der Querfeldeinstrecke so zuverlässig im Vorwärtsgehen die Hindernisse in komplizierten Geländesituationen überspringen, liegt gewiß auch daran, daß sie und ihre Reiter von Jugend an regelmäßig an Reitjagden teilnehmen. Dabei konnten sie Trittsicherheit und Gleichgewicht unter verschiedenen Geländebedingungen hinter erfahrenen älteren Jagdpferden erwerben. Im mitteleuro-

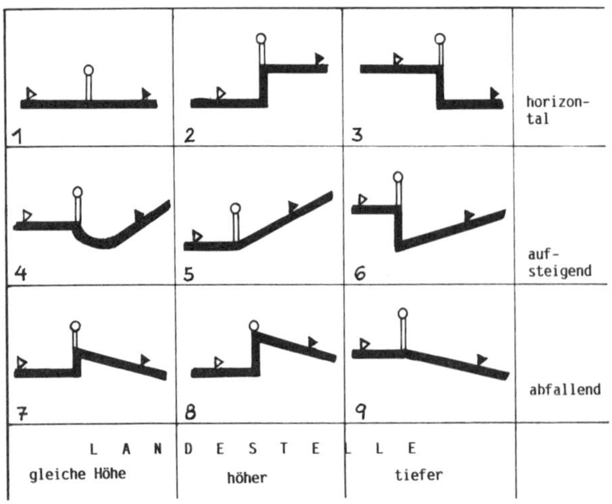

179 Varianten von Geländehindernissen mit horizontaler Absprungstelle päischen Raum ist diese Möglichkeit durch wirtschaftliche Nutzung und Landschaftsschutzgebiete stärker eingeschränkt als in anderen Militaryländern, z. B. in Großbritannien, Irland oder Australien. Deshalb ist um so mehr eine gut überlegte methodische Gewöhnung an Hindernisse mit systematisch steigendem Schwierigkeitsgrad für Reiter und Pferde anderer Länder ein notwendiger und möglicher Ausgleich. Verwendet man dazu die nicht stationären Trainingshindernisse im Gelände s. S. I 380), kann man die wichtigsten in den 3 Gruppen zusammengefaßten Beispiele von Hindernissen in einem kupierten Gelände üben, um den günstigsten springtechnischen Bewegungsablauf zu finden. An diesem Beispiel erkennt man, daß Trainings- und Wettkampfanalysen im Sport nicht allein zum Zwecke der wissenschaftlichen Analyse angelegt werden sollten. Ihre Berechtigung ergibt sich erst, wenn für die trainingsmethodische Praxis ein anwendbares Ergebnis entsteht.

5.9. Bemerkungen zu Trainingsplänen

Mit zunehmender Erfahrung spürt man immer mehr, daß das Training um so erfolgreicher verläuft, je mehr alle äußeren und inneren leistungsbestimmenden Faktoren erkannt und berücksichtigt werden. Wie vielfältig diese sind und wie wechselvoll sie sich bei der Ausbildung bemerkbar machen, hat wohl jeder in seiner reitsportlichen Laufbahn erlebt. Es wäre deshalb in einer allgemeinen Trainingslehre, die verallgemeinerte Mittel und Methoden praktischer Erfahrungen darstellt, eine Fehlorientierung, einen konkreten, für alle gültigen Trainingsplan einer Pferdesportdisziplin zu beschreiben und zu begründen.

Konkrete Trainingspläne sind in erster Linie *individuelle Pläne.* Jeder Reiter, der sportliche Leistungen anstrebt, macht sich Gedanken und Notizen, wie er sein Pferd in einem bestimmten Zeitraum auf einen wichtigen Höhepunkt vorbereitet, der seinem Entwicklungsstand entspricht.

Das können prinzipielle Überlegungen sein, die die Trainingsziele für *mehrere Jahre* oder den Trainings- und Leistungsaufbau *eines* Jahres betreffen. Mit konkreten Kennziffern werden in den Trainingsperioden des Jahres, insbesondere die Belastung und Wettkampfeinsätze, gekennzeichnet. Beispiele oder Auszüge solcher Trainingspläne werden in den Abschnitten der speziellen Trainingslehre in diesem Band zu finden sein. Sinnvoll ist es, sich regelmäßig Notizen zu machen, wie der gedanklich vorweggenommene Plan praktisch verwirklicht wurde und welche Ursachen zu Programmveränderungen auf dem Wege führten. Damit können mehrfach auftretende Fehler vermieden und spätere, neue Trainingsprogramme verbessert werden.

Trainingspläne sind in der Pferdesportliteratur nicht allzu häufig veröffentlicht worden. Erst in Büchern der letzten Jahrzehnte findet man solche mit Kennziffern versehenen Programme. Dabei weisen die Autoren zu Recht darauf hin, daß es sich nur um Beispiele handelt, die nicht formal auf beliebige, andere Pferde mit sehr unterschiedlichem physischem Entwicklungsstand und individuellen psychischen Voraussetzungen übertragen werden können.

Sogenannte *Rahmentrainingspläne* werden von einigen nationalen Föderationen herausgegeben, die zeitweise auch durch zentrales Training ihre Auswahlmannschaften auf besondere Höhepunkte vorbereiten. Sie sollten ihrem Charakter entsprechend nur Angaben zur Periodisierung, zur prinzipiellen Belastungsdynamik im Training und Wettkampf sowie wichtige organisatorische Festlegungen enthalten.

6. Dressurtraining

6.1. Allgemeines

Die Deutsche Reitlehre beinhaltet ein *System der stufenweisen Ausbildung* des Pferdes. Es verfolgt die gymnastische Durchbildung des Pferdes und die Gewöhnung an Gehorsam (Aufmerksamkeit, Vertrauen, Harmonie, Losgelassenheit und Durchlässigkeit). Diese *Skala der Ausbildung* enthält sechs Abschnitte, die in drei übergreifenden Phasen zusammengefaßt werden:

Takt Losgelassenheit	→ Gewöhnungsphase
Losgelassenheit Anlehnung Schwung	→ Schubkraftentwicklungsphase
Schwung Geraderichtung Versammlung	→ Tragkraftentwicklungsphase

Diese sechs Abschnitte stehen nicht für sich allein, vielmehr in enger Beziehung zueinander. Ihre Reihenfolge ist zugleich Rangfolge in der Ausbildung des Pferdes. Sie basiert auf den anatomischen und physiologischen Gegebenheiten des Pferdes.

Der *Zweck der Ausbildung* wurde von François Robichon de la Guérinière, einem großen Reitmeister des 18. Jahrhunderts, folgendermaßen beschrieben:

„Der Zweck der Ausbildung eines Pferdes ist, es durch systematische Arbeit ruhig, gewandt und gehorsam zu machen, damit es angenehm in seinen Bewegungen und bequem für den Reiter wird. Dies gilt in gleicher Weise sowohl für das Jagd- als auch für das Schulpferd." (Richtlinien für Reiten und Fahren, Bd. 2, S. 36)

Die spezielle Ausbildung für höhere Dressuraufgaben kann nur auf der Basis einer korrekten Grundausbildung (Gebrauchsschule) erfolgen. Das Pferd beherrscht die Anforderungen der Klasse A und der unteren Aufgaben der Klasse L.

Wie demonstriert sich ein solches Pferd?

1. *Klare Fußfolge* in allen drei Grundgangarten (Takt)
2. Elastisch *schwingender Rücken* mit pendelndem Schweif (Losgelassenheit). Der Reiter findet einen tiefen Sitz und weichen Kontakt zum Maul. (Anlehnung)
3. *Raumgreifende, taktreine Bewegungen*, deren Verkürzung und Verstärkung bei stets nachgebendem Genick ausdrucksvoll gelingt.

Fleiß, Schwung, Gleichgewicht und Selbsthaltung müssen bereits deutlich erkennbar sein.

4. Bei *konstanter Anlehnung* und weichem Genick nimmt das Pferd willig mit leicht gesenkter Hinterhand die halben Paraden an. (Durchlässigkeit)

5. Das Pferd ist weitestgehend *geradegerichtet.* Es bewegt sich auf gerader und gebogener Linie auf einem Hufschlag. (Die Hinterbeine folgen der Spur der Vorderbeine) und das auch im Außengalopp.
6. In Hinterhand- und Kurzkehrtwendungen wird die Hinterhand mit den *äußeren Hilfen* des Reiters beherrscht.
7. Durch leichte Senkung der Hinterhand (sich entwickelnde Hankenbiegung) ist im Trab und Galopp, wenn gefordert, die *beginnende Versammlung* erkennbar.

In dieser Entwicklungsperiode ist das Dressurpferd auch an die *Kandare* zu gewöhnen. Dabei soll besonders darauf hingewiesen werden, daß die Kandare kein „Brechwerkzeug" ist, sondern lediglich der Verfeinerung der Hilfengebung dient. Die Auswahl der Kandare ist von der Beschaffenheit des Pferdemaules und der Sensibilität des Pferdes abhängig.
Für sensible Pferde ist in der Regel ein Mundstück mit geringerer Zungenfreiheit besser geeignet, da der Druck auf eine größere Fläche verteilt wird. Bei großer Zungenfreiheit ist der Druck auf die Laden zwar stärker, jedoch wird mit diesem Mundstück dem „Hochziehen der Zunge" eher vorgebeugt. Ohne „Probieren" wird wohl die passende Kandarenzäumung nicht zu finden sein. Hier sollte sich der junge Reiter auf jeden Fall den Rat des erfahrenen Dressurreiters holen. Grundsatz muß bleiben, daß die fördernde Arbeit am Pferd **stets** mit *Trensenzäumung* erfolgen sollte. Nicht wenige „große Dressurreiter" absolvieren die erste lösende Arbeit vor einer Dressurprüfung auf Trense und legen die Kandare erst für die unmittelbare Vorbereitung auf.

6.2. Hinweise für den Reiter

Der wenig erfahrene Reiter sollte sich für seine Dressurausbildung stets eines *erfahrenen Pferdes* und eines *geeigneten Reitlehrers* versichern. Wird dies nicht beachtet, enden die Versuche zur Ausbildung des Pferdes meistens im Mißerfolg, gekennzeichnet durch ein verrittenes Pferd und einen enttäuschten Reiter.
Der junge Reiter muß von seinem erfahrenen Pferd die Hilfengebung *erfühlen.* Das gilt besonders für Seitengänge, fliegende Galoppwechsel und letztendlich die Lektionen der „Hohen Schule". Der versierte Reitlehrer wird ihm mit Rat und Tat zur Seite stehen und ihm über manche Klippe hinweghelfen. Gelegentlich ist der Reitlehrer auch als „Seelenmasseur" nötig, um Mißerfolge, wie sie in jedem Reiterleben vorkommen, zu überwinden. So sollte der Reitlehrer also nicht nur ein guter „Techniker" sein, sondern vor allem auch über gute pädagogische und psychologische Kenntnisse verfügen.
Neben dem notwendigen Talent, das für alle höheren sportlichen Leistungen wesentliche Voraussetzung ist, sollte der Reiter vor allem über Ausdauer, Beharrlichkeit und Einfühlungsvermögen verfügen. Er soll sich zum „denkenden" Reiter entwickeln. Der Reiter muß umfassendes *theoretisches Wissen* über die Anatomie und Psychologie des Pferdes besitzen. Er muß die Reitlehre intensiv studieren und sich gründliche *reiterlich-handwerkliche Fähigkeiten* aneignen. All das benötigt Zeit. Der „schnelle Erfolg" ist nur selten von Dauer.
Im Verlaufe seiner Ausbildung soll sich der Reiter ein solides „praktisches Rüstzeug" zulegen, welches ihm gestattet, Pferde nicht nur „nachzureiten", sondern stets auch an ihrer Förderung mitzuwirken. Dazu ist die Bindung an sein Pferd von großer Bedeutung.

„Der echte Jünger der Reitkunst bedarf viel weniger der Anerkennung durch andere Menschen als vielmehr des Gefühls, mit seinem Pferd eins zu sein. Fehlt diese Harmonie, wird bestenfalls vollendete Technik, nie aber vollendete Kunst daraus." (ALBRECHT, 1981)

Allergrößtes Augenmerk muß der Reiter der stetigen *Verbesserung seines Sitzes* schenken, will er in höheren Dressurprüfungen gut bestehen. Auch für den bereits weit geförderten Reiter ist die immer wiederkehrende Sitzschulung unumgänglich. So sollte auch in diesen Leistungsbereichen die *„Sitzschulung an der Longe"* steter Bestandteil der Ausbildung sein. Der „unabhängige Sitz", das heißt der von den Händen unabhängige balancierte Sitz, ist die Grundlage für die erfolgversprechende Ausbildung des Dressurpferdes. Kaum ein Reiter kann von sich behaupten, ihn vollkommen zu beherrschen.
Auch sollte sich der Reiter bemühen, nicht „nur" zu reiten. Eine allgemeine athletische Ausbildung ist für den Reiter sehr förderlich. Er muß über ein ausgeprägtes *Gleichgewichtsgefühl* und *Koordinierungsvermögen* verfügen. Ballspiele und Gymnastik fördern diese Eigenschaften und machen den Reiter im Sattel bedeutend geschmeidiger. Den häufig auftretenden Verspannungen im Schultergürtel des Reiters wird so vorgebeugt.
In vielen Zusammenhängen wird in der Reiterei vom *„korrekten reiterlichen Verhalten"* gesprochen. Darauf muß auch bei der Ausbildung eines Dressurpferdes hingewiesen werden. Nicht selten kommt es vor, daß ein scheinbar gut veranlagtes Pferd auf dem Wege seiner Ausbildung seine Leistungsgrenze erreicht. Es ist unreiterlich, diese Grenze nicht zu akzeptieren und durch alle möglichen Hilfsmittel überschreiten zu wollen. Es gibt sicher auch für dieses Pferd einen Reiter, der es seinem Leistungsvermögen entsprechend einsetzen kann und dabei große Freude haben wird.
Es sei an dieser Stelle auf den Einsatz von *Hilfsmitteln* hingewiesen. Kein Hilfsmittel vermag auf die Dauer die Hilfen des Reiters zu ersetzen!
Es kann durchaus richtig sein, vorübergehend Hilfsmittel zu verwenden. Wichtig ist jedoch, daß ihr Einsatz sinnvoll, d. h. richtig dosiert erfolgt und der Erfolg kontrolliert wird. Eine scheinbar noch so gute, über den Schlaufzügel erzwungene Anlehnung oder auf dem Abreiteplatz mittels deutlichem Einsatz der Touchiergerte erzielte Piaffe ist wertlos, wenn sie auf dem Dressurviereck nicht erreicht werden kann.

„Wer jedoch für immer die lebendigen durch ‚tote' Hilfen zu ersetzen versucht, dem wird es nie gelingen, sich seinem Pferd wirklich verständlich zu machen. Dies aber muß dem ‚Denkenden Reiter' das vornehmste und oberste Ziel sein." (ALBRECHT, 1981)

6.3. Die Förderung des Pferdes zur mittelschweren Klasse

Kennzeichen der mittelschweren Klasse sind die *höhere Durchlässigkeit* und *Versammlung* des Pferdes. Diesem Zweck dienen nach dem deutschen Reitsystem die *Seitengänge* Schulterherein, Travers, Renvers, Traversalverschiebungen sowie die fliegenden Galoppwechsel und die Pirouetten. Die Lektionen oder Übungen werden als die „schulmäßigen Übungen" bezeichnet.
Sie sind also Mittel zum Zweck und nicht Selbstzweck, wenngleich ihnen auch eine gewisse Eigenständigkeit, begründet in dem

technischen Ablauf, zugeschrieben werden muß. Es geht also bei der Förderung des Pferdes nicht allein darum, daß das Pferd die Lektion beherrscht, sondern wie es diese ausführt. Inwieweit dabei Durchlässigkeit und Versammlung gefördert wurden, ist letztendlich Grundlage für das Richterurteil. Es steht also stets die qualitative Seite der Übung im Vordergrund.

6.3.1. Die weitere Vervollkommnung der Geraderichtung und Versammlung

Sinn und Zweck der Geraderichtung ist es, das Pferd durch gymnastizierende Übungen zu veranlassen, mit dem tragenden Hinterbein unter den Schwerpunkt seines Körpers einschließlich des Gewichtes des Reiters, zu treten. Nur so ist hohe Durchlässigkeit und Versammlungsfähigkeit zu erreichen.
Unter Berücksichtigung der anatomischen Gegenheiten würde die *lineare Geraderichtung* durch die Wirbelsäule markiert. Da das Pferd in der Hüfte breiter ist als in der Schulter, würde die Forderung nach dem „Treten unter den Schwerpunkt" nicht erfüllt werden können. Unter Geraderichtung ist in der Reitersprache die *relative Geraderichtung* zu verstehen. (Abb. 180) Dabei tritt das Pferd sowohl auf gerader als auch auf gebogener Linie mit dem inneren Hinterfuß in die Spur des inneren Vorderfußes. Der äußere Hinterfuß soll durch reiterliche Einwirkungen (Schenkel) in Richtung zwischen die Spuren der Vorderhufe treten. Das wird durch „Reiten in Stellung" als erste Stufe und danach durch „Schultervor" erreicht. Beim *Reiten in Stellung* wird das Pferd mit dem inneren Zügel geringfügig nach innen geführt, dabei wirkt der äußere Zügel begrenzend und verhindert eine ausschließliche Halsbiegung. Durch geringfügige Längsbiegung wird die innere Schulter vor die innere Hüfte gebracht. Durch intensiven Schenkeleinsatz ist das Pferd zum energischen Vorschwingen der Hinterbeine zu veranlassen. Der äußere Schenkel hat dabei gleichzeitig dafür zu sorgen, daß ein Ausfallen der Hinterhand verhindert wird. Wird das Ziel dieser Übung auf beiden Händen erreicht, kann zur Übung *Schultervor* übergegangen werden. Hierbei wird das Pferd mit dem inneren Zügel weiter nach innen geführt. Der äußere Zügel gestattet eine leichte Hals- und Rumpfbiegung. Der innere Schenkel liegt als treibender Schenkel am Gurt, der äußere als verwahrender leicht hinter dem Gurt. Das Gewicht wirkt in die Bewegungsrichtung mit etwas stärkerer Belastung des äußeren Gesäßknochens. Es wird so dem Bestreben des Pferdes, in das Innere der Bahn zu gehen, entgegengewirkt. Bei dieser Übung wird das innere Hinterbein veranlaßt, in Richtung zwischen die beiden Vorderbeine zu schwingen. Bei intensiv treibendem innerem Schenkel kommt es dabei zu einer beginnenden *Hankenbeugung.* Als Hanken werden die beiden oberen Gelenke der Hinterhand – das Hüft- und Kniegelenk – bezeichnet. Von ihrer Beugefähigkeit ist der Versammlungsgrad des Pferdes sowie die Erhabenheit der Schritte, Tritte und Sprünge abhängig. Mit zunehmender Beugung dieser Gelenke kommt es zu einer *Senkung der Hinterhand,* die Hinterbeine übernehmen mehr Last – es entwickelt sich zunehmend ihre Tragkraft. Die zunehmende Schubkraft der Hinterhand schwingt über den losgelassenen Rücken, das nachgebende Genick und über das Maul in die Hand des Reiters und von dort zurück in das Hinterbein. Es kommt dabei zu einer Transformation von Schubkraft zu Tragkraft. Es gelingt dem Pferd, sich vermehrt aufzurichten. Dieses Erscheinungsbild

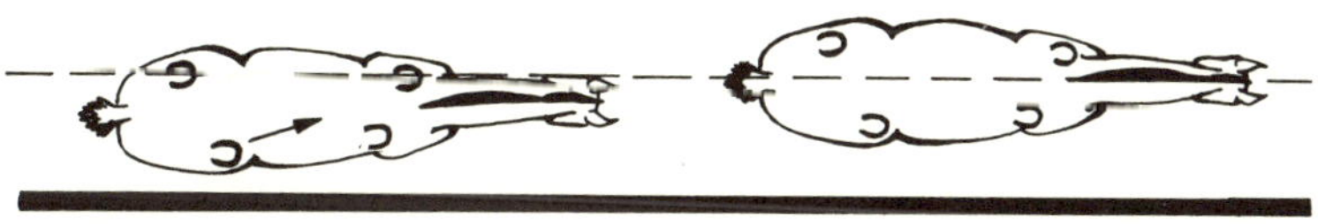

180 Relative Geraderichtung

wird als *relative Aufrichtung* bezeichnet. Das Pferd geht in Versammlung. (s. Abb. 181)
Diese gymnastizierende Arbeit birgt stets die Gefahr in sich, daß mit dem Zügel zu stark eingewirkt wird. Geschieht das, werden die Hinterbeine am Vorschwingen gehindert, der Rücken wird fest – das Pferd wird zum Schenkelgänger.
Von besonderer Bedeutung bei dieser Arbeit ist der *häufige Handwechsel.* Die Arbeit auf dem Zirkel ist dazu sehr gut geeignet. Hier ist ein flüssiger Handwechsel gut möglich. Zweckmäßig ist auch die Übung „Zirkel verkleinern" (traversartig), wobei die Schulter vor der Hüfte bleibt, und „Zirkel vergrößern" (schulterhereinartig). Dabei ist ein Ausfallen der Schulter durch den äußeren Zügel zu verhindern.
Die versammelnde Arbeit ist nach einigen Minuten stets zu unterbrechen und dem Pferd eine Erholungsphase zu gönnen. Es empfiehlt sich, das Pferd *am langen Zügel* leichtzutraben. Das Pferd soll dabei mit *rundem Hals und tiefer Nase* (etwa auf Buggelenkhöhe) mit schwingendem Rücken gehen. Der Reiter muß auch hier zum Treiben kommen. Danach wird die versammelnde Arbeit wiederholt.
Es gelingt im Ergebnis dieser Arbeit, die Nachgiebigkeit der inneren Seite des Pferdes zu fördern und es weg vom inneren Zügel an den äußeren Zügel und Schenkel heranzuarbeiten. Voraussetzung ist jedoch die ständige Aktivierung des inneren Hinterfußes als Hauptagenten der Biegung durch intensiven Einsatz des inneren Schenkels des Reiters. Der Reiter muß strengstens darauf achten, daß *Takt und Schwung* bei der gymnastizierenden Arbeit erhalten bleiben. Treten hier Störungen auf, sind die Anforderungen zu verringern bzw. ist eine *Erholungspause* für das Pferd einzulegen. Die in der reiterlichen Praxis häufig anzutreffende Meinung, daß sich der Schwung eines Pferdes besonders in den Trabverstärkungen zeige, ist irreführend. Der *wahre Schwung* zeigt sich in der Versammlung. (Abb. 181)
Nur ein völlig geradegerichtetes Pferd mit ela-

181 Versammlung

stisch abfedernden und energisch vorschwingenden Hinterbeinen vermag die angestrebte *Dressurhaltung* zu erreichen.
Der Hals erhebt sich frei aus dem Widerrist, dessen höchster Punkt das Genick ist. Die Stirnlinie ist etwas vor der Senkrechten. Der untere Rand des Pferdemaules befindet sich mit dem Hüfthöcker auf einer Linie. So gelingt es dem Pferd, sich selbst zu tragen ohne sich in der Reiterhand eine Stütze zu suchen. Gelegentliches *Überstreichen* ist eine willkommene Möglichkeit, diese Selbsthaltung zu überprüfen, die dabei nicht aufgegeben werden darf.
Die relativ hohe Versammlung stellt für das Pferd eine hohe Belastung dar. Aus diesem Grunde sollte sie stets nur für kurze Zeitabschnitte verlangt und immer durch eine Verstärkung abgelöst werden. Hierbei ist der Mitteltrab dem starken Trab vorzuziehen. Das Pferd muß sich dabei im Hals etwas dehnen, was gleichzeitig entspannend wirkt.
Ist der beschriebene Gymnastizierungsgrad erreicht, gelingt es, die in Dressurprüfungen der mittelschweren Klasse verlangte Versammlung in allen drei Grundgangarten zu reiten.

Der versammelte Trab

Er ist gekennzeichnet durch Erhabenheit der Tritte mit hoher Aufrichtung im Hals. Die Na-

senlinie befindet sich stets vor der Senkrechten. Durch die Beugung der Hanken senkt sich die Hinterhand. Den Hinterbeinen gelingt es, mehr Last aufzunehmen und federnd vorwärts–aufwärts abzuschwingen. Die so entlastete Vorhand wird leichtfüßig und kann spielend nach vorn schwingen. Die durch die reiterlichen Hilfen vom Pferd erzeugten energischen Bewegungen führen weniger nach vorn, sondern mehr nach oben. Die Bewegungskurve wird steiler, die Tritte etwas kürzer. Man spricht von kadenzierten Bewegungen. (Abb. 182)
Ein gewisses Schwebemoment ist also erwünscht. Wird dieses zu lang, spricht man von Schwebetritten oder passageartigen Bewegungen, die fehlerhaft sind. Häufiger jedoch treten Fehler durch schleppende Hinterbeine oder auch durch übereilte Fußfolge auf. In beiden Fällen ist der Gymnastizierungsgrad noch mangelhaft. Die Pferde sind lediglich stärker beigezäumt, aber noch ungenügend versammelt. Mit verspannter Rückenmuskulatur versucht das Pferd, sich dem reiterlichen Einfluß zu entziehen. In allen Fällen muß durch gymnastizierende Einflußnahme die Durchlässigkeit und Versammlungsfähigkeit bei stets vorherrschenden treibenden Hilfen verbessert werden, um diese „grundsätzlichen Mängel“ zu beseitigen. Zirkelarbeit mit geringer Biegung und Reiten von Übergängen auf dem Zirkel sind geeignete Trainingsmaßnahmen.

182 Versammelter Trab

Der versammelte Galopp

Die Vorbedingungen sind die gleichen wie beim versammelten Trab – vermehrte Hankenbiegung und damit erhöhte Lastaufnahme durch die Hinterbeine. Das Pferd galoppiert *gesetzt* im *Bergaufgalopp.* (Abb. 183)
Auf klaren Dreitakt ist dabei besonders Wert zu legen. Der am häufigsten zu beobachtende Fehler ist der *Viertakt* oder auch Vierschlag genannt. Er hat seine Ursache in einem mehr oder minder großem Schwungverlust, der mit einer Verringerung der Schwebephase verbunden ist. Das führt zu einem geringfügig früheren Aufsetzen des inneren Hinterfußes, das im korrekten Dreitakt sonst zeitgleich mit dem äußeren Vorderfuß erfolgt. Es herrschen nicht die treibenden, sondern die Zügelhilfen vor. Diesem Fehler kann nur durch frisches Vorwärtsreiten bei geringerer Beizäumung begegnet werden. Beim Übergang in die Versammlung sollten stets die vermehrt vorwärtstreibenden, jedoch in das Ende des Galopptaktes wirkenden, vor den annehmenden Zügelhilfen einsetzen. Das gelegentlich noch zu beobachtende *Galoppieren auf zwei Huf-*

183 Versammelter Galopp

schlägen hat in einer noch nicht vollendeten Geraderichtung seine Ursache (natürliche Schiefe). Der Reiter muß jedoch auch überprüfen, ob seine „diagonalen Hilfen“, also innerer Schenkel – äußerer Zügel, wirkungsvoll eingesetzt werden. Bloße vermehrte Abstellung nach innen führt nicht zum Erfolg, wenn nicht gleichzeitig durch den Einsatz des inneren Schenkels das Pferd an die äußeren Hilfen gebracht wird und der innere Zügel gewissermaßen frei wird. Auch im Außengalopp läßt sich die Hinterhand des Pferdes nur in der genannten Weise beherrschen. Das gilt besonders für das Reiten in Wendungen, wo das Pferd im Außengalopp bei ungenügender Versammlung und Geraderichtung zugleich erhebliche Störungen im Gleichgewicht erfährt. In der mittelschweren Dressur hat das Pferd aber nachzuweisen, daß es sich in allen Lektionen im Gleichgewicht befindet.

184 Versammelter Schritt

Der versammelte Schritt

Der versammelte Schritt ist wohl eine der schwierigsten Übungen. Er ist gekennzeichnet durch Erhabenheit und geringeren Raumgriff. (Die Leistungsprüfungsordnung legt fest, daß die Hinterhufe höchstens in die Spur der Vorderhufe treten.) Der Bewegungsablauf muß *Fleiß* und *klaren Viertakt* erkennen lassen. Das Pferd soll aktiv und entschlossen an den Zügel herantreten. Die Stirnlinie nähert sich der Senkrechten. (Abb. 184)

In der Rangfolge der Bewertung geht *Takt vor Fleiß und Raumgriff.* Taktfehler führen danach auch zu einer deutlich niedrigeren Bewertung als taktreine, aber noch etwas freiere Bewegung. Als bedeutender Taktfehler sind der Paßgang oder paßartige Bewegungsabläufe anzusehen. Der zeitliche Abstand in der Fußfolge ist gestört, der Viertakt nähert sich mehr und mehr dem Zweitakt. Bei zeitgleichem Ab- und Auffußen des gleichseitigen Beinpaares ist schließlich nur noch ein Zweitakt vernehmbar, das Pferd befindet sich im Paßgang.

Da ein taktreiner versammelter Schritt eine hohe Durchlässigkeit voraussetzt, sollte er nie zu früh in das Trainingsprogramm einbezogen werden. Jede Störung in der Anlehnung, jeder Widerstand im Genick führt zu Verspannungen und damit zu taktunreinen Bewegungsabläufen. Sind Taktfehler im Schritt erst einmal manifestiert, lassen sie sich kaum noch korrigieren. Der Grundsatz *Vermeide Fehler in der Ausbildung!* gilt hier ganz besonders.

Der versammelte Schritt sollte stets nur in kurzen Reprisen gearbeitet werden. Jegliche intensive Beizäumung ist strikt zu unterlassen. Das Prinzip *von hinten nach vorn* zu versammeln gilt hier ganz besonders. Die Vorarbeiten sollten stets in der Trab- und Galopparbeit erfolgen. Wird der versammelte Schritt geübt, ist stufenweises Vorgehen über verkürzten Mittelschritt dringend angeraten. Dabei ist das Reiten von Seitengängen im Schritt ein gutes Hilfsmittel. Auch sollten ausgedehnte Strecken im freien Schritt im Gelände immer wieder eingelegt werden, um die Natürlichkeit des Bewegungsablaufes zu erhalten. Treten dennoch im Verlaufe der Ausbildung einmal geringfügige Taktstörungen ein, ist die versammelnde Schrittarbeit sofort zu unterbrechen und die vorbereitende Arbeit im Trab und Galopp fortzusetzen. Es sei nochmals darauf hingewiesen, daß Pferde mit sehr großem Raumgriff viel eher in der

Periode der versammelten Arbeit zum taktunreinen Schritt neigen, als solche, deren Raumgriff etwas begrenzt ist.

6.3.2. Die Seitengänge

In der Ausbildung eines Dressurpferdes für höhere Anforderungen stellen die Seitengänge ein nicht zu ersetzendes Hilfsmittel dar. Das Prinzip besteht darin, daß sich das gebogene Pferd auf gerader Linie bewegt. Dazu müssen die Beine *übertreten.* Darin liegt der große gymnastizierende Effekt, der allen Seitengängen zukommt. Das Pferd wird elastischer und geschickter und findet damit leichter das Gleichgewicht. Da die von der Hinterhand entwickelte Schubkraft nicht mehr genau in Richtung der Vorwärtsbewegung wirkt, wird diese zugunsten der Tragkraft beschränkt. Damit sind die Verbesserung des Ganges (Elastizität) und die Erweiterung des Raumgriffes im Trab und Galopp im höheren Gangmaß sichtbares Zeichen für korrekte Arbeit in den Seitengängen. Hervorgerufen werden diese Effekte vor allem durch eine stärkere Belastung der Hinterbeine, die dadurch vermehrt gebogen werden. Im Ergebnis führt dies zu einem elastischen, energischen Abschwung und zu mehr Raumgriff.
Die Fähigkeit zur Absolvierung von Seitengängen muß entwickelt werden. Dabei hat sich der Grad der seitlichen Abstellung nach dem Grad der möglichen Längsbiegung zu richten. Die Längsbiegung des Pferdes soll dabei möglichst gleichmäßig durch die gesamte Wirbelsäule laufen. Gewisse Einschränkungen ergeben sich durch das verknöcherte Kreuzbein.
Von größter Bedeutung ist die *korrekte Entwicklung* der Seitengänge. Grundvoraussetzung ist eine ausreichende Durchlässigkeit auf der Grundlage einer sicheren Anlehnung. Das Pferd muß auf einem Hufschlag geradegerichtet sein und in Versammlung gehen. Je größer die Abstellung in den Seitengängen, um so höher sind die Anforderungen an die Versammlungsfähigkeit des Pferdes.

Die Ausbildung in den Seitengängen beginnt für Pferd und Reiter mit *Übungen im Schritt.* Hierbei wird lediglich der Zweck verfolgt, Reiter und Pferd mit den Hilfen vertraut zu machen. Die Reprisen müssen kurz gehalten werden, da sich das Pferd leicht den reiterlichen Hilfen entzieht, im Genick verwirft und im Rücken verspannt. Taktfehler, Ausfallen der äußeren Schulter oder auch ein Fallen auf die innere Schulter (im Travers und im Renvers) können die Folge sein. Im Fortgang der Ausbildung werden die Seitengänge im versammelten Trab gearbeitet, wobei sich der Reiter anfangs mit wenigen Tritten begnügen sollte, um danach wieder auf gerader Linie in Versammlung zu traben. Es sollte ein Mitteltrab folgen, über den die in den Seitengängen gewonnene Energie sowie die daraus resultierende Schwungentfaltung gut zu kontrollieren ist. Der Sitz des Reiters hat wesentlichen Einfluß auf das Gelingen des Seitenganges.
KNOPFHART (1990) bezeichnet den Sitz in den Seitengängen als *Drehsitz,* weil mehrere Drehungen in der Längsachse des Reiters notwendig sind. Die Hüften des Reiters sind parallel den Hüften des Pferdes (Ursache: Die Hüfte folgt der Lage des äußeren Schenkels), die Schultern des Reiters sind parallel den Schultern des Pferdes. Die Blickrichtung des Reiters liegt ausnahmsweise nicht immer zwischen den Pferdeohren, sondern entlang der Linie, die das Pferd zu gehen hat.

Schulterherein

Schulterherein ist die *Basislektion aller Seitengänge.* Es ist stufenweise zu entwickeln. Die Vorhand ist dabei vom äußeren Hinterbein nach innen abgestellt und zwar jeweils so viel, wie an Längsbiegung zu erhalten ist. In der LPO ist der Grad der Abstellung wie folgt beschrieben: „... daß die äußere Schulter des Pferdes vor die innere Hüfte gerichtet ist.“ (Aufgabenheft gem. LPO, 1991, Seite 12) (Abb. 185)
Damit ist das Ziel formuliert, das im Verlaufe der Ausbildung erreicht werden muß. Es sind

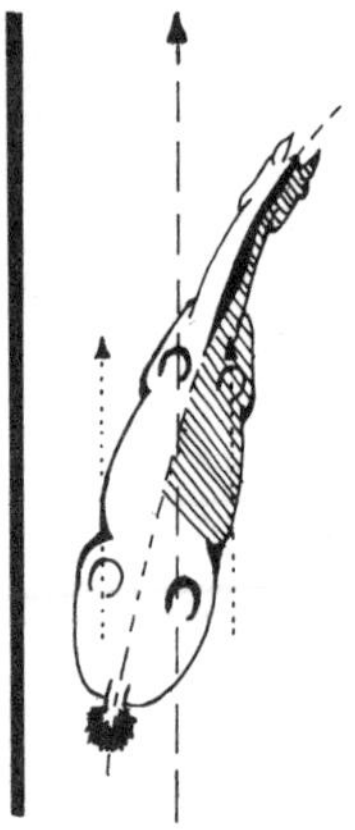

185 Schulterherein

drei Huflinien erkennbar. Die vielerorts gestellte Frage nach dem Grad der Abstellung läßt sich leicht beantworten. Vermehrte Abstellung mit gleichzeitiger erhöhter Biegung ist ein höherer Schwierigkeitsgrad und führt natürlich zu größeren gymnastizierenden Effekten. Diesem Ziel kann in der Trainingsarbeit durchaus zugestrebt werden, ohne es in einer Dressurprüfung demonstrieren zu müssen.

Das Pferd ist im Schulterherein entgegen der Bewegungsrichtung gestellt und gebogen. Zweckmäßigerweise wird die Übung am Anfang aus einer Volte heraus begonnen, in der Stellung und Biegung bereits vorbereitet sind. Der Reiter führt das Pferd aus der Volte heraus weiter auf den Hufschlag, ohne daß Stellung und Biegung aufgegeben werden. Der innere Schenkel des Reiters liegt dabei am Gurt und erzeugt die Rippenbiegung. Zugleich wirkt er vorwärtstreibend. Der äußere Schenkel liegt verwahrend hinter dem Gurt und verhindert das Ausfallen der Hinterhand, womit die Längsbiegung erhalten bleibt. Über den äußeren Zügel bestimmt der Reiter den Grad der Versammlung und das Tempo. Wenn das Gewicht des Reiters beim Reiten auf gebogenen Linien und in den Seitengängen im Regelfall vermehrt innen wirken sollte (Austreten des inneren Bügels), so ist in der Anfangsphase der Entwicklung des Schulterhereins jedoch auch der Grundsatz zu beachten, daß das Gewicht des Reiters *in die Bewegungsrichtung* zu wirken hat.
Belastet also der Reiter beim Einleiten des Schulterherein den äußeren Gesäßknochen, ist das Pferd mit seinen Hinterbeinen leichter auf dem Hufschlag zu führen, da es das Bestreben hat, unter das Gewicht zu treten. Das in Dressurprüfungen häufig zu beobachtende Schwanken des Pferdes im Schulterherein dürfte seine Ursache in der Überbetonung der Gewichtseinwirkung mit dem inneren Gesäßknochen haben, wodurch das Pferd bei der vorgegebenen Stellung und Biegung veranlaßt wird, in das Bahninnere zu tendieren.
Der intensive Einsatz des inneren Schenkels führt zum energischen Vortritt des inneren Hinterbeines und zur vermehrten Hankenbeugung. Das ist sowohl für die Geschmeidigkeit als auch für die Geraderichtung förderlich und dient somit der Versammlung. Der Reiter muß darauf achten, daß durch Einhaltung der Parallelität von Schultern und Hüften zwischen Reiter und Pferd die Schenkel ihre korrekte Lage behalten. Der häufig zu beobachtende Fehler – zu weit zurückliegender innerer Schenkel und vorn liegender äußerer Schenkel – behindern die Entwicklung dieses Seitenganges. Zuviel Abstellung und wenig Biegung sind meist die Folge. Als deutlicher Fehler ist ein Übertreten der Hinterbeine festzustellen. Ein weiterer zu beobachtender Fehler ist der zu starke Einsatz des inneren Zügels bei ungenügender Verwahrung durch den äußeren. Das führt lediglich zu einer starken Biegung des Halses, wodurch das Pferd gewissermaßen auf die äußere Schulter gedrückt wird – die äußere Schulter fällt aus. Es muß durch intensiven Einsatz des inneren Schenkels das Pferd an den verwahrenden äußeren Zügel herangeritten werden.
Gelegentliches Verwerfen im Genick sowie *hinter den Zügel kommen* und Taktstörungen sind ein Achtungszeichen für den Reiter und sollten ihn veranlassen, bei weniger Längsbiegung zunächst frischer vorwärtszureiten. Wie schon an anderer Stelle erwähnt, sollte man sich am Anfang mit wenigen Tritten in kor-

rekter Stellung und Biegung begnügen. Danach ist die Vorhand auf die Hinterhand einzustellen und nach einigen versammelten Trabtritten geradeaus eine Trabverstärkung, zweckmäßigerweise im Mitteltrab, zu fordern. Die Übungen *Schulterherein* und der *Mitteltrab* werden vielfach als die *Eltern der mittelschweren Dressur* bezeichnet. Werden sie korrekt bearbeitet und am Ende beherrscht, so ist dem Grundsatz von Steinbrecht: *Reite dein Pferd vorwärts und richte es gerade* entsprochen worden.
Wurde bisher über Schulterherein im Trab gesprochen, so soll diese Übung noch im Galopp erwähnt werden. Wenn sie auch in keiner Dressurprüfung verlangt wird, so ist sie durchaus ein wertvolles Hilfsmittel zur weiteren Förderung des Pferdes. Voraussetzung für das Erreichen positiver Einflüsse ist ein bereits hoher Grad der Versammlung durch gute Hankenbeugung. Ist das erreicht, kann durch Schulterhereingalopp die Geschmeidigkeit des Pferdes sowie das Gleichgewicht positiv beeinflußt werden. Wird diese Übung jedoch zu früh in das Trainingsprogramm aufgenommen, wird sie vom Pferd mit Spannungen, die meist zur Eile führen, quittiert.
Schließlich soll noch das *Konter-Schulterherein* und das *Schulterherein an der Mittellinie* erwähnt werden. Beide Übungen sind schwieriger als das Schulterherein an der Bande, da diese als „Gehilfe" fehlt. Bei fortgeschrittenem Ausbildungsstand sollte darauf nicht verzichtet werden. Es gibt keine bessere Möglichkeit, die Korrektheit der Hilfengebung im Hinblick auf Erhalt der Stellung, der Biegung und des Schwunges als diese ohne „Anlehnung" an der Bande zu überprüfen.

Travers und Renvers

Beide Übungen können unter einer Überschrift abgehandelt werden, da Renvers der Ausführung nach ein Kontertravers darstellt. Trotzdem steht beiden Lektionen auch eine gewisse Eigenständigkeit zu, die u.a. in der Methodik des Erlernens begründet liegt.

Im Aufgabenheft der LPO (Ausgabe 1991 Seite 12) sind diese beiden Seitengänge wie folgt definiert: „Im Travers wird das Pferd in die Bewegungsrichtung gestellt und gebogen. Die Vorhand bleibt auf dem Hufschlag, die Hinterhand wird in die Bahn hineingeführt. Stellung und Biegung sind betonter als beim Schulterherein. Die Abstellung zur Bewegungsrichtung bildet einen Winkel von ca. 30°. (Abb. 186)
Auch im *Renvers* ist das Pferd in die Bewegung gestellt. Die Hinterhand bleibt auf dem Hufschlag, die Vorhand wird in die Bahn hineingeführt. Im übrigen gelten die gleichen Kriterien wie beim Travers." (Abb. 187)
Ob das Üben dieser beiden Seitengänge mit Travers oder Renvers begonnen werden sollte, ist kaum zu reglementieren. Beide sollten in den Anfängen im Schritt geübt werden.

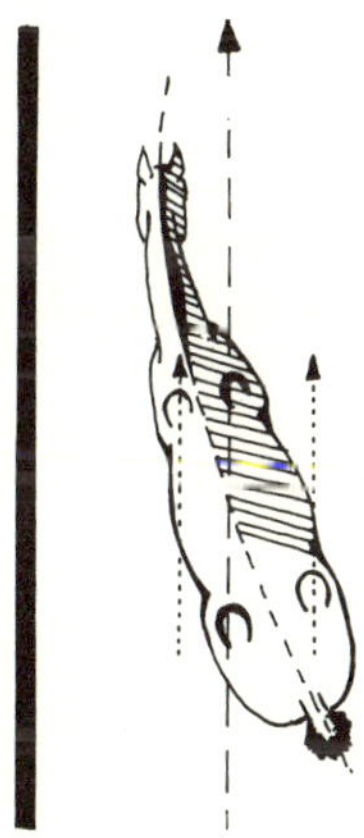

186 Travers

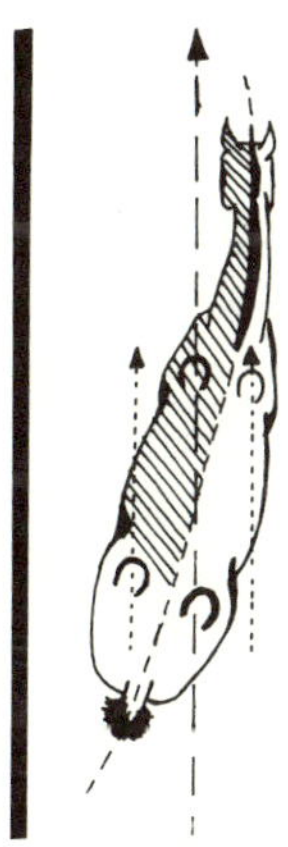

187 Renvers

Dabei gelten hinsichtlich Zweck und Dauer die gleichen Prinzipien wie beim Schulterherein. Hauptgangart für diese Übungen ist der Trab, womit bei der Einleitung unterschiedliche Probleme auftreten.
Wird *Travers* aus der Volte oder später aus der Ecke heraus mit zunächst geringer Abstellung der Hinterhand geritten, so kann durch die Größe der Volte bzw. die Gestaltung des Durchreitens der Ecke (Viertelvolte) der entsprechende Grad der Stellung und Biegung vorbereitet werden und ohne größere Schwierigkeiten auf die gerade Linie „mitgenommen" werden. Soll dagegen *Renvers* auf der Geraden eingeleitet werden, so gelingt das nur über ein „flüchtiges Schulterherein", in dessen Verlauf die Vorhand hereingeführt wird und danach das Pferd in die neue Stellung und Biegung gebracht wird. Dieser Vorgang verlangt eine wesentlich größere Geschmeidigkeit des Pferdes und Sensibilität auf seitwärtsweisende Schenkelhilfen. Wird dagegen Renvers aus einer Kurzkehrtwendung eingeleitet, wie häufig in der Literatur beschrieben und in Dressuraufgaben verlangt, so stellt der Übergang in die Trabbewegung in der für den Renvers vorgegebenen Stellung und Biegung für das noch wenig geübte Pferd eine größere Hürde dar. Da die dabei wirkenden Hilfen einer Galopphilfe ähneln, kommt es nicht selten vor, daß das Pferd angaloppiert. Die notwendige Korrektur des Galopps zum Trab bei Erhalt von Stellung und Biegung ist nicht gerade als leicht zu bezeichnen. So erscheint es zweckmäßig, die Ausbildung dieser Seitengänge mit dem *Travers* zu beginnen.
Wie bereits erwähnt, sollte Travers aus einer der Biegefähigkeit des Pferdes entsprechenden Volte eingeleitet werden. Im Moment des Überganges muß der Reiter die Einwirkung des inneren Schenkels verstärken, um so die Wirkung des äußeren Zügels zu unterstützen. Das Gewicht des Reiters ist durch vermehrtes Austreten des inneren Bügels auf die innere Seite gebracht. In Verbindung mit dem treibenden inneren Schenkel wird das innere Hinterbein veranlaßt, unter die Last zu treten, wodurch es eine stärkere Beugung erfährt. Zugleich bewirkt der innere Schenkel die Längsbiegung, die durch den äußeren Zügel begrenzt und mit dem äußeren Schenkel erhalten wird. Über das äußere Hinterbein muß das Pferd die Masse seines Körpers sowie die des Reiters über das innere Hinterbein hinwegbewegen. Hierin liegt eine besondere Schwierigkeit. Wird die Abstellung anfangs zu groß gewählt, gelingt es dem Pferd nicht, durch entsprechend großen Übertritt die erwähnte Last an die gewünschte Stelle zu bewegen. Es kommt zu deutlichem Schwungverlust und Taktstörungen. Das geschieht um so eher, je weniger es dem Reiter gelingt, sein Gewicht korrekt auf den inneren Gesäßknochen zu bringen und mit dem inneren Schenkel die Biegung zu erwirken.
Sitzt der Reiter auf der falschen Seite (also außen) mit der Absicht, das Pferd vor sich herschieben zu wollen, blockiert er den Vorschwung des äußeren Hinterbeines und zwingt das Pferd zur Aufgabe seiner Biegung. Mit nach innen gewölbter Rippe und hereintretender innerer Schulter gehen in der Regel erhebliche Taktstörungen einher. Eine gymnastizierende Wirkung wird nicht mehr erreicht.
Beim Üben des Travers ist also vordergründig auf eine korrekte Einwirkung mit Gewicht und Schenkeln zu achten. Das Pferd muß am äußeren Zügel gehen. Über ihn ist der Hals am Widerrist festzustellen, das Maß der Biegung und das Tempo zu regulieren. Ziehen am inneren Zügel ist tunlichst zu unterlassen. Der bereits erwähnte *Drehsitz*, d. h. Parallelität der Schultern und Hüften zwischen Reiter und Pferd, ist unbedingt einzuhalten.
Ein weiteres Problem liegt in der *Beendigung des Travers.* In vielen Fällen ist zu beobachten, daß die Hinterhand auf den Hufschlag „hinausgedrückt" wird. Das jedoch ist falsch, da grundsätzlich die Vorhand auf die tragende Hinterhand einzustellen ist. Es ist also die Vorhand in das Innere der Bahn vor die Hinterhand zu führen. Danach wird das Pferd unter Beibehaltung einer leichten Stellung im Zusammenwirken von innerem Schenkel und

äußerem Zügel auf den Hufschlag zurückgeführt.
Trainingsmethodisch ist bei der Arbeit an dieser Übung stets auf Abwechslung zu achten. Eine gute Möglichkeit ist dabei die Kombination von Schulterherein – Volte – Travers – Handwechsel im Mitteltrab über die Diagonale und danach die gleiche Übungsfolge auf der anderen Hand. Nach 2–3 Wiederholungen sollte stets eine kurze Entspannungsphase eingelegt werden (Leichttraben am langen Zügel).
Die Lektionsfolge Travers – Volte – Schulterherein ist weniger zu empfehlen, da häufig bei Einleitung der Volte aus dem Travers die Hinterhand des Pferdes nicht beherrscht wird und daher ausfällt.
Werden die Übungen anfangs an der langen Seite mit Unterstützung der Bande durchgeführt, so sollten sie im Fortgang der Ausbildung auch auf „freiem Hufschlag", also ohne Bandenunterstützung, geritten werden. Diese Methode macht es möglich, die Wirksamkeit und Sicherheit der Hilfengebung zu überprüfen. Ist im Travers auf beiden Händen eine gute Sicherheit und weitere Verbesserung der Durchlässigkeit und Versammlung des Pferdes erreicht, kann mit der Lektion *Renvers* begonnen werden.
Da die Hilfengebung mit der zum Travers identisch ist, soll darauf nicht eingegangen werden. Hinsichtlich der Einleitung dieser Übung sei nochmals darauf hingewiesen, daß bei der Arbeit an der langen Seite zwei Möglichkeiten gegeben sind. Soll Renvers am Beginn der langen Seite entwickelt werden, so ist das Pferd über ein sogenanntes „flüchtiges Schulterherein" mit der Vorhand in die Bahn zu führen. Danach ist das Pferd umzustellen und durch Verlagerung des Gewichtes des Reiters auf die der Bande zugewandte Seite des Pferdes sowie die entsprechende Schenkelverlagerung die neue Längsbiegung des Pferdes mit der „Kruppe zur Wand" herzustellen. Ein Vorgang, der ein hohes Maß an Durchlässigkeit und Versammlung voraussetzt. Der Reiter muß in der Hilfengebung hinsichtlich der gezielten Einwirkung mit Gewicht, vorwärtstreibendem innerem Schenkel sowie verwahrendem und seitwärts wirkendem äußerem Schenkel und des gefühlvollen Zügeleinsatzes bereits weit fortgeschritten sein. Soll dagegen der Renvers im *Verlauf* des Reitens *an der langen Seite* eingeleitet werden, so ist dies über eine *Kurzkehrtwendung* möglich. Aus dem versammelten Trab wird das Pferd über die „Halbe Parade" zum Schritt gebracht und die Kurzkehrtwendung eingeleitet. Erreicht das Pferd die Renversstellung, in die es bei korrekter Ausführung der Kurzkehrtwendung kommt (das innere Vorderbein des Pferdes ist vor dem äußeren Hinterbein), wird die Vorwärtsbewegung entlang der Bande bei Erhalt der Stellung und Biegung eingeleitet. Hierbei ist besonders auf den gefühlvollen Einsatz von Gewicht und Schenkeln zu achten, um ein Angaloppieren zu verhindern. Geschieht es dennoch gelegentlich, so darf das Pferd durch halbe Paraden lediglich bis zum Trab zurückgeführt werden, wobei Stellung und Biegung zum Renvers erhalten bleiben müssen. Eine weitere Zurückführung bis zum Schritt birgt die Gefahr in sich, daß bei erneutem Antraben in Renversstellung das Pferd erneut angaloppiert, was den Reiter zur wiederholten Korrektur zwingt. Es können sich so leicht Spannungen aufbauen, die zu Taktfehlern und Schwungverlust führen.
Um genügend Zeit für eine mögliche Korrektur zu haben, empfiehlt es sich, die Kurzkehrtwendung zum Renvers stets im letzten Viertel oder Drittel der langen Seite einzuleiten. Eine korrekte Beherrschung der Kurzkehrtwendung (Stellung und Biegung in die Bewegungsrichtung) ist zwingende Voraussetzung. Zur *Beendigung des Renvers* ist die Vorhand auf den Hufschlag zurückzuführen. Das gelingt leichter als bei der Geraderichtung nach dem Travers, wobei die Vorhand in die Bahn hineingeführt werden muß, weil beim Renvers die Beherrschung der Hinterhand durch die Bande unterstützt wird. Im weiteren Verlauf der Ausbildung sollte jedoch auch hier die Übung auf den „freien Hufschlag" verlegt werden, um die Sicherheit

des Reiters in der Hilfengebung und deren Wirkung auf das Pferd zu überprüfen.
Eine gute Möglichkeit zum weiteren Training von Travers und Renvers bietet die Arbeit *auf dem großem Zirkel.* Hier kann zunächst in Traversstellung auf einem Zirkel gearbeitet werden, um danach ohne Umstellung des Pferdes aus dem Zirkel zu wechseln, wodurch aus Travers Renvers wird. Sichere Hilfengebung und Maßhaltung in der Abstellung der Hinterhand durch **korrekte** Längsbiegung sind die wichtigsten Voraussetzungen. Sind sie gegeben, wird ein hoher gymnastizierender Effekt erzielt. Über Travers und Renvers wird die Geschmeidigkeit des Pferdes so weit gefördert, daß in der weiteren Ausbildungsfolge die Traversalen in das Trainingsprogramm aufgenommen werden können.

Traversalen

Die LPO definiert die Traversale wie folgt: „Die Traversale ist eine Vorwärts-Seitwärts-Bewegung im versammelten Trab oder Galopp. Das Pferd bewegt sich wie im Travers entlang einer gedachten Linie möglichst parallel zur langen Seite. Kadenz und gleichbleibender Bewegungsfluß sind besondere Merkmale. Für die Galopptraversale kann eine bestimmte Anzahl an Galoppsprüngen, für die Trabtraversale eine bestimmte Meterzahl (in eine Bewegungsrichtung) gefordert werden. Es werden halbe, doppelte halbe, ganze und doppelte ganze Traversalen sowie Zick-Zack-Traversalen verlangt.
Bei jedem Richtungswechsel wird das Pferd geradeaus gerichtet.“ (Abb. 188) (Aufgabenheft gem. LPO, 1991, Seite 13)
Es sei darauf verwiesen, daß das *Vorwärts* bewußt vor das *Seitwärts* gesetzt wurde. „Möglichst parallel“ ist so zu verstehen, daß entlang der gedachten Linie die Vorhand ein wenig vor der Hinterhand gehen kann. In keinem Falle jedoch umgekehrt, da dann die Hinterhand daran gehindert wird, unter den Schwerpunkt zu treten, womit Schwung- und Taktverlust einhergehen. Bei der Entwick-

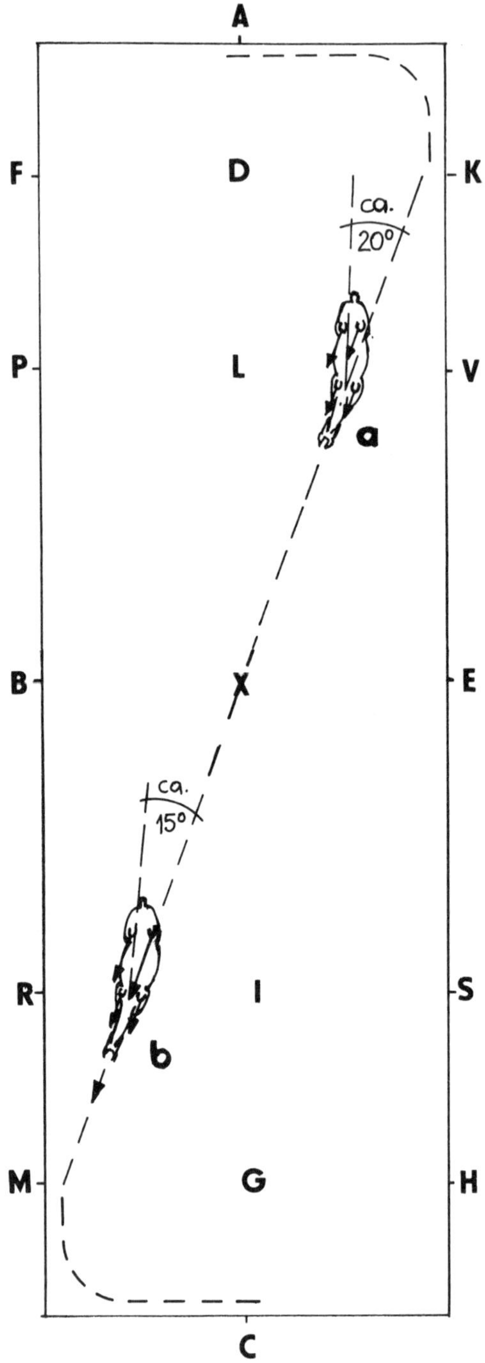

188 Ganze Traversale nach rechts
a parallel zur langen Seite
b Vorhand leicht voraus

lung der Traversalen ist unbedingt darauf zu achten, daß der Erfolg nur in kleinen Schritten erarbeitet werden kann. Bloßes Seitwärts genügt nicht. Voraussetzung für gutes Gelingen sind korrekte Längsbiegung entsprechend dem Winkel der gedachten diagonalen Linie zur Grundlinie sowie kadenzierte Vorwärts-Seitwärts-Bewegungen. Es wird auch von „flachen" und „steilen" Traversalen gesprochen. Da die Traversalen von der *halben* bis zur *doppelten ganzen* ständig steiler werden, ist zunächst an der korrekten Ausführung flacher Traversalen zu arbeiten.

Das Pferd ist in die Bewegungsrichtung gestellt und gebogen. Das Gewicht des Reiters wirkt in die Bewegungsrichtung (Belastung des inneren Gesäßknochens – Bügel austreten). Der innere Schenkel wirkt vorwärtstreibend und erwirkt die Biegung, der äußere Schenkel erhält die Biegung und wirkt seitwärtstreibend. Äußerst wichtig ist eine korrekte Anlehnung des Pferdes. Nur im Zusammenwirken von Schenkeleinsatz und äußerem Zügel ist die entsprechende Längsbiegung zu erreichen und im Verlaufe der Traversale zu erhalten. Der häufig gemachte Fehler, das Pferd durch stärkere Einwirkung des inneren Zügels in die Bewegungsrichtung „zu ziehen", bewirkt genau das Gegenteil. Auftretenden leichten Spannungen in der Traversale kann hingegen mit *kurzzeitig nachgebendem innerem Zügel* entgegengewirkt werden.

Es ist angebracht, die ersten Traversalen aus einer Kehrtvolte von ca. 8 m heraus zur Bande hin in Richtung auf den ersten Paradepunkt der langen Seite zu reiten. Der Winkel der gedachten Linie entspricht dann etwa 15°, verlangt damit nur eine geringe Längsbiegung und folglich einen geringfügigen Übertritt des äußeren Hinterbeines. Dem Reiter ist es damit möglich, bei Erhalt der notwendigen Biegung schwungvoll vorwärts zu reiten. Es ist darauf zu achten, daß durch entsprechende Einwirkung des inneren Schenkels des Reiters das Pferd daran gehindert wird, die innere Schulter vorzuschieben und zur Bande zu drängen. Erst wenn die Traversalen mit konstanter geringer Längsbiegung im kadenzierten Trab korrekt gelingen, können die Anforderungen stufenweise erhöht werden. Wird anfangs eine zu starke Längsbiegung und damit ein zu großer Übertritt des äußeren Hinterbeines verlangt, können folgende Fehler eintreten:

- das Pferd verliert deutlich an Schwung, kommt auf die Vorhand und eilt in kadenzlosen Trabtritten in die Bewegungsrichtung oder
- das Pferd weicht nach einigen Tritten mit der Hinterhand aus und bewegt sich ohne Biegung auf nahezu gerader Linie zum Zielpunkt.

In beiden Fällen sind die Anforderungen zu verringern und gegebenenfalls über vorbereitende Übungen, wie Travers oder Renvers, entsprechende Grundlagen zu schaffen. Weitere Fehler, wie Taktstörungen, Verwerfen im Genick, Unterbrechungen in der Vorwärtsbewegung, sollten stets durch energisches Vorwärtsreiten auf gerader Linie abgestellt werden. Erst wenn *Takt, Anlehnung und Schwung wiederhergestellt* sind, kann mit erneuten Übungen begonnen werden.

Bei der Vorbereitung eines Pferdes für die mittelschwere Klasse ist den Traversalen großes Augenmerk zu schenken. Wird in der Aufgabe M 1 noch eine Traversale auf einer Linie gefordert, die etwa einem Winkel von 18° entspricht, so beträgt der Winkel der vorgegebenen Linie in der Aufgabe M 2 bereits 36°. In der Aufgabe M 4 ist bereits eine doppelte halbe Traversale an gedachten Linien gleichen Winkels zu absolvieren. Es wird also auf dem kleinen Viereck (20 m × 40 m) vom Pferd nahezu Perfektion verlangt. (In der Aufgabe S 7 wird beispielsweise nur auf einer Linie mit einem Winkel von 22° im Trab traversiert, im Grand Prix beträgt er bei den ganzen Traversalen 50°.)

Die Übungen zu *Galopptraversalen* sollten nach den gleichen Prinzipien erfolgen wie die zu den Trabtraversalen. Dazu muß nicht erst die Perfektion in den Trabtraversalen abgewartet werden. Jedoch sollten die Traversalen im Trab zunächst den Vorrang in der Arbeit haben. Es sei bei den Galopptraversalen

nochmals auf die besondere Beachtung der Gewichtseinwirkung des Reiters hingewiesen. Falscher Gewichtseinsatz, also auf der der Bewegungsrichtung entgegengesetzten Seite, möglicherweise noch verbunden mit einer seitlichen Wirkung des äußeren Zügels über den Mähnenkamm hinweg, behindert das Pferd erheblich. Das Pferd wird so gezwungen, Stellung und Biegung aufzugeben. Die Traversale kann damit nicht entwickelt werden.
Hat das Pferd an Sicherheit, Längsbiegung und Durchlässigkeit weiter gewonnen, kann mit den Traversalverschiebungen begonnen werden. Die besonderen Anforderungen an den Reiter bestehen bei Traversalverschiebungen darin, nach einem vorgegebenen Zielpunkt oder nach entsprechender Entfernung von der Mittellinie in Metern, die Richtung der Traversale zu ändern. Um dies bei seinem Pferd zu erreichen, muß der Reiter seine Einwirkungen mit Gewicht, Schenkeln und Zügeln entsprechend der neuen Richtung ändern. Das Pferd ist dazu grundsätzlich über das „Geradeaus“ (eine Pferdelänge) zu führen. Geschieht das nicht und erfolgt eine bloße Umstellung von einer Längsbiegung in die andere, gelingt es dem Reiter nicht, die äußere Schulter des Pferdes in Richtung vor die innere Hüfte zu bringen (Schultervorstellung). Die Hinterhand geht voraus. Der Reiter muß dazu lernen, gefühlvoll mit den Schenkelhilfen umzugehen. Das gilt insbesondere für den Einsatz des neuen äußeren Schenkels. Die Sensibilität des Pferdes bestimmt hierbei die Stärke des Schenkeleinsatzes. Bei Traversalverschiebungen im Galopp ist der letzte Galoppsprung der ersten Richtung *geradeaus* zu reiten. Dabei ist das Pferd auf den fliegenden Galoppwechsel vorzubereiten. Der den fliegenden Wechsel beinhaltende Galoppsprung geht bereits in die neue Bewegungsrichtung. Diese Lektion erfordert vom Pferd ein hohes Maß an Durchlässigkeit und Elastizität. Der Reiter muß in seiner Hilfengebung über hohe Präzision verfügen. In der Phase des Erlernens ist es jedoch zweckmäßig, nach dem fliegenden Galoppwechsel erst einige Galoppsprünge geradeaus zu reiten, um danach in die neue Richtung zu traversieren. So kann verhindert werden, daß das Pferd dem Reiter „zuvorkommt“ und zu früh in die neue Richtung tendiert. Dabei entstehen häufig Spannungen, die zu Wechselfehlern führen können. Schrittweise ist der Richtungswechsel dann früher einzuleiten, ohne schablonenhaft zu arbeiten. Das Pferd soll auf die Hilfe des Reiters warten. Auch ist es ratsam, den Richtungswechsel nicht stets an der gleichen Stelle auszuführen. Das führt beim Pferd zum Schematismus, womit meistens Spannungen aufgebaut werden.

6.3.3. Der fliegende Galoppwechsel

Der einzelne fliegende Galoppwechsel ist in der mittelschweren Dressur ein besonderes technisches Element. Das Pferd beherrscht diesen Bewegungsablauf von Natur aus mehr oder weniger gut. Es muß nunmehr lernen, auf ein bestimmtes Signal, das der Reiter ihm vermittelt, den Galopp zu wechseln.
Wesentliche Voraussetzung für das Erlernen des fliegenden Galoppwechsels ist eine gut ausgeprägte Galoppade, wobei das Pferd im versammelten Galopp bereits gut unter den Schwerpunkt springt. Das setzt voraus, daß das Pferd weitestgehend geradegerichtet ist. Das Pferd muß den „einfachen Galoppwechsel“ korrekt beherrschen und ohne größere Mühen die Folge Galopp–Schritt–Galopp absolvieren. Im Außengalopp hat das Pferd bereits das Gleichgewicht gefunden, ohne, daß dieser bis zur absoluten Perfektion gefördert worden ist. Das kann möglicherweise zu Schwierigkeiten beim Erlernen des fliegenden Galoppwechsels führen.

Der *Galoppwechsel* erfolgt im Verlaufe der Schwebephase zwischen den Galoppsprüngen. Dazu muß das Pferd in kurzer Folge mit dem bisherigen inneren Hinterbein doppelt abfußen. Verläuft dieser Vorgang nicht korrekt, führt das zu Fehlern im Ablauf des Galoppwechsels, wie Nachziehen des Hinterbeines (Wechsel in zwei Phasen), beidbeiniges Abfußen der Hinterhand, Werfen mit der Kruppe. Im Regelfall ist ein noch nicht genügend gesetzter Galopp (ungenügende Tragkraft) die Ursache. So sind Pferde mit einer weniger guten Veranlagung in der Grundgangart Galopp auch meist die Problemfälle. Es sei noch erwähnt, daß neben der Galoppade das Temperament des Pferdes eine Rolle spielt. Auch ist die natürliche Veranlagung der Pferde nicht immer gleich gut. Schließlich spielt die korrekte reiterliche Einwirkung, ja das Geschick des Reiters, eine bedeutende Rolle.

Wenn es auch verschiedene vorbereitende Wege zur Erlernung des fliegenden Galoppwechsels gibt, so ist die eigentliche Hilfengebung zur Auslösung des Umspringens gleich. Im letzten Galoppsprung vor dem beabsichtigten Wechsel verlagert der Reiter seine Schenkel für den neuen Galopp. Kurz vor dem Auffußen des inneren Hinterbeines wird der Druck der Schenkel erhöht, wobei der äußere Schenkel etwas vorherrschen sollte. Gleichzeitig ist dem Pferd Stellung für den neuen Galopp zu geben. Dabei ist über die Gesäßknochen intensiv, aber geschmeidig vorwärts zu treiben, ohne im Sattel zu „hängen“.

Diese Vielzahl von Einwirkungen in kürzester Zeit gestattet es nur dem erfahrenen Reiter, erfolgreich zu sein. Dabei kann der fliegende Galoppwechsel trotz aller Korrektheit der Hilfengebung zu einer „Problemlektion“ werden.

Von der Vielzahl der Möglichkeiten und Notwendigkeiten der Vorbereitung des fliegenden Wechsels sollen einige erwähnt werden:

- Es ist auf eine korrekte Anlehnung zu achten, die insbesondere im Moment des Wechsels nicht aufgegeben werden darf, da das Pferd sonst mit dem Hinterbein nachspringt. Neigt das Pferd dazu, sich bei der Wechselhilfe freizumachen, kann der zeitweilige Einsatz eines korrekt verschnallten Stoßzügels behilflich sein.
- Das Pferd soll mit energisch unterspringender Hinterhand galoppieren.
- Es ist zweckmäßig, den Wechsel auf gerader Linie zu üben und nicht beim Durchreiten einer Ecke, weil dabei meist in zwei Phasen gewechselt wird.
- Nach einer Kehrtvolte ist es möglich, das Pferd traversartig zur Bande zu reiten und dort den Wechsel einzuleiten. Über diesen kurzzeitigen „Traversgalopp“ wird der Versammlungsgrad erhöht.
- Bei heftigen Pferden ist der Wechsel vom Handgalopp zum Außengalopp an der Bande angeraten, weil hierdurch das Davonstürmen etwas eingeschränkt wird.
- Auf großem Zirkel kann der Galoppwechsel vom Außengalopp zum Handgalopp zur geschlossenen Bahnseite gelingen.
- Der Galoppwechsel sollte stets zur „guten Seite“ des Pferdes hin zuerst geübt werden. Erst wenn eine Seite sicher beherrscht wird, sollte die zweite Seite folgen.
- Springt das Pferd zuerst mit der Hinterhand um und folgt dann die Vorhand, ist dies das kleinere Problem, das sich durch frisches Vorwärtsreiten beheben läßt.
- Der fliegende Galoppwechsel sollte mit noch frischem und nicht müdem Pferd geübt werden. Gelingt ein Wechsel, so ist ausgiebig zu loben und die Trainingsstunde zu beenden, ganz gleich, wieviel Zeit vergangen ist.

Führt das Erlernen des fliegenden Galoppwechsels nicht sofort zum Erfolg, sollte der Reiter trotzdem nicht resignieren. Es lohnt sich, die Bewegungsabläufe im Galopp nochmals genauer zu analysieren, um gegebenenfalls die prinzipielle Vorarbeit, den versammelten Galopp, zu verbessern. Auch ist es gelegentlich ratsam, die Arbeit am fliegenden Wechsel für einige Zeit zu unterbrechen. Das kann bei besonders sensiblen Pferden richtig sein, die sich nach einiger Zeit des erfolglosen Übens schon beim ersten Versuch „aufladen“.

Es muß aber auch erwähnt werden, daß es Pferde gibt, die trotz größten Bemühens den fliegenden Galoppwechsel nicht erlernen. Hier sei an die oben gegebenen Hinweise zur Respektierung der Leistungsgrenze eines Pferdes erinnert.
Ist der fliegende Wechsel beidseitig erlernt, gilt es, den Galopp des Pferdes wieder zu stabilisieren und mögliche Unkorrektheiten zu beseitigen. Der *Außengalopp* ist nunmehr eine gute Möglichkeit, das Gleichgewicht des Pferdes zu verbessern. Es ist darauf zu achten, daß der fliegende Galoppwechsel in *unterschiedlichster Übungsfolge* verlangt wird, um ihn „eigenständig" und an jeder Stelle abrufbar zu machen. Sollten gelegentlich Spannungen auftreten, so sind mehrere einfache Wechsel, die von viel Lob begleitet werden, ein wirksames Gegenmittel. Der Reiter sollte sich stets überprüfen (besser ist, sich überprüfen zu lassen), ob seine Einwirkungen korrekt erfolgen.

6.4. Die Förderung des Dressurpferdes zur schweren Klasse

Hat sich ein Pferd im Verlaufe seiner Förderung zur mittelschweren Klasse als überdurchschnittlich veranlagt erwiesen, kann seine weitere Entwicklung zur schweren Klasse erfolgen. Das Durchschnittspferd ist für diese Anforderungen nicht geeignet. Auch die Förderabsicht mit psychisch überempfindlichen (nervösen) Pferden ist kaum erfolgversprechend. Die Anforderungen an den Reiter liegen gleichfalls deutlich über denen an den „Durchschnittsdressurreiter". Nur dem einfühlsamen, über Präzision in der Hilfengebung verfügenden und mit guter Athletik ausgestatteten Reiter wird es gelingen, das „Hohe C" der Reitkunst zu beherrschen.
Falscher Ehrgeiz sich selbst gegenüber und auch gegenüber dem Pferd sind hier fehl am Platze. Eine kritische Selbsteinschätzung und eine realistische Beurteilung der Leistungsveranlagung des Pferdes sollten stets am Anfang stehen.
Auf der Grundlage der *ständigen Vervollkommnung* von Schwung, Geraderichtung und Versammlung muß es zur weiteren Verbesserung der Tragkraft der Hinterhand bei zunehmender Durchlässigkeit kommen. Es werden im unteren Bereich der schweren Klasse steilere Traversalverschiebungen im Trab, mehrfache fliegende Galoppwechsel nach vorgegebener Galoppsprungzahl zwischen den Wechseln sowie halbe und ganze Pirouetten im Galopp verlangt. Die halben Pirouetten im Schritt müssen in höherer Versammlung geritten werden als in der mittelschweren Klasse. Im weiteren Verlauf der Ausbildung lernt das hochveranlagte Pferd durch einen ausgezeichneten Reiter in gemeinsamer Arbeit mit dem Trainer die *Einerwechsel* sowie die Lektionen der „Hohen Schule", *Piaffe* und *Passage,* und wird damit bis zur Grand-Prix-Reife gefördert.
Die Internationale Reiterliche Vereinigung (FEI) schreibt für diesen Entwicklungsgang die Dressuraufgaben Sankt-Georg-Preis, Intermédiaire I, Intermédiaire II, Grand-Prix und Grand Prix Spécial vor. Die Dressuraufgaben S 9, S 10, S 11 und S 13 des Aufgabenheftes gemäß LPO 1991 sind auf diese internationalen Prüfungen ausgerichtet.
Im folgenden soll auf die spezifischen Anforderungen (Lektionen) der Klasse eingegangen werden.

6.4.1. Traversalen und Traversalverschiebungen

Wie schon im vorherigen Abschnitt beschrieben, ist die schrittweise Vorbereitung der Schlüssel zum Erfolg. Die Traversalen im Trab und Galopp werden steiler und finden mit der doppelten ganzen Traversale im großen Dressurpreis, wo die gedachte Linie einem Winkel von 50° entspricht, das Höchstmaß der Anforderung. Wird das Pferd für *steile Traversalen* gearbeitet, muß man sich zunächst mit einigen gut gelungenen, das heißt schwungvollen, mit dem nötigen Übertritt versehenen Trabtritten begnügen. Das Pferd sollte danach zunächst geradeaus geritten werden, um den möglicherweise verlorengegangenen Schwung erneut zu entwickeln. Eine schwungvolle Zirkelrunde ist gleichfalls gut geeignet. Danach ist es zweckmäßig, in der Folge Traversale–Geradeaus-Traversale zu arbeiten. Dabei kann nach und nach die „Geradeausreprise“ kürzer gehalten werden. So gelingt es, bei korrektem Einsatz des Gleichgewichtes in die Bewegungsrichtung, gut wirkendem inneren Schenkel und korrekten „äußeren Hilfen“ (Schenkel und Zügel) die Längsbiegung des Pferdes zu erhöhen, bei gleichzeitiger Erhaltung des Taktes und der Verbesserung des Schwunges. Die steile Traversale ist nur dann hochwertig, wenn sie im kadenzierten Trab absolviert wird.

Bei Traversalverschiebungen (Zick-Zack-Traversalen) nimmt in der schweren Klasse die *Häufigkeit des Richtungswechsels* zu. Das gelingt nur auf der Basis einer hohen Durchlässigkeit des Pferdes. Auch hierbei ist der Weg vom „Einfachen zum Schwierigen“ zu wählen. Der Weg führt also über wenige zu häufigeren Richtungswechseln. Wie schon an anderer Stelle erwähnt, ist der gefühlvoll einwirkende Reiter eine wichtige Voraussetzung für das Gelingen. Hier sei erneut auf das *Vorherrschen der vorwärtstreibenden Hilfen* vor den seitwärtstreibenden hingewiesen. Keinesfalls darf das Pferd mit dem neuen inneren Zügel in die Bewegungsrichtung gezogen werden. Das führt stets zu Widerstand im Genick mit nachfolgenden Spannungen, die zu erheblichen Taktfehlern führen können. Die *schwierigere Seite* des Pferdes ist dabei besonders gefährdet. Nicht selten gehen die Pferde in eine Richtung *lahm*, d. h., *zügellahm*. Tritt dieser Fehler auf, ist sofort geradeaus zu reiten, der Takt wiederherzustellen und danach die Traversalverschiebungen mit geringerer Biegung und weniger Richtungswechseln erneut zu üben. Gegebenenfalls besteht auch ein Nachholebedarf in den Übungen Schulterherein, Travers und Renvers.

Traversalverschiebungen im Galopp mit häufigem Richtungswechsel sind verbunden mit wenigen Galoppsprüngen je Richtungswechsel und damit natürlich auch kürzerer Folge des jeweils beim Richtungswechsel notwendigen fliegenden Galoppwechsels. Sichere Beherrschung des mehrfachen fliegenden Galoppwechsels ist notwendige Voraussetzung. Gute Hankenbeugung als Vorbedingung für den geforderten hohen Grad der Versammlung sind unerläßlich. Nur ein geschmeidiges Pferd, das willig den reiterlichen Hilfen folgt, wird sich bis zum jeweiligen Richtungswechsel weit genug von der Mittellinie entfernen können. Treten in der Absolvierung dieser Lektion noch größere Schwierigkeiten auf, so ist an den Voraussetzungen zu arbeiten, wie Versammlungsfähigkeit und Durchlässigkeit.

6.4.2. Halbe und ganze Galopppirouetten

Im Aufgabenheft gemäß LPO sind diese Lektionen wie folgt beschrieben:

„Die halbe oder ganze Pirouette wird aus dem versammelten Galopp geritten. Mit der Vorhand beschreibt das Pferd eine kreisförmige Wendung um die Hinterhand und ist dabei in die Bewegungsrichtung gestellt und gebogen. Der innere Hinterfuß bewegt sich auf kleinstmöglichem Bogen. Die Hinterhand senkt sich durch den höheren Grad der Versammlung und nimmt vermehrt Last auf. Die ganze Pirouette (360°) erfordert etwa 6 bis 8, die halbe Pirouette 3 bis 4 Galoppsprünge, unter Beibehaltung von Takt und Tempo“

Voraussetzung für die *Galoppirouette* ist die Fähigkeit des Pferdes, in hoher Versammlung zu galoppieren. Diese Voraussetzung zu schaffen gelingt am besten durch Arbeit auf dem Zirkel. Durch schrittweise Verkleinerung des Zirkels wird es möglich, den inneren Hinterfuß des Pferdes zu vermehrter Lastaufnahme anzuregen und dabei gleichzeitig über die Beugung der Hanken eine gewisse Senkung der Hinterhand zu erreichen. In der Pirouette galoppieren Vor- und Hinterhand auf zwei verschiedenen Hufschlägen. Es ist also logisch, zunächst den *Galopp auf zwei Hufschlägen* zu reiten und das auf gerader Linie. Schulterhereingalopp, Travers- und Renversgalopp an der Bande sind ausgezeichnete Vorübungen. Beherrscht das Pferd diese Übungen, sollte diese Arbeit auf dem *Zirkel* fortgesetzt werden. Über traversartiges Verkleinern und schulterhereinartiges Vergrößern des Zirkels lassen sich sehr gute Gymnastizierungseffekte erzielen. Von wesentlicher Bedeutung ist dabei die Kontrolle der Hinterhand des Pferdes. Es werden die größten Effekte erzielt, wenn man sich mit geringer Abstellung begnügt und allergrößten Wert auf den Erhalt von Takt und Schwung legt. Im weiteren Verlauf der Ausbildung folgt nach der Zirkelarbeit die Arbeit auf zwei Hufschlägen in *Volten*, deren Durchmesser stufenweise verkleinert werden kann. Da diese Übungen nunmehr vorwiegend im Traversgalopp geritten werden, spricht man von „Traversvolten" oder auch „Arbeitspirouetten". Auf diesem Wege wird das Pferd schließlich zur halben oder ganzen Pirouette geführt. Es sei besonders darauf hingewiesen, daß in den „Arbeitspirouetten" konsequent auf eine in die Bewegungsrichtung erfolgte Stellung und Biegung des Pferdes geachtet wird. Dabei müssen Takt (Dreitakt!) und Schwung erhalten bleiben. Werden letzte Forderungen nicht mehr erfüllt, muß die Arbeit durch Vergrößerung der Volte erleichtert werden.

Da diese Übungen für das Pferd eine große Belastung darstellen, sollte der Reiter stets *Maß halten.* Nach einigen Wiederholungen ist geradeaus zu reiten und dem Pferd danach eine Pause zu gönnen. Auch „Monotonie" in der Ausbildung läßt die Gehfreude des Pferdes rasch absinken. Der Ausbilder ist gut beraten, vielfache *Kombinationen von Lektionen* zu verlangen. So lassen sich Traversgalopp, Arbeitspirouetten, Traversalen und fliegende Galoppwechsel in mehrfacher Form miteinander verbinden. Die Arbeit an korrekten Pirouetten ist lohnend. Bedenkt der Reiter, daß in Dressurprüfungen der oberen Stufe die Pirouetten stets auf beiden Händen verlangt werden und diese den Multiplikator 2 tragen, so kann das Punktekonto durch die Qualität der Pirouette erheblich beeinflußt werden. Auch an den Reiter werden in den Pirouetten hohe Anforderungen gestellt. Im Verlaufe seiner Ausbildung sollte er Gelegenheit nehmen, auf erfahrenen Pferden das Reiten von Pirouetten zu erlernen. Kaum in einer anderen Lektion wird eine größere Präzision in der Hilfengebung verlangt. Es wird dem Reiter niemals gelingen, sich durch die Pirouette „hindurchzuschummeln". Man muß sie reiten.

Zur korrekten Ausführung der Pirouette ist der Galoppsprung vor dem gewählten Punkt der Ausführung zu verkürzen. Mit einer halben Parade ist das Pferd in Stellung und Biegung zu bringen und dabei gleichzeitig deutlicher an den äußeren Zügel zu stellen. Von besonderer Bedeutung ist die Übereinstimmung des Tempos zwischen dem Hereinführen der Vorhand und den Bewegungen der Hinterhand. Über den inneren Schenkel und den äußeren Zügel muß der Reiter in der Lage sein, die Pirouette nach jedem Galoppsprung zu unterbrechen und geradeaus zu reiten. Es muß verhindert werden, daß sich das Pferd selbständig herumwirft. Wichtig ist der korrekte Sitz des Reiters. In der Pirouette wirkt besonders das Gewicht, das der Reiter vermehrt auf den inneren Gesäßknochen bringen muß, ohne dabei in der Hüfte einzuknikken. Er sollte die neue Galopphilfe auch eher am Ende des Galopptaktes einsetzen als am Anfang, um so dem Eilen des Pferdes entgegenzuwirken. Übertriebene Rückneigung des Oberkörpers führt leicht zur Überbelastung

der Hinterbeine. Schon geringfügige Sitzfehler können zu einer „Unterbrechung" der Pirouette führen. Das Pferd trabt oder geht gar Schritt! Das ist zugleich der größte Fehler, der auftreten kann. Es ist also ratsam, die Pirouette lieber etwas größer anzulegen, um so eher den Galopp zu erhalten, als eine kleine Pirouette zu unterbrechen.
Dieser Fehler, aber auch Eile und wenig Versammlung sind Zeichen ungenügender Vorbereitungsarbeit. Sie sollten den Reiter stets veranlassen, sich erneut intensiv mit den „Vorarbeiten" zur Pirouette zu beschäftigen.

6.4.3. Mehrfache fliegende Galoppwechsel

Unter *mehrfachen fliegenden Wechseln* werden die Galoppwechsel nach einer vorgegebenen Anzahl von Galoppsprüngen verstanden. Danach werden fliegende Galoppwechsel nach 4, 3 oder 2 Galoppsprüngen bzw. von „Sprung zu Sprung" unterschieden. In der Reitersprache werden sie auch als Vierer-, Dreier-, Zweier- und Einerwechsel bezeichnet (letztere auch als à-tempo-Wechsel).
Soll mit der Ausbildung mehrfacher fliegender Galoppwechsel begonnen werden, muß das Pferd den einfachen fliegenden Galoppwechsel sicher beherrschen. Darunter ist zu verstehen, daß das Pferd auf *diskrete Hilfen* des Reiters sicher reagiert, ohne in psychische Erregung zu geraten, wie es häufig bei der Erlernung des fliegenden Galoppwechsels festzustellen ist. Mehrfache fliegende Galoppwechsel bedeuten nicht mehr, als daß nach einer vorgegebenen Sprungzahl die Hilfe zum Galoppwechsel erneut gegeben wird. Dazu ist notwendig, daß der Reiter einen Galoppsprung vor der eigentlichen Wechselhilfe seine Schenkel zum neuen Galopp verlagert. Kurz vor dem Auffußen des inneren Hinterfußes (der zum neuen äußeren Hinterfuß wird) wird dann durch Schenkeldruck, bei gleichzeitigem Wechsel der Kopfstellung, der Wechsel ausgelöst. Auf die erneute Beschreibung der Komplexität der Hilfe sei hier verzichtet und auf den Abschnitt 6.3.3. verwiesen. Die Schwierigkeiten bestehen darin, daß mit Verringerung der Sprungzahl die Sicherheiten bei Reiter und Pferd zunehmen müssen. Wird der Reiter am Anfang die Zwischengaloppsprünge noch zählen, so „automatisiert" sich gewissermaßen der Bewegungsablauf für die Wechselhilfe nach 4, 3 oder 2 Galoppsprüngen.
Bei der Arbeit ist es wichtig, darauf zu achten, daß dem Pferd erst dann eine neue Wechselhilfe gegeben werden darf, wenn es nach erfolgtem Wechsel wieder *ruhig*, aber *gut versammelt* galoppiert.
Zur besseren Beherrschung der Hinterhand ist es ratsam, das Üben mehrfacher Wechsel *an der Bande* vorzunehmen. Neigt das Pferd dazu, bei der Verlagerung der Schenkel vor dem äußeren Schenkel auszuweichen, sollte man nach durchrittener Ecke im Außengalopp einen Wechsel zum Handgalopp ausführen, um etwa im letzten Drittel der langen Seite erneut einen Wechsel zum Außengalopp einzuleiten. Es gibt dafür aber kein Rezept. Wichtig erscheint jedoch der Hinweis, daß von Anfang an in der notwendigen Versammlung energisch vorwärtsgeritten wird, um einerseits hoch gesprungene Wechsel (nicht hohe Kruppe!) mit gutem Raumgriff zu erzielen und um andererseits damit gleichzeitig Schwankungen vorzubeugen.
Die *äußeren Hilfen* (Schenkel und Zügel) sind stets korrekt einzusetzen, um das Pferd in sich gerade zu halten. Durch diskrete Hilfen, insbesondere die Gewichtseinwirkung, wird es dem Reiter gelingen, sein Pferd ruhig zu behalten. Bei sehr sensiblen Pferden kann es im Übereifer passieren, daß das Pferd mehrere Wechsel nacheinander springt. Besonders in der Übungsphase der Einerwechsel kann das eintreten. Hier darf unter keinen Umständen gestraft werden (die Einerwechsel werden ja gebraucht!). Man beruhige sein Pferd, reite gegebenenfalls einige einfache Wechsel und gehe zunächst zu einer anderen Gangart über.
Bei der Arbeit ist selbstverstandlich so vorzugehen, daß erst nach Beherrschen der einen

Wechselserie die nächstschwierigere in das Übungsprogramm einzubeziehen ist. Auftretende Spannungen müssen stets erst abgebaut sein. Geschieht das nicht, kann es zu erheblichen Schwierigkeiten in der weiteren Förderung des Pferdes kommen. *Strafe ist ein völlig ungeeignetes Mittel.* Im Regelfall hat das Pferd die Hilfen noch nicht „verstanden". Hierzu muß man ihm Zeit geben.

Hat der Reiter bei den Wechselserien Vierer-Dreier-Zweier-Wechsel „noch Zeit", die Wirkung seiner Hilfen abzuwarten, so treten beim *Galoppwechsel von Sprung zu Sprung* völlig neue Verhältnisse auf.

Der Reiter gibt in jedem Galoppsprung Wechselhilfen, ohne die Ausführung durch das Pferd abwarten zu können. Für das Pferd treten damit die gleichen Probleme auf. Während der Reaktion auf die eine Wechselhilfe muß es das Signal für den erneuten Wechsel registrieren. Damit werden die Einerwechsel in der Regel auch zu einer völlig *eigenständigen* Lektion.

Verfügen Reiter und Pferd nicht über das nötige Feingefühl, kann das Erlernen der à-tempo-Wechsel zu einem unlösbaren Problem werden. Will sich der Reiter dieser Aufgabe unterziehen, sollte er unbedingt ein sicheres Pferd als „Lehrmeister" haben, um von diesem die Hilfengebung *erfühlen* zu lernen. Der Reiter kann bei der Schnelligkeit des Ablaufes seinem Pferd eigentlich nur noch Zeichen geben. Dabei gilt es ruhig, aber vorwärts und geradeaus zu reiten. Wenn die Methoden der Hilfengebung zu Einerwechseln auch sehr verschieden sein können, so gilt, daß unruhig zurück- und vorgeworfene Schenkel, verbunden mit deutlicher Zügeleinwirkung, zu erheblichen Störungen beim Pferd führen. Sie äußern sich in Spannungen; als deren Folge treten Taktverlust und auch deutliches Schwanken auf.

Da die *schnelle Folge* der Schenkeleinwirkungen eine rechtzeitige Verlagerung der Schenkel nicht mehr zulassen, sollten beide Schenkel leicht hinter den Gurt gelegt werden. Dort liegend, können sie rechtzeitig die Wirkung des jeweils äußeren Schenkels zur Wechselhilfe übernehmen. Sie verhindern so gleichzeitig seitliches Schwanken. Mit seinem Gewicht sorgt der Reiter für energische Vorwärtsbewegung des Pferdes. Von wesentlicher Bedeutung ist die Anlehnung des Pferdes, die in keinem Moment verlorengehen darf. Wird es anfangs noch nötig sein, dem Pferd über die etwas deutlichere Kopfstellung ein zusätzliches Signal zur Wechselrichtung zu geben, so lassen sich im Fortgang der Ausbildung die Zügelhilfen nahezu bis zur Unsichtbarkeit verfeinern. (Nicht selten reiten die wahren Könner bei der Ehrenrunde Einerwechsel mit einer Hand.)

Entscheidend ist, daß die Anlehnung am jeweils äußeren Zügel nicht verlorengeht und daß trotz erwirkter Stellung die innere Hand durch leichtes Öffnen den Galoppsprung herausläßt. Ist das Pferd in den *Zweierwechseln* sicher geworden und verfügt es über genügend Sensibilität, sollte sich der Reiter an die Erlernung der Einerwechsel heranwagen. Dazu ist das erste Drittel einer Ausbildungsstunde zu verwenden. Eine Zeit also, in der das Pferd noch über genügend Gehlust verfügt. Nach frischem Vorwärtsreiten an der langen Seite (möglichst Richtung Hallenausgang) kann im letzten Drittel ein Einerwechsel – vom Hand- zum Außengalopp und zurück – versucht werden. Gelingt das Vorhaben, muß an diesem Tage nach ausgiebigem Lob die Arbeit beendet werden. In den folgenden Tagen können die Versuche wiederholt werden, wobei man im Interesse der Nutzung der Übungsstunde den Zeitpunkt langsam nach der Mitte verlagern kann. Auch hier ist *Maßhalten* ein wichtiges Fördermittel. Hat das Pferd seinen Reiter verstanden, wird das Ziel sicherlich erreichbar sein. Erst wenn mehrere Wechsel von Sprung zu Sprung beherrscht werden, sollten auch Versuche in der Diagonalen folgen. Hat das Pferd die Hilfe aber begriffen, kann es bei eifrigen Pferden durchaus vorkommen, daß sie gerne noch einige Wechsel zusätzlich machen. Hier muß dann am Ende der Serie durch etwas deutlicheren Hilfeneinsatz zum Handgalopp die Wechselserie beendet werden.

6.4.4. Piaffe und Passage

Hat sich das Dressurpferd im Verlaufe seiner Ausbildung als überdurchschnittlich hochveranlagtes Pferd gezeigt, dann hat es bei seinem Reiter und Ausbilder die Absicht geweckt, es bis zur Grand-Prix-Reife zu fördern. Dazu muß es die Lektionen der „Hohen Schule“, *Piaffe* und *Passage,* erlernen. Voraussetzung für diese Lektionen ist ein gut kadenzierter Trab, für den das Pferd eine entsprechende Veranlagung besitzen muß.

„Die *Piaffe* ist eine trabartige Bewegung auf der Stelle. Das Pferd beugt sich dabei stark in den Hanken. Die diagonalen Beinpaare fußen mit deutlicher Kadenz ab. Bei elastisch federnder Rückenmuskulatur trägt die vermehrt gesenkte Hinterhand den größten Teil der Gesamtlast. Das Genick ist der höchste Punkt. Das Pferd hebt die Unterarme etwa bis zur Waagerechten und setzt die Beine danach senkrecht nieder. Die energisch abfußenden Hinterbeine werden etwa bis in Höhe der Fesselgelenke der lastaufnehmenden Beine angezogen.

Bei jedem Tritt soll das Streben nach vorwärts erkennbar sein, dabei darf das Pferd insgesamt höchstens 1–2 Hufbreiten vorwärts treten. In bestimmten Aufgaben kann ausdrücklich ein Vortritt bis zu 1 m zugelassen werden.“ (Aufgabenheft gem. LPO, 1991, S. 13/14)

Werden diese Anforderungen analysiert, so ist erkennbar, daß ein hoher Versammlungsgrad (Hankenbeugung) und absolute Durchlässigkeit die Voraussetzungen für diese Lektion sind. Der in der *Skala der Ausbildung* erwähnte dritte Abschnitt – Entwicklung der Tragkraft – muß demnach weitestgehend abgeschlossen sein, soll das Pferd für die Ausführung einer korrekten Piaffe befähigt sein.

„Die *Passage* stellt den höchsten Grad der Versammlung und Kadenz im Trab dar. Die in der Fußfolge des Trabes energisch vom Boden abfedernden diagonalen Beinpaare halten in der Bewegung den Moment der freien Schwebe länger aus. Der Unterarm soll, wie bei der Piaffe, bis zur Waagerechten gehoben werden. Die bei gebeugten Hanken gut herangehaltenen Hinterbeine federn die Last fleißig, taktmäßig und genau dem Hufschlag der Vorderbeine folgend, gerade nach vorwärts-aufwärts ab.“ (Aufgabenheft gem. LPO, 1991, S. 14) (Abb. 189).

Wenn zwischen beiden Lektionen auch ein gewisser Zusammenhang besteht, so besitzen sie doch ihre Eigenständigkeit. Neben der Tragkraft spielt natürlich der Schwung (hier ist nicht Gang zu verstehen, sondern das energische Abfußen der Hinterhand) eine wesentliche Rolle.

189 Piaffe (oben) und Passage (unten)

Piaffe und Passage zeigen sich beim Pferd nicht immer in gleich guter Qualität. Das ist vor allem auf das Zusammenwirken von Tragkraft und Schwung zurückzuführen und findet seine individuellen Grenzen. In Dressurprüfungen werden in den Piaffe-Passage-Touren stets auch die Übergänge gesondert bewertet. Sie stellen häufig bei der Ausbildung noch ein gesondertes Problem dar.

Die Piaffe

Im Regelfall wird im Gang der Ausbildung zunächst an der Piaffe gearbeitet. Dabei ist es in den meisten Fällen zweckmäßig, diese Lektion das Pferd zunächst an der Hand zu lehren. Da eine entsprechende Durchlässigkeit und Versammlungsfähigkeit Voraussetzung ist, sollte das Pferd vor den allerersten Übungen bis zur Klasse M gefördert sein.
Für die *Handarbeit* stehen zwei Möglichkeiten zur Verfügung. Bei der ersten ist das Pferd mit Ausbindezügeln am Sattel oder Longiergurt ausgebunden. Über die Trense ist zweckmäßigerweise ein *Kappzaum* gelegt, in dessen mittlerem Ring ein kurzer Führzügel befestigt ist. Besitzt man einen Kappzaum wie in Abb. 127, erspart man dem Pferdekopf viel Leder. Bei der zweiten Möglichkeit wird eine Doppellonge verwendet, für deren sichere Führung ein Longiergurt mit Leinenführungsringen Verwendung finden sollte. (Die hier genannte *Lange Leine* ist nicht identisch mit der bei der Ausbildung von Fahrpferden verwendeten Doppellonge). Der Longiergurt kann auch über den Sattel geschnallt werden. In beiden Fällen wird eine Touchiergerte von ca. 2 m Länge benötigt (mancherorts auch als Tupfer bezeichnet). Entsprechend ausgebunden, wobei das Pferd etwa eine Anlehnung wie im versammelten Trab erreichen soll, wird das Pferd an die Bande geführt und dort zunächst ganz vorsichtig mit der Touchiergerte vertraut gemacht. Hierbei sollte der gesamte Körper des Pferdes berührt werden und das Pferd stets durch Stimme, Klopfen, Leckerbissen gelobt und beruhigt werden.

Wird der kurze *Führzügel* verwendet, befindet sich der Ausbilder seitlich vor dem Pferd mit dem Gesicht zum Pferd. In der dem Pferd zugewandten Hand wird der Führzügel gehalten. Mit der Touchiergerte kann eine Berührung auf der Kruppe, in Höhe des Sitzbeinhöckers oder an der Hinterhand in Höhe des Kniegelenkes erfolgen. Diese Berührung soll das Pferd veranlassen, sich zunächst vorwärts in kurzen versammelten Trabtritten, mit nachgebendem Genick, zu bewegen. (Abb. 190)
Die Reaktionen des Pferdes können sehr verschieden sein. *Ruhe* und *Besonnenheit* ist *oberstes Gebot.* Unter keinen Umständen darf das Pferd sofort zu piaffeartigen Tritten veranlaßt werden. Nach kurzer Zeit (etwa 10 bis 15 min) ist die Arbeit zu beenden.
Nach und nach sollten die *Trabtritte verkürzt* werden, wobei es ratsam ist, das Pferd aus dem Halten kurz antraben zu lassen und wieder zu halten. Beim Halt ist das Pferd stets zu *loben.* Gelingt das nach einiger Zeit mühelos, können dem Pferd die ersten Piaffetritte „abgelockt“ werden. Das Pferd bewegt sich nur noch mit geringem Raumgewinn, bei deutlich untertretender Hinterhand, vorwärts. Nach wenigen Tritten ist zu loben. Auch ist darauf zu achten, daß die Hinterbeine nicht zu weit unter den Rumpf treten und damit zu stark belastet werden. Die Hinterhufe sollen sich im Hüftlot befinden.
Hat das Pferd die ersten Piaffetritte absolviert, gilt es, durch weiteres Üben in kleinen Reprisen das Erlernte zu festigen. Wie schon oft erwähnt, ist auch hier *Maßhalten* eine der wichtigsten Tugenden des Ausbilders. Im weiteren Fortgang der Ausbildung ist auf den Erhalt der Lebhaftigkeit der Bewegungen besonders zu achten und stets die Vorwärtstendenz zu berücksichtigen.
Hier ist das Zusammenwirken zwischen den versammelnden Einwirkungen mit dem Führzügel und dem Einsatz der Touchiergerte von großer Bedeutung. Der Führzügel ist dabei wichtiger als das Touchieren.
Wird der Einsatz der *Doppellonge* für die Handarbeit gewählt, ist zunächst eine Hilfs-

190 Handarbeit am kurzen Führzügel
a–c Berührungspunkte für die Tuschiergerte

person nötig, die das Pferd an der Bande hält. So besteht die erste Aufgabe darin, das Pferd auf dem Hufschlag zu führen. Gelingt das sicher, kann auf die Hilfsperson verzichtet werden. Im übrigen verläuft der Übungsabschnitt in gleicher Weise wie beim Einsatz des Führzügels. Sucht man einen Vorteil, so liegt er ohne Zweifel darin, daß sich der Longenführer vorwärts bewegen kann. Der Einsatz eines Kappzaumes ist jedoch nicht möglich. Damit werden besondere Anforderung an den gefühlvollen Umgang mit der Doppellonge und damit mit dem Pferdemaul gestellt.
Wenn die Ansichten über die Handarbeit auch sehr verschieden sind, so ist in den meisten Fällen auf sie nicht zu verzichten. Das Erlernen der Piaffe geht schonender vonstatten, vorausgesetzt, der Ausbilder versteht sein Handwerk. Richtige Handarbeit kann deshalb als „gewichtloses Reiten" angesehen werden.
Hat das Pferd die Piaffe an der Hand gelernt, kann sie *aus dem Sattel* geübt werden. Dabei ist der Reiter zunächst als „zusätzliches" Element in die Übung einzubeziehen, ohne schon aktiv zu werden. Zeigt das Pferd die Piaffe unter dem Reitergewicht in gleicher Qualität, sollten die gleichzeitig treibenden Schenkel des Reiters einsetzen. Beim Mitwirken der Zügel ist darauf zu achten, daß die Vorwärtstendenz des Pferdes erhalten bleibt. Erst nach und nach wird es gelingen, die Zügel annehmend so ausdauernd wirken zu lassen, daß die in den Prüfungen geforderten 12 bis 15 Tritte nur mit ein bis zwei Hufbreiten Vorwärtsbewegung absolviert werden können. Piaffe auf der Stelle oder mit Rückwärtstendenz müssen als bedeutende Fehler angesehen werden, durch die die weitere Ausbildung erheblich behindert wird. Ein weiterer Fehler äußert sich im seitlichen Ausfallen der Hinterbeine. Das Pferd tritt hier durch ungenügende Hankenbiegung nicht an das „Hüftlot" heran und damit nicht unter den Schwerpunkt.
Damit wird die Erhaltung der Balance erheblich beeinträchtigt. Das Pferd sucht dies durch Seitwärtstreten mit den Hinterbeinen auszugleichen. In allen Fällen sollte die Vorarbeit zur Piaffe vervollständigt werden.
Als weiterer Fehler muß das Überkreuzen der Vorderbeine angesehen werden. Hat es anatomische Ursachen (bodeneng, zeheneng), ist kaum Abhilfe zu schaffen. Bei korrekter Stellung kann im stärkeren Vorwärts ein Ausweg gesucht werden.

Die Passage

Sie setzt eine entsprechende Veranlagung des Pferdes voraus. Verfügt ein Pferd über ungenügend schwungvolle Trabbewegung, besonders in der Versammlung, wird es ihm sehr schwerfallen, diese hochkadenzierten Schwebetritte zu entwickeln. Pferde mit etwas mehr

Aktion sind gegenüber jenen, die über sehr flache Gänge verfügen, begünstigt. Da die Passage dem Trab sehr verwandt ist, erscheint es zweckmäßig, das Erlernen der Passage aus dem versammelten Trab heraus zu beginnen. Dazu ist es im Regelfalle nötig, daß sich der Reiter eines Helfers bedient. Dieser soll durch Touchieren an den Vorderbeinen zunächst etwas erhabenere Tritte abfordern. Dabei ist jedoch besonders darauf hinzuweisen, daß die vorherrschenden Einwirkungen stets vom Reiter ausgehen müssen. Der Helfer sollte sehr bald die direkten Einwirkungen unterlassen, da es sinnlos ist, wenn passageartige Tritte nur unter Einsatz der Touchiergerte zustande kommen.

Wichtige Voraussetzung neben der bereits erwähnten Fähigkeit, sich schwungvoll im versammelten Trab zu bewegen, ist die absolute Durchlässigkeit des Pferdes.

Es ist zweckmäßig, die passageartigen Tritte zunächst auf gebogenen Linien abzuverlangen. Hierbei gelingt es dem Reiter, über den vermehrt wirkenden inneren Schenkel das innere Hinterbein des Pferdes zu aktivieren und so die ersten passageartigen Bewegungen zu erzeugen. Dazu ist die Arbeit auf dem Zirkel oder auch in großen Volten geeignet. Auch können solche Reaktionen des Pferdes beim Durchreiten der ersten Ecke der kurzen Seite ausgelöst werden. Später ist es möglich, die Passage auch auf geräumigen Schlangenlinien beim Hineinreiten in den Bogen (hier ist der ständige Wechsel der Belastung der Hinterbeine sehr von Vorteil) zu üben. Es ist auch der Versuch lohnend, die Passage nach einer Trabverstärkung an der langen Seite einzuleiten. Das wird jedoch nur gelingen, wenn die dazu notwendige Versammlung und Aktivierung der Hinterbeine über Gewicht und Schenkel des Reiters erzielt werden kann und die Hand in keinem Falle vorherrscht. Der Zügel muß dabei stets annehmend und nachgebend wirken. Da dies im Zusammenwirken mit den vorwärtstreibenden Hilfen (Gewichts- und Schenkeleinwirkung) erfolgt, ist gewissermaßen jeder Passagetritt durch eine *halbe Parade* herauszuarbeiten. Auch bei der Arbeit an dieser Lektion ist streng darauf zu achten, daß die Entwicklung schrittweise erfolgt. Nach wenigen gelungenen Passagetritten ist zu loben und dem Pferd eine Schrittpause zu gönnen. Wenn das Pferd zur Absolvierung der Passage auch über die nötige Spannung, im Sinne von Muskeltonus, verfügen muß, so ist jede „Verspannung" der Muskulatur zu vermeiden. Als Fehler bei der Entwicklung der Passage können schleppende Bewegungen der Hinterhand oder auch eilige Tritte auftreten. Während *schleppende Bewegungen* meist auf „ungenügende Spannung" hindeuten, tritt *Eile* im Gefolge von „Verspannungen" auf. Im ersten Fall ist zu raten, durch aktiveres Vorwärtsreiten im versammelten Trab die Schubkraft des Pferdes zu beleben, um danach erneut einige Passagetritte abzuverlangen. Eile wird im Regelfall durch starke Handeinwirkung erzielt. Besonders dann, wenn „durchgehalten" und damit beim Pferd Widerstand im Genick erzeugt wird, der letztendlich auch zu festgehaltener Rükkenmuskulatur führt. Hier sei nochmals auf das Vorherrschen der vorwärtstreibenden Hilfen bei annehmenden und nachgebenden Zügeln hingewiesen.

In der Arbeit zur Entwicklung der Passage können gelegentlich *Bodenricks* mit einbezogen werden. Sie sind ein willkommenes Hilfsmittel, sollten aber auch nur als solches angesehen werden. Soll der Abschwung der Hinterbeine damit verbessert werden, muß der Abstand zwischen den Bodenricks verringert und ihre Höhe im Vergleich zur lösenden Trabarbeit vergrößert werden. Die Abstände sind dabei dem Entwicklungsstand des Pferdes anzupassen. Die Dauer des Einsatzes dieses Hilfsmittels sollte auf wenige Versuche in einer Übungseinheit beschränkt bleiben. Hat das Pferd das Passagieren erlernt, ist zunächst an der Präzision dieser Lektion zu arbeiten. Besonderes Augenmerk ist dabei auf den Erhalt der Losgelassenheit zu legen. Schließlich verlangt die Passage, als die höchste Form der Versammlung des Pferdes, auch höchste Vollkommenheit in der Losgelassenheit. Erst dann ist es möglich,

den rhythmischen Wechsel zwischen Kontraktion und Entspannung der Muskeln vollendet zu erreichen.
Werden Piaffe und Passage beherrscht, so ist deren Verbindung durch *korrekte Übergänge* eine weitere Zielstellung in der Ausbildung des Pferdes. Die Schwierigkeiten beim Übergang von der Passage in die Piaffe und von dieser in die Passage liegen darin, daß völlig unterschiedliche Anforderungen an Tragkraft und Schubkraft der Hinterbeine des Pferdes gestellt werden. Während beim Übergang von der Passage in die Piaffe ein Wandel der Schubkraft zur vermehrten Tragkraft erfolgt, verläuft dieser Vorgang beim Übergang von der Piaffe in die Passage umgekehrt. Werden diese Gegebenheiten berücksichtigt, dann erscheint es logisch, daß zunächst die Rückführung der Passage in die Piaffe so erfolgen sollte, daß man sich mit einigen Piaffetritten mit relativ viel Raumgewinn begnügt, um daraus wieder in Passage anzureiten. Erst nach und nach wird es gelingen, die vorgeschriebene Piaffe mit ein bis zwei Hufbreit Vorwärtsbewegung zu erreichen. Bei der Arbeit ist es wichtig, stets darauf zu achten, daß der Vorwärtsdrang des Pferdes in der Piaffe erhalten bleibt.
Die anatomischen Voraussetzungen für Schubkraft und Tragkraft sind verschieden. Darin ist auch die Ursache zu sehen, daß Pferde bei gleicher Trainingsarbeit zu unterschiedlichen Ergebnissen gelangen. Diesem Umstand ist auch die Tatsache geschuldet, daß es trotz korrekter Ausbildungsarbeit kaum zwei Pferde gibt, bei denen Piaffe, Passage und Übergänge in gleicher Qualität zu erreichen sind. Reiter und Ausbilder mögen dies immer erkennen und dem Pferd unnötige Belastungen ersparen. Man denke daran: „Nichts ist vollkommen".
Ist das Pferd in seinem Ausbildungsstand an dieser Stelle angekommen, hat es das *höchste Ziel,* daß sich ein Reiter mit seinem Pferd in der Ausbildung stellt, *erreicht.* Dieser Weg dauert Jahre und verläuft nicht geradlinig. Sollten bei aller Korrektheit in der Ausbildung dennoch einmal unüberwindliche Hindernisse eintreten, dann respektiere man diese. Als Reiter und Ausbilder sind wir zugleich Tierhüter und damit auch *Tierschützer.* Das Pferd soll im Verlaufe seiner Ausbildung die Vollkommenheit der ihm von der Natur vorgegebenen Bewegungsmöglichkeit erreichen. Die von der Natur festgelegten Grenzen sind dabei nicht zu überschreiten. Im Dressurviereck soll sich das Pferd in Harmonie mit seinem Reiter präsentieren und in allen gezeigten Lektionen mit Leichtigkeit bewegen. Der Betrachter soll den Eindruck der „Mühelosigkeit" gewinnen.

6.5. Longieren

Wenn das Reitpferd letztendlich auch unter dem Reiter auszubilden ist und das durch nichts ersetzt werden kann, so sollen trotzdem einige Hinweise zum Longieren als Ausbildungshilfe für das bereits im höheren Ausbildungsstand befindliche Pferd gegeben werden. Im übrigen wird auf die Abschnitte 3.2.1. und 4.3. verwiesen.

Das Pferd sollte zur Longenarbeit prinzipiell gesattelt sein. Die Bügel sind herausgeschnallt. Der Longiergurt wird über dem Sattel aufgelegt. Je nach Ausbildungsstand des Pferdes werden die Ausbindezügel allmählich verkürzt, bis schließlich die Nasenlinie des Pferdes im Halten an der Senkrechten ist. Am Gurt werden die Ausbinder durch den Ring

gezogen, der sich etwa auf der Höhe der Hüfthöcker befindet. Daraus soll sich im Verlaufe der weiteren Arbeit an der Longe eine gerade Linie von der Maulspalte zum Hüfthöcker, ergeben. (Abb. 191)
Diese relativ hohe Einstellung darf unter keinen Umständen erzwungen, sondern muß erarbeitet werden. Wird das Pferd in diese Stellung gezwungen, führt das sehr leicht zum *Wegdrücken* des Rückens. Die Tätigkeit der Rückenmuskulatur wird dadurch blockiert. Als Folge können die Hinterbeine nicht weit genug unter den Rumpf schwingen. Das Pferd entwickelt sich so zum Schenkelgänger.
Das *Ziel* dieser Longenarbeit besteht darin, eine stärkere Belastung der Hinterhand des Pferdes zu erzielen. Dabei kommt es zu einer stärkeren Beugung der Hanken, womit gleichzeitig die Federkraft der Hufe beim Auftritt auf dem Boden zunimmt. Es wird durch die Arbeit an der Longe die Versammlungsfähigkeit des Pferdes gefördert. Bei der Absicht, die Hanken stärker zu beugen, ist der Zirkeldurchmesser auf ca. 10–11 m zu verkleinern. Das Pferd ist durch anregende Stimm- und/oder Peitschenhilfen zum energischen Untertreten zu veranlassen. Nach zwei bis drei Zirkelrunden ist der Zirkeldurchmesser zu vergrößern auf etwa 14–15 m und das Pferd zum Verlängern der Tritte zu veranlassen. Die Verkürzung des Trabes geschieht durch Stimmhilfen, bei gleichzeitigem Parieren über die Longe. Die Peitsche sollte das fleißige Untertreten der Hinterbeine erhalten. Dieses Vorhaben kann einige Male wiederholt werden. Danach ist eine kurze Schrittpause einzulegen (1–2 Zirkelrunden). Soll die Schrittpause länger ausgedehnt werden, sind die Ausbindezügel unbedingt zu verlängern, um so das Pferd im Schritt nicht zu behindern.
Die Vergrößerung des Zirkels kann auch zum

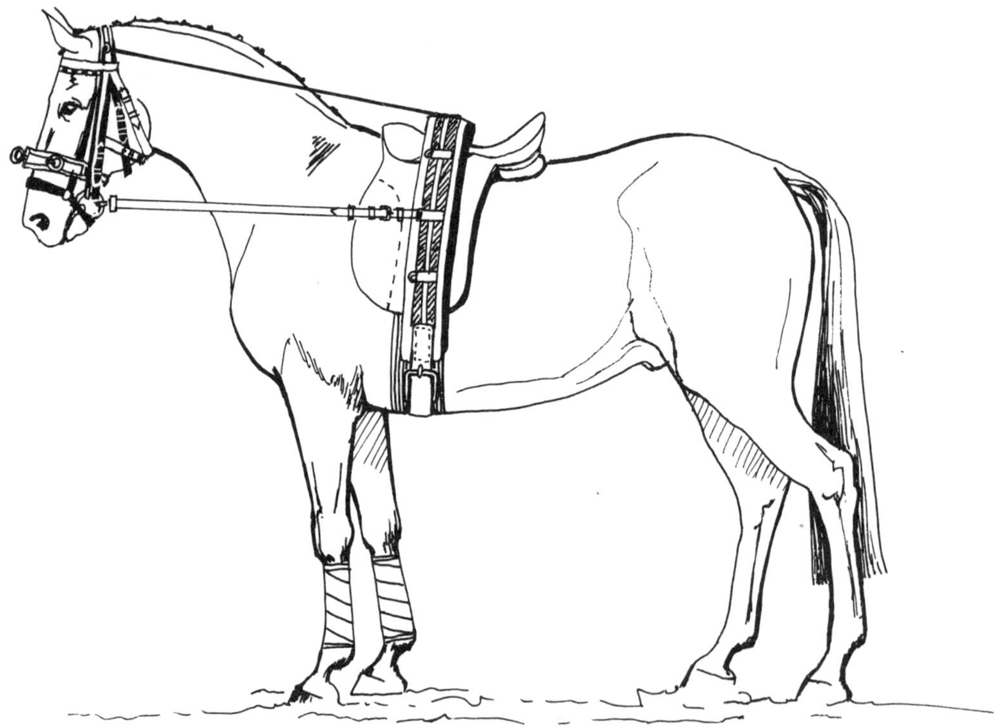

191 Longierausrüstung mit Aufsatzzügel (Backenriemen muß *unter* dem Kehlriemen der Trense liegen)

Übertreten benutzt werden, wodurch ein zusätzlicher gymnastizierender Effekt erzielt wird. Zeigt die Peitsche bei dem Kommando „Hinaus!“ gleichzeitig in Richtung der Schulter des Pferdes, kann dieses Übertreten meist leicht eingeleitet werden.
Nach etwa 10minütiger Arbeit ist die Hand zu wechseln. Dazu sind vorher die Ausbindezügel so zu verschnallen, daß das Pferd auch auf der neuen Hand korrekt gestellt ist. Die Wendung des Pferdes sollte über eine *Vorhandwendung* mit korrekter Fußfolge vorgenommen werden.
Arbeit an der Longe sollte zunächst im Trab erfolgen. Später kann sie in gleicher Weise im Galopp gefordert werden. Hierbei kann für den *versammelnden Teil* der Arbeit der Zirkel zunächst etwas größer gewählt werden, um ein Ausfallen der Hinterhand zu verhindern.
Longenarbeit ist auch dazu geeignet, die *Durchlässigkeit* des Pferdes zu verbessern. So ist es durchaus möglich, Übergänge von einer Gangart in die andere bzw. zum Halten und daraus in die entsprechende Gangart in das Longierprogramm mit einzubeziehen. Auch hier ist selbstverständlich der Weg vom „Einfachen zum Schwierigen“ einzuhalten. Zunächst ist an den Übergängen vom Trab zum Schritt und umgekehrt zu arbeiten. Die Parade zur Verkürzung des Tempos kann durch die Bewegung des Longenführers in Richtung Pferdekopf wirkungsvoll unterstützt werden (s. Abschnitt 4.3.). Über den korrekten Gebrauch der Peitsche ist die Hinterhand des Pferdes dabei aktiv zu halten. Wenn das Pferd während der Longierperiode (s. Abschnitt 4.3.) auf diese Bewegung des Longierenden richtig zu reagieren gelernt hat, kann sie jetzt sehr gut für ganze Paraden aus dem Schritt, Trab und Galopp genutzt werden. Auf diese Weise wird gewissermaßen „gewichtlos geritten“. Es wird die Beugefähigkeit der Hintergliedmaßen, besonders der Hanken, schonend gefördert. Dabei bleibt das Maul des Pferdes „ungestraft“.
Pferde, die bei solchen Übungen dazu neigen, auf das Gebiß zu drücken, können mit Aufsatzzügel gearbeitet werden. Der Einsatz des Aufsatzzügels verlangt jedoch einen entsprechenden Gurt und auch ein Kopfstück mit Führringen. (Abb. 191)
Gelegentlich kommt es in der Ausbildung des Pferdes vor, daß dieses sich durch Widersetzlichkeit der reiterlichen Einwirkung zu entziehen versucht. Das äußert sich durch Stehenbleiben, Steigen oder Rückwärtslaufen.
Zur *Korrektur* solcher Problemfälle ist Longieren gut geeignet. In einem umzäunten Longierzirkel kann der Longenführer dem Pferd besser „unmißverständlich“ klarmachen, daß es vorwärts zu gehen hat. Das erfordert vom Longenführer große Erfahrung, stetige Aufmerksamkeit, Beharrlichkeit und Durchsetzungsvermögen. Er muß die Reaktionen des Pferdes gewissermaßen erahnen und ihnen mit seinen Maßnahmen möglichst zuvorkommen. Von entscheidender Bedeutung ist, daß der Longenführer das Pferd gleichsam mit Longe und Peitsche „einrahmt“. Zweckmäßigerweise wird zu solchen Korrekturen ein Peitschenführer herangezogen. (s. a. Abschnitt 4.3.)
Gelingt es dem Pferd dennoch, sich von der anstehenden Longe „loszumachen“, muß der Peitschenführer blitzschnell hinter das Pferd „sprinten“ und es energisch vorwärts treiben. Hat sich das Pferd untergeordnet, darf mit Lob nicht gespart werden. Bei aller Konsequenz, die das Longieren erfordert, muß der Longenführer stets darauf bedacht sein, zum Pferd ein Vertrauensverhältnis herzustellen, jedoch mit einer Rangordnung, in der er Platz 1 einnimmt.
Wird das Longieren richtig und nicht aus Bequemlichkeit betrieben, ist es eine vollkommene Möglichkeit, Abwechslung in die Ausbildung zu bringen und auch Problemfälle zu lösen. Was man jedoch gelegentlich in Reithallen oder auf Abreiteplätzen beobachten kann, wo Pferde am Halfter lediglich herumgetrieben werden, hat mit Longieren nichts zu tun und schadet dem Pferd. Hier ist Bequemlichkeit des Reiters oder Ausbilders nur eine zurückhaltende Umschreibung der eigentlichen Ursache.

6.6. Planung und Gestaltung des Dressurtrainings

Für die *Planung* des Dressurtrainings ist die *Periodisierung* des Trainings- und Wettkampfjahres eine wichtige Voraussetzung. Während in früheren Jahren der Pferdesport eine eindeutige „Sommersportart" war, wird er heute, unter Einbeziehung von Hallen als Wettkampfstätte, ganzjährig betrieben. Es wird eine Gliederung in eine *Grüne Saison* und eine *Hallensaison* vorgenommen. Die Teilnahme an Wettkämpfen, ganz gleich welcher Klasse, setzt eine gewisse Stabilität in den dabei gestellten Anforderungen bei Reiter und Pferd voraus. Jede Fördermaßnahme an Reiter und Pferd, insbesondere das Üben neuer Lektionen, ist jedoch mit Instabilität verbunden.

Neue Anforderungen sind stets in 3 Phasen zu realisieren:
- in der Bekanntmachung für Reiter und Pferd
- im Üben der Elemente
- in der Vervollkommnung (Stabilisierung)

Das erfordert Zeit.
Es erscheint daher sinnvoll, bei Pferden und Reitern, die sich noch in der Entwicklung ihrer Leistungsfähigkeit befinden, das Jahr in 2 große Perioden (s. a. Abschnitt 5.4.) zu unterteilen, in die
- Vorbereitungsperiode und in die
- Wettkampfperiode.

Im Regelfall wird beim jüngeren Pferd die Wettkampfperiode die „Grüne Saison" umfassen. Die Hauptperiode der Weiterentwicklung des Pferdes (und auch des Reiters) liegt dann in den Herbst- und Wintermonaten. Soll diese Zeit effektiv genutzt werden, ist eine geeignete Reithalle unbedingt Voraussetzung.
Hat das Pferd einmal die Grenze seines Leistungsvermögens erreicht, können andere Prinzipien geltend gemacht werden. Da sich bei diesen Pferden die Trainingsarbeit auf die Erhaltung des Leistungsvermögens konzentriert (dabei ist das „Feilen" an dieser oder jener Lektion eingeschlossen), bestimmen die Wettkampfhöhepunkte die Periodisierung des Jahres. Diese können sowohl im Sommer als auch im Winter liegen.
Eine sinnvolle Folge der Wettkämpfe muß Möglichkeiten zur physischen und psychischen „Erneuerung" des Pferdes offenlassen. Kein Sportler ist in der Lage, ganzjährig Höchstleistungen zu vollbringen. Das gilt auch für unseren „Sportkameraden Pferd". Will man mit einem Leistungspferd bei bestimmten Höhepunkten des Jahres erfolgreich an den Start gehen, ist die planmäßige Vorbereitung die wichtigste Voraussetzung. *Sparsamer Einsatz* ist häufig der Schlüssel zum Erfolg. Dabei kann es kein Reglement geben, wie häufig der Einsatz eines Pferdes in einer bestimmten Zeit erfolgen sollte und welche Turnierfolge als Optimum anzusehen ist. Hier sind vor allem Reiter und Trainer gefordert. Sie müssen herausfinden, welche Turnierbelastung das Pferd fördert und wann Leistungsrückgang zu erwarten ist. Hochleistungspferde sind in der Regel sensible Pferde (Sensibilität ist auch eine Voraussetzung zur erfolgversprechenden Förderung). Die Trainingsperioden zwischen den Wettkämpfen dienen bei diesen „Athleten" vorrangig dazu, die psychische Stabilität wieder herzustellen und ihre allgemeine „Fitness" zu verbessern.
Die Reiter der oberen Leistungsklassen verfügen heute meistens über mehrere Hochleistungspferde. Dabei wird der eine Teil in der Regel für die Höhepunkte der Grünen Saison vorbereitet, der andere für die der Hallensaison. Soll das Pferd in beiden Perioden eingesetzt werden, liegen meist ausgedehnte Turnierpausen dazwischen.
Die *Gestaltung des Dressurtrainings* wird natürlich vom Leistungsstand des Dressurpferdes bestimmt. Auf Methoden und Einzelheiten wurde bei der Behandlung der verschiedenen Lektionen eingegangen. Es gibt jedoch Prinzipien, die generell und unabhän-

gig vom jeweiligen Leistungsstand des Pferdes gelten.
Da es dem Pferd in jeder Klasse relativ mühelos gelingen soll, die in der Aufgabe gestellten Anforderungen zu erfüllen, sind im Training die Voraussetzungen dafür zu schaffen. Die allgemeine Bewegungsschulung des Pferdes (und auch des Reiters) muß demzufolge im Vordergrund stehen. Dabei ist zugleich die Entwicklung der Kraft des Pferdes im Trainingsprozeß ständig zu beachten. Beides, Beweglichkeit und Kraft, sind die Grundlagen für das Erlernen technischer Elemente. Der größte Fehler im Training besteht darin, ununterbrochen an technischen Elementen zu „kniebeln". Die Trainingsziele werden durch die *Skala der Ausbildung* bestimmt. Es ist natürlich unerläßlich, Pferd und Reiter auch mit einem notwendigen „technischen Repertoire" auszustatten. Die in den einzelnen Klassen verlangten *technischen Elemente* sind jedoch vorrangig Mittel zum Zweck und dienen in den allermeisten Fällen der Entwicklung von Takt, Losgelassenheit, Schwung, Geraderichtung und Versammlung.
Im Wettkampf werden durch die Richter, über die einzelnen Lektionen, vor allem diese genannten Eigenschaften am Dressurpferd überprüft. Sind sie ungenügend entwickelt, wird das im Verlaufe der Dressurprüfung immer wieder erkennbar sein. Es handelt sich dabei, wie schon an anderer Stelle erwähnt, um *grundsätzliche Mängel.* Ein „versprungener" Galoppwechsel oder eine mißglückte Kurzkehrtwendung müssen sich dagegen in einer Prüfung nicht unbedingt wiederholen und werden deshalb auch nur als *gelegentlicher technischer Fehler* durch die Richter angesehen.
Da im Verlaufe der *Skala der Ausbildung* wesentliche Veränderungen im Pferd eintreten müssen, muß der Gang der Ausbildung stets systematisch und beharrlich erfolgen. Gerät man in Eile, wird meist das geplante Endziel einem näher gelegenen Teilerfolg geopfert, der leichter erreichbar scheint.
Es sei auch besonders darauf hingewiesen, daß das Pferd ein *Bewegungstier* ist und diesem naturgegebenen Drang stets zu folgen bestrebt ist. Die Haltung von Sportpferden steht dieser Naturgegebenheit meist entgegen. Häufig wird das Pferd täglich nur eine Stunde gearbeitet. 23 Stunden steht das „Bewegungstier" im Stall. Es ist also wesentlich günstiger, das Pferd mehrmals am Tage, dafür möglicherweise auch kürzere Zeit, zu arbeiten. Es sollten Vielfalt und Abwechslung in den Anforderungen ein Grundanliegen sein. Damit müssen Reiten im Gelände in natürlichen Gängen, Dressurarbeit unter dem Sattel, Longen- und Handarbeit sowie Koppelaufenthalt, als gemeinsame Möglichkeit und Notwendigkeit zur Dressurausbildung angesehen werden. Der noch weitverbreitete „Stehtag" bringt dem Pferd keinerlei Vorteile. Viel besser ist es, das Pferd verbringt einen Teil dieses Tages auf der Koppel und, wenn diese fehlt, in ruhiger Gangart (Schritt am langen Zügel) im Gelände.
Die zeitliche Gestaltung, im Hinblick auf die Erfüllung bestimmter Anforderungen, wird durch die „Leistungsprüfungsordnung" (LPO) der Deutschen Reiterlichen Vereinigung (FN) in gewisser Weise reglementiert. Danach sind in Dressurprüfungen der Klasse A 4jährige und ältere Pferde startberechtigt, in der Klasse L 5jährige und ältere Pferde, in Klasse M 6jährige und ältere Pferde und in Klasse S 7jährige und ältere Pferde. Wird das Pferd 3jährig angeritten, dann ist ein Ausbildungsweg von mindestens 4jähriger Dauer bis zur schweren Klasse vorgeschrieben. Sieht man den *Großen Dressurpreis* als Ziel an, ist die Ausbildungsdauer in der Regel um mindestens 1–2 Jahre zu verlängern, sollen beim Pferd psychische und physische Schäden vermieden werden. Dabei werden Ausnahmen diese allgemeine Regel immer wieder bestätigen. Hat das Pferd die Ausbildung ohne Schäden überstanden, kann es durchaus 8–10 Jahre in Dressurprüfungen höchster Anforderungen eingesetzt werden. In dieser Zeit gelingt es dem Reiter, das nächste Talent auf gleiches Niveau zu fördern. Eile ist also nicht geboten.
Bei der Gestaltung der täglichen Trainingsar-

beit zur Förderung des Pferdes gilt prinzipiell folgende *Einteilung der Trainingseinheit:*
- lösende Arbeit
- Arbeitsphase
- Entspannungsphase

Dabei ist es gleichgültig, ob die Trainingsarbeit in der Reitbahn oder im Gelände stattfindet.

Wenn es auch keine feststehenden Anteile der genannten Phasen an der Trainingsarbeit geben kann, so sind dennoch folgende *Orientierungswerte zu nennen:*

– lösende Arbeit	ca. 30% der Trainingseinheit
– Arbeitsphase	ca. 50% der Trainingseinheit
– Entspannungsphase	ca. 20% der Trainingseinheit

Es ist weniger die Zeit, als vielmehr die Kontrolle des Ergebnisses von Bedeutung. So muß die lösende Arbeit so lange fortgesetzt werden, bis das Pferd mit schwingendem Rücken in guter Anlehnung, bei tiefer Einstellung fleißig vorwärts geht. Das dauert bei jungen und alten Pferden meist etwas länger als bei Pferden, die sich im mittleren Lebensalter befinden. Auch das Temperament spielt eine Rolle. Gelegentlich störende Einflüsse von außen können die Lösephase bedeutend verlängern. Ohne auf die einzelnen Möglichkeiten einzugehen, hier sei auf die vorderen Kapitel verwiesen, muß erwähnt werden, daß fördernde Effekte nur am losgelassen gehenden Pferd zu erzielen sind. So kann es durchaus richtig sein, die gesamte Trainingseinheit für lösende Übungen zu verwenden, wenn sich das Pferd für versammelnde Arbeit noch ungenügend gelöst hat. Der Erfolg einer Trainingseinheit kann somit möglicherweise allein in der Wiederherstellung der Losgelassenheit liegen. Reiter und Ausbilder sollten das mit großer Genugtuung dann zur Kenntnis nehmen.

Die eigentliche Arbeitsphase wird durch den dem jeweiligen Leistungsstand des Pferdes, entsprechenden Inhalt bestimmt. Sie sollte stets mit einer kurzen Wiederholung des bisherigen Ausbildungsganges des Pferdes beginnen, bevor Neues erarbeitet wird. Die eigentliche intensive Arbeit muß stets durch kurze Erholungspausen unterbrochen werden. In diesen ist das Pferd *am langen Zügel* mit rundem Hals und tiefer Nase schwungvoll vorwärts zu reiten. Die Rückenmuskulatur hat so die Möglichkeit der Dehnung und Entspannung. Ein bis zwei Bahnrunden genügen, um die Arbeit wieder fortzusetzen. Es sei darauf verwiesen, daß die Ausbildungszeit stets von *viel Lob und wenig Tadel* begleitet sein soll. Wie schon an anderen Stellen mehrfach erwähnt, ist *Maß halten* eine wichtige Voraussetzung für den Erfolg der Ausbildungsarbeit. Es wird immer nur gelingen, „mit kleinen Schritten zu großen Erfolgen" zu kommen. Aufkommende Verspannungen sollten stets als Zeichen der Überforderung oder auch unkorrekter Einwirkung erkannt werden.

Ein kleiner Schritt zurück in den Anforderungen und gegebenenfalls Korrekturen in der Hilfengebung werden die Arbeitsbereitschaft des Pferdes wieder erhöhen.

Jeder Reiter und Ausbilder muß die Tatsache stets vor Augen haben: *Auf ein verspanntes Pferd kann niemals fördernd eingewirkt werden.* Gegen Ende der Arbeitsphase sollten Anforderungen an das Pferd gestellt werden, bei denen man sicher ist, daß sie erfüllt werden. Die Arbeitsphase muß stets mit einem „Erfolgserlebnis" für alle Beteiligten zu Ende gehen.

In der abschließenden Phase der Entspannung ist das Pferd zunächst wieder *am langen Zügel* leicht zu traben. Schließlich sollte das Pferd im freien Schritt mit hingegebenen Zügeln noch einige Minuten geritten werden. Es muß den Stall mit normalem Puls und möglichst trocken erreichen.

Auch bei der Arbeit *im Gelände* muß die genannte Dreiteilung der Trainingseinheit gelten. Beim Reiten im Gelände sollten beim Dressurpferd in der Arbeitsphase die freien Gänge vorherrschen. So kann die Arbeit im Gelände vor allen Dingen zur Förderung der Schubkraft genutzt werden. Schon mancher Reiter hat festgestellt, daß manche Schwierigkeit, die in der Reitbahn nicht zu überwinden war, beim Reiten im Gelände bei genügend Schwung relativ leicht behoben werden konnte. Das kann beispielsweise auch für technische Elemente, wie fliegende Galoppwechsel, Gültigkeit haben. Gelegentlich sollte ein Ausritt in die freie Natur dem Dressurpferd auch die Möglichkeit der Entspannung bieten. Ein ausgedehnter Ausritt im Schritt hilft häufig, das psychische Gleichgewicht des Pferdes wiederherzustellen.

Wird *Handarbeit* in das Trainingsprogramm mit einbezogen, so sollte diese gesondert erfolgen oder aber an den Anfang der Ausbildungsstunde gelegt werden. Die dann noch vorhandene Frische beim Pferd verspricht einen größeren Erfolg.

Wird die Handarbeit als *selbständige Trainingseinheit* absolviert, gerät man nicht in zeitlichen Zwang. Wie bereits an anderer Stelle erwähnt, sollte die Handarbeit nicht sehr lang ausgedehnt werden. Gegebenenfalls ist sie nach gutem Erfolg auch sehr früh wieder zu beenden. Wird das Pferd anschließend gleich geritten, kann der „lobende Effekt" der durch die Beendigung der Handarbeit eintreten sollte, möglicherweise verwischt werden.

Das *Erhaltungstraining* ist dem Leistungsstand und auch dem Alter des Pferdes anzupassen. Es ist in seiner Intensität auf die individuelle Wettkampfplanung einzustellen. So muß bei einer planmäßigen längeren Wettkampfpause die Intensität der Arbeit zunächst schrittweise zurückgehen, um danach systematisch wieder zuzunehmen. Nur so ist es möglich, das Pferd zielgerichtet auf Wettkampfhöhepunkte vorzubereiten. Dabei ist die Individualität des Pferdes zu berücksichtigen. Hat ein Pferd einmal technische Perfektion erreicht, geht diese kaum verloren. Das Pferd ist täglich ausreichend zu bewegen. In der Periode geringerer Intensität stehen lösende Übungen im Vordergrund. (Die Fütterung muß der geringen Belastung unbedingt angepaßt werden.) Auf versammelnde Übungen sollte in dieser Zeit völlig verzichtet werden, um jede psychische Belastung fernzuhalten. Im Vordergrund steht also in dieser Periode die Erhaltung der Beweglichkeit und Geschmeidigkeit des Pferdes. In der Periode der Wettkampfvorbereitung ist das Schwergewicht dann auf die Zunahme der Kraft des Pferdes zu legen, d. h. auf konditionelle Verbesserung. Hierzu sollte die Arbeit im Gelände einbezogen werden. Im weiteren Verlauf ist natürlich auf die korrekte Absolvierung der technischen Elemente besonderer Wert zu legen.

Bei älteren Pferden ist der täglichen Bewegung mit geringer Belastung besonderes Augenmerk zu schenken. Eine mehrfache kürzere Bewegung am Tage ist einer einmaligen, länger ausgedehnten, deutlich vorzuziehen. Hauptaufgabe in der Arbeit des alternden Dressurpferdes ist die Erhaltung der Beweglichkeit und der Spannkraft der Muskulatur. Täglich ist auch in wenigen Lektionen in Versammlung zu reiten. Auf diese Weise gelingt es, das Pferd relativ lange sportlich zu nutzen. Dies muß nicht immer in großen Wettkämpfen der Fall sein. Jeder jüngere Reitschüler wird sich glücklich schätzen, auf einem erfahrenen S-Dressurpferd die Lektionen der „Hohen Schule" erlernen zu dürfen.

6.7. Wettkampfvorbereitung und -teilnahme

Die Entscheidung zur Wettkampfteilnahme darf nicht spontan erfolgen, sondern muß planmäßig vorbereitet werden. Der relativ langfristig vor dem eigentlichen Wettkampftermin liegende Nennungsschluß zwingt gewissermaßen zur Planmäßigkeit. Aus der Ausschreibung ist zu ersehen, welche Anforderungen gestellt werden. Reiter und Trainer haben gemeinsam die Frage zu beantworten, ob das Reiter-Pferd-Paar den gestellten Anforderungen gewachsen ist.

Es ist grundsätzlich davon auszugehen, daß das *Dressurviereck* beim Wettkampf *kein Übungsplatz* ist. Reiter und Pferd sollen beim Wettkampf zeigen, was sie gemeinsam beherrschen, und nicht, was sie nicht können. Wenn Wettkampfstabilität auch nur beim Turnier erzielt werden kann, bedeutet das nicht, in Prüfungen zu starten, deren Anforderungen nicht beherrscht werden. Es ist also stets zu überprüfen, ob die verlangten Aufgaben auf dem heimischen Übungsplatz *ohne* nennenswerte *grundsätzliche Mängel* absolviert werden können. Die Turnierteilnahme kann auch ohne Sieg zum Erfolg werden, wenn man die zu reitende Aufgabe weitestgehend korrekt bewältigt hat.

Die *unmittelbare Wettkampfvorbereitung* muß sich an den ausgeschriebenen Aufgaben orientieren. Als grundsätzliche Voraussetzung gilt ein konditionell gut vorbereitetes Pferd, das den Anforderungen der Klasse, in der gestartet werden soll, gewachsen ist. In den letzten 2 bis 3 Wochen werden zunächst Abschnitte der zu reitenden Aufgaben im Training absolviert. Das Ergebnis ist zu analysieren. Gegebenenfalls sind entsprechende Korrekturen einzuarbeiten. Das bietet zugleich die Möglichkeit einer kurzen Erholung für Reiter und Pferd und der Vorbereitung einer Wiederholung. Auf diese Weise werden die Dressuraufgaben schrittweise erarbeitet. Das ist um so notwendiger, je weniger erfahren der Reiter ist. Die kurze Folge der Lektionen stellt den Reiter vor völlig neue Aufgaben und verlangt von ihm volle Konzentration. Dringend wird davor gewarnt, täglich die ganze Aufgabe zu reiten, nur ein kleiner Teil der Trainingseinheiten ist diesem speziellen Thema zu widmen.

Treten noch nennenswerte Mängel zutage, sind diese durch vorbereitende Arbeiten auf dem Übungsplatz zu beseitigen. Die Turniervorbereitung ist so zu gestalten, daß wenige Tage vor dem Turniertermin, die Gesamtaufgaben (es sind ja meist mehrere) nochmals geritten werden. Dabei ist nun auch besonderer Wert auf das *taktische Verhalten* im Dressurviereck zu legen. Es gibt kein Pferd, das nur über Stärken verfügt. Im Regelfall sind stets auch Schwächen vorhanden. Diese nicht besonders „herauszustellen" ist das gute Recht des Reiters. Hier gilt es also, dem Reiter die Rangfolge der Bewertung zu erläutern, um gegebenenfalls durch „zweckmäßiges Reiten", den Mangel zu kaschieren. (Wenn beispielsweise der Takt prinzipiell vorrangig zu bewerten ist, erscheint es ratsam, im Interesse der Erhaltung des Taktes im Schritt auf etwas Versammlung zu verzichten – das ist der kleinere Fehler.) Starten Pferde in Dressurprüfungen der gehobenen Klasse, verfügen sie im Regelfall schon über ausreichend Turniererfahrung. Es gibt jedoch auch Reiter, die die Pferde bis zur mittelschweren Klasse vorbereiten, ohne vorher mit diesen Pferden Turniere besucht zu haben. In solchen Fällen versteht es sich von selbst, daß in die spezielle Wettkampfvorbereitung die „Simulierung" des allgemeinen Wettkampfgeschehens einbezogen werden sollte. (Musik, Fahnen u. s. w.)

Die *Fahrt* zum Turnierort sollte so geplant werden, daß man rechtzeitig ankommt, um die Turnieranlagen in Augenschein zu nehmen und mit dem Pferd auf dem geöffneten Übungsplatz einige lösende Übungen zu reiten. Unter bestimmten Umständen können am fremden Ort erhebliche Verspannungen auftreten. Hier sollte der Reiter stets versuchen, diese in Ruhe mit viel Lob und nicht etwa mit Strafe abzubauen. Im Regelfall ist es Angst bei den Pferden, die ihnen genommen werden muß. Das gelingt wohl kaum durch Gerte und Sporen.

Wettkampfteilnahme

Der Reiter sollte rechtzeitig auf dem *Abreiteplatz* erscheinen, um sein Pferd in Ruhe auf den Start vorbereiten zu können. Günstig sind vorgeschriebene Startzeiten, die auch im Falle des Startverzichtes eines oder mehrerer Teilnehmer eingehalten werden müssen. Ist das nicht der Fall, muß der Reiter auch mit einem früheren Start rechnen.
Gleich der täglichen Gestaltung einer Trainingsstunde ist auf dem Abreiteplatz zunächst durch lösende Übungen die Losgelassenheit des Pferdes herzustellen. Erst danach kann zu versammelnden Übungen übergegangen werden. Der Reiter ist gut beraten, wenn er in der unmittelbaren Vorbereitung auf den Start solche Übungen, die bei dem Pferd noch zu Spannungen führen, *wegläßt.* Das kann der noch nicht in voller Losgelassenheit gesprungene fliegende Wechsel o. a. sein. Hier sollte man sich auf das Glück „verlassen“ und nicht unmittelbar vor dem Start kaum zu beseitigende Verspannungen aufbauen. Auch erscheint es unzweckmäßig durch stärkeren Einsatz von Hilfsmitteln, wie der Touchiergerte durch einen Helfer, dem Pferd eine entsprechende Reaktion, z. B. die Piaffe, „abzulocken“, die bei Wegnahme der Gerte jedoch sofort abbricht. Hier sollte man sich auf die „eigenen Hilfen“ verlassen, um im Viereck nicht zu „verhungern“, wie es in der Reitersprache heißt.
Das „Pulver“ darf nicht auf dem Abreiteplatz verschossen werden. Die Vorbereitung hat so zu erfolgen, daß Reiter und Pferd kurz vor dem Start den *Gipfel der Leistungsfähigkeit* erreicht haben. Im Viereck wird dann von Reiter und Pferd volle Konzentration verlangt, eine Tugend, die wohl nur in Wettkämpfen erworben werden kann. Der Reiter muß die Stärken seines Pferdes präsentieren, Schwächen hingegen darf er kaschieren.
Nach der Prüfung ist dem Reiter zu raten, sich in den Besitz der *Richterprotokolle* seiner Vorstellung zu bringen und diese aufmerksam zu studieren. Er wird sicher viele Hinweise zur weiteren Vervollkommnung der Leistungsfähigkeit seines Pferdes bekommen. Treten bei ihm Fragen auf, sollte er sich mit seinem Protokoll zu den Richtern begeben, um dort in einem Fachgespräch nähere Erläuterungen und Hinweise zu bekommen. Ohne Einsicht in das Protokoll eine globale Kritik am Richter anzubringen, ist keinesfalls fair. Reiter, Ausbilder und Richter sitzen gewissermaßen in einem Boot und tragen gemeinsam Verantwortung für die weitere Entwicklung der Leistungsfähigkeit des Pferdes. Daß der Reiter sich dabei gerne an der höchsten Bewertung orientiert, ist verständlich. Nur sind die Urteile trotz aller Bemühungen um gleiche Grundauffassungen der Richter eben subjektiv. Dabei liegen die Differenzen häufig weit unter 10%.
Die Selbsteinschätzung des Reiters ist auch nur ein subjektives Urteil und hat keinen Vergleich. Dieses Maß an Subjektivismus sollte jeder Beteiligte sich selbst zugestehen, aber auch dem Partner, sei es der Richterkollege, der Reiter oder der Trainer.

7. Springtraining

7.1. Leistungsbestimmende Merkmale des Springreitens

Das Ziel des Springtrainings besteht darin, die wesentlichen Leistungsvoraussetzungen langfristig, systematisch zu entwickeln, um im Springwettbewerb erfolgreich zu bestehen. Die dazu erforderlichen konditionellen Fähigkeiten und Bewegungsfertigkeiten kann man am besten ermitteln, wenn man Pferd und Reiter in einer Springprüfung aufmerksam beobachtet. Aus diesen leistungsbestimmenden Faktoren setzt sich die sogenannte *Leistungsstruktur* zusammen. Der Einblick in den inneren Aufbau und die Kenntnis der Wechselbeziehungen der einzelnen leistungsbestimmenden Faktoren unterstützen in großem Maße das Zustandekommen der sportlichen Leistung im Springreiten.

Das Springpferd

Das *Springpferd* vollbringt dabei den Hauptteil der geforderten Leistung. Es muß über genügend *Sprungkraft* verfügen, um die Hindernisse in ihrer Höhe überwinden zu können. Die Sprunghöhe wird aber nicht allein durch die Sprungkraft bestimmt. Großen Einfluß hat dabei die Fähigkeit der Sprungmuskulatur, sich im Augenblick des Absprungs aus der Beugung der Hinterhand heraus möglichst schnell zu strecken. Durch diese *Schnellkraft* wird die erforderliche Beschleunigung des Körpers zum Verlassen des Bodens erzeugt. Eine langsame Kontraktion der Streckmuskulatur erzeugt trotz großer Sprungkraft nur eine relativ geringe Sprunghöhe. Auch darf die Sprungkraft nicht nach einigen Sprüngen im Parcours nachlassen. Sie muß in gleicher Qualität bis zum Ende der Prüfung und nötigenfalls noch für ein oder mehrere Stechen zur Verfügung stehen. Diese Leistungsreserve wird durch eine ausreichende *Sprungkraftausdauer* abgesichert. Wenn das Galoppiervermögen während der Springprüfung geringer wird und eine längere Zeit für das Durchreiten der Springbahn benötigt wird, führt das in den meisten Prüfungen zu einer schlechteren Plazierung. Die Ausdauer als Widerstandsfähigkeit gegen Ermüdung muß deshalb nicht nur bei jedem einzelnen Sprung, sondern auch über die Gesamtstrecke des Parcours vorhanden sein. Diese Form der Ausdauer bezeichnet man als *Geschwindigkeitsausdauer.*

Viele Springpferde, die über die bisher genannten *Fähigkeiten* verfügen, kommen dennoch nur selten zu Erfolgen, weil sie die Beine trotz genügender Sprungkraft und Ausdauer

nicht genügend beugen. Sie müssen daher über eine optimale *Beweglichkeit,* hauptsächlich über eine große Bewegungsamplitute der Wirbel- und Beingelenke verfügen. Diese Eigenschaft muß weitgehend als Veranlagung vorhanden sein; sie ist nur zum geringeren Teil trainierbar.
Diese konditionellen *Fähigkeiten* des Springpferdes allein reichen zum Erfolg jedoch noch nicht aus. Neuartige Hindernisformen und schwierige Abstände zwischen den einzelnen Hindernissen in Kombinationen fehlerlos zu meistern, setzen beim Pferd durch Erfahrung gewonnene Bewegungs*fertigkeiten* voraus.
Eine Hauptaufgabe des Springtrainings besteht deshalb darin, die *Springtechnik* des Pferdes zu entwickeln und wettkampffest zu machen. Das Springpferd muß bereit sein, den durch die Hilfen des Reiters gegebenen Aufforderungen zur Beschleunigung oder Verkürzung des Tempos und zur Richtungsänderung willig nachzukommen. Diese auf der Grundlage der klassischen Dressurausbildung aufgebaute *Rittigkeit* des Springpferdes unterstützt den fehlerfreien und zeitlich günstigsten Bewegungsablauf in der Prüfung. Die Springtechnik setzt also eine *spezielle Dressurtechnik* voraus. Aus einer guten Rittigkeit und einer gefestigten Springtechnik entwickelt sich die *Gewandtheit,* die Voraussetzung für ein risikovolles Reiten im Stechen oder in Zeitspringen ist.

Tabelle 41: Wesentliche Voraussetzungen des Springpferdes und des Reiters

Springpferd	**Reiter**
Sprungkraft (Schubkraft aus Maximalkraft und Schnellkraft)	*vielseitige Kondition* (Kraft, Ausdauer, Beweglichkeit)
Ausdauer (Sprungkraftausdauer und Geschwindigkeitsausdauer)	*Vielseitige reiterliche Grundlagen* (Dressur, Springen, Gelände)
Beweglichkeit (Beugefähigkeit der Wirbel- und Beingelenke)	*spezielle Springtechnik* (Anreiten verschiedener Hindernisarten)
Springtechnik (effektive Bewegungstechnik)	*taktische Fertigkeiten* (in verschiedenen Springprüfungen)
Rittigkeit (spezielle Dressurausbildung des Springpferdes)	*theoretische Kenntnisse* (spezielle Reitlehre, allgemeine Trainingslehre)

Der Springreiter

Die Leistung im Springsport wird von Reiter und Pferd wechselseitig beeinflußt. Die Leistungsstärke des einen gleicht nicht die Mittelmäßigkeit oder Schwäche des anderen Partners auf Dauer aus. Ein Springreiter mit einem mangelhaften Ausbildungsstand behindert ein hochveranlagtes Pferd beim Vollbringen seiner höchsten Leistungsfähigkeit. Oft schon nach kurzer Zeit brach die Erfolgsserie von Spitzenpferden nach einem Reiterwechsel ab, weil der neue Reiter das Pferd kaum noch unterstützte, es vielmehr verunsicherte und beim vertrauensvollen Springen behinderte. Deshalb muß die Ausbildung des Springreiters mit ebenso großer Aufmerksamkeit wie die des Springpferdes verlaufen. Das ist um so nötiger, als der Reiter im Verlaufe seiner Ausbildungsjahre zunehmend mehr zum direkten selbständigen Ausbilder seines Pferdes wird.

Die Anforderungen an die Bewegungsfertigkeiten des Springreiters sind auf die Ausbildung seiner *Reittechnik* gerichtet, die das Gleichgewicht des Pferdes im Sprung höchstmöglich unterstützt. Grundlage des Erfolgs bleiben die ausgezeichneten Fertigkeiten des Springreiters in der dressurmäßigen *Rittigkeitsarbeit* des Pferdes als Bestandteil der technisch-koordinativen Ausbildung.
Die Bewegungsfertigkeiten des Springreiters werden auch durch Kenntnisse in der *Taktik* des Springsports ergänzt. Taktisch kluges Reiten im Parcours entscheidet oft über Sieg oder Platz.

Da Springsport im Gegensatz zu Geländeritten der Vielseitigkeitsreiter und zu Distanzritten eine *Kurzzeitdisziplin* ist, sind die Anforderungen, die hinsichtlich Kraft und Ausdauer an den Springreiter gestellt werden, nicht so hoch. Diese *konditionellen Fähigkeiten* dürften für einen Springreiter durch eine gute, neben dem Reitsport weiterbetriebene vielseitige sportliche Ausbildung gegeben sein. Dazu wird es erforderlich sein, die *Beweglichkeit* des Springreiters mit besonderen Mitteln zu fördern. Kein Springreiter sollte auf eine *Gymnastik mit speziellen Übungen* der Muskulatur, die beim spring- und dressurtechnischen Bewegungsablauf beteiligt ist, verzichten. Lockerungs- und Dehnungsübungen sind besonders wichtig. Einfluß auf das Leistungsvermögen des Springreiters hat auch seine *Reaktionsschnelligkeit.* Sie kann manchen Fehler verhindern, wenn der Springreiter auf eine unvermutete Handlung des Pferdes (z. B. zu frühes Abspringen oder sogenanntes Unterlaufen) schnell und richtig reagiert.

Es wurden nur die wichtigsten Eigenschaften, die das Leistungsvermögen von Reiter und Pferd im Springreiten beeinflussen, hervorgehoben. Vernachlässigt oder übersieht man im Training einzelne Bestandteile, die die komplexe Leistungsfähigkeit im Springsport bestimmen, wird die Wettkampfleistung nicht von Dauer sein.

Ausrüstung des Springpferdes und des Springreiters

Die notwendige Ausrüstung von Pferd und Reiter ist bereits im 1. Band grundsätzlich erläutert worden. Dort wurden die Anforderungen an das Sattelzeug, die Zäumung und den Anzug des Reiters für die Grundausbildung gekennzeichnet. Wenn die sportliche Entwicklung des Reiters und des Pferdes weiter fortgeschritten ist und sich die weitere Spezialisierung des Pferdes für eine der verschiedenen Reitsportdisziplinen abzeichnet, werden auch einige spezielle Ansprüche an die Ausrüstung des Pferdes erforderlich. Letztlich sollen damit unterstützende Bedingungen gegeben werden, um die Leistungsfähigkeit im Springen oder in den anderen Reitsport-Disziplinen zu fördern.
Der Springreiter kann nur auf einem korrekt liegenden *Sattel* seine Hilfen an das Pferd übertragen. Der Springsattel muß dazu beitragen, das Gleichgewicht von Reiter und Pferd in allen Bewegungsformen in Übereinstimmung zu bringen.
Der Rücken des Springpferdes wird besonders im Augenblick der *Landung* durch das Eigengewicht des Reiters über die beidseitige Druckkraft auf die Bügel sehr stark belastet. Deshalb muß der Reiter beim Verpassen des Sattels sehr genau darauf achten, daß die Polsterung auf dem Rücken und an den Schultern *gleichmäßig* anliegt. Zu harte, wenig anschmiegsame Polsterung führt zu Druckverletzungen an einzelnen, die Gesamtlast des Reiters tragenden Stellen des Rückens, die meistens nur langsam heilen. Außerdem muß man die Lage des Sattels öfter daraufhin prüfen, ob zwischen Sattelkammer und Widerrist des Pferdes genügend „Luft“ (Zwischenraum) besteht, weil sich die Polsterung des Sattels durch den Gebrauch senkt und dadurch die Gefahr des Widerristdrucks entsteht.
Im Laufe der Zeit wird der Sattel hinten immer flacher, so daß der tiefste Punkt zu weit nach hinten verlagert ist. Dann muß er bald aufgepolstert werden. Es ist eine Orientierungshilfe für die korrekte Lage des Sattels, wenn sein tiefster Punkt und der Gurt mit dem Schwerpunkt des Reiters in der Senkrechten liegen.

Im Springsport werden Sättel verwendet, die auf der Sitzfläche und in den Sattelblättern eingearbeitete Wildlederteile besitzen, deren Oberflächenrauhigkeit einen möglichst festen Sitz des Springreiters gewährleistet. Um die Druckbelastung, der die Knie des Springreiters bei der Landung ausgesetzt sind, zu dämpfen, wird in die Pauschen elastischer Schaumgummi eingearbeitet.
Noch immer wird der Schnurengurt am häu-

figsten als *Sattelgurt* verwendet. Er hat den Vorteil, daß er breitflächig am Körper des Pferdes anliegt, luftdurchlässig und bequem waschbar ist. Gern wird auch der Gummigurt angelegt, weil er durch seine Dehnbarkeit die Vergrößerung des Brustraumes des Pferdes bei erhöhter Atmung zuläßt. Der gekreuzte Ledergurt ist sehr haltbar und leicht sauber zu halten. Er ist aber an den Kreuzungsstellen sehr schmal und verteilt dort nicht genügend den Druck auf eine breitere Fläche.

Die im Sattelbaum angebrachten *Steigbügelfedern* (Sturzfedern) müssen ebenso wie die Steigbügelriemen (Chromleder) von guter Qualität sein und sich in bestem Pflegezustand befinden. Die Steigbügelfedern sollten stets geöffnet sein, damit die Gefahr beim Sturz verringert wird. Die Steigbügel des Springsattels sollten ein leichtes Hinein- und Herausgleiten des Stiefels ermöglichen. Durch ihr verhältnismäßig hohes Eigengewicht wird dem Reiter, der im Sprung einen Bügel „verloren" hat, das „Wiederfinden" erleichtert. Ein schwerer Bügel pendelt wenig hin und her. Eine rauhe Einlage im Bügelsteg vermeidet das Herausrutschen des Fußes, wenn sich der Unterschenkel des Reiters im Sprung verschieben sollte. Im allgemeinen werden Filzdecken unter den Sattel auf das Pferd gelegt und mit Riemchen befestigt. Sattelunterlagen aus dünnem Leder kann man bei Pferden verwenden, deren Haarkleid diese wenig luftdurchlässige Auflage verträgt. Eine Leinenhülle, die man über den gesamten Sattel ziehen kann, schützt ihn vor Beschädigungen und Verschmutzungen beim Verladen und während des Transports.

Die normale *Zäumung* des Springpferdes ist die Trense mit hannoverschem Reithalfter und dickem Wassertrensenmundstück in der Form der Ringtrense oder der Olivenkopftrense. Neben dem hannoverschen findet auch das mexikanische und englische Reithalfter sowie das Bügelreithalfter im Springsport Anwendung. Mit den verschiedenen Reithalftern will man besser dem Aufsperren des Pferdemaules begegnen.

Andere Spezialgebisse wie z. B. das Pelham, die Kandare u. a. Abkömmlinge haben selten zum Erfolg bei forsch gehenden Springpferden geführt. Erfahrungen haben bestätigt, daß Springpferde, denen man mit raffinierten Zügel- und Gebißkombinationen beizukommen versuchte, auf die Dauer keine guten Springleistungen vollbrachten. Ein Martingal – so verschnallt, daß keine Hebelwirkung durch einen gebrochenen Verlauf des Zügels zwischen Reiterhand und Pferdemaul entsteht – ist das Hilfsmittel, das in der Ausbildung verwendet werden sollte und das in Springwettbewerben zugelassen ist. (Abb. 192)

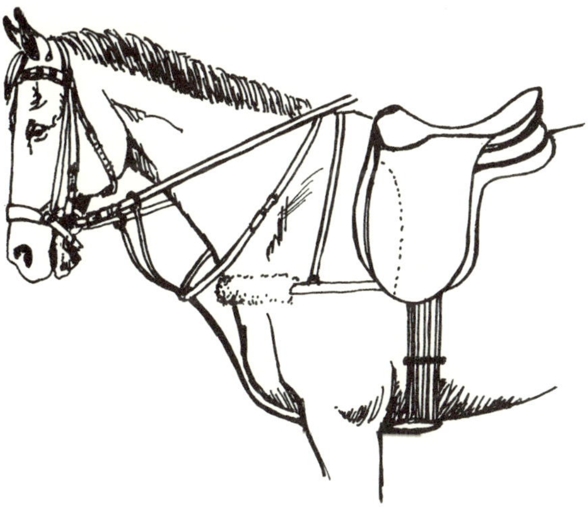

192 Korrekt verschnalltes Martingal

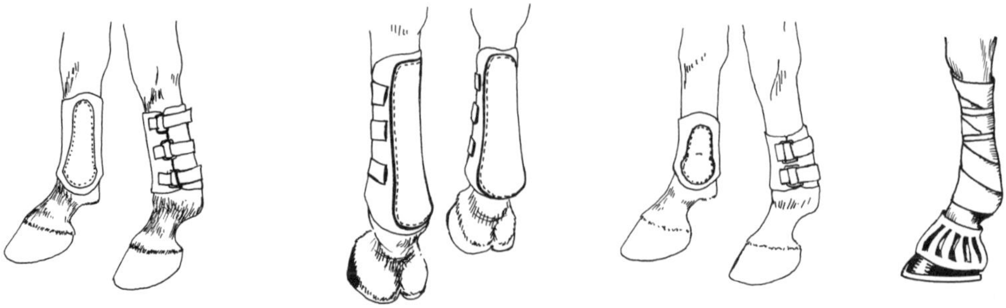

193 Gamaschen, Streichkappen, Bandagen, Gummiglocken

Schweißabsonderung am Hals des Pferdes kann dazu führen, daß der Lederzügel dem Reiter während des Springens durch die Hand rutscht, wodurch der Kontakt zwischen Reiter und Pferd gestört wird. Gummibezüge mit rauher Oberfläche haben sich als wenig haltbar erwiesen. Lederknebel behindern das gleitende Verkürzen bzw. Verlängern des Zügels. Beide Nachteile treten weniger auf, wenn ein ungefähr 50 bis 60 cm langer *Gurtzügel* als Mittelstück in den Lederzügel eingesetzt wird. Die meisten *Verletzungen,* die im Springsport auftreten, entstehen an den Beinen des Pferdes. Durch eine gute Ausrüstung des Springpferdes kann man trainings- und wettkampfbedingte Beinverletzungen gering halten. Dazu gehören für das springtechnische Training vor allem *Gummiglocken,* die den Kronenrand und die Fesselbeugen der Vorderbeine schützen. Man verwendet entweder Glocken zum Überziehen über den Huf (Abb. 193) oder aufgeschnittene zum Umlegen mit einem Verschluß. Ihr oberer Rand darf nicht zu eng sein, damit die *Durchblutung der Fessel* nicht behindert wird und keine Scheuerstellen entstehen. Die Auffassungen sind unterschiedlich, ob Bandagen eine Schutz- und Stützfunktion erfüllen. *Bandagen* müssen sachgemäß angelegt werden. Unelastische feste Wollbandagen dürfen nicht zu stramm gewickelt werden; zu lose rutschen während des Galoppierens oft über den Fesselkopf weiter nach unten, lösen sich und können zu einer Gefahr werden. Doppelt gelegte elastische Binden, gegen die Dehnungsrichtung gesteppt, geben nach und behindern die Durchblutung nicht. Für Sprungpferde werden seit einigen Jahren spezielle Springgamaschen verwendet, die zum Teil an der Vorderseite der Beine offen sind. Sie werden mit Schnallen oder Klettverschlüssen befestigt.

Die Hersteller sind ständig um die Verbesserung des Beinschutzes bemüht, so daß weitere Fortschritte zu erwarten sind.

7.2. Aufbau und Gestaltung des mehrjährigen Springtrainings

Der Abschnitt des Springtrainings beginnt mit der *Turnierreife.* Es wird vorausgesetzt, daß das junge Pferd die für die Teilnahme an Wettbewerben der Klasse A und L notwendigen konditionellen Fähigkeiten und Bewegungsfertigkeiten in der *Grundausbildung* erworben hat. Das zukünftige Springpferd muß zu diesem Zeitpunkt schwungvolle Gänge besitzen, durchlässig und geradegerichtet sein. Die *Bewegungsfertigkeiten,* die in der Dressur-, Spring- und Geländeausbildung vielseitig aufgebaut worden sind, müssen das Pferd befähigen, die ihm gestellten Bewegungsaufgaben gehorsam und losgelassen auszuführen. Grundlegende *konditionelle Fähigkeiten* des Pferdes und des Reiters (Kraft und Ausdauer) müssen so weit gefördert worden sein, daß der weitere Ausbildungsweg ohne physische oder nervliche Überforderungen begonnen werden kann.

Es hat sich bewährt, das mehrjährige Springtraining in den Abschnitt des Aufbaus und den der Erhaltung der Leistungsfähigkeit zu gliedern.

Der **Abschnitt des Aufbaus der Leistungsfähigkeit** schließt an die Grundausbildung an. Nicht jedes Springpferd, das nach der Grundausbildung weiter trainiert wird, besitzt die Voraussetzungen, ein international erfolgreiches Spitzenpferd zu werden. Viele Springpferde, deren Leistungsfähigkeit begrenzt ist, erzielen aufgrund eines guten Trainings zuverlässige Leistungen in Springprüfungen der mittleren Klasse. Es wäre falsch, ein solches Pferd in Parcours der schweren Klasse einzusetzen. Der Abschnitt des Aufbaus der Leistungsfähigkeit kann deshalb zeitlich nicht formal festgelegt werden. Er hängt von der Entwicklungsmöglichkeit des einzelnen Pferdes ab. Man kann diesen Trainingszeitraum deshalb auch nicht absolut als Aufbau der Springfertigkeit von der Klasse L bis zur Klasse S bezeichnen. (Abb. 194)

An die Grundausbildung, die in ihrem letzten Abschnitt die Teilnahme an einigen in der Umgebung stattfindenden kleineren Turnieren vorsieht, schließt sich für die Springpferde der ungefähr zwei bis drei Jahre dauernde Abschnitt des Aufbautrainings bis zur Höchstleistung an. Während in der Zeit der Grundausbildung die verschiedenen *Trainingsbestandteile* (Konditionsausbildung, Ausbildung in der Dressur und im Springen) in der allseitigen Ausbildung des Pferdes relativ eigenständig sind, nehmen diese Teilgebiete des Trainings im Abschnitt der beginnenden Spezialisierung ein anderes Verhältnis zueinander an. Die Dressurarbeit und das Konditionstraining des Springpferdes werden zunehmend Mittel für die Unterstützung des Springtrainings. Die Entwicklung der Sprungkraft und Springtechnik rückt immer mehr in den Mittelpunkt des Trainings. Die dressurmäßige Arbeit darf aber dabei keinesfalls unterschätzt oder vernachlässigt werden. Sie tritt im Training nicht wesentlich zurück, sondern wird nur *zweckgerichteter* betrieben. Der neue Entwicklungsabschnitt ist

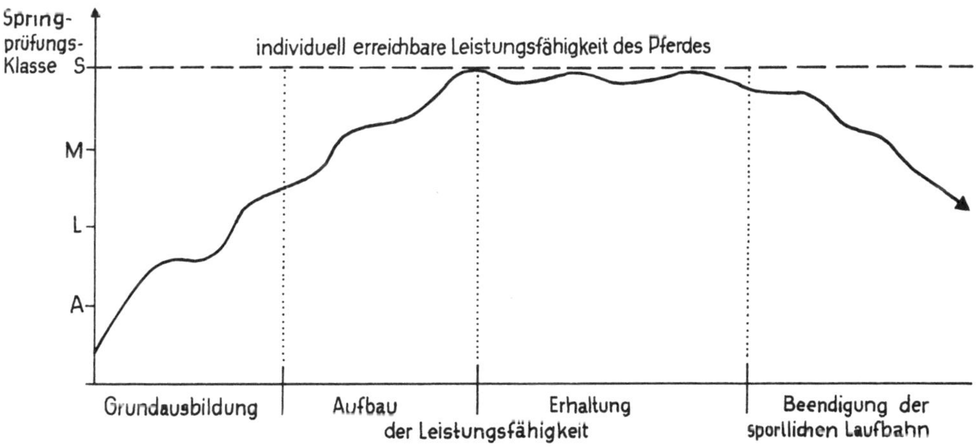

194 Entwicklung der Leistungsfähigkeit des Springpferdes

also grundsätzlich dadurch charakterisiert, daß die Trainingsmethoden und -mittel spezieller, zielgerichteter auf die Förderung der Leistungsveranlagung Springen zugeschnitten sind. Je mehr aber spezielle Trainingsinhalte des Springreitens zum Einsatz kommen, um so mehr muß stets darauf geachtet werden, daß ein bestimmter Anteil vielseitiger Leistungsgrundlagen als Basis für die fortschreitende Spezialisierung des Springpferdes erhalten und ausgebaut wird.

Nachdem das junge Springpferd im letzten Abschnitt der Grundausbildung in einigen Springprüfungen der Klasse A sein Talent für diese Disziplin angedeutet hat, beginnt der *Abschnitt der Spezialisierung,* das Springtraining. Für das *erste Trainingsjahr* stellen wir uns das Ziel, das Springpferd so zu fördern, daß es in der Turnierperiode erfolgreich an Springprüfungen der Klasse L teilnehmen und am Ende der Wettkampfperiode versuchsweise auch in der Klasse M/B geprüft werden kann. Die Arbeit im ersten Trainingsjahr ist als erfolgreich zu betrachten, wenn die Ergebnisse während der Turnierperiode nur gering schwanken und die Fehlerpunkte niedrig liegen. Nur dann ist es trainingsmethodisch zu verantworten, am Ende der Wettkampfperiode die Teilnahme in der höheren Klasse zu empfehlen.

Auch im *zweiten Trainingsjahr* werden die Pferde erst im zweiten Teil der Turnierperiode in der Klasse M/A eingesetzt, wenn die vorangegangenen Ergebnisse in der Klasse M/B zufriedenstellend sind.

Das *dritte Trainingsjahr* im Aufbauabschnitt ist durch dominierenden Einsatz in Springprüfungen der schweren Klasse gekennzeichnet. Durch die Teilnahme an verschiedenen Wettbewerben (Zeitspringen, Springprüfungen mit Stechen, auch ein Test im Mächtigkeitsspringen) entscheidet sich, für welche Art von Prüfungen das Springpferd besonders geeignet ist. Jeder Reiter wünscht sich, ein Pferd zu reiten, das in allen Metiers zur Spitze zählt. Das ist nur wenigen beschieden. Deshalb sollte die „starke Seite“ eines Springpferdes besonders gefördert werden, um nicht Mittelmaß in allen verschiedenen Prüfungen zu bleiben, damit die Chance auf einen großen Erfolg in einer speziellen Prüfung steigt. In diesem dritten Trainingsjahr sammeln Reiter und Pferd Erfahrungen auf verschiedenen Turnierplätzen, gewinnen Routine im Überwinden vielfältiger neuer Hindernisse. Prüfungen der Klasse M/A sind nun im fortgeschrittenen Ausbildungsstadium nur noch Mittel zum Zweck (Gewöhnung an unbekannten Platz und Hindernisse) der unmittelbaren Vorbereitungen auf die größeren Springprüfungen der folgenden Tage.

Der **Abschnitt der Erhaltung der Leistungsfähigkeit** beginnt, wenn das Springpferd bis zu der individuellen oberen Leistungsfähigkeit gefördert worden ist. Dieser Zeitpunkt läßt sich im allgemeinen nicht genau bestimmen. Es gibt Springpferde, die durch verschiedene Umstände nicht ihre mögliche obere Leistungsfähigkeit erreichen. Die Leistungsfähigkeit des Springpferdes kann nur dann beurteilt werden, wenn ein erfahrener, gutausgebildeter Springreiter das Pferd bei der Entfaltung seiner Möglichkeiten unterstützt. Ein jüngerer, noch in der Ausbildung befindlicher Reiter sollte deshalb selbst daran interessiert sein, sein Pferd einem fortgeschrittenen Reiter zeitweilig zur Verfügung zu stellen. Dem jüngeren Reiter ist oft mehr geholfen, wenn er seine reittechnischen Fertigkeiten zunächst auf einem ausbildungsmäßig gefestigten Springpferd vervollkommnen kann. Wird ein Springpferd von einem zu ihm passenden, erfahrenen Reiter längere Zeit geritten, läßt sich auch der Zeitpunkt besser bestimmen, an dem es die vermeintliche obere *Grenze der individuellen Leistungsfähigkeit* erreicht hat.

Mit gewisser Sicherheit ist dieser Zeitpunkt erreicht, wenn über einen längeren Zeitraum der Turnierteilnahme keine wesentliche *Leistungsverbesserung* mehr erzielt werden kann. Beispielsweise ist es in der Klasse M an seiner *Leistungsgrenze* angelangt, wenn es ständig eine bestimmte Fehlerpunktzahl ohne große Schwankungen wiederholt, in der

Klasse S jedoch bei mehreren Versuchen wegen deutlich sichtbarer fehlender Sprungkraft versagt. Ein besonders leistungsstarkes Pferd hat den erstrebenswerten Leistungsaufbau erreicht, wenn es in Prüfungen der Klasse S zuverlässig mehrfach Ergebnisse zwischen 0 und 4 Fehlerpunkten wiederholt.
Im allgemeinen erreichen Springpferde den Abschnitt der *Erhaltung* der individuellen Höchstleistung nach dem Aufbautraining mit ungefähr 8 Jahren, sofern keine besonderen Unterbrechungen auftraten. Werden sie vernünftig weitertrainiert und *maßvoll* auf Turnieren eingesetzt, kann man ihre Leistungsfähigkeit ungefähr bis zum 13./14. Lebensjahr und darüber hinaus erhalten. Die Kunst des Springreiters oder Ausbilders besteht darin, für das jeweilige Pferd zu beurteilen, welche Anzahl der Turniere und der Starts notwendig und leistungsfördernd ist. Nicht die Anzahl gewonnener Schleifen, sondern die Qualität der Erfolge ist entscheidend.
Der Ausbilder findet bald heraus, für welche *Arten von Springprüfungen* das jeweilige Springpferd sich besonders eignet. Diese sich bei den meisten Springpferden abzeichnende *Spezialisierung* ist ein Maßstab für den dosierten zielgerichteten Turniereinsatz. Es hat beispielsweise keinen Sinn, Springpferde, die in Mächtigkeitsspringen sehr leistungsstark sind, immer wieder in Zeitspringen einzusetzen und „auf Sieg" zu reiten, wenn ihnen die entsprechende Wendigkeit und Grundschnelligkeit fehlen. Es sind nur wenige Springpferde bekannt, die über eine gleich starke ideale Leistungsfähigkeit in allen Prüfungsarten verfügten. Es gibt Springpferde, die über einen verhältnismäßig langen Zeitraum beständige Höchstleistungen vollbringen. Leider ist aber bei den meisten der Abschnitt zwischen dem Ende des Aufbautrainings und dem Abschluß der gesamten leistungssportlichen Laufbahn zu kurz. Die Ursachen liegen oft in vielfältigen trainingsmethodischen Bereichen, so z. B. in der Gestaltung des Trainings oder in Fehlern bei der Wettkampfhäufigkeit, aber auch in Mängeln der Grundausbildung oder des Aufbautrainings.
Nicht allein die Anzahl der Turniereinsätze, sondern auch die Gestaltung des Trainings beeinflußt die Stabilität der Leistung des Pferdes. Einige Erkenntnisse unterscheiden das „Erhaltungstraining" (Stabilisierung des individuellen Leistungsmaximums) vom Aufbautraining. Das erreichte Leistungsniveau wird nur dann erhalten, wenn sein Absinken durch Belastungsreize verhindert wird.
Durch die Teilnahme an Turnieren werden für Springpferde dieser Leistungsklasse meist ausreichende und intensive Belastungen geboten. Die Auffassungen über die Notwendigkeit eines Zwischenwettkampftrainings in der Wettkampfperiode sind unterschiedlich. Es hat sich bewährt, mit diesen erfahrenen Pferden so zu arbeiten, daß vor allem die physische und psychische Wiederherstellung unterstützt wird. In dieser Zeit kann auch die Korrektur einzelner Leistungsfaktoren vorgenommen werden. Oft ist jedoch in kurzen Wettkampfpausen ein Weidegang für erfahrene Springpferde besser als ein kurzzeitig intensives Arbeitspensum unter dem Sattel. Anders ist zu verfahren, wenn längere Zeitabstände ohne Turniere ein planvolles Training erforderlich und möglich machen.
Nach längerer Zwangspause im Training, z. B. aus tierärztlichen Gründen, werden früher erworbene technische Fertigkeiten mit schwierigen Einzelelementen gehorsam ohne langes Vorbereitungstraining wiederholt, weil diese Bewegungsabläufe im Nervensystem des Pferdes relativ dauerhaft geprägt sind. Deshalb ist es unangebracht, mit erfahrenen, ausgebildeten Springpferden in der Vorbereitungsperiode ebenso häufig zu springen wie mit Pferden, die im Aufbautraining stehen.
Wenn der *Rittigkeitszustand* und der *springtechnische Bewegungsablauf* des ausgebildeten Springpferdes in Ordnung sind, kann man sich neben der Erhaltung der Geschmeidigkeit mit Hilfe von *Gymnastikhindernissen* auf eine geringere Anzahl von Sprüngen über größere Hindernisse beschränken. Dabei ist es besser, mehrere Hindernisse als *Teilparcours* zusammenhängend zu springen, als ein-

zelne Sprünge anzureiten. Der erworbene Bewegungsablauf in der Verbindung mehrerer Sprünge wird damit erhalten. Der Satz, daß jedes Springpferd in seinem Leben über ein bestimmtes Guthaben an Sprüngen verfügt, enthält sicher viel Wahres. Im Gegensatz zum Aufbautraining, in dem die Technik eben nur durch Übung entwickelt werden kann, sollte man im Erhaltungstraining der ausgebildeten Pferde diesen Fonds nicht unnötig durch Trainingssprünge verringern. *Die Anzahl der Trainingssprünge sollte deshalb immer kleiner sein als die der Wettkampfsprünge.*
Im Gegensatz zu den Bewegungsfertigkeiten kann auch der trainierte Organismus die *konditionellen Fähigkeiten* nicht über lange Zeiträume bewahren. Deshalb darf das *Konditionstraining* für ausgebildete Springpferde und Reiter nicht über länger Zeit ausgesetzt werden. Es wird empfohlen, die *Häufigkeit* der Ausdauergalopps für Springpferde beizubehalten. Längere ruhige Galoppreprisen im Grundlagenausdauerbereich (350–400 m/min) sind zweckmäßig. Um die Sprungkraft zu erhalten, ist es gemäß den Erörterungen zur Springtechnik besser, wenige, aber der Leistungsklasse angepaßte *hohe Sprünge* auszuführen, um wirkungsvolle Belastungsreize auf die Sprungmuskulatur zu setzen.
Die Leistungsfähigkeit wird nicht nur durch das Training der physischen, sondern auch durch Beeinflussung der *psychischen Vorgänge* hervorgebracht. Insbesondere im Erhaltungstraining der wettkampfmäßig hoch beanspruchten Springpferde und -reiter darf die Stabilisierung eines ausgeglichenen *Nerventonus* nicht außer Acht gelassen werden. Man sollte nicht erst dann etwas unternehmen, wenn ein sensibles Springpferd nervlich ruiniert oder ein phlegmatisches völlig apathisch ist. Oft hilft es, die Umgebung zu wechseln und *Abwechslung* in die Tätigkeit zu bringen. Pferde, die sich vom Oktober bis zum Mai nur in der Reithalle oder auf dem Reitplatz bewegen, werden psychisch nicht die stabilsten sein. Häufiges Reiten im Gelände ist daher von großer Bedeutung. Ältere Springpferde, die im Parcours öfter Flüchtigkeitsfehler machen, werden wieder zum aufmerksamen Springen erzogen, wenn sie dabei einige ähnliche Geländehindernisse überwinden. Wenn das Springpferd durch tierärztliche Behandlung zu einer Ruhepause gezwungen wird, sei schließlich noch an die Geduld der Reiter und Ausbilder appelliert, damit insbesondere Verletzungen oder Erkrankungen am Sehnen- und Bandapparat sowie am Hufmechanismus ausheilen können. Eine zu *früh einsetzende Belastung* kann eine Laufbahn vorzeitig beenden.

7.3. Die Trainingsgestaltung im Jahresverlauf

Nach den prinzipiellen Hinweisen zum Aufbau- und Erhaltungstraining als 2. und 3. Abschnitt des langfristigen Leistungsaufbaus folgen Bemerkungen zur Gestaltung des Springtrainings im Jahresverlauf. Dabei kann nicht erwartet werden, daß konkrete Trainingspläne für die einzelnen Jahre der Leistungsentwicklung des Springpferdes dargestellt werden. Die optimale Trainingsgestaltung und -belastung ist immer vom individuellen Entwicklungsstand, der unterschiedlichen physischen und psychischen Belastbarkeit, vom Temperament, der Lernfähigkeit des einzelnen Pferdes abhängig. Es wäre deshalb fatal, das Trainingsprogramm eines erfolgreichen Springreiters formal nachzuvollziehen. Hilfreich ist jedoch, bei eigenen Überlegungen zum systematischen Aufbau des Trainingsjahrs, die Schwerpunkte und die Ausbildungsmethoden erfolgreicher Reiter zu berücksichtigen. Das Training im Jahresverlauf wird grundsätzlich dadurch bestimmt, ob sich der Springreiter entscheidet, sein Pferd auf die Teilnahme an Hallen- und Freilandturnieren vorzubereiten oder nur auf Wettkämpfe in der „Grünen Saison“. Dadurch entsteht für die Trainingsstruktur des Jahres eine *Einfach- oder Doppelperiodisierung.* (Tab. 42) Im ersten Fall steht eine relativ lange Vorbereitungsperiode vor der Turniersaison zur Verfügung; im anderen Fall können zwei, aber relativ kurze vorbereitende Trainingsabschnitte im Jahresverlauf genutzt werden. Im allgemeinen wird die Einfachperiodisierung für solche Springpferde vorgezogen, die sich im Aufbautraining befinden und mehr Zeit zum Erlernen und Festigen neuer springtechnischer Ausbildungsinhalte benötigen. Erfahrene, ältere Springpferde kommen mit kürzeren Trainingsabschnitten zur Erhaltung und Wiederherstellung ihrer Leistungsfähigkeit vor der nächsten Turnierserie aus. Unabhängig vom ausgewählten Jahresaufbau, brauchen alle Springpferde nach der Turniersaison Zeit zur umfassenden Erholung in einer Übergangsperiode.

7.3.1. Das Training in der Vorbereitungsperiode

Die Grundlage für den Erfolg in der Wettkampfperiode wird in der Vorbereitungsperiode gelegt. Bis zum Beginn der Turnierperiode müssen Reiter und Pferd im 1. Jahr des Aufbautrainings mit den Anforderungen der Springprüfungen der leichten bis mittleren Klasse vertraut gemacht worden sein. Im 2. und 3. Trainingsjahr soll die Leistungsfähigkeit für die Teilnahme an Prüfungen der Klassen M und S erreicht werden. Am Ende der Vorbereitungsperioden müssen Reiter und Pferd durch einige *wettkampfnahe Trainingsprüfungen* nachweisen, daß ihr turniermäßiger Einsatz in diesen Klassen berechtigt ist. Neben der an Hand der Fehleranzahl leicht zu beurteilenden Qualität der Springausbildung sind auch die übrigen genannten Fähigkeiten und Bewegungsfertigkeiten von Springreiter und Pferd in erforderlichem Maß zu entwikkeln. Die Hauptaufgabe der Vorbereitungsperiode kann natürlich allseitig und schrittweise nur dort vollständig erfüllt werden, wo für das Training im Springsport eine *überdachte Reitbahn* während der Winterzeit zur Verfügung steht, in der das Gefrieren des Bodens verhindert werden kann. Hallenabmessungen von ungefähr 20 bis 30 m Breite und 40 bis 60 m Länge lassen auch ein Training für die Klasse S und die entsprechenden Kombinationen zu. Wenn der spezialisierte Trainingsprozeß des Springpferdes von Ende Dezember bis Mitte März unterbrochen wird, ist die Leistungserwartung niedriger.

Der 1. Abschnitt der Vorbereitungsperiode
Die Vorbereitungsperiode des Springpferdes sollte man in zwei Abschnitte gliedern. Im ersten Abschnitt der Vorbereitungsperiode wird das Springpferd so gefördert, daß es im zweiten Abschnitt im verstärkten speziellen Springtraining zielgerichtet auf die Turniersaison vorbereitet werden kann. Damit rükken in beiden Abschnitten einige Trainingsbestandteile in den Mittelpunkt. (Tab. 43)

Tabelle 42: Beispiele für Periodisierungen des Trainingsjahres

Einfach-periodisierung	November–Mai		Mai–September		Oktober
	Vorbereitungs-periode		Wettkampf-periode		Übergangsperiode
Zweifach-periodisierung	Oktober	November –Februar	März–April	Mai–August	September
	Vorbereitungs-periode 1	Hallenwettkämpfe	Vorbereitungs-periode 2	Freilandwett-kämpfe	Übergangsperiode

Tabelle 43: Trainingsschwerpunkte der Vorbereitungsperiode des Springpferdes
(X = Anteil am Gesamttraining)

	1. Abschnitt	2. Abschnitt
1. Dressurtraining	X	X
2. Rittigkeitstraining	XXX	XX
3. Sprungkrafttraining	XX	X
4. Ausdauertraining	XX	X
5. Sprungtechniktraining	X	XXX

Dressurtraining der Springpferde

Es ist eine Grundvoraussetzung für die erfolgreiche Entwicklung des Springpferdes, die *Dressurausbildung,* verbunden mit theoretischen und praktischen Fertigkeiten des Springreiters, ständig zu verbessern. Das Training im Springreiten, gleich welche besondere Aufgabe im Mittelpunkt steht, soll nach den lösenden Übungen immer bestimmte Seiten der *allgemeinen Dressurausbildung* des Pferdes und des Reiters fördern. Nur auf der Grundlage des dressurmäßig harmonisch ausgebildeten Springpferdes können die speziellen Fähigkeiten und Fertigkeiten dauerhaft entwickelt werden. Die möglichst lange Leistungsfähigkeit des Pferdes wird weitgehend durch die ständig geförderte *Geschmeidigkeit,* die Erhaltung der *Reinheit der Gänge* und den *Gehorsam* bestimmt. Es ist darauf zu achten, daß sich das Pferd bei aktiver Tätigkeit der Hinterhand im Hals streckt und mit einer *vor der Senkrechten* stehenden Nasenlinie weich an das Gebiß herantritt.
Die im Training der Springpferde zu diesem Zweck verwendeten Übungen bauen auf den Lektionen der Grundausbildung auf. Diese werden im Aufbautraining vervollkommnet. Im *ersten Trainingsjahr* treten die zur Dressurprüfungsklasse L gehörenden Lektionen hinzu. Im *zweiten Trainingsjahr* werden diese gefestigt und durch einige mittelschwere Lektionen, wie Seitengänge, Traversalen und den einmaligen fliegenden Galoppwechsel, ergänzt. Ein Pferd, das bis zu dieser Stufe gefördert ist, entspricht hinreichend den Forderungen, die an ein Springpferd gestellt werden.

Im *ersten Abschnitt der Vorbereitungsperiode* müssen zunächst diejenigen Lektionen in der Dressurarbeit verwendet werden, die bereits in der Grundausbildung entwickelt wurden. Das ist hauptsächlich aus folgenden zwei Gründen notwendig: 1. Durch die ersten Wettkämpfe, die zur Überprüfung der Veranlagung des Springpferdes und zur Kontrolle der erreichten Grundausbildung im vorangegangenen Sommer besucht wurden, können bestimmte dressurmäßige Fertigkeiten teilweise verlorengegangen oder nur noch in bedingter Güte vorhanden sein.
2. Neue Lektionen in der dressurtechnischen Entwicklung können nur auf dem Fundament gefestigter Fertigkeiten entwickelt werden. Es ist deshalb einleuchtend, daß im ersten Abschnitt der Vorbereitungsperiode die *Gesamtheit* der in der Grundausbildung genannten Lektionen Inhalt des Dressurtrainings bleibt. Neben der systematischen Verwendung der dazugehörenden Übungen sind auch *individuelle Mängel* des Pferdes durch eine entsprechende Auswahl einzelner Lektionen zu beseitigen. Nicht nur an den speziell dem *Dressurtraining des Springpferdes* vorbehaltenen Tagen ist streng auf die *korrekte Ausführung* der Übungen zu achten. Ebenso aufmerksam ist die Qualität dieser Lektionen zu gewährleisten, wenn sie an anderen Tagen im *Rittigkeitstraining* verwendet werden.
In dieser Periode ist es auch dringend erforderlich, an der Verbesserung von *Sitz* und *Einwirkung* des Reiters *kontinuierlich* zu arbeiten.
Mancher Springreiter kommt erst später zu der Erkenntnis, welch hohen Stellenwert der dressurmäßigen Gymnastizierung seines Pferdes zukommt. In leichten Springprüfungen ist diese Notwendigkeit nicht gleich erkennbar, weil die Anforderungen (Höhe der Sprünge, Linienführung des Parcours) an die Durchlässigkeit und Wendigkeit noch nicht so hoch sind wie in Prüfungen der schweren Klasse, insbesondere dann, wenn ein Stechen dazugehört. Das dressurmäßig durchgebildete Springpferd wird den fehlerfreien Ritt schneller beenden, wenn es in der Dressurar-

beit engere Wendungen durch Galoppvolten mit Tendenz zur Pirouette beherrschen gelernt hat oder ein Handwechsel im Galopp durch einen fliegenden Wechsel erleichtert wird.

Rittigkeitstraining

Das Rittigkeitstraining umfaßt den größten Teil der Gesamttrainingszeit des 1. Abschnitts der Vorbereitungsperiode. Es ist das notwendige *Bindeglied* zwischen Dressurtraining und springtechnischem Training. Nicht wenige Springpferde, die im Dressurtraining gehorsam bestimmte Lektionen ausführen, entziehen sich im Parcours den Hilfen des Springreiters. Sie widersetzen sich bei der Temporegulierung, sind nicht durchlässig und in der Muskulatur verspannt. Trotz großen Springvermögens ist mit solchen Pferden selten eine zufriedenstellende Leistung in der Springprüfung zu erzielen. Eine Ursache für diese Erscheinung ist, daß im Aufbautraining die Rittigkeitsschulung fehlte oder vernachlässigt wurde. Das Rittigkeitstraining umfaßt die Entwicklung von *Bewegungsfertigkeiten,* die Voraussetzung für die Aufnahme des speziellen Springtrainings sind. Inhaltlich ist es eine *Kombination von dressurtechnischen Lektionen und gymnastizierenden Springübungen.*

Das Rittigkeitstraining im Aufbautraining ist eine Fortsetzung der gymnastizierenden Übungen der Grundausbildung. Im Prinzip sind die schon dort genannten *Trainingsmittel* zu verwenden. *Gymnastikkombinationen und -parcours* rücken zunehmend mehr in den Mittelpunkt des Rittigkeitstrainings. Da die dressurmäßige Ausbildung mit dem Überwinden von Gymnastikhindernissen verbunden werden soll, wird das Rittigkeitstraining hauptsächlich *im Trab und im Galopp* durchgeführt. Die *Schrittarbeit* wird in die Abschnitte zwischen den gymnastizierenden Rittigkeitsübungen eingefügt.
Manche Ausbilder achten im Rittigkeitstraining nur darauf, wie Reiter und Pferd die Gymnastikhindernisse überwinden. Ebenso aufmerksam muß jedoch nach den Anforderungen des Dressurtrainings auch die *Bewegungsqualität* von Reiter und Pferd während des gesamten Trainings beachtet werden. Es darf hinsichtlich der Qualität der Lektionen *kein Unterschied* zwischen Dressurtrainingseinheiten und Rittigkeitstrainingseinheiten entstehen.
Das Ziel des Rittigkeitstrainings in der Vorbereitungsperiode ist erreicht, wenn das *Springpferd* losgelassen und durchlässig an die Gymnastikhindernisse herangeritten werden kann, diese aufmerksam mit guter Bascule überwindet und sich danach wieder ohne Widerstand an die Hilfen stellen läßt. Der

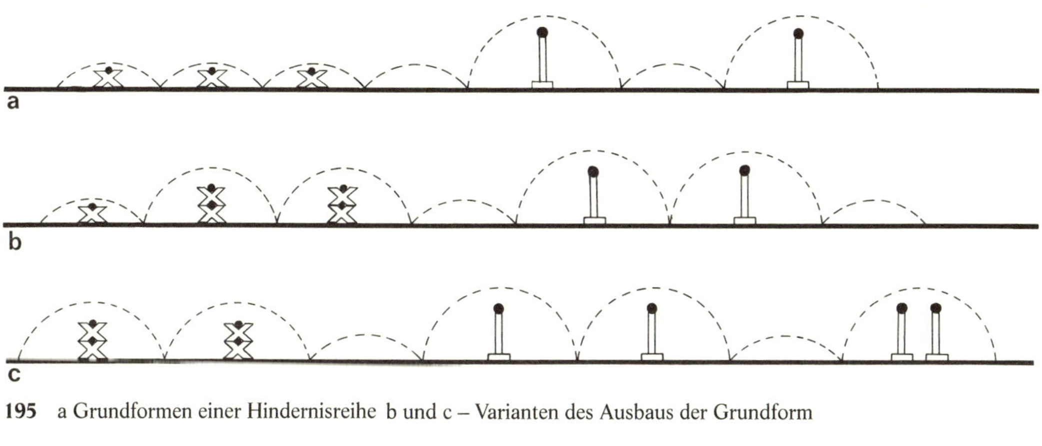

195 a Grundformen einer Hindernisreihe b und c – Varianten des Ausbaus der Grundform

Reiter soll lernen, in der Anreitephase am Pferd zu sitzen, passend anzureiten, über diese Kleinhindernisse die im späteren Springtraining erforderliche *Sitztechnik* zu vervollkommnen und zu stabilisieren.
Im Rittigkeitstraining sollen die Gymnastikhindernisse *mehr aus dem Trab* als aus dem Galopp überwunden werden. Dadurch können Losgelassenheit und Gehorsam des Pferdes in der Anreitephase besser überprüft werden. Das Pferd wird stärker gezwungen, „mit Rücken" zu springen. Erst wenn diese Fertigkeiten genügend gefestigt sind, sollten die Übungen *im Galopp* erfolgen. In dieser Gangart kann die für das spezielle springtechnische Training notwendige Fertigkeit des Reiters gefördert werden, passend die Hindernisse anzureiten.
Hindernisreihen werden aus Bodenricks und Kleinhindernissen zusammengestellt. Sie werden mit einem Galoppsprung Abstand oder auch „in-out" aufgestellt. (Abb. 195) Dic Höhe nimmt innerhalb der Hindernisreihe zu. Verschiedene Formen der Hindernisreihe wurden im 1. Band im Rahmen der vielseitigen Grundausbildung des Pferdes erläutert. Die Erfahrung zeigt jedoch, daß dieses Trainingsmittel bleibender Bestandteil der Schulung bereits fortgeschrittener Springpferde sein sollte.

In Anlehnung an die gymnastizierende Trabarbeit über *Hindernisreihen* während der Grundausbildung wird der Inhalt des Rittigkeitstrainings systematisch schwieriger gestaltet. Die Hindernisreihen werden entsprechend dem individuellen Entwicklungsstand der Springpferde und der Reiter vor allem in den *Abständen* und *Abmessungen* verändert. Die Höhe der Gymnastikhindernisse kann in der Trab- und Galopparbeit des Rittigkeitstrainings bis auf ungefähr 1,10 m vergrößert und ihre Tiefe durchschnittlich bis zu 1,40 m verändert werden. Auf diese Weise wird die Springtechnik vorbereitet und zugleich Sprungkraft und Beweglichkeit verbessert. Vor allem aber besitzt der Ausbilder durch die Veränderung der Abstände zwischen den Gymnastikhindernissen ein vorzügliches Mittel, nicht nur den Springstil des Pferdes zu vervollkommnen, sondern auch *Fehler im Bewegungsablauf* zu korrigieren und schwächere Anlagen des Pferdes in einzelnen Springeigenschaften zielstrebig zu fördern.
Mit der Vergrößerung des Abstandes oder durch *Vorstellen* von Bodenricks (Abb. 196) kann das *frühe Abspringen* bei Pferden gefördert werden, die aus Veranlagung gern die Absprungstelle dicht an das Hindernis verlegen. Wenn sich diese unerwünschte Eigenschaft festigt, werden dem Springpferd später im springtechnischen Training Hochweithindernisse meist Schwierigkeiten bereiten. Ebenso können durch die *Regulierung* der Abstände und durch Bodenricks *hinter* dem Gymnastikhindernis (Abb. 197) die Streckung des Halses nach unten und die Aufwölbung des Rückens gefördert werden.
Mit Hilfe der Hindernisreihe kann man bestimmte Fehler korrigieren, die sich bei den

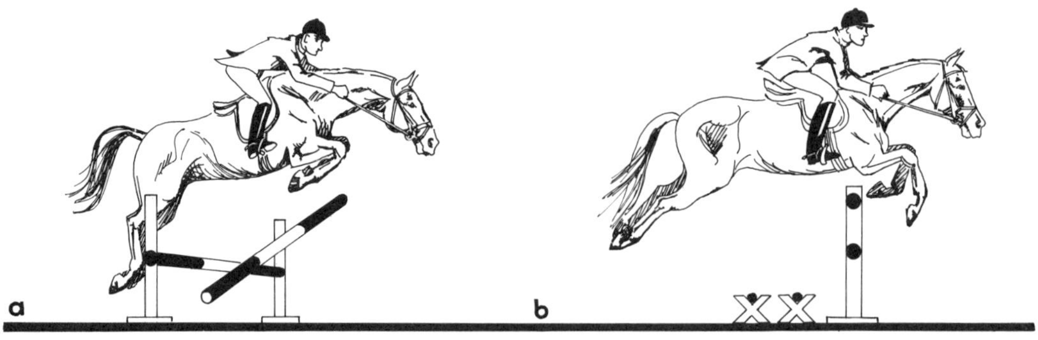

196 a Fehler: Pferd unterläuft das Hindernis   b Korrektur; Bodenricks **vor** dem Hindernis meisten Springpferden nach längerer Trainingszeit einschleichen. Im allgemeinen werden die Abstände zwischen den Hindernissen der Reihe mehr oder weniger passend für die Galoppsprunglänge des Pferdes gewählt. Da die Gymnastikhindernisse im Vergleich zur vorhandenen Sprungkapazität des Pferdes niedrig sind, besteht die *Gefahr,* daß das Pferd bei diesem Training *lässig* und *unaufmerksam* wird, weil die Schwierigkeiten durch methodischen Aufbau der Hindernisreihen beseitigt worden sind.

Im Wettkampfparcours wünschen wir aber, daß das Pferd konzentriert jedes Berühren von Hindernisteilen vermeidet. Manche Pferde „wollen" im Parcours trotz unpassender Absprungsituation keinen Fehler machen. Andere Springpferde berühren die Hindernisse unaufmerksam trotz passender Absprungposition. Ein vielfältiges, abwechslungsreiches Programm des Rittigkeitstrainings mit *stets veränderten Varianten* der beschriebenen Hindernisreihe ermöglicht, die aktive *Aufmerksamkeit* des Springpferdes zu erhalten. Gelegentlich soll auch die Entfernung zwischen den Kleinhindernissen bewußt auf die untere Grenze passender Abstände verkürzt werden, um das Pferd zum selbsttätigen Aufnehmen und Verkürzen des Galoppsprunges anzuregen. Gleichzeitig wird das Pferd durch *enge Abstände* dazu erzogen, die Vorderbeine stärker zu winkeln; die Beweglichkeit wird also verbessert. Solche Übungen zeitig genug im Rittigkeitstraining der Springpferde zu verwenden ist besser, als später eine gefestigte Verhaltensweise der Springtechnik des Pferdes korrigieren zu müssen. Die Versuchung wird dann groß, mit der verbotenen, unreiterlichen Methode des Barrens diesen Fehler des Springpferdes bekämpfen zu wollen, womit zugleich gegen die Forderungen des Tierschutzes verstoßen wird. Wie schon eingangs erwähnt, muß im Rittigkeitstraining ebenso konsequent auf die Ausführung der dressurmäßigen Lektionen geachtet werden wie auf die Qualität der gymnastizierenden Sprünge. Diese beiden Bestandteile des Rittigkeitstrainings bilden eine Einheit. Zwischen den gymnastizierenden Sprüngen werden die Pferde nicht nur bewegt. Durch *ausgesuchte Lektionen* aus dem gesamten Repertoire des Dressurreitens, hauptsächlich die Prüfungsklassen A und L, werden Bewegungsfertigkeiten entwickelt, die die Lösung der Wettkampfaufgabe im Parcours zielstrebig unterstützen. Durch die Rittigkeitsarbeit wollen wir besonders die *Grundgangarten,* die *Losgelassenheit,* die *Geschmeidigkeit* und die *Durchlässigkeit* erhalten. Im Hinblick auf die Wettkampfaufgabe des Springpferdes werden vermehrt *Übergänge* und *Wendungen* geübt, ohne die übrigen Lektionen, die zum Gesamtkomplex der Dressur dieser Entwicklungsstufe gehören, zu vernachlässigen.

Um sich über den Entwicklungsstand des jun-

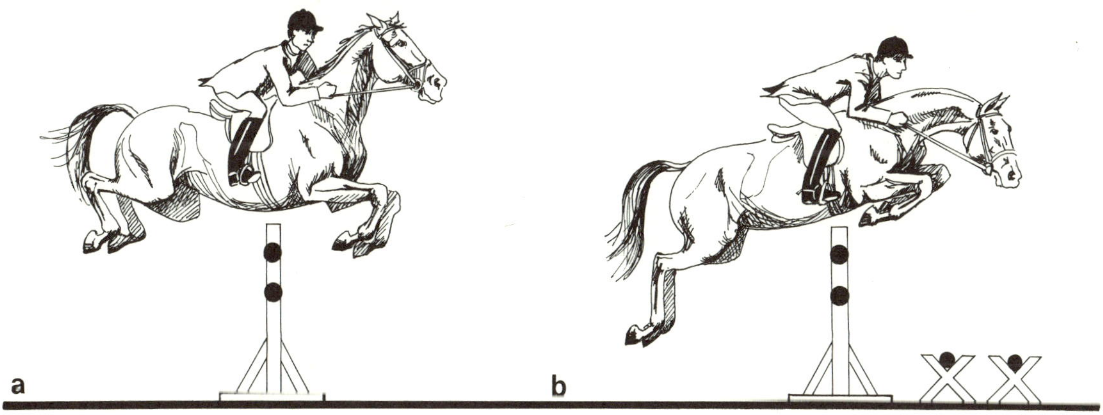

197 a Fehler: Pferd springt „ohne Rücken" b Korrektur; Bodenricks **hinter** dem Hindernis gen Springpferdes und auch des Reiters in der ersten Etappe der Vorbereitungsperiode zu informieren, sollte man durch *Kontrollaufgaben* die Güte der einzelnen, in diesem Abschnitt entwickelten konditionellen Fähigkeiten und Bewegungsfertigkeiten prüfen. Solche Kontrollaufgaben müssen den Entwicklungsstand von Dressur, Sprungkraft, Beweglichkeit und Rittigkeit erkennen lassen. Dazu eignen sich recht gut die *Standard-Springpferdeprüfungen.* Sie geben im Komplex Auskunft über das erreichte Ausbildungsniveau. Springpferdeprüfungen sind eine Mischung aus Spring- und Dressurprüfung. Mit ihnen läßt sich feststellen, ob die Vorbereitung des Springpferdes systematisch aufgebaut wurde. Sie offenbaren mit ihren springdressurmäßigen Anforderungen die Losgelassenheit, die Durchlässigkeit und das vertrauensvolle Angehen der Hindernisse. Standard-Parcours für diese Prüfungen werden von der Deutschen Reiterlichen Vereinigung herausgegeben. Ebenso ist es angebracht, selbst neue Aufgaben zusammenzustellen, um der Trainingsmonotonie zu begegnen.

Sprungkrafttraining

Im ersten Abschnitt der Vorbereitungsperiode besitzt die Entwicklung der Sprungkraft einen hohen Stellenwert, weil sie die wichtigste konditionelle Voraussetzung des Pferdes ist, um die steigenden Anforderungen in den Springprüfungen erfolgreich zu meistern.
Sprungkraft und Sprungtechnik stehen in enger *Wechselbeziehung* zueinander. Einerseits setzt die Entwicklung der Sprungkraft eine gewisse Springtechnik des Pferdes voraus, denn das Pferd muß Hindernisse überwinden, um Wachstumsreize für die Sprungmuskulatur zu erhalten. Andererseits erfordern die höheren Springprüfungsklassen mit ihren wachsenden Anforderungen auch eine größere Sprungkraft.
Der Ausbildungsgrad der Springtechnik des Pferdes ist meist noch verhältnismäßig gering, wenn in der Vorbereitungsperiode mit speziellen Übungen die Sprungkraft entwikkelt werden soll.
Dazu einige wenige *theoretische Überlegungen.* Der Muskelquerschnitt wächst, wenn er mehrfach größere *Widerstände* überwinden muß. Ein solcher zu überwindender Widerstand ist die *Höhe des Hindernisses.* Der zweite wirkende Widerstand ist das *Eigengewicht des Springpferdes,* das mit einer bestimmten Geschwindigkeit gegen die Erdanziehungskraft unter einem günstigen Absprungwinkel bewegt werden muß. (Weitere Widerstandsgrößen, wie Reitergewicht, Bodenstruktur, Bodenneigung usw. sollten hier vernachlässigt werden, weil sie im Heimtraining relativ konstant bleiben.)
Es ist einleuchtend, daß mit vergrößerter Höhe und (oder) Tiefe des Hindernisses intensivere Reize zur Sprungkraftentfaltung bei gleicher Anreitegeschwindigkeit erforderlich sind. Andererseits erhöht sich bei gleicher Höhe des Hindernisses der zu überwindende Widerstand, wenn die Anreitegeschwindigkeit verringert wird. Das Galopptempo kann beim Anreiten nur in geringem Maße vermindert werden, es sei denn, das Pferd bleibt stehen. Das wird vernünftigerweise kein Springreiter im Training herausfordern wollen. Deshalb wird das Springtraining aus dem Trabe gern zur Entwicklung der Sprungkraft genutzt, weil das Pferd in diesem Tempo kräftiger abdrücken muß. Trabsprünge sind also ein spezielles Krafttrainingsmittel.
Die zweckmäßige Höhe von *Übungshindernissen* zur Sprungkraftentwicklung aus dem Trab liegt zwischen 0,90 und 1,10 m. Pferde, mit denen frühzeitig derartige Übungen begonnen werden (vgl. Tab. 32), überwinden sogar bereitwillig Höhen von 1,30 bis 1,40 m.
Die Wirkung dieser kraftschulenden Methode läßt sich später dadurch verstärken, daß mehrere solcher Hindernisse im Abstand von 3,00 bis 3,50 m kombiniert aufgestellt werden. Dabei sollten die Anzahl der ohne Galoppzwischensprung zu nehmenden Hindernisse nur so lange erhöht werden, wie das Pferd noch flüssig und mit guter Rückentätig-

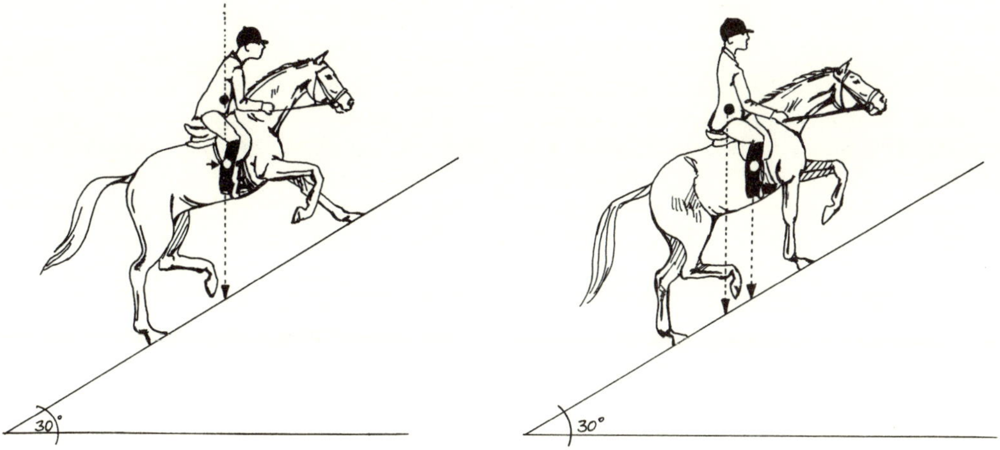

198 Klettern: a Reiter im Gleichgewicht b Reiter hinter der Bewegung (fordert mehr Kraft)

keit springt. Kraftbildend ist auch das *Klettern im Gelände.* (Abb. 198) Vergrößert sich der *Anstiegswinkel,* so wird mehr Kraft erforderlich, um das Eigengewicht von Reiter und Pferd gegen die Erdanziehungskraft hangaufwärts zu bewegen. Hänge mit mehr als 45° sollten für das Klettertraining nicht verwendet werden, weil das Pferd abrutschen kann. Bei entsprechenden Wiederholungen mit kurzen Erholungspausen kann man vom Klettern einen Zuwachs der Grundlagenkraft erwarten. Man beginnt mit flachen, längeren Anstiegen. Später folgen kürzere, steilere Anstiege, die eine größere Arbeitsleistung der Hinterhand, des Rückens und des Halses verlangen. Je nach Größe des Neigungswinkels des Hanges wird der Oberkörper des Reiters mehr oder weniger nach vorn geneigt. Damit werden die Schwerpunkte von Reiter und Pferd in die notwendige senkrechte Schwerelinie gebracht, wodurch das Gleichgewicht auch in dieser Bewegungsrichtung erhalten wird. Beim Hangklettern wird mit den Zügeln völlig nachgegeben, wozu ein fester Knieschluß erforderlich ist. Hänge sollen senkrecht erklommen werden, sonst geht das Gleichgewicht durch die Schräglage verloren.

Die spezielle Sprungkraft, eine Form der Schnellkraft, wird dabei nicht direkt gefördert. Denn beim Absprung des Pferdes muß sich die Sprungmuskulatur schnell kontrahieren, beim Hangklettern geschieht das dagegen relativ langsam. Einige erfolgreiche Springpferde, die früher in ländlichen Reitvereinen ausgebildet und auch im landwirtschaftlichen Betrieb eingesetzt wurden, fielen durch ihre gut entwickelte Bemuskelung auf, die sie sich durch Zugarbeit vor der Egge oder dem Schälpflug erworben hatten. Sie erwarben sich dadurch eine größere Grundlagenkraft, die ihnen als Springpferd zugute kam.

Die Entwicklung der allgemeinen Kraft mit der Hangklettermethode und das Training der speziellen Sprungkraft aus dem Trab und später im Galopp über größere Hindernisse ergänzen einander. Beide Methoden bilden eine Einheit: *kein spezielles Sprungkrafttraining ohne grundlegende allgemeine Kraftarbeit und umgekehrt!*

In der praktischen Arbeit des ersten Abschnitts der Vorbereitungsperiode ist es angebracht, das beschriebene *allgemeine Krafttraining* der Springpferde nach der Übergangsperiode so lange zu betreiben, wie die Witterung das Training außerhalb der Reithalle zuläßt. Im Januar und Februar wird dann das Training der *speziellen Sprungkraft,* meist eingeordnet in das Rittigkeitstraining, im größeren Umfang durchgeführt.

Ausdauertraining

Damit Geschwindigkeit und Springleistung während des Wettkampfes nicht nachlassen, muß das Springpferd eine ausreichende Widerstandskraft gegen Ermüdung besitzen, d. h., es muß ausdauernd sein. Die im Wettkampf erreichte Belastung liegt im allgemeinen über der, die während des Trainings hervorgerufen wurde. Die Springpferde erholen sich nach dem Wettkampfparcours meist langsamer als nach einer springtechnischen Belastung im Training. Das kann man beobachten, wenn man die Pulsfrequenzwerte des Pferdes nach der Belastung vergleicht. Beobachtet man sehr viele Ritte im Parcours, so erkennt man, daß sich die Springfehleranzahl oft im letzten Drittel der Springbahn stärker erhöht als in den vorangegangenen Abschnitten. Das kann auf fehlende Konzentration des Reiters oder auf verminderte Rittigkeit des Pferdes zurückzuführen sein. Meist lassen aber Ausdauer und Sprungkraft zum Ende des Parcours nach. Im Training der Springpferde sollte deshalb in einem angemessenen Verhältnis zu den übrigen Trainingsbestandteilen ein Ausdauerprogramm enthalten sein. Pferde, die gleich nach dem Zieldurchritt am langen Zügel entspannt dem Ausgang entgegentraben, haben sich diese gute Kondition nicht nur durch einige Trainingssprünge erworben. Da die Ausdauer beim Springpferd im Wettkampf bei weitem nicht so lange wirken muß wie vergleichsweise beim Militarypferd, ist auch die notwendige Ausdauerbelastung beim Springpferd entsprechend geringer.
Deshalb einige Bemerkungen, wie in diesem Abschnitt der Vorbereitungsperiode das *Ausdauertraining* der Springpferde gestaltet werden kann. Die Wettkampfgeschwindigkeit des Springpferdes liegt im allgemeinen zwischen 350 und 450 m/min. Die Ausdauertrainingsgeschwindigkeit für ein Springpferd braucht nicht über diesem Bereich zu liegen. Es ist physiologisch günstig, wenn die Trainingsgeschwindigkeit im *wettkampfnahen* Bereich angesiedelt ist. Die Wettkampfstrecke, über die eine gute Ausdauer vorhanden sein soll, ist im Springsport im allgemeinen höchstens 1000 m lang. Günstig sind *Trainingsstrecken* zwischen 2000 bis 3000 m, weil längere Strecken Belastungsreize zur Ausdauerentwicklung hervorrufen. Es empfiehlt sich, ein solches Ausdauertraining beispielsweise über 2000 m im Tempo 350 – 400-m/min-Tempo ohne Unterbrechung zu reiten. Die Vorzüge der *Dauertrainingsmethode* wurden in Kapitel 5. genannt. Selbstverständlich kann man nach einer dem Trainingszustand des Pferdes angepaßten *Erholungspause* ein solches Arbeitspensum wiederholen.
Natürlich verbindet man das Ausdauertraining für Springpferde während einer Trainingseinheit mit anderen Trainingsaufgaben. Das Ausdauertraining sollte so lange wie möglich außerhalb der Reithalle durchgeführt werden. Dabei ist das natürliche *Gelände* im Wald und auf Wiesen dem Trainingsplatz im Freien vorzuziehen. Nach einer lösenden Arbeit, die zu einer Strecke mit günstigen Bodenverhältnissen führt, folgt dann der oben beschriebene Ausdauergalopp.
Für Springpferde ist es zweckmäßig, diesen Galopp *allein,* ohne Begleitung anderer Pferde, durchzuführen. Voraussetzung ist, daß der Reiter ein entsprechendes Tempogefühl erworben hat und das angegebene Tempo einhält. Der Ausdauergalopp soll nicht ständig über die gleiche Strecke führen. Das gut entwickelte Erinnerungsvermögen kann dazu führen, daß das Springpferd auf dieser Standardstrecke im Laufe der Zeit heftiger wird und gegen die Hand des Reiters geht. Zuwachs an Ausdauer darf nicht auf Kosten von Losgelassenheit und Gehorsam gehen. Der Trainingszustand des Springpferdes insgesamt muß auch während der Ausdauerarbeit verbessert werden. Es muß deshalb von Anfang an auf eine abwechslungsreiche Gestaltung der Ausdauergalopps geachtet werden. Durch gute vorbereitende Arbeit und ständigen Ortswechsel im Gelände wird die Ausbildung negativer bedingter Reflexe verhindert.

Hat das Pferd gelernt, im Bereich der empfohlenen Belastung losgelassen zu galoppieren, kann man je nach individuellem Ausbildungsstand als *zusätzliche Erhöhung* der Trainingsbelastung leicht ansteigendes oder welliges Gelände aussuchen. Man kann auch einige *feste Geländehindernisse* in das Pensum einbeziehen. Diese sollten einladend, mittelhoch und gut ausgefüllt sein. Ein Ausdauergalopp über kleine Hindernisse entspricht noch besser den Bedingungen des Springpferdes im Parcours. Ein unaufmerksam gewordenes Springpferd wird beim Sprung über feste Hindernisse an das erforderliche Beugen der Vor- und Hinterhand erinnert. Wassereinsprünge oder das Durchreiten von größeren Wasserpfützen sollte man beim Ausdauergalopp vermeiden. Es ist nicht gerade wünschenswert, wenn später im Parcours der Wassergraben nicht mehr übersprungen, sondern durchgaloppiert wird.

Wenn es die Witterung nicht mehr zuläßt, die im allgemeinen *wöchentlich zweimaligen* Ausdauergalopps im Freien auszuführen, kann man sie in die Halle verlegen. Dabei müssen die Hallenbedingungen für ein Ausdauertraining beachtet werden. Beim Galoppieren mit verminderter *Geschwindigkeit* und bei oftmaligem Handwechsel muß der Reiter das Tempo so regulieren, daß das Pferd im Gleichgewicht bleibt und gut mit der Hinterhand untersetzt. Selbstverständlich werden bei dieser Arbeit die Bahnecken gut abgerundet, um Schäden am Sehnen- und Bandapparat zu vermeiden.

Das Ausdauertraining sollte in entsprechendem Verhältnis zu den übrigen Trainingsbestandteilen *kontinuierlich* über die gesamte Vorbereitungsperiode durchgeführt werden. Denn konditionelle Fähigkeiten, also auch Ausdauer, gehen rascher als technische Fertigkeiten verloren, wenn sie nicht durch entsprechende Entwicklungsreize erhalten oder gefördert werden.

Schulung der Beweglichkeit

Die Beweglichkeit als Fähigkeit, die Bein- und Wirbelgelenke sehr stark zu beugen und zu strecken, ist für ein Springpferd eine äußerst wichtige leistungsbestimmende Eigenschaft. (Abb. 199) Die Erfahrung zeigt, daß die Beweglichkeit stark anlagebedingt geprägt ist. Sie kann durch das Training nur in bestimmtem Umfang gefördert werden. Aus der Pferdezucht ist bekannt, daß es sowohl Dressurpferdevererber mit flachem, raumgreifendem Gang und Springpferdevererber gibt, die eine natürliche stärkere Beugung der Gelenke nach dem Abhufen zeigen. Pferde, die bei der Ankaufbesichtigung im Springen an der Hand, z. B. im Sprunggarten, ständig die Beine hängenlassen, werden sich kaum durch das Training zum Superspringer entwickeln.

Andere junge Pferde zeigen ohne Reiter ihre natürliche Anlage, auch in schwierigen, unpassenden Situationen jede Berührung mit Hindernisteilen zu vermeiden. Pferde, die von Natur aus soviel „Gummi" besitzen, sind Diamanten, die durch einen erfahrenen Ausbilder im späteren Turniergeschehen zu vollem Glanz gebracht werden können. Sprungkraft und Ausdauer des Springpferdes allein reichen also nicht aus. Die natürliche Beugefähigkeit des Pferdes muß durch kluges Üben und Trainieren erhalten und zur noch höheren Geschicklichkeit gefördert werden. Zu

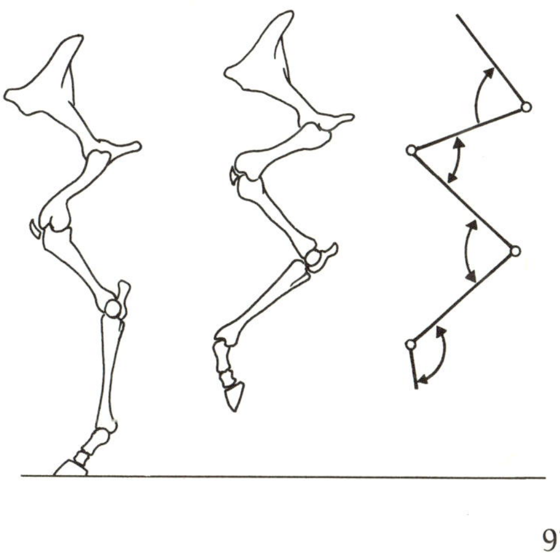

199 Beweglichkeit der Beingelenke (Hinterbeine)

häufiges Springen, Monotonie in der Trainingsgestaltung, Verstöße gegen die Systematik und die Folgerichtigkeit der Belastung können den Verlust der Beweglichkeit, die Voraussetzung für das berührungsfreie Überwinden des Hindernisses ist, auch bei einem veranlagten, bereitwilligen Springtalent herbeiführen.

Im ersten Abschnitt der Vorbereitungsperiode werden die Gelenke durch *allgemeine Übungen,* die nicht direkt den Bewegungsablauf des Sprunges schulen beweglicher gemacht. Dazu werden Übungen verwendet, die die Beugung und Streckung der Gliedmaßen, die Beweglichkeit der Wirbelsäule und der an ihr ansetzenden Rippen verbessern.

Außerhalb des speziellen Springtrainings ist diese Aufgabe vornehmlich im *Dressur-, Konditions- und Rittigkeitstraining* lösbar. Die allgemeine Beweglichkeit wird durch viele Dressurlektionen gefördert. Besonders geeignet sind folgende Lektionen:

- *Übergänge von einer Gangart in die andere.* Durch die Entwicklung des Raumgriffes wird die Bewegungsamplitude der Gliedmaßengelenke des Springpferdes vergrößert.
- *Arbeit auf gebogenen Linien* (Volten, Zirkel, Schlangenlinien). Dadurch wird die Beweglichkeit der Wirbel- und Rippengelenke erhöht. (Abb. 200) Diese Fähigkeit fördert die Wendigkeit des Pferdes in der Springprüfung beim Wechsel von der einen auf die andere Hand während des Reitens zwischen den Hindernissen.
- *Seitengänge.* Sie unterstützen besonders die Beweglichkeit der Schulter- und Hüftgelenke in seitlicher Richtung. Dabei beabsichtigen wir, speziell durch traversalartige Lektionen die seitwärtstreibende Hilfengebung zu verbessern, um im Parcours bei entsprechend verkürztem Tempo das Springpferd in noch kürzerer Zeit wenden zu können.

201 Beugung der Gelenke bei der Bodenrickarbeit im Schritt

202 Beugung und Streckung der Gelenke beim springtechnischen Training

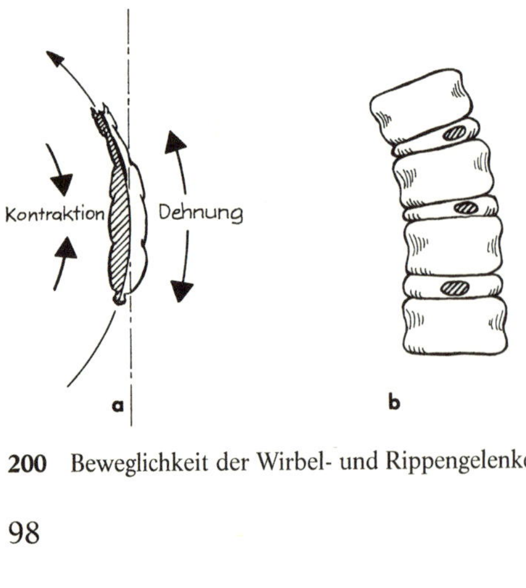

200 Beweglichkeit der Wirbel- und Rippengelenke

Mit solchen Lektionen sind die Möglichkeiten, die Beweglichkeit des Springpferdes zu fördern, nicht erschöpft. Auch im Gelände bieten sich dafür zahlreiche Gelegenheiten.

Bei Kraft- und Ausdauerübungen wird auch die Beweglichkeit mitentwickelt. Am Hang, am flachen Graben und im natürlichen, welligen Gelände werden die Gelenke des

Springpferdes beweglicher. Bei diesen Übungen muß die in der Grundausbildung gewonnene Losgelassenheit erhalten bleiben. Auf der Grundlage der verbesserten allgemeinen Beweglichkeit des Springpferdes werden bereits in dieser Zeit vorbereitende Übungen durchgeführt, die die *spezielle Beweglichkeit* entwickeln. (Abb. 201 u. 202) Sie wird gefördert, wenn durch *wettkampfentsprechende Übungen* die Bewegungsamplitude der hauptsächlich am Bewegungsablauf des Sprunges beteiligten Gelenke vergrößert wird (also vor allem Bein- und Wirbelgelenke). Die spezielle Beweglichkeit wird nicht für sich allein, sondern in Verbindung mit dem Rittigkeits- und springtechnischen Training verbessert.

Springtechnisches Training zur Vorbereitung auf die Turniersaison

Nachdem die wichtigsten grundlegenden Fähigkeiten und Fertigkeiten im ersten Abschnitt der Vorbereitungsperiode solide ausgebildet wurden, rückt das Ziel in den Mittelpunkt, erfolgreich an Turnieren teilzunehmen. Es gilt deshalb, Reiter und Pferd vermehrt im springtechnischen Training mit verschiedenen Hindernisarten vertraut zu machen, die optimale Springtechnik beim Überwinden der Hindernisse zu lernen und dabei Springfreude und Aufmerksamkeit des Pferdes zu erhalten und zu fördern.
Dieser Abschnitt des 2- bis 3jährigen Aufbautrainings ist darauf gerichtet, Voraussetzungen zu schaffen, um an Springprüfungen von der Klasse L mit wachsendem Schwierigkeitsgrad erfolgreich teilzunehmen. Dabei wird die Leistungsfähigkeit eines zukünftigen S-Springpferdes nicht eingeschränkt, wenn es anfänglich neben L- und M-Springen gelegentlich an einer L-Dressurprüfung oder an einer Vielseitigkeitsprüfung teilnimmt. Damit wird der verfrühten Spezialisierung begegnet. Es sollte auch gut überlegt werden, wann ein Springpferd in der nächst höheren Prüfungsklasse eingesetzt wird. Besitzt man ein talentiertes Pferd, ist die Versuchung groß, möglichst schnell in höher dotierten Wettbewerben den Erfolg zu suchen. „Zeit verlieren, um Zeit zu gewinnen“ ist eine Weisheit des klugen Reiters, die ihm sein Pferd durch dauerhaftes Vertrauen und Leistungsbereitschaft danken wird.

Einige Bemerkungen zur sportlichen *Technik von Pferd und Reiter im Sprung.* Eine klare Vorstellung über den richtigen Bewegungsablauf während des Sprunges (s. Abb. 113) unterstützt die zweckmäßige Auswahl der Trainingsmittel und -methoden. Die Abbildung 203 zeigt zwei Pferde mit deutlich unterschiedlicher Sprungtechnik. Beide Pferde überwinden das Hindernis ohne Springfehler, aber der Bewegungsablauf des ersten Pferdes ist unzweckmäßig. Die Sprungkraft wird

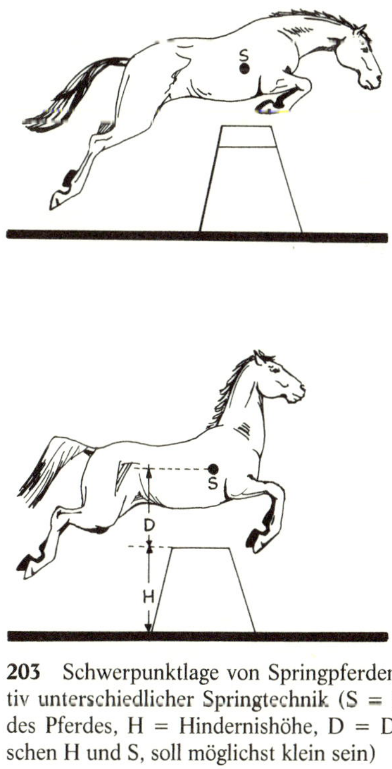

203 Schwerpunktlage von Springpferden mit qualitativ unterschiedlicher Springtechnik (S = Schwerpunkt des Pferdes, H = Hindernishöhe, D = Differenz zwischen H und S, soll möglichst klein sein)

nicht ökonomisch eingesetzt. Wie läßt sich diese Behauptung begründen?
Das zweite Pferd springt im natürlichen Gleichgewicht mit losgelassenem, gewölbtem Rücken und nach vorn gestrecktem Hals, wobei der *Widerrist* des Pferdes höchster Punkt über dem Hindernis wird. Die Vorder- und Hinterbeine sind anfänglich noch nicht voll angewinkelt (noch nicht entwickelte Beweglichkeit). Hat sich später durch das Training die Beugung der Beine verbessert, wird das Pferd das Hindernis weniger hoch ausspringen müssen. Das erste Pferd mit festgehaltenem Rücken muß viel höher springen und mehr Kraft einsetzen, um das gleiche Hindernis fehlerfrei zu überwinden. Ein günstiger Bewegungsablauf im Sprung besteht also dann, wenn der *Schwerpunkt* des Pferdes möglichst niedrig über das Hindernis gebracht werden kann, ohne dieses zu berühren. Die Differenz D zwischen Schwerpunkthöhe S und Hindernishöhe H sollte also relativ klein werden. Der Kraftaufwand im Augenblick des Absprungs ist in diesem Fall verhältnismäßig gering, also ökonomischer.
Durch die Vervollkommnung der natürlichen *Rückentechnik* des Pferdes im Sprung wird gleichzeitig die Verbesserung der zweckmäßigen *Beintechnik* unterstützt. Ein Pferd, das sich während des Sprunges im Rücken festhält, kann die Hinterbeine in der Absprungphase nicht genügend strecken. Die Hinterbeine eines Pferdes mit festem Rücken werden gleich nach dem Absprung gebeugt und verursachen dadurch oft Hinterhandfehler. Ein Pferd mit nach oben gewölbtem Rücken bewahrt das natürliche Gleichgewicht und kann dadurch die Hinterbeine in Harmonie mit der gesamten Sprungbewegung gut auspendeln. Nach der optimalen Absprungstrek-

204 Verschiedene Sitzformen

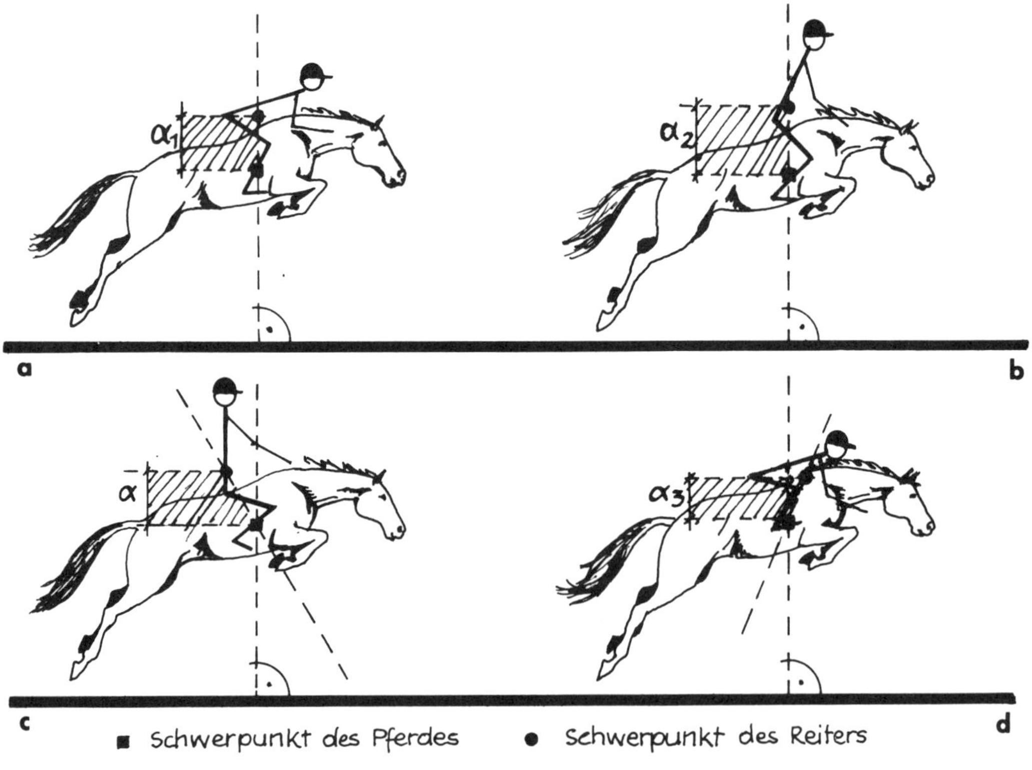

kung erfolgt die Beugung erst in der Sprungphase, so daß ein Abwerfen des Hindernisteils besser vermieden wird.
Eine Begründung für den zweckmäßigen *Sitz des Reiters* findet man, wenn man die Schwerpunktlagen von Reiter und Pferd vergleicht. (Abb. 204) Das Gleichgewicht des Pferdes im Sprung wird am wenigsten gestört, wenn der Schwerpunkt des Reiters (S 1) so mit dem des Pferdes (S 2) in Übereinstimmung gebracht wird, daß sich beide (S 1, S 2) auf der gleichen *Schwerelinie* befinden. Außerdem sollen beide Schwerpunkte *dicht* beieinanderliegen, wobei die optimale Hilfengebung des Reiters gesichert bleiben muß. In Abbildung 204a sind die beiden Bedingungen für einen zweckmäßigen Springstil gut erfüllt. (Übereinstimmung der Verbindungslinie beider Schwerpunkte mit der Schwerelinie und günstige Lage der beiden Schwerpunkte im Sinne der Einwirkung reiterlicher Hilfen nach der Landung.) Obwohl in Abbildung 204b die Schwerpunkte mit der Schwerelinie in Übereinstimmung sind, ist der Stil des Reiters unzweckmäßig, weil beide Schwerpunkte weiter voneinander entfernt sind ($a_2 > a_1$). Der gemeinsame, auf die Sprungleistung wirkende Schwerpunkt liegt höher als beim ersten Beispiel. Der Kraftaufwand, um fehlerfrei zu bleiben, ist beim zweiten Pferd größer, also unökonomischer. Behält der Reiter diese Haltung bis zur Landung, wird er außerdem einen schmerzhaften Stoß im Knie- und Fußgelenk verspüren. Er kann diesen der Bewegungsrichtung entgegengesetzt wirkenden Stoß nicht weich genug abfangen.
Abbildung 204c zeigt, wie das Gleichgewichtsgefühl des Pferdes und damit der günstige Bewegungsablauf im Sprung durch den Reiter gestört wird, wenn der Schwerpunkt des Reiters die Schwerelinie verläßt und auch die Entfernung der Schwerpunkte Reiter–Pferd relativ groß wird. Diese Zusammenhänge liegen vor, wenn der Reiter „hinter der Bewegung“ bleibt. Die Hinterhand des Pferdes wird ungünstig beeinflußt. Die Abweichung der Schwerpunktlinie von der Schwerelinie nach vorn, wenn der Reiter „vor der Bewegung“ sitzt, bewirkt eine zusätzliche Belastung der Vorhand.
In Abbildung 204d stimmen zwar Schwerelinie und Schwerpunktlinie überein. Die Schwerpunkte von Reiter und Pferd nähern sich noch stärker als in Abbildung 204a, die als die springtechnisch günstigste bezeichnet wird ($a_3 < a_1$). Obwohl die Situation in Abbildung 204d nach den Gesetzen der Mechanik im Hinblick auf das gemeinsame Gleichgewicht von Reiter und Pferd noch günstiger ist, muß sie trainingsmethodisch abgelehnt werden. Dieser Springsitz läßt durch die extrem kurzgeschnallten *Bügel* beim Reiten zwischen den Hindernissen nach der Landung die reiterliche Hilfengebung im Sinne unserer Reitauffassung kaum noch zu.
Das letzte Beispiel macht noch einmal deutlich, daß der zweckmäßigste Bewegungsablauf des Reiters während des Sprunges sowohl von *biomechanischen Gesetzen als auch von der Anwendbarkeit der reiterlichen Hilfen* abhängig ist.
Der Springsitz ist demnach ein Kompromiß zwischen der optimalen Wirkung der Schwerpunktkräfte und der Hilfengebung des Reiters. Würde man umgekehrt die Möglichkeiten der größten reiterlichen Einflußnahme auf das Pferd durch Einnahme des Normalsitzes (Streckung, lange Bügel) im Springparcours nutzen wollen, käme eine starke Störung des Gleichgewichtes zustande, weil der Reiter nicht mit der Bewegung des Pferdes im Sprung mitgehen kann.

Der springtechnische Zyklus

Die Leistung wird im Springreiten nur zum Teil durch den eben erörterten Bewegungsablauf in der Sprungphase bestimmt. Die Springleistung wird auch durch die *Qualität des Reitens* und die Einwirkungen des Reiters auf das Springpferd nach der Landung bestimmt. Es ist deshalb wichtig, den gesamten springtechnischen Zyklus zwischen dem Anreiten, dem Sprung und dem Reiten zwischen den Hindernissen zu erfassen und zu durch-

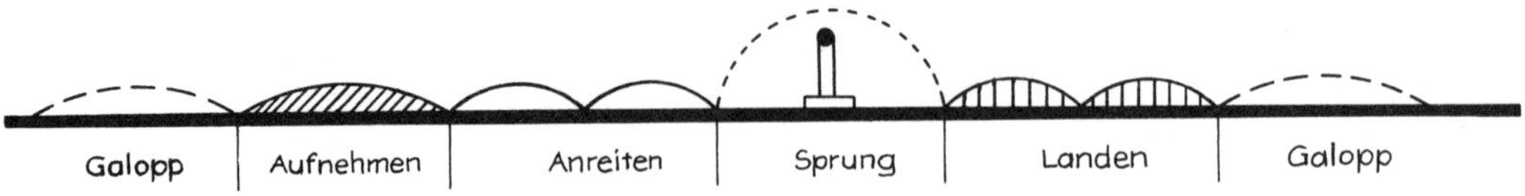

205 Springtechnischer Zyklus

denken. Ein Abschnitt zwischen zwei Hindernissen, ein springtechnischer Zyklus, setzt sich aus mehreren Einzelabschnitten zusammen. (Abb. 205)

Er beginnt zunächst mit einem *ersten Abschnitt,* den der Reiter mit seinem Pferd in zweckmäßigem Tempo und auf entsprechender Linie zwischen zwei Hindernissen überwindet. Dieser Abschnitt hat keinen direkten Einfluß auf die Sprungleistung, wohl aber auf die Wettkampfleistung durch die hier erzielte Geschwindigkeit und Raumeinteilung. Im Zeitspringen werden kurze Wege gesucht und in hohem Tempo geritten. In einer Prüfung ohne Zeitwertung sind längere Wege in einer vom Mindesttempo bestimmten Geschwindigkeit zu wählen. Es schließt sich ein *zweiter Abschnitt* an, in dem der Springreiter das Pferd vermehrt *aufnehmen* muß. Der Reiter sucht die auf der vorhergegangenen Galoppstrecke teilweise aufgegebene Versammlung wiederherzustellen, die für die folgende Anreitephase an das Hindernis erforderlich ist. Das Aufnehmen geschieht jedoch in Verbindung mit vermehrt treibenden Hilfen und bezweckt ein aktiveres Unterspringen der Hinterhand des Pferdes in Richtung des Fußpunktes der Schwerelinie. Diese *halben Paraden* dürfen nicht ruckartig und grob durch Zerren am Zügel ausgeführt werden. Wenn im Dressur- und Rittigkeitstraining die Durchlässigkeit des Springpferdes durch die Gymnastizierung, insbesondere der Hinterhand, gut gefördert wurde, wird es sich im Parcours nicht durch Widerstand im Maul und Genick gegen dieses Aufnehmen wehren. Der flüssige und ästhetisch schöne Ritt zwischen den Hindernissen wird durch die aufnehmenden Paraden nicht gestört.

Ebenso weich soll sich an das Aufnehmen in bestimmter Entfernung vor dem Hindernis der Übergang in die **Anreitephase** anschließen. Die Länge dieses dritten Abschnitts beträgt im allgemeinen 2 bis 3 Galoppsprünge. Sie ist von der Art der Hindernisse und deren Abmessungen abhängig. Bei *Hochweithindernissen* ist sie etwas länger als bei *Steilhindernissen.* Die Anreitephase muß an der Stelle beginnen, die es dem Pferd ermöglicht, mit dem letzten Galoppsprung am Ende dieses Abschnittes im günstigen Absprungraum aufzuhufen und abzuspringen. Der Springreiter muß sein räumliches *Beobachtungsvermögen* im Springtraining so verbessern, daß er möglichst sicher den Übergang zum Anreiten erkennt. Große Leistungen von Springpferden sind durch Reiter verhindert worden, die das Pferd durch korrigierende und unentschlossene Einwirkungen in der Anreitephase störten, weil sie den günstigen Zeitpunkt zum Übergang in die Anreitephase nicht einschätzen konnten. Die Qualität des Sprunges wird jedoch nicht allein durch die Länge der Anreitephase bestimmt. Nach dem Aufnehmen muß das Pferd in der Anreitephase wieder beschleunigt werden, damit es eine entsprechende Sprunghöhe erreicht. Die Sprungkraft ist physikalisch ein Produkt aus Masse und Beschleunigung. Ein Teil der notwendigen *Beschleunigung* für die Sprungkraft wird durch die Geschwindigkeitszunahme des Pferdes in der Anreitephase gewonnen, der andere Teil durch die schnellkräftige Streckung der Sprungmuskulatur im Absprung selbst.

Der Geschwindigkeitszuwachs des Pferdes muß so erfolgen, daß eine optimale *Absprunggeschwindigkeit* erzielt wird. Durch übermä-

ßige Geschwindigkeitszunahme würde dem Pferd die Möglichkeit genommen, die horizontale Beschleunigung in eine für den Hochsprung notwendige horizontal-vertikale Schubkraft umzusetzen.
Die Einteilung der Galoppsprünge bis zum Absprungraum und die Beschleunigung in der Anreitephase sind hauptsächlich vom Können des Reiters abhängig. Oft ist der Fehler zu beobachten, daß der Reiter die Anlehnung in der Anreitephase durch das vermehrte Treiben aufgibt, um die notwendige Beschleunigung zu erreichen. Das Pferd „fällt auseinander". Das Springpferd muß aber trotz der Geschwindigkeitszunahme weiterhin an den Hilfen stehen. Die Hinterhand soll aktiv in Richtung des Fußpunktes der Schwerelinie untersetzen, damit aus der Beugung der Hinterhand die Sprungmuskulatur unter einem günstigen Absprungwinkel aufwärts gestreckt werden kann. Wenn diese Versammlung zu früh durch den Reiter aufgegeben wird, verläuft die Sprungkurve meistens zu flach. Ein Springfehler kann die Folge sein.
Die **Sprungphase** beginnt nach dem Absprung und ist mit dem Berühren des Bodens jenseits des Hindernisses abgeschlossen. Sie wurde im vorangegangenen Abschnitt bereits erörtert. Zur Unterstützung der Streckung, insbesondere der Hals- und Kopfpartie des Pferdes muß der Reiter genügend *mit der Hand in Richtung Pferdemaul nachgeben.* Der insgesamt in die Bewegung mitgehende, geschlossene Sitz, vor allem der gute Knieschluß, ein ruhig liegender Unterschenkel (Abb. 206) unterstützen das Pferd im Sprung. Eine labile Schwerpunktlage des Reiters wirkt sich negativ auf das Gleichgewicht des Pferdes im Sprung aus. Sie erzeugt bei ihm Unruhe und Unsicherheit, die sich auf den weiteren Parcoursverlauf auswirken.
Erst nach dem Berühren des Bodens durch die Vorhand und dem gleich danach folgenden Aufsetzen der Hinterhand nähert sich das Gesäß des Reiters wieder dem Sattel, richtet sich der Oberkörper auf. Durch Anspannung der Waden- und Bauchmuskulatur (Schenkel- und Kreuzeinwirkung) und entsprechende Zügeleinwirkung wird die im Sprung zeitweilig aufgegebene aktive Verbindung zwischen Reiter und Pferd wiederhergestellt. Diese Aufgabe sollte in der **Landephase** nach 2 bis 3 Galoppsprüngen vollzogen werden, um im folgenden Abschnitt zwischen den Hindernissen die gewünschte Richtungs- und Geschwindigkeitsänderung zu erzielen. Ein Springreiter, dessen Stil in der Sprungphase von der günstigen Springtechnik stark abweicht, verliert nach der Landephase unnötige Zeit, um seinen Sitz zu korrigieren. (Abb. 207) Er kann erst später die reiterliche Verbindung zum Pferd wiederherstellen. Dieser Mangel wirkt sich besonders in Zeitspringen, die durch häufige Richtungsänderungen nach den Hindernissen gekennzeichnet sind, leistungsmindernd aus.
Mit der Landephase ist ein springtechnischer

206 Mitgehender, geschlossener Springsitz

207 Ungünstiger Springsitz. Der Reiter verliert nach dem Landen Zeit für die Sitzkorrektur

Zyklus abgeschlossen. Die Aufteilung des Zyklus soll lediglich helfen, die verschiedenen Aufgaben der einzelnen Abschnitte deutlicher hervorzuheben.
Die Gefahr der Aufgliederung eines Springzyklus in einzelne Abschnitte besteht allerdings darin, daß in der Praxis der Gesamtparcours „zerhackt" und durch abrupte Übergänge von einem Abschnitt zum anderen die Harmonie des Bewegungsablaufes gestört wird. Das springtechnische Training soll vielmehr dazu dienen, daß Reiter und Pferd die Springbahn in *flüssigem, optimalem Tempo und vollkommener Harmonie* fehlerfrei absolvieren. Natürliche Gehlust und Springfreudigkeit des Pferdes sollen nur so weit durch reittechnische Einwirkungen beeinflußt werden, wie diese zur Leistungssteigerung beitragen. Die Flüssigkeit des Rittes darf nicht gestört werden. Erforderliche Korrekturen der Galoppsprunglänge oder der Versammlung sollen „im Vorwärts" vorgenommen und nicht durch harte, rückwärtswirkende Paraden gestört werden.
Hier wird der Unterschied zwischen der sogenannten natürlichen Ausbildungsmethode und einer Reitweise erkennbar, bei der der Reiter in dominierender Art durch übertriebenes Regulieren die eigene Initiative des Springpferdes behindert.

Hindernisarten mit unterschiedlichem Schwierigkeitsgrad

Ob ein Springpferd seinen Leistungshöhepunkt erreichen kann und vertrauensvoll, zuverlässig die verschiedenen, ihm oft unbekannten Hindernisse überwindet, ist vor allem davon abhängig, wie es in seinem Ausbildungsgang systematisch, nach dem Grundsatz „vom Leichten zum Schweren" mit den vielfältigen Hindernissen vertraut gemacht wurde. So mancher Reiter und Ausbilder hat es bereut, daß er seinem Pferd zu schnell zuviel zumutete, weil es frühzeitig Sprungkraft und starken Leistungswillen erkennen ließ. Schmerzhafte Erfahrungen, psychischer Schock und das gute Erinnerungsvermögen des Pferdes führen oft zur Leistungsverweigerung im Parcours selbst dann, wenn zuvor im Training mit fairen oder auch zweifelhaften Methoden eine Korrektur erfolgte.
Es ist deshalb stets von Nutzen für den Reiter, sein Pferd schrittweise mit dem Schwierigkeitsgrad der verschiedenen Hindernisarten und -formen vertraut zu machen. Die hier empfohlene methodische Gruppierung der Hindernisse ist aus langjährigen Erfahrungen im Training und aus Fehleranalysen von Springprüfungen entstanden. Natürlich sind auch andere folgerichtige Zusammenstellungen der Hindernisse möglich und sinnvoll.
Bodenricks, Gymnastikhindernisse und Hindernisreihen sind hier nicht erfaßt, da sie schon unter dem Gesichtspunkt des Rittigkeitstrainings erläutert wurden. Auf- und Absprünge, die z. B. an Billard und Wällen vorkommen, sind ebenfalls nicht berücksichtigt, da man sie den natürlichen Hindernissen zuordnen kann, auf die speziell im folgenden Kapitel zum Gelände- und Vielseitigkeitsreiten eingegangen wird.
Die Mehrzahl der im Springreiten verwendeten Hindernisse können nach ihrer Gestalt in *Hochsprünge, Hochweitsprünge, Steilsprünge* und *Weitsprünge* eingeteilt werden. (Abb. 208) Hinzu kommen noch die aus diesen Hindernisarten zusammengesetzten *Kombinationen.*
Die Reihenfolge dieser Hindernisarten entspricht dem steigenden Schwierigkeitsgrad, wie er im allgemeinen sowohl vom Pferd als auch vom Reiter empfunden wird.
Die Ursache für den unterschiedlichen Schwierigkeitsgrad gleich hoher, aber verschiedener Hindernisarten liegt offenbar in der wachsenden Anforderung an das *räumliche Taxiervermögen.* Vor Hochsprüngen zeigen mehr Reiter Entschlossenheit zum aktiven Reiten in der Anreitephase als vor Steilsprüngen, weil ihnen das Einschätzen der Entfernung bis zum Absprungraum schwerer fällt. Ein Hindernis ist um so leichter anzureiten, je „einladender" es aufgebaut ist. Das ist der Fall, wenn es:

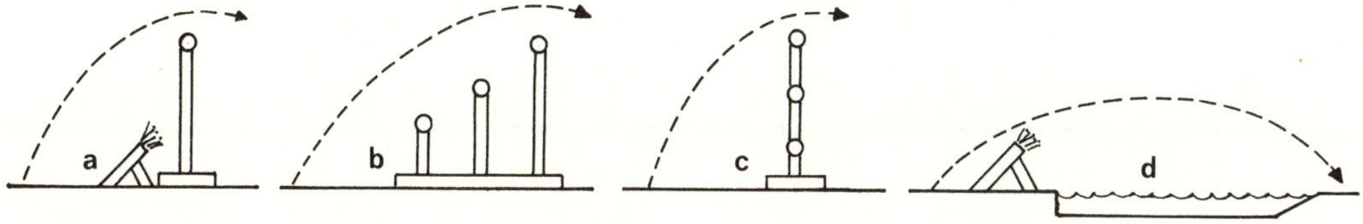

208 Hindernisarten: a Hochsprung, b Hochweitsprung, c Steilsprung, d Weitsprung

- möglichst gut *ausgefüllt* ist;
- am Fußpunkt mit einer *Bodenmarkierung* (Grundlinie) versehen ist;
- eine möglichst große *Breite* besitzt.

In Abbildung 209 sind je zwei Hindernisse von gleicher Höhe und gleicher Art, aber unterschiedlichem Schwierigkeitsgrad dargestellt (es wurden die o. g. Merkmale berücksichtigt). Daraus geht hervor, daß der Schwierigkeitsgrad nicht nur zwischen verschiedenen Hindernisarten unterschiedlich ist. Auch innerhalb derselben Art kann er erheblich verändert werden.

Als *Kombination* bezeichnet man zwei und mehr versetzbare Hindernisse, deren Abstand zueinander nicht weniger als 6,50 m und nicht mehr als 12 m beträgt. (Als Kombination gelten auch ortsfeste, nicht versetzbare Hindernisse, wenn der Abstand zwischen ihnen weniger als 6,50 m beträgt.)

Im allgemeinen werden zwei oder drei Hindernisse zu einer Kombination zusammengestellt. (Abb. 210) Kombinationen mit vier Hindernissen kommen seltener vor. Einen Sonderfall stellt das Barrierenspringen dar, das im strengen Sinne als Kombination von sechs Hindernissen bezeichnet werden kann, da der Abstand zwischen den Hindernissen in dieser Prüfung weniger als 12 m mißt.

Die Anzahl der Faktoren, die den Schwierigkeitsgrad einer Kombination beeinflussen, ist viel größer als bei Einzelhindernissen. Die Möglichkeit, Kombinationen zusammenzustellen und ihren Schwierigkeitsgrad zu variieren, ist viel reichhaltiger.

Die Faktoren, die bei der *Beurteilung* gleich hoher *Kombinationen* beachtet werden müssen, sind folgende:

- *Schwierigkeitsgrad* des Einzelhindernisses, leer oder ausgefüllt, Bodenmarkierung

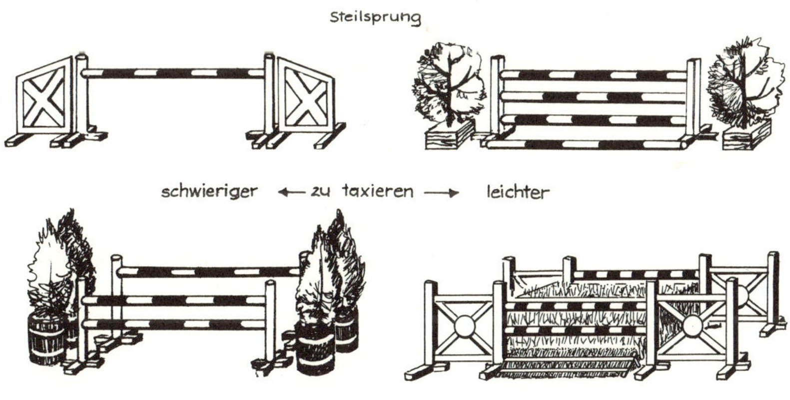

209 Hindernisse mit unterschiedlichem Schwierigkeitsgrad

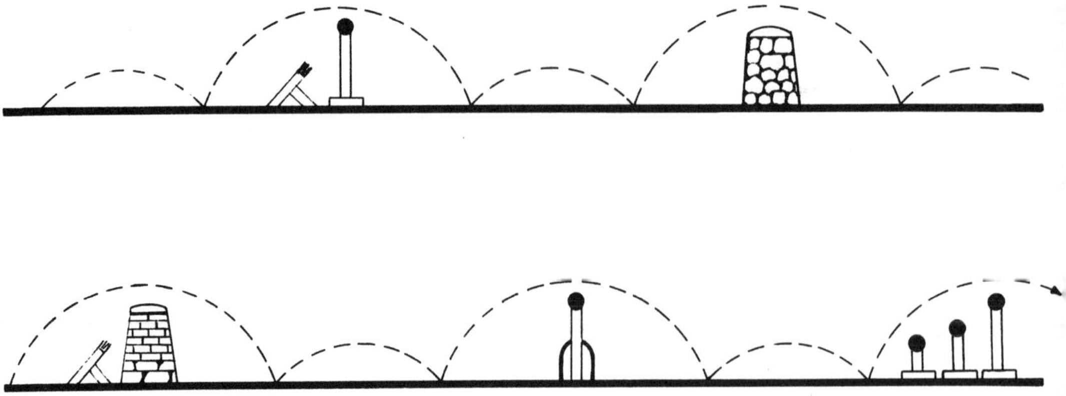

210 Zweifach- und Dreifachkombination

oder nicht (Grundlinie), Hindernisbreite, Hindernistiefe
- *Anzahl* der Einzelhindernisse
- *Abstand* zwischen den Hindernissen (eng – normal–weit)

Als *normalen Abstand* zwischen zwei Hindernissen einer Kombination bezeichnen wir die Entfernung, die es zuläßt, daß das Pferd das Tempo nach der Landung beibehält, um den günstigen Absprungraum vor dem nächsten Hindernis zu erreichen. Der Abstand wird demzufolge *eng,* wenn der Reiter den Galoppsprung des Pferdes verkürzen und damit dessen Tempo verringern muß, um den Absprungraum für ein fehlerfreies Überwinden des nächsten Hindernisses zu erreichen. Dementsprechend liegt eine Kombination mit *weitem* Abstand vor, wenn der Reiter nach der Landung durch treibende Hilfen den Galoppsprung des Pferdes verlängern muß, um eine gute Absprungposition zu erreichen. (Abb. 211)
Es ist falsch, enge oder weite Abstände in Kombinationen „unpassend" zu nennen. Eine

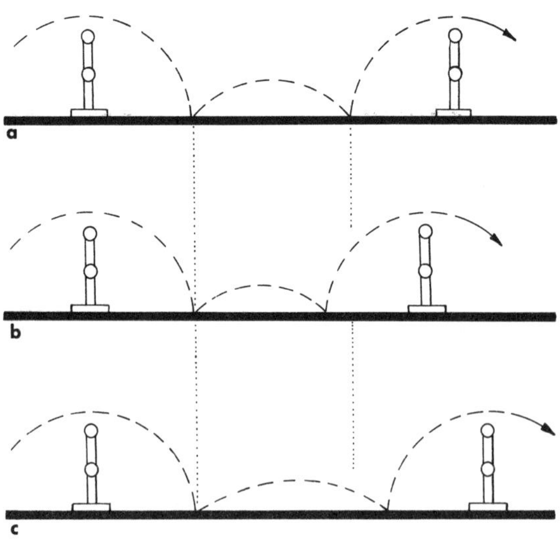

211 Kombination mit a – normalem Abstand, b – engem Abstand, c – weitem Abstand unpassende und unfaire Entfernung zwischen zwei Hindernissen einer Kombination liegt nur dann vor, wenn ein Springpferd den Absprungraum vor dem folgenden Hindernis trotz Verkürzung bzw. Verlängerung des Galoppsprungs nicht erreichen kann.

Die Grenzen enger bzw. weiter Abstände verkleinern bzw. vergrößern sich etwas mit der Erfahrung und wachsenden Leistungsfähigkeit.

In der Praxis haben sich *zwei Methoden* bewährt, um die Kombinationsabstände (normal, eng, weit, unpassend) mit genügender Genauigkeit *bestimmen* zu können.

In der Leistungsprüfungsordnung wird der Abstand als diejenige Entfernung bezeichnet, die zwischen dem Fußpunkt des einen Hindernisses auf der Landeseite und dem Fußpunkt des folgenden Hindernisses auf der Absprungseite liegt. Als normaler Abstand werden für Kombinationen mit einem Galoppzwischensprung 7,00 bis 7,50 m, mit zwei Galoppsprüngen 10,50 bis 11,00 m angegeben. Er setzt sich aus cirka 2,00 m vom Fußpunkt auf der Landeseite bis zum Landepunkt, der Länge eines Galoppsprunges von 3,50 bis 3,80 m und aus 1,60 m vom Absprungpunkt bis zum Fußpunkt des folgenden Hindernisses auf der Absprungseite zusammen. Die LPO weist aber darauf hin, daß bei höheren und tieferen Hindernissen entsprechende Zuschläge zu beachten sind.

Zwischen Reitern und Parcoursgestaltern entstehen vor Springprüfungen oft verschiedene Meinungen über die Schwierigkeit der Abstände in Kombinationen. Während der eine z. B. die auf 7,50 m vermessene Kombination als normalem Abstand bezeichnet, ist der andere der Auffassung, daß sie dennoch zu eng steht. Weil im Springreiten mit der Entscheidung über die Abstandsbestimmung in Kombinationen dem Trainer, Reiter und auch dem Parcoursgestalter eine hohe Verantwortung dafür übertragen wird, ob das Springpferd in seiner Entwicklung gefördert wird oder nicht, wird auf dieses Problem etwas näher eingegangen.

Am Beispiel von zwei Kombinationen soll gezeigt werden, daß trotz gleicher Entfernung von 7,10 m nur eines der beiden Hindernisse einen normalen Abstand besitzt. (Abb. 212)

Die *erste Kombination* (s. Abb. 212a) besteht aus zwei Steilsprüngen. Da Absprung- und Landestelle von der Höhe des Hindernisses bestimmt werden, setzen wir diese in unserem Beispiel mit 1,30 m fest. Der Abstand

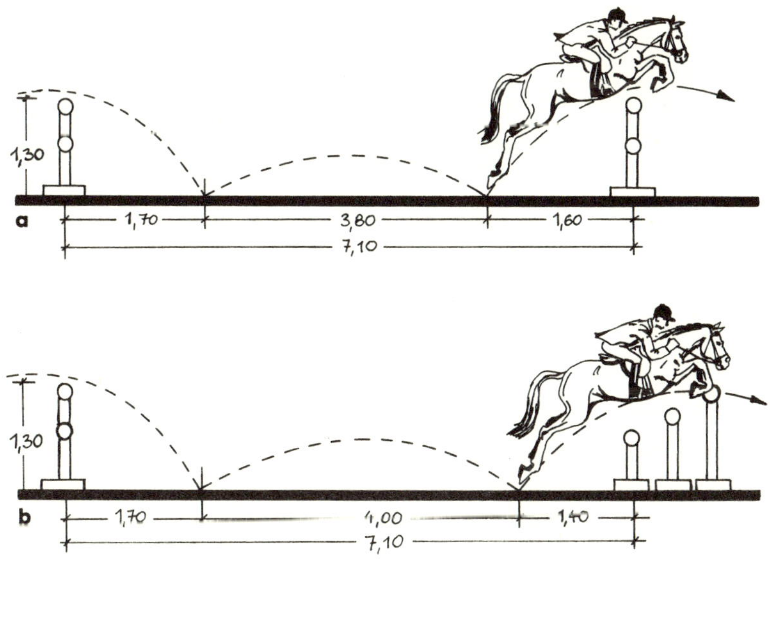

212 Zweifachkombination mit gleichem Abstand, a normal, b weit

in der Kombination beträgt 7,10 m. Da der Aussprung ein Steilhindernis ist, benötigt das Pferd keine erhöhte Beschleunigung gegenüber dem Einsprung, der zur selben Hinderniskategorie gehört. Der zwischen den Hindernissen auszuführende Galoppsprung kann im mittleren Tempo, aus dem ein verhältnismäßig hoher Sprung möglich ist, ausgeführt werden. Nimmt man an, daß die Landung nach dem ersten Hindernis infolge günstiger Absprungsituation bei 2,00 m erfolgt, die Galoppsprunglänge ungefähr 3,50 m beträgt und das Pferd etwa 1,60 m vor dem nächsten Hindernis abspringt, dann ergeben sich 7,10 m Gesamtabstand, der unter diesen Bedingungen als normal betrachtet werden kann.

Die *zweite Kombination* (s. Abb. 212b) ist aus einem Steil- und einem Hochweithindernis zusammengestellt. Höhenabmessungen und Abstand stimmen mit denen der ersten Kombination überein. Um die Triplebarre des Aussprungs gut überwinden zu können, muß das Pferd im Vergleich zum Steilsprung des vorhergehenden Beispiels stärker beschleunigt werden, damit es mehr Schwung für diesen Hochweitsprung erhält. Daraus folgt, daß der Reiter durch aktives Treiben unmittelbar nach der Landung hinter dem Einsprung versucht, die Geschwindigkeit etwas zu erhöhen und den Galoppsprung zu verlängern. Dieser verlängerte Galoppsprung, der gegenüber dem ersten Beispiel größer ist, mag 3,90 m betragen. Der geschickte Springreiter wird bereits den Einsprung etwas zügiger anreiten, um einen ruckartigen Übergang zur folgenden Beschleunigung zu vermeiden. Wegen des aktiveren Anreitens dieser Kombination ist damit zu rechnen, daß das Pferd etwas weiter in die Kombination hineinspringt. Die Landestelle wird 2,10 m hinter dem ersten Hindernis liegen. Trotz des Raumgewinns durch die vergrößerte Beschleunigung springt also das Pferd 6,00 m hinter dem ersten Hindernis ab. Das sind 1,40 m vor der folgenden Triplebarre, die im allgemeinen in dieser Springprüfungsklasse eine Tiefe von 1,50 m besitzt. Der höchste Punkt einer Triplebarre befindet sich aber am hinteren Hindernisteil. Hier soll das Pferd deshalb auch den höchsten Punkt der Sprungkurve erreichen. In diesem Fall liegt der Fußpunkt unter dem Höhenmaximum der Sprungkurve, 2,90 m weit von der Absprungstelle entfernt. In dieser Entfernung vom Absprungpunkt befindet sich das Pferd bereits wieder auf der absteigenden Linie der Sprungkurve. Es wird daher trotz Beschleunigung des Pferdes wahrscheinlich zumindest ein Springfehler, wenn nicht gar ein Rumpler oder Sturz entstehen.

Beide Kombinationen besitzen denselben Abstand (7,10 m), der im Bereich des Normalen (7,00 bis 7,50 m) liegt. Die Diskussion der Kombination Steilsprung – Triplebarre zeigt aber, daß der Abstand in diesem Fall nicht als normal, sondern als weit bezeichnet werden muß. Diese Kombination wird wieder eine normale Distanz erhalten, wenn die Triplebarre um ungefähr 0,70 m an die Absprungstelle herangezogen wird und die Entfernung zwischen den Fußpunkten (lichte Weite) der Hindernisse dann 6,70 m beträgt.

Dieses Beispiel zeigt, daß eine formale Vermessung des Abstandes zu einem Fehlurteil über den Schwierigkeitsgrad einer Kombination führen kann. Parcoursgestalter und Trainer müssen zur Entfernungsbestimmung in Kombinationen die unterschiedliche Hindernisart beachten.

Aus dieser Erkenntnis hat sich in der Praxis des Springsports eine *zweite Methode* eingebürgert, den Abstand in Kombinationen zu ermitteln. Dazu wird der Abstand zwischen der Landestelle nach dem ersten Hindernis und der Absprungstelle vor dem folgenden Hindernis bestimmt. Man betrachtet Art und Abmessungen des ersten Hindernisses und ermittelt unter Berücksichtigung des wahrscheinlichen Anreitetempos die ungefähre *Landestelle.* Je nachdem, ob das folgende Hindernis zum optimalen Überwinden Beibehaltung, Beschleunigung oder Verringerung der Geschwindigkeit erfordert, wird von der Landestelle mit vier normalen (etwa 80 cm), verlängerten oder etwas kleineren Schritten die Absprungstelle erreicht. Von diesem Punkt aus ist es einfach, angesichts der Ent-

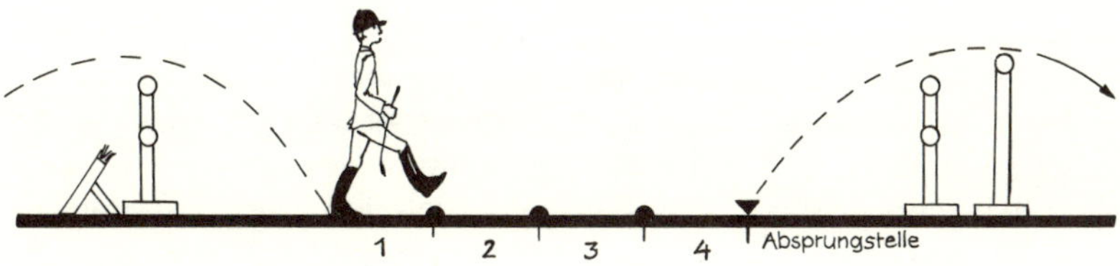

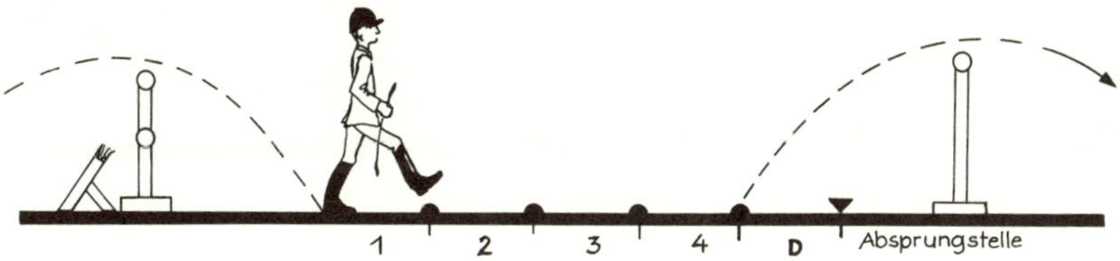

213 Durch Abschreiten erkennt man den Abstand: normal (oben) oder weit (unten)

fernung bis zum folgenden Hindernis und bei Beachtung seiner Struktur (Art, Höhe, Tiefe) zu entscheiden, ob der Abstand in der Kombination zweckmäßig, d. h. dem Charakter der Prüfung und dem Leistungsvermögen des Teilnehmerfeldes entsprechend, gewählt wurde.

Im ersten Beispiel der Abbildung 213 erreicht man mit vier Schritten die günstige Absprungstelle für den Aussprung aus der Kombination. Sie kann also im normalen Tempo angeritten werden. Im zweiten Beispiel wird der Absprungpunkt nach dem Abschreiten noch nicht erreicht. Diese Kombination ist also weitgestellt. Sie muß mit mehr Schwung angeritten werden, damit die Differenz verringert wird.

Im Wettkampf werden beide Beurteilungsmethoden der Abstandsbestimmung benutzt. Im Training sollte man die zweite vorziehen, da sie die Bandmaßvermessung vermeidet und stärker verlangt, den springtechnischen Lösungsweg einer Kombination zu durchdenken. Aus der Art und der Abmessung der Hindernisse, der Rittigkeit und Gehfreudigkeit des Pferdes wächst die Erfahrung des Reiters, die Lande- und Absprungstelle zu ermitteln und sich für die richtige Reitweise in dieser Kombination während des Trainings oder im Wettkampf zu entscheiden.

Gestaltung des springtechnischen Trainings

Nachdem im 1. Abschnitt der Vorbereitungsperiode in erforderlichem Maße Gehorsam, Beweglichkeit und Kondition des Springpferdes gefördert worden sind, kann das springtechnische Training stärker in den Mittelpunkt rücken.

Im ersten Trainingsjahr nach der Grundausbildung soll das Springvermögen und die Springtechnik über Anforderungen der Klassen L und M/B entwickelt und stabilisiert werden. Wurde dieses Ziel erreicht, kann im zweiten Jahr das Springtraining in den Klassen M/A und S fortgesetzt werden.

Kennenlernen der neuen Einzelhindernisse

Der Entwicklung des Bewegungsablaufes von Reiter und Pferd im Springzyklus geht ein Abschnitt des Kennenlernens der verschiedenen Hindernisarten voraus oder läuft mit diesem parallel weiter. Obwohl das Pferd bei den Springübungen während der Grundausbildung schon eine bestimmte Anzahl von verschiedenen Hindernissen kennengelernt hat, sollte im Leistungstraining trotzdem systematisch vorgegangen werden. Die größeren Hindernisse stellen im Vergleich zu den kleinen Hindernissen während der Grundausbildung

neue Anforderungen an das Spring- und Taxiervermögen.
Es empfiehlt sich, zunächst vom Schwierigkeitsgrad der Hindernisart auszugehen und deshalb mit *Hochsprüngen* zu beginnen. Man bemühe sich, den jüngeren Pferden das Kennenlernen der Hindernisse dadurch zu erleichtern. Deshalb sollen sie anfangs gut ausgefüllt und breit genug sein, um das räumliche Taxiervermögen zu unterstützen. Fänge sollten am Hindernis aufgestellt werden, die das Vorbeilaufen verhindern. Bodenricks stellt man 2 Galoppsprünge vor dem Hindernis auf, um ein passendes Herankommen an die Absprungstelle zu erreichen. Das Vertrautmachen des Pferdes mit dem neuartigen Hindernis muß unbedingt zu einem positiven Erlebnis führen. Der Gehorsam und das Vertrauen des Pferdes wird dadurch weiter gefestigt.
Manche Reiter erlauben dem Pferd im Training, unbekannte oder in der Form veränderte Hindernisse vor dem Anreiten durch Heranreiten im Schritt zu beschnuppern, um Hemmungen vor dem Neuen zu beseitigen. Das ist in dieser Ausbildungsstufe nicht günstig, weil sich das Pferd daran gewöhnen kann, unbekannte Hindernisse erst zu springen, wenn es diese vorher in näheren Augenschein genommen und berochen hat. Auf dem Turnier ist es auch nicht gestattet, daß man zu diesem Zwecke mit dem Pferd den Springplatz vorher betreten darf. Wenn die bisherige Entwicklung des Springpferdes systematisch, ohne nachwirkende Störsituationen vorangeschritten ist und die angegebenen methodischen Erleichterungen (passender Galoppsprung, geringe Hindernishöhe, Fänge) beachtet werden, wird das Springpferd in der ihm bekannten Umgebung das bisher unbekannte Hindernis willig annehmen. Erst wenn das Pferd dieses Hindernis wenigstens zweimal mit leichten Abmessungen gesprungen hat und ein anfängliches Zögern beim Anreiten verlorengegangen ist, kann man die Höhe des Hindernisses so verändern, daß sie der Trainingsaltersstufe des Pferdes entspricht.
Dann ist auch der Zeitpunkt gekommen, das Springpferd mit den schon etwas schwierigeren Hindernisarten, den Steil- und Hochweitsprüngen, vertraut zu machen. Diese lassen sich für das Training sehr einfach aus Stangen, Busch, Hürden und Fängen zusammenstellen. Günstiger ist natürlich, wenn man einige Hindernisse mehr, z. B. Mauer, Zaunteile, farbige Planken zur Verfügung hat. Möglichst alle Hindernisformen sollte das Pferd schon vor dem Turnier kennenlernen.
Das methodische Vorgehen, das Pferd mit Steil-, Hochweit- und Weitsprüngen vertraut zu machen, gleicht dem, wie es bei den leichter zu taxierenden Hochsprüngen beschrieben wurde. Einige wenige Turnierhindernisse, die man auch im Training in vereinfachter Form zusammenstellen kann, sind in der Abbildung 214 dargestellt.
Ein weiterer Weg, das Pferd mit anderen Hindernisarten und -formen vertraut zu machen besteht darin, an die Methodik der Rittigkeitsarbeit mit Hilfe der Hindernisreihen anzuknüpfen. Das Pferd lernt in dieser ihm schon vertrauten Weise das neue Hindernis kennen.
Zu diesem Zweck wird das Hindernis mit geringen Abmessungen in eine schon bekannte *Hindernisreihe* als letztes eingeordnet und bei den nächsten Wiederholungen schrittweise erhöht. Hat das Pferd die größeren Anforderungen willig gelöst, wird dieses letzte Hindernis einen Galoppsprung vom vorletzten der Reihe entfernt aufgestellt. Es wird also von der Einheit der Hindernisreihe abgesondert und als selbständiges Element betrachtet. Hierbei empfiehlt es sich, die Hindernishöhe zunächst wieder etwas herabzusetzen. Hat die Absonderung von der Hindernisreihe keine Schwierigkeiten bereitet, kann das Hindernis wieder schrittweise erhöht werden. (Abb. 215)

Das Springen von Wassergräben

Auf Turnierplätzen kann man immer wieder Pferde beobachten, die fast alle Hindernisse vertrauensvoll und losgelassen überwinden, jedoch beim Überwinden von *Gräben,* insbesondere Wassergräben, deutliche Schwierig-

214 Verschiedene Turnierhindernisse

keiten erkennen lassen. Sie werden schon aus größerer Entfernung in überhöhtem Tempo an den Graben geritten, springen meist zu früh und flach ab. Obwohl die meisten Wassergräben nicht mehr als 3,50 bis 4 m zu überspringende Wasserfläche aufweisen, berühren die Pferde die Wasserfläche trotz großer Sprungkraftentfaltung. Es müssen also schon bei der Gewöhnung des Pferdes an Weitsprünge methodische Fehler gemacht worden sein. Sicher spielt dabei eine Rolle, daß die Pferde mehr Erfahrung im Springen von

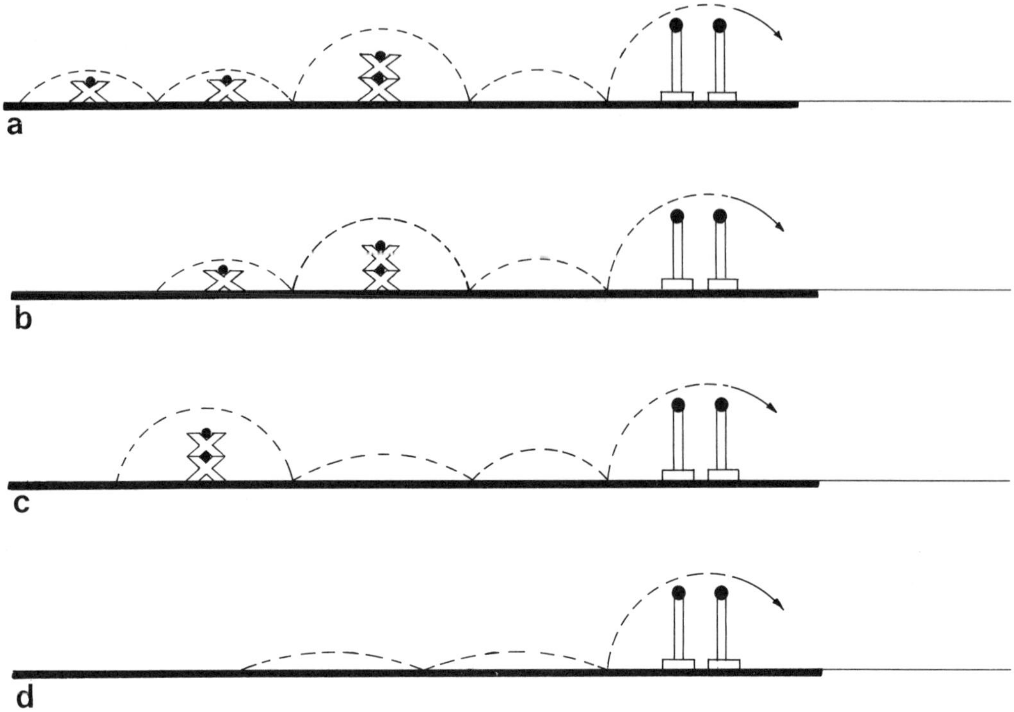

215 Schrittweises Vertrautmachen des Springpferdes mit einem unbekannten Hindernis

Hoch- und Hochweitsprüngen haben, weil im Parcours nur ein Wassergraben, aber mehr als 10 andere Hindernisse stehen. Die meisten Reiter haben außerdem keinen Wassergraben auf dem heimatlichen Trainingsplatz. Darin liegt wohl die Ursache, daß Reiter und Pferd nicht soviel Übung im Wassergrabenspringen besitzen. Dadurch hat sich das Gefühl entwickelt, daß ein Wassergraben etwas Besonderes ist. Dieser Mangel läßt sich mit Hilfe der in Abschnitt 4.5.2. erwähnten künstlichen Wassergräben leicht beseitigen, die überdies noch den Vorteil bringen, den Wassergraben an ganz verschiedene Stellen des Platzes legen und auch in Kombinationen einbauen zu können.

Die zweckmäßige Längenausdehnung eines *Trainingsgrabens* liegt zwischen 3,00 und 3,50 m. Ein kleinerer Graben fördert zuwenig den für diese Hindernisart typischen Bewegungsablauf im Sprung. Größere Gräben können besonders im Anfangstraining bei etwas unpassendem Absprung zum Berühren der Wasserfläche führen. Dann kann die Aufmerksamkeit des Pferdes gegenüber dem Wasser verlorengehen.

Eigentlich sollten Gräben hinsichtlich ihres Schwierigkeitsgrades zu den leichteren Hindernissen zählen. Ein Graben von 4,00 m ist nur geringfügig länger als ein beschleunigter Galoppsprung. Auch ist die erforderliche Sprunghöhe geringer als bei den anderen Hindernissen der gleichen Springprüfungsklasse. Ein Wassergrabensprung ist somit ein nur etwas verlängerter Galoppsprung. Weil er aber in der Praxis doch mehr Schwierigkeiten bereitet, muß ihm doch größere Aufmerksamkeit geschenkt werden. Das ist auch aus methodischen Gründen berechtigt. Erst wenn das Springpferd gelernt hat, losgelassen und durchlässig an die übrigen Hindernisse (hoch, hochweit, steil) heranzugehen, ist es

angebracht, das Training an größeren Wassergräben zu beginnen.
Bei kaum einem Hindernis wird das Ergebnis so wesentlich von der Qualität des Anreitens bestimmt. Dazu ist eine optimale Beschleunigung erforderlich, die zur günstigen Absprungstelle vor dem Graben führt. Die Geschwindigkeit vor dem Absprung ist größer als bei Steilsprüngen. Während am Steilsprung 2, höchstens 3 Galoppsprünge zur Beschleunigung ausreichen, wird die optimale Endgeschwindigkeit für den Wassergrabenabsprung aus 4, höchstens 5 Galoppsprüngen entwickelt. Die Beschleunigung aus der Muskelvorspannung des vorangegangenen Aufnehmens ist notwendig, weil bei *jedem Weitsprung auch eine bestimmte Höhe erreicht werden muß,* um in einer möglichst großen Entfernung zu landen. Die in zu hohem Tempo an den Graben herangerittenen Pferde sind im Absprung nicht mehr in der Lage, die Hinterhand so unter den Schwerpunkt zu bringen, daß sie einen Teil der horizontalen Beschleunigungskraft in die Vorwärts-Aufwärts-Bewegung umsetzen können. Wenn das Springpferd trockene und Wassergräben im Gelände beim Reiten in der Gruppe hinter zuverlässigen, erfahrenen Pferden kennengelernt hat, dann ist eine gute *psychische Vorarbeit* geleistet worden, um ihm die Scheu vor den glitzernden Reflexionen der Wasseroberfläche zu nehmen. Ist die Abneigung gegenüber Gräben im Gelände abgebaut, kann das *Wassergrabentraining* auf dem Platz beginnen. Mehr noch als bei anderen Hindernissen achte man darauf, daß die vordere *seitliche Ausdehnung* möglichst groß ist, damit der optische Eindruck des Grabens genügend zur Geltung kommt. Bei einer Länge des Wassergrabens von 3,50 bis 4,50 m soll die vordere seitliche Breite mindestens 5 bis 6 m betragen. Die Landeseite muß möglichst flach aus dem Wasser hervortreten, um Überdehnungen von Sehnen und Bändern der Vorderbeine beim Aufsetzen zu vermeiden. Durch eine Matte wird der harte Stoß bei der Landung gedämpft.
Zunächst sorgen wir dafür, daß das Pferd möglichst von Anfang an passend an den Wassergraben herangeritten wird. Die Absprungstelle am Graben liegt wesentlich dichter am Hindernis als bei anderen Hindernisar-

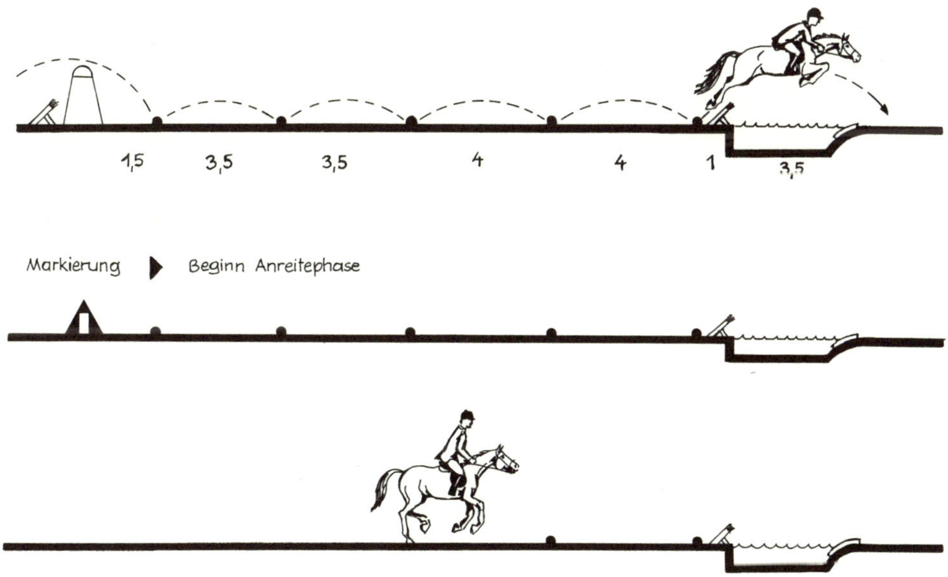

216 Schulung des Anreitens des Wassergrabens

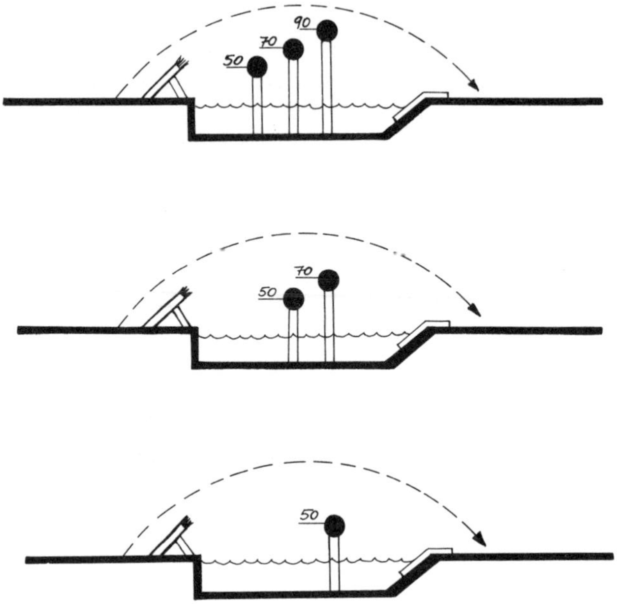

217 Schulung des Springens am Wassergraben in der richtigen Sprunghöhe

ten. Deshalb unterstützen wir das Anreiten, indem ein ungefähr 1,10 m hoher Einzelsprung 4 Galoppsprünge vor dem Wassergraben aufgestellt wird. (Abb. 216) Der Reiter soll sich diese Entfernung optisch einprägen, das Pferd kurz aufnehmen und den Galopp etwas beschleunigen. Der Reiter wird erkennen, daß die in diesem 15 bis 16 m langen Raum zwischen Landestelle nach dem Hilfshindernis und Absprungstelle vor dem Graben mögliche Beschleunigung genügt, um einen qualitativ guten Wassergrabensprung ausführen zu können. Beim Aufstellen dieses *Hilfshindernisses* muß der Ausbilder auch darauf achten, daß die Galoppsprünge von der Landung bis zum Absprung etwas länger werden.

Nach einigen Wiederholungen wird das Hilfshindernis weggenommen und als optisches Hilfsmittel lediglich eine Markierung an diese Stelle gesetzt werden. Später wird auch diese, entsprechend der gleichen Situation im Parcours, beseitigt. Sollte sich bei diesem Training herausstellen, daß das Pferd den Wassergraben zu flach überspringt, kann man als Hilfsmittel den Graben mit einer Triplebarre überbauen. Die Höhe der letzten Stange sollte 90 cm bis 1 m nicht überschreiten, damit sie nicht größer als die optimale Sprunghöhe am Wassergraben wird. Bei folgenden Wiederholungen werden die Stangen der Triplebarre schrittweise weggenommen. Das Ziel ist erreicht, wenn der höchste Punkt der Sprungkurve über der Mitte des Wassergrabens liegt. (Abb. 217)

Zur Festigung des Taxiervermögens an Einzelhindernissen

Wir erinnern uns, daß der Schwierigkeitsgrad eines Hindernisses – unabhängig davon, ob es sich um einen Hoch-, Hochweit-, Steil- oder Weitsprung handelt – von einigen Merkmalen abhängig ist, die es dem Pferd entweder erleichtern oder erschweren, das Hindernis fehlerfrei zu überwinden. (s. S.104 ff.)

Die Ausbildung des Springpferdes ist inzwischen so fortgeschritten, daß es gelernt hat, diese verschiedenen Hindernisarten vertrauensvoll zu überwinden, weil es mit der Hilfe von Hindernisreihen an die günstige Absprungstelle herangeritten werden konnte. Auf dem Wege zur Turnierreife muß aber schrittweise auf diese Orientierungshilfe verzichtet werden. Der Reiter muß es immer besser verstehen, die Entfernung und den erforderlichen Schwung für die verschieden schwierigen Hindernisse im Parcours selbst einzuschätzen. Durch reiterliche Hilfen übermittelt er seine Entscheidung dem durchlässigen, gehorsamen Pferd, wie das Hindernis angeritten werden soll, ob die Galoppsprünge verlängert oder verkürzt werden müssen. Das erfordert, daß durch Übung das Taxiervermögen des Reiters und des Pferdes ohne unterstützende Anreitehilfen vom leicht bis schwer anzureitenden Hindernis entwickelt und gefestigt werden muß.

Das Pferd hatte im bisherigen Training die verschiedenen Grundformen der Hindernisse mit Absprunghilfen kennengelernt. Es hatte kaum Anlaß zu verweigern oder zu stürzen. Reiter und Trainer sind stolz, daß das Vertrauen des Pferdes als grundlegende Leistungsvoraussetzung gefestigt wurde. Nun kommt es darauf an, durch ein gut überlegtes methodisches Vorgehen diese Leistungsbereitschaft des Pferdes beim Trainieren schwieriger Hindernisse weiter zu erhalten und auf keinen Fall durch eigene Schuld aufs Spiel zu setzen. Am Beispiel des Steilsprunges soll gezeigt werden, wie der Schwierigkeitsgrad schrittweise im Training erhöht werden sollte. Wir zeigten bereits, daß ein Hindernis relativ leicht zu taxieren ist, wenn es genügend breit, gut ausgefüllt ist und eine Bodenmarkierung besitzt. Davon ausgehend kann man über einen längeren Ausbildungsabschnitt zunehmend die Anforderungen am Steilsprung erhöhen, ohne Gefahr zu laufen, daß das Pferd durch eine extrem erschwerte Situation verweigert.

Im *ersten Trainingsjahr* wird die Springtechnik an Steilsprüngen dadurch gefestigt, daß das Pferd lernt, mit gleicher Sicherheit vielfältige ähnliche Steilhindernisse zu springen. Diesen verschiedenen Formen der Steilsprünge soll aber eine Eigenschaft gemeinsam sein: alle sollen eine *Bodenmarkierung (Grundlinie)* besitzen. Sie erleichtert es, die Absprungstelle optisch zu fixieren.

Mit geringer Höhe beginnend, werden zuerst Steilhindernisse gesprungen, die eine möglichst *geschlossene Ansichtsfläche* bis zur Bodenmarkierung besitzen (z. B. Mauern, Planken, Strohwände). Zu beiden Seiten des Hindernisses stelle man für alle Fälle *Fänge* auf, um das Verweigern zu vermeiden und das Hindernis optisch zu verbreitern. Das Taxieren und Abspringen wird dadurch erleichtert. Beim Rick beginne man mit möglichst vielen eingelegten Stangen, deren Anzahl später verringert wird. Dadurch entstehen etwas größere freie Abstände, die das Taxieren erschweren.

Wenn dieser Lernvorgang erfolgreich verlief, können die Fänge fortgenommen und schon kürzere Stangen verwendet werden. Dadurch wird die *Hindernisbreite* verringert und das räumliche Taxieren langsam erschwert. Die Bodenbegrenzungsstange wird jedoch weiter verwendet. (Abb. 218)

Hat das Pferd genügend Sicherheit beim Springen der erschwerten Hindernisse gewonnen, sollte in ähnlicher Weise der Lernvorgang in einem nächsten Ausbildungsabschnitt (2. Trainingsjahr) ohne Bodenmarkierung wiederholt werden. Die Abbildung 219 zeigt, wie auch hier die veränderten neuen

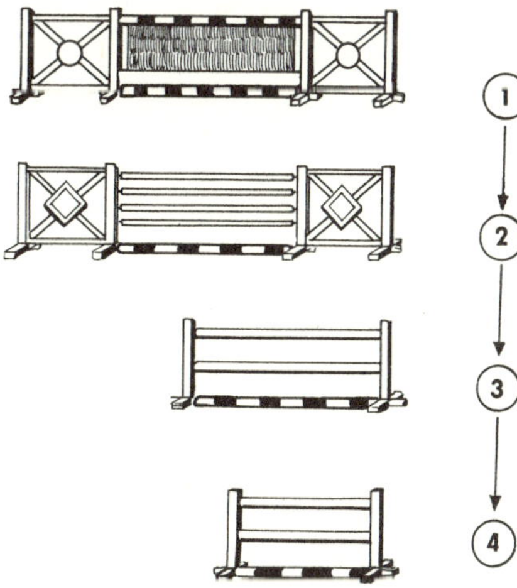

218 Schrittweises Erhöhen des Schwierigkeitsgrades bei Beibehaltung der Bodenmarkierung

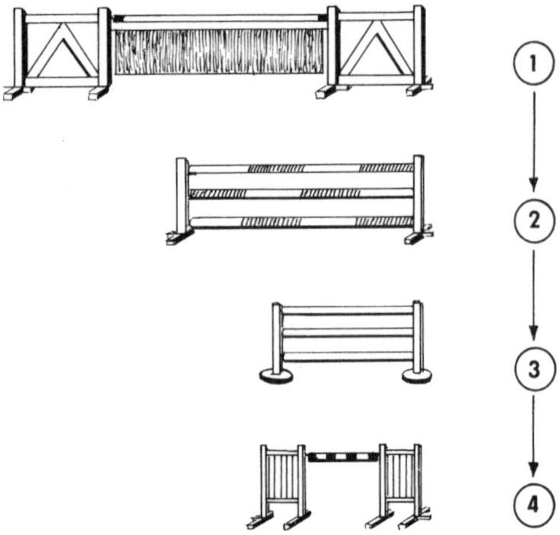

219 Schrittweises Erhöhen des Schwierigkeitsgrades **ohne** Bodenmarkierung

Anforderungen nacheinander durchlaufen werden, um den erreichten Ausbildungsstand des Pferdes nicht zu gefährden.
Durch die dazwischenliegende Turniersaison hat das Pferd größere Erfahrung gewonnen, so daß weitere Erschwernisse möglich sind. Beim Rick kann deshalb sogar die Stangenanzahl bis auf eine einzige verringert werden. Der maximale Schwierigkeitsgrad ist erreicht, wenn die einzelne Stange eine geringe Länge besitzt. Solche Steilhindernisse wurden mehrmals in internationalen Prüfungen verwendet. Einige Pferde, die im Training nicht systematisch dieses Hindernis kennengelernt hatten, versuchten sogar unter der Stange hindurchzulaufen, anstatt sie zu überspringen.
Die Technik kann im 2. oder 3. Trainingsjahr noch weiter verbessert werden, wenn die Hindernisse nicht senkrecht in der Sprungrichtung, sondern *schräg angeritten* werden. Das wird das Springpferd nicht überraschen, da es bereits im Rittigkeitstraining gelernt hat, kleinere Hindernisse aus dem Trab schräg zu überspringen. Das Beherrschen dieser Technik ist besonders in den Zeitspringen leistungsbestimmend. Der Parcoursgestalter wählt in dieser Prüfung bewußt eine Linienführung, die das Schrägabspringen aus kurzen Anreitephasen als technische Fertigkeit des Reiters und des Pferdes überprüft.
Der Schwierigkeitsgrad im Schrägspringen von Hindernissen wächst um so mehr, je kleiner der Winkel (α) zwischen Anreiterichtung und Hindernis wird. (Abb. 220) Außerdem wird das Schrägspringen durch den Winkel (ß) beeinflußt, der von der Grundlinie des Hindernisses und den Fängen gebildet wird. Hat der Winkel α eine bestimmte untere Grenze erreicht, ist es unmöglich, das Hindernis noch fehlerfrei zu überwinden. Je mehr sich das Pferd dieser individuellen unteren Winkelgrenze nähert, um so größer wird die Gefahr, daß das Pferd nicht abspringt, sondern am Hindernis vorbeiläuft. Im Training ist also der Anreitewinkel schrittweise zu verkleinern. Auf der „gefährlichen Seite" ist ein Fang langsam mit der Wiederholung der Übung so zu versetzen, daß er am Ende in Verlängerungsrichtung des Hindernisses steht und schließlich weggenommen werden kann.
Mit dieser ausführlichen Beschreibung, wie der Schwierigkeitsgrad an einem Steilsprung im Training erhöht werden kann, wurde ein Beispiel für eine „methodische Reihe" im Springsport erläutert, die in der Allgemeinen Trainingslehre (s. Tab. 38) mit einem Beispiel aus dem Dressursport erklärt wurde.

Training zunehmend schwieriger Kombinationen

Wenn das Springpferd zuverlässig die verschiedenen Arten und Formen der Einzelhindernisse überwindet, dann kann der Reiter um so vertrauensvoller an das Training von Kombinationen herangehen. Im Abschnitt über den Schwierigkeitsgrad der Kombinationen wurde gezeigt, daß hauptsächlich die Abstände zwischen den Einzelhindernissen in der Kombination entscheidend für ein fehlerfreies Überwinden sind. Die Kunst des Ausbilders besteht deshalb darin, die Übungskombinationen so zusammenzustellen, daß bei steigenden Anforderungen nicht das Prin-

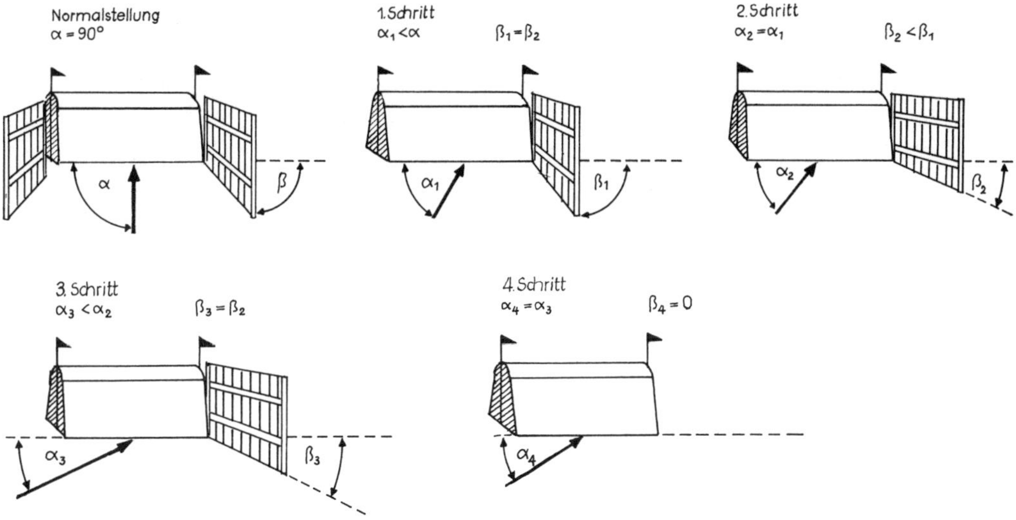

220 Lernen des Schrägspringens eines Hindernisses

zip „vom Leichten zum Schweren“ verletzt und nicht zu früh neue, höhere Anforderungen an das Pferd gestellt werden.

Es hat sich bewährt, im Jahr des Aufbautrainings die Springtechnik in verschiedenen Zwei- und Dreifachkombinationen hauptsächlich *mit normalen Abständen* zu fördern. In der Turniersaison des gleichen Jahres wird das erworbene Können in Kombinationen mit normalen Abständen unter fremden Turnierplatzbedingungen gefestigt. In der Vorbereitungsperiode *des 2. Trainingsjahres* wird die Springfertigkeit in schwierigen Kombinationen mit *engeren* und *weiteren Abständen* erlernt und in den folgenden Wettkämpfen stabilisiert.

Zweifachkombinationen

Es bietet sich an, das Kennenlernen von Kombinationen und die damit verbundene Technikschulung aus dem Rittigkeitstraining sowie der hierbei durchgeführten Arbeit mit *Hindernisreihen* hervorgehen zu lassen. Hindernisreihen sind eigentlich bereits Kombinationen mit Kleinhindernissen. Es kann von einer Hindernisreihe mit 4 bis 5 Kleinhindernissen ausgegangen werden. Sie wird zunächst im Trab angeritten und die ersten Kleinricks ohne Galoppzwischensprung überwunden. Dann folgt mit einem Galoppzwischensprung ein etwas höherer (0,90 bis 1,00 m) Hochsprung. Der *Abstand* wird so gewählt, daß der Reiter nicht durch zusätzliche treibende oder verhaltende Hilfen das Pferd stören muß. Bei der nächsten Wiederholung wird ein zweites Hindernis der gleichen Art in dieser Höhe mit zwei normalen Galoppzwischensprüngen dahintergestellt. (Abb. 221)

Sollte das Pferd am ersten größeren Hindernis etwas zögern und Schwung verlieren, dann reichen diese zwei Galoppsprünge aus, um so zu korrigieren, daß der Aussprung am letzten Hindernis wieder im Gleichgewicht möglich ist. Vor dem nächsten Durchreiten der Reihe wird das erste Element der Hindernisreihe entfernt. Die beiden Hindernisse der sich entwickelnden Zweifachkombination werden zunächst noch nicht in ihren Abmessungen verändert. Die Kleinhindernisse vor der Kombination müssen im Trab angeritten werden. Pferde, die viel gymnastizierende Trabarbeit über Bodenricks und Heranreiten

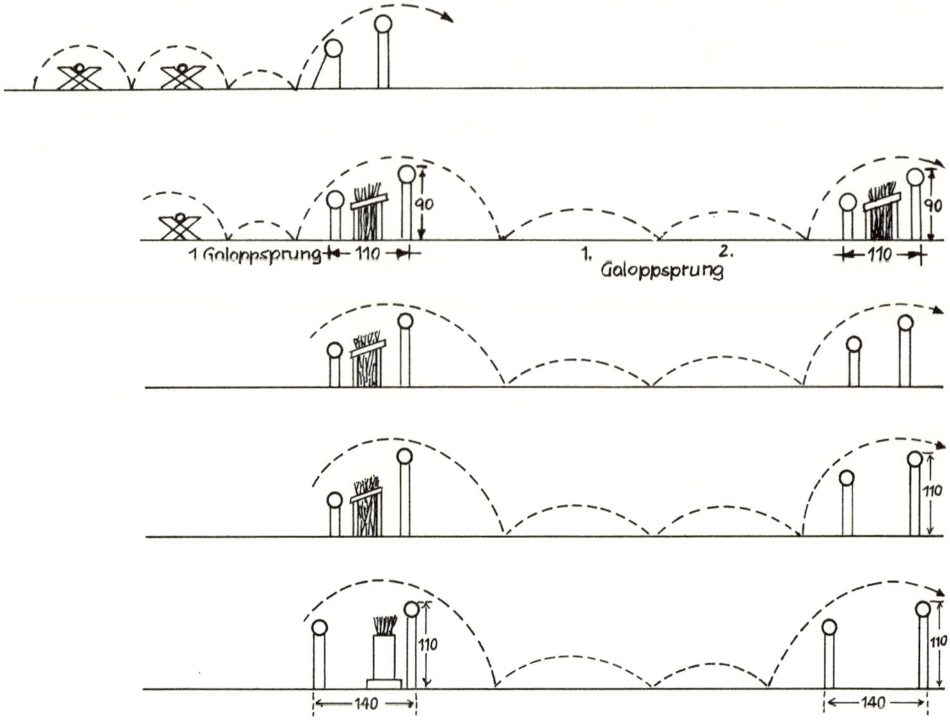

221 Methodischer Weg zur Einführung der Zweifachkombination

an Hindernisreihen gelernt haben, werden kaum gegen die Hand gehen oder frühzeitig in Galopp fallen. Nun können die davorstehenden Elemente der Hindernisreihe nacheinander weggenommen werden, bis nur noch ein Hilfshindernis stehenbleibt. Dieses sichert in der ersten Zeit, daß ein passender Absprungraum vor der Kombination erreicht wird, und verhindert, daß das junge Springpferd die Kombination schon aus größerer Entfernung im eiligen Galopp anzieht.

Vergrößert man die Höhe der Kombinationshindernisse, dann sollte der *Abstand von zwei Galoppsprüngen* zunächst beibehalten werden. Haben Reiter und Pferd genügend Sicherheit beim Reiten durch solche leichten Zweifachkombinationen gefunden, sollten nun die Hindernisarten und -formen bei gleichen Abständen oft verändert werden. Denselben methodischen Aufbau mit anfänglicher Hilfe durch vorangestellte Hindernisreihen wählt man, wenn danach der Abstand in der Zweifachkombination auf *einen* Galoppsprung verkürzt wird.

Die meisten Springpferde, die in dieser oder ähnlicher Art schrittweise mit Kombinationshindernissen vertraut gemacht worden sind, zeigen genausoviel oder -wenig Schwierigkeiten wie beim Springen von Einzelhindernissen. Für ein fehlerfreies Überwinden einer Kombination mit normalen Abständen ist der Sprung im günstigen Absprungraum mit entsprechendem Tempo einzuleiten und innerhalb der Kombination der notwendige *Schwung* zu erhalten. Bei normalen Abständen ist keine neue Absprungregulierung zwischen den Hindernissen erforderlich.

Wenn das junge Pferd die Fertigkeit im Springen der Zweifachkombination gefestigt hat, wird es auch im Wettkampf kaum Mühe haben, Zweifachkombinationen in der entsprechenden Klasse mit nur einem normalen Galoppzwischensprung zu bewältigen.

Im *2. und 3. Trainingsjahr* treten kompliziertere Aufgaben im Üben von Kombinationen an Reiter und Pferd heran. Wenn das Pferd genügend Sprungkraft besitzt, ist die Vergrößerung des Schwierigkeitsgrades der Kombinationen mit normalen Abständen durch etwas größere Höhen und Tiefen der Einzelhindernisse kein besonderes Problem. Die neue Aufgabe besteht darin, die im Vorjahr in Kombinationen erworbene Springtechnik engeren und weiteren Abständen anzupassen. Als methodische Lösung empfiehlt es sich, Kombinationen mit engeren und weiteren Abständen zunächst mit geringeren Abmessungen der Höhe und Tiefe der Hindernisse zu entwickeln. Wenn das gelungen ist, werden im zweiten methodischen Schritt die Anforderungen an die Sprungkraft durch größere Abmessungen der Hindernisse erhöht. Der Lernprozeß des Pferdes wird also wieder durch erleichterte Bedingungen eingeleitet.

Die Technik im Springen von engeren oder weiteren Kombinationen wird anfangs in einer Zweifachkombination erlernt. Es empfiehlt sich, den Abstand *zunächst zu verkürzen* und erst später gegenüber dem normalen Galoppzwischensprung zu *verlängern*. Pferd und Reiter lernen mittels der etwas engeren Kombination das Aufnehmen nach dem ersten Hindernis, wodurch der Sprung über das zweite Hindernis springtechnisch verbessert werden kann (aktives Herantreten der Hinterhand). Das *Aufnehmen* des Pferdes nach der Landung in einer Kombination muß der Reiter sowohl in einer engen als auch in einer weiten Kombination beherrschen. Pferde, die in einer weitgestellten Kombination die Anlehnung verlieren, springen oft zu flach aus der Kombination aus.

Aus den vielen verschiedenen Formen enggestellter Zweifachkombinationen werden zwei herausgegriffen, um an ihrem Beispiel den reittechnischen *Unterschied zwischen einer einfachen und einer schwierigen engen Kombination* darzulegen.

Die erste Kombination besteht aus zwei Steilsprüngen von ungefähr 1,20 m Höhe und einem Abstand von Fuß zu Fuß von 6,60 m. (Abb. 222 a) Durch Temporegulierung in der Anreitephase kann der Reiter bereits die in der Kombination notwendige Galoppsprungverkürzung vorbereiten, damit der Geschwindigkeitsübergang aus der Sprungphase in den verkürzten Galoppzwischensprung nicht ruckartig erfolgen muß. Weil der Einsprung ein Steilhindernis ist, kann der Reiter in niedrigerem Tempo anreiten. Dadurch liegt auch der Landepunkt nicht zu weit hinter dem ersten Hindernis (ungefähr 1,70 m). Der folgende Galoppsprung braucht deshalb durch Aufnehmen des Pferdes während der Landung bzw. unmittelbar danach nicht so deutlich und stark verkürzt zu werden (auf ungefähr 3,40 m), weil das ruhige Galopptempo das Pferd nicht so weit in den Raum zwischen den beiden Hindernissen hineingeführt hat. Das folgende Hindernis kann aus dem verkürzten Galoppsprung gut überwunden werden, weil es sich um einen Steilsprung handelt, der keine weitere Beschleunigung voraussetzt. Als Absprungentfernung stehen noch 1,50 m zur Verfügung. Diese engere Steilsprungkombination ist methodisch

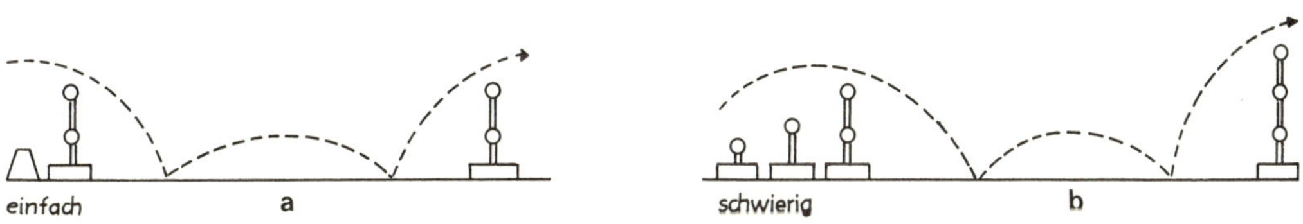

222 Enggestellte Zweifachkombination mit unterschiedlichem Schwierigkeitsgrad

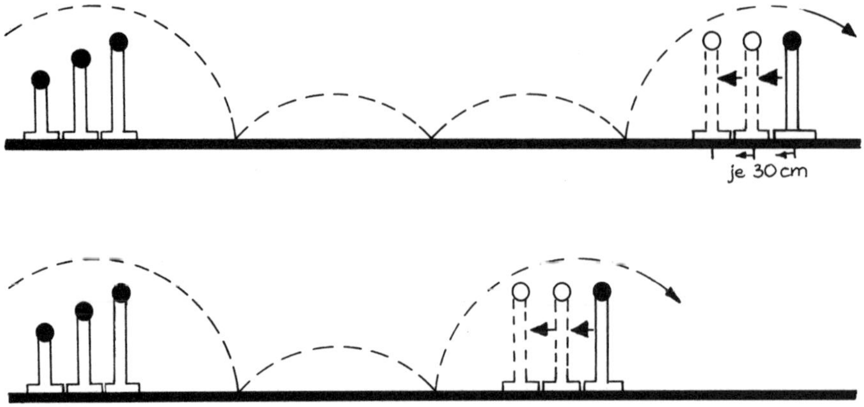

223 Schwierige, enggestellte Zweifachkombination (Triplebarre-Steilsprung)
a) schrittweises Engerstellen zunächst mit zwei Galoppzwischensprüngen,
b) dann Engerstellen mit einem Galoppzwischensprung

gut geeignet, dem Reiter die Technik des Aufnehmens des Pferdes praktisch beizubringen; denn die einzelnen Phasen dieser Kombination können in einem nur wenig veränderten Tempo durchritten werden.

Eine schwierige Variante einer engen Zweifachkombination entsteht, wenn der erste Steilsprung der bisherigen Kombination durch einen Hochweitsprung, z. B. durch eine Triplebarre, ersetzt wird. Bei einer derartigen Kombination ist es im Training angebracht, zunächst mit zwei etwas engeren Galoppzwischensprüngen zu beginnen. Wenn der in dieser Kombination schwierigere Bewegungsablauf des Pferdes gefestigt ist, kann der gleiche Hindernistyp auch mit einem engen Galoppsprung geübt werden. (Abb. 223)

Diese Kombination birgt zwei entgegengesetzt wirkende reittechnische Probleme, die auch von einem erfahrenen Reiter und routinierten Pferd volle Aufmerksamkeit verlangen. Wenn die Triplebarre hoch und weit übersprungen werden soll, muß dieses Hindernis mit viel Schwung angeritten werden. In eine enge Kombination soll man aber möglichst mit nicht soviel „Fahrt“ einspringen. Wird die Anreitegeschwindigkeit im Hinblick auf die enge Kombination herabgesetzt, kann möglicherweise der Schwung für den Sprung über die Triplebarre nicht ausreichen. Das Tempo beim Anreiten und das Tempo beim Reiten zwischen den beiden Sprüngen sind in diesem Fall unterschiedlich und erschweren fehlerfreies Durchkommen. Im Training muß man beim Üben dieser schwierigen Kombination unbedingt schrittweise den Abstand verkleinern. Man hüte sich, bis an die untere Grenze der möglichen Verengung heranzugehen. Die Gefahr, daß die Übung mißlingt (Unterlaufen des Aussprungs, Stehenbleiben), wächst natürlich mit geringerem Abstand. Es genügt, wenn die Springtechnik an diesem engen Kombinationstyp mit einer Verkürzung von ca. 40 cm zur Normaldistanz (hier ungefähr 7,10 m), also auf etwa 6,70 m, trainiert wird (Abb. 222b).

Die beiden besprochenen Arten einer leichteren und schwierigeren engen Kombination werden in Springprüfungen der mittleren und schweren Klasse verwendet. Sie prüfen neben der Springfähigkeit auch besonders die Durchlässigkeit und den Gehorsam des Springpferdes.

Nachdem Reiter und Pferd an sportlich fairen, wenn auch schwierigen engen Kombinationen gelernt haben, den oder die Galoppzwischensprünge entsprechend dem Abstand zu verkürzen, wird das *Training von weitgestellten Kombinationen* keine großen Schwierigkeiten bereiten.

In dieser Gruppe der Zweifachkombinationen sind alle denkbaren Zusammenstellungen von Hindernisarten sportlich gerechtfertigt und auch lösbar, wenn die obere *Grenze* der Galoppsprungverlängerung nicht überschritten wird. Es können mit langem Galoppzwischensprung kombiniert werden: Steil-Steil, Hochweit-Hochweit, Steil-Hochweit und umgekehrt. Am zweckmäßigsten ist es, mit dem Typ Hoch-Hochweit im Training zu beginnen, weil Pferd und Reiter ein nicht ganz passendes Herankommen an einen Hochsprung einer Kombination noch am leichtesten ausgleichen können. Zunächst wird diese Zweifachkombination mit zwei Galoppzwischensprüngen aus bereits erwähnten trainingsmethodischen Gründen mit einem Ausgangsabstand (Innenmaß 10,30 m) verwendet, wobei für einen Normalgaloppsprung 3,50 m veranschlagt werden. Durch Vergrößerung des Abstandes um 0,20 m kann der Reiter schrittweise das vermehrte Treiben nach der Landephase lernen. Im Training soll der Höchstabstand von 11,10 m in dieser erweiterten Kombination nicht überschritten werden.

Ist genügend Sicherheit auch in weiten Kombinationen mit anderen Hindernisarten erreicht, wobei auf die von der Hindernisart abhängigen Abstände geachtet wird, kann eine weite Kombination mit einem Galoppsprung geübt werden. (Abb. 224) Ausgehend vom

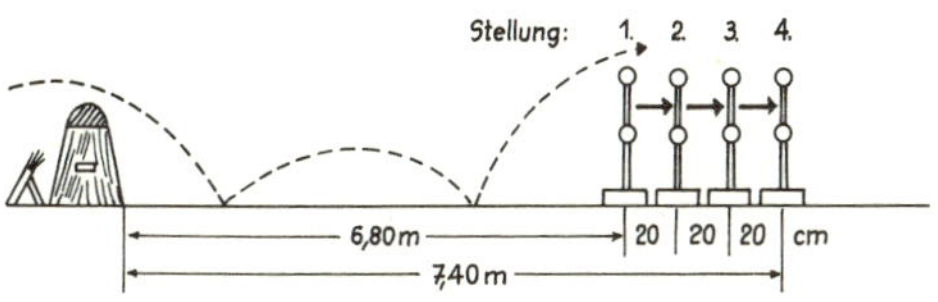

224 Schrittweiser Übergang von der normalen zur weiten Zweifachkombination

Innenmaß 6,80 m wird durch Abrücken des Aussprungs um je 0,20 m die Trainingsendstellung 7,40 m schrittweise erreicht. Je größer der Abstand wird, desto mehr muß der Reiter bereits beim Anreiten vermehrt beschleunigen, um die Galoppsprungverlängerung in der Kombination zu unterstützen.

Dreifachkombinationen

Wenn das Springtraining über Zweifachkombinationen mit gutem Erfolg verlaufen ist, kann sich daran schon im *ersten Trainingsjahr* das Springen von Dreifachkombinationen mit normalen Abständen und im *zweiten Trainingsjahr* mit kürzeren und (oder) längeren Abständen anschließen. Methodisch treffen die Hinweise, die bei der Zweifachkombination gegeben wurden, zu. Es ist hier nicht möglich, die vielen Variationsmöglichkeiten von Dreifachkombinationen einzeln zu erläutern. Es soll genügen, die *9 Grundtypen* von Dreifachkombinationen, die sich aus der Variation von normalem, engem und weitem Abstand ergeben, übersichtlich zu bezeichnen. (Tab. 44)

Tabelle 44: Variationen der Abstände zwischen den Hindernissen von Dreifachkombinationen

Grundtyp	Abstand zwischen a und b	Abstand zwischen b und c
1	normal	normal
2	normal	weit
3	normal	eng
4	weit	normal
5	weit	weit
6	weit	eng
7	eng	normal
8	eng	weit
9	eng	eng

Die Reihenfolge der Grundtypen ist nicht nach ihrem Schwierigkeitsgrad geordnet. Dieser kann erst im Zusammenhang mit den drei zur Kombination gehörenden Hindernissen beurteilt werden. Durch die Mischung der

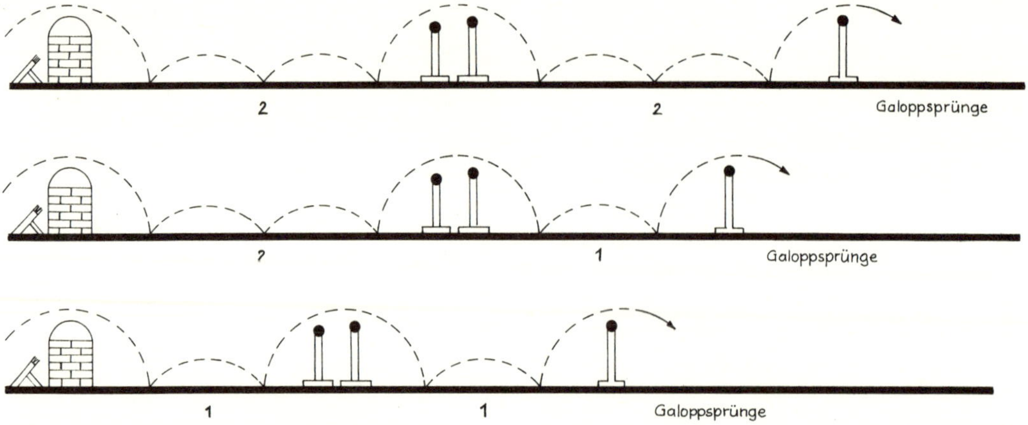

225 Gewöhnung an Dreifachkombinationen

verschiedenen Hindernisarten und Hindernisformen sowie der 9 Variationen möglicher Abstände sind sicher viele Dreifachkombinationen denkbar. Wegen der großen springtechnischen Belastung ist es nicht vertretbar, diese alle zu trainieren. Es genügt, die genannten Grundtypen methodisch folgerichtig zu üben. Mit den so erworbenen springtechnischen Fertigkeiten werden Reiter und Springpferd auch in höheren Springprüfungsklassen erfolgreich die verschiedensten Dreifachkombinationen meistern.

Anfangs wird eine Dreifachkombination mit einladenden Hindernissen und Abständen für je zwei Galoppsprünge aufgestellt. Im *ersten Trainingsjahr* kann die Schwierigkeit dadurch erhöht werden, daß man den Abstand zwischen dem zweiten und dritten Sprung der Kombination auf einen Galoppsprung verkürzt. Dadurch, daß zwei Galoppsprünge zwischen dem ersten und zweiten Hindernis bestehen bleiben, kann der vielleicht verlorengegangene Schwung des jungen Springpferdes nach dem Einsprung in die Kombination wieder ausgeglichen werden. (Abb. 225) Man verhindert so mit größerer Wahrscheinlichkeit ein Stehenbleiben oder ein Hineinspringen in das letzte Hindernis, weil der Reiter über einen Weg von zwei Galoppsprüngen sein Pferd durch energische treibende Hilfen wieder entsprechend beschleunigen kann. Beim Aufbau von Trainingsdreifachkombinationen für junge Springpferde vermeide man, alle drei Einzelhindernisse aus *Stangen* zusammenzustellen (z. B. Triplebarre, Rick, Oxer). Beim Anreiten wird dem Reiter und auch dem Pferd aufgrund des flachen Sehwinkels das räumliche Taxiervermögen erschwert, um aus der Menge aller Stangen die Einzelhindernisse räumlich erkennen zu können. Die Mühe lohnt sich, durch Verwendung von Hecken, Mauern oder Gattern die Struktur der Kombination für das junge Springpferd optisch gut sichtbar zu machen.

Parcoursspringen im Training

Bisher wurden die einzelnen Hindernisarten und Kombinationen aus trainingsmethodischer Sicht getrennt voneinander besprochen. Das Üben dieser einzelnen Elemente reicht aber nicht aus, um beim Turnier in einer vollständigen Springprüfung erfolgreich zu sein. Ein *Springparcours* ist nicht die einfache Summe einzelner springtechnischer Zyklen. Die über einzelne Hindernisse und Kombinationen erworbene springtechnische

Perfektion muß durch Verknüpfen dieser Teile auch im Gesamtparcours erhalten und gefestigt werden. Ende der Vorbereitungsperiode soll das Springpferd einen Gesamtparcours seiner Trainingsaltersstufe gehorsam, losgelassen und weitgehend fehlerfrei überwinden. Möglichst zeitig kann in der Vorbereitungsperiode damit begonnen werden, mehrere verschiedene Einzelhindernisse zu einem kleinen *Teilparcours* zu verbinden. (Abb. 226) Schwierigkeiten bereitet dabei hauptsächlich die Regulierung des Tempos zwischen den Sprüngen. Anfangs ist es deshalb günstig, den Weg bis zum folgenden Hindernis so lang zu wählen, daß der junge Reiter oder das junge Pferd genügend Zeit zum Anreiten des nächsten Hindernisses besitzt. Nach der Landung versuchen jüngere Pferde oft, sich durch heftigeres Galoppieren dem Aufnehmen durch den Reiter zu entziehen. Der Reiter braucht mehr Zeit und Raum, das Pferd im Galoppieren zu beruhigen und zur Entspannung zu bringen. Sollte der Rittigkeitszustand des Pferdes trotz längeren Weges nicht wiederhergestellt sein, so ist im Training zeitig genug auf großem Bogen abzuwenden und das nächste Hindernis erst anzureiten, wenn das Pferd wieder losgelassen an den Hilfen ist. Erforderlichenfalls sind bei den gymnastizierenden Übungen eine Zeitlang die Bodenstangen wieder zu verwenden. Dagegen sei vor der Untugend mancher Springreiter gewarnt, die ihr Pferd zu häufig aus der Anreitephase durch Abwenden herausnehmen, weil sie meinen, der Absprung hätte nicht genau gepaßt. Einer solchen Handlungsweise kann man im Training nur zustimmen, wenn das Pferd durch einen völlig unpassenden Absprung in ein Hindernis hineinstürzen könnte. Im Wettkampf erreicht auch ein erfahrener Springreiter nicht immer ganz genau den günstigen Absprungraum. Die heikle Situation muß er in der Prüfung entschlossen vorwärts reitend oder stark aufnehmend zu meistern suchen. Diese Situation darf im springtechnischen Training nicht ständig umgangen werden.

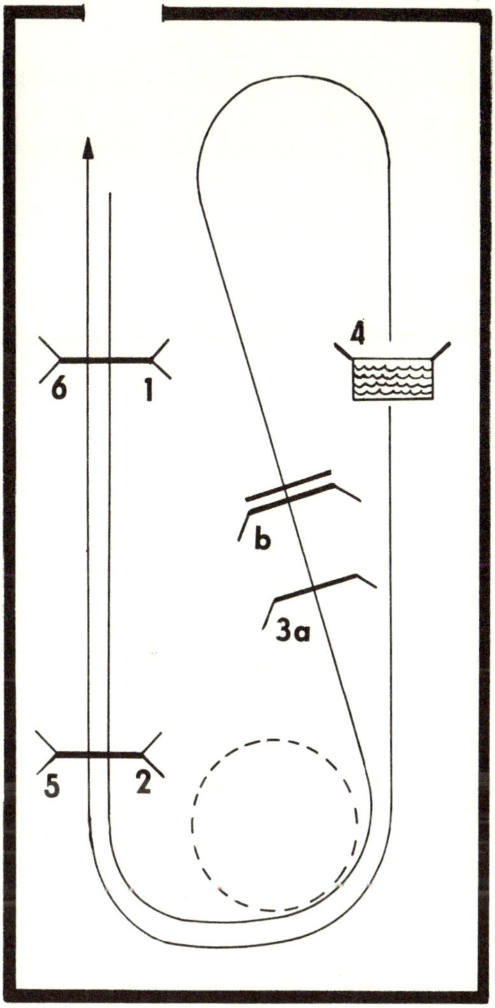

226 Leichter Trainings-Teilparcours

In der ersten Zeit werden die Hindernisse des Teilparcours mit etwas geringeren Abmessungen aufgebaut, als dies beim Springen von Einzelhindernissen der Fall war. Dadurch, daß man den Schwierigkeitsgrad des Teilparcours etwas leichter gestaltet, vermag sich der Reiter besser darauf zu konzentrieren, sein Pferd möglichst flüssig über die Bahn zu reiten. Er kann es aufnehmen, wo es zu eilig wird, und auch aktiv anfassen, wo es stutzt oder die vorgesehene Linie zu verlassen sucht.

Es hat keinen Sinn, einen Übungsparcours in den Abständen und Abmessungen zu erschweren, solange der Reiter das gegen die Hand gehende Pferd durch harte Paraden zu regulieren sucht. Die Anforderungen können erst gesteigert werden, wenn das Springpferd losgelassen galoppiert und sich nach dem Ende des Parcours als Ausdruck seiner guten psychischen Verfassung willig zum Schritt durchparieren läßt.

In den letzten 6 Wochen vor der Turniersaison werden die Teilparcours durch *vollständige Springbahnen* der Leistungsklassen ersetzt, in denen der spätere Einsatz vorgesehen ist. Für jüngere Springpferde muß man den Parcours ganz besonders sorgfältig aufbauen. (Abb. 227a) Der Abstand zwischen den Hindernissen muß gleichmäßiges Galoppieren mit einer vorher bestimmten Anzahl von Galoppsprüngen gestatten. Die *Linienführung* muß bequemes Reiten ermöglichen. Spitzkehren, die das junge Pferd aus dem Schwung nehmen, sind zu vermeiden. Die *Hindernisse* sind mit Fängen abzuschirmen, einladend aufzubauen, um das räumliche Taxiervermögen zu unterstützen, und mit Begrenzungsflaggen sowie Hindernisnummern zu versehen, um Wirklichkeitsnähe zu erzielen. *Kombinationen* besitzen normale Abstände. Der Trainer bemüht sich, die Parcourslänge korrekt zu bestimmen, um das Einhalten der *Mindestzeit* zu kontrollieren. Die übrigen Trainingspartner verlassen die Bahn, um eine möglichst *wettkampfnahe Atmosphäre* zu schaffen. Bei jüngeren Pferden ist zu empfehlen, Turnier-Tonbandmusik zu spielen und eine laute Ansage zu ermöglichen. Die Situation auf dem Platz kann dadurch in gewissem Umfang vorbereitend simuliert werden. *Start- und Ziellinie* sind ebenfalls aufzubauen. Zum springtechnischen Können gehört nicht nur das Überwinden der verschiedenen Hindernisse, sondern auch das zeitliche Zurücklegen der Springbahn zwischen Start und Ziel. Im weiteren Sinne ist die Ziellinie ein Hindernis, das zwischen den Flaggen durchritten werden muß, was einzelne aufgeregte Reiter im Wettkampf schon versäumt haben. Ein solch aufwendiges Turniertraining kann man nur durchführen, wenn sich in einem Reitverein mehrere Reiter und Pferde am Wettkampfsport beteiligen.

Die Trainingsparcours für die Pferde des *zweiten Trainingsjahres* besitzen natürlich größere Schwierigkeiten. Beim Kontrollparcours für ältere Pferde werden nicht nur die Hindernisse erhöht; es wird auch die Linienführung erschwert (s. Abb. 227b), damit öfter auch ein Handwechsel erforderlich ist. Die Abstände zwischen den Hindernisssen werden so verändert, daß die Anzahl der Galoppsprünge geringer wird, wodurch der Reiter weniger Zeit hat, das Pferd auf den folgenden Sprung einzustellen. Kombinationen werden eng oder weit gestellt.

Ein solcher Trainingsparcours ist für erfahrene Reiter und trainingsältere Pferde eine gute Überprüfung der Leistungsfähigkeit und zugleich eine Bestätigung dafür, ob die vorgesehene Nennung für das bevorstehende Turnier berechtigt war oder verfrüht ist. Liegen noch mehrere Wochen bis zur Turnierteilnahme dazwischen, kann man aus dem Ergebnis des Trainingsparcours das weitere Übungsprogramm zusammenstellen, das die aufgetretenen Mängel und Schwächen beseitigen oder verringern hilft. Als Ergebnis verstehen wir natürlich nicht allein, ob die Hindernisse fehlerfrei überwunden wurden. Wichtiger ist, ob das Pferd durchlässig und springfreudig war und ob der Reiter mit möglichst unauffälligen Hilfen das Pferd im Anreiten und im Sprung unterstützt hat. (Abb. 228)

Im letzten Abschnitt vor der Turniersaison sollte nicht mehr als *zwei- oder dreimal in der Woche* speziell springtechnisch trainiert werden. Wenn die Hindernisse, Bodenricks, Gymnastikhindernisse schon vor Beginn der Trainingsstunde an der richtigen Stelle bereitstehen, hat der Ausbildende Zeit, im vorbereitenden Rittigkeitstraining einzuschätzen, ob das vorgesehene spezielle Springtraining durchführbar sein wird. An der Qualität der Bodenrickarbeit, der Trabsprünge und beim Überwinden der Hindernisreihen zeichnet

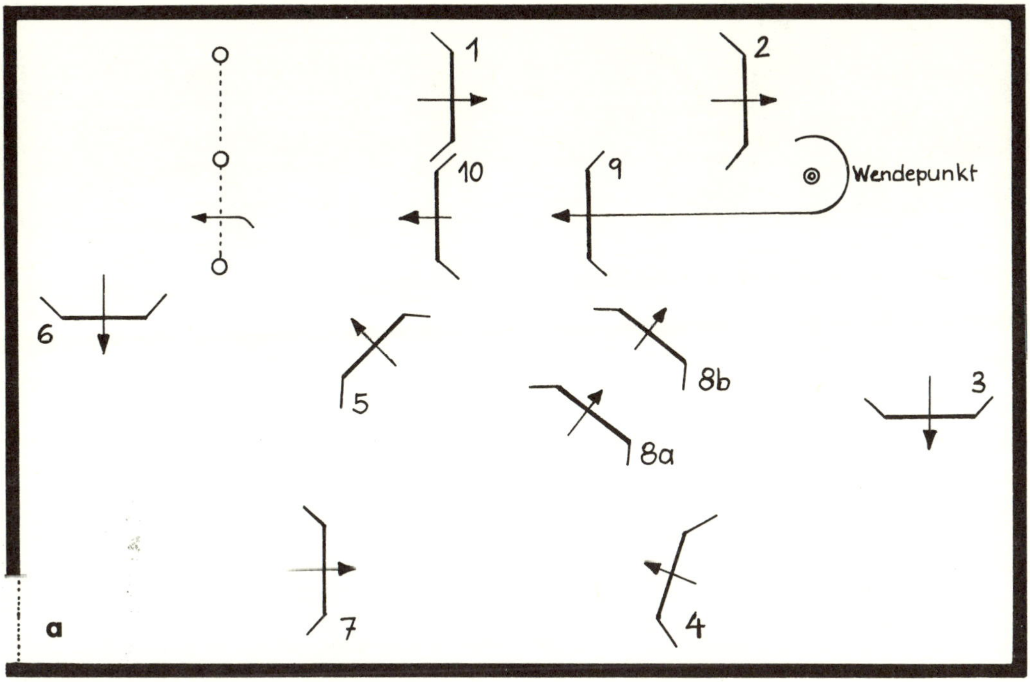

227 Linienführung für Springbahn im Training
a 1. Trainingsjahr – Länge 550 m, 10 Hindernisse (11 Sprünge)
b 2. Trainingsjahr – Länge 700 m, 12 Hindernisse (16 Sprünge)

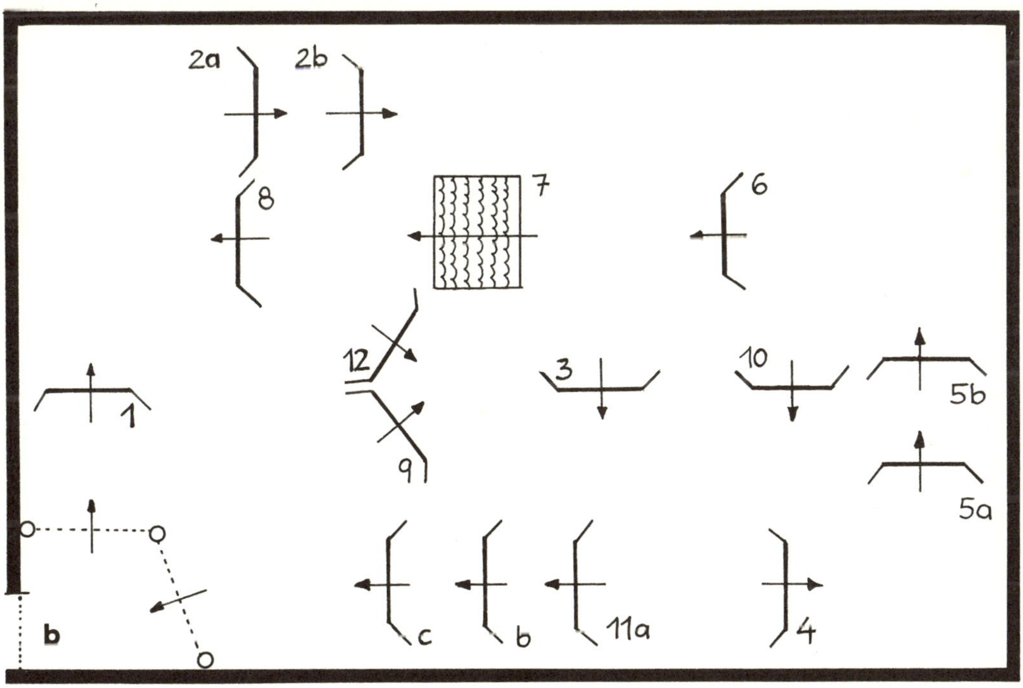

228 In beiden Fällen ohne Springfehler, aber Reiter und Pferd mit unterschiedlicher Turnierreife

sich bereits die zu erwartende Güte der anschließenden springtechnischen Arbeit ab. *Zwei Tage in der Woche* stehen in diesem Trainingsabschnitt gewöhnlich für das *Dressur- bzw. Rittigkeitstraining* zur Verfügung. Durch die höhere Intensität der Belastung, die im springtechnischen Training entsteht, wird die Hilfengebung des Reiters nicht immer verbessert. In der Durchlässigkeit des Pferdes können durch häufiges Springen im Training Widerstände auftreten. Die Biegung des Springpferdes muß öfters korrigiert werden. Mängel in der Rittigkeit müssen ebenso wie die springtechnischen beachtet werden.

Neben den Kontrollparcours ist es angebracht, in diesem Abschnitt auch hin und wieder *Dressurprüfungen* sowie *Standard-Springpferdeprüfungen* der entsprechenden Klasse reiten zu lassen. Der geschlossene, elastische Sitz im Gleichgewicht mit dem Pferd, der in der Dressurarbeit gefestigt wird, verbessert die Hilfengebung beim Reiten über Hindernisse.

Die Intensität der Trainingsbelastung kann in dieser Zeit nur so weit gesteigert werden, daß *Frische* und *Gehlust* beim Springpferd sowie *Freude* und *Losgelassenheit* beim Reiter erhalten bleiben. Deshalb wird dringend geraten, mindestens einmal in der Woche einen ausgedehnten *Ritt ins Gelände* zu machen. Wo die Möglichkeit gefunden werden kann, sollte man auch die Springplätze benachbarter Vereine benutzen.

Der Wechsel des Trainingsgeländes wirkt psychisch und physisch erholend und bereitet gleichzeitig den ständigen Ortswechsel in der Turniersaison etwas vor. Ein *längerer Galopp* erhält oder fördert die Ausdauer. *Kletterübungen* stärken die Kraft der Muskulatur. Bei manchen Pferden, die auf dem Springplatz in der Beintechnik unaufmerksam geworden sind, kann man eine bestimmte Zeit auf springtechnische Übungen auf dem Platz verzichten und über einige *feste Hindernisse* im Gelände reiten. Im Gelände werden diese Hindernisse aufmerksamer und höher gesprungen. Nach den Wochen stärker belastender Trainingsarbeit lohnt es sich vor allem unmittelbar vor der Turnierperiode, daß sich Reiter und Pferd *mehrere Tage aktiv erholen.* Im Gegensatz zur passiven Erholung (Stall- oder Koppelaufenthalt) wird das Pferd täglich lange geritten, hauptsächlich im *Schritt* und *Trab.* Ein erfrischender Kanter gehört dazu, um die Atmungs- und Kreislauftätigkeit anzuregen.

7.3.2. Training und Turnierteilnahme in der Wettkampfperiode

In den sogenannten Vorbereitungsperioden der einzelnen Jahre des Aufbautrainings hat das Springpferd die Voraussetzungen erworben, an öffentlichen Springprüfungen teilzunehmen. Jeder Reiter wünscht sich zu Beginn der ersten Turniersaison, daß sein Pferd langjährig Erfolge erzielt. Das erfordert aber nicht nur ein systematisches Training, sondern auch ein überlegtes, langfristig orientiertes Programm der Turnierteilnahme.

Man gebe nicht der Versuchung nach, ein talentiertes Springpferd nach ersten Turniererfolgen zu häufig und zu schnell in höheren Prüfungsklassen einzusetzen, weil es bereits sein größeres Springvermögen zeigte. Ebenso wird ein kluger Reiter in der ersten Turniersaison sein Pferd nicht auf Sieg reiten und es dabei nervlich überfordern. Auf das verlokkende höhere Preisgeld sollte man so lange warten können, bis das Pferd genügend Sicherheit und Nervenstärke, also die notwendige Turniererfahrung gesammelt hat. Diese Geduld hat sich in den meisten Fällen später doppelt ausgezahlt.

In den letzten Jahrzehnten haben sich die Bedingungen für die Durchführung von Hallenturnieren so verbessert, daß neben der „Grünen Saison“ eine reguläre „Hallensaison“ als Wettkampfperiode entstanden ist. Während am Beginn unseres Jahrhunderts nur einzelne Hallenturniere durchgeführt wurden, ist deren Anzahl bis in die Gegenwart erheblich gewachsen. Jetzt ist ein Trainingsjahr im Springsport durch eine „Doppelperiodisierung“ gekennzeichnet (Abb. 229); ehedem nahm mancher Reiter nur zur willkommenen Unterbrechung der langen Winterperiode an Hallenturnieren teil. Natürlich kann man auch ein Trainingsjahr mit einer „Einfachperiodisierung“ gestalten. Die Erfahrung hat gezeigt, daß es günstig ist, sich im ersten Jahr der Turnierteilnahme des jungen Springpferdes für die Einfachperiodisierung mittels der Grünen Saison zu entscheiden. Damit gewinnt man mehr Zeit, die breitgefächerten Ausbildungsinhalte in einer längeren, über den Winter verlaufenden Vorbereitungsperiode zu üben und zu festigen.

Der Terminkalender z. B. der Sommersaison ist oft randvoll. Wenn das Pferd am Ende der Wettkampfperiode noch frisch und bereitwillig über den Parcours gehen soll, sollte sich der Reiter gut überlegen, wann er an welchen Turnieren teilnehmen wird. Der Besuch sehr vieler, wahllos aneinandergereihter Turniere hat selten geholfen, das Pferd leistungsfähiger und leistungsbereiter zu machen.

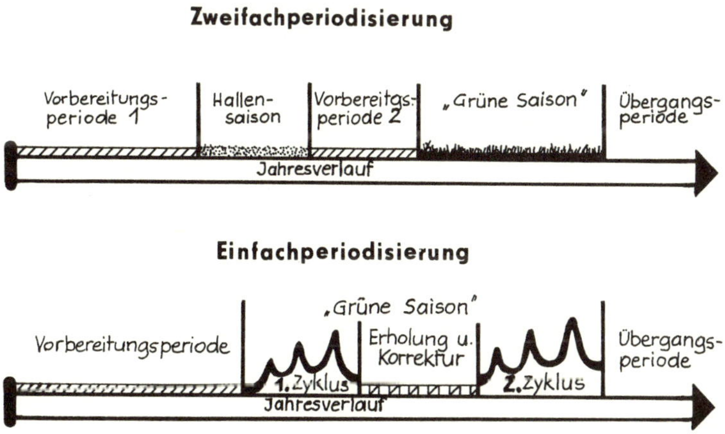

229 Periodisierung des Wettkampfjahres

Deshalb empfiehlt es sich, die gesamte Turnierperiode in mehrere Zyklen zu unterteilen, die aus einem Bündel von 3–4 Turnieren bestehen, die auch örtlich nicht so weit voneinander entfernt sind. Damit entsteht in der Wettkampfperiode immer wieder ein Abschnitt, der für die Wiederherstellung und Korrektur genutzt werden kann. (s. Abb. 229)
Dieser Wechsel von Belastung und Erholung fördert die Leistungsentwicklung und sollte nicht nur in der sogenannten Vorbereitungsperiode im Frühjahr vor der Turniersaison beachtet werden.

Häufigkeit des Einsatzes von Springpferden während eines Turniers
Für wie viele Prüfungen bei einem Turnier Nennungen abgegeben werden, hängt vom Entwicklungsstand des Reiters und des Pferdes ab. Die Anzahl der Prüfungen, in denen gestartet wird, kann die Leistungsfähigkeit des Pferdes fördern. Von einem älteren, routinierten Pferd werden mehrere Starts pro Turnier besser vertragen als von einem, das erst im 1. Trainingsjahr steht. Grundsätzlich sollte dem jungen Springpferd bald die Möglichkeit gegeben werden, sich in fremder Umgebung zurechtzufinden. Selbst wenn es in der gewohnten Atmosphäre des heimatlichen Springplatzes oder der Reithalle zuverlässig das Trainingspensum erfüllt, wird es doch einige Zeit brauchen, ehe es auf fremden Turnierplätzen die Trainingsleistung sicher wiederholen kann. Man sollte deshalb nicht überrascht sein, wenn im 1. Turnierjahr die Wettkampfergebnisse noch etwas schwanken. Ein gelegentliches Verweigern des jungen Pferdes ist kein Ausdruck für Ungehorsam oder ein Beleg für mangelhafte Ausbildung. Es ist meist nur fehlende Turniererfahrung. Springpferde können im ersten Turnierjahr zusätzlich in einer *Dressurprüfung* der Klasse A starten, um den im Training erzielten Rittigkeitszustand unter Wettkampfbedingungen zu prüfen. Wenn Springpferde im 1. Trainingsjahr in vernünftigem Tempo durch Parcours von Standard-Springpferdeprüfungen geritten werden, erkennt man die Absicht des Reiters, sein junges Pferd zu fördern. Einem solchen Reiter kann auch an einem der Turniertage ein zweiter Start in einer *Spezial-Springpferdeprüfung* (gem. § 363, 2, a oder b) zugebilligt werden. Für Pferde, die bereits mehrere Jahre im Leistungstraining stehen und über genügend Routine auf Turnierplätzen verfügen, können drei Starts an zwei oder vier Starts an drei Tagen (einschließlich dazugehöriger Stechen) als Richtmaß gelten.

Transport zum Turnier
Beim Be- und Entladen sowie während des Transports kann sich das Pferd verletzen. Durch sachgemäßes Handeln der Transportbegleiter läßt sich das jedoch in den meisten Fällen verhindern.
Bei einer Fahrt mit dem Pferdetransporter muß der Fahrer den Wagen allerdings sehr gefühlvoll steuern, damit die Pferde ruhig stehen können und sich nicht verletzen. Internationale Spitzenpferde reisen heutzutage von Kontinent zu Kontinent nicht mehr mit dem Schiff, sondern mit dem Flugzeug. Dafür gibt es erfahrene Lufttransportunternehmen, die eine relativ gefahrlose Reise ermöglichen.

Um *Erkältungen* vorzubeugen, sollen die Pferde für die Fahrt eingedeckt werden. Im Sommer genügt eine leichte Transportdecke, im Winter verwendet man eine gefütterte. Ein Deckengurt verhindert, daß die Decke während der Fahrt verrutscht, falls dies nicht durch die Konstruktion der Transportdecke selbst verhindert wird.
Besonders die *Beine* der Pferde sind gegen Verletzungen zu schützen, die durch danebenstehende Pferde oder beim Anschlagen an die Wände entstehen können. Am zweckmäßigsten sind *Transportgamaschen* aus dickem Filz, die von den Vorderfußwurzelgelenken bzw. Sprunggelenken bis über die sehr gefährdeten Kronenränder reichen. Die Gamaschen müssen aber am Bein bequem anliegen. Als Ersatz dafür kann man das Pferd für den Transport *bandagieren,* wobei eine dicke Lage *Watte* zwischen Bein und Bandage ein-

230 Schutzausrüstung für den Transport

gelegt wird. Um Blutstauungen auf längeren Transporten zu vermeiden, sollen diese Bandagen nicht fest angezogen werden. Unter allen Umständen sind die *Stollen* aus den Eisen auszuschrauben, bevor die Pferde verladen werden, weil sie damit bei anderen Pferden schwere Verletzungen verursachen können. *Schweifschoner* aus festem Leder, die mit Hilfe eines Lederriemens am Deckengurt befestigt werden, verhindern Scheuerstellen, die durch Anlehnen an die Wände entstehen können.

Kopfschützer mit eingenähtem Schaumgummi, die das Genick und einen Teil der Stirn abdecken, schützen den Kopf vor Verletzungen, die durch Anstoßen an den Aufbauten der Transportfahrzeuge entstehen können. (Abb. 230)

Aufgelegtes *Stroh* auf der Einstiegsklappe bis in den Hänger hinein erinnert das Pferd an die Stallumgebung und hilft, aufkommende Hemmungen beim Heranführen zu beseitigen. Werden mehrere Pferde auf einen Transporter verladen, führt man die jüngeren von ihnen zum Schluß hinter einem erfahrenen Turnierpferd hinein. Der Herdentrieb hilft, die Angst vor dem dunklen, unbekannten und engen Innenraum des Transporters zu überwinden. Ungeduld und Gewalt sind schlechte Gehilfen, wenn ein junges Pferd seine Angst beim ersten Versuch nicht gleich überwindet. Geduldiges Üben und reichlich Leckerbissen leisten viel bessere Dienste. Das Verladen sollte man deshalb schon öfter im Laufe des Jahres üben. Widersetzlichkeiten entstehen meist, wenn sich das Pferd an ähnliche Situationen erinnert, die durch fehlerhafte, überstürzte Handlungen der Begleiter hervorgerufen wurden. *Bei längeren Transporten* empfiehlt es sich, Bandagen oder Gamaschen von Zeit zu Zeit abzunehmen und den *Blutkreislauf* durch massierende Bewegungen anzuregen, um Stauungen zu vermeiden. Bandagen, die vor der Abreise angelegt worden sind, beginnen zu schnüren, wenn die Beine nach längerer Fahrzeit etwas „anlaufen". *Sehnenentzündungen,* die sich unmittelbar vor dem Turnier ganz besonders unangenehm auswirken, sind die Folge. Bei langen Transporten sollten im Abstand von wenigstens sechs bis acht Stunden Pausen eingelegt werden, während derer die Pferde abgeladen und mindestens eine halbe Stunde geführt werden. Ebenso günstig ist es, wenn bei mehrtägigen Fahrten am Tagesende eine Stallanlage erreicht werden kann, wo die Pferde in Boxen übernachten können. Bei solchen Gelegenheiten werden selbstverständlich die Transporter gesäubert. Die *Fütterungszeiten* werden in dem Rhythmus eingehalten, wie ihn das Pferd gewöhnt ist. Die *Futtermenge* wird etwas verringert, da der Energieverbrauch während des Transports kleiner ist. Vor allem ist die *Haferration* zu kürzen, damit in der Zeit fehlender Arbeitsleistung kein schädliches Überangebot an Eiweiß entsteht. Um die Darmtätigkeit in Gang zu halten und eine Kolik zu verhüten, ist es besser, etwas mehr *Wiesenheu* (nicht eiweißreiche Luzerne) zu reichen. Das Pferd wird angeregt, kleine Portionen zu zupfen, wenn das Heu in ein großmaschiges *Heunetz* gegeben wird. Es ist überhaupt wichtig, den Pferden während des Transports Gelegenheit zu geben, sich die Zeit mit Heu zu vertreiben. Beim regelmäßigen Tränken achte man darauf, daß das meist leitungskalte Wasser auf Transporten nicht gierig vom Pferd aufgenommen wird. Hastiges Trinken kann man durch Auflegen von Heu auf die Wasseroberfläche oder durch Einlegen des Trensenmundstückes in das Pferdemaul etwas einschränken. Während der Fahrt ist für gute Belüftung zu sorgen. *Zugluft* ist dagegen unbedingt zu vermeiden, weil *Entzündungen der Augen* und der *oberen Luftwege* die Folge sein können.

Nach der Ankunft kümmert sich der Reiter zunächst um die Unterbringung und Versorgung seines Pferdes. Bevor das Pferd in den zugewiesenen *Turnierstall* geführt wird (das sind auf kleineren Turnieren auch Scheunen oder ältere Stallräume, die nicht regelmäßig als Stallungen verwandt werden), muß man die Stallungen genau prüfen. Verschiedentlich wurden Draht und Nägel gefunden, die beim eiligen Einrichten und Einstreuen des Stalles liegengeblieben waren. Es empfiehlt sich, die erste schon vorbereitete Einstreu herauszunehmen, den Untergrund zu prüfen und das Stroh mit der Forke durchzuschütteln. Dann erst wird die Streu wieder hergerichtet. Bei provisorischen *Flankierbäumen* ist die Anbringung zu prüfen. Sie müssen so hoch befestigt sein, daß das einfache Übertreten, insbesondere mit den Hinterbeinen, verhindert wird, und Verletzungen an den Befestigungen der Flankierbäume ausgeschlossen sind. Holzsplitter an Flankierbäumen und Futterkrippen müssen entfernt werden. Aufgeschlagene Eisenbänder, die etwas hervorragen, können leicht verletzen. *Krippen* werden gründlich gesäubert.

Die Pferde werden, auch wenn Boxen vorhanden sind, so nebeneinandergestellt, daß *gewohnte Nachbarschaften* des Heimatstalles erhalten bleiben. *Sattelzeug* wird auf einem am besten mitgeführten Sattelbock ordentlich aufbewahrt. Es empfiehlt sich, in provisorischen Stallungen den Sattel gegen Staubverschmutzungen durch eine *Leinenhülle* zu schützen. Mitgeführtes *Stallgerät* wird deutlich gekennzeichnet, um Verwechslungen zu vermeiden. Es soll für eine *Stallwache* gesorgt werden, damit Kettenhänge, Flankierbaumschäden oder Abstreifen von Stallhalftern rechtzeitig bemerkt werden. In Behelfsstallungen ist eine nächtliche Kontrolle zur Gewährleistung der Sicherheit unerläßlich.

Seit einigen Jahren wächst die Anzahl der Turnierteilnehmer, die dank steigender Mobilität nach dem Ende der Prüfung oder des Turniertages in den Heimatstall zurückfahren. Das ist bei geringen Entfernungen zum Turnierort für die Pferde recht günstig und weniger kostenaufwendig als die Übernachtung, für die manche Veranstalter eine relativ hohe Boxengebühr verlangen. Bedauerlich ist nur der Verlust an Gemeinschaftserleben und Gedankenaustausch zwischen den Reitern an den Turnierabenden, der mit dieser Entwicklung eingetreten ist. Veranstalter wie Teilnehmer sollten für deren Erhaltung bzw. Wiederbelebung Anstrengungen unternehmen!

In einigen Fällen ist beobachtet worden, wie Turnierteilnehmer ihre Pferde in der Nacht zwischen den Turniertagen auf dem Transporter beließen. Das ist ein tierquälerisches Verfahren, gegen das Veranstalter, LK-Beauftragte, Turniertierarzt und Richter mit aller Strenge einschreiten müssen.

Die Vorbereitung auf die Springprüfung

Nachdem die Startreihenfolge durch die veröffentlichte *Startliste* bekannt ist, kann sich der Reiter voll auf die Vorbereitung der ersten Prüfung konzentrieren. Dazu zählen hauptsächlich das Kennenlernen der Springbahn und die Vorbereitung des Pferdes auf dem Abreiteplatz.

Die *Besichtigung der Springbahn* ist gewöhnlich eine Stunde vor Beginn der Prüfung gestattet. Wenn aus organisatorischen Gründen Teilnehmern diese Zeitspanne vom Veranstalter nicht ganz zugebilligt werden kann, sollte sie aber immer so bemessen werden, daß sie für eine gründliche Besichtigung ausreicht.

Der Springplatz ist während des gesamten Turniers von allen Teilnehmern im korrekten Reitanzug zu betreten. Das Abgehen der Springbahn beginnt und endet damit, daß sich der Reiter die *Start- und Ziellinie* genau einprägt. Schon beim Durchreiten der Startli-

nie kann der geschickte Reiter in Zeitspringen oder Springen nach Fehlerpunkten und Zeit bedeutende Zehntelsekunden gewinnen, indem er eine möglichst kurze Linie vom Start zum ersten Hindernis wählt.
Beim Abgehen der Springbahn wird der *günstigste Reitweg* von Hindernis zu Hindernis ermittelt. Dieser ist von der Art der Springprüfung abhängig. In einer Springprüfung nach Fehlerpunkten und Zeit sowie im Stechen wird die Linie durch den Ausbildungsstand des Reiters und Pferdes bestimmt. Im Grundparcours einer Springprüfung mit Stechen ist die Mindestzeit für die Wahl der Linienführung mitbestimmend. Meist können die Hindernisse aus einer längeren geradlinigen Anreitephase überwunden werden. Es ist zu entscheiden, ob der Reitweg zwischen zwei Hindernissen vor oder hinter einem anderen, nicht zur Reihenfolge gehörenden Hindernis gewählt wird, das die günstigste Linie versperrt.
Erfahrene Reiter suchen sich *auffallende Punkte* im Parcours, an denen sie bei Spitzkehren abwenden müssen, um möglichst passend an das folgende Hindernis zu gelangen. Für das Stechen und in Zeitspringen sucht man die Teilstrecken heraus, auf denen das *Reittempo* erhöht werden kann, ohne die Qualität der Sprünge an den folgenden Hindernissen zu beeinträchtigen. Für eine Zweipferdespringprüfung wählt man einen *Ort zum Pferdewechsel* in der Springbahn aus, der genügend Raum zum schwungvollen Anreiten des ersten Hindernisses des zweiten Teilparcours bietet. Das gleiche gilt auch für die Bestimmung des Raumes, in dem während einer Stafettenspringprüfung die Springpeitsche von einem Reiter an den folgenden übergeben werden soll. Natürlich muß der Reiter mit der Festlegung der Linienführung auch die numerierte Reihenfolge der Hindernisse auswendig gelernt haben. Mit der Entscheidung über die Linienführung ist beim Abgehen des Parcours zugleich auch die Art und Weise des Anreitens und Überwindens der Hindernisse zu bestimmen. In welchem Tempo, ob mit raumgreifenden oder verkürzten Galoppsprüngen, mit einer längeren oder kürzeren Beschleunigung, das muß der Reiter auf dem Weg zu Fuß durch die Springbahn möglichst treffsicher klären. Wenn er im Training und in vorangegangenen Turnieren gelernt hat, den Schwierigkeitsgrad der Hindernisse, insbesondere der Kombinationen richtig einzuschätzen, wird er diese wichtige Aufgabe zunehmend besser lösen. Es lohnt sich, als junger Reiter in der Gruppe erfahrener Springreiter mitzugehen, um Meinungen oder einen ehrlich gemeinten Rat an problematischen Stellen zu hören und auch zu berücksichtigen. Die letzte Entscheidung muß er aber dann selbst treffen, denn diese ist von der Mentalität und Individualität seines Pferdes, von dessen Erfahrung, Rittigkeit und Sprungkraft abhängig. Schließlich sollte nach der Besichtigung der Springbahn die Linienführung, die Reihenfolge und die praktische Reitweise nochmals konzentriert durchdacht und eingeprägt werden.

Die Vorbereitung auf dem Abreiteplatz beeinflußt wesentlich die Leistung von Reiter und Pferd in der Springbahn. Für das Abreiten gibt es kein methodisches Rezept, das für alle Springpferde gültig ist. Wie man die Vorbereitung auf dem Abreiteplatz gestaltet, hängt nicht zuletzt vom *Temperament* des Springpferdes ab. Einige müssen lebhaft gemacht, andere sollen nach anfänglicher Erregung ruhiger werden. Für manche ist es richtig, einige Sprünge mehr auszuführen. Andere werden um so unaufmerksamer, je größer die Anzahl der Wiederholungen wird. Ausbilder und Reiter müssen das Pferd im Training zu Hause auch mit dem Ziel beobachten, das *individuell günstige Abreiteprogramm* zu finden.
Grundsätzlich sollte sich die Vorbereitung des Pferdes auf dem Abreiteplatz nicht von der methodischen Art und Weise des Vorgehens in der springtechnischen Arbeit des Heimtrainings unterscheiden. Wünschenswert ist, daß der Abreiteplatz vom Veranstalter – neben dem obligatorischen Steil- und Hoch-Weit-Hindernis – mit einigen Gymna-

stikhindernissen und mindestens einem Trabsprung von maximal 1,00 m Höhe ausgestattet ist.
Nach der lösenden Arbeit auf dem Abreiteplatz folgen einzelne *Rittigkeitsübungen,* in die zunächst *Trabsprünge* über kleinere Hindernisse einbezogen werden. Wenn Gehorsam und Geschmeidigkeit hergestellt sind, kann mit einzelnen *Probesprüngen* begonnen werden. Pferde mit gutem Rittigkeitszustand benötigen nicht mehr als *drei bis vier Sprünge* über *mittlere* Abmessungen sowie höchstens *zwei oder drei* über eine Höhe und Tiefe, die der geforderten Prüfung entspricht. Weitere Wiederholungen sind unnötig, wenn das Pferd die Sprünge kraftvoll und mit guter Sprungkurve ausgeführt hat. Die Übungshindernisse müssen selbstverständlich in der durch die *Flaggen* vorgeschriebenen Richtung überwunden werden.
Nach einem mißlungenen Sprung soll der Reiter sich nicht verleiten lassen, aus einer gereizten Stimmung heraus diesen Sprung immer und immer wieder zu wiederholen, um noch einen besonders guten Sprung zu erzwingen.
Leider ist häufig genug noch zu beobachten, daß Pferde bereits auf dem Abreiteplatz die meiste Sprungkraft verlieren, bevor sie durch die Startlinie geritten werden. Irrtümlicherweise verfahren einige Reiter nach dem Motto „Viel hilft viel“ und absolvieren mehr Sprünge auf dem Abreiteplatz als in der Prüfung selbst.
Das *Barren* von Springpferden, z. B. durch Anheben der aufgelegten Stange während des Sprungs oder Anschlagen mit einer Stange an die Beine, ist selbstverständlich verboten, und zwar sowohl im Zusammenhang mit dem Wettkampf als auch im Training. Diese Methoden sind ebenso als Tierquälerei zu betrachten wie das vorsätzliche „Hineinreiten in ein Hindernis“, bei dem das Pferd in einen Absprungraum gebracht wird, aus dem das Überwinden des Hindernisses ohne Anschlagen nicht mehr möglich ist.
Nach einer individuellen Vorbereitungszeit beendet man diesen Abschnitt mit einer *Erholungspause,* die ungefähr 5 bis 10 Minuten dauert. Es wird viel *Schritt* geritten, wobei der Reiter sich den *Verlauf* der Springbahn und die vorgesehene Reitweise ins Gedächtnis zurückruft. In dieser Zeit ordnet man den *Reitanzug,* kontrolliert noch einmal das *Sattelzeug,* und der Pferdepfleger reinigt, wenn nötig, Kopf, Beine und Hals des Pferdes mit einem Schwamm, die Stiefel mit einem Staublappen. Dann hält sich der Reiter auf Abruf durch den Stadtordner bereit.
Der Reiter hat die gesamte Vorbereitungszeit auf dem Abreiteplatz (lösende Übungen, Rittigkeitsarbeit, Probesprünge, Erholung) dann gut eingeteilt, wenn er ohne längere Verzögerung zum Start reiten kann. An Hand der Starterliste kann man sich ungefähr ausrechnen, wann mit dem Abreiten begonnen werden muß, um diesen „nahtlosen“ Übergang vom Abreiteplatz zum Wettkampf herzustellen.
Wenn ein Reiter *zwei oder drei Pferde* in der gleichen Prüfung startet, wird die Meldestelle bei der Aufstellung der Starterliste darauf Rücksicht nehmen und den Abstand zwischen den einzelnen Pferden desselben Reiters so bemessen, daß eine ruhige und vernünftige Vorbereitung möglich ist.

Reiten in der Springbahn

Die Springbahn wird im Trab betreten und wieder verlassen. Wenn der Reiter in den Springplatz eingeritten ist, grüßt er die Richter, indem er die *Reitkappe* in höflicher und zeitlich angemessener Weise abnimmt. Amazonen im Springsattel grüßen die Richter, indem sie die *Reitgerte* mit der rechten Hand senkrecht bis zur Schulter erheben und dabei den Kopf ein wenig neigen. Der Reiter soll die Kappe nach dem Gruß zügig wieder aufsetzen und befestigen. Um die Achtung gegenüber den Richtern durch einen entsprechenden Gruß auszudrücken, ist es erforderlich, das Pferd mit Kopfrichtung zum Richterturm *aufzustellen.*
Vorüberreiten im Schritt, ohne sich um ein korrektes Aufstellen zu bemühen und dabei kurz und lässig die Kappe zu lüften, muß als

grobe *Unhöflichkeit* und *Mißachtung* der Richtergruppe gedeutet werden.
Dieses Begrüßungszeremoniell, das in der einen oder anderen Form zu jedem Sportwettkampf gehört, ist für das Image der Sportart wichtig. Das gilt auch für Springreiten. Die Zuschauer erwarten das zu Recht. Der Veranstaltungssprecher kann helfen, die Erwartungen der Zuschauer und Richter zu erfüllen, indem er beim ersten Auftritt der Springreiter, der gewöhnlich noch vor leeren Tribünen stattfindet, Verstöße gegen die „gute Sitte" freundlich, aber unmißverständlich rügt.
Der korrekte Gruß des Reiters verpflichtet natürlich auch die Richter zur Erwiderung.
Der immer einmal wieder anzutreffende Versuch, den Ablauf einer Springprüfung durch Verzicht auf den Gruß beschleunigen zu wollen, führt selten zum Erfolg. Er ist deshalb ebenfalls ein Verstoß gegen die „gute Sitte".
Nach dem Gruß begibt sich der Reiter auf kürzestem Weg zu dem Platz in der Springbahn, von dem aus er angaloppieren kann, um nach dem Durchreiten der Startlinie günstig das erste Hindernis zu erreichen. Es darf erst angeritten werden, wenn die Richtergruppe das *Startzeichen* durch eine Glocke oder ein anderes akustisches Zeichen gegeben hat. Im allgemeinen legt man zum Angaloppieren einen *größeren Zirkel* an und wählt den Rechts- bzw. Linksgalopp, wenn der erste Teil der Springbahn eine Fortbewegung auf der rechten bzw. linken Hand erfordert. (Abb. 231)
Das *erste Hindernis* wird oft aus einem zu geringen Tempo angeritten. Manche Pferde springen dadurch nicht ab und unterlaufen das Hindernis. Obwohl der Parcoursgestalter auf diese Verhaltensweise Rücksicht nimmt und das erste Hindernis etwas niedriger und besonders einladend aufbaut, entstehen durch passives Reiten hier schon erste, nicht notwendige Springfehler.
Der Springreiter muß im Wettkampf immer darauf achten, daß der Bewegungsablauf des Pferdes zwischen Start und Ziel *flüssig, raumgreifend* und *harmonisch* bleibt. Das Wechselspiel der treibenden und verhaltenden Hilfen muß dies bewirken.

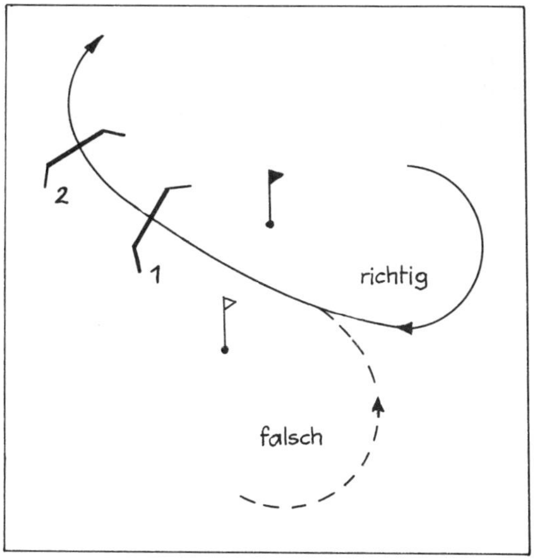

231 Anreiten der ersten Hindernisse auf entsprechender Hand

Das erwünschte Gesamtbild beim Durchreiten der Springbahn wird in der Praxis manchmal durch *Verhaltensweisen des Reiters* gestört, die nicht mit den reitsportlichen Prinzipien übereinstimmen. Manche Teilnehmer benutzen im Parcours die *Springpeitsche* in unreiterlicher Weise. Noch vor dem Start bringen sie diese in eine Ausgangsstellung, die der Haltung der Fahrpeitsche (links-schräg-vorwärts-aufwärts) entspricht. Da die Richter nur in Springreiter-Wettbewerben die Möglichkeit haben, diese Unsitte zu bewerten, sollten die Aufsichtsführenden auf den Abreiteplätzen sich nicht mit freundlichen Hinweisen an die Reiter zurückhalten.
Andere tragen die Springpeitsche beim Reiten richtig, benutzen sie aber zu häufig und ohne sichtbare Veranlassung. Der *Einsatz der Peitsche* ist im Springparcours zu verantworten, wenn das Springpferd trotz treibender Reiterhilfen den Schwung verliert, der zum Überwinden des Hindernisses erforderlich ist. Sie wird im gleichen Augenblick *hinter dem Unterschenkel* des Reiters eingesetzt, in dem dieser vermehrt vorwärtstreibend wirkt.

In Verbindung mit der genügend *nachgebenden Zügelhand* kann die richtig eingesetzte Peitschenhilfe im Augenblick des Absprunges eine schnellere und stärkere Streckung der Hinterhandmuskulatur unterstützen. Die Springpeitsche kann auch verwendet werden, wenn das Pferd trotz passenden Herankommens an das Hindernis den Sprung verweigert, indem es stehenbleibt oder am Hindernis vorbeiläuft. Sie wird dann *auf der Seite* des Pferdes eingesetzt, nach der es vor dem Hindernis weggebrochen ist. Ein verweigertes Hindernis sollte unter einem *spitzen Winkel* erneut angeritten werden, damit das Ausbrechen nach der gefährdeten Seite erschwert wird. (Abb. 232)

Muß das Hindernis nach einer Verweigerung wieder hergerichtet werden, hat der Reiter das Pferd möglichst schnell dort in Sprungrichtung *aufzustellen,* von wo aus er wieder anreiten kann. Ein Springreiter, der das Pferd während des Wiederaufbaus des Hindernisses durch harte Paraden, heftige Benutzung der Peitsche und Sporenstiche „gehorsam" machen will, verhält sich *unreiterlich* – auch dann, wenn es nach einer zweiten Verweigerung geschieht. Ist der Teilnehmer nach dem dritten Ungehorsam des Pferdes in der Springbahn ausgeschlossen worden, so steht ihm ein Versuch für einen Korrektursprung

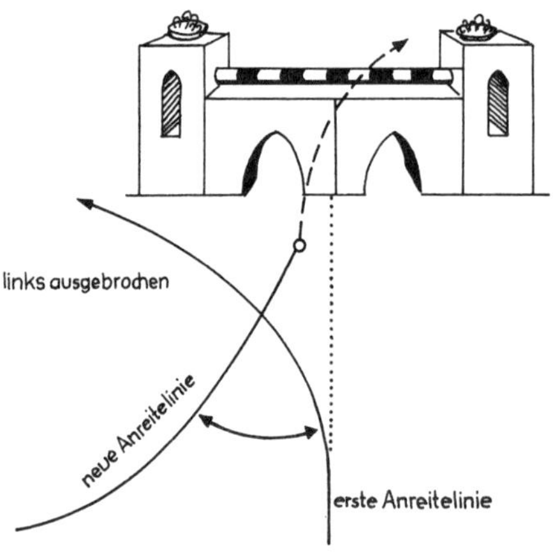

232 Richtiges Anreiten nach Ausbrechen des Pferdes

seines Pferdes zu. Es hängt vom reiterlichen Einfühlungsvermögen in die konkrete Situation ab, ob er den Versuch an dem Hindernis unternimmt, an dem der Ausschluß erfolgte, oder ein anderes Hindernis auswählt. Entstanden die Verweigerungen durch *unpassendes Herankommen* an den günstigen Absprungraum und ist der Gehorsam des Pferdes im allgemeinen in Ordnung, kann man den Korrektursprung am gleichen Hindernis vornehmen. Sind die Verweigerungen jedoch auf eine deutliche Widersetzlichkeit des Pferdes zurückzuführen, die sich vielleicht mit jeder Verweigerung noch verstärkte, dann ist es ratsam, ein Hindernis zu springen, das *einladend* gebaut ist und *in Richtung des Platzausganges* liegt. Es ist damit zu rechnen, daß auch ein hartnäckiges Pferd ein solches Hindernis überspringt. Nach gelungenem Korrektursprung *muß* das Pferd gelobt werden.

Unerträglich ist das Verhalten solcher Springreiter, die auf dem Turnierplatz eine vernünftige Handlungsweise ihrem Pferd gegenüber vortäuschen und danach auf dem Abreiteplatz ihr Pferd mit harten Methoden, in einzelnen Fällen sogar vom Ausbilder unterstützt, „korrigieren". Bevor sie einige Sprünge mit dem inzwischen nervös und apathisch gewordenen Pferd versuchen, strafen sie das Pferd evt. nochmals mit der Peitsche. Dabei vergißt der Reiter in dieser erregten Stimmung, daß die *zeitlich verspätete Strafe* auf dem Abreiteplatz gegenüber der Mißerfolgssituation auf dem Turnierplatz keine erzieherische Wirkung mehr besitzt. Vernünftige Reiter und Ausbilder werden die Nutzlosigkeit solcher Strafen auch nach dem zweifellos nicht erfreulichen Ausschluß wegen Verweigerung einsehen. Die aufsichtführenden Richter auf den Abreiteplätzen müssen derartige Versuche schon im Ansatz energisch unterbinden. Das ist auch ein Gebot des Tierschutzes! Nichts einzuwenden ist hingegen, wenn der Reiter mit dem wieder an die Hilfen gestellten und losgelassen gehenden Pferd noch ein bis zwei kleinere Sprünge auf dem Abreiteplatz macht, nach denen er das Pferd jedesmal mit Hand und Stimme ausgiebig lobt.

Empfehlenswert ist es auch, am Tag nach dem Abschluß des Turniers, wenn sich der Zorn des enttäuschten Reiters gelegt hat und der Transporttermin es zuläßt, die Genehmigung des Veranstalters einzuholen, einen kleinen *Teilparcours* auf dem Turnierplatz zu reiten, indem das verweigerte Hindernis mit geringen Anforderungen enthalten ist.
Nach der Springprüfung gehört es zum *reiterlichen Verhalten,* sein Pferd für die Leistung zu loben. Die Dankbarkeit gegenüber dem Pferd kommt aber nicht allein dadurch zum Ausdruck, daß es am Hals geklopft wird. Viel stärker wirkt die *umsichtige Betreuung* des Pferdes nach dem Absitzen. Wenn nicht ein Stechen oder die Siegerehrung kurz nach der Springprüfung folgt, wird der *Sattel* abgenommen; Widerrist und Sattellage werden auf *Druck-* oder *Scheuerstellen* geprüft. Mit einem feuchten Schwamm werden Kopf, Hals und Sattellage abgewischt. Dann wird, je nach Witterung, eine leichte oder warme *Decke* auf das Pferd gelegt. Der nächste Blick des Reiters gilt den *Beinen* seines Pferdes. Mit der Hand werden Gelenke und Sehnen abgetastet. Die *Hufe* sind daraufhin zu prüfen, ob sich Steine zwischen Hufeisen und Strahl verklemmt haben. Gummiglocken und Bandagen werden abgenommen. Anschließend führt man das Pferd noch einige Zeit trocken. Durch die Bewegung werden die *Kreislaufwerte* nach der Wettkampfbelastung langsam und deshalb physiologisch günstig gesenkt. Reiter, die sofort nach dem Absitzen einem anderen das Pferd zum Festhalten geben, um möglichst schnell zur Teilnehmertribüne zurückzukehren, sehen im Pferd mehr ein Sportgerät als ihren Sportkameraden.
Reiter, die zur Siegerehrung einreiten sollen, haben sich ebenso diszipliniert dem Startordner zur Verfügung zu halten, wie sie sich zur Prüfung bereitstellen. Sie unterstützen den Veranstalter dabei, den *Zeitplan* des Turniers trotz hoher Teilnehmerzahlen einzuhalten. Schon auf dem Abreiteplatz sollten sich die placierten Reiter in der Reihenfolge der Placierung aufstellen, um dann hintereinander einzureiten, und zwar direkt vor die Richter. Einzelnes Einreiten und Umherreiten zwischen den Hindernissen vor dem Aufruf zur Placierung verlängert die Zeremonie, nimmt ihr die gebührende Feierlichkeit – und setzt den Reiter dem Verdacht aus, seinem Pferd die Hindernisse der nächsten Prüfung zeigen zu wollen. Außerdem ist ein solches Verfahren taktlos gegenüber den Zuschauern, die ihr Eintrittsgeld bezahlt haben, um sportliche Leistungen zu erleben.
Es wird als sportlich empfunden, wenn der Reiter den höher plazierten Teilnehmer während der *Siegerehrung* zuerst beglückwünscht. Sieger und Plazierte zeichnen sich nach der Siegerehrung am Turnierplatz und auch nach Rückkehr in den Heimatort durch bescheidenes Auftreten aus. *Gewinner von Ehrenpreisen* sollten sich beim Veranstalter Namen und Anschrift des Stifters geben lassen, um sich bedanken zu können.

Taktik im Springreiten

Einige Reiter versuchen schon im ersten Wettkampfjahr, jüngere Pferde auf die vermutliche Grenze ihrer derzeitigen Leistungsfähigkeit zu prüfen. Dieses unsinnige Verhalten äußert sich darin, wie diese Pferde im Stechen, in Zeitspringen oder Springprüfungen ohne Stechen nach Fehlerpunkten und Zeit geritten werden. Der springtechnische Bewegungsablauf des jungen Springpferdes ist noch nicht genügend gefestigt. Es reagiert sensibler auf die vielen neuen Eindrücke beim Turnier, durch die es leicht abgelenkt werden kann. Ihm fehlt die nötige Konzentration und Erfahrung eines routinierten Cracks. Es ist noch nicht reif, im maximalen Springtempo und in gewagter Linienführung durch ein Zeitspringen geritten zu werden. Meist treten bald *Erscheinungen der psychischen Überbelastung* auf. Die Pferde werden eiliger, gehen gegen die Hand des Reiters und beginnen zu verweigern. Die Leistungsfähigkeit wird schlechter als in der vorangegangenen Vorbereitungsperiode. Diese aus übersteigertem Ehrgeiz des Reiters entstandenen Fehler sind nur langsam, wenn überhaupt wieder gutzumachen. Junge Springpferde, die in einem zu-

träglichen Tempo auf günstigen Linien geritten werden, erreichen bei springfehlerfreiem Durchgang meistens schon gute Plazierungen. Mehrere, auf diese Weise errungene grüne Schleifen sind in den ersten beiden Wettkampfjahren *wertvoller* als eine einzige goldene, die vielleicht zugleich die letzte der kurzen Laufbahn des Springpferdes gewesen sein könnte.
Auch erfahrene Springpferde sollen nicht in allen Prüfungen auf *Sieg* geritten werden. In der Wettkampfperiode sind einige Turniere besonders bedeutsam. Sie bilden den Höhepunkt eines Wettkampfzyklus. In den Prüfungen dieser Hauptwettkämpfe wird erwartet, daß Reiter und Pferd ihre *beste Form* besitzen und durch Einsatz aller Kräfte bestmögliche Leistungen vollbringen. In einer solchen Springprüfung wird der Reiter sein Pferd *risikobereit* voll ausreiten. In den Aufbauprüfungen vorangehender Turniere wird der taktisch kluge Springreiter einige Prüfungen zur *Stabilisierung der Leistungsfähigkeit* und andere zur weiteren *Entwicklung der sportlichen Form* nutzen, die im Hauptwettkampf erreicht sein soll.
Ein Reiter, dem in einer Prüfung mehrere Pferde zur Verfügung stehen, hat vor dem Start des zweiten oder dritten Pferdes die Möglichkeit, die durch das Abgehen des Parcours gewonnene Meinung über die Reitweise durch das Erlebnis des Rittes mit dem ersten Pferd zu ergänzen. Im Stechen ist es ebenfalls vorteilhaft, in der zweiten Hälfte der Teilnehmer reiten zu können. Dadurch müssen die meisten Konkurrenten vorher an den Start, und nach ihren Ergebnissen kann die *Reittaktik* kurzfristig festgelegt werden. Unterschiedliches taktisches Verhalten der Springreiter kann man auch beobachten, wenn sie mehr als ein Pferd im Stechen haben. Einige reiten mit dem ersten zunächst „auf sicher", gleichgültig, ob es sich um ein unerfahrenes oder schon erprobtes Pferd handelt. Ein „Nuller" in Stechen sichert erst einmal eine gute Position in der Placierung. Andere reiten grundsätzlich „auf Sieg". Gelingt dabei am Anfang schon ein fehlerfreier Ritt, dann müssen die nachfolgenden Konkurrenten noch risikovoller reiten. Wenn dabei Flüchtigkeitsfehler entstehen, kann das recht vorteilhaft für den Reiter sein, der sie dazu animiert hat. Auf jeden Fall ist es günstig, noch ein verläßliches, schnelles Pferd am Ende des Stechens einsetzen zu können. Über die *Zwischenergebnisse* im Stechen muß man sich unbedingt informieren. Der Sieg ist oft dadurch verschenkt worden, daß der letzte Reiter im Stechen taktisch unklug gehandelt hat. Wenn die vorherigen Teilnehmer alle mit Springfehlern in sehr schneller Zeit das Ziel passieren, dann bietet ein Ritt im Normaltempo gute Siegeschancen. Liegen aber schon einige Reiter mit fehlerlosen Ritten und kurzen Durchgangszeiten vorn, dann muß der folgende Reiter „alles riskieren", sofern er das dafür geeignete Pferd zur Verfügung hat.
Taktisch erfolgreiches Reiten setzt voraus, daß sich der Springreiter mit wachsender Wettkampferfahrung ein immer besseres *Zeitgefühl* aneignet. Es ist erstaunlich, welch gutes Empfinden einige international bekannte Reiter gewonnen haben, das Tempo ihres Pferdes neben günstigster Bahneinteilung in Abhängigkeit von einer vom Konkurrenten vorgelegten Zeit einzuteilen. Unerfahrene Reiter verschenken oft den Sieg, weil sie wesentlich schneller als der zur Zeit vorn liegende geritten sind und dabei einen kleinen, aber doch entscheidenden Springfehler hinnehmen mußten. Der Sieg wird manchmal auch „verspielt", weil das erforderliche Stechtempo zu spät nach dem Durchreiten der Startlinie erreicht wird. Wenn man sich zum risikoreichen, siegorientierten Ritt entschlossen hat, dann muß full-pace auf das erste Hindernis zugeritten werden. Nach dem letzten Hindernis reiten alle Konkurrenten im Höchsttempo durch das Ziel, aber dadurch ist keine Zeit mehr gutzumachen.

Die Linienführung im Zeitspringen oder im Stechen wird von den meisten Parcoursgestaltern bewußt etwas schwierig angelegt. Schon beim Abgehen werden Probleme sichtbar, deren richtige Lösung das Ergebnis des

Rittes mitbestimmt. Mancher Reiter ist nicht schlüssig, ob z. B. zwei bestimmte, aufeinanderfolgende Hindernisse schräg gesprungen werden können, oder ob man einen Kurs vor oder hinter einem behindernden Hindernis einschlagen kann. Er informiert dann am besten einen versierten Fachmann über diese Situation und bittet ihn, das Verhalten bekannter erfolgreicher Reiter an diesen Stellen des Parcours zu beobachten, während er sein Pferd vorbereitet. Auch wenn die anderen Teilnehmer den problematischen Weg nicht eingeschlagen haben, kann ihn der schon geübte Reiter versuchen, sofern ihm der betreffende Experte nach gründlicher Einschätzung der beobachteten Situation im Parcours diese taktische Variante empfiehlt. (Abb. 233)

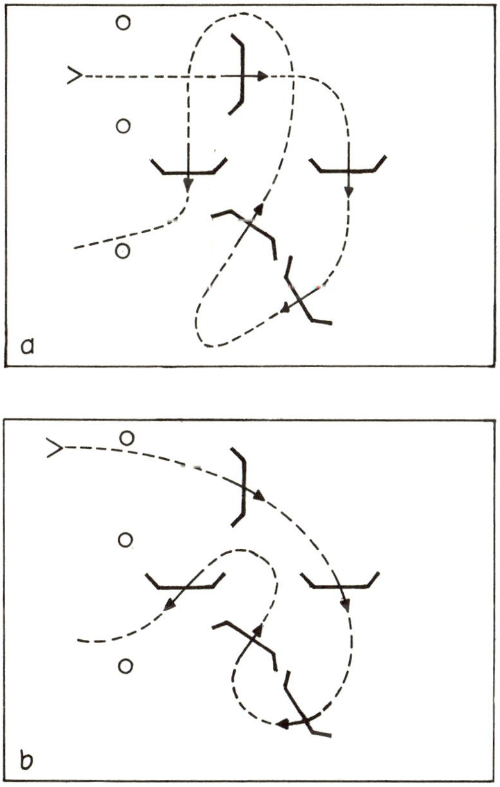

233 Taktisch verschiedene Reitwege mit Pferden unterschiedlichen Ausbildungsstandards: a Linienführung auf Sicherheit mit jungerem Pferd, b kurzer, risikovoller Weg mit erfahrenem Pferd

7.3.3. Gestaltung der Übergangsperiode

Die Turnierperiode ist meistens nach dem letzten Hauptwettkampf beendet. Durch den mehrfachen Turniereinsatz und bestimmte dazwischenliegende Trainingsbelastungen konnte die Leistungsfähigkeit im allgemeinen systematisch gesteigert werden. Dieser Leistungsstand des Pferdes kann aber nicht ständig erhalten bleiben. Es ist eine Zeitspanne erforderlich, in der die beanspruchten körperlichen und nervlichen Kräfte wiederhergestellt werden müssen. Diese richtet sich danach, wie groß die Wettkampfbelastungen für Reiter und Pferd gewesen sind. Es schließt sich deshalb eine *Übergangsperiode* an, bevor das neue Trainingsjahr beginnt.

Natürlich braucht das Pferd in diesem Abschnitt viel Bewegung, die es entweder durch freien Koppelgang in Gemeinschaft mit den Stallgenossen oder unter dem Sattel erhält. Die Übergangsperiode ist also durch aktive Erholung gekennzeichnet. Besonders wichtig ist es, mit den Pferden viel *im Gelände* zu reiten, damit sich auch die Nerven des Pferdes erholen können. In dieser Zeit sollten keine oder wenig Sprünge über Parcourshindernisse gemacht werden. Die Pferde verlernen die erworbene Springtechnik kaum. Dagegen empfiehlt es sich, längere Strecken in ruhigem Tempo zu reiten, damit die *konditionellen Fähigkeiten* sich regenerieren können.

Springpferde können in dieser Zeit, ohne Schaden für ihre Spezialdisziplin zu nehmen, an herbstlichen *Reitjagden* teilnehmen. Die Ausritte im Gelände und auch das Mitreiten im Jagdfeld wirken für den Reiter ebenso erholend und entspannend wie für das Pferd. Beim geselligen Beisammensein wird in nicht zu ernsthafter Weise auf das vergangene Turnierjahr zurückgeblickt. Neue Pläne für das nächste Wettkampfjahr werden diskutiert.

In der Übergangsperiode, die ungefähr 6 Wochen dauert, empfiehlt es sich, das Springpferd gründlich vom Tierarzt untersuchen zu lassen, um sich entwickelnde Schäden frühzeitig zu erkennen. Notwendige Behandlungen am Bewegungsapparat der Springpferde sollen in der Übergangsperiode vorgenommen werden, um den Beginn des Trainings in der Vorbereitungsperiode nicht weiter, als es notwendig ist, hinausschieben zu müssen. Im Zweifelsfall sollte man sich stets für die manchmal zeitaufwendigere gründliche Ausheilung entscheiden, um die weitere Belastbarkeit des Springpferdes gewährleisten zu können.

Nachwuchspferde, die im folgenden Winterhalbjahr ins Training genommen werden sollen, sollten spätestens in der Übergangsperiode ausprobiert und erworben werden.

8. Vielseitigkeitstraining

8.1. Vorbemerkungen zum Vielseitigkeitstraining

Der Vielseitigkeitssport wird auch die *Krone der Reiterei* genannt, weil er alle Aspekte des Reitsports in Umgang, Ausbildung, Training und Wettkampf umfaßt. Das kommt in der französischen Bezeichnung „Concours Complet" besonders treffend zum Ausdruck.

Im Vielseitigkeitstraining ist zu unterscheiden zwischen dem *spezialisierten Leistungstraining* für sogenannte Große Vielseitigkeitsprüfungen, die im klassischen Sinne den eigentlichen Vielseitigkeitssport darstellen, sowie dem vielseitig aufgebauten *Grundtraining,* das Bestandteil der Ausbildung eines jeden Reitpferdes sein sollte und zur Teilnahme an Dressur-, Spring- und Vielseitigkeitsprüfungen gleichermaßen befähigt. Im folgenden werden alle Aspekte im Hinblick auf den Einsatz im Leistungssport der Disziplin Vielseitigkeit beschrieben; dabei sind die Ausführungen über die Phase der *Grundausbildung* auch auf die Ausbildung des Reitpferdes allgemein anwendbar und stehen inhaltlich in Übereinstimmung mit den Kapiteln 3 und 4. Generell kann davon ausgegangen werden, daß der Vielseitigkeitssport auch auf der höchsten leistungssportlichen Ebene in besonderem Maße den natürlichen Veranlagungen und der physiologischen Ausstattung im Organismus des Pferdes entspricht. Mit einer vielseitigen Ausbildung und einem entsprechend abwechslungsreich gestalteten Training kommt man den natürlichen Bedürfnissen des Pferdes besonders entgegen und schafft die günstigsten Voraussetzungen für Gesunderhaltung, lange Einsatzdauer und Lebenserwartung des Pferdes. Insofern hat die vielseitige Ausbildung auch für den späteren leistungssportlichen Einsatz in den Spezialdisziplinen Dressur und Springen eine besonders große Bedeutung.

8.2. Auswahl eines Vielseitigkeitspferdes

Welche Kriterien bei der Auswahl eines *Vielseitigkeitspferdes* anzulegen sind, hängt ganz wesentlich von den Ansprüchen und Anforderungen ab, denen man sich im Vielseitigkeitssport stellen will. Für die Teilnahme an Vielseitigkeitsprüfungen und Geländeritten der Klassen A und L, wie sie oft auch Bestandteile von Mannschaftswettbewerben auf Kreis- bzw. Landesebene sind, sollte jedes gesunde, gut ausgebildete Reitpferd mit entsprechender Grundkondition geeignet sein.
Für die Teilnahme an *Großen Vielseitigkeitsprüfungen,* deren Geländeanforderungen mehr Kondition, Schnelligkeit und Stehvermögen verlangen, eignen sich nur Pferde *mit einem höheren Vollblutanteil.* Im heutigen Spitzensport finden sich kaum noch Vielseitigkeitspferde, die in ihrem Pedigree weniger als fünfzig Prozent Vollblut aufweisen.
Bei der Beurteilung eines jungen Pferdes im Hinblick auf seine spätere Verwendung als Vielseitigkeitspferd kann man nicht von einer einheitlichen Typvorstellung ausgehen. Dennoch lassen sich einige Grundsätze aufstellen, die bei der Beurteilung herangezogen werden können:

Forderungen an das Exterieur

In *Rahmen* und *Größe* soll das Pferd vor allem zum vorgesehenen Reiter passen. Die Erfahrung zeigt, daß Pferde mit *Übergröße* häufig Mängel in der *Koordinationsfähigkeit* und *Geschicklichkeit* zeigen. Im Gesamteindruck soll ein Militarypferd gut proportioniert und geschlossen erscheinen.
Im Hinblick auf das *Gebäude* wünscht man sich eine gut angesetzte, lange *Halsung,* die es dem Pferd erleichtert sich auszubalancieren. Zu achten ist ferner auf einen ausgeprägten Widerrist sowie einen gut bemuskelten, arbeitsfähigen *Rücken,* der in der Ausbildung auch bei längeren Trainingsphasen keine Probleme bereitet. Eine im Verhältnis zur Größe besonders ausgeprägte *Gurtentiefe* ermöglicht ein leistungsfähiges, weil großvolumiges Herz- und Lungensystem. Die *Kruppe* sollte schräg und langgezogen konstruiert sein, mit tiefer gelegenem Schweifansatz, was auf gute Galoppierleistung schließen läßt. Besonderer Wert ist auf das *Fundament* des Pferdes zu legen. Hierbei ist die Stärke der Gliedmaßen weniger bedeutend als ihre korrekte Stellung. Pferde mit Stellungsfehlern neigen eher zu Belastungsschäden. Besonders nachteilig sind das sogenannte rückbiegige Vorderbein sowie ein zu langes Röhrbein. Die Hufe sollten ausreichend groß, vor allem aber hart und gesund sein.

Forderungen an die Bewegungsabläufe

Für die Beurteilung des *Bewegungsverhaltens* empfiehlt es sich, die Grundgangarten Schritt und Trab zunächst auf hartem, ebenem Hufschlag an der Hand zu beurteilen, um das Auffußen der Gliedmaßen und die Regelmäßigkeit überprüfen zu können. Besonderer Wert ist auf einen raumgreifenden, ungebundenen *Schritt* zu legen bei gutem Vortritt aller vier Gliedmaßen. *Der* Trab sollte vor allem elastisch und rationell sein. Eine extrem aufwendige „Mechanik“ ist für ein Vielseitigkeitspferd, das in Training und Wettkampf lange Trabreprisen zurücklegen muß, nachteilig. Im Trab sollte aber sehr auf natürliche Schwungentwicklung aus einer guten Rükkentätigkeit heraus geachtet werden. Besondere Aufmerksamkeit verdient die Beurteilung der Grundgangart Galopp. Sie ist am günstigsten zunächst beim Freilaufen und anschließend unter dem Reiter zu überprüfen. Dabei ist besonders auf die Elastizität und

Leichtfüßigkeit sowie das *Gleichgewichtsverhalten* des Pferdes zu achten. Die Galoppade soll zu jedem Zeitpunkt und in jedem Tempo einen Bergauf-Eindruck vermitteln. Bei Richtungswechseln sollte das Pferd stets geschmeidig in den jeweiligen Handgalopp umspringen. Die Qualität des Galopps läßt sich nicht an der Galoppsprunglänge messen. Eine extrem große „Übersetzung" ist oft unpraktisch und erfordert mehr Ausbildung und größeres reiterliches Geschick, vor allem beim Reiten von *Hindernisdistanzen.* Entscheidend ist, daß das Pferd im Galopp leichtfüßig und fleißig aus der Hinterhand repetiert und mit zunehmendem Tempo auch mehr Boden deckt, ohne eiliger oder „kopflastig" zu werden. Ein gutes *natürliches Gleichgewichtsverhalten* bei sicherer *Selbsthaltung* des Pferdes in jedem Tempo ist die günstigste Voraussetzung für eine risikofreie Belastbarkeit über lange Galoppstrecken. Grundsätzlich ist bei der Beurteilung des **Galoppiervermögens** zu berücksichtigen, daß es durch Training und Ausbildung kaum weiter gefördert werden kann. Lediglich die Fähigkeit, eine bestimmte Geschwindigkeit über eine längere Distanz durchzuhalten (Ausdauer) kann entwickelt werden.

Die natürliche **Springveranlagung** des jungen Pferdes ist am günstigsten beim Freispringen zu beurteilen. Besonderer Wert sollte auf *Geschicklichkeit, Elastizität* und *Aufmerksamkeit* gelegt werden. Das Springvermögen kann bei sehr jungen Pferden über die geringen Abmessungen der Hindernisse, die von ihnen gefordert werden können, oft nur schwer eingeschätzt werden. Ältere Pferde sollte man über höhere Sprünge, die den Abmessungen mindestens der Klasse M entsprechen, testen können. In der *Springtechnik* kommt es beim Vielseitigkeitspferd vor allem auf die *Reaktionsschnelligkeit* und die gute *Anwinkelung des Unterarms* an. Pferde mit langsamen Sprungablauf oder verzögerten Reaktionen verlieren diese Eigenschaft auch durch Ausbildung kaum und sind daher gerade für die Vielseitigkeit weniger geeignet. Auf einen Fehler bzw. Abwurf muß ein angehendes Vielseitigkeitspferd mit mehr Aufmerksamkeit reagieren, ohne ängstlich oder übervorsichtig zu werden. Das Verhalten des Pferdes beim Freispringen liefert auch wertvolle Hinweise über sein Wesen, seine Leistungsbereitschaft und seine nervliche Veranlagung.

Charakter und Temperament

Bei der Auswahl eines sehr jungen Pferdes erübrigt sich ein **Ausprobieren im Gelände.** Bei älteren, bereits in Prüfungen eingesetzten Pferden kommt es vor allem darauf an herauszufinden, ob das *Vertrauen* des Pferdes zum Springen im Gelände überhaupt bzw. zu ganz bestimmten Geländehindernissen wie Gräben, Tiefsprüngen oder Wasser gestört ist. Es ist auf jeden Fall lohnenswert, sich genau über die *sportliche Vergangenheit* von bereits eingesetzten Vielseitigkeitspferden zu informieren. Von Pferden mit schlechten Vorerfahrungen, die zu Verweigerungen neigen, ist abzuraten, wenn sie für den Einsatz in schwereren Prüfungen vorgesehen sind. *In der Regel sind ängstlich gewordene Pferde mit Vertrauensverlusten nur so weit korrigierbar, daß sie leichtere Prüfungen wieder zuverlässig absolvieren.*

Die wesentliche Komponente für die spätere Leistung eines Pferdes im Vielseitigkeitssport ist seine **Leistungsbereitschaft,** die sich aus günstigen **Interieureigenschaften** ergibt. Diese bei einem jungen Pferd abzuschätzen ist ausgesprochen schwierig und erfordert viel Erfahrung und Pferdeverstand. Erfahrene Pferdeleute vermögen aus dem Auge und dem Gesichtsausdruck eines Pferdes auf sein Interieur zu schließen. Oft stellen sich Wesens- oder Charakterschwächen bei einem Pferd erst im Verlauf der späteren Ausbildung oder in Prüfungen mit höheren Anforderungen heraus. Beachtung sollte man aber bereits bei einem jungen Pferd dessen gesamtem Auftreten und Verhalten bei der Pflege, Haltung, in der freien Bewegung und bei der ersten Arbeit schenken. Von sehr nervösen, übersensiblen

Pferden oder solchen mit erheblichen Temperamentsmängeln ist abzuraten, da sie meist trotz intensiver Ausbildung unzuverlässig bleiben.
Prinzipiell dürfte die *Leistungsbereitschaft* einen größeren Anteil an der Gesamtleistung eines Pferdes haben als die körperliche Leistungsveranlagung. Es gilt daher als oberster Grundsatz für die Ausbildung und jedes Training eines Vielseitigkeitspferdes, seine körperlichen Fähigkeiten zu entwickeln, ohne jemals die Leistungsbereitschaft des Pferdes zu beeinträchtigen. Insbesondere im Gelände ist jeder Vielseitigkeitsreiter auf ein hochmotiviertes und leistungsbereites Pferd angewiesen.

8.3. Anforderungen an den Vielseitigkeitsreiter

Grundsätzlich ist jeder interessierte Reiter bzw. jede Reiterin geeignet für den Einstieg in den Vielseitigkeitssport, sobald die ersten Grundlagen der reiterlichen Ausbildung gefestigt sind. Es sollte angestrebt werden, daß der junge Reiter möglichst *frühzeitig* mit verschiedenen Sitzformen vertraut gemacht und in die Lage versetzt wird, mit *unterschiedlichen Bügellängen* in losgelassenem Gleichgewichtssitz auf dem Platz, in der Halle und im Gelände auf sein Pferd einwirken zu können.
Für den weiteren Werdegang ist es sinnvoll, sich gleichmäßig in *allen* reiterlichen Disziplinen fortzubilden und möglichst an Dressur-, Spring- und auch an kleinen Geländeprüfungen teilzunehmen.
Neben guten reiterlichen Fertigkeiten sollte sich ein Vielseitigkeitsreiter besonders durch Trainingsfleiß, Gewissenhaftigkeit und eine gewisse Härte gegen sich selbst auszeichnen. Das Training ist zweifellos interessanter und abwechslungsreicher als in einer der Spezialdisziplinen, es ist im Hochleistungssport jedoch manchmal mühsam und erlaubt keine Kompromisse. Da sich Fortschritte in der Vielseitigkeit im wesentlichen aus Erfahrungen ergeben, muß ein Vielseitigkeitsreiter bereit und in der Lage sein, *selbstkritisch* seine eigene reiterliche Praxis ständig zu hinterfragen, sowie aus eigenen und fremden Erfahrungen die richtigen Ergebnisse herzuleiten.
Ganz besonders bedeutsam für den Erfolg im Vielseitigkeitssport aber ist die Fähigkeit und Bereitschaft, sich intensiv um seine Pferde zu kümmern, sie ständig zu beobachten und das entsprechende reiterliche Gefühl zu entwikkeln. Gerade die dauerhaft erfolgreichen Vielseitigkeitsreiter zeichnen sich durch ein besonders gutes Einfühlungsvermögen aus.
Für das Verständnis und die Umsetzung von Trainingsanweisungen sind gesicherte Grundkenntnisse in der *Trainingslehre* Voraussetzung. Zur täglichen Begleitung des Pferdes gehören auch ein *veterinär-medizinisches Basiswissen* sowie Erfahrungen in der *Fütterungspraxis* (s. Kap. 1 und 5).
Für den dauerhaften Erfolg im Spitzensport sind außer den vielseitigen reiterlichen Fähigkeiten und der in Training und Wettkämpfen gewonnenen Routine vor allem die menschlichen Eigenschaften und die charakterlichen Merkmale sowie die gesamte *Einstellung* des Reiters als echter Pferdemann ausschlaggebend.

8.4. Das Prüfungssystem

Das derzeitige Prüfungssystem gemäß LPO erlaubt den systematischen Aufbau eines jungen angehenden Vielseitigkeitspferdes bis zum Einsatz im Hochleistungssport.
Für das junge Vielseitigkeitspferd werden die sogenannten *Geländepferdeprüfungen* angeboten, in denen anhand des Überwindens einer Geländestrecke überprüft wird, ob das Pferd hinsichtlich seiner Geländeausbildung auf dem richtigen Weg ist. Beurteilt wird die Leistung nach Rittigkeit, Springmanier und Galoppiervermögen mit einer Wertnote, von der eventuelle Zeit- oder Hindernisfehler abgezogen werden.
Für die ausbildungsmäßige Überprüfung des Reiters bieten sich als Einstieg *Geländereiterwettbewerbe* sowie *Stilgeländeritte* an, die in den Klassen E bis L ausgeschrieben werden.
Der weitere Aufbau eines Vielseitigkeitspferdes erfolgt über Geländeritte bzw. Vielseitigkeitsprüfungen (sogenannte *Kurzprüfungen* der Klassen A und L, die mit ihren noch geringen konditionellen Anforderungen häufigere Starts erlauben. Die Kurzprüfungen haben vor allem den Zweck, Reitern und Pferden mehr Möglichkeiten zu schaffen, sich Routine im Reiten von *Querfeldeinstrecken* anzueignen. Kurze Vielseitigkeitsprüfungen lassen sich auch sinnvoll in das Vorbereitungstraining auf Große Vielseitigkeitsprüfungen einbauen. Besonders beliebt sind die Vielseitigkeiten als sogenannte *Ein-Tages-Prüfungen,* bei denen aus organisatorischen Gründen das Springen vor dem Geländeritt ausgetragen wird.
Die klassische Vielseitigkeitsprüfung ist die *Große Vielseitigkeitsprüfung,* die in ihrem Geländeteil die traditionelle Struktur mit den *vier Phasen* (Wegestrecke I, Rennbahn, Wegestrecke II, Querfeldeinstrecke) aufweist. Große Vielseitigkeitsprüfungen, die ab der Klasse L für sechsjährige und ältere Pferde zugelassen sind, erfordern ein umfassenderes *Konditionstraining* und können daher nur seltener geritten werden, in den Klassen S und M etwa zweimal pro Jahr, in der Klasse L bis zu dreimal jährlich.
Im *internationalen Prüfungssystem* gibt es vier Kategorien von Vielseitigkeitsprüfungen, die je nach Schwierigkeitsgrad in ihrer Bezeichnung mit einem bis vier Sternen (*) versehen werden; dabei entspricht ein CCI* etwa der nationalen Klasse L bis M, ein CCI**** geht in den Geländeanforderungen über die Klasse S gemäß LPO deutlich hinaus. Internationale Championate für Senioren werden als CCIO**** ausgetragen.

Tabelle 45: Übersicht über das Prüfungssystem und Anforderungen in den verschiedenen Prüfungsarten und -klassen

Geländepferdeprüfungen:	Kl. A	Kl. L	Kl. M
Streckenlänge	ca. 1500 m	ca. 1500 m	ca. 2000 m
Tempo	450 m/min	500 m/min	500 m/min
Anzahl Hindernisse	ca. 12	ca. 15	ca. 20
Höhe	bis 0,90 m	bis 1,00 m	bis 1,10 m

Stilgeländeritte:	Kl. E	Kl. A	Kl. L
Streckenlänge	ca. 1500 m	ca. 1500 m	ca. 1500 m
Tempo	400 m/min	400 m/min	450 m/min
Anzahl Hindernisse	ca. 15	ca. 15	ca. 20
Hochsprünge	bis 0,90 m	bis 0,90 m	bis 1,00 m
Hochweitsprünge	bis 1,20 weit	bis 1,20 weit	bis 1,50 weit
Weitsprünge	bis 2,50 m	bis 3,00 m	bis 3,50 m

Geländeritte (nach Zeit):			
Streckenlänge	1500–3000 m	1500–3000 m	2500–5000 m
Tempo	500 m/min	500 m/min	570 m/min
Hindernisse wie bei Stilgeländeritten			

Vielseitigkeitsprüfungen:	Kl. A	Kl. L	Kl. M	Kl. S
Streckenlänge	1500–3000 m	2500–5000 m	3000–6000 m	3000–6000 m
Tempo	500 m/min	570 m/min	570 m/min	570 m/min
Anzahl Hindernisse	ca. 15	ca. 20	ca. 25	ca. 30
Höhe	bis 0,90 m	bis 1,00 m	bis 1,10 m	bis 1,20 m
Hochweitsprünge	bis 1,20 m weit	bis 1,50 m weit	bis 1,80 m weit	bis 2,00 m weit
Weitsprünge	bis 2,50 m	bis 3,00 m	bis 3,50 m	bis 4,00 m
Anmerkung: Wegestrecke 2200–4400 m, Tempo 220 m/min zulässig				

Große Vielseitigkeitsprüfungen:	Kl. L	Kl. M	Kl. S
Phase A (Wegestrecke I)	2200–4400 m	4400–6600 m	4400–6600 m
Tempo jeweils 220 m/min			
Phase B (Rennbahn)	ca. 2000 m	ca. 2000 m	ca. 3000 m
Tempo	640 (oder 660) m/min	660 (oder 690) m/min	690 m/min
Anzahl Hindernisse	6–8	7–9	8–10
Phase C (Wegestrecke II)	ca. 4800 m	ca. 6600 m	ca. 6600 m
Tempo jeweils 220 m/min			
Zwangspause jeweils 10 Minuten			
Phase D (Querfeldeinstrecke)	4500–5500 m	5000–6000 m	6000–7000 m
Tempo jeweils 570 m/min			
Anzahl Hindernisse	ca. 20	ca. 25	ca. 30
Höhe	bis 1,00 m	bis 1,10 m	bis 1,20 m
Hochweitsprünge	bis 1,50 m weit	bis 1,80 m weit	bis 2,00 m weit
Weitsprünge	bis 3,00 m	bis 3,50 m	bis 4,00 m

Internationale Große Vielseitigkeitsprüfungen (CCI)

	*	**	***	****
Phasen A + C	8800–12 100 m	11 000–14 300 m	13 200–16 500 m	15 400–18 700 m
Tempo	220 m/min	220 m/min	220 m/min	220 m/min
Phase B	2240 m	2310 oder 2640 m	2760 oder 3105 m	3105 oder 3450 m
Tempo	640 m/min	660 m/min	690 m/min	690 m/min
Anzahl Hindernisse	6–8	6–8	6–8	8–10
Zwangspause	10 min	10 min	10 min	10 min
Phase D	3900–4940 m	4950–6050 m	5700–6840 m	6840–7980 m
Anzahl Sprünge	30	35	40	45
Höhe	bis 1,10 m	bis 1,15 m	bis 1,20 m	bis 1,20 m
Hochweitsprünge	bis 1,40 m weit	bis 1,60 m weit	bis 1,80 m weit	bis 2,00 m weit
Weitsprünge	bis 2,80 m	bis 3,20 m	bis 3,60 m	bis 4,00 m

8.5. Die Grundausbildung des Vielseitigkeitspferdes

Bei der Beschreibung der Grundausbildung wird davon ausgegangen, daß das Pferd sich an das *Reitergewicht* gewöhnt hat und den *Reiterhilfen* so weit folgt, daß einfache *Gangartunterschiede* auf geraden und großen gebogenen Linien sicher gelingen. Das Pferd muß gelernt haben, sich in *leichter Anlehnung mit langem Hals* auszubalancieren und den treibenden und verhaltenden Hilfen grundsätzlich zu folgen (s. Abschn. 4.3.).

Als wesentliches Prinzip in der Ausbildung eines Vielseitigkeitspferdes gilt von Anfang an die *gleichzeitige Schulung* in allen reiterlichen Bereichen, der Dressur, dem Springen und im Gelände. Jede Einseitigkeit ist von Anfang an zu vermeiden.

Neben der eigentlichen täglichen Arbeit sollte jede Möglichkeit genutzt werden, ins *Gelände* spazierenzureiten. Dieses Ausreiten findet zusätzlich zur täglichen Ausbildungsarbeit statt. Es erfüllt unter anderem folgende Funktionen:

- das Pferd wird zunehmend mit dem *Gelände,* der Umwelt, dem Verkehr, mit unterschiedlichem Geläuf u. a. vertraut gemacht und lernt es als *selbstverständlich* kennen;
- das zusätzliche Ausreiten kommt dem natürlichen *Bewegungsbedürfnis* des Pferdes entgegen;
- es dient der mentalen *Ausgeglichenheit* des Pferdes;
- der Gliedmaßenapparat wird *abgehärtet* und *gewöhnt* sich schonend an die *Belastungen* beim Reiten im Gelände;
- das *Reaktionsvermögen* des Pferdes wird entwickelt und gefördert.

Diese ruhige Bewegung erfolgt überwiegend im Schritt am langen Zügel bzw. am Führzügel und kann täglich bis zu eineinhalb Stunden dauern.

Planung und Inhalte der Grundausbildung

Für die erste Zeit der Grundausbildung kann in etwa nach einem *Wochenplan* gearbeitet werden, der möglichst abwechslungsreich gestaltet werden sollte. An jedem Tag wird einer der *Ausbildungsschwerpunkte* verfolgt, die sich in regelmäßiger Abfolge wiederholen können. Die Wochenplanung kann z. B. nach folgendem Muster vorgenommen werden:

Montag:	Basistraining
Dienstag:	Springgymnastik
Mittwoch:	Dressurausbildung
Donnerstag:	Geländeausbildung
Freitag:	Dressurausbildung
Samstag:	Springausbildung
Sonntag:	Dressurausbildung.

Dieser Plan ist ein denkbares Modell, das als Anhaltspunkt dienen kann. Selbstverständlich ist es den individuellen Bedürfnissen und Anforderungen des Pferdes anzupassen. Oft wird man durch seine eigenen Trainingsbedingungen oder auch witterungsbedingt zu Änderungen seiner ursprünglichen Ausbildungsplanung gezwungen.

Überhaupt ist jedes Training eines Vielseitigkeitspferdes als eine organische Einheit zu betrachten; insbesondere in der Schulung der Spezialdisziplinen Dressur und Springen ist zu bedenken, daß hierdurch gleichzeitig die Leistungsfähigkeit im Gelände gesteigert werden muß, ohne jemals die Gehfreude, das Vertrauen und die Mitarbeit im Gelände zu beeinträchtigen.

Hinweise zum Basistraining

Ein Vielseitigkeitspferd, das später erheblichen Belastungen in einer Großen Vielseitigkeitsprüfung in hohem Tempo standhalten soll, muß vor allem in seiner Grundkondition und in seinem Gliedmaßenapparat rechtzeitig und stetig darauf vorbereitet werden. Daher sollte etwa einmal wöchentlich ein ausgiebiges *Grundlagentraining* stattfinden. Dieses besteht überwiegend aus *Schrittphasen* über möglichst unterschiedliche Bodenformationen bzw. Reiten querbeet. Eingebaut werden mehrere, langsam zu steigernde *Trabreprisen* von anfangs drei bis fünf Minuten Dauer, die im Verlauf von Monaten auf maximal fünfzehn Minuten pro Intervall gesteigert werden. Wo es die Bodenverhältnisse erlauben, können einige kurze, *ruhige Kanter* von bis zu tausend Meter Distanz eingeschoben werden. Jeder Trab- bzw. Galoppreprise muß sich eine ausgiebige *Erholungsphase* im Schritt anschließen. Das Basistraining darf auch bei verlängerten Reprisen vom Pferd nicht als Belastung empfunden werden. Vielmehr soll das Pferd allmählich in die Lage versetzt werden, ruhige, aber länger werdende Distanzen ohne erkennbare Reaktion zu absolvieren.

Im Rahmen des Basistrainings muß das Pferd auch an außergewöhnliche Bodenverhältnisse gewöhnt werden. Das Bereiten von besonders *weichem Geläuf* ist ebenso Bestandteil wie das Reiten auf *Asphaltstraßen.* Reiten auf extremen Bodenverhältnissen muß sehr dosiert erfolgen und nur in den niederen Grundgangarten und ruhigem Tempo.

Für die Gesamtdauer des Basistrainings gelten ein bis maximal zwei Stunden als Anhaltspunkt.

Inhalte der Dressurausbildung

Schwerpunkte der dressurmäßigen Grundausbildung sind Sicherung des Taktes in allen Grundgangarten, Verbesserung und Entwicklung des Gleichgewichts, Vervollkommnung der Losgelassenheit, sowie Erreichen einer steten Anlehnung in Verbindung mit einfachen dressurmäßigen Grundlektionen, wie sie in den Eingangsprüfungen verlangt werden.

Jede Dressurstunde beginnt mit einer Schrittphase am langen bzw. mit hingegebenem Zügel. In der folgenden Trabreprise sollte das Pferd nur in leichte Anlehnung gebracht werden. Häufiger Handwechsel und Wechsel zwischen geraden und gebogenen Linien fördern die *gleichmäßige Gymnastizierung* beider Körperhälften und begünstigen die Entwicklung des Gleichgewichtes. Ziel und Ergebnis der ausgedehnten Lösephase, in die auch leichte Galopparbeit einbezogen wird, ist das korrekte Zügel-aus-der-Hand-kauen-Lassen *im Arbeitstempo aller Gangarten,* am günstigsten zunächst auf Zirkellinien. Die häufigere Wiederholung dieser Übung dient nicht nur zur Überprüfung der Losgelassenheit, sondern fördert in besonderer Weise das Vertrauen des Pferdes zur Reiterhand und schult sein Gleichgewichtsverhalten.

In der weiteren Arbeit wird durch vermehrtes Reiten von leichten Übergängen der Gehorsam auf den *vorwärtstreibenden* Schenkel sowie die Durchlässigkeit nachhaltig verbessert. Auch lernt das Pferd bereits in der Grundausbildungsphase, den *vorwärts-seitwärts treibenden* Schenkel zu akzeptieren.

In der Anlehnung wird angestrebt, daß das Pferd bei steter, aber leichter Verbindung der Reiterhand zum Pferdemaul mit geschmeidiger Genickbiegung, der Stirnlinie leicht, aber erkennbar vor der Senkrechten, und vor allem mit dem Genick als ständig höchstem Punkt vorwärts geht. Es ist zu bedenken, daß insbesondere Anlehnungsmängel wie ein Hinter- und Auf-dem-Zügel-Gehen in Vielseitigkeitsdressuren deutlich moniert werden, da sie erhebliche *Rittigkeitsmängel* im Geländereiten bedingen. Besonderer Wert ist in der Dressurausbildung auf die Entwicklung und Verbesserung der *Rückentätigkeit* zu legen, da das Pferd zur Bewältigung der Hindernisaufgaben, besonders in unebenem Gelände, auf einen gut arbeitenden, kräftigen, aber elastischen Rücken angewiesen ist.

Den Anforderungen einer Vielseitigkeitsausbildung kommt es besonders entgegen, wenn die dressurmäßige Schulung nicht nur auf dem heimischen Reitplatz, sondern gelegentlich auch in *ungewohnter Umgebung* oder auch an einer geeigneten Stelle *im Gelände* stattfindet. Im Hinblick auf die ersten Turniereinsätze müssen jedoch zur Ausbildungskontrolle bestimmte Lektionen bzw. Übungsfolgen oder ganze Dressuraufgaben auf dem mit Buchstaben und Bahnpunkten markierten Viereck stattfinden. Das Aufgabenreiten erfordert, vergleichbar zum Parcoursspringen, vom Reiter eine gewisse Routine, die er sich in der Arbeit zu Hause, wie auch auf Turnieren in leichten Dressuren aneignen muß. Ein häufigerer *Wechsel der Aufgaben* verhindert, daß das Pferd die Übungsfolgen auswendig lernt und den Reiterhilfen zuvorkommt. Das konsequente Aufgabenreiten und die Turniereinsätze in Dressurprüfungen helfen dem Reiter herauszufinden, wie und wie lange bzw. wie oft das Pferd abgeritten werden muß, damit es seine Dressuraufgaben in optimaler Losgelassenheit, Durchlässigkeit und Frische absolviert.

Zur zeitlichen Einteilung der Dressurarbeit sollte man sich nicht in ein vorgegebenes Schema pressen lassen. Es kann erforderlich sein, die Dressurarbeit länger als geplant auszudehnen, wobei dann in regelmäßigen Abständen Pausen vorzusehen sind; gegebenenfalls ist auch frühzeitigere Beendigung der Arbeit möglich, wobei die restliche Trainingszeit ins Gelände verlegt werden kann. Unbedingt aber muß jede Ausbildungseinheit mit lösenden und entspannenden Übungen beendet werden.

Die Dressurausbildung eines Vielseitigkeitspferdes darf nie zu einer völligen *Unterordnung* unter den Reiter führen, die die *Gehfreude* und das *Mitkämpfen* des Pferdes im Gelände beeinträchtigen könnte. Insofern ist jeder Zwang oder auch jegliches stupide Abrichten auf bestimmte Dressuraufgaben zu vermeiden.

Inhalte der Springausbildung

Grundsätzlich entspricht, wie in der Dressur, die Basisausbildung im Springen der in der Spezialdisziplin. Als oberste Maxime gilt, stets die *Springfreude* des Pferdes zu fördern und zu erhalten. Dabei muß für ein Vielseitigkeitspferd die Arbeit mit und über Hindernisse zur Selbstverständlichkeit werden, weshalb sie regelmäßig etwa zweimal in der Woche stattfinden soll.

Hauptinhalte der Springschulung in der Grundausbildungsphase sind *gymnastische Übungen* an Einzelhindernissen oder an kleinen Hindernisreihen. Dabei sind von Anfang an folgende Grundanforderungen besonders zu beachten:

– es ist stets das für das Hindernis bzw. für die Hindernisreihe richtige *Grundtempo* zu finden, unbedingt einzuhalten und möglichst frühzeitig nach dem Sprung bzw. letzten Sprung einer Reihe wieder herzustellen;
– es ist immer auf die Einhaltung von *Takt* und gleichmäßigem *Rhythmus* zu achten, vor allem auch bei Tempoveränderungen (Zulegen, Aufnehmen);
– das Pferd muß stets auf der ihm vorgegebenen geraden oder gebogenen Linie *geradegerichtet* das Hindernis anziehen und überwinden.

Diese Grundprinzipien gelten sowohl für das Springen aus dem Trabe als auch dem Galopp.

Die Einwirkungen des Reiters beschränken sich im wesentlichen darauf, die Prinzipien Takt, Tempo und Linie sicherzustellen. Ansonsten ist jede weitere reiterliche Beeinflussung unnötig oder gar fehlerhaft. Vielmehr soll gerade das Vielseitigkeitspferd von Anfang an lernen, möglichst *freiwillig* und *selbständig zu springen,* das heißt die Aufmerksamkeit rechtzeitig auf das Hindernis zu lenken, den Sprung vertrauensvoll anzuziehen, ohne davonzueilen oder zu verlangsamen. Insbesondere muß das Pferd von Anfang an lernen, selbständig den richtigen Absprungbereich zu finden. Im Hinblick auf das flüssige Springen von Geländehindernissen ist jedes durch den Reiter bestimmte Taxieren eines Hindernisses falsch. Auch ist von Anfang an jeder Druck oder Zwang zu vermeiden, der das Pferd nicht zum völlig freiwilligen Springen motiviert.

Zu Anfang werden in die gymnastizierende Arbeit auf dem ebenen Hufschlag kleine Einzelhindernisse *aus dem Trabe* eingebaut. Kreuze aus Stangen oder Planken erziehen das Pferd dazu, in der *Hindernismitte* zu springen. Zur Absprunghilfe sind *Taktstan-*

gen geeignet, die etwa zwei Meter bis 2,20 Meter vor dem Hindernis liegen (Distanzangabe für das Springen aus dem Trabe).
Bereits frühzeitig können kleine In-Outs bzw. kurze Hindernisreihen entwickelt werden, die das Pferd in seiner Geschicklichkeit und der Beherrschung seiner Gliedmaßen fördern.
Im Anfangsstadium der Ausbildung spielt beim Vielseitigkeitspferd die Berücksichtigung der Springtechnik eine eher untergeordnete Rolle. Vielmehr sollten grundsätzliche Eigenschaften, die für die Bewältigung der Geländeaufgaben bedeutsam sind, entwickelt und geschult werden, wie Rittigkeit und Grundgehorsam auf die reiterlichen Hilfen, Geschmeidigkeit und Elastizität, Geschicklichkeit und Reaktionsvermögen sowie vor allem *Vertrauen* und *Springwilligkeit.* Aus diesem Grunde sind die Hindernisabmessungen relativ gering zu halten (maximal ein Meter bis 1,10 Meter); alle Springübungen dürfen nicht dazu führen, daß sich das Pferd extrem anstrengen und bemühen muß; jede Verkrampfung und im Idealfall auch jeder Fehler ist zu vermeiden.
Im weiteren Verlauf der Grundausbildungsphase werden einzelne kurze Gymnastikübungen miteinander über leichte Rittigkeitsaufgaben verknüpft, ähnlich wie in den sogenannten *Caprilli-Tests;* diese bilden die Vorstufe zu Parcoursausschnitten, die später zu kompletten leichten Parcours ergänzt werden müssen.
Eine gute Kontrolle für die Springausbildung stellen die sogenannten *Springen mit Standardanforderungen dar,* wie sie auf Turnieren als Stilspringen ausgeschrieben werden.
In regelmäßigen Abständen können und sollten diese Standardparcours auch in der Winterarbeit im Training geübt werden.
Ist das junge Pferd mit den Sprüngen auf dem heimischen Platz vertraut, ist ein häufigerer *Wechsel des Springplatzes* empfehlenswert. Das Pferd muß im Hinblick auf die ersten Turniereinsätze auch auf fremden Parcoursplätzen zu springen gewohnt sein.
Im Verlaufe der weiteren Ausbildung werden mehrere Turniere mit Springprüfungen der unteren Klasse wahrgenommen, die das heimische Training sinnvoll unterstützen und die beste Ausbildungskontrolle darstellen. Dabei werden die Parcours unter *Trainingsgesichtspunkten* und nicht auf Zeit oder unter Erfolgsaspekten absolviert.

Inhalte der Geländeausbildung

Die Geländeausbildung bereitet Pferd und Reiter gezielt auf das Reiten von Geländeritten und Querfeldeinstrecken vor. Sie ist ein wesentlicher Teil des Trainings im Gelände, zusätzlich zum Konditionstraining und Spazierenreiten. Sie wird mit der *Ausrüstung* und in der *Bügellänge* ausgeführt, mit der Geländeritte absolviert werden. In der Arbeit wird im wesentlichen entlastend gesessen, das heißt Leichttraben bzw. leichter Sitz im Galopp. Bei Bedarf, insbesondere zur Unterstützung der *Paraden* bzw. wenn generell Rittigkeitsprobleme es erfordern, kann eine belastendere Sitzvariante bis hin zum Aussitzen gewählt werden.
Hauptinhalte der Geländeausbildung sind:
- Verbesserung der Rittigkeit und Gymnastizierung in Schritt, Trab und Galopp im Gelände;
- Schulung und Förderung des Gleichgewichtsverhaltens;
- Üben von charakteristischen Geländehindernissen.

In der Regel ist die Geländeausbildung, wie auch die Dressur- und Springausbildung, unter fachkundiger Aufsicht durchzuführen. Allein aus *Sicherheitsgründen* ist zumindest eine andere Person im Stall über Ort und Zeit der Geländeausbildung zu *informieren.* In der Grundausbildungsphase ist es sinnvoll, in der Gruppe mit älteren, erfahrenen Pferden gemeinsam zu trainieren, die bei Bedarf als Führ- oder Begleitpferde eingesetzt werden können.
Für den ersten Ausbildungsabschnitt steht das Ziel im Vordergrund, die auf dem Reitplatz oder in der Halle erworbene Rittigkeit im Gelände zu überprüfen und zu festigen. Hierzu gehören einfache Gangartunter-

234 Reiten über Bodenwellen

schiede (Übergänge Trab – Schritt, sowie Trab – Galopp), sowie Wechsel zwischen geraden und gebogenen Linien und Wendungen in allen Gangarten.

Wie auf dem Reitplatz ist auch im Gelände die Arbeit regelmäßig durch Schrittreprisen zu unterbrechen, um das Pferd nicht zu überfordern.

Sobald der Reiter sicher zum Treiben kommt und das Pferd in der Trabarbeit sicher an den Hilfen steht, können vermehrt Übungen im Galopp einbezogen werden. Hierbei sind besonders *Übergänge* und *Tempounterschiede* zu üben.

Angestrebt wird in der Geländearbeit eine sichere *Selbsthaltung* des Pferdes, bei einer nur ganz leichten Genickbiegung und möglichst langem Hals, damit sich das Pferd leichter ausbalancieren kann.

Für die weitere Geländeausbildung sind *Bodenwellen* bzw. *leichte Hügel* erforderlich, an denen die Rittigkeitsübungen fortgesetzt werden. Diese Arbeit kräftigt in besonders günstiger Weise die Muskulatur, gewöhnt Sehnen und Gelenke an die Geländeanforderungen in späteren Prüfungen und fördert am besten das Gleichgewichtsverhalten des Pferdes. Die Arbeit am Hang ist nicht mit Klettern zu verwechseln. Die Hangneigung darf nur geringfügig sein und muß ein taktmäßiges Bergauf- und Bergabreiten erlauben. Vorausgesetzt wird, daß das Pferd bereits gewohnt ist, mit kleineren Bodenunebenheiten oder Bodenwellen zurechtzukommen (s. a. Abb. 149).

Die Arbeit über Bodenwellen muß dem jeweiligen Ausbildungsstand und dem konditionellen Zustand des Pferdes angepaßt und entsprechend dosiert werden. In allen Gangarten soll das Pferd lernen, in *gleichmäßigem Tempo,* sicherem Takt und ohne auseinanderzufallen oder auf die Vorhand zu kommen *bergauf und bergab* zu gehen. Für die notwendige reiterliche Einwirkung ist eine gewisse Anlehnung sowie ein sicherer Balancesitz bei kürzerer Bügellänge erforderlich.

Begonnen wird die Arbeit am Hang im Schritt. Bergauf muß der Reiter entsprechend der Hangneigung deutlich mit dem Oberkörper vorgehen und den Pferderücken entlasten. Ein Sitzenbleiben im Sattel ist als gravierender Fehler zu betrachten. Beide Hände werden beiderseits des Widerristes so tief getragen, daß möglichst eine *Dehnungshaltung* erreicht wird. Die Anlehnung und der gleichmäßige Schenkeldruck sichern Takt und ge-

235 Bergauf- und Bergabreiten

rade Richtung. Bergab wird ebenfalls der Pferderücken leicht entlastet, das Reitergewicht wird mehr über den Oberschenkel durch das Knie und den Bügel aufgefangen. Die *Wade* muß am Pferdeleib liegenbleiben, um ein gerades Bergabtreten zu gewährleisten. Bei Bedarf ist durch leichte halbe Paraden (Hände etwa auf Höhe des Widerristes) das Pferd leicht aufzufangen, um es in der Balance zu halten. Dabei muß vermieden werden, daß sich das Pferd im Hals verkürzt. Ein wesentliches Ziel ist erreicht, wenn beim Bergaufreiten der Zügel verlängert werden kann und das Pferd dabei kontinuierlich mit der Nase vorwärts-abwärts dem länger werdenden Zügel folgt, und wenn beim Bergabreiten das Pferd von sich aus bei leichtester Anlehnung im ruhigen Takt verbleibt, ohne pariert werden zu müssen.
Dieses Ziel ist auch für die entsprechende Arbeit im Trabe anzustreben. Dabei ist der *leichte Sitz,* vor allem in Verbindung mit Paraden, dem Leichttraben *vorzuziehen.* Zu Übungszwecken können auch *Übergänge zum Schritt,* zunächst bergauf, später auch bergab geritten werden. Erst wenn Takt und Anlehnung im Schritt und Trab gesichert sind, kann zur Galopparbeit am Hang übergegangen werden.
Sie darf aus Belastungsgründen nur über *kurze Reprisen* und zwischengeschaltete *Pausen* erfolgen. Im Galopp muß der Reiter in gleicher Weise sicherstellen, daß das Pferd in geregeltem, ruhigem Galopp bergauf wie bergab an den Hilfen und im Gleichgewicht verbleibt. Im Idealfall wird das Maß der Anlehnung beim Bergab nur geringfügig stärker als bergauf. Gute Übungen sind *Übergänge* aus dem Galopp zum Trabe in Verbindung mit Bodenwellen.
Im Vorfeld der ersten Einsätze in Geländeprüfungen sollte das Pferd gewohnt sein, sich auch im fremden Gelände aufmerksam, aber ausgeglichen und sicher an den Hilfen stehend arbeiten zu lassen. Aus nervlichen Gründen ist es ratsam, nicht nur zum Springen von Geländehindernissen zu externen Plätzen zu fahren.

Springausbildung im Gelände

Für die erste Springausbildung im Gelände ist eine gewisse Grundausstattung an *Geländeformationen* empfehlenswert, um das Pferd mit typischen Geländeanforderungen vertraut zu machen. Auf einem möglichst überschaubaren Geländeplatz sollten ein Hügel, eine Bodenvertiefung, ein Auf- und Absprung (zum Beispiel ein Billard) sowie ein bis zwei kleine Gräben vorhanden sein. Diese Anlagen reichen zunächst aus, um in Verbindung mit einigen mobilen, das heißt transportablen, halbfesten Naturhindernisteilen von etwa sechzig bis hundert Zentimeter Höhe die unterschiedlichsten Geländesprungsituationen zu üben. Für die mobilen Teile kann man sich anfangs auf ein Rick, eine Palisade, eine Bank, sowie eine Bürste beschränken (Abb. 237 – 240, s. a. Abb. 157).
Von erheblichem Vorteil ist es natürlich, wenn auf der Anlage bzw. in leicht erreichbarer Nähe eine *Wasserstelle* bzw. Schwemme vorhanden ist, die für die Wassergewöhnung

236 Transportables Rick (Trainingshindernis)

237 Dachsprung (transportables Trainingshindernis)

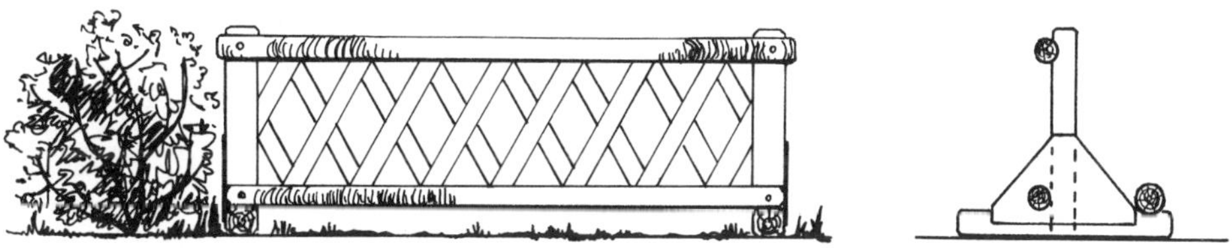

238 Konstruktion eines transportablen „Jägerzaunes“

239 Transportable Hürde für Geländetraining

sowie das Training von Wasserhindernissen geeignet ist.
Für die Springausbildung im Gelände sind bestimmte *Prinzipien* zu berücksichtigen. Die ersten Geländehindernisse sollten so niedrig sein, daß sie aus dem *Trabe* gesprungen werden können. *Fänge* oder ähnliches erleichtern die Ausbildung. Ein Vorbeilaufen sollte nicht provoziert werden. Vor jedem neuen Sprung wird dem Pferd das Hindernis gezeigt, um das Vertrauen herzustellen. Jeglicher Druck und Zwang ist unbedingt zu vermeiden. Das Pferd ist grundsätzlich dazu zu erziehen, völlig *selbständig* und *freiwillig* zu springen. Die Einwirkung des Reiters ist auf ein Minimum zu reduzieren. Es sind entsprechend dem Ausbildungsstand nur Hindernisse anzureiten, bei denen man sicher sein kann, daß das Pferd sie nach menschlichem Ermessen auf Anhieb fehlerfrei springt. Bei Unsicherheiten sind sofort die Anforderungen zurückzuschalten. Es ist stets zu bedenken, daß ein einmal verdorbenes Pferd in der Regel nicht mehr zuverlässig korrigiert werden kann. Gerade bei der Springausbildung ist das Prinzip vom Leichteren zum Schwereren konsequent zu verfolgen, um das Vertrauen des Pferdes nicht zu stören.
Bei jungen Pferden kann man zunächst ihr *Herdenverhalten* ausnutzen und ein Führpferd etwa drei bis vier Pferdelängen vorweg springen lassen. Sobald als möglich sollte jedoch darauf verzichtet werden, damit das Pferd lernt, die Aufmerksamkeit rechtzeitig auf das Hindernis selbst zu lenken und selbständig zu springen.
Zu Anfang werden Einzelsprünge (zum Beispiel Baumstämme u. ä.) *auf der Ebenen* geübt, zunächst aus dem Trabe, dann in ruhigem Galopp. Im weiteren Verlauf der Ausbildung wird das Springen vermehrt in Verbindung mit leichten *Bodenunebenheiten,* Bodenwellen oder Hügeln geübt. Die Hindernisse werden so plaziert, daß sie zunächst *leicht bergauf* gesprungen werden, was den Pferden leichter fällt. Erst später werden Hindernisse mit etwas *tieferer Landestelle* verlangt, die die Vorstufe zu Tiefsprüngen darstellen. Einzelne Hindernisse können dann zu leichten Kombinationen oder *Sprungfolgen* verknüpft werden. Bei Distanzen im Gelände ist zu berücksichtigen, daß eine Hangneigung die *Galoppsprunglänge* deutlich beeinflußt. Kombinationen oder Distanzen *bergauf* müssen *enger, bergab* etwas *weiter* ausfallen. Über recht niedrige Hindernisse hat man die Möglichkeit, im Gelände das Pferd mit dem selbständigen Taxieren in Distanzen bzw. Kombinationen vertraut zu machen.
Die Erfahrungen zeigen, daß Springausbildung aus dem Trabe und dem Galopp in Verbindung mit Bodenwellen einen außerordentlich hohen gymnastizierenden Effekt hat und Aufmerksamkeit, Geschicklichkeit und Reaktionsvermögen des Pferdes in ganz besonderer Weise schult. Diese *Springgymnastik* an Hügeln mit niedrigen transportablen Naturhindernissen ist durch keine Springschulung auf dem ebenen Reitplatz zu ersetzen und sollte daher *regelmäßiger Bestandteil* in der Ausbildung eines Vielseitigkeitspferdes sein.
Nach und nach ist das Pferd vor dem ersten Prüfungseinsatz mit *charakteristischen Geländehindernissen* wie Gräben, Tiefsprüngen, Aufsprüngen, Wasser und anderem vertraut zu machen.
Gräben sollten zunächst mit Stangen leicht *überbaut* werden, bevor man offene Gräben springt. Dies gilt insbesondere für Wassergräben. Gräben, wie grundsätzlich alle Hindernisse, bei denen das Pferd erst kurz vor dem Absprung den eigentlichen Hinderniseffekt wahrnimmt, sind aus *ruhigerem* Tempo zu springen, um dem Pferd zum Hinschauen Zeit und Gelegenheit zu geben. Ein zu forsches Anreiten erzeugt beim Pferd Mißtrauen und Angst. Erst wenn das Pferd von sich aus „anzieht", kann aus höherem Tempo gesprungen werden. *Gräbenspringen* ist eine reine *Vertrauenssache.* Daher sollte man jede Gelegenheit nutzen, Gräben in den unterschiedlichsten Ausführungen, wie sie in den Geländestrecken vielfach vorkommen, zu üben. Wie jedes Trainingshindernis, so muß auch bzw. gerade jeder Übungsgraben tech-

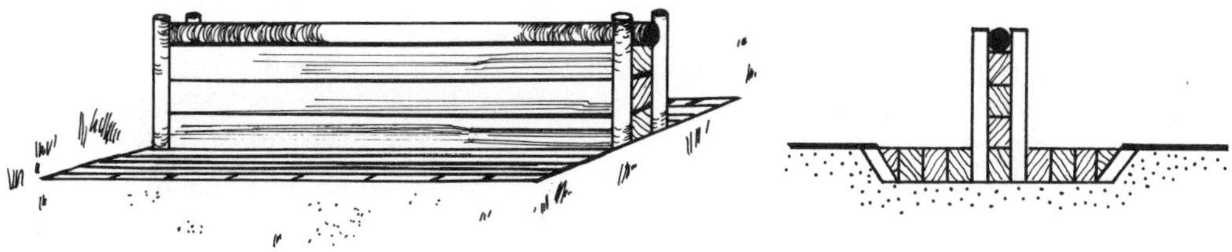

240 Übungsgraben

nisch einwandfrei sein; eine weiche Absprungstelle oder ein nachgebender Boden auf der Landeseite können das Pferd nachhaltig verunsichern.
Das Prinzip eines *Tiefsprunges* lernt das Pferd am ehesten von einem Wall- bzw. Billardabsprung, den es gut auch aus dem Schritt oder sogar aus dem Stand absolvieren kann. Der methodisch nächste Schritt ist das Überwinden leichter *Sprünge hangabwärts,* deren Schwierigkeitsgrad langsam gesteigert werden kann. Sprünge mit tieferer Landestelle sollten niedrig sein, aber massiv und „rund" aussehen, da sie sonst vom Pferd schwer zu taxieren sind. Hochweitsprünge sollten als Tiefsprünge nicht abverlangt werden.

Bei jedem Tiefsprung hat der Reiter dem Pferd bei nur leichter Anlehnung *viel Halsfreiheit* zu gewähren, damit es sich gut ausbalancieren kann. Gleichzeitig ist der Pferderücken zu entlasten. In der Landung muß der Reiter sein Gewicht über Knie und Unterschenkel auffangen. Es ist unreiterlich, bei jedem Sprung mit tieferer Landestelle den Oberkörper zurückzunehmen und im Zügel zu hängen. Dadurch wird ein Anschlagen der Hinterbeine am Hindernis provoziert und der Pferderücken schmerzhaft weggedrückt. Ein solcher fehlerhafter Sitz kann zu chronischen Verweigerungen an Tiefsprüngen führen.

241 Aufsprung auf den Wall

Nachdem das Pferd an einzelnen Tiefsprüngen Sicherheit gewonnen hat, können diese mit ein oder zwei weiteren Hinderniselementen zu kleinen Folgen kombiniert werden. Gerade *Auf- und Absprungkombinationen* haben einen besonders hohen gymnastizierenden, kräftigenden und gleichgewichtsschulenden Effekt.

Mit *Wasserstellen* kann das junge Pferd bereits vertraut gemacht werden, bevor es im Gelände gesprungen wird. Voraussetzung ist lediglich, daß es die treibenden Hilfen befolgt. Für die Wassergewöhnung sucht man sich eine *flache* Wasserstelle mit *gutem Untergrund* aus. Sie sollte ausreichend groß sein, damit sie für das Pferd zweifelsfrei nicht übersprungen werden kann und das Pferd nicht zum Vorbeilaufen provoziert wird. Anfangs wird ein *Führpferd* (oder mehrere) eingesetzt. Sobald das junge Pferd selbständig und freiwillig ins Wasser geht, wird vermehrt durchs Wasser geritten, möglichst auch im Trabe und im Galopp. Für den ersten Wassersprung eignet sich besonders ein niedriger Baumstamm, der zunächst aus dem Wasser heraus, dann als Einsprung überwunden wird. In der Anfangsphase kann dieser Baum noch einige Meter vom Wasserrand entfernt liegen. In der weiteren Ausbildung wird es einem nicht erspart bleiben, fremde Wasserstellen in der Umgebung aufzusuchen, um somit das Vertrauen des Pferdes zu Wasser überhaupt zu festigen.

Es ist nicht empfehlenswert, wasserscheue Pferde durch jede Regenpfütze zwingen zu wollen. Man provoziert nur unnötig Widerstände gegen den Reiter und verwirrt das Pferd in seiner Entscheidung, wann über und wann in Wasser gesprungen werden muß.

Hat das Pferd Sicherheit über charakteristische Geländehindernisse (Aufsprünge, Absprünge, verschiedene Gräben, Hecken, Wasser u. a.) erreicht, können einzelne Sprungfolgen zu kurzen *Geländeparcours* verknüpft werden, um Pferd und Reiter so systematisch an das Absolvieren von Geländeritten heranzuführen. Das Galopptempo muß dem Alter und Ausbildungsstand entsprechen und wird erst im fortgeschrittenen Stadium bis auf das in der Prüfung zu reitende Tempo erhöht.

In der Ausbildung eines Vielseitigkeitspferdes ist stets zu berücksichtigen, daß es darauf geschult werden muß, in Geländeprüfungen ständig mit *Überraschungen* fertig zu werden. Es wird bei vielen Hindernissen mit völlig neuen Situationen konfrontiert, auf die es schnell und vertrauensvoll zu reagieren hat. Aufgrund dieser Anforderungen ergibt sich die Notwendigkeit, bereits in der Ausbildung sein Pferd mit *ständig wechselnden Geländesituationen* vertraut zu machen. Gerade aus diesem Grunde sind *mobile Naturhindernisse* besonders geeignet, die sich relativ unkompliziert zu immer neuen Hindernisfolgen zusammenstellen und variieren lassen.

Hinweise zur Jahres- und Turnierplanung

Die umfassende Berücksichtigung aller Trainingsinhalte, ihre Abwicklung und ihre regelmäßige Wiederholung stellen sicher, daß kein Bereich der vielseitigen Grundausbildung vernachlässigt wird und damit eine gleichmäßige Förderung in allen Teilbereichen gewährleistet ist. Die *Grundprinzipien* dieser Ausbildungsplanung mit ihrer relativen Gewichtung der Ausbildungsschwerpunkte können über die ersten Jahre beibehalten werden bis etwa zu dem Zeitpunkt, wo das Pferd auf Große Vielseitigkeitsprüfungen vorbereitet werden soll.

Es sei noch einmal hingewiesen, daß der auf S. 145 vorgeschlagene Wochenplan nur ein grober Anhalt sein kann, da er einerseits individuell auf jedes Pferd abgestimmt sein muß, andererseits aber auch je nach Jahreszeit und in Abhängigkeit vom Turnierplan unterschiedliche Schwerpunkte gesetzt werden müssen. In Abweichung von dem Wochenplan wird im Winter zwangsläufig je nach Witterung die Dressur- und Springarbeit im Vordergrund stehen, wenn auch im Winter jede Möglichkeit, im Gelände zu reiten, genutzt werden sollte. Im Frühjahr und Sommer

muß der Plan unter anderem auf die vorgesehenen Turnierbesuche abgestimmt werden.
In der **Jahresplanung** für ein junges, noch in der Ausbildung befindliches Pferd kann davon ausgegangen werden, daß das Grundtraining und die Basisausbildung kontinuierlich über das ganze Jahr erfolgen kann. Erholungsphasen, wie sie beim Hochleistungspferd nach belastenderen Prüfungen erforderlich sind, fallen in der Grundausbildungsphase noch nicht an; dennoch sind individuell kürzere Abschnitte über das Jahr verteilt vorzusehen, in denen das junge Pferd vor allem *psychisch entspannen* kann. Dies wird zum Beispiel erforderlich, wenn der Reiter oder Ausbilder nachlassende Arbeitsfreude oder nervliche Labilität beim Pferd bemerkt. Neben der sachgemäßen Arbeit mit sinnvoll eingeordneten Erholungsphasen tragen besonders eine *optimale Haltung* mit guten Auslaufmöglichkeiten und eine individuell abgestimmte Fütterung zum allgemeinen Wohlbefinden des Pferdes bei.
Die Ausbildung muß einhergehen mit einem planvollen *Prüfungseinsatz,* der das Pferd kontinuierlich Schritt für Schritt auf die höheren Aufgaben vorbereitet. Gerade im Vielseitigkeitssport ist das Einhalten des systematischen Aufbaus über geeignete Prüfungen zwingende Notwendigkeit, da das Pferd für den späteren Einsatz in Großen Vielseitigkeitsprüfungen die *Prüfungserfahrungen* aus den unteren Klassen ebenso benötigt wie die umfassende Ausbildung zu Hause. Da nie alle denkbaren Geländesituationen im heimischen Gelände vorbereitet werden können, muß zwangsläufig ein wesentlicher Teil der Ausbildung im Rahmen von Turnieren und Vielseitigkeitsveranstaltungen ablaufen. Aus dieser Notwendigkeit ergibt sich die Bedeutung der Qualität der Basis- und Aufbauprüfungen, sowie der unteren Vielseitigkeitsturniere für die weitere Laufbahn eines Vielseitigkeitspferdes. Gute Turniererfahrungen sind für ein Vielseitigkeitspferd daher gleichbedeutend mit einer gewissenhaften und sorgfältigen Ausbildung.
Rechtzeitig vor Saisonbeginn ist parallel zur Ausbildungsplanung ein *Turnierplan* aufzustellen. Für die Turnierplanung in der Ausbildungsperiode gelten unter anderem folgende Grundsätze:

- regelmäßige, aber dosierte Turnierbesuche sind für die Kontrolle unerläßlich;
- die Anzahl und die Anforderungen der Prüfungen dürfen das Pferd konditionell nicht belasten;
- ein Pferd darf nur in Prüfungen gestartet werden, in denen es aufgrund der Ausbildung den Anforderungen sicher gewachsen ist;
- Prüfungen ohne Ausbildungswert sind entbehrlich.

Bei den folgenden *Jahresplanungen* wird davon ausgegangen, daß das Pferd im ersten Ausbildungsjahr mindestens vierjährig und bereits sechs bis acht Monate unter dem Sattel ist.

1. Ausbildungsjahr

Januar/ Februar:	Basisarbeit je nach Witterung; Grundausbildung mit Schwerpunkt Dressur und Springen;
März/April:	Vermehrte Berücksichtigung der Ausbildung im Gelände; regelmäßiges Basistraining und Geländeausbildung zum Teil auf Kosten der Dressur- und Springarbeit in der Halle oder auf dem Reitplatz;
Mai/Juni:	Regelmäßige Arbeit gemäß Wochenplan; vereinzelte Teilnahme an ersten Turnieren in, beispielsweise, Eignungsprüfungen für Reitpferde;
Juli/ August:	Arbeit gemäß Plan; Teilnahme an Turnieren mit Dressur- bzw. Springpferdeprüfungen der Klasse A;
September/ Oktober:	Fortsetzung der Ausbildungsarbeit; Teilnahme an Geländepferdeprüfungen der Klasse A;
November:	Vermehrt Basistraining; ausgiebiges Spazierenreiten, leichte gymnastizierende Arbeit;

Dezember: Wiederaufnahme der Ausbildungsarbeit mit den Schwerpunkten Dressur und Springen; Basistraining je nach Witterung.

2. Ausbildungsjahr

Januar/ Februar: Basistraining je nach Witterung, sonst Arbeit nach Plan; Schwerpunkte Dressur und Springen, Festigung in den Anforderungen der Klasse A, vorbereitende Übungen zur Klasse L;

März/April: Arbeit nach Plan; regelmäßiges Basistraining; regelmäßige Ausbildung im Gelände im Rahmen der Anforderungen der Klasse A;

Mai/Juni: Ausbildungsarbeit nach Plan mit Basis- und Geländetraining; Turnierteilnahme in Dressur- und Springprüfungen der Klasse A, Geländepferdeprüfungen der Klasse A und gegebenenfalls Geländepferdeprüfungen der Klasse L;

Juli bis Oktober: Weitere Turnierteilnahme zusätzlich in zwei bis drei Vielseitigkeitsprüfungen der Klasse A;

November: Reduzierung der Ausbildungsarbeit; Schwerpunkt Basistraining; ausgiebiges Spazierenreiten;

Dezember: Wiederaufnahme der vermehrten gymnastizierenden Arbeit zur Vorbereitung der Dressur- und Springausbildung.

3. Ausbildungsjahr

Januar/ Februar: Basistraining je nach Witterung; Schwerpunkte in der Dressur- und Springausbildung bis zu den Anforderungen der Klasse L;

März/April: Arbeit nach Plan mit regelmäßigem Basistraining und Geländeausbildung; geringfügige Steigerung der Anforderungen im Gelände; Üben weiterer charakteristischer Geländeanforderungen (zum Beispiel Geländekombinationen, technische Anforderungen u. a.);

Mai/Juni: Arbeit nach Plan; Turnierteilnahme in Dressur- und Springprüfungen bis zur Klasse L, Geländepferdeprüfungen der Klassen A und L, Vielseitigkeitsprüfungen der Klasse A;

Juli bis Oktober: Zusätzliche Teilnahme an Vielseitigkeitsprüfungen der Klasse L;

November/ Dezember: Arbeit wie im ersten und zweiten Ausbildungsjahr.

Aus dieser Aufstellung geht hervor, daß ein Pferd *frühestens* fünfeinhalbjährig in Vielseitigkeitsprüfungen der Klasse A und *frühestens* sechseinhalbjährig in Vielseitigkeitsprüfungen der Klasse L eingesetzt werden sollte. Dies gilt auch nur, wenn die vorangegangene Ausbildung ohne Störungen, Rückschläge oder Unterbrechungen durchgeführt werden konnte. Unter dieser Voraussetzung und in der Annahme, daß das Pferd auch regelmäßig und ausreichend in etwa dem Wochenplan entsprechend gearbeitet wurde, sollte es über eine ausreichende *Grundkondition* verfügen, um die vorgeschlagenen Kurzprüfungen ohne zusätzliches Konditionstraining absolvieren zu können.

8.6. Vorbereitung auf Große Vielseitigkeitsprüfungen

Die Vorbereitung auf Große Vielseitigkeitsprüfungen muß deutlich *langfristiger* angelegt werden als Einsätze in den sogenannten Kurzprüfungen. Grund sind die größeren konditionellen Anforderungen der vierteiligen Geländeprüfung, wofür ein *mehrwöchiges Leistungstraining* erforderlich ist.

Das **Leistungstraining** baut auf der in der mehrjährigen Grundausbildung erworbenen Leistungsfähigkeit des Pferdes auf. Es muß sichergestellt sein, daß das Pferd konditionell in der Lage ist, *ohne* jegliches *gesundheitliches Risiko* dressur- und springmäßige Arbeit und Geländeausbildung bis hin zu Kurzprüfungen zu absolvieren. In der mehrjährigen Ausbildungsphase sind die *Organe* des Pferdes so weit *entwickelt,* daß ein beanspruchenderes Konditionstraining aufgenommen werden kann. Auch die Gliedmaßen sowie die gesamte Muskulatur, Sehnen, Bänder, Gelenke, Knorpel und Knochen haben sich auf stärkere Belastungen eingestellt und sind entsprechend abgehärtet.

Ein intensiveres Leistungskonditionstraining wird erst für den Start in einer Großen Vielseitigkeitsprüfung erforderlich; unter der Voraussetzung, daß das Pferd über eine gute Grundkondition verfügt, wird etwa folgender Zeitbedarf für das Leistungstraining im Rahmen der gezielten Turniervorbereitung kalkuliert:

- für eine Große Vielseitigkeitsprüfung der Klasse L etwa *acht Wochen,*
- für eine Große Vielseitigkeitsprüfung der Klasse M etwa *zehn Wochen,*
- für eine Große Vielseitigkeitsprüfung der Klasse S etwa *zwölf Wochen.*

Diese Angaben beziehen sich auf die jeweils *erste lange Prüfung* in der Saison. Ist das Pferd bereits eine Große Vielseitigkeitsprüfung gegangen, kann man für die zweite Prüfung im Jahr auf der bereits gewonnenen Kondition aufbauen und daher mit einer *kürzeren* Trainingsphase auskommen. Dies gilt allerdings nur, wenn die beiden langen Prüfungen nicht mehr als drei Monate auseinanderliegen und mit dem aufbauenden Training nicht später als drei Wochen nach der ersten Großen Prüfung wieder angefangen wird.

Für das Leistungstraining in der Vorbereitungszeit ist ein konkreter Trainingsplan aufzustellen, in den folgende Punkte eingearbeitet sind:

- regelmäßiges *Konditionstraining,*
- *Turnierbesuche* in Dressur und Springen,
- Teilnahme an *Kurzprüfungen,*
- sonstiges *externes Training* (zum Beispiel Lehrgang oder ähnliches),
- *Beschlagstermine,*
- gegebenenfalls routinemäßige *tierärztliche Betreuungsmaßnahmen* (zum Beispiel Wurmkuren u. a.).

Im Leistungstraining wird in der Regel von einem Wochenplan abgewichen und nach einem *Vier-Tages-Rhythmus* trainiert. Hintergrund sind Erfahrungen, nach denen ein Pferd etwa drei Tage Erholung nach einem belastenderen Konditionstrainingstag benötigt, um den größten Leistungsschub aus dem Überkompensationseffekt zu erzielen. Es ist bekannt, daß Trainingserfolg insbesondere auf der günstigen zeitlichen Abfolge von Belastung und Erholung beruht. Zu kurz aufeinanderfolgende Belastungsreize führen trotz vermehrten Trainings zu verminderter Leistungsfähigkeit (Übertrainingssyndrom), zu seltene Belastungsreize nutzen die Superkompensation nicht und führen zur Leistungsstagnation. Nach dem derzeitigen Erfahrungsstand ist für die meisten Pferde die Vier-Tage-Periodisierung das günstigste Trainingsraster, das in der Regel auch psychisch vom Pferd am besten verkraftet wird.

Ein entsprechender Plan enthält die Trainingsschwerpunkte beispielsweise in der angegebenen Abfolge:

1. Tag: Konditionstraining
2. Tag: Aktive Erholung (leichte gymnastizierende Arbeit)
3. Tag: Dressurtraining
4. Tag: Springtraining
5. Tag: wie 1. Tag
6. Tag: wie 2. Tag

usw.

Zusätzlich erfolgt ein ergänzendes Bewegen des Pferdes durch Ausreiten o. ä. wie auf S. 146 beschrieben. Die gesamte Trainingszeit braucht für eine Große Prüfung der Klasse L zwei Stunden, für eine Große Prüfung der Klasse S drei Stunden pro Tag nicht zu überschreiten.

Inhalte des Dressurtrainings

Im Zeitraum der *mehrwöchigen* gezielten *Vorbereitung* auf ein Turnier kann man sich auf die Optimierung der Durchlässigkeit und die Verfeinerung der Lektionen konzentrieren, da die grundlegenden Rittigkeitsanforderungen im Rahmen der Winterarbeit erarbeitet worden sind. Es muß aber berücksichtigt werden, daß das Pferd zunehmend an Kondition gewinnt und das Konditionstraining die dressurmäßige Arbeit oft eher erschwert. Daher muß nach wie vor besonders auf gute Losgelassenheit und Geschmeidigkeit hingearbeitet werden. Die *Lösephasen* müssen ausreichend *lang* sein, die Übungen zur Verbesserung der Durchlässigkeit dürfen nicht zu erneuten Spannungen oder Verkrampfungen führen.

In den höheren Vielseitigkeitsprüfungen werden als weiterführende Lektionen das Schulterherein, die Traversalen sowie der Außengalopp verlangt. Hinzu kommen ganze Paraden aus dem Galopp sowie starke Tempi im Trab und Galopp. Alle Übungen sollten systematisch entwickelt und vorbereitet werden. Bei eventuell auftretenden Schwierigkeiten ist es ratsam, erst die Voraussetzungen für das Gelingen einer Übung sicherzustellen, bevor man die Lektion selbst übt. Bei Schwierigkeiten sollte man sich mit geringen Fortschritten zufriedengeben und jeglichen Zwang vermeiden, um nicht nervliche Probleme beim Pferd zu riskieren.

Das sture Einüben von Lektionen oder Übungsfolgen ist grundsätzlich abzulehnen, ebenso wie das Einschleifen der ganzen Dressuraufgabe, da zu leicht der eigentliche gymnastizierende Sinn der dressurmäßigen Arbeit vernachlässigt wird. Dennoch sind von Zeit zu Zeit einige Teilaufgaben bzw. ganze Aufgaben zur Kontrolle der Dressurarbeit erforderlich. Insbesondere sind diejenigen Aufgabenteile vermehrt zu üben, die eine größere *reiterliche Präzision* erfordern und die sich durch häufigere Wiederholungen wirkungsvoll verbessern lassen, wie zum Beispiel das korrekte *Einreiten* mit der Grußaufstellung. Überhaupt muß das sichere, geschlossene *Stehen* häufiger geübt werden, ebenso wie die Schrittreprisen, die in der Dressurarbeit häufig vernachlässigt werden.

Gelegentliche Turnierbesuche mit der *Teilnahme an Dressurprüfungen* der Klasse L bis M verschaffen dem Reiter mehr Routine in der Technik des Aufgabenreitens und erleichtern ihm, die für sein Pferd optimale Vorbereitung und das günstigste Abreiteverfahren vor der Dressurprüfung herauszufinden und zu entwickeln. Ein Pferd, das gewohnt ist, unter turniermäßigen Bedingungen Dressur zu gehen, wird auch mit mehr Gelassenheit die Dressurprüfungen auf Vielseitigkeitsturnieren absolvieren.

Inhalte des Springtrainings

Aufbauend auf dem regelmäßig durchgeführten Springtraining, in dem springgymnastische Übungen im Vordergrund standen, kann man sich in den letzten Wochen vor der Großen Prüfung auf die Verbesserung des **Parcoursspringens** konzentrieren. Dabei geht man systematisch vom kontrollierten Überwinden einzelner Steil- und Hochweit-

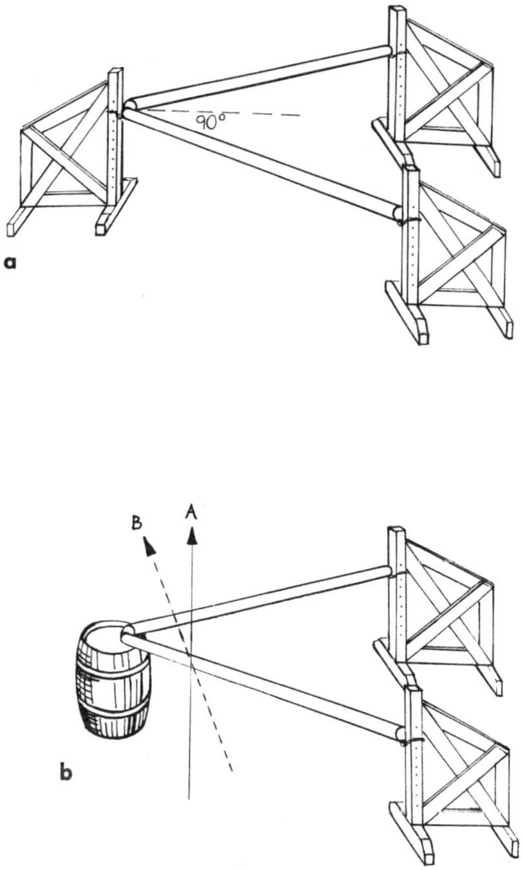

242 Methodische Schritte beim Üben eines V-Sprunges

sprünge zum rhythmischen Reiten von unterschiedlichen Distanzen sowie von zwei- und dreifachen Kombinationen über. Diese einzelnen Übungen können über gerade und gebogene Linien zu Parcoursausschnitten (Teilparcours) verknüpft werden. Von Zeit zu Zeit wird auch ein ganzer Trainingsparcours geübt, vor allem in unmittelbarer Vorbereitung der Großen Prüfung bzw. der Vorbereitungsturniere.
Die *Abmessungen der Hindernisse* brauchen im Training die Prüfungsanforderungen nicht zu übersteigen. Der Aufbau, die Distanzen, die Kombinationen sowie das Material sollten möglichst häufig variiert werden. Von Zeit zu Zeit sind auch offene Wassergräben bzw. überbaute Gräben in das Parcourstraining einzubeziehen. Bei Unsicherheiten kann es erforderlich sein, auch auf fremden Springplätzen zu trainieren oder vermehrt an kleinen Springturnieren teilzunehmen.
Bei Bedarf wird das eine oder andere Training über Parcourssprünge durch **Springen im Gelände** ersetzt. In der Regel sollte jedoch im Vorfeld auf eine Große Vielseitigkeitsprüfung ein zusätzliches Üben von Geländehindernissen nicht mehr erforderlich sein, da das Pferd nach dem Frühjahrstraining im Gelände noch vorbereitende Kurzprüfungen vor einer Großen Prüfung zu absolvieren hat.
Es empfiehlt sich, von Zeit zu Zeit gezielte *reittechnische Aufgaben* im Springtraining zu üben, wie sie im Gelände zunehmend verlangt werden. Hierzu gehören sogenannte Ekken- bzw. Winkelsprünge, Z-Sprünge oder auch Einzelhindernisse bzw. Sprungfolgen mit sehr schmalen Hinderniselementen, die oft nicht mehr als ein Meter breit sind. Solche Übungen lassen sich auch auf dem Springplatz oder im Gelände mit *mobilen Hindernisteilen* aufbauen. Diese haben den Vorteil, daß man die Anforderungen durch Umstellen der Hindernisteile systematisch entwickeln kann, wie beispielsweise die langsame Vergrößerung eines Winkels beim Üben einer Ecke bzw. eines V-Sprunges.
Zusätzliches Springen im Gelände, am günstigsten über kurze *Hindernisfolgen,* wird individuell vorgesehen, wenn beispielsweise nach Unsicherheiten in einer der Vorbereitungsprüfungen das Vertrauen von Pferd und Reiter wiederhergestellt werden muß.

Inhalte des Konditionstrainings

Bei Beginn des Leistungstrainings wird davon ausgegangen, daß das Pferd zum Ende der vorangegangenen Saison eine etwa zweimonatige aktive Erholungsphase erhalten hat (nur leichte gymnastizierende Arbeit, ausgiebiges Spazierenreiten, Weidegang), der sich ein mehrmonatiges aufbauendes Grundlagentraining angeschlossen hat. Dieses Basis-

training kann grundsätzlich nach einem Wochenplan (s. S. 145) durchgeführt werden. Dabei empfiehlt sich, die Trabreprisen allmählich zu verlängern und bis auf maximal zwanzig Minuten pro Intervall zu steigern. Die Galoppphasen mit einem Tempo von zirka 350 m/min bis maximal 400 m/min (entspricht etwa freiem Arbeitstempo) können so weit ausgedehnt werden, daß das Pferd drei Intervalle à drei Minuten, unterbrochen von kurzen Schrittpausen, zu kantern gewohnt ist.
Auf diese Weise wird der gewünschte fließende Übergang zum **Leistungskonditionstraining** gewährleistet.
Die Phase des Vorbereitungstrainings vor einer Großen Vielseitigkeitsprüfung ist durch das aufbauende Leistungskonditionstraining an jedem vierten Trainingstag gekennzeichnet (s. S. 158). Dieses hat in der Regel ein planmäßiges **Galopptraining** zum Inhalt. Vereinzelt kann diese Arbeit auf der Galoppierbahn durch Konditionstraining am Hang bzw. im hügeligen Gelände ersetzt werden.
Für das kontrollierte Konditionstraining ist eine *Galoppierstrecke* mit möglichst optimalem Geläuf erforderlich. Diese Strecke sollte abgemessen sein und an einigen Stellen Entfernungsangaben (zum Beispiel 100 Meter, 200 Meter, 400 Meter) aufweisen, damit der Reiter mit Hilfe einer geeigneten Armbandstoppuhr sein Tempo kontrollieren kann. Bei einem *Rund-* oder *Ovalkurs* wünscht man sich langgezogene Bögen mit großen Kurvenradien, da enge Wendungen im hohen Tempo die Pferdebeine besonders stark belasten. Für das *Rennbahntraining* muß eine geschlossene Galoppierstrecke einen Umfang von mindestens 900 Metern haben. Häufig sind lange, gerade Wege für die schnelle Arbeit besser geeignet als zu enge Rundbahnen.
Für das Konditionstraining sollte die *Ausrüstung* verwendet werden, die in der Querfeldeinstrecke benutzt wird. Auf ein *Martingal* kann meist verzichtet werden. Im Falle seines Gebrauchs muß es so lang verschnallt sein, daß bei normaler Galoppierhaltung die Martingalringe bis an den Kehlgang des Pferdes reichen. Der verwendete Sattel muß die Verkürzung der Bügel bis zum Rennsitz gestatten.
Aus Trainingsgründen für den Reiter und zur Entlastung für das Pferd wird stets im leichten Sitz galoppiert, zu Übungszwecken und zur Förderung des Gleichgewichtssitzes kann die Bügellänge eher kürzer als normal gewählt werden. Bei höherem Tempo wird der Rennsitz eingenommen bei entsprechend verschnalltem Bügel (s. Abb. 243).
Vor jeder Galopparbeit ist eine ausreichend lange Vorbereitungsphase mit mehreren längeren Trabreprisen vorzusehen, die das Pferd aus dem Grundlagentraining gewöhnt ist. Mit der Zeit können auch die Trabphasen vor der Galopparbeit im Sinne eines *Wegestreckentrainings* ausgedehnt werden. Trabarbeit von mehr als zwanzig Minuten Dauer sollte von kurzen Schrittpausen unterbrochen werden. Das *aufwärmende Abtraben* ist eine wichtige *Präventivmaßnahme* zur Vermeidung von Muskel- oder Sehnenverletzungen beim Galoppieren.
In der Durchführung der Galopparbeit selbst ist auf eine möglichst gleichmäßige Belastungsverteilung und Beanspruchung beider Körperhälften des Pferdes zu achten. Auch sollte sich der Reiter bemühen, das Pferd zu geradegerichtetem Galoppieren anzuregen, um einseitige Mehrbelastungen eines Vorderbeines zu vermeiden. Neigt das Pferd dazu, sich auf die Hand zu legen, ist dem konsequent durch *halbe Paraden* zu begegnen und dem Pferd zu mehr Selbsthaltung und Balance zu verhelfen. Durch gezielte reiterliche Einwirkung ist das Pferd dahingehend zu schulen, daß es bei möglichst langem Hals, mit beständiger Anlehnung bei nur leichter Genickbiegung geradegerichtet im Gleichgewicht im vom Reiter vorgegebenen Tempo freiwillig und freudig vorwärts galoppiert. Bei Pferden, die in ihrer Gehfreude nachlassen, kann oft durch Galoppieren hinter einem *Führpferd* der Vorwärtsdrang verbessert werden.
Der *Aufbau des Leistungskonditionstrainings* ergibt sich aus dem fließenden Übergang vom Grundkonditionstraining, in dem

das Pferd regelmäßige ruhige Ausdauerarbeit über Trabstrecken sowie über mehrminütige Intervalle im ruhigen Kanter auf das belastendere Training vorbereitet wurde.
Im ersten Drittel, das heißt in den ersten *drei bis vier Wochen* des Leistungstrainings wird durch Verlängerung der Galoppstrecken zunächst die Grundausdauer verbessert. Das Tempo verbleibt bei zirka 350–400 m/min. Dies entspricht einer Belastung im rein aeroben Bereich. Im Beginn des zweiten Trainingsabschnittes wird etwa jedes zweite Galopptraining mit *Reprisen höheren Tempos* durchgeführt, die an die sogenannte aerobe-anaerobe Schwelle heranreichen und den Pferdeorganismus zu *Anpassungsvorgängen* im anaeroben Stoffwechsel veranlassen sollen. So wird das Pferd kontinuierlich an die in der Prüfung auf der Rennbahn und der Querfeldeinstrecke geforderten höheren Geschwindigkeiten gewöhnt. Im Training wird man jedoch in der Kombination Streckenlänge/Tempo nicht an die Prüfungsanforderungen herangehen, um das Pferd nie zu überfordern und keine gesundheitlichen Risiken einzugehen. Daraus ergibt sich die Notwendigkeit, längere Distanzen, die auch länger als die Prüfungsstrecken sein können, ausschließlich bei geringerer Intensität, das heißt bei vermindertem Tempo, zu absolvieren bzw. die Strecken deutlich zu verkürzen, je schneller galoppiert wird.
Die *Aufteilung* des Galopp-Pensums in *mehrere Intervalle* bringt erfahrungsgemäß bei größerer Schonung des Pferdes den gleichen Trainingseffekt wie das Galoppieren in einem Stück. Die Intervalle werden kürzer und häufiger, je schneller bzw. intensiver galoppiert werden soll. Die Pausen zwischen den Intervallen betragen ein bis maximal zwei Minuten. Die *Maximalbelastung* erfährt das Pferd etwa zehn Tage vor Prüfungsbeginn, bis dahin können einerseits der Umfang, sowie die Intensität der Trainingsbelastung dosiert gesteigert werden. Die *letzte Trainingseinheit* etwa fünf Tage *vor der Geländeprüfung* kann zwar sehr intensiv sein, um einen hohen Bela-

243 Renn-Sitz

stungsreiz zu setzen, sollte im Umfang aber deutlich reduziert sein, um eine mehr als vollständige Regeneration bis zur Prüfung zu gewährleisten.
Für die Festlegung der Tempi und Streckenlängen sowie die Aufteilung in die Intervalle ist es hilfreich, eine *Planung* zu erarbeiten, die die Prinzipien des Konditionstrainings berücksichtigt und ferner notwendige Abweichungen, zum Beispiel durch Turnierbesuche, von vornherein berücksichtigt. Dieser Plan dient als Anhaltspunkt, um die Trainingsbelastungen sicherzustellen. Es macht die Qualität des Reiters bzw. Trainers aus, bei Bedarf von dem ursprünglichen Plan abzuweichen und das Training individuell dem Pferd anzupassen. Es muß davor gewarnt werden, in der Literatur enthaltene Trainingspläne unkritisch zu übernehmen und auf sein Pferd zu übertragen. Entsprechend ist auch mit dem hier angegebenen Vorschlag eines Trainingsplanes umzugehen, der lediglich ein Denkmodell sein kann, das der individuellen Anpassung bedarf.
Zum Modell des Trainingsplanes ist zu ergänzen, daß nach den eingebauten Kurzprüfungen die Galopparbeit ausfällt bzw. deutlich reduziert wird. Man muß davon ausgehen, daß die Belastung in einer Prüfung immer höher liegt als die auf einer ebenen Galoppierbahn ohne Hindernisse. Die angegebenen Tempoerhöhungen („Sprints") erfolgen durch Zulegen aus dem Grundtempo von 400 m/min bis zur geforderten Geschwindigkeit, die etwa eine halbe bis *maximal eine* Minute durchgehalten und dann wieder langsam zum Ausgangstempo zurückgeführt wird. Diese *Sprints* sollten möglichst auf geraden bzw. großen Linien geritten werden, um die Pferdebeine zu schonen. Eingangs von Wendungen ist das Pferd gegebenenfalls zum Umspringen in den Handgalopp zu veranlassen, was ein kräftesparenderes und schonenderes Galoppieren ermöglicht. Der Reiter muß das Pferd in Wendungen besonders sicher an den *äußeren Hilfen* halten, mit dem Gewicht jedoch dem nach innen geneigten Pferdekörper entsprechend folgen.
Die Beendigung jedes Galoppintervalls erfolgt langsam durch *„Aufpullen"*, wobei der Galopprhythmus beizubehalten ist. Das Tempo wird allmählich bis zum Ausgangstempo bzw. zum ruhigen Arbeitstempo reduziert, bis das Pferd zu einem ruhigen Trab durchpariert werden kann.
Um einen größeren Trainingsfortschritt bei

Tabelle 46: Trainingsplan für eine Große Vielseitigkeitsprüfung der Klasse L (bis CCI*) (Grundtempo stets 400 m/min)

Tag vor der Prüfung	Galopp-Intervalle Anzahl × Distanz	„Sprints" Anzahl//Tempo
57.	3 × 1000 m	–
53.	3 × 1200 m	–
49.	3 × 1500 m	–
45.	3 × 1700 m	–
41.	3 × 1500 m	3//500–550 m/min
37.	Teilnahme an Viels. Kl. L	
33.	Trabarbeit mit ruhigen Cantern	
29.	3 × 2000 m	–
25.	3 × 1500 m	3//600 m/min
21.	Teilnahme an Viels. Kl. L	
17.	Trabarbeit mit ruhigen Cantern	
13.	3 × 2200 m	–
9.	3 × 1500 m	3//650 m/min
5.	3 × 1200 m	3//620 m/min
1.	Prüfungstag	

Tabelle 47: Trainingsplan für eine Große Vielseitigkeitsprüfung der Klasse M (bzw. CCI**) (Grundtempo stets 400 m/min)

Tag vor der Prüfung	Galopp-Intervalle Anzahl × Distanz	„Sprints" Anzahl//Tempo
73.	2 × 2000 m	–
69.	3 × 1500 m	–
65.	Teilnahme an Viels. Kl. L	
61.	Trabarbeit mit ruhigen Cantern	
57.	3 × 1700 m	–
53.	3 × 1500 m	3//500–550 m/min
49.	3 × 2000 m	–
45.	3 × 1500 m	3//550–580 m/min
41.	Teilnahme an Viels. Kl. L oder M	
37.	Trabarbeit mit ruhigen Cantern	
33.	3 × 1500 m	3//570–600 m/min
29.	4 × 2000 m	–
25.	4 × 1500 m	4// –600 m/min
21.	Teilnahme an Viels. Kl. M	
17.	Trabarbeit mit ruhigen Cantern	
13.	3 × 2200 m	3//650 m/min
9.	3 × 1900 m	3//650–700 m/min
5.	3 × 1200 m	3//700 m/min
1.	Prüfungstag	

Tabelle 48: Trainingsplan für eine Große Vielseitigkeitsprüfung der Klasse S (bzw. CCI***) (Grundtempo stets 400 m/min)

Tag vor der Prüfung	Galopp-Intervalle Anzahl × Distanz	„Sprints" Anzahl//Tempo
89.	Teilnahme an Vielseitigkeit Kl. L	
85.	Trabarbeit mit ruhigen Cantern	
81.	3 × 1500 m	–
77.	3 × 2000 m	–
73.	3 × 1500 m	3//550 m/min
69.	3 × 2200 m	–
65.	Teilnahme an Vielseitigkeit Kl. M	
61.	Trabarbeit mit ruhigen Cantern	
57.	4 × 2000 m	–
53.	3 × 2000 m	3//570–600 m/min
49.	3 × 3000 m	–
45.	3 × 2000 m	3//600 m/min
41.	Teilnahme an Vielseitigkeit Kl. M oder S	
37.	Trabarbeit mit ruhigen Cantern	
33.	4 × 1500 m	4//600–620 m/min
29.	4 × 2500 m	–
25.	4 × 1500 m	4//620–650 m/min
21.	Teilnahme an Vielseitigkeit Kl. S	
17.	Trabarbeit mit ruhigen Cantern	
13.	4 × 2000 m	4//650 m/min
9.	3 × 2200 m	3//650–700 m/min
5.	3 × 1500 m	3//700 m/min
1.	Prüfungstag	

gleichzeitiger Schonung der Pferdebeine zu erzielen, kann in der zweiten Hälfte des Leistungskonditionstrainings (ab etwa der vierten Woche) die *Galopparbeit am Berg bzw. Hang* durchgeführt werden. Es sind hierfür nur Hügel mit einer Hangneigung geeignet, die ein *gleichmäßiges* Bergauf- und Bergabreiten ermöglichen. Steilere Passagen, in denen das Pferd sich nicht mehr in allen Gangarten taktmäßig bergauf und bergab bewegen kann, müssen gemieden werden. Bei der Galopparbeit am Berg ist sicherzustellen, daß fortlaufend über längere Intervalle gearbeitet werden kann und nicht zwangsläufig längere Pausen als maximal zwei Minuten zwischen den einzelnen Intervallen erforderlich werden. Die Arbeit am Hang ist ebenso dosiert aufzubauen wie das Galoppieren auf der ebenen Bahn. Zu Anfang ist ein Tempo von 300–350 m/min ausreichend, das im weiteren Trainingsverlauf allmählich bis zu *Sprints im Maximaltempo* (nur bergauf!) gesteigert werden kann. Am Berg ist zu berücksichtigen, daß die Belastungen bergauf um zirka zwanzig bis vierzig Prozent je nach Steilheit höher liegen als auf einer ebenen Strecke.

Kontrolle der Trainingsbelastung

Hauptentscheidend für die Kontrolle der Trainingsbelastung sind das eigene *Gefühl* und die *Erfahrung* des Vielseitigkeitsreiters oder -ausbilders. Sie sind durch nichts zu ersetzen, auch nicht durch medizinisch-technische Geräte und Apparaturen, wie sie in der humanen Sportwissenschaft eingesetzt werden und inzwischen vereinzelt auch im Pferdesport Anwendung finden. Vom Gebrauch solcher Geräte ist auch abzuraten, wenn dadurch die Entwicklung des reiterlichen Gefühls beeinträchtigt wird. Auch bedarf die Auswertung im Training gewonnener leistungsphysiologischer Daten, wie Puls-, Atemfrequenz- oder Laktatkonzentration einer fachkundigen Interpretation, weshalb sie in der Regel nicht auf den Trainingsalltag eines jeden Pferdes zu übertragen ist.

Für die Trainingspraxis sind jedoch Anhaltspunkte im Sinne von *Faustregeln* anwendbar, die sich ohne jegliche Apparatur ermitteln lassen. Hierzu ist es sinnvoll, daß der Reiter in regelmäßigen Abständen von etwa drei Monaten jeweils im Stall die *Ruhewerte* von Puls und Atmung mißt. Die Atemfrequenz ist durch Beobachtung feststellbar, der Puls läßt sich am günstigsten durch Palpation des Blutgefäßes an der Ganaschen-Innenseite (Unterkiefer-Arterie) ermitteln. Bei höheren Frequenzen, zum Beispiel nach dem Galoppieren, läßt sich der Herzschlag auch direkt am Brustkorb ermitteln.

In der Praxis hat sich die Messung der *Herzschlagfrequenz* bewährt. Dabei ist es sinnlos, den Puls unmittelbar nach der Belastung zu ermitteln, da er in den ersten Sekunden extrem stark abfällt, um sich nach einigen Minuten langsam dem Ruhewert zu nähern. Die Zeit, die ein Pferd nach einer bestimmten Belastung zur Beruhigung benötigt, ist ein Indiz für den *Trainingszustand*. Je kürzer diese Zeit wird, um so besser ist das Pferd konditioniert. Als *Faustregel* gilt, daß ein Pferd nach einer *fünfminütigen Schrittpause* nicht mehr als das *eineinhalbfache des Ruhewertes* aufweisen sollte.

Andere Methoden der Trainingskontrolle, wie zum Beispiel die Ermittlung der Laktatkonzentration im Blut, liefern zwar zuverlässigere Daten, sind in ihrer Durchführung im Trainingsalltag allerdings weniger praktikabel und finden daher nur vereinzelt Anwendung.

Das rennbahnmäßige Reiten

Vor dem erstmaligen Start in einer Großen Vielseitigkeitsprüfung sollte das Pferd mit dem *rennbahnmäßigen Springen* vertraut gemacht werden. Benötigt werden dazu ein geeignetes *Rennbahnhindernis,* das auf einer Galoppierbahn zur Verfügung steht und auf gerader Linie anzureiten ist. Es sollte eine Breite von mindestens sechs Metern haben und vom Profil ein freundlicher Hochweit-

244 Rennbahn-Hindernis

sprung mit einer darin enthaltenen Hecke sein. Der Trainingssprung kann aus mobilen Hindernisteilen bestehen, muß aber so stabil sein, daß er beim „Wischen“ bzw. Touchieren nicht verschoben werden oder sogar umfallen kann.

Als Trainingssprung geeignet ist ein *Bürstensprung*, dessen fester Teil etwa neunzig Zentimeter hoch ist. Das Gestell wird mit Reisig bzw. dünnen Zweigen ausgesteckt, die auf etwa 1,20 bis 1,30 Höhe geschnitten werden. Nach dem Aufbau des Hindernisses auf der dafür vorgesehenen Stelle der Galoppierbahn wird auf der Absprungseite mit einem dicken Balken eine *vorgezogene Grundlinie* markiert, die dem Pferd das Taxieren aus dem höheren Tempo erleichtern und es zu einem flüssigen Springen veranlassen soll. Weiterhin ist es erforderlich, daß der Rennbahnsprung an beiden Seiten mit hohen *Fängen* oder ähnlichem versehen wird.

Vor dem ersten Überwinden der Trainingshürde ist das Pferd zunächst gut abzugaloppieren. Dann wird in einer kurzen Intervallpause das Hindernis dem Pferd gezeigt und erneut angaloppiert. Zunächst wird der Rennbahnsprung aus einem verminderten Tempo von zirka 500 m/min überwunden, anschließend wird bei mehreren Wiederholungen das Tempo jeweils etwas gesteigert bis etwa zum Rennbahntempo (in der Klasse L 640 m/min). Wie schnell das Anreitetempo erhöht werden kann, hängt davon ab, ob das Pferd gleichmäßig und willig den Sprung anzieht und sicher den Absprung findet. Ein zu starkes Forcieren im Tempo wäre fehlerhaft, da bei Unsicherheiten im Absprung die Pferde in der Regel zu unterlaufen neigen, statt sich wie gewünscht „fliegen zu lassen“.

Bei jedem rennbahnmäßigen Reiten und Springen ist besonders auf einen konstanten *Rhythmus* zu achten, der auch beim Anreiten eines Rennbahnhindernisses nicht unterbrochen werden darf. Beim Rennbahngalopp kann und sollte die Verbindung zum Pferdemaul *stärker* werden, ohne daß das Pferd dabei im Hals eng wird. Der längere Hals ermöglicht ein weiteres Ausschwingen der Vordergliedmaßen und damit auch einen längeren Galoppsprung. Die Stirnlinie des Pferdes ist stets weit vor der Senkrechten. Auf geraden Linien ist die Anlehnung an beiden Zügeln gleichmäßig, unabhängig vom Galopp des Pferdes. Ein Umspringen auf gerader Linie wird gestattet. Vor Wendungen ist auf das Umspringen in den Handgalopp zu achten. Die etwas kräftigere Verbindung zum Pferdemaul erleichtert das Einhalten einer *geraden*

Linie, die unbedingt auch vor und nach dem Sprung beibehalten werden muß. In der Anreitephase zum Hindernis darf auf keinen Fall die Verbindung aufgegeben werden, ebenso nicht über und nach dem Sprung. Die Anlehnung läßt den Reiter auch eher spüren, ob sein Pferd noch „zieht" oder ob es im Tempo nachlassen will.
Das rennbahnmäßige Springen kann *eingestellt* werden, sobald das Pferd gelernt hat, aus höherem Tempo sicher den Absprung zu taxieren und flüssig und ohne Verzögerung zu springen. Das Pferd sollte sich nicht angewöhnen, *zu tief* durch Hecken *hindurchzuwischen.* In solch einem Fall ist zur Korrektur die Hecke etwas fester zu stecken. Ältere, erfahrene Vielseitigkeitspferde brauchen im Training in der Regel nicht mehr über Rennbahnhindernisse gesprungen zu werden.

8.7. Vorbereitung und Ablauf einer Großen Vielseitigkeitsprüfung

Der Start in einer Großen Vielseitigkeitsprüfung muß von langer Hand geplant sein. Insbesondere ist das Training, sowie die Teilnahme an Vorbereitungsturnieren bzw. sogenannten *Einlaufprüfungen* langfristig auf den Termin und die Anforderungen in der Großen Prüfung abzustimmen. Zu den direkten Prüfungsvorbereitungen gehört ein zweckmäßiger Beschlag, der etwa zwei bis drei Wochen vor dem Turnier erneuert werden sollte. Gleichzeitig wird ein kompletter Satz Ersatzeisen vorbereitet und eine ausreichende Anzahl passender Stollen ausgesucht. Weiterhin werden alle für die Prüfung benötigten *Ausrüstungsgegenstände,* wie Zäumung, Sättel, Martingal, Vorderzeug etc., die auch im Training eingesetzt werden, rechtzeitig vor Abreise zum Turnier genauestens kontrolliert. Insbesondere sind Gurtstrupfen, Bügelriemen und Zügel zu überprüfen und notfalls auszutauschen. Bei Bedarf ist auch die Bleidecke zu kontrollieren und das benötigte Blei auszuwiegen. Auch hat der Reiter seinen Helm sowie die im Gelände benutzte Armbanduhr zu kontrollieren.
Rechtzeitig vorzubereiten sind auch die *Futterrationen* sowie die *Zusatzfuttermittel,* die zum Turnier mitgenommen werden. Das Pferd soll auch während des Turnieraufenthaltes sein gewohntes Futter aufnehmen können. Bei empfindlichen Pferden sind appetitanregende oder besonders schmackhafte Futtermittel zusätzlich zu beschaffen. Sobald die Zeiteinteilung der Prüfung bekannt ist, wird der Anreisetermin zur Veranstaltung festgelegt. Dieser richtet sich u. a. nach der Entfernung, aber insbesondere auch nach der *individuellen Eigenart* des Pferdes. Insbesondere bei großen Entfernungen, wie auch bei Pferden mit Umstellungsschwierigkeiten ist die Anreise zum Veranstaltungsort eher ein bis zwei Tage früher zu planen und anzusetzen als normal. Bei der Terminierung der Anreise ist zu bedenken, daß *Eingewöhnungsprobleme* bei Pferden mit Futterverweigerung zu erheblichen *Leistungsminderungen* führen können. Bei der Einstellung des Pferdes am Prüfungsort sollte unter anderem darauf geachtet werden, daß es möglichst ruhig steht, ein Verletzungsrisiko möglichst ausgeschlossen wird und eine besonders gute und staubfreie Durchlüftung gewährleistet ist.
Bei jeglicher Arbeit des Pferdes am Veranstaltungsort ist zunächst auf die Einhaltung aller

geltenden Bestimmungen zu achten. Ansonsten richtet sich die Arbeit mit dem Pferd nach den individuellen Bedürfnissen, wobei das *Vertrautmachen* des Pferdes *mit den Prüfungsbedingungen* vor Ort im Vordergrund stehen sollte. Ausgiebiges, ruhiges Bewegen und leichte lösende Arbeit wird das Pferd am ehesten nervlich beruhigen und damit in die beste Verfassung bringen. Jede stärkere belastende und nervlich aufreibende Trainingsarbeit bis zum Beginn der Prüfung ist auf jeden Fall zu vermeiden. Viele Pferde beruhigen sich am besten, wenn sie häufiger aus dem Stall genommen werden und man sie im Bereich des Turniergeländes führt und grasen läßt.

Den Auftakt der Prüfung bildet in der Regel die offizielle *Geländebesichtigung,* die meist mit einer Teilnehmerinformation durch den Veranstalter bzw. Parcoursaufbauer verbunden wird. Die Teilnahme hieran sollte für jeden Reiter eine Selbstverständlichkeit sein. Jegliche Geländebesichtigung vor der offiziellen Begehung ist bei Androhung des Ausschlusses untersagt. Anschließend steht das Gelände für weitere Besichtigungen zur Verfügung. Die Besichtigungen der Phasen B und D erfolgen grundsätzlich zu Fuß, die der Phasen A und C meist per Fahrzeug, gelegentlich ist auch das Bereiten der Wegestrecken erlaubt. Alle Phasen der Geländeprüfung müssen so oft besichtigt werden, bis der Reiter die Strecken mit allen erforderlichen Einzelheiten genau „im Kopf“ hat. In der *Phase A* muß der Reiter sich besonders alle Pflichttore sowie Richtungspfeile einprägen. Auch muß er sich anschauen, wo es die Bodenverhältnisse zulassen, das Pferd zur Vorbereitung auf den Rennbahngalopp bereits über fünfhundert bis tausend Meter *abzugaloppieren.*

Bei der *Phase B* hat man sich insbesondere einzuprägen, wo die sogenannten „Minutenpunkte“ sind und wie gegebenenfalls die *Ideallinie* von Sprung zu Sprung verläuft. Die Minutenpunkte können zum Beispiel mit einem Entfernungsmeßrad ermittelt werden. Für die zweite Wegestrecke gilt auch, wie für Phase A, insbesondere eine genaue Kenntnis eventueller Pflichttore und Richtungspfeile. Oft wird ein sogenannter *Versorgungspunkt* auf der Phase C eingerichtet, der sich in der Regel einige hundert Meter hinter dem Ziel der Rennbahn befindet. Über diesen Punkt muß der Reiter sowie die jeweilige Hilfsperson ebenso informiert sein wie über Lage und Einrichtung des sogenannten *Zwangspausenbereiches,* der sich zwischen dem Ziel der Phase C und dem Start der Phase D befindet.

Bei der Besichtigung und der Begehung der Phase D (Querfeldeinstrecke) sollte man unter anderem auf folgende Punkte besonders achten, die die *taktische Einteilung* des Rittes bestimmen:

- Qualität des *Geläufs* im Verlauf der Strecke,
- besondere *Steigungen* bzw. *Hangneigungen,*
- *Verteilung der Sprünge* über die Strecke,
- *Abfolge* aller Sprünge und ihre genaue *Position,*
- *Anreitestelle* bei jedem Sprung mit der Entscheidung für das jeweils geeignete *Tempo,*
- gegebenenfalls *Licht- und Bodenverhältnisse* an den Sprüngen,
- außergewöhnliche *Verteilung der Anforderungen* im Verlauf der Strecke,
- Kenntnis aller möglichen Wege bei sogenannten *Alternativsprüngen,*
- genaue Kenntnis der *Strafzonenverläufe* zur Verhinderung von technischen Fehlern (insbesondere bei sogenannten überlappenden Strafzonen).

Zusätzlich muß sich der Reiter eventuelle *Pflichttore* sowie Anhaltspunkte einprägen, nach denen er sich in seiner zeitlichen Planung des Rittes richten will.

Während die erste Begehung lediglich einen Gesamteindruck von der Strecke hinterläßt, werden die *weiteren Besichtigungen* dazu genutzt, sich voll und ganz mit der Strecke vertraut zu machen. Dies erfordert Aufmerksamkeit und Konzentration, so daß sich der Reiter bei seinen Geländebegehungen nicht von Zuschauern oder anderen Personen stören lassen sollte. Die Wege zwischen den Hindernissen sollte er im recht *zügigen Schritt* zurücklegen, damit er selbst geringste Hangneigungen wahrnimmt und sich bei seinem Ritt darauf einrichten kann. Die mehrfachen Besichtigungen müssen dazu führen, daß der Reiter bis zum Prüfungsbeginn die ganze Strecke gedanklich präsent hat.

Jede Große Vielseitigkeitsprüfung beginnt mit einer ersten *Verfassungsprüfung,* in der die teilnehmenden Pferde mit *Kopfnummer,* auf *Trense* gezäumt, an der Hand dem Richterkollegium und dem Tierarzt im Schritt und Trabe vorgeführt werden. Das Pferd ist in einem *optimalen Pflegezustand,* eingeflochten, die Hufe sauber *gewaschen,* wo es üblich ist auch eingefettet, die *Stollen ausgedreht,* der *Reiter* in einem *korrekten Anzug* gekleidet. Es ist sinnvoll, das Pferd zirka eine halbe Stunde *vor der Verfassungsprüfung* bereits fertig vorbereitet ausgiebig im *Schritt und Trabe zu führen,* damit es sich in bestmöglicher Geschmeidigkeit präsentieren kann. Das korrekte Vorstellen eines Pferdes sollte bereits im Training zu Hause *häufig geübt werden* (s. I. S. 184f.). Üblicherweise wird das Pferd zunächst vor der Richtergruppe aufgestellt und nach dem Gruß Name, Alter und Abstammung des Pferdes genannt. Auf Aufforderung wird das Pferd auf der Vorführbahn (meist eine Asphaltstraße oder ein befestigter Weg) am langen Zügel im Schritt von den Richtern weg zirka zehn Meter angeführt, dann angetrabt und nach fünfundzwanzig bis dreißig Metern durchpariert; nach einer Rechtswendung im Schritt trabt man bis vor die Richtergruppe, wo das Pferd erneut aufgestellt wird, bis die Entscheidung über die Zulassung gefällt ist. Eine eventuell negative Entscheidung der Richter und des Tierarztes ist im Sinne des Pferdes widerspruchslos zu akzeptieren. Ein Einspruch wäre ohnehin aus Regelgründen unzulässig.

Die *Technik des Abreitens* vor der Dressurprüfung richtet sich ganz nach dem Temperament und den Eigenarten des jeweiligen Pferdes. Manchmal reicht eine sehr kurze Vorbereitungsphase, gelegentlich wirkt die Einbeziehung leichter springgymnastischer Arbeit entspannend auch zum Lösen vor der Dressur. Häufig ist es sinnvoll, sein Pferd vor der Dressurprüfung mehrfach abzureiten mit einigen Pausen zwischen den Arbeitsphasen. Es empfiehlt sich meist, kurz vor dem Einreiten keine besonderen Lektionen bzw. Lektionenfolgen zu üben, statt dessen immer wieder kontrollierte Übungen zur Losgelassenheit zu reiten. Nur auf einem völlig losgelassenen Pferd ist man in der Lage, es in seinen optimalen Möglichkeiten auf dem Viereck zu präsentieren. Die Dressuraufgaben werden stets auswendig geritten. Die Wahl der Zäumung (Trense oder Kandare) ist freigestellt. Die gewählte Zäumung muß jedoch im Training und bei den Vorbereitungsprüfungen erprobt sein. Im *Richterurteil* schneidet eine insgesamt harmonische Vorstellung mit einem zufrieden und losgelassen gehenden Pferd besonders gut ab. In den Tempi ist das Pferd nicht zu überfordern, um Taktfehler auf jeden Fall zu vermeiden. Die Übergänge sollen flüssig und rhythmisch entwickelt werden. Halsung und Rahmen sollen sich dem jeweiligen Tempo und der geforderten Lektion anpassen. Bei eventuell auftretender Spannung sollte man versuchen, diese durch leichtes Nachgeben nach vorne herauszulassen. Bei möglicherweise auftretenden Schwierigkeiten im Zusammenhang mit bestimmten Lektionen empfiehlt es sich, auf dem Viereck keine Widerstände zu provozieren und eventuell Kompromisse in der Durchführung der Lektion einzugehen. Bei der Vorstellung auf dem Turnierviereck sollte der Reiter bedenken, daß grundsätzliche Mängel, wie zum Beispiel in Takt, Losgelassenheit und Anlehnung, sich besonders negativ im Richterurteil niederschlagen, da sie einerseits bei den einzelnen Lektionen und noch zusätzlich bei den Schlußnoten berücksichtigt werden.

Kurze, schnelle Galopps (sogenannte *Pipe-Opener*) unmittelbar nach der Dressur sind als Belastung am Tag vor der Geländeprüfung *unphysiologisch* und daher unzweckmäßig; jedoch kann es für das eine oder andere Pferd sinnvoll sein, nach der Dressur noch einige leichte Trainingssprünge aus zügigerem Tempo zu absolvieren.

Am Tage vor der Geländeprüfung werden noch einmal die gesamte erforderliche *Ausrüstung* und gegebenenfalls das Gewicht mit Sattel und Bleidecke kontrolliert. Anhand des Zeitplanes, der die genauen Startzeiten für alle Phasen enthält, wird der genaue Ablaufplan mit der zur Verfügung stehenden Hilfsperson besprochen. Während das Pferd am Abend vor der Geländeprüfung noch normal gefüttert werden kann, erhält es etwa vier bis sechs Stunden vor dem Geländestart die letzte *Kraftfutterration,* die etwa auf die Hälfte reduziert sein muß und in ihrem Eiweißanteil möglichst niedrig, dafür im *Kohlehydratanteil* möglichst hoch liegen sollte. Eine letzte kleine Heuration aus Wiesenheu darf das Pferd bis etwa zwei Stunden vor der Prüfung fressen, das *Tränken* sollte in den letzten Stunden vor der Prüfung kontinuierlich in kleinen Mengen erfolgt sein.

Rechtzeitig vor dem Geländestart werden alle sonstigen Vorbereitungen getroffen, wie zum Beispiel das Bereitlegen der erforderlichen Ausrüstung, einschließlich Ersatzeisen und Stollen, damit das Pferd in Ruhe vor dem Start gesattelt und vorbereitet werden kann. Jegliche Hektik vor dem Start ist unbedingt zu vermeiden.

Etwa fünfzehn Minuten vor der ausgewiesenen Startzeit findet man sich an der *Waage* vor der Phase A ein. Nach dem Wiegen verbleibt das Pferd unter Starters Order, darf also nicht mehr in den Stall zurückgeführt werden. Zirka fünf bis zehn Minuten vor dem Start zur Phase A wird aufgesessen, um noch rechtzeitig nachgurten und die Ausrüstung kontrollieren zu können. Die Phase A wird über die meisten Strecken im Arbeitstrab geritten, wobei nach etwa der Hälfte der Strecke über einige hundert Meter galoppiert werden sollte, um das Pferd auf den Rennbahngalopp vorzubereiten. Es ist anzustreben, daß man zirka ein bis zwei Minuten vor dem Rennbahnstart das *Ziel* der Phase A passiert hat. Für die meisten Reiter ist es empfehlenswert, bereits die Phase A mit der für den *Rennsitz* erforderlichen *Bügellänge* zu reiten. Der Reiter findet so leichter das Gleichgewicht und gewöhnt sich rechtzeitig an den kürzeren Bügel.

Der Start zur Phase B erfolgt aus einer *Startbox* aus dem *Stand.* Ein überhasteter Start auf der Rennbahn ist zu vermeiden, um dem Pferd zu ermöglichen, in einen passenden Atemrhythmus zu gelangen. Jedoch ist ein zu langsames Beginnen der Rennbahn ebenso fehlerhaft, da man so Gefahr läuft, das Pferd gegen Ende der Rennbahn mit zunehmender Ermüdung schneller zu reiten und zeitmäßig zu überfordern. Es empfiehlt sich, die sogenannten *Minutenpunkte* auf der Rennbahn jeweils möglichst exakt einzuhalten. Das sich daraus ergebende gleichmäßige Tempo kommt dem Pferd besonders entgegen und belastet seine Kondition am wenigsten. Abweichungen von den Minuteneinteilungen müssen jedoch erforderlichenfalls bei extremen Boden- und Witterungsverhältnissen berücksichtigt werden. Zeit- und konditionssparend wirkt sich aus, wenn der Reiter in der Lage ist, möglichst enge, aber harmonische Linien zu reiten und über den gesamten Verlauf der Rennbahn den Galopprhythmus des Pferdes nicht zu stören. Wie im Training soll das Pferd auch in der Prüfung gleichmäßig an die feste und kontinuierliche Anlehnung bei möglichst langem Hals herangaloppieren und die Rennbahnsprünge flüssig und auf gerader Linie überwinden. Nach dem Ziel der Rennbahn wird das Pferd langsam im Tempo zurückgeführt (das sogenannte Aufpullen) bis es über einen ruhigen Arbeitsgalopp sogleich zu einem ruhigen Arbeitstrab durchpariert werden kann. Nach einer kurzen Trabphase kann das Pferd dann zirka einhundert Meter Schritt gehen, bis es am Versorgungspunkt kurz kontrolliert wird. Hat das Pferd auf der Rennbahn ein Eisen verloren, sollte es an diesem Versorgungspunkt mit dem *Ersatzeisen* beschlagen werden. Die Ersatzeisen müssen hier bereits mit Stollen versehen bereitliegen. Eine weitere Versorgung des Pferdes ist an dieser Stelle nicht erforderlich. Liegt nichts Besonderes vor, sollte der Versorgungspunkt ohne Unterbrechung passiert werden; das Pferd wird weiter getrabt bis zum Ziel der zweiten Wegestrecke. Die Zeit auf der Phase C sollte so eingeplant werden, daß ein zusätzliches Galoppieren nicht erforderlich wird. Damit wird erreicht, daß das Pferd mit einem möglichst *niedrigen Pulswert* in der Zwangspause erscheint. Etwa die letzten fünfzig Meter vor dem Ziel der Phase C wird ein gleichmäßiges *ruhiges Trabtempo* bei nur leichter Anlehnung eingehalten, damit die Richtergruppe und der Tierarzt bereits eine Lahmheitskontrolle vornehmen können. In der Zwangspause wird das Pferd einer erneuten *Verfassungsprüfung* unterzogen. Gibt es keine besonderen Vorkommnisse, sind weitere Versorgungen nicht erforderlich. Bei normalen und kühleren Außentemperaturen ist darauf zu achten, daß das Pferd warm *eingedeckt* wird. Entscheidend ist, daß das Pferd über den Verlauf der Zwangspause ständig in Bewegung gehalten wird (zunächst führen, dann zirka vier Minuten vor dem Start zur Phase D aufwärmende Arbeit unter dem Reiter). Abwaschen mit kaltem Wasser im Sinne einer Erfrischung für das Pferd wird – außer unter besonders heißen Witterungsbedingungen – für falsch gehalten, weil es Verschlagssymptome provozieren kann. In den Minuten der Zwangspause hat der Reiter die Möglichkeit, sich noch einmal geistig auf den nun folgenden Ritt in der Querfeldeinstrecke einzustellen. Hierbei sollte er sich sowohl die Abfolge der Sprünge als auch das damit verbundene reiterliche Verhalten noch einmal genau bewußtmachen.

Für die *Taktik des Rittes* in einer Querfeldeinstrecke kann es kaum allgemeingültige Ratschläge geben. Sie richtet sich nach der jeweiligen Anlage der Phase D und berücksichtigt beispielsweise Geläufbedingungen, Höhenunterschiede und besondere Sprungfolgen. Im übrigen ist es jedoch ratsam, bereits die ersten, meist recht einladend gebauten Sprünge ernst zu nehmen und die leichter aussehenden Sprünge nicht zu unterschätzen und mit der gleichen Konzentration anzureiten, wie die offensichtlich schwieriger zu überwindenden Hindernisse. Im Verlauf des Rittes in der Phase D kommt es vor allem darauf an, inwieweit der Reiter in der Lage ist, die *Kräfte* seines Pferdes richtig *einzuschätzen.* Insbesondere nach einem Zwischenfall an einem Hindernis (Verweigerung oder Sturz) sollte der Reiter sich gut überlegen, ob es aus konditionellen oder sonstigen Gründen noch vertretbar ist, den Ritt fortzusetzen. Im übrigen ist zu bedenken, daß jegliche Unterbrechung des Rittes, vor allem ein schwerwiegender Sturz des Pferdes, eine erhebliche konditionelle Beeinträchtigung bedeutet. Ansonsten gilt wie für das Reiten der Rennbahn, daß das sogenannte *„Strich"-Reiten* besondere zeitliche und konditionelle Vorteile ermöglicht. Während des Rittes muß der Reiter anstreben, mit einem *Minimum an Einwirkungen* auszukommen, das Pferd aber immer rechtzeitig zu unterstützen, wo es erforderlich ist. Jeder unnötige Zügelzug, Peitschenschlag oder Sporenstich stört den Organismus des Pferdes in seiner rhythmischen Funktionsweise und führt zu einem *Energieverlust.* Entscheidend für einen energiesparenden Ritt ist die Einhaltung von Takt und Rhythmus, auch bei erforderlich werdendem Aufnehmen und Zulegen im Tempo. Verlangt ein Hindernis eine Temporeduzierung, wie zum Beispiel ein Tief- oder Wassereinsprung, ist das Aufnehmen stets mit energisch *vortreibenden Hilfen* verbunden, die zu einer Verkürzung der Galoppsprünge bei gleichzeitigem Erhalten des Vorwärts-Impulses führen, was einer verstärkten Versammlung des Pferdes entspricht. Wird ein höheres Anreitetempo erforderlich, wie zum Beispiel bei Gräben, Hochweitsprüngen oder Bergaufsprüngen, ist ebenfalls darauf zu achten, daß das Zulegen *im Rhythmus* erfolgt und das Pferd dabei nicht auseinanderfällt. Distanzen in Hindernisfolgen oder Kombinationen im Gelände können oft nicht wie im Springparcours abgemessen werden, da besondere Geländebedingungen wie Geläuf oder Hangneigungen zu berücksichtigen sind. Meist ist es sinnvoller, von der voraussichtlichen Lande- und Absprungstelle auszugehen und die Anzahl Galoppsprünge dazwischen zu ermitteln. Dabei ist entsprechend dem höheren Tempo im Gelände die *Galopp-*

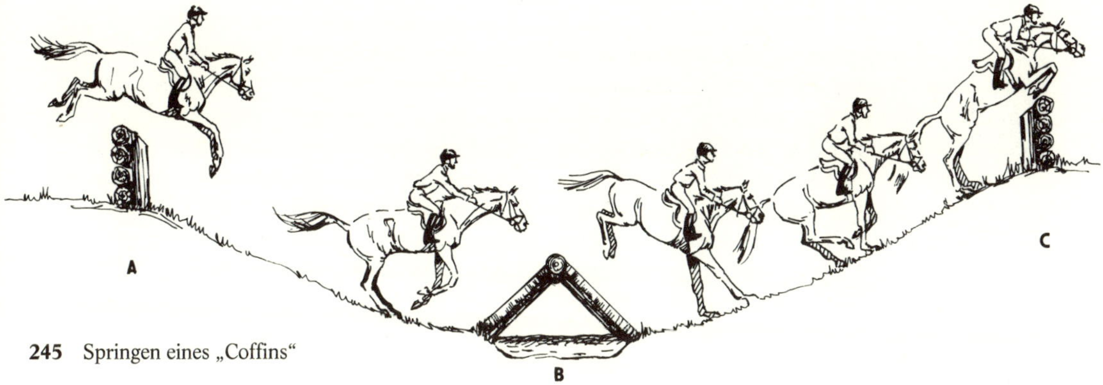

245 Springen eines „Coffins“

sprunglänge mit mindestens vier Metern zu kalkulieren.
Der Reiter muß im Verlauf der Querfeldeinstrecke jederzeit in der Lage sein, seine ursprüngliche Taktik umzustellen; bei spürbarer *Ermüdung* wird er versuchen, mit verminderter Geschwindigkeit bis ins Ziel zu kommen. Bei Vorfällen an einem Hindernis, die das Vertrauen des Pferdes beeinträchtigt haben, wird er die jeweils leichteren, wenn auch zeitraubenden *Alternativen* springen. Das gesamte reiterliche Verhalten muß einerseits durch Leistungswillen und Selbstvertrauen geprägt sein, welche sich deutlich auf das Pferd übertragen, wie auch im umgekehrten Fall Zögerlichkeit und Unsicherheit. Andererseits muß bei allem Erfolgsstreben aber immer das Wohl des Pferdes und das Ansehen des gesamten Vielseitigkeitssports im Vordergrund stehen. Läßt daher bei allem Einsatz die Tagesform eine gute Leistung nicht zu und besteht auch nur das geringste Risiko für Pferd oder Reiter, ist eine *Aufgabe im Gelände* keine Blamage, sondern zeugt von verantwortungsbewußter reiterlicher Einstellung.
Besonders befriedigend als Belohnung für all die Mühen der langen Ausbildung und des gewissenhaften Trainings ist natürlich das sichere *Beenden* der Querfeldeinstrecke. Nach dem Passieren des Ziels der Phase D wird das Tempo allmählich zurückgeführt und langsam über Trab bis zum Schritt durchpariert. An der Waage wird abgesessen und zurückgewogen. Anschließend wird der Sattelgurt gelockert und das Pferd zunächst *wenigstens eine Stunde* ausgiebig unter einer Decke *geführt,* bis es völlig beruhigt und abgetrocknet ist, bevor es weiter gewartet wird. Hierbei ist das Pferd besonders auf Verletzungen oder sonstige gesundheitliche Veränderungen zu überprüfen. Ab etwa einer Stunde nach dem Geländeritt darf das Pferd in kleinen Portionen *getränkt* werden. Im Stall wird dem Pferd zunächst Heu vorgelegt und mit einer kleinen Ration gefüttert, wobei *Mash* besonders geeignet ist. Zur Erfrischung und Prophylaxe können die *Sehnen und Gelenke* insbesondere der Vorderbeine *intensiv gekühlt* werden. Nach einigen Stunden Stallruhe sollte das Pferd wieder eine *längere Zeit geführt* werden, um eventuellen Steifheiten vorzubeugen. Zur Nachtruhe können die Beine des Pferdes mit gut gepolsterten *Wollbandagen* eingepackt werden.
Am darauffolgenden Tag findet einige Stunden vor dem Abschlußspringen eine erneute *Verfassungsprüfung* statt. Hier wird grundsätzlich wie bei der ersten Verfassungsprüfung verfahren.
Das Abreiten vor der abschließenden Springprüfung unterscheidet sich von der Vorbereitung für ein normales Turnierspringen. Nach einer großen Geländeanstrengung braucht ein Pferd in der Regel *längere Zeit lösende Arbeit* mit mehreren kleineren Sprüngen auf

dem Abreiteplatz. Beim Abspringen sowie im Parcours sollte der Tatsache Rechnung getragen werden, daß das Pferd am Vortag eine erhebliche konditionelle Leistung erbracht hat, weshalb man ihm keine unnötig hohen Abmessungen, sowie kraftraubenden Sprünge abverlangen wird. In der Regel tun sich Vielseitigkeitspferde im Abschlußparcours wesentlich leichter, wenn sie im höheren Grundtempo geritten werden, wie es ja auch das geforderte Tempo von 400 m/min verlangt.
In den Tagen nach einer Prüfung wird das Pferd insbesondere auf jede gesundheitliche Veränderung hin überprüft. Nach jeder Großen Vielseitigkeitsprüfung wird das Pferd eine Zeitlang *abtrainiert,* wobei es im wesentlichen ausgiebig im Gelände spazierengeritten wird. Zusätzlich kann das Pferd noch schrittweise an Weidegang oder ähnliches herangeführt werden. Diese Art der *aktiven Erholung* sollte nach einer langen Prüfung im Laufe einer Saison mindestens zehn bis vierzehn Tage betragen, bevor man mit erneutem Training für eine weitere Prüfung beginnt. Im übrigen empfiehlt es sich, dem Pferd nach Abschluß der Saison eine noch längere Regenerationsphase von etwa ein bis zwei Monaten zu ermöglichen, in der das Pferd ebenfalls ausgiebig, aber ohne Belastung bewegt wird, um es danach wieder in ein aufbauendes Grundtraining zu nehmen.

8.8. Jahres- und Turnierplanung

Mit dem Einsatz des Pferdes in Großen Vielseitigkeitsprüfungen muß rechtzeitig vor Saisonbeginn ein detaillierter Turnierplan aufgestellt werden, der sich an den Terminen der langen Prüfungen orientiert. In der Regel kann man nicht mehr als zwei Große Prüfungen pro Jahr reiten, im Bereich der Klasse L sind bis zu drei Starts in langen Prüfungen denkbar.
Beispiele von Saisonplanungen, differenziert nach Alter bzw. Ausbildungsstand des Pferdes, finden sich in der Übersicht. Der Saison geht ein zwei- bis dreimonatiges *Grundlagentraining* voraus, das sich an die Erholungsphase im Spätherbst der vorangegangenen Saison anschließt. Im Rahmen dieses Grundlagentrainings können Starts auf kleinen *Dressur- und Springturnieren* vorgesehen werden. Es folgt der fließende Übergang zum acht- bis zwölfwöchigen Leistungstraining, in das Kurzprüfungen als Vorbereitungsturniere eingebaut werden müssen. Diese Kurzprüfungen sind ein wesentlicher Bestandteil des Leistungstrainings in der Vorbereitung auf eine lange Prüfung.
Nach jeder Großen Vielseitigkeitsprüfung benötigt ein Pferd eine *Erholungsphase* Sie beträgt etwa zwei Wochen, wenn noch eine weitere lange Prüfung ansteht; sie wird nach Abschluß der Saison auf zirka zwei Monate verlängert. In der Erholungszeit ist dem Pferd ausreichend Bewegung zu verschaffen, ohne daß es belastet wird. Eine völlige Ruhigstellung oder *ausschließlicher Weidegang* wird *abgelehnt,* da die Muskulatur des Pferdes zu stark zurückgebildet wird und sich die Geschmeidigkeit und Elastizität insbesondere bei älteren Pferden nachhaltig verschlechtert. Überhaupt sollte jeder plötzliche Wechsel in Umgang und Haltung vermieden werden. Die *Übergänge* von der Wettkampf- zur Erholungsphase und umgekehrt haben stets *fließend* und *allmählich* zu erfolgen. Die Erholungsphase nach der ersten Großen Prüfung sollte keinesfalls länger als zwei bis drei Wochen betragen, wenn man das weitere Trai-

ning für die zweite Saisonhälfte auf der bisher gewonnenen Kondition aufbauen will. Dies ist sinnvoll, wenn der Abstand zwischen den beiden langen Prüfungen nicht mehr als drei Monate beträgt. Der *Mindestabstand* sollte acht bis neun Wochen betragen. Vor dem Start beim zweiten Saisonhöhepunkt ist die Teilnahme an zwei weiteren Kurzprüfungen sinnvoll. Dabei brauchen die Geländeanforderungen in den Vorbereitungsprüfungen nicht an die in der zweiten langen Prüfung heranzureichen. Nach Abschluß der letzten Prüfung wird das Pferd etwa zwei bis drei Wochen kontrolliert *abtrainiert,* bis es die Erholungs- und Regenerationsphase antritt.

Das *Prüfungsangebot* läßt grundsätzlich die vorgeschlagene Saisonplanung zu. In der ersten Saisonhälfte finden gehäuft *Kurzprüfungen* statt sowie von Mai bis Anfang Juli die wichtigsten langen Prüfungen. Nach einer Art Sommerpause ist das Angebot an langen Prüfungen im Zeitraum von etwa Ende August bis Ende Oktober noch einmal sehr groß. Damit ergibt sich aus dem Turnierkalender bereits eine Art Zweiteilung der Saison, die der Nachfrage der Reiter nach zwei langen Prüfungen pro Jahr entspricht. Selbstverständlich muß von der vorgesehenen Planung abgewichen werden, wenn sich beispielsweise gesundheitliche Probleme ergeben sollten oder Unsicherheiten in einer Prüfung auftreten, die es ratsam erscheinen lassen, erst wieder in leichteren Prüfungen einen Neuaufbau vorzunehmen.

Tabelle 49: Beispiele von Saisonplanungen für den Einsatz in Großen Vielseitigkeitsprüfungen

Mindestalter des Pferdes	1. Trainingsjahr 7 Jahre	2. Trainingsjahr 8 Jahre	3. Trainingsjahr 9 Jahre	4. Trainingsjahr 10 Jahre	5. Trainingsjahr 11 Jahre
März	Viels. A oder	Viels. A	Viels. L		
	Gel.-pf. A			Viels. L	Viels. L
April	Viels. A oder	Viels. L	Viels. L		
	Gel.-pf. A			Viels. M	Viels. M
	Viels. A oder L	Viels. L	Viels. M		
Mai				Viels. M	Viels. M
	Viels. L	Viels. L			
			Viels. M		Viels. S
Juni	Viels. L	Viels. L		Viels. S	
	Gr. Viels. L	Gr. Viels. L			Gr. Viels. S
Juli			Gr. Viels. M	Gr. Viels. S	
August	Viels. L	Viels. L		Viels. M	Viels. S
			Viels. M		
September	Viels. L	Viels. M		Viels. S	
			Viels. S		CCI****
	Gr. Viels. L	Gr. Viels. M			
Oktober			Gr. Viels. S	Gr. Viels. S oder CCI ***	

8.9. Die Verantwortung des Vielseitigkeitsreiters

Mitentscheidend für den langfristigen Erfolg im Vielseitigkeitssport ist die sichere Einschätzung der *Leistungsmöglichkeiten des Pferdes,* sowie die selbstkritische Beurteilung seiner eigenen *Leistungsfähigkeit als Reiter.* Viele Geländefehler entstehen vor allem dadurch, daß Pferde in Klassen eingesetzt werden, denen sie trotz gewissenhafter Ausbildung und optimalen Trainings nicht gewachsen sind. Es ist zum Wohle des Pferdes und zur eigenen Sicherheit reiterlicher, sich auf ein Niveau zu beschränken, das den eigenen Möglichkeiten und denen des Pferdes entspricht. Es ist sicherlich auch befriedigender, Erfolge in einer niedrigeren Klasse zu erzielen, als Enttäuschungen und Fehlleistungen aus dem falschen Ehrgeiz heraus zu produzieren, nach den Sternen in Spitzenprüfungen greifen zu wollen.

Insbesondere ist auch zu bedenken, daß ein dauerhafter und gesicherter Erfolg im Vielseitigkeitssport sich nur aus einer optimalen *Koordinationsleistung* von Reiter und Pferd ergibt, die durch eine *langjährige,* in Training und Wettkampf gewachsene *Partnerschaft* entwickelt wird. Nur wer sein Pferd richtig kennengelernt hat und in der Lage ist, sich auf seine Eigenarten und individuellen Anforderungen einzustellen, wird in den schwierigen Situationen bei Großen Vielseitigkeitsprüfungen reiterlich richtig reagieren können.

Grundvoraussetzung für Erfolg ist auch das *gegenseitige Vertrauen* von Reiter und Pferd, das auf der sachgemäßen Ausbildung und dem sinnvollen, schrittweisen Prüfungsaufbau gewachsen ist. *Schlechte Bilder* im Vielseitigkeitssport werden oft dadurch hervorgerufen, daß Reiter sich und ihre Pferde überschätzen und daß sie oft nicht ausreichend Geduld aufbringen, ihre Pferde langfristig und planvoll aufzubauen. Beides führt zu Überforderungen, die besonders im Gelände zu einem unverantwortlich hohen Risiko mit negativen Auswirkungen für das Wohl von Pferd und Reiter führen. Auf der anderen Seite wird dieses Risiko minimiert oder gar ausgeschlossen, wenn Reiter und Ausbilder äußerst verantwortungsvoll und extrem selbstkritisch in der Ausbildung und beim Prüfungseinsatz verfahren. Dann erst wird die Disziplin Vielseitigkeit ihrem Anspruch gerecht, die *„Krone der Reiterei"* zu sein.

9. Voltigieren

9.1. Zur Entwicklung des Voltigierens

Das *Voltigieren* gehört zu den ältesten Sportarten und hat seine Wurzeln in der Antike und im Mittelalter. Schon im alten Rom wurden im Rahmen der römischen Spiele neben anderen Wettkämpfen zu Pferde auch akrobatische Vorführungen auf galoppierenden Pferden durchgeführt. Diese Übungen waren Bestandteil einer elitären Ausbildung junger Römer bzw. dienten der kriegerischen Ausbildung und der Geschicklichkeitsschulung beim Umgang mit dem Pferd. Bereits damals wurden dazu auch Holzpferde verwendet.

Ähnliche Formen sind aus dem Mittelalter bei der ritterlichen Ausbildung als *Roßspringen* (Auf- und Abspringen in voller Rüstung) bekannt.

In der Renaissance entwickelten sich diese turnerischen Übungen hoch zu Roß, nunmehr auch *La Voltige* bzw. *Voltigieren* genannt, immer mehr zu einer eigenständigen Disziplin. Während an den Ritterakademien Europas das Voltigieren am lebenden Pferd zur allgemeinen Ertüchtigung des Offiziersnachwuchses diente, praktizierten die Studenten an den Universitäten die nicht so kostspieligen Vorübungen der Reitkunst am Holzpferd in Form von Überschlägen, Kehren, Flanken, Hocken und Grätschen. Diese Entwicklung führte zu der heute bekannten Turndisziplin, dem *Pferdturnen.*

Das Voltigieren in der heutigen Form ist sicher aus dem Einsatz im militärischen Bereich, der Vorbereitung für das Reiten und den Kriegseinsatz in der kavalleristischen Ausbildung hervorgegangen. Es wurde 1920 einmalig in das olympische Programm bei den Spielen in Antwerpen aufgenommen, war aber jungen Kavalleristen vorbehalten, die einen Einzel- und einen Mannschaftswettkampf austrugen. In den vierziger Jahren setzte eine Entwicklung im Bereich des *Breitensportes* ein und bot eine preisgünstige Alternative für den Einstieg in den Reitsport.

In der Bundesrepublik Deutschland entwickelte sich das Voltigieren in großer Breite und auf verschiedenen Leistungsebenen zum *Freizeit-,* selbständigen *Wettkampf- und Leistungssport.*

Das nationale bzw. internationale Wettkampfprogramm erstreckt sich von unterster Ebene über Landesmeisterschaften bis hin zu Europa- und Weltmeisterschaften, sowohl im *Gruppenvoltigieren* für Jugendliche, als auch zunehmend im *Einzelvoltigieren* ohne Altersbegrenzung. Zu den führenden Nationen zählen die Bundesrepublik Deutschland, die Schweiz, Österreich, Frankreich und die USA.

Die zunehmende dynamische Entwicklung dieser äußerst attraktiven Sportart auf breiter Basis, besonders in den hochindustrialisierten Ländern, wirft erneut die Frage nach einer

Einbindung in das olympische Programm auf.
Neben diesem sportlichen Werdegang ist noch die Form des *Kunstreitens* und der Voltigiervorführungen im Zirkus zu erwähnen. Auch hier setzte die Entwicklung in der Antike ein und wurde in der Folge besonders von altgedienten Militärs vorangetrieben, wobei vor allem die künstlerische Akrobatik in den Vordergrund rückte.

9.2. Zur Bedeutung des Voltigierens

Voltigieren bedeutet, *turnerische, gymnastische bzw. akrobatische Übungen auf einem galoppierenden Pferd auszuführen.* Dabei galoppiert das Pferd auf einer *Kreislinie* und wird von einem *Longenführer* an einer Longe geführt. Die Aufgabe des Longenführers besteht hauptsächlich darin, auf das Pferd so einzuwirken, daß es durch einen *taktvollen und sauber durchgesprungenen Galopp* eine möglichst gleichförmige Vorwärtsbewegung entwickelt und damit eine optimale Ausführung der Übungen ermöglicht.
Die *Voltigierer* führen *Pflicht- oder Kürübungen* unter Berücksichtigung der Bewegung des Pferdes und der Schwerkraftgesetze in Harmonie mit dem Pferd, jedoch ohne aktive Einwirkung auf das Pferd aus.
Diese vielfältigen Faktoren des Zusammenwirkens stellen die Schwierigkeit und den Wert, dieser sportlichen Betätigung dar.
Die Problematik besteht weiterhin darin, neben einem *ständigen Sich-Einfühlen und Anpassen an die Bewegungen und den Rhythmus des Pferdes,* noch eine möglichst hohe physische und sportliche Leistung zu vollbringen. Dies führt zu einer Kombination hoher physischer, koordinativer und technischer Anforderungen an den Voltigierer. Da sich die Übungen beim Voltigieren besonders gut vom Niederen zum Höheren aufbauen lassen, bieten sich für jeden Voltigierer gute Möglichkeiten, den Anforderungen gerecht zu werden und systematisch Leistungssteigerungen zu erzielen.
Der Voltigiersport bietet eine Fülle von Vorteilen, die in der Summe besonders *persönlichkeitsfördernd* wirken können. So führt z. B. die physische Belastung, mit starkem gymnastischem Anteil, zu einer hervorragenden *athletischen Konstitution* des Körpers. Die Gefahr von Überbelastungen, wie bei anderen relativ einseitigen Sportdisziplinen, ist hier selbst für die jugendliche Wachstumsphase nicht in dem Maße gegeben. Zu den Voraussetzungen für ein schadloses und gesundheitsförderndes Betreiben des Voltigiersportes gehören jedoch unbedingt eine methodisch korrekte Ausbildung und der Einsatz eines geeigneten Pferdes.
Ein weiterer positiver Aspekt des Voltigiersportes besteht darin, daß durch die Gruppenarbeit *Gemeinschaftssinn, Zusammenarbeit, Hilfsbereitschaft* und *Rücksichtnahme* gefördert werden. Durch die Bewertung aller Pflichtübungen jedes Voltigierers ist jedoch auch die Einzelleistung gefordert. Der Voltigierer erlernt so in spielender Weise das Zusammenwirken mit verschiedenen Partnern bei möglicher Bestätigung durch seine Einzelleistung. Der kontinuierliche und fürsorgliche Umgang mit dem lebenden und in der Regel sehr duldsamen „Kameraden Pferd“ erzieht zu Ausdauer, Leistungswillen und Rücksichtnahme und führt oftmals zu einer starken Identifikation mit diesem Sport. Das Voltigieren stellt so eine hervorragende Synthese zwischen körperlichen und geistigen Fähigkeiten und Fertigkeiten dar.

Diese äußerst günstigen pädagogischen Werte treten neben den sportlichen Aspekten in kaum einer anderen Freizeitbeschäftigung so positiv in Erscheinung wie beim Voltigieren.
Der Beginn einer Voltigierausbildung kann und sollte bereits so früh wie möglich erfolgen, da besonders die wichtigen *koordinativen Fähigkeiten* bis zum neunten Lebensjahr günstig beeinflußbar sind. Vom Freizeitsport mit vertrauensbildenden einfachen Übungen im Schritt, Galopp und am Holzpferd führt der *Ausbildungsweg* in methodischen Etappen über das Gruppenvoltigieren in Leistungsklassen bis hin zum Leistungssport im Einzelvoltigieren. Durch die Aufhebung der Altersbegrenzung im Einzelvoltigieren gewinnt diese Sportdisziplin auch im *Erwachsenenbereich* an Bedeutung.

Mit diesem Entwicklungsweg begann im allgemeinen der pferdesportliche Werdegang vieler erfolgreicher Pferdesportler. Das Voltigieren erfüllt seine Rolle als *Vorstufe* und als Zubringer für die anderen pferdesportlichen Disziplinen und als selbständige Pferdesportart. Auch wenn nicht jeder Voltigierer ein guter Reiter wird, finden viele Jugendliche, später oft auch als Voltigierwart, ihr sportliches Betätigungsfeld.
Entsprechend der ständig steigenden Breitenbasis und damit verbundenen Wettkampfintensität und -qualität wird sicher das aufopferungsvolle Wirken vieler beteiligter Förderer dieser Sportart auch noch dem formalen Aspekt der völligen Gleichberechtigung und hierarchischen Einordnung in die Strukturen der Deutschen Reiterlichen Vereinigung zum Durchbruch verhelfen.

9.3. Voraussetzungen zum Voltigieren

9.3.1. Anforderungen an das Voltigierpferd

Ein entscheidendes Kriterium für das Voltigieren ist das *Voltigierpferd.* Auch wenn eine Gruppe oder ein Einzelturner sehr gut ausgebildet ist, wird eine gute Vorstellung nur auf einem taktmäßig galoppierenden Pferd möglich sein. *Takt* steht neben anderen Merkmalen im Mittelpunkt und ist in hohem Maße veranlagt, d. h. nur schwer oder wenig zu beeinflussen.
Schon bei der Auswahl eines Pferdes sind viele Aspekte zu beachten, und der regelmäßige *Einsatz* im Voltigiersport kann erst nach Abschluß des Wachstums (ca. nach dem fünften Lebensjahr) beginnen.

Bezüglich des *Exterieurs* sollen Voltigierpferde im Reitpferdetyp stehen, mit breiter Brust, starken und korrekt gestellten Beinen, klaren kräftigen Sehnen, gesunden großen Hufen und muskulöser Hinterhand.
Der *Rücken* soll lang, breit, flach und unempfindlich sein. Ein etwas hoch angesetzter *Hals* begünstigt oft das Galoppieren auf der Hinterhand und das Balanciervermögen des Pferdes und schont damit die Vorhand. Diese Pferde tragen sich oft besser. Bei der *Widerristhöhe* ist im Gegensatz zu häufig vertretenen Auffassungen eher mehr Wert auf größere Pferde (ca. 1,60–1,80 m) zu legen, da diese in der Regel eine längere, taktvollere Galoppphase entwickeln und durch ihren Schwung auch beim Aufsprung den Voltigie-

rer besser „mitnehmen“. Auch die *Masse* solcher Pferde legt den relativierten Schwerpunkt, besonders bei hochaufgebauten Kürübungen mit mehreren Voltigierern, mehr nach unten und vermindert Kopflastigkeit und damit auch Taktverlust.
Das richtige *Temperament* drückt sich oft in einem ruhigen, vertrauensvollen Auge aus. Die Pferde können hinsichtlich ihres Allgemeinverhaltens (z. B. Fluchtreflex) ein gewisses „Phlegma“ aufweisen, sollten aber bei der Arbeit genügend aktiv sein und Fleiß entwikkeln. Sind diese Anforderungen erfüllt, dürfte im allgemeinen eine notwendige *Gutmütigkeit* gegeben sein.
Die Summe dieser Anforderungen beschreibt die Schwierigkeit, Pferde zu finden, die ihnen gerecht werden.
Gute Voltigierpferde werden deshalb auch selten verkauft, und man ist gut beraten, sich ein solches Pferd, bei Vorhandensein entsprechender Fähigkeiten, selbst auszubilden.
Oft bieten sich auch Pferde an, die in anderen Pferdesportdisziplinen entweder an ihre Leistungsgrenze gekommen sind oder aus anderen Gründen einem anderen Verwendungszweck zugeführt werden sollten. Bei diesen Pferden ist ja zumindest die reiterliche Grundausbildung schon abgeschlossen, und es kann oft in kurzen Zeiträumen eine Umstellung erreicht werden.

9.3.2. Ausrüstung des Pferdes

Voltigiergurt

Wichtig für die Voltigierarbeit ist der feste Sitz des *Gurtes*. Er darf keinen punktförmigen Druck auf das Pferd ausüben und muß eine maximale Sicherheit gewährleisten. Der Gurt sollte aus Leder, von guter, dauerhafter Qualität sein und kann einen eingearbeiteten Plast- oder Stahlbaum besitzen (je nach Verträglichkeit des Pferdes). Die Polsterung und Paßform muß so ausgearbeitet sein, daß keine Druckstellen entstehen und der Gurt nicht auf dem Widerrist aufliegt. Der *Bauchgurt* kann auch in Form eines Untergurtes verwendet werden und ermöglicht so ein besseres gleichmäßiges Festziehen (Abb. 246).
Der Gurt ist mit zwei halbrunden, stabilen und großen *Griffen* so auszustatten, daß sie den Händen einen guten Kraftschluß ermöglichen. Die Griffe können schräg nach vorn geneigt sein, müssen aber die Torsionsmomente aufnehmen, ohne beim Pferd Druckstellen zu erzeugen. Zwischen den Griffen kann eine *Halteschlaufe* angebracht sein.
Zwei oder drei *Ösen* auf jeder Seite sollen die Möglichkeit zur Höhenverstellung der Ausbinder geben. An Außen- und Innenseite sind Fußschlaufen anzubringen (Abb. 246).

Gurtunterlage

Sie sollte um den ganzen Gurt herumreichen und zur Vermeidung des Verrutschens eine Möglichkeit der *Befestigung am Gurt* besit-

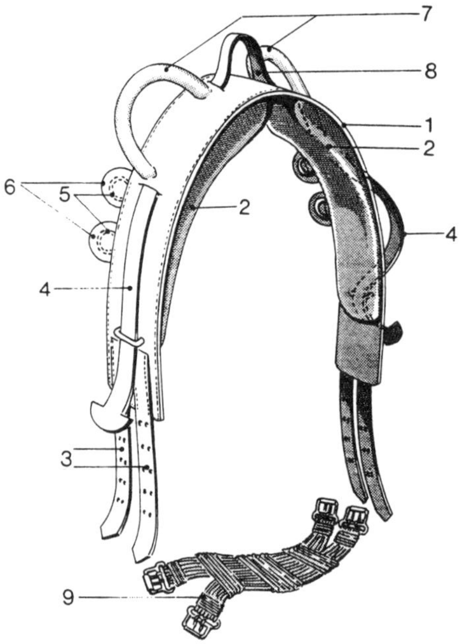

246 Voltigiergurt. 1 Oberleder, 2 Polster, 3 Gurtstrupfen, 4 Fußschlaufen, 5 Ringe für Ausbinder, 6 Lederumhüllung, 7 Griffe, 8 Halteschlaufe, 9 Bauchgurt zen. Als Material ist 5–7 cm dicker Schaumstoff zu empfehlen, der jedoch mit einem saugfähigen, auswechselbaren, waschbaren und hautverträglichen Überzug versehen sein muß.

Zäumung

Als Zäumung ist ein Kappzaum mit Trensengebiß oder eine Trense mit Reithalfter bei guter Paßform und Qualität zu verwenden. Das Trensengebiß muß gemäß LPO eine Mindestdicke von 14 mm aufweisen. *Gummischeiben* können verwendet werden.

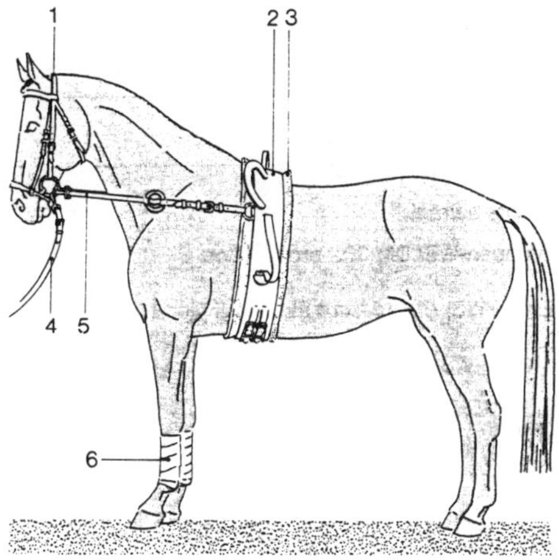

247 1 Trense (besser wäre Kappzaum), 2 Gurt, 3 Gurtunterlage, 4 Longe, 5 Ausbindezügel, 6 Bandagen

Ausbindezügel

Sie sollen eine passende Länge zum Pferd besitzen und aus Leder gearbeitet sein. Eingenähte *Gummiringe* ermöglichen ein elastisches Nachgeben.

Longe

Die Longe soll aus festem *Gurtband* mit einer *Handschlaufe* gearbeitet sein, eine ungefähre Länge von 8 Metern haben, waschbar sein und zur Befestigung einen Karabinerhaken oder eine Schnalle besitzen. Longen mit Wirbel, sowie Longen aus zu schwerem, zu steifem oder auch zu leichtem Material haben sich als unzweckmäßig erwiesen.

Longierpeitsche

Longierpeitschen sollen leicht und zerlegbar (steckbar, bzw. teleskopartig zusammenschiebbar) sein, mit einem handlichen *Gummigriff* ausgerüstet sein und eine Länge von ca. 3–3,5 m besitzen. Die Länge des Schlages ist so zu bemessen, daß die Hinterbeine des Pferdes gut erreichbar sind.

Decke

Je nach Empfindlichkeit des Pferdes kann zur Dämpfung der Einwirkungen eine *Decke* aus ca. 2 cm starkem, weichem und schmiegsamem Material verwendet werden. Die Größe und Lage ist so zu bemessen, daß sie nicht mehr als 15 cm vor dem Gurt und 60 cm hinter dem Gurt herausragt und maximal 90 cm breit ist.

Bandagen

Bandagen können und sollen verwendet werden. Das Material muß auch nach mehreren Wäschen noch elastisch sein. Einschnürungen durch feste Bänder müssen vermieden werden. Die Bandagen üben eine Schutz- und Stützfunktion aus. Das Bandagieren muß stets sorgsam und fachgerecht (s. Abschn. 2.3.) ausgeführt werden, da sonst schnell irreparable Schäden entstehen können.
Andere Hilfsmittel sind für Wettkämpfe nicht zugelassen.
Das korrekte Auftrensen und das Anlegen des Gurtes ist den entsprechenden Abschnitten dieses Buches zu entnehmen.

9.3.3. Anforderungen an die Voltigierer

Das ideale *Anfangsalter* liegt zwischen 7 und 9 Jahren. Unter 7 Jahren ist mit Kleinpferden oder Reitponys im Rahmen von Anfänger- bzw. Spielgruppen ebenfalls eine adäquate Freizeitgestaltung möglich. Die zielgerichtete Arbeit im Voltigieren hin zum Wettkampf erfordert jedoch eine konzentrierte Übungsgestaltung und setzt gesunde und belastbare Kinder voraus. Auch hinsichtlich der *Körpergröße* bildet das Heranreichen mit den Händen, zumindest bis an den inneren Gurtgriff ein entscheidendes Kriterium. Schnell kristallisieren sich in einer Gruppe besondere *Talente* heraus. In Vereinen mit großer Voltigiererzahl können sich folgerichtig, bei gezielter Förderung, in günstiger Weise leistungsstarke Gruppen und Einzelvoltigierer herausbilden. Die neuerdings aufgehobene Altersbegrenzung im Einzelvoltigieren fördert zunehmend die Verstärkung der notwendig großen Zahl der am Voltigieren interessierten Erwachsenen, aus deren Kreis wiederum oft neue Voltigierausbilder, Wettkampfrichter und Förderer dieser schönen Sportart hervorgehen.

Bezüglich der *Kleidung und Ausrüstung* stellt das Voltigieren keine besonderen Ansprüche. Wichtig ist bequeme, zweckmäßige, strapazierfähige und pflegeleichte sportliche Kleidung wie: Sportshorts, T-Shirts, Gymnastikanzug, Trainingsanzug oder elastische Gymnastikhosen. Weite Kleidung soll zur Vermeidung von Unfällen (Hängenbleiben) und besseren Erkennung von Ausführungsfehlern nicht getragen werden. Als Sportschuhe sollen *Gymnastikschuhe* aus Stoff oder Leder Verwendung finden, die einen elastischen Gummikeil sowie *flexible und rutschfeste Sohlen* besitzen. Sportschuhe mit festen Sohlen oder fester Knöcheleinbindung (Tennis- oder Basketballschuhe) sind ungeeignet.

9.3.4. Anforderungen an den Voltigierausbilder

Der Ausbilder stellt beim Voltigieren die entscheidende *Integrationspersönlichkeit* dar. Sein Können, Fachwissen und pädagogisches Geschick sind für das erfolgreiche Zusammenwirken aller beteiligten Subjekte (Sportler, Pferde und Ausbilder) entscheidend.

Günstig ist die *Zusammenarbeit* eines pferdeerfahrenen Longenführers mit einem überwiegend die Sportler betreuenden Ausbilder, da so die Erfüllung aller Anforderungen am besten gegeben ist. *Sportpädagogische Fähigkeiten* bilden eine wichtige Säule für die Motivation der Sportler und somit für den Erfolg. Für die Voltigierer sollte der Ausbilder stets ein *Vorbild* in jeder Beziehung sein. So ist es besonders günstig, aber nicht notwendig, wenn der Ausbilder selbst Voltigiererfahrung bzw. auch Reiterfahrung besitzt.

Der fachliche Werdegang verläuft in der Regel vom *Fachübungsleiter Voltigieren für den Breitensport* über die Ausbildung zum *Voltigierwart* (Trainer B-Schein) bis hin zum *Voltigierlehrer* (Trainer A-Schein) im Rahmen von Lehrgängen der Landesverbände oder zentralen Lehrgängen der Fachschule für Voltigieren in Hohenhameln.

Oft arbeitet der Voltigierausbilder mit weiteren Helfern aus dem Eltern- oder Bekanntenkreis der Voltigierer zusammen, sei es bei der Sicherung der materiellen Basis oder als *Assistenzausbilder* durch Unterstützung bei der Erwärmung oder bei Hilfestellungen. Mit der rechtzeitigen Einbeziehung besonders vertrauenswürdiger und geeigneter Voltigierer in Ausbildungsaufgaben werden Grundlagen für den Ausbildernachwuchs und für die Persönlichkeitsentwicklung dieser Voltigierer selbst gelegt.

9.3.5. Anforderungen an die Trainingsbedingungen

Der *Übungsplatz* sollte die *Größe* einer Kreisfläche mit einem Durchmesser von 18 bis 20 m besitzen. Der Boden soll einen ebenen, elastischen und griffigen Untergrund bilden, der den Pferden ein weitestgehend müheloses Galoppieren, bei maximaler Schonung des Stütz- und Bewegungsapparates, ermöglicht.

Besonders wichtig ist die Beschaffenheit des Bodens für die Gesundheit der Voltigierer. Sie sind durch die vielen hohen Absprünge und auch durch unregelmäßige Abgänge hohen Belastungen im Bereich der Beine (besonders der Knie) und der Wirbelsäule ausgesetzt. Wenn jedoch alle Voraussetzungen hinreichend erfüllt sind und eine sinnvolle, abgestufte und methodisch aufgebaute Belastung erfolgt, sind kaum Gesundheitsschäden zu befürchten. Schon ein schlechter Boden (zu fest, uneben, rutschig) kann diese Gefahr erheblich heraufsetzen. Für eine kontinuierliche Ausbildung ist das Vorhandensein eines *gedeckten Zirkels* (z. B. Reithalle) eine wichtige Komponente. Im allgemeinen entspricht in den Reithallen die Bodenbeschaffenheit den Anforderungen, und auch eine Begrenzung sowie ein Wetterschutz sind gegeben.

In diesem Zusammenhang ist zu beachten, daß ein zu tiefer bzw. *grundloser Bodenbelag,* besonders für den Bandapparat des Pferdes (Sehnen, Bänder und ihre Ansätze) zu Überbeanspruchungen führt. Unebenheiten und Wechsel zwischen festem und losem Untergrund im Verlauf der Zirkellinie bringen Untakt in den Galopp und erschweren das Ausbalancieren der Übungen ungemein. Unbedingt notwendig für einen niveauvollen Übungsablauf ist ein *Übungspferd aus Holz oder Metall.* Dieses Übungspferd ermöglicht ein intensives Training grundsätzlicher Übungselemente, das Ausprobieren neuer Kürelemente ohne das Voltigierpferd selbst zu belasten. Dabei kann man sich Zeit für Erläuterungen nehmen, sofort korrigierend eingreifen und eine Vielzahl von Wiederholungen realisieren. Innerhalb einer Übungsstunde dient es außerdem für die Voltigierer zur Überbrückung von Leerlauf und gewährleistet so die ständige aktive Beteiligung aller Voltigierer. In vielen Vereinen sind sogar mehrere Übungspferde im Einsatz.

Nur selten werden solche Übungspferde zum Kauf angeboten, und so muß man schon Eigeninitiative entwickeln. Bei Vorgabe einer kleinen Skizze sind jedoch viele holz- oder metallverarbeitende Handwerker auch zu annehmbaren Preisen bereit, ein Übungspferd nach Wunsch zu bauen. Oft tut es schon ein aus Fässern zusammengeschweißtes Gebilde, das den Rumpf des Pferdes darstellt. Eine Schaumstoffüberspannung mit strapazierfähigem Kunstlederüberzug sorgt für den nötigen Schutz, wobei eine recht dünn gehaltene Schaumstoffdecke die Voltigierer selbst zum einfühlsamen Voltigieren erzieht. Was sonst dem Pferd weh tut, kann hier eigene Schmerzen bereiten. Höhe und Länge (ca. 140–165 cm), sowie ein Durchmesser von ca. 40–60 cm des nach Möglichkeit ovalen Rumpfes sollten sich an den natürlichen Pferdemaßen orientieren. Günstig ist auch eine Höhenverstellbarkeit, leichter, aber stabiler Bau und Transportfähigkeit. Die Griffe müssen fest angebracht (angeschweißt) sein und sollten die gleiche Stärke, Griffigkeit und Winkelung wie die das Voltigiergurtes besitzen. Es kann auch ein Voltigiergurt um das Übungspferd geschnallt werden.

Als besonders vorteilhaft erweist sich, wenn für die Voltigierer die Möglichkeit für ein Zusatztraining in einer Turnhalle oder auch in einem Gymastikraum besteht. Nach allgemeinen athletischen Ausbildungsformen können dort alle Möglichkeiten für eine Konditionierung und Gymnastizierung genutzt werden.

9.4. Longieren und Ausbilden des Voltigierpferdes

Zum *Longieren* selbst und zur Ausbildung des Voltigierpferdes soll an dieser Stelle auf die Abschnitte 4.3. und 6.6. verwiesen werden. Wichtiges *Ziel* der Longenausbildung muß das korrekte *An-den-Hilfen-Stehen* sein. Weit verbreitet ist der Fehler, daß keine Verbindung zum Pferdemaul besteht (durchhängende Longe) und somit keine Longenhilfen gegeben werden können. Im Zusammenhang mit diesem Fehler ist oft ein zu geringes aktives Einwirken durch mangelnde vorwärtstreibende Hilfen (Peitsche, Stimme) festzustellen.

Das Pferd muß *Takt* und *Losgelassenheit* entwickeln, um die Ausführung der Übungen zu erleichtern und selbst einen möglichst geringen Kraftverbrauch zu haben. Takt ist aber, sofern das Pferd ihn wenig von selbst entwikkelt, nur über die Einwirkung mit der Longe in Form halber Paraden im Bewegungstakt zu erreichen. Mangelndes Vorwärtstreiben resultiert oft aus einer Ablenkung durch die Voltigierer bei der Ausführung der Übungen oder aus falsch verstandener Rücksichtnahme auf eine möglichst störungsfreie Übungsausführung.

Diese Fehler müssen abgestellt sein, bevor mit der Durchführung von Voltigierübungen am galoppierenden Pferd begonnen wird. Ebenso muß die Ausbildungsphase der Erreichung der Losgelassenheit abgeschlossen sein. Deshalb ist bei der Ausbildung des Pferdes auf diese Erfordernisse besonderer Wert zu legen.

Neben der Arbeit an der Longe benötigt ein Voltigierpferd aufgrund der sehr einseitigen Belastung ein *Ausgleichstraining.* Dazu gehören Ausritte (auch zur Konditionierung) und noch besser eine gymnastizierende und dressurmäßige Ausbildung.

Die *Dressurausbildung* soll im wesentlichen darauf gerichtet sein, den taktvollen, versammelten und sauber durchgesprungenen Galopp **auf beiden Händen** auszubauen bzw. zu erhalten. Außerdem ist durch biegende Arbeit die Geschmeidigkeit im Rücken zu verbessern bzw. zu erhalten. Arbeit mit Bodenstangen und Cavalettis oder das Überwinden von Grids fördern die Gymnastizierung der Wirbelsäule in vertikaler Richtung.

Auch hierbei gilt jedoch, daß die sachgerechte Ausführung dieser Ausgleichsarbeit Voraussetzung für den Erfolg ist. Daher ist es empfehlenswert, wenn dieser Teil des Ausbildungsprogrammes von einem *versierten Reiter,* auch selbst mit der Absicht des Turniereinsatzes, vorgenommen wird. In Voltigierwettkämpfen sind schon Pferde zum Einsatz gekommen, die auch in mittleren und schweren Dressurprüfungen erfolgreich gestartet sind. Die eigentliche Voltigierbelastung sollte je Ausbildungstag nicht länger als *eine* Stunde dauern und maximal drei- bis viermal wöchentlich praktiziert werden.

9.5. Erwärmung und Gymnastik

Selbstverständlich für Pferd und Voltigierer muß vor Übungsbeginn ein *Aufwärmprogramm* von ca. 15 Minuten sein. Dadurch wird die Muskulatur besser mit Sauerstoff versorgt und damit lockerer, elastischer und leistungsfähiger. Der Gefahr von Verletzungen wird auf diese Weise ebenfalls vorgebeugt. Während das Pferd auf der linken und

rechten Hand ablongiert wird, können die Voltigierer selbständig (nach vorangegangener Anleitung) in Form von Lockerungs-, Lauf- und Sprungübungen, im Wechsel mit Spielformen, diese Erwärmung durchführen.
Besser ist es jedoch, dafür einen Helfer (das kann auch ein befähigter Voltigierer sein) zur Unterstützung zu haben.
Da diese Form für einen leistungsfördernden Aufbau nicht ausrcicht, wird auf dic Notwendigkeit der Durchführung eines gesonderten *Gymnastikprogrammes* verwiesen. Das kann in der Reithalle oder noch besser in einer Turnhalle bzw. in einem Gymnastikraum erfolgen. Analoge Programme aus dem Turnbereich sollen dabei zur Durchführung kommen.
Dabei sollen folgende *Aspekte* beachtet werden:

- allgemeine Verbesserung der athletischen Konstitution durch Intervall- oder Kreistraining,
- Wechsel in der Beanspruchung der verschiedenen Muskelgruppen, in der Übungsausführung und -auswahl sowie in den Ausgangsstellungen,
- richtige Ausführung mit der Grundspannung des ganzen Körpers,
- ständiger Wechsel zwischen Lockern und Dehnen,
- oftmalige Wiederholung bei Kräftigungsübungen,
- zu Anfang der Stunde gymnastische Übungen, die den ganzen Körper beanspruchen,
- nach Erwärmung gymnastische Beweglichkeitsübungen,
- Dehnungsübungen und Stretching mit angemessener Dauer und nach ausreichender Erwärmung und
- spezielle Gymnastik für typische Beanspruchungen beim Voltigieren oder individuelles Aufbautraining.

Spezielle Programme dazu sind der Literatur zu entnehmen (siehe auch Literaturverzeichnis).

9.6. Pflichtübungen

In allen Voltigierwettkämpfen umfaßt das Pflichtprogramm sechs Einzelübungen, die in vorgeschriebener Reihenfolge geturnt werden müssen. Das sind: *Grundsitz, Fahne, Mühle, Schere, Stehen, Flanke.*
Zur Einleitung bzw. zum Abschluß der Pflichtübungen gehören noch die Grundübungen *Anlaufen und Mitgaloppieren, Aufspringen zum Sitz, Abgang nach innen, Bodensprung und Wende nach innen.*
Diese Grund- und Pflichtübungen bilden die Basis für alle Übungsformen des Voltigierens, insbesondere für das Erlernen neuer Übungsformen und Variationen in den Kürübungen.
Zur Schonung des Voltigierpferdes hat das Turnen der Pflichtübungen in *Übungsblökken* national und international seinen festen Platz gefunden. Beim Einzelvoltigieren werden dabei sogar alle Pflichtübungen in einem Übungsblock geturnt, ohne sich vom Pferd zu trennen. Durch die damit verbundene Verkürzung der langen und für das Publikum unattraktiven Pflichtprogramme wird eine straffere Wettkampfdurchführung möglich, und der Schauwert der Pferdesportveranstaltung steigt erheblich.
Die Übungsfolgen sind folgendermaßen festgelegt:

A- und B-Gruppen

1. Übungsblock:
Aufsprung zum Sitz – *Grundsitz; Fahne; Mühle* – Abgang nach innen

2. Übungsblock:
Aufsprung zum Sitz – *Schere; Stehen; Flanke*
Maximalzeit (einschließlich 5-Minuten-Kür): 12 Min. 30 Sek.

C-Gruppen

1. Übungsblock:
Aufsprung zum Sitz – *Grundsitz; Fahne* – Abgang nach innen
2. Übungsblock:
Aufsprung zum Sitz – *Mühle; Schere* – Wende nach innen
3. Übungsblock:
Aufsprung zum Sitz – *Stehen; Flanke*
Maximalzeit (einschließlich 5-Minuten-Kür): 13 Min. 30 Sek.

Einzelvoltigieren

Ein Übungsblock:
Aufsprung zum Sitz – *Grundsitz; Fahne; Mühle* – Bodensprung – *Schere; Stehen; Flanke*
Maximalzeit (gilt nur für die Kür): 1 Min.
Analog zum Einzelvoltigieren werden auch die Wettbewerbe im Doppelvoltigieren ausgetragen. Ausführliche Hinweise sind in der ausgewiesenen Literatur (s. Literaturverzeichnis) enthalten. In den Ausschreibungen der Wettbewerbe sind detaillierte Durchführungsbestimmungen enthalten.
Da in allen Leistungsklassen (A, B, C und Einzel) alle Pflichtübungen mit gleichen Anforderungen zu turnen sind, werden in einigen Bundesländern bereits modifizierte Pflichtprogramme mit geringerem Schwierigkeitsgrad geturnt. Die Übungsfolge entspricht der des C-Gruppenprogrammes. Die Übungen sind so aufgebaut, daß eine Hinführung zum vollständigen Pflichtprogramm gegeben ist, die absoluten Schwierigkeiten jedoch genommen sind. Damit wird allen Anfängergruppen schon nach relativ kurzer Zeit (ca. 4–6 Monate) die Möglichkeit zur Teilnahme an Wettbewerben gegeben.

Als ein solches modifiziertes Pflichtprogramm wird von der Deutschen Reiterlichen Vereinigung empfohlen:

1. Übungsblock:
Aufsprung in den Sitz. Sitz mit hängenden losgelassenen Armen, wobei die Hände locker in der Hüftbeuge anliegen, Ellenbogen parallel zur Schulterachse (4 Galoppsprünge).
Beinschwingen mit dem rechten Bein im Halbkreisbogen über den Pferdehals zum Innensitz (über 4 Galoppsprünge), dann mit dem linken Bein über den Hals zum Außensitz und wieder zurückführen (je über 4 Galoppsprünge, analog zur Mühle).
Der Abgang erfolgt nach innen unter Schwingen des rechten Beines über den Hals.

2. Übungsblock:
Aufsprung in den Sitz. Beidbeiniges diagonales Aufknien, Streckung des rechten Beines nach hinten oben (4 Galoppsprünge Fahne mit beidhändigem Stütz).
Aus der ‚Fahne' die rechte Hüfte beugen und das Spielbein an der Außenseite des Pferdes nach vorn führen. Während des Rück-Hochschwingens des rechten Beines drückt der linke Unterschenkel vom Pferderücken ab und die Beine werden geschlossen. Vor Erreichen des höchsten Punktes drücken die Hände von den Griffen ab. Die Landung erfolgt schräg hinten außen.

3. Übungsblock:
Aufsprung zum Sitz. Beidbeiniges Aufknien hinter dem Gurt mit den Unterschenkeln rechts bzw. links der Wirbelsäule des Pferdes. Fußhaltung beliebig, Oberkörper aufgerichtet, Arme in Seithalte, Blick gerade aus. 4 Galoppsprünge aushalten, dann weiches Einsitzen mit gestreckten Beinen.
Aus dem Sitz Stützschwung durch Schwingen der Beine zur Ausholphase nach vorn. Rückschwung beider Beine mit Schließen über der Kruppe. Nach Erreichen des höchsten Punktes Hüfte beugen und geschmeidig hinter dem Gurt zum Sitz eingleiten. Ab-

gang durch Wende nach innen (siehe Abschnitt 9.6.1).

Maximalzeit (einschließlich 5-Minuten-Kür): 12 Min. 30 Sek.

Die Kür ist in Form einer Pflichtkür unter Einbeziehung folgender Übungselemente zu turnen:
1. Doppelknien
2. Fahne rückwärts auf dem Hals in Verbindung mit...
3. Querlieger in Verbindung mit...
4. Standwaage auf dem Rücken in Verbindung mit...
5. Standwaage in der Schlaufe in Verbindung mit...
6. Spreizsitz vorwärts angefaßt in Verbindung mit...
7. Bank rücklings auf der Kruppe mit Abspreizen eines Beines in Verbindung mit...
8. Prinzensitz vorwärts in Verbindung mit...
9. Umsteiger

Es dürfen nicht mehr als 2 Voltigierer auf dem Pferd sein. Die Pflichtkürelemente sollen mit eigenen Verbindungen so aneinandergereiht werden, daß das Pferd umturnt wird. Die einzelnen Teilelemente können miteinander verbunden werden, aber auch in Verbindung mit frei gewählten Übungen oder als Einzelelemente geturnt werden.

9.6.1. Grundübungen für die Pflicht

Anlaufen und Mitgaloppieren

Das Anlaufen dient der Einstellung eines rhythmischen *Mitlaufens* und damit als Basis für einen korrekten Absprung bei bestmöglicher Ausnutzung des Schwunges des Pferdes.
Nach Verlassen des Aufstellungsplatzes außerhalb des Zirkels läuft der Voltigierer *hinter dem Pferd* zur Zirkelmitte und stellt sich rechts neben (bzw. auch hinter) dem Longenführer auf.
Setzt sein Vorgänger zum Abgang an, läuft er unter der Peitsche durch, aufrecht mit ruhig herunterhängenden Armen an der Longe entlang zum Pferd und erfaßt die Griffe des Voltigiergurtes. Das Erfassen der Mittelschlaufe mit der rechten Hand ist erlaubt. Der Oberkörper darf dabei nicht zum Pferd gedreht werden, sondern zeigt in die Bewegungsrichtung des Pferdes. Im Takt der Galoppsprünge des Pferdes und mit gleicher Fußfolge erfolgt das Mitgaloppieren, wobei ein möglichst weit nach vorn, neben die Vorderbeine, gerichtetes Fußen den Schwung für den Aufsprung verstärkt.

Aufsprung zum Sitz

Nach 2–3 Galoppsprüngen erfolgt auf der Höhe der Vorderbeine der beidbeinige kräftige *Absprung.* Die angewinkelten Arme ziehen den Oberkörper an den Gurt. Erfolgt der Absprung in dem Moment, in dem das innere Hinterbein des Pferdes abfußt, wird der Aufsprung durch den Schwung des Pferdes maximal unterstützt.
Unmittelbar nach dem Absprung wird die Hüfte gebeugt, der Oberkörper nach vorn geneigt und das rechte Bein hoch nach oben geschwungen (in gestreckter Haltung). Das linke Bein bleibt lotrecht nach unten gestreckt. Der zur Brust geneigte Kopf unterstützt das Hochdrücken des Gesäßes. Mit auf die Arme verlagertem Gewicht in der Schwebephase wird auf dem Gurt abgestützt und das rechte Bein und Gesäß möglichst hoch nach oben geschwungen. Mit den Armen wird dann der Schwung abgefangen, das rechte Bein nach außen unten geschwungen und der Oberkörper wieder aufgerichtet. Das Einsitzen erfolgt geschmeidig direkt hinter dem Gurt in der Mitte des Pferderückens. Die Innenseiten der Beine des Voltigierers (Unterschenkel – Knie – Oberschenkel) fangen dabei weich den Schwung mit ab.

248 Aufsprung: 1 – Mitgaloppieren im Linksgalopp, 2 – Absprung in Richtung Vorderbeine, 3 – Flugphase, 4 – korrekter Sitz

In der gesamten Flugphase nach dem Absprung sollen die Beine bis in die Fußspitzen gestreckt bleiben. Sofort mit dem Einsitzen umschließen die Beine geschmeidig den Rumpf des Pferdes (Abb. 248).

Abgang nach innen

Im Sitz wird das rechte Bein gestreckt, dann hochgeführt und in einem hohen weiten Bogen über den Pferdehals nach innen-unten geführt. Dabei soll der Winkel zwischen gestrecktem Bein und Oberkörper möglichst gering sein. Beim Führen des Beines wird in Höhe der Griffe die jeweilige Hand kurz von den Griffen gelöst und danach wieder angelegt, ohne dabei den Bewegungsfluß zu hemmen. Der Oberkörper darf beim Hochführen der Beine kaum nach hinten ausweichen. Der erhobene Kopf wird in der Bewegung mitgeführt.

Bei der Bewegung des aktiven rechten Beines behält das passive linke Bein die Position aus dem Sitz bei.

Nach dem Zusammenführen und kurzem Schließen der Beine wird die Hüfte gestreckt, mit den Armen von den Griffen abgedrückt und mit gestrecktem und nach vorn gerichtetem Oberkörper nach oben–innen–hinten abgegangen.

Die Landung erfolgt weich mit geschlossenen Beinen durch federndes Abfangen des Schwunges. Ohne Stand erfolgt das Auslaufen in der Bewegungsrichtung.

Das Anlaufen des folgenden Voltigierers ist so einzutakten, daß ein minimales Leerlaufen des Pferdes entsteht, jedoch der Abgehende nicht behindert wird (Abb. 249).

Bodensprung

Der Bewegungsablauf entspricht voll dem der Grundübungen „Abgang“ und „Aufsprung“, bei Zwischenschaltung eines Bodensprunges.

Nach dem Abgang erfolgt aus der beidbeinigen Landung und direktem Absprung (ohne Zwischensprung) der Aufsprung auf das

249 Abgang: 1 – Ausgangsphase im Sitz, 2 – Beinführung im Halbkreis, 3 – Schließen der Beine (gestreckte Hüfte), 4 – Landung

Pferd. Erfolgt dabei der Abgang und Absprung im Takt des fußenden inneren Hinterbeins, wird der Aufsprung gut durch den Schwung des Pferdes gefördert.
Im Pflichtprogramm erfolgt der Bodensprung nur beim Einzelvoltigieren zwischen der Mühle und der Schere.

Stützschwung und Wende

Das Einleiten der Pflichtübungsteile Wende, Schere und Flanke sowie vieler dynamischer Abgänge und Kürteile erfolgt durch Schwungholen in Form des Stützschwunges.
Durch Streckung der Unterschenkel und Vorschwung (Heben) der Beine entgegen der Bewegungsrichtung des Pferdes wird diese Schwungübung so in Übereinstimmung mit dem Takt des Pferdes gebracht, daß der eigentliche Rückschwung im Moment des Abfußens des inneren Hinterfußes erfolgt. Die gestreckten Beine sind bis zur Waagerechten oder darüber anzuheben, ohne im Sitz nach hinten auszuweichen.
Mit dem Rückschwung der bis in die Zehenspitzen gestreckten Beine erfolgt ein Neigen des Oberkörpers nach vorn, wenn die Beine am Gurt vorbeischwingen. Dabei ist auch die Hüfte zu strecken und das Gewicht auf die Arme zu verlagern. Während des Aufwärtsschwunges bis zur maximalen Höhe zum Handstütz rückhochschwingen und die Beine schließen. Dazu ist der Kopf zurückzunehmen, und die Arme sind durchzustrecken. Der ganze Körper ist zu spannen und zu strecken, ohne ein Hohlkreuz zu bilden. Ein Stillstand im Handstütz ist zu vermeiden.
Bei zusätzlicher *Wende nach innen* erfolgt ein kräftiges Abdrücken und Loslassen von den Griffen, kurz vor Erreichung des höchsten Punktes, in Richtung innen-hinten. Damit wird die abschließende Flugphase und weiche Landung eingeleitet.
Bei der Vorübung für den Stützschwung (auch für andere Schwünge) sind nach Erreichung des höchsten Punktes die Beine wieder zu grätschen und ist bei Lastaufnahme mit den Beininnenseiten und durch den Kraftschluß in den Griffen weich in den Sitz zu gleiten. Diese Übung sollte mehrmals wiederholt werden.
Rhythmisierendes *Mitzählen* der Galoppsprünge (innerer Hinterfuß) erleichtert das Finden des richtigen Momentes und führt zur optimalen Ausnutzung des Schwunges des Pferdes. (Abb. 250)

Grundhaltung im Sitz

Nach dem Aufsprung zum Sitz nimmt der Voltigierer zunächst immer die *Grundhaltung* ein. Diese Grundhaltung ist Ausgangsposition für jede Pflichtübung und auch die meisten Kürübungen. Dabei sitzt er, beide Hände noch an den Griffen, an dem tiefsten

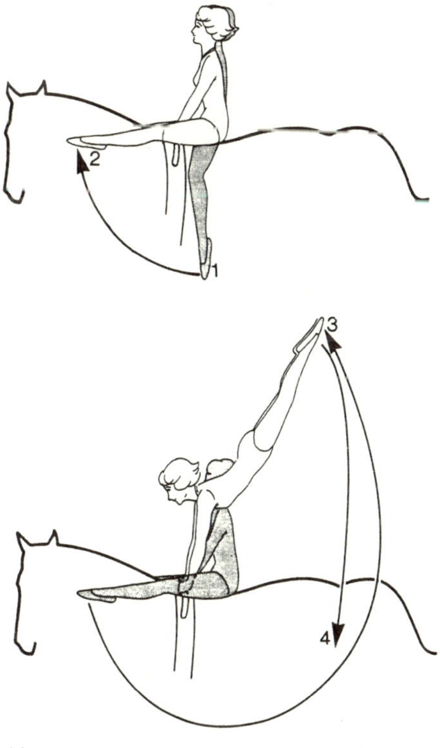

250 Absprung: 1 – Ausgangsphase, 2 – Ausholphase nach vorn, 3 – Rück-Hochschwingen bei gestreckten Armen in der Endphase, 4 – Flugbogen zur Landung

Punkt des Pferderückens, direkt hinter dem Gurt.
Mit aufgerichtetem Oberkörper, zurückgenommenen Schultern und erhobenem Kopf geht er geschmeidig mit den Galoppbewegungen mit. Das Körpergewicht ist in jeder Bewegungsphase des Pferdes auf beide Gesäßknochen verteilt (innen etwas stärker). Die Hüfte schwingt harmonisch mit der Galoppbewegung mit.
Die Schultern sollen schwer nach hinten-unten ziehen, aber locker bleiben. Der Kopf ist aufrecht, der Brustkorb nach vorn gewölbt, und die Bauchmuskulatur ist leicht gespannt.
Die Beine liegen mit tiefen Knien fest am Pferdeleib, die Unterschenkel sind angelegt und die Fußspitzen nach unten gestreckt. Die Innenseiten der Beine umschließen das Pferd, ohne sich mit der Wade festzuklemmen. Die Knie sind leicht angewinkelt. Vom Knie, Unterschenkel bis zur Fußspitze soll sich eine Gerade bilden.
Von der Seite gesehen, sollen Kopf, Schultern, Hüfte und Ferse eine lotrechte Linie bilden. Spaltsitz, Stuhlsitz, Rundrücken, Hohlkreuz, unruhiger Kopf sind **die häufigsten Fehler.**

Zur Armhaltung

Die Arme werden bei den Pflichtübungen *Grundsitz* und *Stehen* sowie für die Grundhaltung bei vielen statischen Kürübungen in *Seithalte* genommen.
Die Griffe werden losgelassen und beide Arme auf direktem Wege gestreckt in Seithalte geführt, sobald sich der Voltigierer im Gleichgewicht befindet.
Die unverkrampft ausgestreckten Arme sollen von den Schultern bis zu den Fingerspitzen eine gerade Linie bilden und etwas über die Waagerechte gehoben werden. Die optimale Höhe der Fingerspitzen liegt in Augenhöhe, die maximale in Scheitelhöhe und die minimale in Schulterhöhe.
Die Schultern sind tief und entspannt, Hand- und Ellbogengelenk sind gestreckt. Die Handflächen zeigen mit gestreckten Fingern und anliegendem Daumen nach unten. Von oben gesehen, bilden beide Arme eine Linie. (Abb. 251)

9.6.2. Erste Pflichtübung: Grundsitz

Beim Grundsitz wird nach dem Aufsprung die bereits beschriebene *Grundhaltung* eingenommen, und die Arme werden nach Erreichen der Balance zur *Seithalte* (siehe oben) geführt. Diese Haltung muß ab dem korrekten Aufbau mindestens *vier Galoppsprünge* gehalten werden. Danach werden die gestreckten Arme wieder zu den Griffen geführt, und es folgt die nächste Pflichtübung, die *Fahne.* Die methodischen Lernschritte erfolgen vom Sitzen im Schritt über Lockerungsübungen bis zum Galopp mit zunächst einem losgelassenen Arm, dann abwechselndem Loslassen und bei Erhaltung des Gleichgewichtes zum beidseitigen Loslassen. Diese Übung wird oft schon nach kurzer Übungsaufnahme möglich sein und kann dann in der Haltung verbessert werden. (Abb. 252)

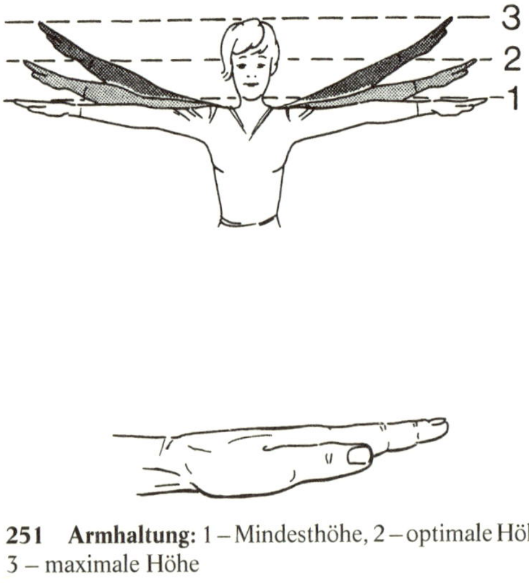

251 Armhaltung: 1 – Mindesthöhe, 2 – optimale Höhe, 3 – maximale Höhe

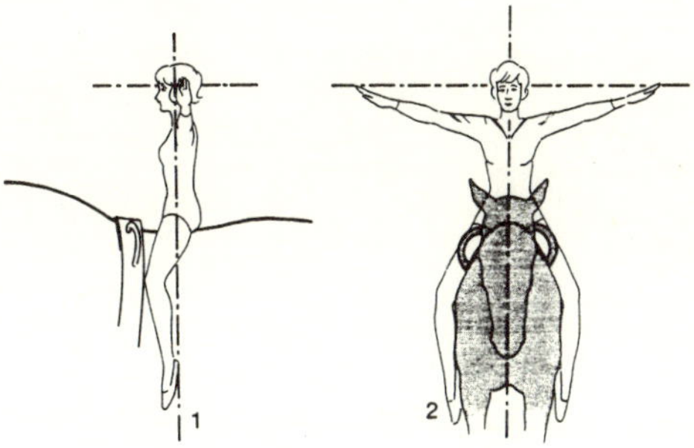

252 **Korrekte Haltung**

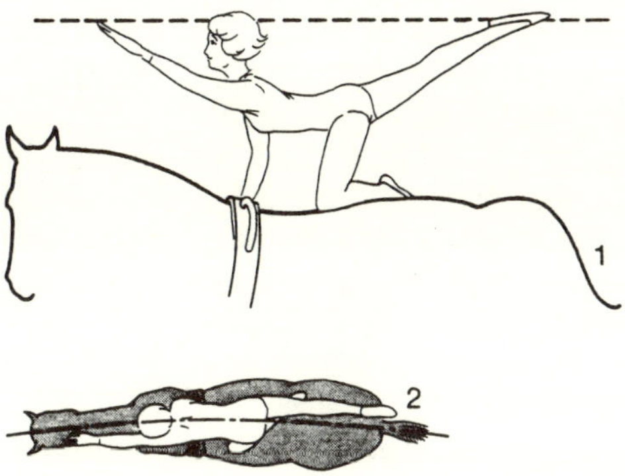

253 **Fahne:** 1 – Korrekte Biegung von den Fingerspitzen bis zur Fußspitze
2 – Längsachse des Voltigierers über der Wirbelsäule des Pferdes

9.6.3. Zweite Pflichtübung: Fahne

Aus dem Sitz wird *beidbeinig* unter leichtem Aufschwingen mit flachem Fußrücken so *aufgekniet,* daß der innere (linke) Unterschenkel mit der Fußsohle nach außen zeigend schlüssig über der Wirbelsäule liegt. Der äußere (rechte) Unterschenkel liegt in gleicher Richtung rechts neben der Wirbelsäule.
Dabei wird bereits das Gewicht auf das innere Bein und den äußeren stützenden Arm verlagert. Zur besseren Lastverteilung auf das ganze Schienbein und den Fuß ist das innere Knie etwas nach vorn zu schieben. Der Stützarm ist leicht angewinkelt und sollte weniger Gewicht aufnehmen als das Stützbein. Der Kopf ist zurückgenommen, der Blick geradeaus gerichtet, und die Schulterachse liegt parallel zu der des Pferdes.
Aus dieser Position werden *gleichzeitig* diagonal der linke Arm und das rechte Bein zur Streckung gebracht. Von der Seite gesehen, soll sich von den Fingerspitzen über Arme, Rücken und Beine bis zu den Fußspitzen ein harmonisch gespannter Bogen von maximaler Höhe bilden. Die Fußsohle des rechten Beines soll nach oben und die linke Handfläche mit geschlossenen Fingern nach unten zeigen. Die Längsachse des Voltigierers soll (von oben gesehen) der Längsachse des Pferdes entsprechen. Diese Position ist vier *Galoppsprünge* zu halten. (Abb. 253)
Danach faßt die linke Hand wieder direkt zum Griff, das rechte Bein wird so gestreckt nach vorn-unten geführt, daß daraus wieder weich in den Sitz eingeglitten wird und die Beine geschlossen am Pferd anliegen.
Ist der Übungsblock zu Ende (C-Gruppen), erfolgt jetzt der Abgang nach innen, sonst wird nunmehr die nächste Pflichtübung, die *Mühle,* angeschlossen.
Hohlkreuz und aufgedrehte (nach oben) rechte Hüfte, einbeiniges Knien, Verdrehungen und starkes Mitschwingen sind **häufige Fehler.**

9.6.4. Dritte Pflichtübung: Mühle

Bei dieser Übung führt der Voltigierer im Sitz eine ganze Drehung gegen den Uhrzeigersinn *in vier Phasen* aus. Bei jeder Phase erfolgt eine Vierteldrehung im Vierertakt (im Zeitraum von vier Galoppsprüngen).
In der *ersten Phase* wird aus dem Sitz das rechte Bein gestreckt in einem hohen weiten Bogen über den Pferdehals zum Innensitz geführt. Dieses aktive Bein soll dabei einen möglichst spitzen Winkel zum geraden und nicht nach hinten ausweichenden Oberkörper bilden. Um das Bein in seinem gleichför-

migen Bewegungsfluß nicht zu hemmen, sind die Griffe entsprechend kurz loszulassen, wenn dieses aktive Bein an den Griffen vorbeigeführt wird, und danach die Hände wieder zum Griff zu führen. Das passive (linke) Bein soll seine feste Lage aus dem Sitz dabei kaum verändern. Kopf, Schulter und Hüfte drehen gleichförmig in der Bewegung mit.
In der *zweiten Phase* bleibt das nunmehr passive (rechte) Bein am Pferd. Das aktive (linke) Bein wird über die Kruppe zur Außenseite geführt, so daß der Voltigierer rückwärts sitzt. Mit der rechten Hand ist dabei an den inneren Griff und mit der linken Hand an den äußeren Griff umzufassen. Auch im Rückwärtssitz ist auf ein tiefgedrücktes Knie, aufgerichteten Oberkörper und erhobenen Kopf zu achten.
In der *dritten Phase* bleibt das äußere (linke) Bein passiv, und das rechte Bein wird gestreckt und hoch über die Kruppe nach außen zum Außensitz geführt. Um dabei der Fliehkraft entgegenzuwirken, ist der Schwerpunkt etwas nach innen neben die Wirbelsäule zu verlagern. Die linke Hand faßt dann wieder an den inneren und die rechte Hand an den äußeren Griff. Im Außensitz werden die Beine geschlossen an das Pferd angelegt.
Zur Einleitung der *vierten Phase* werden die Schultern jetzt schräg nach vorn gedreht und die Blickrichtung nach vorn gestellt.
Nun bleibt wieder das rechte Bein passiv am Pferd, und das linke Bein wird gestreckt über den Pferdehals im weiten hohen Bogen zum Vorwärtssitz geführt. Dabei ist zuerst die rechte und dann die linke Hand kurz vor dem Vorbeiführen an den Griffen zu lösen, um das Bein passieren zu lassen. (Abb. 254)
Bei A- und B-Gruppen sowie beim Einzelvoltigieren wird nun ohne Verzögerung der Abgang nach innen im Takt angeschlossen. Bei C-Gruppen folgt im zweiten Übungsblock die *Schere*.
In jeder Phase soll das aktive Bein in einem hohen, weiten und gleichmäßigen Halbkreis geführt und nicht geschleudert werden.
Beinführung und Drehung sollen flüssig und ohne Verzögerungen erfolgen.

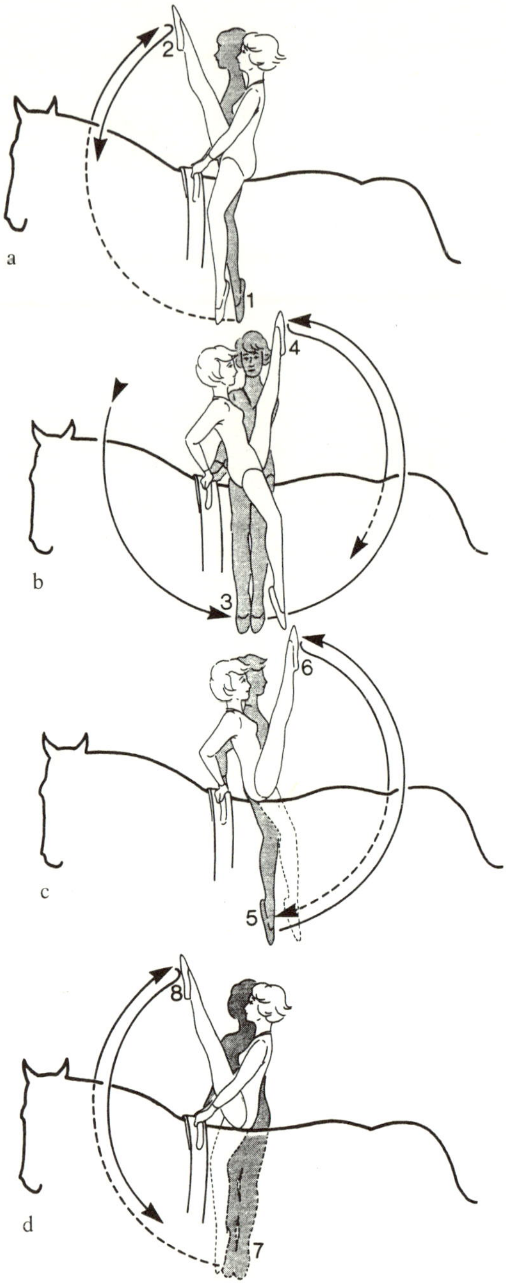

254 Mühle a – *Erste Phase:* 1 – Ausgangsphase im Sitz
2 – Beinführung im Halbkreis zum Innensitz
b – *Zweite Phase:* 3 – Innensitz
4 – Beinführung im Halbkreis zum Rückwärtssitz
c – *Dritte Phase:* 5 – Rückwärtssitz
6 – Beinführung im Halbkreis zum Außensitz
d – *Vierte Phase:* 7 – Außensitz
8 – Beinführung im Halbkreis zum Sitz vorwärts

Nach jeder Vierteldrehung ist der Oberkörper wieder korrekt aufzurichten. Während der Drehung muß mit dem Gesäß der Kontakt zum Pferd auf einem Punkt gehalten werden. Durch regelmäßiges Aneinanderreihen der vier Vierteldrehungen im Vierertakt ist die Mühle *nach 16 Galoppsprüngen* beendet. Wird danach ein Abgang erforderlich, ist dieser im Takt daran anzuschließen.
Häufige Fehler sind: Ungleicher Rhythmus, Taktfehler, flache Beinführung, Vorlage und starke Rückenlage, Rundrücken, ausweichendes Gesäß und mangelnde Beinstrekkung und -führung.

9.6.5. Vierte Pflichtübung: Schere

Die Schere ist eine Beinschwungübung *in zwei Phasen,* wobei in jeder Phase die Beine hoch über dem Pferderücken gekreuzt werden.
Die *erste Phase* wird in Form der Vorwärtsschere aus dem Sitz entwickelt. Wie beim *Stützschwung* erfolgt hierbei das Hochschwingen bis zum Stützstand.
Im Aufschwung wird durch eine Drehung der linken Hüfte nach oben-außen das Drehen des Körpers und das Kreuzen der Beine eingeleitet und vor Erreichen des höchsten Punktes ausgeführt.
Beim Hochschwingen sind die Arme durchzudrücken und der Kopf zurückzunehmen. Das Anspannen der Bauchmuskulatur soll ein Hohlkreuz vermeiden helfen.
Im Abwärtsschwung sind die Beine weit zu scheren, die Außendrehung des Körpers zu vollenden und der Kopf in der Drehung mitzunehmen.
Durch Abfangen des Schwunges mit den Beininnenseiten und dem Kraftschluß der Hände an den Griffen erfolgt ein geschmeidiges Eingleiten zum Rückwärtssitz in der Mitte des Pferdes. Die Beine legen sich wieder weich an das Pferd an. Beim Einsitzen geben die Hände die Griffe rechtzeitig frei und fassen zum jeweils anderen Griff.

Die *zweite Phase* wird durch das Zurückschwingen der Beine aus dem aufrechten Rückwärtssitz eingeleitet. Dabei wird die Hüfte vorgeschoben (Richtung Kruppe), um eine Bogenspannung über die Rücken- und Beinpartie aufzubauen. Diese Bogenspannung ist unter Ausnutzung des Schwunges aus dem Abfußen des Pferdes entscheidend für den notwendigen Aufwärtsimpuls der Hüfte über die Kruppe.
Dazu sind die Beine in Richtung Kruppe gestreckt hochzuschwingen, das Gewicht auf die sich streckenden Arme zu verlagern und mit dem Gesäß möglichst hoch über den Pferderücken zu schwingen.
Das Becken soll dabei weit nach oben-hinten schieben und der Winkel zwischen dem Oberkörper und den Armen möglichst groß sein.
Im Aufwärtsschwung ist die linke Hüfte nach oben-innen zu drehen und das linke Bein über das rechte Bein vor Erreichen des Umkehrpunktes (Höchstpunkt des Beckens) zu kreuzen. Die Beine sollen dabei möglichst hoch und weit scheren. Im Abwärtsschwung wird die halbe Drehung, bei Mitnahme des Kopfes, vollendet und wieder durch weiche Schwungaufnahme geschmeidig zum Sitz eingesessen. Die Hände fassen wieder um.
Bei den Drehungen (Kreuzung der Beine) dreht die Bauchseite des Voltigierers immer in Richtung Zirkelmitte. (s. Abb. 255)

Hauptfehler sind bei dieser Übung: Falsche Technik und Abdruck im falschen Moment (nicht beim Abfußen des inneren Hinterfußes), Zurückrutschen, mangelnde Bein- bzw. Bogenspannung, zu spätes Drehen, harte Landung, mangelnde Beinstreckung, Unterbrechung des Bewegungsflusses am höchsten Punkt, mangelndes Hochschwingen bei der Rückwärtsschere.

Diese Übung muß für den Lernenden in abgestimmte Teilübungen (besonders Stützschwünge vorwärts und rückwärts auch am Übungspferd) unterteilt werden.

a

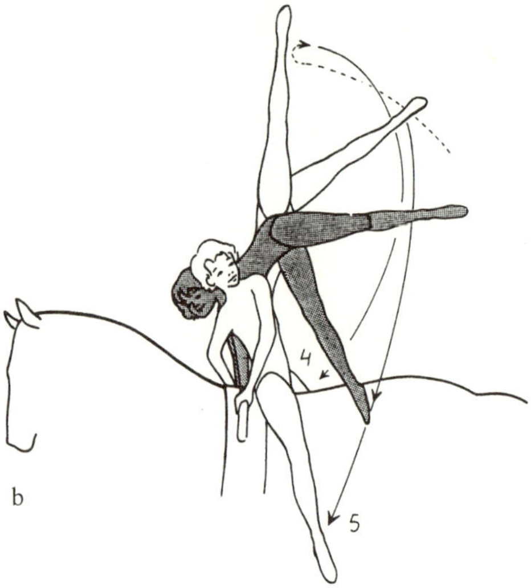

b

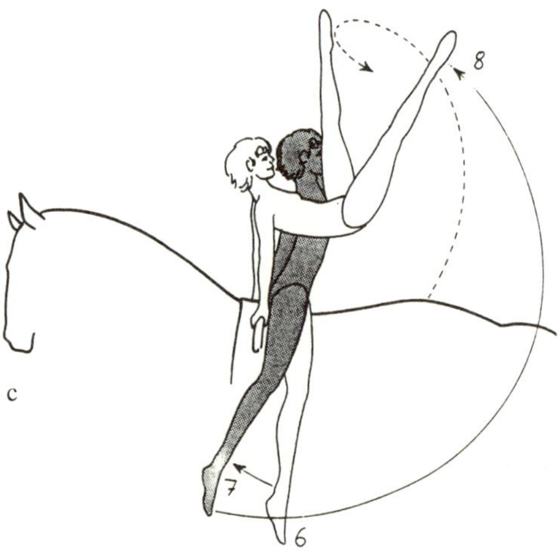

c

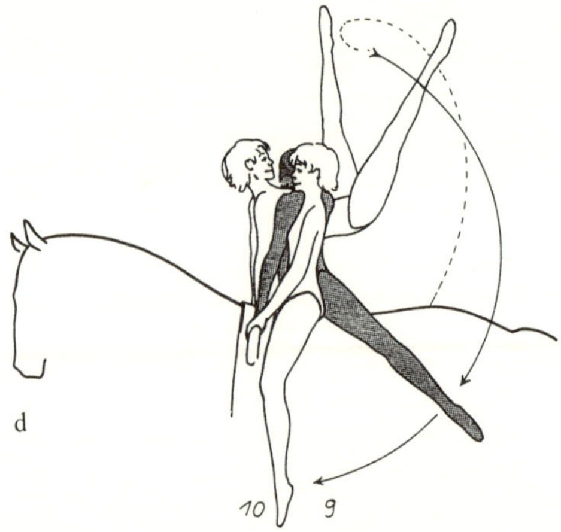

d

255 Schere *Erste Phase:* a 1 – Ausgangsphase im Sitz 2 – Ausholphase nach vorn 3 – Überkreuzen der Beine und Hüftdrehung
b 4 – Fortsetzung und Vollendung des Überkreuzens der Beine und der Hüftdrehung 5 – Einkreuzen zum Rückwärtssitz
Zweite Phase: c 6 – Rückwärtssitz
7 – Bogenspannung
8 – Abbücken in der Hüfte und Einleiten des Überkreuzens der Beine und der Hüftdrehung
Dritte Phase: d 9 – Fortsetzung und Vollendung des Überkreuzens der Beine und der Hüftdrehung
10 – Endphase, aufrechter Innensitz

9.6.6. Fünfte Pflichtübung: Stehen

Aus dem Sitz wird weich *aufgekniet,* wobei Knie, Unterschenkel und Fußrist flach aufliegen sollen. Durch Herausfedern in den *Hockstand* gehen und dabei die Füße mit der ganzen Sohle parallel und nahe zur Wirbelsäule des Pferdes *hinter dem Gurt* aufsetzen.
Das Gewicht ist sogleich auf die ganzen Füße und etwas stärker auf den inneren Fuß, zur besseren Fliehkraftaufnahme, zu verlagern. Der Übergang vom Sitz über den Hockstand zum Stehen soll weich und fließend, *je Phase im Zweitakt,* erfolgen.
Das *Aufrichten* erfolgt zunächst durch Streckung des Rückens und dem *Herausschieben* aus den Knien, ähnlich dem Heben schwerer Lasten. Folgt dabei die Schwerpunktverlagerung in etwa einer lotrechten Linie (Schwer-

punkt des Voltigierers bleibt immer über dem des Pferdes), so erleichtert dies die Sicherung des Gleichgewichtes erheblich. Ist das Aufrichten erfolgt, werden die Arme zur *Seithalte* (siehe Grundübung Armhaltung) genommen. Der Blick ist bei erhobenem Kopf frei und geradeaus. Mit leicht vorgeschobener Hüfte und etwas gebeugten Knie- und Fußgelenken werden die Galoppbewegungen des Pferdes abgefangen.
Die Fußsohlen behalten dabei ständigen vollflächigen Kontakt zum Pferderücken. Nach vollständigem Aufbau der Übung (Aufrichtung und Arme in Seithalte) sind *mindestens vier Galoppsprünge* zu halten. (Abb. 256)
Danach werden die Arme wieder nach vorn an die Griffe geführt und das Gewicht auf die Arme verlagert. Nach leichtem Abdrücken mit den Füßen erfolgt ein geschmeidiges Eingleiten in den Sitz mit gestreckten Beinen, wobei die Innenseiten der Beine den Schwung weich abfangen und das Pferd umschließen. Darauf folgt die nächste Pflichtübung, die *Flanke.*
Häufige Fehler sind: Zu hastiges Aufrichten, Aufrollen des gekrümmten Rückens, punktförmige Gewichtsbelastung mit den Fußspitzen oder Fersen, gespreizte Knie, mangelnde Aufrichtung, verkrampfter Schultergürtel, Hängenlassen des Kopfes (Blick zum Boden), unruhiges, schiefes Stehen, Hohlkreuz oder Rundrücken.

9.6.7. Sechste Pflichtübung: Flanke

Auch die Flanke ist eine Schwungübung *in zwei Phasen.* In der *ersten Phase* wird eine Wende in den Innensitz und in der zweiten Phase aus dem Innensitz die Wende über das Pferd nach außen ausgeführt.
Aus dem Sitz werden beide Beine gestreckt nach vorn geschwungen und von dort der Schwung für einen schnellen und kräftigen Rück-Hoch-Schwung geholt. Dabei ist der Schwung des Galoppsprunges auszunutzen.
Im Aufwärtsschwung wird das Gewicht auf

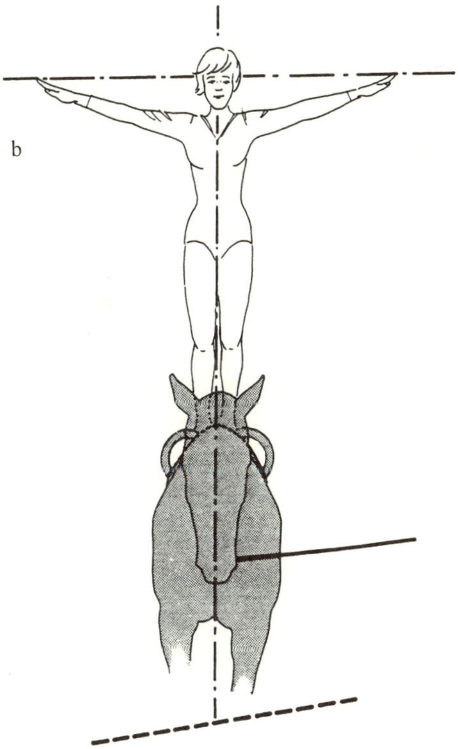

256 Stehen a Entwicklung: 1 – Knien auf beiden Unterschenkeln, 2 – Hockstand, 3 – Endphase (Stehen)
b Haltung des stehenden Voltigierers

die Arme verlagert, der Oberkörper nach vorn geneigt, die Arme werden gebeugt und die Schultern etwas nach vorn geschoben.
Während des Hochschwunges werden die

Arme durchgedrückt, die Hüfte gestreckt, und die gestreckten Beine werden hoch über dem Pferderücken geschlossen (siehe auch Grundübung *Stützschwung*). Beim Zurücknehmen des Kopfes, zum Blick auf den Pferdehals, ist durch kräftiges Anspannen der Bauchmuskulatur ein Hohlkreuz zu vermeiden.

Der Rück-Hoch-Schwung zum Handstütz soll eine maximale Höhe erreichen, aber nicht zum Handstand (Stillstand) führen. Im höchsten Punkt (Umkehrpunkt) wird die Hüfte gebeugt, und beide Beine werden gestreckt und geschlossen nach innen-vorn geführt. Der Schwung wird mit der Außenseite des rechten Beines beim Entlanggleiten an der Pferdeinnenseite und über die Arme durch den schlüssigen Griff der Hände abgefangen. So gleitet der Voltigierer weich in den Innensitz, legt die Unterschenkel an das Pferd an, und die Achse der Schultern wird nach vorn gedreht.

Die *zweite Phase* der Flanke soll unmittelbar und ohne Verzögerung angeschlossen werden. Der Voltigierer sitzt kurz im aufrechten Innensitz, bei Anliegen beider Beine am Pferd, mit parallelen Schultern zum Voltigiergurt und mit nach vorn gerichtetem Blick.

Mit geschlossenen und gestreckten Beinen

b

c

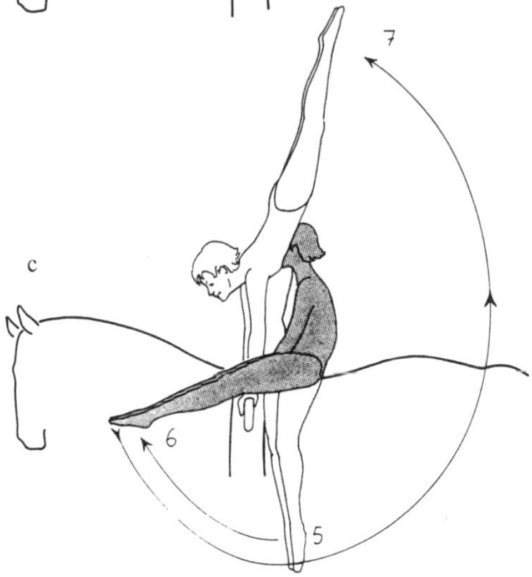

d

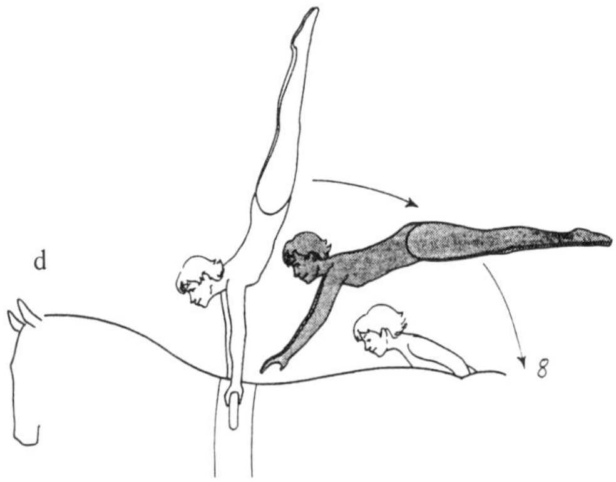

a

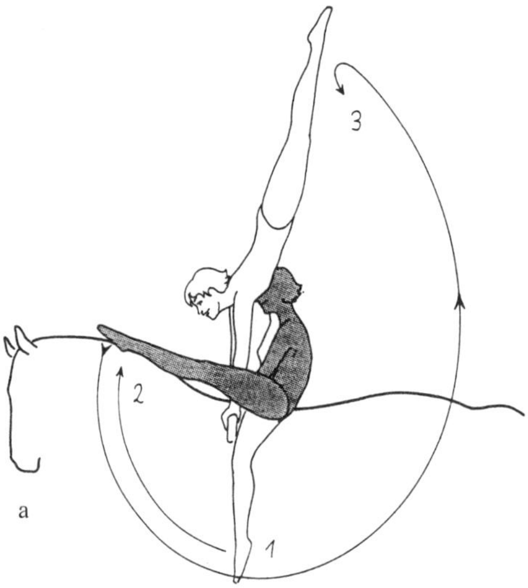

257 Flanke *Erste Phase:* a 1 – Ausgangsphase im Sitz, 2 – Ausholphase nach vorn, 3 – Rück-Hochschwingen bei gestreckten Armen in der Endphase
b 4 – Beugen der Hüfte, Eingleiten zum Innensitz
Zweite Phase: c 5 – Aufrechter Innensitz
6 – Ausholphase nach vorn mit geschlossenen Beinen
7 – Hochschwingen mit geschlossenen Beinen
d 8 – Abdruck vom Gurt nach außen mit anschließender Flugphase

wird nun unter Ausnutzung des Galoppsprungs wieder *Schwung* geholt. Dabei wird die Hüfte gebeugt, und die Beine werden kräftig nach vorn geschwungen. Beim nunmehr einzuleitenden *Rückschwung* der Beine wird der Oberkörper nach vorn-außen geneigt, das Gewicht auf die Arme verlagert, die Arme werden gebeugt und die Schultern etwas vorgeschoben. Die gestreckten und geschlossenen Beine sind an der Seite des Pferdes vorbei, möglichst weit rück-hoch, zu schwingen.
Im *Aufwärtsschwung* werden die Hüfte und die Arme wieder gestreckt. Die Schultern kommen jetzt über den Gurt, und der Kopf ist hochgenommen.
Das Schwingen über die Kruppe des Pferdes nach außen soll mit geschlossenen Beinen und so hoch wie möglich erfolgen. Vor Erreichen des höchsten Punktes drücken sich die Arme kräftig an den Griffen ab und lassen diese los, so daß eine *Flugphase* mit gestrecktem Körper entsteht. (Abb. 257)
Die Landung soll weit außen, in Höhe der Hinterbeine des Pferdes, erfolgen. Der Schwung wird elastisch mit den Hüften, den Knie- und Fußgelenken aufgefangen. Der Oberkörper wird daraus aufgerichtet, und es wird in die Bewegungsrichtung ausgelaufen.
Häufige Fehler sind: Ungenügendes oder falsches Schwungholen, mangelnde Beinstrekkung bzw. Körperspannung, offene Beine, Stillstand im Handstütz, Hohlkreuz beim Aufschwingen, kein korrekter Innensitz, zu lange Sitzphase, im Innensitz nur mit einem Bein Schwung holen, fehlende Hüftstrekkung, Verdrehen der Schulter, mangelnde Höhe und Hängenbleiben an der Außenseite.

9.7. Die Kür

9.7.1. Allgemeine Bemerkungen

Die Kür ermöglicht dem Voltigierer bzw. der Gruppe, aufbauend auf den Grundelementen der Pflicht individuelle und kreative Übungsfolgen zu turnen. Im Gruppenvoltigieren stehen dafür in allen Leistungsklassen fünf Minuten zur Verfügung. Beim Einzelvoltigieren ist dafür eine Minute vorgegeben.
Nachdem in den letzten Jahren im allgemeinen eine musikalische Untermalung der Kürvorträge zu verzeichnen war, ist eine deutliche Richtung zur Übereinstimmung von Musik und turnerischen Akzenten zu verzeichnen. Damit wird auch die *Musik als aktives Gestaltungselement* einbezogen. Das erhöht die Anforderungen an die Voltigierer ungemein, steigert jedoch den Schauwert und die Harmonie der fließenden Bewegungen.
Auch ist eine Zunahme *tänzerischer Gestaltungselemente* in Abstimmung mit Bewegungen und der Einbeziehung von Akzenten mittels speziell ausgewählter Musik, bis hin zur Anwendung individueller Kür-Choreographien, zu verzeichnen.
Im modernen Voltigieren finden wir Bewegungen der *Gymnastik,* des *Geräteturnens* und der *Sportakrobatik* vor. Diese Bewegungen sind mit den Vorwärtsbewegungen des Pferdes in Übereinstimmung zu bringen und hängen somit auch vom Pferd, seiner Konstitution und seinen Reaktionen ab. Die Kürelemente und deren Variationen sind äußerst vielfältig und unterliegen einer ständigen Weiterentwicklung.
Grundsätzlich besteht ein Kürvortrag aus einer Aneinanderreihung von *statischen* und *dynamischen* Übungselementen sowie aus deren Kombinationen.
Der Anteil der dynamischen Übungen wird immer größer und führt zu einer Hervorhebung der *Bewegungsdynamik.*

Eine ideenreiche Übungsauswahl und der ständige Wechsel in der Bewegungsrichtung und in der Bewegungsebene (das Pferd wird „umturnt") führt zu einer großen *Bewegungsvielfalt* und findet seine Anerkennung in der Gestaltungsnote.

Der starke Einfluß der Note für die Schwierigkeit führt auch immer mehr zu *akrobatischen* Übungselementen und komplizierten Gruppenübungen in mehreren Ebenen sowie zu schwierigen Auf- und Abgängen, gepaart mit dynamischen Bewegungsverbindungen.

Zu den Kürübungen zählen alle Übungsformen und ihre Varianten, die nicht Teil der Grund- und Pflichtübungen sind, unabhängig davon, ob es Einzel-, Doppel- oder Dreierübungen sind.

Statische Übungsformen sind Übungen, bei denen eine Haltung für eine bestimmte Zeit im Gleichgewicht gehalten wird und der Schwerpunkt unverändert bleibt.

Gewertet werden statische Übungen nur, wenn sie mindestens drei Galoppsprünge gehalten werden.

Die statischen Übungsformen lassen sich in folgende Gruppen einteilen:

- Stehen in Form von Standspagat, Standwaage oder hoher Bank,
- Knien in Form vom Kniestand, Bank oder Fahne,
- Stütze in Form von Liegestütz oder Handstand,
- Sitzformen,
- Hänge und
- Lieger (Flieger).

Dynamische Übungsformen sind alle schwunghaften Bewegungen, bei denen die Haltung und damit der Schwerpunkt ständig verändert wird.

Zu den dynamischen Übungsformen zählen:

- generell alle dynamischen Elemente,
- Übergänge und Verbindungen,
- Auf- und Abgänge,
- Sprünge (auch Drehsprünge),
- Drehungen,
- Rollen,
- Überschläge und Kombinationen dieser Elemente.

Gruppenübungen werden in *Doppelübungen* und *Dreierübungen* unterteilt. Zur Schonung des Pferdes und auch der Voltigierer dürfen in C-Wettbewerben maximal zwei und in A- und B-Wettbewerben maximal drei Voltigierer gleichzeitig auf dem Pferd sein. Bei Dreierübungen müssen zur Vermeidung zu hoher Risiken mindestens zwei Voltigierer Kontakt mit dem Pferd haben.

Bezüglich ihrer *Position* können diese Übungen hintereinander, nebeneinander, gegeneinander, aufeinander und übereinander ausgeführt werden.

Es erfolgt auch eine Einteilung in *untere Ebene* (direkt auf dem Pferd), in *mittlere Ebene* (auf dem sitzenden oder knienden Voltigierer) und in *obere Ebene* (auf dem stehenden Voltigierer).

Ausführliche Beschreibungen über die vielfältigsten Kürübungsformen und methodische Hinweise zum Erlernen von Kürübungen können im Rahmen dieser Ausführungen nicht erfolgen. Dazu wird auf die spezielle Voltigierliteratur (s. Literaturverzeichnis) verwiesen.

Zur Lernmethodik sei hier folgende Zusammenfassung gegeben:

- immer nur neue Übungen in Angriff nehmen, die auf bekannten und erlernten Abläufen aufbauen;
- leichte vor schwierigen und einfache vor zusammengesetzten, komplexen Übungen erlernen;
- zuerst eine Grobform und danach eine Feinform einer Kürübung erarbeiten;
- Reihenfolge der Erprobung: Boden → Übungspferd → Pferd im Halten → Pferd im Schritt → Pferd im Galopp;
- leichte Ausführungsform vor schwierigen wählen (erst festgehalten, dann losgelassen);
- erst Übungen in der Bewegungsrichtung vorwärts, dann rückwärts;
- einfache Verbindungselemente vor komplizierten und kombinierten ausführen;
- Doppel- und Dreierübungen in Einzelübungen zerlegen und vorbereiten;
- Auswahl der Übungen entsprechend den

Neigungen und Fähigkeiten der Voltigierer vornehmen;
- Berücksichtigung der Konstitution und des Ausbildungsstandes des Pferdes sowie
- Nutzung der individuellen Kreativität der Voltigierer.

9.7.2. Einflüsse auf die Bewertung

Schwierigkeit

Basis für die *Bewertung* einer Kür bildet deren *Schwierigkeit* (Inhalt). Eine genaue Einteilung der geläufigen Kürübungen in die *Schwierigkeitsgrade leicht, mittel* und *schwer* und deren Festlegung in den Richtlinien für Reiten und Fahren, Band 3 – Voltigieren –, der Deutschen Reiterlichen Vereinigung erlaubt eine relativ objektive Bestimmung der Schwierigkeit.
Für die Einstufung in den Schwierigkeitsgrad, auch neuer Kürformen, sind folgende Kriterien maßgebend:

Tabelle 50: Kriterien für die Bestimmung des Schwierigkeitsgrades von Kürübungen

	leichter	**< schwerer**
Art der Bewegung	statisch einfach	< dynamisch < komplex
Art der Abstützfläche	Griffe	< Pferdehals, -rücken, Kruppe
Position der Voltigierer	hintereinander übereinander	< nebeneinander < aufeinander
Schwerpunktlage zu der des Pferdes	nah untere Ebene	< weit < mittlere Ebene < obere Ebene
Anzahl der Abstützpunkte	beidhändig beidbeinig	< einhändig < Arme frei < einbeinig
Größe der Abstützfläche	kleinflächig	< groß < punktförmig
Ausgangsposition	Sattellage	< Seite, Boden, Kruppe, Hals
Richtung zum Pferd	längs horizontal vorlings	< quer < vertikal < seitlings < rücklings
Stützflächen an Partnern	Schultern, Rücken	< an den Händen < auf den Händen
Abstand zum Gurt	nah am Gurt	< auf dem Hals, auf der Kruppe
Bewegungsrichtung	vorwärts	< seitwärts < rückwärts
Richtungswechsel	eindimensional	< zweidimensional < dreidimensional < (Drehungen, Umschwünge)
Arm- und Beinbewegungen	keine, angefaßt geschlossen	< bewegt, geschwungen < gegrätscht

Aus der Zahl der leichten, mittleren und schweren gültigen Kürelemente wird die Note der Schwierigkeit in Zehntelnoten zwischen 0 und 10 gemäß Voltigierrichtlinie ermittelt.

Ausführung

Nach denselben Kriterien wie bei der Pflicht wird die Note für die *Ausführung* in Zehntelnoten zwischen 0 und 10 vergeben. Maßstab bildet dabei die Einhaltung der Technik und die optimale Ausführung der Bewegungsnormen. Zu deren Bestimmung werden *Kriterien der Bewegungsqualität* herangezogen, wie:
- Bewegungsgenauigkeit, bezogen auf die Idealform der Bewegung in Technik und Haltung (technikbasierte Körperhaltung, Körperspannung und -streckung, übungsgerechte Ausdruckshaltung);
- Sicherheit und Gleichgewicht durch Übereinstimmung der Schwerpunkte des Voltigierers und des Pferdes (ohne Nachkorrekturen und Gleichgewichtsstörungen);
- Bewegungsweite und Bewegungsumfang (optimale Höhe und Weite der Bewegung bei Ausnutzung der vollen Gelenkbeweglichkeit);
- Übereinstimmung der Bewegungen mit dem Bewegungsrhythmus des Pferdes;

- Bewegungselastizität und Rücksichtnahme auf das Pferd (Abbremsung des Schwunges, Vermeidung schmerzhafter Einwirkungen und weiches Eingleiten);
- Bewegungsfluß, durch fließende Verbindungen der Bewegungsphase (minimale Sitzphasen zwischen Übungsteilen);
- Bewegungsdynamik (Übereinstimmung der Krafteinsätze und Koordination von Bewegungsabläufen) und
- Harmonie der Bewegungen (Sicherheit, Flüssigkeit, Übereinstimmung und Leichtigkeit der Bewegungen).

Die *Ausführungsnote* geht bei Gruppen mit 17% in die Gesamtnote ein. Daraus ist abzuleiten, daß eine einfachere, aber technisch saubere und sichere Kür stets einer schwierigen, aber unsicheren Kür mit hohem akrobatischem Inhalt und mangelhafter Ausführung vorzuziehen ist.

Gestaltung

Um eine Kür zusammenzustellen, die während des gesamten Verlaufes einen *hohen Schauwert* und ein *harmonisches Bild* bietet, bedarf es einer guten Konzeption und eines geschickten Aufbaues bei der Aufeinanderfolge der Kürelemente. Dadurch kann eine abgestimmte Verteilung der Höhepunkte, Abwechslung und ein künstlerischer Effekt erzielt werden.

Durch ein gutes Zusammenwirken der Gruppenvoltigierer und eine Anpassung der Bewegungen an die des Pferdes, wird die *Harmonie* zwischen Voltigierern und Pferd geprägt.

Der ständige Wechsel und die gute Verteilung von statischen und dynamischen Übungsfolgen sorgen für *Abwechslung.*

Das Pferd soll niemals „leer" und ein gleich verteilter Einsatz aller Voltigierer gesichert sein. Für nicht eingesetzte Voltigierer erfolgt eine Wertnotenminderung beim Gesamteindruck.

Eine geschickte *Verbindung* der einzelnen Übungsteile zu Übungsfolgen mit fließenden Übergängen fördern den *Bewegungsfluß* und führen zu einer besseren Zeitausnutzung.

Durch einen ständigen *Wechsel der Bewegungsrichtung* (vorwärts, rückwärts, seitwärts) und der Position der Voltigierer zum Pferd wird ein „Umturnen" des Pferdes erreicht.

Vielfältige *Variationen der Auf- und Abgänge* lockern das Bild auf und stellen selbst dynamische Kürelemente dar.

Monotone Aneinanderreihungen gleichartiger Strukturgruppen (z. B. abgewandelte Standformen) sind zu vermeiden.

Originalität und Kreativität wird durch den Einbau neuartiger, selbsterfundener Übungsteile geprägt. Sie bringen Überraschungseffekte und erhöhen den Spannungsverlauf.

Wenn aus einfachen Übungen heraus schwerere Übungen entwickelt werden und die gleichmäßige Verteilung von Höhepunkten über den gesamten Kürverlauf erfolgt, werden ebenfalls besondere Akzente gesetzt.

Harmonie und Ausstrahlung lassen sich durch die Abstimmung der Bewegungen auf eine passende Musik besonders positiv beeinflussen.

Die choreografischen Gestaltungsaspekte müssen jedoch mit dem Können und der Persönlichkeit der Voltigierer im richtigen Verhältnis stehen. Sehr schnell kann eine extreme Gestaltung umstritten sein, zumal Gestaltung in hohem Maße emotional und somit individuell unterschiedlich wirkt.

Die Gestaltung wird von den Preisrichtern mit einer Zehntelnote zwischen 0 und 10 bewertet.

9.8. Gesamteindruck

In Gruppenwettbewerben wird zur Ermittlung des Endergebnisses auch eine Note für den *Gesamteindruck* herangezogen.
Diese Note ergibt sich zu ca. 60% aus dem Longieren und der Vorstellung des Pferdes. Damit wird auch indirekt die *Einwirkung des Longenführers* bewertet. Die übrigen ca. 40% sollen das Verhalten der Gruppe, deren Ausstrahlung, das Einlaufen, Aufstellung und Gruß, das Auslaufen und die Aufmachung der Gruppe, des Ausbilders und des Pferdes beurteilen.

9.9. Bewertung in Voltigierwettbewerben

Die vollständigen Kriterien zur Bewertung in Voltigierwettkämpfen sind in den Richtlinien für Reiten und Fahren, Band 3 – Voltigieren – der Deutschen Reiterlichen Vereinigung im Zusammenhang mit der Leistungsprüfungsordnung (LPO) festgelegt.
Hier wurden diese Kriterien im Rahmen der Beschreibung der Übungsausführung dargestellt, ohne die konkreten Abzugspunkte aufzulisten.
Die Ermittlung (Berechnung) der Endergebnisse erfolgt in folgender Weise:

Gruppenvoltigieren (national)

Die Noten für die Pflichtübungen (Notensumme), die Wertnoten der Kür – Wert der Schwierigkeit (× 2), Gestaltung, Ausführung (× 2) – und die Note für den Gesamteindruck werden addiert und dann durch 12 dividiert. Das Ergebnis wird auf 3 Stellen hinter dem Komma errechnet, die ermittelte Zahl ergibt die Endnote.

Einzelvoltigieren (national)

Die Gesamtnote für Pflicht und die Noten der Kür – Wert der Schwierigkeit (× 2), Gestaltung (× 1) und Kür-Ausführung (× 3) – werden addiert und durch 12 dividiert. Das Ergebnis wird auf 3 Stellen hinter dem Komma errechnet, die ermittelte Zahl ergibt die Endnote.
Die Wichtung der Teilnoten und die Unterschiede in den verschiedenen Wettkämpfen sollen durch nachstehende Tabelle verdeutlicht werden. (Tab. 51)
Diese Zusammenhänge sind bei Vorbereitungen auf Wettkämpfe zu beachten.

Tabelle 51: Einflüsse der Wettbewerbsteile auf das Endergebnis

Nationale Wettkämpfe

	Gruppenvoltigieren			Einzelvoltigieren				
	Notentyp	Multiplikator	Anteil am Ges.-ergebnis in %	Notentyp	Multiplikator	Anteil in % an Pflicht	an Kür	an Ges.
Grundsitz	*H,D	1	8,33	H	1	16,67		
Fahne	*H,D	1	8,33	H	1	16,67		
Mühle	*H,D	1	8,33	H	1	16,67		
Schere	*H,D	1	8,33	H	1	16,67		
Stehen	*H,D	1	8,33	H	1	16,67		
Flanke	*H,D	1	8,33	H	1	16,67		
Pflicht (ingesamt)	D		50,00	D				50,00
Kür-Schwierigkeit	Z	2	16,67	Z	2		33,33	
Kür-Gestaltung	Z	1	8,33	Z	1		16,67	
Kür-Ausführung	Z	2	16,67	Z	3		50,00	
Kür (insgesamt)	D		41,67	D				50,00
Gesamteindruck	Z	1	8,33		0			
Endnote	D		100,00	D				100,00

Internationale Wettkämpfe

	Gruppenvoltigieren			Einzelvoltigieren				
	Notentyp	Multiplikator	Anteil am Ges.-ergebnis in %	Notentyp	Multiplikator	Anteil in % an Pflicht	an Kür	an Ges.
Grundsitz	*H,D	1	9,09	H	1	16,67		
Fahne	*H,D	1	9,09	H	1	16,67		
Mühle	*H,D	1	9,09	H	1	16,67		
Schere	*H,D	1	9,09	H	1	16,67		
Stehen	*H,D	1	9,09	H	1	16,67		
Flanke	*H,D	1	9,09	H	1	16,67		
Pflicht (ingesamt)	D		54,55	D				60,00
Kür-Schwierigkeit	Z	1	9,09	Z	1		25,00	
Kür-Gestaltung	Z	1	9,09	Z	1		25,00	
Kür-Ausführung	Z	2	18,18	Z	2		50,00	
Kür (insgesamt)	D		36,36	D				40,00
Gesamteindruck	Z	1	9,09		0			
Endnote	D		100,00	D				100,00

* = in Gruppenwettbewerben: arithmetisches Mittel [D] über die Noten [H] der 8 Voltigierer
H = Note zwischen 0 und 10 (halbe Punkte sind erlaubt)
D = Note zwischen 0 und 10 (drei Stellen nach dem Komma)
Z = Note zwischen 0 und 10 (Zehntelnote)

10. Reitjagd

Reitjagden werden heute in vielen Ländern der Welt veranstaltet. Dort, wo Hetzjagden noch nicht verboten sind, wird auch lebendes Wild verfolgt. Wenn die Jagd hinter Hunden nicht betrieben wird, um eine zu starke Entwicklung von Raubwildbeständen, wie z. B. Füchsen in Irland, einzudämmen, führt auch die Hetzjagd oft nicht mehr bis zum Tode des Wildes. Ob auf dem nordamerikanischen Kontinent, in Nord- und Südafrika oder auch in mehreren asiatischen Ländern, überall hat sich das Jagdreiten von der Notwendigkeit der Nahrungsbeschaffung zur sportlichen Tätigkeit entwickelt. Das gilt auch für Deutschland, wo allerdings in der Gegenwart dem „Sport in Rot", wie das Jagdreiten wegen der Bekleidung der Teilnehmer häufig genannt wird, durch die starke Bebauung und dem damit einhergehenden Verlust an freier Landschaft starke Hindernisse entstanden sind.
Wenn es ihn trotzdem noch gibt, sogar als erstrebenswertes Tun vieler Reiter, so ist dies neben seinem Traditionsgewicht vor allem seinen reiterlichen Anforderungen zu danken.
Das *Jagdreiten* hat einen großen erzieherischen Wert für Reiter und Pferd. Mut, Kühnheit, Kaltblütigkeit, Entschlußkraft und Reaktionsvermögen des Reiters werden beim frischen Querfeldeinreiten gefördert. Disziplin, gemeinschaftliches Handeln, Umsicht und kameradschaftliches Verhalten werden beim Reiten im Jagdfeld gestärkt. Das in der Ausbildung Erlernte muß in der Praxis bestehen.
Die *Pferde* gehen in Gemeinschaft dreister an Hindernisse heran. Zögernde werden von den anderen mitgezogen. Ihre Springfreudigkeit wird unter Ausnutzung des Herdentriebs erhöht. Temperament und Gehlust werden gefördert, Ausdauer durch längere Galopps entwickelt.

10.1. Durchführungsarten der Jagd

Der ursprüngliche Zweck der Jagd zu Pferde war die Erbeutung von Wild. Das geschah zum einen durch den Einsatz von Greifvögeln zur Jagd auf Federwild und Niederwild, zum anderen durch die Hetze mit Hunden, denen die berittenen Jäger folgten. Die Hunde verfolgten die Fährte des fliehenden Wildes so lange, bis es erschöpft die Flucht aufgab und von einem der Jäger getötet werden konnte. Einige Hunderassen jagten nicht mit der Nase, sondern behielten das Wild im Auge, vornehmlich Windhunde.

Seit 1934 ist in Deutschland die *Hetzjagd* auf lebendes Wild *verboten*. Das hat zur Entwicklung von „Ersatzformen“ geführt, die sich insofern als besonders nützlich erwiesen haben, als dabei die reiterlichen Freuden und die traditionellen Formen des Jagdreitens erhalten bleiben, die Anforderungen an Pferde und Teilnehmer aber deren Ausbildungsstand angepaßt werden können, indem man die Reitstrecke und auch die zu überwindenden Hindernisse aussucht oder speziell aufbaut.
Jagdsitten und *-bräuche* werden dem Vorbild nachgeahmt. Auf diese Weise bleibt nationales Kulturgut erhalten.
Diese Ersatzformen werden auch als „Jagden hinter markiertem Wild“ bezeichnet.
Je nachdem, ob die Jagd hinter einer Hundemeute geritten werden kann oder ob Hunde nicht zur Verfügung stehen, werden zwei Hauptformen unterschieden: die *Schleppjagd* und die *Schnitzeljagd*. Eine dritte, weniger geübte Nachahmung ist die *Fuchs-in-Sicht-Jagd*, die ihr Vorbild in der Jagd „à la vue“ hat.
Die Form, die der ursprünglichen am nächsten kommt, ist die *Schleppjagd* hinter der Meute. Leider gibt es in Deutschland kaum zwei Dutzend Meuten, deren Unterhaltung ja sehr kostenaufwendig ist. Außerdem könnten sich nicht alle Vereine leisten, eine teuere Meute für ihre Jagd zu mieten.
Bei der Schleppjagd wird eine *künstliche Wildfährte* gelegt. Dazu reitet der *Schlepper* mit einem am Sattel befestigten Kanister, der einen Aufguß von Fuchslosung, Anis, Pansenlauge, Heringslake oder sogar Terpentin enthält, voran und läßt den Inhalt des Kanisters zu Boden tropfen. Die Hunde nehmen diese Fährte auf. Je besser der Schlepper die Reaktionen des flüchtenden Wildes imitiert, indem er z. B. auf der eigenen Fährte zurückgeht und danach zur Seite abspringt oder Wasser durchquert, um so interessanter und vorbildgetreuer wird die Jagd.
Die gleichen Merkmale gelten auch für eine *Schnitzeljagd*, bei der mangels einer Meute die Hunde von zwei Reitern dargestellt werden können. Das „Wild“, ein Reiter mit einem gehörigen Vorrat an Sägespänen, die in Säkken am Sattel befestigt sind, reitet voraus und legt eine Spur, der das Jagdfeld folgen muß. Wenn die „Hunde“ die Spur verlieren, muß das Feld anhalten, bis die Fährte wieder aufgefunden ist. Die „Hunde“ suchen sie, wobei sie sich ähnlich verhalten wie der Kopfhund einer Meute.
Bei der *Fuchs-in-Sicht-Jagd* folgt das Feld einem als „Wild“ voranreitenden Reiter in Sichtweite. Für die beiden letztgenannten Formen der Reitjagd ist auch die Bezeichnung „Fuchsschwanzjagd“ gebräuchlich, weil der dem Feld voranreitende Reiter an seiner linken Schulter einen Fuchsschwanz trägt. Diese Fuchtlunte gilt es zu erbeuten. Der Reiter, der die Trophäe gewinnt, wird manchmal als Sieger der Jagd bezeichnet, obwohl die Jagd kein Wettkampf ist.

10.2. Die Vorbereitung der Jagd

Reitjagden finden in Deutschland hauptsächlich von Mitte Oktober bis zum Dezember statt. Höhepunkt der Jagdsaison ist nach alter Tradition die *„Hubertus-Jagd“*, die dem Schutzpatron der Jäger gewidmet ist und am 3. November – oder dem diesem folgenden Wochenende – stattfindet.
Für den veranstaltenden Verein ist es ganz wichtig, schon sehr zeitig den Termin auszuwählen und ihn mit den Nachbarvereinen abzustimmen. Die Kreisverbände können bei der Koordinierung der Termine sehr hilfreich sein und auch in bezug auf die Sicherung von zwei bis drei Jagden zur Vorbereitung auf den

Höhepunkt. Diese sollten allmählich steigende Schwierigkeiten aufweisen.
Vereine, die eine Schleppjagd veranstalten wollen, sollten sich rechtzeitig – am besten unmittelbar bei der Jagd des Vorjahres – eine Meute sichern. Die sind verständlicherweise für die Hauptsaison schnell ausgebucht.
Ganz zeitig muß sich der Veranstalter auch wegen eines Raumes für den *„Jägerball"* umtun. In vielen Fällen wird auch gleich im Anschluß an die Jagd ein festliches *Jagdessen* veranstaltet. Ob sich der Veranstalter dabei für das traditionelle *Erbsengericht* oder eine Wildspezialität entscheidet, ist weniger wichtig als der *festliche Rahmen.* Eichenlaub, Tannengrün und Blumen, hübsche Tischkarten, geschickt arrangiert, bilden einen stilvollen Tafelschmuck in einem mit Jagdbildern und -trophäen geschmückten Raum. Zum Jagdessen erscheinen die Jagdreiter im Reitanzug, die Gäste im Straßenanzug.
Zu den Vorbereitungsaufgaben, die so früh wie möglich erledigt werden müssen, gehört auch die Bestellung von *Jagdhornbläsern,* die ein symbolträchtiges Attribut jeder Jagd und für den zeremoniellen Teil der Reitjagd mit ihren melodiösen Jagdsignalen unverzichtbar sind. Da aber auch die Jäger „zu Fuß" gerade in dieser Zeit ihre Ansprüche anmelden, ist es ratsam, mit der Bläsergruppe gleich nach Ende der Jagd den nächstjährigen Termin zu vereinbaren.
Rechtzeitig sollte sich der Veranstalter auch Gedanken über den Kreis der *Teilnehmer* und *Gäste* machen.
Den eingeladenen Vereinen bleibt dann genügend Zeit für die Vorbereitung der Mitglieder, die an der Reitjagd teilnehmen sollen. Die *Reitlehrer* der Vereine müssen verantwortungsbewußt entscheiden, für welche Reiter und welche Pferde die Teilnahme an der Jagd nützlich ist und kein übergroßes Unfallrisiko birgt. Reitjagden sind keine Tummelplätze für Reitanfänger. Für die Teilnahme Jugendlicher sollte die nachgewiesene *Turnierreife* Voraussetzung sein.
Damit die Eingeladenen richtige Entschlüsse fassen können und vor unangenehmen Überraschungen bewahrt bleiben, sollte die *Einladung* nachstehende Fragen beantworten:
- Wann und wo ist das Stelldichein?
- Wieviel „Jagdgeld" muß bezahlt werden?
- Wie lang wird die Jagdstrecke sein?
- Wie viele Hindernisse wird sie enthalten?
- Welche Abmessungen werden die Hindernisse aufweisen?
- Wann und wo finden Jägerball und/oder Jagdessen statt?
- Welcher Anzug ist für die Veranstaltungen erwünscht (auch Zulassung von Abweichungen vom richtigen Reitanzug)?

Kann der Veranstalter von den eingeladenen Vereinen Vorabzusagen über die Teilnahme und die ungefähre Teilnehmerzahl schon frühzeitig erhalten, erleichtert ihm das die Vorbereitungsarbeiten und auch die Entscheidung, ob in einem oder mehreren *Feldern* geritten wird. Um möglichst viele Reiter in den Genuß jagdreiterlicher Freuden kommen zu lassen, nimmt die Anzahl der Jagdveranstaltungen zu, bei denen in mehreren Feldern geritten wird. Ein Vorteil dieser Organisationsform ist auch in der Möglichkeit zu sehen, die Reiter nach ihrem Leistungsvermögen den verschiedenen Feldern zuzuteilen und die Strecken für die leistungsschwächeren Felder zu erleichtern.
Frühzeitig sollte man auch daran denken, die *Ehrengäste* einzuladen. Dazu gehören neben Repräsentanten der staatlichen Verwaltung, z. B. dem Landrat, und Vertretern von benachbarten Vereinen und befreundeten Institutionen, besonders die Sponsoren sowie die Besitzer der Grundstücke, welche die Jagdstrecke berührt.
Für den Entwurf und die Herstellung der schriftlichen Einladungen werden zeichnerisch begabte Mitglieder zu interessieren und zu gewinnen sein.
Gut für den veranstaltenden Verein und im Sinne der Sponsoren ist es, wenn die *Presse* für die Jagd interessiert wird. Eine entsprechende Berichterstattung vor und nach der Jagd dient nicht nur dem Image des Vereins, sondern unterstützt die Reiterei ganz allge-

mein. Dem Gedanken des *Tierschutzes* sollte dabei Raum gegeben werden. Natürlich ist es sinnvoll, die Presse an allen Teilveranstaltungen der Jagd zu beteiligen und ihren Mitarbeitern auch Interviews zu gewähren. Wohlwollend wird von den Pressephotographen vermerkt, wenn der Veranstalter sie auf günstige Stellen für ihre Arbeit hinweist.
Ehrengäste und *Zuschauer,* die zumeist in großer Zahl an dem Ereignis teilnehmen wollen, erfordern seitens des Veranstalters Vorkehrungen, die sich sowohl auf ihren als auch auf den Schutz der Reiter sowie auf die Sichtmöglichkeiten beziehen. Günstige *Sichtpunkte* für die Gäste und Zuschauer sollten daher festgelegt werden, auch unter dem Aspekt leichten Hingelangens. Vorteilhaft ist es, wenn von einem solchen Punkt die Reiter über eine längere Strecke und über mehrere Hindernisse zu sehen sind. *Fahrgelegenheiten* mit Kutschen oder Kremsern müssen den Zuschauern den Verfolg der Jagd gestatten. Ein spezieller *Führer,* der mit einer *gelben* Armbinde kenntlich gemacht ist, sollte ihnen zur Verfügung stehen und allseitige *Informationen* über das Geschehen geben können. Er sollte auch dafür sorgen, daß die Zuschauer immer rechtzeitig vor Eintreffen der Reiter am nächsten Sichtpunkt ankommen.
Regeln muß man während der Vorbereitungszeit außerdem:

- die Information der *Polizei,* falls Straßenüberquerungen ein Absperren erforderlich machen,
- die Anforderung von *Krankenwagen* und *Tierarzt* für alle Fälle,
- die *Unterbringung der Pferde,* die schon am Vortag am Jagdort eintreffen,
- die Schaffung von *Versorgungsmöglichkeiten* für Reiter und Zuschauer, falls ein *Stop* (Hauptstop) vorgesehen ist,
- die Beschaffung von *Brüchen* (vor dem Hubertustag werden Eichenbrüche vergeben, danach Tannenbrüche) und die Gewinnung der Damen, die sie verteilen,
- bei Schleppjagden die Beschaffung von 2–3 *Rinderpansen* als Curée für die Hunde.

10.3. Auswahl und Aufbau der Jagdstrecke

Die *Auswahl* der *Jagdstrecke* sowie Auswahl und *Aufbau* der erforderlichen *Hindernisse* bilden den Hauptinhalt der fachlichen Vorbereitung einer Reitjagd. Bei der Auswahl der Strecke ist zunächst von einer genauen Karte und der Ortskenntnis jagderfahrener Reiter des Vereins, in der Regel des Reitlehrers, auszugehen. Der vorgesehene Schwierigkeitsgrad der Jagd ist von Streckenlänge und Geländeprofil abhängig. Finden in mehreren benachbarten Vereinen Jagden zu aufeinanderfolgenden Terminen statt, sollten die betreffenden Vereine sich über das *Ansteigen der Anforderungen* von Jagd zu Jagd verständigen.
Für Reiter und Pferde *gefährliche Geländeformen* wie Sumpf, Steinbrüche, Kiesgruben mit zu steilen Hängen u. a. sind zu meiden. Führt die Strecke in ihrer Nähe vorbei, müssen sie mit *Warnschildern* oder wenigstens *Strohwischen* für die Reiter kenntlich gemacht werden. Gleiches gilt für *große Steine,* die im Wege liegen. Sie werden mit weißer Farbe angestrichen.
Die Abschnitte einer Jagdstrecke, die im Galopp geritten werden sollen, müssen ebenfalls schon bei der Planung der Streckenführung ausgesucht werden. Die *Galoppanteile* richten sich nach dem beabsichtigten Schwierigkeitsgrad und können zwischen 30% und

60% Gesamtstrecke variieren. Für junge und im Geländereiten unerfahrene Reiter sollte nur wenig mehr als ein Drittel der Gesamtstrecke im Galopp geritten werden müssen. Diese Festlegungen wirken sich natürlich auf den Ablauf der Jagd aus. Für die *Länge der Jagdstrecke* hat der Veranstalter einen relativ großen Spielraum, der zwischen 8000 und 20000 m liegen kann. Beginnt man mit jungen Reitern an der Untergrenze, können erfahrene Jagdreiter und -pferde die Obergrenze erreichen. Auch das *Tempo* spielt natürlich eine Rolle, das sich bei Schnitzeljagden und Fuchs-in-Sicht-Jagden auch dem Trainingszustand von Reitern und Pferden anpassen läßt. Bei Schleppjagden ist das allerdings nicht möglich, weil da die Hunde das Tempo bestimmen.

Den jungen Reitern benachbarter Vereine kann die Möglichkeit geschaffen werden, an speziell für sie arrangierten *Einführungsjagden* teilzunehmen, bei denen die Anforderungen ihrem Ausbildungsstand entsprechend erleichtert werden, während alles andere wie bei einer „richtigen Jagd" bleibt.

Bei der Vorbereitung der Strecke muß daran gedacht werden:

- Von vornherein sollten *Umleitungen* gesucht werden für den Fall, daß Schlechtwetterbedingungen Streckenteile unbenutzbar machen. Solche Änderungen, die zumeist erst sehr kurzfristig getroffen werden können, müssen die gleichen Bedingungen erfüllen wie die Hauptstrecke.
- Mit den *Pächtern* bzw. *Eigentümern* der von der Strecke berührten Flächen ist Kontakt aufzunehmen und deren Zustimmung zu erlangen. Nichts wäre unangenehmer für den Veranstalter, als Strafanzeigen oder nachträgliche Forderungen auf Schadenersatz für Flurschäden. Daß es für den Verein nur gut sein kann, zu diesem Personenkreis auch außerhalb der Jagdsaison ein freundliches Verhältnis zu unterhalten, versteht sich ebenso von selbst wie dessen Einladung zur Jagd und zum Jägerball sowie die feste Zusage der Beseitigung entstandener Schäden nach der Jagd. Bei den Gesprächen klärt man auch gleich, ob und wo Hindernisse angelegt werden dürfen und ob diese nach der Jagd abgebaut werden müssen oder für Trainingszwecke und nächste Jagden stehenbleiben können.
- Führt die Strecke durch *Wald,* so ist die Einwilligung des *Försters* bzw. des *Pächters* erforderlich. Besonders wichtig ist das, wenn hinter Hunden geritten wird.
- Die Jagd muß auf einem weiten Platz, etwa einer großen Wiese, beginnen können. In unmittelbarer Nähe sollten sich *Parkplätze* für die Pferdeanhänger und die Autos der Gäste befinden. An diesem Ort warten auch die Fahrzeuge für die Zuschauer.
- Je nach Länge der Strecke sollten 3–4 Checks vorgesehen werden. Dafür eignet sich ebenfalls eine größere Wiese. Wird bei einer längeren Jagd eine Erholungspause (Stop) vorgesehen, sollte auch an die Versorgung der Teilnehmer und Zuschauer gedacht werden. Die Reiter schicken ihre Pfleger an diese Stelle voraus, damit sie dort die Pferde übernehmen, eindecken und während der Pause warten können. Tränkwasser sollte vorhanden sein; bei einer Schleppjagd außerdem an jedem Check für die Hunde. Reitern und Zuschauern ist, besonders an naßkalten Tagen, ein wärmender Trunk willkommen.
- Schließlich muß für das Ende der Jagd ein genügend großer Platz vorgesehen werden, auf dem das *Halali* stattfinden kann. Der Heimweg von dort sollte so lang sein, daß die Pferde im Schritt trockengeritten werden können.

Ein großer Teil der Vorbereitungsarbeiten entfällt auf die *Gestaltung der Hindernisse,* deren Anzahl je nach Länge der Strecke 10–35 betragen soll. Ihre Höhe sollte 0,8 m nicht unter- und 1,1 m nicht überschreiten.

Für Jagdhindernisse gelten einige Gesichtspunkte, die beachtet werden sollten, damit sie dem Charakter der Jagd gerecht werden:

- *Anzahl* und *Abmessungen* der Hindernisse müssen dem Ausbildungsstand der Reiter und Pferde angepaßt sein. Das darf andererseits aber nicht zum Verzicht auf ein ansprechendes sportliches Niveau der Jagd führen.

- Alle Hindernisse sollen sich *harmonisch in das Gelände einfügen.* Selbstverständlich werden dabei schon beim Aussuchen der Strecke die vorhandenen Hecken und Hänge, Gräben und Bäche auf ihre Verwendbarkeit geprüft. Hindernisse, die durch Form und Farbgebung auf den Turnierplatz passen oder auch den Pferden ungewohnt sind, haben in der Jagdstrecke nichts zu suchen.
- Alle Hindernisse müssen *fair* sein. Im Sprung zu überwindende Hindernisse, die nicht im Galopp angeritten werden können, sind bei der Jagd ebensowenig zu gebrauchen wie zu niedrige Hindernisse (unter 0,8 m), die von den Pferden nicht genügend respektiert werden und daher oft zu Stürzen führen. Alle Hindernisse sollten eine *Absprungerleichterung* erhalten.
- Durch die Form der Hindernisse darf keine *Verletzungsgefahr* entstehen. Freie Enden von Drähten, die zur Befestigung von Hindernisteilen verwendet werden, dürfen nicht hervorstehen.
- Die *Unterkante* der Hindernisse muß für die Pferde deutlich erkennbar sein. Der Boden – besonders vor Tiefsprüngen – muß so fest sein, daß kein Pferd bei einem eventuellen Abstoppen vor dem Hindernis mit den Vorderbeinen unter das Hindernis rutschen kann.
- Eine große *seitliche Ausdehnung* der Hindernisse ist anzustreben, damit sich das Jagdfeld auseinanderziehen kann und die Reiter sich nicht gegenseitig behindern.
- Hindernisse von geringerer seitlicher Ausdehnung sollten möglichst auf beiden Seiten Anschluß an schwer überwindbare Geländeformen haben, z. B. ein Rick in einem Hohlweg.
- Jagdhindernisse sollen so *fest* gebaut sein, daß sie auch bei stärkerem Anschlagen nicht zerbrechen oder gar umgeworfen werden können. Besonders letzteres kann für die nachfolgenden Pferde sehr gefährlich werden. Die oberen Stangen sollten einen Durchmesser von mindestens 15 cm haben, damit sie den Pferden Respekt einflößen. Wer dazu alte Telegraphenstangen bekommen kann, hat das richtige Material. Sonst eignen sich Fichtenstämme gleicher Stärke.
- Setzt sich ein Jagdfeld aus Reitern und Pferden unterschiedlichen Leistungsvermögens zusammen oder reiten die weniger geübten Reiter in einem zweiten Feld, wie das vor allen Dingen bei Schleppjagden immer häufiger geschieht, so sollten die Abmessungen der Hindernisse darauf Rücksicht nehmen. Man baut sie *an einer Seite,* in der Regel an der rechten, *leichter* als an der anderen. Der Jagdherr wird das bei der Begrüßungsansprache bekanntgeben.
- Werden *Gräben* oder *Bäche* als Hindernisse verwendet, so sollten sie an Stellen überquert werden, an denen sie nicht zu steile Ränder und eine feste Sohle aufweisen, damit auch im Graben landende Pferde sicher fußen können. Daß sich an dieser Stelle kein Gerümpel befinden darf, ist wohl selbstverständlich, muß aber vorher kontrolliert werden. Verwachsene Grabenränder sind auszumähen, damit Absprung- und Landestellen sichtbar werden.
- Alle Hindernisse müssen ebene und feste *Absprung- und Landestellen* aufweisen, die auch von einer größeren Anzahl von Pferden nicht unpassierbar gemacht werden können.
- Die ersten vier- bis fünfhundert Meter der Strecke bleiben *hindernisfrei.* Das gibt dem Feld Gelegenheit, sich richtig zu formieren, und den Reitern, ihren Platz im Feld zu finden.
- Wie in einem Springparcours oder in einer Geländestrecke, sollte auch bei einer Jagd das *erste Hindernis* geringere Abmessungen aufweisen als die folgenden. Dafür muß es besonders massiv gebaut sein.

Bei der *Verteilung der Hindernisse* auf der Strecke sollte nach Möglichkeit gewährleistet werden, daß Ehrengäste und Zuschauer von einem Sichtpunkt aus mehrere Hindernisse überblicken können.

Der Aufbau der Jagdhindernisse wird sicherlich handwerklich geübten Vereinsmitgliedern übertragen werden können. Sie sollten den größten Teil der Hindernisse, an den Stellen nämlich, an denen sie nicht stören, schon

mehrere Tage vor der Jagd aufbauen. Es bleiben dann oft noch einige Hindernisse übrig, die erst kurz vor Beginn der Jagd angelegt werden können. Für sie wird das erforderliche Material in der Nähe ihres Standortes bereitgelegt, damit am Tag des Aufbaues Zeit gespart werden kann.
Zum Aufbau der Hindernisse braucht man in der Regel dicke Stangen und Pfähle, deren Anzahl man sich ausrechnen kann. Als *Handwerkszeug* sind erforderlich: Säge, Beil, Spaten, Vorlocher, Vorschlaghammer, Rammkatze, ein oder zwei kleinere Hämmer, Sense oder Sichel sowie ein Bandmaß oder Meßstab. 6-Zoll-Nägel und dicker Draht zum Befestigen der Stangen werden in ausreichender Menge benötigt. Der Aufbautrupp sollte auch weiße Farbe (Kalk) und Pinsel mitführen, um Gefahrenstellen kenntlich machen zu können. Buschwerk zum Ausfüllen der Hindernisse findet man im Gelände. Auch liegengebliebene Strohballen, Maisstroh, ja selbst Kartoffelkraut oder Steine kann man dazu verwenden.
Schließlich gehört an das Ende des Streckenaufbaues auch die Festlegung, wer am Tage nach der Jagd die Hindernisse abbaut, die nicht stehen bleiben können. Das Material hebt man, soweit es wieder verwendbar ist, für die nächstjährige Jagd auf.

10.4. Der Ablauf der Reitjagd

Die Reitjagd ist ein *reiterliches Fest.* Deshalb auch verlangt sie einen würdigen, festlichen Rahmen. Für viele Vereine in Deutschland stellt die Reitjagd den *Jahreshöhepunkt* dar. Das findet in der sorgfältigen, von vielen Vereinsmitgliedern tatkräftig unterstützten Vorbereitung der verschiedenen Veranstaltungen des Jagdtages, besonders aber in der Pflege der überlieferten Jagdsitten und -gebräuche seinen Ausdruck. Jeder Teilnehmer an der Jagd muß sich ebenso verpflichtet fühlen, zu diesem festlichen Gepräge beizutragen.
Der Ablauf der Reitjagd orientiert sich an der *Jagdordnung,* die seit 1971 für alle Meuten in der Bundesrepublik Deutschland festgelegt ist. Sie ist außerdem von der Fachgruppe Jagdreiten des Deutschen Reiter- und Fahrerverbandes in einer Kurzfassung herausgegeben worden. Ihre Bestimmungen gelten auch für Jagden ohne Meute sinngemäß, zumal ca. 90% aller Reitjagden in der Form von Schnitzeljagden oder Fuchs-in-Sicht-Jagden geritten werden.

Das Stelldichein

Bei einer Schleppjagd ist die Meute zumeist frühzeitig am Ort des Stelldicheins, damit auf einem genügend großen Platz ausgeladen und die Hunde noch leicht bewegt werden können. Auch für die Jagdteilnehmer, die mit ihren Pferden eine Stunde vor Jagdbeginn am Ort des Stelldicheins eintreffen sollten, muß ein genügend großer Platz vorhanden sein, auf dem die Transporter in guter Ordnung geparkt werden können.
Zur Jagd tragen die *Reiter* eine splittersichere Reitkappe, roten, schwarzen oder grünen Rock (die Damen auch blauen, jedoch keinen roten Rock), weiße oder hellbeige Reithosen, schwarze Stiefel (die Herren mit braunen Lederstulpen), weißes Hemd, Plastron und *weiße* Handschuhe.
Die *Pferde* sind blankgeputzt, die Hufe sauber (nicht etwa mit schwarzer Schmiere bedeckt), Mähnen und Schweife gut gepflegt (möglichst nicht eingeflochten). Unleidliche und kitzlige Pferde sowie Schläger tragen als

Warnzeichen eine *rote Schleife* im Schweif. Auch *Sattel- und Zaumzeug* befinden sich im besten Pflegezustand und sind vor dem Verladen auf ihre Sicherheit noch einmal gründlich geprüft worden.
Am Stelldichein werden die Pferde zunächst mit gelockerten Gurten geführt, während die Jagdreiter den *Jagdherrn begrüßen* und sich bei ihm für die Einladung bedanken. Ihn erkennt man an einer weiß-schwarz-weißen Binde am linken Oberarm. Danach tragen sie sich in das *Jagdbuch* ein, das besonders bei Schleppjagden geführt wird und als Nachweis für den Jahreskalender dient, und bezahlen ihr Jagdgeld, dessen Entgegennahme meist einem Mitglied des veranstaltenden Vereins übertragen ist, manchmal auch mit einer Reitkappe eingesammelt wird (cap money).

Bei einer Schleppjagd werden auch der *Master* und die *Piköre* begrüßt, allerdings nicht mit Handschlag, weil man nicht nahe an die Hunde heran darf. Das Weglassen des Händedrucks gilt übrigens auch für alle anderen Fälle, in denen sich Jagdreiter zu Pferde begrüßen.
Ist der für das Stelldichein bekanntgegebene Zeitpunkt herangekommen, ertönt das *Signal*: Das hohe *Wecken,* auch „Wecken der Jagdreiter" genannt (Abb. 258) und/oder das *Signal* „Vorbereiten zur Jagd" (Abb. 259). Daraufhin werden die Pferde fertig gesattelt und zum Stelldichein-Platz geführt. Die Bläser lassen das *Signal* „Aufsitzen" ertönen (s. Abb. 265). Sind keine Bläser anwesend, richtet man sich nach dem Jagdherrn. Nach dem Aufsitzen stellen sich alle Reiter im Halbkreis vor dem Jagdherrn auf.
Bei einer Schleppjagd werden danach die Hunde herbeigebracht. Auf den Ruf „Die Hunde" ziehen die Reiter die Kappen zum Gruß. Der Jagdherr richtet Begrüßungsworte an den Chef der Equipage (auch *Master* oder Jagdleiter genannt) sowie seine Helfer: den Huntsman, die Piköre und den Schleppenleger, auch die Hunde. Alle Mitglieder der Equipage führen Hetzpeitschen mit sich, die mehr ein äußeres Kennzeichen ihrer Würde als ein Züchtigungsmittel für die Hunde sind, denn in der Regel wird den Hunden damit nur gedroht. Ist die Equipage in das Halbrund der Jagdreiter eingeritten, ertönt das Jagdsignal „Begrüßung" (Abb. 260). Dann nimmt der Jagdherr das Wort und fügt der allgemeinen Begrüßung und dem Dank an die Helfer bei der Vorbereitung der Jagd noch *wichtige Informationen* hinzu. Zunächst wird er die *Jagdstrecke erklären,* die einzelnen Teilstrekken (runs) zwischen den Checks bzw. Stops erwähnen und vorherrschende Bodenverhältnisse und Geländeformationen erläutern. Interesse bei den Reitern findet auch die Anzahl und Art der Hindernisse, besonders, wenn diese an einer Stelle Erleichterungen aufweisen, z. B. an der rechten Seite weniger schwierig sind. Diese Erläuterungen sollen es den

258 Das hohe Wecken

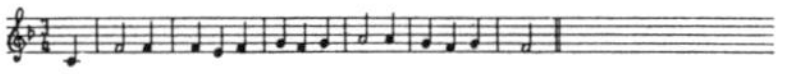

259 Vorbereiten zur Jagd

260 Begrüßung

Reitern erleichtern, die Anforderungen mit ihren reiterlichen Fähigkeiten zu vergleichen und sich dementsprechend in eines der Felder einzuordnen, falls es deren mehrere gibt.

Da die Anzahl der Reiter in einem Feld 20 nicht überschreiten soll, werden die Jagden häufig in *mehreren Feldern* geritten. Dadurch ist es möglich, die Anforderungen zu variieren, indem z. B. das *erste Feld* die schwere Strecke reitet, das *zweite Feld* einen etwas erleichterten Kurs nimmt und das *dritte Feld* überhaupt nicht springt. So können auch weniger geübte oder ältere Reiter die Freuden der Jagd genießen.

Der Jagdherr wird nach diesen Informationen die einzelnen *Feldmaster* und die übrigen *Jagdchargen* vorstellen, die festliegende Kennzeichen und Aufgaben haben. Das soll später erläutert werden, wenn sich die Jagdreiter in Bewegung setzen. Sind viele Neulinge unter ihnen, wird der Jagdherr auch noch einmal die wichtigsten Regeln für das *Verhalten im Jagdfeld* erwähnen. Abschließend dankt er den Zuschauern für ihr Erscheinen und macht sie mit ihrem Führer und dem für sie gültigen Verhaltenskodex bekannt (s. u.). Am Schluß seiner Ansprache ruft er dreimal kräftig „Horrido!“, das von allen Jagdreitern jedes Mal mit einem freudigen „Joho!“ beantwortet wird.

Zunächst einmal werden die *Gäste und Zuschauer* die für sie bereitgestellten Kutschen besteigen und sich zum ersten Sichtpunkt begeben. Für sie sind einige wenige Regeln zu beachten:

- Die Strecke, auf der die Gäste fahren, darf parallel zur Jagdstrecke verlaufen, diese aber nicht kreuzen. Das gilt auch, wenn die Gäste streckenweise zu Fuß gehen.
- Bei einer Schleppjagd müssen die Gäste ihre eigenen Hunde unter allen Umständen zu Hause oder wenigstens im Auto lassen.
- Niemals dürfen Gäste näher als 15 m an die sehr scharfen Hunde herangehen.
- Bei Fuchsjagden ohne Hunde gelten diese Regeln insofern, als die Gäste die Reiter nicht behindern und sich selbst nicht in Gefahr bringen dürfen. Deshalb müssen sie sich in angemessener Entfernung von der Strecke und besonders von den Hindernissen halten, weil sie dort durch ein ausbrechendes Pferd gefährdet werden könnten.

Kehren wir zurück zum *Jagdgeschehen.* Nachdem das „Horrido!“ verklungen ist, bilden sich die Felder, indem jeder Reiter sich einen Platz in seinem Feld sucht. Will er in der Nähe eines Bekannten reiten, muß er dabei beachten, daß sich auch die nebeneinandergehenden Pferde leiden mögen, damit es nicht zu unersprießlichen Reibereien zwischen ihnen kommt. Den *Feldmaster* wird er dabei ohne Handschlag begrüßen, ebenso die *Feldpiköre.*

Während sich die Felder ordnen, macht sich der *Schlepper* auf den Weg, um die Fährte zu legen. Dabei sollte ihn ein ortskundiger Reiter begleiten, falls er selbst das Jagdgelände nur ungenügend kennt. Das dürfte bei einem Großteil der etwa 400 Schleppjagden, die jährlich in Deutschland hinter den bestehenden ca. 20 Meuten geritten werden, nicht selten sein. Etwa 5–10 Minuten später ertönt auf ein Zeichen des *Jagdherrn* das *Signal* „Aufbruch zur Jagd“ (Abb. 261).

Zunächst setzt sich die *Equipage* in Bewegung: der Master und die Piköre führen die Hunde nach der Stelle, wo der Schlepper begonnen hat, die Tropfspur zu legen. Die Jagdreiter folgen den Hunden in einer festliegenden Ordnung, deren Verletzung als ein grober Verstoß gilt. Diese Ordnung gilt auch für die Fuchsschwanzjagden ohne Hunde, bei denen das Jagdwild durch einen Reiter dargestellt wird, an dessen linker Schulter ein Fuchsschwanz so befestigt ist, daß er leicht abgerissen werden kann. Der „Fuchs“ reitet etwa eine halbe Stunde vor dem Beginn der Jagd los, um seine Fährte mit Sägespänen (besser als Papierschnitzel, die die Umwelt verunzieren) zu markieren.

261 Aufbruch zur Jagd

Tabelle 52: Ordnung für Reitjagden

Schleppjagd	Schnitzeljagd	Fuchs-in-Sicht-Jagd
Schlepper (mit Tropfkanister)	Fuchs (mit Fuchslunte und Sägespänen)	Fuchs (mit Fuchslunte)
dahinter in Sichtweite die	ca. 30 min Vorsprung vor den	dahinter in Sichtweite die
Meute	*Hunden* (dargestellt von zwei Reitern)	*Hunde* (dargestellt von zwei Reitern)
20–50 m Abstand	20–50 m Abstand	20–50 m Abstand
Master (weiße Armbinde am **rechten** Oberarm) mit 3–4 Piküren (grüne Armbinde am **linken** Oberarm) und Hetzpeitsche	Master (weiße Armbinde am **rechten** Oberarm) mit 2 Piküren (grüne Armbinde am **linken** Oberarm)	*Master* (weiße Armbinde am **rechten** Oberarm) mit 2 Piküren (grüne Armbinde am **linken** Oberarm)
vier Pferdelängen Abstand	20–50 m Abstand	20–50 m Abstand
Jagdherr (weiß-schwarz-weiße Armbinde am **linken** Oberarm)	*Jagdherr* (weiß-schwarz-weiße Armbinde am **linken** Oberarm)	*Jagdherr* (weiß-schwarz-weiße Armbinde am **linken** Oberarm)
links neben ihm *Stellvertreter des Jagdherrn* (Vizejagdherr) (schwarz-weiß-schwarze Armbinde am **linken** Oberarm)	links neben ihm *Stellvertreter des Jagdherrn* (Vizejagdherr) (schwarz-weiß-schwarze Armbinde am **linken** Oberarm)	links neben ihm *Stellvertreter des Jagdherrn* (Vizejagdherr) (schwarz-weiß-schwarze Armbinde am **linken** Oberarm)
zwei Pferdelängen Abstand	zwei Pferdelängen Abstand	zwei Pferdelängen Abstand
Feldführer (Feldmaster) (grüne Armbinde am **linken** Oberarm)	*Feldführer* (Feldmaster) (grüne Armbinde am **linken** Oberarm)	*Feldführer* (Feldmaster) (grüne Armbinde am **linken** Oberarm)
links neben ihm $^1/_2$ Pferdelänge zurück	links neben ihm $^1/_2$ Pferdelänge zurück	links neben ihm $^1/_2$ Pferdelänge zurück
stellvertretender Feldführer (1. Feldpikör) (grüne Armbinde am **linken** Oberarm)	*stellvertretender Feldführer* (1. Feldpikör) (grüne Armbinde am **linken** Oberarm)	*stellvertretender Feldführer* (1. Feldpikör) (grüne Armbinde am **linken** Oberarm)
rechts neben ihm $^1/_2$ Pferdelänge zurück *2. Feldpikör (grüne Armbinde am* **linken** Oberarm)	rechts neben ihm $^1/_2$ Pferdelänge zurück *2. Feldpikör (grüne Armbinde am* **linken** Oberarm)	rechts neben ihm $^1/_2$ Pferdelänge zurück *2. Feldpikör (grüne Armbinde am* **linken** Oberarm)
ohne bestimmten Abstand	ohne bestimmten Abstand	ohne bestimmten Abstand
1. Feld (bzw. Jagdherrenfeld)	1. Feld (bzw. Jagdherrenfeld)	1. Feld (bzw. Jagdherrenfeld)
schließender Feldpikör (rote Armbinde am **linken** Oberarm)	schließender Feldpikör (rote Armbinde am **linken** Oberarm)	schließender Feldpikör (rote Armbinde am **linken** Oberarm)
20–50 m Abstand	20–50 m Abstand	20–50 m Abstand

Die für die Reitjagden verbindliche Ordnung ist aus Tabelle 52 zu ersehen.
Ein danach folgendes zweites und evtl. drittes Feld reitet in der gleichen Ordnung wie das erste.
Muß der *Jagdherr* aus irgendeinem Grunde die Führung des ersten Feldes abgeben, tritt zunächst sein Stellvertreter, danach der erste Feldpikör an seine Stelle. Die Übernahme geschieht traditionsgemäß, indem der Übernehmende grüßend am Übergebenden vorbeireitet.
In der Regel reiten *im ersten Feld* die Gäste des Jagdherrn über den schwierigeren Kurs. (Bei Schleppjagden ist dieses Feld den Mitgliedern des Meuteverbandes vorbehalten, welcher die Meute unterhält. Damit diese Reiter von der Arbeit der von ihnen finanzierten Meute genügend sehen, werden sogar mehrere Abteilungen mit eigenem Feldpikör für sie gebildet, wenn ihre Zahl 20 übersteigt. In diesem Falle werden die Plätze der Felder bei jedem Check und Stop gewechselt, damit jedes von ihnen eine gleiche Zeit unmittelbar hinter der Meute reitet.) Das *zweite Feld* umgeht die schwierigen Hindernisse und wählt gegebenenfalls Abkürzungen zwischen den Checks. Gleiches gilt auch für das *dritte Feld,* das nur leichte Hindernisse, bei manchen Jagden überhaupt nicht springt.
Wird eine Reitjagd ohne Meute in nur einem Hauptfeld geritten, reiten der Jagdherr, sein Stellvertreter und der Feldpikör an der Spitze des Jagdfeldes.
Ist die Equipage an der Stelle angekommen, an der die Fährte beginnt, läßt der Master die schon unruhig gewordenen Hunde noch ca. 5 Minuten von den Pikören zusammenhalten, bis die Felder im Schritt an der Stelle angekommen sind. Dann lassen die Hörner das *Signal* „Gute Jagd" erschallen (Abb. 262), und der *Master* hebt seine Reitkappe empor, womit er das Zeichen „Jagd frei" gibt. Darauf folgen die Felder der Meute in der beschriebenen Ordnung.

262 Gute Jagd

Bei der Reitjagd ohne Meute wird das Zeichen „Jagd frei" nach dem Signal „Gute Jagd" vom Master erst am Ende der Jagdstrecke gegeben, wenn die Teilnehmer am Halaliplatz angekommen sind.
Während des Rittes haben sowohl die Jagdchargen als auch die Teilnehmer bestimmte *Pflichten* zu erfüllen und wichtige *Regeln* zu beachten, die dem Erfolg der Veranstaltung und der Vermeidung von Unfällen dienen.
Der *Master* mit seinen *Pikören* ist bei der Schleppjagd für die Arbeit der Hunde zuständig. Er führt die Meute bis an den Beginn der Tropfspur und gibt die Jagd frei, nachdem die Hunde „auf der Schleppe liegen". Bei Stops und am Ende der Jagd hält er mit den Pikören die Hunde zusammen.
Auch bei einer Fuchsjagd ohne Meute bilden Master und Piköre die Spitzengruppe und reiten vor dem Jagdherrn. Bei diesen Jagdformen ist der Master für die Einhaltung der Strecke und des Tempos verantwortlich. Außerdem überwacht er die Befolgung der Jagdregeln. Oft übt der Reitlehrer des veranstaltenden Vereins dieses Amt aus.
Der *Jagdherr* tritt als Gastgeber auf. In vielen Fällen ist er der Vorsitzende des veranstaltenden Vereins. Da ihm das Wohl seiner Gäste am Herzen liegt, wird er oft seinen Platz verlassen müssen, um sich ihnen in den Feldern zu widmen. In diesem Falle übernimmt sein Stellvertreter die Pflichten des Jagdherrn.
Der *Feldführer* oder *Feldmaster* und seine beiden *Feldpiköre* bilden die Spitze jedes Feldes. Sie halten den Abstand zum vorhergehenden Feld und verhindern, daß ein Reiter des Feldes den Master überreitet. Im Bedarfsfall muß einer der Feldpiköre die Ordnung im Feld aufrechterhalten und gegebenenfalls Jagdgästen notwendige Hilfe leisten, unter Umständen sie sogar in ein anderes Feld geleiten.
Der *Schlußpikör* sorgt dafür, daß das Feld zusammenbleibt. Bei Unfällen beauftragt er einen Reiter mit der Benachrichtigung des Krankenwagens bzw. Arztes. Wird ein Hin-

dernis durch ein gestürztes Pferd blockiert, muß er das nachfolgende Feld informieren, damit es das Hindernis umreiten kann.

Für die *Jagdreiter* gelten folgende Regeln:

- *Rücksichtnahme* auf die übrigen Jagdteilnehmer, bei Schleppjagden ganz besonders auch auf die Hunde, ist oberstes Gebot. Wer einen anderen Reiter ungewollt behindert, entschuldigt sich gleich beim nächsten Check in höflicher Form.
- Jeder Jagdteilnehmer reitet *„seinen Strich,“* d. h. keinesfalls hinter dem Vordermann, besonders nicht vor den Hindernissen, sondern stets so, daß er ungehindert an dem vor ihm Reitenden vorbeikommen kann.
- *Kreuzen* des Jagdfeldes, z. B. ein Hindernis auf der linken Seite anreiten und dann an der rechten Seite springen, gefährdet die nachfolgenden Reiter und ist deshalb unzulässig.
- *Sicher springende Pferde* werden im Jagdfeld vorn geritten, damit die Jagd flüssig bleibt und unsichere Springer von ihnen „gezogen“ werden. Dementsprechend bleiben *unsichere* Springer hinten im Feld.
- *Heftige Pferde* reitet man auf den Flügeln des Feldes, damit man nötigenfalls eine große Volte nach außen reiten kann, ohne die übrigen Jagdteilnehmer zu behindern.
- *Pullende* Pferde soll man möglichst mit der Stimme beruhigen. Der Reiter darf sich keinesfalls auf ihnen festziehen. Vielmehr muß er ständig bestrebt sein, sie an den Schenkeln zu halten und mit den Zügeln nachzugeben.
- Bleibt ein *Pferd vor einem Hindernis stehen,* muß sich der Reiter bemühen, zunächst gerade halten zu bleiben, bis die nachfolgenden Reiter des Feldes an ihm vorbeigeritten sind. Erst dann darf er wenden, um neu anzureiten.
- Falls ein Reiter *aus dem Sattel rutscht,* soll er nach Möglichkeit die Zügel festhalten, um rasch wieder aufsitzen und weiterreiten zu können.
- Falls ein *Pferd stürzt* oder der *Reiter mit Schwung aus dem Sattel fliegt,* muß er versuchen, so weit wie möglich vom Pferd wegzukommen und über die Schulter abzurollen. Dabei muß er die Zügel loslassen, weil sonst die Gefahr besteht, daß er das Pferd an sich heranzieht und getreten wird oder das Pferd gar auf ihn fällt. Er sollte mit eingezogenem Kopf ruhig liegenbleiben, bis alle Pferde an ihm vorbei sind. Selbstverständlich sind die nächsten Reiter und der Schlußpikör zur Hilfeleistung bereit.
- Die zur Hilfeleistung zurückbleibenden Reiter bleiben bei dem Gestürzten, bis er versorgt ist oder weiterreiten kann. Das *übrige Feld muß weiterreiten,* damit die Jagd nicht ins Stocken gerät und durch den eintretenden Stau weitere Unfälle folgen.
- Ein *entlaufenes Pferd* wird von einem anderen Reiter oder dem Schlußpikör eingefangen, damit sein Reiter schnell aufsitzen und an der Jagd weiter teilnehmen kann.
- Kein Reiter darf den *Jagdherrn,* seine *Piköre* und die *Ehrengäste* in seinem Feld *überholen.* Diese Regel gilt auch für die *Feldmaster* der einzelnen Felder.
- *Anreiten eines Hundes* oder *Schlagen eines Hundes* durch ein Pferd sind schwere Verstöße gegen die bei der Schleppjagd gültigen Regeln.
- Hat ein *Hund* den *Anschluß* an die Meute *verloren* und läuft ihr nach, müssen ihm die Reiter Platz machen. Keinesfalls dürfen sie versuchen, ihn zu fangen oder gar zu jagen. Den Hund wieder zur Meute zu bringen, ist ausschließlich Aufgabe der Mitglieder der Equipage.
- Für *Verstöße gegen die Jagdregeln* kann der Jagdherr von allen Teilnehmern, die sich durch ihre Anwesenheit beim Stelldichein unter die Gebote der Jagdordnung gestellt haben, nach dieser Ordnung folgende *Geldbußen* erheben:

– Überreiten des Masters	50,– DM
– Überreiten des Jagdherrn bzw. seines Stellvertreters	20,– DM
– Überreiten eines Feldmasters oder Feldpikörs	20,– DM
– Anreiten oder Schlagen eines Hundes	(wenn erforderlich, volle Ersatzleistung)

- Kreuzen anderer Reiter im Jagdfeld jedes Mal 10,– DM
- Mitbringen eines eigenen Hundes 10,– DM

Der Veranstalter kann entsprechend den lokalen Bedingungen diese Liste ergänzen.
Bei der Schleppjagd kommt es vor, daß die Hunde die Fährte verlieren. Dann suchen sie in einem kleinen Umkreis, bis sie sie wieder gefunden haben. Danach setzen sie mit dem typischen Hetzlaut, *Geläut* genannt, die Jagd fort, und die Reiter folgen ihnen. Ein solcher Check wird von den Reitern benutzt, um das Sattelzeug zu überprüfen und „nötigenfalls" nachzugurten. Will ein Reiter dazu absitzen, braucht er die Erlaubnis des Feldmasters.
Bei Schnitzeljagden können die „Hunde" ebenfalls die Fährte verlieren und sich dann – ähnlich dem Verhalten der Meute – in einem Halbkreis auf die Suche begeben, bis sie die „Spur" wieder gefunden haben. Der „Fuchs" kann, um einen solchen Check zu arrangieren, die Kennzeichnung der Spur für eine kurze Strecke unterbrechen oder nach kurzem Zurückgehen auf der eigenen Spur und Fortsetzung der Kennzeichnung mehrere Meter neben der alten Spur den Widergang des Jagdwildes oder sein Abspringen von der Fährte imitieren. In gleicher Weise muß die Spur gesucht werden, wenn der „Fuchs" einen Wasserlauf passiert hat oder gar eine Strecke im Wasser geritten ist.
Nach mehreren Teilstrecken bzw. Checks wird gewöhnlich ein Stop (Hauptstop) eingelegt. Die Mitglieder der Equipage sammeln die Hunde, „schlagen sie ab", wie es fachsprachlich heißt. Die Hunde erhalten, wie übrigens bei allen Stops, Wasser, damit, besonders an warmen Tagen, die Nasen feucht bleiben. Weder Reiter noch Zuschauer dürfen sich den Hunden nähern.
Zum Hauptstop kann der Bläserchor das Signal „Das Ganze halt!" blasen (Abb. 263), danach „Absitzen" (Abb. 263a). Nach der Ankunft am Hauptstop kann auch, falls es dort einen Imbiß für die Reiter gibt, „Zum Essen" (Abb. 264) geblasen werden. Die Fortsetzung der Jagd wird dann mit den Signalen „Aufsitzen" (Abb. 265) und „Aufbruch zur Jagd" (s. Abb. 261) verkündet.
Der Platz, an dem der Hauptstop stattfinden soll, ist vor der Jagd auszuwählen. Dort sollte auch für die Versorgung der Reiter und Zuschauer gesorgt sein. Besonders die Reiter lechzen nach einem „Bügeltrunk", wozu allerdings nach dem schon ziemlich langen Ritt eher ein Erfrischungsgetränk als ein hochprozentiges willkommen sein dürfte.
Während des Hauptstops sitzen die Reiter ab. Die Gurte werden gelockert, die *Bügel hochgezogen* und die Pferde geführt. *Schwitzende Pferde* sollten an kalten Tagen eingedeckt

263 Das Ganze Halt

263a Absitzen

264 Zum Essen

265 Aufsitzen

werden. Das Hochziehen der Bügel dient in diesem Falle nicht nur zur Vermeidung eines Hängenbleibens, sondern ist zugleich eine Information darüber, daß sich der Reiter am Ort befindet. Kommt nämlich ein entlaufenes Pferd mit herunterhängenden Bügeln am Platz des Hauptstops an, muß angenommen werden, sein Reiter sei – vielleicht verletzt – zurückgeblieben. In diesem Falle wird sofort nach ihm gesucht werden müssen.

Nach dem Hauptstop wird die Jagd in der bereits beschriebenen Weise fortgesetzt. Sie findet schließlich ihr Ende am *Halali-Platz,* möglichst einer großen Wiese oder einem weiten Stoppelfeld, auf dem ein Feuer brennt.

Bei der Schleppjagd hält der Schlepper am Halaliplatz an. Die Hunde sammeln sich um ihn, und ihr „Geläut" verstummt. Wenn die Reiter den Halali-Platz erreichen, wird das Signal „Halali" zweimal geblasen (Abb. 266). Dabei ziehen die Reiter schon im Galopp den *rechten Handschuh* aus. Nach dem Halten wird abgesessen, und die Pferde werden mit gelockerten Gurten und eingedeckt trocken geführt. Die erste Sorge gilt der Gesundheit der Pferde. Die Sehnen und Hufe werden auf Verletzungen und evtl. eingetretene Steine untersucht. Die Reiter holen sich ohne Aufforderung bei der Jagdherrin ihren *Bruch.* Bei manchen Jagden ist es auch üblich, daß sich die Reiter mit ihren Pferden im Halbkreis um die Hunde aufstellen, wonach der Jagdherr mit der Jagdherrin zu den Reitern geht und ihnen die Brüche überreicht, die möglichst der Art von Bäumen entstammen, die am Halali-Platz vorkommen. Sie sollten jedoch nicht mit Nadeln zusammengesteckt oder mit Draht gebunden sein, damit sich ein Pferd nicht verletzen kann, dem es gelingt, den Bruch vom Revers des Reiters wegzuschnappen. Bei der Übergabe des Bruches erwidert man den Wunsch des Jagdherrn „Weidmannsheil!" mit einem aufrichtigen „Weidmannsdank!".

Nach der Verteilung der Brüche folgt der *Dank an die Hunde,* die bis dahin warten mußten. Nun ertönt das Signal „Hunderuf" (Abb. 267). Während sich die Hunde auf die vorbereiteten Rinderpansen, die *Curée,* stürzen, die sie als ihren Anteil an dem „erlegten Wild" erhalten, ziehen die Reiter ihre Kappen zum Dank an die Hunde, wobei sie diese erheben und zweimal „Halali" rufen.

Nachdem die Hunde „genossen gemacht" worden sind, d. h. während sie ihren Rinderpansen auffressen, blasen die Hörner „Hirsch tot" oder „Fuchs tot" (Abb. 268 u. 269) und danach „Jagd vorbei" (Abb. 270). Anschlie-

266 Das kleine Halali

267 Hunderuf

268 Hirsch tot

269 Fuchs tot

270 Jagd vorbei

ßend macht sich die Equipage auf den Heimweg. Verabschiedet wird sie mit dem Signal „Jägers Abschied“ (Abb. 271).
Danach sitzen die Jagdreiter wieder auf und treten unter den Klängen von „Auf Wiedersehn“ (Abb. 272) den Heimweg an.
Selbstverständlich gibt es in bezug auf den Ablauf dieses Zeremoniells lokale Abweichungen, insbesondere, was die Aktivitäten der Bläser betrifft. Die sind aber nicht so wichtig, wenn der reiterliche Verlauf der Jagd stimmt.
Einige Abweichungen vom geschilderten Ende der Jagd gibt es auch bei den *Fuchsjagden* ohne Meute. Obwohl hier die Jagdsignale kaum noch eine praktische Bedeutung besitzen, hält man an der Pflege dieses überkommenen Brauchtums der Wildjagd so weit wie möglich fest.
Bei der Fuchsjagd läßt der Master das/die Feld/er halten, möglichst unterstützt durch das entsprechende Signal (s. o.). Der in der Mitte des Halali-Platzes wartende „Fuchs“ muß nun „gegriffen“ werden. Dieses *Fuchsschwanzgreifen* kann in verschiedener Weise ausgeführt werden. Als *gefährlich* hat es sich durch zum Teil tragische Unfälle erwiesen, wenn die Reiter versuchen, den fliehenden Fuchs einzuholen und ihm die Lunte von der Schulter zu reißen. Im Eifer der Verfolgung ist es dabei öfter zu heftigen Zusammenstößen von Pferden und Reitern mit teilweise fatalem Ausgang gekommen. Dieses Verfahren ist außerdem alles andere als *weidgerecht*, denn bei der Wildjagd kann der Fuchs auch nicht aus dem Sattel erfaßt werden. Überdies ist dieses Vorgehen insofern auch *unreiterlich,* als die Pferde, nachdem sie am Rande des Halali-Platzes warten mußten, bis alle Reiter zu ihnen aufgeschlossen hatten, noch einmal zu hoher Leistung veranlaßt werden, was einem plötzlichen Überfall auf ihren Kreislauf gleichkommt.
Der *Verzicht auf das Fuchsschwanzgreifen* am Ende der Jagd ist daher sowohl aus Gründen des Unfall- und Tierschutzes als auch Gründen des weidgerechten Jagdverlaufs geboten! Da bei der Wildjagd der erschöpfte

271 Jägers Abschied

272 Auf Wiedersehen

Fuchs sich in ein Gebüsch verkriecht oder mit letzter Kraft auf einen Baum springt, um den Zähnen der Hunde zu entgehen, ist das *Fuchsausheben* durch einen *abgesessenen Reiter* die einzige *weidgerechte Schlußphase* der Fuchsjagd ohne Meute.
Auf das Zeichen *Jagd frei,* das der Master durch Emporheben seiner Reitkappe gibt, reiten alle Reiter dem fliehenden Fuchs nach, als dessen Verfolger ihm die „Hunde“ am dichtesten auf den Fersen sind. Wie die Reiter sich ihm nähern, wirft der „Fuchs“ die Lunte in ein Gebüsch, auf einen Baum oder einfach zu Boden. Die „Hunde“ markieren diese Stelle, indem sie etwa 10 m vor der Fuchslunte anhalten. Dort müssen auch die Reiter anhalten und absitzen, um den Fuchs zu Fuß „auszuheben“. Wer die Fuchslunte zuerst erreicht, kann sie als Trophäe behalten. Ist der Fuchs ausgehoben, ertönt das Signal „Fuchs tot“ (s. o.). Darauf versammeln sich alle Jagdteil-

273 Das große Halali

nehmer *zu Pferde* um den Master und ziehen den rechten Handschuh aus. Nach Aufforderung durch den Master heben sie die rechte Hand und rufen zweimal „Halali“, worauf das gleichnamige Jagdsignal ebenfalls zweimal geblasen wird. Ist der Bläserchor mit Ventilhörnern ausgerüstet, kann er auch das „Große Halali“ (Abb. 273) blasen. Erst dann sitzen die Reiter ab. Die Gurte werden gelokkert, und die Pferde trocken geführt. Danach werden die *Pferde* auf Verletzung und die Hufe auf eingetretene Steine *untersucht.* Anschließend treten die Reiter zum Jagdherrn oder stellen sich im Halbkreis um ihn auf und empfangen aus der Hand seiner Gattin den *Bruch* mit dem üblichen „Weidmannsheil“, das mit „Weidmannsdank“ beantwortet wird. Sind alle Brüche verteilt, kann einer der Jagdgäste noch *Dankesworte* an den Jagdherrn und seine Mitarbeiter richten, die er traditionell mit einem dreifachen „Horrido“ abschließt, das die Jagdreiter jedesmal mit einem kräftigen Joho! beantworten. Am Schluß wird „Jagd vorbei“ (s. Abb. 270) geblasen. Die Reiter sitzen auf und treten mit dem Ertönen des Signals „Auf Wiedersehen“ (s. Abb. 272) den Heimweg an.

10.5. Nach der Jagd

Der Heimweg wird selbstverständlich *im Schritt* zurückgelegt. Auf dem Heimweg zu galoppieren, am Wege liegende Hindernisse zu springen oder gar sein Pferd „korrigieren“ zu wollen, gilt zu Recht als grobe Unreiterlichkeit.

An den Stelldichein-Platz zurückgekehrt, werden die Pferde gründlich versorgt, gewartet und in den Stall gebracht.

Aus der näheren Umgebung kommende Pferde treten in vielen Fällen, nachdem sie sich beruhigt haben, die Fahrt in den heimatlichen Stall an. Erst wenn dies geschehen ist, darf der Jagdreiter an sich denken.

Häufig lädt der Jagdherr zum *Jagdessen* ein, das ca. eineinhalb bis zwei Stunden nach dem Ende der Jagd beginnt. Es gibt die erste Gelegenheit, in lockerer Form über die Ereignisse der gerade abgeschlossenen Jagd zu plaudern und Erinnerungen an frühere Jagderlebnisse aufzufrischen.

In manchen Gegenden ist es üblich, während des Jagdessens, häufig auch erst im Rahmen der abendlichen Zusammenkunft, das *Jagdgericht* abzuhalten, bei dem der *Master* als „Anklagevertreter“ den Teilnehmern die von ihm sowie den Feldmastern und Feldpikören bemerkten *Verstöße* gegen die Jagdordnung vorhält. Gewöhnlich wird ein sachkundiger Ehrengast zum Vorsitzenden des Gerichts und ein weiterer zum Verteidiger der Jagdreiter bestimmt. Die *Verhandlung* kann, wenn sie mit Humor und Sachkenntnis geführt wird, allen Jagdteilnehmern viel Spaß machen und außerdem noch lehrreich sein. Die „Strafen“ sollten, besonders wenn ein Jugendfeld mitgeritten ist, in kleinen Auflagen bestehen, die für die Reiter, deren Pferd oder ihren Verein nützlich sind – und die von den „Verurteilten“ auch gern erfüllt werden. Geldstrafen sollten zur Finanzierung der Jagd verwendet werden, nicht aber zur Begleichung erhöhten Alkoholverbrauchs.

Manche Veranstalter von Jagden füllen den

Zeitraum zwischen Jagdessen und Jägerball durch ein kleines *Vortragsprogramm* aus, bei dem ein Tierarzt, ein Hufbeschlagschmied, ein Reitlehrer oder auch ein Vertreter der Pferdezüchter – möglichst mit Lichtbildern oder Videofilmen – Wissenswertes aus seinem Fachgebiet erläutert. Das wird in der Regel gern angenommen.
Den traditionellen Abschluß des Jagdtages bildet der *Jägerball.* Er sollte in Form und Inhalt enge Beziehungen zum Festtag der Reiter deutlich werden lassen und ein fröhlich-unbeschwerter, kulturvoller Festabend für alle an der Jagd Beteiligten sein. Ehrengäste und Sponsoren sollen sich im Kreise der Jagdreiter ebenso wohl fühlen, wie die vielen Helfer in der Vorbereitung darin einen Dank für ihre Mühen empfinden werden. Die Gespräche und – wo möglich – auflockernde Darbietungen helfen, dem Jagdreiten neue Freunde zu gewinnen, einem Sport, der die Tiefe seines Erlebens aus der faszinierenden Verbindung von Lust am Reiten, Pflege kulturellen Brauchtums und Naturnähe bezieht.

11. Distanzreiten

11.1. Geschichte und Allgemeines

Distanzritte haben eine lange Geschichte, nicht als Sportwettkampf, wohl aber als besondere, den Pferden und Reitern abverlangte Leistung, die zu Zeiten erforderlich wurden, als das Pferd schnellstes Verkehrsmittel war und die rascheste Kommunikation von seiner Geschwindigkeit und Ausdauer abhing. Es gibt sicher viel mehr unbekannte als uns überlieferte Beispiele für Ritte, die wir heute zu den Distanzritten zählen würden. Nennen wir nur eins: Wolfgang von Goethe ritt zusammen mit dem jungen Herzog Karl August von Weimar die 115 km von Leipzig nach Weimar in $8^1/_2$ Stunden. Das entspricht einem Tempo von 13,5 km/Std. (= 225 m/min).

Am Anfang des 20. Jahrhunderts gewannen die Distanzritte unter militärischen Gesichtspunkten besondere Bedeutung. Man kann durchaus eine Entwicklungslinie feststellen, die schließlich zur Military führte. Zunächst aber stand das Zurücklegen längerer Strekken, oft in mehreren Etappen, im Vordergrund. Teilweise wurden die Ritte mit militärischen Aufgaben verknüpft. Vor allem dienten sie jedoch als Leistungsprüfungen der Kavalleriepferde, besonders der der Offiziere.

Eine kleine Auswahl soll zeigen, welche Leistungen von den Teilnehmern an solchen Ritten vollbracht wurden (Tab. 53).

Die ersten dieser Distanzritte waren außerordentlich verlustreich. So bezahlten 1892 insgesamt 27 Pferde den Ritt mit ihrem Leben, und das, obwohl ein Konditionspreis von 5000,– RM dem Reiter winkte, dessen Pferd in der besten Verfassung am Ziel ankam. Zehn Jahre später kam es beim Ritt von Brüssel nach Ostende zu einer ähnlichen Katastrophe: von 60 Startern überlebten 16 (= 27%) die Anstrengungen des Rittes nicht. Die Ursachen für diese von der Öffentlichkeit zu Recht mit Empörung quittierten Ausgänge lagen in mangelhaften oder gar nicht vorhandenen physiologischen Kenntnissen bzw. Erkenntnissen und dem daraus folgenden Fehlen einer trainingsmethodisch richtigen Vorbereitung der Pferde.

Immerhin versuchte man schon bald dem Abjagen der Pferde bei einigen Ritten durch die Einführung von Minimal- und Maximalzeiten, Verfassungsprüfungen am Ende des Rittes und auch Veterinärkontrollen zu begegnen. Letztere beschränkten sich neben einer Allgemeineinschätzung im wesentlichen auf die Feststellung der Körpertemperatur (ab 1904).

Die Pferdeverluste beim Ritt Brüssel–Ostende führten insbesondere bei den französischen Teilnehmern zu Überlegungen, wie

Tabelle 53: Ergebnisse von Distanzritten zwischen 1892 und 1910

Jahr	von–nach	Streckenlänge in km	Siegerzeit	Durchschn.-Geschwindigkeit km/Std.	m/min
1892	Wien–Berlin	600	71:20	8,412	140
1895	Dresden–Leipzig	135	5:57	22,689	378
1901	Enköping–Stockholm	69	2:48	24,643	411
1902	Umea–Stockholm	76	2:42	28,148	469
1902	Brüssel–Ostende	134	6:55	19,373	323
1903	Rouen–Deauville	84	4:14	20,079	334
1903	Tientsin–Peking (Ponys)	126	7:23	17,066	284
1906	Upsala–Stockholm	70	2:30	28,000	467
1908	Budapest–Wien	230	16:30	13,939	232
1908	Esseg–Mitrovitz	110	5:20	20,652	344
1909	Budapest	50	1:46	29,994	500
1910	Chåktorny	50	1:40	29,994	500
1910	Arad	57	1:53	30,266	504

sie zu vermeiden waren, ausgehend von der Erkenntnis, daß in der bisherigen Praxis die Gründe für die Verluste zu finden sein müßten. Wie diese Praxis aussah, zeigt ein Zitat aus dem Buch „Springprüfungen und Geländeritte" des Freiherrn von Maercken zu Geerath, das im Jahr 1911 in 2. Auflage erschien:

„Endlose, stundenlange Trabreprisen auf der Chaussee wechseln mit Schrittführen. Das Trabtempo schwankt zwischen 3 und 3 1/2 Minuten auf den Kilometer (285–333 m/min, d. Verf.). Galopp sieht man fast nie. Halten überhaupt nie. Müssen nach etwa einem halben Tag solchen Rittes zur Neubelebung des ermatteten Tieres längere Pausen eingeschaltet werden, so geht es in den Gasthausstall. Hier bekommt das von dem abwechslungslosen Chausseetrab gänzlich abgestumpfte Pferd etwas Heu, das ihm nicht genug Kraft geben kann, etwas Hafer, den zu verdauen ihm keine Zeit gelassen wird, wenn es überhaupt noch Futter annimmt, und dann schlendert der gleichfalls geräderte wackere Reitersmann zu einem kühlen Trunke in die Wirtsstube. Den allerdings ebenso enormen Durst des Pferdes völlig zu befriedigen, scheuten sich viele aus altüberkommenem Vorurteil. Bald bricht man wieder auf, und weiter geht's Kilometer um Kilometer in schier endlosem Schnelltrab." Die vom Autor geschilderten drastischen Folgen sollen dem Leser erspart bleiben. Man will heute, 80 Jahre später, kaum noch glauben, daß es sich dabei um einen Teil der Vorgänger der Distanzritte unserer Tage handelt.

Einige *Erkenntnisse* wurden bei diesen Gewaltritten natürlich auch gesammelt. Wenige Beispiele sollen zeigen, was damals neu war, heute dagegen, unter den Gesichtspunkten der Trainingsmethodik, bestenfalls „ein alter Hut" ist:

- Man erkannte, daß es falsch ist, ein Pferd ohne Vorbereitungstraining in eine solche Prüfung zu schickten, tappte aber hinsichtlich der Trainingsmethoden zur Verbesserung der Ausdauerleistungsfähigkeit noch völlig im Dunkeln.
- Auch war die Erkenntnis von der Unzweckmäßigkeit lang andauernder Reprisen in einem hohen Trabtempo gereift. Man hatte sich darauf besonnen, daß die Naturvölker in der Regel nur Schritt und Galopp ritten und übernahm dies – wenigstens in Frankreich – in das Training.
- Das bereits gewonnene Wissen um die Bedeutung der Nährstoffzufuhr führte dazu, den Zucker als Wundermittel anzusehen, der sowohl in der Vorbereitung der Pferde in Mengen bis zu 3 kg täglich zusätzlich zur Haferration gegeben wurde, als auch in flüssiger Form (100 g Zucker auf 1 Liter Wasser) den Pferden angeboten wurde. Selbstverständlich ließen sich dadurch Verbesserungen erzielen,

die aber nicht das Optimum erreichen konnten, das bei heutiger Kenntnis möglich gewesen wäre.
Neben den Distanzritten gab es auch große Distanzfahrten, wie die von Wien nach Donaueschingen vom 10. bis 14. September 1898, bei der der Sieger die 700 Kilometer in 75 reinen Fahrstunden plus 32 Raststunden zurücklegte. Das entspricht einem Durchschnittstempo von 9,3 km/Std. Unter Berücksichtigung der zum Teil gebirgigen Strecke ist dies als eine hervorragende Leistung anzusehen. Aus dem Bericht geht allerdings hervor, daß hier schon wichtige Prinzipien der Erholung bei Ausdauerleistungen eingehalten wurden, obwohl das Siegergespann ohne spezielle Vorbereitung an den Start gegangen war.
Nach dem I. Weltkrieg bestand keine Notwendigkeit zur Durchführung von Distanzritten unter militärischem Aspekt mehr. Es wurde sehr ruhig um diesen Sport.
Eine *neue Quelle* für die Entwicklung des Distanzreitens und -fahrens tat sich aber auf, als die langen Trailritte, in einigen Ländern im Bereich der Touristik entstanden, nach sportlichem Vergleich verlangten. In ihnen sehen wir die Wurzeln des Distanzreitens unserer Tage. Schon zu Beginn der achtziger Jahre nahm die Fédération Equestre Internationale das Distanzreiten in den Kreis der von ihr betreuten Sportarten auf. In Deutschland wurde der *Verein Deutscher Distanzreiter e. V.* (VDD) gegründet, der als angeschlossener Verein unter dem Dach der Deutschen Reiterlichen Vereinigung wirkt. Er überwacht die Entwicklung des Distanzreitens und -fahrens und gibt dazu die erforderlichen Reglements heraus. Mittlerweile hat sich das Distanzreiten auch auf leistungssportlichem Gebiet etabliert. Es gibt Landes-, Kontinental- und Weltmeisterschaften. Ihre größte Attraktivität allerdings genießen Distanzritte und Distanzfahrten im Bereich des Breitensports.
Die *olympischen Disziplinen* des Reitsports (Dressur, Springen, Vielseitigkeit) – und auch die entsprechenden Disziplinen des Fahrsports – stellen an ihre Adepten außerordentlich hohe Anforderungen. Sie betreffen sowohl die Vorbereitung von Mensch und Tier auf relativ komplizierte *sporttechnische Aufgaben* als auch den damit und mit den Wettkämpfen verbundenen finanziellen Aufwand. Distanzreiter und -fahrer haben es damit etwas leichter, wenn natürlich auch sie nicht ohne mehr oder weniger anstrengende Vorbereitung zum Ziel kommen können. Die Mühen der Vorbereitung sind für sie in stärkerem Maße mit dem Erlebnis der Natur verbunden. Das gibt dem Distanzreiten und -fahren einen besonderen Reiz. Der bietet sich auch in der Möglichkeit, der Vereinzelung des Leistungsreitens im Wettkampf auf längeren Strecken zu entkommen, wenigstens so lange die Wettkämpfe auf einem niedrigen Anforderungsniveau bleiben. In den Distanzritten höherer Klassen und gar bei der Teilnahme an Meisterschaften gelten selbstverständlich auch hier die *leistungssportlichen Prinzipien* ohne Einschränkung. Niemand sollten diese Gedanken aber dazu verführen, Distanzreiten und -fahren weniger ernst zu nehmen. Gerade die geringeren technischen Anforderungen stellen besondere Ansprüche an die *tierschützerische Verantwortung* der Reiter und Fahrer, denen Leben und Gesundheit ihres Pferdes ganz besonders wertvoll sein müssen.
In der Einleitung zu diesem Kapitel sind die Gefahren der Nutzung des Pferdes über längere Strecken deutlich geworden. Auf dem heutigen Stand der Erkenntnisse im Ausdauertraining sind diese Gefahren gebannt, vorausgesetzt, der Trainierende verfügt über diese Erkenntnisse und versteht, sie in der Praxis anzuwenden. Auf die besten Distanzreiter der Welt, die z. B. bei den Weltmeisterschaften in Stockholm 1990 160 km in weniger als 20 Stunden zurücklegen mußten, trifft dies ohne Zweifel zu. In den Kapiteln über die *Grundausbildung* des Reiters und des Pferdes sind die Ausbildungsziele und Ausbildungsgänge umfassend dargestellt, die auch für den Distanzreiter gelten, mit einer zweckmäßigen Verschiebung der Schwerpunkte der Ausbil-

dung nach der Seite des Reitens im Gelände und des Streckenreitens hin. Ähnliches gilt für die Fahrer.
Natürlich gibt es auch schon Erfahrungen der Distanzreiter aus großen Wettkämpfen, die z. B. Vorteile des Western-Sattels für den Rücken des Pferdes (große Auflagefläche und günstige Druckverteilung) oder auch des „Stehsitzes" im Trabe betreffen. Sie sind aber auf den niedrigen Leistungsstufen noch nicht relevant und bedürfen auch noch weiterer Bestätigung in der Praxis.
Nicht weniger wichtig sind die im Training und Wettkampf gewonnenen Erfahrungen über den schonenden *Einsatz der Kräfte des Pferdes*, z. B. Wechsel der Gangarten, sowie über die Kontrolle des Anstrengungsgrades des Pferdes und auch die zweckmäßige Wartung in den Pausen des Rittes.
Diese und viele andere Fragen werden in einer speziellen Trainings- und Wettkampflehre für das Distanzreiten und -fahren einmal beantwortet werden müssen, nicht nur für die Vorbereitung des Tieres, sondern auch des Menschen, dessen Langzeitausdauer gerade in dieser Sportart stark gefordert wird.
In der LPO wird das Distanzreiten und -fahren dem *Breitensport* zugerechnet. Dem tragen auch die vom Verein Deutscher Distanzreiter e. V. (VDD) herausgegebenen Wettkampfregeln, wenigstens in den unteren Anforderungen, Rechnung.
Dem Distanzreiten und -fahren gebührt nach den einleitenden Bemerkungen *wirksame Unterstützung*, nicht zuletzt im Interesse der gesamten Breitenentwicklung des Pferdesports. Viele Reiter und auch Fahrer, die in den sogenannten „turniersportlichen Disziplinen" von Mißerfolg zu Mißerfolg eilen und schließlich dem Pferdesport verlorengehen, würden dadurch die Möglichkeit wettkampfmäßiger Betätigung finden, die Freude bereitet, Spaß macht, der eigenen Gesundheit dient, die Naturverbundenheit stärkt und – last not least – Verständnis für den Umgang mit den Pferden entwickelt und damit dem Gedanken des Reitsports allgemein dient.

11.2. Distanzritte, -fahrten und ihre Besonderheiten

Unter diesem Gesichtspunkt sollen die folgenden Ausführungen gleichsam als Werbung für das Distanzreiten und -fahren verstanden werden.

11.2.1. Charakter von Distanzritten, -fahrten

Ein Distanzritt ist eine *Prüfung der Ausdauerleistungsfähigkeit* des Pferdes, in internationalen Wettkämpfen auch der Geschwindigkeit. Sie soll zeigen, wie der Teilnehmer das Pferd auf einer Geländestrecke hinsichtlich Einteilung des Tempos und der Kräfte beherrscht. Die Leistung des Pferdes über die verschiedensten Bodenverhältnisse und natürlichen Hindernisse ist kennzeichnend sowohl für das Können des Reiters als auch des Pferdes. Beim Distanzfahren gilt dies ebenso für ein- oder mehrspännige Gespanne.
Als wesentliche Unterschiede zu allen anderen Pferdesportdisziplinen müssen gleich anfangs zwei Faktoren erwähnt werden:
- Bei Distanzritten gelten alle *Einhufer* (genus equus) als Pferde. Es werden also keine Unterschiede gemacht, wie sie in den Zulassungsbestimmungen der LPO unter dem Aspekt des Chancenausgleichs vorgesehen sind. Alle Rassen und Größen sind teilnahmeberechtigt. In der *Wettkampfpraxis* haben sich jedoch schon bestimmte Rassen,

wie z. B. Araber, als besonders geeignet erwiesen.

– Bei Distanzritten und -fahrten steht die gesamte Prüfung *unter tierärztlicher Kontrolle.* Die Tierärzte spielen, anders als in den übrigen Pferdesportdisziplinen, eine *entscheidende Rolle* bei der Durchführung und bei der Bewertung, wobei die Entscheidungen des Tierarztes unanfechtbar sind.

Jeder Ritt/jede Fahrt besteht aus einer Anzahl von Abschnitten (Phasen). Das sind Teile der Gesamtprüfung, die getrennt nach der Zeit bewertet werden können. Am Ende jeder Phase (bei internationalen Prüfungen mindestens aller 40 km) ist ein *Zwangshalt* für eine Besichtigung durch den Tierarzt vorgesehen, wobei von der Tierärztekommission die Entfernung zwischen dem Start und dem ersten Zwangshalt unter Berücksichtigung des Geländeprofils festgelegt werden muß.

Ein Distanzritt bzw. eine Distanzfahrt kann auch als *Etappenwettbewerb* über mehrere Tage durchgeführt werden. Von dieser Möglichkeit wird jedoch aus sehr praktischen Gründen selten Gebrauch gemacht.

Distanzprüfungen werden normalerweise *nach Zeit* bewertet, jedoch werden Strafpunkte für eingeschränkte Reittauglichkeit, sofern sie in der Ausschreibung vorgesehen und kein Ausschlußgrund sind, berücksichtigt.

Distanzprüfungen können aber auch mit einer *Tempolimitierung* durchgeführt werden. In diesem Falle werden Strafpunkte für das Unterschreiten der Bestzeit (an jedem Tage) sowie Strafpunkte für eingeschränkte Reittauglichkeit gegeben werden.

Die Ausschreibung einer internationalen Distanzprüfung kann auch vorsehen, einige der Phasen nach Zeit, andere mit Zeitlimitierung durchzuführen.

11.2.2. Strecken und Markierungen

Zusätzlich zu den Bestimmungen des Internationalen Reglements gibt es in Deutschland verbindliche Festlegungen zu den *Streckenlängen,* wobei einerseits nach Einführungsritten (ER) sowie kurzen (KRD, KDF), mittleren (MDR, MDF) und langen (LDR, LDF) Distanzritten bzw. Distanzfahrten, andererseits nach Eintageprüfungen (ETR, ETF) und Mehrtageprüfungen (MTR, MTF) unterschieden wird.

Die Tabelle 54 gibt über die festgelegten Streckenlängen Auskunft.

Die tatsächliche Streckenlänge darf von der in der Ausschreibung angegebenen maximal um +/- 5% abweichen. Maßgeblich für das Ausmessen der Strecke ist eine Karte im Maßstab 1:25000.

Bei *Mehrtagewettbewerben* entscheidet die längste Tagesetappe über die Zuordnung zur Art der Prüfung. Jeder Tag einer Etappenprüfung muß mindestens in *zwei Phasen* geteilt werden, zwischen denen ein Zwangshalt liegt.

Die Länge der Strecke und die der Phasen wie auch die geforderte Geschwindigkeit bestimmen den Schwierigkeitsgrad der Strecke, der auch durch besondere Geländeverhältnisse noch beeinflußt werden kann.

Die Beschaffenheit des Geländes und die Höhenunterschiede sollten in der Ausschreibung klar angegeben sein. Geeignet erscheint dazu eine *Profilskizze* der Strecke, aus der auch die An- und Abstiegswinkel der Strecke hervorgehen. Dieser Aufwand ist selbstverständlich nicht erforderlich, wenn alle Teilnehmer die Gegend kennen, durch welche die Strecke führt. Im Prinzip sollten niemals mehr als 10% der Streckenlänge über *befestigte Fahrstraßen* führen. Außerdem soll der Streckenteil, der die größeren Anforderungen an die Pferde stellt, nicht am Ende der Strecke liegen.

Die letzte Strecke vor dem Ziel soll lang und breit genug sein, um mehreren Pferden/Gespannen den Zieleinlauf in höherem Tempo zu gestatten, ohne daß sie einander stören.

Die Ausschreibung kann fordern, die Strecke entweder nach der *Karte* oder nach besonderen *Markierungen* zu absolvieren. Schreibt sie Reiten/Fahren nach der Karte vor, sollte

Tabelle 54: Streckenlänge bei Distanzritten und -fahrten

Art der Prüfung	Eintagsprüfungen (ETR, ETF)	Mehrtagsprüfungen (MTR, MTF)
Einführungsritt, -fahrt (ER, EF)	25–29 km	25–39 km/Tag
Kurze Distanzprüfung (KDR, KDF)	40–59 km	40–49 km/Tag
Mittlere Distanzprüfung (MDR, MDF)	60–79 km	50–59 km/Tag
Lange Distanzprüfung (LDR, LDF)	80 und mehr km	60 und mehr km/Tag

jeder Teilnehmer ein Kartenblatt wenigstens im Maßstab 1:50000 erhalten, in dem alle wichtigen Punkte wie Zwangshalte und obligatorisch zu passierende *Hindernisse* exakt eingezeichnet sind. In vielen Fällen wird diesem Aufwand das Markieren der Strecke vorgezogen. Dies muß in einer Weise geschehen, daß bei den Teilnehmern kein Zweifel über den Streckenverlauf auftreten kann. Die Markierung kann – etwa wie bei einem Geländeritt – mit Flaggen, Absperrband, Hinweiszeichen, Kreide oder Farbe erfolgen.
Wie allgemein im Pferdesport üblich, sollten zur *Kennzeichnung* obligatorisch zu passierender Stellen vollständig, d. h. auf beiden Seiten, rote oder weiße *Begrenzungsflaggen* oder *-tafeln* verwendet werden, um bestimmte Abschnitte der Strecke oder Hindernisse zu kennzeichnen bzw. Start und Ziel zu markieren.
Gelbe oder orangefarbene Richtungszeichen oder -pfeile sollen die allgemeine Richtung anzeigen und dem Teilnehmer den Weg zeigen. Sie müssen deshalb so angebracht sein, daß er sie aus einer Entfernung erkennen kann, die ihm keinen Zeitverlust einbringt.
Alle 10 km muß ein Schild mit der *Entfernungsangabe* aufgestellt sein. Das gilt vor allen Dingen dann, wenn die Strecken zwischen den Zwangshalten länger als 15 km sind.
Die Zeichen müssen von allen Teilnehmern respektiert werden, gleich an welcher Stelle der Strecke sie sich befinden. Der Teilnehmer hat die roten Zeichen rechts, die weißen links zu lassen. Auslassen solcher Zeichen führt zum Ausschluß. Es ist jedoch erlaubt, sich zu korrigieren, indem das Zeichen in der richtigen Weise passiert wird.
Abkürzungen der Strecke sollten nicht möglich sein. Da es aber häufig einige Teilnehmer gibt, die ihre Findigkeit gerade dabei ins Spiel zu bringen suchen – zum Nachteil der anderen Bewerber natürlich – muß der Veranstalter an solchen Stellen einen Richter oder Hilfsrichter postieren, der schon durch seine Anwesenheit dafür sorgt, daß die vorgesehene Strecke eingehalten wird. In aller Regel wird dies auch durch ein mit einem Hilfsrichter besetztes *Pflichttor* bewirkt werden. Pflichttore oder auf der Strecke postierte Hilfsrichter (Streckenposten) müssen in die oben erwähnte Karte eingezeichnet sein. Die Ausschreibung kann aber auch *Strafzeiten* oder gar *Ausschluß* wegen Abkürzens vorschreiben.
Vorgeschrieben ist den Teilnehmern auch, die Strecke in der auf der Karte oder in der Natur markierten *Richtung* zurückzulegen. Weicht er von dieser ab, muß er die Strecke zur Korrektur an der Stelle wiederaufnehmen, an der die Abweichung begonnen hat. Andernfalls droht ihm der Ausschluß.

11.2.3. Hindernisse

Bei Distanzprüfungen sind *künstliche Hindernisse nicht zugelassen.*
Als *natürliche Hindernisse* gelten solche Geländeformen wie Gräben, steile Anstiege oder Abhänge, Wasserläufe u. a. Sie dürfen jedoch nicht speziell für die Prüfung angelegt sein. Als Hindernis wird eine solche Geländeform nur dann betrachtet, wenn sie mit roten und weißen Begrenzungsflaggen markiert ist.
Alle Hindernisse müssen soweit wie möglich in ihrer natürlichen Form bleiben. Sie dürfen jedoch, wenn nötig, so verstärkt werden, daß

sie für alle Teilnehmer gleiche Bedingungen bieten, z. B. Befestigen des Bodens bei einem Eintritt ins Wasser.
Da Verweigerungen an einem Hindernis nicht zum Ausschluß eines Teilnehmers führen sollen, muß an jedem Hindernis eine *Umgehungsstrecke* (Alternative) für die Teilnehmer vorgesehen werden, die das Hindernis umgehen wollen. Diese Umgehungsstrecke soll die Länge der Gesamtstrecke möglichst nicht um mehr als 500 m verlängern. Die Ausschreibung kann aber *Strafzeiten* wegen Umreitens natürlicher Hindernisse vorsehen.

11.2.4. Streckenbesichtigung und Veränderung der Strecke

Die Strecke soll in der Regel eine Woche vor der Prüfung festgelegt sein.
Alle Hindernisse, Hinweiszeichen, Begrenzungsflaggen, die von den Teilnehmern zu beachten sind, müssen sich am *Vortage* der Prüfung an den für sie vorgesehenen Stellen befinden. Danach dürfen sie von den Teilnehmern bei Strafe des Ausschlusses nicht mehr verändert werden. Nach Eintreffen der Teilnehmer, möglichst am Vortag oder Vorabend, sollte eine *Einweisung der Teilnehmer* erfolgen, bei der sie mit dem Verlauf und den Besonderheiten der Strecke bekanntgemacht werden.
Nachdem die Strecke offiziell abgenommen ist, darf keinerlei Veränderung mehr vorgenommen werden, es sei denn, daß außerordentliche Umstände wie z. B. starker Regen Streckenteile oder Hindernisse unpassierbar oder gefährlich machen. In diesem Falle ist es Aufgabe des *Technischen Delegierten* bzw. in dessen Abwesenheit Aufgabe der Richtergruppe, die erforderlichen Veränderungen zu veranlassen. Diese können im Erleichtern eines Hindernisses, in der Festlegung einer Umgehungsstrecke oder auch in einer Veränderung der Entfernung oder der Geschwindigkeit bestehen. In besonders schwerwiegenden Fällen kann der Technische Delegierte die Prüfung sogar noch eine Stunde vor deren Beginn *absagen.* In weniger problematischen Fällen kann er den *Start verschieben.*
Von solchen Maßnahmen müssen alle Teilnehmer möglichst zeitig *informiert* werden, damit sie sich auf die Veränderungen einstellen können.

11.2.5. Zulassungsbestimmungen und Ausrüstung

Reiter/Fahrer

Zugelassen sind alle Reiter/Fahrer, sofern der Veranstalter keine Altersgrenzen festgesetzt hat. Empfehlenswert ist es jedoch, wenn sich der Veranstalter – zumindest bei Prüfungen mit höheren Anforderungen – zur Festlegung eines *Mindestalters* in der Ausschreibung entschließt.
Nach dem Reglement der VDD ist die *Bekleidung* der Teilnehmer völlig freigestellt. Jedoch sollten dazu einige Ergänzungen beachtet werden, die sowohl dem Schutz der Teilnehmer als auch dem Image des Distanzsports dienen und von den Veranstaltern in den Ausschreibungen festgelegt werden können:

- Ein sicher befestigter, splittersicherer *Schutzhelm* sollte obligatorisch sein.
- Als *Anzug* der Teilnehmer sind Reithosen und Stiefel, Reithosen mit Gamaschen oder lange Socken und Knöchelschuhe bzw. Laufschuhe und ein weißes, auch farbiges Hemd empfohlen.
- Bei größeren Veranstaltungen, etwa Meisterschaften sollte für die Siegerehrung und weitere Zeremonien der *normale Reitanzug* mit Reitkappe oder Militaryhelm mit Seidenüberzug, ein Reitjacket, Hemd und Krawatte und Handschuhen verlangt werden.
- *Schlechtwetterbekleidung* sollte zugelassen sein.
- Aus Sicherheitsgründen dürfen *absatzlose Schuhe* nur bei nach vorn geschlossenen Steigbügeln oder sogenannten Sicherheitsbügeln getragen werden.

Zur Verbesserung des *Tierschutzes* kann die Ausschreibung auch das Tragen von *Sporen* untersagen, sowie andere, der Sicherheit dienende Einschränkungen vornehmen.
Solange es in dieser Hinsicht noch keine exakten Forderungen in den Reglements gibt, liegt es in der Verantwortung der Veranstalter, durch entsprechende Bestimmungen in der Ausschreibung die erforderlichen Maßnahmen zur Sicherheit der Teilnehmer und zur Verbesserung des Ansehens des Distanzsports beizutragen.

Pferde

Zugelassen sind alle *Einhufer*, die gemäß den eingangs genannten allgemeinen Bestimmungen als Pferde bezeichnet werden. Voraussetzung für die Zulassung zu Distanzprüfungen in Deutschland ist allerdings, daß diese Pferde nicht innerhalb der vorangegangenen 10 Tage auf einer vom VDD genehmigten Veranstaltung aus der Wertung genommen worden sind.
Ein Mindestalter für die Zulassung gilt in folgender Weise:

- bei Einführungsprüfungen (ER, EF) — 5 Jahre
- bei kurzen und mittleren Distanzwettbewerben (KDR, KDF, MDR, MDF) — 6 Jahre
- bei langen Distanzwettbewerben (LDR, LDF) — 7 Jahre

Dabei muß zur Anerkennung des Alters bei fünfjährigen und älteren Pferden der *Zahnwechsel* abgeschlossen sein.
Nicht teilnahmeberechtigt sind außerdem *säugende Stuten* und Pferde mit *ansteckenden Krankheiten.*
Für die Ausrüstung der teilnehmenden Pferde gibt es nur wenig Vorschriften. Allgemein ist nur die *Verkehrssicherheit* der Ausrüstung gefordert. Um dem zu entsprechen, müssen Sattelzeug bzw. Geschirre vor der Teilnahme sorgfältig überprüft werden. *Atembeengende Zäumungen* sind ebenso verboten wie *Schlaufzügel.* Über die Gebisse gibt es keine Festlegungen, jedoch wird in der Regel nur ein *einfaches Trensengebiß* in Frage kommen.
Gerten und *Sporen* werden vor Beginn eines Wettbewerbs durch die Richter *kontrolliert,* um Gefahren für die Pferde zu verhindern.

11.3. Durchführung und Bewertung

11.3.1. Startverfahren und Zeitplan

Die Start- und die Ziellinie müssen mit *Begrenzungsflaggen* (rot, weiß) und den *Schildern* „Start" bzw. „Ziel" gekennzeichnet sein.
Der Start kann als Massenstart, gleitender Start, Gruppenstart oder Einzelstart vorgesehen werden.
Unabhängig von der Art des Starts, absolviert jedoch jeder Teilnehmer die gesamte Prüfung so, als ob er allein wäre.
Nach dem VDD-Reglement müssen bei allen langen Distanzwettbewerben ab 80 km (LDR, LDF) *Massenstarts* vorgesehen werden. Massenstart ist mit Genehmigung der Richtergruppe auch bei internationalen Distanzwettbewerben zulässig, wenn der vorhandene Platz, das Gelände und die Anzahl der Teilnehmer dies möglich machen. Auch

für alle übrigen nationalen Distanzritte kann Massenstart erfolgen.
Findet ein *Gruppenstart* statt, der national bei allen Distanzritten bis zu 80 km Länge zulässig ist, wird die Startreihenfolge der Gruppen ausgelost. International ist Gruppenstart mit bis zu fünf Reitern in einer Gruppe möglich, wenn dies bei der namentlichen Nennung gefordert wird. Bei der Auslosung sollten Teilnehmer oder deren Vertreter anwesend sein.
Auch bei *Einzelstart* wird die Startreihenfolge ausgelost.
Der Technische Delegierte, die Richter und Teilnehmer sollten der Auslosung beiwohnen. Die dadurch ermöglichte Öffentlichkeit der Auslosung muß stets gewährleistet sein. Die Forderung der öffentlichen Auslosung gilt auch für alle *Distanzfahrten.* Bei ihnen ist verständlicherweise nur Einzelstart möglich, für den ein Mindestabstand von 5 Minuten vorgeschrieben ist. Bei Etappenwettbewerben wird die Startreihenfolge für jeden Tag neu ausgelost.
Um bei Gruppen- und Einzelstarts den Teilnehmern bessere Dispositionsmöglichkeiten zu geben, ist dafür ein *Zeitplan* aufzustellen, aus dem die Startzeiten ersichtlich sind. Bei Massenstarts ist das unnötig. Im Zeitplan sollen gegebenenfalls auch die Startzeiten der einzelnen Phasen angegeben sein. Jeder Teilnehmer bzw. jede Gruppe sollte diesen Zeitplan erhalten.
Bei Gruppen- und Einzelstarts wird der zeitliche Abstand der Starter vom Veranstalter festgelegt. Er sollte auch bei Einzelstarts nicht weniger als zwei Minuten betragen, damit sich die Teilnehmer nicht gegenseitig stören.
Die Pferde dürfen die Startlinie nicht vor dem Startsignal passieren. Bei einem Fehlstart kann der Teilnehmer durch einen beauftragten Startrichter durch Schwenken einer roten Flagge angehalten werden. Der Teilnehmer muß dann zurückkehren und die Startlinie erneut passieren. Andernfalls wird er ausgeschlossen. Bei einem Fehlstart läuft allerdings die Uhr zur Zeitwertung an, als ob der Teilnehmer beim Startsignal richtig gestartet wäre.
Der Beginn der Zeitwertung mit dem Startsignal gilt auch für verspätet am Start erscheinende Teilnehmer. Diese dürfen bis zu 15 Minuten nach ihrer gewerteten Startzeit noch starten, ehe sie ausgeschlossen werden.

11.3.2. Gangart und Führen des Pferdes/Reiterwechsel

Die Wahl der Gangart ist den Teilnehmern zwischen Start und Ziel jeder Phase freigestellt, es sei denn, durch die Ausschreibungen werden Einschränkungen vorgeschrieben. Jeder Teilnehmer kann sein Pferd jederzeit führen, mit Ausnahme beim Passieren der Start- und Ziellinie. Dies muß bei Strafe des Ausschlusses im Sattel erfolgen. Wenn der Teilnehmer die Startlinie passiert hat und sich auf der Strecke befindet, darf keine andere Person das Pferd/Gespann reiten/fahren oder führen.
Pferde- bzw. Reiterwechsel sind nur erlaubt, wenn dies in der Ausschreibung, z. B. bei Stafetten, vorgesehen ist.

11.3.3. Zeitwertung

Distanzwettbewerbe werden normalerweise nach der Uhr entschieden, jedoch sind es keine Rennen, da neben der Zeit noch andere Faktoren über Sieg und Platz entscheiden.
So können diese Wettbewerbe mit einem vorgeschriebenen *begrenzten Tempo* durchgeführt werden, das bei Einführungswettbewerben (ER, EF) nicht höher als T 5 sein darf. (T 5 ist der Code für eine Geschwindigkeit von 5 min/km = 200 m/min).

Kurze Distanzwettbewerbe können mit begrenztem Tempo *oder* in freiem Tempo ausgeschrieben werden. Mittlere und lange Distanzwettbewerbe werden nur im freien Tempo durchgeführt. Auch bei Wettbewerben im begrenzten Tempo wird schnelleres Reiten nicht bestraft.
In allen Distanzwettbewerben muß der Ver-

Tabelle 55: Geschwindigkeiten bei Distanzwettbewerben

T 2	= 2,0 min/km	= 500 m/min
T 2,5	= 2,5 min/km	= 400 m/min
T 3	= 3,0 min/km	= 333 m/min
T 3,5	= 3,5 min/km	= 286 m/min
T 4	= 4,0 min/km	= 250 m/min
T 4,5	= 4,5 min/km	= 222 m/min
T 5	= 5,0 min/km	= 200 m/min
T 5,5	= 5,5 min/km	= 182 m/min
T 6	= 6,0 min/km	= 167 m/min
T 6,5	= 6,5 min/km	= 154 m/min
T 7	= 7,0 min/km	= 143 m/min
T 7,5	= 7,5 min/km	= 133 m/min
T 8	= 8,0 min/km	= 125 m/min
T 8,5	= 8,5 min/km	= 118 m/min
T 9	= 9,0 min/km	= 111 m/min
T 9,5	= 9,5 min/km	= 105 m/min
T 10	= 10,0 min/km	= 100 m/min

anstalter eine *Höchstzeit* ausschreiben, bis zu der die Zielankunft erfolgt sein muß. Er kann auch Höchstzeiten für die einzelnen Phasen festlegen (Zeittore), und zwar bei langen und mehrtägigen Distanzwettbewerben.

Bei Wettbewerben mit begrenztem Tempo soll die Höchstzeit, abhängig vom Wetter und der Schwierigkeit der Strecke, zwischen T 7 und T 10 (s. Tab. 55) liegen. Bei tempofreien Ritten soll sie das Doppelte bis Dreifache der erwarteten Bestzeit für die betreffende Strecke betragen.

Die *Bestzeit* hat keinen Einfluß auf die Placierung der Teilnehmer, sondern dient nur als Grundlage für die Errechnung der Höchstzeit.

Da die Zeitwertung in Distanzwettbewerben eine besonders große Bedeutung besitzt, muß der Veranstalter für eine *genaue Zeitmessung* Sorge tragen. Geeignete Zeitnehmer mit *synchronisierten Uhren* müssen die Start- und Zielzeiten aller Teilnehmer in allen Phasen exakt messen und notieren, und zwar je nach Ausschreibung in Minuten oder Sekunden, wobei jeder angefangene Zeitabschnitt als voller Abschnitt zählt.

Jeder Teilnehmer erhält eine *Zeitkarte*, in die die Start- und Zielzeiten der einzelnen Phasen von den Zeitnehmern eingetragen werden.

Die *Zeit zählt* immer von dem Moment, in dem der Starter das *Startsignal* gibt, bis zu dem Augenblick, in dem der Teilnehmer die *Ziellinie* passiert. Verweilen am Start kostet daher die eigene Zeit.

Das bei Distanzwettbewerben angewendete System der *tierärztlichen Kontrollen* stellt an die Zeitnahme besondere Anforderungen, damit nicht einzelne Teilnehmer benachteiligt oder bevorteilt werden (s. a. Abschn. 11.4).

11.3.4. Sonderwertungen

Bei tempobegrenzten Wettbewerben können die *P/A-Werte* (P = Puls, A = Atmung) als zusätzliche Wertung herangezogen werden. Dabei kann die Wertung nach Leistungsklassen oder nach Punkten (P/A-Fehler plus Zeitfehler) erfolgen. Bei tempofreien Wettbewerben ist diese Wertung national nicht vorgesehen, international aber möglich, wenn das für alle Teilnehmer gleiche Bewertungsverfahren in der Ausschreibung dargestellt ist.

Weitere *Sonderwertungen* sind zulässig, müssen aber aus der Ausschreibung klar hervorgehen.

11.3.5. Erlaubte und unerlaubte Hilfe/Verbotene Substanzen

Gerät ein Teilnehmer vor einem Hindernis in Schwierigkeiten, so daß ihn der folgende überholen will, muß er sofort den *Weg frei machen*. Behindert er den folgenden Reiter absichtlich, ist dies ein Ausschlußgrund.

Hat ein Teilnehmer den vorhergehenden eingeholt und möchte ihn *überholen*, muß ihm der Weg bei der nächsten besten Möglichkeit freigegeben werden.

Während des Wettbewerbs darf *erlaubte Hilfe* geleistet werden, jedoch nur zum Tränken und Waschen des Pferdes. Der Veranstalter kann diese Erlaubnis nur für bestimmte *Plätze* erteilen, die dann auf der den Teilnehmern zur Kenntnis gebrachten *Karte* eingezeichnet sein müssen. *Tränkmöglichkeiten*

für die Pferde sollten etwa alle 10 km vorhanden sein, zumindest bei Ritten über 80 km Länge, in jedem Fall aber an den Orten der Verfassungsprüfungen und Pausen.
An diesen Stellen darf dem Teilnehmer auch beim Ordnen von Sattelzeug bzw. Geschirr geholfen werden. Außerdem dürfen ihm benötigte Gegenstände gereicht und Hilfe beim Aufsitzen geleistet werden. Außer an den Tränkstellen ist Hilfe durch Dritte auch während der Zwangshalte erlaubt, jedoch nicht so lange die tierärztlichen Untersuchungen und Messungen noch nicht abgeschlossen sind.
Erlaubt sind dabei insbesondere:
- Tränken, Füttern und Waschen, letzteres allerdings *nur mit Wasser* ohne Zusatz von Pflegemitteln (Verwendung von Pflegemitteln nur mit Erlaubnis des Tierarztes),
- sowie Richten und Auswechseln des Hufbeschlages, Ersatz von verlorenen Eisen.

In jedem Fall darf einem Teilnehmer nach einem Sturz geholfen werden, sowohl beim Einfangen des Pferdes als auch beim Ordnen der Ausrüstung, beim Richten des Beschlags, einschließlich Ersatz des Eisens, und beim Wiederaufsitzen. Das gilt auch für das Übergeben von Teilen seiner Ausrüstung, die ihm gereicht werden können, auch nachdem er bereits wieder aufgesessen ist (Unterschied zum Springreiten!).
Außer in den angeführten Fällen ist Hilfe durch Dritte verboten, gleich ob dies absichtlich geschieht oder nicht, wenn dadurch dem Pferd oder seinem Reiter ein Vorteil verschafft wird. Insbesondere sind **verboten:**
- einem Teilnehmer auf irgendeinem Teil der Strecke zu folgen oder ihm voranzugehen oder ihn zu begleiten, gleich ob mit einem Fahrzeug, zu Fuß oder zu Pferde. Letzteres gilt natürlich nicht, wenn der Reiter gleichzeitig Teilnehmer ist;
- eine Hilfsperson an einem Hindernis aufzustellen, um das Pferd auf irgendeine Weise anzutreiben. Aus verständlichen Gründen gelten Zurufe von Zuschauern nicht als verbotene Hilfe;
- das Öffnen und Schließen von Zäunen, Einfriedungen, Weidetoren u. ä.;
- das Entfernen von Bäumen, Ästen etc.;
- die Verwendung von Funkgeräten zwischen dem Teilnehmer und Dritten;
- die Hilfe eines Dritten beim Vortraben des Pferdes während einer tierärztlichen Verfassungsprüfung, gleichgültig, ob der Teilnehmer selbst oder ein Betreuer das Pferd vorführt, es sei denn, diese Hilfeleistung, z. B. Antreiben mittels der Peitsche, erfolgt auf Anweisung des Tierarztes.

Hilfeleistung durch Dritte bei der Pflege des Pferdes und bei der Betreuung des Reiters wird nicht als verbotene fremde Hilfe betrachtet (s. o.);
- vor dem Passieren der Startlinie
- während des Wettbewerbs
- in den Pausen
- nach dem Passieren der Ziellinie

Was die Verabreichung von *Futter* betrifft, so dürfen nur die üblichen Futtermittel verwendet werden. Die Verfütterung anderer Substanzen ist untersagt.
Salz, Zucker, Mineralstoffe, Elektrolyte und Vitamine dürfen nur *oral*, d. h. im Futter oder Getränk, verabreicht werden.
Auf Verlangen des Veranstalters oder der Tierärzte können *Dopingproben* gem. § 67 LPO genommen werden.

11.3.6. Mißhandlung

Jede Handlung oder Reihe von Handlungen, die nach Auffassung der Richter und Tierärzte als Mißhandlung (Grausamkeit) angesehen werden kann, führt zur *Disqualifizierung*. Mit der strengen Anwendung dieser Bestimmungen schützt der Distanzsport die Pferde und sich selbst gegen Vorwürfe der *Tierquälerei.*
Als *Mißhandlung* wird angesehen:
- das übermäßige Antreiben eines ermüdeten Pferdes
- der Mißbrauch von Sporen oder Gerte
- die übermäßige Anwendung anderer Mittel zur Bestrafung des Pferdes. Dazu gehört auch das Reißen mit den Zügeln. Der Veranstalter eines Distanzwettbewerbes hat das

Recht, die den Tierschutz betreffenden Bestimmungen z. B. durch Verbot des Reitens mit Sporen, in der Ausschreibung zu verschärfen.
Sollte während eines Distanzwettbewerbes ein Fall von Mißhandlung vorkommen, ist zu empfehlen, daß der *Bericht* darüber an die Richtergruppe Unterschriften und Anschriften von *Zeugen* enthält. Das erleichtert den Richtern die Beurteilung des Vorfalls und die Entscheidung der Disqualifikation.
Als eine weitergehende Maßnahme des Tierschutzes haben die Veranstalter und Tierärzte von Distanzwettbewerben nach dem Reglement des VDD das Recht, bis zu *sechs Wochen* nach dem Wettbewerb die Pferde der Teilnehmer in Augenschein zu nehmen bzw. sich nach ihrem Zustand und Verbleib zu erkundigen.

11.3.7. Organisation, Technischer Delegierter, Schiedsgericht

Die für die Organisation der Distanzwettbewerbe geltenden Bestimmungen, die dem Veranstalter einen weiten Spielraum lassen, sind in den entsprechenden Reglements des VDD niedergelegt. Hier sollen nur die für die Organisation und Teilnehmer wichtigsten angeführt werden:

- Distanzwettbewerbe können sowohl von eingetragenen Vereinen als auch von Privatpersonen veranstaltet werden. Der Verantwortliche für die Veranstaltung muß in der Ausschreibung benannt sein.
- der für das Veranstalterland Beauftragte des VDD muß die schriftliche Ausschreibung (3 Exemplare) drei Monate vor dem Veranstaltungstermin erhalten haben. Er prüft sie innerhalb einer Woche und gibt sie an die zuständige Landeskommission für Pferdeleistungsprüfungen weiter.
- Die von der Landeskommission genehmigte Ausschreibung geht danach vom Veranstalter an die Geschäftsstelle des VDD und an dessen Regionalbeauftragten. *Nur diese genehmigte Ausschreibung hat Gültigkeit.*
- In der Ausschreibung *müssen* nachstehende Angaben enthalten sein:
  - Bezeichnung des Wettbewerbs
  - Art des Wettbewerbs (ETR, ETF, MTR, MTF etc.)
  - Anschrift des Veranstalters
  - Anschrift des Organisationsleiters
  - Anschrift der Nennungsstelle
  - Nennungsschluß
  - Nachnennungen zugelassen ja/nein, Zusatzgebühr
  - Für die einzelnen Wettbewerbe sind anzugeben: die Art des Wettbewerbs, der Wettkampftag, die Streckenlänge (km), die Höhe des Nenngeldes, die Höhe des Startgeldes, die Höchstzeit, die erlaubte Zeit, das Mindestalter der Pferde und ggfs. der Reiter, die Mindestzahl der Teilnehmer, bei deren Erreichung die Veranstaltung durchgeführt wird, und die Höchstzahl der zugelassenen Teilnehmer
  - Angaben, ob die Strecke nach der Karte oder nach Markierungszeichen zu absolvieren ist. In letzterem Falle ist die Art der Markierung anzugeben, z. B. Richtungspfeile, Flatterbänder o. ä.
  - hinsichtlich der Wertung sind anzugeben: Zeitwertung in Minuten oder Sekunden, Wertung der P/A-Werte, vorgesehene Messungen der P/A-Werte (z. B. bei Einlauf nach x min, in Pausen nach x min, im Ziel nach x min), Einzel- oder Gruppenwertung, Wertung bei Leistungsgruppen.
  - Strafpunkte für Auslassen von Hindernissen: ja/nein, Anzahl der Strafpunkte
  - Sonderwertungen (z. B. Fitneß-Preis, Rassen, Klein-/Großpferde etc.)
  - Startart: Massenstart – gleitender Start – Gruppenstart (Teilnehmer pro Gruppe) – Einzelstart
  - VDD-Goldschleife: ja/nein
  - Ehrenpreise
  - Ausrüstungsauflagen für Pferde
  - Voruntersuchung: Datum, Uhrzeit von–bis
  - Pausen: Anzahl, Länge der Pausen, Orte der Pause (z. B. bei km 25)
  - P/A-Grenzwerte nach wieviel Minuten

- Laufwerte: P- und A-Werte innerhalb von x min
- Nachuntersuchungen: Uhrzeit, Ort, evtl. Datum (Folgetag)
- Streckenbeschreibung: Name und Nummer der topographischen Karte
- Geläuf: wieviel km Asphalt/Beton, befestigte Wege, unbefestigte Wege
- Hufbeschlag: vorgeschrieben/erforderlich/empfohlen/nicht erforderlich
- Vorbesprechung: Datum, Uhrzeit, Ort
- Startort
- Zielort
- Bei Gruppenstart Startzeiten der Gruppen für die einzelnen Phasen
- Siegerehrung: Datum, Uhrzeit, Ort, besondere Bestimmungen (Anzug, Einmarschordnung o. ä.)
- Kosten für Pferdeunterbringung
- Hinweise auf Stallbeschaffung
- Erstveranstalter ja/nein
- Ort, Datum, Unterschrift des Veranstalters
- Genehmigungsvermerk der Landeskommission

Im Anhang zu den VDD-Reglements befindet sich eine Musterausschreibung.

● Für bestimmte Wettbewerbe kann das Präsidium des VDD einen Technischen Delegierten bestimmen. Die Berufung gilt immer *nur für einen Wettbewerb.* Veranstalter und Regionalbeauftragte der VDD können einen Technischen Delegierten anfordern.

● Der Technische Delegierte nimmt nachstehende *Aufgaben* wahr:
- Überprüfung der Organisation
- Kontrolle der Strecke
- Unterbringung der Pferde vor und nach dem Wettbewerb
- Anzahl der Tierärzte und Veterinärhelfer
- Einrichtung der Kontrollpunkte für Verfassungsprüfungen

● Der Technische Delegierte kann einen Wettbewerb bis spätestens eine Stunde vor Wettbewerbsbeginn absagen, wenn *schwerwiegende Mängel* vorhanden sind. Das betrifft insbesondere das Fehlen der erforderlichen Voraussetzungen für eine sportlich korrekte Wertung des Wettbewerbs oder den Schutz der Pferde. Im Falle der Absage muß der Veranstalter auf Verlangen den angereisten Teilnehmern ihre Rittgebühren erstatten. Diesen Anspruch müssen sie spätestens eine Stunde nach der vorgesehenen Startzeit beim Veranstalter geltend machen.

● Wenn der Technische Delegierte einen mangelbehafteten Wettbewerb nicht absagt, muß er die Teilnehmer über die Mängel informieren.

● Als Preise dürfen nur *Sach- und Ehrenpreise,* keine Geldpreise gegeben werden. Der Wert der Preise darf das Doppelte der Teilnehmergebühr nicht überschreiten.

● Die Teilnehmer erhalten, wenn sie das wünschen, die *Ergebnisse des Wettbewerbs* spätestens nach sechs Wochen zusammen mit ihrer Checkkarte vom Veranstalter zugesandt. Natürlich erhält auch die Geschäftsstelle des VDD eine Ergebnisliste, dazu eine Kopie der Streckenkarte.

11.4. Tierärztliche Überwachung und Betreuung

11.4.1. Bestimmungen und Verfahren

Jeder Wettbewerb *muß* tierärztlich betreut werden. Wegen der hohen Bedeutung, die der tierärztlichen Mitarbeit bei Distanzwettbewerben zukommt, ist für je angefangene 30 Pferde mindestens ein Tierarzt vorzusehen. Während des Ablaufs des Wettbewerbs muß *immer* ein Tierarzt anwesend sein. Obwohl im Grundsatz der Teilnehmer für die Gesundheit des/der Pferde/s allein verantwortlich ist, entscheidet der Tierarzt, und zwar *unanfechtbar.*

Mit Zustimmung des leitenden Tierarztes kann der Veranstalter zu dessen Unterstützung *Veterinärhelfer* heranziehen und ihnen bestimmte Aufgaben sowie Entscheidungsbefugnisse übertragen. Das muß den Teilnehmern bekanntgegeben werden. Alle von den Veterinärhelfern getroffenen Entscheidungen, außer den P/A-Werten, müssen vom leitenden Tierarzt bestätigt werden. Erfolgt diese Bestätigung nicht, muß die verlorene Zeit gutgeschrieben werden.

Alle Pferde müssen vor, während und nach dem Wettbewerb auf ihre *Wettkampftauglichkeit* untersucht werden. Dazu werden folgende Untersuchungen vorgenommen:

- *Voruntersuchung* vor dem Start, bei der das Pferd ohne Sattel und Beinschutz vorzuführen ist (s. a. S. 148f.).
- *Verfassungsprüfungen* während des Wettbewerbs;
- Untersuchung nach der *Zielankunft*;
- *Nachuntersuchung.*

Bei allen diesen Untersuchungen müssen die Pferde auf festem Boden vorgetrabt werden.

Ein Pferd gilt dann als *wettkampftauglich,* wenn es nach der Auffassung des Tierarztes die vor ihm liegende Strecke sofort zurücklegen kann, ohne Schaden oder Schmerzen zu erleiden. Bei der Nachuntersuchung muß diese Prognose für eine Strecke von 20 km gestellt werden können.

Das vom Tierarzt für die Untersuchung gewählte Verfahren muß für alle Pferde gleich sein.

In den angekündigten Kontrollen bzw. in den Pausen (Zwangshalte) und am Ziel werden die P/A-Werte gemessen. Sie müssen *nach spätestens 20 Minuten* auf den Wert 64/60 (Grenzwert) abgesunken sein oder ihn unterschritten haben, andernfalls wird das Pferd ausgeschlossen und darf dann die Strecke nicht fortsetzen.

Bei allen *unangekündigten Kontrollen* kann der Wettbewerb fortgesetzt werden, wenn die P/A-Werte 72/72 innerhalb von 10 Minuten erreicht werden. Ist das nicht der Fall, muß das Erreichen der Grenzwerte abgewartet werden, und wenn das nicht innerhalb von 20 Minuten nach dem Anhalten erfolgt ist, muß das Pferd ausscheiden.

Der leitende Tierarzt kann die *Grenzwerte* vor dem Start *verschärfen,* wenn ihm das erforderlich erscheint, muß dies jedoch allen Teilnehmern mitteilen.

Nach jedem Viertel der Tagesstrecke, spätestens aber nach jeder Teilstrecke von 25 km, muß eine *Verfassungskontrolle* stattfinden. Diese Kontrollen sind in der Regel mit Pausen verbunden. Die Länge der Pausen wird vom Veranstalter festgelegt (Ausschreibung) und muß mindestens eine Minute für je 2 km betragen. Pausen sollten jedoch nicht kürzer als 15 Minuten und nicht länger als 40 Minuten sein. Bei mittleren und langen Distanzwettbewerben sind Pausen obligatorisch. Bei Einführungs- und kurzen Distanzwettbewerben wird eine angekündigte Verfassungskontrolle nach der Hälfte der Strecke durchgeführt, bei der aber die Pferde auf festem Boden vorzutraben sind. Nachuntersuchungen dürfen nicht eher als zwei Stunden nach Zielankunft erfolgen. War die Strecke länger als 80 km, darf die Nachuntersuchung erst am folgenden Tag, mindestens 8 Stunden nach Zielankunft und nicht vor 8 Uhr, stattfinden. Ist aber die letzte Etappe eines mehrtägigen Wettbewerbs geringer als 60 km gewesen, ist die Nachuntersuchung zwei Stunden nach Ankunft am Ziel der letzten Etappe zulässig.

11.4.2. Durchführung der Veterinärkontrollen

Die Verfassungskontrolle als zeitlich bestimmter Aufenthalt hat sich bei Distanzwettbewerben – auch international – als beste Möglichkeit erwiesen. Die Einrichtung wird allgemein als Vet Gate bezeichnet (Abb. 274).

Die Arbeitsweise eines Vet Gates ist folgende:

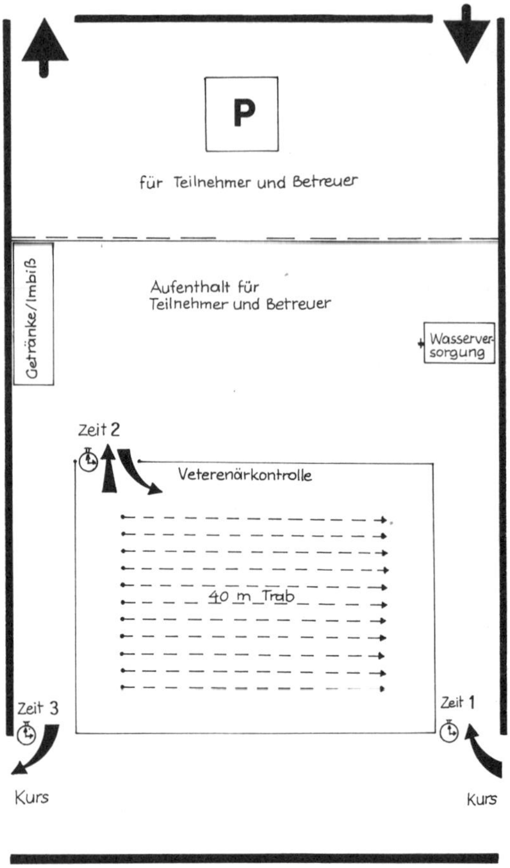

274 Vet Gate

Ein Reiter kommt am Vet Gate an. Der Zeitnehmer notiert die Ankunftszeit. Von da an haben der Teilnehmer und seine Helfer den für die Länge der Pause festgelegten Zeitraum für die Wartung des/der Pferde/s zur Verfügung. Die Reitzeit wird jedoch erst gestoppt, wenn der Teilnehmer das Pferd den Tierärzten vorstellt (in-time). Dies kann er zu jeder Zeit in der Pause tun. Bei der Vorstellung darf der Puls des Pferdes nicht höher als 64 sein, sonst wird es zurückgewiesen. Zurückgewiesene Pferde können später den Tierärzten wieder vorgestellt werden. Die Ankunftszeit gilt aber erst als definitiv, wenn der Puls 64 erreicht oder unterschritten hat. Erreicht das Pferd den Grenzwert nicht innerhalb der Pausenzeit, wird es ausgeschlossen.

Die „Pause" beginnt, wenn der Teilnehmer sein Pferd dem Tierarzt vorstellt, vorausgesetzt, es hat dann einen Puls von 64.

Ein Vet Gate bedarf einer guten Organisation, eines genügend geräumigen Platzes und einer ausreichenden Anzahl von Helfern, deren Aufgaben nachstehend erklärt werden:

- Der *Leiter des Vet Gates* ist verantwortlich für das Funktionieren des Kontrollpunktes. Wichtig sind: Richtungspfeile, abgegrenzte Flächen für Tierärzte, Kenntlichmachung der offiziellen Helfer, Veterinärfläche für gleichzeitige Kontrollen von 3–5 Pferden, wenigstens 40 m lang zum Vortraben, genügend Platz zum Tränken mehrerer Pferde und zur Pulskontrolle.
- *Zeitnehmer* (je einer bei der Ankunft, am Eingang zum Vet Gate und am Ausgang)
  - *Ankunft.* Der Zeitnehmer notiert die Ankunftszeit, läßt die Uhr weiterlaufen.
  - *Eingang zum Vet Gate.* Der Zeitnehmer notiert den Zeitpunkt, zu dem das Pferd dem Tierarzt vorgestellt wird (in-time). Er kontrolliert die Zeit zwischen der Ankunftszeit und der Zeit des Vorstellens. Kommen mehrere Reiter gleichzeitig bei ihm an, erhalten alle die gleiche Zeit.
  - *Ausgang.* Der Zeitnehmer notiert die Abgangszeit. Er kontrolliert, daß das Pferd den Tierärzten vorgestellt oder wieder vorgestellt worden ist. Er entläßt den Teilnehmer auf die nächste Phase. „In-time" plus Pausenlänge = Abgangszeit, in-time ist der Zeitpunkt der Vorstellung bzw. letzten Wiedervorstellung.
- Der *Aufsichtsführende* (Steward) am Vet Gate sichert den flüssigen Ablauf, sorgt dafür, daß nur eine Person pro Pferd Zutritt erhält, so daß unnötiges Gedränge und Wartezeiten vermieden werden.
- Die *Tierärzte* untersuchen die Pferde und entscheiden, ob sie weiter am Wettbewerb teilnehmen dürfen. Sie schließen Pferde nach den Bestimmungen aus oder lassen sie zur Wiedervorstellung kommen.
- Die *Protokollanten* notieren die Feststellungen der Tierärzte und tragen sie in die Reitkarten und die Veterinärformulare ein.

12. Fahren

12.1. Fahrausbildung

Kaum ein Reiter hält sich für vollkommen. Viele sind der Meinung, daß man beim Reiten niemals auslernen kann. Was für das Reiten zutrifft, gilt auch für das Fahren.
Der Fahrer bedarf einer ebenso gründlichen Ausbildung wie der Reiter. Er muß ebenso ernsthaft und beharrlich trainieren, um zu Erfolgen zu kommen.
Natürlich besteht ein wesentlicher *Unterschied* zwischen Reiten und Fahren: er liegt in der Verschiedenartigkeit der Mittel, die Reiter und Fahrer zur Verfügung stehen, um dem Pferd den menschlichen Willen verständlich zu machen. Das kann jedoch Reit- und Fahrkunst nicht gänzlich trennen, denn das Objekt, das Pferd, bleibt ihnen gemeinsam.
In der Reiterei ist die Verfeinerung des reiterlichen Gefühls und der Bewegungskoordination der Schlüssel zur Vollkommenheit des reiterlichen Könnens. Die enge Verbindung zwischen dem Körper des Reiters und dem des Pferdes gestattet unmittelbare Reaktionen des einen auf den anderen. Nicht so beim Fahren. Die lose Verbindung durch lange Leinen, das Fehlen der Kreuz-, Schenkel- und Gewichtseinwirkungen, schließlich der Wagen selbst erschweren die Aufgabe des Fahrers gegenüber der des Reiters. Der Fahrer ist deshalb mehr auf den vorauserkennenden Verstand als auf das unmittelbare Gefühl angewiesen.
Deshalb muß er seine *Beobachtungsgabe* und sein Reaktionsvermögen so üben, daß er die von den Pferden zu erwartende „Handlung" rechtzeitig erkennt und darauf reagiert. Wer das kann, meistert bald die in der Materie des Fahrens liegenden vielfältigen kleinen und größeren Schwierigkeiten.
Glücklicherweise brauchen wir nach Erkenntnissen und Methoden, mit denen wir erfolgreich arbeiten können, nicht erst zu suchen. Wir können auf den Erfahrungsschatz von berühmten Meistern ihres Faches zurückgreifen und auf den von ihnen entwickelten Prinzipien aufbauen. Besonders BENNO von ACHENBACH hat ein System geschaffen, das sich wegen der ihm innewohnenden Logik und Genauigkeit, wegen seines Grundprinzips der Pferdeschonung bei Erzielung höchster Leistungen und wegen seiner vielseitigen Verwendungsfähigkeit in kurzer Zeit die Turnierplätze der ganzen Welt erobert hat. Unter der Bezeichnung **Achenbach-Fahrsystem** hat es in mehreren Ländern Eingang in die Ausbildungsstätten gefunden. Die „Leistungsprüfungsordnung" (LPO) macht es verbindlich für jeden Teilnehmer an Fahrer-Wettbewerben und nationalen Fahrprüfungen auf Pferdeleistungsschauen in Deutschland.
Das Achenbach-Fahrsystem wurde auf der Grundlage des alten englischen Fahrsystems entwickelt. Es weist einen logischen Aufbau und vereinfachte Leinenführung auf. Unge-

nauigkeiten wurden ausgemerzt. Als notwendiges Handwerkszeug wurde die *Achenbach-Leine* geschaffen, die allen Ansprüchen des Fahrers gerecht wird.

Die Ziele des Fahrers

Die *Ziele des Fahrers* sind hochgesteckt. Wer sie erreichen will, muß hart und geduldig an sich und seinen Pferden arbeiten.

Wir wollen die Anforderungen in ein Minimal- und ein Maximalprogramm aufteilen.

Für die **Grundausbildung gilt folgendes Minimalprogramm:**

- Der Fahrer besitzt die gleichen *Grundkenntnisse* auf allen Gebieten der *Pferdekunde,* die auch dem Reiter vermittelt werden.
- Der Fahrer hat die sichere *Führung* eines Ein- und Zweispänners nach dem „Achenbach-Fahrsystem“ erlernt und kann sein Gespann im Schritt und Trab auf Straßen und Wegen unter Schonung der Kräfte der Pferde fahren.
- Der Fahrer kennt die *Achenbach-Leine* und ihre Vorteile. Er besitzt Sicherheit im Verschnallen der Achenbach-Leine und versteht die Leinenpflege.
- Der Fahrer kennt die landesüblichen Kutsch- und Arbeitsgeschirre und ihre einzelnen Teile. Er kann diese Geschirre verpassen. Auch Kenntnisse in *Geschirrpflege* werden verlangt.
- Dem Fahrer sind die gebräuchlichsten *Kutsch- und Arbeitswagen* bekannt, und er versteht es, sie zu pflegen.
- Er beherrscht die gültigen *Verkehrsbestimmungen* und kann sich mit seinem Gespann sicher auf dem Platz, im Straßenverkehr und umweltverträglich im Gelände bewegen.
- Der Fahrer kann *längere Fahrten* richtig vorbereiten und durchführen.
- Der Fahrer ist in der Lage, *Schäden* an Geschirren und Wagen provisorisch zu beheben.
- Der Fahrer ist in der Lage, die Bedingungen des *Deutschen Fahrerabzeichens in Bronze* (DFA III) zu erfüllen.
- Der Fahrer besitzt Kenntnisse der *Bestimmungen des Tierschutzgesetzes.*

Das **Maximalprogramm** enthält darüber hinaus noch folgende Anforderungen an den Fahrer:

- Er versteht die *theoretischen Grundlagen* des Achenbach-Fahrsystems und ist in der Lage, sie in der Praxis schöpferisch anzuwenden.
- Er beherrscht die *Anspannungsgrundsätze* und die *Leinenführung* von Ein-, Zwei- und Mehrspännern sowohl theoretisch als auch praktisch.
- Er besitzt gute Kenntnisse über die verschiedenen *Leinen- und Geschirrarten,* er kennt ihre Vor- und Nachteile.
- Er beherrscht die Grundlagen der *Zäumungslehre* für Wagenpferde in Theorie und Praxis.
- Er kennt Aufbau und Verwendungszweck der verschiedenen *Wagenarten* und hat gründliche Kenntnisse über ihre Behandlung und Pflege.
- Er muß das richtige *Anlernen junger Pferde* zum Zuge in Theorie und Praxis verstehen.
- Er kann die *Ausbildung* und das *Training* von Wagenpferden leiten und weiß über die dabei angewendeten Methoden und Hilfsmittel Bescheid. Insbesondere beherrscht er die *Doppellongenarbeit*:
- Er kennt sich in Fragen des *Anspannungsstils* aus.
- Ihm sind die *Anforderungen* an Wagenpferde bei Pferdeleistungsprüfungen sowie der Ablauf dieser Prüfungen bekannt.
- Er beherrscht die *Technik* und *Taktik* des sportlichen Fahrens.

Der Fahrer ist in der Lage, die Bedingungen des *Deutschen Fahrerabzeichens in Silber* (DFA II) zu erfüllen.

Die theoretische und praktische Vorbereitung der Fahrer auf die Teilnahme an den Fahrprüfungen der Pferdeleistungsschauen, das Wecken und Fördern von Interesse, Begeisterung und Wettkampfeifer dienen der Entwicklung des Fahrsports ebenso wie die

Einbeziehung des Fahrens in die Freizeitgestaltung vieler Menschen in Form der Fahrtouristik wie auch des sportlichen Fahrens außerhalb von Wettkämpfen. Die Ausbildung aller Sportler, die sich mit dem Fahren befassen, nach dem Achenbach-Fahrsystems bildet die Grundlage dazu.

Hilfsmittel für den Fahrunterricht

Fahrlehrer verlangen zu Recht von ihren Schülern eine gewisse handwerkliche Fertigkeit in der Leinenführung, bevor sie ihnen die Leinen des Gespannes in die Hände geben. Deshalb bauten sie Apparate, an denen die Leinenführung geübt werden konnte.

Das Fahrlehrgerät soll über eine Kontrolle durch das Auge zugleich ein gewisses fahrerisches Gefühl herausbilden. Das bringt folgende *Vorteile*:

- Es wird vermieden, daß ein Gespann gut eingefahrener Pferde verdorben wird, weil ein noch ungeübter Fahrer durch ungeschickte Griffe und Rucke ins Maul die Pferde verwirrt.
- Der junge Fahrer kann die Haltungen und Griffe der Leinenführung am Fahrlehrgerät so gründlich üben, daß er sie sicher beherrscht. Die Griffe müssen exakt und schnell wie Reflexe erfolgen, damit man im Notfall nicht erst „nachdenken" muß.
- Für die Ausbildung *fahrerischen Gefühls* sind drei in enger Beziehung zueinander stehende Faktoren wichtig:
  - die ständige Übung der Handfertigkeit;
  - die Kontrolle durch das Auge;
  - die Kontrolle durch das Gewicht.

Diese drei Faktoren wirken zusammen, so daß eine komplexe Wahrnehmung entsteht, die sich aus der Empfindung des Handgriffs, (motorischer Sinn), des Steigens der Gewichte (Gesichtssinn) und der Schwere des Gewichtes (Tastsinn) zusammensetzt. Durch Üben werden diese Sinneswahrnehmungen koordiniert, und es bildet sich eine Art Bewegungsgedächtnis, ein *Bewegungsmuster* heraus: das fahrerische Gefühl.

Für die Praxis ist es wichtig, daß der am Fahrlehrgerät Übende mit den Augen die Tätigkeit seiner Hände kontrollieren und am Stand der Gewichte feststellen kann, ob seine Griffe richtig und zweckentsprechend gewesen sind.

Die Gewichte dienen dazu, dem Fahrer das Gefühl für den *Druck* des Pferdemauls auf die Hand zu vermitteln. Dazu muß ihre Schwere etwa dem Druck entsprechen, den das Maul eines gut eingefahrenen Pferdes auf die Hand des Fahrers ausübt, nämlich 1 kg. Die Gewichte sollen außerdem durch ständige Übung zu einer *Kräftigung der Muskeln* von Hand und Arm beitragen.

- Ein Lehrer kann zu gleicher Zeit mehrere Schüler unterrichten.
- Der Unterricht ist unabhängig von den Wetter- und Lichtverhältnissen im Freien, da er in einem Raum stattfinden kann.

Bauweise des Fahrlehrgerätes

Die Konstruktion eines Fahrlehrgerätes ist relativ einfach. Mit wenig Aufwand ist es in jedem Verein mit etwas handwerklicher Fertigkeit und geringem Materialaufwand herzu stellen. Von einem alten Tisch wird die Platte abgenommen, so daß die Querverbindungen der Tischbeine sichtbar sind. So kann der Fahrlehrer die an drei Seiten des Tischgestells sitzenden Fahrschüler von der vierten aus beobachten.

In die Querverbindungsbretter werden von unten Haken eingeschraubt, deren Öffnungen nach der Tischmitte gerichtet sind. Diese Haken werden paarweise angebracht mit etwa 40 cm Abstand zwischen den beiden Haken eines Paares (Abb. 275) und – je nach der Länge der Tischseite – einem etwas größeren von Paar zu Paar.

An jedem Haken hängt – mit diesem durch eine Öse verbunden – ein *Holzklotz* von etwa 20 cm Länge mit einer quadratischen Grundfläche von 3 cm Seitenlänge. In dieses Holzstück werden zwei Schlitze eingeschnitten, in denen je ein Rädchen läuft (Bild 276). Die *Rädchen* sind auf ihrer Rundung ausgekehlt, um einem Bindfaden die nötige Führung zu gewährleisten. Dieser *Bindfaden* ist 80 bis 100 cm lang. An seinem Ende ist ein *Handstück* befestigt, zu dessen Herstellung man Gurt von 25 mm Breite nehmen kann. Will man sich bei der Herstellung des Handstükkes genau an das Maß der Achenbachleine halten, so braucht man für ein Fahrlehrgerät 2,90 m dieses Gurtes. Zum Einnähen der *Ringe*, in denen dann die Bindfäden befestigt werden, müssen 5 cm an jedem Ende umgeschlagen werden. Man erhält so eine Länge von 2,80 m. Dieses Maß entspricht dem des Handstückes der Achenbachleine. Das Handstück des Fahrlehrgerätes darf nicht kürzer als 2,00 m sein, weil sich sonst nicht mehr alle Griffe korrekt ausführen lassen.

An dem der Hand des Fahrschülers abgewandten Ende des Bindfadens wird ein *Gewicht* von 1 kg befestigt. Dazu dient ein *Sandsäckchen* oder ähnlicher Gegenstand. Alle Gewichte müssen die *gleiche Form* und eine *gerade untere Kante* haben, damit auch die kleinsten Verschiebungen an ihnen sofort auffallen.
Die Säckchen, die an den oberen Leinen hängen, sollten eine andere *Farbe* besitzen als die an den unteren Leinen. Dadurch lassen sich die zusammenhängenden Säckchen leichter vergleichen. Außer zur Vermittlung des Drucks auf die Hand dienen die Gewichte zur Straffung der Leinen, damit der Übende seine Griffe so ausführen kann, als hätte er gut an den Gebissen stehende Pferde zu fahren (Bild 277).

Jeweils ein Paar Holzklötze gehören zusammen. Man bringt in den beiden Schlitzen des links hängenden Holzklotzes oben und unten je eine linke Leine, in dem rechts hängenden Holzklotz die beiden rechten Leinen an. Ein Fahrschüler nimmt das obere und einer das untere Leinenpaar in die Hand. Sollen später die Leinengriffe für das *Vierspännerfahren* geübt werden, so läßt sich das Gerät gleichfalls nutzen: die beiden oberen Leinen dienen als Vorderleinen, die beiden unteren als Hinterleinen (Bild 278).

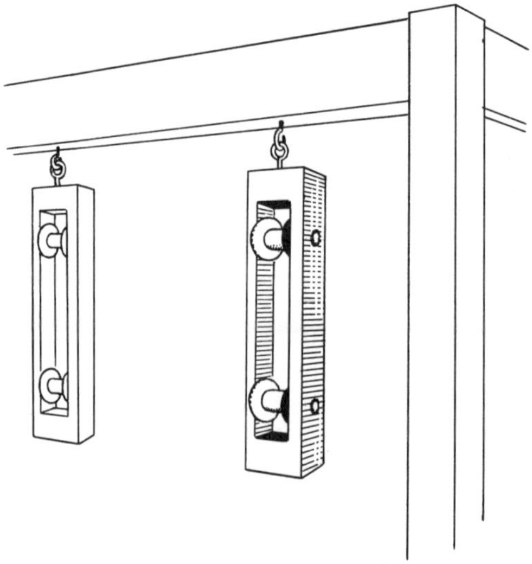

275 Fahrlehrgerät: Anbringen am Tisch

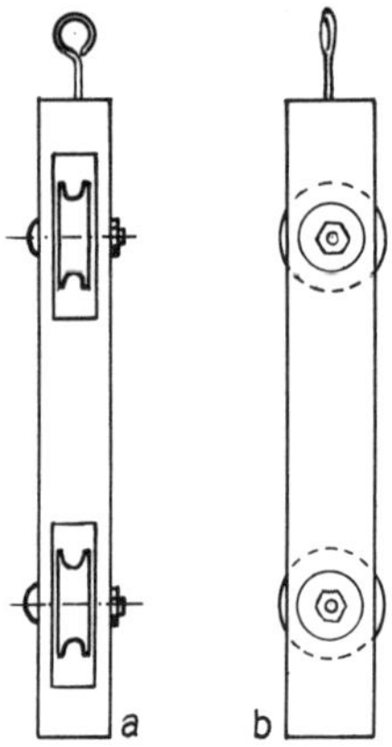

276 Holzklotz für Fahrlehrgerät: links von vorn, rechts von der Seite

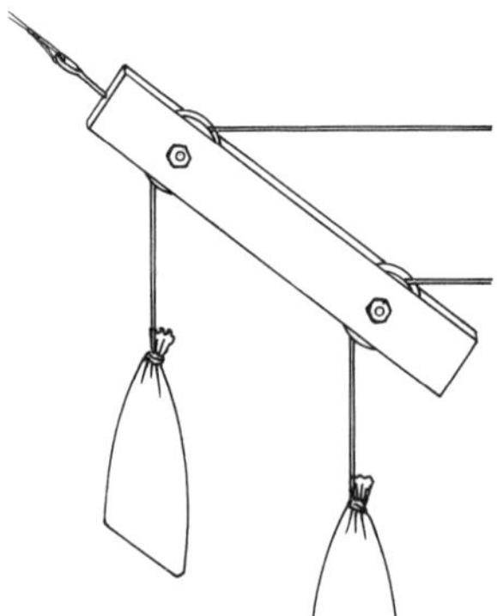

277 Gewichte für das Fahrlehrgerät: gerade Unterkante, unterschiedliche Farbgebung

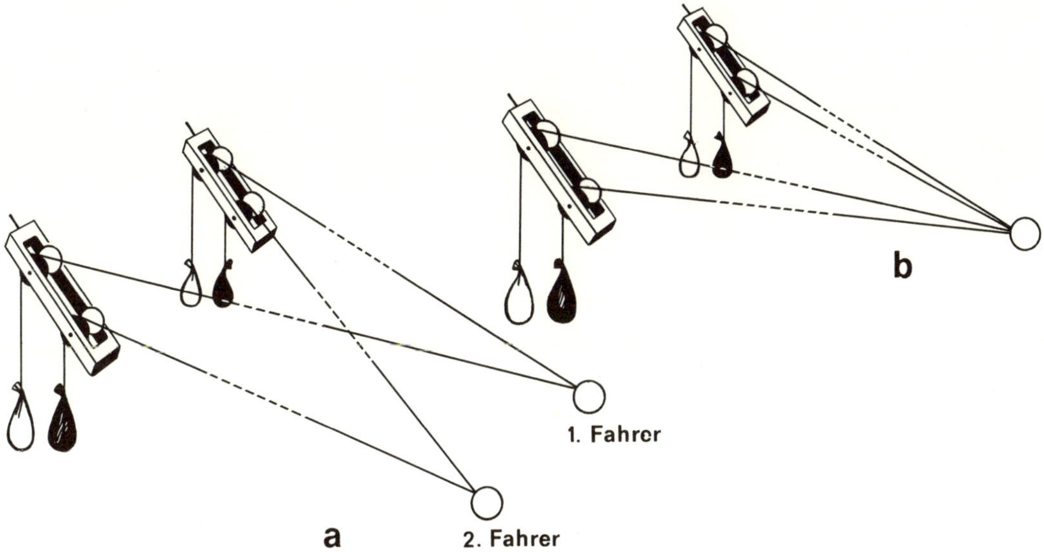

278 Anbringen der Leinen am Fahrlehrgerät: a für Zweispänner, b für Vierspänner

Verwendung des Fahrlehrgerätes

Als Peitsche dient dem Fahrschüler ein Stock von 1 m Länge, der etwas dicker als ein gewöhnlicher Peitschenstock sein darf. Diesen bekommt er von der ersten Übung an und muß ihn bei allen Übungen immer in der Hand halten. Der Fahrer gewöhnt sich auf diese Weise daran, daß er die Peitsche während keiner Phase des Fahrens aus der Hand legen darf.

Der Fahrunterricht am Fahrlehrgerät muß mit dem theoretischen Unterricht Hand in Hand gehen. Größter Wert ist auf die *Begründung* der Zweckmäßigkeit der geforderten Griffe zu legen. Kein Fahrer darf nur einfach lernen, *wie* ein Griff oder eine Reihe von Griffen gemacht wird; er muß erkennen, *warum* gerade diese Ausführung zweckmäßig ist. Die Aufgabe des Lehrers besteht darin, den denkenden Fahrer zu erziehen, denn einsichtiges, logisches Denken ist beim Fahren Voraussetzung für den Erfolg.

Ein Fahrunterricht, bei dem es versäumt wird, die vielfältigen Möglichkeiten der Praxis auf den Unterricht am Fahrlehrgerät zu übertragen, stumpft ab.

Natürlich müssen die ersten Anfangsgründe der Leinenführung gezeigt, erklärt und geübt werden. Verlangt man aber wochenlang das gleiche in unveränderter Reihenfolge, so schwindet das Interesse.

Im ersten Stadium wird sich der Fahrlehrer die Haltungen und Griffe immer wieder zeigen und erklären lassen. Sehr bald aber sollte er Aufgaben stellen, die der Fahrschüler in einzelne *Arbeitsgänge* auflösen muß. Leinengriffe, Verkehrszeichen sowie die Andeutung von Peitschenhilfen und des Bedienens der Bremse sind die einzelnen Bausteine, aus denen Übungen bestehen. Außerdem kann der Wechsel von Gangarten angedeutet werden.

Sind die Grundlagen der Leinenführung erarbeitet, geht der Fahrlehrer zu schwereren Aufgaben über, die praktische Fahrübungen vorbereiten. Man legt dabei eine bekannte Wegstrecke zugrunde. Die Gangarten werden bestimmt, und der Lernende soll nun die zur Erfüllung der Aufgaben notwendigen Maßnahmen vornehmen, erläutern und begründen. Auf solche Weise kann der Fahrlehrer nicht nur die Handfertigkeit seiner Schüler kontrollieren, sondern auch den Entwicklungsgrad ihres fahrerischen Denkvermögens feststellen. Keinesfalls darf die Leinenführung bei rascherem Aufeinanderfolgen der

Griffe an *Exaktheit* verlieren. Sie würden sonst leicht unpraktisch und unzweckmäßig werden.

Wichtigste Aufgabe des Unterrichts am Fahrlehrgerät ist die Vermittlung von Kenntnissen und Fertigkeiten. Ersteren galten die bisherigen Ausführungen. Die Fertigkeiten lassen sich nur durch beharrliches Üben entwickeln. Der Fahrlehrer muß diese Übungen immer interessant gestalten, jedesmal neue Fahrsituationen ausdenken und dabei Wert auf gleichmäßiges Üben aller Elemente der Leinenführung legen. Keinesfalls darf der Unterricht am Fahrlehrgerät überschätzt werden. Das Gefühl für die Pferde, Augenmaß und Erfahrung kann sich der Fahrer nur auf dem Fahrersitz erwerben. Weil aber bei unkontrollierter Ausübung in der Praxis Nachlässigkeiten immer auftreten, muß sich auch der Erfahrene hin und wieder am Fahrlehrgerät überprüfen.

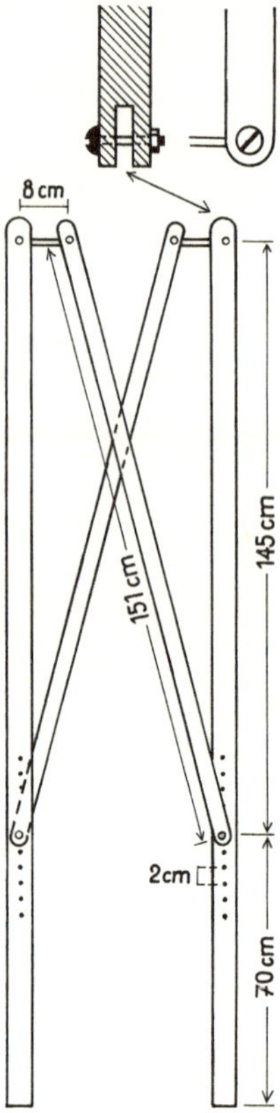

279 Holzleine

Die Holzleine

Sie ist ein Unterrichtsmittel für den theoretischen Fahrunterricht. Dieses Gerät besteht aus dünnen Holzleisten mit einem Querschnitt von 20 mm x 10 mm und entspricht der Achenbachleine im Maßstab 1:2 (Bild 279).

Die Holzleine zeigt die *Wirkung des Verschnallens* der Achenbachleine. Man kann daran genau nachweisen, ob die Grundsätze des Verschnallens richtig befolgt werden, weil die Steifheit der „Leinen" falsches Verschnallen deutlich macht.

Die Gespannattrappe

Um den richtigen *Gebrauch der Peitsche* zu erlernen und vor allem Treffsicherheit zu erwerben, bedarf es einiger Übung.

Eine systematische Durchführung solcher Übungen läßt sich während des praktischen Fahrunterrichts nicht erreichen, weil die Pferde dadurch ständig beunruhigt würden. Für die Übungen im Peitschengebrauch benutzt man daher ein Hilfsmittel, das man leicht herstellen kann.

Man stellt einen Wagen mit Deichsel auf. Zu beiden Seiten der Deichsel, etwa 40 bis 50 cm von ihr entfernt, schlägt man *Pflöcke* so in die Erde, daß sie etwa 1,20 bis 1,40 m über dem Boden stehen; auf jeder Seite der Deichsel befinden sich zwei Pflöcke. Der vordere Pflock ist etwa 30 cm von der Stelle entfernt, an der sich beim angespannten Gespann die *Schulter* des Pferdes befindet. Der hintere Pflock ist etwa 30 cm hinter der Stelle postiert, an der sich der *Kammdeckel* des Pferdes befinden müßte. Beide Pflöcke werden durch ein *Brett* verbunden, auf dem Schulter und Kammdeckel kenntlich gemacht sind (Bild 280).

Der Fahrer kann nun mit der Peitsche üben. Zur besseren Kontrolle wird der Peitschenschlag mit *Kreide* eingerieben, so daß er einen weißen Strich hinterläßt. Nach den Übungen muß der Peitschenschlag stets gesäubert und wieder leicht eingefettet werden.

Wer diese Anlage *transportabel* gestalten will, kann die Attrappe mit Füßen versehen

(Abb. 280). Soll in einer ständigen Ausbildungsstätte eine *stationäre* Anlage geschaffen werden, so kann man, wenn die Attrappe eines Bocksitzes verwendet wird, auf den Wagen verzichten. Es ist dadurch möglich, sowohl das Auf- und Absitzen als auch das Leinenaufnehmen und -ablegen zu üben.

Die Grundlagen des Achenbach-Systems

Die Grundlagen des Achenbach-Fahrsystems bilden drei *Hauptgrundsätze*, deren Kenntnis unbedingt erforderlich ist, denn auf ihnen beruhen alle übrigen Regeln.

Erster Hauptgrundsatz
Die Leinen liegen abgemessen in der linken Hand. Dadurch wird die rechte Hand frei zur Unterstützung der linken, zum Geben von Verkehrszeichen und Peitschenhilfen, zum Grüßen und bei Vorhandensein einer Handbremse zu deren Gebrauch.
Wenn der Fahrer die Leinen aufgenommen hat, so fährt er theoretisch stets mit einer Hand, mit der linken. In der Praxis wird die rechte Hand häufig zur Unterstützung der linken herangezogen. Deshalb haben wir in der Praxis meistens beide Hände in den Leinen und fahren in *Gebrauchshaltung.*
Das ist kein Widerspruch zum ersten Hauptgrundsatz, denn der Fahrer muß in jedem Augenblick in der Lage sein, die rechte Hand aus den Leinen herauszunehmen, ohne daß sich die *Länge* der einen oder anderen Leine ändert. Ist dies doch der Fall, so ergibt sich bei gut eingefahrenen Pferden eine *Richtungsänderung* des Gespannes.
Immer bleiben beide Leinen in der linken Hand, wo sie mit den unteren Fingergliedern *festgehalten* werden. Die Länge einer Leine ändert der Fahrer mit der rechten Hand. Er kann also auch die um ein bestimmtes Stück verlängerte Leine um genau dasselbe Stück wieder verkürzen oder umgekehrt. Damit sind die Leinen stets *abgemessen.* **Der Fahrer muß unbedingt das Durchrutschen einer Leine durch die Finger verhindern!**
Er muß außer den Leinen noch die *Peitsche* in der linken Hand halten können, und zwar so, daß ihm eine Einwirkung auf die Pferde möglich ist.
Im Straßenverkehr ist der Fahrer öfter gezwungen, die rechte Hand von den Leinen zu nehmen. Dann muß er das Gespann *mit einer Hand* führen. Das Fahren mit einer Hand ist deshalb gründlich zu üben.

Zweiter Hauptgrundsatz
Alle Wendungen werden durch außen nachgebende Hilfen eingeleitet und durch innen annehmende Hilfen durchgeführt, d. h., das äußere Pferd zieht den Wagen an der festen

280 Gespannattrappe für Peitschenübungen

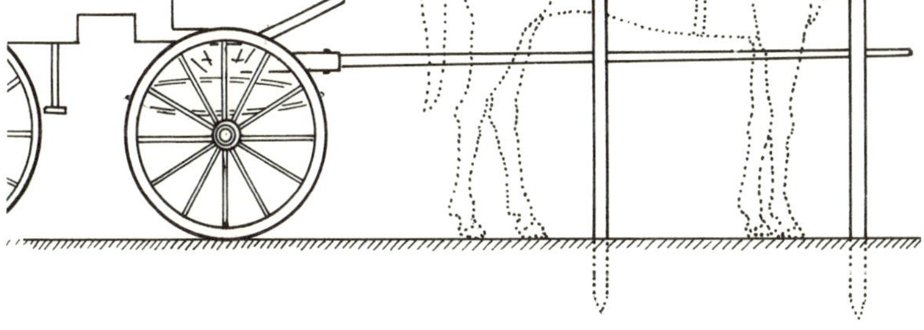

Sprengwaage (Hinterbracke) in die Wendung und das innere Pferd zieht den Wagen durch die Wendung.

Das Achenbach-Fahrsystem unterscheidet sich von allen anderen Fahrsystemen dadurch, daß es das *Nachgeben* der äußeren Leine zur Einleitung aller Wendungen fordert. Die Richtigkeit dieser Forderung soll an einer Rechtswendung nachgewiesen werden (Bild 281).

Der Fahrer verkürzt vor der Rechtswendung die Leinen und damit das Tempo. In dem Augenblick, in dem der Fahrer die Wendung einleitet, haben die Pferde die Parade schon „durchgelassen“ und sich von den Gebissen abgestoßen. Der Wagen ist drei Schritt vor der Ecke mit der Bremse aufgehalten worden. Der Fahrer gibt nun mit der linken Leine nach. Dadurch zieht das linke Pferd, dessen Leine länger geworden ist, den Wagen an der festen Sprengwaage (Hinterbracke) vorwärts in die Wendung hinein, denn es kann mit der richtigen Kopfstellung frei ausschreiten. Die Pferde ziehen, die Aufhalter sind lose, beide Pferdeköpfe sind richtig in die Wendung gestellt. Wenn es notwendig ist, wird diese Kopfstellung noch durch leichtes Annehmen der inneren Leinen verstärkt – aber erst, nachdem die Wendung durch Nachgeben eingeleitet wurde, damit die Pferde sich nicht in die Wendung werfen. So gehen sie im Bogen auf einem Hufschlag durch die Wendung – nicht auf je zwei Hufschläge wie beim „Ziehen an der inneren Leine“. Die Gefahr des Ausgleitens auf glatter Straße wird dadurch gemindert. Bleibt das *innere Pferd* in der Wendung zurück, so wird es mit einer Peitschenhilfe angetrieben, um das „Anecken“ des inneren Hinterrades an der Bordschwelle zu vermeiden. Durch stärkeres Ziehen des inneren Pferdes wird die Wendung etwas flacher, weil das Tier die Deichsel nach außen drückt.

Niemals darf der Fahrer das äußere Pferd in der Wendung antreiben! Denn dies verkleinert die Wendung.

Prellt das äußere Pferd auf die Peitschenhilfe heftig vor, wird die Deichsel ruckartig gegen

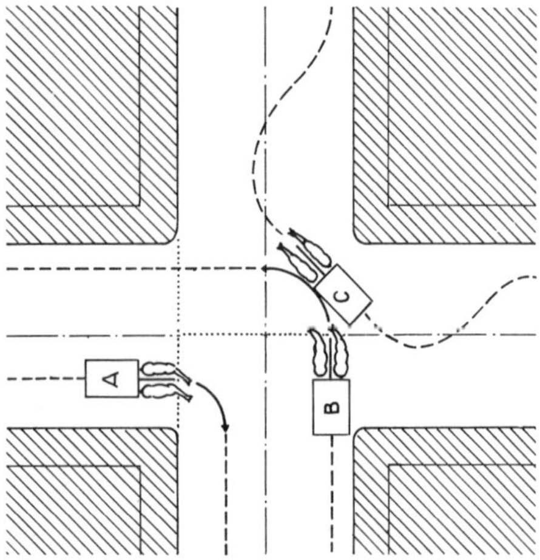

281 Auswirkung des 2. Hauptgrundsatzes:
A, B = richtig – Nachgeben der äußeren Leine
B = falsch – Herumziehen der Deichsel, werfen in die Wendung

das innere Pferd gestoßen, wodurch sich dieses das Werfen in die Wendung angewöhnt.

Das *Maß des Nachgebens* bestimmt die *Größe* der Wendung. Geringes Nachgeben wird nur wirksam, wenn gut gefahrene Pferde an der *festen Sprengwaage* gehen. Fährt man im Arbeitszug mit der Spielwaage, deren Spielraum begrenzt wurde (Abb. 282), so ist selbstverständlich mehr nachzugeben, weil das äußere Pferd in diesem Fall ein größeres Stück vorgehen muß, um den Wagen in die Wendung zu ziehen.

Dritter Hauptgrundsatz

Durch Verschnallen der Achenbachleine lassen sich zwei verschiedene Pferde in bezug auf Arbeitsleistung, Temperament und Gebäude weitestgehend ausgleichen. Um einen richtigen und wirksamen Ausgleich zu schaffen, darf grundsätzlich nur auf den Leinen verschnallt werden.

Der Fahrer erkennt an den Leinen, ob die Pferde gleichmäßig im Zug stehen. Auch die Stränge geben ihm Hinweise. Durch Verschnallen der Leinen kann er die Pferde stets gleichmäßig bzw. absichtlich ungleichmäßig

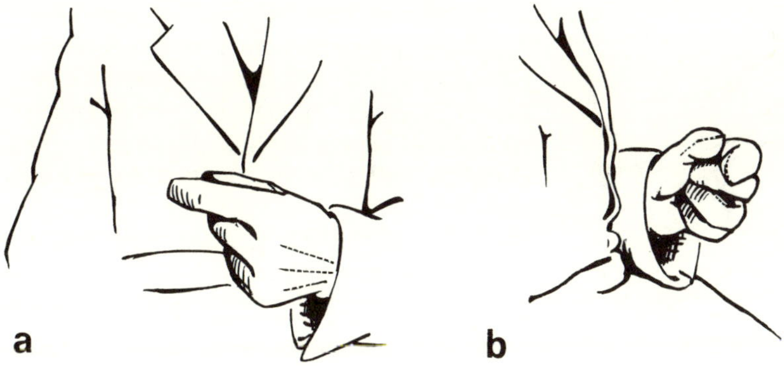

283 Richtige Stellung der Fahrhand: a) von vorn, b) von rechts

284 Grundhaltung: a Die linke Leine steht in Grundhaltung vor der Körpermitte, Daumen und Zeigefinger sind geöffnet
b So liegen die Leinen in der linken Hand
c Stellung beider Hände in Grundhaltung: die linke vor der Körpermitte, die rechte vor der rechten Körperseite
d Stellung beider Hände in Grundhaltung: beide Hände auf gleicher Höhe
e Grundhaltung von oben

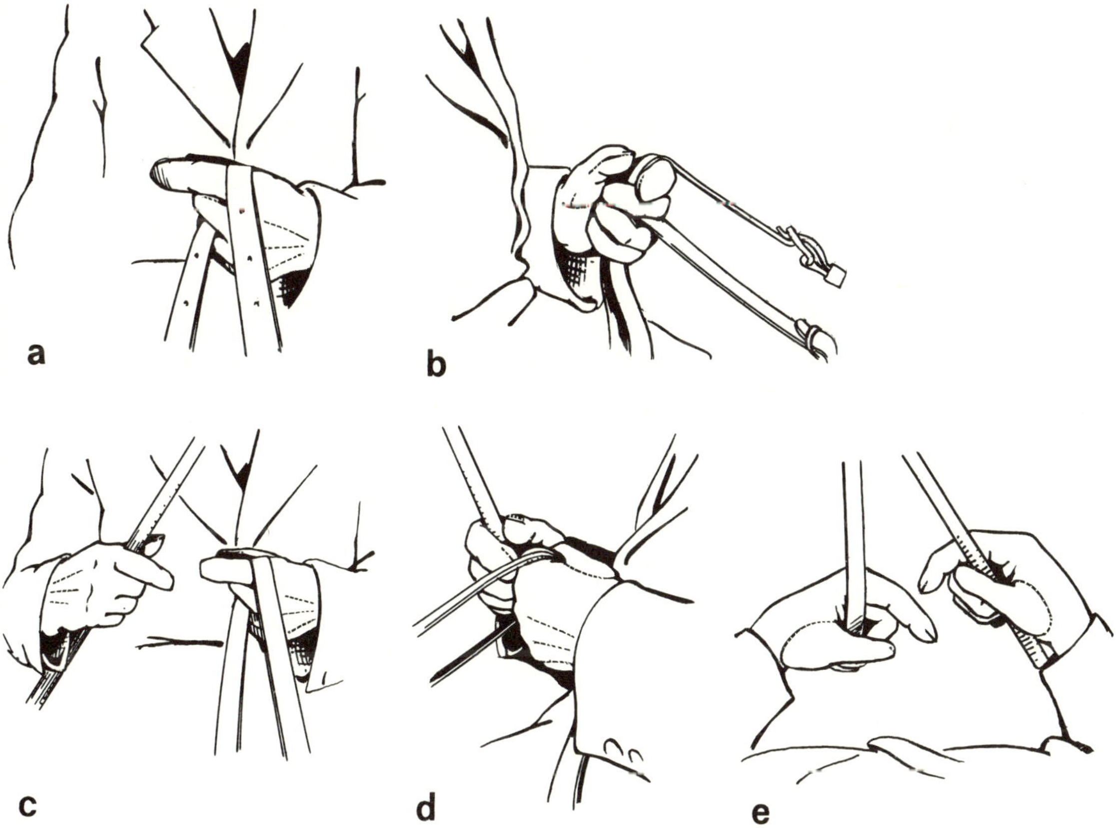

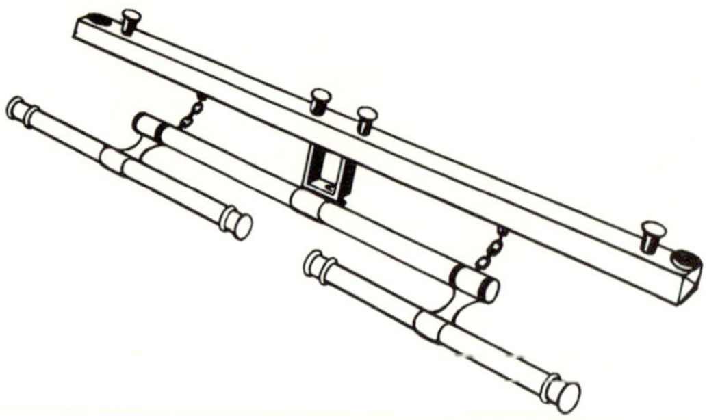

282 Spielwaage mit begrenztem Spielraum

arbeiten lassen. Beim Fahren mit Spielwaage wird die Wirkung der Leinen, die z. B. ein Pferd etwas aus dem Zug nehmen sollen, durch die Beweglichkeit der Waage stark vermindert. Wo es auf ganz genaues Fahren ankommt, etwa auf Turnieren, darf daher nur mit der festen Sprengwaage gefahren werden, allerdings mit beweglichen Ortscheiten.
Andere Möglichkeiten zur unterschiedlichen Verteilung der Last auf die Pferde, z. B. verschiedene Länge der Stränge, unmittige Aufhängung der Spielwaage, gestatten kein korrektes Fahren.

12.1.1. Leinenführung bei Zweispännern

Dieser Abschnitt will dem Fahrschüler die Grundlagen der Leinenführung beim Zweispänner vermitteln. Da eine Beschreibung niemals die praktische Übung ersetzen kann, empfehlen wir, bereits bei der Lektüre dieses Abschnittes die einzelnen Haltungen und Griffe am Fahrlehrgerät praktisch zu erproben. An Hand der Bilder kann man sich selbst überprüfen. Vom ersten Tag an muß mit einem geeigneten Stock geübt werden, damit es später nicht schwerfällt, die Peitsche in jeder Lage in der Hand zu behalten.
Um das *Aufnehmen der Leinen am Fahrlehrgerät* schnell und praktisch durchzuführen, nimmt man die linke Leine über den Zeigefinger der linken Hand, die rechte Leine über den Zeigefinger der rechten Hand, richtet die Gewichte aus, so daß sich ihre unteren Kanten auf gleicher Höhe befinden, und gibt dann die rechte Leine in die linke Hand.
Durchgleitenlassen der Leinen ist verboten!
Die Länge der Leinen wird stets nur von der *rechten Hand* verändert.

Leinenhaltungen

Das Achenbach-Fahrsystem kennt drei *Leinenhaltungen:* die Grundhaltung, die Gebrauchshaltung und die Dressur- oder Arbeitshaltung. Schon aus den Bezeichnungen geht hervor, daß jede von ihnen für bestimmte Zwecke gedacht ist. Auf der Grundhaltung bauen alle anderen Haltungen auf.
Grundhaltung
Die *linke Hand* steht aufrecht eine Handbreit vor der Mitte des Oberkörpers. Oberarm und Unterarm sind ungefähr im rechten Winkel zueinander gekrümmt und liegen leicht am Körper an. Die Hand ist im Handgelenk etwas nach außen gerundet, so daß der Daumen in Richtung auf das rechte Schultergelenk zeigt. In dieser Stellung kann die Hand am besten nachgeben und federn (Bild 283). Die linke Leine läuft – mit der glatten Seite nach oben – von vorn über die Wurzel des Zeigefingers der linken Hand nach unten in die volle Hand. Die rechte Leine verläuft in gleicher Weise zwischen Mittel- und Ringfinger (Bild 284). Die unteren drei Finger *halten* die beiden Leinen *fest.* Daumen und Zeigefinger sind leicht geöffnet. Dadurch soll Verkrampfungen im linken Unterarm und in der Hand vorgebeugt werden. Übergibt die rechte Hand der linken die Peitsche, so wird diese von der linken Hand zwischen Daumen und Zeigefinger aufgenommen, die sich fest um sie schließen (Bild 285). Die Peitsche kann sich nur vorübergehend in der linken Hand befinden, weil sie nicht längere Zeit mit nur zwei Fingern zu halten ist.
Die *rechte Hand* steht eine Handbreit rechts-

seitlich neben der linken, also *vor der rechten Körperseite* des Fahrers, die rechte Schulter ist zurückgenommen. Beide Hände des Fahrers stehen in gleicher Höhe, etwa eine Handbreit von seinem Körper entfernt (s. Abb. 284 d, e). Die Peitsche ruht in der vollen rechten Hand. Sie wird im Schwerpunkt (etwa 15 bis 20 cm vom Stockende entfernt) gefaßt, damit die Peitschenhand nicht zu schnell ermüdet. Sie zeigt schräg nach links-vorwärts-aufwärts. *In dieser Stellung bleibt die Peitsche während aller Phasen des Fahrens.*

Die Grundhaltung wird nur *vorübergehend* eingenommen, wenn die rechte Hand z. B. bremsen, Peitschenhilfen geben oder grüßen muß.

Gebrauchshaltung

In dieser Haltung wird für gewöhnlich gefahren. Man wendet sie stets an, wenn nicht aus bestimmten Gründen vorübergehend in Grund- oder Arbeitshaltung gefahren werden muß. Die *linke Hand* bleibt in der Grundhaltung, also vor der Körpermitte des Fahrers (Bild 286). Die *rechte Hand* mit der Peitsche setzt sich unmittelbar vor die linke Hand. Dabei sind sowohl Daumen und Zeigefinger als auch Mittel-, Ring- und kleiner Finger geöffnet. (Die Peitsche wird in diesem Augenblick nur zwischen dem zweiten Glied des Daumens und dem dritten Glied des Zeigefingers gehalten.) Die drei unteren Finger der rechten Hand umschließen die rechte Leine so, daß sie ihre rauhe Seite mit den Fingerspitzen berühren. Dann stellt sich die rechte Hand senkrecht (Bild 287). Der Daumen liegt leicht gekrümmt auf der linken Leine. Der Zeigefinger faßt so um die linke Leine, daß die Fingerspitzen die rauhe Seite berühren. Die rechte Leine liegt vor, in und hinter der rechten Hand stets mit der glatten Seite nach oben (Bild 288).

Üben wir das Einnehmen der Gebrauchshaltung am Fahrlehrgerät, dann fällt auf, daß das rechte Gewicht ein wenig nach oben steigt und damit eine Richtungsänderung des Gespannes anzeigt. Die Veränderung ist von der rechten Hand bewirkt worden, als wir diese vor der linken senkrecht aufstellten und die

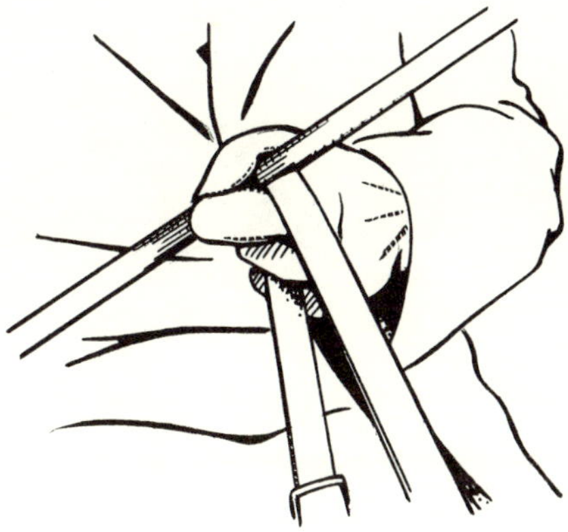

a

b

285 Daumen und Zeigefinger der linken Hand halten die Peitsche fest, a von vorn, b von rechts

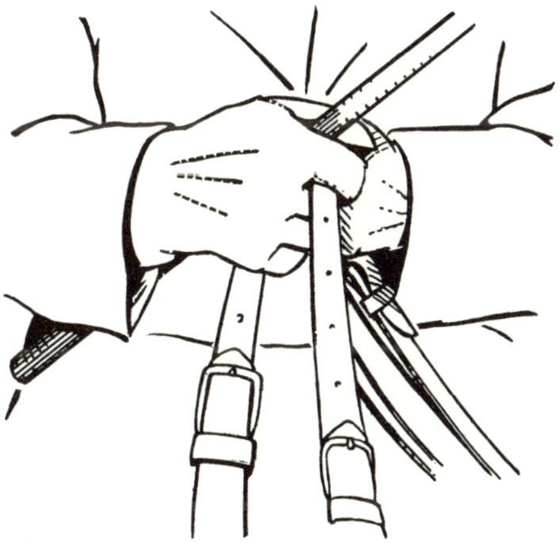

286 Gebrauchshaltung
Die rechte Hand schiebt sich zwischen die Leinen, ohne daß die linke ihren Platz vor der Körpermitte verläßt. Die Leinenenden sind mit Hilfe eines Riemchens am kleinen Finger der linken Hand aufgehängt

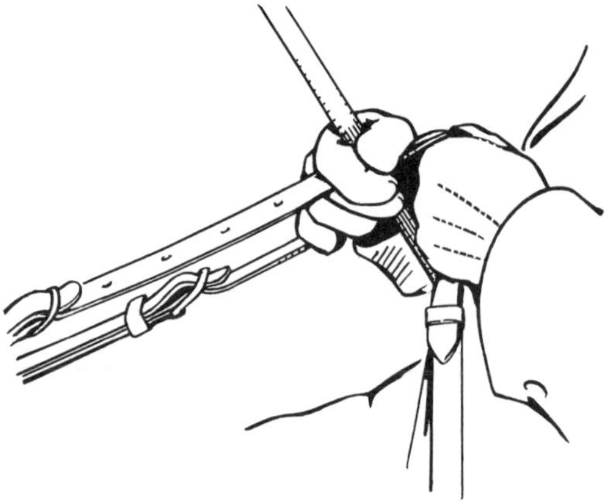

287 Gebrauchshaltung
Die rechte Hand steht unmittelbar vor der linken. Die Abbildung zeigt, daß der Zeigefinger der rechten Hand die Fleischseite der linken Seite berührt

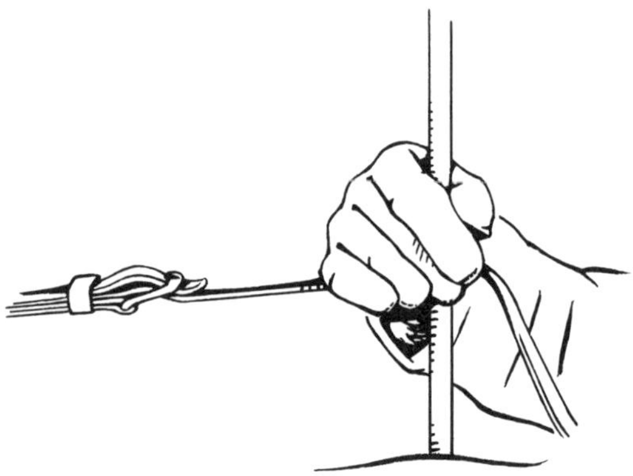

288 Vor, in und hinter der Hand zeigt die Haarseite der rechten Leine nach oben. Zu erkennen ist das „Umwegstückchen“

rechte Leine einen Knick erhielt. In der Grundhaltung war sie zwischen Mittel- und Zeigefinger der linken Hand direkt zum Schlüsselring (auf dem Kammdeckel) gelaufen. Jetzt muß sie einen kleinen Umweg über die untere Handkante der rechten Hand machen, der etwa 4 bis 5 cm Leine erfordert. Um dieses Stück mußte das Gewicht steigen. Wir dürfen daher für den Umweg nicht ein Stück der Leine verwenden, das abgemessen zwischen der Hand des Fahrers und dem Pferdemaul liegt, sondern müssen dazu ein Stückchen Leine nehmen, das sich bisher hinter der linken Hand befand. Wir öffnen ein wenig die zwei unteren Finger der linken Hand und ziehen das benötigte Stückchen der rechten Leine heraus. Bei diesem Griff muß der Mittelfinger die Leinen kurze Zeit allein halten. Bei Pferden, die stark auf die Gebisse drükken, kann man Daumen und Zeigefinger der linken Hand dazu kurz schließen.
Dieses Leinenstückchen muß man wieder hinter die linke Hand bringen, wenn man die rechte Hand von den Leinen nehmen will. Am besten gelingt das, wenn der Fahrer mit den beiden unteren Fingern der linken Hand unmittelbar an die drei unteren Finger der rechten Hand herangeht. Dort holt sich die linke Hand das „Umweg-Stückchen“ zurück. Dieser Griff muß einige Zeit geübt werden, bis er fließend gelingt. Wer ihn nicht beherrscht, wird beim praktischen Fahren immer Mühe haben, seine Pferde genau geradeaus bzw. auf der rechten Straßenseite zu halten.

Dressurhaltung

Diese Haltung wird bei der Dressur von Wagenpferden, beim Fahren der Figuren auf dem Fahrplatz, beim Fahren in unwegsamem Gelände und im Walde sowie beim Hindernis- und Geschicklichkeitsfahren verwendet. In der Dressurhaltung hat der Fahrer Pferde, die noch nicht auf feine Hilfen reagieren, besser in der Hand. Er kann dabei wirksamer nachgeben als aus der Gebrauchshaltung.
Ein Nachteil der Dressurhaltung ist allerdings, daß der Weg zu Peitschenhilfen oder zum Bedienen einer Handbremse sehr lang ist, denn man muß erst zur Gebrauchshaltung zurückkehren, ehe man die rechte Hand aus den Leinen nehmen kann. Falsch ist es, ständig in Dressurhaltung zu fahren. Das sieht aus, als verwende man das Zwischenstück nur zur Tarnung einzeln in jeder Hand geführter Leinen.
Die Dressurhaltung geht unmittelbar aus der Gebrauchshaltung hervor. Die rechte Hand zieht mit den unteren drei Fingern ein Stück Leine aus der linken Hand heraus. Zum Herausziehen der rechten Leine öffnen sich die beiden unteren Finger der linken Hand. Die

rechte Hand stellt sich dann senkrecht rechtsvorwärts in gleicher Höhe mit der linken Hand auf (Bild 289).

Beim Übergang von der Gebrauchshaltung in die Dressurhaltung besteht die Gefahr, daß die rechte Hand bei ihrer Seitwärtsbewegung die rechte Leine annimmt oder nachgibt. Man sieht das am Fahrlehrgerät an den Gewichten, beim praktischen Fahren an einer leichten Richtungsänderung des Gespannes. Das kommt daher, daß die rechte Hand bei der Seitwärtsbewegung, in dem unbewußten Bestreben, beide Hände nebeneinanderzustellen, sich wenig an den Körper heranschiebt.

Deshalb sei darauf hingewiesen: Die Hände stehen in der Dressurhaltung nicht in dem gleichen Abstand vom Körper des Fahrers. Die rechte Hand befindet sich weiter entfernt von ihm (Abb. 289b). Bei den Übungen am Fahrlehrgerät muß genau darauf geachtet werden, daß sich die Gewichte nicht verschieben.

Bei gut eingefahrenen Pferden kann der Fahrer mit einem 5 cm langen *Zwischenstück*, dem Stück der rechten Leine, das sich zwischen den Händen befindet, auskommen (Abb. 289a). Bei weniger gut gefahrenen Pferden reicht ein so kurzes Zwischenstück kaum aus. Die Regel sieht hier 10 bis 15 cm vor (Abb. 289c). Ausschlaggebend für die Länge des Zwischenstückes ist der Dressurgrad der Pferde.

Das Zwischenstück muß stets gespannt sein. Es läßt sich, wenn die Dressurhaltung aufgegeben werden soll, sonst nicht wieder in die linke Hand hineinschieben, sondern bildet eine Schleife. Das gilt auch für sehr lange Zwischenstücke. Dementsprechend muß das Aufgeben der Arbeitshaltung in verschiedener Weise durchgeführt werden. Zunächst sei die gebräuchlichere Art beschrieben.

Die beiden unteren Finger der linken Hand öffnen sich, um der rechten Leine das Hineingleiten in die Hand zu ermöglichen. In diesem Augenblick wird die linke Leine nur vom Mittelfinger der linken Hand gehalten. Die linke Hand gleitet an die rechte heran, diese kommt ihr entgegen. Danach faßt die linke Hand

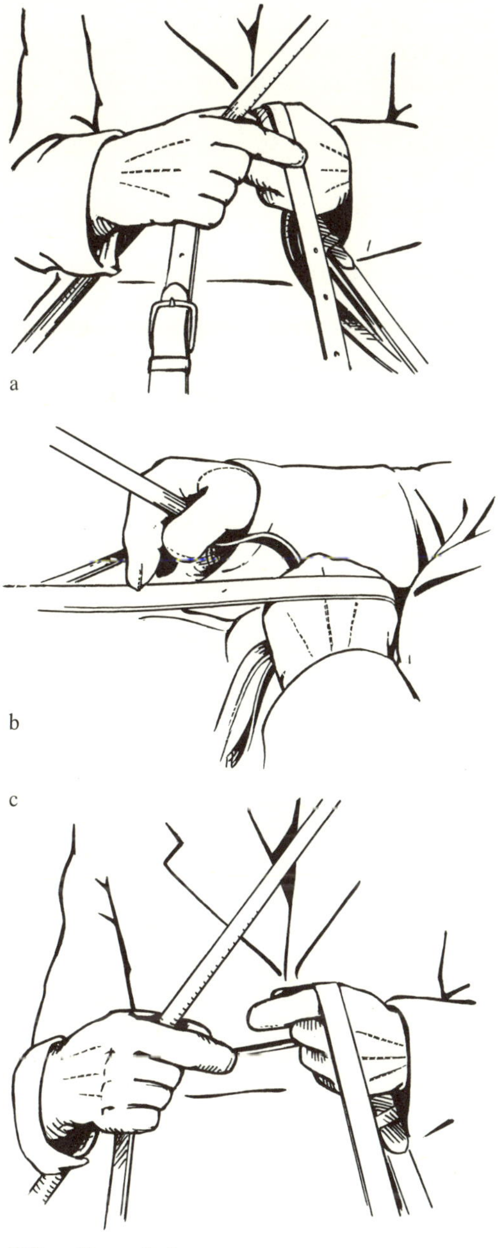

289 a Dressurhaltung von vorn
Kleines Zwischenstück für gut gefahrene Pferde. Das erste Glied des rechten Zeigefingers liegt noch auf der linken Leine
b Dressurhaltung von oben
Die rechte Hand des Fahrers ist weiter vom Körper entfernt als die linke
c Arbeitshaltung
Großes Zwischenstück. Die linke Hand steht genau vor der Körpermitte, das Zwischenstück ist gespannt

beide Leinen wie in der Grundhaltung. Das Gleiten der linken Hand nach rechts soll bewirken, daß dadurch die linke Hand den Platz genau vor der Mitte des Leibes wiedergewinnt, falls sie ihn verlassen haben sollte.
Nach dem Aufgeben der Dressurhaltung wird für gewöhnlich in Gebrauchshaltung weitergefahren.
Hat der Fahrer ein Zwischenstück gewählt, das länger als 15 cm ist, so kann sich beim Aufgeben der Arbeitshaltung die Leine vor der linken Hand nach oben oder unten durchkrümmen. Das Hineinschieben der rechten Leine in die linke Hand wird dadurch unmöglich. Deshalb führt man die rechte Hand an die linke heran und läßt das Zwischenstück nach unten fallen. Die linke Leine wird in diesem Augenblick nur vom Mittelfinger der linken Hand gehalten. Danach fassen die unteren Finger der linken Hand die rechte Leine dicht hinter der rechten Hand und stellen die Grundhaltung wieder her. Bei stärker an die Gebisse tretenden Pferden sollte sich der rechte Zeigefinger wie bei der Gebrauchshaltung um die linke Leine schließen, ehe man die rechte Leine aus der linken Hand fallen läßt. Der Schüler muß am Fahrlehrgerät beide Arten beherrschen lernen.
Die *Stellung der Hände* ist für den Fahrer besonders wichtig, weil davon in gewissem Grade die weiche Führung der Pferde abhängt. Mit einer harten Hand kann man ein Gespann niemals zu einwandfreiem Gehen bringen. Jeder Reiter weiß, daß er die Hand im Handgelenk leicht nach außen runden soll, damit sie federt.
Auch das feinfühlige, weiche Fahren verlangt dies. Die Hände des Fahrers werden so weit herumgenommen, daß die Handrücken fast senkrecht zur Fahrtrichtung stehen. Die Hände stehen richtig, wenn der linke Daumen etwa nach der rechten, der rechte nach der linken Schulter zeigt. Nur diese Stellung der Hände gestattet es dem Fahrer, seine Pferde auch mit einer Hand bei gleicher Einwirkung zu fahren. Der Fahrer muß sich daran gewöhnen, wirksam aus *Ellbogen- und Schultergelenk* nachzugeben.

Sonderfälle

Im Winter oder bei feuchtkaltem Wetter wird die linke Hand leicht gefühllos und wirkt dann nicht mehr weich. Gerade an kalten Tagen muß man aber eine weiche Hand haben; denn die Pferde sind dann bestrebt, sich durch schnellere Bewegung warmzuhalten. Man muß deshalb die linke Hand ab und zu ausruhen lassen. Die rechte Hand übernimmt für kurze Zeit die Leinen, während die linke Hand ausgestreckt wird. Kräftige Bewegungen machen die Finger wieder geschmeidig. Im Winter kann man die Hand auch für kurze Zeit unter die Decken stecken. Ausziehen des Handschuhs und Hineinhauchen ist ein gutes Mittel, die Hände warmzuhalten. Während die linke Hand sich ausruht, werden die Leinen folgendermaßen gehalten (Abb. 290a,b).
Die rechte Leine läuft von unten durch die volle rechte Hand. Über dem Zeigefinger kommt sie aus der Hand heraus und verläuft nun an der Außenseite der Finger entlang wieder nach unten. Die linke Leine läuft wic immer zwischen Zeige- und Mittelfinger in die rechte Hand. Der Zeigefinger der rechten Hand umschließt sie. Anstatt nach unten in die volle rechte Hand zu laufen, wird aber auch die linke Leine über das gekrümmte Glied des Zeigefingers gelegt. Die Hand ist geschlossen. Der *Daumen drückt auf beide Leinen und hält sie fest.* Die Peitsche bleibt in ihrer gewöhnlichen Lage in der vollen rechten Hand (Abb. 290a).
Dieser Griff sollte sehr gut geübt werden. Man braucht ihn auch, wenn man mit der Winkerkelle die *Änderung der Fahrtrichtung* nach links anzeigt, oder auch, wenn der Wagen eine *linksseitige* Bremse hat. In beiden Fällen wird diese Leinenhaltung nur kurze Zeit eingenommen und möglichst bald wieder von der Gebrauchshaltung abgelöst. Der dazu notwendige *Wechselgriff* besteht aus zwei Haltungen: aus *der Grundhaltung mit den Leinen in der linken Hand* und der *Grundhaltung mit den Leinen in der rechten Hand.* Das Übergeben der Leinen in die rechte Hand wurde eben geschildert. Zum Übergeben beider Leinen aus der rechten in

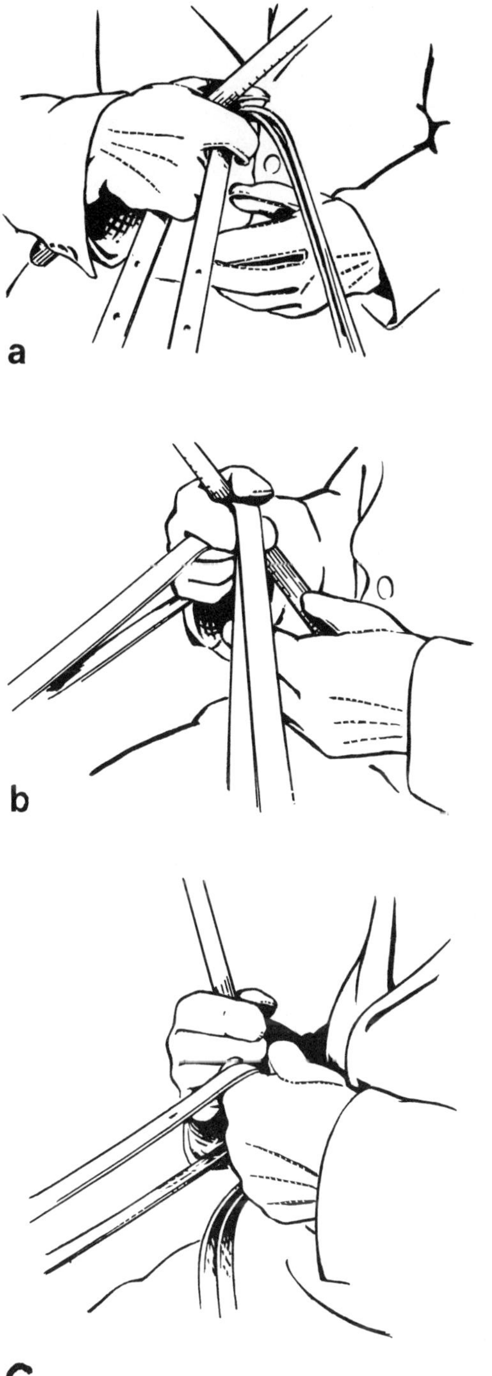

290 Sonderfälle
a Führung beider Leinen in der rechten Hand von vorn
b Führung beider Leinen in der rechten Hand von links
c Grundhaltung mit „Knick“

die linke Hand setzt sich die linke Hand vor der rechten in die Leinen. Die rechte Hand gleitet nach unten aus den Leinen. Darauf setzt sich die rechte Hand zur Gebrauchshaltung vor die linke. Bei Bedarf gleitet dann die linke Hand auf den Leinen zurück, die rechte Hand folgt nach.
Fährt man Pferde, die auf die Gebisse drükken, so werden dem Fahrer gegen seinen Willen oft die Leinen durchgezogen. In diesem Falle kann man sich sehr einfach helfen. Anstatt die Leinen in der Grundhaltung nach unten aus der Hand herauslaufen zu lassen, führt man beide Leinen zwischen Ring- und kleinem Finger wieder nach vorn aus der Hand heraus und läßt sie dann herabhängen. Dadurch entsteht ein *Knick* in den Leinen; sie können nicht mehr herausgezogen werden (Abb. 290c). Diese Haltung verführt allerdings oft dazu, die Hand hart werden zu lassen, weil man glaubt, unnachgiebig „durchhalten“ zu müssen. Es ist aber hier besonders wichtig, die weiche, auch im Ellbogen- und Schultergelenk nachgebende Führung der Pferde zu wahren. Mit den Leinen darf nicht *gezuckelt* werden. Nichts ist widersinniger, als wenn das Pferd auf ein Rückwärtsziehen vorwärts gehen soll.

Die Leinengriffe

Die Leinen müssen stets ihre abgemessene Länge behalten. Das heißt aber nicht, daß die linke Hand während der ganzen Fahrt die Leine nur immer an demselben Punkt halten darf. Manchmal wird es notwendig, die Länge der Leinen zu verändern. In diesem Falle liegt kein Verstoß gegen den ersten Hauptgrundsatz vor, denn der Fahrer verändert ein Stück der Leine von *ihm bekannter Länge.* Er ist also in der Lage, den ausgeführten Griff wieder rückgängig zu machen und die vorherige Länge der Leinen wiederherzustellen. Die Länge beider Leinen kann willkürlich verändert werden, während die Länge einer Leine im Verhältnis zur anderen sich auf die Dauer nicht ändern darf, ohne daß Abweichungen

des Gespannes von der Richtung bewirkt werden.
Wir teilen die *Griffe* zur Veränderung der Leinenlänge in zwei Gruppen ein: in das *Verlängern* und das *Verkürzen* der Leinen.
Verlängern beider Leinen bedeutet, die Länge der Leinen zwischen der Hand des Fahrers und dem Pferdemaul zu vergrößern. Dies gestattet den Pferden, sich von der Hand des Fahrers zu entfernen bzw. sich zu strecken.
Wir wollen einige Situationen, in denen das Leinenverlängern erforderlich wird, anführen. Wenn man das Tempo erhöhen will, muß den Pferden Gelegenheit gegeben werden, sich mehr zu strecken. Sollen die Pferde im Schritt einen Berg erklimmen, so haben sie im schweren Zug das Bestreben, den Rücken aufzuwölben und den Hals nach unten zu strecken. Nach einer Trabreprise sollen die Pferde Gelegenheit haben, sich im Schritt mit hingegebener Leine zu verschnaufen.
Je nach dem Zweck des Leinenverlängerns unterscheiden wir *zwei Ausführungen* des gleichen Griffes: Die erste Art ist das *zentimeterweise Verlängern* oder das Verlängern um ein kleineres Stück. Zur Ausführung nehmen wir die Gebrauchshaltung ein. Die rechte Hand schließt sich fest um beide Leinen und zieht diese aus der sich leicht öffnenden linken Hand wenige Zentimeter hervor. Danach gleitet sie wieder an die linke Hand heran. Wenn nötig, ist der Griff zu wiederholen, bis der Zweck erreicht ist. Er wird verwendet, wenn das Tempo erhöht werden soll, sowie bei nervösen Pferden, wenn deren Leinen verlängert werden sollen.
Die zweite Form ist das *Verlängern um ein größeres Stück*, das genauso ausgeführt wird wie das zentimeterweise Verlängern. Der Unterschied besteht darin, daß wir die Leinen in der benötigten Länge mit einem Male aus der linken Hand herausziehen und die rechte Hand dann wieder an die linke herangleiten lassen. Diese Ausführungsart sollte bei ruhigen Pferden vor einem Berg, zum Fahren mit hingegebenen Leinen sowie beim Warten angewendet werden, um den Pferden nach dem Anhalten zu gestatten, den Hals zu strecken.

Verkürzen beider Leinen muß in Fällen vorgenommen werden, wie Verkürzen des Tempos, Übergang in eine niedrigere Gangart, Anhalten, Rechtswendung, Paraden zur Verhinderung von Unfällen. Die leinenverkürzenden Griffe werden eingeteilt in:

Verkürzen beider Leinen
- Zentimeterweises Verkürzen
- Wechselseitiges Verkürzen
- Verkürzen um ein größeres Stück
- Scherenartiges Verkürzen

Paraden
- Halbe Parade
- Ganze Parade

Das *zentimeterweise Verkürzen* oder *Verkürzen um ein kleineres Stück* wird ausgeführt, indem die rechte Hand in der Gebrauchshaltung auf beiden Leinen wenige Zentimeter vorgleitet und die Leine dort festhält. Darauf gleitet die linke Hand an die rechte heran. Beide Hände nehmen die Leinen an. Wird der Zweck dieses Griffes nicht mit einem Male erreicht, so muß er wiederholt werden. Das ist ratsamer, als die rechte Hand auf den Leinen zu weit vorgleiten zu lassen, da sich beim Nachgleiten vor der linken Hand Schleifen bilden können.
Im Zusammenhang mit dem Griff *zentimeterweises Verlängern* dient der eben beschriebene Verkürzungsgriff dazu, um fest gewordene Pferde wieder weich im Maul zu machen und zum Loslassen und Abstoßen zu bringen. Er ist deshalb auf längeren Fahrten häufiger anzuwenden.
Sollen die Leinen durch *wechselseitiges Vorgreifen* verkürzt werden, schließt sich die rechte Hand in der Gebrauchshaltung fest um beide Leinen. Die linke Hand setzt sich in Grundhaltung vor die rechte (1. Phase – Abb. 291a). Die rechte Hand geht nun ein wenig nach unten, um den drei unteren Fingern der linken Hand das Umfassen der Leinen zu erleichtern (2. Phase – Abb. 291b). Dann läßt sie die Leinen los (3. Phase – Abb. 291c) und setzt sich zur Gebrauchshaltung wieder vor

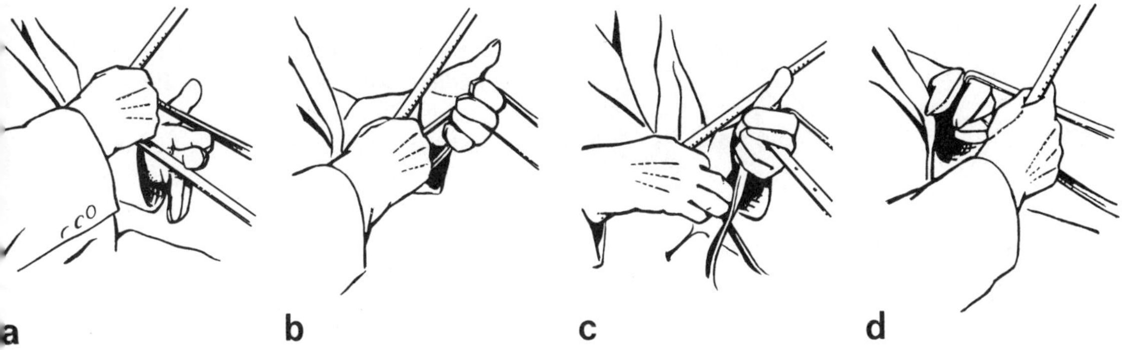

291 Verkürzen der Leinen um ein bestimmtes Stück
a 1. Phase: Die linke Hand setzt sich vor die rechte, nachdem sich diese geschlossen hat
b 2. Phase: Die rechte Hand geht mit den Leinen nach unten, damit die unteren drei Finger der linken die Leinen wieder erfassen und festhalten können
c 3. Phase: Die rechte Hand läßt die Leinen los
d 4. Phase: Die rechte Hand setzt sich in Gebrauchshaltung wieder vor die linke

die linke (4. Phase – Abb. 291d), worauf beide Hände die Leinen allmählich und weich annehmen. Die Peitsche bleibt dabei in der rechten Hand und behält ihre vorgeschriebene Richtung. Diese Art des Verkürzens ist der Griff vor jeder engen Rechtswendung. Er ist sehr weich und wirksam.

Beim *Verkürzen um ein größeres Stück* erfolgen die gleichen Handgriffe wie beim wechselseitigen Vorgreifen. Der Unterschied besteht darin, daß sich die linke Hand nach dem Verlassen der Leinen nicht unmittelbar vor die rechte setzt, sondern so weit auf den Leinen nach vorn greift, wie zum Erreichen des gewünschten Zweckes erforderlich ist. Diese Art des Leinenverkürzens dient vor allem zum Anhalten.

Beim *scherenartigen Verkürzen* setzt sich die rechte Hand aus der Grundhaltung unmittelbar hinter die linke. Dort faßt sie mit den drei unteren Fingern beide Leinen und hält sie fest. Die linke Hand gleitet auf beiden Leinen vor und nimmt sie an, während die rechte mit den Leinenenden zum Oberschenkel ausweicht. Die Peitsche behält auch in diesem Fall ihre Stellung (Abb. 292). Da dieser Griff häufig verwendet wird, um die Pferde, eines mit hingegebenen Leinen, haltenden Gespannes wieder an die Gebisse zu stellen, wird er auch als *Anstellen der Leinen* bezeichnet.

Halbe und ganze Paraden als Bezeichnung für Leinengriffe decken sich nicht mit dem Begriffsinhalt, den sie in der Reitlehre besitzen. Der Leinengriff „halbe Parade“ dient zum vorübergehenden Vermindern des Tempos, der Griff „ganze Parade“ darf nur in Notfällen angewendet werden, um ein Gespann zum Halten zu bringen.

Zur *halben Parade* gleitet die rechte Hand aus der Gebrauchshaltung etwa 15 bis 25 cm auf beiden Leinen vor und hält sie dort fest. Während die rechte Hand beide Leinen weich annimmt, steigt die linke Hand nach oben, um der rechten Platz zu machen. Soll die halbe Parade beendet werden, so gibt die rechte Hand mit den Leinen wieder nach, die linke nimmt ihren Platz vor der Mitte des Oberkörpers wieder ein, und die rechte Hand gleitet wieder zur Gebrauchshaltung an die linke Hand. Die Vorteile dieses Griffes bestehen darin, daß der Fahrer bei einem unvorhergesehenen Ereignis sehr rasch handeln kann. Außerdem gehen die Pferde nach dem Griff in der gleichen Ordnung weiter, in der sich das

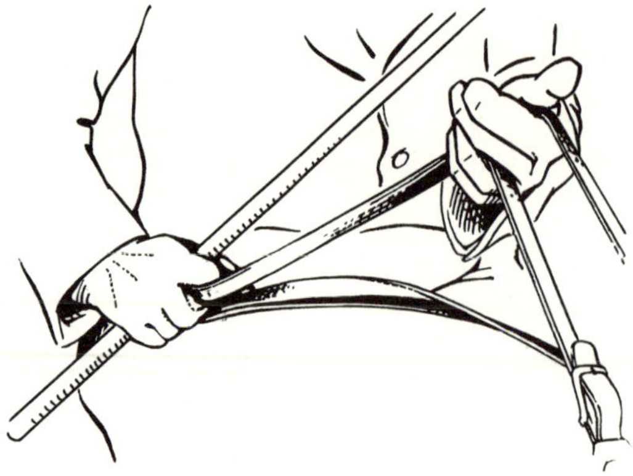

292 Anstellen der Leinen
Zu beachten sind die Stellung der linken Hand und die Richtung der Peitsche

Gespann vor der plötzlichen Parade befand. Der Nachteil des Griffes besteht darin, daß beide Hände in den Leinen sind und dort bis zur Beendigung des Griffes gebraucht werden. Der Fahrer ist demnach, wenn er den Griff rasch ausführen muß, nicht in der Lage, die Handbremse zu bedienen. Da aber die Schnelligkeit entscheidet, ist bereits am Fahrlehrgerät immer zu üben, als ob eine Bremse

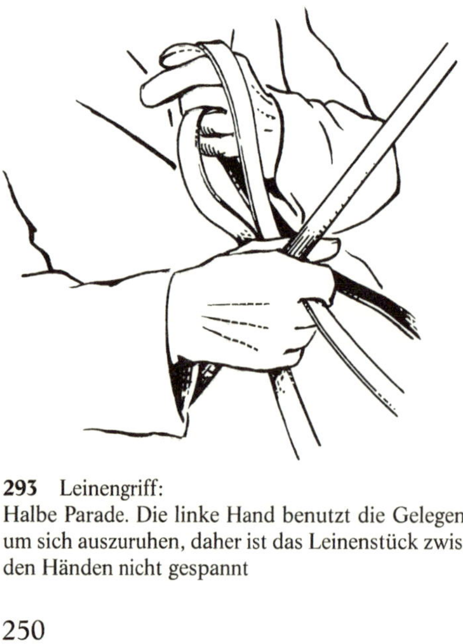

293 Leinengriff:
Halbe Parade. Die linke Hand benutzt die Gelegenheit, um sich auszuruhen, daher ist das Leinenstück zwischen den Händen nicht gespannt

vorhanden wäre, die vor der Parade bedient werden muß. Die Bremse muß bei jeder Parade bedient werden, bei der die Pferde den Wagen aufhalten müssen.

Bei der halben Parade sollten die Leinen zwischen den beiden Händen nicht gespannt sein. Dadurch bekommt die linke Hand Gelegenheit, sich auszuruhen (Abb. 293).

Die ganze Parade dient der Verhütung von Unfällen. Wenn Mensch oder Gespann nur durch sofortiges Anhalten vor Schaden bewahrt werden können, ist diese Parade zulässig. Sie darf in keinem anderen Fall verwendet werden, denn sie schädigt die Sprunggelenke.

Der Fahrer übergibt zunächst die Peitsche der linken Hand und zieht die Bremse so fest wie möglich an. Darauf nimmt die rechte Hand die Peitsche zurück und geht hinter die linke Hand. Dort umfaßt sie mit den drei unteren Fingern die Leinen. Während die rechte Hand die Leinen nach dem rechten Oberschenkel anzieht, gleitet die linke Hand möglichst weit vor. Vorbeugen des Oberkörpers ist in diesem Falle kein Fehler. Der Zweck dieses Griffes ist, soviel Leine wie möglich hinter die Hand und diese möglichst weit nach vorn zu bringen. Die rechte Hand setzt sich nun wieder vor die linke. Dabei darf die Kruppe der Pferde keinesfalls mit der Peitsche berührt werden. Der Fahrer versucht dann, mit weitausgestreckten Armen die Kreuzschnallen zu erfassen und einige Finger zwischen die Außen- und Innenleinen zu schieben. Wenn ihm das gelungen ist, streckt er mit einem Ruck Knie und Oberkörper. Das kann auch durchgehende Pferde parieren oder wenigstens so weit bringen, daß sie mit einem weiteren Anziehen wieder unter Kontrolle gebracht werden.

Beim Üben dieses Griffes am Fahrlehrgerät muß ruckartiges Annehmen der Leine unterbleiben, da auch ein sehr solide gebauter Apparat dies auf die Dauer nicht aushält.

Verkürzen und Verlängern einzelner Leinen. Rutscht dem Fahrer doch einmal ein Stück einer Leine durch die Finger, muß er sofort wieder verkürzen oder gegebenenfalls die

andere Leine verlängern. Zum *Verlängern der rechten Leine* wird die rechte Hand vorwärts-aufwärts gedreht. Drehpunkt ist der Zeigefinger. Die drei unteren Finger der rechten Hand ziehen die Leine zentimeterweise aus der linken Hand heraus.
Beim *Verkürzen der rechten Leine* wird jeweils das Stück der Leine, das sich bei der Vorwärts-Aufwärts-Bewegung der rechten Hand erfassen läßt, in die linke hineingeschoben.
Verlängern und Verkürzen der linken Leine. Der Drehpunkt der rechten Hand ist hierbei der kleine Finger. Mit Daumen und Zeigefinger wird ein kleines Stück der linken Leine aus der linken Hand herausgeholt bzw. hineingeschoben. Dabei darf man nicht durch wackelndes Bewegen der Peitsche die Pferde beunruhigen.
Da bei diesen Griffen stets nur ein kleines Stück der betreffenden Leine verlängert oder verkürzt wird, müssen sie in der Praxis meist einige Male wiederholt werden.

Nachgeben und Annehmen der Leinen
Hierbei ändert sich die abgemessene Länge der Leinen zwischen der Hand des Fahrers und dem Pferdemaul nicht. Nachgeben und Annehmen wird aus der Dressurhaltung ausgeführt. Die linke Hand steht in Grundstellung senkrecht vor der Mitte des Leibes. Wenn sie samt dem Unterarm nach vorwärts-aufwärts um den kleinen Finger gedreht wird, wird die linke Leine etwas länger. Während des Nachgebens kann der Fahrer die Fingernägel seiner linken Hand sehen. Um das Nachgeben zu beenden, wird die linke Hand wieder senkrecht gestellt.
Die *rechte Hand* gibt nach, indem sie sich um den Zeigefinger vorwärts-aufwärts dreht. Beim Aufwärtsdrehen verliert die Peitsche oftmals ihre schräg-vorwärts gerichtete Stellung und belästigt den Beifahrer oder die Insassen des Wagens. Der Fahrer lege deshalb den Daumen längs auf den Peitschenstock und gebe der Peitsche so eine festere Führung (Abb. 294a).
Die *linke Hand* nimmt an, indem sie um den

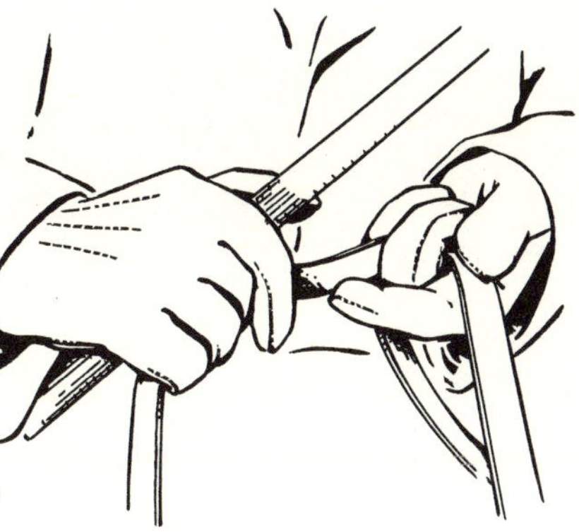

a

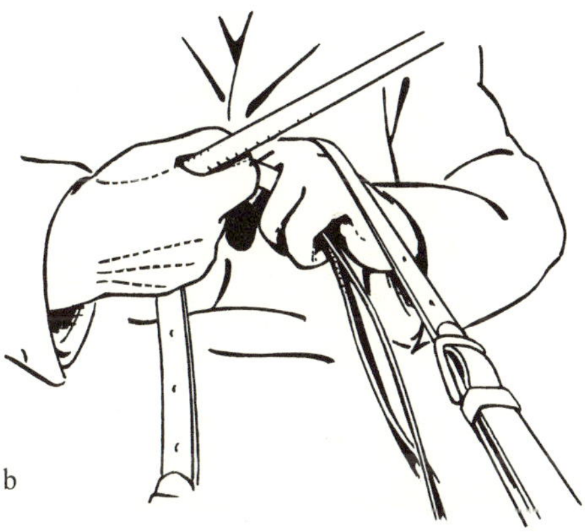

b

294 a Nachgeben mit beiden Leinen
Der rechte Daumen hält die Peitsche in ihrer Richtung. Der Fahrer „sieht die Fingernägel“ der linken Hand.
b Annehmen beider Leinen
Die linke Leine läuft über den Handrücken der linken Hand. Die rechte Hand ist „eingeschraubt“

kleinen Finger nach rückwärts-aufwärts gedreht wird. Daumen und Zeigefinger zeigen zum Fahrer. Um das Annehmen genügend deutlich zu machen, läßt der Fahrer die linke Leine *über den Handrücken* laufen. Die linke Hand bringt dazu durch eine geschickte Bewegung die Leine auf den Handrücken, indem sie, sich im Handgelenk stärker rundend, mit den unteren Fingern etwas nach rechts geht. Dann erst erfolgt die Drehung, durch welche die Leine auf den Handrücken gleitet (Abb. 294b).

Die *rechte Hand* nimmt an, indem sie eine Drehung um den Zeigefinger macht. Die Hand wird vorwärts-abwärts gedreht. Um zu verhindern, daß dabei die Peitsche nach vorn kippt, wird die Hand gleichzeitig nach dem Körper zu eingeschraubt (Abb. 294b).
Annehmen und Nachgeben sollten fleißig am Fahrlehrgerät geübt werden. Die Hände werden dabei auch locker und geschmeidig. Diese Griffe sind wichtig für die Dressur von Wagenpferden. Auch um die Maultätigkeit zu verbessern, sind sie in der weichen Hand des Fahrers ein gutes Mittel.
Haltungen und Griffe sind die *Grundelemente* der Leinenführung. Alle Kombinationen dieser Elemente sind beim praktischen Fahren um so wirkungsvoller, je exakter und besser die Einzelheiten beherrscht werden.

Die Leinenführung in den Wendungen

Zwischen Links- und Rechtswendung gibt es einen *Unterschied*, weil der Fahrer auf der rechten Seite des Bockes sitzt. Der *Drehpunkt der Deichsel* befindet sich in der Mitte des Vorderwagens. Dreht man die Deichsel nach rechts oder links, so beschreibt die Spitze der Deichsel einen Kreisbogen, den *Deichselkreis*. Dreht man die Leinen, die der Fahrer in den Händen hält, im gleichen Sinne, so erhält man wieder einen Kreisbogen, den *Leinenkreis*. Befände sich der Mittelpunkt (Drehpunkt) des Leinenkreises genau über dem Mittelpunkt des Deichselkreises, müßten Leinen- und Deichselkreis sich decken bzw. konzentrisch verlaufen. Da er sich aber rechts davon befindet, muß bei einer Wendung der Deichsel nach links der Leinenkreis *innerhalb* des Deichselkreises, bei einer Wendung nach rechts *außerhalb* des Deichselkreises liegen (Bild 295).
In der Linkswendung entfernen sich daher die Pferde von der Hand des Fahrers, und die Leinen werden zu kurz. In der Rechtswendung kommen die Pferde auf den Fahrer zu, und die Leinen werden zu lang. Daraus folgt:

- Zur *Linkswendung* müßte der Fahrer beide Leinen *verlängern*. Da er aber die Wendung in verringertem Tempo durchfahren soll, kann auf das Verlängern verzichtet werden. Das Kürzerwerden der Leinen in der Wendung bewirkt von selbst eine Tempoverminderung.
- Bei der *Rechtswendung* würden die Pferde das Tempo verstärken. Daher muß vor jeder Rechtswendung *Verkürzen beider Leinen durch wechselseitiges Vorgreifen* erfolgen.

Die Linkswendung ist eine *Bogenwendung*, die Rechtswendung eine *Winkelwendung*. Pferde und Wagen bewegen sich bei der Linkswendung auf einem mehr oder weniger flachen Bogen, während sie bei der Rechtswendung in einem stumpfen Winkel zueinander stehen.

Die Linkswendung mit beiden Händen Wenn das Fahrzeug im Trab an die Wendung kommt, ist das Tempo zum abgekürzten Trab zu vermindern. Danach wird die *Grundhaltung mit den Leinen in der rechten Hand* eingenommen (Abb. 290 a, b). Die linke Hand zeigt mit der Winkerkelle die *Änderung der Fahrtrichtung* an. Dabei sieht sich der Fahrer um, weil er vor Beginn der Wendung feststellen muß, ob er sich gefahrlos links einordnen kann. Nachdem er sich eingeordnet hat, geht er in die *Gebrauchshaltung* zurück und anschließend zur *Arbeitshaltung* über. Wenn die Pferde mit den Vorderbeinen die Mitte der anderen Straße erreicht haben, leitet der Fahrer die Wendung ein, indem er mit der rechten Hand nachgibt. Erst dann nimmt er die linke Leine an (Abb. 296). Dadurch erhalten die Pferde die zur Linkswendung erforderliche Kopfstellung.
Wenn die Pferde nicht genügend herumkommen, so liegt das immer daran, daß die *äußere Leine* nicht ausreichend nachgegeben wurde. Das äußere Pferd soll den Wagen an der festen Sprengwaage (Hinterbracke) in die Wendung bringen. Der Fahrer muß deshalb die äußere Leine noch ein Stück aus der linken Hand herausziehen. Droht die Wendung zu eng zu werden, sind beide Hände für kurze Zeit aufrecht zu stellen. Auf diese Weise fährt

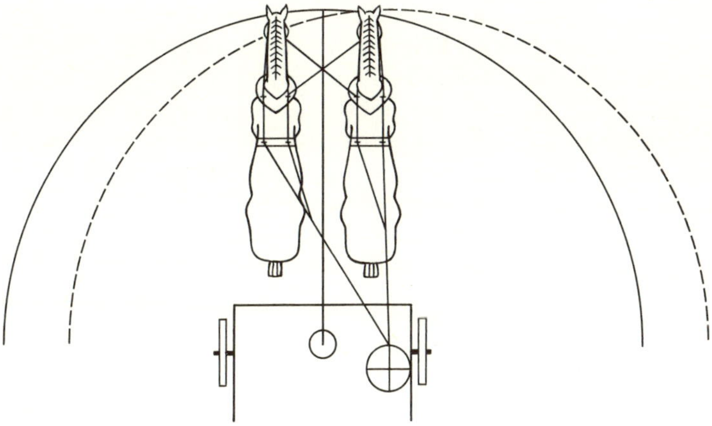

295 Unterschied zwischen Rechts- und Linkswendung in schematischer Darstellung
——— Deichselkreis,
– – – – Leinenkreis

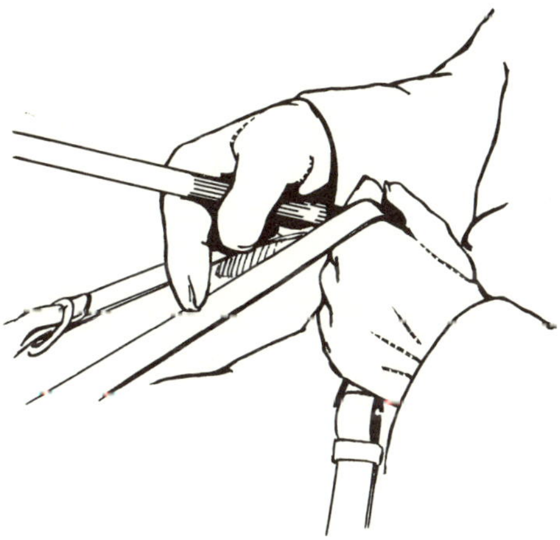

296 Leinenführung in der Linkswendung mit beiden Händen

man inmitten der Wendung gleichsam ein Stück geradeaus. Man gibt in diesem Falle durch Aufrechtstellen der linken Hand mit der *inneren Leine* nach. Dadurch kommt das linke Pferd stärker in den Zug, und die Deichsel wird weniger nach links gedrückt. Oft genügt schon ein leichtes Vortreiben des inneren Pferdes mit der Peitsche, um die Wendung zu vergrößern.
In der Endphase haben die Pferdeköpfe die neue Richtung eingenommen. Der Fahrer stellt dann die Hände wieder *senkrecht* und fährt in Gebrauchshaltung weiter.

Die Peitsche verbleibt während der gesamten Wendung in ihrer vorgeschriebenen Richtung. Das ist schwierig in dem Augenblick, da die rechte Hand bei Beginn der Wendung nachgeben muß.
Der Bogen der Linkswendung darf auf keinen Fall so klein genommen werden, daß der Wagen die linke Fahrbahnseite berührt. Bei Kreuzungen ist er so weit anzulegen, daß der Mittelpunkt der Kreuzung außen umfahren wird.
Eine Änderung der Fahrtrichtung darf nur mit der *Winkerkelle* angezeigt werden. Die Winkerkelle steckt in einer Ledertülle, die sich mit beiden Händen gut erreichen läßt, ohne daß sich der Fahrer weit vorbeugen muß. Die Fahrtrichtungsänderung nach links wird mit ausgestrecktem linkem Arm angezeigt. Dabei sieht sich der Fahrer um und stellt fest, ob nachfolgende Verkehrsteilnehmer die Absicht des Linksabbiegens erkannt haben. Dann ordnet er sich durch *Rechtsstellen* der rechten Hand, welche die Leinen führt, auf der linken Seite der rechten Fahrbahn ein.
Haben die Pferde mit den Vorderbeinen die Mitte der neuen Straße erreicht, so werden in blitzschneller Folge:
– die Winkerkelle in die Tülle gesteckt;
– die Leinen wieder der linken Hand übergeben;

danach ist die Wendung zu beenden wie jede andere Linkswendung.
Die Schwierigkeit besteht in dem schnellen Wechsel der Leinen aus einer Hand in die andere. Er sollte daher beim Unterricht am Fahrlehrgerät bis zur Perfektion geübt werden. Auf dem Schauplatz ist die Leinenführung in der Linkswendung viel einfacher:
- Dressurhaltung einnehmen;
- rechte Leine nachgeben;
- linke Leine annehmen.

Rechtswendung mit beiden Händen
Da bei einer Rechtswendung die Leinen zu lang werden, muß man sie vor der Wendung verkürzen.
Die Rechtswendung darf nur im *verkürzten Schritt* gefahren werden. Die Parade vor der Rechtswendung muß so zeitig kommen, daß sie „durchgegangen" ist, ehe die Wendung eingeleitet wird, d. h., wenn die Pferde nach dem Gangartwechsel die Gebisse losgelassen haben, die Hälse strecken und wieder in die Kummets treten. Das Verkürzen des Tempos muß daher etwa drei Gespannlängen vor der Ecke eingeleitet werden. Dadurch wird der Wagen nicht *in* der Wendung, sondern *vor* der Wendung aufgehalten.
Das Verkürzen des Tempos geschieht durch *wechselseitiges Vorgreifen*. Ehe jedoch die Leinen angenommen werden, übergibt die rechte Hand der linken die Peitsche zwischen Daumen und Zeigefinger. Dadurch wird die rechte Hand frei zum Bedienen der Bremse. Während des Bremsens nimmt die linke die Leinen an. Den Pferden wird so das Aufhalten abgenommen. Da dies eine außerordentlich pferdeschonende Maßnahme ist, sollte es sich jeder Fahrer zur Pflicht machen, *vor einer Rechtswendung die Bremse zu bedienen*. Die weiche, federnde Hand verkürzt das Tempo durch leichtes Annehmen zum verkürzten Schritt, wenn in eine rechtwinklig einmündende Straße eingebogen werden soll. Stark abgerundete Ecken können im verkürzten Trab passiert werden. Währenddessen löst die rechte Hand die Bremse, denn die Pferde müssen jetzt schon wieder ziehen. Anschließend zeigt der rechte Arm – rechts-seitwärts in Höhe der Schulter ausgestreckt – mit der Winkerkelle die *Fahrtrichtungsänderung* an. Mit der linken Hand wird indessen der zur Wendung benötigte Abstand von der Bordschwelle (etwa 1 m) hergestellt. Das geschieht, indem sich die linke Hand nach der rechten Hüfte des Fahrers schiebt und nach Bedarf aufwärts gedreht wird. Die rechte Leine wird etwas länger, die linke kürzer.
Der Fahrer muß sich jedoch über die *rückwärtige Verkehrslage* orientieren.
Danach stellt man die linke Hand wieder an ihren alten Platz, und die rechte geht zurück in die Leinen, um die Wendung einzuleiten. Der richtige Augenblick dazu ist gekommen, wenn die Pferde mit den Vorderbeinen die neue Straße betreten.
Im Gegensatz zur Linkswendung wird die engere Rechtswendung schnell eingeleitet. Aus der *Gebrauchshaltung* geht der Fahrer mit der rechten Hand etwa 10 bis 15 cm auf der rechten Leine vor. An dieser Stelle faßt die rechte Hand mit den drei unteren Fingern die rechte Leine. Dann werden beide Hände nacheinander vorwärts-abwärts gedreht. Das bedeutet für die linke Hand Nachgeben, für die rechte Hand Annehmen (Abb. 297).
Genügt die Kopfstellung der Pferde nicht oder neigen sie dazu, sich in die Wendung zu werfen, so darf sich die rechte Hand über die linke setzen. Um die richtige Stellung der Peitsche zu behalten, muß sie dabei nach dem Körper *eingeschraubt* werden (Abb. 297c).
Fürchtet der Fahrer, mit dem inneren Hinterrad an der Bordschwelle anzustoßen, so stellt er für einen Augenblick die Hände wieder *senkrecht*. Dadurch fährt er gleichsam in der Wendung ein Stück geradeaus. Vortreiben des inneren Pferdes mit der Peitsche kann von gleicher Wirkung sein.
Haben die Pferdeköpfe die neue Richtung eingenommen, werden die Hände wieder *aufrecht* gestellt. Die rechte Hand gleitet in die Gebrauchshaltung zurück. Wenn das Tempo verstärkt werden soll, sind die vor der Wendung verkürzten Leinen wieder zu verlängern.

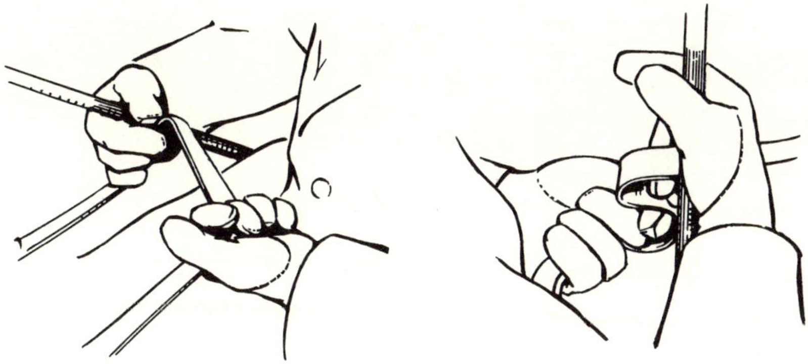

a b

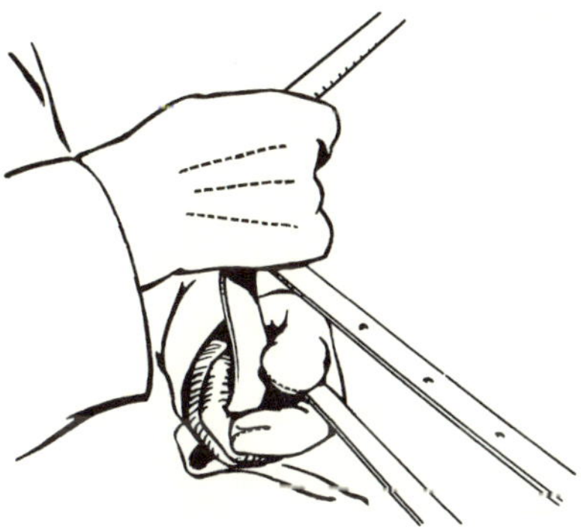

c

297 Leinenführung in der Rechtswendung mit beiden Händen
a schräg von vorn
b von oben, wie der Fahrer seine Hände sieht
c „Einschrauben" der rechten Hand beim Fahren der Rechtswendung

Das *Werfen der Pferde in die Wendung* kommt in Rechtswendungen häufig vor. Die Pferde eilen vorzeitig, mit falscher Kopfstellung nach außen, am äußeren Zügel hängend, mit der inneren Schulter voraus in die Wendung. Dabei besteht die Gefahr von *Kronentritten,* und außerdem kann der Fahrer den Einfluß auf Tempo und Größe der Wendung verlieren (s. Abb. 281).
Der Fehler entsteht, wenn vor der Rechtswendung das Tempo ungenügend verkürzt wird. Besonders leicht eignen sich ihn Pferde an, wenn der Fahrer mit den Paraden nicht durchkommt. Fahrer, die die Wendung zu früh einleiten und sie dann durch „Ziehen" an der äußeren Leine vergrößern wollen, bringen damit ihren Pferden das „Werfen" bei. Ältere Wagenpferde merken, wenn der Fahrer den Abstand zur Bordschwelle herstellt, daß eine Rechtswendung beabsichtigt ist. Auch sie lernen dabei, sich in die Wendung zu werfen.
In Dressurprüfungen für Wagenpferde wird die falsche Stellung der Pferde in den Wendungen als schwerer Fehler bewertet.

Leinenführung mit einer Hand in den Wendungen

Alle *Wendungen* können auch *mit einer Hand* ausgeführt werden, und zwar sowohl mit der linken als auch mit der rechten. Wenn man z. B. von einer ebenen Straße in eine steile, abschüssige einfährt, muß man während der Wendung die Bremse bedienen können. Zur Korrektur kann auf dem Fahrplatz die Peitsche zum Gebrauch am inneren Pferd benötigt werden. In solchen Fällen muß der Fahrer Wendungen mit einer Hand genauso gut fahren können wie mit beiden Händen. Dies ist am Fahrlehrgerät gründlich zu üben. Die Wirksamkeit der Griffe setzt die *korrekte Stellung der linken Hand* voraus. Oft steht sie zu weit links, wodurch ihre Wirkung, z. B. bei der Rechtswendung, beeinträchtigt wird. Die Wendungen mit einer Hand werden nach den gleichen Grundsätzen gefahren wie mit beiden Händen.

Zur *Linkswendung mit einer Hand* wird zunächst die Änderung der Fahrtrichtung angezeigt, wobei sich der Fahrer umschaut und feststellt, ob er die Wendung ausführen kann. Dann dreht er die linke Hand aufwärts. Dadurch wird die rechte Leine etwas länger; das rechte Pferd zieht den Wagen vorwärts in die Wendung. Die linke Leine wird etwas kürzer; sie gibt den Pferden die richtige Kopfstellung. Gut gefahrene Pferde führen auf diese feine Hilfe hin eine einwandfreie Linkswendung aus. Sind die Pferde nicht sehr feinfühlig, läßt man die linke Leine über den Handrücken laufen (Abb. 298). Bei Bedarf wird die Hand noch nach rechts gebracht, eventuell bis zur rechten Hüfte (aus der Wendung gehen). Die Peitsche bleibt in der rechten Hand, die etwas angehoben wird, damit sie die linke nicht behindert. Haben die Pferde die gewünschte Richtung erreicht, stellt man die Hand wieder aufrecht vor die Leibesmitte. Auch hier gilt: Linkswendung langsam einleiten und die Hilfen ebenso allmählich wieder aufgeben.

Zur *Rechtswendung mit einer Hand* werden zunächst die Leinen verkürzt und die Änderung der Fahrtrichtung angezeigt. Dann dreht sich die linke Hand vorwärts-abwärts (Abb. 299). Genügt dieser Griff nicht, so stellt der Fahrer die linke Hand nach links. Sie steht dann unmittelbar über oder sogar ein wenig links-seitwärts neben dem linken Oberschenkel und wird so vorwärts geneigt, daß der Daumen auf die rechte Leine drückt. Kommen die Pferde noch nicht gut herum, kann man die rechte Leine über den Zeigefinger der linken Hand hängen. Rechtswendungen mit einer Hand werden schnell eingeleitet und die Hilfen schnell wieder aufgegeben.

Die Hilfen zur Rechtswendung mit einer Hand werden abgeschwächt, wenn die linke Hand vor der Einleitung der Wendung zu weit links gestanden hat, dagegen verstärkt, wenn die Hand vor Einleitung der Wendung etwas rechts vor der Mitte des Leibes steht. Umgekehrt werden die Hilfen zur Linkswendung mit einer Hand abgeschwächt, wenn die

298 Leinenführung in der Linkswendung mit einer Hand. Die rechte Hand weicht nach oben aus

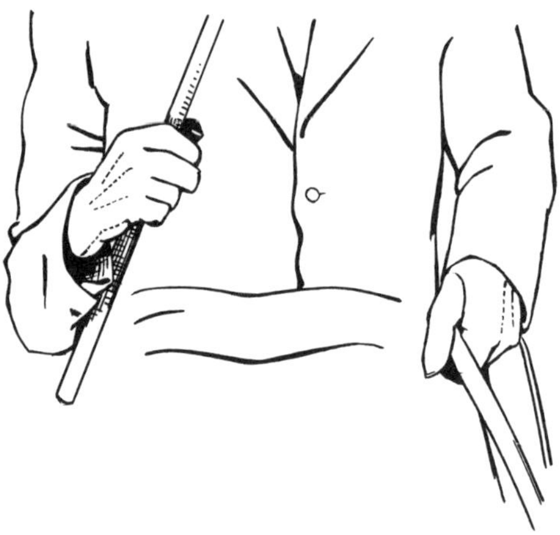

299 Leinenführung in der Rechtswendung mit einer Hand. Die linke Hand vor die linke Hüfte gestellt

Hand vor Einleitung der Wendung zu weit rechts steht, und verstärkt, wenn sie sich zu weit links befindet. Da die Hilfen mit einer Hand jedoch für die Linkswendung etwas stärker wirken als für die Rechtswendung, ist die Stellung der Hand links vor der Mitte des Oberkörpers der größere Fehler gegenüber einer kleinen Rechtsabweichung von der Mitte des Körpers.

Die *Wendungen mit der rechten Hand* sind erheblich schwieriger. Das hat seinen Grund darin, daß die rechte Hand auch dabei ständig die Peitsche halten muß. Vorteilhaft ist, daß ein etwas längerer Hebel entsteht, wenn die Leinen bei der Grundhaltung in der rechten Hand durch drei Finger (Mittel-, Ring- und kleiner Finger) getrennt werden. Dadurch wird die Drehung der rechten Hand auf die Leinen wirksamer. Zur *Rechtswendung mit der rechten Hand* wird die rechte Faust wie beim Annehmen der rechten Leine eingedreht. Durch Einschrauben der Faust bleibt die Peitsche in ihrer Stellung. Wenn es nötig ist, muß die Hand nach links geschoben werden. Ein zu langes Peitschenende kann dabei stören, man schiebt deshalb vorher den Peitschenstock etwas hinauf.

Zur *Linkswendung mit der rechten Hand* wird diese so weit wie erforderlich nach rechts gestellt. Leichtes Vorgehen der Hand verlängert die äußere Leine.

Umkehrwendungen

Umkehrwendungen sind ihrem Charakter nach verstärkte Wendungen. Es gelten daher die gleichen Grundregeln wie bei den Wendungen. Die Kehrtwendungen können mit beiden wie auch mit einer Hand gefahren werden.

Die *Linksumkehrwendung mit beiden Händen* wird eingeleitet, indem der Fahrer das Tempo bis zum *verkürzten Schritt* vermindert. Dies geschieht durch Verkürzen der Leinen mit dem Griff *wechselseitiges Vorgreifen* oder mit dem Griff *Verkürzen um ein größeres Stück.* Dann muß das Gespann mit einer Hand scharf an die rechte Straßenseite herangeführt werden. Dabei überzeugt sich der Fahrer, daß kein von hinten kommendes Fahrzeug das Gespann gefährdet. Danach wird die linke Hand aufgestellt. Da sich die Pferde bei der Linksumkehrwendung vom Fahrer entfernen, werden beide Leinen 10 bis 20 cm verlängert. Nun zieht die rechte Hand, um die Wendung einzuleiten, ein etwa gleich großes Stück der rechten Leine aus der linken Hand nach vorn. Diese bewirkt danach die richtige Kopfstellung der Pferde durch Eindrehen nach dem Oberkörper des Fahrers. Jetzt kann die rechte Hand ganz aus den Leinen herausgehen, während die linke Tempo und Größe der Wendung allein bestimmt. Das geschieht, indem sie – von rechts nach links einen Halbkreis beschreibend – *in die Wendung geht.* Wenn die Wendung nicht eng genug ausfällt, muß ein weiteres Stück der rechten Leine aus der linken Hand hervorgezogen werden.

Ist die Wendung so weit durchfahren, daß die Pferdeköpfe die neue Richtung eingenommen haben, stellt sich die linke Hand wieder senkrecht. Die rechte Hand nimmt die rechte Leine aus der linken Hand, geht *hinter* diese und setzt die rechte Leine – um das herausgezogene Stück verkürzt – wieder zwischen Mittel- und Ringfinger der linken Hand ein (1. Phase – Abb. 300a). Die rechte Hand geht nach unten, so daß die linke Hand mit den unteren drei Fingern beide Leinen leicht erfassen und umschließen kann (2. Phase – Abb. 300b). Die rechte Hand läßt die Leine los, um sich wieder vor die linke zu setzen (3. Phase – Abb. 300c). Anschließend werden beide Leinen nach Bedarf wieder verkürzt.

Die *Rechtsumkehrwendung mit beiden Händen* stellt die genaue Umkehrung der Linksumkehrwendung dar. Sie ist im Straßenverkehr nicht zulässig.

Zu ihrer Ausführung wird zunächst die Fahrtrichtungsänderung nach links angezeigt, dann hat der Fahrer sich zu überzeugen, ob er gefahrlos an die linke Seite der Straße heranfahren kann. Dort angekommen, verkürzt er die Leinen mit dem Griff *Verkürzen um ein größeres Stück.* Ist die linke Hand dazu vor der rechten in die Leinen gegangen, wird ihr die Peitsche übergeben. Während nun die linke Hand die Leinen annimmt, zeigt der rechte Arm die Fahrtrichtungsänderung nach rechts an. Auch vor dem Rechtsabbiegen muß sich der Fahrer umsehen. Die Pferde sind vor der Rechtsumkehrwendung fast zum Halten zu bringen. Danach übernimmt die rechte Hand wieder die Peitsche. Die rechte Leine wird aus der linken Hand ganz herausgenom-

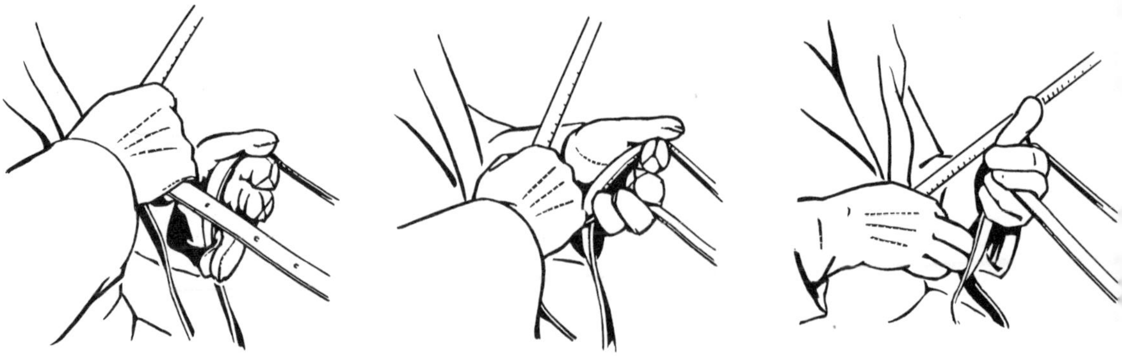

a b c

300 Einsetzen der rechten Leine hinter der linken Hand
a Die linke Hand öffnet sich. Der Daumen hält die linke Leine. Die rechte Hand geht hinter die linke zurück und legt die rechte Leine zwischen Mittel- und Ringfinger
b Die rechte Hand geht nach unten, so daß die unteren zwei Finger der linken Hand die rechte Leine erfassen und umschließen können
c Die rechte Hand läßt die Leinen los, um sich zur Gebrauchshaltung wieder vor die linke Hand zu setzen

men und hinter ihr wieder eingesetzt (Abb. 300a). Der weitere Verlauf der Wendung entspricht der einfachen Rechtswendung. Haben die Pferdeköpfe die neue Richtung erreicht, werden die Fäuste wieder aufgestellt, das verkürzte Stück der rechten Leine wieder nach vorn herausgezogen und schließlich beide Leinen verlängert. Da sich das Gespann auf der linken Straßenseite befindet, muß der Fahrer die Fahrtrichtungsänderung nach rechts anzeigen und sich überzeugen, daß die Straße frei ist. Dann fährt er wieder an die rechte Straßenseite.

Außerhalb des Straßenverkehrs fällt das Linksheran- und Rechtsheranfahren weg. Praktisch ist es, die Rechtsumkehrwendung in ihrer zweiten Phase *mit einer Hand* zu Ende zu fahren. Nachdem die rechte Leine durch Einsetzen hinter der linken Hand um etwa 10 bis 15 cm verkürzt wurde, führt die linke Hand eine normale Rechtswendung mit einer Hand aus. Die rechte Hand geht aus den Leinen heraus, bleibt jedoch bereit, auf der rechten Leine einzugreifen, wenn diese nicht genügend verkürzt worden ist. Jede übereilt gefahrene Rechtsumkehrwendung kann zu Kronentritten führen. Sie darf deshalb nur in verkürztem Schritt gefahren werden.

Wenngleich diese Wendung im Straßenverkehr nicht vorkommt, so stellt sie doch eine gute Übung für den Fahrer dar und erhöht die Biegsamkeit und Durchlässigkeit der Pferde. Sie sollte deshalb beim Training auf dem Fahrplatz niemals fehlen, zumal sie in den Marathonhindernissen manchmal gebraucht wird.

Der Anfänger muß gerade diese Wendung fleißig am Fahrlehrgerät üben und dabei auf ruhiges Ineinanderfließen der einzelnen Griffe achten. Eine richtig und sauber gefahrene Rechtsumkehrwendung ist ein guter Prüfstein für das Können eines Fahrers.

Beide *Umkehrwendungen* können auch *mit einer Hand* gefahren werden.

Zur *Linksumkehrwendung mit einer Hand* fährt man zunächst scharf rechts heran, zeigt die Fahrtrichtungsänderung an und sieht sich um. Nun übernimmt der Fahrer die Leinen wieder in die linke Hand, bringt diese rasch, aber weich nach rechts und dreht sie dabei aufwärts, so daß sich die linke Leine über den Handrücken legt. Auf diese unvermittelte Hilfe beginnen die Pferde zu wenden. Der Fahrer darf sie am Ausführen der Wendung nicht durch Gegenhalten mit der Hand hindern. Diese behält zwar ihren Platz vor der rechten Hüfte, bleibt aber weich und nachgiebig. Bei Bedarf kann sie etwas in die Wendung gestellt werden oder in die Bewegung der Pferde eingehen. Keinesfalls darf die Hilfe zur Umkehrwendung zu einem Ziehen an der inneren Leine werden. Das ist geschehen, wenn das innere Pferd nicht mehr am Kummet oder an der Siele steht oder gar mit dem Aufhalter rückwärts wirkt. Manchmal ist es zweckmäßig, die Wendung durch Verlängerung der rechten Leine einzuleiten, besonders dann, wenn die Gefahr besteht, daß die Pferde in der Wendung nicht vorwärts gehen.

Zur *Rechtsumkehrwendung mit einer Hand* verkürzt man die Leinen und bringt die Pferde fast zum Halten. Danach wird die linke Hand ein wenig aufwärts gedreht, als wollte man eine Linkswendung fahren. Diese Drehung dauert jedoch nur einen Moment, anschließend nimmt man die Hand sofort energisch nach links und dreht sie dabei vorwärts-abwärts wie zur Rechtswendung. Die Hand darf die Pferde nicht durch Gegenhalten an der korrekten Ausführung der Wendung hindern.

Umkehrwendungen mit Schleife. Bei der *Linksumkehrwendung* wird die rechte Leine zum einleitenden Nachgeben ein Stück aus der linken Hand herausgezogen. Dann geht die rechte Hand zur Gebrauchshaltung auf die Leine. Der rechte Zeigefinger umfaßt die linke Leine 10 bis 15 cm vor der Hand, hebt sie leicht an und geht mit ihr über die linke Hand zurück. Der *Daumen* der linken Hand legt sich nun auf die Leine und hält sie fest. Hinter der linken Hand ist eine Schleife entstanden, die der Fahrer gegen Ende der Wendung langsam wieder durchgleiten läßt. Abschließend wird dann das vor der Wendung hervorgeholte Stück der rechten Leine verkürzt.

Die *Rechtsumkehrwendung* ist die genaue Umkehrung. Nach dem Verkürzen der Leine wird zunächst die linke Leine durch Herausziehen aus der linken Hand etwas verlängert. Danach gleitet die rechte Hand auf der rechten Leine 10 bis 15 cm vor, hält diese Stelle der Leine fest und nimmt sie an. Über die linke Hand zurückgehend, wird die Schleife *unter den linken Zeigefinger* gelegt; auch sie wird, je mehr die Pferde sich der neuen Richtung nähern, langsam wieder losgelassen und gleitet dann durch.

Diese Art der Umkehrwendungen ist besonders Fahrern zu empfehlen, die sich auf das Vierspännigfahren vorbereiten, weil dabei das Legen der Schleife für alle Wendungen gebraucht wird.

12.1.2. Leinenführung beim Vierspänner

Der gut gefahrene Viererzug ist ein untrüglicher Prüfstein für das Können des Fahrers. Die Schwierigkeiten, die er hierbei meistern lernt, kommen ihm beim Fahren des Zweispänners zugute.

Was der Reiter fühlt, muß der Fahrer sehen!

Die Entfernung der Pferde von der Hand, das Gewicht der Leinen und schließlich die Tatsache, daß jede der vier Leinen mit den Mäulern von zwei Pferden verbunden ist, machen ihm das Fühlen schwer.

An einem Viererzug ist mehr zu sehen als an einem Zweispänner. Auch die Fahrsituationen sind mit vier Pferden oft schwerer zu meistern. Das Vorausdenken wird zur unabdingbaren Notwendigkeit. An Geistesgegenwart, Umsicht, Mut und Entschlußkraft werden höhere Anforderungen gestellt.

Die Leinenhaltung

Für das Fahren eines Viererzuges gelten die gleichen Regeln wie für das Fahren von Ein- und Zweispännern. Alle vier Leinen müssen *abgemessen in der linken Hand* liegen. Die linke Hand hält die Leinen fest, die rechte unterstützt sie.

Die Grundhaltung

In der *Grundhaltung* zum Vierspännigfahren läuft die linke *Vorderleine* über die Wurzel des linken Zeigefingers nach unten in die volle Hand. Die *rechte Vorderleine* läuft in gleicher Weise von vorn zwischen Zeige- und Mittelfinger in die Hand, wo sie unter der linken Vorderleine liegt. Ebenfalls zwischen Zeige- und Mittelfinger, jedoch unter der rechten Vorderleine, läuft die *linke Hinterleine* in die Hand. Zwischen Zeige- und Mittelfinger liegen also zwei Leinen *übereinander.* Die *rechte Hinterleine* läuft zwischen Mittel- und Ringfinger in die Hand. Alle vier Leinen liegen hinter den Fingern glatt übereinander und laufen nach unten. Sie werden von den unteren drei Fingern festgehalten (Abb. 301).

Die *linke Hand* steht senkrecht vor der Mitte des Leibes. Jede Abweichung der Hand von ihrem Platz ergibt bei gut eingefahrenen Pferden eine Richtungsänderung. *Rechtsherausstellen* der Hand verlängert die rechten und verkürzt die linken Leinen: daher folgt eine Abweichung nach links. *Linksherausstellen* der Hand veranlaßt eine Richtungsänderung nach rechts. Meist neigt der Fahrer dazu, die Hand zu weit nach links zu stellen. Jeder Fahrer präge sich deshalb fest ein: *Hand nach rechts!* Daumen und Zeigefinger der linken Hand bleiben stets offen (Abb. 301a)!

Wenn der normale Druck eines Pferdes auf die Hand des Fahrers etwa 1 kp entspricht, so hat der Viererzugfahrer ständig einen Druck von 4 kp auf der Hand. Hinzu kommt noch das Gewicht der Leinen, die sich außerdem weniger bequem fassen als zwei. So ist das Fahren mit einer Hand beim Viererzug auf die Dauer unmöglich.

In der Grundhaltung beim Vierspännigfahren befindet sich auch die *rechte Hand* in den Leinen. Sie setzt sich so vor die linke Hand, daß der Zeigefinger über der linken Vorderleine liegt. Der Mittelfinger liegt zwischen der linken Vorderleine und der linken Hinterleine. Die unteren zwei Finger der rechten Hand fassen beide rechte Leinen, als wäre es nur eine.

Diese Grundhaltung ist zugleich die *Gebrauchshaltung* beim Vierspänner. Eine Dressurhaltung gibt es hier nicht. Die Peitsche ruht in der rechten Hand und zeigt schräg nach links-vorwärts-aufwärts.

Wenn die linke Hand in den Leinen steif wird, schließt man vorübergehend die rechte und macht die Finger der linken durch Bewegen wieder geschmeidig, ohne daß man sie aus den Leinen herausnimmt (s. Abb. 301c). Sollte es doch einmal erforderlich sein, sie aus den Leinen herauszunehmen, übernimmt die rechte Hand die Führung der Leinen *genauso* wie die linke in Grundhaltung. Sie schiebt sich dazu so vor die linke Hand in die Leinen, daß der rechte Zeigefinger vor dem linken, der rechte Mittelfinger vor dem linken usw. liegt. Die Leinenhaltungen müssen zuerst am Fahrlehrgerät geübt werden. Um das *Leinenaufnehmen am Fahrlehrgerät* rasch auszuführen, empfehlen wir: Das obere Leinenpaar wird in die rechte, das untere in die linke Hand genommen. Die Leinen werden in der linken Hand durch den Mittelfinger getrennt

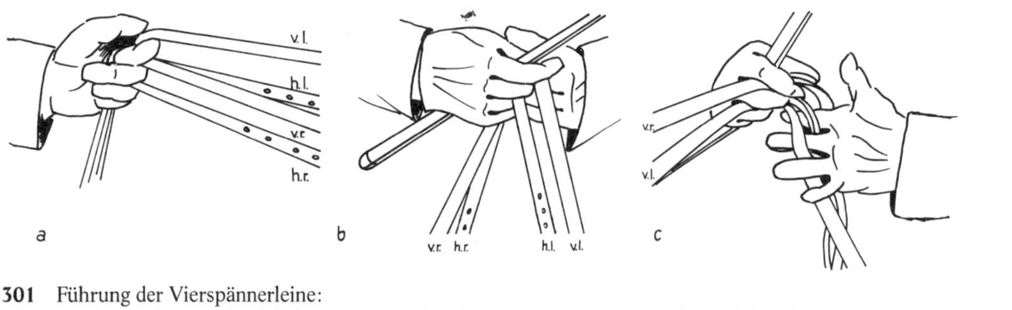

301 Führung der Vierspännerleine:
a Haltung in der linken Hand (v.l. = linke Vorderleine, v.r. = rechte Vorderleine, h.l. = linke Hinterleine, h.r. = rechte Hinterleine);
b Grund- und Gebrauchshaltung (von vorn gesehen);
c rechte Hand umschließt vorübergehend die Leinen

(Hinterleinen). Die rechte Hand gibt danach die Vorderleinen des Fahrlehrgeräts so in die linke, daß sie durch den Zeigefinger getrennt werden.

Die Leinengriffe

Wir unterscheiden *Griffe* zum Verändern der Länge aller vier Leinen, zum Verändern der Länge von zwei Leinen und schließlich zum Verlängern und Verkürzen einzelner Leinen.

Verlängern aller vier Leinen. Die rechte Hand zieht alle vier Leinen gleichmäßig auf einmal oder in mehreren kleinen Stücken nach vorn heraus.

Verkürzen aller vier Leinen. Zum zentimeterweisen Verkürzen gleitet die rechte Hand bis zu 5 cm auf den Leinen vor und hält dort fest. Darauf gleitet die linke an die rechte heran, und beide Hände nehmen an.

Verkürzen um ein größeres Stück (Abb. 302). Hier erfaßt die rechte Hand die Leinen mit den unteren drei Fingern dicht hinter der linken Hand. Diese gleitet nach Bedarf auf den Leinen vor und nimmt sie an, während die rechte Hand zum rechten Oberschenkel ausweicht. Danach geht die rechte Hand wieder in Gebrauchshaltung vor die linke, und beide Hände gehen mit den Leinen in ihre Ausgangsstellung zurück. Die Peitsche bleibt stets in der rechten Hand. Der Oberkörper darf keinesfalls nach vorn gebeugt werden.

Halbe Parade. Sie wird wie beim Zweispänner ausgeführt. (s. Abb. 293)

Verlängern und Verkürzen der Vorderleinen. Um beide Vorderleinen verlängern zu können, muß die rechte Vorderleine über den linken Zeigefinger gebracht werden, weil sonst auch die Länge der linken Hinterleine verändert würde. Dazu wird der linke Zeigefinger einfach zwischen rechte Vorder- und linke Hinterleine geschoben. Danach liegen beide Vorderleinen *auf* dem linken Zeigefinger – oben die linke und unten die rechte. Die rechte Hand erfaßt nun beide Vorderleinen so, als hätte sie eine Zweispännerleine zu verlängern, und zieht sie nach Bedarf aus der linken Hand heraus (Abb. 303). Nach dem Griff steckt man den linken Zeigefinger wieder zwischen die Vorderleinen.
Genauso werden die Vorderleinen verkürzt, indem sie von vorn in die linke Hand hineingeschoben werden. Der Griff muß am Fahrlehrgerät gut geübt werden, da sonst leicht die Hinterleinen durchgleiten, wenn sich die linke Hand zur Aufnahme der Vorderleinen öffnet. Handschuhe verringern diese Gefahr.

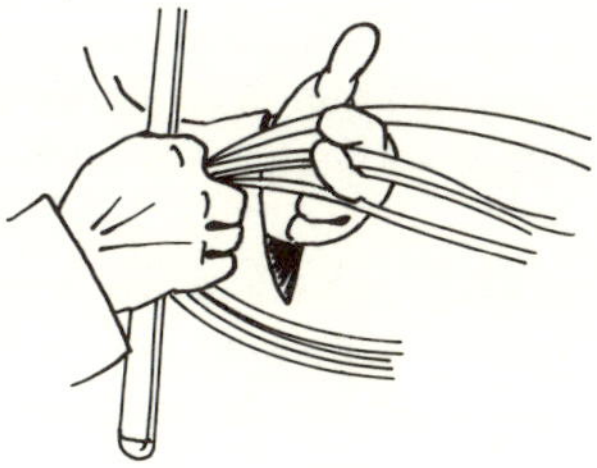

302 Verkürzen aller vier Leinen

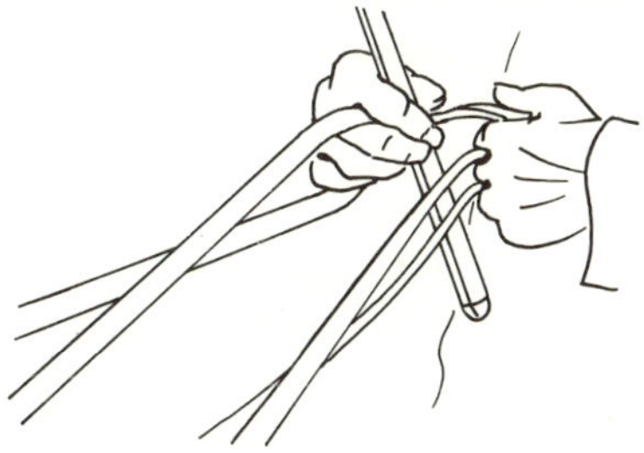

303 Verlängern und Verkürzen der Vorderleinen

Verlängern und Verkürzen der Hinterleinen. Die Länge der Hinterleinen kann nur indirekt verändert werden. Will der Fahrer die Hinterleinen verlängern, so verkürzt er zunächst die Vorderleinen und verlängert danach alle vier Leinen. In der umgekehrten Reihenfolge verfährt man, wenn man die Stangenpferde mehr in den Zug stellen will und nicht zu befürchten braucht, daß die Vorderpferde auf das anfängliche Leinenverlängern zu stark vorprellen.

Beim *Verkürzen der Hinterleinen* müssen zuerst alle vier Leinen verkürzt und erst danach die Vorderleinen wieder verlängert werden.

Verlängern und Verkürzen einzelner Leinen-.Die *linke Vorderleine* und die *rechte Hinterleine* kann man genauso verlängern und verkürzen wie beim Zweispänner.

Die rechte Vorderleinc und die linke Hinterleine dürfen einzeln nicht verlängert oder verkürzt werden. Da diese beiden Leinen übereinanderliegen, würden sich stets beide Leinen verändern, wollte man durch Herausziehen oder Hineinschieben die Länge einer einzelnen Leine verändern. Wir können diese Griffe daher nur *indirekt* ausführen.

Um die *rechte Vorderleine* zu verlängern, ist zunächst die linke Vorderleine zu verkürzen. Dann erst sind die beiden Vorderleinen wieder zu verlängern. Man kann auch zuerst beide Vorderleinen verlängern und danach die linke Vorderleine verkürzen.

Soll die *linke Hinterleine* verlängert werden, ist die rechte Hinterleine zu verkürzen. Danach muß man beide Hinterleinen verlängern (s. o.), da ja die rechte ihre ursprüngliche Länge wieder erhalten soll. Zum *Verkürzen der linken Hinterleine* werden die Griffe umgekehrt gemacht: rechte Hinterleine verlängern, beide Vorderleinen verlängern, alle vier Leinen verkürzen.

Die *Reihenfolge* der einzelnen Griffelemente hängt weitgehend von der Lage ab, in der sich Gespann und Fahrer befinden. In manchen Fällen ist das Ziel mit umgekehrter Reihenfolge der Griffelemente sicherer zu erreichen. Die möglichen Fahrsituationen zu durchdenken und die dafür zweckmäßige Reihenfolge der Griffelemente zu überlegen und am Fahrlehrgerät durchzuprobieren ist zugleich eine reizvolle Aufgabe für die Entwicklung des fahrerischen Denkens.

Einrichten der Pferdepaare. Das Verkürzen einzelner Leinen, besonders der Vorderleinen, dient vor allem dem Einrichten der Paare aufeinander. Häufig ist dieses Einrichten mit einem Arbeitsausgleich verbunden.

Gleichmäßiger Zug. Oft stehen die beiden Pferdepaare nicht gleichmäßig im Zug. Dabei gibt es folgende Möglichkeiten:

1. Die Stangenpferde ziehen die Last, die Vorderpferde ziehen gar nicht mit. Ihre Stränge sind schlaff.
2. Die Vorderpferde ziehen den Wagen allein, während die Stangenpferde aus dem Zug sind. Ihre Stränge sind schlaff, die Aufhalter hingegen gestrafft. Das kann so weit gehen, daß die Vorderpferde ziehen und die Stangenpferde aufhalten.

Abweichen von der Richtung. Wenn die Stangenpferde nicht in der gleichen Richtung gehen wie die Vorderpferde, können folgende Fälle vorliegen:

a) Die Stangenpferde gehen geradeaus, die Vorderpferde weichen nach links ab.
b) Die Stangenpferde gehen geradeaus, die Vorderpferde weichen nach rechts aus der geraden Richtung.
c) Die Vorderpferde gehen geradeaus, die Stangenpferde weichen nach links ab.
d) Die Vorderpferde gehen geradeaus, die Stangenpferde weichen nach rechts ab.
e) Die Vorderpferde weichen nach links, die Stangenpferde nach rechts ab.
f) Die Vorderpferde weichen nach rechts, die Stangenpferde nach links ab.

Korrektur bei gleichmäßig ziehenden Pferden. Stehen alle vier Pferde gleichmäßig im Zug, so sind die erforderlichen Korrekturen mit Hilfe der Leinengriffe rasch ausgeführt:

a) Linke Vorderleine verlängern; beide Vorderleinen verkürzen.
b) Linke Vorderleine verkürzen; beide Vorderleinen verlängern.
c) Rechte Hinterleine verkürzen; beide Vorderleinen verkürzen. Alle vier Leinen verlängern.
d) Rechte Hinterleine verlängern.
e) Linke Vorderleine und rechte Hinterleine gleichzeitig verlängern. Alle vier Leinen wieder verkürzen.

Das gleichzeitige Verlängern der linken Vorderleine und rechten Hinterleine erfordert einige Übung. Die rechte Hand läßt dazu die Leinen los, dann umfassen die beiden unteren

Tabelle 56: Korrekturen bei ungleichmäßig ziehenden Pferden

	Fall 1 Die Stangenpferde ziehen die Last, die Vorderpferde ziehen nicht mit. Ihre Stränge sind schlaff.	Fall 2 Die Vorderpferde ziehen die Last, die Stangenpferde ziehen nicht mit. Ihre Stränge sind schlaff. Die Aufhalter sind gespannt.
a Die Stangenpferde gehen geradeaus. Die Vorderpferde weichen links ab.	Linke Vorderleine verlängern. Kommen die Vorderpferde dadurch noch nicht in den Zug, dann beide Vorderleinen verlängern.	Beide Vorderleinen um ein größeres Stück verkürzen. Danach zuerst linke Vorderleine verlängern. Dann alle vier Leinen verlängern.
b Die Stangenpferde gehen geradeaus. Die Vorderpferde weichen rechts ab.	Linke Vorderleine verkürzen und sofort beide Vorderleinen verlängern; oder: beide Vorderleinen verlängern und danach linke Vorderleine verkürzen. Legen die Pferde an Tempo zu, sofort alle vier Leinen verkürzen.	Beide Vorderleinen verkürzen. Danach linke Vorderleine noch einmal verkürzen. Wenn nötig, alle vier Leinen verlängern.
c Die Vorderpferde gehen geradeaus. Die Stangenpferde weichen links ab.	Beide Vorderleinen verlängern. Alle vier Leinen verkürzen. Dann rechte Hinterleine verkürzen. Danach durch geringfügiges Verkürzen der Vorderleinen die Pferde wieder gleichmäßig arbeiten lassen.	Meist genügt Anlegen der Peitsche am Stangensattelpferd. Dann Verkürzen der Vorderleinen. Dann Verlängern aller vier Leinen.
d Die Vorderpferde gehen geradeaus. Die Stangenpferde weichen rechts ab.	Beide Vorderleinen verlängern. Dann alle vier Leinen verkürzen. Erst danach die rechte Hinterleine verlängern. Nötigenfalls die Peitsche an das Stangenhandpferd anlegen.	Peitsche an das Stangenhandpferd anlegen. Beide Vorderleinen verkürzen.
e Die Vorderpferde weichen links ab. Die Stangenpferde weichen rechts ab. Grund: Fahrer hält die zusammenliegenden Leinen nicht richtig fest.	Beide Vorderleinen verlängern. Dann alle vier Leinen verkürzen. Dann gleichzeitig linke Vorderleine und rechte Hinterleine verlängern.	Beide Vorderleinen verkürzen. Dann gleichzeitig linke Vorderleine und rechte Hinterleine verlängern; oder auch: Peitsche an das Stangenhandpferd anlegen und danach linke Vorderleine verlängern.
f Die Vorderpferde weichen rechts ab. Die Stangenpferde weichen links ab.	Beide Vorderleinen verlängern. Linke Vorderleine und rechte Hinterleine gleichzeitig verkürzen.	Beide Vorderleinen verkürzen. Danach rechte Hinterleine, linke Vorderleine gleichzeitig verkürzen. Danach alle vier Leinen verlängern.

Anmerkung: In der Tabelle ist nur eine begrenzte Anzahl der in der Fahrpraxis vorkommenden Situationen aufgeführt. Sie gelten fur Fälle, in denen jeweils die Pferde jedes Paares gleichmäßig im Zug stehen. Ist das nicht der Fall, muß für jedes Paar wie beim Zweispänner (s. II, S. 273ff.) verfahren werden. Natürlich können auch die unterschiedlichen Fahrsituationen Veränderungen des Vorgehens verlangen.

Finger der rechten Hand die rechte Hinterleine von außen. Sie heben die rechte Hinterleine so an, daß sie neben die rechte Vorderleine gelangt. Danach umfaßt der rechte Zeigefinger die linke Vorderleine, die zwischen ihn und den Mittelfinger zu liegen kommt. Die beiden Leinen können nun aus der linken Hand herausgezogen oder in sie hineingeschoben werden.

f) Linke Vorderleine und rechte Hinterleine gleichzeitig verkürzen (s. o.); danach gegebenenfalls alle vier Leinen verlängern.

Die zwischen Zeige- und Mittelfinger der linken Hand übereinanderliegenden Leinen (rechts vorn und links hinten) ebenso zu verlängern und zu verkürzen wie die beiden Vorderleinen ist nicht ratsam; denn die rechte Hinterleine, die in diesem Augenblick nur zwischen Mittel- und Ringfinger festgehalten wird, rutscht dabei gewöhnlich ein Stück durch. Dies hindert den Fahrer daran, die mit dem Griff beabsichtigte Wirkung zu erreichen.

Korrektur bei ungleichmäßig ziehenden Pferden. In der Praxis ergeben sich meist *Kombinationen* der Fälle 1 und 2 mit den Fällen a bis f. Sie und die erforderlichen Korrekturen sind in Tabelle 56 zusammengefaßt. Die dort angeführten Fälle bilden nur einige Möglichkeiten, die sich beim praktischen Fahren ergeben. Hinzu kommt, daß häufig nicht beide Pferde eines Paares gleichmäßig arbeiten. Hier ist wie beim Zweispänner zu verfahren.

Die angeführten Beispiele müssen in der Praxis der jeweiligen Fahrsituation angepaßt werden. Sie können nur dazu dienen, den Fahrschüler in das System der Leinengriffe beim Vierspännigfahren einzuführen. Er muß am Fahrlehrgerät die verschiedenen Kombinationen dieser Griffe immer wieder üben, bis er sie sicher und flüssig ausführen kann.

Leinenführung in den Wendungen
Fahren von flachen Bögen

Bevor wir die eigentlichen Wendungen behandeln, wollen wir noch eine Vorstufe dazu untersuchen: *Rechts- und Linksheranfahren.*

Auf Straßen und Wegen brauchen wir es sehr oft zum Ausweichen und Überholen. Wir wollen an Hand von Abb. 304a eine praktische Situation betrachten. Der Wagen soll an den rechten Straßenrand herangeführt werden. Leitet der Fahrer zunächst die Vorderpferde an die rechte Straßenseite und läßt die Stangenpferde in ihrer Richtung folgen, so trifft der Wagen ebenfalls erst bei A an der rechten Straßenseite ein. Führt der Fahrer aber Vorder- und Stangenpferde gleichzeitig nach rechts, so ist der Wagen schon bei B auf der rechten Straßenseite. Der Weg vom Ausgangspunkt nach A ist mehr als doppelt so lang wie der nach B. Die zweite Art des Rechtsheranfahrens ist daher richtig. Dementsprechend auch die Griffe, die das rasche Zur-Seite-Führen des Wagens erlauben sollen. Man fährt einen flachen Bogen. Jedes der beiden Pferdepaare wendet für sich ab und muß also auch die entsprechende Hilfe bekommen. Dazu greift der Fahrer mit der rechten Hand auf *beiden* rechten Leinen vor und umfaßt diese wie eine Leine. Nun hält die rechte Hand beide Leinen fest und bleibt auf ihrem Platz stehen, während die linke Hand nachgibt, indem sie unter die rechte Hand geht. Sind die Pferde am Straßenrand angekommen, geht die linke Hand wieder in ihre Ausgangsstellung, und die rechte gleitet zu ihr heran (s. Abb. 304b).

Zum *Linksheranfahren* geht der Fahrer mit der rechten Hand auf beiden linken Leinen vor und hält sie fest. Die linke Hand geht mit den rechten Leinen unter die rechte. Ist das Linksheranfahren abgeschlossen, geht die linke Hand wieder an ihren Platz, und die rechte kehrt in die Gebrauchshaltung

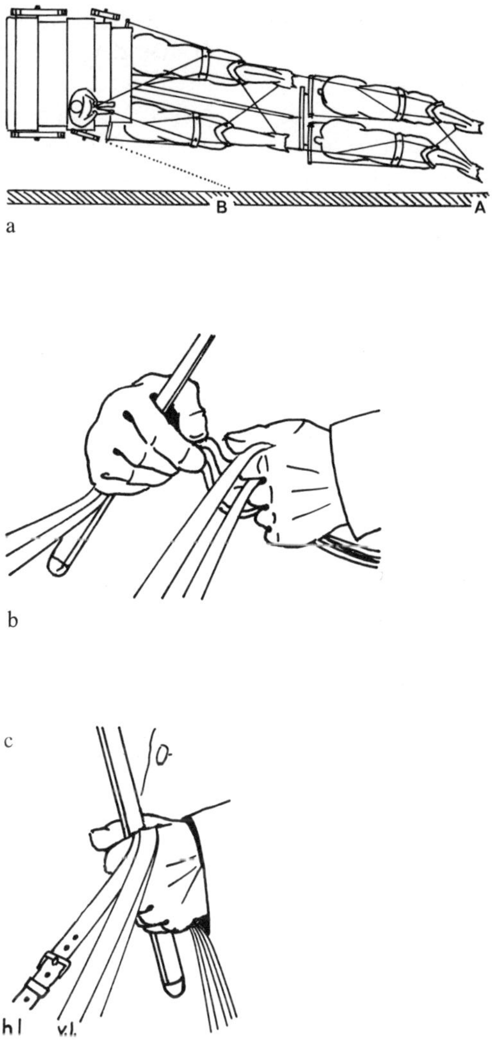

304 a Heranführen des Wagens an die rechte Straßenseite
b Rechtsheranfahren oder Ausweichen
c Zum Linksheranfahren kann man auch die linke Hand aufwärts drehen und die linke Hinterleine über den Zeigefinger legen

zurück (eine andere Möglichkeit zeigt Abbildung 304c).
Muß man während des Rechtsheranfahrens die Bremse bedienen, so legt man die rechte Hinterleine über den linken Zeigefinger. Will man links heranfahren und hat nicht beide Hände zur Verfügung, so verlängert man die rechte Hinterleine. Danach hängt man die beiden linken Leinen über den Daumenansatz der linken Hand. Dieser Griff ist jedoch für gut eingefahrene Pferde schon ziemlich stark. Seine Wirkung wird etwas abgeschwächt, wenn man die linke Hand ein wenig nach links stellt.

Das Fahren von Wendungen

Charakteristisch für die Wendungen mit dem Viererzug ist die *Schleifenbildung.* Darunter versteht man, daß die Vorderpferde in die Wendung gestellt werden, indem der Fahrer ein Stück der Leine heranholt und zur Schleife in die linke Hand legt. Dabei wird durch die Größe der Schleife die Größe der Wendung bestimmt. Diese Schleife ist nach der Wendung wieder loszulassen. Der Fahrer läßt sie dazu durch die Finger gleiten.
Im Zusammenhang mit der Schleifenbildung taucht die Frage auf, ob die äußere Leine zur Einleitung der Wendung wie beim Zweispänner nachgegeben werden soll. Wie wir anschließend sehen werden, wäre das hier falsch. Die Schleife wird vielmehr mit der inneren Leine gelegt. Das ist aber nur eine scheinbare Abweichung vom zweiten Hauptgrundsatz des Achenbach-Fahrsystems: In den Wendungen dürfen die Vorderpferde nicht ziehen, weil sie sonst die Stangenpferde umreißen würden. Beim Bilden der Schleife werden beide Pferde durch das Annehmen der inneren Leine etwas aus dem Zug genommen. Dann ist aber automatisch die äußere Leine länger geworden und das „Nachgeben" der äußeren Leine gewährleistet. Anstatt zweier Griffe (Verkürzen beider Vorderleinen und Verlängern der äußeren Vorderleine) wird nur einer ausgeführt, der aber dieselbe Wirkung hervorbringt.
Die **Linkswendung** muß mit dem Viererzug in besonders großem Bogen gefahren werden. Das Tempo ist auch bei dieser Bogenwendung bis zum *abgekürzten Trab* zu verrin-

gern. Die notwendige Parade muß „durchgegangen“ sein, ehe man die Wendung beginnt. Die Pferde sollen sich an den Gebissen abgestoßen haben und bereit sein, sofort wieder die Geschwindigkeit zu erhöhen.

Die Änderung der Fahrtrichtung wird vom *Beifahrer* angezeigt, der beim Viererzug stets erforderlich ist, indem dieser während der ganzen Dauer der Wendung seinen linken Arm in Schulterhöhe ausstreckt. Der Fahrer sieht sich um und überzeugt sich, ob er gefahrlos wenden kann. Armzeichen und Umsehen erfolgen spätestens 15 m vor der Stelle, an der die Wendung eingeleitet werden soll.

Um die Stangenpferde daran zu hindern, zu früh in die *Wendung* zu eilen, nimmt der Fahrer *Widerstand auf dem Zeigefinger* (Abb. 305). Dazu wird die rechte Hinterleine ein klein wenig aus der Hand hervorgeholt und von den zwei unteren Fingern der rechten Hand angehoben. Der Zeigefinger der linken Hand schiebt sich unter die rechte Hinterleine. Dies soll so vorsichtig geschehen, daß die Stangenpferde nicht im Maul gestört werden. Kommt der Fahrer mit dem Widerstand auf dem Zeigefinger nicht aus, kann er durch Linksstellen der linken Hand den Griff noch verstärken.

Da alle Stangenpferde lernen, den Vorderpferden in die Wendung nachzueilen, muß man den Widerstand auf dem Zeigefinger vorbeugend aufnehmen. Stellt man nach eingeleiteter Wendung fest, daß die Pferde nicht in die Wendung eilen, läßt man den Widerstand wieder fallen. Müssen die Stangenpferde in die Wendung geführt werden (s. S. 268) so darf natürlich der Widerstand nicht gehalten werden. Normalerweise wird der Widerstand zuerst – also vor dem Abschwenken der Vorderpferde – aufgenommen und zuletzt – also nach dem Durchgleitenlassen der Schleife – fallengelassen.

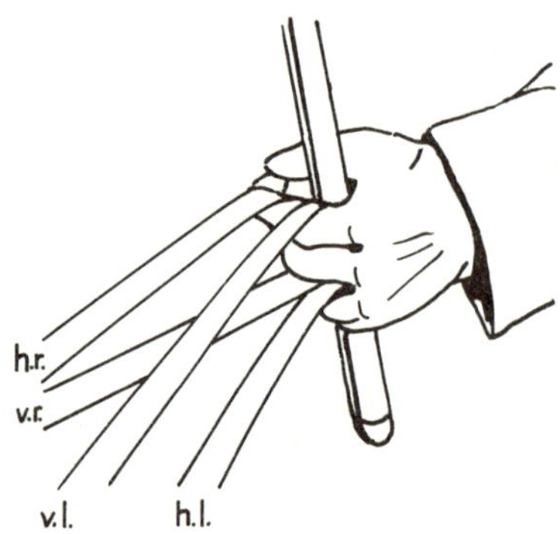

305 Widerstand auf dem Zeigefinger

Im Straßenverkehr muß die Linkswendung eingeleitet werden, wenn die Köpfe der Vorderpferde sich 3 m vor der Bordschwellenecke befinden. Die rechte Hand des Fahrers gleitet auf der linken Vorderseite etwa 15 bis 20 cm vor. Die Leine befindet sich dabei zwischen Zeige- und Mittelfinger, die Faust steht aufrecht, der Daumen ist nach oben gerichtet. Die Peitsche soll sich sowenig wie möglich bewegen. Die rechte Hand faßt die Leine und hebt sie etwas an. Man nennt das *Druckpunkt nehmen.* Dadurch werden die Pferde aufmerksam gemacht. Wenn sie abzuschwenken beginnen, nimmt der Fahrer die linke Vorderleine hinter die linke Hand zurück und legt sie zu einer Schleife unter den linken Daumen. Der Daumen liegt auf der Leine und hält sie fest (Abb. 306). Um die Pferde in der Wendung nicht zurückzuziehen, darf die Schleife in der Linkswendung nur *langsam* (jedoch nicht zögernd) gelegt werden. Hat man Druckpunkt genommen, so soll sie „groß und dreist“ gebildet werden. Zu kleine Schleifen führen dazu, daß die Vorderpferde, am äußeren Zügel hängend, in die Wendung eilen (Abb. 307). Eine zu große Schleife ist schon deshalb der geringere Fehler, weil man sie jederzeit durch Öffnen des Daumens bis zur gewünschten Größe durchgleiten lassen kann. Auch das muß man schon am Fahrlehrgerät üben, weil die Schleifen sonst zu schnell durchgleiten können. Der Daumen wirkt dabei als Bremse.

An der Stelle, an der die Vorderpferde abgeschwenkt sind, werden die Stangenpferde in die Wendung gestellt. Dazu geht die linke Hand rechts-vorwärts. Die rechte Hinterleine wird dadurch etwas länger, die linke kürzer.

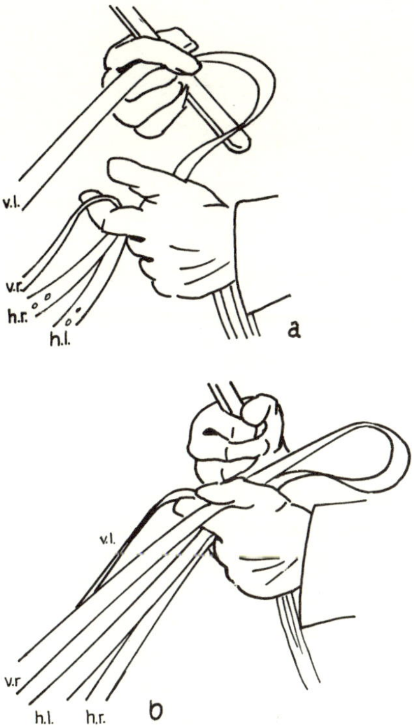

306 Leinenführung in der Linkswendung:
a Legen der Schleife;
b Daumen hält die Schleife fest (rechte Hinterleine ist zum Widerstand auf den Zeigefinger genommen)

Auf diese Weise bekommen auch die Stangenpferde Kopfstellung nach links und folgen den Vorderpferden. Sobald die Vorderpferde in die neue Richtung eingebogen sind, muß man beginnen, die Schleife *langsam* zu entlassen. Der Daumen bremst so, daß das letzte Stück der Schleife erst durchgleitet, wenn der Hinterwagen die neue Richtung eingenommen hat. Zu früh losgelassene Schleifen lehren die Vorderpferde das Werfen in die Wendung.
Die linke Hand kehrt auf ihren Platz zurück, wenn die Stangenpferde die neue Richtung eingenommen haben. Den Widerstand hat sie aber noch nicht aufgegeben, weil die Stangenpferde den Wagen an die rechte Seite der neuen Straße heranbringen sollen. Ist das letzte Stück der Schleife durchgeglitten, läßt man auch den Widerstand fallen. So gefahrene Wendungen verhindern, daß die Pferde lernen, ohne Anlehnung zu gehen. Auf dem Turnierplatz wird der Widerstand im allgemeinen so lange gehalten, wie die Stangenpferde geradeaus bleiben müssen, danach

307 Linkswendung mit dem Vierspänner:
a richtig – mit großer Schleife;
b falsch – zu kleine Schleife, daher falsche Kopfstellung der Vorderpferde und die sich daraus ergebenden Fehler

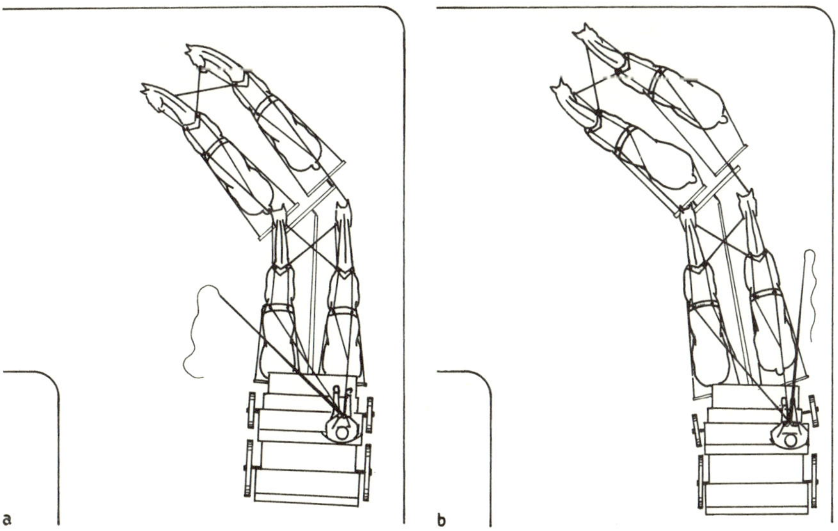

werden sie – unter Aufgabe des Widerstandes – in die Wendung geführt.

Junge Pferde haben noch nicht gelernt, ihren Vorderpferden nachzueilen. Deshalb müssen sie *in die Wendung geführt* werden. Beim turniermäßigen Fahren müssen die Stangenpferde bei jeder Wendung *zunächst geradeaus gehalten* (Widerstand) und *danach in die Wendung geführt* werden. Die rechte Hand geht dazu nach vorn. Dann hebt sie beide linke Leinen etwas an. Die linke Hand geht, unter der rechten nachgebend, nach vorn. Dabei wird die linke Stangenleine von der rechten Hand festgehalten, denn die Stangenpferde sollen ja in die Wendung geführt werden (Abb. 308). Da die Vorderpferde schon die neue Richtung eingenommen haben, muß der Fahrer die Schleife schon während des Anhebens der linken Leine durchgleiten lassen, wozu sich auch der Zeigefinger der rechten Hand öffnen muß.

In der Linkswendung wie in der Rechtswendung ist es grundfalsch, beim Legen der Schleife mit der linken Hand der rechten entgegenzugehen. Dadurch wird die rechte Stangenleine länger, und der Zug gerät in Unordnung.

Eine *enge Rechtswendung* wird wie mit dem Zweispänner auch mit dem Viererzug nur *im Schritt* gefahren. Die Parade, verbunden mit dem Achtungszeichen, muß beendet sein, wenn die Vorderpferde drei Schritt vor der Ecke des rechtsliegenden Fußsteiges angekommen sind. Schon vorher hat der Fahrer die Pferde genau aufeinander *eingerichtet*. Es ist für die Rechtswendung unerläßlich, daß die Stangenpferde genau in den Spuren der Vorderpferde gehen. Sie dürfen eher etwas nach links von der Spur der Vorderpferde abweichen (*überhalten*, indem das Stangenhandpferd in Richtung zwischen die beiden Vorderpferde tritt). Auch muß für die Rechtswendung ein bestimmter Abstand (etwa 1 m) von der Bordschwelle gewonnen sein. Nach der Parade wird die Peitsche der linken Hand übergeben, damit die rechte mit ausgestrecktem Arm und Winkerkelle die Fahrtrichtungsänderung anzeigen kann.

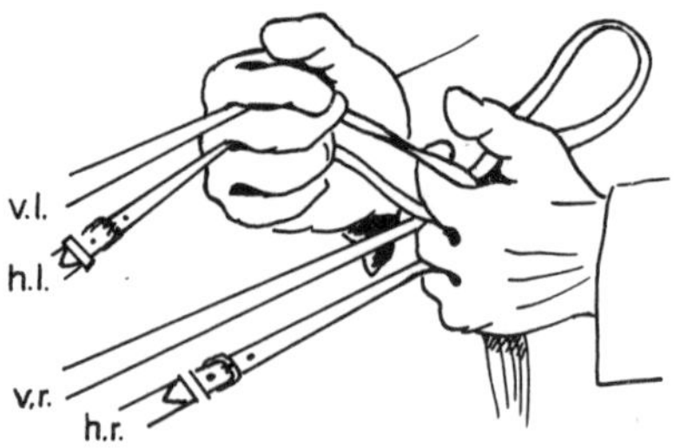

308 So führt man die Stangenpferde in die Linkswendung

Die Wendung wird eingeleitet, wenn die Vorderbeine der Vorderpferde auf Höhe der Bordschwellenecke angekommen sind. Dazu geht zunächst die linke Hand weit nach rechts in die Wendung. Sie kommt vor die rechte Körperhälfte des Fahrers zu stehen. Die rechte Hand mit der Peitsche muß nach oben ausweichen. Durch das Rechtsstellen der linken Hand wird erreicht, daß die rechte Hinterleine länger wird und das Stangenhandpferd den Wagen durchzieht. Der Wagen darf nicht an oder gar über die Bordschwelle geraten. Im gleichen Augenblick, in dem die linke Hand nach rechts geschoben wird, greift die rechte Hand etwa 20 bis 25 cm auf der rechten Vorderleine vor und faßt sie von oben mit den unteren drei Fingern. Anschließend legt sie die Vorderleine zur Schleife unter den Zeigefinger der linken Hand. Wenn die Vorderbeine der Stangenpferde die Bordschwellenecke passiert haben, ist die Gefahr des „Aneckens“ vorüber. Die linke Hand geht nun aus ihrer Stellung vor der rechten Körperseite des Fahrers nach links hinüber, wodurch die rechte Leine kürzer, die linke aber länger wird. Die Stangenpferde werden durch diesen Griff mit richtiger Kopfstellung in die Wendung geführt. Sobald die Vorderpferde in ihrer ganzen Länge die neue Strecke geradeaus beschreiten, läßt man die Schleife durchgleiten. Auch hier darf das letzte Stück der Schleife erst aufgegeben werden, wenn der Hinterwagen die neue Richtung eingenommen hat. Im Unterschied zur Linkswen-

dung wird jedoch die Schleife zur Rechtswendung ziemlich früh gelegt und auch rascher losgelassen.
Die Stangenpferde werden in die Wendung geführt, sobald sie mit den Vorderbeinen die neue Straße betreten haben. Dazu faßt die rechte Hand beide rechte Leinen mit der *vollen, halboffenen* Hand und nimmt sie rechts beiseite (309).
Dadurch wird eine deutliche Kopfstellung der Stangenpferde erzielt. Da aber in diesem Augenblick die Vorderpferde die Bordschwelle erreichen bzw. die neue Richtung eingenommen haben, muß man auch gleichzeitig die Schleife durchgleiten lassen. Diese läuft dann über der rechten Hinterleine durch die volle rechte Hand. Die Geschwindigkeit des Durchgleitens regeln der Zeigefinger der linken und der Daumen der rechten Hand.

Umkehrwendungen

Bei der *Linksumkehrwendung* gibt der Fahrer zuerst das Achtungszeichen und pariert die Pferde bis fast zum Halten, nachdem er vorher scharf rechts herangefahren ist. Der Beifahrer zeigt die Änderung der Fahrtrichtung an, der Fahrer sieht sich um und überzeugt sich von der Gefahrlosigkeit der Wendung. Man kann Linksumkehrwendungen nur fahren, wenn die Straße frei ist, denn die Länge des Vierspänners ist bei Umkehrwendungen eine große Gefahrenquelle. Bei der Linksumkehrwendung braucht man keinen Widerstand zu geben: man holt gleich die linke Leine zur Schleife heran. Das geschieht wie bei der Linkswendung mit „Druckpunktnehmen" und langsam. Danach geht die rechte Hand noch einmal auf der linken Vorderleine

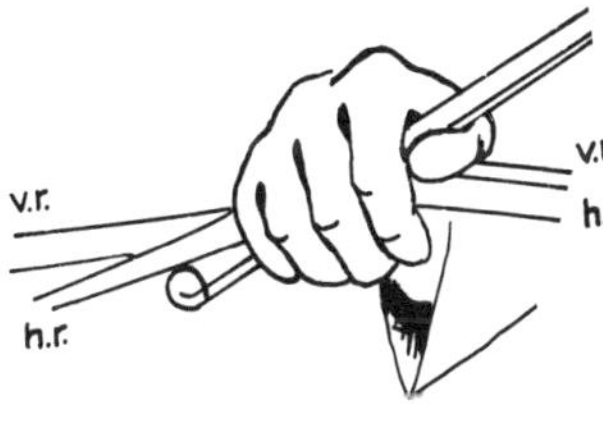

309 Rechte Hand beim Führen der Stangenpferde in die Rechtswendung

vor und holt ein weiteres Stück dieser Leine. Der Daumen der linken Hand öffnet sich und läßt die Schleife los. Danach legt die rechte Hand das neue Leinenstück als Schleife unter den Daumen der linken. Jetzt liegt eine in zwei Abschnitten herangeholte Schleife unter dem linken Daumen, die ungefähr doppelt so groß ist wie die zur Linkswendung. Hatte die rechte Hand erst langsam etwa 10 cm der Leine zur Schleife gelegt, brachte sie beim zweitenmal etwa doppelt soviel und schneller hinter die linke Hand. Oft muß man bei Linksumkehrwendungen die Stangenpferde in die Wendung führen.
Auch vor Beginn der *Rechtsumkehrwendung* wird völlig durchpariert. Anzeigen der Fahrtrichtungsänderung und Umsehen ist unerläßlich. Fährt man in einem spitzen Winkel von einer Straße in die andere, erübrigt sich das Umsehen. Während man beim Fahren eines spitzen Winkels zunächst mit der linken Hand in die Wendung geht, bedarf es bei der Rechtsumkehrwendung überhaupt keines Widerstandes. Die rechte Vorderleine wird zweimal zur Schleife herangeholt. Beim zweitenmal faßt die rechte Hand die rechte Vorderleine dicht vor der linken Hand und holt so viel Leine zur Schleife, wie nötig ist, um die Vorderpferde an die Bordschwelle der neuen Straße heranzubringen. Das Nachtreten der Stangenpferde wird von der linken Hand entweder durch *In-die-Wendung-Gehen* oder *Aus-der-Wendung-Halten* geregelt, oder die rechte Hand führt die Pferde in die Wendung. Im letzteren Fall muß die rechte Vorderleine über die rechte Hinterleine hinweg schnell genug durchgleiten, da sonst die Vorderpferde auf den Fußsteig treten können. Trotzdem darf die Schleife nicht „durchfallen", denn die Pferde sollen ja – an den Gebissen stehend – der neuen Bordschwelle nahe bleiben.

Wendungen mit ziehenden Vorderpferden

Die Vorderpferde sollen nicht ziehen, wenn es für sie nichts zu ziehen gibt. Das ist besonders auf harter, ebener Straße und auf dem Turnierplatz der Fall. Auf steil bergan führenden Straßen oder in tiefem Boden müssen je-

doch auch die Vorderpferde Arbeit leisten. Dies müssen vor allem Teilnehmer an Strekken- und Hindernisfahrten beherzigen. Der Fahrer geht dabei folgendermaßen vor: Anstatt mit der linken Vorderleine sofort eine Schleife zu legen, leitet er die Linkswendung ein, indem er zunächst beide Vorderleinen verlängert. Dann erst wird die Schleife mit der linken Vorderleine gelegt. Indem er beide Vorderleinen verlängert, stellt der Fahrer die Vorderpferde mehr in den Zug, als sie in der Wendung ziehen sollen. Durch das Legen der Schleife wird die rechte Vorderleine indirekt verlängert. Zur Rechtswedung ist die linke Vorderleine ein entsprechendes Stück aus der linken Hand herauszuziehen.
Wendungen, in denen die Vorderpferde im Zug stehen, können nicht so eng gefahren werden wie normale Wendungen, da die Stangenpferde sonst von den Vorderpferden umgerissen werden. Kommt man, von ebener Straße abschwenkend, in tiefen Boden oder muß man steil bergan fahren, so leitet man die Wendung ebenfalls durch Nachgeben mit der äußeren Vorderleine ein. Muß ein Gespann, dessen Vorderpferde auf ebener Straße nicht gezogen haben, in tiefen Boden abschwenken und hat der Fahrer dazu die äußere Vorderleine verlängert, so muß er nach der Wendung auch noch die innere Vorderleine verlängern, wenn der Weg weiterhin durch tiefen Boden oder steil bergan führt.
Falls die Stangenpferde sofort energisch vorwärts gehen, wenn sie am Beginn einer Steigung die vergrößerte Last spüren, ist es manchmal schwierig, die Vorderpferde in den Zug zu bringen. Dann hilft nur die Hinterleinen unterhalb der Vorderleinen zu fassen und die Stangenpferde so lange zurückzuhalten, bis die Vorderpferde ziehen.
Wendet man mit dem Viererzug von einer ebenen in eine abschüssige Straße, so darf man keinesfalls den Gebrauch der *Bremse* bis nach dem Abschluß der Wendung hinausschieben, da sonst den Vorderpferden der Vorhang an die Sprunggelenke geraten könnte. Die Bremse ist spätestens nach dem Legen der Schleife anzuziehen.

12.1.3. Leinen- und Geschirrkunde

Die Zweispännerleine

Die von ACHENBACH entwickelte, allen Anforderungen gerecht werdende *Achenbach-Leine* soll aus gutem *Rindleder* geschnitten und 27 mm breit sein. Jede der beiden Leinen (linke und rechte) besteht aus *zwei Teilen*: der durchgehenden *Außenleine* und der eingeschnallten *Innenleine*. Jedes dieser Leinenteile hat eine *Nahtstelle,* an der 10 cm jedes Teiles übereinandergenäht sind.
Die **Außenleine** (Abb. 310) mißt von der Endschnalle (oder Endstrupfe) bis zum Knick der Umschnallstrippe (mit der die Leinen in das Gebiß eingeschnallt werden) 4,30 bis 4,80 m, je nach der Länge des Handstükkes. Die Außenleine ist vom Knick der Umschnallstrippe bis zur Naht 2,10 m lang, wobei für die Naht 10 cm mitgerechnet sind. Die Länge der Außenleine von der Endschnalle (Endstrupfe) bis zur Naht beträgt 2,30 bis 2,80 m, wobei ebenfalls 10 cm Naht berücksichtigt sind. Auch die **Innenleine** besteht aus zwei Teilen. Sie mißt vom Knick der Umschnallstrippe bis zur Naht wie die Außenleine 2,10 m, wobei wiederum 10 cm für die Naht eingerechnet sind. Die Länge von der Naht bis zur *Kreuzschnalle* beträgt einschließlich der 10 cm für die Naht 1,02 m. Ziehen wir jeweils die 10 cm Naht ab, an der die Leinen übereinanderliegen, so ist die Innenleine 3,02 m lang. In die Naht der Innenleine ist eine *Schlaufe* genäht, durch welche die Außenleine läuft, so daß Außen- und Innenleine hinter dem Verschnallstück (auf die Pferdeköpfe zu) in einer Länge von 1,02 m zusammengehalten werden. Auf der Außenleine befindet sich – 2,90 m vom Knick der Umschnallstrippe entfernt – das mittelste der insgesamt 11 Löcher des *Verschnallstückes*. Die *Löcher* verteilen sich nach beiden Seiten, vom *Mittelloch* ausgehend, in Abständen von 4 cm. Das gesamte Verschnallstück ist somit 40 cm lang. Das *Handstück* – vom Mittelloch bis zur Endschnalle (Endstrupfe) – hat

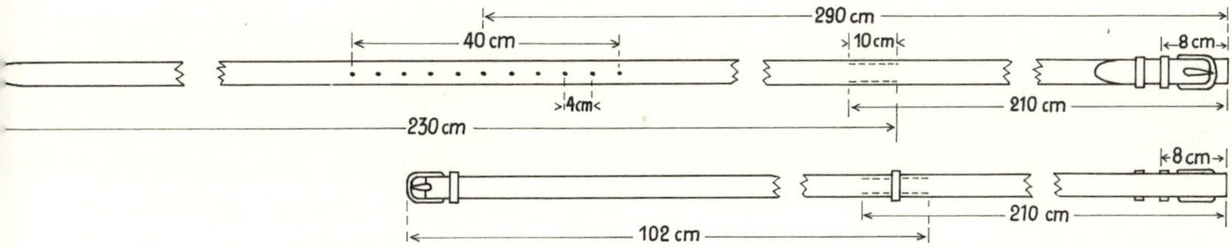

310 Konstruktion und Maße der Achenbach-Leine

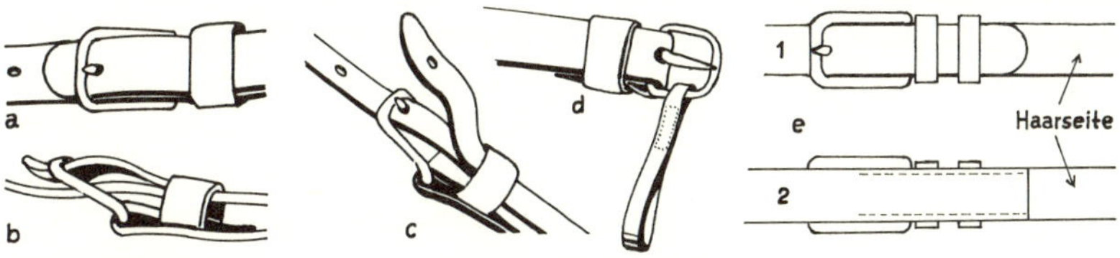

311 Einzelheiten der Kreuzleine:
a Kreuzschnalle; b Kreuzschnalle von der Seite; c Schoner der Außenleine; d Riemchen in der Leinenendschnalle; e Gebißschnalle (1 Außenleine, 2 Innenleine)

eine Länge von 1,40 bis 1,90 m; sie richtet sich nach der Art des Wagens bzw. dem Verwendungszweck der Leine. Für eine Leine, die ausschließlich an einem Gespann verwendet wird, bei dem der Abstand der Pferde vom Wagenkasten gering ist (kurze Anspannung), genügt ein Handstück von 1,40 m.
Innenleinen sind mit einer *halbovalen, abgebogenen Schnalle* versehen (Abb. 311 a, b). In diese werden die Außenleinen mit dem Verschnallstück eingeschnallt. Die *Löcher* des Verschnallstücks sind *oval,* um ein leichtes Verschnallen zu gewährleisten. Der Dorn der Schnalle ist ebenfalls oval. Zwischen Schnalldorn und Außenleine wird ein sogenannter Schoner eingeschoben und mit eingedornt (Abb. 311c), der das Einwirken von Rost auf die Außenleine verhindern soll. Am Ende der Leinen befinden sich eine *Schnalle* und eine *Strupfe,* mit deren Hilfe die Leinenenden zusammengeschnallt werden. Die Leine mit der Endschnalle ist stets die linke, die mit der Endstrupfe stets die rechte. In die Endschnalle der Leine gehört ein kleines, senkelartiges *Riemchen* (Abb. 311d), damit man die Leinen an den kleinen Finger hängen kann, wenn der Platz neben dem Fahrer besetzt ist.
Die *Innenleinen* sind 12 cm länger als die Außenleinen (2,90 m) bis zum Mittelloch. Dies ist bedingt durch den weiteren Weg der Innenleine zum Nachbarpferd. Diesem Weg zum Nachbarpferd entspricht bei mittelschweren Pferden ein Leinenstück von 12 cm.
Die *Länge der Leinen* kann sich im Laufe der Zeit, vor allem unter dem Einfluß der Witterung, verändern. Eine längere Zeit im Regen gefahrene Leine verkürzt sich, während sich eine dauernder Trockenheit ausgesetzte Leine bei starkem Gebrauch und schlechter Pflege verlängert. Der Fahrer sollte daher die Länge der Leinen ab und zu überprüfen. Stellt er eine Verkürzung fest, so genügt meistens mehrmaliges kräftiges Ziehen, um die richtige Länge wiederherzustellen. Das Hauptaugenmerk ist beim Nachmessen auf die Außenleine zu richten, da diese sich aufgrund ihrer größeren Länge stärker verändert.
Die *Gebißschnalle* ist auf der Außenleine an

der *Haarseite* (die glatte Seite, die immer oben liegt) angebracht. Die Innenleine trägt die Gebißschnalle auf der *Fleischseite* (die rauhe Seite der Leine, die immer unten liegt und das Gleiten der Leine durch die Finger verhindern hilft).

Die Gebißschnallen auf den Innenleinen sind umgekehrt aufgesetzt (Abb. 311e), damit sich die Kreuzschnallen nicht so leicht nach außen-abwärts neigen, die Leine also vor der Hand des Fahrers nicht verdreht wird. Die Kreuzstücke der Leinen liegen dann auch zwischen den Pferden glatt aufeinander.

Die Vierspännerleine

Die der Achenbach-Leine für Zweispänner entsprechende *Vierspännerleine* hat hinsichtlich der Länge ihrer Leinenteile abweichende Maße. Das gilt für Vorder- und Hinterleinen.

In ihrer Konstruktion entspricht die Vierspännerleine der Zweispännerleine.

Maße der Hinterleinen

Die ganze Außenleine (Abb. 312) mißt von der Leinenendschnalle bis zum Knick der Umschnallstrippe 4,20 m. Diese Länge teilt sich wie folgt auf: Leinenendschnalle 2 cm, Leinenende bis zur Naht 2,23 m, Naht bis an den geraden, in das Leder eingenähten Abschluß der Gebißschnalle 1,97 m, Länge der zusammengeschnallten Gebißschnalle 8 cm. Das sind zusammen 4,30 m, wovon 10 cm für die in der Naht übereinanderliegenden Leinenteile abgezogen werden müssen.

Das *Mittelloch* auf dem Verschnallstück ist vom Knick der Umschnallstrippe 2,45 m entfernt, d. h. 45 cm weiter vorn als bei der Zweispännerleine, weil sonst die Schnallen der Stangenleinen dem Fahrer zu leicht in die Hand gerieten.

Die Länge der *Innenleine* vom Knick der Umschnallstrippe bis zum halbovalen Ende der Kreuzschnalle beträgt 2,57 m. Das sind ebenfalls 45 cm weniger als beim Zweispänner.

Die *Schlaufe*, die beide Leinen vor dem Verschnallstück zusammenhält, befindet sich wiederum auf der Nahtstelle der Innenleine. Sie ist von der Kreuzschnalle 65 cm entfernt. Es bleiben demnach für die Entfernung zwischen dieser Schlaufe und dem Knick der Umschnallstrippe 1,92 m. Selbstverständlich muß man noch die 10 cm hinzurechnen, die für die Naht benötigt werden.

Maße der Vorderleinen

Die Maße der *Außenleinen* sind: Leinenendschnalle 2 cm, Leinenende bis zur ersten Naht 1,80 m, erste Naht bis zur zweiten Naht 1,90 m, zweite Naht bis zur dritten Naht 1,90 m, von der dritten Naht bis zur geraden Schnallenseite der Gebißschnalle 1,75 m, Länge der Gebißschnalle bei eingeschnallter Umschnallstrippe 8 cm. Das sind insgesamt

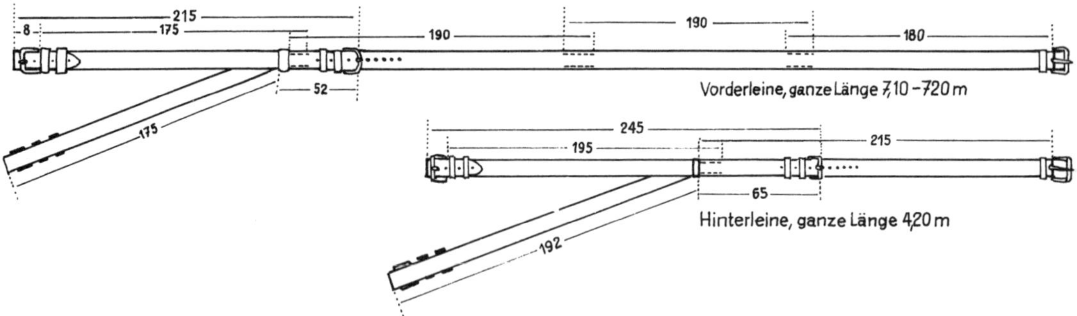

312 Vierspännerleine

7,45 m, von denen dreimal je 10 cm für die Nähte abzuziehen sind. Die Gesamtlänge der Außenleine beträgt demnach 7,15 m. Das Verschnallstück befindet sich zwischen zweiter und dritter Naht. Das Mittelloch ist 2,15 m vom Knick der Umschnallstrippe entfernt.

Die *Innenleine* hat eine Gesamtlänge von 2,27 m, gerechnet vom Knick der Umschnallstrippe bis zur halbovalen Seite der Kreuzschnalle. Sie ist also auch hier 12 cm länger als die Außenleine, vom Mittelloch gemessen. Die Innenleine ist aus zwei Teilen hergestellt. Das Teil von der Gebißschnalle bis zur Naht (in die natürlich auch wieder eine Schlaufe eingenäht ist) ist 175 cm lang, der zwischen Naht und Kreuzschnalle liegende Teil 52 cm lang. Die Kreuzschnallen sind hier noch weiter nach den Pferdemäulern gerückt, weil sie sonst bei scharfen Wendungen leicht in die Viererringe am Kopfzeug der Stangenpferde geraten und sich dort festhaken könnten.

Leinenverschnallen

Bei der Besprechung des 3. Hauptgrundsatzes des Achenbach-Fahrsystems forderten wir, stets nur die Leinen zum Ausgleich zweier verschiedenartiger Pferde zu benutzen.

Nur selten stimmen zwei Pferde in Körperbau (Gebäude), Temperament, Leistungsfähigkeit usw. völlig überein. Oft werden in Gespannen Pferde von verschiedener Größe und Gemütsart, von unterschiedlichem Gesundheits- und Leistungszustand zusammengespannt. Werden diese Gespanne mit der gleichen Leinenschnallung für beide Pferde und der Spielwaage gefahren, so muß jedes Pferd die gleiche Last ziehen oder wird zugunsten seines Stallgefährten mehr belastet. Aufgabe des Fahrers ist es, regulierend einzugreifen und mit Hilfe der Leinen die *Belastung* der einzelnen Pferde zu verändern.

Der **Gebäudeausgleich** soll Unterschiede in der Körpergröße oder Größe von Körperteilen, die eine ungleichmäßige Belastung der Pferde verursachen, ausschalten. Das Schulbeispiel für den Gebäudeausgleich ist ein Gespann, dessen Pferde unterschiedliche Halslängen aufweisen. Hat man die Leinen völlig gleichmäßig verschnallt, stehen beide Pferde mit dem Maul auf gleicher Höhe. Darauf folgt, daß das Pferd mit dem kürzeren Hals die Brust bzw. die Schulter weiter vorn hat als das mit dem längeren Hals und daher mehr ziehen muß. Wenn ein großes mit einem kleinen Pferd zusammen geht und die Leine nicht verschnallt wird, so muß das kleine mehr leisten als das große. Deshalb sind die Leinen so zu regulieren, daß beide Pferde mit der Brust bzw. der Schulter auf gleiche Höhe kommen.

Einen **Temperamentsausgleich** kann der Fahrer durch Leinenverschnallen insofern bewirken, als der das heftigere Pferd etwas entlastet. Es zieht nämlich mehr, weil es durch seine Heftigkeit stärker ans Gebiß tritt und den Hals rundet. Dieser wird kürzer, und nun steht das Pferd mit der Schulter bzw. der Brust weiter vorn als sein phlegmatischer Gefährte. Wird es etwas aus dem Zug genommen, so beruhigt es sich rasch. Das Leinenverschnallen führt dazu, daß die verschiedenartigen Pferde gleichmäßiger arbeiten bzw. gehen.

Der **Arbeitsausgleich** besteht in einer gewollt ungleichmäßigen Verteilung der Last auf die Pferde. Er dient besonders dazu, um junge, noch nicht voll entwickelte Pferde zu schonen. Auch alten, schwachen oder genesenden Pferden und tragenden Stuten kann man dadurch die Arbeit erleichtern.

Das Leinenverschnallen ermöglicht dem Fahrer, mittels der Leinen eine *Dauerwirkung* zu erzielen, die eine gleichmäßige oder gewollt ungleichmäßige Beteiligung der Pferde am Zug zur Folge hat. Sind die Kreuzschnallen bei den beiden Pferden in das Mittelloch geschnallt, so spricht man von der *Grundschnallung im 6. Loch* (Abb. 313). Diese Schnallung ist richtig für Pferde von etwa 1,68 bis 1,74 m Stockmaß. Für solche Pferde vor einen normalen Wagen mit einer Deichsellänge von 2,80 m ist die Achenbach-Leine konstruiert. Bei den angeführten Verhältnissen ist der Weg der Innenleine von der Kreuz-

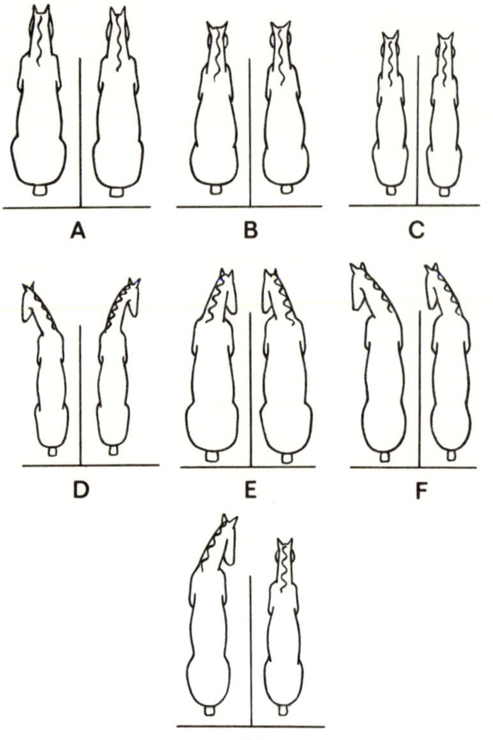

313 Leinen in Grundschnallung und dabei auftretende Fehler
A für große und breite Pferde ist Grundschnallung im 7. Loch erforderlich
B Für mittelgroße Pferde ist Grundschnallung im 6. Loch bei Kumtanspannung richtig
C Grundschnallung im 5. Loch ist für kleine, schmale Pferde angebracht. Richtig ist sie auch bei mittelgroßen Pferden in Sielengeschirren, weil bei diesen die Innenleinen vom Kammdeckel direkt zu den Gebissen laufen
D Die Grundschnallung im 7. Loch führt bei kleinen, schmalen Pferden zur Außenstellung, weil die Innenleinen zu lang sind
E Werden große, breite Pferde mit Grundschnallung im 5. Loch gefahren, zieht man ihnen die Köpfe zusammen, weil die Innenleinen zu kurz sind
F Die Linksstellung beider Pferdeköpfe weist darauf hin, daß das Sattelpferd ständig zuviel zieht. Es verschiebt dabei die Deichsel nach rechts, und der Fahrer wirkt immerzu unbewußt auf die linke Leine, um die Deichsel wieder geradeaus zu stellen. Das Sattelpferd müßte in den Leinen zurückgenommen, das Handpferd vorgelassen werden
G Die Pferde sind in der Größe und besonders in der Halslänge verschieden. Sollen sie gleich viel ziehen, müssen beide Pferde mit der Brust auf gleicher Höhe stehen. Das zu erreichen muß das Ziel des Verschnallens sein: Handpferd ein Loch zurück, Sattelpferd ein Loch vorschnallen

schnalle durch Leinenführungsring am Kammdeckel und Leinenauge am Kummet zum Maul des Nachbarpferdes 12 cm länger als der Weg der Außenleine.
Bei größeren, breiteren Pferden, bei denen der Abstand von Maul zu Maul weiter ist, wird auch der Weg, den die Innenleine zurückzulegen hat, größer. Deshalb muß eine andere Grundschnallung gewählt werden, wenn die Pferde geradegerichtet bleiben sollen. Schnallt man beide Innenleinen in das 7. Loch (Abb. 313a – gezählt wird immer von der Hand des Fahrers aus) – so sind die Innenleinen um 4 cm länger geworden. Sie sind also jetzt 16 cm länger als die Außenleinen.
Umgekehrt muß der Fahrer bei kleinen, schmalen Pferden verfahren. Da der Weg der Innenleine zum Nachbarpferd kürzer wird, wählt man eine Grundschnallung im 5. Loch (Abb. 313c). Bei Kleinpferden muß man sogar ins 4. Loch schnallen.
In *Grundschnallung* fährt man demnach immer, wenn die Kreuzschnallen beider Leinen *im gleichen Loch* eingeschnallt sind. Es ist dann zwischen der Kreuzschnalle und der Hand des Fahrers auf beiden Leinen eine gleiche Anzahl von Löchern frei. Bei der Grundschnallung im Mittelloch sind es auf jeder Seite 5, und bei der Grundschnallung im 7. Loch 6, bei der Grundschnallung im 5. Loch 4, bei der Grundschnallung im 4. Loch 3. Die Innenleine ist im ersten Fall 16 cm, im zweiten 8 cm, im dritten nur 4 cm länger als die Außenleine.
Gleich große und temperamentsgleiche Pferde fährt man in einer ihrer Größe entsprechenden Grundschnallung. Die Köpfe sollen dabei geradeaus gestellt sein. Haben sie geringe Kopfstellung nach außen, so ist dies der geringere Fehler. Abzulehnen ist hingegen eine Kopfstellung der Pferde nach innen, da sie zum Abdeichseln verleitet.
Das bisher über die Grundschnallung Gesagte gilt für *Kummetanspannung*. Fährt man mit Sielengeschirren, werden die beiden Innenleinen um je ein Loch heraufgenommen, weil sich bei einem Sielengeschirr nur ein Leinenauge auf der Außenseite des Halsriemens

befindet. Die Innenseite trägt kein Leinenauge, da sonst der Halsriemen beim Anzug der Leinen vom Pferdehals abgezogen würde, was eine fehlerhafte Lage des Brustblattes zur Folge hätte. Bei *Sielengeschirren* ist daher die normale Grundschnallung für mittelgroße Pferde im 5. Loch.

Ausgehend von der für die Größe der Pferde passenden Grundschnallung, muß der Fahrer den notwendigen Ausgleich vornehmen. Dabei muß er sich als Regel gut merken: *Die Summe der freien Löcher zwischen Kreuzschnalle und Hand des Fahrers bleibt stets gleich der Summe der freien Löcher in der Grundschnallung, von der ausgegangen wurde.* Aus dieser Regel folgt die *grundlegende Erkenntnis für das Leinenverschnallen*: **Niemals nur auf einer Leine verschnallen!**

Um zu erkennen, warum das so sein muß, wollen wir uns den Vorgang des Leinenverschnallens an einem Beispiel vergegenwärtigen. (Abb. 314)

Bei der Grundschnallung im 6. Loch sind auf jeder Leine zwischen der Kreuzschnalle und der Hand des Fahrers 5 Löcher frei (auf beiden Leinen 10 Löcher). Schnallt man auf der rechten Leine 2 Loch zurück, so bleiben noch 3 Löcher frei, die Kreuzschnalle ist im 4. Loch. Nun muß man auf der linken Leine um 2 Loch vorschnallen. Die Kreuzschnalle kommt ins 8. Loch, 7 Löcher sind frei. Auf der rechten Leine 3 freie Löcher und auf der linken 7 ergibt zusammen 10. Wir haben somit auf beiden Leinen die Summe der Lochzahl, von der wir in der Grundschnallung ausgegangen sind. Nun braucht nur noch die linke Leine um 8 cm verkürzt zu werden, so daß die Gebisse wieder gerade in den Pferdemäulern liegen.

Als *Grundsatz* sollte sich jeder Fahrer einprägen: **Erst nachdenken, dann verschnallen!**

Der Fahrer muß zunächst über die Gründe des fehlerhaften Gehens seines Gespannes Klarheit erlangen. Erst dann darf er an eine Abhilfe durch Verschnallen denken. Die Wirkung des Leinenverschnallens tritt nicht sofort ein. Eine neue Leinenschnallung muß längere Zeit probiert werden. Erst wenn die gewünschte Wirkung dann noch nicht ein-

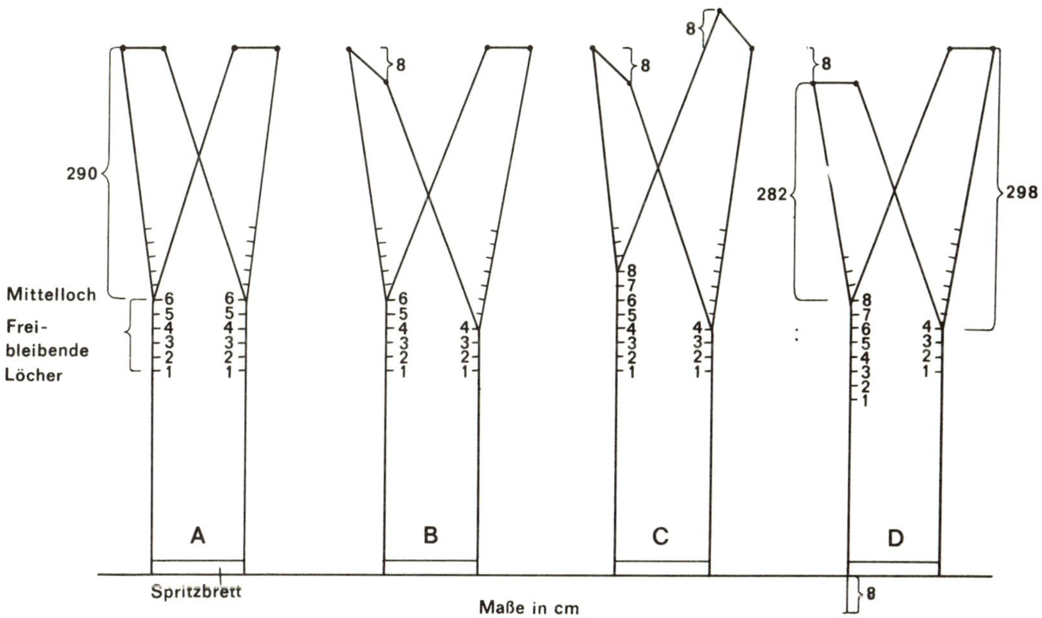

314 Vorgang des Leinenverschnallens

tritt, sollte wieder verschnallt werden. Die Probezeit für eine Verschnallung hängt von verschiedenen Faktoren ab, nicht zuletzt auch davon, wie lange die Pferde mit der fehlerhaften Leinenschnallung gefahren wurden.
Beispiel: Ein Fahrer fährt mit seinem Gespann eine längere Strecke auf der Straße. Nach einiger Zeit bemerkt er, daß beide Pferdeköpfe nach links gestellt sind, obwohl er das nicht veranlaßt hat. Als Ursache dafür findet er: Die Leinen des Sattelpferdes sind straff, die des Handpferdes hängen durch. Die Stränge des Sattelpferdes sind ebenfalls straffer als die des Handpferdes. Folglich zieht das Sattelpferd auch mehr. Die Köpfe sind nach links gestellt, weil das Sattelpferd, das mehr zieht, den Wagen an der Bracke immer ein wenig nach rechts bringt, das Handpferd nicht gegenhält, sondern der Deichsel, die ihm gegen das linke Vorderbein stößt, ausweicht. Um geradeaus zu bleiben, hatte der Fahrer unbewußt auf die linke Leine gewirkt und damit die Kopfstellung der Pferde verursacht. Zur Abhilfe versucht der Fahrer zunächst, das Handpferd durch Peitschenhilfe in den Zug zu bringen. Ist dieses aber sehr faul, so werden auch wiederholte Peitschenhilfen nur vorübergehend wirken. Um eine Dauerwirkung zu erreichen, entschließt sich der Fahrer zum Verschnallen. Ganz besonders ist dies notwendig, wenn das Sattelpferd heftig ist. Das faule Handpferd wird auf seinen Leinen vorgelassen (und, wenn erforderlich, schärfer geschnallt), wodurch das Sattelpferd gleichzeitig zurückgenommen wird. Dadurch steht das faule Pferd besser im Zug und das fleißige, aber heftige Sattelpferd beruhigt sich, weil ihm sein Gefährte nun Arbeit abnimmt.

Die Geschirre

Wir unterscheiden zwei *Anspannungs*arten: die *Stadtanspannung* und die *Landanspannung*. Die **Stadtanspannung**, auch englische Anspannung genannt, hat heute ausschließlich für den Turnierplatz und evtl. noch für historische Aufzüge Bedeutung. Besondere „Stadtwagen" wie Mail Phaetons, Victorias, Ducs, Coupés, Landauer u. a. fordern für den klassischen Anspannungsstil das *Kummetgeschirr mit Kandaren* (Liverpoolkandaren) und *Bogenpeitschen.* Die englische Anspannung hat genau festliegende Stilregeln.
Unter *Landanspannung* versteht man eine Anspannung für den praktischen Gebrauch: Alle Wagen, die auf Landwegen verwendbar sind (also nicht mit Vollgummibereifung, mit verschiedener Spurbreite der Vorder- und Hinterräder usw.) und die dazu passenden *Kummet- oder Brustblattgeschirre.* Zum *Kummetgeschirr,* das stets vorzuziehen ist und auch bei der Landanspannung vor schweren Wagen und bei unseren Warmblutpferden verwendet werden soll, gehören *Kandaren* und *Bogenpeitschen.* Das *Brustblattgeschirr* ist nur vor leichten Wagen und bei leichten Pferden angebracht. Zu dieser Anspannung gehören *Doppelringtrensen* oder leichte (Jucker-)*Ellbogenkandaren* und eine (Jucker-)*Stockpeitsche.*

Teile des Geschirrs.
Die wichtigsten Teile des *Kummetgeschirrs* sind: Fahrzaum mit Kandare, Kummet mit Strangstutzen und kleinem Bauchgurt, Kammdeckel mit großem Bauchgurt und Hinterzeug, gewöhnlich bestehend aus Schweifriemen (evtl. mit Strangträgern) und Schweifmetze, Stränge.
Das *Brustblattgeschirr* weist fast die gleichen Hauptteile auf: Fahrzaum mit Doppelringtrense oder Juckerkandare, Brustblatt mit Halsriemen und Strangschnallen sowie kleinem Bauchgurt, Kammdeckel mit großem Bauchgurt und Hinterzeug, bestehend aus Schweifriemen (evtl. mit Strangträgern) und Schweifmetze oder einem Umgang, Stränge.
Der *Zaum* des Wagenpferdes besteht aus mehreren Teilen (Abb. 315). Das Genick des Pferdes wird vom *Genickstück* umschlossen. In der Mitte des Genickstückes befindet sich die *Blendriemenschnalle*, die den *Blendriemen* aufnimmt. An der Seite des Pferdekopfes teilt sich das Genickstück rechts und links in

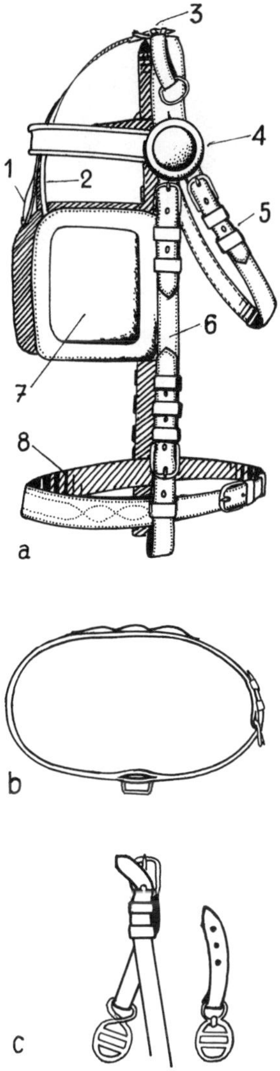

315 Fahrzaum: a Teile des Fahrzaums – 1 Spieler; 2 Blendriemen; 3 Blendriemenschnalle; 4 Rosette; 5 Kehlriemen; 6 Backenstück; 7 Scheuklappe; 8 Nasenriemen – b Richtig konstruierter Nasenriemen, an der Innenseite mit drei Durchlässen für das Backenstück – c Viererring (wird in den Kehlriemen eingeschnallt)

zwei Riemen. Jeder dieser vier kurzen Riemen endet in einer Strupfe. In die vorderen beiden Strupfen werden rechts und links die *Backenstücke* eingeschnallt. Die hinteren Strupfen sind zur Aufnahme des *Kehlriemens* bestimmt. Der an beiden Seiten mit Schnallen versehene Kehlriemen verläuft hinter den Ganaschen des Pferdes und hilft, den Sitz des Fahrzaumes zu sichern.

Ist der Kehlriemen zugeschnallt, muß noch eine senkrecht stehende Hand bequem zwischen ihm und den Ganaschen des Pferdes Platz haben. Beim Verschnallen des Kehlriemens achte man darauf, daß Backenstückschnalle und Kehlriemenschnalle auf der Außenseite des Gespanns stets auf gleicher Höhe sitzen. Das Verschnallen ist daher zweckmäßig an der *Innenseite* des Fahrzaumes vorzunehmen. Bei den Stangenpferden des Vierspänners werden in die äußeren Kehlriemenschnallen die *Viererringe* (Bild 316) eingeschnallt, durch welche die Vorderleinen laufen.

An allen Fahrzäumen für Sportanspannung befinden sich *Scheuklappen* (Abb. 317). Für den Stadtverkehr und für temperamentvolle, empfindliche Pferde sind Scheuklappen unentbehrlich, da sie sonst bei jeder dem Nachbarpferd geltenden Peitschenhilfe heftig werden. Der Viererzugfahrer kann auch deshalb nicht auf sie verzichten, weil sie die Augen der Stangenpferde vor einer Berührung mit dem Peitschenschlag nach einer Peitschenhilfe an den Vorderpferden schützen. Sie werden auch zum Einfahren junger Pferde benötigt.

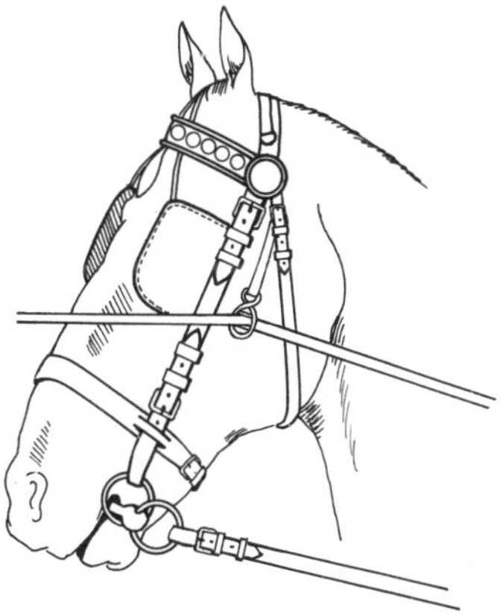

316 Lage von Viererring und Vorderleine im Verhältnis zur Scheuklappe. Gut sitzender Zaum

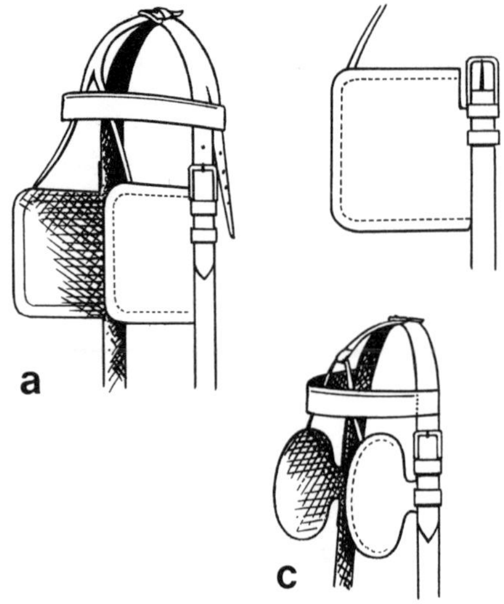

317 Form der Scheuklappen
a richtige Form, b unzweckmäßige Scheuklappen, die nicht auf der ganzen Länge des hinteren Randes am Bakkenstück angenäht sind, c unbrauchbare Scheuklappen, dazu noch verschiebbare Blendriemen

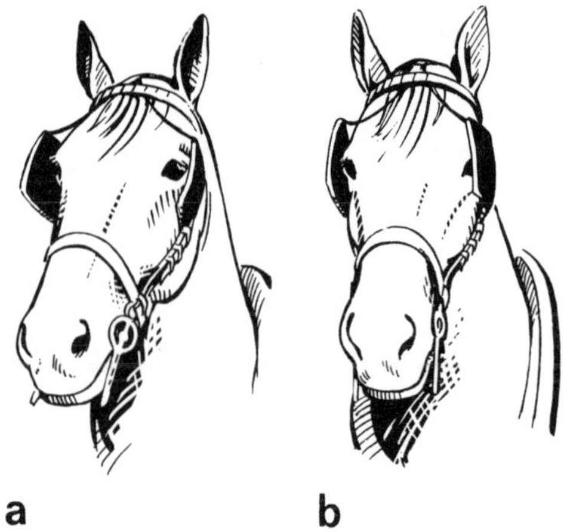

318 Sitz der Scheuklappen
a richtig, b zu eng gestellt

Es sollten nur große, viereckige, stark nach außen gebogene Scheuklappen verwendet werden (mit Metalleinlage), die dicht unterhalb der oberen Backenstückschnalle ansetzen und in ihrer ganzen hinteren Länge festgenäht sind. Sie dürfen weder Jochbein, Schläfenbein noch die Wimpern drücken oder gar beschädigen und müssen so stabil gearbeitet sein, daß sich ihre Form nicht verändert. Um die Scheuklappen in ihrer Lage zu halten, ist an ihrer vorderen oberen Kante ein kleines Riemchen angenäht, das unter dem Stirnriemen hindurchläuft und – aus beiden Seiten in ein Riemchen zusammenlaufend – in der Blendriemenschnalle befestigt wird. Dieser *Blendriemen* muß aus einem Stück bestehen und steif sein (Drahteinlage), damit sich die Scheuklappen nicht seitlich verschieben können, und so lang geschnallt werden, daß die Scheuklappen die Sicht des Pferdes nach vorn nicht behindern. Da die Sehachsen der Pferdeaugen etwas auseinanderlaufen, müssen auch die Scheuklappen schräg nach außen gestellt sein (Abb. 318). Sie sollen mit einem Drittel ihrer Länge über das Auge, mit einem Drittel unter das Auge reichen. Schlecht sitzende oder bei jedem Schritt flatternde Scheuklappen sind eine Qual für das Pferd. Bei Strecken- und Hindernisfahrten sind Scheuklappen nicht mehr vorgeschrieben, bei den Stangenpferden der Viererzüge aber aus den genannten Gründen nach wie vor zweckmäßig.

Der *Stirnriemen* wird an beiden Enden auf das Genickstück aufgezogen. Bei Kutschgeschirren befindet sich auf dem Stirnriemen eine *Schmuckkette.* Stirnriemen aus farbigem Leder sind unschön. Am äußeren Ende des Stirnriemens tragen Kutschgeschirre eine *Rosette.* Fahrzäume für Einspänner haben die Rosette auf beiden Seiten. Der Stirnriemen hält das Genickstück in seiner Lage.

Seltener findet man an Fahrzäumen den sogenannten *Spieler,* ein löffelförmiges Lederstück, das in einen kleinen Riemen ausläuft, mit dem es unter dem Stirnriemen hindurchgeführt und unterhalb des Blendriemens in die Blendriemenschnalle eingeschnallt wird. Der Spieler soll den Pferdeköpfen ein möglichst gleichmäßiges Aussehen geben, indem er einen Teil der Abzeichen verdeckt. Bei Verwendung von Stirnriemen mit Schmuckkette oder farbigem Stirnband wird stets der Schopf des Pferdes glattgestrichen unter dem Stirnriemen belassen.

Der *Nasenriemen* (Abb. 319) umschließt den Pferdekopf etwa 8 cm über dem oberen Nüsternrand. Er trägt auf seiner oberen Seite vier *Schlaufen*. Eine davon befindet sich an der Außenseite des Pferdekopfes, drei an der Innenseite. Diese Schlaufen ermöglichen es, den Nasenriemen entsprechend der Größe des Pferdes zu verstellen; von der richtigen Lage dieses Riemens hängen weitgehend Sitz und korrekte Wirkung der Kandare ab. Der Nasenriemen wird in die untere Schnalle des Backenstückes eingezogen.

Als *Gebiß* dient beim Kummetgeschirr die *Kandare* (Abb. 320). Am häufigsten wird die *Liverpoolkandare* verwandt. Die Kandare hat an den oberen Enden der beiden Kandarenbäume kleine Ringe, die *Kandarenaugen*. Dann folgt nach unten der *Schaumring*. Unterhalb des Schaumrings befinden sich die *Kandarenanzüge*, die je zwei oder drei Schlitze aufweisen, in diese Schlitze – oder auch in den Schaumring – werden die Leinen eingeschnallt. An den Kandarenaugen befindet sich je ein *Kinnkettenhaken*. Er nimmt die *Kinnkette* auf, die auf ihrer Unterseite eine Leder- oder Gummiunterlage besitzen kann, um sie dem Pferd angenehmer zu machen. An manchen Kandaren ist die Kinnkette im inneren Kandarenauge festgeschmiedet. Das hat den Nachteil, daß sich die Kette schlecht reinigen läßt. Das *Mundstück* besteht aus einer Stange, die mit einer *Zungenfreiheit* versehen ist. Eine große Zungenfreiheit verleiht der Kandare eine scharfe Wirkung auf die empfindlichen Laden. Aus Stahlrohr hergestellte Kandarenmundstücke, die der inneren Form des Pferdemaules angepaßt sind und nur eine geringe Zungenfreiheit haben (V-Gebisse), wirken mehr auf die Zunge als auf die Laden. Da diese schmerzempfindlicher ist, jene aber leichter verletzlich sind (Ladendruck!), ist die kleinere Zungenfreiheit vorzuziehen.

Bei den *Pumpgebissen* hat die Kandarenstange einen kleinen Spielraum, in dem sie sich auf und ab bewegen läßt. Diese Gebisse sollen die Pferde zum Kauen anregen. Für Pferde, die noch nicht kandarenreif sind, gibt es auch Gebisse, die nur äußerlich einer Kandare ähneln, aber ein einfaches Trensenmundstück haben. Der Fahrer kann mit diesem Gebiß eine Kandarenzäumung vortäuschen. Das Gebiß hat einen Vorteil: In Pferdeleistungsprüfungen bleibt der Anspannungsstil gewahrt, und die Pferde brauchen nicht vorzeitig auf Stange gefahren zu werden.

Der wichtigste Teil, der auch dem Geschirr seinen Namen gibt, ist das *Kummet* (Abb. 321); das Pferd greift mit diesem Teil die Last

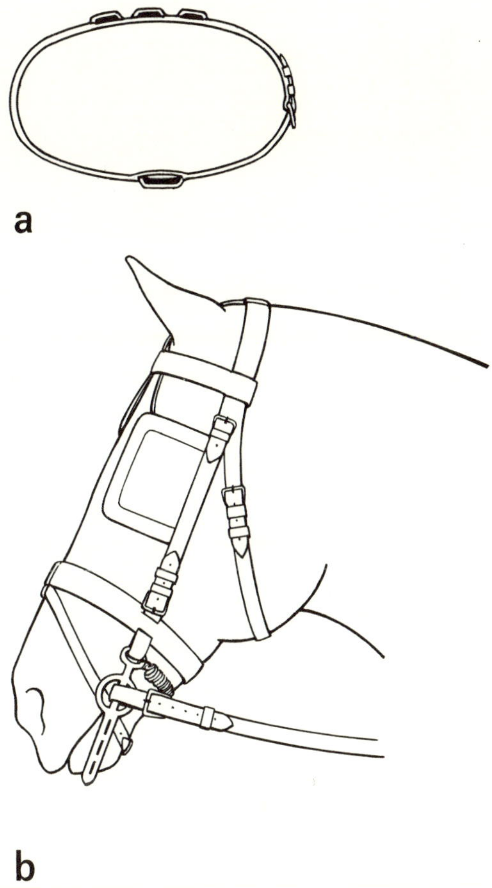

319 Nasenriemen
a richtig konstruierter Nasenriemen für den normalen Fahrzaum
b zusätzlicher Sperriemen bei Gelände- und Streckenfahrten

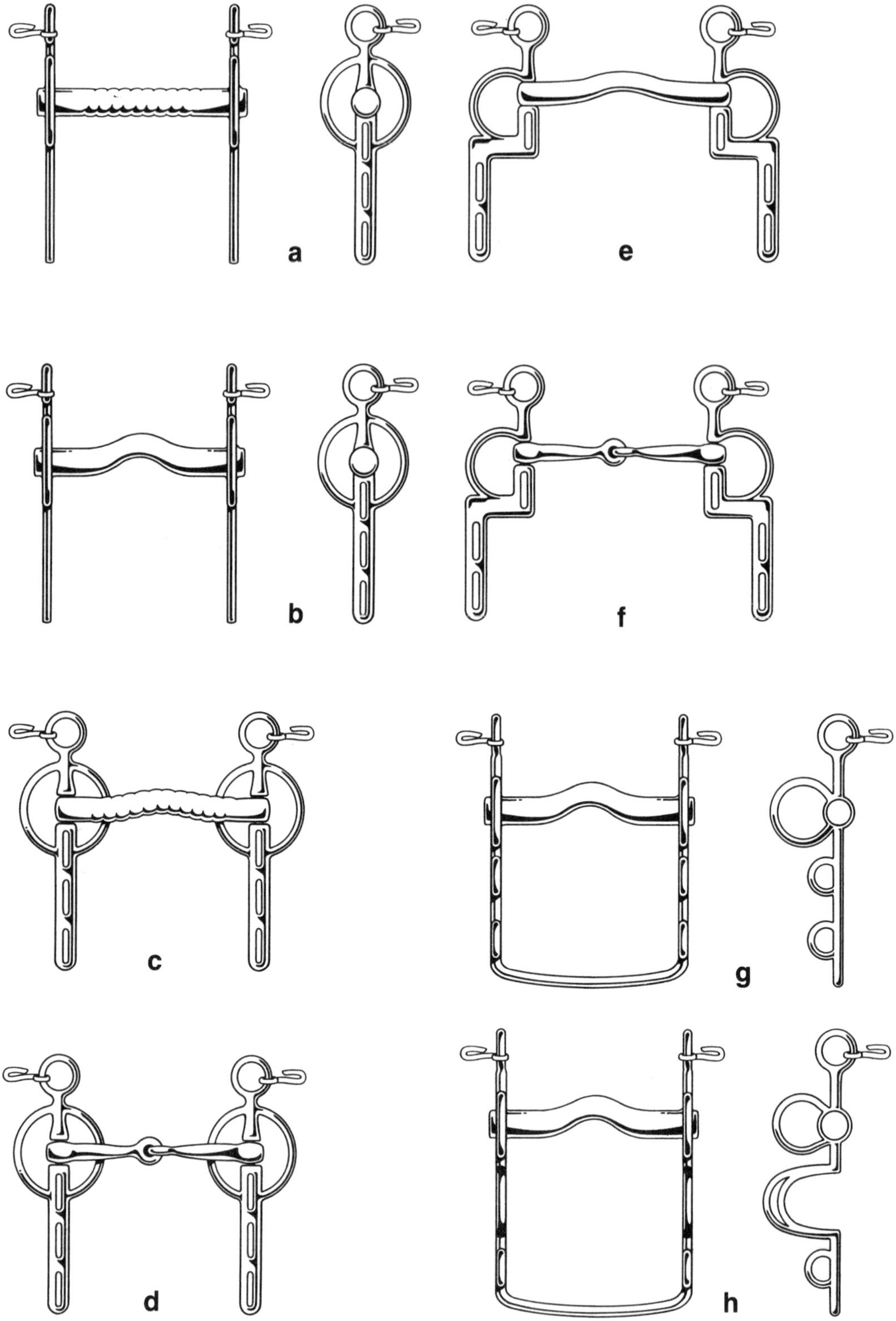
a
e
b
f
c
g
d
h

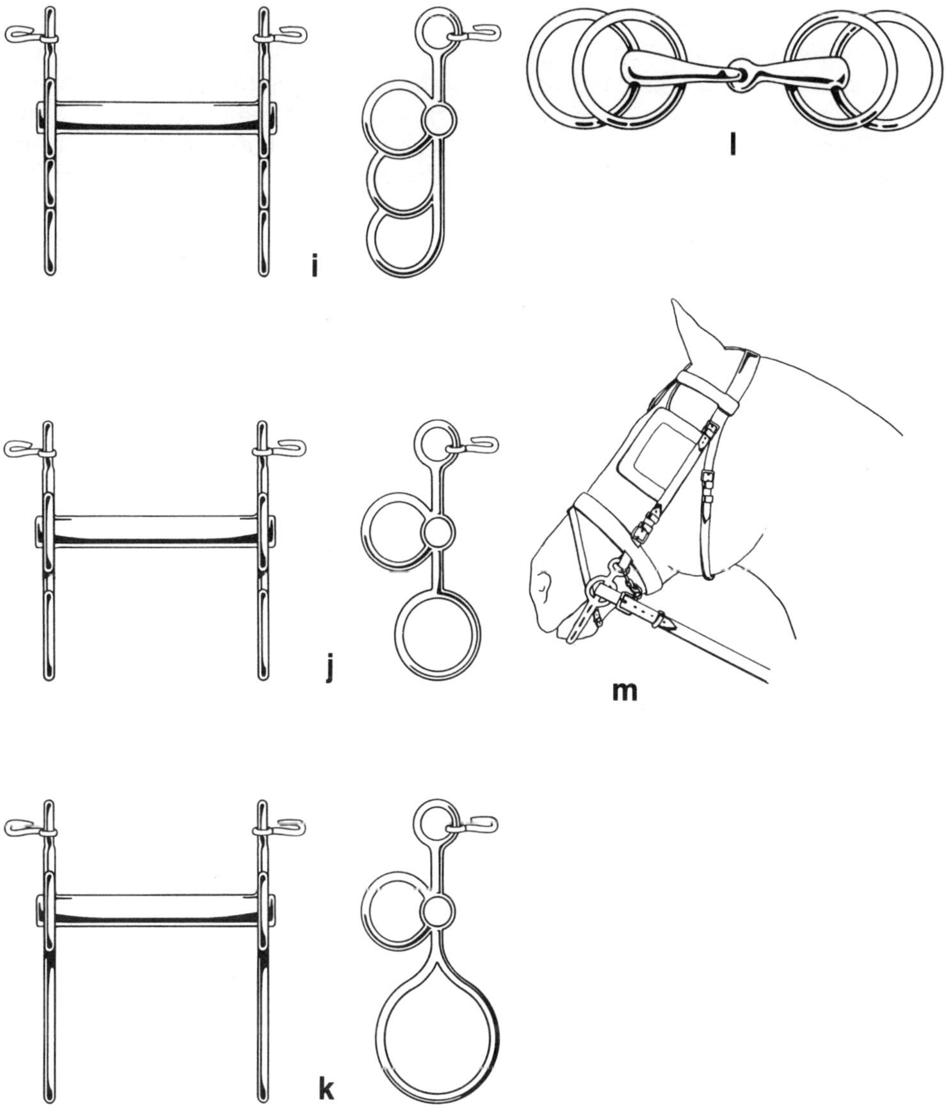

320 Zulässige Gebisse
a Liverpool-Kandare mit geradem Mundstück
b Liverpool-Kandare mit Zungenfreiheit
c Liverpool-Kandare mit Pumpgebiß
d Liverpool-Kandare mit Trensenmundstück
e Ellbogen-Kandare mit kleiner Zungenfreiheit (zulässig offen oder geschlossen, mit starrem oder Pumpgebiß, Zungenfreiheit beliebig)
f Ellbogen-Kandare mit Trensenmundstück
g Tilbury-Kandare
h Buxton-Kandare
i–k Verschiedene Formen von Postkandaren
l Doppelringtrense
m Fahrzaum mit zusätzlichem Kinnriemen

an. Das gepolsterte und mit weichem Leder überzogene *Kummetkissen* liegt der Pferdeschulter an und muß der Form des Pferdehalses genau angepaßt sein. Es soll daher eher Birnen- als Eiform besitzen. Die äußere Form erhält es von den eisernen *Kummetbügeln*, die am unteren Ende von dem *Kummetschloß* zusammengehalten werden. Im Kummetschloß, einem nach innen offenen Langring, befindet sich der *Aufhaltering* (an Einspännergeschirren ist er nicht vorhanden). Im oberen Drittel der Kummetbügel sind beiderseits des Pferdehalses die *Leinenaugen* angebracht. Sie sollen beweglich sein, da feststehende Leinenaugen bei jeder Schulterbewegung des Pferdes dem Nachbarpferd einen kleinen Ruck ins Maul geben. Im unteren Drittel befinden sich zu beiden Seiten des Kummets an den Kummetbügeln die *Zugkrampen* mit den Strangstutzen. Die Strangstutzen tragen am vorderen Ende Stahlringe, die *Zugösen*, die in die Zugkrampen geschmiedet sein müssen. Eine Verbindung mit dem Kummet darf niemals durch Haken oder durch mit Schnappfedern versehene Ösen hergestellt werden; dies hat schon zu gefährlichen Unfällen geführt. Am oberen Teil des Kummets, der *Kummetspitze*, sind die Kummetbügel durch ein Riemchen, den *Kummetgürtel* (Abb. 321e), verbunden. Von der Beschaffenheit dieses Riemchens kann unter Umständen Wohl und Wehe der Wageninsassen sowie des Gespannes abhängen. Daher sollte dieses in der Praxis oft vernachlässigte Geschirrteil besonders gepflegt werden. Die Kummetgürtelschnalle muß stets so sitzen, daß sie von *außen* mit einem Handgriff geöffnet werden kann. Dann ist es möglich, ein gestürztes Pferd mit einem Ruck von der Deichsel zu befreien.

Der *Strangstutzen* ist ein Riemen, der aus mehreren Lagen von übereinandergenähtem, starkem Leder besteht. An einem Ende befindet sich die *Zugöse*, am anderen die *Strangschnalle*, die den Strangstutzen mit dem Strang verbindet. Auf dem Strangstutzen sind mehrere *Schlaufen* angebracht, die den aus der Strangschnalle nach vorn herausstehenden Teil des Stranges aufnehmen. Kastenschlaufen lassen sich schwer reinigen und sind daher unzweckmäßig. Außerdem befindet sich am Strangstutzen noch der *Oberblattstößel*, der in die *Oberblattstrupfe* des Kammdeckels eingeschnallt wird und diesen mit dem Strangstutzen verbindet. Der Oberblattstößel hält den Strangstutzen in der richtigen Lage und verhindert, daß dieser bei herabhängenden Strängen mit herunterfällt. Am

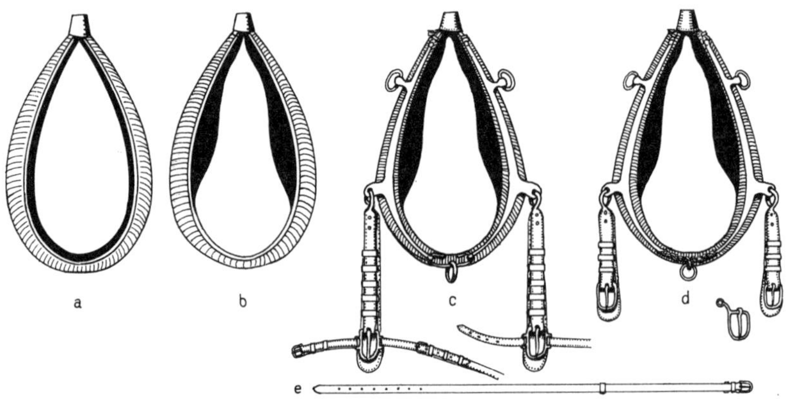

321 Kummet: a falsche, eirunde (deutsche) Form; b richtige, birnenförmige (englische) Form; c richtiges Zweispänner- und Vierspännerkummet mit angeschmiedeten Strangstutzen und beweglichen Leinenaugen; d richtiges Einspännerkummet mit Schlußkette und beweglichen Leinenaugen; e Kummetgürtel

äußeren Strangstutzen sitzt der Strupfenteil des *kleinen Bauchgurts,* am inneren Strangstutzen sein Schnallenteil.

Der Kammdeckel (Abb. 322) besteht aus einem auf der Unterseite gut gepolstertem Eisengestell, das der Form des Pferderückens in der Sattellage, etwa 15 cm hinter dem Widerrist, angepaßt wird. Ähnlich wie der Sattel muß er jedem Pferd besonders verpaßt werden. Nicht richtig sitzende Kammdeckel führen zu schweren Widerristschäden. Befestigt ist er durch den fest angezogenen *Kammdeckelbauchgurt* (auch großer Bauchgurt genannt). Auf dem höchsten Punkt des Kammdeckels befindet sich der *Aufsatzhaken.* Etwa auf der Mitte jeder Kammdeckelseite sind die *Kammdeckelschlüssel* (auch Schlüsselringe oder *Leinenführungsringe)* eingeschraubt. Das untere Ende des unbiegsamen, auf der Oberseite meist mit Lackleder bezogenen Metallteils des Kammdeckels weist an jeder Seite einen Ring auf, in den die Oberblattstrupfe eingenäht ist.

In die Strangschnallen sind die *Stränge* eingeschnallt. Damit Innen- und Außenstränge nicht verwechselt werden, ist der *Innenstrang* an seiner Spitze abgestumpft, der *Außenstrang* spitz auslaufend. Die Innenstränge, die 5 cm kürzer sind als die äußeren, leiden durch die dauernde Berührung mit der Deichsel und werden bald unansehnlich. Am unteren Ende des Stranges befindet sich eine mit Ledergriff versehene *Strangschlaufe,* die über das Ortscheit gestreift wird. Beim Vierspänner sind Vorder- und Hinterstränge zu unterscheiden (Abb. 323).

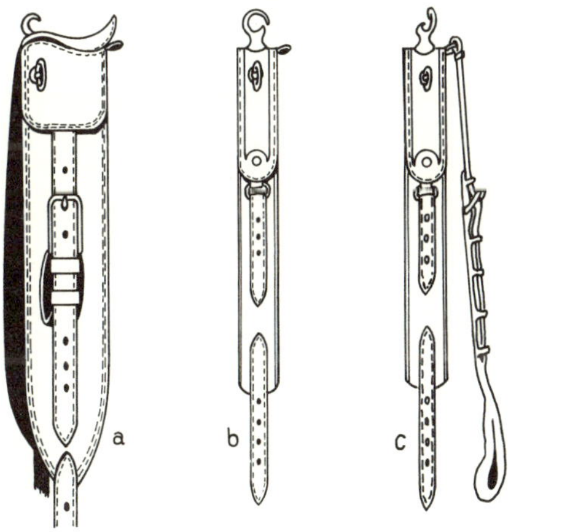

322 Kammdeckel:
a Einspänner-Sellet; b Kammdeckel für Zweispänner- und Vierspännervordergeschirre; c Kammdeckel für Vierspännerstangenpferdegeschirre mit Mittelschlüssel und Schweifriemen

Der *Schweifriemen* sichert die Lage des Kammdeckels und verhindert, daß dieser beim Aufhalten nach vorn rutscht. Er wird durch den *Fallring* geführt, der sich an der der Pferdekruppe zugewandten Seite des Kammdeckels befindet, und in einer Schnalle auf seinem Unterteil, ähnlich wie ein Ausbindezügel, befestigt ist. Der Schweifriemen endet in einer *Schweifmetze,* die aus rundgenähtem Leder gefertigt und meist etwas gepolstert ist, damit sie die Schweifrübe nicht scheuert. Stark gepolsterte Schweifmetzen sind ein Mittel gegen das Leinenfangen.

Zum *Sielengeschirr* gehören fast die gleichen Teile wie zum Kummetgeschirr. Als Peitsche ist eine Stockpeitsche zu verwenden.

Der Fahrzaum des Sielengeschirrs unterscheidet sich nicht vom Fahrzaum des Kummetgeschirrs. Statt der Kandare verwendet man jedoch eine *Doppelringtrense.* Die inneren, auf dem Mundstück beweglichen Ringe werden in das Backenstück eingeschnallt. In die äußeren, in den Enden des Mundstücks befindlichen Ringe wird die Leine eingeschnallt. Will man die Wirkung des Gebisses mildern, so nehmen beide Ringe zusammen die Leinen auf. Man nennt dies *weich schnallen,* während die vorher beschriebene Art als *scharfe Schnallung* bezeichnet wird. Beim Fahren auf Doppelringtrense, besonders bei weicher Schnallung, ist der *Nasenriemen* auf der inneren Seite des Pferdekopfes nicht durch die an ihm befestigten Schlaufen festzustellen; zu diesem Zweck legt man ihn hinter den Schlaufen in die Backenstückschnalle.

Die Stelle des Kummets und der Strangstutzen vertritt beim Sielengeschirr das *Brustblatt,* ein auf der Innenseite mit weichem Le-

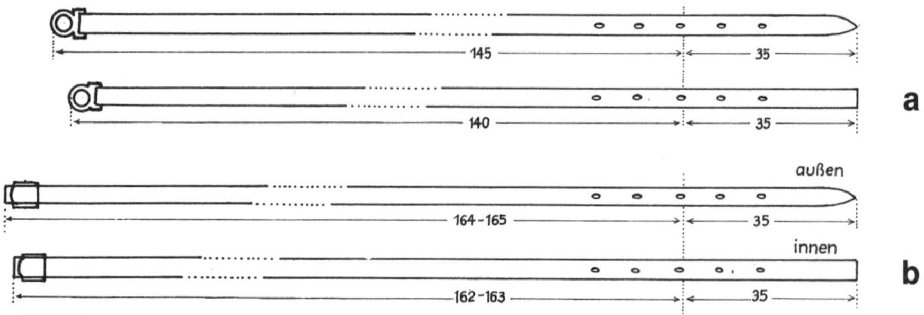

323 Stränge:
a Vorderstränge für englische Anspannung; b Hinterstränge für englische Anspannung an Docken. (Werden die Stränge am Ortscheit befestigt, müssen sie 15 cm kürzer sein.)

der überzogener und völlig glatter, breiter, mehrfach genähter starker Riemen, an dessen Ende sich die Strangschnallen befinden. In der Mitte des Brustblattes vor der Pferdebrust ist der Aufhaltering angebracht. Auf dem Pferdehals liegt der *Halsriemen,* von dem die *Tragriemen* nach dem Brustblatt führen und dieses in seiner Lage halten. Manche Sielengeschirre haben ein *Halskoppel,* das mit dem Halsriemen durch eine Schlaufe verbunden wird. Am Brustblatt läuft es durch den Aufhaltering. Das Halskoppel soll dem Pferd das Aufhalten erleichtern. Halskoppel, die lose auf dem Pferdehals sitzen und nicht wie beschrieben mit dem Geschirr verbunden sind, verfehlen ihren Zweck und bedeuten eine Tierquälerei.

Als *Hinterzeug* wird beim Sielengeschirr häufig nur der Schweifriemen mit Schweifmetze geführt. In bergigem Gelände ist aber das vollständige Hinterzeug mit *Umgang* beim Sielen- wie auch beim Kummetgeschirr vorzuziehen. Das gilt besonders für die Stangenpferde des Viererzuges.

Einspännergeschirre unterscheiden sich von Zweispännergeschirren vor allem dadurch, daß sie an Stelle des Kammdeckels ein *Sellet* haben. Es ist breiter als der Kammdeckel, weil die Pferde die Scherbäume des Einspännerwagens tragen. Durch das Sellet wird der *Traggurt* gezogen, der bei zweirädrigen Wagen beweglich sein muß. In diesen Traggurt werden zu beiden Seiten des Pferdes die *Tragaugen*(-ösen) eingeschnallt (für zweirädrige Wagen lederne, für vierrädrige Wagen eiserne). Einspännergeschirre haben auch *Hinterzeug.* Beim Einspännerkummet finden wir statt des Langringes eine *Schlußkette* (s. Abb. 321d).

Für den Arbeitszug ist unbedingt das Kummet vorzuziehen, denn das Brustblatt drückt bei schwerem Zug die Schultern des Pferdes zusammen; außerdem wird, da alle schweren Körperteile oberhalb des Brustblattes liegen, die *Standfestigkeit* stark verringert.

Das Sielengeschirr wird vor allem dort verwendet, wo man Pferdezucht betreibt; denn das Sielengeschirr läßt sich leicht auf verschiedene Pferde verpassen, während ein gut sitzendes Kummet nach Maß angefertigt werden muß. Das Kummet ermöglicht, daß sich das Pferd mit seinem ganzen Körpergewicht gegen die größere Auflagefläche stemmen kann und dadurch auch festeren Stand gewinnt.

Richtiger Sitz des Geschirrs

Der Fahrer muß wissen, wie und wo die verschiedenen Geschirrteile am Pferd sitzen sollen, ohne es mehr als nötig zu belästigen. An der Auflagestelle von Kummet und Brustblatt entsteht im Zug der stärkste Druck. An diesen Stellen besteht daher auch die größte Gefahr einer Schädigung des Pferdes.

Das *Kummet* muß der Form des Pferdehalses angepaßt sein. Ist es zu eng, drückt es die

Muskeln der Schulter; ist es zu weit, rutscht es nach hinten auf die scharfe Schultergräte. Beides verursacht dem Pferd große Schmerzen. Ein zu kurzes Kummet drückt am Widerrist und auf die Luftröhre, so daß die Atmung behindert wird. Ein zu langes Kummet mit einem zu weiten Oberteil kann nach hinten gleiten und Widerristdrücke verursachen. Außerdem verleidet es dem Pferd durch Druck auf das Buggelenk das Ziehen.

Das richtig sitzende Kummet liegt vor der Schultergräte der Schulter an, ohne diese zu beengen. Da es im Unterteil etwas ausgebuchtet ist, kann es auch nicht auf die Luftröhre drücken. Die gesamte Auflagefläche des Kummets muß völlig glatt sein.

Bei einem zu weiten Kummet kann man sich durch eine Kummetunterlage helfen. Da diese Unterlagen aber sehr leicht verschwitzen, hart werden und dadurch zu Scheuerstellen führen können, ist das keine ideale Lösung. Unbedingt ist für entsprechende Sauberkeit zu sorgen und dafür, daß sie wirklich in das Kummet hineinpassen. In ein zu langes Kummet kann ein sogenannter „Reiter“ eingesetzt werden, der dazu dient, das Kummet am Pferdehals weiter hinaufzusetzen. Enge und zu kurze Kummets sollen unbedingt von einem geschickten Sattler geändert werden.

Änderungen in der *Körperstatur* des Pferdes (z. B. Abmagerungen bei reichlichem Arbeitsanfall) können ein Neuverpassen des Geschirrs notwendig machen.

Die Höhe der *Zugkrampen* am Kummet hat Bedeutung für die Ausnutzung des Zugleistungsvermögens. Sie sollen so sitzen, daß beim ziehenden Pferd die Kummetbügel mit den Strängen einen *rechten Winkel* bilden.

Das *Brustblatt* darf keinesfalls auf die Bugspitze drücken, muß andererseits aber die Luftröhre freilassen. Diese Forderung hält die Breite des Brustblattes in gewissen Grenzen. Es kann meist nicht so breit sein, wie für schweren Zug erforderlich ist. Das zeigt wieder deutlich die Nachteile des Brustblattes. Selbstverständlich muß das Brustblatt gerade, d. h. zu beiden Seiten des Pferdes in gleicher Höhe sitzen.

Die Strangstutzen und auch das Brustblatt in seinem hinteren Teil erhalten ihre Lage durch die Länge der *Oberblattstrippe*. Diese muß so lang geschnallt sein, daß die Stränge in gerader Linie vom Kummet bzw. Brustblatt zu den Ortscheiten laufen. Sind die Oberblattstrippen zu kurz geschnallt, so entsteht ein Knick in den Strängen, den man als *gebrochenen Zug* bezeichnet. Durch den gebrochenen Zug wird ein Teil der Last auf den Rücken des Pferdes verlegt, was zu Widerristschäden führen kann. Außerdem wird die Zugleistung des Pferdes beeinträchtigt, denn der Druck auf den Rücken hindert es, diesen aufzuwölben. Das aber ist zur Entwicklung der vollen Zugkraft notwendig. Zu lang geschnallte Oberblattstrippen stehen während des Zuges vom Pferd ab und ergeben ein unschönes Bild. Während des Zuges sollen die Oberblattstrippen *auf dem Kammdeckel* bzw. auf seinem Seitenblatt liegen. Daher müssen sie beim stehenden Gespann leicht nach vorn zeigen. Sobald die Pferde in den Zug treten, nehmen die Oberblattstrippen ihren Platz ein. Während des Zuges nach hinten weisende Oberblattstrippen sehen unschön aus und übertragen auch einen Teil der Last auf den Rücken des Pferdes.

Der *Kammdeckel* muß dem Pferd genau passen. Zu weite oder zu enge Kammdeckel können nur vom Schmied verstellt werden. Zu weite Kammdeckel drücken das Pferd am Widerrist, zu enge Kammdeckel verursachen ein Verrutschen der Seitenblätter nach vorn und scheuern die Pferde an den Ellbogen. Der *Kammdeckelbauchgurt* liegt gewöhnlich etwa zwei Handbreit hinter dem Ellbogen. Er ist fest angezogen. Der *kleine Bauchgurt* dient nur dazu, die Stränge am Pferdeleib zu halten. Er muß so weit sein, daß eine aufrecht gestellte Hand zwischen ihm und dem Pferd bequem Platz hat.

Der *Schweifriemen* soll leicht anstehen. Keinesfalls darf er so fest angezogen werden, daß die Schweifmetze an der Schweifrübe Scheuerstellen verursacht. Er darf aber auch nicht so locker sein, daß er während der Fahrt von der Mitte des Pferderückens herunterrutscht.

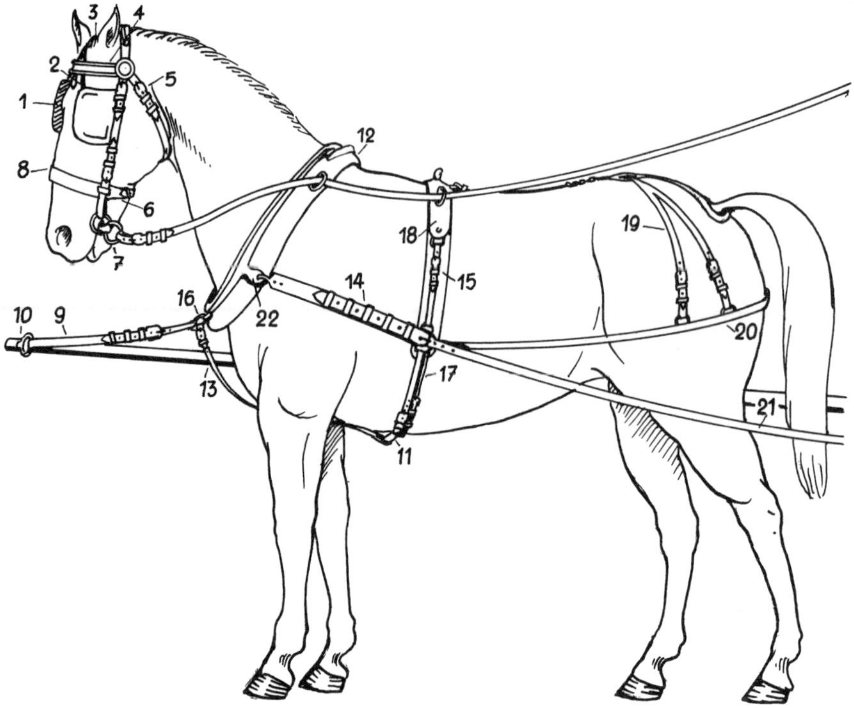

324 Zweispännerkummetgeschirr:
1 Scheuklappe; 2 Blendriemen; 3 Spieler; 4 Ohrbügelring; 5 Kehlriemen; 6 Kinnriemen; 7 Gebiß (Doppelringtrense, bei Landanspannung stilgetreu; Liverpool-Kandare); 8 Nasenriemen; 9 Aufhalter; 10 Deichselbrille; 11 kleiner Bauchgurt; 12 Kummet; 13 Sprungzügel; 14 Strangstutzen; 15 Oberblattstrippe; 16 Aufhaltering; 17 großer Bauchgurt; 18 Kammdeckel; 19 Trageriemen; 20 Umgang; 21 Strang

Das sieht unschön aus und nimmt auch dem Schweifriemen einen Teil seiner Wirkung. Fährt man mit *Umgang*, so muß dieser an der Stelle um die Hinterhand herumlaufen, die die geringste Bewegung ausführt; sie liegt etwa zwei Handbreit unterhalb des Sitzbeinhöckers. Der Umgang muß so weit geschnallt sein, daß man an den Hinterschenkeln zwei Fäuste hindurchstecken kann.
Beim Verpassen von Geschirren achte man darauf, daß sich auf der *Außenseite des Pferdes* möglichst ein gutes Bild ergibt. Zu lange Strippen werden durch Schlaufen gesteckt und notfalls gekürzt.

12.1.4. Anschirren, Anspannen, Leinenaufnehmen und Aufsitzen

Das Anschirren

Die Geschirre werden selbstverständlich in einem dazu bestimmten Raum aufbewahrt. Sie im Stall aufzubewahren schadet dem Leder. Besonders gute und nicht täglich benötigte Geschirre werden durch eine *Decke* vor Staub geschützt. Vor dem Anspannen wischt der Fahrer die Geschirre noch einmal mit einem Lappen ab. Wöchentlich einmal sollten sie gründlich gesäubert werden. Während des Turniers sind sie vor jeder Prüfung zu putzen. Die am Pferd anliegenden Geschirrteile sind besonders sauber zu halten. Wird das Leder

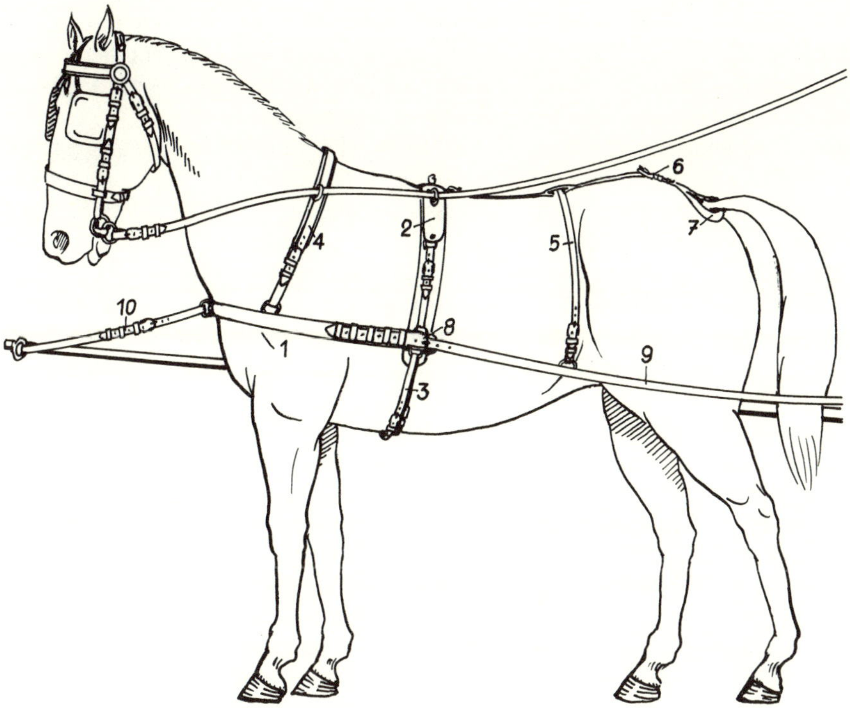

325 Zweispännersielengeschirr
1 Brustblatt; 2 Kammdeckel; 3 kleiner Bauchgurt; 4 Halsriemen; 5 Strangträger (gehört hinter das Hüftgelenk); 6 Schweifriemen; 7 Schweifmetze; 8 Strangschnalle; 9 Strang

gut gepflegt, bleibt das Geschirr bedeutend länger gebrauchsfähig.
Im Stall hängt der Fahrer Geschirr und Leine am Standpfeiler auf. In der Geschirrkammer hängt die Leine gesondert; sie wird niemals im Geschirr gelassen, sondern in große *Schlaufen* gelegt aufgehängt.
Nachdem der Fahrer die Pferde mit einem Lappen abgewischt hat, kann das *Anschirren* beginnen. Man fängt beim *Sattelpferd* an, das im Stall rechts vom Handpferd steht. Werden die beiden Pferde anschließend herumgedreht, dann stehen sie bereits so, wie sie vor dem Wagen gehen.

Auflegen des Kummetgeschirres

Der Fahrer nimmt das Geschirr vom Haken. Das *Kummet* wird mit der Spitze nach unten gehalten und die Stränge darübergelegt, damit sie mit dem Daumen festgehalten werden können. Es muß vermieden werden, daß Geschirrteile in die Streu fallen und beschmutzen.
Der Fahrer tritt nun in den Stand und halftert das Pferd los. Wagenpferde müssen so erzogen sein, daß sie, auch wenn sie nicht mehr angebunden sind, ruhig im Stand stehenbleiben. Dann wird das Kummet aufgesteckt. Dazu nimmt es der Fahrer so in beide Hände, daß die Kummetspitze nach unten zeigt und er die Kummetbügel sehen kann. Die Stränge liegen über dem Kummet, und der Fahrer hält sie mit beiden Händen in dieser Lage. Nun tritt er vor das Pferd und streift ihm das Kummet über den Kopf. Beim Anlegen des Kummets darf er keine Gewalt anwenden und auf keinen Fall an die *Augenbogen* des Pferdes stoßen. Läßt sich das Pferd das Kummet ungern auflegen, so muß es der Fahrer mit einer Hand am Stallhalfter halten und das Kummet mit einer Hand auflegen. Dazu gehört einige

Übung. Hat das Pferd einen besonders breiten Kopf, so sind unbedingt die *Kummetbügel* zu lösen. Das geschieht durch Öffnen des Kummetgürtels. Das Kummetpolster wird mit den Händen ausgeweitet und über den Kopf gesteckt. Erst dann befestigt der Fahrer wieder die Kummetbügel. Der Kummetgürtel muß dabei zuerst in den *inneren* Kummetbügel eingezogen werden, weil die Kummetgürtelschnalle sich nur so mit einem Handgriff lösen läßt.

Ist das Kummet über den Kopf gestreift, wird es an der schmalsten Stelle des Halses – unmittelbar hinter dem Kopf – in Richtung der Mähne herumgedreht. Strangstutzen und Stränge werden mit herumgenommen, dürfen dabei aber nicht an das Pferd schlagen. Die Spitze des Kummets zeigt jetzt nach oben. Die Stränge läßt der Fahrer zunächst kurz hinter dem Kummet liegen.

Wenn das Kummet aufgelegt ist, hebt der Fahrer den *Kammdeckel* mit dem rechten Arm empor und setzt ihn leicht auf den Rükken des Pferdes, etwa 15 cm hinter dem Widerrist, auf. Ehe der Fahrer den Kammdeckelbauchgurt leicht angurtet, tritt er in die Höhe der Kruppe, hebt den Schweif des Pferdes an und schiebt vorsichtig die *Schweifmetze* darüber. Dabei darf er kein Schweifhaar ausreißen. Zwischen Schweifmetze und Schweifrübe *eingeklemmte Haare* belästigen das Pferd und müssen beim Anschirren sorgfältig hervorgezogen werden. Der Schweifriemen soll sich in leichtem Bogen der Rückenlinie des Pferdes anpassen. Nun wird der *Kammdeckelbauchgurt* leicht angezogen.

Danach nimmt der Fahrer die *Stränge* hinter den Kammdeckel zurück und schnallt die Oberblattstrupfen in die Oberblattstößel. Dazu muß er nach Einschnallen der linken Strupfe auf die rechte Seite des Pferdes treten. Dort prüft er gleichzeitig, ob sich kein Geschirrteil auf dieser Seite verdreht hat. Auf der linken Seite wird danach der *kleine Bauchgurt* zugeschnallt. Dann nimmt der Fahrer den *Fahrzaum* vom Standpfeiler herab. Der Kehlriemen war während der Aufbewahrung in der Geschirrkammer nur *eingeschlauft*. Deshalb kann er jetzt mit einem Griff rasch geöffnet werden, wenn der Fahrer wieder zum Pferd tritt. Danach wird wie beim Reitpferd aufgetrenst.

Der Fahrer schnallt dann den *Kehlriemen* an der *äußeren* Seite *des Geschirrs* zu. Danach überprüft er auch den Sitz des *Nasenriemens* und sieht nach, ob dieser drei nebeneinander liegenden Fingern Platz läßt.

Das *Gebiß* darf die Lefzen nicht hochziehen. Gewöhnlich liegt es etwa einen Finger breit über den Hakenzähnen. Bei empfindlichen Pferden legt man es ein wenig höher, bei weniger empfindlichen etwas tiefer. Das Gebiß soll so breit sein, daß es an beiden Seiten des Maules 1,5 cm vorsteht.

Danach nimmt der Fahrer die *Kinnkette* aus der Tasche, dreht sie nach rechts aus und hängt sie ein. Sie darf sich nicht zurückdrehen. Als ungefährer Anhaltspunkt gilt, daß drei nebeneinander liegende Finger zwischen Kinnkettengrube und Kinnkette Platz haben müssen. Besser ist jedoch, die richtige Länge der Kinnkette festzustellen, wenn man die Kandare anstehen läßt. Zum Schluß wird der *Kammdeckelbauchgurt* fest angezogen.

Leinenauflegen

Wenn der Fahrer mit dem Anschirren soweit gekommen ist, holt er die Leine vom Standpfeiler und legt sie über den rechten Unterarm. In Höhe des Kammdeckels des Pferdes stehend, faßt er zunächst die *äußere*, d. h. die kürzere, durchgehende, oben liegende *Leine*. Er zieht sie völlig glatt von hinten nach vorn durch den *Schlüsselring* des Kammdeckels und durch das *Leinenauge* des Kummets. Dann wird sie in das Gebiß eingeschnallt. Selbstverständlich liegt die glatte Seite (Haarseite) der Leine oben bzw. außen. Beim Einschnallen der Leine in das Gebiß wird die *Umschnallstrippe* von innen nach außen durch den Schlitz des Kandarenanzugs geführt. Die Leine liegt dann mit der Fleischseite (rauhe Seite) am Pferd an. Für die bessere *weiche Schnallung* kommt die Leine in den *Schaumring*. Hierbei ist die Hebelwirkung der Kandare nicht groß. Die Außenleine wird von *innen* um das Stück des Kandarenbaumes geführt, das sich *unterhalb* des Gebisses und *innerhalb* des Schaumringes befindet. Der Einfachheit halber beläßt der Fahrer den *hinteren Schaumbügel* mit in der Schnalle. An der *Innenseite* des Pferdes muß jedoch der hintere Schaumbügel unbedingt frei bleiben, weil das Anziehen der Leine nach der Seite des Nachbarpferdes erfolgt und das Pferd sonst durch den vorderen Schaumbügel am Maul gedrückt würde.

Wenn der Fahrer die Außenleine aufgelegt hat, zieht er, ohne seinen Platz auf der linken Seite des Pferdes zu verlassen, nun auch die *Innenleine* durch Kammdeckelschlüssel und Leinenauge. Er achtet darauf, daß die gesamte Leine glatt liegt. Dann faßt er mit der linken Hand unter dem Hals des Pferdes hindurch und ergreift die Innenleine unterhalb des Leinenauges. Sie wird vorläufig in den Kehlriemen *eingeschlauft*. Dazu muß die Umschnallstrippe durch den Kehlriemen gesteckt und von *hinten* in die Schlaufe geführt werden, nicht aber durch die Schnalle.

Das *Leinenende*, das bis jetzt auf dem Unterarm lag, wird nun am Geschirr befestigt. Es ist zunächst zweifach zusammenzulegen und danach *unterhalb* der Außenleine von unten nach oben und von hinten nach vorn durch den Schlüsselring des Kammdeckels zu führen. Vor dem Kammdeckel bildet die Leine eine Schleife. Durch sie wird das wiederum doppelt zusammengelegte Leinenende noch einmal von unten nach oben hindurchgesteckt (Abb. 326) und die erste Schleife von hinten festgezogen. Eine so befestigte Leine kann sich niemals von selbst lösen. Das etwa bis auf den Strangstutzen herabhängende freie Ende der Leine gestattet es dem Fahrer, die Leine *mit einem Griff* aus ihrer Befestigung zu ziehen. Die Vorderleinen des Viererzuges werden genauso aufgelegt. Das viel längere Leinenende wird zur Befestigung während des Herausführens doppelt genommen und von hinten nach vorn durch Kammdeckelschlüssel, Leinenauge und Kehlriemen gezogen (Abb. 327).

Das Anschirren des *Handpferdes* geschieht in gleicher Weise. Da am Geschirr alle Schnallen an der Außenseite angebracht sind, um ein Verschnallen auch nach dem Anspannen zu erleichtern, wird das Handpferd von rechts angeschirrt. Die Reihenfolge des Anschirrens bleibt die gleiche, nur ist jeweils statt rechts links und umgekehrt zu nehmen. Aufgezäumt wird in der Regel von links.

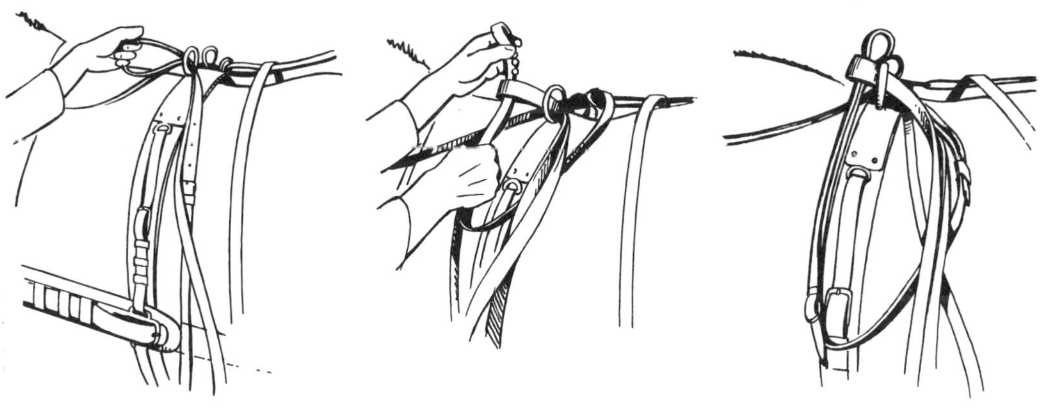

a b c

326 So wird die Leine im Kammdeckelschlüssel befestigt
a Die Leine wird – einmal zusammengeschlagen – von hinten durch den Schlüsselring geführt
b Das herabhängende Leinenende wird wiederum doppelt genommen und von unten durch die Schleife geschoben, die sich vor dem Schlüsselring gebildet hat. Dann wird die erste Schleife festgezogen
c So befestigt, kann die Leine mit einem Zug am herabhängenden Leinenende gelöst werden

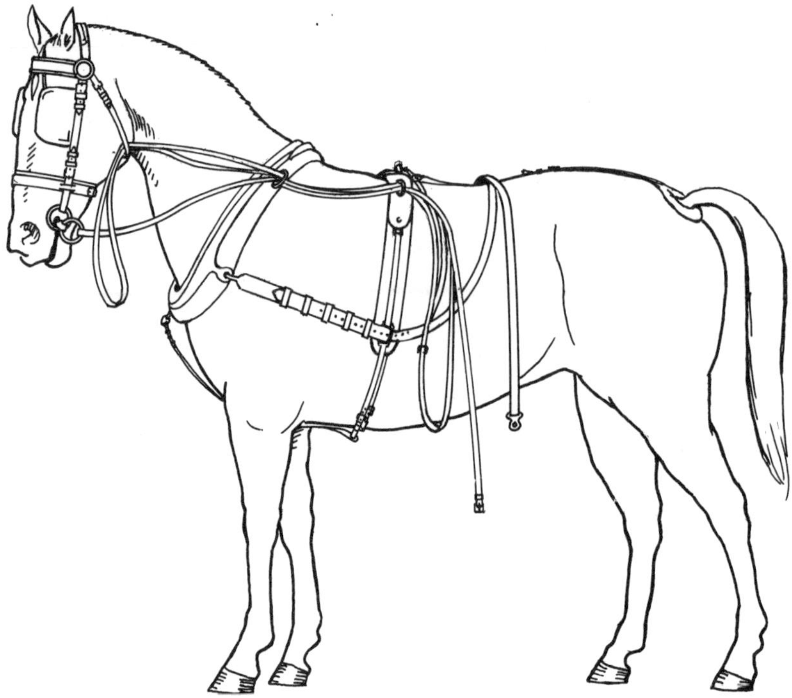

327 So wird die Vorderleine zum Heraus- und Hineinführen am Vorderpferd befestigt

Wenn Hand- und Sattelpferd ab und zu gewechselt werden, was für das Geradeerhalten der Pferde wichtig ist, müssen sie daran gewöhnt werden, sich sowohl von rechts als auch von links anschirren zu lassen.

Auflegen des Sielengeschirrs.

Der *Schweifriemen* wird beim Sielengeschirr genauso aufgelegt wie beim Kummetgeschirr. Die im folgenden beschriebenen Grundsätze für das Auflegen des *Umgangs* beim Sielengeschirr gelten natürlich auch für ein Kummetgeschirr mit Umgang. Wir wollen jetzt ein Handpferd wählen, um dabei kleine Abweichungen gegenüber dem Anschirren eines Sattelpferdes mit zu behandeln.

Der Fahrer nimmt das Sielengeschirr (das in der Geschirrkammer auf einem Geschirrbock liegt oder an einer besonderen Vorrichtung aufgehängt ist) und hängt es mit dem Brustblatt am Standpfeiler auf. Die Stränge werden über das Brustblatt gelegt, Kammdeckel und Umgang hängen herab. Will der Fahrer das Geschirr vom Standpfeiler herabnehmen, so legt er sich Kammdeckel und Umgang auf den *rechten Unterarm* und faßt das Brustblatt mit beiden Händen. Ist an dem Sielengeschirr ein *Halskoppel* vorhanden, so muß der Fahrer dieses mit in die Hände nehmen, indem er es mit den Daumen am Brustblatt festhält. Dadurch wird das Halskoppel auseinandergezogen, und das Pferd kann den Kopf hindurchstecken. Bei jungen und kopfscheuen Pferden empfiehlt es sich aber, das Halskoppel *aufzuschnallen.*

Der Fahrer tritt in den Stand, und zwar von *links*, obwohl es sich um das Handpferd handelt, und es hieß, daß dieses von rechts anzuschirren ist. Doch bei den meisten Pferden liegen die *Mähnen* nach *rechts*, und um ihre glatte Lage nicht zu zerstören, dreht man Kummet und Brustblatt in Richtung der Mähne. Mit den genannten Geschirrteilen sind andere verbunden, die der Fahrer auf den

Pferderücken zu legen hat. Da er Kummet und Brustblatt von links nach rechts drehen muß, ist er gezwungen, auch die Stränge beim Kummetgeschirr, Kammdeckel und Umgang beim Sielengeschirr von links nach rechts auf den Pferderücken zu legen.
Der Fahrer halftert das Pferd los und tritt vor seinen Kopf. Er hebt das Brustblatt empor und streift es dem Pferd über den Kopf. Dann hebt der rechte Arm den *Kammdeckel* in seine Lage und den *Umgang* auf den Pferderücken. Als nächstes wird – immer von der linken Seite des Pferdes – der Umgang über den Schweif in seine Lage gebracht und der Schweif unter dem Umgang hervorgezogen. Dazu steht der Fahrer seitlich neben der Hüfte des Pferdes. Danach nimmt er den *Fahrzaum* vom Haken und tritt wieder an den Kopf des Pferdes. Von links wird aufgezäumt. Erst jetzt geht er vorn um das Pferd herum und schließt nacheinander die *Kehlriemenschnalle*, das *Halskoppel*, wenn es aufgeschnallt war, den *großen Bauchgurt* und den *kleinen Bauchgurt*.
Dann wird die *Leine von rechts* aufgelegt. Die rechte Hand zieht sie durch Kammdeckelschlüssel und Leinenauge. Im *Unterschied* zum Kummetgeschirr haben beim Sielengeschirr die *inneren* Seiten der Halsriemen keine Leinenaugen. Falls solche fälschlich vorhanden sind, dürfen die Leinen nicht hindurchgezogen werden, weil sonst beim Annehmen der Leinen der Halsriemen vom Pferdekörper abgezogen wird und dadurch eine fehlerhafte Einwirkung entstehen würde. Da auf diese Weise der Weg der Innenleine vom Kammdeckelschlüssel (Leinenführungsring) zum Nachbarpferd kürzer wird, muß man für Pferde, die man mit Kummetgeschirren in Grundschnallung im 6. Loch fährt, bei Sielengeschirren die Grundschnallung im 5. Loch wählen.
Auch beim Sielengeschirr befestigt man die Leine in der beschriebenen Weise im Kehlriemen, nachdem die Außenleine in die Trensenringe geschnallt wurde.
Beim Anschirren der Pferde eines Viererzuges übernimmt jeder Beifahrer ein Paar.
Hat der Fahrer den Pferden noch einmal Augen, Nüstern und Maul mit einem feuchten Lappen oder Schwamm *abgewischt* und die *Hufe gesäubert*, können sie an den Wagen gespannt werden. Das *Abschirren* geschieht genau in der umgekehrten Reihenfolge wie das Anschirren.
Die *Leinen* sind unbedingt aus dem Geschirr herauszunehmen und in große Schleifen zu legen. Sie müssen in der Geschirrkammer völlig *glatt hängen*, sonst verziehen sie sich und werden bald unbrauchbar.

Anspannen

Vorbereitung des Wagens. Vor dem Anschirren hat der Fahrer den Wagen vorzubereiten, aus dem Wagenschuppen herauszuziehen und aufzustellen. Dabei kontrolliert er *Betriebs- und Verkehrssicherheit* des Fahrzeuges. Er überprüft besonders aufmerksam die *Räder*, den Vorderwagen (*Lenkkranz*) und die *Bremsen*. Den Wagen stellt er gleich so auf, daß in gerader Richtung angefahren werden kann. Dann zieht er die Bremse fest an und steckt die Deichsel ein.
Für längere Fahrten verwahrt der Fahrer auch einiges *Handwerkszeug*, z. B. Hammer, Zange und Schraubenschlüssel, ein Messer sowie einige Stricke, Bindfäden, Nägel und Hufnägel im Bockkasten. Für jeden Fall ist er gewappnet, wenn er noch Reservekerzen bzw. -glühlampen, einen Reserveaufhalter und -strang sowie einen Kummetgürtel dazulegt. Der vorsichtige Fahrer rechnet mit allen Möglichkeiten und versieht seine Laterne vor Antritt einer Fahrt stets mit frischen Kerzen bzw. überprüft die Batterie, wenn eine elektrische Beleuchtungsanlage eingebaut ist.
Als der Fahrer den Wagen bereitstellte, hat er aus der Geschirrkammer die *Aufhalter*, die *Peitsche* sowie eine oder mehrere *Decken* mitgenommen. Die Aufhalter werden niemals in der Deichselbrille belassen. Sie sind dort dem Einfluß des Rostes ausgesetzt und werden außerdem beim Geschirrputzen leicht vergessen. Der Fahrer legt die aus

der Geschirrkammer mitgebrachten Gegenstände vorerst in den Wagen bzw. auf den Bock. Erst am Schluß seiner Vorbereitungsarbeiten zieht er die Aufhalter in die *Deichselbrille* ein. Dies geschieht so von außen nach innen, daß sich die Schnallen der Aufhalter *außen* befinden. Bis zum Anspannen legt man die eingezogenen Aufhalter kreuzweise über die Deichsel, damit sie nicht in den Schmutz fallen. Danach legt der Fahrer eine *Decke* so auf den Fahrersitz, daß er sie nach dem Aufsitzen leicht um Oberschenkel und Knie schlagen kann. Im Sommer schützt die Decke nur Anzug und Hose vor etwa an den Leinen befindlichem, nicht eingezogenem Fett. Die Decke reicht daher nur vom Oberschenkel bis etwa eine Handbreit unter das Knie. Im Winter schlägt der Fahrer Leib und Beine bis zu den Hüften in die Decke ein. Einen Fußsack zu verwenden, ist im Sommer unzulässig. Für die Wageninsassen sind im Winter genügend Decken mitzunehmen.

Die *Peitsche* wird als letztes auf den Bock gelegt. Sie weist mit dem Stielende nach links (in Fahrtrichtung). Der Peitschenschlag der Zweispännerpeitsche liegt längs des Stockes. So wird die Peitsche auch nach jedem Absitzen niedergelegt. Die an vielen Wagen angebrachten Köcher an der Rückseite des Bockschirms (Spritzbretts) dienen *nicht* zur Aufnahme der Peitsche, sondern sind Aufbewahrungsort für die Winkerkelle. Die Vierspännerpeitsche wird in aufgeworfenem Zustand auf dem Bocksitz niedergelegt.

Erst wenn alle Vorbereitungen beendet sind, beginnt das Anschirren, denn man kann junge und temperamentvolle Pferde nicht so lange unbeaufsichtigt im Geschirr stehen lassen.

Herausführen der Pferde

Stehen zum Anschirren und Anspannen zwei Personen zur Verfügung, so hat jede von ihnen ein Pferd anzuschirren und an den Wagen zu führen. Der Fahrer nimmt stets das Sattelpferd und der Beifahrer das Handpferd. Die Pferd werden einzeln aus dem Stall gebracht, von hinten am Wagen vorbeigeführt und an ihre Deichselseite gestellt. Unnötiges Rückwärts- und Seitwärtsrichten ist zu vermeiden. Etwas komplizierter ist es, wenn ein Fahrer beide Pferde anzuspannen hat. Bei ruhigen Pferden und genügend breiter Stallgasse kann er bereits die *Innenleine* des Sattelpferdes am Handpferd befestigen, d. h. in das Gebiß des Handpferdes einschnallen. Er geht dann an der linken Seite des Sattelpferdes und führt beide Pferde mit der rechten Hand. Bei unruhigen und lebhaften Pferden ist diese Art des Herausführens jedoch unter Umständen gefährlich, weil sie leicht irgendwo hängenbleiben können. Der Fahrer sollte daher lieber beide Pferde an den *inneren Backenstücken* führen, weil er sie so besser in der Hand hat. In diesem Fall geht der Fahrer selbst rückwärts durch die Stalltür, um beobachten zu können, ob kein Pferd mit dem Geschirr hängenbleibt. Beim Anspannen des Vierspänners ist dies die richtige Methode, da hier normalerweise zwei Personen zum Anschirren und Anspannen zur Verfügung stehen. Gestattet die Stallgasse oder die Breite der Stalltür nicht, beide Pferd nebeneinander hinauszuführen, so muß man die Pferde daran gewöhnen, hintereinander hinauszugehen.

Die Pferde werden von hinten und von der Seite bis in die Höhe der *Deichselspitze* geführt und kurz vor dieser angehalten. Darauf läßt man sie vorsichtig zurücktreten, wobei sie nicht nach der Seite abweichen dürfen. Sind die Stangenpferde an die Deichsel herangebracht, hängt man zum Vierspännigfahren den *Vorhang* (Abb. 328) ein und führt danach die Vorderpferde vor die Deichsel.

Phasen des Anspannens

Das Anspannen beginnt mit dem *Einschnallen der Innenleinen*. Der Fahrer tritt vor die Pferde und schnallt zunächst die Innenleine des *Sattelpferdes* in das Gebiß des Handpferdes, d. h., er nimmt die Leine aus dem Kehlriemen, in den sie eingeschlauft war, und schnallt sie so ein, daß die glatte Seite zum Nachbarpferd zeigt. Die umgekehrt aufgesetzten Umschnallstrippen der Innenleinen ermöglichen es, daß die Leine so liegenbleibt.

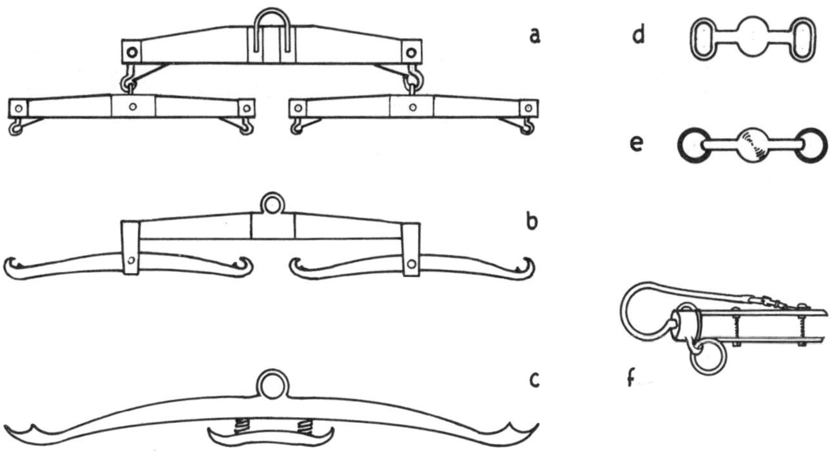

328 Vorhang und Deichsel
a Vorhang für englische Anspannung
b Vorhang für ungarische Anspannung
c Postwaage;
d Deichselbrille für Aufhalteriemen;
e Deichselbrille für Aufhalteketten;
f Deichselhaken, der durch ein Riemchen verschlossen sein muß

Danach wird die Innenleine des *Handpferdes* in der gleichen Weise in das Gebiß des Sattelpferdes geschnallt. Man sieht von vorn die rauhe Seite der beiden Innenleinen zwischen den Gebißschnallen und den Leinenaugen. Die Innenleine des Pferdes, das den Kopf höher trägt, muß oben liegen. Andernfalls bekommt die Leine einen Knick, und die Pferde stören sich dauernd gegenseitig im Maul.

Nun werden die *Aufhalteriemen* durch den Brustring oder Aufhaltering gezogen und „eingedornt“; d. h., sie werden in das erste Loch des Aufhalters *eingeschnallt*, ohne daß man das Ende schon durch die Schlaufen steckt, denn später müssen die Aufhalter noch verkürzt werden.

Die nächste Phase des Anspannens ist das *Ansträngen des Handpferdes.* Zunächst wird der äußere Strang vom Rücken herabgenommen und am Ortscheit befestigt. Dann folgt der innere. Spannt man ein junges Pferd neben einen sogenannten Schulmeister ein, ist der Innenstrang des jungen Pferdes anfangs von der Seite des Schulmeisters festzumachen.

Danach löst der Fahrer die *rechte Leine* aus ihrer Befestigung im Kammdeckelschlüssel und wirft sie in Höhe des Kammdeckels so vorsichtig über beide Pferde, daß sie nicht erschrecken; auch darf die Leine nicht so weit geworfen werden, daß sie auf der Sattelseite in den Schmutz fällt. Solange der Fahrer auf der rechten Seite des Gespannes beschäftigt ist, bleibt die rechte Leine ebenfalls auf dieser Seite. Das erhöht die *Sicherheit* beim Anspannen, denn der Fahrer kann bei Gefahr wenigstens die rechte Leine sofort in die Hand bekommen. Danach tritt der Fahrer zum Kammdeckel des Sattelpferdes, *schnallt die Leinenenden zusammen,* nachdem er auch die linke Leine aus ihrer Befestigung im Kammdeckelschlüssel gelöst hat, und schiebt die Leinen, zweimal zusammengelegt, glatt unter die *Oberblattstrippe.* Das geschieht von hinten nach vorn, wobei die Leine gleichmäßig zu beiden Seiten der Oberblattstrippe herunterhängt. Das Leinenende liegt dem Wagen zu, und der Fahrer kann es bei einem besonderen Vorkommnis rasch erfassen.

Nun werden die *Stränge des Sattelpferdes* befestigt. Auch hier ist wieder zunächst der äußere, dann der innere Strang über das Ortscheit zu streifen.

Als letzter Handgriff des Anspannens werden die *Aufhalter in ihre richtige* Länge eingeschnallt. Die Aufhalter dürfen nicht so kurz geschnallt werden, daß sie den Pferden im Stehen die Kummets oder die Brustblätter von den Schultern ziehen. Aufhalter und Stränge sind niemals straff zu spannen. Die *Stränge* sollen vielmehr in leichtem Bogen hängen. Bei einem Wagen, dessen Deichsel schlägt, oder in unwegsamen Gelände sind die Aufhalter länger zu schnallen, damit die Pferde nicht jede Bewegung der Deichsel als Schlag auf Hals, Schulter oder Widerrist spüren. Zum Fahren im Stadtverkehr, auf dem Turnierplatz und beim Hindernisfahren ist eine möglichst kurze Anspannung angebracht, denn ein kurz angespanntes Gespann kann besser gewendet und erforderlichenfalls schnell zum Halten gebracht werden.

Bevor der Fahrer aufsitzt, *überzeugt er sich* noch einmal, ob das Gespann in *Ordnung* ist. Er tritt neben den Kopf des Sattelpferdes. Muß er noch mit dem Aufsitzen warten, dann tut er das in Kopfhöhe des Sattelpferdes. Er hält dabei beide Pferde mit der rechten Hand; die Leinen faßt er auf folgende Weise: linke Leine des Sattelpferdes zwischen Daumen und Zeigefinger, rechte Leine des Sattelpferdes zwischen Mittel- und Ringfinger. Die Innenleine des Handpferdes hält er zusammen mit der Innenleine des Sattelpferdes zwischen Mittel- und Ringfinger. Spannt man junge oder unruhige Pferde an, so empfiehlt sich, sie vom Beifahrer oder einer zweiten Person während des Anspannens an den *inneren Backenstücken* halten zu lassen.

Die dargestellte Reihenfolge des Anspannens ist eine erprobte Methode, die auch größtmögliche Sicherheit bietet. Bei einiger Übung ist auf diese Weise jedes Gespann schneller als bei regellosem Vorgehen anzuspannen.

Das Abspannen geschieht in umgekehrter Reihenfolge.

Das *Anspannen des Viererzuges* erfolgt durch zwei Beifahrer, die folgende Einzelhandlungen ausführen (s. Tab. 57).

An- und Abschirren sowie An- und Abspannen lassen sich bei genügender Übung in wenigen Minuten ausführen.

Tabelle 57: Anspannen des Viererzuges

Zweiter Beifahrer	*Erster Beifahrer*
1. Innenleinen bei den Vorderpferden einschnallen.	Innenleinen bei den Stangenpferden einschnallen.
2. (wenn erforderlich) Verbindungsriemen zwischen den Vorderpferden befestigen.	Aufhalter bei den Stangenpferden eindornen.
3. Linke Vorderleine herausziehen und durch Viererring am Kopf des Stangensattelpferdes durchziehen.	Stangenhandpferd einsträngen.
4. Linke Hinterleine herausziehen, Hinterleine zusammenschnallen und hinter der Oberblattstrippe des Stangensattelpferdes einstecken.	Rechte Hinterleine herausziehen und über den Kammdeckel hinüberwerfen.
5. Vorderleinen zusammenschnallen und hinter die Oberblattstrippe einstecken. Sie liegen dann über den Hinterleinen. Stangensattelpferd einsträngen.	Rechte Vorderleine herausziehen und durch Viererring am Kopf des Stangenhandpferdes durchziehen. Leinenende über den Kammdeckel hinüberwerfen.
6. Gleichzeitig mit erstem Beifahrer das Vordersattelpferd einsträngen; erst außen, dann innen.	Gleichzeitig mit zweitem Beifahrer das Vorderhandpferd einsträngen; erst außen, dann innen.
7. Linken Aufhalter kurz einschnallen.	Rechten Aufhalter kurz einschnallen.
8. Vorderpferde vorziehen, so daß die Stränge in leichtem Bogen herabhängen.	Anspannung von der rechten Seite überprüfen (von der linken Seite kontrolliert der Fahrer kurz vor dem Aufsitzen).
9. Aufstellung nehmen vor den Vorderpferden.	Aufstellung nehmen am Kopf des Stangenhandpferdes.

Leinenaufnehmen und Aufsitzen

Das Aufnehmen der Kreuzleine bei Zweispännern

Das Leinenaufnehmen soll den Fahrer zum genauen *Abmessen* der Leinen veranlassen, bevor er auf den Bock steigt. Wenn die Leinen in der Hand des Fahrers schon entsprechend geordnet sind, können sofort antretende Pferde nur geradeaus gehen. Ein geübter Fahrer benötigt zum Aufsitzen mit Leinenaufnehmen nicht mehr Zeit, als wenn er regellos auf den Bock klettert.

Zum *Aufnehmen der Leine* tritt der Fahrer seitwärts neben das Sattelpferd und stellt sich etwa eine Armlänge vom Kammdeckel entfernt auf (mit dem Gesicht diesem zugewandt). Die *rechte Hand* ergreift die Leinen und zieht sie unter der Oberblattstrippe hervor. Die *Leinenenden* werden sofort über den linken Unterarm gelegt. Dort bleiben sie, bis der Fahrer auf dem Bock Platz genommen hat. Die linke Leine liegt zunächst beliebig in der vollen linken Hand. Die rechte Hand faßt die *rechte Leine* zwischen Zeige- und Mittelfinger und nimmt sie weich an, bis die *Fühlung* mit den Pferdemäulern hergestellt ist. Dazu muß die rechte Hand die Leine kurz hinter dem Kammdeckel fassen, weil der Fahrer sonst gezwungen ist, den Oberkörper zurückzulegen bzw. den rechten Arm weit auszustrecken, was kraft- und zeitraubend ist. Wurde die Fühlung mit den Pferdemäulern hergestellt, so gleitet die rechte Hand auf der Leine nach unten, bis der Arm *ausgestreckt* am Körper herabhängt.

Die Stelle der Leine, die die Hand in diesem Augenblick erfaßt, wird *festgehalten*. Die rechte Hand setzt sich dann vor die Mitte des Leibes, ohne die ergriffene Stelle loszulassen. Die linke Hand geht an die rechte heran und übergibt ihr auch die *linke Leine*; diese wird zwischen Daumen und Zeigefinger gelegt. Jetzt beginnt das eigentliche *Abmessen* der Leinen. Die linke Hand zieht die linke Leine so weit durch die rechte Hand nach vorn heraus, bis die beiden Kreuzschnallen übereinanderliegen. Beide Leinen haben nun die gleiche Länge. Der Weg der linken Leine zu den Pferden ist aber etwas länger als der der rechten Leine, weil sich der Bocksitz auf der rechten Seite des Wagens befindet. Um diesen Unterschied auszugleichen, wird die linke Leine um 5 cm (oder eine Schnallenlänge) *weiter nach vorn* gezogen.

Dann werden beide Leinen der linken Hand übergeben, die sie in *Grundhaltung* faßt. Der Fahrer *verlängert* die Leinen entsprechend der Art des Wagens. Bei Jagdwagen oder anderen niedrigen und sehr kurz angespannten Wagen muß er etwa 20 cm der Leinen aus der linken Hand herausziehen, bei Phaetons, Breaks und Char-à-bancs etwa 40 bis 50 cm, bei Einfahrwagen etwa 60 cm. Dieses Leinenverlängern geschieht mit dem Griff *Leinenverlängern um ein größeres Stück*.

Wird nach dem Aufnehmen der Kreuzleine nicht sofort aufgesessen, so stellt sich der Fahrer neben der Achse des linken Vorderrades auf mit Blick zu den Pferden. Da für diesen Fall die linke Leine zu lang ist (der Fahrer steht jetzt dem Sattelpferd näher als dem Handpferd), legt er eine kleine *Schleife* mit der linken Leine. Diese wird vom Daumen der linken Hand festgehalten und gleitet beim Aufsitzen langsam wieder nach vorn heraus, wenn der Fahrer dazu den Daumen öffnet.

Wird sofort aufgesessen, so erübrigt sich das Legen dieser Schleife. Beim Aufsitzen wendet der Fahrer stets das *Gesicht* den Pferden zu. Dadurch vermeidet er unliebsame Überraschungen (z. B. plötzliches Antreten). Zum *Aufsitzen* ergreift der Fahrer mit der freien rechten Hand die Bocklehne, der rechte Fuß tritt auf den Trittrand oder Trittdeckel der Radnabe. Anschließend wird der linke Fuß auf den Trittdeckel der Hinterbracke gesetzt, und der rechte betritt den Bock.

Sobald der linke Fuß nachgezogen ist, ergreift der Fahrer die *Peitsche* und tritt vor den rechten Bocksitz. Er nimmt die Peitsche in die linke Hand und greift mit der rechten nach der *Decke* auf dem Bocksitz, deckt sich rasch ein und setzt sich dann wieder. Eine Fahrerschürze macht das Eindecken überflüssig. Danach nimmt er mit der rechten Hand die

Leinenenden vom linken Unterarm und läßt sie außen am linken Oberschenkel niedergleiten bzw. hängt sie mittels des Riemchens in der Leinenschnalle über den kleinen Finger. Dort verbleiben sie während der ganzen Fahrt.

Das Aufnehmen der Vierspännerleine geschieht in folgender Weise:
a) *Vorderleinen* hinter Oberblattstrippe hervorziehen und Leinenenden über den linken Unterarm legen.
b) *Hinterleinen* hinter Oberblattstrippe hervorziehen und Leinenenden über den linken Unterarm legen.
c) *Hinterleinen* wie beim Zweispänner aufnehmen und so in die linke Hand übergeben, daß der Mittelfinger zwischen den Leinen liegt. Dort werden sie festgehalten.
d) *Vorderleinen* in der gleichen Weise aufnehmen wie die Zweispännerleine. Das Abmessen erfolgt mit Hilfe der Ansatzstücke (*Nahtstellen*), indem das Ansatzstück der linken Vorderleine 5 cm über das der rechten hinausgezogen wird.
e) *Vorderleinen* um 20 cm verlängern, wenn die Vorderpferde dicht an den Ortscheiten stehen; um 10 cm verkürzen, wenn sie straff in den Strängen stehen.
f) *Übergeben der Vorderleinen* in die linke Hand, so daß der linke Zeigefinger zwischen ihnen liegt (Grundhaltung).
g) *Verlängern* aller *vier Leinen* entsprechend dem Wagentyp.
h) *Aufsitzen* wie beim Zweispänner.
Das Verlängern der Leinen je nach Wagenart erfordert Übung, damit die Leinen genau die richtige Länge erhalten. Unstimmigkeiten werden auf dem Bock durch Verlängern oder Verkürzen aller Leinen um ein kleines Stück beseitigt. Bei richtiger Länge der Leinen hat der Fahrer Fühlung mit den Pferdemäulern.
Das **Absitzen** geschieht genau in umgekehrter Reihenfolge wie das Aufsitzen. Am Kammdeckel des Sattelpferdes werden die Leinen *doppelt* zusammengeschlagen und unter die *Oberblattstrippe* gesteckt.
Muß der Fahrer den Wagen verlassen, so darf er die Leine nur an der *festen Bracke* befestigen. Bindet er die Leinen an einem Teil des Obergestells an, werden sie bei einer Drehung nach rechts zu kurz und bei einer Drehung nach links zu lang. Unruhige und temperamentvolle Pferde bleiben dabei nicht stehen. Sportgespanne läßt man am besten nicht ohne Aufsicht, zumal wenn die Pferde nicht gewöhnt sind, längere Zeit ruhig stehen zu bleiben. **Vierspänner dürfen niemals ohne Aufsicht bleiben!**
Ist beim Zweispänner ein *Beifahrer* anwesend, so bleibt er während des Auf- und Absitzens *vor* den Pferden stehen. Er sitzt erst auf, wenn der Fahrer seinen Platz eingenommen und ihm durch Zeichen bedeutet hat, daß er zum Abfahren fertig sei. Der Beifahrer sitzt ab, sobald die Pferde zum Stehen gekommen sind. Während der Fahrt sitzt der Beifahrer neben dem Fahrer. Beim *Vierspänner* sitzt der *erste Beifahrer* hinten im Wagen, der *zweite* neben dem Fahrer. Gerät etwas am Geschirr in Unordnung oder droht irgendeine Gefahr, hat der Beifahrer seinen Platz sofort zu verlassen und sich zu den Pferden zu begeben. Auf- und Absitzen während der Fahrt muß deshalb jeder Beifahrer üben. Der Fahrer verläßt seinen Platz auch bei Gefahr nicht. Durchgehende Pferde werden bei umsichtigem Handeln des Fahrers seltener Schaden anrichten als führerlos gewordene Pferde.

12.1.5. Anfahren, Anhalten, Rückwärtsrichten und Einschlagen

Anfahren

Der Fahrer ist aufgesessen, und die Pferde stehen leicht an den Gebissen. Er übergibt die Peitsche der linken Hand. Zum *Anfahren* nimmt die linke Hand die Leinen ein klein wenig an, um die Pferde auf die kommende Hilfe aufmerksam zu machen. Gleichzeitig hebt der Fahrer den rechten Arm und stellt durch einen Blick fest, ob der nachfolgende Verkehr es gestattet (besonders zum Überholen ansetzende Kraftwagen beachten!) anzufahren. Die rechte Hand löst gleichzeitig geräuschlos die Bremse, und der Fahrer gibt mit der linken nach. Die Pferde treten daraufhin an, um wieder an die Gebisse heranzukommen.

Beim Einfahren verwendet man am besten noch Zurufe, z. B. „Komm!" und „Haaalt!", die das Pferd von der Doppellonge her kennt. Die Zurufe müssen aber stets gleichzeitig mit den Leinenhilfen erfolgen, damit die Pferde sich allmählich auf die richtigen Hilfen einstellen können und der Zuruf in den Hintergrund treten und schließlich ganz wegfallen kann. Zischen, Zungenschnalzen und ähnliche zum Antreiben verwendete Zeichen sind unschön und ungeeignet.

Gehen die Pferde auf einfaches Nachgeben der Leinen nicht an, so ist etwas *Rechtsstellung* erforderlich. Dann gibt man mit den Leinen nach. Beim *Viererzug* wird dazu die rechte Vorderleine etwas angehoben. Muß noch mit der Peitsche nachgeholfen werden, darf der Fahrer sie nur beim ruhigeren Pferd anlegen.

Wird auf *abschüssiger* oder *ansteigender Straße* angefahren, so löst man die Bremse erst beim Antreten der Pferde, soweit wie es erforderlich ist.

Jeder *Übergang* in die nächsthöhere Gangart muß von gut eingefahrenen Pferden auf nachgebende Leinenhilfen ausgeführt werden. Zuckeln mit den Leinen, d. h. fortwährende Rucke ins Maul, als treibende Hilfe, ist völlig unsinnig.

Anhalten

Das *Anhalten* geht normalerweise langsam vor sich. Bei plötzlichem Anhalten sind die Wageninsassen starken Rucken ausgesetzt, außerdem können Pferde, Wagen und Geschirre dabei Schaden nehmen.

Zum Anhalten wird zunächst der erste Teil des Griffes *Verkürzen der Leinen um ein größeres Stück* ausgeführt. Die rechte Hand schließt sich, die linke geht aus den Leinen und setzt sich ein größeres Stück (etwa 20 bis 30 cm, abhängig vom Dressurgrad der Pferde) vor die rechte. Beim *Vierspänner* faßt die rechte Hand die Leinen hinter der linken, hält sie fest, und die linke gleitet auf den Leinen vor. Nachdem die linke Hand die Leinen dort in Grundhaltung gefaßt hat und die Peitsche von ihr übernommen worden ist, gibt der Fahrer durch Erheben des rechten Armes mit der Winkerkelle das Achtungszeichen. Dabei sieht er sich um, überzeugt sich, daß die nachfolgenden Verkehrsteilnehmer sein Zeichen wahrgenommen haben, und fährt mit einer Hand scharf nach rechts heran. Die Griffe für das Anhalten sind rechtzeitig einzuleiten, damit man das Achtungszeichen lange genug geben kann. Ist das Zeichengeben beendet und der Wagen nähert sich der Stelle, an der er halten soll, nimmt die linke Hand die Leinen an, während die rechte die Bremse bedient. Man vermeide, daß die Pferde beim Anhalten den Wagen aufhalten müssen; dazu ist die *Bremse* da. Nachdem die Pferde durchpariert sind, werden die Leinen wieder verlängert.

Die *Reihenfolge* dieser Griffe muß gut geübt werden, da sie auch beim plötzlichen Anhalten im Straßenverkehr erforderlich sind. Nur bei Gefahr darf das Achtungszeichen wegfallen, unter Umständen muß sogar auf das Bedienen der Handbremse verzichtet werden. Dabei wird der Griff *ganze Parade* angewendet.

Zurücksetzen und Einschlagen

Beim *Zurücksetzen* des Gespannes dürfen die Pferde keinen Schritt mehr machen, als vom Fahrer beabsichtigt ist. Es soll Schritt für Schritt *langsam*, wenn auch *flüssig*, ausgeführt werden. Der Fahrer deutet den Pferden zunächst die Hilfen zum Vorwärtsgehen an. In diesem Augenblick aber, da die Pferde angehen wollen, wirkt die linke Hand durch Gegenhalten rückwärts. Darauf folgt der erste Rückwärtstritt, der sofort durch Nachgeben mit den Leinen aufgefangen wird; die Pferde

werden versammelt, und wieder wirkt die Hand rückwärts. Auf diese Weise verhindert man ein übereiltes Rückwärtstreten, das die Gefahr von Kronentritten in sich birgt.
Die gleichen Grundsätze gelten für das Zurücksetzen des *Vierspänners*. Jedoch muß der Fahrer beide Pferdepaare *getrennt* und *gleichzeitig* zum Rückwärtstreten veranlassen. Vor dem Beginn des Rückwärtstretens sollen die *Vorderpferde* nur lose in den Strängen stehen. Der Fahrer geht zunächst mit der linken Hand auf beiden Leinen vor wie zum Leinenverkürzen. Danach faßt er die Hinterleinen mit der rechten Hand und kann nun auf beide Pferdepaare getrennt einwirken.
Zum Rückwärtsgehen auf gerader Linie muß die Deichsel genau senkrecht zur Hinterachse stehen. In der Praxis ist meist eine Änderung der Fahrtrichtung oder Fahrbahn damit verbunden.
Zusammen mit dem *Einschlagen* der Deichsel führt das Zurücksetzen zu halben und ganzen Wendungen. Als Grundvoraussetzung dafür, daß das Zurücksetzen gelingt, muß der zwischen Deichsel und Wagen hergestellte *Winkel* genau beibehalten werden. Jedes ungleichmäßige Rückwärtstreten der Pferde kann diesen Winkel verändern, und der Fahrer gelangt nicht dorthin, wohin er will.
Soll z. B. in eine Parklücke an der rechten Straßenseite zwischen zwei Kraftwagen hineingefahren werden (Abb. 329), so fährt man auf der Mitte der Straße mit soviel Abstand von den Autos, daß man neben dem zweiten halten und die Pferde nach rechts herumtreten lassen kann. Das ist die erste Phase des Zurücksetzens. Der Winkel, der zwischen Pferden und Wagen entsteht, muß beibehalten werden. Darauf läßt man die Pferde zurücktreten. Die Hinterräder des Wagens nähern sich der Bordsteinkante. Wenn das Hinterrad den Punkt erreicht, an dem es die richtige Entfernung von der Bordschwelle hat, ist die Linie gegeben, auf der nach dem Zurücksetzen die beiden rechten Räder des Wagens stehen sollen. Das Rückwärtsrichten wird beendet. Nun sollen die Hinterräder, die bisher nach rechts gelaufen sind, nach links laufen.

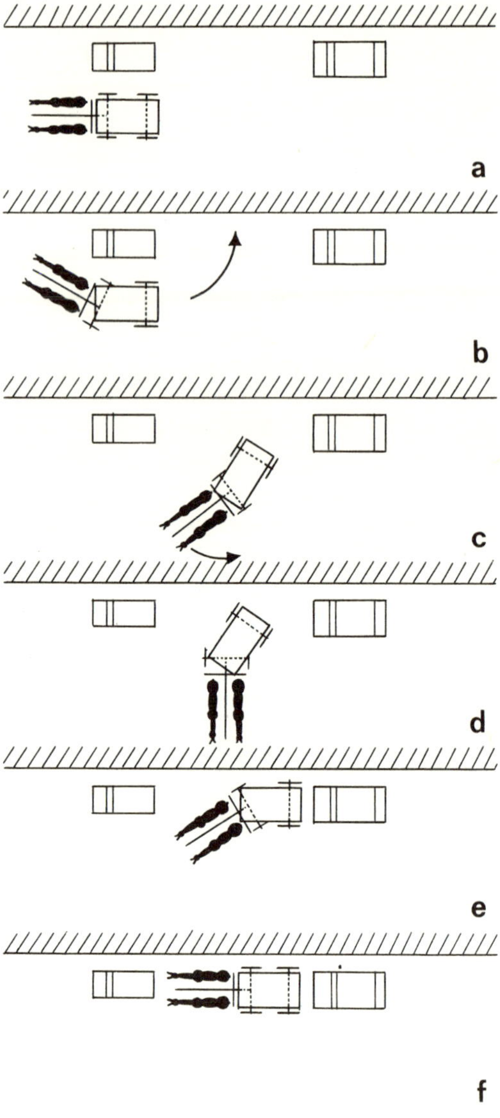

329 Zurücksetzen in eine Parklücke
a Das Gespann wird auf die Straßenmitte geführt
b Der erforderliche Winkel der Deichsel nach rechts wird hergestellt
c Das rechte Hinterrad hat die richtige Entfernung von der Bordschwelle erreicht
d Nun wird der gleiche Winkel der Deichsel nach links hergestellt
e Nach Beendigung des Zurücksetzens muß der Wagen parallel zur Bordschwelle stehen
f Die Deichsel wird abschließend wieder geradeaus gestellt

Die Deichsel ist immer nach der Richtung einzuschlagen, in der die Hinterräder laufen sollen. Die Pferde sind also jetzt nach links herumzunehmen. Leichte Anzüge an der linken Leine machen ihnen deutlich, daß sie herumtreten sollen. Der Wagen darf sich dabei nicht von der Stelle rühren. Der gleiche Winkel, der vor dem ersten Rückwärtstreten zwischen Pferden und Wagen nach rechts entstand, wird nun nach links hergestellt. Danach wird wieder Schritt für Schritt zurückgerichtet, bis der Wagen die gewünschte Stellung – in unserem Beispiel soll er parallel und unmittelbar an der Bordsteinkante stehen – erreicht hat. Nun sind die Pferde wieder geradeaus zu stellen.

Bei einem Wagen mit *Langbaum* – gerade bei diesem wird das Zurücksetzen öfter notwendig sein – muß ein kleiner Einschlagwinkel genommen werden, weil die Räder nicht unter dem Wagenkasten durchlaufen können. Der Fahrer sucht sich vor Beginn des Zurücksetzens einen Punkt, der mindestens eine Wagenlänge hinter der Stelle liegt, an dem das Hinterrad nach dem Zurücksetzen stehen soll. Nach diesem Punkt wird zurückgesetzt. Ist er dort angekommen, fährt er einfach in gerader Linie zum Endpunkt vor.

Diese Art des Zurücksetzens hat den Vorteil, daß man nur einmal einzuschlagen braucht.

Auch eine *ganze Wendung* kann durch Zurücksetzen ausgeführt werden. Benutzt man einen Wagen, bei dem die Vorderräder unter dem Kasten durchlaufen, kann der Fahrer ziemlich weit einschlagen. Je mehr man sich dabei einem rechten Winkel nähert, um so weniger verlassen die Hinterräder ihren Platz. Wird die Deichsel in einem Winkel von 45 Grad eingeschlagen, so bleibt das Hinterrad der Seite, nach der das Einschlagen erfolgt, fast an seinem Platz. Das andere Rad beschreibt einen Kreis, dessen Radius etwa der Breite des Wagens entspricht. Um eine solche Kehrtwendung auszuführen, muß man zur Straßenmitte fahren und darauf achten, daß zwischen Wagen und Straßenseite, nach der gewendet werden soll, mindestens eineinhalb Wagenbreite Platz bleibt.

Eine andere Möglichkeit der Kehrtwendung durch Zurücksetzen, die bei Wagen mit Langbaum anzuwenden ist, zeigt Abb. 330. Gegenüber der vorher beschriebenen Art hat sie den Nachteil, daß zweimal eingeschlagen werden muß. Da die Straße für eine Kehrtwendung zu schmal ist, wird der Wagen in einen Seitenweg zurückgesetzt. Dazu wird in Höhe des Seitenweges angehalten. Von dort führt man die Pferde im halben rechten Winkel nach der Straßenmitte zu und fährt so weit

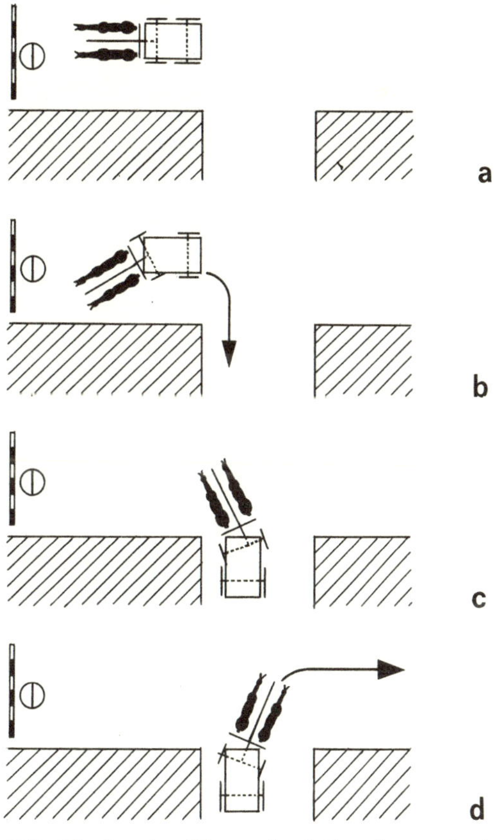

330 Wenden eines Wagens durch Zurücksetzen in einen Seitenweg

a Der Hinterwagen hält in Höhe des Seitenweges

b Die Deichsel wird nach links gestellt; danach wird zurückgesetzt

c Nach dem Rückwärtstreten steht der Wagen gerade im Seitenweg

d Nun werden Pferde und Deichsel nach rechts hinübergenommen; das Gespann ist bereit zum Herausfahren

vor, daß Pferde und Wagen wieder eine gerade Linie bilden. Das Hinterrad der Wendungsseite soll sich dann etwa 2 m vom Straßenrand entfernt befinden. An dieser Stelle hält das Gespann wieder. Die Pferde werden nun nach der Wendungsseite herumgenommen. Während des Herumtretens darf sich der Wagen nicht bewegen. Unter Beibehaltung des gewonnenen Winkels wird zurückgesetzt. Die Pferde sollen stets sowenig wie möglich rückwärts treten, d. h., man hält an, sobald genügend Platz gewonnen ist, daß die Pferde nach der anderen Richtung herumtreten können. Selbstverständlich fährt man dann wieder scharf an die rechte Straßenseite heran. Alle Kehrtwendungen durch Zurücksetzen sind langsam, aber flüssig zu fahren.
Es muß dem durch Übung geschulten *Augenmaß* des Fahrers überlassen bleiben, den richtigen Winkel zwischen Vorder- und Hinterwagen herauszufinden, mit dem er jeweils sein Ziel erreicht.
Zu vermeiden ist das Zurücksetzen bergauf oder gegen irgendwelche Hindernisse (Gräben, Wälle o. ä.). Muß bergab zurückgesetzt werden, so *bremse* man lieber zuviel als zuwenig.
Für *Vierspänner* gelten die gleichen Grundsätze. Beim Zurücksetzen im Rechtsbogen legt man eine kleine *Schleife* unter den Zeigefinger und übt dann, während die linke Hand alle vier Leinen annimmt, einen leichten Druck auf beide rechte Leinen aus. Dadurch wird die Deichsel in ihrem Winkel zum Wagen erhalten. Die beiden *Beifahrer* sitzen ab und begeben sich an die Pferdeköpfe, ohne sie anzufassen. Ist der Wagen genügend weit zurückgebracht, entläßt man die Schleife unter dem Zeigefinger. Danach hebt man einmal oder mehrmals die linke Vorderleine an, um den Vorderpferden anzudeuten, daß sie in halben Tritten nach links herumtreten sollen. Wenn die Vorderpferde genau vor den Stangenpferden stehen, werden durch einen Druck auf die linke Hinterleine auch die Stangenpferde zum Herumtreten veranlaßt. *Lob und beruhigende Worte* helfen, übereilte Tritte der Pferde zu vermeiden.

12.1.6. Gebrauch der Peitsche

Die Peitsche, ein unentbehrliches Hilfsmittel in der Hand des erfahrenen Fahrers, kann in den Händen roher und ungeschulter Menschen zu einem Marterinstrument werden.
Die Peitsche ist für den Fahrer das gleiche wie für den Reiter der Schenkel. Mit ihrer Hilfe kann er *treibende* und *versammelnde* Hilfen geben. Auch dient sie zum Bestrafen von (allerdings selten vorkommenden) Widersetzlichkeiten. Alle diese Funktionen hat auch der Schenkel des Reiters. Wie der Reiter genau die Lage seines Schenkels bestimmt, so muß auch der Fahrer die Stelle, an der die Peitschenhilfe treffen soll, genau kennen und erreichen. Die Peitsche wirkt unmittelbar *hinter dem Kammdeckel*, mitunter auch auf die Schulter des Pferdes. Um diese Stellen zu treffen, darf der Fahrer die Peitschenhilfe niemals aus dem Handgelenk wippend geben, sondern sie hat aus *vollem Arm*, bei leicht gebeugtem Ellbogengelenk, zu crfolgen. Dabei werden *Schulter- und Ellbogengelenk* bewegt, während das Handgelenk steif bleibt. Der Peitschenschlag fällt auf diese Weise von oben nach unten auf die betreffende Stelle des Pferdeleibes glatt hin. Der sogenannte „saugende“ Schlag, d. h. ein Aufwärtsziehen des Peitschenschlages am Pferdeleib, ist falsch. **Der Fahrer darf mit der Peitsche weder knallen noch den Peitschenschlag schwirren oder sausen lassen.**
Die *rechte* Hand muß bei Peitschengebrauch die *Leinen loslassen*, weil sonst den Pferden ein Ruck ins Maul versetzt würde.
Beim Bedienen der Bremse und während des Grüßens gehört die Peitsche in die linke Hand. Sonst stört sie die Pferde oder die Wageninsassen.
Treibende Peitschenhilfen müssen mit einem Nachgeben der Hand verbunden sein. Faule Pferde werden in den Leinen lang geschnallt und scharf gezäumt. Bei ihnen dürfen die Peitschenhilfen etwas deutlicher sein. Die scharfe Zäumung soll bewirken, daß das träge Pferd dem Fahrer nicht in die Hand stößt, wenn es eine Peitschenhilfe bekommt;

denn dadurch erhielte das andere Pferd des Paares jedesmal einen Ruck ins Maul. Pferde, die nicht an das Gebiß herantreten, werden ebenfalls lang geschnallt, aber weich gezäumt. Auch sie sind zu treiben.

Treibende Peitschenhilfen sind stets dem ruhigeren Pferd zu geben, das heftige würden sie noch mehr aufregen. Scheuklappen verhindern, daß die Pferde die Peitsche dauernd sehen. Für junge oder temperamentvolle Pferde sind sie daher fast unerläßlich.

Versammelnde Peitschenhilfen werden mit einem Gegenhalten der Hand verbunden. Vorher sind die Leinen gegebenenfalls zu verkürzen. Der Peitschenschlag, der von dem fast waagerecht gehaltenen Stock senkrecht herunterfällt, legt sich glatt dem Pferdeleib an. Die Leinenhand hält weich gegen, während der Peitschenschlag noch liegenbleibt.

Die *strafende Peitschenhilfe* wird ebenfalls aus dem ganzen Arm, jedoch energischer und unter stärkerem Gegenhalten der Hand gegeben. Der Peitschenschlag ist auf die Schulter oder den Oberarm zu legen. Der Fahrer darf sich dabei nicht mit dem Oberkörper vorbeugen, da dies einem Nachgeben der Leinen gleichkommt. Die Peitschenhilfen sollen selten, dann aber deutlich gegeben werden. Zu oft und kaum spürbar angewandt, machen sie die Pferde nur nervös.

Bösartige Widersetzlichkeit kommt beim Pferd nur sehr selten vor. Meistens gibt es Ursachen dafür, und der Fahrer sollte versuchen, diese zu finden, ehe er mit einer unbegründeten Peitschenstrafe Schaden anrichtet. Schuld an den vermeintlichen Widersetzlichkeiten sind nämlich häufig kleine Nachlässigkeiten des Fahrers. Mitunter reibt eine Schnalle; ein Riemchen kann verdreht sein und drückt; ein Haar wurde in der Schweifmetze eingeklemmt und stört das Pferd o. ä. Zuweilen ist ein nicht ohne weiteres erkennbarer Schmerz (z. B. Zahnschmerz) die Ursache. In solchen Fällen wäre es eine Roheit, das Pferd zu strafen.

Während der Fahrt wird die Peitsche niemals aus der Hand gelegt. Bleibt beim Fahren die Peitsche an einem Ast o. ä. hängen, so wird der Peitschenstiel nach rechts geworfen, damit die Peitsche nicht Wageninsassen oder Beifahrer berührt. Wollte man sie festhalten, würde der Stock wahrscheinlich brechen. Dann wird angehalten und die Peitsche abgenommen.

Gehen die Pferde durch und der Fahrer kann die Peitsche noch nach hinten legen, so erlangt er dadurch etwas mehr Bewegungsfreiheit. Den geübten Fahrer dürfte allerdings die Peitsche bei den notwendigen Handgriffen nicht stören. Kommt er bei durchgehenden Pferden mit den beschriebenen Griffen nicht aus und muß er, um die drohende Gefahr abzuwenden, ein wenig „riegeln“, so soll er die Peitsche wegwerfen. Die Hauptsache ist, daß er Menschen und Tiere außer Gefahr bringt.

Während langer Fahrten darf der Fahrer das *Ende des Peitschenstiels* auf dem Oberschenkel aufsetzen, da dies das Halten der Peitsche wesentlich erleichtert. Natürlich muß er die Peitsche am *Schwerpunkt* festhalten, der sich etwa 18 bis 20 cm oberhalb des Stielendes befindet. Um dem *Sattelpferd* eine Peitschenhilfe zu geben, stößt der Fahrer die Peitsche auf den rechten Oberschenkel auf und gleitet mit der Hand bis zum Stielende, damit er den Peitschenstock so lang wie möglich fassen kann. Er vermag dadurch, ohne den Oberkörper vorzubeugen, auch das weiter von ihm entfernte Sattelpferd richtig zu treffen.

Während aller Phasen des Fahrens weist die Peitsche links-schräg-vorwärts-aufwärts.

Jeder Fahrer ist laut polizeilicher Vorschrift verpflichtet, eine Peitsche bei seinem Gespann zu führen.

Im Fahrsport werden drei Peitschenarten unterschieden:

a) die Bogenpeitsche (für Kummetanspannung)

b) die Juckerpeitsche (für Sielenanspannung)

c) die Fahrgerte (nur für leichte amerikanische Anspannung und den Trabersport).

Mit der *Fahrgerte* können keine korrekten Peitschenhilfen gegeben werden, da ihr der Schlag fehlt.

Der Peitschenstock besitzt eine Länge von

1,50 bis 1,60 m. Der Schlag ist unterschiedlich lang: für die Zweispännerpeitsche etwa 1,50 m, für die Vierspännerpeitsche etwa 3,70 bis 3,80 m, einschließlich des Bogens. Der Peitschenstock soll steif sein. Ein biegsamer Stock beeinträchtigt die Treffgenauigkeit. Der *Peitschenschlag* ist weich und geschmeidig zu erhalten. In der Geschirrkammer sollte die Peitsche stets aufgehängt sein (Abb. 331). Achtlos weggestellte Peitschen verbiegen sich bald.

Während der Schlag der Zweispännerpeitsche herabhängt, wird der Schlag der Vierspännerpeitsche aufgeworfen, so daß er im oberen Teil des Stockes eine Schlinge (Doppelschnur) bildet und der übrige Teil des Schlages um den Peitschenstock gewickelt ist. Das *Aufwerfen* ist sehr schwierig und bedarf langer, ausdauernder Übung. Es gehört jedoch zu den Grundvoraussetzungen des Vierspännigfahrens (Abb. 332).

Als Vorübung zeichnet man mit Kreide ein 60 bis 70 cm großes S an eine Wand, stellt sich nahe davor und zeichnet es nach (Abb. 333). Bei A beginnt man mit waagerecht liegender Hand. Die Bewegung ist zunächst langsam, wobei der Daumen etwa bis zur Mitte des ersten Bogens des S etwas nach unten gerichtet wird. Von da an richtet sich die Hand bis B wieder etwas auf, verbleibt jedoch in ihrer langsamen Bewegung. Von B an wird die Bewegung wesentlich beschleunigt. Der Daumen steigt stark nach oben, und das Handgelenk bleibt zurück. Bei C wird die rasche Bewegung plötzlich unterbrochen, und die Hand bleibt in dieser Stellung mehrere Sekunden stehen. Dadurch kann sich, wenn später mit der Peitsche geübt wird, der gegen den Stock fliegende Schlag um diesen herumwickeln. (Abb. 333)

Die Armbewegung muß so lange geübt werden, bis sie mit der Zeichnung übereinstimmt und man sicher ist, daß man die verschiedenen Geschwindigkeitsphasen sicher beherrscht. Erst dann nimmt man einen kurzen Stock (ohne Schnur) zur Hand, stellt sich etwas weiter von der Figur entfernt auf und übt damit die gleiche Bewegung. Man muß das

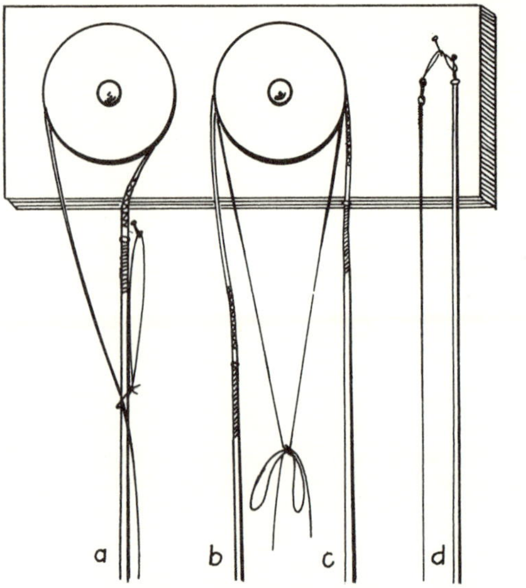

331 a Richtig aufgehängte Bogenpeitsche. Der Nagel hilft die Schwanenhalsbiegung des Peitschenbogens erhalten. Der Schlag hängt frei herab
b Die Peitsche ist zu lang aufgehängt. Der Bogen wird dabei gestreckt
c Die Peitsche ist zu kurz aufgehängt. Auch darunter leidet die Form des Bogens
d Auch die Stockpeitsche verbiegt sich, wenn sie nicht aufgehängt wird

mehrere Tage hintereinander wenigstens eine Viertelstunde lang tun. Am besten erwirbt man das richtige Gefühl, wenn man bei den Versuchen die Augen schließt und nur von Zeit zu Zeit die Ausführung kontrolliert. Wenn man auch diese Übung beherrscht, kann man die Peitsche in die Hand nehmen. Vorher erliegt man zu leicht der Versuchung, mit dem Stock nach der Schnur zu schlagen. Richtig ist es jedoch, die Schnur zum Stock hinaufzuwerfen.

Die *Übungen mit der Peitsche* müssen ebenfalls zu Fuß beginnen. Die rechte Hand steht dazu – Ober- und Unterarm im rechten Winkel – aufrecht vor dem Leib. Im Handgelenk ist sie leicht nach außen gerundet; der Daumen weist nach links (Grundhaltung der rechten Hand). Während der Beschleunigung von B an dreht man die Handoberfläche

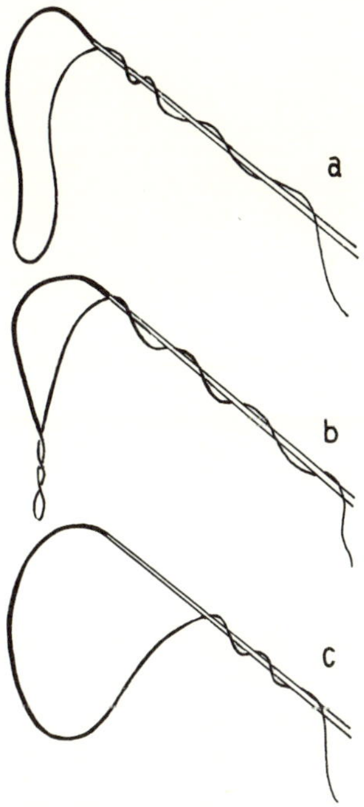

332 a Richtig aufgeworfene Peitsche;
b Fehlerhafte „Kringel"
c „Halbmast" aufgeworfene Peitsche

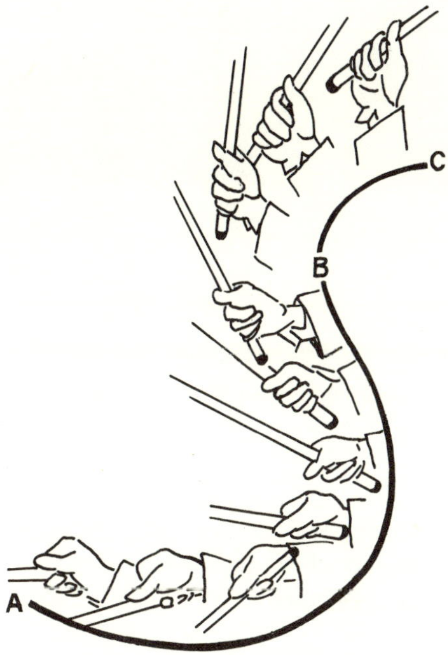

333 Vorübung zum Peitschenaufwerfen. Führung der Hand

rechts abwärts, die Fingernägel der geschlossenen Hand aufwärts. Bei der plötzlichen Unterbrechung der Bewegung im Punkt C schließt sich die Hand fest um den Peitschenstock, und die Muskeln von Hand und Arm spannen sich in diesem Augenblick stark an, damit der Stock plötzlich stehenbleibt, und zwar in Richtung halbrechts-aufwärts.

Auch wenn die Übungen mit der Peitsche begonnen worden sind, muß man sich vor Beginn der täglichen Übungsvierstelstunde etwa 10 Minuten lang ohne Peitsche und mit geschlossenen Augen in den zweckmäßigen Bewegungsablauf einarbeiten. Zu den Peitschenübungen wird die Schnur so in die rechte Hand genommen, daß ein etwa 10 cm langes Stück unten aus ihr herabhängt.

Der Vorgang des *Aufwerfens* an der Peitsche selbst ist folgender: Die Mitte der Schnur fliegt auf Grund der langsamen Handbewegung während des unteren Bogens des S nach halbrechts-aufwärts. Diese Bewegung wird durch die der Peitsche erteilte Beschleunigung und die Trägheit der Schnur noch stärker ausgeprägt. Deshalb trifft die Mitte der Schnur auf den plötzlich halbrechts-aufwärts gerichteten stillstehenden Stock und wickelt sich – sofern man ihn wirklich fest- und stillgehalten hat –, von unten kommend, drei- bis viermal um ihn herum (Abb. 334). Da man die gegenläufigen Gewinde beim Fahren nicht beibehalten kann, ohne daß sich die Schnur wieder aufwickelt, wird die Peitsche nun fast waagerecht über die linke Hand gelegt, die mit Daumen und Zeigefinger – ohne das obere Gewinde zu verletzen – den Schlag in der Mitte faßt. Die linke Hand darf aber ihren Platz nicht verlassen, weil sonst eine Rich-

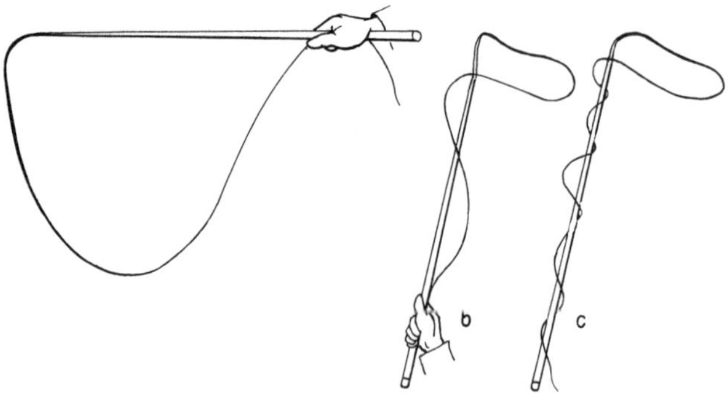

334 Aufwerfen der Peitsche; Schnur fliegt langsam rechts-aufwärts (a), trifft auf den plötzlich stillstehenden Stock (b) und wickelt sich um diesen herum (c)

tungsänderung des Gespannes einträte. Um das zu vermeiden, muß die rechte Hand mit dem Peitschenstock nach rechts weggehen und dabei das untere Gewinde vom Stock nehmen.

Liegt das obere Gewinde nicht fest auf dem Stock, so hält die linke Hand das Schlagende noch fest, und die rechte Hand dreht die Peitsche dreimal nach rechts, wobei der Bogen um den Stock fliegt. Dabei wickelt sich der Schlag noch einige Male um den Stock. Danach übergibt die rechte Hand die Peitsche an die linke, faßt das Ende des Schlages und wikkelt es als Fortsetzung des oberen Gewindes dreimal ganz lose um den Stock. Dabei muß die Peitsche ganz leicht gehalten werden, weil sie sonst wieder in Unordnung geraten könnte. Übung macht den Meister!

Die *Doppelschnur,* die durch das Aufwerfen gebildet wird, ist bei den *Stangenpferden* in gleicher Weise zu gebrauchen wie die Zweispännerpeitsche. Um ein *Vorderpferd* zu treffen, muß die Peitsche zunächst nach rechts hinübergenommen und der Schlag abgewikkelt werden.

Danach läßt die rechte Hand das Ende des Schlages los, so daß die Schnur rechts neben dem Wagen schleppt. Will man das Vorderpferd treffen, beschreibt man mit der Peitsche einen großen Kreis *entgegen* der Rollrichtung der Räder und wirft den Schlag dicht über dem Boden nach vorn, als wollte man einen Gegenstand treffen, der sich 1 m halbrechts vor den Vorderbeinen des Pferdes befindet. Am besten übt man das an der Gespannattrappe. Um das linke Vorderpferd zu treffen, wird die Peitschenschnur nach dem Abwikkeln in großem Bogen vorsichtig über die Pferde hinüber auf die linke Seite geworfen. Danach wird die Peitschenhilfe genau wie auf der rechten Seite ausgeführt. Hängt die Schnur nach der Peitschenhilfe ruhig, bringt man sie vorsichtig auf die rechte Seite zurück. Dabei dreht man den Peitschenbogen langsam nach links, so daß die Schnur unter den rechten Oberarm oder auf den Oberschenkel fällt und dort aufgenommen werden kann, um sie danach wieder aufzuwerfen.

12.1.7. Ausbildung des Wagenpferdes

Gewöhnung an das Geschirr

Die Elementarschule beginnt auch für das Wagenpferd im Fohlenstall. Das Fohlen muß sich anfassen lassen und dem Menschen gegenüber zutraulich sein, es muß sich die Beine aufheben lassen und den Kopf willig ins Halfter stecken. Ist die Erziehung so weit fortgeschritten, kann die *Zugausbildung* beginnen. In der ersten Ausbildungsetappe für den Zugdienst werden von dem jungen Pferd noch keine körperlichen Leistungen verlangt. Der erste Schritt ist das Einlegen einer *Trense.*

Selbstverständlich darf dazu nur eine dicke, möglichst hohle Wassertrense verwendet werden.
Das erste Ziel ist, daß sich das Fohlen leicht auftrensen läßt. Man achte darauf, daß die *Ohren nacheinander* durch das Kopfstück gesteckt werden. Wird dieses mit Gewalt nach hinten über die Ohren gezogen, so bereitet man dem Pferd Schmerzen. Das kann bei empfindlichen Pferden die gefürchtete Kopfscheue herbeiführen. Anfangs übt man das Auflegen des Fahrzaumes ohne Gebiß. Das wird kaum Schwierigkeiten bereiten, wenn das Fohlen an das Halfter gewöhnt ist. Das Gebiß wird nachträglich eingeschnallt. Dann sollte man das Fohlen öfter eine kurze Zeit, die sich allmählich bis auf eine halbe Stunde ausdehnt, aufgetrenst stehenlassen, jedoch ohne Zügel, in die es hineintreten oder mit denen es hängenbleiben kann.
Nun wird schon das Gebiß zum Auftrensen im Fahrzaum belassen. Man kann das Pferd auch hin und wieder einmal mit dem Gebiß trinken oder einen Leckerbissen nehmen lassen. Das alles verstärkt die Gewöhnung.
Bei dieser wie bei den folgenden Übungen, in denen die Gewöhnungsarbeit auf andere Geschirrteile ausgedehnt wird, bedient man sich des *Nahrungsreflexes*, d. h., man muß jede vom Pferd erfüllte Forderung, jeden Ausbildungserfolg sofort mit einem Leckerbissen belohnen. Danach sollte nicht unverzüglich die nächste Übung gefordert, sondern die letzte einige Male wiederholt werden, bis das Pferd der Forderung willig nachkommt.
Als nächste Gewöhnungsübung erfolgt das *Aufstecken des Kummets.* Dabei ist jedoch äußerste Vorsicht geboten. Am besten beginnt man damit erst, nachdem ähnliche Übungen mit dem Brustblatt gemacht worden sind. Dabei kann sich das Pferd nicht anstoßen, vorausgesetzt, daß man das Halskoppel aufschnallt. Wenn das Pferd weder Schmerz noch Zwang kennenlernt und eifrig belohnt und gelobt worden ist, wird es sich auch das Kummet willig über den Kopf schieben lassen.
Während der ersten Versuche müssen auf alle Fälle die *Kummetbügel* abgenommen werden. Weitere Klippen können das Umdrehen des Kummets auf dem Pferdehals und das Abnehmen des Kummets sein. Auch nur geringste Anwendung von Gewalt kann die Pferde kopfscheu machen. Empfehlenswert ist, bei den ersten Übungen ein recht großes, weites Kummet zu verwenden.
Man läßt nun das junge Pferd auch mit dem Kummet im Stall stehen, und zwar angebunden. Zweckmäßig ist es, wenn das Pferd zuvor an den Bauchgurt gewöhnt wurde. Dieser darf nicht sofort fest angezogen werden. Auch muß dem jungen Pferd der Kammdeckel sorgfältig *verpaßt* werden. Wichtig ist ferner, das Pferd an den *Schweifriemen* zu gewöhnen, selbst wenn die Geschirre keine Schweifriemen haben. Ein Verbindungsriemen zwischen Kammdeckel und Kummet, der ein Verrutschen verhindert, vervollständigt die Ausrüstung. Man kann das junge Pferd so auch ruhig fressen lassen.
Wurde das Fohlen zu Beginn seiner Ausbildung am Halfter geführt, so muß es nun auch in der beschriebenen Beschirrung geführt werden, damit es sich an die Einengung durch die Geschirrteile und an das Führen mit der Trense gewöhnt. Vor diesen Übungen sollte das Fohlen stets Gelegenheit haben, sich auszulaufen, damit es nicht durch etwa notwendig werdende Paraden schmerzhafte Erfahrungen mit dem Gebiß macht. Das so vorbereitete Pferd wird am Trensenzügel hin und wieder zu einem „Spaziergang" mitgenommen. Dabei bringt man ihn auch schon die ersten „Begriffe" der Gebißeinwirkung bei und macht es mit Kommandos wie „Komm!" und „Halt!" vertraut. Das ist von großem Nutzen für die weitere Ausbildungszeit. Vor diesen „Spaziergängen" lernt das junge Pferd schon im Stall das Gebiß fühlen. Dazu schnallt man die Ausbinder in die Trensenringe und befestigt sie in den Leinenführungsringen des Kammdeckels. Sie müssen so lang geschnallt sein, daß der Hals seine natürliche Streckung behalten kann. Keinesfalls sollte man versuchen, das Pferd durch zu kurz oder zu tief eingeschnallte Ausbindezügel an eine „schöne

Haltung“ zu gewöhnen. Auch zu hoch eingeschnallte Ausbinder wirken schädlich, wenn sie zu kurz sind. Das Ausbinden geschieht zuerst im Stall, also in der dem jungen Pferd besonders vertrauten Umgebung. Diese Übung darf nur wenige Minuten dauern. Der Ausbilder bleibt in jedem Fall dabei. Auch bei den ersten Spaziergängen sollten recht lang geschnallte Ausbinder benutzt werden.

Arbeit mit der Doppellonge

Ist die Ausbildung so weit vorangeschritten, muß man dem Pferd die *Einwirkung der Leinen* verdeutlichen und gewisse Dressurgrundlagen geben. Auch bei dieser Arbeit wird noch keine größere körperliche Leistung verlangt. Deshalb kann man sie bereits mit dem Fohlen beginnen.

Die Doppellonge

Die *Doppellonge* besteht aus einer 17 m langen Longe, die an beiden Enden je eine Schnalle oder einen Karabinerhaken aufweist. Man kann die Doppellonge aus einer einfachen Longe und einer Einspännerleine selbst herstellen: Man entfernt die Handschlaufe der Longe sowie eine Schnalle der Einspännerleine und näht die beiden freien Leinenenden zusammen.

Das Doppellongengeschirr

Als *Doppellongengeschirr* wird ein halbes Kummet- oder Sielengeschirr verwendet. (Abb. 335) Die Stränge sind ausgeschnallt. Auf den kleinen Bauchgurt werden zwei *Ringe* von der Größe und Stärke eines Aufhalterings geschoben, die zu beiden Seiten des Pferdes unterhalb der Strangschnalle mit einem kleinen Riemen befestigt werden, damit sie beim Nachgeben mit der Longe nicht nach unten rutschen. Die *Oberblattstrippen* sind so lang wie möglich zu schnallen, damit der kleine Bauchgurt kürzer gehalten werden kann und die Ringe dadurch tiefer liegen.
Die Doppellonge wird in die Ringe einer sehr dicken *Reittrense* eingeschnallt – wie man sie für diese Übungen immer benutzen muß – und dann durch die Kummetaugen bzw. die Leinenaugen am Brustblattgeschirr geführt. Von dort laufen sie nach unten durch die auf den kleinen Bauchgurt geschobenen Ringe. Auch bei der Arbeit mit der Doppellonge ist das Kummetgeschirr vorzuziehen. Anfangs sollte ein recht weites Kummet gewählt werden. Den *Schweifriemen* darf man beim Doppellongengeschirr niemals vergessen.

Ausbildungsgang

Die Doppellonge hat den Vorteil, daß die Leinen in der gleichen Richtung laufen, in der auch später Leinen bzw. Zügel wirken. Der

335 Doppellongen-Geschirr

bei der einfachen Longe auftretende seitliche Zug auf das Gebiß wird hier ausgeschaltet. Außerdem ermöglicht die Doppellonge dem Longenführer eine sanfte, aber unwiderstehliche Einwirkung, verhindert jedoch jähe Rucke ins Maul. Das wichtigste aber ist: Das Pferd lernt von vornherein, gleichmäßig an beide Gebißhälften heranzutreten. Mit der Doppellonge kann es richtig gebogen und gestellt werden. Das ist für die weitere Ausbildung von unschätzbarem Wert.

Zur Doppellongenarbeit sind dem Pferd an allen vier Beinen *Bandagen* oder *Streichkappen* anzulegen.

Die Arbeit an der Doppellonge sollte mit jungen Pferden – wenigstens bei den ersten Versuchen – nie vom Stall weg begonnen werden. Sie haben dann zuviel Stallmut, und man bringt sich leicht um den Erfolg, wenn sich die Pferde am Gebiß stoßen, sich dadurch überzäumen oder andere Untugenden angewöhnen. Vor der Arbeit sollen sich die Fohlen ausgiebig auf der Koppel auslaufen. Wo dazu keine Möglichkeit besteht, muß man das Pferd zunächst ausgebunden und mit Kappzaum an der Longe lösen, ehe man die Doppellonge auflegt.

Der Doppellongenführer stellt sich zunächst hinter das Pferd und führt die beiden Leinenteile so breit, daß sie die Pferdebeine nicht berühren, um das Pferd nicht zu beunruhigen. Zusätzlich wird das junge Tier zunächst auch noch von einem Gehilfen an einer Longe geführt (Kappzaum). Der Gehilfe führt das Pferd vorwärts; die entsprechenden Kommandos gibt jedoch der Doppellongenführer. Ein kurzes, mit möglichst heller Stimme gesprochenes „Marsch!“ läßt das Pferd angehen, ein gedehntes und gedämpft gesprochenes „Haaalt!“ soll zum Anhalten führen. Das Kommando zum Vorwärtsgehen muß stets mit einem Nachgeben der Doppellonge, das Kommando zum Anhalten mit einem Annehmen der Doppellonge verbunden sein.

Bei diesen Übungen ist das Pferd immer zu loben und zu belohnen, wenn es etwas gut gemacht hat. Während der Pausen nach dem Anhalten versuche man bald, erst den einen, dann den anderen Hinterschenkel des Pferdes mit der Leine zu berühren und am Bein entlangzustreichen. Dem Pferd muß alles Mißtrauen gegen die Leine genommen werden. Damit wird es gleichzeitig strangfromm gemacht. So vorbereitete Pferde werden niemals Strangschläger.

Hat der Doppellongenführer noch keine allzu große Erfahrung, dann muß bei diesen Übungen nicht nur das Pferd lernen.

Besonders das *Nachgeben mit der Doppellonge* will gekonnt sein, da es eine unerläßliche Voraussetzung für die Arbeit des Longenführers ist. Dazu ist es notwendig, das Pferd stets im Auge zu behalten und vorauszudenken. Das Nachgeben mit der Doppellonge muß etwa so geschehen, als lege man ein großes Tischtuch auf: mit einer nach vorn-abwärts gerichteten Bewegung der Arme aus dem Schultergelenk. Sollten die Leinen nicht genügend gleiten, so reibt man sie mit Talkum ein oder benutzt leichter gleitende, aber genügend feste Schnüre als Vorderteile der Doppellonge.

Allmählich entfernt sich der Gehilfe immer weiter vom Pferd, ohne auch nur im geringsten mit seiner Longe einzuwirken. Das Pferd beginnt nun auf die Hilfen des Doppellongenführers vorwärts zu gehen, anzutraben und anzuhalten. Führt es diese Übungen zur Zufriedenheit aus, so wird es – wenn notwendig mit Unterstützung des Gehilfen – auf einen großen Kreis auf der linken Hand geführt. Der Doppellongenführer verläßt allmählich seinen Platz hinter dem Pferd. Indem er sich nach der Mitte des Zirkels begibt, legt sich der äußere Teil der Doppellonge um die Hinterschenkel des Pferdes. Ein sorgfältig und nicht übereilt vorbereitetes Pferd wird dadurch nicht beunruhigt. Auf dem Zirkel ist das Pferd an beide Leinen zu stellen, damit es gleich zu Beginn lernt, richtig gebogen auf der Zirkellinie zu gehen.

Von diesem Zeitpunkt an sind häufig Handwechsel vorzunehmen. Am zweiten Übungstag kann der Handwechsel bereits ohne den Gehilfen erfolgen. Der Doppellongenführer bewegt sich, wie Abbildung 336 zeigt. Dabei

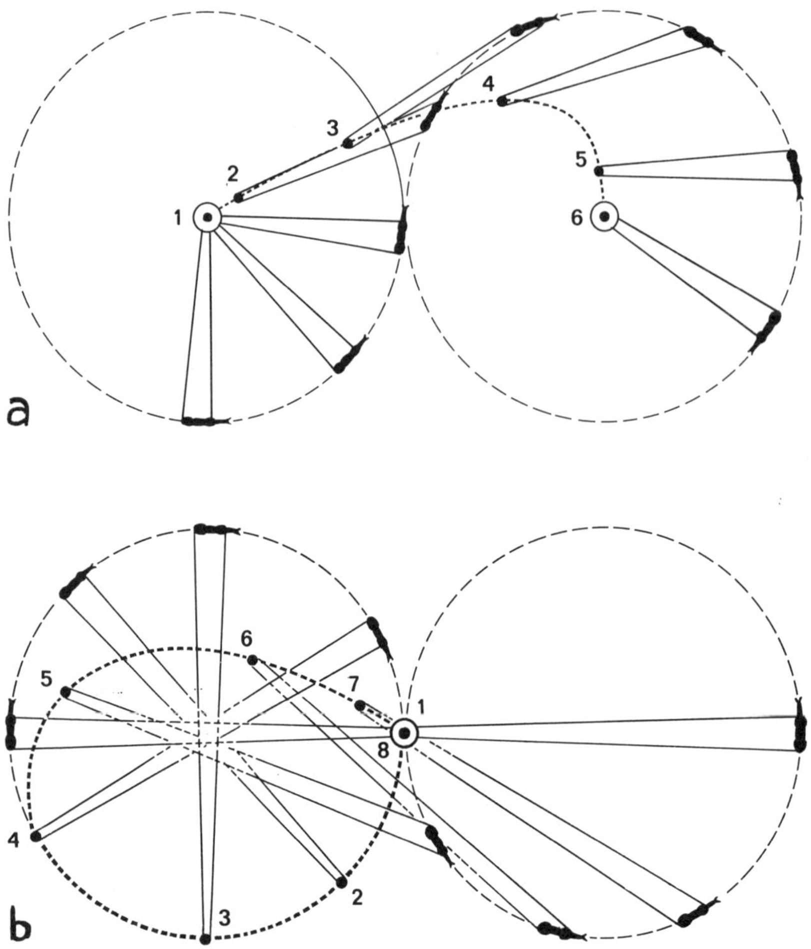

336 a Wechseln *aus* dem Zirkel bei der Doppellongen-Arbeit (1–6 = Positionen des Longenführers)
b Wechseln *durch* den Zirkel bei der Doppellongen-Arbeit (1–8 = Positionen des Longenführers)

muß er geschickt auf der nun inneren Seite der Doppellonge durch zweimaliges starkes Vorgreifen die Umstellung bewirken. Die neue Außenlonge läßt er etwa 3 m durch die Hand gleiten. Vorsicht ist geboten, wenn der Doppellongenführer hinter dem Pferd durchgeht. Die Berührung des Hinterbeines durch die neue Außenlonge kann das Pferd leicht erschrecken.

Nachgeben ist bei der Doppellongenarbeit, besonders bei jungen Pferden, das A und O. Dabei muß der Longenführer vorausdenkend nachgeben, d. h. bevor sich das Pferd am Gebiß gestoßen hat. Wellenbewegungen mit weit vorgestreckten Armen, unter Umständen wenige schnelle Schritte auf das Pferd zu, sind notwendig. Das gleiche muß geschehen, wenn das Pferd nach innen drängt. Um vorzutreiben, macht man einige Schritte auf die Hinterhand des Pferdes zu. Will man den Zirkel größer haben, so geht man auf die Schulter des Pferdes zu, um danach unter Verlängern der Doppellonge zum Zirkelmittelpunkt zurückzukehren.

Pferde, die am Anfang ihrer Ausbildung an der einfachen Longe gearbeitet worden sind, kennen auch die Peitschenhilfen. In diesem Fall braucht der Longierende seinen Platz im Zirkelmittelpunkt nicht zu verlassen, muß aber dann die Doppellonge während der Peitschenhilfe in einer Hand führen. Beim Anhalten sollte man stets die Doppellonge an den Trensenringen ein Stück vorziehen, damit das Pferd den Hals richtig strecken kann.
Manche Fahrer befürchten, Pferde lernten an der Doppellonge sich aufzurollen. Das kann geschehen, wenn der Doppellongenführer nicht in jedem Augenblick an das Nachgeben denkt. Wenn das Pferd die Verbindung mit der Hand verloren hat, also eiliger vorwärts geht, muß der Longenführer sofort vorgehen, um zu verhindern, daß sich das Pferd am Gebiß stößt. Ein solches Stoßen kann dazu führen, daß Pferde hinter den Zügel kriechen. Es empfiehlt sich auch, bei den ersten Übungen an der Doppellonge die Peitsche wegzulassen. Nur wenn das Pferd sehr faul sein sollte, muß sie benutzt werden. Pferde, die nach dem Innern des Zirkels drängen, hängen oft am äußeren Zügel, d. h. sie werfen sich nach außen gestellt über die innere Schulter. Man achte daher streng darauf, daß das Pferd der Kreislinie entsprechend gebogen und gestellt ist. In diesem Fall muß der innere Longenteil verkürzt und der äußere eventuell verlängert werden. Um diese Stellung immer korrekt zu erhalten, wechsle man die Hand stets nur im Schritt. Es ist unbedingt darauf zu achten, daß das Pferd auch am Wechselpunkt umgestellt wird.

Anlernen zum Zuge

Die nächste Etappe in der Ausbildung des Pferdes ist das *Ziehenlernen*. Führt das Pferd willig die von ihm verlangten Übungen an der Doppellonge aus, so schlauft man in beide Strangschnallen je einen langen und festen *Strick* ein. Diese Stricke werden von zwei Helfern gehalten. Während das Pferd vorwärts geht, laufen sie zunächst mit locker hängenden Stricken hinterher. Ganz allmählich spannen sie diese an und erzeugen dadurch einen Zugwiderstand. Dieser erhöht sich allmählich, bis sie sich schließlich mit ganzer Kraft gegen die Zugrichtung stemmen. Dabei hat das Pferd schon einen erheblichen Widerstand zu überwinden. Bei diesem Teil der Arbeit muß man sehr ruhig und überlegt – auf keinen Fall zu schnell – vorgehen. Das Pferd darf niemals stehenbleiben; das wäre ein schwerer Fehler, der die ganze Ausbildung verderben könnte. Deshalb wird bei dieser Übung der Zugwiderstand sofort vermindert, wenn man bemerkt, daß dem Pferd die Last zu groß ist.
Während man bei der geschilderten Übung den Zugwiderstand erst einwirken läßt, nachdem sich das Pferd in Bewegung gesetzt hat, muß es später auch das *Anziehen* lernen. Wieder wird mit ganz geringem Zugwiderstand begonnen. Systematisches und allmähliches Vorgehen, stets begleitet von Belohnung für den kleinsten Erfolg, macht dem Pferd bald deutlich, was von ihm verlangt wird. Schließlich muß das Pferd im ruhigen Schritt, ohne zu prellen, zwei Personen – an jedem Strang eine –, die sich gegen den Boden stemmen, wegziehen.
Führt das junge Pferd alle bisher geforderten Übungen zur Zufriedenheit aus, dann ist es Zeit, an die *Muskelbildung* zu denken. Das junge Pferd wird nun an die *Schleppe* gespannt. Die Übungen an der Schleppe sollen außerdem ein ruhiges und sicheres Anziehen vor der Last bewirken bzw. die vorangegangenen Lektionen an der Doppellonge festigen. Wo noch Pflegearbeiten o. ä. mit Pferden ausgeführt werden, läßt man das junge Pferd zur Gewöhnung einen Tag lang neben den alten Arbeitspferden gehen und dann mitarbeiten. Sofern diese Arbeit für den körperlichen Zustand des jungen Pferdes nicht zu schwer ist, stellt sie das beste Mittel dar, um die Zugkraft zu entwickeln. Überanstrengungen sind – u. a. durch häufige Pausen – unbedingt zu vermeiden.
Das **Vor-den-Wagen-Spannen** bringt zwei neue Probleme: das kleinere sind die Scheu-

klappen, das größere die Gewöhnung an den Wagen.
Scheuklappen stören anfangs jedes Pferd. Deshalb ist es vorteilhaft, diese Ausrüstungsteile bereits bei den vorhergehenden Übungen heranzuziehen, damit sich das Pferd an sie gewöhnt. Besonders beim Einfahren temperamentvoller Pferde im Wagen kommt man ohne sie kaum aus. Das Pferd kann bei allem, was hinter ihm vorgeht, erschrecken; schon das Besteigen des Bockes durch den Fahrer erscheint ihm mitunter als eine drohende Gefahr. Peitschenhilfen sind bei diesen Pferden ohne Scheuklappen unmöglich, weil sie in erster Linie auf das heftigere Pferd einwirken.
Die *Gewöhnung an den Wagen* wird oft so vorbereitet, daß man schon das junge Fohlen – am Halfter angebunden – neben der Mutter hergehen läßt. Das ist eine ausgezeichnete Methode, sofern das junge Pferd geradegestellt bleibt. Es gewöhnt sich dadurch bereits im frühesten Alter an das Rollen des Wagens, das sonst oft zum Erschrecken führt. Ist eine solche Eingewöhnung nicht möglich, dann wird das Pferd erst mit dem stehenden Wagen vertraut gemacht – natürlich immer verbunden mit Zureden und Belohnung. Man läßt es eventuell sogar vom Wagen herab einige Lekkerbissen nehmen und beginnt dann, das Pferd neben dem fahrenden Wagen zu führen. Dabei rückt es schließlich immer mehr nach vorn. Vorsicht ist geboten, damit es keine Schlägerei gibt! Spannt man schließlich das so vorbereitete junge Pferd neben einen erfahrenen alten „Schulmeister" an die Deichsel, so dürfte eigentlich nichts mehr schiefgehen. Da aber bei unliebsamen Überraschungen (z. B. bellenden Hunden, rollenden Bällen o. ä.) die Longe gute Dienste leistet, schnallen wir sie als *Hilfsleine* in den Verbindungsring zwischen den beiden Trensenringen, der am Fahrzaum angebracht wird. Dieser Riemen soll eine erforderliche Parade auf beide Maulseiten gleichzeitig wirken lassen.
So ausgerüstet, spannen wir unser junges Pferd links neben das ältere, das schon mit dem Wagen auf einem ebenen oder leicht geneigten Platz steht. Ein breiter Landweg, ein längeres Wiesenstück oder sonstiges freies Gelände mit ebenem, elastischem Boden eignen sich für diese Übung. Pflaster und tiefer Sand sind zu meiden.
Wenn der Fahrer den Bock besteigt, steht beim Anfahren ein *Gehilfe* neben dem Kopf des jungen Pferdes. Er führt es an und bleibt auch dort während der ersten Versuche im Schritt. Man fahre anfangs soviel wie möglich *geradeaus* und versuche, das Pferd durch Zureden und Klopfen (Gehilfe) zu beruhigen. Das gute Beispiel das anderen Pferdes wirkt dabei oft Wunder.
Ist das junge Pferd sehr temperamentvoll, so empfiehlt sich, vor den ersten Fahrversuchen jeweils eine Übung an der Doppellonge einzuschalten, damit es sich dabei beruhigt.
Bei den ersten Fahrübungen läuft der Helfer neben dem Pferd her, dann bleibt er immer mehr zurück und geht neben dem Vorderrad. Auch bei den ersten kurzen Trabreprisen läuft er zunächst mit – wenn nötig wieder neben dem Pferd. Später stellt er sich auf das Trittbrett des Wagens.
Die ersten Versuche sollten eine halbe Stunde nicht überschreiten. Später verlängert man die gesamte Übungszeit und auch die Trabreprisen.

Ausbildungsverlauf

In der nun folgenden Ausbildungszeit sind abwechselnd *Wendigkeitsübungen* durch Fahren von Volten, Achten und Schlangenlinien sowie Wendungen (alle erst sehr groß, dann allmählich kleiner werdend) durchzuführen, außerdem *Gehorsamkeitsübungen* (z. B. Durchfahren von Hohlwegen, Straßenunterführungen, Eisenbahnübergängen) sowie Übungen im *Anfahren* und *Anhalten*. Daneben sind kurze, später allmählich länger werdende Fahrten in tiefem Sand, in bergigem Gelände, durch Furten mit unbelastetem, schließlich auch belastetem Wagen zu machen. In dieser Ausbildungsperiode soll das junge Pferd möglichst schon alle Anforderungen und Erscheinungen kennenlernen, die ihm bei der Arbeit begegnen können, obwohl das Maß der körperlichen Belastung vorerst noch nicht die normale Höhe erreicht (es gelten die allgemeinen Belastungsprinzipien und die Grundsätze des Ausdauertrainings). Gegen Ende dieses Ausbildungsabschnittes müssen noch zwei sehr wichtige Lektionen geübt werden: Das *Stillstehen* und das *Rückwärtstreten.* Man übe das *Stillstehen* anfangs nur für einen kurzen Zeitraum, später für eine immer längere Dauer. Die Pferde müssen dabei völlig ruhig auf allen vier Beinen – sowohl an den Gebissen als auch mit hingegebenen Leinen – stehen. Störungen, gleich welcher Art (vorbeifahrende Motorräder, Lastzüge, Lokomotiven usw.) dürfen sie nicht im geringsten unruhig machen. Beim *Rückwärtstreten* wird von vornherein Schritt für Schritt geübt und die Übung sofort durch Vorwärtsfahren unterbrochen, wenn die Pferde zurückeilen oder zurückkriechen sollten. Es gelten die gleichen Grundsätze wie beim Reitpferd.

Außerdem sollte man von Anbeginn darauf achten, daß die Pferde genau *geradeaus* zurücktreten. Auf nachgebende Leinenhilfen müssen sie sofort wieder vorwärts gehen.

Schließlich sollen die Pferde auch lernen, auf leichte, einseitig annehmende Hilfen am Ort *zur Seite* zu treten und dabei die Deichsel mitzunehmen, ohne daß sich der Wagen von der Stelle bewegt. Das ist für *Wenden durch Einschlagen und Zurücksetzen* notwendig.

Zum *Einfahren* verwendet man einen nicht zu leichten, kräftig gebauten Kutschwagen mit möglichst hohem Bock. Wo öfter junge Pferde einzufahren sind, wird ein spezieller *Einfahrwagen* nicht zu entbehren sein. Man kann fast jeden Wagen dazu verwenden, doch sollte der Einfahrwagen auf keinen Fall zu leicht sein, damit das junge Pferd später bei einem schweren Wagen nicht versagt. Gefährlich sind leichte, niedrige Kutschwagen mit tiefliegendem Fahrersitz und einem weit vorgebauten Vordergestell, an dessen Eisenteilen sich heftige Pferde leicht verletzen. Besonders zweckmäßig ist für Einfahrwagen eine *hochliegende Deichsel.* Bei Wagen, die zum Einfahren verwendet werden, sollte die Deichsel etwa bis zur Hälfte ihrer Länge *gepolstert* sein.

Gegen das Schlagen des Pferdes über die Deichsel schützt ein etwa 30 cm hohes, starkes, vorn abgerundetes *Brett,* das auf der Deichsel aufrecht stehend befestigt wird und von der Deichselmitte bis zum Bockschirm reicht. Der Einfahrwagen muß eine *feste Bracke* haben. Mit Spielwaage kann man junge Pferde nicht einfahren, weil sie beim Anziehen des „Schulmeisters“ zurückgerissen werden. Das kann sie ängstlich, ja sogar völlig unbrauchbar zum Fahren machen.

Im Laufe der bisherigen Ausbildung ist das Pferd zugfest und sicher geworden. Nun muß es auch lernen, an der anderen Seite der Deichsel zu gehen. Das *Umspannen* von einer Deichselseite zur anderen ist äußerst wichtig, damit das Pferd gerade bleibt und sowohl zum Reiten als auch im Einspänner uneingeschränkt verwendet werden kann. Läßt man ein Pferd ständig an der gleichen Deichselseite gehen, so wird es schief; die Sehnen und Bänder einer Seite verkürzen bzw. verlängern sich im Vergleich zur anderen. Ist das geschehen, bereitet das Umspannen dem Pferd Schmerzen. Beginnt man aber rechtzeitig mit dem Seitenwechsel, dann erhält man das Pferd im Gehorsam und sorgt gleichzeitig für eine beiderseits gleichmäßige körperliche Entwicklung. Anfangs muß man häufig umspannen, später – wenn das Pferd an beiden Deichselseiten gut arbeitet – kann man regelmäßig wöchentlich wechseln.

Für weitergehende Hinweise zur Ausbildung von Fahrpferden verweisen wir auf das Buch „Zweispännigfahren“ von E. Oese, das im Sportverlag Berlin erschienen ist.

Gesundheitspflege des Pferdes

Richtige Maultätigkeit ist auch für das Fahrpferd eine wichtige Voraussetzung. Dazu ist aber ein gesundes *Maul* erforderlich. Scheinbar unerklärliche Widersetzlichkeiten des sonst gutmütigen Pferdes haben ihre Ursache oft in nicht erkannten Maulverletzungen. Nach jeder Ausbildungsstunde sind deshalb die *Lefzen, die Schleimhäute, die Zunge und die Laden* zu untersuchen. Das muß auch später geschehen, wenn die Pferde auf Kandare gefahren werden. Wunde Lefzen sind mit Essigwasser zu kühlen, mit Heilsalbe zu behandeln und hin und wieder mit Vaseline einzureiben, um sie geschmeidig zu erhalten. Darüber, wie man Ladendrücke erkennt und behandelt, sollte sich jeder Fahrer eingehend informieren.

Die *Beine*, besonders die Hinterbeine des jungen Pferdes, müssen ständig beobachtet werden. Die noch ungewohnte Anstrengung – auch schon an der Doppellonge – führt oft zum *Streichen* der Hinterbeine. Weitere Ursachen sind, daß sich Pferde aus Angst vor der Deichsel am Wagen schief stellen usw. Deshalb sind die Beine täglich genau auf *Kronentritte* und *Streichstellen* zu untersuchen. In der gesamten Ausbildungsarbeit sind *Streichkappen*, besonders an den Hinterbeinen des jungen Pferdes, unerläßlich, da sie das beste Hilfsmittel gegen das Entstehen von Streichballen bilden.

Besonderer Pflege bedürfen auch die *Schultern* des jungen Pferdes. Sie sind nach Übungen oder Arbeit auf Druckstellen zu untersuchen. Waschungen mit einer Mischung aus Essigwasser und Salmiakgeist sind nach dem Zugdienst zu empfehlen. Selbstverständlich tragen sauberes Geschirr (besonders die Auflageflächen des Kummets) sowie weich erhaltene, gleichmäßige gepolsterte Kummetunterlagen dazu bei, diese Schäden zu verhüten.

12.2. Fahrtraining

12.2.1. Belastungsgestaltung

Das Fahren, dessen Grundausbildung für Fahrer und Pferd im vorhergehenden Abschnitt ausführlich behandelt worden ist, besitzt wachsende Bedeutung als Leistungssport. Für Zwei- und Vierspänner gibt es Welt- und Kontinentalmeisterschaften und in einer Reihe von Ländern Landesmeisterschaften. Andere Anspannungsarten wie Einspänner und Tandems befinden sich auf dem Wege dazu.

Aus dieser Entwicklung ergibt sich die Notwendigkeit, auch auf das Training der Fahrer und Gespanne für die verschiedenen Prüfungsarten größeres Augenmerk zu lenken. Erste Erkenntnisse im Hinblick auf die Gestaltung des Fahrtrainings sind auf den folgenden Seiten zusammengestellt. Sie sollten in Verbindung mit den „Grundlagen der Allgemeinen Trainings- und Wettkampflehre des Pferdesports“ (Kapitel 5) gesehen werden und beschränken sich auf die Teilprüfungen von Vielseitigkeits- und Kombinierten Prüfungen (§§ 760–762 LPO).

(Detaillierte Ausführungen zu den Wettkampfanforderungen und zur Wettkampfgestaltung finden sich in dem Buch „Zweispännigfahren“ von E. Oese, Sportverlag Berlin, 1991).

Die Vielseitigkeit der Ausbildung des Fahrpferdes birgt die Gefahr körperlicher wie psychischer Überbelastung in sich. Zwar wurde auf diese Gefahr mehrfach hingewiesen, jedoch erlangt die Frage in der weiteren Ausbildung zunehmend an Bedeutung, so daß an dieser Stelle auf einige *Grundsätze der Belastungsgestaltung* noch besonders eingegangen werden soll. (s. a. Kapitel 5). Allgemein ist die Wirkung der Belastungen im Training von den Möglichkeiten der biologischen Anpassung des Organismus abhängig. Aus den Gesetzmäßigkeiten der Anpassungsvorgänge und den Erfahrungen guter Pferdeausbilder lassen sich Belastungsgrundsätze ableiten, die in der Ausbildung des einzelnen Pferdes unter Berücksichtigung seiner individuellen Besonderheiten anzuwenden sind.

Das Prinzip der mehrjährigen kontinuierlichen Belastung

Ein sorgfältiger und erfolgversprechender Ausbildungsgang bedarf mehrerer Jahre, ehe das Pferd zu Höchstleistungen in der Lage ist. Eine so langfristig angelegte Ausbildung kann ohne Planung nicht erfolgreich verlaufen. Das *Konzept* muß den Inhalt des Ausbildungsprozesses von dessen Beginn bis zum Erreichen der angestrebten Höchstleistung umfassen.

Legt man die Ziele, Aufgaben und Maßnahmen nur für ein Ausbildungsjahr fest, ergibt sich aus der Summe mehrerer solcher Jahrespläne immer noch kein systematisch aufgebautes Mehrjahresprogramm. Die Vielgestaltigkeit der Ausbildung des Fahrpferdes erschwert das planvolle Vorgehen zweifellos noch. Sollen alle erforderlichen Bestandteile der Ausbildung im richtigen Verhältnis Berücksichtigung finden, muß man sie über einen Mehrjahreszeitraum zweckmäßig verteilen, sonst kommt der eine oder andere zu kurz.

Treten in der Ausbildung *längere Unterbrechungen* auf, z. B. durch das Fehlen einer Reithalle, hat das zur Folge, daß das Ausbildungsziel nicht rechtzeitig erreicht wird. Wenn die Trainingsbelastungen nicht in optimalen Zeitabständen aufeinanderfolgen, kann sich der Trainingszustand nicht in der vorgesehenen Weise verbessern, er wird sich unter Umständen sogar verschlechtern.

Die Beachtung des Prinzips der Kontinuität erfordert daher auch Überlegungen, wie die Belastung dann zu gestalten ist, wenn aus irgendeinem Grund das geplante Programm nicht verwirklicht werden kann.

Das Prinzip des planmäßigen Wechsels von Belastung und Erholung

Die Steigerung der körperlichen Leistungsfähigkeit ist nicht nur das Ergebnis hoher Trainingsbelastungen. Für die notwendige Erholung muß gleichermaßen gesorgt werden. Beide Seiten – *Belastung und Erholung* – sind in unlösbarer *Einheit* zu sehen. Da neue Trainingsbelastungen erst dann sinnvoll sind, wenn der Organismus bzw. seine jeweils beanspruchten Systeme ausreichend erholt sind, ist auch der inhaltlichen *Gestaltung der Erholungsphase* mehr Beachtung zu schenken, als das bisher im allgemeinen der Fall war. Damit, daß das Pferd sich die längste Zeit des Tages im Stall „erholen“ kann, ist es nicht getan. Koppelaufenthalt, Wechsel der Trainingsanforderungen u. ä. dagegen bieten wirksame Möglichkeiten der aktiven Erholung.

In der pferdesportlichen Ausbildung muß vor allem die konditionelle Leistungsfähigkeit erhöht werden. Dazu müssen die Strukturen und Funktionen des Bewegungssystems sich an die Belastungen anpassen. Dem bereits an anderer Stelle besprochenen Ausbildungsweg mit mehreren Übungseinheiten am Tag und dem ständigen Wechsel der Ausbildungsbestandteile liegt das Prinzip des planmäßigen Wechsels von Belastung und Erholung zugrunde. Es gilt gleicherweise innerhalb einer Übungsstunde wie auch für jeden einzelnen Abschnitt (Woche, Monat, Mehrmonatsperiode, Jahr). Das bedeutet, z. B., daß sich nach Tagen mit ansteigender Belastung ein Tag mit niedriger Belastung anschließen sollte. Die Anwendung dieses Prinzips führt zu einem wellenförmigen, zyklischen Belastungsverlauf, wie er schematisch in Abb. 337 dargestellt ist.

Das Prinzip der individuellen Belastung

Dieses Prinzip besagt, daß der Ausbilder stets die *individuellen Besonderheiten* des Pferdes berücksichtigen muß. Dazu gehören sein Lebensalter, die Dauer und Art der bereits erfolgten Ausbildung (Trainingsalter) und – ganz besonders wichtig – der Konstitutions- und Nerventyp des Pferdes. Der Organismus des Zweijährigen, dessen Wachstum noch nicht abgeschlossen ist, darf nicht so hoch belastet werden wie der dreijähriger und älterer

Pferde. Aber auch gleichaltrige Pferde dürfen nicht in gleicher Weise belastet werden, wenn sie auf stark verschiedenem Ausbildungsstand stehen. Sie verlangen nicht selten nach individuell unterschiedlichem Vorgehen. Auch Abwechslung in den Belastungsinhalten gehört dazu – Monotonie stumpft auch junge Pferde ab.

Werden Pferde in der Gruppe trainiert – für das Fahrpferd gilt dies gleichermaßen, wenn ein junges Pferd neben einem bereits mehrere Jahre im Training stehenden „Schulmeister" angespannt wird –, können Überbelastungsschäden bei dem Pferd mit noch zurückgebliebenen Trainingszustand provoziert werden, falls die individuellen Besonderheiten der Pferde unberücksichtigt bleiben.

Im Training müssen immer wieder die unterschiedlichen Konstitutions- und Nerventypen berücksichtigt werden. Gerade in dieser Beziehung gibt es gravierende Unterschiede zwischen den Pferden – wie ja auch zwischen den Menschen.

Das Prinzip der steigenden Trainingsbelastung

Vor allem zwei Gesetzmäßigkeiten sind es, die die Notwendigkeit steigender Trainingsbelastungen bedingen: Erstens läßt sich eine hohe konditionelle und technische Leistungsfähigkeit nur allmählich, durch langfristigen, schrittweisen Leistungsaufbau erzielen. Zweitens hat das grundlegende Prinzip, wonach der Organismus sich an steigende Anforderungen anpaßt, nicht nur Bedeutung für die Erhöhung der Leistungsfähigkeit. Diese Anpassung hat auch zur Folge, daß gleichbleibende, wenn auch hohe Belastungen schließlich nur den Erhalt der erworbenen Leistungsfähigkeit sichern, nicht aber zu weiterer Leistungssteigerung führen.

Im Pferdesport hat es sich bewährt, nicht gleichzeitig die Anforderungen in mehreren oder gar allen Bestandteilen des Trainings zu erhöhen. Das würde zu Übertrainingserscheinungen führen. Man sollte immer nur einen der Bestandteile verändern, die übrigen unverändert lassen.

Bei der Beschreibung des Vorgehens in der Ausbildung des Fahrpferdes wurde dieses Prinzip beachtet. Auf einen Abschnitt der „Erarbeitung" folgt ein Abschnitt der „Festigung durch Wiederholung", wie das für das „technische" Training allgemein erforderlich ist.

Bei der Herausbildung bestimmter Bewegungsfertigkeiten, beispielsweise des ruhigen Anziehens, darf man nicht gleichzeitig neue, höhere Belastungsreize setzen, z. B. durch Vergrößern des Zugwiderstandes, Anziehen in der Wendung. Bei der Gestaltung der Belastung zur Verbesserung der Kondition gilt als Faustregel: *Erst den Umfang, dann die Intensität erhöhen!* Erhöhung der Intensität wird vom Organismus besser vertragen, wenn zuvor die betreffende „Arbeit" mit immer größerem Umfang gemeistert wurde. Beispiel: Hat das junge Pferd gelernt, den nur leicht belasteten Wagen über eine größere Strecke zu ziehen, so daß sich Kraft und Ausdauer den Anforderungen angepaßt haben, darf die Last erhöht oder bergauf gefahren werden. Je länger zunächst nach dem Prinzip „lange und langsam" belastet wurde, um so stabiler wird die dadurch erworbene höhere Leistungsfähigkeit sein.

Aus der Erörterung der anderen Belastungsprinzipien ergibt sich, daß das Prinzip der steigenden Belastung nicht die Forderung nach einer ständigen, gleichmäßigen Erhöhung der Anforderungen einschließt. Die Kurve des Belastungsverlaufs soll vielmehr einer leicht ansteigenden *Wellenlinie* entsprechen (vgl. Abb. 337).

Die Belastungsprinzipien werden sowohl in der Grundausbildung als auch im Training *komplex* wirksam. Wird gegen einen dieser Grundsätze verstoßen, verringert sich die Gesamtwirkung der Trainingsbelastung, auch wenn die übrigen richtig angewendet wurden.

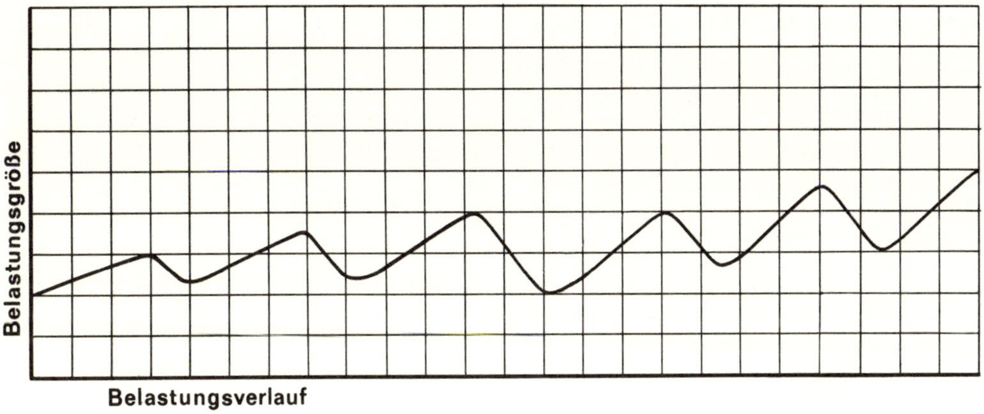

337 Belastungsstruktur

12.2.2. Probleme der Technikschulung

Die unter 12.1.7. genannten Aufgaben für die weitere Ausbildung bilden den Übergang zum disziplinspezifischen Techniktraining und sind unter Beibehaltung der Vielgestaltigkeit der Ausbildung und Berücksichtigung der Belastungsgrundsätze mit den folgenden Aufgaben zu verknüpfen:

- Verbesserung des Ganges und der Haltung an der *Doppellonge.* Die Ausbildung an der Doppellonge hat den Vorteil, daß man das Pferd von der Seite beobachten und erforderlichenfalls korrigieren kann.
- Verbesserung der *Wendigkeit* durch Fahren von Volten, Achten, Schlangenlinien (erst größer, dann allmählich enger werdend); Passieren der Ecken usw. auf dem Fahrplatz.
- Verbesserung der *Übergänge,* einschließlich Halten und Anfahren im Schritt, auf dem Fahrplatz und auf Wegen.
- Verbesserung des *Gehorsams* auf *Stimme* und *Leinen* durch Üben von Übergängen, vor dem Wagen und auch an der Doppellonge.
- Verbesserung des Gehorsams beim *Passieren von Hindernissen,* dazu gehören z. B. Fahren durch Hohlwege, Straßenunterführungen, Eisenbahnübergänge, Halten an Kreuzungen und Einmündungen, vor Eisenbahnschranken usw.
- Üben des *Stillstehens.* Diese für das Wagenpferd sehr wichtige Forderung muß gründlich gefestigt werden. Die schon bei den Gewöhnungsarbeiten ausgeführten Übungen werden zeitlich ausgedehnt, bis das Pferd längere Zeit (etwa 10 Minuten) ruhig steht. Es soll diese Übung sowohl ohne als auch mit Scheuklappen, am Gebiß aber auch mit hingegebenen Leinen ausführen. Dabei muß es Störungen unterschiedlichster Art (knatternde Motorräder, vorüberbrausende Lastzüge, Lokomotiven und Anwesenheit anderer Pferde) ungerührt ertragen.
- *Rückwärtsschieben.* Das Rückwärtstreten kann man dem jungen Pferd leicht begreiflich machen, wenn man sich vor den Kopf des Pferdes stellt, die Hände auf dessen Brust und Nase legt und auf das Kommando „Zurück!" gegen das Pferd drückt. Folgt es dem nicht, klopft man mit der Gerte an das Vorderbein, mit dem es antreten soll. Anfangs kann man mit einem oder zwei Tritten zufrieden sein. Danach wird man, immer noch vor dem Kopf des Pferdes stehend, auf das Kommando „Zurück!" einen leichten Druck auf das Gebiß ausüben (Annehmen der Leinen).

Sollte das Pferd zurückeilen wollen, wird die Übung sofort unterbrochen („Haaalt!") und erst fortgesetzt, wenn das Pferd nach einer Vorwärtsreprise wieder angehalten worden ist.

Als nächste Übung läßt man das Pferd einige Tritte an der langen Leine zurücktreten. Dabei muß sich die Aufmerksamkeit besonders auf *schnurgerades Rückwärtstreten* richten. Das wird später dringend benötigt.

Erst wenn diese Übungen sicher beherrscht werden, übt man das Rückwärtstreten auch vor dem Wagen, der bei den ersten Versuchen leicht bergan gestellt sein sollte, damit er von selbst zurückrollt, wenn er von dem zurücktretenden Pferd einen leichten Stoß erhält. Später übt man das auch auf ebener Straße.

Rückwärtsschieben des Wagens *gegen* den Hang braucht man nicht besonders zu üben. Wenn es sich nicht vermeiden läßt, so meistert ein gut ausgebildetes Pferd diese Aufgabe dank des ihm anerzogenen unerschütterlichen Gehorsams.

- *Seitwärtstreten*, ohne den Wagen vor oder rückwärts zu bewegen, ist beim Wenden durch Einschlagen und Zurücksetzen erforderlich, eine Forderung, die heute seltener im Straßenverkehr als in Hindernissen der Geländestrecke gefragt ist.
- Fahren in tiefem Sand, durch bergiges Gelände und durch Furten, auf engen Waldwegen; schräges Durchfahren von flachen Gräben; Kennenlernen aller anderen Erscheinungen, die dem Pferd bei seiner Verwendung begegnen können, z. B. Lautsprecher, Fahnen.
- Anfahren und Anhalten *bergan* und *bergab*.
- *Umspannen*. Das junge Pferd, das bisher stets an einer bestimmten Deichselseite ging, muß nun lernen, an der anderen Seite der Deichsel zu gehen. Das ist auch wichtig, damit das Pferd „gerade bleibt". Bei Pferden die ständig an derselben Deichselseite gehen, bildet sich die Muskulatur ungleichmäßig aus: Das Pferd wird schief. Spannt man erst danach um, bereitet dies dem Pferd Schmerzen, und es kommt zu Widersetzlichkeiten. Häufiges Wechseln der Deichselseite erhält das Pferd geschmeidig und fördert eine gleichmäßige Entwicklung beider Körperseiten. Deshalb beginnt man mit dem Umspannen bereits in der zweiten Woche der Übungen vor dem Wagen, spannt das Pferd von diesem Zeitpunkt an zwei Wochen lang bei allen Fahrübungen abwechselnd an die eine und die andere Seite der Deichsel und wechselt in den folgenden zwei Monaten wöchentlich. Später genügt es, wenn das Pferd zweimal monatlich einen oder zwei Tage an der anderen Deichselseite geht.

Da das junge Pferd auch *unter dem Sattel* weiter ausgebildet werden soll, muß man in diesem Ausbildungsabschnitt die Übungen besonders sorgfältig planen, denn erfahrungsgemäß kommt man kaum öfter als 3- bis 4mal je Woche dazu, das Pferd vor dem Wagen zu fahren.

12.2.3. Die Gesundheitspflege während des Trainings

Obwohl zur Gesundheitspflege während der Ausbildung am Ende des Abschnitts 12.1.7. bereits einige Hinweise gegeben worden sind, soll an dieser Stelle das Thema besonders unter dem Gesichtspunkt des *Tierschutzes*, aber auch zur Sicherung der *Kontinuität des Trainings* noch einmal behandelt und ergänzt werden.

Richtige Maultätigkeit – das wurde bereits betont – bildet eine wichtige Voraussetzung für die Arbeit des Pferdes. Es muß lernen, im Verlaufe der Ausbildung Anlehnung an das Gebiß zu nehmen. Dies soll eine leichte Verbindung zwischen dem Maul des Pferdes und der Hand des Fahrers sein. Zunge und Laden bleiben dadurch empfindlich, und der Fahrer kann dem Pferd seinen Willen mit weichen Einwirkungen der Leinen verdeutlichen.

Dazu gehört aber ein *gesundes Maul*, denn bei Verletzungen der Maulschleimhaut oder gar der Laden wird das Pferd diese nun schmerzhafte Anlehnung zunächst nicht suchen („es geht nicht an das Gebiß") und später, bei wachsender Erregung, gegen den Schmerz angehen („gegen das Gebiß gehen"). Besonders in letzterem Falle wird sich die Verletzung verschlimmern. Bei heftigen Pferden besteht die Gefahr, daß Verletzungen der Maulschleimhaut (Quetschungen) besonders

über den scharfkantigen Laden, entstehen, wenn der Fahrer mit harter Hand einwirkt und festhält.
Solche Wunden, die oft schwer heilen und besonders gefährlich sind, wenn sie mit Quetschungen der Knochenhaut unter den Auflagestellen des Gebisses verbunden sind, können den Erfolg der Ausbildung in Frage stellen und das Pferd für längere Zeit dienstuntauglich machen.
Unerklärliche Widersetzlichkeiten des sonst gutmütigen Pferdes haben häufig ihre Ursache in nicht erkannten Maulverletzungen.
Nach *jeder, aber auch jeder Trainingsstunde* müssen daher die Lefzen, besonders die Lefzenwinkel, die Zunge, die Laden und auch die übrigen Bezirke der Maulschleimhaut, die mit dem Gebiß in Berührung kommen können, sorgfältig untersucht werden. Das muß besonders eingehend geschehen, wenn auf Kandare gefahren wird.
Wunde Lefzen sind mit Essigwasser zu kühlen und danach mit Vaseline einzureiben, um sie geschmeidig zu halten. Bis zum Abheilen darf das Pferd nicht aufgezäumt werden. Ruhige und auf Stimme gehorsame Pferde können gegebenenfalls longiert werden, wozu man den Kappzaum auflegt und die Doppellonge in die seitlichen Ringe des Kappzaumes schnallt. Sicherheitshalber benutzt man zu dieser Arbeit die Reithalle oder wenigstens einen umfriedeten Longierzirkel.
Ladendrücke, die sich als gerötete oder – in schweren Fällen – auch blutunterlaufene Stellen im Bereich der Maulschleimhaut der Ladenregion zeigen, sind außerordentlich schmerzhaft. Eine Fortsetzung der Ausbildung kann auch hier bestenfalls an der Doppellonge und ohne Gebiß erfolgen. Um den Heilungsprozeß zu unterstützen, sollte Weichfutter verabreicht werden. Liegen offene Verletzungen der Maulschleimhaut vor, gehört die Behandlung sofort in die Hand des Tierarztes.
Werden Pferde auf Kandare gefahren, so können Verletzungen auch in der Kinnkettengrube auftreten. Deshalb ist diese in die Untersuchung einzubeziehen.
Es gibt nur eine Prophylaxe: **eine weiche Fahrerhand**. Die Fahrerhand läuft Gefahr, hart zu werden, wenn man sich nicht ständig vor Augen hält, daß das Stahlmundstück Quetschungen verursachen kann. Der Fahrer muß daher immer nach einer leichten Verbindung zwischen sich und den Pferden streben. Ellbogen- und Schultergelenke müssen dazu beweglich sein, und auch die Beinmuskulatur des Fahrers darf nicht krampfhaft angespannt, sondern muß elastisch „losgelassen" sein. Dazu ein Zitat von ACHENBACH: „Das beste Mittel ist, den Gedanken immerzu durch die Hand leiten: *Ob meine Hand das rohe Ei* (sprich: Pferdemaul, d. Verf.) *noch vorsichtiger halten kann? Ladendruck! Ladendruck! Ladendruck!"*
Ähnlich wie dem Maul des Pferdes muß seinen *Beinen* nach jeder Ausbildungsstunde Aufmerksamkeit gewidmet werden. Die Kontrolle der Beine beginnt eigentlich schon während der Arbeit, wenn der Ausbilder die Schenkelführung des Pferdes beobachtet. Besonders bei jungen Pferden und während der ersten Übungen kann es infolge der ungewohnten Anstrengungen und beginnender Ermüdung zum Streichen der Hinterbeine kommen. Dadurch entstehen Wunden, die bei Vernachlässigung zu Gewebeveränderungen, den Streichballen, führen, die den Wert des Pferdes herabsetzen. Auch bei abdeichselnden Pferden kommt es häufig zu Streichverletzungen. Bei letzteren kommen auch häufig noch Kronentritte vor. Die Beine müssen daher täglich auf Streichverletzungen und Kronentritte untersucht werden.
Prophylaxe: Beinschutz (Streichkappen oder Streichgamaschen) beim Longieren und bei den Fahrübungen, bis sich das Pferd an diese Arbeit gewöhnt hat. Das gilt natürlich im Verlaufe des Trainings auch jedesmal bei der Steigerung von Anforderungen, die Beinverletzungen hervorrufen können. Selbstverständlich ist Beinschutz bei Übungen im Hindernisfahren und im Gelände.
Schließlich sind die *Schultern* bzw. bei Brustblattanspannung *Vorder- und Seitenbrust* nach jeder Fahrübung auf Druckstellen zu un-

tersuchen. Sie treten hier häufig auf, beispielsweise wenn das Kumt nicht richtig paßt. Waschungen mit Essigwasser sind nach jeder Fahrübung zu empfehlen. Bis zur Abheilung der Druckstellen sollte die Ausbildung ausschließlich unter dem Sattel erfolgen.

Prophylaxe: Sorgfältiges Verpassen des Kummets, Verwendung einer weichen Kummetunterlage, Sauberhalten des Geschirrs (Entfernung von Schweiß).

Nicht selten treten nach neuen Anforderungen mit hoher Belastung *Muskelschmerzen* auf, der sogenannte „Muskelkater". Er zeigt sich an einer gewissen Steifigkeit der Bewegungen des Pferdes. Vorbeugen kann man diesen Muskelschmerzen durch ausgedehnte langsame Bewegung im Anschluß an die Belastung, wobei die durch die vorhergehende Muskelarbeit entstandene Milchsäure in der belasteten Muskulatur wieder abgebaut wird.

Aber auch Einreiben der besonders angestrengten Körperpartien mit Kampferspiritus oder Präparaten wie „Radiol" fördern den Abtransport der Stoffwechselschlacken aus der Muskulatur.

Vor dem nächsten Einsatz des Pferdes ist es in jedem Fall erforderlich, die lösende Arbeit besonders ausgiebig vorzunehmen. Die dauert in diesem Fall wesentlich länger als sonst üblich.

12.2.4. Training der Pferde

Entwicklung der Aktion

Der Entwicklung der Aktion ist bei der Ausbildung der Fahrpferde ausreichend Aufmerksamkeit und Zeit zu widmen. Die Arbeit dazu kann schon von Anfang an systematisch in den Ausbildungsgang eingefügt werden, und zwar ohne Bedenken von der Periode des Longierens an. Jedoch ist *Maßhalten geboten.*

Schon beim Herausarbeiten von Takt, Losgelassenheit und Schwung an der Longe und Doppellonge läßt man das Pferd über *Stangen* treten, denen später *Bodenricks* von etwa 15 cm Höhe folgen.

Die für das Treten über Stangen und Bodenricks üblichen Abstände von 0,80 bis 1,10 m für den Schritt und 1,30 bis 1,70 m für den Trab – in allmählicher Steigerung, versteht sich – sollten unbedingt eingehalten werden. Wenn mehrere Pferde eines Gespannes gleichzeitig ausgebildet werden, sollte man die Anforderungen nicht nur so steigern, daß jedes einzelne Pferd optimale Fortschritte macht, sondern möglichst auch die gleichmäßige Ausbildung aller für das Gespann bestimmten Pferde beachten.

Was die *Anzahl* der Stangen betrifft, so fängt man mit einer dicken Stange an und steigert allmählich – in Übereinstimmung mit der Entwicklung der gewünschten Gangqualität – auf acht bis zehn Stangen.

Legt man die Stangen auf die *Zirkellinie*, müssen die Abstände zwischen ihnen an den zur Zirkelmitte weisenden Enden *geringer*, an den nach außen weisenden *größer* als das beabsichtigte Maß sein. Man hat auf diese Weise die Möglichkeit, durch Verkleinern oder Vergrößern des Zirkels kürzere bzw. längere Tritte zu fordern.

Die *Anzahl der Wiederholungen* ist mit Bedacht zu dosieren. Die Übung ist doch relativ anstrengend, so daß man am Anfang mit 5 bis 6 Wiederholungen in der Übungseinheit zufrieden sein muß. Mit zunehmender Kraft und Beweglichkeit kann man die Anzahl der Wiederholungen vergrößern, solange die Losgelassenheit erhalten bleibt. Auch Variieren der Belastung durch Verkleinern und Vergrößern des Zirkels ist wirksam. Zur Entwicklung der Aktion tragen auch – in Maßen betrieben – Longieren in tiefem Sand oder auf einem Strohzirkel sowie Reiten im flachen Wasser (40 cm) bei. Die Belastungsgrundsätze gelten auch für diese konditionelle Arbeit.

Etwas in Vergessenheit geraten sind zwei Hilfsmittel, mit denen früher auf die Entwicklung der Aktion Einfluß genommen wurde. In dem Buch „Bearbeitung des Reit- und

Kutschpferdes zwischen den Pilaren“ von B. M. HOLLEUFER (Hannover 1896) findet sich dazu folgender Absatz:

„Ein Paar Korallen
Jede Koralle besteht aus sechs hölzernen Kugeln, von denen die einzelne 4,5 cm im Durchmesser hat; sämtliche werden durchlöchert und mit einem rundgenähten Riemen miteinander verbunden, der mit Schnalle und Strippe versehen wird. Man schnallt die Korallen entweder über das Fesselgelenk oder um die Fesseln. Das Gewicht und das bei der Bewegung der Füße entstehende Klappern regt die Pferde an, lebhafter und aktiver zu treten. Bei Pferden, welche durch Lahmheiten, Muskelschwäche oder Muskelschwund mit dem leidenden Schenkel kürzer oder weniger erhaben als mit dem gesunden Schenkel treten, wird nur eine Koralle an den kranken Fuß gelegt.“ (Abb. 338 a)
Letzteres bezieht sich selbstverständlich auf das Vorgehen nach Beseitigung der Lahmheit.
Und weiter nach HOLLEUFER:

„Ein Paar Schrotbeutel
Der Schrotbeutel ist aus weichem Leder angefertigt, mit Rehfell ausgefüttert, 36 cm lang und 6,5 cm breit. Auf der vorderen Fläche ist in der Mitte ein Einschnitt, in dessen Ränder auf jeder Seite Ösen geschlagen sind, durch die, nachdem der Beutel mit Schrot gefüllt ist, ein Riemchen gezogen und die Öffnung zugeschnürt wird. An einem Ende des Beutels befindet sich eine Schnalle, am anderen Ende eine Strippe. Die Anwendung geschieht aus gleichen Gründen wie bei den Korallen; das stärkere Gewicht von ein bis zwei Pfund Schrot bewirkt einen noch kräftigeren Gebrauch der Hebemuskeln. Sie bewähren sich auch während des Reitens bei denjenigen Pferden, die im Gang sich übereilen, tausend Beine haben, sie treten sofort ruhiger. In diesem Falle legt man sie an allen vier Füßen an. Man muß Geduld haben und abwarten, bis die Kräftigung der Hebemuskeln eingetreten ist.“ (Abb. 338 b)

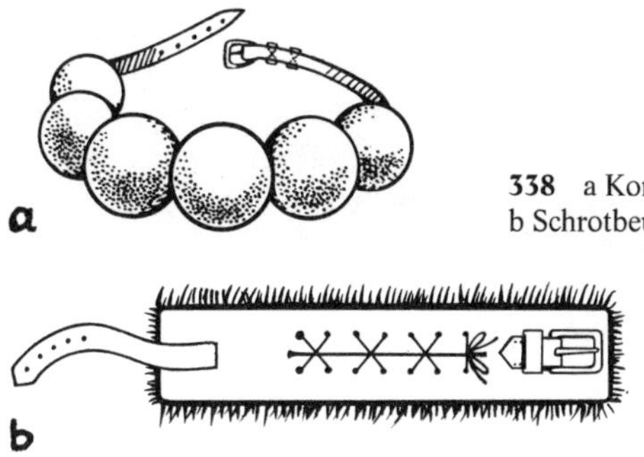

338 a Koralle
b Schrotbeutel

Mit gleicher Absicht werden auch doppelte Hufeisen verwendet, die unter das aufgenagelte Eisen untergeschraubt oder untergeschweißt werden. Sie haben den Nachteil, daß sie durch ihr Gewicht die Hufnägel lokkern und – sofern sie untergeschweißt sind – einen Wechsel des Beschlags erfordern, wenn sie nicht mehr benötigt werden.
In Fahrprüfungen dürfen alle diese Hilfsmittel natürlich nicht benutzt werden.

12.2.5. Hinweise zur Vorbereitung auf Fahrprüfungen

Vorbereitung der Gespannkontrolle

Gespannkontrollen als separate Prüfungen sind in den Klassen L und M (Kat. B) zulässig. Sie haben nach wie vor große Bedeutung für die Förderung des Niveaus der Gespanne hinsichtlich Beschirrung, Anspannung und Stil.
Die **langfristige Vorbereitung** beginnt mit dem Zusammenstellen eines Gespannes, das – unter Berücksichtigung der vorhandenen materiellen Möglichkeiten – weitgehend den Grundsätzen der *Beschirrung und Anspannung* entspricht, wie sie an anderer Stelle bereits erläutert wurden. Die Pferde müssen in guter Verfassung sein (Futterzustand, Kondition) und gelernt haben, längere Zeit (etwa 5 Minuten) auf allen vier Beinen und an den Gebissen stehend stillzustehen und danach ruhig im Schritt anzuziehen. Das ist für den Zeit-

raum der Besichtigung des Gespannes durch die Richter und für den Wechsel von Richterposition zu Richterposition erforderlich. Schließlich kann sich ein Richter auch einmal den Hufbeschlag ansehen wollen. Die Pferde müssen sich also auch die Beine ohne Schwierigkeit aufheben lassen.

Selbstverständlich gehört zur langfristigen Vorbereitungen auch, daß der *Wagen* in den optimalen Zustand der Betriebs- und Verkehrssicherheit gebracht wird. Nach Bedarf sind Wartungs- und Instandsetzungsarbeiten auszuführen. Für die Geschirre gilt dies analog. Auch der Bockkasten muß sauber aufgeräumt werden. Die *Bekleidung* von Fahrer, Beifahrer und gegebenenfalls Bockdame muß ausgewählt, vielleicht sogar angefertigt oder geändert werden. Das ist frühzeitiger Überlegung wert, wenn auch diese Äußerlichkeiten korrekt und zum Gespann passend sein sollen. Es empfiehlt sich, am Ende einer Turniersaison aufzuschreiben, welche Arbeiten bis zum Beginn der nächsten Saison ausgeführt werden sollen, damit man weder etwas vergißt noch in Zeitnot gerät.

Zur **unmittelbaren Vorbereitung** gehören:

- Gründliches Säubern des Wagens, wobei das Wageninnere nicht vergessen werden darf. Frische Kerzen in die Laternen stecken! Ein Richter kann sehr wohl unterscheiden zwischen einer Verschmutzung, die bei der Anfahrt zum Turnierplatz entstanden ist, und „altem Dreck". Vor dem Einfahren sollte aber mit Wasser und Schwamm der gröbste Schmutz von der Anfahrt entfernt werden. Trittplatten, von denen die Farbe abgerieben ist, sollten am Vortage noch einmal nachgestrichen werden.
- Wurden die Geschirre am Tag vor der Prüfung gründlich gesäubert, bedarf es nur noch des Staublappens und des Schwammes (für bei der Anfahrt aufgeflogene Schaumflokken).
- Vor dem Anspannen ist viel Sorgfalt auf die *Vorbereitung der Pferde* zu verwenden. Die Frisur des Langhaares ist schon vorher in Ordnung gebracht worden. Die Hufe sind außen und innen gründlich zu waschen und, wenn gewünscht, mit farblosem Huffett einzufetten, keinesfalls mit der schwarzen Hufschmiere, die den Verdacht erweckt, daß sie nur den Schmutz verdecken soll. Ein altes, probates Hausmittel zum Herstellen eines schönen Glanzes der Hufe ist das Einreiben mit der Schnittfläche einer halbierten Zwiebel. Abschließend wird die Mähne gebürstet und der Schweif verlesen. Kurz vor dem Einfahren werden die Pferde noch einmal mit dem Tuch abgewischt.
- Zweckmäßigerweise haben die Beifahrer bei den letzten Arbeiten am Gespann einen Arbeitskittel getragen. Vor dem Aufsitzen wird die Kleidung der Wagenbesetzung noch einmal überprüft. Eine hübsche Sitte ist es, wenn die Bockdame einen Strauß frischer Blumen hält. Er muß ebenso zum Gespann passen wie ihre Kleidung.
- Ist das Gespann am ersten Richter vorgefahren, erweist der Fahrer den Gruß, der Beifahrer verläßt schnell seinen Platz und begibt sich vor die Pferde, wo er ruhig stehenbleibt. Werden die Pferde unruhig, faßt er sie an den inneren Backenstücken. Während der Weiterfahrt zum nächsten Richter geht der Beifahrer des Zweispänners am Kopf des Stangenpferdes mit, die beiden Beifahrer des Viererzuges an den für sie bestimmten Plätzen (s. Tab. 57).

Vorbereitung auf Dressurprüfungen

Langfristige Vorbereitung

Dressurmäßiges Fahren ist nicht Selbstzweck. Es ist Grundlage guten Fahrens, ebenso wie dressurmäßiges Reiten dazu dient, die Leistungen des Reitpferdes in allen Disziplinen zu verbessern. Ausgehend von dieser Auffassung, beginnt die Dressurausbildung sehr früh, nämlich wenn das Pferd an seine Aufgaben gewöhnt worden ist, und bleibt Bestandteil der Ausbildung und des Trainings, solange das Pferd im Gebrauch des Menschen verbleibt. Dressurprüfungen dienen lediglich dem Nachweis des erreichten Ausbildungsstandes.

Gute Fahrpferde werden *unter dem Sattel* aus- und ständig weitergebildet. In aller Regel erreichen Fahrpferde, die in nationalen Meisterschaften und internationalen Fahrprüfungen eingesetzt werden, das Niveau von M-Dressurpferden, wenigstens sind sie in den Lektionen der Klasse M ausgebildet. Solche Pferde sind ausreichend gymnastiziert, um auch die Anforderungen an Gangarten und Tempi, wie sie in den Dressurprüfungen gefordert werden, zu erfüllen. Auch haben sie gelernt, in korrekter Stellung und Biegung durch die Wendungen zu gehen bzw. sich auf gebogene Linien einzustellen. Legt man bei gerittenen Fahrpferden die Peitsche an die Stelle an, an welcher der Reiterschenkel wirkt, also kurz hinter dem Kammdeckel, und läßt den Schlag dort einige Sekunden liegen, so wirkt die Peitschenhilfe nicht vorwärts-, sondern seitwärtstreibend. Das ist besonders wichtig, wenn man Pferde in den Wendungen an der Deichsel halten muß, weil sie dazu neigen, sich über die Schulter in die Wendung zu werfen.

Während der bisherigen Ausbildung mit dem jungen Pferd hat die Stimme des Ausbilders große Bedeutung gehabt. Das bleibt im Grunde weiterhin so, wenn auch mit fortschreitender Sicherheit die Stimme in den Hintergrund treten kann, und zwar in dem Maße, wie das Pferd auf die anfangs mit der Stimme verbundenen Leinen- und Peitschenhilfen auch ohne ihr Zutun reagiert. Bei den Fahrpferden macht es sich jedoch notwendig, daß die Pferde eines Gespannes einzeln angesprochen werden können. Dazu müssen sie ihren Namen (oder ein anderes Lautzeichen), das immer nur bei ein und demselben Pferd angewendet wird) kennen und darauf reagieren lernen. Man muß dazu jede Stimmhilfe mit dem Namen des Pferdes verbinden, z. B.: „Rando! Komm!" Das Pferd lernt das am besten, wenn man den Namen auch schon bei der Longenarbeit konsequent benutzt und dann auch bei den Einspännerübungen verwendet.

Es empfiehlt sich, neben der Ausbildung unter dem Sattel die Fahrpferde auch im *Einspänner* auf die Dressurprüfung vorzubereiten. Da man hier nur auf ein Pferd einzuwirken hat und abweichende Reaktionen des zweiten Pferdes nicht stören, trägt das Einspännigfahren außerordentlich zur Schulung des Gehorsams bei. Man kann auf diese Weise auch Lektionsfolgen und Teilaufgaben für die Dressurprüfungen üben.

Die *gesamte Dressuraufgabe* zu fahren, vielleicht sogar als ständigen Teil der Trainingsstunden, ist *grundfalsch*. Bei gleichbleibender Lektionsfolge lernen die Pferde, dem Fahrer und seinen Hilfen zuvorzukommen. Die geforderten Lektionen sollen daher nicht öfter als zweimal in der gleichen Reihenfolge oder an derselben Stelle des Fahrplatzes geübt werden. Pferde, die im Training für Fahrprüfungen stehen, können nicht an jedem Wochentag ausschließlich auf dem Fahrplatz trainiert werden. Ihr Gang und ihr Vorwärtsdrang würden leiden. Mit viel Abwechslung – durch Fahren im Gelände, durch Hindernisfahren u. a. – wird der Eintönigkeit der Dressurarbeit begegnet. Man achte aber darauf, daß auch in der einzelnen Dressur-Übungseinheit keine Monotonie aufkommt. Dazu sind im Rahmen des Möglichen die Anforderungen zu variieren.

Im Wochenzyklus sollte man zwei Dressur-Übungseinheiten bei einmaligem Training am Tag vorsehen, wenigstens vier sollten es bei zwei Trainingseinheiten (TE) je Tag sein.

Einen Vorschlag für die Gestaltung eines Wochenzyklus zeigt nachstehende Übersicht. (Tab. 58)

Bei intensiver Trainingsarbeit empfiehlt es sich allerdings, in Abhängigkeit vom Ermüdungsgrad der Pferde den zur Beruhigung der Nerven außerordentlich wirksamen Koppelaufenthalt stärker zu berücksichtigen. Das gilt auch für die zwei oder drei Tage nach einem Wettkampf.

Stellung und *Biegung* in den Wendungen und auf allen gebogenen Linien werden vom Fahrpferd ebenso verlangt wie vom Reitpferd. Es gilt der Grundsatz, daß die *äußere Leine* bestimmend für die *Größe* der Wendung ist, die

Tabelle 58: Gestaltung eines Wochenzyklus in der Vorbereitung auf eine Große Vielseitigkeitsprüfung

Wochentag	**Trainingshäufigkeit**		
	1 TE/Tag	2 TE/Tag	
		vormittags	nachmittags
Montag	Dressurfahren	Dressurreiten	Dressurfahren
Dienstag	Fahren im Gelände	Dressurfahren	Fahren im Gelände
Mittwoch	Dressurreiten	Dressurreiten	Fahren im Gelände
Donnerstag	Dressurfahren	Dressurfahren	Hindernisfahren
Freitag	Fahren im Gelände	Dressurreiten	Dressurfahren
Sonnabend	Dressurreiten	Fahren im Gelände	Dressurfahren
Sonntag	Hindernisfahren	Hindernisfahren	Koppelgang

innere für die Kopfstellung. Durch Nachgeben und Aushalten der äußeren Leine führt der Fahrer das Gespann auf der gebogenen Linie. Beide Pferdeköpfe müssen ganz gleichmäßig in die Wendung gestellt sein. Wenn das gelingen soll, müssen die beiden Pferde bei richtig verschnallten Leinen gleichmäßig ziehen. Häufig hängt das innere Pferd etwas zurück. Es muß mit der Peitsche oder auch – beim Training – durch treibende Stimmhilfe (mit Namen) wieder vorgetrieben werden.

Gleichmäßige Arbeit beider Pferde des Gespannes ist ein wichtiges Bewertungskriterium für die Richter und demnach auch eine Forderung an den Fahrer.

In den Dressuraufgaben sind mehrere *Hufschlagfiguren* enthalten, die an verschiedenen Stellen des Vierecks auszuführen sind. Sie müssen auf exakt bestimmten Linien gefahren werden (Ecken, Volten, Kehrtvolten, Zirkel, Acht, Schlangenlinien). Da die Präzision der Figuren von den Richtern hoch bewertet wird, liegt in ihrer korrekten Ausführung eine wichtige Gutpunktreserve. Dazu muß besonders das *Augenmaß* des Fahrers geübt werden, denn Nichteinhalten der vorgeschriebenen Figurengröße wird ebenso negativ bewertet wie Verletzung ihrer Form. Als ein zweckmäßiges Mittel zur Unterstützung des Fahrers hat es sich bewährt, die Hufschlagfiguren in ihrem Verlauf auf dem Viereck kenntlich zu machen. Das kann sowohl mit einer Harke auf dem Sandviereck oder mit Sägespänen, Baumnadeln, Kreide oder hellem Sand geschehen. Volten, Achten, Zirkel müssen kreisrund gefahren werden. Will man den Kreisbogen kenntlich machen, benutzt man zweckmäßig einen „Gärtnerzirkel" (Holzpflock im Mittelpunkt, Strick von entsprechender Länge; am äußeren Ende ist eine Harke befestigt). Bei den einfachen und doppelten Schlangenlinien, bei denen der Abstand vom Hufschlag der ganzen Bahn in der Aufgabe festgelegt ist, sollte man sich wenigstens die Punkte markieren, bis zu denen vom Hufschlag abgewichen werden muß. Den Verlauf von Serpentinen kennzeichnet man sich ebenfalls durch Punkte an der Mittellinie.

Es ist von großer Bedeutung, daß ein Gespann schnurgerade *auf der Mittellinie fahren* kann, denn das wird in jeder Aufgabe mehrfach verlangt. Am allerwichtigsten ist es jedoch, beim Einfahren zur Prüfung. Erfahrungsgemäß wirkt sich die erste Note oft auf die weitere Bewertung im Verlauf der Prüfung aus. Aus alldem ergibt sich für den Fahrer, daß es angebracht ist, sich auf diese einfach erscheinende Lektion besonders gründlich vorzubereiten.

Sie muß so gefahren werden, daß die Pferde genau geradeaus gestellt den Viereckeingang passieren, und zwar so, daß die Mittellinie genau unter der Deichsel verläuft. Das kann man nur selten ganz korrekt ausgeführt sehen.

Beim Üben der Figuren, deren Ausführungsort auf dem Viereck ständig wechseln muß, sollte im ruhigen Arbeitstrab gefahren werden. Auf den Zirkeln oder auch auf großen Volten (Durchmesser 20 m) kann das Tempo bis zum Mitteltrab gesteigert werden.

Entwicklung und Erhaltung des Schwungs bei taktmäßig und losgelassen gehenden Pferden ist eine der wichtigsten Aufgaben des Dressurtrainings. Deshalb sollte man auch die „Übungen im versammelten Trab" mit Zurückhaltung betreiben, damit der Schwung nicht verlorengeht. Das gilt ganz besonders für die Dauer solcher Reprisen. Genügend häufig fahre man jedoch Übergänge zwischen Gebrauchstrab und versammeltem Trab, indem man die Pferde bei gegenhaltender Hand mit der Peitsche zu energischen, wenn auch etwas kürzeren Tritten anregt.

Fährt man im versammelten Trab eine Figur (Acht, Schlangenlinie), so müssen auch dabei Lebhaftigkeit der Tritte und Schwung erhalten bleiben. Lassen sie nach, geht der Fahrer – ebenso wie es der Reiter tut – auf eine gerade Linie und stellt erst den Schwung wieder her. Das gleiche gilt, wenn beim mehrmaligen Fahren einer Volte, einer Acht oder einer anderen Figur der Schwung nachläßt.

Ein weiteres Problem sind die *Übergänge*, die weich und flüssig gefahren werden müssen. Muß man zum Beispiel starken Trab auf der Diagonalen zeigen, kann man bei Fahrpferden nicht die Trittlänge von einem zum anderen Tritt auf das gewünschte Maß steigern, wie dies beim Reitpferd möglich wäre. Vielmehr muß der Raumgriff über eine Anzahl von Tritten kontinuierlich größer werden und erreicht erst ein bis zwei Pferdelängen nach dem Wechselpunkt seine höchste Entwicklung. Wichtig ist jedoch, daß er dann bis zum nächsten Übergang möglichst unverändert erhalten bleibt.

Beim *Halten* müssen die Pferde auf allen vier Beinen ruhig stehen. Die geforderte Zeitspanne ist nicht sehr lang. Übt man das Halten stets an der gleichen Stelle des Vierecks und schließt vielleicht gar noch jedesmal das Rückwärtstreten an, so werden die Pferde bald von sich aus nach wenigen Sekunden mit dem Zurücktreten beginnen oder zumindest unruhig werden. Dem kann man entgehen, indem man, erstens, das Halten stets an anderer Stelle des Vierecks und auch jedesmal mit unterschiedlicher Dauer (bis zu fünf Minuten) übt und, zweitens, beim Halten auf der Mittellinie das Rückwärtstreten meist ausläßt. Das Üben muß also ganz darauf gerichtet werden, die Pferde stets vor neue Aufgaben zu stellen, so daß der Gehorsam gegenüber den Hilfen des Fahrers gefestigt wird. Es ist zu verhindern, daß die Pferde ihnen zuvorkommen.

Neben dem ruhigen Stehen wird auch geschlossenes Stehen verlangt, d. h., Vorder- und Hinterbeine sollen nebeneinandergestellt und letztere nicht hinten hinausgestellt sein. Das kann man den Pferden in kurzer Zeit beibringen, wenn man sie jedesmal beim Halten durch leichtes Anklopfen mit einer Gerte (macht der Beifahrer) veranlaßt, die Hinterbeine nebeneinanderzustellen. Daß dabei stets das weiter hinten stehende Bein zum Vortreten veranlaßt wird, ist selbstverständlich.

Viele Fahrer haben mit dem geraden *Zurücksetzen des Wagens* Probleme. Als Kriterien für die korrekte Ausführung des Zurücksetzens gelten:

- Jedes diagonale Beinpaar wird gleichzeitig gehoben und aufgesetzt.
- Die Hinterfüße bleiben in Spurdeckung mit den Vorderfüßen, d. h. weichen nicht zur Seite ab.
- Alle vier Füße werden deutlich vom Boden abgehoben.
- Das Rückwärtstreten muß willig, gleichmäßig und ohne Stocken erfolgen.
- Die Pferde müssen an den Gebissen stehend den Wagen Tritt für Tritt ganz gerade zurückschieben.
- Aus dem Rückwärtstreten sollen die Pferde auf nachgebende Leinenhilfen wieder willig nach vorwärts antreten.

Exakt gerades Fahren auf der Mittellinie ist zwar erste Voraussetzung für das Gelingen, doch sollte man das Zurücksetzen nicht nur auf der Mittellinie üben, sondern auch – wie alle anderen Lektionen – an den verschiedensten Stellen des Vierecks. Übt man das Rückwärtsschieben an der Bande, hindert man das äußere Pferd gleichzeitig daran, mit der Hinterhand auszufallen. Bevor man mit dem

Üben des Rückwärtstretens im Zweispänner beginnen kann, muß jedes der beiden Pferde unter dem Sattel, an der langen Leine und auch im Einspänner gelernt haben, auf das anfangs mit dem Kommando „Zuuurück!" verbundene Annehmen der Leinen zurückzutreten. Das ist die Voraussetzung. Bei den ersten Übungen im Einspänner sollte man dem Pferd die Aufgabe auch dadurch erleichtern, daß man den Wagen leicht bergan stellt, damit er von selbst zurückrollt. Sollte so eine Möglichkeit nicht zu finden sein, kann auch der Beifahrer helfend in die Speichen eines Hinterrades greifen und es zurückdrehen, so daß dem Pferd anfangs das Schieben erspart wird. Allmählich wird man dann die Hilfe immer weiter verringern. Rückwärtstreten vor dem Wagen sollte man niemals in tiefem Boden üben. Das führt zu Widersetzlichkeiten, die man gerade am Anfang nicht gebrauchen kann.

Beendet wird das Rückwärtstreten mit einem Nachgeben der Leinen, das das Pferd als Signal zum Vorwärtsgehen kennt. Die Vorwärtsbewegung allerdings wird durch ein Gegenhalten der Hand aufgefangen. Schwierigkeiten stellen sich manchmal erneut ein, wenn das Zurücksetzen mit dem Zweispänner geübt wird. Treten die Pferde nämlich nicht gleichmäßig zurück, besteht die Gefahr, daß die Deichsel aus ihrer Stellung gebracht wird und das gerade Zurückschieben des Wagens mißlingt. Das gleichmäßige Zurücksetzen übt man vorsichtig und geduldig, Schritt für Schritt. Dabei sollte die Streckenlänge, um die zurückgesetzt werden soll, ständig verändert werden, damit auch in dieser Beziehung keine Gewohnheit erzeugt wird.

Ungleichmäßiges Zurücktreten läßt sich im Zweispänner nur schwer korrigieren. Gleichgültig, ob ein Pferd zu schnell zurücktritt oder den Beginn des Rückwärtstretens verzögert – man sollte es zunächst wieder an der langen Leine und im Einspänner korrigieren, ehe man erneut mit den Zweispännerübungen beginnt.

In einer Reihe von Aufgaben wird das *Anfahren im Gebrauchstrab aus dem Halten* gefordert. Da es hierbei besonders auf das vollkommen gleichmäßige und gleichzeitige Anziehen ankommt – wobei der erste Tritt beider Pferde ein Trabtritt sein soll –, ist auch diese Lektion ein Trainingsschwerpunkt. Vorausgesetzt wird, daß die Pferde gelernt haben (an Longe, Doppellonge und gegebenenfalls im Einspänner), auf Kommando aus dem Halten anzutraben. Man übt diese Lektion, indem man die Pferde durch Nachgeben der Leine zum Vorwärtsgehen auffordert und in dem Augenblick, da sie an die Kumte bzw. Brustblätter herangetreten und die Stränge gestrafft sind, mit dem ihnen bekannten Kommando „Trab!" zum Antraben bringt. Die Hand, die zunächst nach dem ersten Nachgeben stehengeblieben ist und den Pferden gestattet hat, deutlichere Anlehnung an das Gebiß zu nehmen, gibt bei dem Kommando noch einmal nach, um die Trabtritte herauszulassen.

Zwar nicht in Dressuraufgaben, aber beim Hindernisfahren und in den Strafzonen der Geländehindernisse wird oft *Galopp* gefahren. Die Pferde müssen auch deshalb lernen, möglichst gleichmäßig anzugaloppieren, ohne daß diese Übungen unbedingt auf dem Dressurviereck stattfinden müssen. Kurzes Annehmen beider Leinen und deutliches Nachgeben der Innenleine, anfangs verbunden mit Stimmhilfe: „Gaaalopp!", macht den Pferden verständlich, was von ihnen verlangt wird, zumal sie das Angaloppieren auf Kommando von der Longe her noch kennen. Bei diesen Übungen muß der Fahrer von Anfang an versuchen – nötigenfalls unter Zuhilfenahme der Peitsche –, aus dem Arbeits- oder Mitteltrab anzugaloppieren und zu verhindern, daß die Pferde in den Galopp hineingejagt werden. Das macht sie nur nervös.

Abschließend soll noch einmal darauf hingewiesen werden, daß die Kunst des Fahrers in der Dressur nicht zuletzt darauf beruht, daß er in der Lage ist, jede Hilfe zum gleichen Zweck in der gleichen Weise zu wiederholen. Dieses exakte „Reproduzieren" der Hilfen erleichtert es den Pferden, richtig darauf zu reagieren.

Es ist eine bekannte Erfahrung, daß Pferde auf dem Wettkampfviereck ohne treibende Einwirkungen mit der Peitsche im Laufe der Zeit immer matter gehen, obwohl sie auf dem Trainingsplatz zuvor einen guten Vorwärtsdrang entwickelten. Um dieser Gefahr zu begegnen, muß man dem Pferd die Erfahrung vermitteln, daß auf jedem Viereck die Peitsche respektiert werden muß. Das kann man am besten erreichen, indem man im Training nicht immer nur auf demselben Viereck fährt. Benutzung eines anderen Vierecks wird allerdings nur dem Fahrer möglich sein, der einen oder mehrere fahrsportbeflissene Nachbarn hat. Aber auch Versetzung des eigenen Vierecks hat schon positive Wirkung, die ja insgesamt davon abhängt, wie stark man sich an die äußeren Bedingungen einer Dressurprüfung annähern kann.

Unmittelbare Wettkampfvorbereitung

Will man mit den so ausgebildeten Pferden an einer Dressurprüfung teilnehmen, wird man in den letzten zwei Wochen die geforderte *Dressuraufgabe* in Teilen (Teilaufgaben, d. h. eine Reihe von Lektionen mit den sie verbindenden Elementen – Übergängen) am Ende der Dressur-Trainingseinheit üben. Die Teilaufgaben wählt man so aus, daß sie sich überlappen, damit auch alle Übergänge erfaßt werden. Zweimal sollte man in diesem Zeitraum die ganze Aufgabe fahren. Das hilft auch dem Fahrer sehr, der in der Lage sein muß, sie aus dem Gedächtnis zu fahren.

In der Phase der unmittelbaren Wettkampfvorbereitung gilt das besondere Augenmerk von Fahrer und Trainer bestimmten *taktischen Fragen*: Ist die Ecke genügend tief ausgefahren? Kann diese oder jene Hufschlagfigur noch präziser sein? Gelingt es schon, die verschiedenen Übergänge genau an den vorgeschriebenen Punkten auszuführen? Wie weit kann der Gebrauchstrab vor dem starken Trab verkürzt werden, ohne an Schwung und Lebhaftigkeit zu verlieren, um den Übergang besonders eindrucksvoll herauszufahren?

Wie gestaltet sich die unmittelbare Wettkampfvorbereitung am *Tage der Prüfung*? Im Verlaufe des Dressurtrainings hatte der Fahrer erkannt, in welchem Tempi und mit welchen Übungen er seine Pferde am besten zur Losgelassenheit und an die Gebisse bringt. Diese Erfahrungen bestimmen den ersten Teil seines „Aufwärmprogrammes auf dem Vorbereitungsplatz“ (Abfahrplatz). Im zweiten Teil muß er dann, ohne die Pferde zu ermüden, sich über den Tageszustand seines Gespannes informieren und daraus letzte taktische Schlußfolgerungen für die Prüfung ziehen. So wird er durch Tempo- und Gangartwechsel die *Durchlässigkeit* der Pferde kontrollieren, nicht zuletzt, um zu erkennen, ob er mit seinen Paraden früher einsetzen muß oder später einsetzen kann, wenn er seine Lektion „am Punkt“ ausführen will. Ein- oder zweimal wird er die Pferde auch zum starken Trab antreten lassen, denn er muß wissen, wie weit er die Pferde fordern darf, ohne daß sie angaloppieren. Und er wird auch nötigenfalls ein Pferd, das sich über die Schulter wirft, mit einem strafenden Peitschenschlag auf die Schulter verwarnen in der Hoffnung, daß dessen Wirkung bis zum Ende der Prüfung vorhält.

Glaubt der Fahrer, daß sein Gespann ausreichend auf die Prüfung vorbereitet ist, beendet er die Übungen auf dem Vorbereitungsplatz, hält aber sein Gespann so lange in Bewegung, bis die Aufforderung zum Einfahren gegeben wird.

Vorbereitung auf das Hindernisfahren

Das Hindernisfahren als letzter Teil einer Kombinierten Prüfung für Fahrpferde wird von manchem Fahrer gefürchtet, denn durch das Umwerfen oder auch nur Berühren weniger Kegel kann man sein in den drei vorangegangenen Teilprüfungen mit Anstrengung errungenes gutes Ergebnis nur zu leicht aufs Spiel setzen. Das Wissen um die nicht mehr kompensierbaren Folgen von Fehlern in dieser Teilprüfung führt zur Nervosität, die man gerade dabei am wenigsten gebrauchen kann.

Wettkampffestigkeit als Resultat im Training gewonnener Ruhe und Sicherheit sind gefragt, beim Fahrer wie bei den Pferden.

Langfristige Vorbereitung

Mit der Vorbereitung auf das Hindernisfahren beginnt man, wenn die Pferde im Zweispänner an den Gebissen stehend geradeaus und in Wendungen gefahren werden können. Dabei können die ersten Übungen im Durchfahren von Toren durchaus am Ende einer Trainingseinheit im dressurmäßigen Fahren angeschlossen oder auch in einer Pause zwischen zwei verschiedenen Lektionsfolgen eingefügt werden.

Zweierlei sollten die Pferde lernen: erstens, daß sie immer zwischen zwei Kegeln hindurchgehen sollen, und zweitens, daß die Kegel respektiert werden müssen.

Was die erste Lernaufgabe betrifft, so übe man von vornherein mit relativ *engen* Toren. Tore mit den Maßen „Spurbreite plus 10 cm (max. 20 cm)" lehren die Pferde, schnurgerade durch das Tor zu gehen. Wer so übt, wird später im Vorteil sein, wenn er bei den ersten Prüfungen größere Toleranzen antrifft.

Bei diesen Übungen achte man anfangs darauf, daß die Pferde im ruhigen Trabtempo, weit genug vor dem Tor *geradeaus* gestellt, herankommen. Erst wenn die Pferde das sicher können, sollte man die Tore auch aus Wendungen heraus anfahren, jedoch immer so, daß Pferde und Wagen die Torlinie zwischen den Kegeln senkrecht passieren.

Hinsichtlich der zweiten Lernaufgabe muß bei den Pferden der Eindruck erweckt werden, daß ein Kegel *fest* ist und nicht umgeworfen werden kann. Es ist das ein ähnliches Problem wie das, vor dem der Springreiter steht, wenn er sein Pferd das berührungsfreie Springen lehren will: Wenn sich ein Pferd durch eigene Unachtsamkeit an einem nicht nachgebenden Gegenstand stößt, wird es sich danach Mühe geben, diesen Gegenstand nicht mehr zu berühren. Zweckmäßig scheint es, den Pferden diese Lehre zu erteilen, bevor sie die Erfahrung gemacht haben, daß die Kegel leicht umfallen. Hat man also den Pferden den Weg durch die Kegel gezeigt und sie ihn einige Male machen lassen, sollten die Kegel beschwert werden. Dazu gibt es unterschiedliche Methoden. Manche Fahrer verwenden feste Holzblöcke, andere setzen mehrere Kegel übereinander, um einen größeren Widerstand zu erzeugen. Sicherlich sind auch andere Lösungen möglich, wie z. B. das Füllen der Kegel mit Sand o. ä., ohne daß dadurch eine Verletzungsgefahr heraufbeschworen wird. Stößt ein Pferd an einen solchen Kegel an, wird es das unangenehm spüren und in der Zukunft vorsichtiger sein. Läßt später dennoch die Vorsicht nach, greife man, wenn nötig, auf die schweren Kegel zurück. Erforderlich für die wirksame Korrektur ist es allerdings, daß leichte wie schwere Kegel in Form und Farbe identisch sind.

Ähnlich wie beim Springtraining muß der Ausbilder die Anforderungen allmählich, jedoch kontinuierlich erhöhen. Nachdem einzelne Tore auf der Geraden sicher durchfahren wurden, wird er zwei und mehr in kurzen Abständen und auf gleicher Linie stehende Tore aufbauen. Dem folgen mehrere Tore auf sanfter Krümmung, bis schließlich ein Zirkel mit 18 m Durchmesser durchfahren und schließlich von diesem auf einen gleich großen der anderen Hand gewechselt werden kann. Später kann man auch langgezogene Schlangenlinien und Wendungen zwischen nicht in Flucht stehenden Toren fahren.

An Fahrhindernissen, die aus Teilen von Springhindernissen bestehen, müssen die Pferde systematisch gewöhnt werden, und zwar möglichst an alle Typen solcher Hindernisse.

Bei diesen im ruhigen Trab ausgeführten Übungen müssen die Pferde lernen mitzuarbeiten, d. h., die Hindernisse, zu denen ihnen der Weg gewiesen wird, gleichsam von selbst aufsuchen. Dazu muß sie der Fahrer jeweils frühzeitig auf das Hindernis aufmerksam machen und danach mit ruhiger Hand die Pferde ihren Weg finden lassen. Auf diese Weise bleiben sie in der Regel ebenfalls ruhig. Das ist, andererseits, meist nicht der Fall, wenn der Fahrer beim Heranfahren an das Hinder-

nis mit hektischen Leinenhilfen zu korrigieren versucht. Deshalb sollte man auch die Hindernisse so bauen, daß man sie im ruhigem Trab durchfahren kann und nicht etwa zum Schritt parieren muß. Das heißt, sie sollten zunächst dort etwas weiter sein, wo Wendungen oder Kehren erforderlich sind (U-, L-, doppel-L-förmige und Slalomhindernisse), nicht jedoch bei den Toren.
Gleichlaufend mit diesem Hindernis-Fahrtraining – es kann sicherlich nicht öfter als zweimal in der Woche stattfinden und soll jedesmal andere Aufgaben entsprechenden Schwierigkeitsgrades stellen – wird der Fahrer bei den Dressurübungen dem Galoppieren mehr Raum geben. Für die Leistung in der Hindernisbahn ist es am besten, wenn die Pferde gleichmäßig durchgaloppieren. Dazu müssen sie aber in allen Gelopptempi gefahren werden können, d. h. gehorsam und durchlässig sein, so daß der Fahrer vom starken bis zum versammelten Galopp alles ohne Widerstand und ohne zuviel Gewicht in der Hand verlangen kann, bei bestausgebildeten Pferden bis hin zu Passaden in relativ engen Wendungen. Daß diese Forderung ausdauerndes und geduldiges Training voraussetzt, bedarf keiner Betonung. Schließlich geht man auch dazu über, die Tore und Hindernisse im Galopp zu fahren, wobei besonders darauf geachtet werden sollte, daß die Pferde ständig gut an den Gebissen stehen.
An den Fahrer werden beim Hindernisfahren erhebliche Anforderungen hinsichtlich der Technik seiner Leinenführung gestellt. Von Anfang an sollte er sich davor hüten, die Grundsätze der Leinenführung aufzugeben. Mit geteilten Leinen kann man vielleicht ein leichtes Hindernisfahren gewinnen, „Fahren“ kann man das jedoch nicht nennen.

Unmittelbare Vorbereitung

Die Vorbereitungen auf die Teilnahme am Hindernisfahren betreffen zunächst Wagen und Geschirre. Alles muß so in Ordnung sein, daß es bei der größeren Belastung, die ein Hindernisfahren mit sich bringt, keine Defekte geben kann. Ein brüchiger Aufhalter oder ein sich lösender Strang kann den Fahrer um alle Chancen bringen.
Nachdem die Fahrbahn vor Beginn der Prüfung zur Besichtigung freigegeben wurde, sieht man nicht selten Fahrer rasch und miteinander schwatzend über den Platz laufen, so daß sie sich gerade die Reihenfolge der Tore einprägen können. Das heißt, die vom Veranstalter eingeräumte Möglichkeit schlecht zu nutzen. Sinnvoll ist es hingegen, wenn der Fahrer, wenn möglich in Begleitung seines Trainers, den Weg von Hindernis zu Hindernis so abschreitet, wie er ihn dann mit seinem Gespann zurücklegen will. Begonnen wird mit dem Auffahren zum Gruß. Wie fährt man danach zur Startlinie, um den Weg zum ersten Hindernis abzukürzen? Wie groß muß man den Bogen bei einer Wendung zwischen zwei Hindernissen fahren? An welchen Stellen muß das Tempo verkürzt, wo kann zugelegt werden? An welcher Stelle soll die Ziellinie passiert werden? Fragen über Fragen, auf die der Fahrer während des Besichtungsganges Antworten suchen und finden muß. Am Ende der Besichtigung muß der Fahrer seinen taktischen Plan fertig haben. Und wenn er kurz vor Verlassen des Platzes noch einmal den Bahnverlauf rekapituliert, muß er auch die taktischen Konsequenzen noch einmal an seinem geistigen Auge vorüberziehen lassen, um sie sich fest einzuprägen.
Nach dem Aufsitzen wird er auf dem Vorbereitungsplatz seine Pferde zunächst lösen und an die Gebisse stellen. Danach wird er, ohne die Pferde zu ermüden, einige Übungen ausführen, mit denen er die Durchlässigkeit und Wendigkeit der Pferde sowie ihren Antrittswillen kontrolliert. Dabei wird er auch die auf dem Vorbereitungsplatz aufgestellten Tore durchfahren, und zwar – wenn erforderlich – aus Situationen, wie sie in der Hindernisbahn vorkommen. Dabei kann er die Realisierbarkeit seines Konzepts überprüfen. Obwohl jeder Fahrer im Verlaufe des langfristigen Leistungsaufbaus erkennt, wie er sein Gespann am besten auf die Aufgabe vorbereitet, und daraus sein „Abfahr-Programm“ entwickelt, muß er doch den aktuellen Zustand am Prü-

fungstag noch einmal überprüfen, denn auch Pferde sind nicht an jedem Tag in gleicher Verfassung. Ganz besonders wichtig ist das nach anstrengenden Marathonfahrten, nach denen die Vorbereitung besonders sorgfältig erfolgen muß, um unter Schonung der Kräfte die wahrscheinlich vorhandenen Muskelschmerzen und Steifheiten zu beseitigen. Das nimmt in der Regel weit mehr Zeit in Anspruch als die normale Vorbereitung.
Der Zeitpunkt für das Abfahren sollte nach Möglichkeit so gewählt werden, daß der Start unmittelbar danach erfolgt. Entsteht noch eine kurze Pause vor dem Start, wird das Gespann im ruhigen Trab in Bewegung gehalten, dauert die Pause länger, kann man die Pferde im Schritt ein wenig ausruhen lassen, bis man sie sich in den letzten Minuten vor dem Start wieder „in die Hand fährt".
Natürlich hat jeder Fahrer, zumal wenn er nicht unter den ersten auf der Startliste steht, das Bestreben, einige seiner Konkurrenten bei der Lösung der Aufgabe zu beobachten. Das sollte er auch tun, wenn er die Zeit dazu vor dem Abfahren erübrigen kann. Ist sein Beifahrer so weit ausgebildet, daß er das Lösen der Pferde besorgen kann, gewinnt der Fahrer für diese Beobachtung mehr Zeit. Die letzte Vorbereitung des Gespannes sollte er jedoch auf alle Fälle selbst übernehmen. Das Einfahren auf den Platz – wie auch das Ausfahren nach Beendigung des Parcours – hat im Trab zu erfolgen. (Die Ehrenrunde wird mit dem Zweispänner im Trab, mit dem Vierspänner im Galopp gefahren!)
Zum Gruß fährt der Fahrer so vor dem Richterturm auf, daß sein Gespann, in sich gerade gestellt, in Richtung auf den Richterturm zuhält und so zum Stehen kommt. Fährt der Fahrer von der Seite vor und hält nicht mit geradegerichtetem Gespann, so wird das von den Richtern zu Recht als Unhöflichkeit betrachtet werden. Daß die Pferde während des Grußes ebenso stillstehen wie am Beginn einer Dressuraufgabe, ist eine Erziehungsfrage. Ist auch während des Trainings immer darauf Wert gelegt worden, wird es in dieser Beziehung keine Mängel geben. Beim Halten vor dem Richterturm sitzt der Beifahrer nicht ab. Er behält vielmehr seinen Platz so lange, bis das Gespann den Schauplatz verlassen hat. Aufstehen des Beifahrers im Parcours führt zum Ausschluß.

Vorbereitung auf die Marathonfahrt

Marathonfahrten sind Leistungsfahrten, die oft die Kräfte der Pferde vollständig in Anspruch nehmen. Sie stellen hohe Anforderungen an ihre Ausdauer und Kraft, aber auch an ihre Beweglichkeit und Gewandtheit. Daran hat sich die Vorbereitung von Fahrern und Pferden im langfristigen Trainingsprozeß zu orientieren. Es muß daher – auf der Grundlage hervorragender dressurmäßiger Ausbildung – entsprechend vielseitig gestaltet werden. Für die Trainingsplanung ist wichtig, zu bedenken, daß sich bestimmte Anforderungen – sie können auch andere Leistungsprüfungen betreffen – teilweise ergänzen. So kann man z. B. mit der Entwicklung der Trabausdauer durch das Dressurtraining diese konditionelle Eigenschaft natürlich auch für die Marathonfahrt mit entwickeln.

Konditionelle Vorbereitung

Muskeln ermüden, wenn sie Arbeit leisten. Je länger sie arbeiten können, ohne daß man einen Leistungsabfall erkennt oder die Muskeln gar ihre Arbeitsfähigkeit einbüßen (lokale Erschöpfung), um so besser ist die Ausdauer entwickelt. Der Leistungsabfall der Muskeln kann hinausgeschoben werden, wenn durch systematische Ausdauerbelastungen, die bis zur Ermüdung führen, Herz-Kreislauf-System und Muskulatur zur besseren *Anpassung* an solche Belastungen angeregt werden. Die Anforderungen an die Ausdauer sind in den verschiedenen Phasen der Marathonfahrt unterschiedlich. So ist Schrittausdauer eben nicht gleich der Ausdauer im ruhigen Trab oder im Schnelltrab.
Jedes Training soll durch seine Belastungsgestaltung letztlich zu einer Anpassung des Or-

ganismus an die Wettkampfbelastung führen. Der Weg dorthin führt in jedem Fall über die Herausbildung der *Grundlagenausdauer*. Sie ist das Ergebnis lang anhaltender Belastungen in einem niedrigen bis mittleren Intensitätsgrad (lange Strecken im ruhigen Trab). Auf dieser breiten Ausdauergrundlage können die spezifischen Ausdauerformen für den Schritt und den Schnelltrab systematisch ausgebildet werden.

In der Praxis ist die Herausbildung der Grundlagenausdauer kein Problem. Schon von langen Trabreprisen auf dem Dressurviereck geht eine entsprechende Wirkung aus. Kommen noch ein- oder zweimal in der Woche längere Ausfahrten auf Wald-, Wiesen- oder Sandwegen dazu, wurden schon wesentliche Reize für die Ausprägung der Grundlagenausdauer gesetzt. Methodisch geht man dabei am besten nach dem Fahrtspielprinzip vor, indem man lange Trabstrekken mit kürzeren Schrittstrecken *abwechseln* läßt. Anfangs (z. B. nach der Winterpause) fährt man insgesamt 30 bis 40 min: 5 min. Gebrauchstrab, 5 min. Schritt, 6 min. Gebrauchstrab, 5 min. Schritt, 6 min. Gebrauchstrab, 4 min. Schritt, 5 min. Gebrauchstrab, 4 min. Schritt o. ä.

Allmählich wird die Länge der Teilstrecken im Trabe erhöht, später die Dauer der Schrittstrecken bis auf 3 min verkürzt. Am Ende des Trainingsabschnittes zur Herausbildung der Grundlagenausdauer erreicht die Summe der Teilstrecken im Trabe etwa das Eineinhalbfache der Wettkampfstrecke, immer vorausgesetzt, daß die Bodenverhältnisse dies gestatten und die Beine frisch bleiben. Die Schrittpausen werden so lange ausgedehnt, bis – für das Auge des Fahrers – Atem und Herzschlag der Pferde vollständig beruhigt sind. Mit zunehmender Ausdauer wird dieser Zeitpunkt früher eintreten. Wer sich entschließen kann, den Trainingszustand genauer zu kontrollieren, verwendet dazu Herz- und Atemfrequenz. Erstere wird entweder an der Unterkieferarterie oder mit einem Phonendoskop in der Herzgegend festgestellt, letztere durch Beobachtungen der Nüstern oder der Bauchwand. Zunächst sind die Stallruhewerte festzustellen, die als Vergleichswerte von Bedeutung sind. Sie sinken mit wachsendem Trainingszustand etwas ab. Die beste Aussage erhält man aus der Dauer der Beruhigungszeit, die in gleichbleibenden Abständen mehrmals nach dem Ende der Belastung kontrolliert werden soll. Die Verbesserung des Trainingszustandes läßt sich am Kürzerwerden der Zeitspanne bis zum Erreichen des Stallruhewertes erkennen.

Die individuellen Unterschiede der Pferde lassen es geraten erscheinen, zu den genannten Werten keine Zahlen anzugeben. Empfehlenswert ist es jedoch, daß vom Ausbilder darüber Buch geführt wird. Neben diesen „unblutigen" Methoden gibt es auch genauere Verfahren zur Feststellung des Trainingszustandes durch Blutuntersuchungen. Diese können nur von Tierärzten angewendet werden. Neuerdings lassen sich mit telemetrischen Verfahren die Pulswerte auch während der Bewegung überwachen.

Eine hohe Belastung für die Pferde bringen die *Schrittstrecken* mit sich. Die Bewältigung dieser Anforderungen setzt ein spezielles Training voraus. Zunächst beginnt man damit, die Pferde im Schritt das ihnen angenehme Tempo finden zu lassen, damit sie sich völlig entspannen und an den Gebissen loslassen. In dieser Zeit sind lange Schrittreprisen im Wechsel mit wesentlich kürzeren Trabreprisen angebracht. Ein- bis zweimal in der Woche können diese Übungen bis zu drei Stunden ausgedehnt werden. Erst wenn die völlige Losgelassenheit erreicht ist und die Pferde an langen Leinen stehend einen lebhaften, taktmäßigen und ruhigen Schritt gehen, kann mit der Vorbereitung auf die konditionellen Anforderungen der Schrittphasen begonnen werden. Aber auch wenn man beginnt, die Pferde im Schritt zu treiben, damit sich der Raumgriff der Tritte verlängert, muß man ständig darauf achten, daß die Losgelassenheit erhalten bleibt, so daß sich der Rükken dehnt und die Hinterbeine taktmäßig und entspannt nach vorn schwingen. Stellen sich Verkrampfungen ein oder ermüden die

Pferde im Schritt – man erkennt das auch daran, daß sie die Gangart wechseln, um andere Muskeln zur Arbeit heranzuziehen –, sollte man entweder den Schritt zurücknehmen oder in ruhigem Trab die Losgelassenheit wiederherstellen. Auf diese Weise erfolgt auch das Schritttraining nach der Fahrtspielmethode.
Haben die Pferde ihren Raumgriff im Schritt im Rahmen ihrer Möglichkeiten verbessert, erreichen dabei aber das geforderte Tempo von 7 km/h (117m/min) noch nicht, so muß man vorsichtig versuchen, die Schrittfrequenz bei gleichbleibendem Raumgriff zu erhöhen. Aber auch hierbei ist der Erhalt der Losgelassenheit der Pferde von erstrangiger Bedeutung. Als Ziel für das Konditionstraining im Schritt sollte das Zurücklegen einer Strecke von 1500 m im Tempo 116m/min (13:00 min) genügen, um die Anforderungen (1200 m in 10:20 min) zu erfüllen.
In Wettkämpfen hört man oft, wie Fahrer auf der Schrittstrecke mit lauten Anfeuerungsrufen ihre Pferde antreiben. Das sind „Kutschermanieren“. Viel besser ist es, die Pferde so auszubilden, daß der Fahrer sie an den Gebissen hat und durch Anlegen der Peitsche treiben kann, ohne daß dadurch Unruhe entsteht. Selbstverständlich ist gegen leise, den hervorragenden Pferdeohren jedoch verständliche Stimmhilfen nichts einzuwenden.
Neben dem Gebrauchstrab, der in einem Tempo von 15 km/h (250 m/min) verlangt wird, muß auf der C-Strecke eine Geschwindigkeit von 18 bis 19 km/h über eine Strecke von 5000 m (300 bis 317 m/min), entwickelt werden. Das ist ein sehr hohes Tempo, das auch Pferde mit gutem Trabvermögen oft nur schwer erreichen. So ist die Gefahr groß, daß bei Übungen im *Schnelltrab* die Pferde aus dem Takt kommen, Dreischlag gehen oder angaloppieren.
Es gibt erfahrene Fahrer, die wegen dieser Gefahr Schnelltrab überhaupt nicht trainieren. Die Richtigkeit dieser Anschauung ist im Lichte der Erkenntnisse der Trainingslehre sicherlich zu bezweifeln. Recht haben sie nur insofern, als sie die Gefahr des Taktverlustes im Training weniger zu befürchten haben. Bekennt man sich jedoch zu der Auffassung, daß jede Wettkampfforderung auch ihren Platz im Trainingssystem haben muß, und will den Schnelltrab entwickeln, muß man über 8 bis 10 Wochen sehr, sehr systematisch und sorgfältig vorgehen. Zunächst ermittelt man mit der Stoppuhr die Geschwindigkeit der Pferde im Gebrauchstrab auf einer Meßstrecke von 500 m. Nachdem man sich auf diese Weise Gewißheit über das Ausgangsleistungsniveau des Pferdes verschafft hat, steigert man bei zwei- bis dreimaligem Training je Woche unter Beachtung der Belastungsgrundsätze die einzelnen Belastungskomponenten Tempo und Streckenlänge abwechselnd und allmählich. Nach wie vor gilt der Grundsatz, daß die Losgelassenheit stets erhalten bleiben muß.
Der Fahrer sollte dieses Training unbedingt dazu nutzen, die Möglichkeiten seines Gespanns genau zu ergründen, um danach den taktischen Plan für die Phase C des Wettkampfes auszuarbeiten. Unter Umständen muß für einen kurzen Streckenabschnitt das Tempo herabgesetzt werden, bis die Pferde sich etwas erholt haben. Es kann auch angezeigt sein, einige Strafpunkte für Zeitüberschreitung in Kauf zu nehmen, um sich nicht durch Aufgeben der reinen Gangart den Weg zu weiterer Leistungssteigerung in künftigen Jahren zu verbauen.
Abschließend soll noch darauf hingewiesen werden, daß beide Pferde eines Paares auch bei der Arbeit im Gelände immer gleiche Teile der Last ziehen sollen. Der Fahrer hat das ständig zu überwachen.

Technische Vorbereitung

Das technische Training, das in der langfristigen Vorbereitung auf die Teilnahme an Marathonfahrten ebenfalls eine große Rolle spielt, erstreckt sich im wesentlichen auf:
– die Gewöhnung an alle Erscheinungen, die im Gelände vorkommen können, einschließlich des Überwindens von Geländeunebenheiten, und
– das Hindernistraining.

Der Schwerpunkt des technischen Trainings fällt in die Zeit der Entwicklung der Grundlagenausdauer.
Oberstes Gebot bei dieser Arbeit ist es, niemals die Ruhe zu verlieren. Der Fahrer muß vielmehr seine Sicherheit und Ausgeglichenheit auf die Pferde übertragen.
Mit nervösen und aufgeregten Pferde kann man in den Marathonhindernissen verloren sein. Pferde mit sehr heftigem Temperament sind deshalb als Fahrpferde zum sportlichen Fahren ungeeignet, wenn sich dieser Fehler auch durch Üben nicht korrigieren läßt.
Zur Gewöhnung an die verschiedenen Umwelterscheinungen, bei denen ein Pferd erschrecken oder ängstlich werden kann, muß man während des Übens im Gebrauchstrab von Zeit zu Zeit bewußt solche Stellen suchen, die dem Pferd unangenehm sein können. Hierbei bewährt es sich in der Regel, wenn man ein älteres, ruhiges Pferd als „Schulmeister" neben das junge Pferd spannt. Erweist sich am Anfang der Übungen ein zu starker Temperamentsunterschied als störend, kann man das junge Pferd entweder in der ersten Trainingseinheit des Tages etwas stärker ermüden oder vor Beginn der Gewöhnungsarbeit longieren.
Wenn während der Spaziergänge an der langen Leine oder beim Fahren mit dem Einspänner schon ein festes Vertrauensverhältnis zwischen Ausbilder und Pferd hergestellt worden ist, wird man nicht mehr mit ernsten Schwierigkeiten rechnen müssen. Aber es kann nicht falsch sein, das junge Pferd mit einer zusätzlichen Einspännerleine zu versehen, die man nur im Notfall benutzt.
So müssen die Pferde den Straßenverkehr in der Stadt und auf dem Land kennenlernen, den Wagen bergauf ziehen und bergab zur Unterstützung der Bremse aufhalten lernen. Sie müssen ruhig in jedes Wasser gehen und ebenso ruhig wieder heraustreten. Weder vom Wind aufgewirbelte Papierschnitzel noch wehende Wäsche auf der Leine, weder enge Passagen noch schmale Brücken dürfen sie beunruhigen, nicht einmal hupende Autos oder zischende Lokomotiven.
Wenn es bei diesen Übungen einmal Schwierigkeiten gibt, gehört der Beifahrer augenblicklich an den Kopf des unruhig werdenden Pferdes. Er versucht es zu beruhigen und danach anzuführen. Mit Geduld, Lob und auch Leckerbissen, unterstützt durch die Stimme des Fahrers und gegebenenfalls Anlegen der Peitsche, sucht man das Pferd zur Ausführung der Forderung zu bewegen. Wenn aber das Pferd zu diesem Entschluß kommt, darf man dessen Ausführung nicht stören und muß es vielmehr mit viel Leckerbissen belohnen. Danach und am nächsten Tag wird der Gehorsam gefestigt.
Manchmal kommt es vor, daß ein Pferd die Wiederholungen immer schlechter ausführt. Dann darf man nicht weiterexerzieren. Der Ausbilder sorgt jedoch dafür, daß der Abschluß der Trainingseinheit für das Pferd angenehm ist, und bringt es dann in den Stall. Es ist eine bekannte, wenn auch eigenartige Erscheinung, daß manche Pferde am folgenden Tag eine Aufgabe gut ausführen können, bei der sie am Vortag Schwierigkeiten gehabt haben.
Wenn man das Durchfahren von Hindernissen übt, so hat das über lange Zeit zunächst im ruhigen Schritt zu geschehen. Wie beim Hindernisfahren müssen die Pferde auch bei den Geländehindernissen lernen, durch ein Tor, eine Passage zwischen Bäumen o. ä. ruhig hindurchzugehen, wenn ihnen der Weg gezeigt worden ist. Deshalb wähle man am Anfang diese Durchfahrten nicht zu schmal. Um die Ruhe zu erhalten und zu fördern, soll man in den Hindernissen auch anhalten, die Pferde loben und ihnen Leckerbissen reichen lassen, bevor man ebenso ruhig weiterfährt.
Bevor die Pferde nicht die verschiedenen Hindernisse ruhig im Schritt passieren, darf man keinesfalls versuchen, das Tempo zu steigern. Das kann dazu führen, daß sich die Pferde erregen und der Fahrer sie nicht voll in der Kontrolle behält. Das Anhalten im Hindernis, von dem eben gesprochen wurde, fördert den Gehorsam und hilft, Panik zu vermeiden, wenn einmal etwas schiefgegangen ist.
Einem unerfahrenen Fahrer kann es leicht

passieren, daß er sich in einem Hindernis festfährt. Das ist für das junge Fahrpferd ein ähnlich einschneidendes Erlebnis wie das Verweigern für ein junges Springpferd: Das Vertrauen des Tieres in den Menschen erhält einen Schock. In unserem Fall sollte man sofort anhalten, die Pferde beruhigen, danach den Beifahrer – wenn möglich – den Wagen befreien lassen und erst danach wieder anfahren. Für den Fahrer ist das wesentlichste: Ruhe bewahren, einen günstigen Ausweg suchen, erst dann weiterfahren. Sind die Pferde zugfest, kann man sie sich auch einmal anstrengen lassen, wenn das Gelingen dieses Versuches sicher ist. Auf gar keinen Fall darf dabei die Peitsche gebraucht werden. Das würde die Pferde ängstlich machen.

Ein solches Festfahren darf bei jungen Pferden nicht mehrmals in kurzen Abständen hintereinander geschehen. Sie würden dadurch demoralisiert („sauer") werden und aufstekken.

Was für das Verhalten beim Festfahren gilt, muß auch als probate Regel bei sonstigen Schwierigkeiten angesehen werden, sei es, daß sich ein Strang gelöst hat oder ein Pferd über einen Strang getreten ist, sei es, daß an Geschirren oder Wagen etwas in Unordnung geraten ist: Man halte an und lasse die Pferde ruhig stehen. Danach behebe man – ebenfalls in aller Ruhe – den Fehler, und erst dann fahre man weiter.

Im Laufe des Hindernistrainings, das man zwei- bis dreimal je Woche im Rahmen anderer Trainingseinheiten durchführen sollte, müssen die Pferde lernen, daß auch hier die rote Tafel rechts, die weiße links zu bleiben hat. Dazu müssen die Hindernisse mit den Tafeln versehen sein. Die Pferde sollen außerdem lernen, daß sie immer gemeinsam durch ein solches Tor zu gehen haben. Das bedeutet, daß beide einen Baum z. B. an der gleichen Seite passieren müssen. Man kann das üben, indem man die Pferde frontal auf einen Baum zufährt, so daß normalerweise eines rechts, das andere links davon vorbeigehen würde. Nun nimmt man kurz vor Erreichen des Baumes die Leine der Seite an, nach der beide Pferde ausweichen sollen, und ruft das Pferd, das seine Richtung ändern muß, beim Namen, vorausgesetzt, es hat darauf zu reagieren gelernt. Manche Fahrer verwenden dabei auch die Kommandos „Links" oder „Rechts", auf die in früheren Zeiten alle Arbeitspferde reagierten.

Erst wenn die Pferde mit allen Hindernissen in ruhigem Schritt fertig werden und dabei keine Erregung mehr zeigen, beginnt man, dazu geeignete Hindernisse im Trab zu durchfahren. Auch dabei ist größter Wert auf Ruhe und Flüssigkeit zu legen. Gelegentlich sollte man aber auch in solchen Hindernissen an passender Stelle anhalten, um immer wieder den Gehorsam der Pferde zu verbessern und ihre Erregung zu dämpfen, die bei dem höheren Tempo leicht wieder zum Ausbruch kommt.

In der Folge erschwert man die Bedingungen bis auf das Niveau der Wettkampfanforderungen, indem man zunehmend komplizierte Hindernisse übt, die schmalere Durchfahrten aufweisen, engere Wendungen erfordern oder mit Geländeschwierigkeiten verbunden sind. Auch dabei sollte man immer langsam beginnen und erst dann, wenn die Pferde ruhig bleiben, das Tempo steigern. Bei diesen Übungen lernt auch der Fahrer mit: Der nämlich hat die größeren Chancen auf eine geringere Strafpunktzahl, der sein Gespann an den Hilfen hat, in ruhigem Tempo in ein Hindernis einfährt, glatt und flüssig hindurchkommt und im Hindernis wieder an Geschwindigkeit zulegen kann.

Im Wettkampf können durch Galoppieren im Hindernis wertvolle Sekunden gespart werden. Die Pferde müssen deshalb gelernt haben:

- auf Leinen- und Stimmhilfe gleichmäßig anzugaloppieren,
- enge Wendungen im versammelten Galopp auszuführen und
- auf Zuruf in starken Galopp überzugehen.

Während der Übungen in zunächst leichten Hindernissen müssen immer wieder Durchlässigkeit und Gehorsam verbessert werden. Können Paraden zum Halten, Seitwärtstreten der Pferde und Zurückrichten des Wagens auf dem Viereck flüssig, die Übergänge zwischen ihnen weich und schnell ausgeführt werden, müssen diese Übungen auch in Hindernissen stattfinden. Der Fahrer darf dabei die Pferde auch mit der Stimme unterstützen, aber nicht zu laut. Pferde haben ein feines Gehör.

Jedwede Hektik muß vermieden werden. Die angeführten Übungen müssen in unterschiedlicher Reihenfolge mit allmählich zunehmender Geschwindigkeit absolviert werden.

Übrigens: Lautstarke Einmischung des Beifahrers verwirrt nur die Pferde. Nur der Fahrer darf mit den Pferde sprechen, falls er nicht ohne Worte auskommt.

13. Pferdeleistungsprüfungen

13.1. Allgemeine und züchterische Gesichtspunkte

Leistungsprüfungen werden in vielen Bereichen des täglichen Lebens, in den Naturwissenschaften und in der Technik angewandt, die unter verschiedensten Gesichtspunkten das gemeinsame Ziel haben, eine möglichst *objektive Feststellung* einer zu messenden Leistung zu erhalten. Hierbei ist es unerheblich, ob dies auf eine Maschine, auf ein Gerät, auf einen Menschen oder ein Tier bezogen wird, immer steht im Vordergrund das meßbare Ergebnis oder die Beurteilung anhand einer Bewertungsskala.

Im Sport stellt die Prüfung der Leistung im direkten Vergleich oder im Vergleich zu festgelegten Normen für den einzelnen Bewerber einen wesentlichen Teil der sportlichen Betätigung dar, wobei der *direkte Vergleich* im sportlichen Wettkampf auf allen Ebenen von Urzeiten her menschliches Dasein ausdrückt.

Der Pferdesport stellt jedoch insofern gegenüber allen anderen Sportarten eine Besonderheit dar, da hier *zwei* (oder mehr) *Lebewesen* eine zu beurteilende Einheit bilden. Sowohl der Reiter, Fahrer, Voltigierer als auch das Pferd unterliegen der Leistungsbeurteilung, wobei es nicht immer genau feststellbar ist, welchen Anteil der jeweilige Partner zur gemeinsam erbrachten Leistung beisteuert.

Um gemeinsam Höchstleistungen zu erbringen, ist es also notwendig, sowohl beim Sportler als auch beim „Sportgerät" Pferd ein Höchstmaß an Leistungsfähigkeit nachweisen zu können. Wert oder Unwert eines Pferdes für den sportlichen Gebrauch – ob im Hochleistungssport oder im Freizeitsport Reiten oder Fahren – basiert auf dem Ergebnis der Trainingsleistungen des Paares Ausbilder–Pferd sowie auf den genetischen Grundlagen der Pferdezucht. Das Erkennen der *Erbveranlagung* aus der Abstammung und der *Individualpotenz* im Rahmen der Aufzucht und der Ausbildung sind notwendig, um das richtige Pferd in der ihm gerechten Weise zum Einsatz bringen zu können.

Diese Auslese der Pferde für den Sport stellt neben der sachgemäßen Ausbildung und Förderung auch im Freizeitsport ein bestimmtes Element der züchterischen Arbeit dar.

Die moderne *Populationsgenetik* bietet über die Beurteilung der zahlenmäßig erfaßten Leistungsergebnisse die Möglichkeit, erbliche Merkmale zu erkennen und zu genetischem Fortschritt zu nutzen. Ohne eine zahlenmäßige Feststellung der Leistungseigenschaften ist dies nicht realisierbar.

Nach dem Rückzug der Pferde aus Wirtschaft und Landwirtschaft wird heute in der größten Rassegruppe, der Warmblutzucht, nach einem einheitlichen, 1975 formulierten *Zuchtziel* gearbeitet, das die Exterieurbeschreibung beinhaltet, aber auch die inneren Eigenschaften Charakter, Temperament, Lernfähigkeit und Leistungsbereitschaft berücksichtigt:

„Gezüchtet wird ein edles, großliniges und korrektes Reitpferd mit schwungvollen, raumgreifenden, elastischen Bewegungen, das aufgrund seines Temperaments, seines Charakters und seiner Rittigkeit vornehmlich für Reitzwecke jeder Art geeignet ist.“

Bei dem geringen Anteil der Hochleistungssportler an der Zahl aller Pferdehalter kann sich das Zuchtziel nicht auf die Dressurspitzen und Springakrobaten ausrichten, sondern an der Breite der Verbraucher, wobei jedoch die Spezialisten im Dressur-, Spring- und Vielseitigkeits- bzw. Fahrsport nicht übersehen werden sollen. Für den Züchter ist es nun notwendig über Selektion (Auslese) und gezielte Kombination (Paarung) diese erblichen Merkmale auf die nächste Generation zu übertragen und sie in optimaler Weise zu vereinigen, eben zu züchten. Die Prüfung dieser züchterischen Arbeit zur Bestätigung der getroffenen Entscheidungen und zur weiteren Zuchtwahl durch Leistungsprüfungen schließt den Kreislauf der Überlegungen, in denen der Pferdesportler als Helfer und Mittler des Züchters neben seiner eigenen sportlichen Betätigung auftritt.

Der Gesetzgeber hat den vorstehenden Gesichtspunkten im *Tierzuchtgesetz* und der *Verordnung über die Leistungsprüfungen und die Zuchtwertfeststellung bei Pferden* Rechnung getragen, wo z. B. die Begriffe Leistungsprüfung und Zuchtwert definiert sind und über Verordnungen nähere Bestimmungen über

- Leistungsmerkmale einschließlich der äußeren Erscheinung,
- die Grundsätze für die Durchführung der Leistungsprüfungen und die Beurteilung der äußeren Erscheinung,
- die Grundsätze für die Feststellung des Zuchtwertes festgelegt werden können.

Die daneben auch im Rahmen der Abteilung Zucht der Deutschen Reiterlichen Vereinigung abgesprochenen Bestimmungen in gleichlautender Form zur *Zuchtwertfeststellung* nach dem Zuchtziel

– Reitleistung,
– Rennleistung,
– Fahr- oder Zugleistung

und den allem Zuchtrichten gemeinsamen Regeln für

– Zuchtleistung – äußere Erscheinung unter besonderer Berücksichtigung des Bewegungsablaufes

tragen dem Gesichtspunkt Leistungsprüfungen in der Pferdezucht Rechnung.

Zur Ausnutzung der *Erkenntnisse der Tierzuchtwissenschaften* ist also ein *Leistungsprüfungswesen* notwendig, das allen Erfordernissen des Zuchtzieles gerecht wird.

Aus der Sicht der verschiedenen Zuchtziele ergeben sich unterschiedliche *Typen* von *Pferdeleistungsprüfungen*, die dem Verwendungszweck der Pferde angepaßt sind:

1. *Pferdeleistungsprüfungen* als Leistungsprüfungen im Dressur-, Spring-, Fahr- und Gelände- und Vielseitigskeitssport; Veranstaltungen mit diesen Prüfungen werden als *Pferdeleistungsschauen* oder *Pferdeschauen*, landläufig als Turniere, bezeichnet;
2. Pferdeleistungsprüfungen auf Schnelligkeit im Galopp unter dem Reiter, kurz als *Galopprennen* bezeichnet, in erster Linie für Pferde der Rasse Englisches Vollblut, sowohl als *Flachrennen* als auch als *Hindernisrennen* ausgetragen;
3. Pferdeleistungsprüfungen auf Schnelligkeit im Trabe vor dem Sulky oder unter dem Reiter, kurz als *Trabrennen* bezeichnet, in erster Linie für die Rasse Traber;
4. Leistungsprüfungen für *Zuchtpferde im Feld*, meist eintägigen Prüfungen auf einzelne Kriterien des Zuchtzieles unter Bewertungsmaßstäben des Turniersports;
5. Leistungsprüfungen für *Zuchtpferde auf Station* in unterschiedlicher Dauer, (z. B. Warmbluthengste 100 Tage, Warmblutstuten 15 Tage) auf spezielle Leistungen des Interieurs (z. B. Charakter, Temperament, Leistungsfähigkeit, Lernfähigkeit) und Veranlagung mit einem abschließenden Leistungstest nach den allgemein anerkannten Regeln des Turniersports je nach Zuchtziel gegliedert.

Die *Registrierung der Ergebnisse* wird bei den unterschiedlichen Pferdeleistungsprüfungen und Leistungsprüfungen durch die Aufsichtsorgane des Reit- und Rennsports bzw. durch die staatlichen Stellen und die Zuchtverbände vorgenommen. Sie sorgen auch für die Veröffentlichung der Ergebnisse in geeigneter Form.

Da gerade im Turniersport der Einfluß der Umwelt mit Ausbildung, Training, Haltung des Pferdes, Qualität des Reiters auf die erbrachten Leistungen als recht beträchtlich angesetzt und deshalb mit einer relativ *geringen Erblichkeitsrate* der Leistungsmerkmale gerechnet werden muß, wären in der *Zuchteigenleistungsprüfung* und den *Nachkommenschaftsprüfungen* nach populationsgenetischen Prinzipien große, unter Wettkampfbedingungen zu testende Gruppen sehr erstrebenswert. Der Gesetzgeber schreibt deshalb z. B. bei den Eigenleistungsprüfungen für Hengste der Zuchtrichtung Reitpferd im 100-Tage-Test eine Mindestgruppengröße von 20 Hengsten vor, während die Berechnung von Indexwerten bei Warmbluthengsten aus Turniersportergebnissen eine Mindestzahl von 10 Nachkommen vorsieht.

Die in den letzten Jahren erarbeiteten Grundsätze der *Indexberechnungen* für Hengste unter Einbeziehung aller Ergebnisse des Turniersports sind Ansätze für eine moderne *Erbwertschätzung* auch beim Reitpferd. Die getrennte Angabe eines Index für Dressur und für Springen neben dem Gesamtindex trägt hierbei den speziellen Betrachtungen der Züchter und Anwender Rechnung.

13.2. Sportliche Gesichtspunkte

Der Pferdesport hat eine jahrtausendealte Tradition, wenn man an die Rennen zu Pferd oder mit Wagen in der Antike oder den mittelalterlichen Turniersport unter Kampfbedingungen denkt. Die entscheidenden *Impulse* für die Entwicklung des modernen Reitsports kamen gleichermaßen aus der Manegereiterei des 16. – 19. Jahrhunderts wie der militärischen Reiterei des 18. und 19. Jahrhunderts. Die *modernen Pferdeleistungsprüfungen* beginnen als Offizierssport Mitte des 19. Jahrhunderts mit Springprüfungen sowie aus dem Dienstbetrieb abgeleiteten Distanzrennen.

1912 fanden die ersten Wettbewerbe der Neuzeit im Rahmen der *Olympischen Spiele* mit Pferden statt, in den zwanziger und dreißiger Jahren entstand das, was als *ländliche Reiterei* eine Verbindung zwischen Pferdesport und Pferdezucht herstellte und auch die Grundlage unseres heutigen Pferdeleistungsprüfungswesens darstellt.

Der zweite Weltkrieg sah in den meisten Ländern das Verschwinden der Kavallerie, die bis dahin Rückhalt und Ausdruck des Pferdesports waren; in der Landwirtschaft und im Gewerbe sank die Bedeutung des Pferdes auf den Nullpunkt. Erst mit der *Ausbreitung des Reit- und Fahrsports* in allen Bevölkerungsschichten mit zunächst beschwörenden Appellen: „Das Pferd muß bleiben“, *herausragenden Erfolgen deutscher Reiter* auf internationalem Parkett und dem wirtschaftlichen Aufschwung nahm der Pferdebestand und auch das Turnierwesen schlagartig zu und erreicht zur Zeit einen nie erwarteten Umfang. In den neuen Bundesländern stagnieren Pferdehaltung und Pferdesport aus verständlichen Gründen noch. Neben den herkömmlichen Prüfungen in Dressur, Springen, Fahren und Vielseitigkeit sind es heute die auf den *breitensportlichen Aspekt* zielenden Wettbewerbe und auf *reiterfördernde Prüfungen* auf-

bauenden Veranstaltungen, die besonders zur *Jugendförderung* gedacht und durchgeführt werden.
Neben der Heranführung der Jugend an das Lebewesen Pferd und die in der Gemeinschaft und im Umgang mit dem Pferd zu gewinnenden Möglichkeiten der *Persönlichkeitsentfaltung*, der *Toleranz* gegenüber dem Sportkamerad Pferd, der wachsenden *Selbstdisziplin* bietet gerade der Wettkampf auf und mit dem Pferd sportlich-erzieherische Werte, wie Geduld, Beharrlichkeit, Entschlossenheit und Verantwortungsbewußtsein.
Mit dem Erreichen höherer Leistungsstufen und der Berufung in Auswahl-Mannschaften und Kader werden *Vorbildfunktion, Bescheidenheit* und *Leistungsstreben* gefordert, die als ethische Werte der Allgemeinheit zugute kommen können.

Über die modernen Medien breiten der Reit- und Fahrsport, die Rennen im Galoppsport und im Trabersport das Bild des Pferdes in allen Bevölkerungsschichten aus und animieren zum Nacheifern und Mittun.
Träger dieses Leistungsprüfungswesens sind in erster Linie die gemeinnützigen Vereine und Organisationen des Reitsports, die um der Sache willen für ihre Mitglieder und besonders für die Jugend tätig werden. Sie scheuen weder Arbeit noch Mühe, um den Anforderungen der sachgerechten Durchführung der Prüfungen und Wettbewerbe gerecht zu werden.
So hilft das Pferdeleistungsprüfungswesen der Pferdezucht zu einer weiteren Ausbreitung des Pferdes im Rahmen der Möglichkeiten sinnvoller *Freizeitgestaltung.*

13.3. Aufbau und Durchführung

Bei der Durchführung der turniersportlichen Pferdeleistungsprüfungen ist die *Doppelfunktion* der ihnen gestellten Aufgaben zum Ausdruck zu bringen, wonach sowohl der sportliche Aspekt der Turnierteilnehmer als auch der züchterische Aspekt der Leistungsprüfungen zu beachten sind.
Das *Wettkampfsystem* hat zudem Prüfungen bereitzuhalten, die besonders dem Ausbildungscharakter junger Reiter gerecht werden, als auch Prüfungen, die als *Nahtstelle* zur züchterischen Leistungsprüfung direkt zuchtunterstützend wirken können. Die Objektivität der Bewertung, besonders im beurteilenden Richten, muß nicht eigens erwähnt werden, hängt davon doch neben sportlichem Erfolg auch züchterische Beurteilung ab.
Aus der Tatsache, daß im Turniersport im Gegensatz zu allen anderen Sportarten als Sportgerät ein *lebendes Wesen* Verwendung findet, das gemeinsam mit dem Menschen den Wettkampf bestreitet und wesentlichen Anteil an seinem Ergebnis hat, dessen Alter und Entwicklungsstand aber auch eine Rolle spielt, das der züchterischen Bearbeitung unterliegt, relativ hohe Kosten verursacht und sich in unterschiedlichen Besitzverhältnissen befindet, ergeben sich in Verbindung mit dem äußerst unterschiedlichen Charakter der turniersportlichen Wettbewerbe zwangsläufig einige *komplizierte* Besonderheiten, die im Reglement zu berücksichtigen sind. Bereits in den Jahren zwischen den Weltkriegen entstand eine Turnierordnung für Halbblutpferde, die weiterentwickelt in die
Leistungsprüfungsordnung (LPO)
mündete, das *Regelwerk des Turniersports,* erlassen von der Delegiertenversammlung der Abteilung Sport der Deutschen Reiterlichen Vereinigung (FN) e. V.

Gliederung der LPO:

Abschnitt A. Allgemeine Bestimmungen
Hier sind die Zuständigkeiten der FN und der Landeskommissionen (LK) geregelt;
• die Verpflichtung aller Turnierteilnehmer zu sportlich fairer Haltung gegeneinander und gegenüber den Pferden;
• die Einteilung der Leistungsprüfungen in *Kategorie A* (Geldpreise über DM 1000), *Kategorie B* (Geldpreise über DM 300 bis DM 900), *Kategorie C* (Geldpreise DM 200 bzw. Ehrenpreise);
• die Eintragung der Pferde in die Turniersportregister zur Feststellung ihrer Identität und zur züchterischen Auswertung der Leistungsergebnisse;
• die Erteilung von Reiter-Fahrerausweisen und die Einstufung in Leistungsklassen;
• die speziellen Bestimmungen zu Geldpreisen und Teilnehmergebühren;
• das Klassensystem der Leistungsanforderungen:
Klasse E: Eingangsklasse
Klasse A: Anfängerklasse
Klasse L: Leichte Klasse
Klasse M: Mittelschwere Klasse
Klasse S: Schwere Klasse;
• Die Regelungen zu Ausschreibungen, Nennungen, Organisationsfragen;
• die Bestimmungen zur Richtertätigkeit;
• die Placierungsbestimmungen;
• die Ausrüstungsfragen für Reiter/Fahrer, für Pferde und Wagenpferde und deren Fahrzeuge;
• die Alters- und Teilnahmeregelungen der Pferde.

Abschnitt B: Besondere Bestimmungen
Sie enthalten die eigentlichen *Wettkampfregeln* mit Anforderungen, Beurteilung und Richtverfahren für die in Abschnitten zusammengefaßten Prüfungen:

I. Breitensportliche Wettbewerbe
II. Wettbewerbe zur Reiter/Fahrerförderung sowie Voltigier-Wettbewerbe
III. Basis- und Aufbauprüfungen
IV. Dressurprüfungen
V. Springprüfungen
VI. Vielseitigskeits- und Geländeprüfungen
VII. Fahrprüfungen
VIII. Kombinierte Wettbewerbe

Für die Leistungsprüfungen im *Distanzsport* hat der Verein Deutscher Distanzreiter e. V. (VDD) im Rahmen der LPO ein eigenes Reglement geschaffen, das besonders dem Gesichtspunkt Pferdegesundheit mit mehreren Pferdeuntersuchungen während und nach dem Ritt bzw. der Fahrt Rechnung trägt.

Abschnitt C: Rechtsordnung
Dieser Abschnitt umfaßt die Regelungen für die Schiedsgerichtsarbeit,
die Zusammensetzung und Arbeit der Schiedsgerichte,
die Rechtsmittel und deren Behandlung,
die Verstöße gegen die LPO und deren mögliche bzw. zwangsläufige Ahndung.

Abschnitt D: Durchführungsbestimmungen
Als Anhang regeln die Durchführungsbestimmungen Fragen zum Fernsehen, zu den Leistungsklassen, zur Dopingbekämpfung u. a.

LK-Bestimmungen:
Die *Landeskommissionen* für Pferdeleistungsprüfungen (LK), auf Landesebene arbeitend, geben zur LPO aus ihrer Sicht notwendige Besondere Bestimmungen heraus, die sich im wesentlichen mit Ausnahmeregelungen, Einschränkungen und Gebührenfragen befassen.

Neben der LPO sind die Bestimmungen der **Ausbildungs- und Prüfungsordnung (APO)** der Deutschen Reiterlichen Vereinigung besonders mit den Abschnitten
– Richter für Pferdeleistungsprüfungen,
– Parcourschefs oder

– Leistungsnachweise im Reit-, Fahr- und Voltigiersport

für das Leistungsprüfungswesen wichtig.

Eine **Veröffentlichung der Ergebnisse** des Turniersports im abgelaufenen Jahr erfolgt durch die Deutsche Reiterliche Vereinigung mit dem

– *Jahrbuch Zucht*, das neben der Zusammenstellung der Erfolge von Nachkommen aller erfaßten Vatertiere auch die erfolgreichen Züchter mit ihren Zuchtprodukten beinhaltet;

– *Jahrbuch Sport*, das neben der Zusammenstellung der Erfolge der Reiter/Fahrer in den einzelnen Disziplinen die Einzelerfolge der Pferde in den Leistungsprüfungen der Kategorie A und die Summenergebnisse der Kategorie B enthält; eine vollständige Personenliste aller Turnierfachleute rundet dieses mehrbändige Werk ab;

– Heft *Zuchtwertschätzung* anhand von Turnierergebnissen als Sonderheft zum Jahrbuch Zucht, das in drei Altersstufen eine Indexberechnung erhält.

Internationale Leistungsprüfungen

Die internationalen Leistungsprüfungen werden nach den Bestimmungen der *FEI*, der Internationalen Reiterlichen Vereinigung, mit einem *Generalreglement* (RG), den allgemeinen Bestimmungen des internationalen Turniersports,
den *speziellen Bestimmungen* (Rules) für die Disziplinen Dressur, Springen, Fahren, Vielseitigkeit, für Jugendprüfungen und Championate, Weltmeisterschaften und Olympische Spiele,
den *Veterinärbestimmungen* für Gesundheitsfragen, Identifikation der Pferde und Dopinguntersuchungen durchgeführt.
Abschließend muß, und zwar auf alle Pferdeleistungsprüfungen bezogen, mit besonderem Nachdruck darauf hingewiesen werden, daß im turniersportlichen Leistungsprüfungswesen eine *ständige Weiterentwicklung* im Gange ist, die eine kontinuierliche Überarbeitung des Systems und der Bestimmungen notwendig macht. So werden Organisation und Bewertung der Pferdeleistungsprüfungen den Anforderungen des Sports und der Zucht immer gerecht werden können.

Literaturverzeichnis

Achenbach, B. von, Anspannen und Fahren, Arbeit mit der Doppellonge sowie Anhaltspunkte für Beschirrung und Bespannung bei Fahr-Preisbewerbungen, Selbstverlag, Berlin, 1925, 5. Auflage

Albrecht, K., Dressurrichterfibel, Verlag ORAC, Wien, o. J.

Albrecht, K., Ausbildungshilfen für Pferd und Reiter, BLV Verlagsgesellschaft mbH, München – Wien – Zürich, 1990

Ahlswede, L., Pferde füttern, gesünder halten. Sonderheft: Reiter und Pferde in Westfalen, Landwirtschaftsverlag, Münster-Hiltrup, 1983

Barnekow, M. von, Die Ausbildung des Springpferdes, Verlag Sankt Georg, Düsseldorf, 1959, 3. Auflage

Blendinger, W., Psychologie und Verhaltensweisen des Pferdes, Paul Parey Verlag, Berlin – Hamburg, 1980, 4. Auflage

Bötticher, H., Anweisungen für das Fahren mit dem Zweispänner, Verlag Sankt Georg, Berlin, o. J.

Born/Möller/Disselhorst., Pferdekunde, Paul Parey Verlag, Berlin, 1928

Bruns, U., Voltigieren – leicht gemacht, Rüschlikon Verlag, Zürich – Stuttgart – Wien, o. J.

Bühler, U., Doch zählen nicht allein die Siege, Paul Parey Verlag, Berlin – Hamburg, 1959

Chmiel, C., Konditionstraining und Ausgleichssport für Reiter und Voltigierer, FN-Verlag der Deutschen Reiterlichen Vereinigung GmbH, Warendorf, 1987

Deutsche Reiterliche Vereinigung e. V. (FN), Reitsport 2000, Offizieller Bericht über den Equitana-Kongreß am 16./17. März in Essen, FN-Verlag der Deutschen Reiterlichen Vereinigung GmbH, Warendorf, 1987

Dobberstein/Koch, Lehrbuch der vergleichenden Anatomie der Haustiere, Band I–III, Hirzel Verlag, Leipzig, 1953

Dokumentationsstelle der Universität Hohenheim, DLG –Futtermitteltabellen für Pferde, DLG-Verlag, Frankfurt/Main, 1984, 2. Auflage

Donner, H. D. und Specht, D., Deutsche Reitlehre, Grundausbildung für Reiter und Pferd, FN-Verlag der Deutschen Reiterlichen Vereinigung GmbH, Warendorf, 1980

Eberlein, R., Die Hufkrankheiten des Pferdes (mit Ausnahme der Krankheiten der Hornkapsel), Wilhelm Braumüller Verlag, Wien – Leipzig, 1908

Ellenberger/Baum, Topographische Anatomie des Pferdes, Berlin, 1893

d'Endrödy, A. L., Give Your Horse a Chance, the training of horse and rider for three-day-events, show-jumping, and hunting, J.A. Allan & Co., London, 1959

Fellgiebel, H., Die Fahrschule. Die Grundsätze der Beschirrung, des Anspannens und des Fahrens im Arbeitszug und im Kutschwagen. Verlag für Landwirtschaft, Gartenbau und Forstwesen, Berlin 1930

Fellgiebel, H., Die Fahrausbildung. Sankt Georg Kunstverlag, Düsseldorf, 1949

Fischer, A., Der Veterinärgehilfe. Anleitung zur Hilfeleistung bei Pferden. M. & H. Schaper, Hannover, 1946, 11. Auflage

Flade, J.-E., Wachstum und Aufzucht. In: Schwark, H.-J. „Pferdezucht", Kap. 9, VEB Deutscher Landwirtschaftsverlag, Berlin, 1978

Flade, J.-E., Text in: Tylinek/Samková/Flade „Das große Pferdebuch", Paul Parey Verlag, Berlin – Hamburg, 1984

Flade, J.-E., The Compleat Horse (mit Tylinek/Samková), Prentice Hall Press, New York, 1987, David & Charles Newton Abbot, London, 1987

Flade, J.-E., Text in Tylinek/Samková/Flade „Suuri Hevoskirja", Gummerus-Jyräskyla, Helsinki, 1987

Flade, J.-E., Shetlandponys, Verlag A. Ziemsen, Wittenberg Lutherstadt, 1986

Flade, J.-E., Text in: Tylinek/Samková/Flade „Das große Pferdebuch", Verlag Edition Leipzig, 1988, 3. Auflage

Flade, J.-E., Das Araberpferd, Verlag A. Ziemsen, Wittenberg Lutherstadt, 1990, 7. Auflage

Flade, J.-E., Grundwissen für Pferdezüchter und Pferdesportler, Deutscher Landwirtschaftsverlag, Berlin, 1990, 4. Auflage

Flade, J.-E., Pferde. In: Porzig/Sambraus „Nahrungsaufnahmeverhalten landwirtschaftlicher Nutztiere", Deutscher Landwirtschaftsverlag, Berlin, 1991, 1. Auflage

Flade, J.-E. und Gleß, K.-H., Kleinpferde, Deutscher Landwirtschaftsverlag, Berlin, 1992

Gagern, W. von, Futtermittel, Fütterung. In: Flade, J.-E. „Grundwissen für Pferdezüchter und Pferdesportler", Deutscher Landwirtschaftsverlag, Berlin, 1990, 4. Auflage

Gauger, G.-D., Fahrsport, FN-Verlag der Deutschen Reiterlichen Vereinigung GmbH, Warendorf, 1984

Glahn, E., Reitkunst am Scheidewege, Erich Hoffmann Verlag, Heidenheim, 1956

Guérinière, Robichon de la, Des Herrn de la Guérinière Reitkunst oder gründliche Anweisung zur Kenntnis der Pferde, deren Erziehung, Unterhaltung, Abrichtung nach ihrem verschiedenen Gebrauch und Bestimmung, Kriegersche Buchhandlung, Marburg, 1817, 3. Auflage

Harre, D. u. a., Trainingslehre, Sportverlag, Berlin, 1969

Hennig, A. u. Gagern, W. von, Ernährung und Fütterung. In: Schwark, H.-J. „Pferdezucht", Kap. 11, Deutscher Landwirtschaftsverlag, Berlin, 1978

Hertsch, B., Anatomie des Pferdes, FN-Verlag der Deutschen Reiterlichen Vereinigung GmbH, Warendorf, 1987

Heydebreck, H. von, Reitlehrer und Reiter. Eine Anleitung nach den Grundsätzen der Deutschen Reitvorschrift, Nachdruck der Ausgabe von 1928 – Reprint –, FN-Verlag der Deutschen Reiterlichen Vereinigung GmbH, Warendorf, 1987

Hussel, L., Lehrbuch der Veterinärhygiene, S. Hirzel Verlag, Leipzig, 1963

Klimke, R., Cavaletti. Ausbildung von Reiter und Pferd über Bodenricks, Franckh'sche Verlagshandlung, Stuttgart, 1966

Klimke, R., Military. Geschichte – Training – Wettkampf, Franckh'sche Verlagshandlung, Stuttgart, 1967

Kösters, H., Beurteilung und Behandlung der Fohlenhufe, Paul Parey Verlag, Berlin, 1928, 4. Auflage

Kotljarewski, L. I., Die Grundlage der Lehre I. P. Pawlows von der höheren Nerventätigkeit (Deutsches Hygiene-Museum Dresden, Vortragsdienst, Heft 11), Verlag Volk und Gesundheit, Berlin, 1954

Leisering/Hartmann, Der Fuß des Pferdes in Rücksicht auf Bau, Verrichtungen und Hufbeschlag. Neu bearbeitet von A. Lungwitz, Richard Carl Schmidt & Co., Leipzig, 1903, 10. Auflage

Löwe, H. und Meyer, H., Pferdezucht und Pferdefütterung, Verlag Eugen Ulmer, Stuttgart, 1979

Lungwitz, A., Der Lehrmeister im Hufbeschlag. Ein Leitfaden für die Praxis und

Prüfung. M. & H. Schaper, Hannover, 1922, 18. Auflage

Maercken zu Geerath, E. Frhr. von, Springprüfungen und Geländeritte. Reprint der Ausgabe von 1911, FN-Verlag der Deutschen Reiterlichen Vereinigung GmbH, Warendorf, 1987
Müseler, W., Reitlehre, Paul Parey Verlag, Berlin – Hamburg, 1933

Nehrung, K., Lehrbuch der Tierernährung und Futtermittelkunde, Neumann-Verlag, Radebeul – Berlin, 1964, 8. Auflage
Nickel/Schummer/Seiferle, Lehrbuch der Anatomie der Haustiere, Band I–III, Paul Parey Verlag, Berlin – Hamburg, 1960
Normann, sen., Graf von, Hippologisches Lexikon. Allgemeinverständliches Nachschlagewerk der Pferdekunde, Wilhelm Limpert Verlag, Berlin, 1939
Nußhag, W., Lehrbuch der Anatomie und Physiologie der Haustiere, S. Hirzel Verlag, Leipzig, 1962, 6. Auflage

Oese, E. u. a., Pferdesport. Ein Handbuch für Trainer, Übungsleiter, Pferdezüchter und Aktive, Sportverlag, Berlin, 1962, 4. Auflage
Oese, E. u. a., Konnij Sport, Verlag Fiskultura i Sport, Moskau, 1970
Oese, E. u. a., Reiten – Fahren – Voltigieren. Ein Handbuch für die Ausbildung von Reiter und Pferd, Verlag J. Neumann-Neumann, Melsungen – Basel – Wien, 1981, 2. Auflage
Oese, E., Zweispännigfahren. Anschirren – Anspannen – Fahren, Sportverlag GmbH, Berlin, 1991, 2. Auflage
Oese, E., Quadrillenreiten (mit Musikteil von G. Grillo), FN-Verlag der Deutschen Reiterlichen Vereinigung GmbH, Warendorf, 1992

Paalman, A., Springreiten. Ausbildung von Pferd und Reiter für den Springsport, Parcoursreiten, Parcourgestaltung, Franckh'sche Verlagshandlung, Stuttgart, 1986, 6. Auflage
Pape, M., Die Kunst des Fahrens. Fahren und Anspannen nach den Richtlinien von Benno von Achenbach, Franckh'sche Verlagshandlung, Stuttgart, 1966
Plessing, F. W. K., Leinenführung. Einfache Vergleiche der verschiedenen Fahrsysteme, Franckh'sche Verlagshandlung, Stuttgart, 1927

Richter/Launer/Mill, Krankheiten der Pferde, Deutscher Landwirtschaftsverlag, Berlin, 1990, Verlag Eugen Ulmer, GmbH, Stuttgart, 1990
Rieder, U., Richtig Voltigieren, BLV Verlagsgesellschaft mbH, München – Wien – Zürich
Roch, O. und Oese, E., Zweispännigfahren, Sportverlag, Berlin, 1962
Ruthe H., Der Huf. Lehrbuch für den Hufbeschlagsschmied, Gustav Fischer Verlag, Jena, 1969, 2. Auflage

Scheunert/Trautmann, Lehrbuch der Veterinärphysiologie, Paul Parey Verlag, Berlin – Hamburg, 1951, 3. Auflage
Schoenbeck, R., Fahr-ABC. Grundsätze der Beschirrung, des Anspannens und des Fahrens im Arbeit- und Luxuszuge, Paul Parey Verlag, Berlin – Hamburg, 1921, 3. Auflage
Schubert, R., Pferdeernährung. Schriftenreihe der Lehrgangseinrichtung für Futterberatung Remderoda, Gera, 1986
Schwark, H.-J. u. a., Pferde, VEB Deutscher Landwirtschaftsverlag, Berlin, 1978
Schwark, H.-J. u. a., Pferdezucht, VEB Deutscher Landwirtschaftsverlag, Berlin, 1985
Seunig, W., Von der Koppel bis zur Kapriole. Die Ausbildung des Reitpferdes, Fretz & Wachsmuth, Zürich – Stuttgart, 1949
Seunig, W., Reitlehre von heute, Paul Parey Verlag, Berlin – Hamburg, 1978, 5. Auflage
Seunig, W., Am Pulsschlag der Reitkunst, FN-Verlag der Deutschen Reiterlichen Vereinigung GmbH, Warendorf, 1988, 2. Auflage

Seyfert, L., Praktisches Reiten. Ein Lehrbuch für die Ausbildung von Reiter und Pferd für die Anforderungen des modernen Turniersports, Neumann-Verlag, Radebeul, 1958

Springorum, B., Hinweise zum Konditionstraining der Military-Pferde, FN-Verlag der Deutschen Reiterlichen Vereinigung GmbH, Warendorf, 1990, 2. Auflage

Stegmann, H. u. Deutsche Reiterliche Vereinigung, Jagdreiten, FN-Verlag der Deutschen Reiterlichen Vereinigung GmbH, Warendorf, 1987

Steinbrecht, G., Gymnasium des Pferdes. Reprographischer Nachdruck, Verlag Dr. Rudolf Georgi, Aachen, 1989, 14. Auflage

Wrangel, Graf C. G., Das Buch vom Pferde. Ein Handbuch für jeden Besitzer und Liebhaber von Pferden. Band I – II, Schickhardt & Ebner, Stuttgart, 1927 – 1928, 6. Auflage

Regelwerke und Richtlinien:
Fédération Equestre Internationale:
- General Regulations, 18th edition
- Rules for Jumping Events, 17th edition
- Rules for Dressage Events, 17th edition
- Rules for Three-Day Events, 17th edition
- Rules for Driving Events, 5th edition
- Rules for Endurance Riding, 3rd edition
- Rules for Vaulting Events
- Veterinary Regulations, 6th edition

Deutsche Reiterliche Vereinigung e. V.:
- Leistungsprüfungsordnung, Ausgabe 1990
- Aufgabenheft gemäß LPO, Ausgabe 1991
- Richtlinien für Reiten und Fahren
  = Band 1: Grundausbildung von Reiter und Pferd, 1986, 25. Auflage,
  = Band 2: Ausbildung für Fortgeschrittene, 1987, 10. Auflage,
  = Band 3: Voltigieren 1990,
  = Band 4: Pferdehaltung, 1986, 6. Auflage,
  = Band 5: Fahren, 1989, 3. Auflage,
  = Band 6: Longieren, 1989, 2. Auflage,
- Reiter-Paß-Fibel, 1990, 8. Auflage
- Sportlehre für Reiten, Fahren, Voltigieren, 1989, 5. Auflage

Sachwortregister

Abreiten I 367, II 131, 168, 171
Absatz I 198, 199, 202
Abschnauben I 322
Abspannen II 294
Absprung I 248, 371
Absprunggeschwindigkeit II 102
Absprunghilfe I 147
Abstand I 173, II 106
Abstellung I 230, II 53, 54
Abteilung I 168, 173
abtrainieren II 172, 173
Abzeichen I 58, 71
Achenbach-Leine II 233
Acht I 176
Aerober Bereich II 161
Aktion II 31, 318
Aktivitätsverhalten I 288
Allgemeinbefinden I 143
Altersbestimmung I 67, 151
Anatomie I 169
Anbindevorrichtung I 131
An-den-Hilfen-Stehen I 212, 328, II 182
Anfahren II 296
Anfangsalter II 180
Angaloppieren I 217, 219, 312, 337, 338, 339
Anlehnung I 208, 212, 219, II 46, 146, 169
Anreiten I 204, 246, 313, II 102, 166, 170
Anschirren II 286, 287
Anspannen II 276, 286, 291
Anzug (des Reiters) I 169, II 168
Arbeitstrab I 324, 337
Atmung I 33, 46, 47, 82, II 40, 169
Aufbau sportlicher Leistungen II 11
Aufhalter II 292
Aufhaltering II 282, 284
Aufnehmen II 119, 295
Aufrichtung, relative I 322, 335, II 50
Auf- u. Absitzen I 191, 192, 193, 194, 313, II 286, 296
Aufstellen I 148, 173
Aufteilung d. Übungsstunden I 164
Auge I 50, 58, 190, 285
Ausbilder I 153, 154, II 180
Ausbildungsverlauf d. Wagenpferdes II 310
Ausbindezügel I 276, 278, 312, 313, II 179
Ausdauer I 13, II 27
Ausdauertraining I 381, II 25, 220, 221
Ausgleich, verschiedenartiger Pferde I 15, II 273
Auslaufenlassen d. Pferdes I 322
Auslaufmöglichkeit II 155
Ausrüstung I 136, 262, II 148, 155, 160, 166, 169, 178, 224

Backenstück I 190, 268, 270, 272, II 277
Baden I 142
Bahnkommando I 178, 179
Bahnregeln I 172, 179
Bahnsitten I 179
Balancesitz, losgelassener I 199, II 149
Bandagen I 147, II 84, 171, 179
Bande I 159
Barren II 9, 132
Basistraining I 145, 159
Bauchgurt II 178, 233
Behandlung d. Pferde i. Stall I 135
Beine, Kontrolle d. B. I 143, 146
Beintechnik d. Pferdes i. Sprung II 100
Belastung II 15, 16, 38, 161, 312
Beleuchtung I 157, 161
Bergaufreiten/-klettern I 241, 379
Beweglichkeit II 30, 81, 97, 98
Bewertung II 197, 225
Bezeichnung d. Reitbahn I 173
Biegen I 211, 346
Blendriemen II 276, 278
Blut I 12, 33, 44, 45, 46, 57, 86
Blutkreislauf I 41, II 129
Bodenbelag II 181

Bodenrick I 235, 238, 249, 360, II 70
Bodenstangen II 182
Bodenverhältnisse I 241, II 146, 149, 150
Bogenpeitsche II 276
Boxen I 124, 127, 128
Brandschutzmaßnahmen I 137
Bremse II 270, 297
Bronchien I 46, 82
Bruch II 204, 214, 216
Brust I 34, 59, II 283
Brustblattgeschirr II 276
Bügel I 191, 192, 195, 249, 265, II 101, 142, 148, 149, 160, 169, 213
Bügeln I 64, 78

Cavaletti (s. a. Bodenrick) I 235, 385, II 182
Chambon I 280
Check II 204, 205, 213
Couloir I 386

Dämpfigkeit I 82
Dampfrinne I 83
Darm I 55, 85, 88
Dauertrainingsmethoden I 32,96
Deichsel II 252, 292
Didaktische Prinzipien I 164
Distanz II 170, 218, 220, 226
Domestikation d. Pferdes I 10
Doppellonge II 68, 306
Doppelringtrense II 276, 283
Doppelvolte I 177
Drehsitz II 53, 56
Dreifachkombination II 121
Dressur I 154, 157, II 50, 62, 146, 182, 244, 320
Dressurtraining II 46, 74, 90, 158
Druck I 71, 145, II 178
Durcheinanderreiten I 174, 239
Durchlässigkeit I 208, 335, II 46, 48

Ecken I 175, 226, 329, 334
Eilen I 324, 336
Einbiß I 68
Einerwechsel II 62, 66
Einfühlungsvermögen II 142
Einhauen I 80
Einhufer II 221
Einrichten d. Pferdepaare II 262
Einschlagen II 296, 298
Einspännergeschirr II 284
Ein-Tages-Prüfung II 143, 222
Einwirkung I 194, 198, 204, 208, 210, 211, 318, 322

Einzelhindernisse I 250, II 109, 114, 147
Einzelreiten I 174, 243
Energieproduktion I 37
Energieverlust II 170
Englisches Vollblut I 12, 13
Entlastungssitz I 204, 239, 314, 340, 359
Entwicklung I 9, 10, 36, II 32
Equipage II 208, 209, 211, 213, 215
Erhaltungstraining I 14, 77, 87
Erholung I 326, II 13, 18, 40, 50, 146, 155, 159, 172, 173
Erkrankungen I 87, 88, 89, 97, 98, 101, 106
Ermüdung I 325, II 18
Ernährung I 113
Ersatzeisen II 166
Erste Hilfe I 86, 88
Erziehung d. Pferdes I 283, 301
Exterieur (Def.) I 13, 58, 169
Exterieurmerkmale I 12, 14, II 177

Fähigkeiten II 10, 24, 47, 82, 85, 177, 180
Fahrausbildung II 233
Fahrlehrgerät I 169, II 235
Fehleranalyse II 42
Feld II 203, 211
Fensterfläche I 124, 161
Fett I 58
Fieber I 84
Form, sportliche II 10
Freireiten, Übergang z. F. m. jungen Pferden I 319
Freispringen I 387
Freiübungen a. d. Longe I 199, 202
Frisieren I 141
Fuchs II 202, 209, 215
Fühlung (aufmarschierte Abteilung) I 173
Führen d. Pferdes I 148, II 226
Führpderd II 148, 152, 154, 160
Fuß I 78, 178, 193, 195, 201, 202, 246, II 46
Futter I 13, 53, 84, 113, 114, 115, 119, 129, 131, 288, 302,
II 129, 166

Galle I 55, 63
Galopp I 40, 42, 216, 217, 219, 220, 235, 250, 312, 336, 337, 339, 340, 344, 351, 352, 376, 381, 382,
II 51, 52, 140, 158, 160, 162, 164, 169, 324
Galoppwechsel I 220, 353, II 48, 60, 65, 66
Gang I 58, 64, 213, 323, 324, II 226
Gebäudefehler I 405, 408
Gebiß I 85, 190, 212, 213

Gebrauchshaltung II 243
Gebrauchstrab II 324, 330
Gedächtnis d. Pferdes I 293, 298
Gehör d. Pferdes I 294
Gehörorgan I 50, 294
Gelände I 238, 252, 357, II 76, 97, 126, 134, 141, 143, 148, 152, 154, 167
Gelenk I 34, 35, 36
Genick I 58, 202, 212, 213
Genickstück I 190, II 276
Geraderichten I 222, 345, II 47, 49
Gerte I 171, 209
Geruch I 51, 290, 291, 293
Gesäß d. Reiters I 194, 200
Geschichte d. Pferdes I 169
Geschicklichkeit I 379
Geschirr I 130, II 284
Geschlecht I 47, 190
Geschmack I 51, 290
Geschwindigkeitsdauer II 80
Gesichtssinn d. Pferdes I 294
Gespannattrappe II 238
Gespannkontrolle II 219
Gesundheit I 143, II 311, 316
Gewandtheit d. Pferdes II 81
Gewebe I 32
Gewicht I 65, 66, 203, 204, 304, 329
Gewöhnung d. Pferdes I 283, 301, 303, 306, II 304, 310
Giftpflanzen I 121
Gleichgewicht I 13, 41, 50, 152, 213, II 48, 141, 146
Gleitschutz (Hufbeschlag) I 79
Gliedmaßenskelett I 34
Glukose II 26, 27
Glykogen I 57
Graben I 363, 375, II 98, 152, 159
Grid I 364, II 182
Griffelbein I 34
Grünfutter I 118, 119
Grundausbildung I 151, 162, 253, 262, 388, II 84, 145, 220
Grundhaltung II 241
Grundkondition II 145
Grundkonditionstraining II 139
Grundlagentraining I 382, II 27, 146, 159, 172
Grundlinie I 173, II 165
Grundnährstoffe I 53
Gruß d. Springreiters II 136
Gurtzügel II 84
Gymnastikhindernisse I 158, 250, 366, 367, 369, II 87, 91
Gymnastikparcours I 250, 369, II 91

Haar I 58, 69, 70, 71
Häcksel I 115
Hände I 196, 199
Hafer-Heu-Fütterung I 115, 118
Hahnentritt I 64
Halten I 179, 212, 222, II 71
Haltung d. Pferdes I 123, 212, II 155
Hand I 171, 172, 202, 212, 245, 308, 311, 321, II 50, 77, 165
Hang I 248, 361, II 98, 149, 152
Hankenbeugung I 335, II 47, 49
Harnorgane I 47
Hauptgrundsätze d. Deutschen Fahrsystems II 239
Hauspferd I 10, 11, 287
Haut I 48, 49, 138
Herausführen d. Pferdes II 292
Herden I 285, II 152
Herkunft d. Pferdes I 10
Herz I 42, 43, 44, II 164
Heu I 115, 129, 130, 131, 134, II 171
Hilfe II 227
Hilfen d. Reiters I 210, 211, 330, 331, 333, 334, II 47, 52, 65
Hilfengebung I 222, 223, 224, 225, 227, 230
Hilfshindernis II 114
Hilfsmittel I 384, II 235
Hilfszügel I 281, 296
Hindernisabmessungen II 148, 159
Hindernisarten I 250, II 104
Hindernisabstand II 141
Hindernisfahren II 154, 159
Hindernisreihen I 158, 373, II 92, 110
Hindernisse I 250, 380, II 126, 150, 205, 223
Hintergliedmaßen I 40, 63
Hinderhand I 65, 224, 348, II 49
Hinterzeug II 284
Hinterzwiesel I 264
Hirn I 52
Hitzschlag I 87
Hochweitsprünge II 102, 103, 110
Höchstleistungen II 12
Höchstzeit II 227
Hohlvene I 45
Holzleine II 238
Horn I 74, 75, 81
Hüften d. Reiters I 194, 195, 202
Hüfthöcker II 50, 52
Hügel II 152

Huf I 74ff., 81, 138, 140, 144, 169, 171, 190, II 169
Hufschlag I 158, 174, 179
Hufschlagfigur I 172, 174, 179, II 322

Impfplan I 93
Intervalltrainingsmethode II 33

Jahresplanung I 163, 164, II 154, 155, 172

Kammdeckel II 283
Kammer I 189, 266
Kandare I 193, 206, 207, 272, 273, 276, II 47, 279
Kappzaum I 276, II 68, 179
Kardätsche I 138, 139
Kauen I 84, 113, 321
Kehlgang I 58
Kehlriemen I 189, 190, 191, 268, 270, 272, II 277
Kehrtvolte I 177
Kehrtwendung I 177
Kettenhang I 131
Kinnketten I 274, II 279
Kinnriemen I 46, 189, 190, 191, 270, 271
Kleinpferderassen I 12, 13, 27
Klettern I 241, 249, II 95, 126
Knie d. Reiters I 194, 198, 200
Knochen I 33, 34
Körper I 36, 44, 58, 64, 65, 71, 82, 84, 152, II 218
Kombinationen I 367, II 105, 116, 154
Kommando I 154, 179
Kondition II 23, 161
Konstitution I 13, II 21, 176
Kontergalopp I 353
Kontrollen I 158, 162, II 38, 39, 94
Koordinierungsvermögen II 48
Kopf I 58, 170, 172, 196, 199, 202, 239, 272, II 141, 168, 178
Korallen II 319
Korrektur I 66, 199, II 71, 134
Kot I 85
Kraft I 120, 196, 376, II 26, 28, 29, 94, 169
Krankheiten I 82
Kreislaufsystem I 33, 42
Kreuz I 195, 196, 202, 210, 211
Kreuzleine, Deutsche II 295
Kruppe I 60, II 140
Kühlen II 171
Kummet II 276, 279, 282, 287
Kurzkehrtwendung I 229, II 57
Kurzprüfung II 143, 162, 172, 173
Kurzausdauerdisziplin II 82

Längsbiegung I 230, 329, 342, II 53
Lahmheit I 78, 87, 144
Lahmheitskontrolle II 170
Landanspannung II 276
Landgestüt I 14
Landen I 249, II 103
Langzeitausdauerdisziplin II 221
Lederkeil I 81
Lehrstoff I 163
Leichttraben I 249, 332, II 148
Leinen II 9, 10, 17, 85, 136, 142, 175, 241, 246, 247, 249, 251, 252, 259, 260, 261, 282, 283, 286
Leistungsgrenze II 48, 178
Leistungskonditionstraining II 160
Leistungsprüfung II 218, 339
Leistungsprüfungsordnung II 337, 338
Leistungssport II 175
Leistungssteigerung II 176
Leistungstraining II 157, 159, 172
Leistungsveranlagung II 142
Leistungsvermögen I 86, II 10
Lernen I 285, 298, II 36
Liebkosungen I 153, 298
Liverpoolkandare II 276, 279
Loben I 303, II 76
Lösen II 76, 158
Longe I 158, 199, 249, 276, 280, 304, 305, 311, II 68, 71, 176, 179, 182
Losgelassenheit I 212, 285, 311, 319, 321, II 182
Lunge I 44, 45, 46, 47, 82
Lymphgefäßsystem I 46, 55

Mähne I 140, 141, 190
Mahlzeit I 113
Magen I 54
Mannschaftsdressurprüfung I 157
Marathonfahrt II 328
Markierung I 155, 156, II 222, 223
Martingal I 281, II 83, 160
Mash II 171
Massagebürste I 139
Massenmittelpunkt I 41
Massenstart II 225
Maul I 53, 58, 85, 145, 190
Maximalbelastung II 161
Maximalkraft II 28
Messen I 65
Mienenspiel I 286

Militarypferd II 140
Mineralstoff I 120
Minutenpunkt II 167, 169
Mittellinie I 173, II 322
Mittelpositur d. Reiters I 152, 194, 197, 199, 200
Mitteltrab I 335, 336
Mundstück I 273, II 279
Muskel I 36, 37, 39, 40, 315, II 31
Muskulatur I 36, 37, 40, II 172

Nahrung I 82, 84, 114, 285, 288, 292
Nase I 269, 271, 272, II 50, 279
Naturhindernis I 158, II 154
Nerven I 33, 36, 51, 52, 299, II 88
Neugierverhalten I 285
Nieren I 47
Nüstern I 46, 58, 190
Nutzungsdauer I 13, 66
Nutzungstyp I 64

Oberarm I 63, 196
Oberblattstößel II 282
Oberblattstrupfe II 282
Öberkörper d. Reiters I 152, 195, 199, 202
Oberschenkel I 63, 152, 194, 199, 200, 201
Ohr I 50, 53, 142, 286
Ordnung I 172, 242, II 209
Organ I 33

Paddock I 130
Palpation II 164
Paraden I 204, 208, 219, 220, 221, 323, 335, II 73, 102, 160, 164, 248, 249, 250, 261
Parcours II 122, 158, 159
Passage II 62, 67, 69
Paßgang I 354, II 52
Peitsche I 171, 209, II 133, 292
Periode (Ausbildungs-) I 369
Periodisierung II 74, 89, 127
Periodizitätsverhalten I 291
Pferdeausbildung I 151, 357
Pferdebesichtigung I 149
Pferdebestand in Deutschland I 9, 12
Pferdehaltung I 9, 10
Pferdekunde I 9
Pferderassen I 11
Pferdezucht I 9, 10
Pferdeleistungsprüfungen II 332, 336
Pflege I 123, 138, 146, 302, II 168
Pflichttor II 167, 223
Pfortader I 45, 55

Phlegmone I 87
Physiologie I 12, 13, 169
Piaffe II 62, 67, 68
Prüfungseinsatz II 155
Prüfungserfahrung II 155
Prüfungssystem (Military) II 143, 155
Przewalski-Pferd (Urwildpferd) I 10
Psychischer Zustand I 285
Puls I 44, 82, 83, II 16, 33, 40, 170
Pumpgebiß II 279
Putzen I 138, 140

Quadrille I 157

Rahmen I 323, 327, 344, II 140, 168
Rangordnungsverhalten I 287
Raumgriff I 64, 320, 335, II 31
Reaktionsschnelligkeit II 30, 82, 141
Reflexe I 299, 300
Regenerationsphase II 172, 173
Reitanzug (vorgeschriebener) I 172
Reitbahn I 156, 160, 161, 162
Reiten I 234, II 49, 132, 164, 221
Reiter I 152, II 81
Reitergefühl I 211
Reitergewicht I 315
Reiterhilfen (Zusammensetzung) I 210
Reiterpaß I 171
Reitertakt I 152
Reitfläche I 154, 159
Reithalfter I 267, 269, 270
Reithalle I 159, 161
Reithose I 170
Reitkappe I 170
Reitlehrer II 47, 203
Reitplatz I 154, 155, 157
Reitstiefel I 170
Reizschwelle I 370, II 17
Rennbahn II 160, 165, 169
Rennen I 13, 14, 15
Rennsport I 13
Rennsitz II 160, 169
Renvers II 55
Rittigkeit II 81, 87, 91
Röhrbein I 63
Rosette II 278
Rudel (Reiten im) I 242
Rücken I 60, 65, 316, II 100, 140, 146, 177
Rückwärts I 229, 230, 289, 349, II 100, 146, 296, 297
Ruheverhalten I 288
Ruhewerte II 164

Rumpf I 62

Sattel I 130, 145, 189, 191, 262, 263, 264, 265, 266, 316, II 83, 171
Sauerstoff I 45, 57, II 27
Schabracke I 265
Schaumring II 279
Schenkel d. Reiters I 201, 204, 205, II 146
Schenkeldruck I 204, 205
Schenkelführung I 78
Schenkelgänger II 50, 72
Schenkeltot I 201
Schenkelweichen I 230, 331
Scheuerrinnen I 75
Scheuklappen II 277, 310
Schiefe I 222, 334, 345, II 52
Schläger I 135, 140
Schlaf I 292
Schlangenlinien I 177, 229, 331
Schlauch I 140
Schlaufzügel I 280, 281
Schließen I 223, 233
Schlußkette II 284
Schmerz I 86, 87
Schmuckkette II 278
Schnauben I 286
Schnelligkeit II 26, 29
Schnellkraft II 29, 80
Schnelltrab II 330
Schopf I 190
Schraubstollen I 77, 79
Schritt I 78, 213, 312, 328, 356, II 52, 149, 158, 329
Schrotbeutel II 319
Schub I 320, 335, II 30, 49
Schüttelfrost I 84
Schulter I 63, 152, 196, 202, 331
Schulterherein I 338, II 53, 158
Schultervor I 339, II 49
Schwebephase I 248
Schweif I 62, 190, 286, II 283
Schwemme I 142, II 150
Schwerelinie I 66, 196, 203, II 101
Schwerkraftlüftung I 127
Schwerpunktlage I 196, 204, II 100, 178
Schwimmen (am Pferd) I 245
Schwung I 58, 64, 335, II 323
Sehnenentzündung II 129
Sehorgan I 297
Seite I 173, 346
Seitengänge II 48, 52, 53, 98
Seitenrichtung I 173
Selbsthaltung I 207, 212, 319, II 141, 149, 160
Selbsttränke I 130, 131
Sellet II 284
Sichtkontakt I 124
Siegerehrung II 135
Sielengeschirr II 283, 290
Sinnesleistungen I 293
Sinnesorgane I 49, 284
Sitz I 194, 196, 197, 198, 200, 201, 202, II 48, 90, 101, 148, 160
Sitzausbildung I 194, 195, 196, 198, 199, 200, II 48, 142
Skala d. Ausbildung II 46, 75
Skelett I 33, 34
Sohlenzwang I 81
Spat I 63
Spazierenreiten II 145, 148, 159
Speiseröhre I 54
Spezialsattel I 263
Spieler II 278
Sporen I 171, 209, 210, II 225
Sportsattel I 262
Springausbildung I 357, 378, II 147, 150
Springen I 252, 376, 380, II 116, 148, 159
Springfreudigkeit I 357
Springpferd II 80, 81, 82
Springpferdeprüfung II 94
Springplatz I 157
Springreiten II 80, 81, 82, 135
Springtechnisches Training II 99, 108
Springtechnik I 249, 251, 382, II 80, 81, 140, 148, 158
Springvermögen II 141
Springveranlagung II 141
Sprint II 162, 164
Sprungfolge II 154
Sprunggelenk I 63
Sprungkraft II 29, 80, 94
Sprungphase II 103
Stadtanspannung II 276
Stall I 123, 302
Stallapotheke I 109
Stall I 123, 124, 125, 126, 127, 132, 134, 136, 163, 191, 287, 292
Stammart I 10
Stand I 124, 130, 131
Standard I 162, II 148
Startbox II 169
Startzeit II 169
Staubbildung I 126, 160
Stehen (Unbeweglichkeit) I 327
Stehtag II 75

Steigbügel I 264, 265
Steilhindernisse II 102, 103
Stellung I 342, 348
Sternhindernis I 158, 372, 383
Stilgeländeritt II 143
Stilspringen II 148
Stimme d. Pferdes I 286
Stirnriemen I 267, 270, II 278
Stockpeitsche II 276
Stoffwechselprozeß I 57, II 26, 27
Stollen I 79, 81, II 166, 169
Stränge II 283
Strafen II 66, 134
Strahl I 75, 76
Strang II 282, 284
Streckenreiten II 221, 222
Streichen I 64, 78, 80, 144
Streu I 116, 128
Striegel I 138, 139
Stroh I 115
Substanz, verbotene II 227
Sturz II 270

Tafel I 135
Takt II 147, 182
Taktik II 81, 167, 170
Talent I 152, II 12, 180
Tastsinn I 291, 297
Taxiervermögen II 30, 104
Technik II 35, 99, 315
Technisch-taktische Schulung II 315
Teilparcours (Parcoursausschnitt) I 383, II 87
Temperament I 325, 405, II 141, 178
Tempo I 162, 204, 215, 240, II 66, 220
Theoretische Ausbildung I 164, 169
Tiefsprung II 153, 169
Tierarzt II 204, 222, 230
Tierliebe I 151
Tierschutz I 151, II 204, 215, 225
Tierschützer II 71, 220
Touchiergerte II 68
Trab I 40, 42, 214, 215, 343, 381, II 50
Traber I 12, 16, 17
Trachten I 75, 81, 263, 266
Tränken I 86, 118, 121, 136, II 169, 171, 205
Tragaugen II 284
Tragerand (Huf) I 77
Tragkraft I 49, 53
Tragschicht I 156, 161
Training II 9, 13, 23, 38, 39, 88, 96, 143, 157, 158, 159, 161
Trainings- II 7, 9, 10, 15, 16, 18, 19, 20, 21, 23, 40, 45, 74, 76, 85, 88, 89, 112, 142, 157, 164, 165
Transport I 348, II 55, 56, 128
Traversale II 58, 59, 60, 63, 158
Trennbaum I 131
Trense I 189, 190, 191, 206, 207, 267, 270, 271, II 168
Trensen- I 191, 207, 267, 268, 270
Tretschicht I 156
Trinkwasser I 88
Turnier II 84, 127, 130, 154, 155, 158, 172, 203

Überbelastung I 145, II 135, 176
Überforderung I 304, 326, II 174
Übergänge I 220, 341, II 71, 98, 146, 149, 150, 168, 172, 323
Übergangsperiode II 137
Überholen II 227
Überkompensation II 157
Überstreichen I 207, 328, 339, II 50
Übertrainingssyndrom II 157
Übertreten II 73
Übung I 163, 167, 169, 198, 317, 359, II 147
Übungseinheit I 166
Übungsfolge II 146, 158
Übungspferd II 181
Übungsplatz II 180
Übungsstunde I 163, 166
Übungsziel I 166
Umgang II 176, 284
Umkehrwendung II 257, 269
Umspringen I 219
Unterarm I 63, 196, 203
Unterricht I 134, 154, 162, 166, 167, 169
Unterschenkel I 63, 194, 195, 199, 201, 327

Verdauung I 33, 53, 82, 84, 113
Verfassungsprüfung II 168, 170, 171, 218
Veranlagung II 139, 141
Verhalten I 283, 284, 285, 293, II 48, 171
Verkürzen d. Leinen II 248, 250, 261
Verlängern d. Leinen II 248, 250, 261
Verletzungen I 86, II 171
Versammlung I 211, II 47, 48, 49
Veterinärkontrolle II 218, 231
Vielseitigkeitspferd II 140, 142
Vielseitigkeitsprüfung, Große II 143, 166, 172, 322
Vielseitigkeitsreiter II 141, 174
Vielseitigkeitssattel I 263
Vielseitigkeitstraining II 139

Viereck vergrößern, – verkleinern I 232
Viererring II 277
Vierspännerleine II 272
Vier-Tages-Rhythmus II 157
Viertakt I 213, II 51, 52
Vitamine I 55, 120
Vlies I 156, 160
Vollblutrassen I 12
Vollhuf I 81
Volte I 176, 177, 228
Voltigieren II 175, 176, 177, 178, 180, 182
Voraussetzung (Ausbildung) I 151, 152, 153
Vorbereitung
– auf dem Abreiteplatz II 131
– auf Große Vielseitigkeitsprüfungen II 157
– auf die Marathonfahrt II 330
– der Reitjagd II 202
– auf die Springprüfung II 130
– auf das Turnier II 172
– einer Übungsstunde I 168
Vorbildwirkung d. Ausbilders I 153
Vorderfußwurzelgelenk I 35, 63
Vordergliedmaßen I 40, 63
Vordermittelfuß I 63
Vorderzwiesel I 264
Vorhand I 65
Vorhandwendung I 213, 223, 330, II 73
Vormustern d. Pferdes I 148
Vorstellen d. Pferdes II 168

Waage II 171
Wachstum I 66, 74
Wade des Reiters I 195, 201
Wälzen I 142, 143
Wagen I 12
Wald (Durchreiten) I 240
Wallreihe I 158, 250
Wand I 75, 81
Warmblutrassen I 12, 13, 17
Warmblutzucht I 25
Wartung I 142, 146, II 170
Wasser I 84, 121, 240, II 110, 150, 152, 154, 159, 170
Wechseln (Hufschlag) I 175
Wegestrecke II 160, 167
Weide I 115, 118, 287, II 159, 172
Weiße Linie (Huf) I 75
Weitsprung II 103
Weltbestand I 9, 13, 14
Wendungen I 223, 224, 225, 329, 330, 348, II 268
Wettkampf I 151, 169, II 7, 34, 74, 127, 175
Widerrist I 59, II 100, 140, 178
Wiederholung I 167, II 76
Wildpferd I 10, 11
Winkelsprung II 159
Wirbelsäule I 34, 195, II 182
Wochenplan II 145, 154, 160
Wohlbefinden d. Pferdes II 155
Wunde I 86, 87
Wundstarrkrampf I 85, 87

Zähneknirschen I 85
Zäumung I 189, 272, II 83, 168
Zaum II 179, 276
Zehengänger I 34, 36
Zehenrichtung I 81
Zeichen I 244
Zeitsinn d. Pferdes I 288
Zeitspringen II 137
Zellen I 32
Ziel I 166
Zirkel I 127, 146, 175, 176, 213, 227, 333, II 50, 146, 181
Zügel I 190, 202, 207, 208, 209, 212, 213, 328, 337, 341, II 50, 68, 146
Zügel-aus-der-Hand-kauen-lassen I 327, II 146
Zügeleinwirkungen I 205, 207, 208
Zügelhaltung I 205, 206
Zügellänge I 325
Zug I 9, 127, 146, II 282, 309
Zunge I 274, II 279
Zurücksetzen II 298
Zusatzfuttermittel II 166
Zusatztraining II 181
Zwanglosigkeit I 319
Zwangsbelüftung I 127
Zwangspause II 167, 170, 222
Zwangseite I 346
Zweierwechsel II 66
Zweifachkombination I 117, 120
Zeispännerleine II 270
Zwischenraum I 173
Zyklus, springtechnischer II 20, 101, 103, 104